DAS HAUS WITTELSBACH IM ERSTEN WELTKRIEG

Stefan März

Das Haus Wittelsbach im Ersten Weltkrieg

Chance und Zusammenbruch monarchischer Herrschaft

VERLAG FRIEDRICH PUSTET
REGENSBURG

Coverabbildung: König Ludwig III. von Bayern und seine beiden Söhne Kronprinz Rupprecht und Prinz Franz beim Abschreiten eines Militärspaliers im besetzten Frankreich. – Postkarte, 1915 (Bayerisches Hauptstaatsarchiv, GHA. Leopoldinische Bildersammlung, A 10/4).

Bibliografische Information der Deutschen Nationalbibliothek
Die Deutsche Nationalbibliothek verzeichnet diese Publikation in der Deutschen Nationalbibliografie; detaillierte bibliografische Angaben sind im Internet über http://dnb.d-nb.de abrufbar.

www.verlag-pustet.de

ISBN 978-3-7917-2497-3
© 2013 by Verlag Friedrich Pustet, Regensburg
Umschlag: Martin Veicht, Regensburg
Gesamtherstellung: Friedrich Pustet, Regensburg
Printed in Germany 2013

Inhaltsverzeichnis

Vorwort	**8**
1. Einleitung	**9**
1.1 Forschungsstand	10
1.2 Zielsetzung	18
1.3 Quellenlage	20
2. Das Ende der Prinzregentenzeit	**22**
2.1 Die Reichsverweserschaft	22
2.2 Die Thronbesteigung König Ludwigs III.	27
2.3 Feierlichkeiten zur Königserhebung	35
3. Monarchie im Staatsgefüge	**43**
3.1 Krone und Staatsorgane	43
3.2 Königlicher Hof	50
3.3 Die bayerische Monarchie in der föderativen Nation	56
3.4 Königliche Macht	62
3.5 Die königliche Familie	69
3.6 Monarchie, Militär und Kirche	81
3.7 Die Kosten der Monarchie	89
4. Die inszenierte Monarchie	**95**
4.1 Monarchie als Identität stiftendes Symbol	95
4.2 Repräsentation und politische Öffentlichkeit	99
4.3 Hofgesellschaft und Gesellschaft	106
4.4 Ein modernes Volks- und Bürgerkönigtum	112
4.5 Landesreisen und Antrittsbesuche	119
4.6 Glänzende nationale Höhepunkte	128
4.7 Medienmonarchie	133
4.8 Legitimatorische Perspektiven	140
5. Kriegsausbruch	**148**
5.1 Julikrise	148
5.2 Die Selbstmobilisierung der Öffentlichkeit	154
5.3 Kriegserklärung	156
5.4 Allerhöchste Kriegsherren	161
5.5 Mobilmachung der bayerischen Armee	165
5.6 Der Sieg des bayerischen Kronprinzen in Lothringen	173
5.7 Erstarrung der Fronten	181

6. Monarchie und Heimatfront 187
6.1 Monarchische Repräsentation in Kriegszeiten 187
6.2 Die Allianz von Thron und Altar 195
6.3 Königshaus und Lebensmittelkrise 199
6.4 Kriegswirtschaft und Zentralisierung 207
6.5 Die Organisation der Kriegsfürsorge 214
6.6 Monarchie und Lazarette 217
6.7 Wohltätigkeit und Liebesgaben 226
6.8 Kriegsgefangenenhilfe 233
6.9 Gnadenakte und Kriegsorden 238

7. Monarchie an der Front 248
7.1 Front- und Staatsbesuche 248
7.2 Die bayerischen Prinzen im Feld 258
7.3 Der Konflikt des Königshauses mit der Heeresleitung 270
7.4 Prinz Leopold, Generalfeldmarschall im Wartestand 276
7.5 Die Einnahme von Warschau 280
7.6 Netzwerkpflege an der Ostfront 287
7.7 Verdun, Sommeschlacht und Brussilow-Offensive 294
7.8 Die Debatte um das Königreich Polen 300
7.9 Der ‚Heldentod' des Prinzen Heinrich 303

8. Im Zentrum militärischer Macht 310
8.1 Der Sturz Falkenhayns 310
8.2 Der militärische Aufstieg der Wittelsbacher Prinzen 316
8.3 Prinz Leopold von Bayern als Oberbefehlshaber der Ostfront 321
8.4 Die Heeresgruppe Kronprinz von Bayern 328
8.5 Die großen Abwehrschlachten im Westen 334
8.6 Prinz Leopolds Sieg über das revolutionäre Russland 338
8.7 Monarchie und Kriegspropaganda 345

9. In der Systemkrise 360
9.1 Stimmungskrise und Monarchiekritik 360
9.2 Reformforderungen und Regierungskrisen in Bayern 367
9.3 Der Bruch des Burgfriedens 376
9.4 Die bayerische Monarchie in der Kriegszieldiskussion 384
9.5 Die Neuverhandlung des föderativen Gleichgewichts 390
9.6 Fürstliche Friedensbemühungen 396
9.7 Die Demission des Reichskanzlers Bethmann Hollweg 401
9.8 Hindenburg als Konkurrenz der Monarchie 409
9.9 Die beginnende Monarchiekrise 413

10. Zwischen Hoffnung und Scheitern   417
10.1 Das Zwischenspiel Georg Michaelis   417
10.2 Hertlings Ernennung zum Reichskanzler   422
10.3 Der Friede von Brest-Litowsk   427
10.4 Die Krise monarchischer Repräsentation   439
10.5 Ostimperium, Frühjahrsoffensive und Zusammenbruch   448
10.6 Die Krise der nationalen Integration   459
10.7 Die Regierung des Prinzen Max von Baden   467
10.8 Das deutsche Waffenstillstandsangebot   470
10.9 Oktoberreformen und Kaiserdämmerung   475

11. Zusammenbruch   486
11.1 Revolte gegen das System   486
11.2 Revolution und Flucht   494
11.3 Zwischen Rettungsversuchen und Resignation   503
11.4 Das vormalige Königshaus in der Republik   510
11.5 Räterepublik und Exil   517
11.6 Restaurationshoffnungen   523

12. Schlussbetrachtung   532

Anhang   535
Abkürzungsverzeichnis   536
Auswahlgenealogie des Hauses Wittelsbach   537
Literaturverzeichnis   540
Quellenverzeichnis   552
Personenregister   566

Vorwort

Die vorliegende Monografie zur Monarchie im Königreich Bayern während des Ersten Weltkriegs kombiniert bislang unerschlossene Quellenbestände mit innovativen Fragestellungen. Die breit angelegte Rekonzeptualisierung des Themas überwindet perspektivische Verengungen und erlaubt zahlreiche Neubewertungen. Die Arbeit wurde von der Fakultät für Geschichts- und Kunstwissenschaften der Ludwig-Maximilians-Universität München im Wintersemester 2011/12 als Dissertation angenommen.

An dieser Stelle möchte ich all jenen danken, die mich während der Entstehung der Arbeit unterstützt haben. Mein Doktorvater Herr Professor Dr. Martin H. Geyer war in unzähligen fachlichen Gesprächen mit konstruktiven Ratschlägen, frischen Denkanstößen und einem offenen Ohr zur Stelle. Für sein großes persönliches Engagement und die intensive Betreuung gebührt ihm mein aufrichtiger Dank. Herrn Professor Dr. Ferdinand Kramer, der als Korreferent etliche wertvolle Anregungen zu geben vermochte, gilt ebenfalls mein Dank. Der Hanns-Seidel-Stiftung e.V. bin ich für die Förderung in Form eines Begabtenstipendiums aus Mitteln des Bundesministeriums für Bildung und Forschung (BMBF) zu Dank verpflichtet, ohne welches die Arbeit nicht in dieser Form realisierbar gewesen wäre.

Der Chef des Hauses Wittelsbach, S.K.H. Franz Herzog von Bayern, gewährte mir großzügigerweise Zugang zu umfangreichen Beständen im Geheimen Hausarchiv. Für dieses Entgegenkommen möchte ich mich sehr herzlich bedanken. Mein ausdrücklicher Dank gilt ferner S.D. Wilhelm Albert Herzog von Urach Graf von Württemberg sowie Carl Graf von Soden-Fraunhofen für die freundliche Bewilligung der Nutzung ihrer jeweiligen Familienarchive. Hilfsbereitschaft und Kenntnisreichtum zeichnete die Leiter und Mitarbeiter der besuchten Archive und Bibliotheken aus. Stellvertretend sei Frau Archivoberrätin Dr. Caroline Gigl vom Bayerischen Hauptstaatsarchiv, Herrn Archivdirektor Dr. Lothar Saupe vom Bayerischen Kriegsarchiv sowie Herrn Leitenden Archivdirektor Dr. Gerhard Immler und Herrn Archivoberinspektor Andreas Leipnitz vom Geheimen Hausarchiv gedankt.

Mein besonderer Dank geht an Frau Simone Heß M.A. Sie ermutigte mich unentwegt, war mir eine scharfsinnige Diskussionspartnerin und anspruchsvolle Lektorin. Meinen Kommilitoninnen und Kommilitonen in Herrn Professor Dr. Geyers Kolloquium am Historischen Seminar der LMU München danke ich ebenfalls für kritische Nachfragen und wichtige Impulse. Frau Sandra Brock, Frau Veronika Endlicher M.A., Herrn Franz Rohleder M.A. und Frau Sabine Seidl-Heß gebührt ein herzliches ‚Vergelt's Gott' für die akribische Durchsicht des Manuskripts. Bei Frau Heidi Krinner-Jancsik, Lektorin im Verlag Friedrich Pustet, möchte ich mich für die vertrauensvolle Zusammenarbeit bei der Drucklegung bedanken.

München, im Dezember 2012   Stefan März

1. Einleitung

Ludwig III. von Bayern, ältester Sohn und Nachfolger des Prinzregenten Luitpold, regierte ab 1913 als König. Zum Zeitpunkt seiner Thronbesteigung deutete kaum etwas darauf hin, dass die konstitutionelle Monarchie, die ihre klassische Blütezeit im 19. Jahrhundert erlebt hatte, als Staatsform abgelöst und deren Repräsentanten aus dem öffentlichen Leben verschwinden würden. Der König von Bayern wurde jedoch im Zuge der Novemberrevolution des Jahres 1918 ebenso wie der Deutsche Kaiser Wilhelm II. und die übrigen Bundesfürsten vom Thron gestürzt. Die Absetzung Ludwigs III. bedeutete nach 738 Jahren den dramatischen Schlussakt wittelsbachischer Herrschaft.

In der Rückschau erscheint das abrupte Ende der Monarchie angesichts eines vierjährigen, verheerenden Weltkrieges als folgerichtiges Szenario. Die ältere Revolutionsforschung ließ sich daher verleiten, die finale Phase der Monarchie als sukzessive Niedergangsgeschichte zu beschreiben, deren Ursprung in den politischen Krisen der Vorkriegszeit zu wurzeln schien. In diesem Licht erscheint die Monarchie im Königreich Bayern in den Jahren des Ersten Weltkriegs als schwache, längst überkommene Institution, die der Modernisierung lediglich noch nicht zum Opfer gefallen war. Dieses gängige Verdikt greift jedoch viel zu kurz und ist in den Bereich der politischen Mythen zu verweisen. Eine adäquate Geschichte der regierenden Fürstenhäuser im deutschen Nationalstaat steht bis heute aus. Insbesondere mit Blick auf das Königreich Bayern muss man sich gegen die gängigen historischen Interpretationen wenden und differenzierte Urteile treffen. Neben den Niedergangssymptomen müssen die vielfältigen Chancen des Königtums in der Moderne betrachtet werden.

Der Prozess des Wandels der Monarchie des Königreichs Bayern um die Jahrhundertwende wurde bislang kaum beachtet. Vor und während des Ersten Weltkriegs unternahmen die Wittelsbacher enorme Anstrengungen zur Popularisierung, Neulegitimierung und Machterweiterung der Monarchie. Die Dynastie verfügte über ein weitverstreutes Netzwerk, das ihr erhebliches Gewicht und weitreichende Handlungsmöglichkeiten verschaffte. Der Einfluss und die Rolle des Königs sowie der königlichen Familie Bayerns innerhalb der komplexen politischen, gesellschaftlichen und militärischen Machtarchitektonik des Deutschen Reichs wurden jedoch bislang nie differenziert in den Blick genommen.

Für die Kriegszeit muss die Mobilisierung des gesamten Königshauses betrachtet werden, denn das karitative Engagement der Königin und vieler Prinzessinnen, die symbolträchtigen militärischen Erfolge einiger Prinzen sowie das landesväterlich-bürgerliche Renommee des Monarchen schufen ein positives Image und gestalteten die Institution Monarchie – zumindest in Bayern – grundlegend neu. Die Institution Monarchie muss, abseits biografischer Betrachtungen, strukturell im historischen Prozess kontextualisiert werden. Tatsächlich wurde der monarchische Staat in Bayern im Grundsatz erst spät in Frage gestellt. Binnen kürzester Zeit wurden ab dem Sommer 1918, als die militärische Niederlage sich abzuzeichnen begann, die Grundlagen monarchischer Herrschaft in Frage gestellt. Die vorliegende Studie zeigt, dass das letztendliche Scheitern der Institution Monarchie weder zwangsläufig noch unabwendbar war. Dies soll jedoch mitnichten als Versuch der Rehabilitation einer zumindest in Teilen reaktionären Institution missverstanden werden.

Die vorliegende Arbeit stellt vielmehr kritisch die Beschaffenheit der bayerischen Monarchie in der Moderne, deren tatsächliche Handlungsspielräume, deren politische, soziale und militärische Chancen, deren Rolle in der politischen Kultur Bayerns und des Deutschen Reiches und nicht zuletzt die Ursachen für deren Scheitern heraus. Dabei wird jedoch nicht, wie häufig zuvor, vom rückwärtsgewandten Standpunkt der Novemberrevolution ausgegangen, der eine sukzessive Niedergangsgeschichte der Monarchie nahelegt. Durch die Einnahme neuer Perspektiven und die Auswertung einer Vielzahl bislang unbeachteter persönlicher Dokumente sowie staatlicher Überlieferungen wird es möglich, die Institution der Monarchie des Königreichs Bayern weit differenzierter als bisher zu betrachten. Der bayerischen und reichsdeutschen Politik-, Gesellschafts-, Kultur- und Militärgeschichte während des Ersten Weltkriegs werden dabei zahlreiche bisher unbekannte oder kaum beachtete Aspekte abgewonnen.

1.1 Forschungsstand

Bis Mitte der 1920er Jahre erschienen einige Arbeiten und Editionen, in denen die Rolle der bayerischen Monarchie im Krieg als unkritische ‚Hurra-Geschichte' und, hinsichtlich der schwelenden Kriegsschuldfrage, in teils revisionistischer Absicht dargestellt wurde.[1] Daneben begann, in Form mehrerer Biografien, eine Verklärung der handelnden Personen des Königlichen Hauses Bayerns.[2] Von Zeitgenossen wurde die Münchner Revolution von 1918 als ‚Theatercoup' einiger landfremder Revolutionäre charakterisiert, der durch die breite Öffentlichkeit abgelehnt wurde. Diese Deutung wurde von Josef Hofmiller bis zu Benno Hubensteiner etliche Male aufgenommen und mehrfach modifiziert. Heute muss man jedoch von der Vorstellung eines Umsturzes aus heiterem Himmel Abstand nehmen.[3] Eine wissenschaftliche Aufarbeitung der wenige Jahre zuvor untergegangenen konstitutionellen Monarchie fand auch in der Weimarer Zeit kaum statt. Die Aufarbei-

---

[1] Beispiele sind: Sailer, Josef Benno: Des Bayernkönigs Revolutionstage. Ein Beitrag zur Geschichte des Umsturzes in Bayern. München, 1919; König Ludwig III. und die Revolution. Neue Beiträge

[2] Vgl. Kolshorn, Otto: Kronprinz Rupprecht von Bayern. Ein Lebens- und Charakterbild. München, 1918; Wolbe, Eugen: Generalfeldmarschall Prinz Leopold von Bayern. Ein Lebensbild. Leipzig, 1920; Doering, Oskar: Das Haus Wittelsbach. München, 1924; Naumann, Victor: Profile. 30 Porträt-Skizzen aus den Jahren des Weltkrieges nach persönlichen Begegnungen. München u.a., 1925.

[3] Vgl. Körner, Hans-Michael: Geschichte des Königreichs Bayern. München, 2006. S. 185.

1.1 Forschungsstand

tungsblockade wurde dadurch bedingt, dass die Monarchie durch die Umstände ihres Scheiterns weiter politisiert wurde. Die Diskussionen um den Versailler Vertrag, die Kriegsschuld- und die Auslieferungsdebatten lieferten gute Gründe, die Aufarbeitung der Monarchie im Reich und in den Bundesstaaten zu vertagen.[4]

Während des Dritten Reichs spielte die Forschung zur modernen Monarchie keine Rolle, da einer positiven Sicht auf sie der ideologische Anspruch der Nationalsozialisten entgegenstand, einer negativen Sicht hingegen die Rücksichtnahme auf das konservative Lager. Erst nach 1945 setzte eine tatsächliche Auseinandersetzung ein. Der Zusammenbruch der Monarchie diente als Erklärungsversuch für die deutsche Katastrophe von 1933, vor deren Hintergrund die Zäsur des Jahres 1918 zunehmend an Bedeutung verlor. Die unbewältigte monarchische Tradition wurde als Ursache für eine autoritäre Disposition in Deutschland diagnostiziert. Die konstitutionelle Monarchie geriet jedoch als Objekt einer historischen Forschung, die sich selbst zunehmend als Struktur- und Sozialgeschichte verstand und innenpolitische Probleme thematisierte, ab den 1960er Jahren zunehmend ins Abseits. Aus strukturgeschichtlicher Sicht haftete der Monarchie deutscher Prägung das Stigma einer genuin unmodernen Institution an, die auf der Verliererseite der Geschichte stand. Sie galt als unauflösbar personalisiert und wurde mit allem, was historiografisch längst überholt zu sein schien, konnotiert.[5]

Die Monarchie wurde durch die Historiografie ab den 1960er Jahren zum Nebendarsteller degradiert. Mehr noch als die Institution selbst wurde nach wie vor ihr Ende thematisiert. Im Fall der bayerischen Monarchie fand, ausgehend von Karl Bosl, eine struktur- und sozialgeschichtliche Deutungsvariante der Landesgeschichte breite Akzeptanz, die von einer lange währenden Verfallsgeschichte der scheinbar rückwärtsgewandten Monarchie und einer gleichzeitigen Emanzipationsgeschichte der Parlamente und des Volkes ausging. Exempel dieser deterministischen Deutungsvariante sind bei Willy Albrecht, Karl-Ludwig Ay und Karl Möckl zu finden.[6] Die Verfallsgeschichte habe mit dem Thronverzicht König Ludwigs I. begonnen und über die ‚Königskatastrophe' von 1886 bis zur Regentschaftsbeendigung von 1913 gereicht. Dabei wurde insbesondere die Prinzregentenzeit als Vorgeschichte der Revolution begriffen. Das Ende der Monarchie erscheint aus dieser Perspektive als das unabwendbare Ergebnis einer politischen

---

[4] Vgl. Biskup, Thomas; Kohlrausch, Martin: Einleitung. In: Biskup, Thomas; Kohlrausch, Martin (Hrsg.): Das Erbe der Monarchie. Nachwirkungen einer deutschen Institution seit 1918. Frankfurt am Main, 2008. S. 11-34. Hier: S. 18f.

[5] Vgl. ebd., S. 19f.

[6] Beispiele sind: Albrecht, Willy: Landtag und Regierung in Bayern am Vorabend der Revolution von 1918. Studien zur gesellschaftlichen und staatlichen Entwicklung Deutschlands von 1912-1918. Berlin, 1968; Ay, Karl-Ludwig: Die Entstehung einer Revolution. Die Volksstimmung in Bayern während des Ersten Weltkrieges. Berlin, 1968; Albrecht, Willy: Das Ende des monarchisch-konstitutionellen Regierungssystems in Bayern. König, Regierung und Landtag im Ersten Weltkrieg. In: Bosl, Karl (Hrsg.): Bayern im Umbruch. Die Revolution von 1918, ihre Voraussetzungen, ihr Verlauf und ihre Folgen. München, 1969. S. 263-299; Möckl, Karl: Die Prinzregentenzeit. München, 1972.

ns entwicklung, die von Reformverschleppung und Reformunfähigkeit, von der Diskrepanz zwischen gesellschaftlicher und politischer Realität gekennzeichnet war.[7]

Im Rahmen der Fischer-Kontroverse wurden von Karl-Heinz Janßen die Kriegszielpläne der bundesstaatlichen Herrscher kritisch hinterfragt.[8] Dem föderalen Charakter des monarchischen Systems des Kaiserreichs trug Ingeborg Koch 1961 auch in ihrer Studie zu den Bundesfürsten und der Reichspolitik in der Zeit Kaiser Wilhelms II. Rechnung, vermochte aber die Institution Monarchie nicht abseits genuin politik- und verfassungshistorischer Aspekte zu verankern.[9] Eine weitere, staatstheoretische Deutung verstand das Scheitern des in der Verfassungsentwicklung angeblich transitorischen Stadiums der konstitutionellen Monarchie als Schlusspunkt einer Entwicklung von der absoluten Monarchie hin zur parlamentarisch-republikanischen Demokratie.[10] Diese modernisierungstheoretisch inspirierte Perspektive findet sich beispielsweise bei Ernst-Wolfgang Böckenförde[11] oder Ernst Rudolf Huber.[12]

Mittlerweile ist wieder ein deutlich verstärktes Interesse an der Geschichte der Adelsherrschaft zu beobachten.[13] Insbesondere die letzten fünfzehn Jahre zeugen in der deutschen Historiografie von einer regelrechten Renaissance der Forschung zur modernen Monarchie. Dies hat seine Gründe in der Ausdifferenzierung und Internationalisierung der Geschichtswissenschaft. Eine Reihe von Themen, die im englischsprachigen Raum gesetzt wurden, wurde von der deutschen Forschung aufgenommen. Dies trug dazu bei, das Thema Monarchie vom Ruf der Rückwärtsgewandtheit zu befreien. Kulturwissenschaftlich orientierte Fragestellungen und neue theoretische Ansätze zu Symbolik, Performanz, Theatralität und Repräsentation rückten die Monarchie und deren Institutionen zunehmend ins Rampenlicht. Neuere Studien zum Monarchenkult betonen die Wechselseitigkeit zwischen Monarchie und bürgerlicher Gesellschaft und definieren Partizipationschancen. Ebenso fand die Mediengeschichte der Monarchie vielfache Beachtung. Durch neue Fragestellungen und Methoden wurde eine Systematisierung monarchischer Herrschaft möglich. Aus der kulturalistischen Perspektive geraten heute auch die Chancen der Monarchie in der Moderne in den Blick. Die Institution profitierte von den Prozes-

---

[7] Vgl. Körner, Hans-Michael: Geschichte des Königreichs Bayern. München, 2006. S. 185-188; Körner, Hans-Michael: Ludwig III. Totengräber der Monarchie. In: Schmid, Alois (Hg.): Die Herrscher Bayerns; 25 historische Portraits von Tassilo III. bis Ludwig III. München, 2001. S. 376-388.
[8] Janßen, Karl-Heinz: Macht und Verblendung. Kriegszielpolitik der deutschen Bundesstaaten 1914/18. Göttingen, 1963.
[9] Koch, Ingeborg: Die Bundesfürsten und die Reichspolitik in der Zeit Wilhelms II. München, 1961.
[10] Vgl. Körner, Hans-Michael: Geschichte des Königreichs Bayern. München, 2006. S. 187f.
[11] Böckenförde, Ernst-Wolfgang: Der Verfassungstyp der deutschen konstitutionellen Monarchie im 19. Jahrhundert. In: Böckenförde, Ernst-Wolfgang (Hrsg.): Moderne deutsche Verfassungsgeschichte. Königstein, 1981. S.146-170.
[12] Huber, Ernst Rudolf: Deutsche Verfassungsgeschichte seit 1789. Bd. 3-5. Stuttgart, 1978.
[13] Demel, Walter; Kramer, Ferdinand: Adel und Adelskultur in Bayern. München, 2008; Jahn, Wolfgang: Adel in Bayern. Ritter, Grafen, Industriebarone ; Katalog zur Bayerischen Landesausstellung 2008. Augsburg, 2008; Malinowski, Stephan: Vom König zum Führer. Sozialer Niedergang und politische Radikalisierung im deutschen Adel zwischen Kaiserreich und NS-Staat. Berlin, 2003; Wienfort, Monika: Der Adel in der Moderne. Göttingen, 2006.

sen der Regionalisierung und Nationalisierung. Gleichzeitig lässt sich der Prozess einer massiven Umformung der Monarchie beobachten – mit den Stichworten Funktionalisierung, Romantisierung und Vulgarisierung zu umschreiben – der immer neue Erwartungen der Öffentlichkeit hervorrief.[14]

Seit etwa zwanzig Jahren ist in der deutschen und internationalen Forschungslandschaft ein verstärktes Interesse sowohl am Deutschen Kaiserreich als auch am Ersten Weltkrieg feststellbar. Das Kaiserreich fand in einer Gesamtdarstellung von Volker Ullrich prominente Berücksichtigung. Roger Chickering gelang es, Erfahrungsgeschichte mit militär-, politik- und sozialgeschichtlicher Forschung zum Weltkrieg zu verbinden. Mit anderer Schwerpunktsetzung lieferte Wolfgang J. Mommsen wertvolle Beiträge zur Sozial- und Politikgeschichte im Krieg. Auf die föderative Beschaffenheit des Kaiserreichs ging vor allem Dieter Langewiesche ein.[15] Im Umfeld des neunzigjährigen Jubiläums des Ausbruchs des Ersten Weltkriegs beschäftigten sich etliche Darstellungen mit dessen Militär- und Politikgeschichte. Hervorzuheben sind die Arbeiten von Hew Strachan, David Stevenson und John Keegan. Die von Gerhard Hirschfeld, Gerd Krumeich und Irina Renz herausgegebene umfangreiche „Enzyklopädie Erster Weltkrieg" überwand nationale und thematische Grenzen.[16] Der Einfluss des Hauses Wittelsbach auf die deutsche Politik und Kriegführung im Ersten Weltkrieg wurde bisher nicht bestimmt, wogegen die Militärgeschichte bayerischer Einheiten gut erforscht ist.[17] Neben mi-

---

[14] Vgl. Biskup, Thomas; Kohlrausch, Martin: Einleitung. In: Biskup, Thomas; Kohlrausch, Martin (Hrsg.): Das Erbe der Monarchie. Nachwirkungen einer deutschen Institution seit 1918. Frankfurt am Main, 2008. S. 11-34. Hier: S. 21f.

[15] Ullrich, Volker: Die nervöse Großmacht. 1871-1918. Aufstieg und Untergang des deutschen Kaiserreichs. Frankfurt am Main, 2007; Chickering, Roger: Das Deutsche Reich und der Erste Weltkrieg. München, 2002; Mommsen, Wolfgang J.: Der Erste Weltkrieg. Anfang vom Ende des bürgerlichen Zeitalters. Frankfurt a. M., 2004; Mommsen, Wolfgang J.: Die Urkatastrophe Deutschlands. Der Erste Weltkrieg 1914-1918. Stuttgart, 2002; Langewiesche, Dieter: Föderalismus und Zentralismus im deutschen Kaiserreich: Staat, Wirtschaft, Gesellschaft, Kultur - eine Skizze. In: Janz, Oliver (Hrsg.): Zentralismus und Föderalismus im 19. und 20. Jahrhundert. Deutschland und Italien im Vergleich. Berlin, 2000. S. 79-90.

[16] Hirschfeld, Gerhard; Krumeich, Gerd; Renz, Irina: Enzyklopädie Erster Weltkrieg. Paderborn, 2003; Keegan, John: Der Erste Weltkrieg. Eine europäische Tragödie. Reinbek bei Hamburg, 2003; Mommsen, Wolfgang J.: Der Erste Weltkrieg. Anfang vom Ende des bürgerlichen Zeitalters. Frankfurt a. M., 2004; Mommsen, Wolfgang J.: Die Urkatastrophe Deutschlands. Der Erste Weltkrieg 1914-1918. Stuttgart, 2002; Stevenson, David: 1914-1918. Der Erste Weltkrieg. Düsseldorf, 2006; Strachan, Hew: Der Erste Weltkrieg. München, 2004; Strachan, Hew: The First World War. Volume 1: To Arms. Oxford, 2003.

[17] Bayerisches Kriegsarchiv (Hrsg.): Die Bayern im Großen Kriege 1914-1918. 2 Bd. München, 1923; Krafft von Dellmensingen, Konrad; Feeser, Friedrichfranz: Das Bayernbuch vom Weltkriege. 2 Bd. Stuttgart 1930; Reichsarchiv/ Bayerisches Kriegsarchiv (Hrsg.): Erinnerungsblätter deutscher Regimenter. Bayerischer Anteil. 92 Bände. München u. a., 1921-1940; Hackl, Othmar: Der bayerische Generalstab (1792-1919). München, 1999; Hackl, Othmar: Die bayerische Kriegsakademie (1867-1914). München, 1989; Hebert, Günther: Das Alpenkorps. Aufbau, Organisation und Einsatz einer Gebirgstruppe im Ersten Weltkrieg. München, 1988; Potempa, Harald: Die Königlich-Bayerische Fliegertruppe 1914-1918. Frankfurt, 1997.

litärischen und politischen Betrachtungen manifestierte sich der Boom der Weltkriegsforschung in etlichen Studien zur Kriegsalltags- und Mentalitätsgeschichte.[18]

Hinsichtlich einer politischen Kulturgeschichte der Endphase der bayerischen Monarchie bestehen nach wie vor erhebliche Desiderate. Die bayerische Landesgeschichte während des Ersten Weltkriegs wurde in politik- und sozialhistorischer Hinsicht zwar mehrfach untersucht, hier spielte die Institution Monarchie jedoch kaum eine Rolle. Untersuchungen zur Herrschaftspraxis der konstitutionellen Monarchien in Deutschland beschränken sich fast ausnahmslos auf deren Blütezeit im 19. Jahrhundert. Hierbei ist die vergleichende Arbeit von Marita Krauss zu nennen, die aber die weitreichende Umwandlung der Institution Monarchie um die Wende zum 20. Jahrhundert nicht erfasst.[19] Werner K. Blessing stellte bereits früh Fragen nach dem Zusammenhang monarchischer Herrschaftsinszenierung und politischer Loyalität.[20] Ebenso untersuchte er die Verbindungen zwischen Staat, Kirche und Gesellschaft in Bayern während des 19. Jahrhunderts.[21] Karl Möckl setzte sich mit Aufbau, Rolle und Funktion der bayerischen Hofgesellschaft auseinander.[22]

Katharina Weigand diagnostizierte für die Prinzregentenzeit die gezielte Inszenierung der Volkstümlichkeit der bayerischen Monarchie.[23] Simone Mergen konstatierte in ihrer Studie zu Monarchiejubiläen im 19. Jahrhundert die schrittweise Erweiterung und Öffnung der bayerischen Herrschaftsinszenierung hin zu bürgerlichen Festelementen.[24] Cajetan von Aretin lieferte einen bemerkenswerten rechtshistorischen Beitrag zu den Vermögensverhältnissen der Wittelsbacher zwischen 1916 und 1923.[25] Die Gesamtgeschichte des Königreichs Bayern wurde von Michael Körner im Jahr 2006 kritisch auf hohem Niveau reflektiert. Die Ursachen des Scheiterns der Monarchie sind in dieser knappen Darstellung untrennbar mit den Umwälzungen des Ersten Weltkriegs verbunden. Leider gerieten die äußerst anregenden Überlegungen Körners häufig zu kurz. Fragestellungen nach monarchischer Repräsentation und medialer Inszenierung griff er nicht auf.[26]

---

[18] Hirschfeld, Gerhard u. a. (Hrsg.): Die Deutschen an der Somme. 1914-1918. Krieg, Besatzung, Verbrannte Erde. Essen, 2006; Hirschfeld, Gerhard u. a. (Hrsg.): Keiner fühlt sich hier mehr als Mensch... Erlebnis und Wirkung des Ersten Weltkriegs. Essen, 1993; Ziemann, Benjamin: Front und Heimat. Essen, 1997.

[19] Krauss, Marita: Herrschaftspraxis in Bayern und Preußen im 19. Jahrhundert. Ein historischer Vergleich. Frankfurt am Main, 1997.

[20] Blessing, Werner K.: Der monarchische Kult, politische Loyalität und die Arbeiterbewegung im deutschen Kaiserreich. In: Ritter, Gerhard A. (Hrsg.): Arbeiterkultur. Königstein, 1979. S. 185-208.

[21] Blessing, Werner K.: Staat und Kirche in der Gesellschaft. Institutionelle Autorität und mentaler Wandel in Bayern während des 19. Jahrhunderts. Göttingen, 1982.

[22] Möckl, Karl: Hof und Hofgesellschaft in Bayern in der Prinzregentenzeit. In: Werner, Karl Ferdinand (Hrsg.): Hof, Kultur und Politik im 19. Jahrhundert. Bonn, 1985. S. 183-235.

[23] Weigand, Katharina: Prinzregent Luitpold. Die Inszenierung der Volkstümlichkeit. In: Schmid, Alois (Hg.): Die Herrscher Bayerns; 25 historische Portraits von Tassilo III. bis Ludwig III. München, 2001. S. 359-375.

[24] Mergen, Simone: Monarchiejubiläen im 19. Jahrhundert. Die Entdeckung des historischen Jubiläums für den monarchischen Kult in Sachsen und Bayern. Leipzig, 2005.

[25] Aretin, Cajetan von: Die Erbschaft des Königs Otto von Bayern. Höfische Politik und Wittelsbacher Vermögensrechte 1916 bis 1923. München, 2006.

[26] Körner, Hans-Michael: Geschichte des Königreichs Bayern. München, 2006.

Häufig schränkten biografisch-anekdotische Tendenzen die Monarchieforschung auf Kosten einer systematischen Arbeit und struktureller Analysen zur Beschaffenheit der Monarchie ein. Das bedeutet allerdings nicht, dass der Blick auf die handelnden Personen nicht weiterführend wäre.[27] Auf biografischer Ebene wurden Studien zu einzelnen Mitgliedern des bayerischen Königshauses veröffentlicht. Heute ist der letzte König von Bayern weitestgehend vergessen und allenfalls in folkloristischer Verklärung und manchmal leicht despektierlich als ‚Millibauer' präsent. Das liegt vor allem daran, dass ihm in der Historiografie bei weitem nicht die Aufmerksamkeit geschenkt wurde wie den meisten seiner königlichen Vorgänger. Vor allem Alfons Beckenbauer, Hans-Michael Körner und Hubert Glaser beschäftigten sich wissenschaftlich mit der Lebensgeschichte Ludwigs III.[28]

In weitgehende Vergessenheit gerieten auch Königin Marie Therese von Bayern sowie die Vielzahl öffentlich exponierter Königlicher Hoheiten. Die Lebensgeschichte der letzten bayerischen Königin wurde von Martha Schad in einer lesenswerten Abhandlung zu den Königinnen Bayerns nachgezeichnet.[29] Die Biografien der bayerischen Prinzessinnen und Prinzen und deren Rollen innerhalb der Institution Monarchie waren meist nur durch aufwändige Quellenarbeit zu rekonstruieren. Biografische Studien existieren lediglich zu Prinzessin Therese, der Schwester des Königs, zu Prinz Leopold, dem Bruder des Königs, sowie zum bayerischen Kronprinzen Rupprecht. Die verschiedenen älteren Lebensbeschreibungen des Kronprinzen – unter anderem diejenigen von Kurt Sendtner, Walter Goetz und Erwein Freiherr von Aretin – zeichnen ein spannendes und interessantes, aber leider auch unkritisches Porträt. Das von Dieter J. Weiß 2007 veröffentlichte Lebensbild schöpft eine Vielzahl an zuvor unzugänglichen Quellen aus, ordnet jedoch das Wirken des Kronprinzen zu wenig in die politischen, militärischen und kulturellen Zusammenhänge ein.[30]

---

[27] Vgl. Biskup, Thomas; Kohlrausch, Martin: Einleitung. In: Biskup, Thomas; Kohlrausch, Martin (Hrsg.): Das Erbe der Monarchie. Nachwirkungen einer deutschen Institution seit 1918. Frankfurt am Main, 2008. S. 11-34. Hier: S. 34.

[28] Beckenbauer, Alfons: Ludwig III. von Bayern. Regensburg, 1987; Glaser, Hubert: Ludwig II. und Ludwig III. Kontraste und Kontinuitäten. In: Zeitschrift für bayerische Landesgeschichte 59. München, 1996. S. 1-14; Glaser, Hubert: Ludwig III. König von Bayern. Skizze aus seiner Lebensgeschichte. Katalog zur Ausstellung in Wildenwart. Hrsg. von Max Oppel. Wildenwart, 1995. S. 11-58; Körner, Hans-Michael: König Ludwig III. von Bayern (1913-1918). In: Schwaiger, Georg (Hrsg.): Christenleben im Wandel der Zeit. 2. Bd. München, 1987. S. 215-231; Körner, Hans-Michael: Ludwig III. - Totengräber der Monarchie?; In: Schmid, Alois; Weigand, Katharina (Hrsg.): Die Herrscher Bayerns. 25 historische Portraits von Tassilo III. bis Ludwig III. München 2001; S. 376-388.

[29] Schad, Martha: Bayerns Königinnen. München, 2005. S. 287-367.

[30] Weiß, Dieter J.: Kronprinz Rupprecht von Bayern. Regensburg, 2007; Sendtner, Kurt: Rupprecht von Wittelsbach. Kronprinz von Bayern. München, 1954; Heydecker, Joe J.: Kronprinz von Bayern. Ein Lebensbild. München, 1953; Goetz, Walter: Rupprecht, Kronprinz von Bayern. 1869-1955. Ein Nachruf. München, 1956; Aretin, Erwein Freiherr von: Kronprinz Rupprecht von Bayern. Sein Leben und Wirken. München, 1949.

Prinz Leopold von Bayern wurde bereits im Jahr 1920 mit einer Biografie bedacht, die wissenschaftlichen Kriterien jedoch nicht standhält.[31] 1983 veröffentlichten Hans-Michael und Ingrid Körner einen Teil seiner Lebenserinnerungen.[32] Selbst militär- und politikgeschichtliche Darstellungen zu Ober Ost gehen nicht auf die herausgehobene Rolle des Prinzen ein.[33] Jüngst veröffentlichte die Literaturwissenschaftlerin Hadumod Bußmann eine Biografie zu Prinzessin Therese von Bayern, die aber trotz tiefen Einblicken in Persönlichkeit und Wirken der Prinzessin strukturelle Erkenntnisse zur monarchischen Ordnung vermissen lässt.[34]

Im Gegensatz zum Königreich Bayern wurde die Endphase monarchischer Herrschaft auf der Ebene des Kaiserreichs in jüngster Zeit vielfach aus neuen Perspektiven hinterfragt. John C. G. Röhl lieferte im Jahr 2008 den dritten und letzten Band seiner monumentalen Biografie Wilhelms II. ab. In diesem Standardwerk erneuerte er seine negative Einschätzung der Persönlichkeit des Kaisers, ordnete dessen Herrschaft jedoch zu wenig in den gesellschaftlichen Kontext ein. Trotz gegenteiliger neuerer Forschungen überschätzt er die Macht des Reichsmonarchen und schenkt den zukunftsweisenden und genuin modernen Aspekten der Institution Monarchie kaum Beachtung.[35] Positiv hervorzuheben ist die Arbeit Christopher Clarks zur Herrschaft des letzten Kaisers, die allerdings nur schwer mit Röhls Werk vergleichbar ist. Clark hinterfragte den tatsächlichen gestalterischen Spielraum des Reichsmonarchen und versuchte, die Institution Monarchie in der komplexen Machtarchitektonik des deutschen Staates in der Moderne strukturell einzuordnen. Gleichzeitig beschäftigte er sich mit der Verbindung der Krone zur Öffentlichkeit.[36]

In einem von Annika Mombauer und Wilhelm Deist 2003 herausgegebenen Sammelband zur Rolle Wilhelms II. im Kaiserreich wurden vielfältige neue Perspektiven auf die monarchische Herrschaft in der Moderne eröffnet. Bernd Sösemann richtete seinen Blick in dieser Publikation auf die Repräsentationsformen der Reichsmonarchie, Holger Afflerbach analysierte die Rolle des Kaisers als Oberster Kriegsherr, während Isabell Hull sein Verhältnis zu den militärischen Eliten beleuchtete.[37] Wolfgang König beschrieb die genuin modernen Aspekte der wilhelminischen Monarchie, indem er den Blick auf deren Verbindungen zur technisch-

---

[31] Wolbe, Eugen: Generalfeldmarschall Prinz Leopold von Bayern. Ein Lebensbild. Leipzig, 1920.
[32] Körner, Hans-Michael; Körner, Ingrid (Hrsg.): Aus den Lebenserinnerungen von Leopold Prinz von Bayern (1846-1930). Regensburg, 1983.
[33] Nicht einmal Liulevicius' Studie zu OberOst befasst sich mit dem Prinzen, der mehr als zwei Jahre lang als Oberbefehlshaber Ost agierte; Liulevicius, Vejas Gabriel: Kriegsland im Osten. Eroberung, Kolonisierung und Militärherrschaft im Ersten Weltkrieg 1914-1918. Hamburg, 2002.
[34] Bußmann, Hadumod: „Ich habe mich vor nichts im Leben gefürchtet". Die ungewöhnliche Geschichte der Therese Prinzessin von Bayern. München, 2011.
[35] Röhl, John C. G.: Wilhelm II. Der Weg in den Abgrund. 1900-1941. Nördlingen, 2008.
[36] Clark, Christopher: Wilhelm II. Die Herrschaft des letzten deutschen Kaisers. München, 2008.
[37] Mombauer, Annika; Deist, Wilhelm (Hrsg.): The Kaiser. New Research on Wilhelm II's role in Imperial Germany. Cambridge, 2003.

industriellen Welt richtete.[38] Alexander König veröffentlichte eine Studie zum Machtpotenzial des letzten Kaisers, welche gängige Interpretationen gewinnbringend differenzierte.[39]

Die von Wolfram Pyta virtuos geschriebene Hindenburg-Biografie bereicherte die Forschung zur Monarchie, indem sie Fragen nach politischer Kultur und charismatischer Herrschaftslegitimation während des Ersten Weltkriegs nachging.[40] Johannes Paulmanns Arbeit zur Veränderung der Repräsentation und Rolle der europäischen Monarchen bis zum Ersten Weltkrieg analysierte unter Bezugnahme auf kulturwissenschaftliche Forschungen die internationalen Strukturen und das symbolische Handeln der Monarchen.[41] Martin Kohlrausch ging in einer anspruchsvollen Studie der Frage nach, inwieweit Monarchie und Massenmedien sich gegenseitig beeinflussten und welche weitreichenden Konsequenzen dies für Monarchiediskurs und monarchische Ordnung hatte.[42] Der überzeugende Sammelband zum Erbe der Monarchie, den Thomas Biskup und Martin Kohlrausch im Jahr 2008 herausgaben, bilanzierte inhaltlich und methodologisch sehr facettenreich die Nachwirkungen der symbolischen, kulturellen sowie (kultur-)politischen Aspekte der konstitutionellen Monarchie nach 1918.[43]

Die Revolution von 1918 wurde in der deutschen Geschichtsforschung lange Zeit vernachlässigt. Während über Jahrzehnte deterministische Interpretationen vorherrschten, stellt die moderne politische Kulturgeschichte, für die eine reine Erfolg-Scheitern-Dichotomie von nachrangiger Bedeutung ist, nunmehr Fragen nach Kommunikationsformen, Repräsentationsstilen, Symbolik und Diskursstrategien in den Vordergrund. Dennoch lässt sich nicht leugnen, dass die Revolutionsforschung mehr oder minder festgefahren ist.[44] Einen wertvollen Beitrag zur Revolution lieferte der von Alexander Gallus jüngst herausgegebene Sammelband, in dem das Geschehen perspektivenreich auf dem aktuellen Forschungsstand reflektiert wurde.[45] Unlängst veröffentlichte Lothar Machtan eine Monografie, die sich mit dem Scheitern monarchischer Herrschaft auf Reichsebene und in den Bundesstaaten auseinandersetzte.[46] Diese folgt einem wissenschaftlich veralteten, psychohistorisch begründeten Negativbild der Protagonisten und zeichnet eine einseitig-

---

[38] König, Wolfgang: Wilhelm II. und die Moderne. Der Kaiser und die technisch-industrielle Welt. Paderborn u. a., 2007.
[39] König, Alexander: Wie mächtig war der Kaiser? Kaiser Wilhelm II. zwischen Königsmechanismus und Polykratie von 1908 bis 1914. Stuttgart, 2009.
[40] Pyta, Wolfram: Hindenburg. Herrschaft zwischen Hohenzollern und Hitler. München, 2009.
[41] Paulmann, Johannes: Pomp und Politik. Monarchenbegegnungen in Europa zwischen Ancien Régime und Erstem Weltkrieg. Paderborn u.a., 2000.
[42] Kohlrausch, Martin: Der Monarch im Skandal. Die Logik der Massenmedien und die Transformation der wilhelminischen Monarchie. Berlin, 2005.
[43] Biskup, Thomas; Kohlrausch, Martin (Hrsg.): Das Erbe der Monarchie. Nachwirkungen einer deutschen Institution seit 1918. Frankfurt am Main, 2008.
[44] Vgl. Gallus, Alexander: Einleitung. In: Gallus, Alexander (Hrsg.): Die vergessene Revolution von 1918/19. Göttingen, 2010. S. 7-13. Hier: S. 9-11.
[45] Gallus, Alexander (Hrsg.): Die vergessene Revolution von 1918/19. Göttingen, 2010.
[46] Machtan, Lothar: Die Abdankung. Berlin, 2008.

kritische Skizze einer royalen Niedergangshistorie. Neuere Forschungen zur Medien- oder Repräsentationsgeschichte oder wissenschaftliche Kontroversen zur Monarchie griff Machtan nicht auf. Der Institution Monarchie sprach er aus einer republikanisch-triumphierenden Position heraus jegliches Entwicklungs- oder Modernisierungspotenzial ab. Die Analyse der grundlegenden Fragestellungen geriet dementsprechend verzerrt und vielfach kurzsichtig und vermochte die politische, militärische, gesellschaftliche und kulturelle Rolle der Monarchie sowie die Ursachen deren Zusammenbruchs nicht befriedigend zu klären.[47]

1.2 Zielsetzung

Das zentrale Interesse dieser Arbeit ist die Institution Monarchie im bayerischen Staatsgefüge sowie die Rolle der bayerischen Königsfamilie im föderalistisch verfassten Reich kurz vor und während des Ersten Weltkriegs. Die Frage nach Machtchancen und Optionen der bayerischen Monarchie wird in verschiedenen Kontexten gestellt. Für eine grundlegende Analyse der Monarchie Bayerns wird der Betrachtungsrahmen über das Königreich auf den deutschen Nationalstaat und darüber hinaus erweitert. Es soll gezeigt werden, dass das Königshaus Wittelsbach im nationalen Rahmen auf Politik, Kultur, Gesellschaft und Kriegsgeschehen einzuwirken vermochte. Den Ausgangspunkt der Untersuchung bildet eine Bestandsaufnahme zum Zeitpunkt des Herrschaftsantritts Ludwigs III. Außerdem werden die Verbindungen des Hofes zu den Institutionen Kirche und Militär sowie die finanzielle Dimension monarchischer Herrschaft dargestellt. Der Blick wird über die staatlichen Strukturen und sozialen Machtverhältnisse hinaus auf die kulturelle Festsetzung von Symbolen und gesellschaftliche Diskurse gerichtet. Neben dem politischen, militärischen und karitativen Handeln der bayerischen Königsfamilie sollen dessen symbolische Dimensionen beleuchtet werden. Symbolische Politik wird hierbei, im Sinne der neueren Kulturgeschichte, nicht etwa als Gegenstück zu realer politischer Entscheidungskompetenz begriffen, sondern vielmehr als deren integraler Bestandteil und legitimatorische Grundlage.

Um die Herrschaft zu analysieren, werden die Legitimationsstrategien und Herrschaftsmechanismen der bayerischen Monarchie sowie deren Verhältnis zur Öffentlichkeit in den Blick genommen. Somit soll ein umfassendes Verständnis dafür geschaffen werden, welche Rolle die Monarchie zu Beginn des 20. Jahrhunderts spielte und welche Stellung sie im komplexen politischen und gesellschaftlichen System einnahm. König Ludwig III. war als Herrscher der Dreh- und Angelpunkt der Institution Monarchie, aber wie gezeigt werden soll, nahmen die etwa

---

[47] Vgl. Langewiesche, Dieter: Das Ende der Monarchien 1918 und seine Folgen (Rezension). In: sehepunkte 9 (2009), Nr. 4, 15.04.2009. URL: http://www.sehepunkte.de/2009/04/15137.html, aufgerufen am 14.10.2012.

1.2 Zielsetzung

drei Dutzend männlichen und weiblichen Mitglieder des Königlichen Hauses – entsprechend ihrer Position innerhalb der königlichen Familie – wichtige politische, militärische und karitative Funktionen sowie Aufgaben in der öffentlichen Repräsentation wahr.

Es soll dargelegt werden, dass die bayerische Monarchie ab 1913 eine noch nie dagewesene massenmediale Inszenierung erlebte, die ihr die Chance zur Repopularisierung abseits von verfassungspolitischen Zugeständnissen und realpolitischen Machteinbußen bot. Es wird gefragt, wie die Herrschaft inszeniert wurde und gezeigt, wie die bayerische Monarchie auf der nationalen Bühne Einfluss auf den deutungskulturellen Diskurs nahm. Mitten in die real- und symbolpolitischen Bemühungen platzte das Attentat auf den österreichischen Thronfolger. Die Konsequenzen des Kriegsausbruchs für die monarchische Ordnung waren enorm. Es wird hinterfragt, wie der König auf die nationalistische Massenbewegung der Bevölkerung reagierte, die in München unvermittelt auftrat. Dargestellt werden soll die Rolle des Königs von Bayern als letzte Entscheidungsinstanz und seine symbolpolitische Stellung als Oberster Kriegsherr. Die Studie klärt die Frage, inwiefern der Krieg dem bayerischen Königshaus nutzte. Von Interesse ist, wie sich die öffentliche Repräsentation und Kommunikation der Monarchie veränderte und sich das Königshaus politisch positionierte. Es wird gezeigt, dass die Nahrungsmittelkrise sowie die wirtschaftlichen und sozialen Probleme, die der Krieg mit sich brachte, keineswegs zu einer unmittelbaren Erosion monarchischer Macht führten.

Das bayerische Königshaus sollte in vielen Bereichen sukzessive an Einfluss gewinnen. In diesem Zusammenhang wird nach erweiterten Legitimierungs- und Gestaltungsmöglichkeiten gefragt, etwa der Inszenierung militärischen Führertums sowie verstärktem sozialem und karitativem Engagement. Es wird insbesondere der Frage nachgegangen, wie der König, die Königin und etliche Prinzessinnen und Prinzen die bayerische Monarchie an der ‚Heimatfront' öffentlichkeitswirksam repräsentierten. Von zentraler Bedeutung ist, welche Implikationen dies mit sich brachte. Daneben wird die Rolle des bayerischen Königshauses an der Front geklärt. Welche Aufgaben übernahm der König als Allerhöchster Kriegsherr und Inhaber der bayerischen Militärhoheit? Welchen Einfluss besaß die Dynastie durch hohe militärische Kommandos auf das Kriegsgeschehen? Geklärt wird die Rolle der Wittelsbacher Prinzen in den militärischen Operationen, etwa vor Verdun oder in der Somme-Schlacht, sowie deren Bewertung der militärischen Strategie der Heeresleitung. Außerdem soll gezeigt werden, wie die Prinzen medial als ‚Kriegshelden' inszeniert wurden.

Zwei Wittelsbacher Prinzen stießen im Jahr 1916 ins Zentrum militärischer Macht vor, als Prinz Leopold zum Oberbefehlshaber Ost aufstieg und Kronprinz Rupprecht zum Heeresgruppenführer in Frankreich avancierte. Dabei wird der Frage nachgegangen, welche Aufgaben und Verantwortlichkeiten sich mit diesen Stellungen verbanden und wie diese strategischen Positionen für die bayerische Monarchie von Nutzen waren. Es wird danach gefragt, wie der Einfluss in den politischen Diskussionen um Kriegsziele, Zentralisierung, Friedensinitiativen und Verfassungsänderungen genutzt wurde. Gefragt wird auch nach der Reaktion des Königshauses auf die Forderungen nach staatsbürgerlicher Mitbestimmung und einem Frieden ohne Annexionen sowie auf die legitimatorische Herausforderung durch die charismatischen Führererwartungen, in deren Mittelpunkt Paul von Hindenburg stand. Ebenso wird geklärt, welche Rolle das Haus Wittelsbach in maßgeblichen personalpolitischen Fragen von reichsweiter Bedeutung, etwa dem Sturz des Chefs des Großen Generalstabs von Falkenhayn oder den Demissionen der Reichskanzler von Bethmann Hollweg und Michaelis einnahm.

Schließlich wird der Blick auf die Ursachen des Scheiterns der monarchischen Ordnung gerichtet. Von Interesse ist, ob die Formen der Herrschaftsausübung und die Repräsentation der Wittelsbacher für eine industrielle Nation politisch überzeugend blieben, die sich in einem sich totalisierenden Krieg befand. Die Krise monarchischer Repräsentation und nationaler Integration, die sich ab dem Sommer 1918 immer deutlicher abzeichnete, wird detailliert in den Blick genommen. Es soll gezeigt werden, wie diese Krisen ab Mitte Oktober 1918 zunehmend virulent wurden. Schließlich wird der Frage nachgegangen, wie der monarchische Staat in kürzester Zeit kollabieren konnte. Die Position des bayerischen Königshauses gegenüber den Friedens- und Parlamentarisierungsforderungen sowie deren Involvierung in die Ernennung des badischen Prinzen Max zum Reichskanzler wird ebenso hinterfragt. Auch auf die Rolle, die das Königshaus Wittelsbach bei den Abdankungsforderungen an den Deutschen Kaiser spielte, wird eingegangen. Der Blick richtet sich schließlich auf die letzten Versuche der Stabilisierung und Verbreiterung der Legitimitätsbasis durch demokratische Reformen. Ursachen und Ablauf des Zusammenbruchs der monarchischen Ordnung in Bayern am 7. November 1918 werden herausgearbeitet. Abschließend wird geklärt, wie der entthronte König und die vormalige königliche Familie mit ihrer Situation umgingen, Versuche in Richtung einer Restauration der monarchischen Ordnung andachten und über ihre persönliche Lage in der Republik reflektierten.

1.3 Quellenlage

Für die vorliegende Studie wurde eine vielfältige private, militärische, diplomatische, ministerielle und publizistische Quellenüberlieferung verwendet. Zentrale Bestände wurden im Bayerischen Hauptstaatsarchiv Abt. III (Geheimes Hausarchiv) herangezogen. Es bestand nach Zustimmung des Chefs des Hauses Wittelsbach Gelegenheit, die bisher mehrheitlich unzugänglichen und umfangreichen Nachlässe König Ludwigs III. von Bayern, der bayerischen Königin Marie Therese, des Kronprinzen Rupprecht von Bayern sowie des Prinzen Leopold von Bayern zu nutzen. Ebenso konnten die Nachlässe des Prinzen Franz von Bayern, des Prinzen Georg von Bayern, des Prinzen Heinrich von Bayern, der Prinzessin Wiltrud von Bayern, der Prinzessin Therese von Bayern (†1925), der Prinzessin Therese

(†1938) sowie der Prinzessin Gisela von Bayern herangezogen werden. Zudem konnten die umfangreiche Aktenüberlieferung des Geheimen Zivilkabinetts des Königs von Bayern, die Akten des königlichen Obersthofmarschallstabes sowie die Presseausschnittsammlung der bayerischen Königin ausgewertet werden. Die zahlreichen Nachlässe der Mitglieder des Königlichen Hauses Bayern vermitteln in Form von Tagebüchern, umfangreichen schriftlichen Korrespondenzen und anderen persönlichen Aufzeichnungen hervorragende Einblicke in das Selbstbild, die Zielsetzungen und Aktivitäten der Protagonisten sowie die Strukturen der Institution Monarchie. Zudem wurden die im Geheimen Hausarchiv befindlichen Nachlässe des bayerischen Kriegsministers von Hellingrath, des Hofmarschalls des bayerischen Kronprinzen, Franz von Redwitz, sowie des mit dem Kronprinzen befreundeten Arztes Otto Lanz analysiert.

In Abt. II des Bayerischen Hauptstaatsarchivs (Neuere Bestände) konnte Einsicht in die relevanten Ministerialakten des bayerischen Staatsministeriums des Königlichen Hauses und des Äußern, des Staatsministeriums der Justiz, des Staatsministeriums der Finanzen sowie des Staatsministeriums für Kirchen- und Schulangelegenheiten genommen werden. Zudem wurden Protokolle des bayerischen Ministerrates, des bayerischen Staatsrats sowie der Arbeiter- und Soldatenräte verwendet. In Abt. IV des Bayerischen Hauptstaatsarchivs (Kriegsarchiv) wurden die Offizierspersonalakten sämtlicher männlicher Mitglieder des bayerischen Königshauses, Bestände des bayerischen Kriegsministeriums sowie Akten des Militär-Max-Joseph-Ordens ausgewertet. Die umfangreiche Feldpostsammlung der Prinzessin Therese wurde ebenfalls gesichtet. Von Interesse waren die Nachlässe der bayerischen Generale Felix von Bothmer sowie Konrad Krafft von Dellmensingen. Außerdem konnten relevante Akten des bayerischen Militärbevollmächtigten im Großen Hauptquartier, Akten der Armeeoberkommandos der 6. Armee, der 19. Armee, der Kaiserlichen Deutschen Südarmee sowie der Heeresgruppe Kronprinz Rupprecht eingesehen werden. Ferner wurde der in Abt. V des Bayerischen Hauptstaatsarchivs (Nachlässe und Sammlungen) gelagerte Nachlass des bayerischen Innenministers und persönlichen Freundes des bayerischen Königs Ludwig III., Maximilian Freiherr (ab 1916: Graf) von Soden-Fraunhofen, genutzt.

Im Haus-, Hof- und Staatsarchiv des Österreichischen Staatsarchivs in Wien wurde Einsicht in die Akten des k.u.k. Ministeriums des Äußeren sowie des Politischen Archivs genommen. Die umfangreichen Berichte des österreichischen Gesandten in München über die königliche Familie Bayerns waren von großem Wert. Im Kriegsarchiv des Österreichischen Staatsarchivs konnte der Bestand „Allerhöchster Oberbefehl", der die Akten der Generaladjutantur sowie der Militärkanzlei des österreichisch-ungarischen Kaisers beinhaltet, benutzt werden. Im Hauptstaatsarchiv Stuttgart des Landesarchivs Baden-Württemberg bestand Gelegenheit, Einsicht in die Akten der württembergischen Gesandtschaft in München zu nehmen. Zudem wurde durch den Chef des Hauses Urach der Einblick in den umfangreichen Nachlass der Herzogin Wiltrud von Urach (geb. Prinzessin von Bayern), der erheblich die bayerische Herrscherfamilie betrifft, ermöglicht.

2. Das Ende der Prinzregentenzeit

2.1 Die Reichsverweserschaft

Zunächst muss ein Blick auf die Vorkriegszeit geworfen werden. Die Situation der bayerischen Monarchie war seit 1886 in mancherlei Hinsicht misslich. König Ludwig II. war entmündigt worden und verstarb nur drei Tage später unter ungeklärten Umständen. Mit dem Tod des Königs am 13./14. Juni 1886 war die Krone entsprechend der Thronfolgeordnung an dessen 38-jährigen Bruder Otto gefallen, der seit den 1870er Jahren aufgrund einer Geisteskrankheit in Schloss Fürstenried interniert war.[48] Einen Tag nach dem Tod Ludwigs II. diagnostizierte ein ärztliches Gutachten, „dass Seine Majestät Otto I. König von Bayern in Folge langjähriger und unheilbarer Geistesstörung als verhindert an der Ausübung der Regierung zu betrachten sei und dass diese Verhinderung mit Bestimmtheit für die ganze Lebenszeit andauern werde."[49] Prinz Luitpold von Bayern, ein Onkel Ludwigs und Ottos, führte die Reichsverweserschaft fort, die er bereits für Ludwig II. übernommen hatte. Durch die Regierungsunfähigkeit des körperlich gesunden Königs Otto I. war für die Monarchie ein Schadensfall eingetreten, dessen Behebung durch die Verfassung des Königreichs nicht geregelt war. Eine Beendigung der Regentschaft war nur dann vorgesehen, wenn die den Monarchen an der Ausübung der Regierung hindernde Ursache nicht mehr existierte. Die vorauszusehende lange Dauer des Provisoriums stand nach Anschauung weiter Kreise dem Staatswohl und der monarchischen Idee entgegen.[50]

Über mehr als 26 Jahre führte des Königreichs Verweser, so der offizielle Titel des Prinzen Luitpold, die Regentschaft. Als „Prinzregent" verfügte er weder über die Souveränität des Königreichs, noch war er in seiner Stellung den Bundesfürsten rangmäßig gleichgestellt. Er konnte keine Unverantwortlichkeit für sich beanspruchen, so wie dies seinen fürstlichen Kollegen zustand. Die Regentschaft beinhaltete nur die Ausübung monarchischer Rechte anstelle des regierungsunfähigen Monarchen. Trotz seiner hochrangigen Stellvertreterposition blieb der Regent ein Unter-

---

[48] Seit März 1880 befand sich Otto, mittlerweile geistig umnachtet, in Schloss Fürstenried bei München in strenger Klausur. Zu diesem Zeitpunkt war er erst 32 Jahre alt. Der Kontakt zur Familie riss in den kommenden Jahrzehnten bis auf wenige Ausnahmen, etwa zu Prinzessin Therese von Bayern, ab. Vgl. Dickinger, Christian: Die schwarzen Schafe der Wittelsbacher. Zwischen Thron und Wahnsinn. München, 2005. S. 187-197.

[49] Bis 1913 begab sich jährlich eine parlamentarische Delegation nach Fürstenried, um sich von der andauernden Regierungsunfähigkeit des Königs zu überzeugen. Zit. nach Dickinger, Christian: Die schwarzen Schafe der Wittelsbacher. Zwischen Thron und Wahnsinn. München, 2005. S. 197.

[50] Vgl. Arnswald, Verena von: Die Beendigung der Regentschaft in Bayern 1912-1913. In: Zeitschrift für Bayerische Landesgeschichte. Nr. 30. München, 1967. S. 859-893. Hier: S. 859.

2.1 Die Reichsverweserschaft

tan des rechtmäßigen Königs. Luitpold stand weder die monarchische Titulatur „Majestät" noch ein Anspruch auf die Insignien des Monarchen zu.[51]

Das Königshaus war während der Regentschaft mehr denn je auf ein positives Bild in der Öffentlichkeit angewiesen. Der repräsentative Aufwand des Prinzregenten war nach dem Prestigeeinbruch der Krone durch das Königtum Ludwigs II. – der sich seit den späten 1860er Jahren mehr und mehr aus der Öffentlichkeit zurückgezogen hatte – und der Demontage des Königs durch dessen Entmündigung und Tod existenziell geworden, da das idealisierte Herrscherbild der Öffentlichkeit schwer gelitten hatte. Der bald aufblühende, sentimentale und kommerziell genutzte Kult um den vermeintlichen ‚Märchenkönig' fing den Prestigeeinbruch nicht etwa auf, sondern schwächte die Position des Prinzregenten zusätzlich. Dessen Regentschaft war lange von Misstrauen begleitet und demonstrierte als bloße Stellvertretung eines weiteren geisteskranken Königs ständig den Defekt der Dynastie. Nur durch eine intensive Goodwill-Repräsentation konnte Luitpold das Königshaus als politisches Symbol regenerieren.[52] Allerdings war die Zustimmung zur Monarchie vielerorts mit dem Wunsch nach einer zeitgemäßen Ausübung monarchischer Herrschaft verbunden. Das Gottesgnadentum wurde mit all seinen Konsequenzen nicht ohne weiteres akzeptiert, das Königtum eines Teils seiner charismatischen Weihe entkleidet und zunehmend als Institution der Verfassung gesehen.[53]

Der als überparteilich, heimatverbunden und volkstümlich dargestellte Prinzregent eignete sich hervorragend als Integrationsfaktor für alle Teile und Bevölkerungsschichten des Königreichs. Sein hohes Alter verlieh ihm zunehmend eine Aura von Weisheit und Milde. Gleichsam verkörperte er durch seine militärische Haltung eine natürliche Autorität. Luitpold gelang es durch seine leutselige Art, den Eindruck zu vermitteln, er entstamme aus der Mitte des heimatbewegten Volkes. Die königliche Familie wurde als Verteidigerin der bayerischen Sonderstellung im Kaiserreich wahrgenommen. Der inszenierte Widerstand gegen Zentralisierungstendenzen betraf meist Fragen des militärischen Bereichs und war nicht von großem Erfolg gekrönt. Rein äußerlich ließ sich jedoch die Illusion eines energischen Einsatzes für die bayerische Eigenständigkeit gut vermitteln. Diesen Nimbus nutzte man, um die königliche Familie vor Kritik zu schützen.[54]

---

[51] Vgl. Hubensteiner, Benno: Bayerische Geschichte. München, 1980. S. 316-321; Vgl. Machtan, Lothar: Die Abdankung. Berlin, 2008. S. 34f.

[52] Vgl. Weigand, Katharina: Prinzregent Luitpold. Die Inszenierung der Volkstümlichkeit. In: Schmid, Alois (Hg.): Die Herrscher Bayerns; 25 historische Portraits von Tassilo III. bis Ludwig III. München (2001), S. 359-375. Hier: S. 369-375; Vgl. Blessing, Werner K.: Der monarchische Kult, politische Loyalität und die Arbeiterbewegung im deutschen Kaiserreich. In: Ritter, Gerhard A. (Hrsg.): Arbeiterkultur. Königstein, 1979. S. 185-208. Hier: S. 191.

[53] Der charismatische Fürstenmythos trug erheblich zur Legitimation der Monarchie bei. Vgl. Becker, Frank: Begriff und Bedeutung des politischen Mythos. In: Stollberg-Rilinger, Barbara (Hrsg.): Was heißt Kulturgeschichte des Politischen? Berlin, 2005. S. 129-148; Vgl. Ursel, Ernst: Die bayerischen Herrscher von Ludwig I. bis Ludwig III. im Urteil der Presse nach ihrem Tode. Berlin, 1974. S. 154.

[54] Die während Jagden bevorzugte einfache Jagdkleidung der Königlichen Hoheiten – zeitgenössisch als „schiache Joppn" bezeichnet – das Tragen der kurzen Lederhose und des Gamsbarthutes, trugen

2. Das Ende der Prinzregentenzeit

Luitpold nutzte die Möglichkeit, durch öffentliche Auftritte die volkstümliche Popularität zu erreichen, die eigentlich dem Monarchen zukam. Verfassungsmäßiger Auftrag der Krone war es, dem Auseinanderstreben der gesellschaftlichen Kräfte und der Entfremdung zwischen Staat und Volk integrierend entgegenzuwirken. Sie war nicht nur angehalten, die Verfassung formell zu garantieren, sondern initiativ für ihre Verwirklichung und Weiterentwicklung Sorge zu tragen. Prinzregent Luitpold hatte diese großzügig geregelte, zum Gestalten aufrufende Kraft des Monarchen jedoch nicht in Anspruch genommen. Stattdessen hatte er, unter Betonung seiner Verfassungstreue, auch in jenen Fällen Rückversicherung gesucht, die seinem Ermessen unterworfen waren. Mit zunehmendem Alter hatten die Einflüsse auf ihn noch zugenommen. Die politische Entscheidungsstruktur im Königreich blieb vielfach unklar. Im engeren politischen Bereich war der greise Prinzregent in hohem Maß von seinen engsten Beratern abhängig, vor allem den ihm nahestehenden Generaladjutanten, Chefs seiner Geheimkanzlei und Staatsministern. Demgegenüber wurde der Nimbus des autonom über den Parteien stehenden Prinzregenten unentwegt bekräftigt. Prinz Luitpold war so weit wie möglich aus dem politischen Geschehen, vor allem der Parteipolitik, ferngehalten und auf seine symbolische Rolle reduziert worden.[55]

Mit zunehmendem Alter konnte er seine Stellung nicht mehr in vollem Umfang ausüben. In seinen letzten Lebensjahren wurden seine repräsentativen und protokollarischen Aufgaben verstärkt von seinem ältesten Sohn übernommen. Der feierlichen Eröffnung des bayerischen Landtags im Jahr 1912 wohnte der 90-jährige Luitpold zwar bei, ließ sich aber während langwierigen und beschwerlichen Teilen

---

stark zu dem der Öffentlichkeit bewusst vermittelten Bild der Volkstümlichkeit bei. Diese Kleidung stand um die Jahrhundertwende für Heimatverbundenheit und Heimatliebe, für die Wiederentdeckung von Tracht und Volksbräuchen, damit für eine nicht zu unterschätzende kulturelle und gesellschaftliche Strömung. Durch die Jagdausflüge wurden die Prinzen nicht nur aus den verschiedensten Teilen des Königreichs für ihre Untertanen sichtbar, sondern sorgten nebenbei auch für zahlreiche Sympathien erweckende Anekdoten. Die vermeintlich einfache und sparsame Lebensart des Prinzregenten Luitpold wurde legendär, ebenso sein unkomplizierter Umgang mit den ihn begleitenden Jägern. Die verschenkten Zigarren wurden in manchem Haus wie Reliquien aufbewahrt. Die geschickte Inszenierung des Königlichen Hauses ermöglichte es, dass zwar gegen den Willen der Bevölkerungsmehrheit an der liberalen Regierung festgehalten wurde, gleichzeitig das Königliche Haus aber von jeder Kritik ausgenommen blieb. Vgl. Weigand, Katharina: Prinzregent Luitpold. Die Inszenierung der Volkstümlichkeit. In: Schmid, Alois (Hg.): Die Herrscher Bayerns; 25 historische Portraits von Tassilo III. bis Ludwig III. München (2001), S. 359-375. Hier: S. 370-374.

[55] Ministerrat, Ministerialbürokratie und Geheimkanzlei des Prinzregenten konnten sich – zwischen dem verfassungsrechtlich nur mit beschränkten Kompetenzen ausgestatteten Landtag und dem die Verfassungswirklichkeit nur begrenzt gestaltendem Regenten – zu maßgeblichen politischen Faktoren im Königreich entwickeln. Politische Entscheidungen wurden dementsprechend stets nach Rücksprache mit Personen der engsten Umgebung des Regenten gefällt. Diese Berater hatten dadurch, entsprechende Ambitionen vorausgesetzt, eine ausgesprochen starke Position innerhalb des politischen Entscheidungsprozesses gewonnen. Vgl. Albrecht, Dieter: Von der Reichsgründung bis zum Ende des Ersten Weltkrieges. In: Schmid, Alois (Hrsg.): Handbuch der bayerischen Geschichte. Bd. 4/1. Das Neue Bayern. Von 1800 bis 1970. Staat und Politik. München, 1979. S. 283-386. Hier: S. 335 und S. 348f; Vgl. Möckl, Karl: Die Prinzregentenzeit. München, 1972. S. 558f.

2.1 Die Reichsverweserschaft

des Zeremoniells durch Prinz Ludwig vertreten.[56] Auslandsreisen mit repräsentativem Charakter unternahm Luitpold aufgrund der damit verbundenen Anstrengungen nicht mehr.[57] In seinen letzten Lebensjahren ging die bösartige Anekdote um, Prinzregent Luitpold sei bereits tot, aber man dürfe es ihm nicht sagen, sonst rege er sich zu sehr auf.[58]

Laut einem geheimen ärztlichen Gutachten von Ende Oktober 1912 litt der inzwischen 91-jährige Prinzregent Luitpold an fortschreitender Arteriosklerose. Eine „zeitweise Beeinträchtigung der Gehirnfunktionen gleiche sich aber wieder aus, so dass auch wieder normale Zustände einträten. Von einer Regierungsunfähigkeit oder Bestimmungsunfähigkeit sei […] keine Rede." Professor von Angerer urteilte, des Prinzregenten körperlicher Zustand habe sich etwas verbessert, die Herztätigkeit müsse aber künstlich unterstützt werden. Eine imminente Gefahr bestehe nicht, sein Hinscheiden werde aber nicht mehr lange dauern.[59] Die Regierung beschloss für den Fall seines Ablebens, den Prinzen Ludwig zu ersuchen, die Regentschaft anzutreten und den Landtag einzuberufen, damit er den verfassungsmäßig vorgeschriebenen Eid ablegen konnte. Ferner wurde auf Wunsch des Prinzen Ludwig ein neuerliches ärztliches Gutachten zum Gesundheitszustand dessen Vetters Otto, des nominellen Königs, in die Wege geleitet. Noch immer kursierten Gerüchte, dieser sei gar nicht geisteskrank – dies galt es unbedingt zu widerlegen.[60]

Am 12. Dezember 1912 verstarb Prinzregent Luitpold. Tags zuvor hatte der Ministerrat für diesen Fall vereinbart, dessen ältesten Sohn aufzufordern, „die ihm ipso jure angefallene Regentschaft zu übernehmen."[61] Durch eine Bekanntmachung wurde Luitpolds Tod sowie die Amtsübernahme durch Prinz Ludwig kommuniziert. Es hieß, da das schwere Leiden des Königs Otto weiterbestehe, legten die „Bestimmungen der Verfassungsurkunde [dem Prinzen Ludwig] als dem nach der Erbfolge-Ordnung nächstberufenen Agnaten die schwere Pflicht auf, die bestehende Reichsverwesung fortzusetzen." Verfassungsgemäß wurde die Einberufung des

---

[56] Vgl. Ursel, Ernst: Die bayerischen Herrscher von Ludwig I. bis Ludwig III. im Urteil der Presse nach ihrem Tode. Berlin, 1974. S. 150; Programm des Oberstkämmererstabs über die feierliche Eröffnung des Landtags durch Prinzregent Luitpold am 27.2.1912. Einberufung, Eröffnung, Vertagung und Schluss des Landtags 1912-1918. BayHStA, NB. StMin des K. Hauses und des Äußern, Nr. 94836.

[57] Bayerische Staatszeitung, 23.5.1913. OeStA, Abt. Haus-, Hof- und Staatsarchiv. Ministerium des Äußern. Administrative Registratur, Nr. F2-36-1.

[58] Vgl. Dickinger, Christian: Die schwarzen Schafe der Wittelsbacher. Zwischen Thron und Wahnsinn. München, 2005. S. 200.

[59] Gutachten zum Gesundheitszustand des Prinzregenten Luitpold, München 28.10.1912. Nr. 25a. Ministerratsprotokolle der Ministerien Hertling, Dandl, Eisner. BayHStA, NB. StMin des K. Hauses und des Äußern, Nr. 99511.

[60] Bei einem Wechsel in der Person des Regenten war keine Zustimmung des Landtages notwendig. Die Minister des Innern, der Justiz und der Finanzen erklärten, „dass eine Zustimmung der Stände weder für den Fortbestand der Regentschaft überhaupt, noch eine Übernahme der Regentschaft durch S.K.H. den Prinzen Ludwig, gegeben sei." Vgl. Ministerratsprotokoll Nr. 25 vom 31.10.1912. Ministerratsprotokolle der Ministerien Hertling, Dandl, Eisner. BayHStA, NB. StMin des K. Hauses und des Äußern, Nr. 99511.

[61] Ministerratsprotokoll Nr. 29 vom 11.12.1912. Ministerratsprotokolle der Ministerien Hertling, Dandl, Eisner. BayHStA, NB. StMin des K. Hauses und des Äußern, Nr. 99511.

Landtags auf den 21. Dezember 1912 verfügt, zur Teilnahme am Regentschaftseid.[62] Fast im gesamten Spektrum der Presse wurde der neue Regent mit Sympathie begrüßt. Seine Persönlichkeit, seine Eigenschaften als Privatmann und Familienvater sowie sein weitreichendes Interesse an allen Fragen des öffentlichen Lebens wurden lobend hervorgehoben. Zudem wurden seiner Gattin Marie Therese und seinem ältesten Sohn Rupprecht unzählige, häufig reich bebilderte Artikel gewidmet.[63]

In der Presse kam umgehend die Frage nach der Beendigung der Regentschaft auf. Die „Münchner Neuesten Nachrichten" fragten am 12. Dezember im Vorabendblatt: „Prinz-Regent Ludwig – oder König Ludwig III.?" Die Zeitung stellte fest, dass der „ehrwürdige Greis, der in der Residenz in der verflossenen Nacht die Augen" geschlossen habe, zwar lediglich den Titel des Prinzregenten getragen habe. Seine harte Arbeit und persönliche Würde hätten jedoch dazu beigetragen, dass ihm fast alle landesherrlichen Prärogative eines Bundesfürsten zugestanden wurden. Die Zeitung zog den Schluss, dass der Regentschaft nun ein Ende bereitet werden und Prinz Ludwig zum König proklamiert werden solle. Allein der König sei im Besitz der Rechte und Pflichten, „nur im Könige ist persönlich und staatsrechtlich ohne jede Hemmung die Einheit gegeben: Dass er niemandem als vor seinem Gewissen und vor Gott verpflichtet und unverantwortlich, doch zugleich nicht um seines, sondern um des Staates Willen herrscht, dass er nicht persönliche, sondern Staatsinteressen verfolgt, dass seine Gewalt keine egoistisch bestimmte, kein privatrechtliches Eigentum, sondern eine öffentliche, eine Staatsgewalt und zwar der höchste Ausdruck der Staatsraison im Verfassungsstaate" sei.[64]

---

[62] Gesetz- und Verordnungs-Blatt für das Königreich Bayern Nr. 81. München, 13. Dezember 1912. Bekanntmachung, die Übernahme der Regentschaft und die Einberufung des Landtags betreffend. Übernahme der Regentschaft und feierliche Eidesleistung S.K.H. des Prinzregenten Ludwig am 21.12.12. BayHStA, NB. Kgl. Staatsrat. Nr. 7995.

[63] „Der Regierungswechsel in Bayern". Münchner Zeitung, 14. Dezember 1912. Proklamation des Prinzen Ludwig von Bayern zum Prinzregenten 1912, Thronbesteigung des Prinzregenten Ludwig als Ludwig III. König von Bayern am 12. November 1913. LABW, HStA Stuttgart, Archiv der Herzöge von Urach, GU 119. NL Wiltrud Herzogin von Urach. Nr. 657; „Prinzregent Ludwig von Bayern, des Königreichs Verweser". In: Das Bayerland. Illustrierte Wochenschrift für Bayerns Land und Volk. Begründet von H. Leher, Hrsg. von Dr. Josef Weiß und Dr. Otto Denk in Verbindung mit einem Kuratorium unter dem Vorsitze Sr. Kgl. Hoheit des Kronprinzen Rupprecht von Bayern. München, Jahrgang 1912/13. Heft vom 21. Dezember 1912. S. 181-184; „Prinzessin Ludwig von Bayern". In: Das Bayerland. Illustrierte Wochenschrift für Bayerns Land und Volk. Begründet von H. Leher, Hrsg. von Dr. Josef Weiß und Dr. Otto Denk in Verbindung mit einem Kuratorium unter dem Vorsitze Sr. Kgl. Hoheit des Kronprinzen Rupprecht von Bayern. München, Jahrgang 1912/13. Heft vom 21. Dezember 1912. S. 184-188; „Prinz Rupprecht von Bayern". In: Das Bayerland. Illustrierte Wochenschrift für Bayerns Land und Volk. Begründet von H. Leher, Hrsg. von Dr. Josef Weiß und Dr. Otto Denk in Verbindung mit einem Kuratorium unter dem Vorsitze Sr. Kgl. Hoheit des Kronprinzen Rupprecht von Bayern. München, Jahrgang 1912/13. Heft vom 21. Dezember 1912. S. 188f.

[64] „Prinz-Regent Ludwig – oder König Ludwig III.?" Münchner Neueste Nachrichten, Nr. 635. Vorabendblatt. Freitag, 13.12.1912. Seite 3. München, 12.12.1912. Übernahme der Reichsverweserschaft des Königreiches Bayern durch S.K.H. den Prinzen Ludwig von Bayern. BayHStA, KrA. Kriegsministerium, Nr. 81.

2.2 Die Thronbesteigung König Ludwigs III.

Staatspolitisch war es verständlich, dass nach einem sichtbaren Träger der Regierungsgewalt verlangt wurde, da der Interimszustand ohne vollwertigen Souverän problematisch war. Die bayerische Verfassung hatte jedoch für den Fall einer dauerhaften Reichsverwesung anstelle eines unheilbar kranken Königs keine Vorsorge getroffen. Prinzregent Luitpold hatte trotz seiner persönlichen Beliebtheit zeitlebens die Annahme der Königswürde von sich gewiesen.[65] Er hatte sich nie ganz vom Odium einer Mitschuld an der so genannten ‚Königskatastrophe' von 1886 lösen können. Durch Absetzung seines geisteskranken Neffen Otto wollte er sich nicht dem Vorwurf der Thronusurpation aussetzen. Aufgrund der ungebrochenen Beliebtheit König Ludwigs II., die sich zu einer mythischen Überhöhung auswuchs, war er schon aus rein symbolpolitischen Gründen zu großer Rücksichtnahme in Bezug auf die Königskrone gezwungen. Da er Pläne zur Regentschaftsbeendigung abgelehnt und darüber hinaus deren öffentliche Erörterung untersagt hatte, wurde die Frage erst wieder mit seinem Tod aktuell. Hinter den Kulissen wurden aber schon lange Pläne ausgearbeitet, um eine Königsproklamation zu ermöglichen. Teils kursierte die Meinung, der Regent könne aus eigener Machtvollkommenheit als nächster Thronanwärter die Regentschaft beenden und den Thron besteigen. Unabdingbar war jedoch die Unterstützung der Öffentlichkeit und des Landtags. Als einzig gangbarer Weg, den regierungsunfähigen König Otto abzusetzen, die Thronfolge zu eröffnen und das monarchische Prinzip formal unangetastet zu belassen, schien ein durch den Landtag zu beschließender Verfassungszusatz, welcher die Bestimmungen betreffend der Regentschaft modifizierte.[66]

Auf Anregung des liberalen Landtagsfraktionsvorsitzenden hatte Innenminister Max von Soden im November 1912 mit Prinz Ludwig darüber gesprochen, ob er die Königswürde anzunehmen gewillt wäre. Dieser erklärte sich bereit, die Regent-

---

[65] Dies lag teils an Luitpolds streng legitimistischem Denken, das nicht am Prinzip des Gottesgnadentums zu deuteln gewillt war. Die Verfechter des monarchischen Staates beriefen sich formal auf ein über die Verfassung hinausgehendes, wenngleich diese mitbegründendes, Prinzip: Die Legitimität. Dies bedeutete die Unantastbarkeit des Erb- und Geblütsrechts der Dynastien. Durch ihre autonom beschlossenen Hausgesetze sorgten die regierenden Häuser dafür, dass sich ihre Angehörigen bestimmten Regeln des Konnubiums unterwarfen und somit das Geblütsprinzip wahrten, welches mit der Legitimität unmittelbar verbunden war. Durch den Begriff des Gottesgnadentums wurde die in Anspruch genommene Heiligkeit des Erb- und Geblütsrechts weiter ideologisiert und mit Zustimmung der Kirchen mit einer religiösen Weihe umgeben. Vgl. Reinhard, Wolfgang: Geschichte der Staatsgewalt. Eine vergleichende Verfassungsgeschichte Europas von den Anfängen bis zur Gegenwart. München, 2002. S. 429; Vgl. Gollwitzer, Heinz: Die Endphase der Monarchie in Deutschland. Stuttgart, 1971. In: Heinz Gollwitzer: Weltpolitik und deutsche Geschichte. Gesammelte Studien. Hrsg. von Hans-Christof Kraus. Göttingen, 2008. S. 363-383. Hier: S. 367f.

[66] Vgl. Möckl, Karl: Die Prinzregentenzeit. München, 1972. S. 365-367; Albrecht, Willy: Landtag und Regierung in Bayern. Berlin, 1968. S. 49; Vgl. Aretin, Cajetan von: Die Erbschaft des Königs Otto von Bayern. München, 2006. S. 16f; Vgl. Machtan, Lothar: Die Abdankung. Berlin, 2008. S. 33-35; Vgl. Schneider, Ludwig M.: Die populäre Kritik an Staat und Gesellschaft in München (1889-1914). Ein Beitrag zur Vorgeschichte der Münchner Revolution von 1918/19. München, 1975. S. 361f.

schaft für beendet zu erklären und sich zum König zu proklamieren, falls „er auf keinerlei Widerstand von Seiten der bürgerlichen Parteien zu stoßen Gefahr laufe." Soden berichtete, er habe mit dem Landtagspräsidenten gesprochen, der sein Einverständnis erklärt und es für wahrscheinlich gehalten habe, dass die Zentrumspartei dem Plan zustimmen würde. Eine solche Zusage bezog sich jedoch mitnichten auf eine einseitige Königsproklamation ohne vorherige Verfassungsergänzung. Nicht nur die bürgerlichen Parteien verhinderten dies.[67] Das anvisierte Ziel, die monarchische Gewalt auf Kosten der Zuständigkeit des Landtags für Verfassungsänderungen zu stärken, scheiterte bereits an den Beamtenministern und der Ministerialbürokratie. Es bestand die Gefahr, die Monarchie durch einen Alleingang zu schwächen. Wenigstens hätte eine eigenmächtige Königsproklamation bittersten Widerstand bei den Sozialdemokraten und den Liberalen ausgelöst und die monarchische Ordnung in die öffentliche Auseinandersetzung hineingezogen.[68]

Der Justizminister war der Meinung, dass zwar die Beseitigung des „äußerst misslichen Zustandes der lange andauernden Regentschaft" in Angriff genommen werden sollte, vorausgesetzt, „dass dies den Wünschen Seiner Königlichen Hoheit des Prinzregenten Ludwig" entspreche. Zunächst müsse aber mit den Parteien des Landtags einschließlich der Sozialdemokraten verhandelt werden. Sobald eine Einigung erzielt oder wenigstens erreicht sei, dass die bürgerlichen Parteien das Vorgehen billigten und die Sozialdemokraten keine Schwierigkeiten machten, werde zu veranlassen sein, „dass aus der Mitte der Kammer der Reichsräte angeregt wird, an Seine Königliche Hoheit den Prinzregenten Ludwig die Bitte zu richten, dass er die Königskrone übernehme." Dieser Bitte entsprechend solle dem Landtag ein Gesetzesentwurf unterbreitet werden.[69]

Da eine Thronbesteigung des neuen Prinzregenten als König Ludwig III. in weiten Teilen der Bevölkerung begrüßt wurde, hatte sich der Ministerrat am 15. Dezember 1912 darauf verständigt, den Vorschlag zu unterbreiten, „dass S.K.H. den von dem Justizminister vorgeschlagenen Weg betreten und die Regentschaft unter Beseitigung der bisher gefundenen Hindernisse beendet und S.K.H. zum Kö-

---

[67] Außer Graf Soden stimmte in der Ministerratssitzung am 11. Dezember 1912 nur Hertling einem derartigen Vorgehen zu. Vom Justizminister wurde ein Gutachten zur Regelung der Thronfolge für den Fall dauernder Regierungsunfähigkeit des zur Regierung Berufenen eingebracht und man einigte sich schließlich auf den Kompromissvorschlag, unmittelbar nach der Übernahme der Regentschaft durch Prinz Ludwig die Beendigung der Regentschaft durch eine Verfassungsänderung einzuleiten. Sämtliche Minister waren der Meinung, dass nach der gegebenen Sachlage eine einseitige Königsproklamation ausgeschlossen sei. Falls Prinz Ludwig die Regentschaft beenden wolle, sei nur ein Zusatz zum §21 Titel II der Verfassungsurkunde denkbar. Vgl. Albrecht, Willy: Das Ende des monarchisch-konstitutionellen Regierungssystems in Bayern. Hrsg. von Karl Bosl. München, 1969. S. 263-299. Hier: S. 269; Vgl. Ministerratsprotokoll Nr. 29 vom 11.12.1912. Ministerratsprotokolle der Ministerien Hertling, Dandl, Eisner. BayHStA, NB. StMin des K. Hauses und des Äußern, Nr. 99511.
[68] Vgl. Albrecht, Willy: Landtag und Regierung in Bayern. Berlin, 1968. S. 49-51; Albrecht, Willy: Das Ende des monarchisch-konstitutionellen Regierungssystems in Bayern. Hrsg. von Karl Bosl. München, 1969. S. 263-299. Hier: S. 269.
[69] Schreiben Thelemanns an Kabinettschef von Dandl. München, 12.12.1912. Beendigung der Regentschaft (1912-1913). BayHStA, GHA. NL Ludwig III., Nr. 309.

2.2 Die Thronbesteigung König Ludwigs III. 29

nig erhoben werden." Die Staatsregierung war der Meinung, „sowohl die Interessen des Landes wie die bei allen patriotischen Bayern bestehende sichere Erwartung ließen den gegenwärtigen Augenblick als besonders günstig erscheinen." Der Justizminister wurde beauftragt, eine Vorlage vorzubereiten.[70] Der Prinzregent hatte allerdings Bedenken, den vorgeschriebenen Regentschaftseid zu leisten, „wenn er sich hinterher zum König mache." Er ließ sich überzeugen, „dass er keinen Meineid leisten würde, da der König, dem er die Königsgewalt unvermindert zu übergeben beschwören werde, eben derjenige König sei, der bei Beendigung der Regentschaft an diese Stelle zu treten haben werde."[71]

So kam es, dass die Staatsregierung hinter den Kulissen mit dem Landtag um das Königtum des Prinzen Ludwig verhandeln musste. Die Versuche, in den Landtagsfraktionen – wenigstens im bürgerlichen Lager – die Zustimmung zu einer Verfassungsänderung zu erwirken, scheiterten jedoch. Während die Liberalen eine wohlwollende Prüfung des Gesetzentwurfes in Aussicht stellten, falls der Landtag ein Mitbestimmungsrecht zugesprochen bekäme und auch die Reichsratskammer trotz Bedenken einem zustimmendem Votum der Kammer der Abgeordneten beitreten wollte, lehnte die Zentrumsfraktion am 20. Dezember 1912 die geplante Verfassungsergänzung mit 51 zu 29 Stimmen ab. Begründet wurde dies mit dem, angesichts der Zustimmung des Königshauses, der Regierung und der Reichsratskammer fadenscheinigen Einwand, dass die vorgesehene Regelung zu sehr die Rechte des Monarchen zu beschränken drohe. Nach der Ablehnung der Verfassungsergänzung durch das Zentrum war eine weitere Verfolgung des Plans einer Regentschaftsbeendigung aussichtslos. Um zu befürchtenden Auseinandersetzungen in der Presse das Wasser abzugraben, wurde ein Handschreiben des Prinzregenten an den Ministerratsvorsitzenden veröffentlicht.[72] Dieses war zuvor im Ministerrat beraten worden, der Krisensitzungen abgehalten hatte. Die Minister stimmten überein, sich nicht mehr öffentlich auf das Ziel einer Regentschaftsbeendigung festzulegen, um Zeit zu gewinnen.[73]

In diesem Schreiben ließ Ludwig wissen, dass er die Trauer um seinen verstorbenen Vater als überwältigend empfinde und diese als Beweis für das schöne Verhältnis verstehe, welches Fürst und Volk in Bayern seit Jahrhunderten verbinde. Das Erbe des Prinzregenten Luitpold gelte es in Treue zu verwalten. Ludwig schrieb, er handle in diesem Sinne, wenn er „im Hinblick auf die Bewegung, die wegen der Regentschaftsfrage durch das Land geht, es als Meinen bestimmten Wunsch bezeichne, dass zurzeit von irgendwelchen Maßnahmen zur Beendigung

---

[70] Ministerratsprotokoll Nr. 30 vom 15.12.1912. Ministerratsprotokolle der Ministerien Hertling, Dandl, Eisner. BayHStA, NB. StMin des K. Hauses und des Äußern, Nr. 99511.
[71] Alleruntertänigster Vortrag Hertlings 16.12.1912 nachm. 17.30 Uhr. Vorträge des Staatsministers des K. Hauses und des Äußern bei Prinzregent bzw. König Ludwig von Bayern (Hertling und von Dandl) 1912/1918. BayHStA, NB. StMin des K. Hauses und des Äußern, Nr. 953.
[72] Vgl. Albrecht, Willy: Landtag und Regierung in Bayern. Berlin, 1968. S. 51-53.
[73] Vgl. Ministerratsprotokolle Nr. 31 und 32 vom 20. und 21.12.1912. Ministerratsprotokolle der Ministerien Hertling, Dandl, Eisner. BayHStA, NB. StMin des K. Hauses und des Äußern, Nr. 99511.

2. Das Ende der Prinzregentenzeit

der Regentschaft abgesehen werden wolle."[74] Die mehrheitlich monarchisch gesinnte Bevölkerung bedauerte dies. Die „Münchner Zeitung" wies im Dezember 1912 darauf hin, dass es sich bei der Erklärung des Regenten um keine definitive Erledigung der Regentschaftsfrage handeln könne. Es scheine sich, so die Zeitung, auch „immer mehr herauszustellen, dass diejenigen Stimmen recht bekommen, die das Scheitern der vom größten Teil des Volkes gewollten Änderung auch auf die Angst gewisser Parteikreise zurückführen, bei einem Drängen in der Angelegenheit wegen Verfassungsbrüchigkeit verantwortlich gemacht zu werden."[75]

Staatsminister Hertling erhielt im Januar 1913 eine anonyme Zuschrift, die einen verbreiteten öffentlichen Diskurs aufnahm. Er wurde gebeten, den Prinzregenten von der Notwendigkeit der Regentschaftsbeendigung zu überzeugen: „Die Beweggründe Seiner Königlichen Hoheit werden verstanden und hochgeschätzt. Aber es besteht die Gefahr, dass die Königstreue, dieses edle Erbteil des Deutschen, dieses unantastbare Vermächtnis Bismarcks, […] Einbuße erleidet." Vor allem symbolpolitisch biete ein Königtum erheblich größere Möglichkeiten, denn wenn das Volk auch an seinem Herrscher hänge, so wolle man, dass dieser „wirklich und sichtbar vor seinem Volke herzieht […]. Für einen König in abstracto, also ohne sichtbare Machtentfaltung, fehlt der Sinn, bez[iehungsweise] er stirbt ab." Die lange Dauer der Regentschaft rühre an den Grundfesten der monarchischen Ordnung. Der anonyme Verfasser warnte: „Wenn ganze Generationen aufwachsen, die keinen König sehen, aber umso lauter das Geschrei hören: Man sieht, es geht auch so", werde man sich bald in einer Republik wiederfinden. Der Prinzregent solle die sich bietende Chance nutzen und die Regentschaft beenden.[76]

Hertling war den größten Teil des Jahres 1913 damit beschäftigt, die Landtagsfraktionen hinter den Kulissen zu überzeugen.[77] Der einflussreiche Handelskammertag unterstützte dies im Spätsommer: „Die im bayerischen Handelskammertag vereinigten acht Handelskammern des Königreichs als berufene Vertretungen des Handels, der Industrie und des Gewerbes in Bayern erachten es sowohl im allgemeinen Interesse des Landes wie auch im Interesse der von ihnen vertretenen Erwerbsstände für dringend erwünscht, dass der gegenwärtige Zustand der Regent-

---

[74] Allerhöchstes Handschreiben des Prinzregenten an den Vorsitzenden im Ministerrat. Abgedruckt in der Münchner Zeitung, Nr. 299, 23.12.1912. Behandlung und Auseinandersetzung des Nachlasses des Prinzregenten Luitpold und Frage einer Beendigung der Regentschaft 1912-1913. BayHStA, GHA. Kabinettsakten König Ludwigs III., Nr. 160.

[75] „Das bayerische Königsproblem". Münchner Zeitung, 27. Dezember 1912. Proklamation des Prinzen Ludwig von Bayern zum Prinzregenten 1912, Thronbesteigung des Prinzregenten Ludwig als Ludwig III. König von Bayern am 12. November 1913. LABW, HStA Stuttgart, Archiv der Herzöge von Urach, GU 119. NL Wiltrud Herzogin von Urach. Nr. 657.

[76] Anonyme Zuschrift an Graf Hertling, 11.01.1913, gezeichnet „W." Privatkorrespondenz S.E. des k. Staatsministers Dr. Grafen von Hertling 1913-1917. BayHStA, NB. StMin des K. Hauses und des Äußern, Nr. 75144.

[77] Vgl. Deuerlein, Ernst: Einleitung. In: Briefwechsel Hertling-Lerchenfeld 1912-1917. Erster Teil. Boppard am Rhein, 1973. S. 38; Vgl. Körner, Hans-Michael: Ludwig III. Totengräber der Monarchie. In: Schmid, Alois (Hg.): Die Herrscher Bayerns; 25 historische Portraits von Tassilo III. bis Ludwig III. München, 2001. S. 376-388. Hier: S. 386.

schaft beendigt wird und das Land wieder einen regierenden König erhält. Sie richten daher, ohne den vorwiegend staatspolitischen Charakter der Frage zu verkennen, an den bayerischen Landtag und die k. Staatsregierung die Bitte, die zur Herbeiführung dieses Zieles geeigneten Schritte zu ergreifen."[78]

Die Presse hielt das Thema der Thronbesteigung im Interesse der Krone ebenfalls am Leben. Hatte das Zentrum, die stärkste Fraktion im Landtag, im Dezember 1912 seine Zustimmung versagt, so ergriff es nun selbst die Initiative, die zur Verfassungsänderung führte.[79] Nachdem die Denkschrift des Justizministeriums bekannt wurde, die als Grundlage für die Verhandlungen mit dem Landtag dienen sollte, ging alles schnell. Am 16. Oktober 1913 beschloss der Ministerrat, für den Fall der Zustimmung des Regenten und bindender Erklärungen der Landtagsparteien eine Vorlage im Parlament einzubringen. Die Verhandlungen führten binnen weniger Tage zum Erfolg. Wortlaut und Begründung der Verfassungsänderung wichen nur in Einzelheiten von der 1912 geplanten Vorlage ab. Am 27. Oktober stellte der Ministerrat an den Prinzregenten den „alleruntertänigsten Antrag", den Staatsrat einzuberufen.[80]

Hertling führte am folgenden Tag vor dem Staatsrat aus, „der Wunsch, die Beendigung der Regentschaft herbeizuführen, bestehe seit langer Zeit in weiten Kreisen des Landes und sei [...] wieder lebhaft hervorgetreten. Die Staatsregierung sei der Auffassung, dass eine Beendigung der Regentschaft im Interesse der Sache herbeigeführt werden möge." Da sich der Weg einer einseitigen Königsproklamation als unmöglich herausstellte, blieb nur eine Verfassungsänderung. Ludwig führte aus, er „habe sich nicht darum bemüht, die Königswürde anzunehmen. Ihm wäre es das Liebste gewesen, wenn die Sache bis zur natürlichen Beendigung der Regentschaft hinausgeschoben worden wäre. Er habe sich aber schließlich im Interesse des Landes damit einverstanden erklärt." Er bat um Aufschluss darüber, was zu geschehen habe, falls der Landtag seine Zustimmung verweigere. Der Justizminister wandte ein, dieser Fall werde nicht eintreten, da vorher mit dem Landtag Fühlung aufgenommen werde. Nach weiteren Nachfragen zur Vereinbarkeit des Regentschaftseides mit dem geplanten Vorgehen erklärte Ludwig für das Protokoll: „Er habe Allerhöchstsich entschlossen, den vorgeschlagenen Weg zu betreten; Er sei bereit, das Opfer zu bringen, die Krone anzunehmen."[81]

---

[78] „Der Schrei nach dem König". Münchner Post, Nr. 242. 17.10.1913. Behandlung und Auseinandersetzung des Nachlasses des Prinzregenten Luitpold und Frage einer Beendigung der Regentschaft 1912-1913. BayHStA, GHA. Kabinettsakten König Ludwigs III., Nr. 160.

[79] Die ursprüngliche Ablehnung war das Werk einer streng legitimistischen Gruppe innerhalb der Fraktion gewesen, zugleich eine Folge des undiplomatischen Verhaltens des Ministerratsvorsitzenden Hertling und zudem das Ergebnis einer schwachen Fraktionsführung. Der Hauptgegner innerhalb der Zentrumsfraktion, Konrad Freiherr von Malsen-Waldkirch, verstarb im Frühling. Vgl. Liebhart, Wilhelm: Königtum und Politik in Bayern. Frankfurt am Main, 1994. S. 203.

[80] Vgl. Albrecht, Willy: Landtag und Regierung in Bayern. Berlin, 1968. S. 53.

[81] Der Justizminister assistierte Hertling, indem er schwere Bedenken gegen eine Königsproklamation vorbrachte. Eine dauernde Ausübung der Regierungsgewalt durch einen Reichsverweser sei nicht im Interesse des Staates, nur eine Änderung des Titels II § 21 der Verfassung sei juristisch für alle akzeptabel. Innenminister Soden wies darauf hin, dass die Frage eine rechtliche und eine politische

2. Das Ende der Prinzregentenzeit

Tatsächlich lag Ludwig aus eigenem Interesse daran, die Regentschaft zu beendigen. Nur die Art, in der dies geschehen sollte, entsprach nicht gänzlich seinen Vorstellungen. Im Gegensatz zu seinem Vater spielte Ludwig seit beinahe zwei Jahrzehnten gedanklich mit einer Regentschaftsbeendigung und wurde wiederholt mit diesbezüglichen Plänen in Verbindung gebracht. Wie sehr Ludwig der treibende Motor der Bestrebungen war, muss dahingestellt bleiben.[82] Kaiser Wilhelm II. konnte mit dem Weg der Verfassungsänderung leben. Ludwig deutete dem Kaiser gegenüber im Oktober 1913 an, wenn sich ein Weg für die Regentschaftsbeendigung finden ließe, würde er ihn gehen. Ein Königtum von Volks- oder Parlamentsgnaden werde er hingegen nicht annehmen. Wilhelm begrüßte dies und gab dem Prinzregenten nachdrücklich mit auf den Weg, einen König „von Parlaments und Centrums Gnaden" halte er für undenkbar für einen deutschen Fürsten. Nachdem der preußische Gesandte von Treutler dem Kaiser ausführlich über die geplante Königsproklamation Bericht erstattet hatte, konnte er dem Auswärtigen Amt am 23. Oktober 1913 vermelden, „dass Seine Majestät [der Kaiser] einer positiven Lösung der Frage jetzt sehr sympathisch gegenübersteht."[83]

Schließlich stimmten die Kammern des Landtags Ende Oktober und Anfang November 1913 dem Gesetzentwurf zu; der Reichsrat einstimmig und der Landtag mit den Gegenstimmen der Sozialdemokratie. Am 4. November unterschrieb der Regent das verfassungsändernde Gesetz, das noch am selben Tag publiziert wurde. Am Folgetag, dem 5. November 1913, wurde eine Erklärung des Prinzregenten veröffentlicht, in der auf Grund der unheilbaren Krankheit des Königs Otto und unter Hinweis auf die neue Verfassungsbestimmung die Regentschaft für beendet und

---

Seite habe. In Stadt und Land, so Soden, bestehe nur der eine Wunsch, dass die Regentschaft beendigt würde und die hierzu notwendigen Verfassungsänderungen zustande kommen. Zudem meinte Soden, dass die Verfassungsänderung nicht im Widerspruch zum Gottesgnadentum stünde und dieses Prinzip unberührt ließe. Die Staatsregierung ging davon aus, dass eine Verfassungsänderung sich ausschließlich auf die Frage der Beendigung der Regentschaft zu beziehen habe, in der Thronfolgeordnung solle dagegen keine Änderung eintreten. Hertling begründete die Verfassungsänderung mit dem Argument, die Verfassung kenne eine ordentliche und außerordentliche Reichsverwesung. Es existierten zwar Bestimmungen über deren Beendigung, aber nur für den Fall, dass das Hindernis ein vorübergehendes sei, dagegen nicht für den Fall, dass es sich um eine andauernde Verhinderung handelte. Der Verfassungsänderungsentwurf sah als grundlegende Bestimmung vor, dass die Behinderung des Königs seit zehn Jahren vorliegen müsse, außerdem dürfe nach Ablauf dieser Frist keine Aussicht auf Wiederaufnahme der Regierungstätigkeit bestehen. Es sei der freien Entschließung des Regenten vorbehalten, die Regentschaft zu beenden. Der Gesetzesentwurf sah die Mitwirkung des Landtages in der gleichen Weise wie bei Beginn der Regentschaft vor. Der Landtag müsse nachträglich nicht nur anerkennen, dass die Regentschaft beendigt sei, sondern außerdem, dass dies notwendig gewesen sei; Protokoll über die Sitzung des königlichen Staatsrats vom 28. Oktober 1913. BayHStA, NB. Kgl. Staatsrat. Nr. 1441.

[82] Der preußische Gesandte hatte 1896 berichtet, der bayerische Ministerratsvorsitzende glaube, dass der eigentliche Regisseur der Bewegung zur Beendigung der Regentschaft Prinz Ludwig sei, der sich aber geschickt hinter den Kulissen halte. Der Gesandte kommentierte dies mit den Worten: „Wie dem auch sei, ohne Zustimmung des Prinzen Ludwig ist die Sache nicht aufs Tapet gebracht worden, wenn auch die Hauptakteure hinter der Szene bleiben." Vgl. Arnswald, Verena von: Die Beendigung der Regentschaft in Bayern 1912-1913. In: Zeitschrift für Bayerische Landesgeschichte. Nr. 30. München, 1967. S. 859-893. Hier: S. 861f.

[83] Zit. nach Machtan, Lothar: Die Abdankung. Berlin, 2008. S. 43f.

2.2 Die Thronbesteigung König Ludwigs III.

die Thronfolge für eröffnet erklärt wurde. Kurz darauf folgte die „Allerhöchste Bekanntmachung über den Regierungsantritt", in der König Ludwig III. der Öffentlichkeit seine Thronbesteigung mitteilte. Nach 27 Jahren hatte das Königreich Bayern wieder einen regierungsfähigen Monarchen. Die Bevölkerung begrüßte es, dass das Land nun wieder einen sichtbaren und handlungsfähigen König hatte.[84] Dem in Schloss Fürstenried internierten geisteskranken König Otto wurde seine Titulatur als Majestät trotz der Thronbesteigung seines Vetters nicht genommen. Somit hatte Bayern bis zu Ottos Tod am 11. November 1916 zwei Könige.[85]

Die Königsproklamation wurde durch Maueranschlag bekannt gemacht. Nach geltendem Staatsrecht trat die Annahme der Königswürde von diesem Moment an in Geltung. Der Ministerrat benachrichtigte die Präsidien beider Landtagskammern.[86] Erst im Nachhinein, am 6. und 7. November, stimmten die Kammern des Landtags, ohne die Teilnahme der Sozialdemokratie, der Regentschaftsbeendigung zu.[87] Die Mitwirkung des Parlaments beschränkte sich auf die nachträgliche Zustimmung zu den Gründen der Aufhebung der Regentschaft.[88] Die sozialdemokratische „Münchner Post" klagte am 8. November, in nur 16 Minuten habe sich zwei Tage zuvor „die Selbstabsetzung des Parlaments" vollzogen, „indem sich die bayerische Abgeordnetenkammer durch den Mund sämtlicher bürgerlicher Parteien damit einverstanden erklärte, dass man die Absetzung des Königs und die Proklamation König Ludwigs III. ohne ihre Mitwirkung herbeigeführt habe."[89] König Ludwig III. wusste, wem er die macht- und symbolpolitische Errungenschaft seiner Thronbesteigung zu verdanken hatte. Anfang 1914 erhob er seinen Ministerratsvorsitzenden Hertling zum Dank in den Grafenstand.[90]

Wie der Wortlaut der Königsproklamation deutlich machte, bezog sich Ludwig III. auf das traditionelle Gottesgnadentum, obgleich er die Krone dem Landtag verdankte. Er fürchtete, in Abhängigkeit des Parlaments zu geraten, obgleich er, mehr als alle bayerischen Könige vor ihm, die Zustimmung der Öffentlichkeit suchte.[91] Die hastige Art, in der die Regentschaft innerhalb von acht Tagen beendet

---

[84] Vgl. Albrecht, Willy: Landtag und Regierung in Bayern. Berlin, 1968. S. 53-60.
[85] Vgl. Dickinger, Christian: Die schwarzen Schafe der Wittelsbacher. Zwischen Thron und Wahnsinn. München, 2005. S. 201.
[86] K.u.K. Gesandter von Velics in München an SE dem Herrn Minister des K.u.K. Hauses und des Äußern Grafen Berchtold. München, 5.11.1913. OeStA, Abt. Haus-, Hof- und Staatsarchiv. Ministerium des Äußern. Administrative Registratur, Nr. F2-36-1.
[87] Vgl. Albrecht, Willy: Landtag und Regierung in Bayern. Berlin, 1968. S. 59.
[88] Der neue Souverän machte zudem vom königlichen Recht, die während der Reichsverwesung ernannten Beamten zu bestätigen, unmittelbaren Gebrauch. Dadurch sollte bekundet werden, dass es staatsrechtlich ohne Belang sei, ob die Ableistung des Königseides unmittelbar nach der Thronsteigung oder aber, wie in diesem Fall, mehrere Tage später vollzogen wurde. Vgl. K.u.K. Gesandter von Velics in München an SE dem Herrn Minister des K.u.K. Hauses und des Äußern Grafen Berchtold. München, 5.11.1913. OeStA, Abt. Haus-, Hof- und Staatsarchiv. Ministerium des Äußern. Administrative Registratur, Nr. F2-36-1.
[89] Zit. nach Machtan, Lothar: Die Abdankung. Berlin, 2008. S. 44f.
[90] Vgl. Deuerlein, Ernst: Einleitung. In: Briefwechsel Hertling-Lerchenfeld 1912-1917. Erster Teil. Boppard am Rhein, 1973. S. 38.
[91] Vgl. Liebhart, Wilhelm: Königtum und Politik in Bayern. Frankfurt am Main, 1994. S. 204.

wurde, führte in den Reihen der Liberalen und Sozialdemokraten zu Verstimmungen. Die Liberalen fühlten sich betrogen, weil die Erklärung zur Regentschaftsbeendigung – um das Legitimitätsprinzip und das Gottesgnadentum nicht anzutasten – bereits vor der Zustimmung des Landtags erfolgt war. Man war von einer tatsächlichen Mitwirkungsmöglichkeit ausgegangen, was so natürlich nicht der Fall war. Die „Münchner Post" bezeichnete die Vorgänge als „Übervorteilung der Liberalen", die sich auf die vagen Zusagen Hertlings verlassen hatten. Das „Würzburger Journal" befand: „Mit Treu und Glauben ist eine solche Handlungsweise nicht vereinbar." Das linksliberale „Berliner Tageblatt" fasste zusammen: „Der Weg der Verfassungsänderung hätte zu einer sehr einfachen Aktion von Krone und Landtag führen können, wenn die Regierung nicht die Verpflichtung gefühlt hätte, das Legitimitätsprinzip und den Gedanken des Gottesgnadentums wenigstens für eine dem Auge des Zeitgenossen verschleierte Zukunft zu retten."[92]

Für die Sozialdemokraten hatte die Verfassungsänderung nichts mit dem Gottesgnadentum zu tun, sondern war die Regelung eines monarchischen Familienbedürfnisses.[93] Dabei stand gerade die bayerische SPD im Ruf, der Monarchie gegenüber eine wohlwollend neutrale Haltung einzunehmen. Dies drückte sich nicht zuletzt in ihrer scherzhaften Bezeichnung als ‚königlich-bayerische Sozialdemokratie' aus. Mehrfach hatten Sprecher der Landtagsfraktion betont, die Frage nach der Staatsform sei für sie nicht entscheidend. Sozialdemokraten sei eine Monarchie, in der alle Staatsbürger Anteil an der politischen Herrschaft hätten, allemal lieber als eine Republik, die durch eine kleine Kapitalistenklasse beherrscht werde. Dieser Standpunkt wurde bis in den Spätsommer 1918 mehrheitlich beibehalten.[94] Die Vorgehensweise der legitimistisch argumentierenden Regierung, die Mitwirkung des Landtags auf ein Minimum zu reduzieren und am Prinzip des Gottesgnadentums keinen Zweifel aufkommen zu lassen, war ohne Frage problematisch. Konkrete Folgen im Verhältnis der Landtagsparteien zur Monarchie zeitigte die Regentschaftsbeendigung jedoch nicht. Die Kritik bezog sich auf die Art und Weise, nicht aber auf die Thronbesteigung an sich. Die nach 1918 geäußerte Ansicht, die Umwandlung der Regentschaft in das Königtum trage Mitschuld an der Revolution, da eine Monarchie nicht selbst eines ihrer Grundprinzipien, die Legitimität der Thronfolge, angreifen dürfe, übertreibt die tatsächlichen Auswirkungen der parlamentarisch beschlossenen Verfassungsänderung stark.[95]

---

[92] Zit. nach Beckenbauer, Alfons: Ludwig III. von Bayern. Regensburg, 1987. S. 110; Vgl. Ursel, Ernst: Die bayerischen Herrscher von Ludwig I. bis Ludwig III. im Urteil der Presse nach ihrem Tode. Berlin, 1974. S. 161.
[93] Vgl. Albrecht, Willy: Landtag und Regierung in Bayern. Berlin, 1968. S. 57.
[94] Vgl. Albrecht, Willy: Das Ende des monarchisch-konstitutionellen Regierungssystems in Bayern. Hrsg. von Karl Bosl. München, 1969. S. 263-299. Hier: S. 275f; Vgl. Ursel, Ernst: Die bayerischen Herrscher von Ludwig I. bis Ludwig III. im Urteil der Presse nach ihrem Tode. Berlin, 1974. S. 148f; Vgl. Pohl, Karl Heinrich: Die Münchener Arbeiterbewegung. Sozialdemokratische Partei, Freie Gewerkschaften, Staat und Gesellschaft in München 1890-1914. München u.a., 1992.
[95] Vgl. Arnswald, Verena von: Die Beendigung der Regentschaft in Bayern 1912-1913. In: Zeitschrift für Bayerische Landesgeschichte. Nr. 30. München, 1967. S. 859-893. Hier: S. 890-892.

2.3 Feierlichkeiten zur Königserhebung

Als die Königserklärung Ludwigs III. in der Haupt- und Residenzstadt bekannt wurde, beflaggten sämtliche städtischen Einrichtungen und Staatsgebäude sowie – der Aufforderung des Magistrats folgend – auch die Privatgebäude, so dass mittags die ganze Stadt in weiß-blauen Farben prangte. Die Münchner Zeitung urteilte: „Und wenn auch keine tiefgreifende Erregung zu spüren war wie in den Junitagen des Jahres 1886, so gab sich doch überall Anteilnahme an dem politischen Ereignis kund. Und die Bildnisse König Ludwigs III. und der Königin [Marie] Therese, die bald darauf in den Schaufenstern vieler Kunst- und Papierhandlungen erschienen, wurden viel beachtet." Vor dem Wittelsbacher Palais standen den ganzen Tag über Menschengruppen. Als der König nachmittags eine Ausfahrt in den Englischen Garten unternahm, wurde er von der Bevölkerung herzlich begrüßt.[96]

Dem 68-jährigen Ludwig ging zwar der Ruf des Konservatismus auf kulturellem Gebiet voraus, aber dieses, für sein Ansehen bei den Sozialdemokraten und Liberalen negative Image, wurde durch seine Aufgeschlossenheit in verfassungs-, wirtschafts- und sozialpolitischen Fragen mehr als kompensiert. Alle größeren politischen Kräfte in Bayern standen dem Monarchen zu Beginn seiner Regierung grundsätzlich positiv gegenüber. Selbst im Fall der Sozialdemokratie konnte man von einer wohlwollenden Neutralität sprechen.[97] Im Gegensatz zu seinem Vater hatte Ludwig keine militärischen Ambitionen.[98] Der Herrscher Bayerns trat, ungleich dem Kaiser, betont unmilitärisch und überpolitisch auf. Er sei „ein bürgerlich-friedlicher Mann" und sein Regiment sei im Gegensatz zum Regierungsstil Wilhelms II. alles andere als „persönlich" gewesen, lautete im Jahr 1921 das Urteil des Historikers Karl Alexander von Müller, der Ludwig als „nüchtern, ruhig, verständig, gerecht, bürgerlich-einfach in seinen Gewohnheiten und Ansichten, [einen] sparsamen Haushälter, vollständig unrhetorisch, pflichtgetreu, vom besten Willen erfüllt" charakterisierte.[99] Er machte sein Gut Leutstetten südlich von München zu einem landwirtschaftlichen Mustergut. Seine Pferdezucht errang auf der Rennbahn Erfolge. Als Prinz fehlte er bei keiner landwirtschaftlichen Hauptversammlung. Sein wirtschaftliches Steckenpferd war der Bau eines Schifffahrtskanals, der den Rhein mit der Donau und die Nordsee mit dem Schwarzen Meer verbinden sollte.[100]

---

[96] „Die Königsproklamation". Münchner Zeitung, 6. November 1913. Proklamation des Prinzen Ludwig von Bayern zum Prinzregenten 1912, Thronbesteigung des Prinzregenten Ludwig als Ludwig III. König von Bayern am 12. November 1913. LABW, HStA Stuttgart, Archiv der Herzöge von Urach, GU 119. NL Wiltrud Herzogin von Urach. Nr. 657.
[97] Vgl. Albrecht, Willy: Das Ende des monarchisch-konstitutionellen Regierungssystems in Bayern. Hrsg. von Karl Bosl. München, 1969. S. 263-299. Hier: S. 264.
[98] Vgl. Aretin, Cajetan von: Die Erbschaft des Königs Otto von Bayern. München, 2006. S. 34.
[99] Müller, Karl Alexander von: Deutsche Geschichte und deutscher Charakter. Aufsätze und Vorträge. Berlin, 1925. S. 178-180.
[100] Vgl. Manuskript der Lebenserinnerungen des k.-b. Kriegsministers Philipp von Hellingrath. S. 239f. BayHStA, Geheimes Hausarchiv. NL Philipp von Hellingrath, Nr. 6.

Persönlich pflegte König Ludwig III. einen anspruchslosen Lebensstil. Ein späterer bayerischer Kriegsminister urteilte über den Monarchen, den er einen „Mann von großen Geistesgaben und praktischer Veranlagung" nannte: „Persönlich, in seinen Neigungen und Ausbrüchen, war er von allergrößter, unköniglicher Einfachheit. Sie äußerte sich in seinen Lebensgewohnheiten, im Essen und im Anzug, der den nicht unberechtigten Spott böser Zungen geradezu herausforderte. War er schon in bürgerlicher Kleidung, die er meist trug, mit seinem watschelnden, behäbigen Gange keine vornehme Erscheinung, so besaß er in Uniform, die ihm faltenreich über seinen gewölbten Leib hing, stets einen zu weiten Kragen hatte und ihre Fortsetzung in viel zu langen Hosen und alten Schnürstiefeln fand, meist das geringste von einem Soldaten." Ludwig habe jedoch auch schwierige Charakterzüge besessen, so vor allem einen starren Egoismus, die Neigung zum Jähzorn, sowie eine als übertrieben empfundene Sparsamkeit.[101]

Seine Gattin Marie Therese stieg mit Ludwigs Thronbesteigung im Alter von 64 Jahren zur Königin von Bayern auf. Als solche hatte sie keine verfassungsmäßige politische Macht inne, doch war ihre Rolle von hohem Symbolgehalt und mit erheblichen repräsentativen Aufgaben verbunden.[102] Ihr fehlte ohnehin das Interesse für Politik. Sie mischte sich höchstens ein, wenn es um Fragen der Wohlfahrt ging, galt als wenig modisch und ohne besondere Ansprüche. Innerhalb der königlichen Familie erfreute sie sich großer Beliebtheit. In Zeitungsartikeln wurde die gebürtige Habsburgerprinzessin meist „als das Muster einer deutschen Ehefrau und Hausfrau" mit einem etwas hausbackenen Image dargestellt.[103]

Als die Königsflagge am 5. November 1913 morgens um 9 Uhr auf dem Dach des Wittelsbacher Palais gehisst wurde, herrschte in der königlichen Familie anstatt Freude Bedrückung, wie die 28-jährige Königstochter Wiltrud notierte: „Mich freut's gar nicht, die Geschicht", habe ihr Vater Ludwig zu den Damen „ganz privatim" gesagt. „Wir gratulierten auch nicht Papa noch Mama sondern küssten ih-

---

[101] Im Hinblick auf Letztere spielte die königliche Vermögensverwaltung, an deren Spitze Obersthofmarschall von Leonrod stand, allerdings eine gewichtige Rolle, da sie stets die finanziellen Interessen des Königshauses in den Vordergrund schob und den Monarchen noch bestärkte. Zit. nach Manuskript der Lebenserinnerungen des k.-b. Kriegsministers Philipp von Hellingrath. S. 238f. BayHStA, Geheimes Hausarchiv. NL Philipp von Hellingrath, Nr. 6; Liebhart, Wilhelm: Königtum und Politik in Bayern. Frankfurt am Main, 1994. S. 204.
[102] Vgl. Schad, Martha: Bayerns Königinnen. München, 2007. S. 321-327.
[103] Die Malerei war ihre liebste Beschäftigung, in der sie unter anderem durch Franz von Lenbach und Adolf Zimmermann unterwiesen wurde. Wiederholt stiftete Marie Therese eigene Werke für wohltätige Zwecke. Die Botanik war seit ihren jungen Jahren ihre große Leidenschaft, in der sie unter anderem durch die Münchner Professoren Engler und Weiß unterrichtet worden war. Auch hatte sich Marie Therese seit 1886 als „Mitarbeiterin" des Magazins „Illustriertes Monatsheft für die Gesamt-Interessen des Gartenbaus" betätigt, in dem in den folgenden Jahren neben einem von ihr geschaffenen Stillleben einer Begonie auch mehrere wissenschaftlich sehr exakt gezeichnete und kolorierte Pflanzen veröffentlicht wurde. An der königlichen Ludwig-Maximilians-Universität hatte Marie Therese zudem einige Vorlesungen bei Professor Dr. Dingler gehört. Ein Thema war beispielsweise „Unsere Hochgebirgsregionen und die Pflanzencultur." Sie betätigte sich auch als Rosenzüchterin – im Sommer blühten bis zu 35000 Rosen im Garten vor Schloss Leutstetten – und legte im Laufe der Jahre ein „Alpinum" mit einer relativ vollständigen Zusammenstellung der alpinen Flora an. Vgl. Schad, Martha: Bayerns Königinnen. München, 2007. S. 295-299.

2.3 Feierlichkeiten zur Königserhebung

nen nur die Hand, weil die Sache zu ernst und der Grund ein zu trauriger ist. Es war ein Schritt der Notwendigkeit – dem Lande und Volke zuliebe getan, nicht aber aus eigenem Verlangen, denn die Eltern sind ganz gewiss auf so etwas nicht aus." Monatelang habe man in der Familie „das Peinliche" kommen sehen, „aber dem Lande zuliebe musste das Opfer gebracht werden."[104] Ludwig empfand die Annahme der Königswürde als Notwendigkeit. Sein ältester Sohn, der 44-jährige Rupprecht, der nun den Titel des Kronprinzen von Bayern trug, hatte sich von Anfang an für die Beendigung der Regentschaft ausgesprochen.[105]

Innerhalb der königlichen Familie wurde die Königsproklamation nicht einhellig begrüßt. Marie Therese, die neue Königin, zeigte sich laut Prinzessin Wiltrud schwermütig, „weil ihr die neue Stelle so eigen vorkam und sie sich über diese Änderung unglücklich fühlte." Wiltrud war es zum Weinen, als sie vom Hissen der Flagge hörte. Ihre 32-jährige Schwester Hildegard fragte den Vater: „Soll man dir eigentlich gratulieren?"[106] Der drittälteste Sohn des Königs, der 38-jährige Prinz Franz, hatte zuvor ein „Gutachten über die gesetzliche Regelung der Thronfolge für den Fall der dauernden Regierungsunfähigkeit des zunächst zur Thronfolge Berechtigten" des Justizministeriums mit handschriftlichen Kommentaren versehen, aus denen deutlich wird, dass er der Sache kritisch gegenüberstand. Franz sah eine Gefahr für den monarchischen Gedanken, da ein nicht auf geltendem Recht beruhendes Ausnahmegesetz einer Absetzung König Ottos gleichkam.[107]

Prinz Heinrich, ein Neffe des Königs, war zur Hubertusjagd nach Landshut gefahren und kehrte nicht rechtzeitig zurück. Prinzessin Therese, eine Schwägerin des Königs, empfand die Form der Familienhuldigung nicht gerade als Festakt: „Der liebe zähe alte Regent, und wäre er in seiner gemütlichen Abendjoppe gewesen, […] hätte es anders gemacht, das darf man mit aller Ehrfurcht und auch Anhänglichkeit für unseren König sagen."[108] Ludwigs Neffe Prinz Adalbert hatte Bedenken gegen die Mitwirkung des Parlaments, da ein König, der „nicht von Gottes sondern von Volkes Gnaden" war, auch vom Volk wieder abgesetzt werden könnte. Königin Marie Therese soll ihren Gatten sogar „angefleht habe[n], dem Drängen der Minister und aller anderen nicht nachzugeben."[109]

---

[104] Tagebucheintrag 5. November 1913. Tagebuchserie 26.8.1913 – 5.4.1914. BayHStA, GHA. NL Herzogin Wiltrud von Urach, Nr. 500 X.
[105] Vgl. Machtan, Lothar: Die Abdankung. Berlin, 2008. S. 37.
[106] Tagebucheintrag 6. November 1913. Tagebuchserie 26.8.1913 – 5.4.1914. BayHStA, GHA. NL Herzogin Wiltrud von Urach, Nr. 500 X.
[107] Vgl. das mit handschriftlichen Bemerkungen des Prinzen Franz versehene Exemplar des „Gutachtens über die gesetzliche Regelung der Thronfolge für den Fall der dauernden Regierungsunfähigkeit des zunächst zur Thronfolge Berechtigten" aus dem Jahr 1912. BayHStA, GHA. NL Prinz Franz, Nr. 1.
[108] Tagebuch der Prinzessin Therese, 1.10.1910-31.12.1913. Eintrag vom 5. November 1913. BayHStA, GHA. NL Prinzessin Therese (†1938), Nr. 13-45.
[109] Zit. nach Machtan, Lothar: Die Abdankung. Berlin, 2008. S. 45f.

2. Das Ende der Prinzregentenzeit

Die im Oktober 1913 von Leopold, dem 67-jährigen Bruder des neuen Königs, angetretene, viermonatige Jagdreise nach Ostafrika[110] wurde vielerorts als Demonstration seiner Missbilligung angesehen. Dem österreichischen Gesandten Ludwig Graf von Velics kam zu Ohren, Leopold hätte gegen die Verletzung seiner Thronfolgerechte protestiert. Dies ist unwahrscheinlich, da die Jagdreise lange zuvor geplant und er ohnehin nicht der nächste Anwärter auf die Regentschaft war, sondern Ludwigs Sohn Rupprecht. Mit der Umwandlung der Regentschaft zum Königtum änderte sich an dieser Konstellation nichts.[111] In der ostafrikanischen Wildnis wurde die telegrafische Nachricht der Thronbesteigung Ludwigs mit einer Flasche Champagner gefeiert, die man für besondere Gelegenheiten mitgenommen hatte.[112] Leopold schrieb, es freue ihn außerordentlich, dass „die Königsfrage glücklich erledigt" sei. Die Art und Weise schien ihm „die einzig mögliche, da wir in einem konstitutionellen Staate leben und eine Verfassungsänderung nur mit Zustimmung der Stände vorgenommen werden kann. Jeder andere Weg erschiene mir als Verfassungsbruch von Seiten des Regenten und als solcher im hohen Grade bedenklich."[113]

Eine Krönung Ludwigs III. fand nicht statt.[114] Seit Beginn des 19. Jahrhunderts begnügte man sich in Bayern stets mit der öffentlichen Proklamation der Königs-

---

[110] Vgl. Maschinenschriftliche Abschrift der Lebenserinnerungen. S. 775. BayHStA, GHA. NL Prinz Leopold, Nr. 261.

[111] Des Weiteren kursierte das Gerücht, Prinz Leopold und seine Gattin wollten München verlassen und nach Wien ziehen, was Prinzessin Gisela umgehend zu einem Dementi veranlasste. Es wurde außerdem behauptet, Gisela opponierte hofintern gegen Prinzessin Isabella, die Gattin des Prinzen Franz, da diese dank der neuen Situation den Vorrang ihr gegenüber errungen habe. Der Gesandte Velics stellte fest, für die Mitglieder der Münchner Hofgesellschaft sei es ein Rätsel, wie derlei Gerüchte entstehen konnten. Die Gemahlin des Prinzen Leopold werde als eine mit den dynastischen Regeln vorzüglich vertraute und dieselben stets auf das gewissenhafteste beobachtende Prinzessin angesehen. Dennoch existierten innerhalb der königlichen Familie durchaus Streitpunkte finanzieller Art, die im Umfeld des Hofes bekannt waren. Nicht nur herrschte im November 1913 noch immer eine unklare Lage bezüglich der Erbschaft des verstorbenen Prinzregenten Luitpold, sondern hinsichtlich der künftigen Anwärterschaft auf die Erbschaft König Ottos. In diesem Zusammenhang stand die Frage offen, wer nach Ottos Tod Anspruch auf das Sekondogeniturvermögen des Königshauses habe, denn es gab mehrere legale Anwärter auf dieses so genannte „Klementinische Fideikommiss". In der „Donauzeitung" wurde außerdem über einen angeblichen Streit zwischen Leopold und Ludwig berichtet, da ersterer Anspruch auf die Sekundogenitur erhoben habe. Vgl. K.u.K. Gesandter von Velics in München an SE dem Herrn Minister des K.u.K. Hauses und des Äußern Grafen Berchtold. München, 30.12.1913. OeStA, Abt. Haus-, Hof- und Staatsarchiv. Ministerium des Äußern. Administrative Registratur, Nr. F2-36-1.

[112] Vgl. Maschinenschriftliche Abschrift der Lebenserinnerungen. S. 790. BayHStA, GHA. NL Prinz Leopold, Nr. 261.

[113] Schreiben des Prinzen Leopold an Prinz Georg, 18.12.13. BayHStA, GHA. NL Prinz Georg, Nr. 59.

[114] Als die neuen Kroninsignien – Kronen, Reichsapfel, Zepter und Krönungsmantel – im Frühjahr 1807 in München eintrafen, wäre im Verständnis des katholischen Königs für eine zeremonielle Krönung und Salbung ein hoher geistlicher Würdenträger, am besten ein Erzbischof, notwendig gewesen. So kurz nach der Säkularisation war dies allerdings kaum denkbar, auch hätte der Papst einer derartigen Heiligung des neugeschaffenen Königtums möglicherweise nicht zugstimmt. Die legitime Herrschaft Max I. Josephs war auch ohne Salbung und Krönung unbestritten, deshalb verzichtete er – wie alle seine Nachfolger – auf das Tragen der Kroninsignien, ließ sich jedoch mit ihnen malen. Ihre Funktion fanden die Insignien der konstitutionellen Monarchie ab dem Jahr 1819,

2.3 Feierlichkeiten zur Königserhebung

würde.[115] Ludwig verordnete, „dass sämtliche Stellen und Behörden im Königreiche die amtlichen Bescheide von nun an in Unserem Königlichen Namen ausfertigen und halten Uns gerne versichert, dass Unsere Beamten getreulich wie bisher ihre Aufgaben wahrnehmen werden." Der Armee wurde der königliche Gruß übermittelt, „in der festen Überzeugung, dass es in unerschütterlicher Treue und erprobter Tapferkeit allzeit zu seinem obersten Kriegsherrn stehen wird." Der Öffentlichkeit versicherte Ludwig seine huldvolle Gesinnung und Treue: „Das bayerische Volk hat von jeher seinem Königshause, das mit ihm durch ein geheiligtes Treueverhältnis verbunden ist, hingebende Anhänglichkeit bewiesen. Wir erblicken darin eine sichere Gewähr, dass die Liebe des Volkes, die wir als ein kostbares Kleinod von unseren Vorfahren übernommen haben, auch fernerhin unser Wirken geleiten werde, das auf das Wohl des geliebten Vaterlandes, auf sein Blühen und Gedeihen gerichtet ist."[116] Aus Anlass der Thronbesteigung wurde eine Amnestie erlassen.[117]

Am 8. November 1913 leistete Ludwig seinen Verfassungseid. Dies fand im Thronsaal der Residenz statt, ein würdevoller Akt mit aufgestellten Throninsignien, in Anwesenheit der königlichen Familie, des Hofstaates und Würdenträgern. Im Hofgarten wurden 21 Kanonenschüsse abgefeuert. Ein spektakuläres Festessen vereinigte alle staatlichen Repräsentanten vom Ministerratsvorsitzenden bis hin zu den Bürgermeistern kleiner Stadtgemeinden. Der König schritt die Front ab, sprach Bekannte an und richtete, ganz in seinem Element, ein paar Worte an die ihm Vorgestellten. Ein Augenzeuge urteilte, es sei beinahe wie ein Familienfest gewesen. Eine Atmosphäre von Verständnis und Vertraulichkeit habe über dem Ganzen gelegen, die viel eindrucksvoller gewesen sei, als steife Würde und spanischer Prunk.[118]

Vor der Vereidigung betonte Ludwig die Notwendigkeit seiner Thronbesteigung: „Ich habe Sie hier als Zeugen einer bedeutungsvollen Handlung versammelt.

---

als der erste bayerische Landtag eröffnet wurde. Vor dem Herrscher, der den Landtag feierlich unter dem großen Thronhimmel eröffnete, ruhten auf goldbestickten Kissen die Krone und das Zepter, Reichsapfel und Reichsschwert sowie die Verfassungsurkunde, die in feierlichem Zug aus der Residenz ins Parlament gebracht wurden. In Gegenwart dieser Insignien leisteten der König, die Prinzen, die Kronbeamten und Abgeordneten ihre Eide. Bei diesem Zeremoniell blieb es. Vgl. Glaser, Hubert: Ungesalbt und ungekrönt. Einen Monarchen mit der Krone auf dem Haupt hat es im Königreich Bayern nie gegeben. In: Unter der Krone. Das Königreich Bayern und sein Erbe. Hrsg. von Ernst Fischer und Hans Kratzer. München, 2006. S. 26.

[115] Immerhin hatte das seit jeher prunkliebende Haus Wittelsbach für König und Königin noch im Jahr 1806 aufwändige Kronen in Paris anfertigen lassen. Vgl. Biehn, Heinz: Die Kronen Europas und ihre Schicksale. Wiesbaden, 1957. S. 14f.

[116] Zit. nach Verordnungs-Blatt Nr. 32 des Bayerischen Kriegsministeriums. München, 5. November 1913. Offizierspersonalakte König Ludwigs III. von Bayern. BayHStA, KrA. Offizierspersonalakte 7386.

[117] „Die Königsproklamation". Münchner Zeitung, 6. November 1913. Proklamation des Prinzen Ludwig von Bayern zum Prinzregenten 1912, Thronbesteigung des Prinzregenten Ludwig als Ludwig III. König von Bayern am 12. November 1913. LABW, HStA Stuttgart, Archiv der Herzöge von Urach, GU 119. NL Wiltrud Herzogin von Urach. Nr. 657.

[118] Vgl. Beckenbauer, Alfons: Ludwig III. von Bayern. Regensburg, 1987. S. 118f; Vgl. Machtan, Lothar: Die Abdankung. Berlin, 2008. S. 42f.

Eine mit der Zeit fortschreitende und ihren Anforderungen entsprechende Entwicklung unseres Verfassungslebens ist stets Gegenstand der ernsten Sorge der Herrscher Bayerns gewesen." Es sei zu beklagen, dass nicht rechtzeitig der Entstehung eines Zustands vorgebeugt worden sei, „der als auf die Dauer unvereinbar mit dem monarchischen Gedanken und dem Staatswohl zu erachten ist." Die Erkenntnis, dass „die Sorge für das Wohl der Monarchie und des Vaterlandes" eine Regentschaftsbeendigung notwendig gemacht habe, hatte in Ludwig „den schweren Entschluss reifen lassen, den Schritt zu tun, der in diesem feierlichen Akte seinen Abschluss findet." Dank des Zusammenwirkens von Regierung und Landtag sei es gelungen, „in verfassungsmäßiger Form die Wiederherstellung des Zustandes zu ermöglichen, der dem Gedanken der Erbmonarchie, dem Geiste der bayerischen Verfassung und dem Empfinden des Volkes in gleicher Weise entspricht." Ludwig ging auf das Parlament zu, indem er betonte, er hoffe, dass es ihm beschieden sei, „die erfreuliche kulturelle und wirtschaftliche Entwicklung, die Bayern in den letzten Jahrzehnten genommen hat, in gemeinsamer Arbeit mit der Volksvertretung fortzuführen." Daraufhin legte er den Eid aus der Verfassungsurkunde ab: „Ich schwöre nach der Verfassung und den Gesetzen des Reichs zu regieren, so wahr mir Gott helfe und sein heiliges Evangelium."[119]

Mit der Thronbesteigung mussten, entsprechend der bayerischen Verfassung, nicht nur sämtliche Funktionseliten des Königreichs einen rechtlich verpflichtenden, persönlichen Treueid auf den Monarchen – in Verbindung mit dem Schwur auf die Verfassung – leisten, sondern gesellschaftlich weit darüber hinausreichende Kreise: Angefangen mit dem wittelsbachischen Kronprinzen, den Mitgliedern des Reichsrats und der Ständekammer, den Wahlmännern und Landräten, sämtlichen Staatsbeamten der Bürokratie bis hin zu allen Inhabern des bayerischen Staatsbürgerrechtes. Selbst der katholische Episkopat und die gesamte Geistlichkeit beider Konfessionen mussten den Treueid schwören. Die Zugehörigkeit zur Landwehr verpflichtete weite Kreise des Bürgertums zu einer Eidesleistung. Im Militär reichte der obligate Treueschwur gegenüber dem Monarchen bis weit in die ärmeren, unterbürgerlichen Schichten hinein. Der Fahneneid, der von allen zum Militärdienst berufenen Männern zu leisten war, forderte die personale Treuebindung an den König als obersten Kriegsherrn ein.[120]

Am 12. November 1913 fanden die Feierlichkeiten der Thronbesteigung mit einer kirchlichen Feier, einer Landeshuldigung und einem Empfang in der Residenz ihren aufsehenerregenden Abschluss. Der Tag wurde in Bayern als politischer Feiertag begangen, alle öffentlichen Gebäude und Militärgebäude trugen Beflag-

---

[119] Zit. nach Eidesleistung Seiner Majestät König Ludwig III. am 8.11.1913. BayHStA, NB. Kgl. Staatsrat. Nr. 7996.

[120] Vgl. Murr, Karl Borromäus: „Treue bis in den Tod". Kriegsmythen in der bayerischen Geschichtspolitik im Vormärz. In: Buschmann, Nikolaus; Langewiesche, Dieter (Hrsg.): Der Krieg in den Gründungsmythen europäischer Nationen und der USA. Frankfurt am Main, 2003. S. 138-174. Hier: S. 160f

2.3 Feierlichkeiten zur Königserhebung

gung.[121] Am Morgen wurden in sämtlichen katholischen und protestantischen Kirchen Münchens Festgottesdienste abgehalten. Der protestantische Hauptgottesdienst fand in der Matthäuskirche statt, der katholische Festgottesdienst unter Anwesenheit des Königs, der Königin und der Prinzen und Prinzessinnen im Liebfrauendom. Die Ehrenkompagnie vor dem Dom stellte das Infanterieleibregiment, die Ehrenwache in der Kirche die Leibgarde der Hartschiere. Die Majestäten wurden im Galawagen vor die Kirche gefahren.[122] Den achtspännigen, historischen goldenen Krönungswagen schmückten Königskrone und weiß-blaue Straußenfedern. Erstmals präsentierte sich auch die königliche Leibwache der Hartschiere mit Löwenhelmen und Stulpenstiefeln wieder öffentlich und nicht nur zum Innendienst in der Residenz. In die königliche Kutsche reichten weiß gekleidete Mädchen Blumen, vor dem Kirchenportal des Liebfrauendoms jubelte die Menge.[123]

Der Oberstallmeister begleitete den Wagen der Majestäten, eine Abteilung der Leibgarde der Hartschiere marschierte zu dessen beiden Seiten. Je eine halbe Eskadron des 1. Schweren-Reiter-Regiments eröffnete und schloss den Zug, der vom Wittelsbacher Palais über die Brienner Straße, den Maximilians-, Lenbach- und Karlsplatz, die Neuhauser Straße entlang zur Frauenkirche führte. Am Portal der Kirche empfingen die Prinzen und das große Gefolge König und Königin, welchen der Erzbischof das Weihwasser reichte. Unter einem von Geistlichen getragenen Thronhimmel begaben sich Ludwig und Marie Therese an die Betstühle vor dem im Kircheninneren errichteten Thron. Nach dem Gottesdienst ging es mit dem Galawagen zur Residenz. Nachmittags fand im Großen Thronsaal des Festsaalbaus die so genannte „Landeshuldigung" vor dem König statt, die symbolisch die wiederhergestellte Königsherrschaft mit der Öffentlichkeit verbinden sollte.[124]

Die Majestäten betraten durch das Spalier der Hartschiere den Thronsaal und traten unter Geschützsalut und Fanfaren an den Thron, an dessen Seiten sich der Oberstzeremonienmeister sowie die Prinzen und Prinzessinnen gruppiert hatten. Der Präsident der Kammer der Reichsräte brachte dem König die Huldigung des Landes dar, welche in einem Hoch und dem Absingen der Königshymne ausklang.

---

[121] Bayerisches Kriegsministerium an alle unmittelbar berichtenden Stellen. München, 7.11.1913. Regierungsantritt Seiner Majestät König Ludwig III. BayHStA, KrA. Kriegsministerium, Nr. 79.
[122] Programm für die Feier der Thronbesteigung Seiner Majestät König Ludwigs III. Regierungsantritt Seiner Majestät König Ludwig III. BayHStA, KrA. Kriegsministerium, Nr. 79.
[123] Vgl. Beckenbauer, Alfons: Ludwig III. von Bayern. Regensburg, 1987. S. 213.
[124] Neben der Königin, den Prinzen und Prinzessinnen des königlichen Hauses und dem Großen Cortège nahmen auch die Abgeordneten der beiden Kammern des Landtags und Vertreter der Hof- und Staatsbeamten, der Armee, der Geistlichkeit, der Landkreise und Gemeindebehörden teil, ebenso wie Repräsentanten der Kunst und Wissenschaft, des Handels, der Industrie und des Gewerbes, der Landwirtschaft, sogar Abgesandte von Korporationen und der Arbeiterschaft. Vgl. Programm für die Feier der Thronbesteigung Seiner Majestät König Ludwigs III. Regierungsantritt Seiner Majestät König Ludwig III. BayHStA, KrA. Kriegsministerium, Nr. 79; Die Beendigung der Regentschaft und die Thronbesteigung Seiner Majestät des Königs. BayHStA, Abt. Neuere Bestände. Staatsministerium des Innern für Kirchen- und Schulangelegenheiten. Nr. 19037; Thronbesteigung König Ludwigs III. 1913. Akten des Oberhofmarschalls. BayHStA, Geheimes Hausarchiv. Obersthofmarschallstab S.M. des Königs Ludwig III. von Bayern, Nr. 651.

Abends fand ein Empfang im Festsaalbau der Residenz statt, zu dem alle Teilnehmer der Huldigung geladen worden waren.[125]

Nach einem Vierteljahrhundert der Regentschaft hatte Bayern wieder einen sichtbaren und vollsouveränen König, der allen repräsentativen und politischen Pflichten nachzukommen imstande war. Es lag nun an Ludwig III. sowie an der königlichen Familie, der bayerischen Monarchie ein zeitgemäßes Gesicht zu geben. Durch den Befreiungsschlag der Thronbesteigung war es gelungen, die legitimatorisch zunehmend in die Defensive gedrängte Wittelsbacher Monarchie mit neuem Leben zu erfüllen und deren Chancen beträchtlich zu erweitern. Die kritischen Stimmen im Umfeld der Regentschaftsbeendigung bildeten eine Minderheit und bezogen sich meist nicht auf die Thronbesteigung an sich, sondern auf deren Art und Weise. Insgesamt profitierten die Wittelsbacher enorm von den neugewonnenen Möglichkeiten. Als König verfügte Ludwig III. über die volle Bandbreite der bundesfürstlichen Möglichkeiten, um das Prestige der monarchischen Staatsform zu mehren und das politische Gewicht der bayerischen Monarchie in der engeren und weiteren Heimat zu vergrößern. In den Jahren 1913 und 1914 sollte er Rolle und Einfluss der bayerischen Monarchie neu bestimmen und zugleich die Verbindung seiner Dynastie zur Öffentlichkeit intensivieren.

---

[125] Programm für die Feier der Thronbesteigung Seiner Majestät König Ludwigs III. Regierungsantritt Seiner Majestät König Ludwig III. BayHStA, KrA. Kriegsministerium, Nr. 79.

3. Monarchie im Staatsgefüge

3.1 Krone und Staatsorgane

Die Beziehung des Königs zu seinem Ministerrat war eine enge und begann bereits vor seinem Regierungsantritt. Als im Februar 1912 eine neue Regierung gebildet werden musste, hatte der greise Prinzregent Luitpold betont, er sei voll belastbar, band jedoch seinen Sohn Ludwig in die Entscheidungen ein. Der Regierungswechsel sollte deutlich dessen Handschrift tragen.[126] Luitpold hielt mit ihm am 5. Februar Rücksprache,[127] am folgenden Tag abermals.[128] Ludwigs absoluter Wunschkandidat als Ministerratsvorsitzender[129] war Georg von Hertling.[130] Am 7. Februar ließ Prinzregent Luitpold an den bayerischen Gesandten in Berlin telegrafieren, nach „Besprechung mit meinem Sohne Prinz Ludwig habe ich mich entschlossen, die Demission des Staatsministeriums anzunehmen, Freiherrn von Hertling das Ministerium des Äußern und den Vorsitz im Ministerrat zu übertragen und ihn mit der Neubildung des Ministeriums zu betrauen."[131] Der Prinzregent bat den, als Fraktionsvorsitzenden des Zentrums im Reichstag, in Berlin befindlichen Hertling,[132] er möge das Amt annehmen und die Neubildung des Staatsministeriums übernehmen. Dieser erbat sich Bedenkzeit, reiste nach München, nahm das Angebot an und wurde mit der Regierungsbildung beauftragt.[133]

---

[126] Prinz Ludwig beriet seinen Vater bis dato lediglich in Fragen der Landwirtschaft und der Entwicklung der Wasserwege, ansonsten verwehrte sich Luitpold meist gegen Einmischungen seines Sohnes. Vgl. Schreiben des Leiters der Geheimkanzlei von Wiedenmann an den Staatsminister des Äußern und des Königlichen Hauses Graf von Podewils-Dürnitz. München, 6.2.1912. Die Auflösung des bayerischen Landtags am 14.11.1911 und Kabinettswechsel im Februar 1912. BayHStA, NB. StMin des K. Hauses und des Äußern, Nr. 99957; Vgl. Albrecht, Willy: Das Ende des monarchisch-konstitutionellen Regierungssystems in Bayern. Hrsg. von Karl Bosl. München, 1969. S. 263-299. Hier: S. 267.

[127] Schreiben des Leiters der Geheimkanzlei von Wiedenmann an den Staatsminister des Äußern und des Königlichen Hauses Graf von Podewils-Dürnitz. München, 4.2.1912. Die Auflösung des bayerischen Landtags am 14.11.1911 und Kabinettswechsel im Februar 1912. BayHStA, NB. StMin des K. Hauses und des Äußern, Nr. 99957.

[128] Schreiben des Leiters der Geheimkanzlei von Wiedenmann an den Staatsminister des Äußern und des Königlichen Hauses Graf von Podewils-Dürnitz. München, 6.2.1912. Die Auflösung des bayerischen Landtags am 14.11.1911 und Kabinettswechsel im Februar 1912. BayHStA, NB. StMin des K. Hauses und des Äußern, Nr. 99957.

[129] Vgl. Deuerlein, Ernst: Einleitung. In: Briefwechsel Hertling-Lerchenfeld 1912-1917. Erster Teil. Boppard am Rhein, 1973. S. 69f.

[130] Dr. Georg Frhr. von Hertling, Staatsrat i.o.D., Staatsminister des Kgl. Hauses und des Äußern, dessen Ernennung (1912) bzw. Enthebung zwecks Übernahme des Reichskanzleramtes (1917) 1912-1917. BayHStA, NB. Kgl. Staatsrat. Nr. 8358.

[131] Telegrammabschrift Prinzregent Luitpold an den Gesandten Lerchenfeld. München, 7.2.1912. Die Auflösung des bayerischen Landtags am 14.11.1911 und Kabinettswechsel im Februar 1912. BayHStA, NB. StMin des K. Hauses und des Äußern, Nr. 99957.

[132] Becker, Winfried (Hrsg.): Georg von Hertling. 1843-1919. Paderborn u.a., 1993.

[133] Vgl. Albrecht, Willy: Landtag und Regierung in Bayern. Berlin, 1968. S. 27.

Im Hinblick auf die üblichen ‚Beamtenministerien' stellte Hertlings Berufung durch Ludwigs Vater Luitpold eine Sensation dar. Ein Parteipolitiker, zumal ein Mitglied des Zentrums, schien kaum geeignet, die politischen und konfessionellen Gegensätze zu überwinden und bei den Regierungen anderer Bundesstaaten Vertrauen zu erwecken. Hertling schlug in allen Ressorts Umbesetzungen vor. Dass der Ministerratsvorsitzende sich seine Regierung selbst aussuchte, war außerordentlich.[134] Der fast 70-Jährige empfand die Aufgabe am Ende seiner politischen Karriere nicht als Befriedigung, sondern bezeichnete sie im Gegenteil als großes Opfer, das er zu erbringen habe.[135] Als Minister des Königlichen Hauses und des Äußern und Vorsitzender des Staatsministeriums kümmerte er sich vornehmlich um reichspolitische Fragen sowie um Kultur- und Kirchenpolitik. Die Lösung von Verwaltungsproblemen überließ er den jeweiligen Ressortministern oder seinem ministerialen Stellvertreter, Staatsrat Siegmund von Lössl.[136] In seiner ersten Regierungserklärung am 5. März 1912 erklärte Hertling es zum Grundsatz seines Programms, die Monarchie in Bayern zu stärken und dieser allgemeinen Maxime auch konkrete Handlungen folgen zu lassen.[137]

Das wichtige Innenministerium hatte Maximilian von Soden-Fraunhofen[138] übernommen. Neben dem Ministerratsvorsitzenden war er der einzige Nichtbeamte der neuen Staatsregierung. Wie dieser war er als Zentrumspolitiker bekannt.[139] So-

---

[134] Vgl. Möckl, Karl: Die Prinzregentenzeit. München, 1972. S. 535-547; Vgl. Beckenbauer, Alfons: Ludwig III. von Bayern. Regensburg, 1987. S. 99.

[135] Für den Philosophieprofessor und Reichstagsabgeordneten Hertling war es keine einfache Aufgabe, das wichtige Ministerium des Königlichen Hauses und des Äußern zu übernehmen. Er hatte weder die unübersichtliche Ministerialbürokratie durchlaufen, noch war er studierter Jurist. Sein neues Ressort hatte seit 1870 seine ursprünglichen Aufgaben teilweise verloren – eine bayerische Außenpolitik ohne Abstimmung mit dem Auswärtigen Amt in Berlin fand nicht mehr statt – allerdings unterhielt das süddeutsche Königreich noch immer eine ganze Reihe von eigenen Gesandtschaften im Ausland. Dem Ministerium war daneben im Jahr 1905 die immer bedeutender werdende Abteilung „Handel und Gewerbe" angegliedert worden. Indes war allein die Zuständigkeit für die Angelegenheiten des Königlichen Hauses eine diffizile Angelegenheit. Vgl. Albrecht, Willy: Landtag und Regierung in Bayern. Berlin, 1968. S. 27-31; Vgl. Albrecht, Willy: Das Ende des monarchisch-konstitutionellen Regierungssystems in Bayern. Hrsg. von Karl Bosl. München, 1969. S. 263-299. Hier: S. 267.

[136] Vgl. Deuerlein, Ernst: Einleitung. In: Briefwechsel Hertling-Lerchenfeld 1912-1917. Erster Teil. Boppard am Rhein, 1973. S. 37.

[137] Vgl. Albrecht, Willy: Das Ende des monarchisch-konstitutionellen Regierungssystems in Bayern. Hrsg. von Karl Bosl. München, 1969. S. 263-299. Hier: S. 270.

[138] Max Frhr. von Soden-Fraunhofen, Staatsrat i.o.D., Staatsminister des Innern 1912-1916. BayHStA, NB. Kgl. Staatsrat. Nr. 8157.

[139] Ungeachtet der persönlichen Verbindung zu Ludwig lag Sodens Berufung als Minister des Inneren auch fachlich keineswegs fern. Der 1844 geborene Maximilian von Soden hatte nach einem Jurastudium die Bewirtschaftung des Gutes Neufraunhofen in Niederbayern übernommen. Als Abgeordneter vertrat Soden von 1874 bis 1884 das Zentrum im deutschen Reichstag, war gleichzeitig 1875 bis 1893 gewähltes Mitglied der bayerischen Abgeordnetenkammer. Anschließend war er zum lebenslänglichen Mitglied der bayerischen Reichsratskammer ernannt worden. Ab 1893 war er Präsident des bayerischen Landwirtschaftsrates. Zudem war er als Vertreter der Großagrarier ein Interessenpolitiker, was ihm während des Ersten Weltkriegs negativ angelastet werden sollte, insbesondere weil seinem Ministerium das Landwirtschafts- und das Ernährungsreferat unterstanden. Vgl. Albrecht, Willy: Landtag und Regierung in Bayern. Berlin, 1968. S. 31.

3.1 Krone und Staatsorgane

den war ein langjähriger persönlicher Freund des wenig jüngeren Wittelsbachers Ludwig. Mit ihm und Hertling hatte dieser eine staatskirchliche Gesinnung in altbayerischer Tradition gemein.[140] Zusammen mit Hertling und Soden war Ludwig bereits 1905 in der Reichsratskammer für soziale Fragen wie den Arbeiterschutz eingetreten. Sieben Jahre darauf wurden die beiden zu den wichtigsten Ministern des Königreichs ernannt.[141] Mit Hertling verband auch Soden seit Jahren eine Freundschaft.[142] In seinen Lebenserinnerungen beschrieb Soden sich selbst als „konservativ, katholisch, monarchisch."[143] Nachdem zum Innenressort die Landwirtschaft gehörte, konnte man nach dem Urteil seines Sohnes „keinen besseren Kenner und Könner für diesen Zweig der sogenannten inneren Verwaltung finden. Als passioniertem Interessenten für die Fragen des Verkehrs lag ihm auch der Straßenbau sehr am Herzen."[144]

Den beiden Zentrumspolitikern standen fünf Minister gegenüber, die sich in der Ministerialbürokratie und im Offizierskorps emporgearbeitet hatten. Kultusminister wurde Eugen Ritter von Knilling. Dieser hatte die Beamtenlaufbahn durchschritten, galt als konservativ und zentrumsnah. Zum Finanzminister wurde Georg Ritter von Breunig ernannt, der Staatsrat im Finanzministerium war. Der neue Justizminister Heinrich Ritter von Thelemann hatte als Präsident des Obersten Landesgerichts gewirkt. Lorenz Ritter von Seidlein, der neuernannte Verkehrsminister, war Präsident der Eisenbahndirektion Nürnberg. Auch ihm hing der Ruf eines konservativen und zentrumsfreundlichen Beamten an. Neuer Kriegsminister wurde Otto Freiherr Kreß von Kressenstein, der Kommandierende General des III. bayerischen Armeekorps. Obgleich zwei der Beamtenminister als hochkonservativ galten, kann man den Regierungswechsel nicht als Machtübernahme des Zentrums betrachten. Weder Hertling noch Soden unterhielten enge Kontakte zur Landtagsfraktion des Zentrums. Dennoch lag es in der Absicht des Königshauses, durch die Be-

---

[140] Vgl. Albrecht, Willy: Das Ende des monarchisch-konstitutionellen Regierungssystems in Bayern. Hrsg. von Karl Bosl. München, 1969. S. 263-299. Hier: S. 267; Vgl. Beckenbauer, Alfons: Ludwig III. von Bayern. Regensburg, 1987. S. 64; Vgl. Möckl, Karl: Die Prinzregentenzeit. München, 1972. S. 108-115.
[141] Vgl. Beckenbauer, Alfons: Ludwig III. von Bayern. Regensburg, 1987. S. 58.
[142] Vgl. Josef Maria Graf von Soden-Fraunhofen: Meine Lebenserinnerungen. XX. Kapitel: Rückblick auf das Leben meines Vaters. S. 14. BayHStA, NLuS. Familienarchiv Soden-Fraunhofen. Nachlass Maximilian Graf von Soden-Fraunhofen. Nr. 316.
[143] Von einschneidender Bedeutung sei für ihn gewesen, dass Prinz Ludwig von Bayern, den er beim Kollegienbesuch kennengelernt hatte, ihn „sofort an seine Seite zog" und seine gnädige Gesinnung ihm gegenüber Jahrzehnte bewahrte. Soden erinnerte sich nach dem Weltkrieg: „Als ich bald siebzigjährig von dem hohen Herrn als dessen Minister dem Kaiser Wilhelm in München vorgestellt wurde, tat er dies mit dem Bemerken, seit der Universität mit mir befreundet zu sein, worauf der Kaiser erwiderte: ‚Das ist eine Freundschaft fürs Leben!'" Vgl. Lebenserinnerungen Maximilian Graf von Soden-Fraunhofens. S. 1f. BayHStA, NLuS. Familienarchiv Soden-Fraunhofen. Nachlass Maximilian Graf von Soden-Fraunhofen. Nr. 316.
[144] Josef Maria Graf von Soden-Fraunhofen: Meine Lebenserinnerungen. XX. Kapitel: Rückblick auf das Leben meines Vaters. S. 14. BayHStA, NLuS. Familienarchiv Soden-Fraunhofen. Nachlass Maximilian Graf von Soden-Fraunhofen. Nr. 316.

rufung Hertlings dafür zu sorgen, dass die Landtagsmehrheit eher mit der Regierung zusammenzuarbeiten bereit war, als mit einem Beamtenministerium.[145]

In der bayerischen Verfassung war ein leitender oder weisungsbefugter Ministerpräsident nicht vorgesehen, wenngleich diese Bezeichnung selbst im amtlichen Schriftverkehr gebräuchlich war. Die Staatsminister waren in der Führung ihrer Ressorts gleichberechtigt und hatten unmittelbares Vortragsrecht beim Monarchen. Festgelegt war nur, dass der Vorsitz des Gesamtstaatsministeriums beim Staatsminister des Königlichen Hauses und des Äußern lag.[146] Der königliche Ministerrat – das Gremium der Staatsregierung – tagte alle zwei Wochen, meist sogar öfter. In der Regel ging es bei diesen Sitzungen um Vorbesprechungen zu Gesetzesvorlagen. Ordensverleihungen, Auszeichnungen und Personalentscheidungen wurden vorbereitet und mussten dem Monarchen zur Genehmigung vorgelegt werden. Den insgesamt 110 Ministerratssitzungen im Verlauf seiner Regierungszeit – die erste am 15. Dezember 1912, die letzte am 19. Oktober 1918 – wohnte Ludwig nicht persönlich bei.[147] Im Rahmen von Audienzen berichtete ihm der Ministerratsvorsitzende deren Ergebnisse ausführlich.[148] Die übrigen Staatsminister fanden sich regelmäßig zum Immediatvortrag beim König ein. Dieser enge Kontakt zwischen Monarch und Regierung war im konstitutionellen Staat ungewöhnlich.[149]

Allgemein wurde nach Ludwigs Regierungsantritt davon ausgegangen, dass er, wie sein Vater, über den Parteien stehen werde. Einzelne Zeitungen wiesen jedoch darauf hin, dass die Freundschaft Ludwigs zu den Staatsministern Georg von Hertling und Max von Soden-Fraunhofen diese Überparteilichkeit in Frage stelle. Die Frankfurter Zeitung schrieb: „Mit der Übernahme der Regentschaft durch den Prinzen Ludwig erhält die bayerische Regierung erst in Wirklichkeit ein einheitliches Gepräge, denn das Ministerium Hertling ist eigentlich von Anbeginn an das

---

[145] Georg Ritter von Breunig, Staatsrat i.o.D., Staatsminister der Finanzen 1909-1912. BayHStA, NB. Kgl. Staatsrat. Nr. 8124; Otto Frhr. Kress von Kressenstein, Staatsrat i.o.D., Kriegsminister 1912-1916. BayHStA, NB. Kgl. Staatsrat. Nr. 8143; Lorenz Ritter von Seidlein, Staatsrat i.o.D., Staatsminister für Verkehrsangelegenheiten 1912. BayHStA, NB. Kgl. Staatsrat. Nr. 8155; Heinrich Ritter von Thelemann, Staatsrat i.o.D., Staatsminister der Justiz 1912. BayHStA, NB. Kgl. Staatsrat. Nr. 8161; Vgl. Albrecht, Willy: Landtag und Regierung in Bayern. Berlin, 1968. S. 31-34; Vgl. Albrecht, Willy: Das Ende des monarchisch-konstitutionellen Regierungssystems in Bayern. Hrsg. von Karl Bosl. München, 1969. S. 263-299. Hier: S. 267f.

[146] Vgl. Deuerlein, Ernst: Einleitung. In: Briefwechsel Hertling-Lerchenfeld 1912-1917. Erster Teil. Boppard am Rhein, 1973. S. 6; Albrecht, Willy: Das Ende des monarchisch-konstitutionellen Regierungssystems in Bayern. Hrsg. von Karl Bosl. München, 1969. S. 263-299. Hier: S. 267.

[147] Ministerratsprotokolle der Ministerien Hertling, Dandl, Eisner. BayHStA, NB. StMin des K. Hauses und des Äußern, Nr. 99511.

[148] Vorträge des Staatsministers des K. Hauses und des Äußern bei Prinzregent bzw. König Ludwig von Bayern (Hertling und von Dandl) 1912/1918. BayHStA, NB. StMin des K. Hauses und des Äußern, Nr. 953.

[149] Der Deutsche Kaiser nahm im Gegensatz dazu nur wenige Vorträge seiner Staatsekretäre und Minister an und beschränkte sich meist auf die intensiven persönlichen Kontakte mit seinen Kanzlern Bülow und Bethmann Hollweg. Auch die Ressortberichte nahm der Kaiser fast ausschließlich über den Umweg über sein Zivilkabinett entgegen. Vgl. König, Alexander: Wie mächtig war der Kaiser? Kaiser Wilhelm II. zwischen Königsmechanismus und Polykratie von 1908 bis 1914. Stuttgart, 2009. S. 72.

3.1 Krone und Staatsorgane

Ministerium des Prinzen Ludwig gewesen, während es mit dem Prinzregenten Luitpold durch keinerlei innere Gemeinschaft verbunden war." Ludwig gebe seiner Meinung gelegentlich „unumwunden Ausdruck, aber seine klerikale Grundstimmung und die persönliche Freundschaft, die ihn mit dem Ministerratsvorsitzenden Freiherrn von Hertling und besonders mit dem Minister des Innern, Freiherr von Soden, verbindet, wird eine feste Brücke zum Zentrum bilden."[150] Die liberale und sozialdemokratische Presse befürchtete durch Hertlings Berufung ein „ultramontanes" Ministerium und sah durch die Deckungsgleichheit der Landtagsmehrheit mit der politischen Ausrichtung einiger Minister den monarchischen Gedanken und die konstitutionelle Ordnung gefährdet. Die Sozialdemokratie vermutete, dass der Regierungskurs ihr gegenüber künftig unnachgiebiger würde. Hertling war zwar Zentrumspolitiker, aber kein Parteisoldat. Durch ihn wurde keineswegs das parlamentarische System durch die Hintertür eingeführt, zumal er selbst kein Anhänger einer Parlamentarisierung war.[151]

Regelmäßig präsidierte der Monarch dem bayerischen Staatsrat. An die politische Gremienarbeit war er durch ein halbes Jahrhundert der Zugehörigkeit zur Reichsratskammer gewohnt.[152] Es ist auffallend, welche Bedeutung Ludwig III. dem Staatsrat beimaß, nachdem diese Institution vor 1886 spürbar eingeengt wurde. Während die bayerischen Könige des 19. Jahrhunderts so gut wie nie an den Staatsratssitzungen teilgenommen hatten, führte Ludwig III. bei fast jeder Sitzung den Vorsitz und beteiligte sich an den Aussprachen.[153] Der Staatsrat tagte zwischen

---

[150] Zit. nach „Der Regierungswechsel in Bayern". Münchner Zeitung, 14. Dezember 1912. Proklamation des Prinzen Ludwig von Bayern zum Prinzregenten 1912, Thronbesteigung des Prinzregenten Ludwig als Ludwig III. König von Bayern am 12. November 1913. LABW, HStA Stuttgart, Archiv der Herzöge von Urach, GU 119. NL Wiltrud Herzogin von Urach. Nr. 657.

[151] Der Philosophieprofessor, der seit 1882 an der Universität München im neuscholastischen Geist unterrichtete, hatte zum bayerischen Zentrum keine besonders guten Kontakte. Politiker wie Georg Heim waren ihm zu bajuwarisch-robust, zu hemdsärmelig. Vgl. Beckenbauer, Alfons: Ludwig III. von Bayern. Regensburg, 1987. S. 99f.

[152] Vgl. Glaser, Hubert: Ludwig II. und Ludwig III. Kontraste und Kontinuitäten. In: Zeitschrift für bayerische Landesgeschichte. Nr. 59. München, 1996. S. 1-14. Hier: S. 8.

[153] In Form eines erweiterten Ministerrates bot der Staatsrat eine größere Plattform für die sorgfältige Beratung aller Gesetze und Verordnungen, wenngleich ihm das Initiativrecht fehlte. Er war als Institution neben dem Ministerrat und den beiden Kammern des Parlaments durchaus mit den Grundsätzen einer verfassungsmäßigen Regierung vereinbar, da er nur eine beratende Funktion einnahm, die rechtlich nicht zwingend war. Ministerrat und Landtag hatten während des 19. Jahrhunderts zu verhindern gewusst, dass ihre Kompetenzen durch ein allein vom König berufenes Kollegium beschnitten wurden. Als Kreis von Fachbeamten allerdings – nicht als politisches Organ, welches über den Ministerien stand – hatte er sich bei der Beratung des Monarchen bewährt. Auch während des Weltkrieges sollte dies beibehalten werden. Der König beriet im Staatsrat die durch den Kriegszustand bedingten Gesetzesmaßnahmen, darunter das Kriegsanleihengesetz, das Gesetz zur Niederschlagung von Strafverfahren gegen Kriegsteilnehmer, das Gesetz zur Wahrung der Rechte von Kriegsteilnehmern, das Gesetz zur Ansiedlung von Kriegsbeschädigten in der Landwirtschaft, das Gesetz über die Stellvertretung bei den Gerichten während des Krieges, das Gesetz über die Haftung von Grundstücken für öffentliche Lasten und das Gesetz über die bayerische Lebensmittelstelle. Daneben blieb das Budget ein besonders wichtiger Beratungsgegenstand des Staatsrates. Vgl. Schlaich, Heinz W.: Der bayerische Staatsrat. Beiträge zu seiner Entwicklung von 1808/09 bis 1918. In: Zeitschrift für Bayerische Landesgeschichte. Nr. 28. München, 1965. S. 460-522. Hier: S. 519-522.

1913 und 1918 rund dreißig Mal und bestand aus dem Herrscher, dem Kronprinzen, den königlichen Staatsministern und einigen weiteren, vom König ernannten Staatsräten.[154] Der Staatsrat war in Kompetenzkonflikten das oberste beratende Gremium, das unter der unmittelbaren Leitung des Monarchen stand. Noch im März 1914 wies Ludwig III. anlässlich der feierlichen Einführung des Kronprinzen Rupprecht auf die verfassungsmäßige Bedeutung dieser Institution hin.[155] Alle Gesetzentwürfe, die an den Landtag zu bringen waren, mussten zuvor dem Staatsrat vorgelegt werden. Außerdem war er in einer Reihe weiterer Angelegenheiten zuständig, insbesondere für Beschwerden von Beamten nach Maßgabe des Beamtengesetzes. Kronprinz Rupprecht musste, wie die übrigen Staatsräte, bei seiner Einführung einen Treueid auf König und Verfassung ableisten: „Ich schwöre Treue dem Könige, Gehorsam dem Gesetze und Beobachtung der Staatsverfassung, so wahr mir Gott helfe und sein heiliges Evangelium."[156]

Die Legislative, der bayerische Landtag, bestand aus zwei Kammern: Derjenigen der Reichsräte und derjenigen der Abgeordneten. Während das Wahlrecht zur letzteren mehrfach liberalisiert wurde, blieb die erstere in ihrer Zusammensetzung bis 1918 unverändert.[157] Seit 1907 wurden die Abgeordneten der Zweiten Kammer – der Abgeordnetenkammer – nach dem direkten, gleichen und geheimen Wahlrecht gewählt. Bei der Neuwahl von 1912 war es dem Ludwig III. weltanschaulich nahestehenden Zentrum trotz eines Wahlbündnisses von Liberalen, Sozialdemokraten und Bauernbund gelungen, die absolute Mehrheit in der Abgeordnetenkammer zu erringen.[158] Über die seiner Entscheidung unterliegende Besetzung der Ersten

---

[154] BayHStA, NB. Kgl. Staatsrat. Nr. 1441-1469.
[155] Vgl. Schlaich, Heinz W.: Der bayerische Staatsrat. Beiträge zu seiner Entwicklung von 1808/09 bis 1918. In: Zeitschrift für Bayerische Landesgeschichte. Nr. 28. München, 1965. S. 460-522. Hier: S. 460f.
[156] Protokoll über die Sitzung des k. Staatsrats vom 2.3.1914. BayHStA, NB. Kgl. Staatsrat. Nr. 1443.
[157] Vgl. Albrecht, Willy: Das Ende des monarchisch-konstitutionellen Regierungssystems in Bayern. Hrsg. von Karl Bosl. München, 1969. S. 263-299. Hier: S. 271.
[158] Das Wahlrecht besaßen die männlichen Einwohner Bayerns, die das 25. Lebensjahr überschritten hatten und seit mindestens einem Jahr direkte Steuern entrichteten. Die neugewählte Abgeordnetenkammer sollte sich am 28. Februar 1912 konstituieren. Fraktionsvorsitzender des Zentrums wurde Franz Xaver Lerno, der diesen Platz 1914 nach seiner Ernennung zum Generalstaatsanwalt beim Obersten Landesgericht in München zugunsten des Regensburger Zeitungsverlegers Heinrich Held räumte. Die Liberale Vereinigung war zweitstärkste Fraktion, deren Vorsitz der Bayreuther Oberbürgermeister Casselmann übernahm. Georg von Vollmar hatte den Fraktionsvorsitz der sozialdemokratischen Fraktion inne, musste aber aufgrund seiner zunehmenden Lähmung mehr und mehr Aufgaben an seinen Stellvertreter Segitz abgeben. Der mittelfränkische Gutsbesitzer Beckh führte die Freie Vereinigung der Konservativen an. Der bayerische Bauernbund bildete eine eigene Fraktion. Bereits die Wahl des Präsidiums führte zu Auseinandersetzungen. Das Zentrum beanspruchte den Präsidenten und ersten Vizepräsidenten für sich, während die Liberalen anstatt wie bislang die zweite Vizepräsidentenstelle nunmehr die erste beanspruchten. Das Zentrum war nicht bereit, diesen Wunsch zu erfüllen, ebenso wollte es den Sozialdemokraten, der drittstärksten Fraktion, keinen Platz im Präsidium gewähren. Schließlich setzte sich das Zentrum durch. Der Zentrumspolitiker von Orterer wurde zum Landtagspräsidenten wiedergewählt, ebenso wie der erste Vizepräsident von Fuchs. Zweiter Vizepräsident wurde Alois von Frank. So hatte sich bereits bei der Wahl des Präsidiums die tiefe Kluft zwischen Zentrum und Konservativen einerseits und Liberalen, Sozialdemokraten und Bauernbund gezeigt, die bestimmend bleiben sollte. Vgl. Albrecht, Willy: Landtag

3.1 Krone und Staatsorgane

Kammer – der Kammer der Reichsräte – hatte der König wesentliche Einflussmöglichkeiten auf den Landtag.[159]

Mit dem Parlament kam der Monarch nur selten in Kontakt, dann allerdings in symbolisch bedeutsamer Weise. Parlamentseröffnungen und Parlamentsabschiede fungierten seit dem Anspruch der modernen Parlamente, das Staatsvolk zu repräsentieren, als Selbstdarstellung von Souverän, Exekutive und Legislative. So war die Reichstagseröffnung die Theatralisierung der Staatsnation, im Fall der Eröffnung der deutschen Landtage handelte es sich um die symbolische Zurschaustellung eines Bestandteils der Nation. Grundsätzlich lag die Inszenierungshoheit beim Fürsten und seiner Bürokratie. Die Artikulationsmöglichkeiten der Abgeordneten waren gering. Von Bedeutung war es jedoch, ob Parlamentarier der Eröffnung fernblieben, oder ob Abgeordnete ihre Nähe zur Monarchie durch das Tragen des Fracks oder der Uniform demonstrierten, was den höfischen Glanz der Veranstaltung steigerte. Die Parlamentarier waren bei den feierlichen Landtagseröffnungen in ein hierarchisiertes Raumarrangement gestellt, das ihnen ihre Rolle symbolisch verdeutlichte. Sie standen dem fürstlichen Souveränitätsanspruch und dem Staatsapparat gegenüber, waren aber unverzichtbarer Teil des Zeremoniells. Das Parlament wurde auf diese Weise zu einer Legitimationsinstanz des Monarchen.[160]

---

und Regierung in Bayern. Berlin, 1968. S. 35-39; Vgl. Albrecht, Willy: Das Ende des monarchisch-konstitutionellen Regierungssystems in Bayern. Hrsg. von Karl Bosl. München, 1969. S. 263-299. Hier: S. 271-275.

[159] Die Erste Kammer umfasste sechs Gruppen von Mitgliedern; die Prinzen des königlichen Hauses, die Kronbeamten des Reiches, vier kirchliche Würdenträger, die Häupter der ehemals reichsständischen fürstlichen und gräflichen Familien, vom König ernannte erbliche Reichsräte und vom König ernannte lebenslängliche Reichsräte. Somit waren in der anachronistisch aufgebauten Ersten Kammer weder Vertreter von Städten noch von Universitäten vorhanden, die selbst im vielgeschmähten Preußischen Herrenhaus eine festgelegte Anzahl an Sitzen erhielten. Reformversuche hinsichtlich der Reichsratskammer waren vor allem an deren eigener Reformunwilligkeit gescheitert. Im Jahr 1912 betrug die Zahl der in der Ersten Kammer vertretenen volljährigen Prinzen achtzehn, sie nahm bis 1918 auf zwölf ab. Zu den kirchlichen Würdenträgern im Reichsrat gehörten die Erzbischöfe von München-Freising und Bamberg, ein vom König ernannter katholischer Bischof und der Präsident des Protestantischen Oberkonsistoriums in München. Dazu kamen siebzehn in der Kammer vertretenen Standesherren. Die größte Gruppe bildeten mit zweiunddreißig Mitgliedern die erblichen Reichsräte. An sich war die Zahl der Neuernennungen durch den König nicht begrenzt, aber die Erlangung dieser Würde war an die Bedingung des fideikommissarischen adeligen Besitzes gebunden. Somit bestand keine Gefahr, dass der König durch einen Pairsschub den feudalen Grundcharakter der Kammer verändern konnte. Die einzige nichtfeudale Gruppe in der Reichsratskammer waren die lebenslänglichen Reichsräte. In diese Gruppe konnte der König jeden bayerischen Staatsbürger berufen, allerdings war ihre Zahl durch die Verfassung auf ein Drittel der Zahl der erblichen Reichsräte beschränkt, so dass es im Jahr 1912 nur siebzehn lebenslängliche Reichsräte gab. Vgl. Albrecht, Willy: Landtag und Regierung in Bayern. Berlin, 1968. S. 39-43.

[160] Vgl. Matzerath, Josef: Parlamentseröffnungen im Reich und in den Bundesstaaten. In: Biefang, Andreas; Epkenhans, Michael; Tenfelde, Klaus (Hrsg.): Das politische Zeremoniell im Deutschen Kaiserreich 1871-1918. Düsseldorf, 2008. S. 207- 232.

3.2 Königlicher Hof

Eine zentrale Einrichtung der bayerischen Monarchie war der Königliche Hof. Dieser bestand aus der Residenz, der Haushaltung, dem Hofstaat sowie den Mitgliedern des Königlichen Hauses.[161] Dem König standen mit der Hofverwaltung, dem Zivilkabinett und der militärischen Adjutantur Immediatbehörden als Instrumente der Herrschaftsausübung zur Verfügung. Diese mussten hochprofessionell arbeiten, um den Erwartungen gerecht zu werden. Teils übte der Hof erheblichen Einfluss auf Entscheidungsfindungsprozesse aus. Die Bedeutung der nicht verfassungsmäßig gebundenen „Hofkamarilla" hatte immer wieder Kritik hervorgerufen.[162] Der Monarch überwölbte einerseits Hof und Staat, andererseits wurde er durch die königliche Familie und den Hof mit dem Staat verbunden. Ludwig III. war entscheidungsunabhängig, was seine Personalpolitik bei Hofe anging. In die persönliche Umgebung des Monarchen wurden ausschließlich Männer seines Vertrauens berufen. Die militärischen Dienste des Königs, etwa die Adjutantur und die Leibgarde, befanden sich allerdings nicht im Hof-, sondern im Staatsdienst. Die Einflussmöglichkeiten der Hofgesellschaft auf den Monarchen – und damit indirekt auf die Gestaltung des öffentlichen Lebens – waren angesichts dessen sonstiger Abschottung von äußerem Einfluss enorm. Die Kritik sprach von einer „chinesischen Mauer" um den Herrscher.[163]

Anders als im Fall der verfassungsmäßig legitimierten Organe Ministerrat oder Landtag blieb der Öffentlichkeit die Arbeit der Stabstrukturen des bayerischen Herrschers weitgehend entzogen. Ludwig war nach seinem Regierungsantritt daran gelegen, die Machtverhältnisse grundlegend neu zu regeln und Schlüsselpositionen mit ihm nahestehenden Personen zu besetzen. Alle Hofstäbe wurden ab 1913 unter eine Gesamtverwaltung des Obersthofmeisterstabes gebracht, was jedoch nur geringe Einsparungen mit sich brachte.[164] Das Grundprinzip der Neuorganisation der Hofstäbe war es, den Hofstaat zu zentralisieren, effektiver zu machen und zu vereinfachen. Als Vorbilder dürften die fortschrittlicheren Hoforganisationen der Höfe in Sachsen, Preußen und Österreich gedient haben. Im Zuge der Neuorganisation

---

[161] Vgl. Möckl, Karl: Einleitende Bemerkungen. In: Möckl, Karl (Hg.): Hof und Hofgesellschaft in den deutschen Staaten im 19. und beginnenden 20. Jahrhundert. Boppard am Rhein, 1990. S. 7-16.
[162] Vgl. Krauss, Marita: Herrschaftspraxis in Bayern und Preußen im 19. Jahrhundert. Ein historischer Vergleich. Frankfurt am Main u.a., 1997. S. 69.
[163] Der Hofstaat bestand aus Hofbeamten und Hofoffizianten. Die höheren Hofbeamten waren Inhaber der eigentlichen Hofämter wie Hofchargen und Hofstäbe, während Hofdamen oder Kammerherren bloße Ehrendienste beim Monarchen und der königlichen Familie zu verrichten hatten. Voraussetzung für ein Hofamt war der Adel, der für die Hoffähigkeit überhaupt vonnöten war. Seit 1834 wurden die Hofbediensteten aus den Mitteln der Zivilliste bezahlt, deren Ernennungen erfolgten ohne ministerielle Gegenzeichnung. Vgl. Möckl, Karl: Hof und Hofgesellschaft in Bayern in der Prinzregentenzeit. In: Werner, Karl Ferdinand (Hrsg.): Hof, Kultur und Politik im 19. Jahrhundert. Bonn, 1985. S. 183-235. Hier: S. 185f; Vgl. Kägler, Britta: Im Zentrum steht der Landesherr. In: Jahn, Wolfgang (Hrsg.): Adel in Bayern. Ritter, Grafen, Industriebarone. Katalog zur Bayerischen Landesausstellung 2008. Augsburg, 2008. S. 198f.
[164] Vgl. Aretin, Cajetan von: Die Erbschaft des Königs Otto von Bayern. München, 2006. S. 29.

3.2 Königlicher Hof

wurden zentrale Positionen mit Vertrauensleuten besetzt. An der Spitze der Gesamtverwaltung des Hofstaats stand seit 1. Mai 1913 Obersthofmeister Graf Albrecht von Seinsheim. Dieser hatte bereits zuvor an der Spitze dreier Hofstellen gestanden; der des Obersthofmeisteramtes, des Oberstkämmerer- und Obersthofmarschallstabes. Diese Hofstellen hatten zuvor, ebenso wie der Oberststallmeisterstab, die Generalintendanz der Hoftheater und der Hofmusik, selbstständig nebeneinander bestanden und waren direkt dem König beziehungsweise dem Prinzregenten untergeordnet gewesen. Durch die Reorganisation vom 1. Mai 1913 änderte sich dieses komplexe Verhältnis. Von da an waren sämtliche Hofstellen – Obersthofmeisterstab, Oberstkämmereramt, Obersthofmarschallamt, Oberststallmeisteramt, die Generalintendanz der Hoftheater und der Hofmusik sowie die Finanzabteilung – dem Obersthofmeister untergeordnet. Dieser war nunmehr der höchste Beamte der Hofverwaltung, der allein Vortrag über alle Hofangelegenheiten zu erstatten hatte, er war der Hofminister und ein Teil der Hofregierung. Unter den obersten Hofchargen nahm Albrecht Graf von Seinsheim den ersten Rang ein.[165]

Dem Obersthofmeister unterstanden mehr als 175 Hofangestellte, wovon der Obersthofmeisterstab etwa ein Dutzend Angehörige ausmachte. Diesem zugeordnet waren die zehnköpfige Hofbaudirektion, die kleinere Schlösserdirektion und Hofgärtendirektion, das Justiziariat der Hofverwaltung, die etwa zwei Dutzend königlichen Palastdamen, der aus der Allerheiligen Hof-Kirche, der Theatinerkirche, der Hofkirche St. Michael und weiteren Kirchen bestehende Hof-Kirchensprengel, das aus den Hofstabsärzten und der Hofapotheke bestehende Hof-Medizinalwesen, der Hausschatz, die Hofkasse sowie die Seeadministrationen. Zudem unterstanden die Schlossverwaltungen der Residenz, des Wittelsbacher Palais, des Schlosses Nymphenburg, des Schlosses Berg, des Jagdschlosses St. Bartholomä am Königssee, des Schlosses Berchtesgaden, des Schlosses Landshut, des Schlosses Ludwigshöhe und zehn weiterer Schlösser dem Obersthofmarschallstab. Daneben existierte eine Finanzabteilung des Obersthofmeisterstabs, welcher die Glyptothek und die Neue Pinakothek unterstanden.[166] Am 1. Dezember 1913 wurde dem Direktor des Hauptmünzamtes Anton Munkert durch den König die Funktion des Schatzmeisters des Königlichen Hausschatzes übertragen.[167]

Der zweiten Hofstelle, dem Oberstkämmereramt, stand Oberstkämmerer Hans Freiherr von Laßberg vor, der auch die Hofjagddirektion leitete. Als Oberstzeremonienmeister fungierte Maximilian Graf von Moy. Diesen beiden waren ein Ge-

---

[165] Neuordnung des bayer. Hofstaates. Münchner Neueste Nachrichten, 19.7.1913. Nr. 364. Königliche Hofstäbe. BayHStA, KrA. Kriegsministerium, Nr. 110; Königliche Hofstäbe. Geschäftsleitung usw. Einrichtung der Hofverwaltung, Oberste Hofämter. BayHStA, Abt. Neuere Bestände. Staatsministerium des Innern für Kirchen- und Schulangelegenheiten. Nr. 19054.
[166] Hof- und Staatshandbuch des Königreichs Bayern für das Jahr 1914. Hrsg. vom K. Bayer. Statistischen Landesamt. München, 1914. S. 111-116; Verzeichnis der königlichen Residenzen und Schlösser o. J. Akten des Obersthofmarschalls. BayHStA, Geheimes Hausarchiv. Obersthofmarschallstab S.M. des Königs Ludwig III. von Bayern, Nr. 16.
[167] Schreiben des Obersthofmeisterstabs an das k.b. Finanzministerium. München, 6. Dezember 1913. Königlicher Hausschatz 1897-1935. BayHStA, NB. Staatsministerium der Finanzen, Nr. 67187.

heimer Sekretär, ein Kammerfourier, ein Hofoffiziant und ein Stabsdiener zugewiesen. Bei offiziellen Anlässen waren dem Stab zudem das Hofkapellpersonal, die Hoffouriere und sämtliche Hofoffizianten zugewiesen. Laßberg stand außerdem den mehr als 150 königlichen Kämmerern vor, die sich aus alten Adelsfamilien zusammensetzten, ebenso der Pagerie. Mit der Wahrnehmung der Geschäfte des Oberhofmarschallamts war Obersthofmeister Graf von Seinsheim betraut. Hierzu gehörten der aus einem Dutzend Angestellten bestehende Fourierdienst und der aus zwei Dutzend Angehörigen bestehende Offizendienst. Das Oberstallmeisteramt wurde von Wilhelm Freiherr von Leonrod geleitet und verwaltete mit etwa dreißig Angestellten den Marstall und die Hofgestüte. Klemens Freiherr von und zu Franckenstein stand der General-Intendanz der Hoftheater und der Hofmusik vor. Diese leitete das gesamte Ensemble des königlichen Theaters, des Balletts, der Kapellen und der Oper.[168] Ende 1914 trat Obersthofmeister Graf von Seinsheim in den Ruhestand, was erneut personelle und strukturelle Veränderungen in der Hofverwaltung nach sich zog. Der bisherige Oberstallmeister Wilhelm Freiherr von Leonrod wurde unter Belassung der Geschäfte des Oberstallmeisters zum Obersthofmeister in etatmäßiger Weise ernannt. Oberstzeremonienmeister Maximilian Graf von Moy wurden neben seinen bisherigen Geschäften auch die des Oberhofmarschalls übertragen.[169]

Die Mitglieder der königlichen Familie besaßen zwar allesamt Hofstaaten, diese waren im Gegensatz zum mehrere hundert Personen umfassenden Hofstaat des Monarchen allerdings nur Ehrendienste ohne eine entsprechende rechtliche Bedeutung.[170] Die Königin verfügte mit der betagten Gräfin Therese Eckbrecht von Dürckheim-Montmartin über eine Obersthofmeisterin, mit Hans Freiherr von Laßberg über einen Oberhofmeister, ferner ein Sekretariat, einen Leibarzt, eine Kammerdienerin und eine Garderobierin.[171] Kronprinz Rupprecht konnte dank seiner Stellung ebenfalls über einen größeren eigenen Hofstaat verfügen, der aus einem persönlichen Adjutanten, einem Hofsekretär, einem Hofhausmeister und weiteren Angestellten bestand. Der Mehrzahl der übrigen Prinzessinnen und Prinzen des Königlichen Hauses waren in der Regel je eine Hofdame oder ein persönlicher Adjutant zum Dienst beigeordnet, zudem teilweise Leibärzte, Sekretäre und Hofköche.[172]

Eine Schlüsselstelle am königlichen Hof war während der Prinzregentenzeit die Leitung der so genannten Geheimkanzlei, deren Einfluss stetig gewachsen und de-

---

[168] Hof- und Staatshandbuch des Königreichs Bayern für das Jahr 1914. Hrsg. vom K. Bayer. Statistischen Landesamt. München, 1914. S. 117-136.
[169] Obersthofmeister Laßberg an das K. Kriegsministerium, München 23.11.1914. Königliche Hofstäbe. BayHStA, KrA. Kriegsministerium, Nr. 110.
[170] Vgl. Möckl, Karl: Hof und Hofgesellschaft in Bayern in der Prinzregentenzeit. In: Werner, Karl Ferdinand (Hrsg.): Hof, Kultur und Politik im 19. Jahrhundert. Bonn, 1985. S. 183-235. Hier: S. 188.
[171] Vgl. Schad, Martha: Bayerns Königinnen. München, 2007. S. 332-336.
[172] Hof- und Staatshandbuch des Königreichs Bayern für das Jahr 1914. Hrsg. vom K. Bayer. Statistischen Landesamt. München, 1914. S. 139-143.

3.2 Königlicher Hof

ren Chef im Hintergrund bis zum Jahr 1912 zu einem der mächtigsten Männer im Staat aufgestiegen war.[173] Ludwig löste die Geheimkanzlei mit einer seiner ersten Amtshandlungen auf und verteilte deren Aufgaben neu. Deren langjähriger Chef Freiherr von Wiedenmann wurde, offiziell auf eigenen Wunsch, in den Ruhestand versetzt und mit warmen Dankesworten verabschiedet.[174] Die Besorgung der Kanzleigeschäfte wurde dem neugeschaffenen königlichen Kabinett übertragen, in welches die Beamten der Geheimkanzlei übernommen wurden. Zum Chef des Kabinetts wurde Otto Ritter von Dandl bestimmt, dem zugleich Titel und Rang eines Staatsrats im außerordentlichen Dienst verliehen wurden. Alle militärischen Angelegenheiten waren dem Prinzregenten durch den vortragenden Generaladjutanten zu unterbreiten.[175]

Das Kabinett war als Sekretariat und politisch beratender Stab direkt dem Herrscher zugeteilt und bestand nur aus wenigen Mitarbeitern. Dem Kabinettschef Otto von Dandl waren zur Dienstleistung die Geheimen Sekretäre Walter und Mayer beigegeben, zudem der Geheime Sekretär Raab vom Staatsministerium des Königlichen Hauses und des Äußern. Ferner gehörte dem Kabinett Stabsinspektor Braun an, welcher von der Finanzabteilung des Obersthofmeisterstabs abgestellt wurde.[176] Der Chef des königlichen Zivilkabinetts war nicht nur ein enger Vertrauensmann des Königs in politischen Fragen, sondern gewissermaßen die Schnittstelle zwischen Krone, Regierung, Presse und Parteien. Er war ständiger Teil der engeren Entourage des Monarchen. Obwohl Otto von Dandl in dieser Position im Hintergrund wirkte, ist er in seiner politischen Bedeutung und seinem Einfluss kaum zu überschätzen.[177]

Wie Dandl später sagte, hatte er am Tag kaum zwei Stunden für sich selbst und im Jahr kaum zwei Tage Urlaub. König Ludwig III. ließ sich von seinem Kabinettschef über alles Vortrag halten. Dandl musste bei Konflikten eine Vermittlerrolle spielen und in der Innen- wie Außenpolitik stets bestens informiert sein. In das schlichte Amtszimmer der Kabinettskanzlei in der königlichen Residenz kamen alle möglichen Persönlichkeiten des öffentlichen und politischen Lebens. Der Kabinettschef wurde von Parlamentariern fast noch häufiger aufgesucht als der Ministerratsvorsitzende Hertling, da man sich bewusst war, dass Dandl jederzeit

---

[173] Vgl. Möckl, Karl: Die Prinzregentenzeit. München, 1972. S. 559.
[174] Dankschreiben des Prinzregenten Ludwig an den Chef der Geheimkanzlei Freiherr von Wiedenmann. München, 23.12.1912. Aufhebung der Allerhöchsten Geheimkanzlei und Schaffung eines Kabinetts des Prinzregenten Ludwig von Bayern 1912. BayHStA, NB. StMin des K. Hauses und des Äußern, Nr. 99948.
[175] Otto Ritter von Dandl, Staatsrat i.o.D., Staatsminister des kgl. Hauses und des Äußern 1917. BayHStA, NB. Kgl. Staatsrat. Nr. 8126; Allerhöchstes Handschreiben an das Gesamtstaatsministerium. München, 23.12.1912. Aufhebung der Allerhöchsten Geheimkanzlei und Schaffung eines Kabinetts des Prinzregenten Ludwig von Bayern 1912. BayHStA, NB. StMin des K. Hauses und des Äußern, Nr. 99948.
[176] Hof- und Staatshandbuch des Königreichs Bayern für das Jahr 1914. Hrsg. vom K. Bayer. Statistischen Landesamt. München, 1914. S. 136f.
[177] Dr. Otto von Dandl. Ausschnitt aus dem Archiv für publizistische Arbeit, 11.1.1934. BayHStA, NLuS. P 9.512.

direkten Zugang zum König hatte. Im Gegensatz zu seinem Vorgänger nutzte er seine Stellung allerdings nicht aus, um seine eigene Hausmacht gegenüber anderen Stellen zu erweitern. Häufig vertrat er eigene Ansichten gegenüber dem Monarchen, die sich teils stark von dessen Meinung unterschieden. In allen wesentlichen Fragen unterstützte er die Position des Ministerratsvorsitzenden.[178]

Indem das Kabinett die Beschlüsse inhaltlich und in der Präsentation für den Landesherrn vorbereitete, nahm es eine machtvolle Position ein. Obgleich diese Institution verfassungsmäßig nicht legitimiert und dem Blick der Öffentlichkeit entzogen war, spielte sie eine nicht wegzudenkende Rolle im Entscheidungsgefüge der konstitutionellen Monarchie. Mithin war das Zivilkabinett die entscheidende Institution zur Artikulation königlicher Willensbekundungen im Regierungsgefüge. Nach dem Vorbild des kaiserlichen Zivilkabinetts vermittelte das Kabinett des bayerischen Monarchen den gesamten Geschäftsverkehr des Königs, ebenso wie dessen Privat- und Familienangelegenheiten. Als Chef des Kabinetts hielt Otto von Dandl König Ludwig III. Vorträge in sämtlichen zivilen innenpolitischen Angelegenheiten – sei es die Vorlegung von Gesetzentwürfen, die Allerhöchste Vollziehung von Gesetzen und Verordnungen, Ernennungen und Beförderungen von Beamten, Verleihungen von Titeln, Orden und anderen Auszeichnungen sowie Haus- und Hofangelegenheiten. Über die Art und Weise der Vermittlung von Beschlussvorlagen konnte der Kabinettschef Einfluss auf die Willensbildung des Monarchen nehmen. Bei Immediatvorträgen von zivilen Staatsministern vor dem König war der Chef des Kabinetts in der Regel ebenfalls anwesend.[179]

In militärischen Dingen bestand eine Adjutantur, die dem König beigestellt wurde. Diese umfasste neben dem Vortragenden Generaladjutanten Generalleutnant Wilhelm Ritter Walther von Walderstötten die vier Generaladjutanten Generaloberst Karl Graf von Horn, General Albrecht Freiherr von Könitz, ferner General Peter Freiherr von Wiedenmann und General Hermann Ritter von Haag. Als Flügeladjutant diente Oberstleutnant Otto Graf zu Castell-Castell. Der Vortragende Generaladjutant gehörte zum ständigen Umfeld des Königs und beriet ihn in allen militärischen Fragen.[180] In ihrer Machtfülle war die Adjutantur des Königs von Bayern nicht vergleichbar mit dem kaiserlichen Militärkabinett, das für Wilhelm II. sämtliche Beförderungen, Beurlaubungen, Verabschiedungen oder Auszeichnungen von Offizieren und Generälen der preußischen Armee entscheidungsreif vorbereitete.[181] Dennoch bildete sie als beratende Institution ein ständiges Gegengewicht

---

[178] Vgl. Naumann, Victor: Profile. 30 Porträt-Skizzen aus den Jahren des Weltkrieges nach persönlichen Begegnungen. München u.a., 1925. S. 104f.
[179] Vgl. König, Alexander: Wie mächtig war der Kaiser? Kaiser Wilhelm II. zwischen Königsmechanismus und Polykratie von 1908 bis 1914. Stuttgart, 2009. S. 117-125; der erhaltene umfangreiche Schriftverkehr des Kabinetts S.M. des Königs von Bayern liegt als einzelner Bestand im Geheimen Hausarchiv des Bayerischen Hauptstaatsarchivs.
[180] Militär-Handbuch des Königreichs Bayern. Hrsg. vom Kriegsministerium, Abteilung für Persönliche Angelegenheiten, nach dem Stande vom 10. Mai 1914. München, 1914. S. 2.
[181] Vgl. König, Alexander: Wie mächtig war der Kaiser? Kaiser Wilhelm II. zwischen Königsmechanismus und Polykratie von 1908 bis 1914. Stuttgart, 2009. S. 125.

3.2 Königlicher Hof

zum Kriegsministerium und verfügte über nicht zu unterschätzende Bedeutung. General Walther von Walderstötten wohnte den wöchentlichen Immediatvorträgen des Kriegsministers vor dem König stets bei, bereitete den Monarchen auf die zu besprechenden militärischen Themen vor und beriet ihn bei der Entscheidungsfindung.[182]

Die so genannten Kronämter waren von der Neustrukturierung des Hofes nicht berührt. Diese waren keine Hofämter, sondern oberste Würden des Reiches, deren Bestand auf verfassungsrechtlicher Anordnung beruhte. Die Kronämter des Königreichs Bayern waren das Amt des Kronoberthofmeisters, das Fürst Albrecht zu Oettingen-Spielberg bis zu seinem Tod im Jahr 1916 innehatte, das Amt des Kronoberstkämmerers und Kronoberstmarschalls, welche beide schon seit Jahren unbesetzt waren, und das Amt des Kronoberstpostmeisters, das Fürst Albert von Thurn und Taxis im Erbrecht bekleidete. Die Kronwürden konnten nur als Thronlehen vom König verliehen werden; ihre Träger waren gleichsam Mitglieder des Königlichen Familienrates.[183]

Die Wiederbesetzung der während der Regentschaft unbesetzten Ämter war nach Tit. II § 18 der Verfassungsurkunde nicht möglich.[184] Ludwig III. hatte nach seiner Thronbesteigung eine Neubelehnung der vakanten obersten Kronämter sowie die Vergabe verschiedener Thronlehen für 1914 vorgesehen. Dies wurde aber aufgrund des Kriegsausbruchs verschoben. Erst zum Verfassungsjubiläum im Mai 1918 wurden die Kronämter wieder verliehen.[185] Der König ernannte hierbei den Fürsten Emil zu Oettingen-Oettingen und Oettingen-Spielberg zum Kronobersthofmeister, den Fürsten Friedrich Karl zu Castell-Castell zum Kronoberstkämmerer und den Fürsten Carl Ernst Fugger von Glött, ersten Präsidenten der Kammer der Reichsräte, zum Kronoberstmarschall. Der Akt der feierlichen Neubelehnungen und der in Folge des eingetretenen Hauptlehensfalles erforderlichen Belehnung des Fürsten Albert von Thurn und Taxis mit dem Amt als Kronoberstpostmeister fand in der Residenz statt.[186] Bei der Eidesleistung hatte der Kronobersthofmeister die Schwurfinger auf die Krone, der Kronoberstkämmerer auf das Zepter, der Kronoberstmarschall auf das Schwert und der Kronoberstpostmeister auf den Reichsapfel zu legen.[187]

---

[182] Vgl. Manuskript der Lebenserinnerungen des k.-b. Kriegsministers Philipp von Hellingrath, S. 241. BayHStA, Geheimes Hausarchiv. NL Philipp von Hellingrath, Nr. 6.
[183] Neuordnung des bayer. Hofstaates. Münchner Neueste Nachrichten, 19.7.1913. Nr. 364. Königliche Hofstäbe. BayHStA, KrA. Kriegsministerium, Nr. 110.
[184] „Wiederbesetzung der Obersten Kronämter". Münchner Neueste Nachrichten, 10.4.1918. Abendausgabe. Jahrhundertgedenkfeier der bayerischen Verfassung 1918. BayHStA, GHA. Kabinettsakten König Ludwigs III., Nr. 32.
[185] Die Kronämter des Königreichs. Neubelehnung am 25. Mai 1918. BayHStA, NB. StMin des K. Hauses und des Äußern, Nr. 93702.
[186] „Wiederbesetzung der Obersten Kronämter". Münchner Neueste Nachrichten, 10.4.1918. Abendausgabe. Jahrhundertgedenkfeier der bayerischen Verfassung 1918. BayHStA, GHA. Kabinettsakten König Ludwigs III., Nr. 32.
[187] Pressenotiz zur Neubelehnung der Kronämter. Die Kronämter des Königreichs. Neubelehnung am 25. Mai 1918. BayHStA, NB. StMin des K. Hauses und des Äußern, Nr. 93702.

In ihnen, dem Kronoberhofmeister, dem Kronoberthofmarschall, dem Kronoberstkämmerer und dem Kronoberstpostmeister, lebten die Ministerfunktionen des alten herzoglich-kurfürstlichen Hofes symbolisch weiter. Diese Reichswürden verklammerten Staat, Dynastie und Hof. Die Inhaber bewahrten die Reichsinsignien, hatten Aufgaben im Rahmen des Hofzeremoniells, waren Kraft ihres Amtes Mitglieder der Kammer der Reichsräte und besaßen bis 1879 das Recht zur Teilnahme an Sitzungen des Staatsrates. Unter bestimmten Bedingungen konnten sie sogar mit der Reichsverwesung betraut werden.[188] Wenn der Fall der Reichsverwesung eintreten würde, aber kein zur Reichsverwesung geeigneter Agnat des Königlichen Hauses und keine verwitwete Königin vorhanden wären, hatte einer der Kronbeamten, der vom letzten Monarchen zum Verweser ernannt worden wäre, die Regentschaft zu übernehmen. Wenn vom König keine derartige Regelung getroffen wurde, fiel die Verweserschaft des Königreichs Bayern dem ersten Kronbeamten zu.[189]

3.3 Die bayerische Monarchie in der föderativen Nation

Für die Königshäuser der deutschen Einzelstaaten ergab sich spätestens im Zuge der Reichsgründung die Notwendigkeit einer Stellungnahme zur deutschen Nation. Im 19. Jahrhundert wurde die Monarchie von der Verbreitung nationaler Vorstellungen erfasst, was dazu führte, dass sie verstärkt für politische Zwecke beansprucht wurde: Bürgerkönigtum und soziales Königtum seien als Schlagworte genannt.[190] Auf der herrschaftlichen Ebene des Kaiserreichs bestand ein System voller verkapselter monarchischer Mikrokosmen, deren nationalstaatlicher Zusam-

---

[188] Vgl. Möckl, Karl: Hof und Hofgesellschaft in Bayern in der Prinzregentenzeit. In: Werner, Karl Ferdinand (Hrsg.): Hof, Kultur und Politik im 19. Jahrhundert. Bonn, 1985. S. 183-235. Hier: S. 185.
[189] Einteilung für die feierliche Thronbelehnung. Die Kronämter des Königreichs. Neubelehnung am 25. Mai 1918. BayHStA, NB. StMin des K. Hauses und des Äußern, Nr. 93702.
[190] Vgl. Dollinger, Heinz: Das Leitbild des Bürgerkönigtums in der europäischen Monarchie des 19. Jahrhunderts. In: Werner, Karl Ferdinand (Hrsg.): Hof, Kultur und Politik im 19. Jahrhundert. Akten des 18. Dt.-Franz. Historikerkolloquiums in Darmstadt vom 27.-30. Sept. 1982. Bonn, 1985. S. 325-364; Der Bedeutungsverlust, den die hergebrachten Stützen des Staates – etwa Religion oder Konfession – im 19. Jahrhundert erfahren hatten, mündete gleichwohl nur in begrenztem Ausmaß in einer Verselbstständigung des Staates. Dieser erlangte keineswegs Autonomie, stattdessen wurden dem Staat andere, bevorzugte Leitbegriffe entgegengestellt: Volk, Freiheit, Einheit, Verfassung, Vaterland oder Nation. Vor allem der Begriff der Nation erwies sich europaweit als ungemein wirkungsmächtig. Die diskursive Beschränkung des königlichen Handlungsspielraumes begann nicht erst mit der Französischen Revolution, sondern war bereits während des so genannten Absolutismus Gegenstand politischer Theorien und spitzte sich gegen Ende des 18. Jahrhunderts zu. Das Diktum König Friedrichs II. von Preußen, er sei der erste Diener des Staates, fand bei politischen Schriftstellern, welche die Monarchie in den Staat einbanden, seinen Widerhall, bis schließlich Hegel 1821 in seiner Philosophie des Rechts schreiben konnte: „man braucht zu einem Monarchen nur einen Menschen, der „ja" sagt und den Punkt auf das „i" setzt." Vgl. Paulmann, Johannes: Pomp und Politik. Paderborn u.a., 2000. S. 94f.

menschluss weit äußerlicher war, als man denken könnte.[191] Neben dem vom preußischen König dominierten deutschen Kaisertum existierten diverse Herrschaftsformen dynastischer Erbfürstlichkeit, die nicht selten eine selbstreferentielle Interessenpolitik auf Kosten des Reiches verfolgten.[192] Die 25 Einzelstaaten behielten zahlreiche Kennzeichen ihrer Souveränität, einschließlich der Dynastien. Größe und Bedeutung variierten von Zwergfürstentümern wie Schwarzburg-Sondershausen bis hin zum Königreich Preußen, das über zwei Drittel der Landmasse des Reichs einnahm und etwa sechzig Prozent seiner Bevölkerung umfasste.[193] Bayern zählte als zweitgrößter Bundesstaat 6,9 Millionen Einwohner.[194]

Die Reichsverfassung vom 16. April 1871 begann mit der Erklärung, dass der König von Preußen, der König von Bayern, der Großherzog von Baden und der Großherzog von Hessen einen ewigen Bund „zum Schutze des Bundesgebietes und des innerhalb desselben gültigen Rechtes, sowie zur Pflege der Wohlfahrt des deutschen Volkes" eingingen. Die deutschen Staaten wurden Gliedstaaten eines Bundesstaates, der sowohl die Partikularinteressen als auch den Zusammenhalt gewährleisten sollte.[195] Vielfach waren die Gefahren überschätzt worden, die vom Ressentiment der nun der Krone Preußens faktisch nachgeordneten deutschen Höfe ausgehen konnten. Manche Konzession wurde an die Königreiche Bayern, Sachsen und Württemberg gemacht, um unerwünschten Entwicklungen entgegenzuwirken. Es zeigte sich allerdings, dass die Bundesfürsten der Reichspolitik keine nennenswerten Schwierigkeiten bereiteten, sondern sich im Gegenteil als verlässliche Stützen erwiesen. Das weit verbreitete imperialistisch gefärbte Nationalbewusstsein war nicht die Hauptursache für die Loyalität der Bundesfürsten. Eine unbedingte Befürwortung des Nationalgedankens lag im begründeten Eigeninteresse der Fürsten, denn gerade für die Kleinstaaten gab es keinen besseren Bestandschutz als die Eingliederung in das Reich.[196]

Die Zerrissenheit zwischen unitarischen und föderalistischen Merkmalen bildete ein wesentliches Element des Kaiserreichs.[197] Alle Gliedstaaten behielten origi-

---

[191] Vgl. Machtan, Lothar: Der erstaunlich lautlose Untergang von Monarchie und Bundesfürstentümern – ein Erklärungsangebot. In: Gallus, Alexander (Hrsg.): Die vergessene Revolution von 1918/19. Göttingen, 2010. S. 39-56. Hier: S. 45.

[192] Vgl. Machtan, Lothar: Der erstaunlich lautlose Untergang von Monarchie und Bundesfürstentümern – ein Erklärungsangebot. In: Gallus, Alexander (Hrsg.): Die vergessene Revolution von 1918/19. Göttingen, 2010. S. 39-56. Hier: S. 45; Vgl. Möckl, Karl: Der deutsche Adel und die fürstlich-monarchischen Höfe 1750-1918. In: Wehler, Hans-Ulrich (Hrsg.): Europäischer Adel. 1750-1950. Göttingen, 1990. S. 96-111.

[193] Vgl. Chickering, Roger: Das Deutsche Reich und der Erste Weltkrieg. München, 2002. S. 14-16.

[194] Statistisches Jahrbuch für das Königreich Bayern. Dreizehnter Jahrgang. Hrsg. vom K. Statistischen Landesamt. München, 1915. S. 16.

[195] Vgl. Koch, Ingeborg: Die Bundesfürsten und die Reichspolitik in der Zeit Wilhelms II. München, 1961. S.1.

[196] Vgl. Gollwitzer, Heinz: Die Endphase der Monarchie in Deutschland. Stuttgart, 1971. In: Heinz Gollwitzer: Weltpolitik und deutsche Geschichte. Gesammelte Studien. Hrsg. von Hans-Christof Kraus. Göttingen, 2008. S. 363-383. Hier: S. 365f.

[197] Vgl. Möckl, Karl: Der „unvollendete" Föderalismus des zweiten Deutschen Kaiserreiches. In: Röhl, John C. G. u.a. (Hrsg.): Der Ort Kaiser Wilhelms II. in der deutschen Geschichte. München, 1991.

näre Hoheitsrechte: Das Recht auf eine eigene Verfassung, auf Besitz und Ausübung ihrer Zuständigkeiten in Gesetzgebung, Gerichtsbarkeit und Verwaltung. Die Bereiche des Polizeirechts, Enteignungsrechts, Gemeinderechts, Schul- und Hochschulrechts, Bauwesens, Staatskirchenrechts, Landschafts- und Denkmalschutzes, Kredit- und Sparkassenwesens, der Landeskultur, des Berg-, Jagd- und Fischereiwesens verblieben unter der Landeskompetenz, ebenso wie Teile des bürgerlichen Rechts, des Straf- und Prozessrechts, Handels-, Gewerbe-, Bank-, und Versicherungsrechts, Eisenbahn- und Schifffahrtsrechts sowie des Presse- und Vereinsrechts. Darüber hinaus besaß Bayern besondere Hoheitsrechte – so genannte Reservatrechte – die das Königreich von der Reichsgesetzgebung und -aufsicht in den strategisch wichtigen Bereichen des Eisenbahnwesens, des Post-, Telegrafen- und Militärwesens befreite.[198]

König Ludwig III. hatte schon als junger Prinz im Jahr 1896 für einiges Aufsehen gesorgt, als er anlässlich der Krönungsfeierlichkeiten des russischen Zaren Nikolaus II. selbstbewusst den Standort der Bundesfürsten festlegte: „Wir sind keine Vasallen, keine Untertanen des Deutschen Kaisers, sondern dessen Verbündete!"[199] Früh hatte sich Ludwig Gedanken über Bayerns Stellung im Reich gemacht: „In Hinblick auf die leider stets fortschreitende Centralisation des Deutschen Reiches dürfte es sich mehr und mehr empfehlen von Seite Bayerns [...] Einfluss zu nehmen an der Regierung und Leitung des Reiches [...]." Bei den Besetzungen der Reichsbehörden, etwa den Reichsgesandtschaften oder dem Reichsoberlandesgericht, müsse Bayern stärker berücksichtigt werden. Zudem war es für Ludwig „sehr wünschenswert, dass die bayr. Farben in die Reichsfarben, neben den preußischen [...] aufgenommen würden, auf dass wenigstens auf diese Art der Fortbestand Bayerns im Reich und dessen Angehörigkeit zum Reich symbolisch ausdrückt [würde], zumal jetzt Bayern immer mehr von seiner Selbstständigkeit u. von seinen Rechten an das Reich abgibt [...]." Dies sah er dadurch gerechtfertigt, „da Bayern der zweitgrößte Staat im Reich ist und einen so bedeutenden Anteil an der Besiegung Frankreichs u. der nur dadurch möglich gewordenen Wiederherstellung des Deutschen Reiches genommen" habe.[200]

Das Reich war jedoch bis zuletzt kein ‚Großpreußen'. Die zentrale Sperre gegen die Unitarisierung war die Reichsverfassung, die den Bundesrat als Gegenpart des Reichstags etablierte. Zwar wurde auf Reichsebene der Interventionsstaat ausgebildet, in vielen Bereichen blieb er aber aufgrund der föderalistischen Struktur in

---

S. 71-76; Vgl. Ullmann, Hans-Peter: Politik im Deutschen Kaiserreich. 1871-1918. München, 2005. S. 31-35; Vgl. Möckl, Karl: Die Prinzregentenzeit. München, 1972. S. 352-364 und 426-430.

[198] Vgl. Bosl, Karl: Bayerische Geschichte. 2. Auflage. München, 1980. S. 172; Albrecht, Dieter: Von der Reichsgründung bis zum Ende des Ersten Weltkrieges. In: Schmid, Alois (Hrsg.): Handbuch der bayerischen Geschichte. Bd. 4/1. Das Neue Bayern. Von 1800 bis 1970. Staat und Politik. München, 1979. S. 283-386. Hier: S. 285; Vgl. Deuerlein, Ernst: Föderalismus. Die historischen und philosophischen Grundlagen des föderativen Prinzips. Bonn, 1972. S. 135-147.

[199] Zit. nach Janßen, Karl-Heinz: Macht und Verblendung. Göttingen, 1963. S. 13.

[200] Handschriftliche Anmerkungen Ludwigs (undatiert) zu Maßnahmen, die gegen die fortschreitende Zentralisierung im deutschen Reich zu treffen seien. BayHStA, GHA. NL Ludwig III., Nr. 304.

3.3 Die bayerische Monarchie in der föderativen Nation

der Verwaltung der Bundesstaaten. Die durch den Nationalstaat mediatisierten Bundesfürsten fanden in der Kulturpolitik das Refugium, in dem sie den Verlust eines Teiles ihrer politischen Macht wirkungsvoll kompensieren konnten. Dies führte zu einer Festigung nicht nur des Kulturföderalismus, sondern der föderalen Grundstruktur des Reiches selbst. In Nord und Süd herrschte ein unterschiedliches Selbstverständnis, was sich nicht zuletzt im Gegenentwurf Münchens zu Berlin als Kulturmetropole oder im katholisch-protestantischen Gegensatz ausdrückte. Das Bildungswesen blieb trotz aller Angleichungsprozesse föderalistisch. Nicht einmal im universitären Bereich gelang es Preußen, Berlin zum Maßstab zu erheben. Der Militärdienst blieb in bundesstaatlicher Obhut und eignete sich daher kaum in dem Maße als ein Nationalisierungsvehikel, wie dies häufig vermutet wird. Die regionalen Identitäten trugen zu einem großen Teil zur Akzeptanz des Nationalstaates bei. Die föderativen Aspekte des Nationalismus richteten sich im Kaiserreich nicht gegen den Nationalstaat, obwohl regionale und einzelstaatliche Traditionen verteidigt wurden. Man konnte einfacher in den Nationalstaat hineinwachsen, indem man sich als Föderalist oder Regionalist bekannte.[201]

Die Außenpolitik war verfassungsmäßig als zentrale Bundesangelegenheit verankert. Der Bundesratsausschuss für auswärtige Angelegenheiten bildete die institutionelle Mitsprachegarantie der Bundesstaaten. Dieser Ausschuss, der aus den Bevollmächtigten der Königreiche Bayern, Sachsen und Württemberg und zwei vom Bundesrat jährlich zu wählenden Vertretern anderer Bundesstaaten bestand, war in der Reichsgründungszeit nur selten einberufen worden. Erst Reichskanzler Bülow hatte den Nutzen erkannt, die leitenden Minister der großen Bundesstaaten mit Informationen zu versehen. Unter der Kanzlerschaft Bethmann Hollwegs wur-

---

[201] Der Nationalstaat hatte zwar einen nationalen Wirtschaftsraum und eine nationale Wirtschaftsordnung geschaffen, aber die ökonomischen Unterschiede zwischen den einzelnen Regionen des Industriestaates wuchsen, anstatt zu schwinden. Zwischen Ost und West in Preußen sowie zwischen Nord und Süd im Reich bestand ein deutliches Entwicklungsgefälle. Dies machte sich in unterschiedlichen Pro-Kopf-Einkommen bemerkbar, die wiederum zu Migrationsprozessen führten. Auf der Ebene der politischen Kultur bestanden ebenso große Unterschiede fort. Der Parteienregionalismus war noch vor der Reichsgründung entstanden, er wurde durch die föderalistische Grundordnung des Nationalstaates sogar noch gefestigt. Reine Reichsparteien existierten auch am Vorabend des Ersten Weltkrieges noch nicht, die Zentren blieben noch immer in den Einzelstaaten. Es lässt sich im Hinblick auf die föderative Kultur des Kaiserreichs sagen, dass die Nation im außerpreußischen Deutschland vor allem die Hoffnung auf eine geeinte Nation ohne einen zentralisierenden Nationalstaat bedeutete. An einer ganzen Fülle von Einzelheiten lässt sich aufzeigen, wie gesellschaftlich und kulturell durchdringend, alle sozialen Schichten und alle politischen Richtungen erfassend, der deutsche Föderalismus war. Durch den Fortbestand der Einzelstaaten als Bundesstaaten wurde der Föderalismus institutionell gefestigt. Vor allem auf kulturellem Gebiet gelang es einigen deutschen Staaten, sich gegen die wirtschaftliche, politische und militärische Übermacht Preußens zu behaupten. Vgl. Langewiesche, Dieter: Föderalismus und Zentralismus im Deutschen Kaiserreich: Staat, Wirtschaft, Gesellschaft, Kultur - eine Skizze. In: Janz, Oliver (Hg.): Zentralismus und Föderalismus im 19. und 20. Jahrhundert. Deutschland und Italien im Vergleich. Berlin, 2000. S. 79-90; Vgl. Eley, Geoff: Making a Place in the Nation: Meanings of cititzenship in Wilhelmine Germany. In: Eley, Geoff; Retallack, James (Hrsg.): Wilhelminism and its Legacies. German Modernities, Imperialism, and the Meanings of Reform, 1890-1930. Oxford, 2003. S. 16-33; Vgl. Körner, Hans-Michael: Geschichte des Königreichs Bayern. München, 2006. S. 151-153.

de es ab 1909 üblich, dass der Ausschuss regelmäßig kurz vor Beginn der Winterarbeiten des Reichstags zusammentrat.[202] Der Ausschuss sollte die Bundesstaaten über die Außenpolitik informieren, darüber hinaus ein funktionelles Verhältnis zwischen Reich und Bundesstaaten herstellen. Im Jahr 1912 erklärte der bayerische Ministerratsvorsitzende Hertling als Ausschussvorsitzender selbstbewusst, diese Institution versetze die Reichsleitung nicht nur in die Lage, sich mit den Bundesstaaten auszutauschen; für die deutsche Außenpolitik seien auch die Bestrebungen und Wünsche der Bundesstaaten von Belang.[203]

Den Einzelstaaten war zudem das Recht zur Entsendung eigener Vertreter ins Ausland und zum Empfang fremder Gesandter belassen. Hatten die meisten Bundesstaaten aus finanziellen Gründen auf die Ausübung des aktiven Gesandtschaftsrechts verzichtet, so machten die größeren Höfe von der Möglichkeit Gebrauch, auswärtige Gesandte zu empfangen. In München existierte ein diplomatisches Korps von beachtlicher Größe. Der apostolische Nuntius vertrat in der bayerischen Residenzstadt den Vatikan. Österreich-Ungarn, Russland und Italien unterhielten Gesandte beim bayerischen König. Frankreich und Großbritannien waren durch Ministerresidenten vertreten. Daneben waren, wie in Dresden oder Stuttgart, die Vertreter fremder Mächte beim Reich auch in München akkreditiert. Baden, Württemberg, Preußen und Sachsen unterhielten in München formelle Beziehungen. Bayern hatte Gesandtschaften in einigen deutschen Staaten, in St. Petersburg, Wien, Paris, in Rom beim Vatikan und beim Quirinal und einen Ministerresidenten in Bern. Die Aufgaben der bayerischen Auslandsgesandten unterschieden sich nicht von jenen des Reiches. Verfassungsrechtlich war den Diplomaten jede Aktivität gestattet, die der Reichsaußenpolitik nicht zuwiderlief.[204]

---

[202] Der Bundesratsausschuss für auswärtige Angelegenheiten. Münchner Neueste Nachrichten, 24. Nov. 1913. Nr. 600. Den diplomatischen Ausschuss betreffend 1913-1918. BayHStA, NB. StMin des K. Hauses und des Äußern, Nr. 95456.

[203] Vgl. Koch, Ingeborg: Die Bundesfürsten und die Reichspolitik in der Zeit Wilhelms II. München, 1961. S. 127.

[204] Die meisten Bundesfürsten erlaubten sich seit den 1870er Jahren aus Kostengründen nicht mehr den Luxus eigener Auslandsdiplomaten. Ein nur Bayern zustehendes Ehrenrecht, dem jedoch keine praktische Bedeutung zukam, war dagegen die Vertretung der Diplomaten des Reichs bei deren Verhinderung. Zudem hatte Bayern den ständigen Vorsitz im Bundestagsausschuss für auswärtige Angelegenheiten zugesprochen bekommen. Von Bedeutung im Hinblick auf das bayerische Gesandtschaftsrecht war die Zusage von finanziellen Vergütungen aus der Reichskasse für die erbrachten Leistungen im diplomatischen Dienst, als Ausgleich dafür, dass die besonderen Belange Bayerns dort nicht vertreten werde mussten, wo bayerische Gesandte amtierten. Das Reich trug aus diesem Grund einen erheblichen Teil der finanziellen Kosten der bayerischen Auslandsgesandtschaften. Am Vorabend des Ersten Weltkriegs gab es noch immer acht Auslandsgesandte, die nicht das Reich, sondern deutsche Einzelstaaten zu vertreten hatten. Allein sechs davon unterhielt das Königreich Bayern. Der sächsische König ließ sich in Wien durch eine Gesandtschaft vertreten, während Preußen einen eigenen Gesandten beim Vatikan stellte. Noch im Sommer 1918 wurde eine bayerische Gesandtschaft am Hof des bulgarischen Königs in Sofia errichtet. Eine außerdem angedachte diplomatische Vertretung Bayerns in Konstantinopel wurde jedoch aufgrund des militärischen und politischen Zusammenbruchs nicht mehr geschaffen. In der Praxis wurden die Möglichkeiten des Gesandtschaftsrechts jedoch nicht ausgeschöpft. Eine unabhängige bayerische Außenpolitik gab es nach 1871 nicht. Das Hauptmotiv für die Beibehaltung der Auslandsmissionen lag im symbolischen Ausdruck eigener Souveränität. Vgl. Benz, Wolfgang: Bayerische Auslands-

3.3 Die bayerische Monarchie in der föderativen Nation

Von größter Bedeutung für den bayerischen Einfluss im Reich war der außerordentliche bayerische Gesandte und bevollmächtigte Minister des Königs von Bayern am königlich preußischen Hof in Berlin, Hugo Graf von und zu Lerchenfeld auf Köfering und Schönberg. Er war seit 1880 auf dieser zentralen Position und fungierte als stimmführender Bevollmächtigter der bayerischen Krone zum Bundesrat des Deutschen Reiches. Sein politisches Gewicht war beachtlich. Er hatte durch den stetigen Dialog mit den Hausherren der seiner Gesandtschaft benachbarten Reichskanzlei und durch seine politische Berichterstattung nach München die Möglichkeit, auf die Meinungsbildung des Reichskanzlers sowie die der bayerischen Regierung Einfluss zu nehmen.[205] Der Diplomat, der sich während der mehr als drei Jahrzehnte am Berliner Hof zu einem engen Vertrauten und Ratgeber mehrerer Reichskanzler sowie Kaiser Wilhelms II. entwickelte, galt als einer „der klügsten Staatsmänner und Zeitbeobachter".[206] Lerchenfeld beriet auch ‚seinen' König Ludwig III. seit Jahrzehnten persönlich, der dadurch, im Gegensatz zu seinem unpolitischen Vater Luitpold, über gut informierte und klare politische Auffassungen verfügte.[207]

---

beziehungen im 20. Jahrhundert. Das Ende der auswärtigen Gesandtschaften Bayerns nach dem 1. Weltkrieg. In: Zeitschrift für Bayerische Landesgeschichte. Nr. 32. München, 1969. S. 962-994. Hier: S. 962-966.

[205] Seit den 1890er Jahren standen Lerchenfeld und Hertling in einem regen politischen Gedankenaustausch, der in den Jahren 1909 bis 1912 zu einer engen Zusammenarbeit zwischen dem damaligen Fraktionsvorsitzenden des Zentrums im deutschen Reichstag und dem Gesandten geführt hatte. In den fünf Jahren zwischen 1912 und 1917, in denen Hertling die Reichspolitik von München aus beobachtete, war Lerchenfeld dessen Augen- und Ohrenzeuge. Seine amtliche Berichterstattung war zwar „ad Majestatem" adressiert, richtete sich in erster Linie aber auch an Hertling. Dieser wiederum sandte Lerchenfeld Instruktionen für die Vertretung Bayerns im Bundesrat. Aufgrund seiner gesellschaftlichen und politischen Stellung in Berlin war er in der Lage, Hertling, der stets mehr an der Reichspolitik als an der bayerischen Politik interessiert war, eingehend zu unterrichten und zu beraten. Die politischen Auffassungen des bayerischen Ministerratsvorsitzenden wurden durch die Beurteilungen Lerchenfelds maßgeblich geformt. Auf der anderen Seite bediente sich Hertling des bayerischen Gesandten in der Reichshauptstadt, um vor und während des Ersten Weltkriegs gegenüber den politischen Entscheidungsträgern seine eigenen Ansichten zur Reichspolitik zur Geltung zu bringen. Lerchenfeld hielt durch seine wechselseitige Unterrichtung die Beziehungen zwischen Reichskanzler Bethmann Hollweg und dem Ministerratsvorsitzenden Hertling aufrecht, beriet auch beide in politischen Fragen. Vgl. Lerchenfeld-Koefering, Hugo Graf von: Erinnerungen und Denkwürdigkeiten. 1843 bis 1925. Eingeleitet und Hrsg. von seinem Neffen Hugo Graf Lerchenfeld-Koefering. Berlin, 1934; Deuerlein, Ernst: Einleitung. In: Briefwechsel Hertling-Lerchenfeld 1912-1917. Erster Teil. Boppard am Rhein, 1973. S. 6f.

[206] Ritter, Gerhard: Staatskunst und Kriegshandwerk: Die Tragödie der Staatskunst. Bethmann Hollweg als Kriegskanzler. (Bd. 3). München, 1964. S. 297.

[207] Diese hatten allerdings nicht selten im Gegensatz zu den bayerischen Regierungen Crailsheim und Podewils-Dürnitz gestanden. In der Wahrung der bayerischen Autonomie und der Förderung der föderativen Strukturen im Reich sah Ludwig nicht nur ein politisches Gegengewicht gegen preußische Einmischungen in die Innenpolitik der Einzelstaaten, sondern auch die beste Gewährleistung für die Zukunft des Deutschen Reiches. Vgl. Möckl, Karl: Die Prinzregentenzeit. München, 1972. S. 389f.

3.4 Königliche Macht

Die Ämter der Bundesfürsten waren keine fest umschriebenen Aktionsfelder, sondern eine lose Ansammlung von politischen, militärischen, diplomatischen, religiösen, kulturellen und symbolischen Funktionen, deren wechselseitige Beziehung dynamisch und teils problematisch war. Der Herrscher bewegte sich in einem System, dessen Machtarchitektonik sich ständig veränderte. Durch die Verfassung war er mit Prärogativen der Exekutive ausgestattet. Mit welchem Erfolg und auf welche Weise die Vollmachten zur Geltung gebracht werden konnten, hing dabei von Variablen ab, die das regierende Haus nur teilweise beeinflussen konnte. Als politischer Akteur stand der König in einer komplexen und häufig nachteiligen Wechselwirkung mit seiner Autorität als öffentliche Person.[208]

Der König von Bayern war nach der Verfassung von 1818 das Staatsoberhaupt Bayerns. Er vereinigte in sich „alle Rechte der Staats-Gewalt, und übt sie unter den von ihm gegebenen in der gegenwärtigen Verfassungs-Urkunde festgesetzten Bestimmungen aus. Seine Person ist heilig und unverletzlich."[209] Das monarchische Prinzip machte ihn zum Souverän. Jenseits des fürstlichen Souveräns existierte kein Staatssubjekt. Keine Instanz im Kaiserreich besaß größere politische Handlungs- und Entscheidungskompetenzen als der Kaiser und die Bundesfürsten. Selbst stark konsultative oder liberal orientierte Regierungsstile änderten nichts am Wesen des politischen Systems, in dem der Souverän die Staatshoheitsrechte nach innen und außen monopolisierte. Die bis 1918 im Titel und in Allerhöchsten Verfügungen übliche Formel des „Gottesgnadentums" bedeutete, dass die konstitutionelle Monarchie deutscher Prägung den Fürsten eine Herrschersouveränität zuschrieb, die keiner sonstigen Legitimierung bedurfte. Das sakral überhöhte Erbtum der Kronen suggerierte eine angeborene Führerstellung, für die kein Nachweis erforderlich war.[210]

Die verfassungsmäßige Kompetenz des Königs machte das theoretische und prinzipielle Übergewicht der Krone im konstitutionellen Staat deutlich. Der Kaiser und die deutschen Bundesfürsten verfügten nicht nur de jure, sondern auch de facto über erhebliche politische Spielräume. Jedoch rückte die politische Potenz der Fürsten der kleineren deutschen Staaten aufgrund des Übergewichts Preußens und der Verbindung der preußischen Krone mit dem Kaisertum in den Hintergrund.

---

[208] Vgl. Clark, Christopher: Wilhelm II. München, 2008. S. 13f.
[209] Verfassungsurkunde des Königreichs Bayern vom 26. Mai 1818. Zit. nach Aretin, Cajetan von: Die Erbschaft des Königs Otto von Bayern. München, 2006. S. 321.
[210] Die Monarchien der deutschen Bundesstaaten waren vor allem Produkte des „langen" 19. Jahrhunderts, weniger des Mittelalters. Sie waren aus den Napoleonischen Kriegen hervorgegangen und durch den Wiener Kongress sanktioniert worden, durch den Konstitutionalismus verfassungsrechtlich verankert, in regionalen Identitäten integriert und durch die Reichsgründung Bismarcks als souveräner Fürstenbund neu aufgewertet worden. Die Moderne hatte in Deutschland unter monarchischen Vorzeichen eingesetzt und war in mancherlei Hinsicht von der monarchischen Kultur der Staatspolitik mitgeprägt worden. Vgl. Machtan, Lothar: Der erstaunlich lautlose Untergang von Monarchie und Bundesfürstentümern – ein Erklärungsangebot. In: Gallus, Alexander (Hrsg.): Die vergessene Revolution von 1918/19. Göttingen, 2010. S. 39-56. Hier: S. 39-43.

Zudem verlief die Verfassungsentwicklung des Kaiserreichs zugunsten der kaiserlich-unitarischen Tendenz. Trotzdem galt der Machtanspruch sämtlicher Bundesfürsten innerhalb ihrer eigenen Staaten, deren Verfassungen auf dem monarchischen Prinzip beruhten, unbeschränkt. Diese wurden nicht als Verträge zwischen Krone und Volk ausgelegt, schon gar nicht als Anerkennung der Volkssouveränität. Vielmehr ruhte die Souveränität beim Fürsten, der freiwillig auf einen Teil seiner Rechte verzichtete.[211]

Unabhängig vom Willen der Volksvertretung konnte Ludwig III. über die Zusammensetzung seiner Staatsregierung und seiner Kabinette entscheiden. Somit bestimmte seine moralische Initiative den Kurs des Staates. Unter der Regierung seines Vaters hatte sich aus Mangel an Eigeninitiative eine Ministeroligarchie herausgebildet, die sich durch Kabinettssekretäre und Ministerratsvorsitzende die notwendigen Allerhöchsten Unterschriften für ihre Verordnungen besorgte.[212] Der vormalige Vorsitzende des Ministerrats Clemens von Podewils stellte 1909 fest, in keinem Land sei „ein persönlicher Verkehr der Krone mit den Ministern in größerem Umfange üblich als in Bayern."[213] Dies sollte sich in der Regierungszeit Ludwigs III. fortsetzen. Der neue König zeigte aber weit mehr Autorität und Machtbewusstsein als sein Vater. Seine Anstrengungen zeugen von Führungsqualitäten, die ihn ungeachtet des Renommees seiner zivilen Volkstümlichkeit als eine kraftvolle Herrscherfigur erscheinen lassen. Die Autorität des Königs hatte ihren Nimbus nicht verloren. Sie war jedoch stärker vom persönlichen Geschick des Herrschers abhängig, als dies in der Verfassung zugrundegelegt war.[214]

Der bei seinem Amtsantritt 68-Jährige brachte viel an politischer Erfahrung und Kenntnisreichtum in seine Regierung ein. Über 26 Jahre hatte er als Thronfolger bereit gestanden und zunehmend repräsentative Pflichten übernommen. Die Regentschaft seines Vaters hatte ihm jedoch keine Machtteilhabe erbracht.[215] Er selbst

---

[211] Dass die Verfassungsposition der Krone im Bismarckreich so außerordentlich stark war, lag darin begründet, dass Revolutionen wie die Französische ausgeblieben waren. Dagegen hatten es die Landesfürsten durch „Revolutionen von oben" seit dem zweiten Jahrzehnt des 19. Jahrhunderts verstanden, bei ihrer Reformpolitik und auch bei „von unten" erzwungenen Konzessionen, ihre zentrale Stellung in vielen Bereichen zu behaupten. Dabei darf nicht übersehen werden, dass diese Vorrechte zu Beginn des 20. Jahrhunderts weniger als höfische, sondern vielmehr als staatliche verstanden werden müssen. Die meisten der klassischen monarchischen Befugnisse waren von den deutschen Königen, Großherzögen und Fürsten im Lauf des 19. Jahrhunderts aufgrund der wachsenden Komplexität staatlicher Aufgaben delegiert worden. Ganz abgesehen davon hatten die Monarchen ohnehin viele ursprüngliche Zuständigkeiten verfassungsmäßig abgetreten. Die Nichtausübung bestehender Rechte führte mit einer gewissen Gesetzmäßigkeit und Zwangsläufigkeit schließlich zu deren Verlust, doch war dieser Prozess im Deutschen Kaiserreich bis zum Beginn des Ersten Weltkrieges keineswegs zu einem Abschluss gekommen. Vgl. Gollwitzer, Heinz: Die Endphase der Monarchie in Deutschland. Stuttgart, 1971. In: Heinz Gollwitzer: Weltpolitik und deutsche Geschichte. Gesammelte Studien. Hrsg. von Hans-Christof Kraus. Göttingen, 2008. S. 363-383. Hier: S. 364f.
[212] Vgl. Bosl, Karl: Bayerische Geschichte. 2. Auflage. München, 1980. S. 174; Vgl. Möckl, Karl: Die Prinzregentenzeit. München, 1972. S. 107f.
[213] Zit. nach Schrott, Ludwig: Der Prinzregent. München, 1962. S. 211.
[214] Vgl. Aretin, Cajetan von: Die Erbschaft des Königs Otto von Bayern. München, 2006. S. 305.
[215] Vgl. Liebhart, Wilhelm: Königtum und Politik in Bayern. Frankfurt am Main, 1994. S. 200.

resümierte seine Stellung 1886 folgendermaßen: „In einem monarchischen Staat ist immer nur einer der Herr und ist einer, der zu entscheiden hat, und derjenige, der ihm noch so nahe steht, muss ebenso sein Untertan sein wie der geringste Tagelöhner".[216] Ludwig hatte sich dennoch seit Jahrzehnten in die wirtschaftlichen und politischen Geschicke des Landes eingebracht. Er stand in der Reichspolitik für einen durchführbaren, an der Verfassung des Deutschen Reichs orientierten Föderalismus, der die Stellung der Einzelstaaten betonte. Als Reichsrat hatte er sich für sozialpolitische Aktivitäten eingesetzt, in vielbeachteter Weise auch für eine Wahlrechtsreform.[217]

Vor allem ökonomischen und agrarpolitischen Fragen galt sein Interesse. Er machte sich als Förderer technischer Entwicklungen einen Namen und galt als Vorkämpfer für den Ausbau der bayerischen Wasserstraßen. Als Hauptziele seiner Regierung gab er, neben der Förderung der alteingesessenen Landwirtschaft, die Stärkung der Industrie, des Handels und Verkehrs aus. In der ersten Rede als König sprach er sich für eine „mit der Zeit fortschreitende und ihren Anforderungen entsprechende Entwicklung des Verfassungslebens" aus.[218] Auf seine Initiative hin war 1891 der Bayerische Kanalverein gegründet worden, der sich für den Bau einer Großschifffahrtsstraße vom Rhein zur Donau einsetzte.[219] Er war aufgrund seines lebenslangen Engagements für die wirtschaftliche und technische Entwicklung Bayerns durch die Ludwig-Maximilians-Universität München zum Ehrendoktor der Nationalökonomie ernannt worden. Die Technische Hochschule München promovierte ihn aus denselben Gründen zu ihrem ersten Dr.-Ing.[220] Auch war er Ehrendoktor der Erlanger Universität.[221] Zudem wurde ihm der Titel eines Dr. rer. publ. verliehen.[222]

Das Interesse, das der König Fragen der Landwirtschaft entgegenbrachte, die vielfache Berührung mit der Wirtschaftswelt sowie der Einblick, den er als langjähriges Mitglied der Reichsratskammer in die Staatsverwaltung gewann, schufen

---

[216] Zit. nach Liebhart, Wilhelm: Königtum und Politik in Bayern. Frankfurt am Main, 1994. S. 200.
[217] Vgl. Albrecht, Dieter: Von der Reichsgründung bis zum Ende des Ersten Weltkrieges. In: Schmid, Alois (Hrsg.): Handbuch der bayerischen Geschichte. Bd. 4/1. Das Neue Bayern. Von 1800 bis 1970. Staat und Politik. München, 1979. S. 283-386. Hier: S. 361f.; Vgl. Albrecht, Willy: Das Ende des monarchisch-konstitutionellen Regierungssystems in Bayern. Hrsg. von Karl Bosl. München, 1969. S. 263-299. Hier: S. 264.
[218] Vgl. Müller, Karl Alexander von: Deutsche Geschichte und deutscher Charakter. Aufsätze und Vorträge. Berlin, 1925. S. 178f; Vgl. Doering, Oskar: Das Haus Wittelsbach. München, 1924. S. 117.
[219] Vgl. Albrecht, Willy: Das Ende des monarchisch-konstitutionellen Regierungssystems in Bayern. Hrsg. von Karl Bosl. München, 1969. S. 263-299. Hier: S. 264.
[220] Vgl. Denk, Otto; Weiß, Joseph: Unser Bayerland. Vaterländische Geschichte, volkstümlich dargestellt. Mit 15 Tafelbildern und 461 Textabbildungen. München, 1906. S. 544.
[221] Heil Wittelsbach! Zur Erinnerung an den Besuch Ihrer Majestäten des Königs Ludwig III. und der Königin Marie Therese von Bayern in Ansbach 30. Juni 1914. Ansbach, 1914. S. 26.
[222] „König Ludwig III. von Bayern als Land- und Forstwirt". In: Das Bayerland. Illustrierte Wochenschrift für Bayerns Land und Volk. Begründet von H. Leher, Hrsg. von Dr. Josef Weiß und Dr. Otto Denk in Verbindung mit einem Kuratorium unter dem Vorsitze Sr. Kgl. Hoheit des Kronprinzen Rupprecht von Bayern. München, Jahrgang 1914/15. Ausgabe vom 16.01.1915. S. S. 138-144. Hier: S. 138.

ihm bemerkenswerte Kenntnisse. Es war im Urteil des Kriegsministers erstaunlich, mit welcher Sachkunde Ludwig III. über „recht verwinkelte und fernliegende volkswirtschaftliche Dinge zu sprechen wusste".[223] Der König war Teilhaber an allen innenpolitischen Entscheidungen. Wenngleich er einen modernen Monarchentyp darstellte und sich immer wieder in die Innen- und Außenpolitik einmischte, so musste er Detailfragen seinen Fachministern überlassen. Angesichts der wachsenden Zahl an zu regelnden Alltagsbereichen, neuen Industriezweigen und einer stark anwachsenden Bevölkerung, für die es Entscheidungen zu treffen galt, wurde die Regierungsarbeit wesentlich verkompliziert. Der König war das Oberhaupt einer expandierenden, professionalisierten Regierungsbürokratie. Selbst bei größten Anstrengungen hätte er nicht vermocht, das notwendige Spezialwissen zu erlangen. Daher benötigte er die Zuarbeit seiner Ministerien, die ihm ausgearbeitete oder kommentierte Beschlussvorlagen lieferten.[224]

Der Prozess der Differenzierung und Professionalisierung der Regierungsarbeit führte dazu, dass sich die Gewichte zum Ministerrat und zur Ministerialbürokratie verlagerten. Der König stand in einem Netzwerk von Regeln und Entscheidungsabläufen, die aus Gründen der Sachkompetenz jegliches ‚persönliche Regiment' beträchtlich einschränkten. Der Beamtenapparat, der eine unabdingbare Voraussetzung für die Herrschaftsausübung im modernen Staat darstellte, verselbstständigte sich in vielerlei Hinsicht und schränkte die Entscheidungsspielräume des Monarchen ein. Hinzu kamen rechtliche Grenzen, die mit dem Verfassungseid des konstitutionellen Monarchen in Kraft traten.[225] Marie Freiin von Redwitz, eine langjährige königliche Hofdame, resümierte später: „König Ludwig galt als starrköpfig, nach kurzer Zeit aber äußerten sich die Minister, es arbeite sich leicht und angenehm unter ihm, da er in allen Ressorts so gut beschlagen sei und ihre Befugnisse nie beeinträchtigte; er regiere streng konstitutionell."[226]

Die konstitutionelle Monarchie basierte auf dem Gedanken des Konsenses, des Kompromisses zwischen König, Regierung und dem Landtag. Ein dauerhafter Dissens musste zwangsläufig Sprengkraft entwickeln. Insofern war der Monarch der wichtigste Ausgleichsfaktor der Politik. Er stand keineswegs über dem System, wie

---

[223] Manuskript der Lebenserinnerungen des k.-b. Kriegsministers Philipp von Hellingrath. S. 239f. BayHStA, Geheimes Hausarchiv. NL Philipp von Hellingrath, Nr. 6.

[224] Sachentscheidungen auf dem einen Gebiet führten Auswirkungen auf anderen Gebieten mit sich. Für die Vorbereitung und Umsetzung der zu treffenden Entscheidungen wurden immer mehr Sachkenntnisse benötigt, die von den zuständigen Beamten in vorherigen Ausbildungen erworben werden mussten. Es kam zu einer Professionalisierung als Kennzeichen der Modernisierung. In Bürokratie, Militär und bürgerlichen Berufen wurden Fachleute hervorgebracht, deren Existenz zwangsläufig alle anderen Beteiligten auf den Rang von Laien verwies. Vgl. König, Alexander: Wie mächtig war der Kaiser? Kaiser Wilhelm II. zwischen Königsmechanismus und Polykratie von 1908 bis 1914. Stuttgart, 2009. S. 82.

[225] Vgl. Krauss, Marita: Herrschaftspraxis in Bayern und Preußen im 19. Jahrhundert. Ein historischer Vergleich. Frankfurt am Main u.a., 1997. S. 64.

[226] Redwitz, Marie Freiin von: Hofchronik. 1888-1921. München, 1924. S. 372.

Ludwig I. noch die Verfassung interpretiert hatte.[227] Um seine Einflussmöglichkeiten geltend zu machen, musste der Monarch zumindest oberflächlich durchgängig über alle wichtigen Angelegenheiten informiert werden. Selbst während der Abwesenheit des Herrschers von der Residenzstadt, etwa dessen Aufenthalt in Leutstetten, wurden die Staatsminister zum Vortrag befohlen. Kriegsminister Philipp von Hellingrath, der 1916 Otto Kreß von Kressenstein nachgefolgt war, erinnerte sich: „Ich sagte mich jede Woche einmal, in gespannten Zeiten auch öfter zu Vortrag beim König an und wurde stets – in eiligen Fällen selbst zu später Abendstunde – empfangen. Über die tägliche Kriegslage wurde er durch die fortlaufenden Berichte des bayerischen Militärbevollmächtigten im Großen Hauptquartier unterrichtet, doch bedurften diese nicht selten der Ergänzung, wenn mir, was häufig geschah, aus anderen Quellen vertrauliche Nachrichten zugingen." Im Hinblick auf Vorgänge, die der militärischen Geheimhaltung unterlagen, wurde Ludwig indes nur vage informiert, „denn wenn auch gegen die Verschwiegenheit seiner Majestät keine begründeten Bedenken bestanden, so lag doch die Gefahr vor, dass durch den, bei den Vorträgen stets anwesenden, General von Walther oder […] durch eine Unbesonnenheit des Königs selbst […] unter Umständen unberechenbarer Schaden hätte angestiftet werden können." Abgesehen davon wurde der König rückhaltlos und vollständig über alles unterrichtet, was von Belang schien.[228]

Zwei- bis dreimal in der Woche hielt Ludwig III. Audienzen ab. So wurde er durchgehend von einem breiten Personenkreis über alle erdenklichen Problemstellungen und Anliegen informiert. Neben den aktuellen und ehemaligen Staatsministern waren die Mitglieder des diplomatischen Korps, die Generalität und der hohe Klerus sowie einige Mitglieder der Reichsratskammer häufige Gäste.[229] Hunderte von Anfragen um Audienzgewährung gingen beim König ein. Selbst bei Herren mit Hofzutritt wurde durch das Kabinett oder das Staatsministerium des Königlichen Hauses geprüft, ob eine Audienz politisch unbedenklich sei. Unter den Anfragen befanden sich neben Audienzanträgen von Reichstagsabgeordneten oder Vertretern von Körperschaften häufig Wünsche nach Antrittsbesuchen seitens erstmalig auf der Hofrangliste geführten Offizieren oder hohen Beamten. Teils waren kuriose Anfragen von einfachen Bürgern unter den Audienzanträgen.[230] Audienzen, bei denen der Gast in politischen Angelegenheiten eine Entscheidung des Königs erwartete, hatten selten Erfolg. Dies lag nicht zuletzt daran, dass Ludwig

---

[227] Wenngleich das „monarchische Prinzip" oder die „königliche Prärogative" häufig betont wurden, so konnte sich der Monarch nicht über die öffentliche Meinung hinwegsetzen, ohne die Balance der Kräfte zu gefährden. Vgl. Krauss, Marita: Herrschaftspraxis in Bayern und Preußen im 19. Jahrhundert. Ein historischer Vergleich. Frankfurt am Main u.a., 1997. S. 84.

[228] Manuskript der Lebenserinnerungen des k.-b. Kriegsministers Philipp von Hellingrath. S. 241. BayHStA, Geheimes Hausarchiv. NL Philipp von Hellingrath, Nr. 6.

[229] Audienzhefte des Prinzen bzw. Prinzregenten Ludwig von Bayern. LABW, HStA Stuttgart, Archiv der Herzöge von Urach, GU 119. NL Wiltrud Herzogin von Urach. Nr. 1091.

[230] Audienz-Erteilungen. Aufwartungen und Meldungen bei Allerhöchsten und Höchsten Personen. BayHStA, KrA. Kriegsministerium, Nr. 118; Gesuche an den König 1914-1918. BayHStA, GHA. Kabinettsakten König Ludwigs III., Nr. 82-88.

3.4 Königliche Macht

von seinem Kabinettschef und seinem Ministerratsvorsitzenden vor manchen Themen abgeschirmt wurde.[231]

Besonders bei politisch heiklen Themen sollte deren Eingreifen vermeiden, dass Ludwig III. von seinen Gesprächspartnern in unliebsame Richtungen beeinflusst würde.[232] Das bayerische Außenministerium begründete intern, wieso dies notwendig war: „Exzellenz von Dandl hat zwar [...] der Hoffnung und Erwartung Ausdruck gegeben, dass sich S. Majestät [...] auf kein politisches Gespräch einlassen werde – aber sicher erscheint mir dies nicht. [...] Ich brauche jedenfalls [...] nicht besonders darauf aufmerksam zu machen, wie leicht die Allerhöchsten Herren jeweils den zuletzt auf sie einwirkenden Einflüssen nachgeben – ob unser Allergnädigster Herr hiervon eine unbedingte Ausnahme macht, möchte ich nicht entscheiden."[233] Bei der Mehrzahl der Audienzen handelte es sich aber nicht um politische Diskussionen mit dem Staatsoberhaupt, sondern um den Beweis ‚königlicher Huld'. Sie waren keine privaten Gunstbezeugungen des Monarchen, sondern offizielle Anlässe bei Hof. Daher kam das strenge spanisch-burgundische Hofzeremoniell zum Tragen, wenngleich es durch die ‚leutselige' Liebenswürdigkeit des Monarchen an Strenge verlor.[234]

Der Historiker Karl Alexander von Müller erinnerte sich, dass er, nachdem er Honorarprofessor an der Münchner Universität wurde, am 9. Juni 1917 zu einer Antrittsaudienz beim König ins Wittelsbacher Palais bestellt wurde: „Am Tor des Gebäudes salutierte ein silberblauer Portier feierlich mit einem großen Stock, auf roten Teppichen stieg man durch wachhabende Hartschiere im Löwenhelm hinauf. Neue silberblaue Lakaien geleiteten einen ins Empfangszimmer, wo der Flügeladjutant mit großer Silbertresse, Feldbinde und Helmbusch die Geladenen empfing und gegenseitig vorstellte. [...] Der König, in Artillerieuniform, empfing, auf einem schönen Teppich stehend, in der Mitte eines großen länglichen Salons, mit einem kräftigen Händedruck. Man stand ihm während der ganzen Unterredung auf einen Schritt gegenüber. [...] Im Gegensatz zu seiner Erscheinung auf der Straße wirkte er vornehm und fürstlich."[235]

Verfassungen, Verwaltungen und Parlamente entlasteten den Herrscher und ersetzten ihn teilweise. Grundsätzlich behielt der Monarch aber bedeutende Reservatrechte.[236] Ludwig III. verfügte über umfassende Machtchancen und konnte bestimmten Interessen nachgehen, war aber nicht verpflichtet, seine Einflussmög-

---

[231] Als beispielsweise der Nürnberger Oberbürgermeister Otto Geßler dem Monarchen Ende Oktober 1918 seine Befürchtungen über die sich verschlechternde Stimmungslage vortrug, blockte der vom König herbeigerufene Ministerratsvorsitzende alles ab und sprach von Schwarzmalerei. Damit war die Audienz erledigt und der König beruhigt. Vgl. Beckenbauer, Alfons: Ludwig III. von Bayern. Regensburg, 1987. S. 148.
[232] Vgl. Albrecht, Willy: Landtag und Regierung in Bayern. Berlin, 1968. S. 163-167.
[233] Stengel an Hertling. München, 23. August 1916. In: Briefwechsel Hertling-Lerchenfeld 1912-1917. Zweiter Teil. Boppard am Rhein, 1973. S. 673.
[234] Vgl. Beckenbauer, Alfons: Ludwig III. von Bayern. Regensburg, 1987. S. 148f.
[235] Müller, Karl Alexander von: Mars und Venus. Erinnerungen 1914-1919. Stuttgart, 1954. S. 177f.
[236] Vgl. Paulmann, Johannes: Pomp und Politik. Paderborn u.a., 2000. S. 78-86.

lichkeiten auszuschöpfen. Seine Stellung garantierte ihm politische Mitsprache in allen Bereichen. Er allein hatte das Recht zur Ernennung und Entlassung der Mitglieder der Staatsregierung. Bei der Auswahl wurden ihm von der Verfassung keine Vorgaben gemacht, daher konnte er sich die Kandidaten aussuchen, die seinen Vorstellungen von Regierungsarbeit am ehesten entsprachen. Anordnungen des Königs erlangten erst Gültigkeit, wenn sie vom zuständigen Staatsminister gegengezeichnet wurden, ebenso umgekehrt. Dem König gebührte das Recht, die gesetzgebenden Organe Reichsrat und Landtag zu berufen, zu eröffnen, zu vertagen und zu schließen. Als Oberhaupt der Beamtenhierarchie oblag ihm die Ernennung aller etatmäßigen Staatsbeamten, die eine höhere wissenschaftliche, technische oder künstlerische Berufsbildung nachzuweisen hatten. Vom Landtag und Ministerrat beschlossene Gesetze erlangten nur Geltung, wenn sie vom König ausgefertigt und „Im Namen Seiner Majestät" verkündigt wurden. Dies bedeutete zwar nur eine formale Weiterleitung mit königlicher Unterschrift; verweigerte dieser jedoch seine Mitwirkung oder seine Unterschrift, so konnten die Beschlüsse nicht in Kraft treten. Aufgrund dieses Genehmigungsvorbehalts wurde der König in der Regierungspraxis meist in frühen Stadien des Gesetzgebungsverfahrens über die Vorhaben seiner Regierung informiert und aktiv in diese eingebunden. Auf diese Weise erhielt der Monarch die theoretische Möglichkeit, auf sämtliche Gesetze auch inhaltlich einzuwirken.[237]

Der König konnte in etlichen sachlichen Entscheidungsfeldern – also den Bereichen, die der Kontrolle des Parlaments entzogen waren – relativ autonome Entscheidungen fällen. Dies war bei Verwaltungs-, Hof- und Personalangelegenheiten der Fall. Die ministeriellen Bürokratien entwickelten in vielen Fragen entgegengesetzte Ziele. Hinzu kamen die bürokratischen Apparate des Kabinetts, der Militäradjutantur und des Hofstaates. Diese bildeten autonome Entscheidungsträger, die vom Monarchen im Stile des ‚divide et impera' gegeneinander ausgespielt werden konnten. Nur der König konnte als Dreh- und Angelpunkt des politisch-konstitutionellen Systems die diversen Interessen ausgleichen und in gemeinsame Richtungen lenken.[238] Da die verschiedenen Staatsministerien und das Zivilkabinett eng an den Monarchen angebunden waren und alle in ihnen beschäftigen Beamten durch seine Entscheidung in ihr Amt gelangten, konnte Ludwig III. sie und den Landtag prinzipiell gegeneinander ausspielen. Angesichts der tausenden jährli-

---

[237] Zwar durfte nur ein Staatsrat im ordentlichen Dienst zum Minister ernannt werden, dies schränkte allerdings die Entscheidungsfreiheit des Königs nicht ein, sondern stellte nur klar, dass mit der Ministerernennung des Betreffenden eine Ernennung zum Staatsrat verbunden sein musste, sofern dies nicht bereits geschehen war. Allerdings durfte niemand gegen seinen Willen zur Übernahme eines Ministeriums verpflichtet werden. Vgl. die Kompetenzen Kaiser Wilhelms II.: König, Alexander: Wie mächtig war der Kaiser? Kaiser Wilhelm II. zwischen Königsmechanismus und Polykratie von 1908 bis 1914. Stuttgart, 2009. S. 65-82; Vgl. Verfassungsurkunde des Königreichs Bayern vom 26. Mai 1818 und diverse spätere Verfassungsgesetze. In: Deutsches Verfassungsrecht 1806-1918. Eine Dokumentensammlung nebst Einführungen, 2. Band: Bayern. Hrsg. von Michael Kotulla. Berlin, Heidelberg, 2007.
[238] Vgl. König, Alexander: Wie mächtig war der Kaiser? Kaiser Wilhelm II. zwischen Königsmechanismus und Polykratie von 1908 bis 1914. Stuttgart, 2009. S. 81.

chen Personalentscheidungen, Beamtenbeförderungen, Beurlaubungen, Verleihungen, Gnadenerweisen, Versetzungen und Auszeichnungen – die erst durch die Unterschrift des Monarchen Gültigkeit erlangten – wird deutlich, dass von einer inhaltlichen Bewertung der meisten Angelegenheiten durch den Entscheidungsträger keine Rede sein konnte. Vielmehr mussten die Anträge dem Monarchen unterschriftsfertig vorgelegt werden, der sie in der Regel nur noch unterschrieb. Bei der Besetzung von höheren oder leitenden Ämtern ließ sich der König allerdings durch sein Kabinett und sein Umfeld eingehend beraten.[239] Auf diese Weise wurden die Entscheidungsmöglichkeiten des Monarchen reagierend und er war von den Vorlagen der Regierungsbürokratie abhängig. Er konnte einfach nicht wissen, ob diese oder jene Auszeichnung für diese oder jene Person angemessen war oder ob ein zu befördernder Beamter oder Offizier den Beurteilungseinschätzungen seiner Vorgesetzten entsprach. Allerdings hatten der Regierungsapparat und die Beamtenschaft ein berechtigtes Eigeninteresse, dem König konstruktiv zuzuarbeiten und konnten die grundsätzlichen Entscheidungen nur sehr begrenzt beeinflussen. Eine glatte Umkehrung der Machtverhältnisse war nicht möglich.[240]

3.5 Die königliche Familie

Als König war Ludwig III. Chef des Hauses Wittelsbach, was ihm eine herausragende Rolle gegenüber dessen übrigen Mitgliedern zukommen ließ. Als Familienoberhaupt übte er eine ebenso strenge Herrschaft in der Familie aus wie zuvor sein Vater Luitpold, sein Vetter Ludwig II. und sein Großvater Ludwig I.[241] Das bayerische Königtum bedeutete die oberste Autorität über die königliche Familie, sowohl der königlichen Haupt-, als auch der herzoglichen Nebenlinie.[242] Die königliche Gewalt über die Familie war weitreichend und allgemein. Obgleich die Zustimmung der Agnaten bei Familienentscheidungen nicht notwendig war, wurde sie vom König gelegentlich eingeholt.[243] Das Familienstatut von 1819 regelte die Verhältnisse. Zum königlichen Haus gehörten alle Prinzen und Prinzessinnen, die vom König oder von einem Deszendenten des gemeinschaftlichen Stammvaters des Königlichen Hauses durch anerkannte, ebenbürtige, rechtmäßige Ehen in männli-

---

[239] Vgl. ebd., S. 123f.
[240] Vgl. ebd., S. 80f.
[241] Vgl. Aretin, Cajetan von: Die Erbschaft des Königs Otto von Bayern. München, 2006. S. 34.
[242] Die Herrschermacht des Monarchen war nach den Bestimmungen der Verfassung von 1818 und den Hausgesetzen von 1816, 1819 und 1834 Hausmacht und Hausgewalt. Vgl. Möckl, Karl: Hof und Hofgesellschaft in Bayern in der Prinzregentenzeit. In: Werner, Karl Ferdinand (Hrsg.): Hof, Kultur und Politik im 19. Jahrhundert. Bonn, 1985. S. 183-235. Hier: S. 188.
[243] Bis 1806 waren die Mitglieder der königlichen Familie reichsunmittelbar, danach wurden sie, wie der übrige Adel, Untertanen des Königs. Vgl. Möckl, Karl: Hof und Hofgesellschaft in Bayern in der Prinzregentenzeit. In: Werner, Karl Ferdinand (Hrsg.): Hof, Kultur und Politik im 19. Jahrhundert. Bonn, 1985. S. 183-235. Hier: S. 188.

cher Linie abstammten, zudem die Gemahlinnen und Witwen der königlichen Prinzen. Die Bindung der weitläufigen Familie an den Monarchen war eng und konnte Formen der Untertänigkeit annehmen. Der König übte eine Aufsicht mit besonderen Rechten über sie aus. Alle Mitglieder des Königlichen Hauses waren seiner Hoheit und Gerichtsbarkeit untergeben. Juristische Klagen gegen ein Mitglied des Königshauses mussten bei den königlichen Appellationsgerichten eingereicht werden. Über alle gerichtlichen Angelegenheiten der Prinzen und Prinzessinnen verfügte und entschied allein der König. Er hatte die Befugnis, in die Erziehung aller Angehörigen seines Hauses einzugreifen. Kein Prinz und keine Prinzessin durfte eine eheliche Verbindung eingehen, ohne vorher seine Zustimmung erhalten zu haben. Unterblieb dessen förmliche Einwilligung, so hatte die geschlossene Ehe in Beziehung auf Stand, Titel und Wappen keine rechtliche Wirkung. Selbst über die Annahme von Ehrungen entschied er allein. Den Prinzen und Prinzessinnen war es nur nach seiner Erlaubnis gestattet, sich ins Ausland zu begeben. Überhaupt stand es dem Monarchen zu, „alle zur Erhaltung der Ruhe, Ehre, Ordnung und Wohlfahrt des Königlichen Hauses dienlichen Maßregeln" zu ergreifen.[244]

Den Prinzessinnen und Prinzen kam kraft eigenen Rechts eine herausgehobene Stellung zu. Nicht nur hatten sie Anspruch auf Ehrungen und waren in Entscheidungsprozesse des Hofes und des Staates eingebunden, sie hatten zugleich einen Rang in der Thronfolge und Anspruch auf Apanagierung. Mit dem 17. Lebensjahr wurde den Prinzen der Hubertusorden verliehen, mit 18 Jahren wurden sie großjährig. Nach der Aufwartung bei Hofe, inklusive der Vorstellung des diplomatischen Korps, wurden sie Mitglieder der Kammer der Reichsräte, der ersten Kammer des Parlaments, in welcher sie mit dem 21. Lebensjahr die Stimmberechtigung erhielten.[245] Die Prinzen und Prinzessinnen hatten insofern Verfassungsrang, als die Thronfolge in der Verfassung vom 26. Mai 1818 festgelegt worden war. Die Krone war in der männlichen Linie nach dem Recht der Erstgeburt und der agnatisch-linealischen Erbfolge erblich. Zur „Successions-Fähigkeit" war eine rechtmäßige Geburt aus einer ebenbürtigen, mit Bewilligung des Königs geschlossenen, Ehe erforderlich. Die männliche Linie hatte den Vorzug vor der weiblichen. Die Prinzessinnen waren von der Regierungsfolge solange ausgeschlossen, wie ein successionsfähiger männlicher Nachkomme oder ein durch Erbverbrüderung zur Thronfolge berechtigter Prinz vorhanden war. Erst nach Erlöschen des Mannesstammes und in Ermangelung einer Erbverbrüderung ging die Krone auf die weibliche Nachkommenschaft über. Nur in diesem Fall konnte

---

[244] Königliches Familienstatut vom 5. August 1819. Von dem königlichen Hause und dem Familien-Gesetze (1810-1816). BayHStA, NB. Kgl. Staatsrat. Nr. 1701; Familien-Gesetz des Königlichen Hauses vom Jahre 1816 bis 1914. BayHStA, KrA. Kriegsministerium, Nr. 77.

[245] Vgl. Möckl, Karl: Hof und Hofgesellschaft in Bayern in der Prinzregentenzeit. In: Werner, Karl Ferdinand (Hrsg.): Hof, Kultur und Politik im 19. Jahrhundert. Bonn, 1985. S. 183-235. Hier: S. 188f.

3.5 Die königliche Familie

eine Prinzessin zur Thronfolge berufen werden, bis wieder ein männlicher Nachkomme ersten Grades in die Thronfolgeordnung eintrat.[246]

Das Haus Wittelsbach zählte Anfang des 20. Jahrhunderts einschließlich der herzoglichen Linie etwa vierzig Prinzen und Prinzessinnen, von denen mehr als die Hälfte volljährig waren. Damit war das Königshaus kleiner als die weitverzweigten russischen und österreichischen Herrscherhäuser, allerdings größer als das preußische. Die Mitglieder der königlichen Familie besaßen politische Einflussmöglichkeiten, letztlich führte aber kein Weg am König vorbei. Die Angehörigen des Hauses Wittelsbach residierten mit nur wenigen Ausnahmen in der Haupt- und Residenzstadt München, im Gegensatz zu den Prinzen aus den Häusern Habsburg oder Hohenzollern, die ihre Residenzen in verschiedenen Teilen des Reiches zu nehmen hatten. Die Sommermonate verbrachte man im bayerischen Oberland, etwa in Hohenschwangau oder Wildenwart am Chiemsee. Durch die große Zahl der anwesenden Hoheiten gewann München ein eigenes Gepräge, zumal diese an allen bedeutsamen gesellschaftlichen Veranstaltungen teilnahmen. Zwischen Hof und oberer Gesellschaft, der ‚zweiten Gesellschaft‘, bestand sehr guter Kontakt, da die Prinzen nach gesellschaftlicher Popularität strebten. Die Mitglieder des Königlichen Hauses trugen maßgeblich zum Bild der Monarchie bei. Die Mehrzahl der Prinzessinnen und Prinzen nahm, entsprechend ihrer Position innerhalb der königlichen Familie, Aufgaben in der öffentlichen Repräsentation wahr. Während viele der Prinzen dem bayerischen Militär dienten, spielten die weiblichen Mitglieder des Königshauses im Rahmen von Wohltätigkeitsveranstaltungen nicht minder prominente Rollen. Da die finanziellen Verhältnisse eine hocharistokratische Hofhaltung meist nicht erlaubten, wurde die strenge zeremonielle Trennung zwischen Hofgesellschaft und Münchner Gesellschaft nicht als solche empfunden.[247]

Die königliche Residenz in München bildete den Mittelpunkt monarchischer Repräsentation und war Schauplatz vieler offizieller Staatsakte.[248] Seit 1540 diente der immer wieder erweiterte Komplex am nordöstlichen Stadtrand den Wittelsbachern als Wohn- und Repräsentationssitz.[249] Neben der Hausbibliothek befanden sich in der Residenz die Nibelungensäle, die Appartements des Königs und der Königin, das Arbeitskabinett des Königs, eine Reihe größerer und kleinerer Tanz- und Speisesäle, ein angrenzender, geräumiger Wintergarten und als Glanzpunkt der außerordentlich reich ausgestattete, in Gold, Purpur und Königsblau gehaltene

---

[246] Verfassungsurkunde des Königreichs Bayern vom 26. Mai 1818. Titel II: Von dem Könige und der Thronfolge, dann der Reichsverwesung. Bayerisches Gesetzblatt des Jahres 1818. S. 101ff.

[247] Vgl. Möckl, Karl: Hof und Hofgesellschaft in Bayern in der Prinzregentenzeit. In: Werner, Karl Ferdinand (Hrsg.): Hof, Kultur und Politik im 19. Jahrhundert. Bonn, 1985. S. 183-235. Hier: S. 227.

[248] Vgl. Möckl, Karl: Hof und Hofgesellschaft in Bayern in der Prinzregentenzeit. In: Werner, Karl Ferdinand (Hrsg.): Hof, Kultur und Politik im 19. Jahrhundert. Bonn, 1985. S. 183-235. Hier: S. 188.

[249] Vgl. Schalenberg, Marc: Schlösser zu Museen: Umnutzungen von Residenzbauten in Berlin und München während der Weimarer Republik. In: Biskup, Thomas; Kohlrausch, Martin (Hrsg.): Das Erbe der Monarchie. Nachwirkungen einer deutschen Institution seit 1918. Frankfurt am Main, 2008. S. 184-199. Hier: S. 193.

Thronsaal. Der auf der Südseite durch Leo von Klenze geschaffene große Palast, der so genannte „Königsbau", sollte dem Träger der Krone Bayerns als „heiter festliche Wohnung" dienen. Diesen Zweck erfüllte er über viele Jahrzehnte, indem nicht nur König Ludwig I., sondern auch König Max II. und zuletzt dessen Witwe, Königin Marie, dort residierten. Nachdem der Bau über Jahrzehnte leer stand und nur gelegentlich, etwa bei hochrangigen Besuchen, bewohnt wurde, sollte er während der Herrschaft Ludwigs III. seiner ursprünglichen Bestimmung zurückgegeben werden. Die Hofverwaltung drängte darauf, dass König und Königin nach den notwendigen Modernisierungsmaßnahmen, die ab dem Sommer 1913 durchgeführt wurden – dem Einbau einer Zentralheizung, Anschluss von elektrischem Licht, Kanalisationsanschluss, Lift – aus symbolischen Gründen dauerhaft in die repräsentative Residenz ziehen sollten.[250]

Ludwig und Marie Therese lebten jedoch seit 1868 im Wittelsbacher Palais an der Brienner Straße, das im Auftrag Ludwigs I. im neugotischen Stil als Kronprinzenpalais gebaut worden war. Sie schätzten das eigentümliche, mit historistischen Elementen wie Türmen und Zinnen versehene, Palais aufgrund seines großen schattigen Gartens und blieben nach der Thronbesteigung dort wohnen. Dringend notwendige Modernisierungsmaßnahmen im Wittelsbacher Palais veranlassten das Königspaar, von Sommer 1916 bis Sommer 1917 und dann wieder ab Sommer 1918 in die Residenz umzusiedeln.[251] Während der Baumaßnahmen versuchte der Hof, den König zum dauerhaften Verbleib in der Residenz zu bewegen. Der Flügeladjutant Graf Castell teilte dem Hofmarschall des Kronprinzen Rupprecht jedoch im Winter 1917 mit, dass beide Majestäten „dringend wünschen, wieder zurück ins Wittelsbacher Palais zu ziehen."[252] Wann immer es möglich war, verließen Ludwig und Marie Therese München, um mit ihrer Familie Zeit in Schloss Leutstetten, in Schloss Wildenwart oder in der am Bodensee gelegenen Villa Amsee zu verbringen. Vor allem Leutstetten mit dem angeschlossenen landwirtschaftlichen Gut von über 3000 Tagwerken, einem der größten Güter Bayerns und einem vorbildlichen Musterbetrieb, wurde dem Königspaar zur zweiten Heimat.[253]

Ludwig hing sehr an seiner Gemahlin Marie Therese.[254] Seit 1868 war das Königspaar miteinander verheiratet.[255] Aus der Korrespondenz des Paares wird das

---

[250] „Von der künftigen Residenz des Prinzregenten Ludwig von Bayern". In: Das Bayerland. Illustrierte Wochenschrift für Bayerns Land und Volk. Begründet von H. Leher, Hrsg. von Dr. Josef Weiß und Dr. Otto Denk in Verbindung mit einem Kuratorium unter dem Vorsitze Sr. Kgl. Hoheit des Kronprinzen Rupprecht von Bayern. München, Jahrgang 1912/13. Heft vom 20. September 1913. S. 809-811.

[251] Vgl. Beckenbauer, Alfons: Ludwig III. von Bayern. Regensburg, 1987. S. 39f; Doering, Oskar: Das Haus Wittelsbach. München, 1924. S. 114.

[252] Graf Pappenheim an Kronprinz Rupprecht. München, 26.2.1917. Berichte des Hofmarschalls Graf Pappenheim an den Kronprinzen Rupprecht im Jahr 1917. BayHStA, GHA. NL Kronprinz Rupprecht, Nr. 166.

[253] Vgl. Schad, Martha: Bayerns Königinnen. München, 2007. S. 295f; Landaufenthalte und Jagdpartien in Leutstetten. Akten des Oberthofmarschalls. BayHStA, Geheimes Hausarchiv. Oberthofmarschallstab S.M. des Königs Ludwig III. von Bayern, Nr. 522.

[254] Schad, Martha: Bayerns Königinnen. München, 2007. S. 287-367.

3.5 Die königliche Familie 73

große gegenseitige Verständnis deutlich.[256] Sie hatten dreizehn Kinder,[257] von denen drei im Kindesalter verstarben. Tochter Mathilde erlag 1906 im Alter von 29 Jahren einem Lungenleiden. Der älteste Sohn Rupprecht[258] erblickte 1869 das Licht der Welt.[259] Neben einer militärischen Ausbildung war Rupprecht, der nach der „Königskatastrophe" von 1886 als künftiger Thronerbe galt, in die Rechtsgrundlagen des Staates eingewiesen worden, ebenso in Fragen der Organisation, der Volkswirtschaft und der Finanzen der Staatsverwaltung.[260] Unter anderem hörte er den katholischen Philosophen Georg von Hertling, den Staatsrechtler Max von Seydel und den Anthropologen Johannes Ranke.[261] Rupprecht heiratete 31-jährig die Prinzessin Marie Gabriele. Das Paar musste mit dem frühen Tod dreier Kinder schwere Schicksalsschläge hinnehmen, bevor Marie Gabriele, die vom Volk verehrte ‚Märchenkönigin', wegen eines Nierenleidens im Alter von nur 34 Jahren im Jahr 1912 verstarb. Der früh verwitwete Rupprecht blieb mit seinen beiden Söhnen Luitpold und Albrecht zurück.[262]

---

[255] Die gebürtige Erzherzogin von Österreich-Este, Prinzessin von Modena wurde, da sie in direkter Linie von der Tochter des 1649 hingerichteten Königs Karl I. von England abstammte, von den schottischen Jakobiten als legitime Königin Mary III. betrachtet. Die Königin von Bayern beanspruchte den englischen Thron hingegen nie öffentlich. Durch die englische Thronfolgeakte waren dessen katholische Nachkommen allerdings vom Thron ausgeschlossen worden. Angeblich sandten die „romantischen" Schotten an Marie Therese alljährlich ein Blumenbouquet aus weißen Rosen, zur Erinnerung an den Krieg der „Weißen Rose" Maria Stuart gegen die „Rote Rose" Elisabeth Tudor. Vgl. Schad, Martha: Bayerns Königinnen. München, 2007. S. 319f; Vgl auch Liebhart, Wilhelm: Königtum und Politik in Bayern. Frankfurt am Main, 1994. S. 200.

[256] Briefe König Ludwigs III. von Bayern 1913-1918. BayHStA, Geheimes Hausarchiv. NL Königin Marie Therese. Nr. 77-82; Briefe Königin Marie Thereses an König Ludwig III. 1914-1918. BayHStA, GHA. NL Ludwig III., Nr. 47-49.

[257] Tafel XIA: Königshaus-Linie Luitpold ab 1821. In: Bayern, Adalbert von: Die Wittelsbacher. Geschichte unserer Familie. München u.a., 2005. S. 406f.

[258] Weiß, Dieter J.: Kronprinz Rupprecht von Bayern. Regensburg, 2007.

[259] Zu diesem Zeitpunkt konnte noch niemand ahnen, dass damit ein künftiger Thronerbe geboren wurde, da der regierende König Ludwig II. gerade erst 23 Jahre alt war, dessen Bruder Otto noch zwei Jahre jünger. Die Familie des späteren Prinzregenten Luitpold stand im Hinblick auf möglichen Nachwuchs des Königs oder dessen Bruders nicht an oberster Stelle der Thronfolge. Vgl. Schad, Martha: Bayerns Königinnen. München, 2007. S. 300.

[260] Im Wintersemester 1889/90 begann er ein Studium an der Universität München und wechselte im Sommersemester 1890 an die Universität Berlin, wo er Gast im Schloss Kaiser Wilhelms II. war. Für seine beiden abschließenden Studiensemester kehrte der Prinz nach München zurück – dort stand schwerpunktmäßig Rechts- und Staatswissenschaft auf dem Programm. Vgl. Goetz, Walter: Rupprecht, Kronprinz von Bayern. 1869-1955. Ein Nachruf. München, 1956. S. 7; Vgl. Aretin, Erwein Freiherr von: Kronprinz Rupprecht von Bayern. Sein Leben und Wirken. München, 1949. S. 9.

[261] Durch höfische und politische Sendungen nach Brüssel, Stockholm, London, Wien, Berlin und zum Heiligen Stuhl sowie durch die Mitgliedschaft in der Kammer der Reichsräte wurde er ebenfalls auf seine künftigen Aufgaben vorbereitet. Sein großes Interesse galt allerdings der Kunst. Rupprecht stand in Korrespondenz mit Kunsthistorikern, Archäologen und Künstlern, sammelte kritisch süddeutsche, ostasiatische, antike und italienische Kunst und unterstützte die Münchner Pinakothek. Vgl. Rall, Hans: Wittelsbacher Lebensbilder von Kaiser Ludwig bis zur Gegenwart. München, 1979. S. 95.

[262] Vgl. Schad, Martha: Bayerns Königinnen. München, 2007. S. 300-304.

Prinzessin Adelgunde, das zweite Kind Ludwigs und Marie Thereses, kam 1870 zur Welt. Sie blieb bis zu ihrem 45. Lebensjahr unverheiratet. Die nächste Tochter, Prinzessin Maria, 1872 geboren, heiratete 1897 Herzog Ferdinand von Kalabrien, Prinz von Bourbon-Sizilien. Sie galt als sehr sanftmütig.[263] Prinz Karl, der am 1. April 1874 geborene zweite Sohn aus der Ehe Ludwigs und Marie Thereses, trat 1891 in die bayerische Armee ein und nahm 1894 an Vorlesungen der Kriegsschule teil, leistete aber niemals aktiven Dienst.[264] Nach der Beendigung seiner kurzen Militärdienstzeit lebte der Prinz zurückgezogen und blieb unverheiratet.[265] Ludwig hatte Karl als für die Thronfolge ungeeignet bezeichnet,[266] da dieser menschenscheu war und sich nie mit seinen Repräsentationspflichten anfreunden konnte.[267] Hertling wies ihn darauf hin, dass für diesen Fall rechtzeitig Vorsorge getroffen werden müsse.[268] Ludwig beabsichtigte daher im Dezember 1912, Karl „dazu zu drängen, dass er auf alle Rechte verzichte, aufgrund deren er gegebenenfalls den Anspruch auf Thron oder Regentschaft erheben könne."[269]

Der dritte Sohn, der 1875 geborene Prinz Franz von Bayern, vermählte sich 1912 mit Prinzessin Isabella von Croy, mit der er eine glückliche Ehe führte.[270] Im Alter von 36 Jahren wurde der populäre Prinz im Jahr 1911 als Richterstellvertreter beim Oberkriegsgericht eingesetzt, wo er am 1. Januar 1914 ständiger Richter wurde.[271] In der Reihe der Kinder Ludwigs und Marie Thereses folgte die 1881 zur Welt gekommene Prinzessin Hildegard, die sehr religiös und künstlerisch begabt war. Sie verkehrte in bürgerlichen Kreisen Münchens und blieb unverheiratet. Als

---

[263] Im Juli 1914 konnte Ludwig dem Deutschen Kaiser, Chef des Hauses Hohenzollern, und den übrigen befreundeten Fürstenhäusern, die Verlobung seiner Tochter Adelgunde mitteilen. Auch in der Bevölkerung war die Vorfreude auf die schließlich im Januar 1915 stattfindende königliche Hochzeit groß. Vgl. Schad, Martha: Bayerns Königinnen. München, 2007. S. 304f.

[264] Trotzdem war der Prinz im Laufe der Jahre entsprechend der Anciennitätsregel dank seiner Stellung als königlicher Prinz immer weiter befördert worden, bis er 1914 auf dem Papier den Rang eines Generalmajors innehatte. Personalbogen des Karl Maria Luitpold Prinz von Bayern, Königliche Hoheit. BayHStA, KrA. Offizierspersonalakte 68230.

[265] Meist hielt er sich fernab der Öffentlichkeit in den königlichen Landsitzen Wildenwart und Leutstetten auf. Dort führte er ein menschenscheues Leben, widmete sich privaten Studien und betrieb zu seinem Vergnügen das Uhrmacherhandwerk. Soweit seine Verhältnisse es erlaubten, hatte Prinz Karl stets eine offene Hand für Bedürftige. Vgl. Zeitungsausschnitt „Nachruf auf Prinz Karl". BayHStA, KrA. Offizierspersonalakte 68230.

[266] Alleruntertänigster Vortrag Hertlings 15.12.1912 nachm. 14 Uhr. Vorträge des Staatsministers des K. Hauses und des Äußern bei Prinzregent bzw. König Ludwig von Bayern (Hertling und von Dandl) 1912/1918. BayHStA, NB. StMin des K. Hauses und des Äußern, Nr. 953.

[267] Zeitungsausschnitt „Nachruf auf Prinz Karl". BayHStA, KrA. Offizierspersonalakte 68230.

[268] Alleruntertänigster Vortrag Hertlings 15.12.1912 nachm. 14 Uhr. Vorträge des Staatsministers des K. Hauses und des Äußern bei Prinzregent bzw. König Ludwig von Bayern (Hertling und von Dandl) 1912/1918. BayHStA, NB. StMin des K. Hauses und des Äußern, Nr. 953.

[269] Alleruntertänigster Vortrag Hertlings 16.12.1912 nachm. 17.30 Uhr. Vorträge des Staatsministers des K. Hauses und des Äußern bei Prinzregent bzw. König Ludwig von Bayern (Hertling und von Dandl) 1912/1918. BayHStA, NB. StMin des K. Hauses und des Äußern, Nr. 953.

[270] Vgl. Schad, Martha: Bayerns Königinnen. München, 2007. S. 305; Vermählung S.K.H. des Prinzen Franz von Bayern (1912-1918). BayHStA, KrA. Kriegsministerium, Nr. 95.

[271] Nach der humanistischen Reifeprüfung hatte er die Kriegsschule besucht und im Jahr 1896 Skandinavien bereist. Dem Militärdienst galt sein großes Interesse. Vgl. Rall, Hans: Wittelsbacher Lebensbilder von Kaiser Ludwig bis zur Gegenwart. München, 1979. S. 70f.

3.5 Die königliche Familie

Marie Therese 1884 zum zehnten Mal schwanger war, wünschte sich Ludwig sehnlich ein Mädchen, denn bei einem Sohn hätte er Kaiser Wilhelm I., einen Protestanten, als Taufpaten bitten müssen. Tatsächlich kam ein Mädchen zur Welt, das den Namen Wiltrud erhielt, um wenigstens mit der ersten Namenssilbe an Wilhelm zu erinnern. Der nächsten, 1886 geborenen Tochter, dachte das Paar dann die zweite Silbe des kaiserlichen Namens zu: Helmtrud. Nicht nur die Münchner nannten die beiden Prinzessinnen scherzhaft ‚die Trudeln', sondern auch die Mutter selbst. Ihnen folgte im Jahr 1891 die jüngste Tochter, Prinzessin Gundelinde.[272]

Ludwig verlangte seinen Kindern viel ab, vor allem dem ältesten Sohn Rupprecht. Das angespannte Verhältnis zwischen König und Kronprinz war nicht außergewöhnlich. Der Zwiespalt basierte nach Einschätzung des bayerischen Kriegsministers aber „vornehmlich auf rein menschlichem Gebiete."[273] Die Beziehung Rupprechts zu seinem Vater war schwierig, vor allem wenn es um Politik ging. Der jüngere Prinz Franz hatte einen besseren Stand bei seinem Vater.[274] So hieß es in einem Brief Rupprechts an Franz: „Wenn ich Papa schreibe, erreiche ich nur das Gegenteil des Gewollten."[275] Über die Frage einer standesgemäßen Wohnung des Kronprinzen wurde lange verhandelt. Das Wittelsbacher Palais fungierte zwar als Kronprinzenpalais, das Verfügungsrecht über die königlichen Gebäude lag jedoch allein beim König. Schließlich wurde entschieden, dass Rupprecht in die ehemals vom Prinzregenten Luitpold bewohnten Steinzimmer der Residenz ziehen solle. Der Kronprinz war „mit dieser Entscheidung sehr zufrieden, obwohl es eigentlich sonderbar war, wenn der König das Kronprinzliche und der Kronprinz das Königliche Palais bewohnt, allein dies konnte mir einerlei sein."[276]

Ab Mitte 1918 wohnte das Königspaar im Königsbau der Residenz, der auf den Max-Joseph-Platz und den Grottenhof hinausblickte. Die jüngste Tochter Gundelinde bewohnte ebenso Zimmer der Residenz, deren ältere Schwestern Helmtrud und Wiltrud waren in den Kronprinzenzimmern untergebracht. Die vierte noch unverheiratete Königstochter Hildegard logierte in den Trierzimmern. Der unverhei-

---

[272] Vgl. Schad, Martha: Bayerns Königinnen. München, 2007. S. 308-313; die Schwestern pflegten untereinander ein sehr herzliches Verhältnis, wie wie man anhand deren Korrespondenz sehen kann. Vgl. die Briefe der Helmtrud Prinzessin von Bayern an Wiltrud Prinzessin von Bayern 1895-1919. LABW, HStA Stuttgart, Archiv der Herzöge von Urach, GU 119. NL Wiltrud Herzogin von Urach. Nr. 332.

[273] Hellingrath mutmaßte später: „Wenn nur die Hälfte der hierüber umlaufenden Geschichten wahr ist, kann man verstehen, dass es nicht gerade kindliche Gefühle der Liebe und Dankbarkeit waren, die die Prinzen für ihren Vater empfanden." Vgl. Manuskript der Lebenserinnerungen des k.-b. Kriegsministers Philipp von Hellingrath. S. 243. BayHStA, Geheimes Hausarchiv. NL Philipp von Hellingrath, Nr. 6; Vgl. Liebhart, Wilhelm: Königtum und Politik in Bayern. Frankfurt am Main, 1994. S. 205.

[274] Rupprecht schrieb 1920 an seinen Bruder: „Nun eine Bitte, Du weißt einmal wie die Sachen gemacht werden und zweitens, dass wenn ich etwas anrege, dies sogleich Grund ist für Papa zu opponieren." Vgl. Postkarte des Kronprinzen Rupprecht an Prinz Franz. Ohne Datum (ca. 1920). BayHStA, GHA. NL Prinz Franz, Nr. 217.

[275] Brief des Kronprinzen Rupprecht an Prinz Franz, 11. Februar 1920. BayHStA, GHA. NL Prinz Franz, Nr. 217.

[276] Kriegstagebuch, 20. November 1916. BayHStA, GHA. NL Kronprinz Rupprecht, Nr. 705.

ratete zweite Sohn des Königspaares, Prinz Karl, hatte die oberste Wohnung im Osttrakt über der Hofapotheke für sich. Kronprinz Rupprechts Sohn Erbprinz Albrecht und dessen Erzieher wohnten in einem Obergeschoss. Gespeist wurde in einem pompejanischen Saal nahe dem kleinen Thronsaal.[277] Die Familie des Prinzen Franz, des dritten Sohnes des Königs, wohnte in Schloss Nymphenburg. In den Sommermonaten erbat seine Frau Isabella häufig bei Ludwig III. für sich und ihre Kinder das Wohnrecht in Schloss Hohenschwangau.[278]

Abseits der ‚direkten' Königsfamilie zählten die Geschwister Ludwigs und deren Familien sowie die Vettern des Königs mitsamt deren Familien – die ihren Stammbaum allesamt auf König Max I. Joseph zurückführen konnten – ebenfalls zum Königlichen Haus.[279] Der verstorbene Prinzregent Luitpold hatte neben Ludwig noch zwei weitere Söhne und eine Tochter.[280] Prinz Leopold,[281] der 1846 geborene jüngere Bruder Ludwigs, und dessen Gattin Gisela, eine 1856 geborene Tochter des österreichischen Kaisers, lebten in einem Palais an der nach ihm benannten Leopoldstraße. Leopold übernahm neben seiner militärischen Laufbahn, die ihn bis zum Generalfeldmarschall hatte aufsteigen lassen, anstelle seines Vaters Repräsentationspflichten, unternahm im Laufe der Jahre mehrere Reisen in die afrikanischen Kolonien und bildete sich allgemein wissenschaftlich weiter.[282] Das Prinz-Leopold-Palais wurde zu einem gesellschaftlichen Mittelpunkt in München.[283] Leopold und Gisela hatten mit Elisabeth (*1874) und Auguste (*1875) zwei Töchter und mit Georg (*1880) und Konrad (*1883) zwei Söhne.[284]

Neben seinem Bruder Leopold hatte Ludwig eine Schwester: Die in Lindau unverheiratet lebende Prinzessin Therese. Das drittgeborene Kind des Prinzregenten Luitpold kam 1850 in München zur Welt. Seit ihrer Kindheit legte die als eigenwillig und unangepasst, allerdings als gewissenhaft geltende Therese eine Leidenschaft für die Naturwissenschaften an den Tag.[285] Zwar musste sie nach dem Tod

---

[277] Abschrift des Tagebuchs der Prinzessin Wiltrud. Gschwend bei Aschau am Chiemsee, 9.11.1918. Erinnerungen zum Hofstaat am 7.11.1918 und zur Flucht in der Revolutionszeit 1918/19. BayHStA, GHA. NL Herzogin Wiltrud von Urach, Nr. 288.

[278] Prinz Franz an König Ludwig III., 22.9.1915. BayHStA, GHA. NL Ludwig III., Nr. 64.

[279] Tafel XIA: Königshaus-Linie Luitpold ab 1821. In: Bayern, Adalbert von: Die Wittelsbacher. Geschichte unserer Familie. München u.a., 2005. S. 406f.

[280] Tafel XIA: Königshaus-Linie Luitpold ab 1821. In: Bayern, Adalbert von: Die Wittelsbacher. Geschichte unserer Familie. München u.a., 2005. S. 406f.

[281] Körner, Hans-Michael: Aus den Lebenserinnerungen von Leopold Prinz von Bayern. Regensburg, 1983.

[282] Kaiser Franz Joseph war häufig im Palais Leopold zu Besuch, zumal er seinen Schwiegersohn wegen dessen soldatischer Zuverlässigkeit sehr schätzte. Dort waren außerdem so unterschiedliche Persönlichkeiten wie der Maler Defragger und der Architekt von Seidl, der Hygieniker Pettenkofer und der Historiker von Heigel häufige Gäste. Vgl. Rall, Hans: Wittelsbacher Lebensbilder von Kaiser Ludwig bis zur Gegenwart. München, 1979. S. 69f.

[283] Vgl. Rall, Hans: Wittelsbacher Lebensbilder von Kaiser Ludwig bis zur Gegenwart. München, 1979. S. 69f.

[284] Vgl. Schad, Martha: Kaiserin Elisabeth und ihre Töchter. München, 1999. S. 32-38.

[285] Vgl. Bußmann, Hadumod: „Ich habe mich vor nichts im Leben gefürchtet". Die ungewöhnliche Geschichte der Therese Prinzessin von Bayern. München, 2011; Vgl. Panzer, Marita; Plößl, Elisa-

3.5 Die königliche Familie

ihrer Mutter an der Seite ihres Vaters in der Hofgesellschaft eine repräsentative Rolle einnehmen, wirkliche Freude fand sie aber daran nicht. Therese beschrieb sich selbst als mutig, unerschrocken, entschlossen, „ein scharf umrissener Charakter, eine durchaus selbstständige Natur." Ihr ungewöhnliches politisches Interesse konzentrierte sich sowohl auf die Innenpolitik als auch auf die orientalische Frage. Therese las mit größter Aufmerksamkeit Zeitungen, „in kritischen Zeiten Blätter verschiedener Richtungen und ausländische, anderssprachige Blätter, um sich einen möglichst vielseitigen Blick zu verschaffen, und sich ein möglichst objektives Urteil anzueignen."[286] Die Prinzessin war elf Sprachen in Wort und Schrift mächtig. Durch Expeditionen und wissenschaftliche Veröffentlichungen erwarb sie sich einen ernstzunehmenden Ruf als Naturwissenschaftlerin und Forscherin. Die Autodidaktin erhielt durch zahlreiche wissenschaftliche Vereinigungen in ganz Europa fachliche Anerkennung. Sie war Ehrenmitglied der Bayerischen Akademie der Wissenschaften, Mitglied der Geographischen Gesellschaften München, Lissabon und Wien, der Anthropologischen Gesellschaft in Wien, der Société des Américanistes de Paris, des Bundes deutscher Forscher sowie der Deutschen Gesellschaft für Anthropologie, Ethnologie und Urgeschichte.[287] Die königliche Ludwig-Maximilians-Universität München würdigte Prinzessin Therese im Dezember 1897 als erste Frau überhaupt mit der Verleihung der Ehrendoktorwürde.[288] Die internationale Korrespondenz der Prinzessin mit Gelehrten und Forschungsreisenden war enorm umfangreich.[289] Die Schwester des Königs verbrachte die meiste Zeit in Villa Amsee in Lindau.[290]

---

beth: Bayerns Töchter. München, 2005. S. 136; Vgl. Bußmann, Hadumod, Neukum-Fichtner, Eva (Hrsg.): „Ich bleibe ein Wesen eigener Art". Prinzessin Therese von Bayern. München, 1997.

[286] Zur Erziehungsgeschichte der Prinzessin Therese, „warum Prinzessin Therese niemals über Griechenland geschrieben hat", wie die Prinzessin arbeitet, die Tätigkeit der Prinzessin im Roten Kreuz, ihre Lehrer und ihre Beziehungen zu Gelehrten. Abschrift nach eigenen Aufzeichnungen der Prinzessin Therese. 1921-1922. BayHStA, GHA. NL Prinzessin Therese (†1925), Nr. 38.

[287] Therese publizierte, anfangs noch unter dem Pseudonym „Th. v. Bayer", etwa zwanzig Werke in der Methode der beschreibenden Naturwissenschaften. Unter anderem führten sie ihre Studien durch Russland, ins Polargebiet, nach Brasilien, Mexiko, Nordamerika, Kanada, Nordafrika und Kleinasien. Vgl. Panzer, Marita; Plößl, Elisabeth: Bayerns Töchter. München, 2005. S. 136-138; Vgl. Möckl, Karl: Hof und Hofgesellschaft in Bayern in der Prinzregentenzeit. In: Werner, Karl Ferdinand (Hrsg.): Hof, Kultur und Politik im 19. Jahrhundert. Bonn, 1985. S. 183-235. Hier: S. 211; Vgl. Bußmann, Hadumod: „Ich habe mich vor nichts im Leben gefürchtet". Die ungewöhnliche Geschichte der Therese Prinzessin von Bayern. München, 2011. S. 37-44, 135-214.

[288] Vgl. Panzer, Marita; Plößl, Elisabeth: Bayerns Töchter. München, 2005. S. 136-138; Vgl. Möckl, Karl: Hof und Hofgesellschaft in Bayern in der Prinzregentenzeit. In: Werner, Karl Ferdinand (Hrsg.): Hof, Kultur und Politik im 19. Jahrhundert. Bonn, 1985. S. 183-235. Hier: S. 211.

[289] Nach dem Tod ihres Vaters erfüllte die Prinzessin sich den lang gehegten Wunsch, „einen kleinen Gelehrtenkreis um [sich] zu sammeln, den bescheidenen Mittelpunkt einer geistig anregenden Gesellschaft zu bilden." Im Winter 1913/14 lud sie regelmäßig Münchner Wissenschaftler wie den Direktor der Ethnographischen Sammlung Schermann, den Geologen Günther, den Zoologen von Hertwig, den Direktor des Botanischen Gartens von Goebel und weitere Gelehrte zum wissenschaftlichen Austausch zu sich. Vgl. Neukum-Fichtner, Eva: „Freiheit, Freiheit war es, wonach ich leidenschaftlich lechzte". In: Bußmann, Hadumod, Neukum-Fichtner, Eva (Hrsg.): „Ich bleibe ein Wesen eigener Art". Prinzessin Therese von Bayern. München, 1997. S. 28-37. Hier: S. 35f.

[290] Vgl. Panzer, Marita; Plößl, Elisabeth: Bayerns Töchter. München, 2005. S. 136.

Der jüngste Bruder Ludwigs, Prinz Arnulf, verstarb 1907 55-jährig an einer Lungenentzündung.[291] Seine Witwe, die gebürtige Prinzessin Therese von Liechtenstein, die in Abgrenzung zu ihrer gleichnamigen Schwägerin seit ihrer Hochzeit meist ‚Prinzessin Arnulf' genannt wurde, gehörte nach wie vor dem königlichen Haus an. Der einzige Sohn der Prinzessin war der 1884 geborene Prinz Heinrich.[292] Dieser diente als Berufsoffizier in der Armee.[293] Prinzessin Therese lebte nach dem Tod ihres Gatten zurückgezogen im zweiten Stock des Wittelsbacher Palais an der Brienner Straße in München.[294] Prinz Ludwig Ferdinand, ein Vetter Ludwigs, war Chef der – durch einen jüngeren Bruder des Prinzregenten Luitpold begründeten – „Adalbertinischen Linie" des Hauses Wittelsbach[295] und schlug eine ungewöhnliche Karriere ein. Neben einer militärischen Laufbahn, die ihn bis zum General der Kavallerie führte, wirkte er als Chirurg und Gynäkologe in einem bürgerlichen Beruf, seitdem er 1883 bei Max von Pettenkofer in Medizin promoviert hatte.[296] Seine Gattin Prinzessin María de la Paz, eine Tochter der Ex-Königin Isabella von Spanien, widmete sich dem Schreiben von Gedichten und Übersetzungen, wirkte karitativ und ließ junge Spanier in München erziehen. Der ältere der beiden Söhne des Ehepaares, Ferdinand Maria (*1884), heiratete die Schwester des Königs von Spanien und lebte in Madrid. Der jüngere Sohn Prinz Adalbert (*1886) und seine Schwester Prinzessin María del Pilar (*1891) lebten in München.[297]

Der 1862 geborene Prinz Alfons, jüngerer Bruder Ludwig Ferdinands und damit ebenfalls ein Vetter König Ludwigs III., war wohl der populärste bayerische Prinz seiner Generation. Mit seiner Gattin Prinzessin Louise Victoria Sophie von Alençon hatte er einen Sohn, Prinz Joseph Clemens (*1902), sowie eine Tochter, Prinzessin Elisabeth (*1913).[298] Die Familien der beiden Vettern des Königs wohnten ebenfalls in der Residenzstadt München; diejenige des Prinzen Ludwig Ferdi-

---

[291] Vgl. Bayern, Adalbert von: Die Wittelsbacher. Geschichte unserer Familie. München u.a., 2005. S. 370.

[292] Vgl. Aretin, Cajetan von: Die Erbschaft des Königs Otto von Bayern. München, 2006. S. 35f.

[293] Personalbogen des Heinrich Luitpold Prinz von Bayern, Königliche Hoheit. BayHStA, KrA. Offizierspersonalakte 57534.

[294] Vgl. Schrott, Ludwig: Der Prinzregent. München, 1962. S. 133.

[295] Tafel XIB: Königshaus-Linie Adalbert ab 1828. In: Bayern, Adalbert von: Die Wittelsbacher. Geschichte unserer Familie. München u.a., 2005. S. 408f.

[296] Vgl. Aretin, Cajetan von: Die Erbschaft des Königs Otto von Bayern. München, 2006. S. 36; Vgl. Übersicht über den militärischen Einsatz von Prinzen des Königlichen Hauses im 1. WK (1915). BayHStA, GHA. Kabinettsakten König Ludwigs III., Nr. 136; Vgl. Zeitungsartikel, 20.7.1913. Angelegenheiten des Prinzen Ludwig Ferdinand und der Prinzessin Maria de la Paz 1913-1918. BayHStA, GHA. Kabinettsakten König Ludwigs III., Nr. 152.

[297] Vgl. Schrott, Ludwig: Der Prinzregent. München, 1962. S. 133.

[298] Seit seinem Abschied aus der bayerischen Armee im Jahr 1901 widmete sich Prinz Alfons dem Pferdesport, aber auch zahlreichen Schützen-, Reit- und Turnvereinen und galt als einer der elegantesten Herrenreiter seiner Zeit. Vgl. Rall, Hans: Wittelsbacher Lebensbilder von Kaiser Ludwig bis zur Gegenwart. München, 1979. S. 64f; Übersicht über den militärischen Einsatz von Prinzen des Königlichen Hauses im 1. WK (1915). BayHStA, GHA. Kabinettsakten König Ludwigs III., Nr. 136; Vgl. Aretin, Cajetan von: Die Erbschaft des Königs Otto von Bayern. München, 2006. S. 36; Vgl. Denk, Otto; Weiß, Joseph: Unser Bayerland. Vaterländische Geschichte, volkstümlich dargestellt. Mit 15 Tafelbildern und 461 Textabbildungen. München, 1906. S. 545.

3.5 Die königliche Familie 79

nand in Schloss Nymphenburg, die Familie des Prinzen Alfons in einem Stadtpalais.[299] Ludwig Ferdinand und Alfons hatten mit den Prinzessinnen Isabella, Elvira und Clara drei jüngere Schwestern.[300]

Die herzogliche Nebenlinie der Wittelsbacher,[301] deren Mitglieder den Titel „Herzog in Bayern" führten, war ebenfalls Teil des königlichen Familienverbandes.[302] Nach dem Tod des Augenarztes Herzog Carl Theodor[303] im Jahr 1909 wurde Ludwig Wilhelm, dessen älterer, 1884 geborener Sohn, Chef der herzoglichen Linie.[304] Seine Mutter Maria José blieb Mitglied des Königshauses. Auf Herzog Ludwig Wilhelm und seinen drei Vettern, den Söhnen des 1893 verstorbenen Herzogs Max Emanuel, ruhte das Schicksal der Linie.[305] Der abseits der Öffentlichkeit lebende Ludwig Wilhelm trat 1901 in die Armee ein, wurde à la suite des Regiments gestellt und war bis 1907 mehrfach beurlaubt.[306] Die drei jungen Herzöge Siegfried (*1876), Christoph (*1879) und Luitpold (*1890) wurden im Jahr 1894 zu Vollwaisen und unter die Vormundschaft des Prinzen Leopold gestellt.[307] Siegf-

---

[299] Vgl. Schrott, Ludwig: Der Prinzregent. München, 1962. S. 133f.
[300] Vgl. Rall, Hans: Wittelsbacher Lebensbilder von Kaiser Ludwig bis zur Gegenwart. München, 1979. S. 76; Genealogie des Hauses Wittelsbach. Hrsg. von der Verwaltung des Herzogs von Bayern, München. Parsdorf, 2005.
[301] Witzleben, Hermann von; Vignau, Ilka von: Die Herzöge in Bayern. München, 1976; Tafel XII: Birkenfeld-Gelnhausen (Herzoglich-bayerische Linie im bayerischen Königshaus ab 1638). In: Bayern, Adalbert von: Die Wittelsbacher. Geschichte unserer Familie. München u.a., 2005. S. 410f.
[302] Den Herzögen stand ebenso wie ihren Vettern der königlichen Hauptlinie die Titulatur „Königliche Hoheit" zu. Gemäß dem königlichen Familienstatut von 1819 waren auch sie der alleinigen Hoheit und der Gerichtsbarkeit des Monarchen untergeben. Vgl. Königliches Familienstatut vom 5. August 1819, zit. in: Aretin, Cajetan von: Die Erbschaft des Königs Otto von Bayern. München, 2006. S. 325f.
[303] Sexau, Richard: Fürst und Arzt. Dr. med. Herzog Carl Theodor in Bayern. Schicksal zwischen Wittelsbach und Habsburg. Graz, 1963.
[304] Dessen als Leutnant im 1. Ulanen-Regiment dienender jüngerer Bruder Franz Joseph verstarb im Jahr 1912 im Alter von nur dreiundzwanzig Jahren, nur drei Jahre nach dem Vater. Vgl. Witzleben, Hermann von; Vignau, Ilka von: Die Herzöge in Bayern. München, 1976. S. 347; Als Bruder der Herzogin Elisabeth Valerie war er, aufgrund deren Hochzeit mit dem belgischen König Albert, mit diesem verschwägert, als Bruder der 1912 verstorbenen Herzogin Marie Gabriele auch mit dem Kronprinzen Rupprecht von Bayern. Vgl. Die Herzöge in Bayern. Genealogie des Hauses Wittelsbach. Hrsg. von der Verwaltung des Herzogs von Bayern, München. Parsdorf, 2005.
[305] Vgl. Witzleben, Hermann von; Vignau, Ilka von: Die Herzöge in Bayern. München, 1976. S. 347.
[306] Personalbogen des Ludwig Wilhelm Karl Norbert Theodor Johann Herzog in Bayern, Königliche Hoheit. BayHStA, KrA. Offizierspersonalakte 57532; Im März 1917 vermählte er sich mit der verwitweten Fürstin Eleonore von Schönburg-Waldenburg. Die Trauung fand im Familienkreis in Bad Kreuth statt. Vgl. Gesandter Moser von Filseck an Staatsminister von Weizsäcker. München 26.8.16. Das herzogliche Haus in Bayern 1909-1918. Württembergische Gesandtschaft in München, E 75. LABW, HStA Stuttgart, Ministerium der auswärtigen Angelegenheiten, Nr. 33; König Ludwig III. an Kaiser Karl von Österreich-Ungarn. München, 26.4.1917. OeStA, Abt. Haus-, Hof- und Staatsarchiv. Ministerium des Äußern. Administrative Registratur, Nr. F2-37-1.
[307] Vormundschaft über Seine Königliche Hoheit Herzog Luitpold in Bayern 1900-1909. BayHStA, NB. Staatsministerium der Justiz, Nr. 13707; Vormundschaft über die minderjährigen Söhne Weiland Seiner Königlichen Hoheit des Herzogs Max Emanuel in Bayern 1908-1909. BayHStA, NB. Staatsministerium der Justiz, Nr. 13708; Siegfried trat 1894 in die Armee ein und tat sich als talentierter Reiter hervor. Seine militärischen Qualifikationsberichte wiesen ihn bis 1901 als sehr guten Offizier aus. Vgl. Qualifikationsberichte des Siegfried August Maximilian Maria Herzog in Bayern, Königliche Hoheit. BayHStA, KrA. Offizierspersonalakte 58654.

ried erlitt im Jahr 1899 eine schwere Gehirnerschütterung, die nach Ansicht der Ärzte die Ursache für eine spätere Geisteskrankheit bildete. Sein Zustand verschlechterte sich, bis er 1912 in die Nervenheilanstalt Neufriedenheim gebracht[308] und 1918 entmündigt wurde.[309] Christoph wurde 1906 Rittmeister und Eskadronschef im 1. Schweren-Reiterregiment.[310] Er fühlte sich körperlich nicht gesund genug, „um den dienstlichen Anforderungen vollkommen gerecht zu werden."[311] Seiner Bitte um Enthebung von seiner Stellung wurde 1907 entsprochen.[312] Infolgedessen führte Christoph ein bürgerliches, zurückgezogenes Leben in seiner Villa in Bogenhausen. Der jüngste der Brüder, Luitpold, war künstlerisch begabt und sportlich. Er war ein guter Reiter, spielte Tennis und war einer der ersten Skiläufer.[313] 1908 trat er in das 1. Ulanenregiment der bayerischen Armee ein.[314]

Mit dem 1831 geborenen Herzog Ludwig, genannt ‚Louis', hatten die Herzöge einen Onkel. Dieser war ein Bruder der 1898 ermordeten Kaiserin Elisabeth von Österreich-Ungarn[315] und verzichtete bei seiner Heirat mit einer bürgerlichen Schauspielerin zugunsten seines Bruders Carl Theodor auf seine Erstgeburtsrechte. Nach dem Tod seiner Frau heiratete er erneut eine Bürgerliche, von der er sich im Jahr 1913 scheiden ließ.[316] In der Presse kam es zu Skandalisierungen seines Privatlebens. Die „Münchner Post" fragte hämisch, ob durch das Umfeld des Herzogs „der monarchische Gedanke gestärkt" werde.[317] Im Jahr 1916 baten die beiden Schwestern der 1898 verstorbenen Kaiserin Elisabeth von Österreich, die verwitwete Ex-Königin beider Sizilien, Marie (*1841) sowie die verwitwete Prinzessin Mathilde, Gräfin von Trani, die der herzoglichen Linie des Königshauses ent-

---

[308] Schreiben des Staatsministeriums der Justiz an den Herrn Oberstaatsanwalt beim Oberlandesgericht München. München, 12.7.1917. BayHStA, KrA. Offizierspersonalakte 58654.
[309] Entmündigung Seiner Königlichen Hoheit des Herzogs Siegfried in Bayern. BayHStA, NB. Staatsministerium der Justiz, Nr. 13709; Staatsministerium des K. Hauses und des Äußern an den Kriegsminister. München, 26.6.1918. BayHStA, KrA. Offizierspersonalakte 58654.
[310] Personalbogen des Christoph Joseph Clemens Maria Herzog in Bayern, Königliche Hoheit. BayHStA, KrA. Offizierspersonalakte 58655.
[311] Schreiben Herzog Christophs in Bayern an Oberleutnant Wenninger. München, 21.5.1907. BayHStA, KrA. Offizierspersonalakte 58655.
[312] Obwohl er danach nicht mehr aktiv gedient hatte, wurde Christoph 1911 zum Major und 1917 zum Oberstleutnant befördert. Vgl. Personalbogen des Christoph Joseph Clemens Maria Herzog in Bayern, Königliche Hoheit. BayHStA, KrA. Offizierspersonalakte 58655; Der 35jährige meldete sich im August 1914 krank, um einer Einberufung zu entgehen. Tagebucheintrag 2.8.1914. BayHStA, GHA. NL Herzogin Wiltrud von Urach, Nr. 592.
[313] Vgl. Witzleben, Hermann von; Vignau, Ilka von: Die Herzöge in Bayern. München, 1976. S. 348f.
[314] Personalbogen des Luitpold Emanuel Ludwig Maria Herzog in Bayern, Königliche Hoheit. BayHStA, KrA. Offizierspersonalakte 44229.
[315] Tafel XII: Birkenfeld-Gelnhausen (Herzoglich-bayerische Linie im bayerischen Königshaus ab 1638). In: Bayern, Adalbert von: Die Wittelsbacher. Geschichte unserer Familie. München u.a., 2005. S. 410f.
[316] Ungeachtet dieser wiederholten, öffentlichen Bewertungen, der über 80jährige Herzog sei nach seiner Scheidung in schlechte Gesellschaft geraten, die ihn „völlig in der Hand" habe und finanziell ausnehme, erfreute er sich in der Münchner Bevölkerung bis zu seinem Tod im Jahr 1920 beträchtlicher Popularität. Vgl. Dickinger, Christian: Die schwarzen Schafe der Wittelsbacher. Zwischen Thron und Wahnsinn. München, 2005. S. 115-128.
[317] Münchner Post, 17.9.1913. BayHStA, KrA. Offizierspersonalakte 7387.

stammten, „als Mitglieder des bayerischen Königshauses von Neuem eintreten zu können."[318] Nicht zuletzt gehörte der geistig umnachtete König Otto (*1848) der königlichen Familie an, der seit den 1880er Jahren in Schloss Fürstenried bei München untergebracht war.[319] Neben dem Tod des Prinzregenten Luitpold hatten das Königshaus im Jahr 1912 einige Schicksalsschläge ereilt: In München verstarben der dreijährige Sohn des Prinzen Rupprecht, Prinz Rudolf, sowie in Madrid die Gattin des Prinzen Ferdinand Maria, die 30-jährige Prinzessin Maria Theresia. Zudem erlag der 24-jährige Herzog Franz Joseph der Kinderlähmung, bevor seine Schwester Prinzessin Marie Gabriele, die Gattin des Prinzen Rupprecht, erst 34-jährig, in Sorrent verstarb. Im Oktober 1914 entschlief die letzte Tochter König Ludwigs I., Prinzessin Adelgunde, Herzogin von Modena.[320]

3.6 Monarchie, Militär und Kirche

Zwischen Monarchie, Militär und Kirche bestand im beginnenden 20. Jahrhundert ein sehr enges wechselseitiges Verhältnis. Das Gottesgnadentum legitimierte im symbolischen Bund von Thron und Altar den monarchisch-konstitutionellen Staat, wenngleich dieser in der Verfassungswirklichkeit das Ergebnis eines jahrhundertelangen Säkularisierungsprozesses war. In der als Landeskirche organisierten evangelischen Kirche war der bayerische Landesherr oberster Bischof und führte somit

---

[318] Diesem Ansinnen wurde stattgegeben, allerdings sollte der formelle Wiedereintritt in die königliche Familie ohne öffentliches Aufsehen geschehen. Die beiden residierten im Jahrzehnt vor dem Ersten Weltkrieg den überwiegenden Teil des Jahres in Bayern, ohne aber für den Wiedereintritt in den königlich bayerischen Staats- und Familienverband zu optieren. Der Austritt der beiden Schwestern aus dem italienischen Staatsangehörigkeitsverhältnis wurde bis nach Friedensschluss aufgeschoben, um vermögensrechtlichen Schwierigkeiten mit der italienischen Regierung auszuweichen. Vgl. K.u.K. Gesandter von Velics in München an S.E. den Minister des K.u.K. Hauses und des Äußern Stephan Baron Burian. München, 24.8.1916. OeStA, Abt. Haus-, Hof- und Staatsarchiv. Ministerium des Äußern. Administrative Registratur, Nr. F2-37-1.

[319] Ab seinem 17. Lebensjahr traten erste Anzeichen der Nervenkrankheit auf, die sich in Halluzinationen, Zwangsvorstellungen, Depressionen und Autoaggressionen äußerte. Eine formale Entmündigung erfolgte zwar nie, aber das Privatvermögen des Prinzen wurde bereits seit 1878 von einer Vermögensadministration verwaltet. Schloss Fürstenried, etwas westlich von München, wurde auf Wunsch seines Bruders Ludwig II., der eine Unterbringung seines Bruders in einer Anstalt ablehnte, eigens für ihn umgebaut. Otto lebte in Räumen des Hochparterres des Schlosses, deren Wände mit Leder gefüttert wurden, um ihn vor Selbstverletzungen zu bewahren. Im Jahr 1880 trat er zum letzten Mal öffentlich in Erscheinung. Lediglich Prinzessin Therese, die Schwester des Königs Ludwig III., besuchte und pflegte Otto noch regelmäßig, während sich die anderen Mitglieder der königlichen Familie nach und nach von ihm zurückzogen. Otto starb 1916 im Alter von 68 Jahren an einem Darmleiden. Vgl. Dickinger, Christian: Die schwarzen Schafe der Wittelsbacher. Zwischen Thron und Wahnsinn. München, 2005. S. 187-197; Vgl. Aretin, Cajetan von: Die Erbschaft des Königs Otto von Bayern. München, 2006. S. 12-20; Tagebucheintrag der Prinzessin Therese von Bayern, 14.10.1916. BayHStA, GHA. NL Prinzessin Therese (†1925), Nr. 19.

[320] Vgl. Bayern, Adalbert von: Die Wittelsbacher. Geschichte unserer Familie. München u.a., 2005. S. 371; Vgl. Sendtner, Kurt: Rupprecht von Wittelsbach. Kronprinz von Bayern. München, 1954. S. 168-173.

das ‚Kirchenregiment', das durch die Genehmigung von Agenden auch in die geistlichen Rechte hineinreichte. Die Verbindung von Thron und Altar nutzte der Königsfamilie, welche die sakrale Repräsentation feudaler Herrschaft im Königreich weiterzuführen suchte. Mit der ständigen Einbindung der bayerischen Dynastie in ihren festlichsten Kult verhalf vor allem die katholische Kirche dem Herrscherhaus zu dessen Autorität bei den ‚kleinen Leuten'.[321] So wurde in den Kirchen des Königreichs an jedem Sonn- und Feiertag für das Königshaus gebetet sowie die Geburtstage des Herrschers und der Königin mit Festgottesdiensten gefeiert. Geburten innerhalb der königlichen Familie wurden, nach wochenlangem Kirchengebet um eine glückliche Entbindung, mit Dankgottesdiensten begangen.[322]

Die persönliche Frömmigkeit des letzten bayerischen Königspaares ist unbestritten.[323] Eine christliche Wertorientierung nahm die Öffentlichkeit noch zu Beginn des 20. Jahrhunderts als eines der prägenden Elemente der bayerischen Monarchie wahr. Die „Lindauer Volkszeitung" schrieb anlässlich der Thronbesteigung am 17. November 1913 über das Königspaar: „Die Gemahlin des Königs Ludwig III. von Bayern wird die erste katholische Königin sein. [...] Wie das bayerische Volk den neuen König als Muster eines christlichen Monarchen, eines deutschen Fürsten begrüßt, so begrüßt es neben ihm auf dem Throne sie mit den gleichen herzlichen Gefühlen als das Vorbild einer echten christlichen Königin."[324]

Gegenüber den protestantischen Kirchen hatte der bayerische Staat in Form der Kirchenhoheit ein Aufsichtsrecht, das auf die Wahrung von Staatsloyalität und Staatssouveränität zielte. Dieses in der Reformationszeit entstandene Summepiskopat hatte bis 1918 Bestand, obgleich es politisch wie innerkirchlich nicht unumstritten war.[325] Die juristisch-politische Fiktion des evangelischen summus episcopus wurde unter Prinzregent Luitpold noch mit Leben erfüllt, indem er evangelische Amtsträger, vom einfachen Pfarrer bis zum Oberkonsistorialrat, an seinen Tisch lud. Am Fronleichnamstag kamen die katholischen Geistlichen in den Genuss seiner Gastfreundschaft. Die grundsätzliche Parität der beiden großen christlichen Kirchen war bereits in den Jahren 1803-1809 festgesetzt worden. An diesem

---

[321] Vgl. Blessing, Werner K.: Staat und Kirche in der Gesellschaft. Göttingen, 1982. S. 76.
[322] Vgl. Blessing, Werner K.: Der monarchische Kult, politische Loyalität und die Arbeiterbewegung im deutschen Kaiserreich. In: Ritter, Gerhard A. (Hrsg.): Arbeiterkultur. Königstein, 1979. S. 185-208. Hier: S. 186.
[323] Vgl. Körner, Hans-Michael: Ludwig III. Totengräber der Monarchie. In: Schmid, Alois (Hg.): Die Herrscher Bayerns; 25 historische Portraits von Tassilo III. bis Ludwig III. München, 2001. S. 376-388. Hier: S. 379.
[324] Zit. nach Schad, Martha: Bayerns Königinnen. München, 2007. S. 319.
[325] Die Kirchenhoheit war vom Kirchenregiment getrennt worden, indem erstere bei den Kultusministerien lag, letztere bei den Konsistorien oder Oberkirchenräten. Diese wurden vom Monarchen ernannt und waren keinem Minister unterstellt. Der Monarch hatte kein direktes Weisungs- und Eingriffsrecht gegenüber den evangelischen Kirchenbehörden, blieb aber über sein Ernennungsrecht Herr des Kirchenregiments. Dass er in seiner Funktion als summus episcopus formaljuristisch gesehen nicht Staatsorgan, sondern Kircheninstanz war, fiel in der Praxis nicht ins Gewicht. Vgl. Lepp, Claudia: Summus episcopus. Das Protestantische im Zeremoniell der Hohenzollern. In: Biefang, Andreas; Epkenhans, Michael; Tenfelde, Klaus (Hrsg.): Das politische Zeremoniell im Deutschen Kaiserreich 1871-1918. Düsseldorf, 2008. S. 77- 114. Hier: S. 77.

Grundsatz rüttelte auch Ludwig III. nicht, wenngleich er keine evangelischen Geistlichen mehr einlud.[326] Der kirchliche Protestantismus stand infolge der Stellung des Königs als summus episcopus in einer engen Loyalität zur bayerischen Monarchie und durch kulturelle Traditionen in einer starken Bindung an das Kaiserreich.[327] Der Landesherr verfügte über direkte und indirekte Einflussmöglichkeiten auf das kirchliche Zeremoniell. Ähnlich wie die Hohenzollern, die vor allem in der Regierungszeit Wilhelms II. außerordentliche Gottesdienste zur symbolischen Vermittlung nationalmonarchischer Botschaften nutzten, verwendeten die Wittelsbacher die evangelische Kirche in Bayern als Instrument monarchischer Symbolpolitik, wenn auch in geringerem Ausmaß.[328]

Der seit 1909 amtierende Erzbischof von München und Freising war Franziskus von Bettinger. Er hatte Ludwig III. am 12. November 1913 im Münchner Liebfrauendom feierlich in dessen Königsamt eingeführt. Die Ernennung Bettingers zum ersten Kardinal in der Geschichte des Erzbistums seitens Papst Pius X. im Mai 1914 war eine große Geste des Vatikans gegenüber dem Königreich. Damit trug zum ersten Mal seit 125 Jahren ein residierender bayerischer Bischof den Kardinalshut. Als später der Apostolische Nuntius in München zum Kardinal erhoben wurde, durfte König Ludwig III. ihm im Namen des Papstes das Birett aufsetzen. Dieses Privileg stellte den König von Bayern neben die katholischen Monarchen von Österreich-Ungarn und Spanien.[329] Die Berufung Hertlings brachte dem Königreich zum ersten Mal seit 1847 ein Ministerium mit stark katholisch-konservativer Färbung.[330] Dem König waren der Protestantismus und das Amt des summus episcopus als streng gläubigem Katholiken innerlich fremd. Im Jahr 1917 stellte Graf Hertling fest: „Bayern ist der einzige deutsche Bundesstaat mit überwiegend katholischer Bevölkerung und einem katholischen Königshaus. In Sachsen steht dem katholischen Königshaus eine ganz überwiegend protestantische Bevölkerung gegenüber und in Baden ist umgekehrt die Mehrheit der letzteren katholisch, das regierende Haus aber protestantisch. Hieraus ergibt sich, dass Bayern die berufene katholische Vormacht im Reiche ist."[331]

Die bayerische Nation begründete sich außerdem, wie die meisten Nationen, auf verschiedenen Kriegsmythen, die besonders in der Regierungszeit König Ludwigs I. konstruiert worden waren. Die Münchner Feldherrnhalle und das Siegestor auf der Ludwigstraße sind nur zwei prominente Beispiele der monumentalen Erin-

---

[326] Vgl. Beckenbauer, Alfons: Ludwig III. von Bayern. Regensburg, 1987. S. 68.
[327] Vgl. Blessing, Werner K.: Staat und Kirche in der Gesellschaft. Göttingen, 1982. S. 262.
[328] Vgl. Lepp, Claudia: Summus episcopus. Das Protestantische im Zeremoniell der Hohenzollern. In: Biefang, Andreas; Epkenhans, Michael; Tenfelde, Klaus (Hrsg.): Das politische Zeremoniell im Deutschen Kaiserreich 1871-1918. Düsseldorf, 2008. S. 77- 114. Hier: S. 114.
[329] Vgl. Hubensteiner, Benno: Bayerische Geschichte. München, 1980. S. 329.
[330] Vgl. Hubensteiner, Benno: Bayerische Geschichte. München, 1980. S. 329.
[331] Zit. nach Beckenbauer, Alfons: Ludwig III. von Bayern. Regensburg, 1987. S. 67f.

nerungsarchitektur, welche die bayerische Armee und deren Schlachtenerfolge zum Objekt gezielter kollektiver Identitätsstiftung machte.[332]

Die Monarchen spielten eine zentrale Rolle bei der militärischen Selbstdarstellung der Nationalstaaten. Die überlieferte Verbindung von König, Staat und Militär drängte den Herrschern diese Rolle geradezu auf. An den deutsch-französischen Krieg als Gründungsereignis des Kaiserreichs wurde in Bayern und anderen deutschen Einzelstaaten nach 1871 beständig erinnert, zumal Regimenter aus Bayern und Sachsen entscheidend am Sieg der deutschen Armee beteiligt waren. Dieser militärische Kult sollte nicht zuletzt die Integration der Bundesstaaten ins Reich fördern. Trotz dieser – durch die Ausweitung des militärischen Programms innerhalb höfisch-monarchischen Repräsentationsfeiern getragenen – Integrationsbemühungen konkurrierten einzelstaatliche und nationale Identifikation miteinander. Die Armee und ihre militärischen Erfolge nahmen in der bürgerlichen wie der monarchischen Festkultur des Kaiserreichs und seiner Bundesstaaten eine herausragende Rolle ein. Im Mittelpunkt dieser Inszenierungen stand stets die königliche Familie. Die Person des Monarchen und die Institution des Militärs gingen nach preußischem Vorbild eine sehr enge Verbindung ein.[333]

Hatte der Krieg gegen Napoleon bereits den Zeitgenossen als Projektionsfläche der ‚martialischen Nation' gedient, so wurde die Völkerschlacht bei Leipzig im Verlauf des 19. Jahrhunderts zur mythisch-verklärten Urschlacht und Frankreich zum Erbfeind erklärt. In der Deutung der Reichsgründungsphase stellten die

---

[332] Vgl. Murr, Karl Borromäus: „Treue bis in den Tod". Kriegsmythen in der bayerischen Geschichtspolitik im Vormärz. In: Buschmann, Nikolaus; Langewiesche, Dieter (Hrsg.): Der Krieg in den Gründungsmythen europäischer Nationen und der USA. Frankfurt am Main, 2003. S. 138-174.

[333] Militärische Formen gehörten zu einer Selbstverständlichkeit, ohne dass dies notwendigerweise konfrontativ angelegt war. Moderne Waffentechnik erlaubte zugleich neue Formen der militärischen Selbstdarstellung, die von fast allen Monarchen bei offiziellen Anlässen auch genutzt wurden. Das Militärische hatte Ende des 19. Jahrhunderts in ganz Europa eine erhebliche Aufwertung erfahren. Die einem breitem Publikum geöffneten, regelmäßig abgehaltenen Militärfeiern deuten darauf hin, dass die Inszenierung der Nation zu einem der wesentlichen Elemente im Prozess der Nationalisierung der Massen wurde. Neben institutionellen und sozial-ökonomischen Aspekten besaß die Aufwertung des Militärischen also eine gewichtige repräsentative Seite. Der Anteil militärischer Elemente in der monarchischen Repräsentation war seit den frühen Königsjubiläen stetig gewachsen. Mit der Übertragung des historischen Jubiläums auf die Armee war ein neuer, populärer Festtypus geschaffen worden. Die Militärjubiläen stellten den König in den Rahmen einer Institution, als deren Repräsentant und Bestandteil er erschien. Zu den häufigsten monarchischen Militärjubiläen gehörten Regimentsinhaberjubiläen, die an die Verleihung eines Regiments an den Monarchen erinnerten. Ebenso wurde die Gründungs- und Kriegsgeschichte einzelner Regimenter in den jeweiligen Garnisonsstädten im Beisein des fürstlichen Regimentsinhabers und weiterer Gäste aus dem Herrscherhaus durch Paraden, Festessen und Theatervorstellungen zu Ehren des Jubiläums gefeiert. Einzelne Regimenter trugen traditionell Namen des Königs, des Kronprinzen oder auch der Königin. Ebenso wurden Regimenter an befreundete Monarchen verliehen. Durch die gegenseitigen Verleihungen und Besuche entstand ein Netz militärischer Ehrenauszeichnungen und Verbindungen, die innerhalb Deutschlands den einigenden Fürstenbund symbolisch darstellte. Vgl. Mergen, Simone: Monarchiejubiläen. In: Biefang, Andreas; Epkenhans, Michael; Tenfelde, Klaus (Hrsg.): Das politische Zeremoniell im Deutschen Kaiserreich 1871-1918. Düsseldorf, 2008. S. 343-352. Hier: S. 346; Vgl. Mergen, Simone: Monarchiejubiläen im 19. Jahrhundert. Leipzig, 2005. S. 247-249; Vgl. Paulmann, Johannes: Pomp und Politik. Paderborn u.a., 2000. S. 160-164.

3.6 Monarchie, Militär und Kirche

Schlachten von Waterloo, Leipzig und Metz Marksteine auf dem Weg zur deutschen Einheit dar. Die militärischen Siege von 1870/71 bildeten den Endpunkt der deutschen Nationwerdung. Die Schlachtfelder um Sedan wurden symbolisch zur Geburtsstätte der Nation.[334] Diese Betrachtung war nicht spezifisch preußisch. Selbst die einstmals großdeutsch ausgerichtete „Augsburger Allgemeine Zeitung" hatte 1870 verkündet, „Es gibt jetzt keine Preußen, Bayern, Württemberger mehr, sondern nur begeisterte, von dem freudigsten Vaterlandsgefühl erfüllte Deutsche."[335] Der Monarch nahm im militärischen Bereich eine Position ein, die wesentlich zur Legitimation der Institution Monarchie beitrug. Im Vergleich zum preußischen Militär bildete die bayerische Armee keine gesellschaftlich dominante Gruppe.[336]

Die Streitkräfte des Reiches unterteilten sich in fünf Kontingente, wobei die preußischen, die diesem eng angegliederten württembergischen und sächsischen Heere, ebenso wie die Marine, dem kaiserlichen Oberbefehl unterstanden und in die Zuständigkeit von Reichsbehörden fielen. Lediglich das bayerische Heer als fünftes Truppenkontingent führte ein autonomes Dasein. Untergliedert war das gesamte Bundesheer in 217 Infanterieregimenter, welche sich auf 25 Armeekorps verteilten. Die drei bayerischen Armeekorps rangierten außerhalb der durchlaufenden Nummerierung.[337] Die bayerische Monarchie war ihrem Selbstverständnis nach keine Militärmonarchie, die Formen ihrer Repräsentation wurden allerdings militärischer. Als oberster Befehlshaber, Inhaber von auswärtigen Regimentern und Angehöriger der Armee symbolisierte der König die für das bayerische Selbstverständnis bedeutsamen militärpolitischen Reservatrechte in der Reichsverfassung. Als Oberster Kriegsherr seiner Streitkräfte repräsentierte er diese auf nationaler Ebene. Im Reichsmilitärgericht in Charlottenburg waren im Sitzungssaal des obersten Militärgerichtshofs neben einer Marmorbüste des Kaisers auch lebensgroße Bildnisse der übrigen deutschen Kontingentsherren, den Herrschern der Königreiche Bayern, Sachsen und Württemberg aufgebaut.[338]

Die bayerische Armee existierte im Frieden als weitestgehend eigenständige Organisation inklusive Kriegsministerium, Militärverwaltung, Kadettenkorps so-

---

[334] Vgl. Buschmann, Nikolaus: „Im Kanonenfeuer müssen die Stämme Deutschlands zusammen geschmolzen werden". Zur Konstruktion nationaler Einheit in den Kriegen der Reichsgründungsphase. In: Buschmann, Nikolaus; Langewiesche, Dieter (Hrsg.): Der Krieg in den Gründungsmythen europäischer Nationen und der USA. Frankfurt am Main, 2003. S. 99-119.

[335] Zit. nach Buschmann, Nikolaus: „Im Kanonenfeuer müssen die Stämme Deutschlands zusammen geschmolzen werden". Zur Konstruktion nationaler Einheit in den Kriegen der Reichsgründungsphase. In: Buschmann, Nikolaus; Langewiesche, Dieter (Hrsg.): Der Krieg in den Gründungsmythen europäischer Nationen und der USA. Frankfurt am Main, 2003. S. 99-119. Hier: S. 115.

[336] Vgl. Krauss, Marita: Herrschaftspraxis in Bayern und Preußen im 19. Jahrhundert. Ein historischer Vergleich. Frankfurt am Main, 1997. S. 277-280.

[337] Vgl. Kielmansegg, Peter Graf: Deutschland und der Erste Weltkrieg. Stuttgart, 1968. S. 29; Vgl. Chickering, Roger: Das Deutsche Reich und der Erste Weltkrieg. München, 2002. S. 31.

[338] Bayerisches Kriegsministerium an den vortragenden Generaladjutanten S.M. des Königs. München, 17.3.1914. Einheitliche Reichsmilitärstrafgerichtsordnung. BayHStA. GHA. Kabinettsakten König Ludwigs III., Nr. 114.

wie einer Kriegsakademie. Die unterschiedlichen Auffassungen von Militärhoheit und Kommandogewalt, die in Bayern und Preußen vorherrschten, führten nicht selten zu Spannungen, so etwa die Frage nach der Militärstrafgesetzgebung. Dem bayerischen Kriegsministerium wurden preußische Vorschriften vorgelegt, die dort bayerischen Besonderheiten angepasst und in der Regel als bayerische Anweisungen übernommen wurden.[339] Das bayerische Heer verfügte über einen eigenen Generalstab sowie Spezialtruppen. Der bayerische Armee-Etat war die ausschließliche Domäne des bayerischen Landtags.[340] Im Jahr 1914 betrug der Jahresetat der bayerischen Militärverwaltung 151.906.657 Mark.[341] Das bayerische Heer war sowohl das Offizierskorps als auch die Mannschaften betreffend rein landsmannschaftlich zusammengesetzt. Dies stand im Gegensatz zu den Truppenkontingenten anderer deutscher Bundesstaaten, bei denen preußische Offiziere mit einheimischen in der Führung wechselten und die Ausbildung der Offiziere in preußischen Militärbildungsanstalten vonstattenging.[342] Nach bayerischer Anschauung war zwischen Oberbefehl und Militärhoheit zu unterscheiden.[343] Von bayerischer Seite war zu gewährleisten, dass in Bezug auf Organisation, Formation, Ausbildung und Gebühren die bestehenden Normen für das Bundesheer erfüllt würden. Daher mussten die lichtblauen Röcke und Raupenhelme der bayerischen Armee bald nach 1871 dem schlichten Feldgrau des Bundesheeres weichen.[344]

Dem König von Bayern lag militärisches Denken fern. Für Fragen der Ausbildung, Taktik und Strategie besaß er kaum Verständnis. Da er sich bewusst war, dass das Heer die Stütze von Thron und Staat darstellte, wahrte er laut seinem Kriegsminister „stets den Schein und legte für die Armee [...] Interesse an den Tag".[345] Der bayerische Generalstabschef Konrad Krafft von Dellmensingen, be-

---

[339] Zudem fand ein reger Offiziers- und Stabsoffiziersaustausch zwischen der preußischen und bayerischen Armee statt. Dies sollte gewährleisten, dass die bayerischen Stellen stets auf dem Laufenden gehalten wurden. Auch sollten bayerische Interessen innerhalb des Bundesheers ihre Vertretung finden. Auf preußischer Seite wollte man dadurch eine gewisse Kontrolle über die Kontingentstruppen bewahren. Vgl. Potempa, Harald: Die Königlich-Bayerische Fliegertruppe 1914-1918. Frankfurt, 1997. S. 27; Hackl, Othmar: Die Bayerische Kriegsakademie. 1867-1914. München, 1989; Hackl, Othmar: Der bayerische Generalstab (1792-1919). München, 1999.

[340] Vgl. Sendtner, Kurt: Rupprecht von Wittelsbach. Kronprinz von Bayern. München, 1954. S. 94.

[341] Statistisches Jahrbuch für das Königreich Bayern. Dreizehnter Jahrgang. Hrsg. vom K. Statistischen Landesamt. München, 1915. S. 343.

[342] Vgl. Rumschöttel, Hermann: Das bayerische Offizierskorps. 1866-1914. Berlin, 1973; Vgl. Krafft von Dellmensingen, Konrad; Feeser, Friedrichfranz: Das Bayernbuch vom Weltkriege. 1914-1918. Ein Volksbuch. Stuttgart, 1930. S. 3.

[343] Aus diesem Grund reklamierte man auch während des Weltkriegs die fortbestehende Militärhoheit des Königs von Bayern auch über die mobilen Truppen, ebenso sei der, die Kommandogewalt besitzende, bayerische Kriegsminister nicht der Obersten Heeresleitung unterstellt. Vgl. Albrecht, Dieter: Von der Reichsgründung bis zum Ende des Ersten Weltkrieges. In: Schmid, Alois (Hrsg.): Handbuch der bayerischen Geschichte. Bd. 4/1. Das Neue Bayern. Von 1800 bis 1970. Staat und Politik. München, 1979. S. 283-386. Hier: S. 365.

[344] Vgl. Weiß, Dieter J.: Bayern und Preußen. Eine Nachbarschaft in Deutschland. Remscheid, 2000. S. 40.

[345] Manuskript der Lebenserinnerungen des k.-b. Kriegsministers Philipp von Hellingrath. S. 240. BayHStA, Geheimes Hausarchiv. NL Philipp von Hellingrath, Nr. 6.

3.6 Monarchie, Militär und Kirche

richtete im August 1914, dass der König militärische Fragen „wie ein vollkommener Dilettant [behandelte], der keine Ahnung hat von der Schwierigkeit der Sache."[346] Anlässlich seiner Thronbesteigung wurden alle Militärangehörigen auf seine Person vereidigt.[347] Neben der Generalität, dem Offizierskorps, den Kommandanturen, Garnisonskommandos und sonstigen Truppen der bayerischen Armee betraf dies auch die dienstleistenden bayerischen Prinzen.[348] Der König konnte trotz seiner Uniform, der ihm durch das Protokoll vorgeschriebenen repräsentativen militärischen Staatskleidung, dem Militär nichts abgewinnen. Das soldatische Gebaren Kaiser Wilhelms II. war ihm fremd, was öffentlich bekannt war und Anlass zu Spott gab.[349] Ludwig war im Jahr 1861 im Alter von 17 Jahren in die bayerische Armee eingetreten und im Deutschen Krieg dem Divisionsstab seines Vaters zugeteilt. Am 25. Juli 1866 verletzte ihn eine preußische Kugel am linken Oberschenkel. Er lag einige Zeit blutend und ohnmächtig vor der Gefechtslinie. Die Heilung dauerte Monate. Da die Ärzte vergeblich nach der Bleikugel im Bein suchten, behielt er das ‚Andenken' sein Leben lang. Seine aktive militärische Laufbahn war nach 1866 beendet, jedoch wurde er befördert, bis er den Rang eines Generalobersten einnahm.[350]

Die Mitglieder regierender deutscher Häuser galten, entsprechend der Wehrordnung für das Königreich Bayern vom 4. Mai 1904, nicht als wehrpflichtig.[351] Dennoch waren etliche der Prinzen des Hauses Wittelsbach Berufssoldaten. Dies hatte neben Prestigegründen auch finanzielle Ursachen, denn nicht alle Wittelsbacher Prinzen hatten Anspruch auf staatliche Versorgung.[352] Unter den Prinzen der luitpoldinischen Linie waren einige fähige Berufsoffiziere zu finden, die sich an die Spitze der Armee gearbeitet hatten. Die beiden Brüder Ludwigs III., Prinz Leo-

---

[346] Tagebucheintrag Krafts vom 4. August 1914. BayHStA, KrA. NL Krafft, Nr. 145; Vgl. Müller, Thomas: Konrad Krafft von Dellmensingen. München, 2002. S. 308.

[347] Daneben mussten sie schwören, im Kriegsfall „den Befehlen Seiner Majestät des Deutschen Kaisers als Bundesgenosse unbedingt Folge zu leisten." Vgl. Muster für die Eidesleistung der Generale etc. anlässlich der Thronbesteigung Seiner Majestät König Ludwigs III. Zeremoniell anlässlich der Thronbesteigung König Ludwigs III. 1913. BayHStA, GHA. Kabinettsakten König Ludwigs III., Nr. 1a.

[348] Fahneneid aller Militärangehörigen. Regierungsantritt S.M. König Ludwig III. BayHStA, KrA. Kriegsministerium, Nr. 79.

[349] Der „Simplizissimus" war sogar so weit gegangen, eine Karikatur mit dem Titel „Kaisermanöver 1909" zu veröffentlichen, das den Kaiser in schimmernder Wehr zeigte, und den bayerischen Prinzen Ludwig daneben, von einem blauen Militärmantel unvorteilhaft wie von einem Sack umhüllt, der sich die feindlichen Linien erklären ließ. Vgl. Beckenbauer, Alfons: Ludwig III. von Bayern. Regensburg, 1987. S. 139-141.

[350] Für die Verwundung erhielt er das Ritterkreuz Erster Klasse des neugestifteten Militärverdienstordens und das Hauptmannspatent. Vgl. Beckenbauer, Alfons: Ludwig III. von Bayern. Regensburg, 1987. S. 30-32; Offizierspersonalakte König Ludwigs III. von Bayern. BayHStA, KrA. Offizierspersonalakte 7386.

[351] Vgl. Personalbogen des Ludwig Wilhelm Karl Norbert Theodor Johann Herzog in Bayern, Königliche Hoheit. BayHStA, KrA. Offizierspersonalakte 57532.

[352] Die Einkünfte der Prinzen konnten bis auf wenige Ausnahmen nur durch eine militärische Laufbahn gesteigert werden, da für die Königlichen Hoheiten kaum eine andere standesgemäße Betätigung außer derjenigen des Berufssoldaten möglich war. Vgl. Aretin, Cajetan von: Die Erbschaft des Königs Otto von Bayern. München, 2006. S. 38.

pold und der 1907 verstorbene Prinz Arnulf, hatten ebenso wie Kronprinz Rupprecht dazu beigetragen, dass das symbolische Kapital des Militärischen von den Wittelsbachern glaubhaft genutzt wurde. Prinz Leopold hatte eine mustergültige Karriere zustande gebracht.[353] Bei den Herbstmanövern 1891 hatte sich Leopold vor seinem Vater, dem Prinzregenten Luitpold und Kaiser Wilhelm II. so ausgezeichnet, dass ihn Letzterer zum Generalinspekteur der IV. Armee-Inspektion ernannte, welche sich auch auf zwei preußische Armeekorps erstreckte. Prinzregent Luitpold beförderte seinen Sohn am 1. Januar 1905 zum Generalfeldmarschall.[354] Als sich der Prinz im Jahr 1913 67-jährig in den militärischen Ruhestand begab, wurde sein Neffe, Kronprinz Rupprecht, vom Kaiser zu seinem Nachfolger als Armee-Inspekteur ernannt.[355] Die Ernennung des königlichen Prinzen Leopold im Jahr 1892 sowie, ab 1913, des Prinzen Rupprecht, zu Armee-Inspekteuren empfand man in Bayern als Ausdruck militärischer Emanzipation und politischer Gleichberechtigung.[356] Seit dem Frühjahr 1914 waren die Planungen für die großen Kaisermanöver im Gange, die im September mit zwei bayerischen Armeekorps auf bayerischem Gebiet im Raum Aschaffenburg stattfinden sollten. Wilhelm II. lud König Ludwig III. sowie alle bayerischen Prinzen ein, daran teilzunehmen. Dienstlich eingeteilt waren die aktiven Prinzen Rupprecht, Franz und Georg. Prinz Leopold und Prinz Alfons sagten ihre Teilnahme zu, während Prinz Karl, Herzog Ludwig Wilhelm, Prinz Ludwig Ferdinand, Prinz Konrad, die Herzöge Luitpold, Christoph, Ludwig und Siegfried absagten.[357]

---

[353] Leopold verfügte über einen „ausgeprägten soldatischen Sinn, große Gewissenhaftigkeit und pflichtgetreuen Eifer, bei strenger Einhaltung der militärischen Formen." Seine Untergebenen behandelte der Prinz „mit ruhiger Entschiedenheit" und beurteilte sie „mit vollkommener Unparteilichkeit und zutreffend." Leopold konnte sich auf sein militärwissenschaftliches Detailwissen verlassen, verfügte über ein „gutes taktisches Urteil bei gutem Blick für Verwertung des Terrains", er zeichnete sich durch „Ruhe und Bestimmtheit bei persönlicher Befehlsführung" aus. Vgl. Qualifikationsbericht zum 1.1.1886. Personalbogen des Prinzen Leopold von Bayern, Königliche Hoheit. BayHStA, KrA. Offizierspersonalakte 41320.

[354] Im Jahr 1866 hatte er im Deutschen Krieg am Gefecht bei Roßbrunn teilgenommen, 1870 während des Deutsch-Französischen Krieges bei den Kämpfen an der Loire mit seiner Batterie bei Villepion einen Durchbruch der französischen Truppen verhindert. Für diesen Einsatz hatte ihm sein Vetter, König Ludwig II., den Militär-Max-Joseph-Orden verliehen. Bereits 1881 war zum Generalleutnant und Divisionskommandeur aufgestiegen, 1887 zum General der Kavallerie und Kommandierender General. Vgl. Rall, Hans: Wittelsbacher Lebensbilder von Kaiser Ludwig bis zur Gegenwart. München, 1979. S. 69f; Vgl. Körner, Hans-Michael; Körner, Ingrid (Hrsg.): Aus den Lebenserinnerungen von Leopold Prinz von Bayern (1846-1930). Regensburg, 1983. S. 17-22.

[355] Vgl. Rall, Hans: Wittelsbacher Lebensbilder von Kaiser Ludwig bis zur Gegenwart. München, 1979. S. 70; Vgl. Sendtner, Kurt: Ruppprecht von Wittelsbach. Kronprinz von Bayern. München, 1954. S. 174-176.

[356] Das Inspektionswesen im Deutschen Reich war geschaffen worden, um die Durchführung des kaiserlichen Inspektionsrechts gegenüber allen Bundesstaaten zu gewährleisten, letztlich aber vorrangig mit dem Ziel wahrgenommen worden, die Integration der bayerischen Armee in preußische Strukturen zu überwachen. Vgl. Rüddenklau, Harald: Studien zur bayerischen Militärpolitik. 1871-1914. Regensburg, 1972. S. 214-227.

[357] Die Kaisermanöver im Jahr 1914. BayHStA, NB. StMin des K. Hauses und des Äußern, Nr. 66494.

3.7 Die Kosten der Monarchie

Die Wirtschaftverhältnisse des bayerischen Königshofes gestalteten sich während der Regentschaft äußerst schwierig. Der preußische Gesandte von Treutler berichtete 1913 an den Reichskanzler: „Die finanzielle Lage der regierenden Linie der Wittelsbacher ist dadurch eine so prekäre gewesen, dass nur die lange Regentschaft im Verein mit der fabelhaften Bedürfnislosigkeit der beteiligten hohen Herren eine Katastrophe verhütete."[358] Die Gelder, die der bayerische Staat dem Regenten zur Erfüllung seiner Aufgaben zukommen ließ, waren erheblich geringer als diejenigen eines Königs, trotz vergleichbarer Stellung, vergleichbaren repräsentativen Verpflichtungen und ähnlichem Finanzbedarf.[359] Als Prinzregent verfügte Ludwig über 442.857 Mark Regentendotation und 170.000 Mark aus dem Ludovicianischen Fideikommiss, zudem über einen Apanageanteil von 49.713 Mark. Aus diesen Einkünften musste das Auskommen seiner acht Kinder gewährleistet werden.[360] Die finanzielle Versorgung der nachgeborenen Prinzen war auf Dauer problematisch.[361]

---

[358] Zit. nach Aretin, Cajetan von: Die Erbschaft des Königs Otto von Bayern. München, 2006. S. 30.

[359] Bereits im November 1886 hatten sich Prinzregent Luitpold, der damalige Ministerratsvorsitzende von Lutz und die Kuratoren des Vermögens des Königs Otto darauf geeinigt, dass dem Prinzregenten – nach Abzug des Unterhalts des Königs Otto und der für die Schuldentilgung bestimmten Geldern im Gesamtbetrag von 1.250.000 M – aus der gesamten Zivilliste immerhin die Summe von 3.044.044 M jährlich zur Verfügung stehe, welche nach dem alleinigen Ermessen Seiner Königlichen Hoheit und ohne Mitwirkung der Kuratoren verwaltet und verwendet werden konnte. Zudem sollte der Prinzregent fortan allein und ohne jegliche Mitwirkung der Kuratoren auch über die Benutzung der zur Zivilliste gehörigen königlichen Schlösser und Gärten befinden dürfen. Aus dem um 1.250.000 Mark verminderten Gesamtetat mussten die Etats der Hofstäbe einschließlich der aus der Kabinettskasse zu leistenden Unterstützungen finanziert werden, was für die königliche Verwaltung harte Einsparungen und Personalreduktionen mit sich brachte. Allein der Kabinettskasse sollte jährlich mehr als 800.000 Mark einsparen, der Oberthofmarschallstab mehr als 100.000 Mark und der Oberststallmeisterstab – mehr als 180.000 Mark. Hinsichtlich „der Entfaltung des nötigen Glanzes und der entsprechenden Repräsentation namentlich in Bezug auf die Veranstaltung von Hoftafeln und Hoffesten, auf feierliche Auffahrten, auf Gewährung von Unterstützungen, auf Jagden und offizieller Reisen" sollten finanzielle Abstriche allerdings möglichst vermieden werden. Schriftverkehr des Ministerratsvorsitzenden Lutz und der Kuratoren des Vermögens des Königs Otto mit Prinzregent Luitpold 1885 und 1886. Regelung der Verhältnisse der königlichen Civilliste 1885-1886. BayHStA, NB. StMin des K. Hauses und des Äußern, Nr. 99946.

[360] Vgl. Aretin, Cajetan von: Die Erbschaft des Königs Otto von Bayern. München, 2006. S. 42f.

[361] Vgl. Möckl, Karl: Hof und Hofgesellschaft in Bayern in der Prinzregentenzeit. In: Werner, Karl Ferdinand (Hrsg.): Hof, Kultur und Politik im 19. Jahrhundert. Bonn, 1985. S. 183-235. Hier: S. 230f.

[361] Während dem Herrscher die Zivilliste zustand, erhielten dessen Söhne Apanages, wobei dem Kronprinzen jährlich 394.287 Mark zustanden. Die übrigen männlichen Nachkommen des Königs waren nach der Gründung eines eigenen Haushalt, der so genannten Etablierung, ab Volljährigkeit oder Hochzeit apanageberechtigt und erhielten mindestens 102.858 und maximal 137.845 Mark, was dem Familienstatut zufolge allein der Entscheidung des Königs unterworfen war. Nicht alle Prinzen hatten Anspruch auf staatliche Versorgung. Lediglich die Linienchefs waren zu Apanages berechtigt, dementsprechend erhielten nur die männlichen Nachkommen von Königen staatliche Versorgung. Die Nachkommen der Prinzen hingegen, deren Väter „nur" königliche Prinzen waren, blieben entsprechend Titel VI §§ 1, 6 des Familienstatuts vom Staat unversorgt. Ihrer gesellschaftlichen Stellung entsprechend waren die entfernter verwandten königlichen Prinzen nichtsdestowe-

3. Monarchie im Staatsgefüge

Das im Jahr 1834 in Kraft getretene Gesetz über die permanente Zivilliste regelte ungeachtet des Familienvermögens der königlichen Familie den staatlichen Unterhalt der Wittelsbacher für die männlichen Mitglieder des Hauses als Zivilliste und Apanagen, für die weiblichen Mitglieder als Witthümer und Mitgiften.[362] Die Disposition des Privatvermögens der Wittelsbacher – nicht aber des Staats- und Haus-Fideikommiss-Vermögens – stand allein dem König zu. Dabei war er nicht an Vorschriften der bürgerlichen Gesetze gebunden. Für die übrigen Mitglieder des Königlichen Hauses galten dagegen hinsichtlich ihres Privatvermögens die bürgerlichen Gesetze, nach welchen auch die Erbfolge in dasselbe bestimmt wurde. Die ihnen angewiesene staatliche Apanage durften die Prinzen ohne Genehmigung des Königs selbst in ihrer eigenen Familie oder Linie nicht frei verteilen.[363]

Prinz Rupprecht besaß während der Regentschaft seines Vaters faktisch die Stellung eines Kronprinzen, konnte aber nicht durch die dafür vorgesehenen Mittel ausgestattet werden.[364] Dem regierungsunfähigen König Otto stand nach den staatsrechtlichen Bestimmungen die Versorgung eines Monarchen zu, wenngleich der Verweser des Reiches die Rechte des Königs wahrnahm. Die Zivilliste wurde von 1876 bis 1913 nicht erhöht, obwohl vor allem die Personalkosten im gleichen Zeitraum extrem stiegen. Zudem mussten aus den Mitteln der Zivilliste ab 1886 die Schulden des verstorbenen Königs Ludwig II. in Höhe von 14,5 Millionen Mark bedient werden, was über zwei Jahrzehnte umfangreiche Einsparungen in der Hofverwaltung, sowie die Belastung des Wittelsbacher Privatvermögens mit

---

niger verpflichteter Hof zu halten, was einen erheblichen Finanzbedarf mit sich brachte. Das Einkommen dieser Wittelsbacher stammte wesentlich aus Privatvermögen, welches auf Fideikommissen basierte. Die Fideikommisse waren Vermögenskomplexe, welche vom Privatvermögen einer natürlichen Person getrennt wurden. Hauptzweck war der Erhalt von Familienvermögen, der Schutz vor der Zersplitterung im Erbweg und der Schutz vor Vermögensminderung durch die Nachfolger. Der jeweilige Inhaber durfte zwar frei über die Erträge des Fideikommisses verfügen, dabei das Kapital aber nicht angreifen. Im Rahmen der Fideikommissgesetze wurde durch den Gründer die Nachfolge in das Vermögen dauerhaft bestimmt. Somit wurde das Fideikommissvermögen dauerhaft an die Familie des Gründers oder eines Dritten gebunden. Daneben zeichneten sich Fideikommisse durch das Verbot der Veräußerung von Sondervermögen und das Verbot, sie zu belasten, aus. In Bayern konnten nur Mitglieder der Dynastie oder des Adels Inhaber eines Fideikommisses werden. Daneben blieben viele Prinzen auf reiche Hochzeiten angewiesen, etwa die Prinzen Arnulf und Leopold. Ersterer hatte die wohlhabende Prinzessin Therese von Liechtenstein geheiratet, letzterer erhielt als Schwiegersohn des österreichischen Kaisers Franz Joseph erhebliche Zuschüsse. Vgl. Aretin, Cajetan von: Die Erbschaft des Königs Otto von Bayern. München, 2006. S. 29.

[362] Die Zivilliste war nicht nur die Throndotation, also die jährliche Zuweisung des Staates an den König, sondern zugleich das Throngut, also das Nutzungsrecht an den Gebäuden und Inventar des Staatsgutes, welche im Zivillistegesetz aufgeführt waren. Dazu zählten unter anderem die Königliche Residenz in München und die Schlösser Nymphenburg und Schleißheim. Von der Zivilliste mussten alle Aufwendungen des Hofes bezahlt werden, was den Unterhalt der zur Verfügung gestellten Gebäude, die Kosten des Hofstaats, der Repräsentation und der Theater umfasste. Vgl. Aretin, Cajetan von: Die Erbschaft des Königs Otto von Bayern. München, 2006. S. 21; Verzeichnis der Zu- und Abgänge der k. Zivilliste. BayHStA, NB. Staatsministerium der Finanzen, Nr. 67182; Apanagen (1913-1917). BayHStA, NB. Staatsministerium der Justiz, Nr. 13791.

[363] Vgl. Königliches Familienstatut vom 5. August 1819, Zit. nach Aretin, Cajetan von: Die Erbschaft des Königs Otto von Bayern. München, 2006. S. 325f.

[364] Vgl. Aretin, Cajetan von: Die Erbschaft des Königs Otto von Bayern. München, 2006. S. 42f.

Kosten, die laut Gesetz die Zivilliste trug, notwendig machte. Finanzminister Georg von Breunig gab 1913 vor dem Finanzausschuss des Landtags offen zu, dass erhebliche Zuschüsse aus dem Privatvermögen König Ottos geleistet werden mussten, um die entstandenen Defizite auszugleichen.[365]

Justizminister Heinrich von Thelemann hatte im Dezember 1912 darauf hingewiesen, dass mit der Königerhebung eine Neuregelung der Zivilliste, des Unterhalts des Königs Otto, und der Apanagierung und Etablierung der Prinzen aktuell werde.[366] Um die Beendigung der Regentschaft nicht mit finanziellen Argumenten zu belasten, verschob der Ministerrat diese Frage auf einen Zeitpunkt zwei Wochen nach der Thronbesteigung Ludwigs.[367] In der Landtagsberatung über die Erhöhung der Zivilliste am 21. November 1913 wurde Kritik geäußert. Einige Liberale empfanden die Forderung nach einer Erhöhung um 1,2 Millionen Goldmark als zu hoch. Dennoch wurde die Vorlage mehrheitlich angenommen, mit den Gegenstimmen der Sozialdemokratie und einiger Linksliberaler.[368]

Neben den staatlichen Zuwendungen stand das Privatvermögen. Die materiellen Grundlagen des Hofbetriebes beruhten auf dem Kronvermögen, dem Hausvermögen, dem Fideikommissvermögen sowie dem freien Privatvermögen. Der König verwaltete als Oberhaupt des Hauses Wittelsbach – ungeachtet der finanziellen Engpässe – noch immer das viertgrößte deutsche Familienvermögen.[369] Geschätzt wurde das Wittelsbacher Privatvermögen auf etwa 300 Millionen Mark. Es erbrachte aber jährlich nur 2,6 Millionen Gewinn. Nur Kaiser Wilhelm II., der Großherzog von Mecklenburg-Strelitz und die Großindustriellenfamilie Krupp rangierten vor dem Wittelsbacher Privat- und Familienvermögen, dahinter folgten die Fürsten von Henckel-Donnersmarck und von Thurn und Taxis.[370]

---

[365] Zudem standen König Otto die Einkünfte zweier Fideikommisse zu, des Privatfamilienfideikommisses König Maximilian II. von Bayern und des Clementinums. Daneben war der König Inhaber des Hausfideikommisses, welchen Ludwig I. aus seinen Kunstsammlungen gegründet hatte; Ebd., S. 20-29.

[366] Schreiben Thelemanns an Kabinettschef von Dandl. München, 12.12.1912. Beendigung der Regentschaft (1912-1913). BayHStA, GHA. NL Ludwig III., Nr. 309.

[367] Am gleichen Tag wurde die Erhöhung der Lehrerbesoldung abgelehnt, was der Erhöhung der staatlichen Einkünfte des Herrscherhauses eine pikante Note verlieh. Vgl. Beckenbauer, Alfons: Ludwig III. von Bayern. Regensburg, 1987. S. 112.

[368] Sicher war die Vorgehensweise der legitimistisch denkenden Regierung zweifelhaft, die Mitwirkung des Landtags auf ein Minimum zu reduzieren und am Prinzip des Gottesgnadentums nicht den geringsten Zweifel aufkommen zu lassen. Die nach 1918 geäußerte Ansicht, die Umwandlung der Regentschaft in das Königtum trage Mitschuld an der Revolution, da eine Monarchie nicht selbst eines ihrer Grundprinzipien, die Legitimität der Thronfolge, angreifen dürfe, übertreibt die tatsächlichen Auswirkungen der Regentschaftsbeendigung jedoch stark. Vgl. Arnswald, Verena von: Die Beendigung der Regentschaft in Bayern 1912-1913. In: Zeitschrift für Bayerische Landesgeschichte. Nr. 30. München, 1967. S. 859-893. Hier: S. 890-892.

[369] Vgl. Aretin, Cajetan von: Die Erbschaft des Königs Otto von Bayern. München, 2006. S. 37; Vgl. Liebhart, Wilhelm: Königtum und Politik in Bayern. Frankfurt am Main, 1994. S. 201.

[370] Der Deutsche Kaiser, dem als Oberhaupt des kaiserlichen und königlichen Hauses die alleinige Nutzung und Verwaltung des Hausschatzes der Hohenzollern zustand, rangierte nach den Fords und Rothschilds sogar an fünfter Stelle der größten Privatvermögen der Welt. Vgl. Schad, Martha: Bayerns Königinnen. München, 2007. S. 318; Vgl. Philippi, Hans: Der Hof Kaiser Wilhelms II. In:

3. Monarchie im Staatsgefüge

Einer der zahlreichen Wittelsbacher Fideikommisse[371] war das seit 1848 bestehende so genannte „Ludovicianum", das im Jahr 1914 eine Höhe von 4,6 Millionen Mark erreichte und jährlich etwa 170.000 Mark Erträge abwarf. Zudem existierte ein Tertio-Genitur-Fideikommiss „Prinz Adalbert von Bayern", der aus dem Palais Ludwig Ferdinand in München und einem Wertpapierkapital von 1.561.628 Mark bestand und dessen Inhaber der Chef der Adalbertinischen Linie des Hauses war. Die Familien der Prinzen Ludwig Ferdinand und Alfons mussten sich finanziell am meisten einschränken. Das Secundo-Genitur-Fideikommiss des Herzogs Maximilian Clemens (1722-1770), das so genannte Clementinum, hatte im Jahr 1910 einen Wert von 21 Millionen Mark bei 900.000 Mark jährlichen Einnahmen. Zudem existierte ein Privatfideikommiss König Max II., das 1884 eine Fundierung von 4,5 Millionen Mark bei 170.000 Mark Erträgen hatte und zu dem unter anderem das Schlossgut Hohenschwangau gehörte. Die herzogliche Linie des Hauses Wittelsbach war vermögend, da sie nicht nur über 385.000 Mark Apanagen, sondern auch über das von König Ludwig II. errichtete Fideikommiss Tegernsee verfügen konnte.[372]

Nachdem die permanente Zivilliste in Bayern 4.231.044 Mark betrug, wurde diese am 23. November 1913 um 1.168.956 Mark erhöht. Die Anhebung der staatlichen Zuschüsse an den Hof wurde im Entwurf des Finanzgesetzes für 1914/15 ausführlich begründet: Angesichts der Belastung des Hofetats hatte die Hofverwaltung seit dem Jahr 1900 zur Deckung des Defizits auf erhebliche Zuschüsse aus dem Wittelsbacher Privatvermögen zurückgreifen müssen. Trotz der ungünstigen Finanzlage hatte der Hof bei einer Gehaltsneuordnung im Jahr 1908 die Gehälter der Staatsbeamten erhöht. Unter solchen Umständen wurde die Neuregelung der Zivilliste notwendig, zumal die Verwaltung des Privatvermögens Ludwigs III. weitere Zuschüsse aus den Renten des Privatvermögens zur Deckung der Defizite der Zivilliste abgelehnt hatte.[373]

Der Landesvorstand der SPD veröffentlichte noch 1913 eine kritische Abhandlung mit dem Titel „Die Absetzung des Königs, die Erhöhung der Zivilliste und die Sozialdemokratie".[374] Die Zeitschrift Ratschkathl schrieb skeptisch: „Wir

---

Möckl, Karl (Hg.): Hof und Hofgesellschaft in den deutschen Staaten im 19. und beginnenden 20. Jahrhundert. Boppard am Rhein, 1990. S. 361-394. Hier: S. 380f.

[371] Vgl. Aretin, Cajetan von: Die Erbschaft des Königs Otto von Bayern. München, 2006. S. 26.

[372] Zu dieser Dotation zählten das Schlossgut Tegernsee, das Ökonomiegut zu Kaltenbrunn, der Marmorbruch in der Gemeinde Kreuth, die Badeanstalt Kreuth mit Gebäuden, Gründen und Forstrechtsanteilen sowie Wertpapieren. Der gesamte Grundbesitz belief sich auf etwa 3600 Tagwerk. Neben diesen Familien-Fideikommissen bestanden weitere Privatvermögen. Vgl. Aretin, Cajetan von: Die Erbschaft des Königs Otto von Bayern. München, 2006. S. 37-39; Vgl. Möckl, Karl: Hof und Hofgesellschaft in Bayern in der Prinzregentenzeit. In: Werner, Karl Ferdinand (Hrsg.): Hof, Kultur und Politik im 19. Jahrhundert. Bonn, 1985. S. 183-235. Hier: S. 230f.

[373] Artikel „Die Erhöhung der Zivilliste". Münchner Zeitung, 30. September 1913. Notizen der Wiltrud Prinzessin von Bayern und Zeitungsartikel zum bayerischen Hofleben und zur Hofgesellschaft sowie zu Repräsentationsverpflichtungen des Prinzregenten Ludwig von Bayern und seiner Kinder 1905-1914. LABW, HStA Stuttgart, Archiv der Herzöge von Urach, GU 119. NL Wiltrud Herzogin von Urach. Nr. 1048.

[374] Vgl. Liebhart, Wilhelm: Königtum und Politik in Bayern. Frankfurt am Main, 1994. S. 202.

3.7 Die Kosten der Monarchie

haben nun einen wirklichen, feierlich in seine Rechte eingesetzten König, und wollen nur wünschen, dass wir nun auch andere Zeiten bekommen, die uns den Verdienst bringen, den wir dringend benötigen, um diesen König so bezahlen zu können, wie es vom Volk verlangt wird. Leider sieht es im Geschäftsleben noch gar nicht so aus, als ob es sich bedeutend bessern wollte und daher sieht man allenthalben mit angstvoller Miene den neuen Steuern und Abgaben entgegen, die uns die Thronbesteigung bringen wird."[375]

Die Gesamtausgaben für das Königliche Haus und den Hof betrugen im Jahr 1914 6.865.734 Mark.[376] Der Vergleich mit den Hohenzollern zeigt, dass die finanzielle Ausstattung der bayerischen Monarchie nicht zu üppig ausfiel. Die dem Kaiser gewährte Krondotation und der „Allerhöchste Dispositionsfonds" betrugen 22,2 Millionen Mark.[377] Die Ausgaben des bayerischen Staates für den Hofhaushalt zählten ohne die Apanagen etwa ein 0,6% der gesamten Staatsausgaben.[378] Mit der Erhöhung der Zivilliste war der Königshof wieder hinlänglich ausgestattet. Die Summe wurde für den Hofstaat, die Hofverwaltung und die Instandhaltung der Schlösser, Forste und Parks, für die Hoftheater, Hofgestüte, die Arbeit des Kabinetts und für Repräsentationsaufgaben verwendet. Insgesamt erhöhte sich der Etat des Hofes mit der Thronbesteigung um 1.463.259 Mark. Auf Ludwig III. entfielen 1.130.000 Mark, wobei besondere Ausgaben wie Unterstützungen und Gnadenbezüge (363.000 Mark) oder Orden und Ehrengeschenke (100.000 Mark) nur rund 600.000 Mark für den Bedarf des Herrschers übrig ließen. Gleichzeitig erhielt Prinz Rupprecht Status und Apanage des Kronprinzen in Höhe von 394.287 Mark sowie das Ludovicianum.[379]

---

[375] Zit. nach Schneider, Ludwig M.: Die populäre Kritik an Staat und Gesellschaft in München (1889-1914). Ein Beitrag zur Vorgeschichte der Münchner Revolution von 1918/19. München, 1975. S. 363.

[376] Die einzelnen bayerischen Staatsministerien konnten über einen weitaus höheren Anteil aus dem staatlichen Gesamtetat in Höhe von 254 Millionen Mark verfügen. Das Justizministerium besaß beispielsweise ab 1914 einen Etat von 36 Millionen. Das Ministerium des Inneren bekam zur gleichen Zeit für seine Aufgaben aus dem Staatsverwaltungsetat jährlich 53 Millionen Mark zur Verfügung gestellt, das bayerische Kultusministerium sogar mehr als 59 Millionen Mark. Vgl. Statistisches Jahrbuch für das Königreich Bayern. Dreizehnter Jahrgang. Hrsg. vom K. Statistischen Landesamt. München, 1915. S. 388f.

[377] Vgl. Röhl, John C.G.: Hof und Hofgesellschaft unter Wilhelm II. In: Werner, Karl Ferdinand (Hrsg.): Hof, Kultur und Politik im 19. Jahrhundert. Bonn, 1985. S. 237-289. Hier: S. 241; Vgl. Philippi, Hans: Der Hof Kaiser Wilhelms II. In: Möckl, Karl (Hg.): Hof und Hofgesellschaft in den deutschen Staaten im 19. und beginnenden 20. Jahrhundert. Boppard am Rhein, 1990. S. 361-394. Hier: S. 380.

[378] Artikel „Die Erhöhung der Zivilliste". Münchner Zeitung, 30. September 1913. Notizen der Wiltrud Prinzessin von Bayern und Zeitungsartikel zum bayerischen Hofleben und zur Hofgesellschaft sowie zu Repräsentationsverpflichtungen des Prinzregenten Ludwig von Bayern und seiner Kinder 1905-1914. LABW, HStA Stuttgart, Archiv der Herzöge von Urach, GU 119. NL Wiltrud Herzogin von Urach. Nr. 1048.

[379] Die Prinzen Leopold und Heinrich teilten sich die ererbte Apanage Luitpolds in Höhe von 171.429 Mark, die mit dem Unterhalt an Prinzessin Therese in Höhe von 22.285 Mark belastet war. Den Prinzen Karl und Franz wurden ab 1913 Apanagen in Höhe von 102.858 bzw. 137.145 Mark zugestanden, während die unverheirateten Königstöchter Adelgunde, Hildegard, Wiltrud, Helmtrud und

Nicht nur hatte Ludwig III. seit seinem Amtsantritt die bayerische Monarchie finanziell wieder auf ein solides Fundament zu stellen vermocht und damit Handlungsspielraum gewonnen, sondern auch auf etlichen anderen Feldern Erfolge vorzuweisen. Als König hatte er eine Staatsregierung ganz nach seinen Vorstellungen hinter sich versammelt, die seine politischen Leitideen umsetzen sollte. Die bayerische Hofverwaltung hatte er weitgehend modernisieren und alle Schlüsselpositionen in den Hofstäben mit Vertrauensleuten besetzen lassen. In vielen Bereichen brachte er sich persönlich in das politische Tagesgeschäft des bayerischen Staates ein. König Ludwig III. und seine Regierung waren gewillt, Bayern fortan auch im Kaiserreich mehr Einfluss zu verschaffen. Mittels des Hofes, des Militärs und der christlichen Kirchen hatte Ludwig III. weitreichende Legitimationsmöglichkeiten und war als Monarch der Gravitationspunkt der bürgerlichen Gesellschaft. Daneben verfügte er über weitgehende Machtchancen innerhalb der königlichen Familie, die er auch zu nutzen gewillt war.

Gundelinde jeweils 20.574 Mark Apanage bezogen. Vgl. Aretin, Cajetan von: Die Erbschaft des Königs Otto von Bayern. München, 2006. S. 43.

4. Die inszenierte Monarchie

4.1 Monarchie als Identität stiftendes Symbol

Von der Loyalität der breiten Bevölkerung getragen, wurde die Monarchie in den Jahren vor dem Ersten Weltkrieg wieder hochaktuell. Sie wurde als zukunftsfördernde Kraft dargestellt. Die Aristokratie profitierte davon, während das Bürgertum aristokratische Ideale kultivierte.[380] Als Träger des nationalen Ehrgefühls pflegten die Monarchen das nationale Prestige.[381] Monarchie bedeutete nicht zuletzt Kontinuität und Verlässlichkeit. Der Herrscher personifizierte die abstrakten Einheiten Nation und Staat auf der nationalen und internationalen Bühne. Das Weltgeschehen wurde erst durch ihn mittels symbolischer und allgemein verständlicher Akte anschaulich gemacht. Dies entsprach dem verbreiteten Verlangen nach nationaler Repräsentation. Friedrich Meineke bemerkte 1913 in seiner Freiburger Universitätsrede zum Regierungs- und Befreiungskriegsjubiläum: „Dem Deutschen, so kühn er auch den Flug ins Land der Ideen wagt, geht doch immer erst dann das Herz ganz auf, wenn ihm die lebendige Persönlichkeit als Träger der Idee entgegentritt. Wir sind nicht zufrieden mit dem Bewusstsein, dass unsere Nation eine große geistige Gesamtpersönlichkeit ist, sondern wir verlangen einen Führer für sie, für den wir durchs Feuer gehen können."[382]

Die Institution Monarchie gewann an Bedeutung hinzu, als die symbolische Rolle der Staatsoberhäupter um die Jahrhundertwende aufgrund der internationalen Rivalität bedeutsamer wurde. Zugleich kam der Prozess einer weitgehenden Nationalisierung der Monarchie zum Abschluss.[383] Hatte der Familientopos zunächst zur Beschreibung der Integration von König und Bevölkerung in das Königreich gedient, so wurde er nun auf die Konstruktion einer nationalstaatlichen Einigung durch den ‚Bund der Fürsten und Stämme' übertragen.[384] Die Monarchie der Wit-

---

[380] Vgl. Werner, Karl Ferdinand: Fürst und Hof im 19. Jahrhundert: Abgesang oder Spätblüte? In: Werner, Karl Ferdinand (Hrsg.): Hof, Kultur und Politik im 19. Jahrhundert. Bonn, 1985. S. 1-53. Hier: S. 48f.

[381] Auch aus der mit staatlicher Macht verknüpften „Prestige-Prätension", wie Max Weber dies bezeichnete, erklärt sich die Neigung zu theatralischen Akten: „Da das Prestigegefühl [...] den Glauben an die reale Existenz der Macht zu stärken geeignet ist, so sind die spezifischen Interessen jedes politischen Machtbildes geneigt, jenes Gefühl systematisch zu pflegen." Vgl. Paulmann, Johannes: Pomp und Politik. Paderborn u.a., 2000. S. 362f.

[382] Zit. nach Paulmann, Johannes: Pomp und Politik. Paderborn u.a., 2000. S. 393. Fußnote 253.

[383] Vgl. Paulmann, Johannes: Pomp und Politik. Paderborn u.a., 2000. S. 131; Vgl. Cornelißen, Christoph: Das politische Zeremoniell des Kaiserreichs im europäischen Vergleich. In: Biefang, Andreas; Epkenhans, Michael; Tenfelde, Klaus (Hrsg.): Das politische Zeremoniell im Deutschen Kaiserreich 1871-1918. Düsseldorf, 2008. S. 433-450. Hier: S. 437-441.

[384] Vgl. Mergen, Simone: Monarchiejubiläen im 19. Jahrhundert. Leipzig, 2005. S. 307; Paulmann, Johannes: Pomp und Politik. Paderborn u.a., 2000. S. 408; Zum konstruktiven Charakter des Nationalstaates vgl. u.a. Anderson, Benedict: Die Erfindung der Nation. Zur Karriere eines folgenreichen Konzepts. Frankfurt am Main, 1983.

telsbacher half durch ihre integrative Symbolkraft und ihren reichen Fundus an Traditionen bei der Konstruktion der kollektiven Identität Bayerns und nicht zuletzt der gesamten deutschen Nation.[385]

Kaiser Wilhelm II. verstand seine öffentliche Rolle als Personifizierung der ‚Reichsidee' und versuchte unablässig, dies symbolpolitisch in den Köpfen der Deutschen zu verankern. Die öffentlichen Auftritte und Reden des Kaisers waren, wie Walther Rathenau im Jahr 1919 beobachtete, das wirkungsvollste Instrument seiner kaiserlichen Autorität. Nicht immer von Erfolg gekrönt, lösten des Kaisers Bemühungen jedoch teils heftigen Widerspruch aus.[386] Die sich formierende Nation zog ihre Legitimation aus verschiedensten Quellen, am deutlichsten aber aus der Bereitschaft ihrer Mitglieder, sich mit ihr zu identifizieren. Jedoch bestanden neben der nationalen Identität auch nach der Reichseinigung starke regionale Loyalitätsverhältnisse zur ‚engeren Heimat' weiter, etwa in der Form bayerischer, sächsischer oder pommerscher Identitäten.[387] Die Autonomie der Bundesstaaten dauerte auch in dieser Hinsicht nach der nationalen Einigung an. Es wäre verfehlt, Heimat, Region und Bundesstaat in harmonisierender Absicht als fließende Übergänge zur Nation darzustellen.[388] Die selbstbewusst weiterexistierenden Bundesstaaten verfügten aufgrund ihrer tatsächlichen und ‚erfundenen' Tradition und ihrer monarchischen Verfasstheit über bewährte eigene Symbolangebote und stellten für den Nationalstaat eine erstzunehmende Schar symbolpolitischer Konkurrenz dar. Das

---

[385] Vgl. Blessing, Werner: Herrschaftswechsel im Umbruch - Zur inneren Staatsbildung Bayerns im 19. Jahrhundert. In: Schnabel-Schüle, Helga (Hg.): Fremde Herrscher - fremdes Volk; Inklusions- und Exklusionsfiguren bei Herrschaftswechseln in Europa. Frankfurt am Main u.a., 2006, S. 169-187; Zum Begriff der kollektiven Identität vgl. Straub, Jürgen: Personale und kollektive Identität. Zur Analye eines theoretischen Begriffs. In: Assmann, Aleida; Friese, Heidrun (Hrsg.): Identitäten. Erinnerung, Geschichte, Identität 3. Frankfurt am Main, 1998. S. 73-104; Vgl. Giesen, Bernhard: Voraussetzung und Konstruktion. Überlegungen zum Begriff der kollektiven Identität. In: Bohn, Cornelia; Willems, Herbert (Hrsg.): Sinngeneratoren. Fremd- und Selbstthematisierung in soziologisch-historischer Perspektive. Konstanz, 2001. S. 91-110; Vgl. Hobsbawm, Eric J.: Nationen und Nationalismus. Mythos und Realität seit 1780. Bonn, 2005. S. 121-154; Vgl. Echternkamp, Jörg; Müller, Sven Oliver: Perspektiven einer politik- und kulturgeschichtlichen Nationalismusforschung. Einleitung. In: Echternkamp, Jörg; Müller, Sven Oliver (Hrsg.): Die Politik der Nation. Deutscher Nationalismus in Krieg und Krisen 1760-1960. München, 2002. S. 1-24; Zur Zeitlichkeit und Veränderlichkeit des kulturell verstandenen Nationalismus vgl. Geulen, Christian: Die Metamorphose der Identität. Zur Langlebigkeit des Nationalismus. In: Assmann, Aleida; Friese, Heidrun (Hrsg.): Identitäten. Erinnerung, Geschichte, Identität 3. Frankfurt am Main, 1998. S. 346-373; Zum Symbolbegriff vgl. Göhler, Gerhard: Symbolische Politik – Symbolische Praxis. In: Stollberg-Rilinger, Barbara (Hrsg.): Was heißt Kulturgeschichte des Politischen? Berlin, 2005. S. 57-69.

[386] Vgl. Clark, Christopher: Preußen. Aufstieg und Niedergang 1600-1947. Bonn, 2007. S. 678f.

[387] Vgl. Applegate, Celia: A Nation of provincials. The German Idea of Heimat. Berkeley u.a., 1990.

[388] Vgl. Langewiesche, Dieter: Föderativer Nationalismus als Erbe der deutschen Reichsnation. Über Föderalismus und Zentralismus in der deutschen Nationalgeschichte. In: Langewiesche, Dieter (Hrsg.): Nation, Nationalismus, Nationalstaat in Deutschland und Europa. München, 2000. S. 55-79.

Königreich Bayern konnte auf ein symbolisch verdichtetes bayerisches Nationalbewusstsein seiner Bevölkerung vertrauen.[389]

Die deutsche Nation besaß weder ein ausgebildetes Zeremoniell noch ein symbolpolitisches Formenrepertoire. All dies musste erst entwickelt werden.[390] Das erweiterte Vaterland brachte eine Erweiterung des politischen Horizonts mit sich, aber auch konkurrierende Loyalitätsappelle und Herrschaftssymboliken. Kaiser und Reich entfalteten mit der Zeit auch in Bayern ein neues Szenario politischer Symbole. Die deutschen Farben auf Fahnen und Emblemen wurden Teil der bayerischen Festkulisse, das Kaiserhoch und die preußische Hymne ‚Heil dir im Siegerkranz' wurden Bestandteil des Zeremoniells. Erst mit dem Regierungsantritt Wilhelms II. begann in der bayerischen Öffentlichkeit ein Kaiserkult. Bei seinem ersten Besuch in München trat der Kaiser als strahlender Oberherr in den bis dato vom bayerischen Königshaus beherrschten politischen Kulturraum. Unter deutschen und bayerischen Farben zog er mit einem Pomp, der selbst die großen Prinzregentengeburtstage übertraf, durch die jubelnde Menge. Dies stellte den Beginn der Selbstinszenierung des Reichsmonarchen im eigenständigsten deutschen Bundesstaat dar. Um die Jahrhundertwende trat der Kaiser- und Reichskult immer stärker neben den bayerischen Königskult. Zwar unterstützten und verstärkten sich beide als monarchisches Ritual, verbanden sich zeremoniell und stellten so die Gleichartigkeit der offiziellen Ordnung im ‚engeren' und im ‚weiteren' Vaterland symbolisch dar. Gleichwohl wurde der Kaiser- und Reichskult für die Wittelsbacher zu einer Konkurrenz.[391]

Der deutsche Nationalstaat hatte dennoch nach mehr als vierzig Jahren noch keine adäquate symbolische Expression in personaler Gestalt gefunden. In ihrer Eigenschaft als nominelle Oberbefehlshaber ihrer Heereskontingente verstanden es die Bundesfürsten der größeren Einzelstaaten wie Bayern, Sachsen oder Württemberg, sich mit Hilfe der Festkultur wirksam in Szene zu setzen. Denkmäler wie das Hermannsdenkmal im Fürstentum Lippe, die der nationalen Imaginierung zuzurechnen wären, erwiesen sich als probates Mittel zur Stiftung einer durch den Fürsten und das lokale Bürgertum verbürgten lippischen Identität.[392] Den deutschen Höfen kam eine tragende Rolle bei der Aufrechterhaltung des bundesstaatlichen Prinzips zu. Die kulturelle Vielgestaltigkeit der Nation ging im Wesentlichen auf die oft beklagte Vielstaaterei des Reiches zurück, da sich wirkungsvolle Kulturpflege hauptsächlich an den Fürstenhöfen entfaltet hatte. Anfang des 20. Jahrhun-

---

[389] Vgl. Krauss, Marita: Herrschaftspraxis in Bayern und Preußen im 19. Jahrhundert. Ein historischer Vergleich. Frankfurt am Main u.a., 1997.
[390] Vgl. Schneider, Ute: Nationalfeste ohne politisches Zeremoniell? Der Sedantag (2. September) und die Erinnerung an die Befreiungskriege (18. Oktober) im Kaiserreich. In: Biefang, Andreas; Epkenhans, Michael; Tenfelde, Klaus (Hrsg.): Das politische Zeremoniell im Deutschen Kaiserreich 1871-1918. Düsseldorf, 2008. S. 163-187. Hier: S. 165.
[391] Vgl. Blessing, Werner K.: Der monarchische Kult, politische Loyalität und die Arbeiterbewegung im deutschen Kaiserreich. In: Ritter, Gerhard A. (Hrsg.): Arbeiterkultur. Königstein, 1979. S. 185-208. Hier: S. 189-191.
[392] Vgl. Pyta, Wolfram: Hindenburg. München, 2009. S. 69f.

derts waren die Residenzstädte noch immer die deutschen Kulturzentren schlechthin, völlig nebensächlich, ob die jeweils regierenden Fürsten Verständnis dafür hatten oder nicht. Zum Glanz des Hofes gehörten selbstverständlich die Schlösser und Gärten, Hoftheater und Kunstsammlungen, die finanziell weitgehend aus Mitteln der Zivilliste oder anderen Einkünften der regierenden Familien getragen wurden. Künstler und Architekten wurden von den Fürstenhöfen für ihre Projekte engagiert. Parks, Theater und Sammlungen wurden früh der Öffentlichkeit zugänglich gemacht. Die Zeitgenossen erlebten nicht nur den kulturellen, sondern auch den gesellschaftlichen Glanz einer äußerlich höfisch bestimmten Welt. Vor allem repräsentierten die Fürstenhöfe die staatliche Tradition ihrer im Kaiserreich aufgegangenen Bundesstaaten. Sie stellten lebendige Geschichte dar, die Herrscherfamilie personifizierte die Staatseinheit und die territoriale Überlieferung. Im Hinblick auf die integrierenden Kräfte der Bundesstaaten muss man den Kronen einen hervorragenden Platz zuschreiben. Die Bundesfürsten erfüllten die Funktion von Bewahrern der heimatlichen, landschaftlichen und einzelstaatlichen Tradition ihrer jeweiligen Herrschaftsgebiete gegenüber dem Reich als Ganzem.[393]

Wilhelm II. gelang es trotz optimaler Voraussetzungen und hohem Aufwand nicht, zu einem allgemein akzeptierten, dem politischen Tagesstreit enthobenen, nationalen Symbol aufzurücken. Die staatlich geeinte Nation blieb symbolisch unbehaust, da der Reichsmonarch nicht symbolisch mit ihr verwachsen war. Die Gründe dafür sind vielfältig. Besonders ist in Rechnung zu stellen, dass dem Kaiser auf bundesstaatlicher Ebene ernstzunehmende symbolpolitische Konkurrenten in Gestalt der Bundesfürsten gegenüberstanden, die sich ebenso wie er selbst öffentlich inszenierten. Außerhalb Preußens und der Stadtstaaten stieß Wilhelm II. stets auf die Präsenz seiner fürstlichen Verwandten, die auf ihren protokollarisch fixierten Rang beharrten und symbolisch nicht an ihrer landesherrlichen Souveränität rütteln ließen.[394] Von einer untereinander abgestimmten Willensbildung, einer das gesamte Reich repräsentierenden Performanz oder gar einer solidarisch füreinander einstehenden monarchischen Staatskunst der Fürstenhäuser konnte ebenso wenig die Rede sein, wie von einer reichsweiten Nationalisierung der monarchischen Idee. Das Reich verfügte zwar über einen Reichsmonarchen, aber es wurde, im Gegensatz zum etwa zeitgleich entstandenen Regno d'Italia, keine integrale Reichsmonarchie. So gab es auch keinen nennenswerten, nationale Identität stiftenden, gesamtdeutschen Monarchismus.[395]

---

[393] Vgl. Gollwitzer, Heinz: Die Endphase der Monarchie in Deutschland. Stuttgart, 1971. In: Heinz Gollwitzer: Weltpolitik und deutsche Geschichte. Gesammelte Studien. Hrsg. von Hans-Christof Kraus. Göttingen, 2008. S. 363-383. Hier: S. 366f.
[394] Vgl. Pyta, Wolfram: Hindenburg. München, 2009. S. 81.
[395] Vgl. Machtan, Lothar: Der erstaunlich lautlose Untergang von Monarchie und Bundesfürstentümern – ein Erklärungsangebot. In: Gallus, Alexander (Hrsg.): Die vergessene Revolution von 1918/19. Göttingen, 2010. S. 39-56. Hier: S. 45f.

4.2 Repräsentation und politische Öffentlichkeit

Am Vorabend des Weltkriegs war die deutsche Monarchenriege eifrig bemüht, ihren symbolischen Wert zu unterstreichen.[396] Die Zeit war von einem unübersehbaren Glanz geprägt. Gleichsam war sie eine Art Endzeit und eine Epoche des Aufbruchs. Viele bayerische Städte nahmen teil an den geistig-kulturellen Erneuerungen. Besonders München war von deutscher und europäischer Strahlkraft.[397] Bis 1910 wuchs die Stadt, die aufgrund ihres, nicht zuletzt durch die Wittelsbachischen Könige geförderten, kulturellen Glanzes als ‚Isar-Athen' bezeichnet wurde, jedoch rasant auf 596.000 Einwohner an, was einen tiefgreifenden Umbruch und etliche soziale Probleme mit sich brachte.[398] Diese traten jedoch nicht an vorderster Stelle ins Bewusstsein. Prinz Leopold erinnerte sich: „Es war auch schön in unserer lieben Haupt- und Residenzstadt München; das Ganze hatte auch eine reiche Vergangenheit, gestützt auf einen noblen und eleganten Anstrich. Auf den Straßen, im Theater, bei allen öffentlichen Gelegenheiten begegnete man einem bekannten und eleganten Publikum. In den Straßen verkehrten viele elegante Equipagen, die Automobile begannen sich zu vermehren. Überall begegnete man eleganten Offizieren in ihren schmucken Uniformen, viele Soldaten brachten Farbe in das Straßenbild.

---

[396] Nicht umsonst rückten jüngste Bestrebungen in Richtung einer ‚neuen' Politikgeschichte den Aspekt der Herrschaftsrepräsentation ins Zentrum. Nicht die vermeintlich rationalen Entscheidungswege ‚großer Männer' stehen dabei im Mittelpunkt, vielmehr wird nach den Konstruktionsprinzipien des Politischen selbst gefragt. Den neueren, kulturwissenschaftlichen Forschungsansätzen geht es dabei allerdings nicht um die durch die politische Sozialgeschichte privilegierte Entlarvung zuvor verborgener sozioökonomischer Interessenlagen, die sich hinter Entscheidungsprozessen verbergen. Das Ziel dieser Ansätze ist es, ein kulturwissenschaftlich informiertes Verständnis politischer Strukturen und Prozesse zu erlangen. In diesem Zusammenhang wird Politik als figuratives Ensemble symbolischer Praktiken verstanden, werden die symbolischen Dimensionen politischer Verfahren erkundet oder das Politische als semiotisch strukturierter Kommunikationsraum begriffen. Vgl. Andres, Jan u.a.: Einleitung. In: Andres, Jan u.a. (Hrsg.): Die Sinnlichkeit der Macht; Herrschaft und Repräsentation seit der Frühen Neuzeit. Frankfurt am Main u.a., 2005. S. 7-17. Hier: S. 8f; Vgl. Frevert, Ute; Haupt, Heinz-Gerhard: (Hrsg.): Neue Politikgeschichte. Perspektiven einer historischen Politikforschung. Frankfurt am Main, 2005; Vgl. Soeffner, Hans-Georg; Tänzler, Dirk: Figurative Politik. Prolegomena zu einer Kultursoziologie politischen Handelns. In: Soeffner, Hans-Georg; Tänzler, Dirk (Hrsg.): Figurative Politik. Zur Performanz der Macht in der modernen Gesellschaft. Opladen, 2002. S. 17-34.

[397] Die vielzitierte Novelle „Gladius Dei" Thomas Manns kann als Beleg für die kulturelle Blüte Münchens in jener Zeit gelten. Das Bürgertum der bayerischen Städte gab sich offen für die Politik und Bedürfnisse des Reiches, von „einem lebfrischen Liberalismus reichsfrommer Observanz", wie Thomas Mann in seinem Roman Doktor Faustus bemerkt. Diese Offenheit beinhaltete auch die Bereiche Wissenschaft und Technik und war Ausdruck eines sozusagen „salon-bayerischen" Bewusstseins. Das bayerische Selbstbewusstsein der Vorkriegszeit drückte sich beispielsweise auch in vielerlei Hinsicht in Literatur, Architektur und Malerei aus. Gleichzeitig waren diese Jahre eine Endzeit, da der Wandel von Politik, Wirtschaft, Gesellschaft und Kultur das Herannahen einer neuen Zeit ankündigte. Vgl. Möckl, Karl: Die Prinzregentenzeit. München, 1972. S. 549-559; Vgl. Möckl, Karl: Die Prinzregentenzeit. In: Bonk, Sigmund; Schmid, Peter (Hrsg.): Königreich Bayern. Facetten bayerischer Geschichte 1806-1919, Regensburg, 2005. S. 153-174. Hier: S. 162 und 168; Vgl. Hubensteiner, Benno: Bayerische Geschichte. München, 1980. S. 321-328.

[398] Vgl. Large, David Clay: Hitlers München. Aufstieg und Fall der Hauptstadt der Bewegung. München, 1998. S. 9-29.

Vormittags war der Englische Garten belebt von Reitern und Reiterinnen auf schönen Pferden."[399] Gesellschaftliche Ereignisse wurden durch den Prunk der Monarchie aufgewertet.[400]

Die politische Öffentlichkeit formte sich durch herrschaftliche Strategien, den Aufstieg moderner Massenmedien und deren Auswirkungen auf den politischen Diskurs sowie durch ein neues Austarieren des Verhältnisses von Privatheit und Öffentlichkeit nachhaltig um. Dieser Strukturwandel des öffentlichen Raumes tritt in der fortschreitenden Inszenierung von Politik im Kaiserreich und dem Bespielen des öffentlichen Raums durch die Selbstinszenierung der Nation zutage.[401] Zunehmend versuchte man, die Monarchie nicht mehr nur religiös oder funktional, sondern historisch zu rechtfertigen.[402] Nicht mehr nur dank ihrer Verfassungsstellung oder des Gottesgnadentums behauptete die Monarchie ihre Legitimation, sondern zog sie aus der Inszenierung ihrer eigenen Tradition. Die Beziehung zwischen den konstitutionellen Herrschern und den Beherrschten hing eng mit der Praxis symbolischen Handelns zusammen.[403] Das Bedürfnis der Fürstenhäuser, durch Jubiläumsfeiern Anciennität und Legitimation zu betonen, zeigte sich durch die Dynastiejubiläen im Kaiserreich. Im Jahr 1880 feierte Bayern das 700-jährige Regierungsjubiläum der Wittelsbacher, 1889 folgte Sachsen mit dem 800-jährigen Jubiläum des Hauses Wettin.[404]

Die Beisetzungsfeierlichkeiten des verstorbenen Prinzregenten Luitpold demonstrierten der bayerischen Öffentlichkeit im Dezember 1912 mit einem unerhör-

---

[399] Maschinenschriftliche Abschrift der Lebenserinnerungen. S. 826. BayHStA, GHA. NL Prinz Leopold, Nr. 261.
[400] Artikel „Das Mesothorium Konzert" in Münchner Neueste Nachrichten, 30.8.1913. Einladung des Königs und der Königin zur Teilnahme an oder zur Übernahme von Protektoraten über Wohltätigkeitsveranstaltungen 1913-1916. BayHStA, GHA. Kabinettsakten König Ludwigs III., Nr. 3.
[401] Der Begriff der *cultural performance* bezeichnet jegliche Art von Aufführung. Künstlerische Darbietungen sind darin eingeschlossen, aber auch Sportwettkämpfe, Rituale wie Hochzeiten, Begräbnisse, Krönungen und Zeremonien wie Ordensverleihungen, Militärparaden, Feste und schließlich politische Veranstaltungen. Vielfach ist die grundsätzliche Diagnose eines neuen Stellenwerts der *cultural performance* anzutreffen, eines tiefgreifenden kulturellen Wandels, seit der Wende zum 20. Jahrhundert. Vgl. Hardtwig, Wolfgang: Performanz und Öffentlichkeit in der krisenhaften Moderne: Visualisierung des Politischen in Deutschland 1900-1936. In: Herfried Münkler, Jens Hacke (Hrsg.): Strategien der Visualisierung. Verbildlichung als Mittel politischer Kommunikation. Frankfurt am Main, 2009. S. 71-92. Hier: S. 72-74; Vgl. Fischer-Lichte, Erika: Performance, Inszenierung, Ritual: Zur Klärung kulturwissenschaftlicher Schlüsselbegriffe. In: Martschukat, Jürgen; Patzold, Steffen: Geschichtswissenschaft und „Performative Turn". Ritual, Inszenierung und Performanz vom Mittelalter bis zur Neuzeit. Köln u.a, 2003. S. 33-54.
[402] Vgl. Reinhard, Wolfgang: Geschichte der Staatsgewalt. Eine vergleichende Verfassungsgeschichte Europas von den Anfängen bis zur Gegenwart. München, 2002. S. 430.
[403] Vgl. Paulmann, Johannes: Pomp und Politik. Paderborn u.a., 2000. S. 327.
[404] Die Popularität und der große Erfolg dieser Veranstaltungen wirkten auf das monarchische Zeremoniell im Kaiserreich ein. Regierungs-, Ehe- und Dynastiejubiläen nahmen einen wichtigen Platz im Festprogramm des Reichs und der Bundesstaaten ein. Insbesondere die Programmatik der monarchischen Familienjubiläen bot zahlreiche Anknüpfungspunkte für die monarchische Überhöhung der Reichseinigung. Auch konnten die zahlreichen Gelegenheiten wechselseitiger Besuche an den deutschen Höfen massenwirksam präsentiert werden. Vgl. Mergen, Simone: Monarchiejubiläen. In: Biefang, Andreas; Epkenhans, Michael; Tenfelde, Klaus (Hrsg.): Das politische Zeremoniell im Deutschen Kaiserreich 1871-1918. Düsseldorf, 2008. S. 343-352.

4.2 Repräsentation und politische Öffentlichkeit

ten rituellen Aufwand und üppigem symbolischen Pathos die wittelsbachische Herrschaft. Die Ausstattung und Dimension des Trauerzuges in München sprengte alles Gewohnte. Die Bevölkerung nahm massenhaft am Trauerzug teil, kam teils mit der Eisenbahn aus einem weiten Einzugsgebiet und zahlte horrende Preise für einen Fensterplatz. Mehr als frühere stellte dieser Leichenkondukt eine ‚Sensation' dar. Noch nie hatte man so viele gekrönte Häupter durch die Straßen Münchens schreiten sehen und diese Straßen so düster prunkvoll erlebt. Das Prestige des Prinzregenten hatte in hohem Maße seiner Person gegolten und weniger dem Amt. Nach seinem Tod wurde mit großem Aufwand begonnen, die Popularität der bayerischen Monarchie durch öffentliche Inszenierungen zu heben. Nach der pompösen Beisetzung seines Vaters mit königlichen Ehren und einer dreimonatigen Landestrauer, wie sie nur einem König zustand, nahm Ludwig, noch in seiner Rolle als Prinzregent, ab dem Frühjahr 1913 mit Hochdruck repräsentative Aufgaben in Angriff. Sein Regierungsantritt als König wurde um die Jahreswende 1913/14 mit Festgottesdiensten und Schulfeiern aufwändiger als jeder frühere begangen. Die Beendigung des Herrschaftsprovisoriums und die Attraktivität und Legitimationskraft des Königstitels wurden gezielt für eine Integration um die Dynastie eingesetzt. Kein hohes Kirchenfest, keine Frühjahrsparade, keine der sich häufenden Kunst- und Industrieausstellungen verging, ohne dass die königliche Familie sich der Öffentlichkeit zeigte. Die Majestäten und Königlichen Hoheiten traten bei Militärinspektionen und militärischen Feiern sowie bei regionalen und lokalen Erinnerungsfeiern, Denkmalenthüllungen und Ausstellungen auf.[405]

Der bayerische Monarch repräsentierte die Staatspersönlichkeit seines Königreichs. An seiner Person hing die Loyalität der Staatsbürger. Er stellte das integrative Potenzial dar, das den Zusammenhalt der einzelnen Landesteile und gesellschaftlichen Gruppen gewährleistete. Auch Entscheidungen, an deren Zustandekommen er persönlich keinen Anteil hatte, fielen in seinem Namen. Durch ein großes Instrumentarium symbolischer Akte, Zeremonien und Formeln wurde seine Rolle als Inhaber der Staatsgewalt im öffentlichen Bewusstsein verankert; von der Thronrede bei der Landtagseröffnung bis zu den Auffahrten der königlichen Familie beim Münchner Oktoberfest, von Hofbällen bis zur Verleihung von Ehrenrängen und Verdienstorden, von Militärparaden und Manövern bis zu Königsreisen. Die bürgerliche Gesellschaft erwartete vom König ein im weitesten Sinne bürgerliches Verständnis seiner Aufgabe: Fleiß, öffentliche Präsenz, Aufmerksamkeit, Pflichterfüllung, Entscheidungsfähigkeit.[406] Gerade die Beteiligung des Publikums förderte den Prozess der Nationalisierung der Monarchie. Ohne nationalisiertes Massenpublikum wäre die Integration des Monarchen in die imaginierte Gemein-

---

[405] K.u.K. Gesandter von Velics in München an SE dem Herrn Minister des K.u.K. Hauses und des Äußern Grafen Berchtold. München, 20.12.1912. OeStA, Abt. Haus-, Hof- und Staatsarchiv. Ministerium des Äußern. Administrative Registratur, Nr. F2-36-1; Vgl. Blessing, Werner K.: Staat und Kirche in der Gesellschaft. Göttingen, 1982. S. 228-232.

[406] Vgl. Glaser, Hubert: Ludwig II. und Ludwig III. Kontraste und Kontinuitäten. In: Zeitschrift für bayerische Landesgeschichte. Nr. 59. München, 1996. S. 1-14. Hier: S. 7.

schaft nur abstrakt geblieben. Die inszenierten Rituale und Feste waren wesentlich auf Integration nach innen ausgerichtet.[407]

Unter den Bedingungen des Nationalstaats spielte die Sichtbarkeit von Herrschaft für die Integration der Gesellschaft eine bedeutende Rolle. Macht und Prestige mussten in repräsentativer Form auf einer nationalen Bühne anschaulich gemacht werden. Die Monarchie bewegte sich in einer nationalen, bürgerlich-industriellen, massenmedial vernetzten Gesellschaft, daher wandelten sich die Formen ihrer Selbstdarstellung und Herrschaftslegitimation. Ein engmaschiges Kommunikationsnetz garantierte die symbolische Herrschaftsdarstellung. In Anknüpfung an barocke Formen und gestützt auf die ihr zur Verfügung stehenden Mittel entwickelte die Monarchie einen Stil werbender Selbstdarstellung. Durch öffentliche Auftritte und deren mediale Verbreitung wurde Herrschaft öffentlichkeitswirksam inszeniert, visualisiert und legitimiert. Aufgrund der Sichtbarkeit der Monarchen waren Vorabsprachen notwendig, die sowohl das Zeremoniell als auch die Reden des Herrschers regelten. Die Auslegung der Auftritte wurde auf einem politischen Massenmarkt verhandelt, daher waren diese durch den königlichen Hof sorgfältig arrangiert, um Interpretationen durch Dritte, die den Intentionen der Beteiligten zuwiderliefen, möglichst keinen Raum zu lassen. Auf der Empfängerseite existierte ein Bedürfnis nach Repräsentation, was sich nicht nur in der Beteiligung des Straßenpublikums äußerte. Monarchische Auftritte waren nicht ausschließlich ein Instrument der Herrschaft, sondern auch ein Teil der Unterhaltungsindustrie, der Waren- und Konsumwelt. Dramatische Präsentationen und Illustrationen des spektakulären Aufwands steigerten den Verkaufswert von Produkten mit monarchischem Abbild.[408]

Im Kern des dynastischen Festprogramms standen Kirchen- und Hoffeiern, welche sich am Standardrepertoire der höfischen Festkultur orientierten. Festgottesdienste, Kirchenprozessionen, höfische Empfänge, militärische Ehrendienste, Bälle und Festaufführungen blieben konstante Elemente monarchischer Selbstdarstellung. Schulische Festakte und militärische Beteiligung wurden kontinuierlich erweitert und reglementiert. Durch bürgerliche Beiträge, welche Elemente der Volksfeste und der politischen Festkultur in die Monarchiefeiern hineintrugen, wurden die Festprogramme ausgeweitet. Vereine und Korporationen in bayerischen Städten beteiligten sich mit Illuminationen, musikalischen Festbeiträgen, Gedenkschriften und Königsdenkmälern an Feierlichkeiten des Hofes. Mit dem Oktoberfest als zentralem Landwirtschaftsfest, das in enger Verbindung zum königlichen Haus entstanden war, verfügte die Residenzstadt München bereits seit 1810 über ein Volksfest, dessen Popularität für die Inszenierung der bayerischen Dynastie genutzt wurde.[409]

---

[407] Vgl. Paulmann, Johannes: Pomp und Politik. Paderborn u.a., 2000. S. 385.
[408] Vgl. Paulmann, Johannes: Pomp und Politik. Paderborn u.a., 2000. S. 343f.
[409] Vgl. Mergen, Simone: Monarchiejubiläen im 19. Jahrhundert. Leipzig, 2005. S. 303.

4.2 Repräsentation und politische Öffentlichkeit

Abgesehen von der feierlichen Eröffnung war diese Veranstaltung keinem strengen Zeremoniell unterworfen. Vielmehr besuchten die Mitglieder der königlichen Familie mit ihren Kindern das Hofzelt auf der Theresienwiese und genossen ihre Popularität. Ein weiterer Höhepunkt des Münchner Jahres war die Fronleichnamsprozession unter Beteiligung des Königlichen Hauses. Mehrmals im Jahr lud der Regent einen ausgesuchten Freundeskreis zur Jagd. Im Sommer fand in den Leibgehegen von Oberstdorf, Hohenschwangau, Linderhof und Vorderriß die Hirschjagd statt. Im Oktober jagte die königliche Gesellschaft vorwiegend im Berchtesgadener Land, bevor im Herbst in den Spessart geladen wurde.[410]

Entsprechend ihrer Position nahmen die drei Dutzend männlichen und weiblichen Mitglieder des Königlichen Hauses Aufgaben in der Repräsentation der bayerischen Monarchie wahr. Den unzähligen Einladungen zu Wohltätigkeitsveranstaltungen, Jubiläen, Einweihungen, Sportveranstaltungen und ähnlichem konnten König Ludwig III. und seine Gattin Marie Therese trotz hoher öffentlicher Präsenz nicht immer persönlich nachkommen. Die Anlässe waren höchst unterschiedlicher Art. Fast täglich standen Einweihungen von Erholungsheimen, Denkmalenthüllungen, Kirchenfeiern, Grundsteinlegungen, Festbälle und Benefizkonzerte an, aber auch sportliche Ereignisse wie der Staffellauf des Leichtathletikverbands, Reitermeisterschaften oder das Militärflugfest des Aeroklubs erforderten die Teilnahme des Königshauses. Das Königspaar ließ sich bei eigener Verhinderung zumeist durch Kronprinz Rupprecht, Prinz Franz, Prinzessin Adelgunde und Prinz Alfons vertreten, selten auch durch einen der Staatsminister.[411]

Die Kombination traditioneller Huldigungsrituale mit Elementen der Nationalfeiern und Stadtjubiläen präsentierte die Monarchie nicht nur mit innovativen Mitteln, sondern verwischte zunehmend die Grenze zwischen höfischer und öffentlicher Feier. Massenovationen und Huldigungszüge zählten zu den wichtigsten Teilen des Festprogramms. Angesichts der steigenden Popularität städtischer Abendfeste, Lampionzüge und Serenaden vermochten die Organisatoren immer häufiger ihre Vorstellungen gegenüber höfischen Planungen durchzusetzen. Der König erschien als Gast und verlieh den Verwaltungs-, Wirtschafts- und Kultureliten Orden und Titel als Dank für ihr Engagement. Die mehr als 700-jährige Herrschaftstradition wurde ebenso in den Dienst der politischen Loyalität gestellt wie die Attraktivität der Berühmtheiten des Königshauses und der verklärten Treue zu ihnen. Die Hauptakteure im monarchischen Ritual waren neben dem Herrscher die Kirche sowie die Armee. Erstere trug dazu bei, die Monarchie in der Tradition des Gottesgnadentums im Bund von Thron und Altar zu legitimieren, letztere verkörperte die Herrschergewalt sowie den kriegerischen Herrschermythos. Schließlich reprä-

---

[410] Vgl. Möckl, Karl: Hof und Hofgesellschaft in Bayern in der Prinzregentenzeit. In: Werner, Karl Ferdinand (Hrsg.): Hof, Kultur und Politik im 19. Jahrhundert. Bonn, 1985. S. 183-235. Hier: S. 193.

[411] Einladung des Königs und der Königin zur Teilnahme an oder zur Übernahme von Protektoraten über Wohltätigkeitsveranstaltungen 1913-1916. BayHStA, GHA. Kabinettsakten König Ludwigs III., Nr. 3.

sentierte auch die Bürokratie die monarchische Herrschaft, die öffentlich jedoch im überlieferten Fürstendienerstil personell und zeremoniell deutlich hinter Herrscher, Kirche und Armee zurücktrat. Andere Akteure konnten kein eigenes Ritual entwickeln, sondern blieben, wie das Parlament, stets eindeutig auf den Monarchen bezogen und dessen Souveränität untergeordnet. Die Verbreitung und Aufdringlichkeit des monarchischen Herrschaftsrituals mit seinem emotionalen Effekt bot günstige Voraussetzungen für die Identifikation mit dem politischen Ordnungsbild. Der Zweck all dessen war der Kern der bayerischen Staatsidee: Der Patriotismus. Diese klassische Loyalität zu Staat und Herrscher war nach und nach auf den bürokratisch-konstitutionellen Staat übertragen und zum monarchischen Konservatismus ausgebaut und systematisiert worden.[412]

Straßen, Plätze, Brücken und Anlagen, Schulen, Krankenhäuser und Museen, selbst Kirchen wurden nicht nur mit dem Namen des Königs, sondern auch anderer Angehöriger der königlichen Familie versehen. Das Herrscherbild auf Münzen und Briefmarken symbolisierte nicht nur ein Hoheitsrecht der Bundesfürsten, sondern stärkte gleichzeitig den monarchischen Gedanken. Zwar knüpfte die systematische Bereisung der Landesteile durch den Herrscher an frühere Formen der Huldigung an, stellte faktisch aber eine ‚Good-Will-Tour' dar. Ungezählte Patenschaften und Protektorate über Vereinigungen und Veranstaltungen wurden durch den Landesfürsten übernommen. Dynastische Familienereignisse wurden als staatliche und kirchliche Feiertage begangen, patriotische Feiern mit höfischem Personenkult verbunden. Nicht nur in Schulbüchern war der Anteil monarchiebezogener Stoffe beträchtlich, auch auf gehobenem wissenschaftlichem und publizistischem Niveau existierte umfangreiche Literatur über Aufgaben, Wesen und Vorzüge der Monarchie.[413]

---

[412] Dem Konterfei des bayerischen Königs begegnete man allgegenwärtig, sei es auf Münzen, Briefmarken oder Denkmälern, die der dauerhaften Vergegenwärtigung von Monarch und Dynastie dienten. Vor allem durch Schulen wurden Gedenkmünzen und illustrierte Festschriften verteilt, die als Loyalitätsappell wirkten. Im ländlichen Raum war der Herrscher durch einfache Erinnerungstafeln oder als Namensgeber von markanten Geländepunkten präsent, in den Städten mit bürgerlichem Prestigedrang in Form von Büsten, bis hin zum Reiterstandbild. An Verkehrsknotenpunkten errichtete Denkmäler waren ein steter Loyalitätsappell an die breite Bevölkerung. Vgl. Blessing, Werner K.: Der monarchische Kult, politische Loyalität und die Arbeiterbewegung im deutschen Kaiserreich. In: Ritter, Gerhard A. (Hrsg.): Arbeiterkultur. Königstein, 1979. S. 185-208. Hier: S. 186-189; Vgl. Blessing, Werner K.: Staat und Kirche in der Gesellschaft. Göttingen, 1982. S. 228-232; Vgl. Mergen, Simone: Monarchiejubiläen im 19. Jahrhundert. Leipzig, 2005. S. 304f.

[413] Vgl. Gollwitzer, Heinz: Die Endphase der Monarchie in Deutschland. Stuttgart, 1971. In: Heinz Gollwitzer: Weltpolitik und deutsche Geschichte. Gesammelte Studien. Hrsg. von Hans-Christof Kraus. Göttingen, 2008. S. 363-383. Hier: S. 371f; In München war um die Jahrhundertwende die Rupprechtstraße nach dem Kronprinzen benannt worden, bereits zuvor die Leopoldstraße nach Prinz Leopold, dem jüngeren Bruder Ludwigs III., und die Giselastraße nach dessen Gattin. Vgl. Dollinger, Hans: Die Münchner Straßennamen. München, 2007; Die deutschen Bundesstaaten gaben seit 1873 eigene Silbermünzen im Wert von 2 und 5 Mark heraus. Der jeweilige Landesherr war auf der Bildseite abgebildet, auf der Wertseite der Reichsadler. Ab 1914 wurden Kursmünzen mit dem Konterfei Ludwigs III. in Millionenauflage geprägt. 1918 wurden hunderttausende Gedenkmünzen zur Goldenen Hochzeit des bayerischen Königspaares in Umlauf gebracht. Vgl. Jaeger, Kurt; Kahnt, Helmut: Die deutschen Münzen seit 1871. Regenstauf, 2009.

4.2 Repräsentation und politische Öffentlichkeit

Der Staat und die Nation wurden durch monarchische Inszenierungen sichtbar gemacht. Gleichzeitig erhielten die bürgerliche Gesellschaft und ihre Institutionen Gelegenheit, in gewissem Maße eigenständig aufzutreten. Die Teilnahme der Gesellschaft war ein fester Bestandteil der Theatralisierung. Im Bewusstsein der Anwesenden waren die staatsbürgerliche, nationalstaatliche und gesellschaftliche Selbstinszenierung nicht notwendigerweise getrennt. Dies erklärt, wieso derart viele Menschen an den Festveranstaltungen teilnahmen und diese fast immer problemlos vonstattengingen. Nicht nur berührten die Inszenierungen die Gefühle der Zuschauer, sondern gaben ihnen auch Ausdruck und gestatteten vielfältige Identifikationen.[414]

Protest kam während monarchischen Inszenierungen fast nie vor. Widerspruch beschränkte sich auf zwei Varianten, die das Ritual kaum berührten. Die Gruppierungen, die die Herrschaftsordnung grundsätzlich ablehnten, verurteilten die Huldigungen in ihren publizistischen Organen. Zudem stimmten sie in den Körperschaften, in denen sie vertreten waren, gegen die Bewilligung von Geldern für die monarchischen Spektakel. Da die ablehnenden Stimmen eine deutliche Minderheit darstellten und die Kosten der Inszenierungen nicht oder nur zum Teil der parlamentarischen Kontrolle unterlagen, wirkte sich diese Opposition nicht auf die Ausstattung oder den Ablauf der Festlichkeiten aus. Die andere Möglichkeit des Widerspruchs, nämlich Aufrufe sozialistischer Parteiführer, den Inszenierungen fernzubleiben, entzog dem monarchischen Schauspiel potenziell das Publikum. Dennoch folgten die Arbeiter diesen Aufrufen nicht unbedingt. Ebenso wenig hielt die Distanzierung vom monarchischen ‚Byzantinismus' die bürgerlichen Zuschauer davon ab, sich zahlreich am Straßenrand zu versammeln, wenn Staatsgäste in die Stadt einzogen oder der eigene Landesfürst sich zu diesem oder jenem interessanten Anlass präsentierte. Spärliches Publikum verwies nicht auf politischen Protest, sondern auf mangelndes Interesse. Besonders die hauptstädtische Öffentlichkeit zeigte sich wählerisch, was den Sensationswert der Inszenierungen anging, zumal zahlreiche andere Unterhaltungsformen existierten. Die Massenveranstaltungen unter Beteiligung der Bundesfürsten verliefen gewöhnlich reibungslos, was zum Teil an der Anwesenheit von Polizei und Militär lag. Entscheidender für die Attraktion der Veranstaltungen und die geordnete Atmosphäre war jedoch die Theatralisierung des Geschehens. Das Publikum bildete nicht nur die Kulisse, sondern spielte eine teils vorgegebene, teils autonome Rolle.[415]

---

[414] Vgl. Paulmann, Johannes: Pomp und Politik. Paderborn u.a., 2000. S. 384.
[415] Vgl. ebd., S. 378-380.

4.3 Hofgesellschaft und Gesellschaft

Um die königliche Familie und die Hofstäbe gruppierte sich die so genannte Hofgesellschaft. Im Sinne des „Königsmechanismus"[416] funktionierte diese auf dem Weg vielfacher persönlicher Beziehungen und Einflussmöglichkeiten in einem System konkurrierender Gruppierungen und Abhängigkeitsverhältnisse. Die bayerische Hofrangordnung bestimmte die Reihen- und Rangfolge der bei Hofe zugelassenen, „courfähigen" Personen. Zur Wahrung des streng festgelegten spanisch-burgundischen Hofzeremoniells waren Hofbeamte bestellt. Bis ins Detail waren Fragen des Vortritts und der Etikette im inter- und innerhöfischen Umgang normiert, um Hierarchien, Kompetenzen und Ansprüche zu regeln, Konflikte zu vermeiden, die höfische Kommunikation zu standardisieren und die Macht des Herrschers symbolisch abzubilden. Die mentalitätsprägende Kraft des bayerischen Hofes im Bürgertum war ungewöhnlich stark und erklärt den verbindenden Mechanismus zwischen Monarch, Adel, Beamtentum, Wirtschaftsbürgertum und Offizierskorps. Elemente einer adelig-bürgerlichen Annäherung sind unverkennbar: Sobald ein Bürger sich durch wachsenden Reichtum weit genug von seiner leistungsbedingten Existenz entfernt hatte, suchte er in der Regel die Nähe zum Hof. Durch äußerliche Zeichen wie Orden, Adelstitel und fideikommissarischen Besitz wurde versucht, einen Platz in der aristokratischen Lebenswelt zu erlangen. Äußeres und allgemein sichtbares Zeichen war die Vorstellung bei Hofe, die als Endpunkt des Strebens um gesellschaftliche Anerkennung verstanden werden kann. Beispiele sind die Familien Cramer, Klett, Auer, Buhl, Faber, Maffei, Lavale oder Finck. Hofrang, Etikette, adelige Interessen und Orden waren für die bürgerliche Oberschicht von elementarem Interesse.[417]

---

[416] Zum Königsmechanismus Vgl. Elias, Norbert: Die höfische Gesellschaft. Untersuchungen zur Soziologie des Königtums und der höfischen Aristokratie. Frankfurt a. M., 2002; Vgl. Asch, Ronald G.: Hof, Adel und Monarchie: Norbert Elias' Höfische Gesellschaft im Lichte der neueren Forschung. In: Opitz, Claudia: (Hrsg.): Höfische Gesellschaft und Zivilisationsprozess. Norbert Elias' Werk in kulturwissenschaftlicher Perspektive. Köln u.a., 2005. S. 119-142.

[417] Dies war vor allem für das Königreich Bayern spezifisch. Während dort nur von Wilhelm Conrad Röntgen bekannt ist, dass er den vom König verliehenen Adelstitel ablehnte, machten dagegen in Württemberg nobilitierte Bürger nur selten Gebrauch von ihrer Titulatur und erschienen in der Regel auch nicht bei Hofe. Vgl. Möckl, Karl: Hof und Hofgesellschaft in Bayern in der Prinzregentenzeit. In: Werner, Karl Ferdinand (Hrsg.): Hof, Kultur und Politik im 19. Jahrhundert. Bonn, 1985. S. 183-235. Hier: S. 186-189; Vgl. Kägler, Britta: Im Zentrum steht der Landesherr. In: Jahn, Wolfgang (Hrsg.): Adel in Bayern. Ritter, Grafen, Industriebarone. Katalog zur Bayerischen Landesausstellung 2008. Augsburg, 2008. S. 198f; Vgl. Krauss, Marita: Der neue Adel aus Politik, Wissenschaft, Kunst und Wirtschaft. In: Jahn, Wolfgang (Hrsg.): Adel in Bayern. Ritter, Grafen, Industriebarone. Katalog zur Bayerischen Landesausstellung 2008. Augsburg, 2008. S. 225f; für Preußen vgl. Malinowski, Stephan: Vom König zum Führer. Sozialer Niedergang und politische Radikalisierung im deutschen Adel zwischen Kaiserreich und NS-Staat. Berlin, 2003. S. 121-143; Vgl. Röhl, John C. G.: Hof und Hofgesellschaft unter Kaiser Wilhelm II. In: Röhl, John C. G.: Kaiser, Hof und Staat; Wilhelm II. und die deutsche Politik. München, 2002. S. 78-115; Vgl. Röhl, John C. G.: Der „Königsmechanismus" im Kaiserreich. In: Röhl, John C. G.: Kaiser, Hof und Staat; Wilhelm II. und die deutsche Politik. München, 2002. S. 116-140.

4.3 Hofgesellschaft und Gesellschaft

Die bayerische Hofrangliste führte einige hundert Personen mit Hofrang, die nach Geschlecht in drei Rangklassen unterteilt waren und für die strenge Kleidungsvorschriften bei Hoffesten galten.[418] Der ersten Rangklasse gehörten fünfzehn bayerische Fürsten und achtzehn Grafen mit ihren Gattinnen und Töchtern an, unter anderem Albrecht Fürst zu Oettingen-Oettingen und Oettingen-Spielberg, Albert Fürst von Thurn und Taxis, Fürst Aloys von Löwenstein-Wertheim und Fürst Carl Ernst Fugger von Glött. Der zweiten Rangklasse gehörten die Generaladjutanten, Hofmarschälle, Staatsräte, Reichsräte, der Präsident des Oberlandesgerichts, die bayerischen Bischöfe, Generalleutnants der bayerischen Armee, die Regierungspräsidenten, die bayerischen und ausländischen Gesandten sowie die Mitglieder des Georgi-Ritterordens an. Die dritte Rangklasse wurde aus den Generalmajoren der bayerischen Armee, Kämmerern, Stabsoffizieren und im gleichen Rang stehenden Sanitätsoffizieren des Standorts München gebildet. Ferner waren dort Kammerjunker, persönliche Adjutanten der Prinzen, die Rektoren der Ludwig-Maximilians-Universität München und der Technischen Hochschule München eingeteilt, außerdem das Präsidium der Kammer der Abgeordneten und die Ritter des königlichen Maximilians-Ordens. Die erste Rangklasse der Damen bildeten die bayerischen Fürstinnen, einige Gräfinnen und Freifrauen sowie die Oberhofmeisterinnen. In der zweiten Rangklasse fanden sich weitere Gräfinnen und Freiinnen wieder, dazu Hofdamen und Witwen von Oberhofmeistern, Staatsräten und Hofmarschälle. Die dritte Rangklasse der Damen bestand unter anderem aus Witwen von Generalmajoren und königlichen Kämmerern.[419]

Die Stellung einer Familie nach dem bayerischen Hofzeremoniell[420] ließ unmittelbare Schlüsse auf den Einfluss dieser Familie in Gesellschaft, Wirtschaft und Politik zu. Der Historiker Karl Alexander von Müller schrieb, das „Leben des Münchner Hofs […] zeigte […] eine eigenartige Verbindung von volkstümlicher Natürlichkeit und prunkhaft strenger Etikette, die einer uralten Doppelanlage der Wittelsbacher […] entsprach." Da man „das ganze kulthafte Tabu des abwehrenden spanisch-burgundischen Zeremoniells" beibehielt, galt es als schwieriger, am Münchner als am Berliner Hof empfangen zu werden.[421] Die Mitglieder der Hofgesellschaft blieben bei aller Exklusivität nicht unter sich, sondern suchten im Gegensatz zur Berliner Hofgesellschaft in Zirkeln, Salons, Festen und geselligen Ver-

---

[418] Hofrang, Hofzutritt. Anzug bei Hoffesten etc. BayHStA, KrA. Kriegsministerium, Nr. 117.
[419] Zur ersten Rangklasse zählten zudem die Obersten Kronämter des bayerischen Königshofes, die von Oberthofmeister Graf Seinsheim, Oberstkämmerer Freiherr von Laßberg, Oberststallmeister Graf Wolfskeel und Oberstzeremonienmeister Graf Moy ausgeübt wurden, ebenso wie die königlichen Staatsminister, der Generalkapitän der Leibgarde der Hartschiere und die Erzbischöfe von Bamberg und München-Freising. Vgl. Hofrangliste 1914. Hofranglisten der an den königlichen Hofe vorgestellten und zur Vorstellung vorschriftsmäßig angemeldeten Herren und Damen (zum Dienstgebrauch). 1903-1918. BayHStA, GHA. NL Herzogin Wiltrud von Urach, Nr. 320.
[420] Vgl. zum Hofzeremoniell allgemein: Kohlrausch, Martin: Zwischen Tradition und Innovation. Das Hofzeremoniell der wilhelminischen Monarchie. In: Biefang, Andreas; Epkenhans, Michael; Tenfelde, Klaus (Hrsg.): Das politische Zeremoniell im Deutschen Kaiserreich 1871-1918. Düsseldorf, 2008. S. 31-76.
[421] Zit. nach Schrott, Ludwig: Der Prinzregent. München, 1962. S. 132.

anstaltungen die Nähe zu anderen gesellschaftlichen Gruppen.[422] Die Verbindung zur übrigen Gesellschaft wurde durch die gesellige Funktion der Adelspaläste in München und der zahlreichen Wohnsitze überall im Land gestärkt. Diese waren der Mittelpunkt der weitverzweigten, gesellschaftlichen Kreise. Gerade in diesen Verbindungen und Beziehungen zeigt sich der enge Kontakt des Hofes und der Hofgesellschaft zur übrigen Welt.[423] Das Ansehen des Hofes ruhte in seiner prinzipiellen Offenheit. Der bayerische Hof war zu Beginn des 20. Jahrhunderts eine Institution, die in hohem Maße wirtschaftliche, gesellschaftliche und politische Chancen verteilte.[424]

Hoftitel, Orden, Auszeichnungen oder Adelserhebungen gehörten zum klassischen Arsenal der symbolischen Formen, die der Monarchie zur Verfügung standen. Ordens- und Titelverleihungen stiegen zu wichtigen Akten der monarchischen Selbstinszenierung und der Bindung breiter Schichten von Bürgern und Soldaten an das Königshaus auf.[425] Häufig waren sie nicht an Privilegien oder ein mit der Auszeichnung verbundenes Einkommen gebunden. Obgleich sich die Gewichte im Verlauf des 19. Jahrhunderts zu Gunsten des aufstrebenden Bürgertums verschoben, blieben der Monarch und sein Hof das gesellschaftliche Zentrum des Königreichs. Die hierarchische Ordnung der Gesellschaft, die als selbstverständlich akzeptiert war, wurde symbolisch immer aufs Neue inszeniert. Der Adel hatte zwar seine Privilegien verloren, behielt jedoch durchaus seine symbolische Anziehungskraft. Weite Teile der bürgerlichen Gesellschaft waren aus diesem Grund an der Teilhabe am Glanz des Hofes durchaus interessiert, wenngleich der adelige Offizier und Höfling in Bayern nicht im gleichen Maß zum gesellschaftlichen Leitbild wurden wie etwa in Preußen. Für manch bürgerlichen Aufsteiger blieb es durchaus wünschenswert, zum Adel zu gehören, ohne dass daraus eine grundsätzliche ‚Feudalisierung' des Bürgertums abgeleitet werden könnte.[426]

---

[422] Vgl. Möckl, Karl: Hof und Hofgesellschaft in Bayern in der Prinzregentenzeit. In: Werner, Karl Ferdinand (Hrsg.): Hof, Kultur und Politik im 19. Jahrhundert. Bonn, 1985. S. 183-235. Hier: S. 232f.

[423] Vgl. ebd., Hier: S. 190.

[424] Vgl. ebd., Hier: S. 232f.

[425] Die Auszeichnungen standen in engem Zusammenhang mit dem Konzept der Ehre. Darunter ist das Maß an sozialer Wertschätzung zu verstehen, welches man aufgrund seines Status zugestanden bekam. Auszeichnungen sind soziale Prozesse, zu denen ein „Sender", ein „Empfänger" und ein übertragendes „Zeichen", eine „Dekoration", gehört. Nicht nur musste der Verleiher der Auszeichnung über die entsprechende Autorität verfügen, auch musste der Ausgezeichnete als für die Würde geeignet befunden werden. Von der Krone oder vom Staat wurde den ausgezeichneten Personen auf diese Weise symbolisches Kapital vorgestreckt, das in „kleiner Münze" in Form von Loyalität zurückgezahlt wurde. Vgl. Stagl, Justin: Orden und Ehrenzeichen. Zur Soziologie des Auszeichnungswesens. In: Bohn, Cornelia; Willems, Herbert (Hrsg.): Sinngeneratoren. Fremd- und Selbstthematisierung in soziologisch-historischer Perspektive. Konstanz, 2001. S. 177-196.

[426] Vgl. Krauss, Marita: Das Ende der Privilegien? Adel und Herrschaft in Bayern im 19. Jahrhundert. In: Demel, Walter; Kramer, Ferdinand (Hrsg.): Adel und Adelskultur in Bayern. München, 2008. S. 377-394; Vgl. Krauss, Marita: Die königlich bayerischen Hoflieferanten. München, 2009. S. 13f; Vgl. Franke, Christoph: Der bayerische und sächsische Adel im 19. und 20. Jahrhundert. Soziales Verhalten und soziale Strukturen. In: Schulz, Günther; Denzel, Markus A. (Hrsg.): Deutscher Adel im 19. und 20. Jahrhundert. St. Katharinen, 2004. S. 319-351.

4.3 Hofgesellschaft und Gesellschaft

Bezüglich der Nobilitierungspraxis erklärte Ludwig, „dass in der Erledigung dieser Angelegenheiten nach den bisherigen Grundsätzen verfahren werden solle."[427] Die Erhebung Bürgerlicher in den Adelsstand war eines der traditionellen Fürstenrechte, das auch vom angestammten Adel nicht bestritten wurde. Die Akzeptanz der Neuadeligen durch die traditionelle Hof- und Adelsgesellschaft hing allerdings sehr von der Lebenswelt der Nobilitierten ab. Verdiente Beamte und Offiziere, die das begehrte ‚von' erhielten, wurden eher akzeptiert als Kaufleute und Bankiers, die primär durch ihren Reichtum in den Adelsstand erhoben wurden. Auch Angehörige des jüdischen Großbürgertums mussten angesichts ihres Reichtums und des sich ausbreitenden Antisemitismus mit Ablehnung rechnen. Auf der anderen Seite gab es Fälle, in denen die Adelserhebung mit Verweis auf den Bürgerstolz abgelehnt wurde. Mit den Nobilitierungen hingen die Rangerhöhungen durch den König zusammen, die dem untitulierten Adel Grafentitel oder den Grafen Fürstentitel verschafften. Ludwig III. nutzte dies, um seine persönliche Entourage aufzuwerten, seinen Hof mit größerem Glanz auszustatten und seine Dankbarkeit gegenüber langjährigen Weggefährten auszudrücken. Die in den Jahren 1914 und 1916 vollzogenen Erhebungen der Staatsminister Hertling und Soden in den Grafenstand fallen in diese Kategorie. Derartige Rangerhöhungen wurden in der Regel anlässlich monarchischer Feiertage verkündet.[428]

Reichtum war zur Verleihung des Adelsprädikats und schließlich zur Erlangung höherer Adelstitel unabdingbar. Trotz umfangreicher Stiftungen zum Namensfest und zum Geburtstag des bayerischen Königs mussten hohe Gebühren entrichtet werden. Der Herausgeber der „Insel", der Bremer Multimillionär Alfred Walter (von) Heymel, ersuchte seiner Frau zuliebe um den bayerischen Adel und bekam ihn 1907 verliehen. Dazu hatte er eine Dotation in Höhe von einer Million Mark zu leisten. Die „Schatullengelder" für die Erhebung in den Fürstenstand von zwanzig-

---

[427] Alleruntertänigster Vortrag Hertlings 17.1.1913. Vorträge des Staatsministers des K. Hauses und des Äußern bei Prinzregent bzw. König Ludwig von Bayern (Hertling und von Dandl) 1912/1918. BayHStA, NB. StMin des K. Hauses und des Äußern, Nr. 953.

[428] Geadelt wurden beispielsweise die Familien Cramer, Klett, Auer, Buhl, Clemm, Faber, Finck, Lavale oder Maffei. Insgesamt war die Erhebung bürgerlicher Personen in den Adelsstand ein von den deutschen Fürsten nur sparsam genutztes Mittel, wenngleich regionale Unterschiede zu beobachten sind. In Württemberg, Baden und Bayern bestand für hohe bürgerliche Beamte die berechtigte Aussicht, immerhin den persönlichen – nicht vererbbaren – Adel verliehen zu bekommen. In Hessen-Nassau dagegen war dies nahezu ausgeschlossen. In Preußen wurden während der Zeit des Kaiserreichs zwischen 1871-1918 ganze 1.129 Personen in den Adelsstand erhoben. Im Königreich Bayern wurden zwischen 1850 und 1900 dagegen nur etwa 200 Personen geadelt. Besonders Kaiser Wilhelm II. nutzte das Instrument der Nobilitierung ausgiebig, um den preußischen Adel nach seinen Vorstellungen umzugestalten. Dennoch stießen seine Bemühungen, reiche Unternehmer und Bankiers mit dem preußischen Grundbesitzeradel zu einer neuen Elite des Kaiserreichs zu verschmelzen, bei beiden Gruppierungen auf Ablehnung. Mehrheitlich wurden in allen deutschen Staaten Verdienste um den Staat mit dem Adel belohnt, weswegen vor allem Offiziere und Staatsbeamte in Frage kamen. Eine deutlich kleinere Gruppe der geadelten Personen waren Großgrundbesitzer, Kaufleute und Bankiers. Vgl. Wienfort, Monika: Der Adel in der Moderne. Göttingen, 2006. 139-142; Vgl. Möckl, Karl: Hof und Hofgesellschaft in Bayern in der Prinzregentenzeit. In: Werner, Karl Ferdinand (Hrsg.): Hof, Kultur und Politik im 19. Jahrhundert. Bonn, 1985. S. 183-235. Hier: S. 188.

tausend, in den Grafenstand von zehntausend, in den Freiherrnstand von fünftausend, in den Ritterstand von zweitausend und für die Erhebung in den Adelsstand mit dem Titel „von" in Höhe von eintausend Mark waren zusätzlich zu entrichten.[429]

Einen inneren Adelskreis bildeten in Bayern die Mitglieder des Hausritterordens vom Heiligen Georg. Die enge Verknüpfung des Ordens mit dem Haus Wittelsbach kam in der Vorschrift zum Ausdruck, dass der König stets dessen Großmeister zu sein hatte und die Mitglieder des Königlichen Hauses nach dem Regionalprinzip den vier Groß-Prioraten Oberbayern, Niederbayern, Oberpfalz und Franken vorstanden. Ludwig III. unterzog sich widerspruchslos den Pflichten des Ordens. Eine andere Bedeutung hatte der Hausritterorden des Heiligen Hubertus, dem Rang nach der erste Orden des Königreiches. Der Hubertusorden wurde in der Regel nur an regierende Fürsten und Mitglieder deren Familien vergeben. Zur Belohnung militärischer Verdienste und zur Anerkennung der Tapferkeit vor dem Feind wurde der Militär-Max-Joseph-Orden – benannt nach dem ersten bayerischen König – verliehen. Mit der Auszeichnung des Max-Joseph-Ordens verbanden sich Vorzüge wie die Erhebung in den Ritterstand sowie eine nicht unerhebliche Pension. Der zivile Verdienstorden der bayerischen Krone stand jedem offen, der sich durch höhere bürgerliche Tugenden ausgezeichnet oder um das Vaterland besonders verdient gemacht hatte. Mit ihm verband sich der persönliche Adel auf Lebenszeit. Der Verdienstorden vom Heiligen Michael wurde in ähnlichen Fällen vergeben, allerdings ohne Adelsprädikat. Daneben wurde der Maximiliansorden für Wissenschaft und Kunst an jene verliehen, die sich auf diesen Gebieten hervorgetan hatten. Der Kronorden und der Michaelsorden wiesen um das Jahr 1900 zusammen zehn Rangklassen und die höchste Zahl an Mitgliedern vor. Diese beiden, gerade in den unteren Rangklassen, alljährlich massenhaft verliehenen Orden waren Ausdruck des bürgerlichen Wunsches nach Anpassung an die adelig-bürgerliche Oberschicht.[430]

Neben den genannten Orden gab es so genannte Damenorden. Königin Marie Therese stand als Großmeisterin dem bayerischen Theresien-Orden und dem

---

[429] Vgl. Möckl, Karl: Hof und Hofgesellschaft in Bayern in der Prinzregentenzeit. In: Werner, Karl Ferdinand (Hrsg.): Hof, Kultur und Politik im 19. Jahrhundert. Bonn, 1985. S. 183-235. Hier: S. 195-197.

[430] Nach dem Vorbild des französischen Sonnenkönigs Ludwig XIV. war der Georgiritterorden 1729 von Kurfürst Karl Albrecht in Anlehnung an mittelalterliche Traditionen zur Steigerung des Glanzes seines Hofes gegründet worden. In diesem Sinn war der Georgiritterorden von Anfang an ein Instrument fürstlicher Haumachtpolitik. Seine Aufgaben waren unter anderem die Verteidigung des katholischen Glaubens und der Unbefleckten Empfängnis Mariens sowie der Schutz der Ehre Gottes und des Hl. Georg. Ab 1871 kamen karitative Ziele hinzu, weswegen der Orden seit dieser Zeit zwei Krankenhäuser unterhielt und korporative Rechte verliehen bekam. Die Macht der Georgiritter, der „Junker Bayerns", beruhte auf der Treue zur Dynastie und zum katholischen Glauben. Gerade dies wurde von den Gegnern des Ordens aus dem preußischen und bürgerlich-liberalen Lager vielfach als „römisch" abqualifiziert. Zwischen 1886 und 1913 schwankte die Zahl der Ordensmitglieder zwischen 90 und 100. In der bayerischen Hofrangordnung stiegen die Georgiritter bis 1909 in die zweite Hofrangklasse auf. Vgl. ebd., Hier: S. 215-219.

4.3 Hofgesellschaft und Gesellschaft

Sankt-Elisabethen-Orden vor. Letzterer wurde ausschließlich an katholische Damen von altem stiftsmäßigen Adel für hervorragendes soziales Engagement verliehen.[431] Um die Elite der um den Staat verdienten Beamten oder Offiziere mit der Adelshierarchie in Einklang zu setzen, wurden die Ordensträger des Militär-Max-Joseph-Ordens und des Zivilverdienstordens der Krone in die Ritterklasse eingegliedert, also die vierthöchste der damaligen sechs Klassen des bayerischen Adels.[432] Die verschiedenen Orden kennzeichneten sichtbar den gesellschaftlichen Rang des Inhabers, waren Merkmal seines sozialen Prestiges und Maßstab für die Anerkennung von Leistungen für die staatlich-politische Ordnung. Im Gegensatz zu Preußen, das weder den Adel auf Lebenszeit noch die Nobilitierung als Voraussetzung zum Hofzutritt kannte, war in Bayern der Kronorden die ausschlaggebende Schwelle auf dem Weg in die Oberschicht.[433]

Neben Ordensverleihungen und Adelserhebungen spielten Hoftitel eine nicht unerhebliche Rolle bei der Integration der bürgerlichen Gesellschaft in die monarchische Gesellschaftsordnung. Vom Hof verliehene Titel – etwa der eines Hoffotografen – dienten ähnlich staatlichen Titeln wie jener eines Kommerzienrats dazu, aufsteigende Wirtschaftsbürger an den König zu binden. Aberkennungen von Hoftiteln sind in Bayern nur höchst selten überliefert. Nach offizieller Lesart sollte die Verleihung als Belohnung für den Gewerbetreibenden angesehen werden, der zur Hebung und Ausdehnung seines Geschäfts Ausgezeichnetes geleistet hatte. Die als Hoflieferant zugelassenen Bittsteller durften den Titel nicht nur in ihrem Briefkopf führen, sondern konnten fortan auch das königliche Wappen mit Löwen und Schild auf ihren Firmenschildern und Warenauszeichnungen verwenden. In den Verleihungsbedingungen hieß es, dass mit dem Titel kein Anrecht auf Lieferungen für die Hofhaltung verbunden sei. Daher bezogen sich die Hoffnungen auf die Vergrößerung des Umsatzes durch den Werbeeffekt der Hoflieferantentitel vor allem auf mögliche Kunden aus dem bürgerlichen und adeligen Umfeld.[434]

---

[431] Vgl. Schad, Martha: Bayerns Königinnen. München, 2007. S. 323f.
[432] Vgl. Demel, Walter: Der bayerische Adel 1750-1871. In: Wehler, Hans-Ulrich (Hrsg.): Europäischer Adel. 1750-1950. Göttingen, 1990. S. 126-143. Hier: S. 138.
[433] Vgl. Möckl, Karl: Hof und Hofgesellschaft in Bayern in der Prinzregentenzeit. In: Werner, Karl Ferdinand (Hrsg.): Hof, Kultur und Politik im 19. Jahrhundert. Bonn, 1985. S. 183-235. Hier: S. 220.
[434] Bis 1899 waren 1062 Anträge gestellt worden, von denen nur 395 genehmigt wurden, davon 178 in München, 175 im Rest Bayerns, 36 im Rest des Reichs und sechs im Ausland. Bis 1905 waren bereits weitere 711 Anträge beim Obersthofmeisterstab eingegangen, von denen nur 209 positiv beschieden wurden. Mehr als die Hälfte der Hoftitelträger stammten aus der Haupt- und Residenzstadt. Die Verleihungen orientierten sich an der Nähe zum königlichen „Hoflager". Insgesamt wurden in der Zeit der Monarchie 1150 Hoflieferantentitel und 549 Hoftitel verliehen, weitere 39 Personen wurden vom Hoflieferanten zum Hoftitelinhaber aufgewertet. Neben den „königlich bayerischen" Hoflieferantentiteln, die durch den König verliehen wurden, konnten auch die Mitglieder des königlichen Hauses Hoftitel verleihen. Diese „Prinzenhoftitel" waren vergleichsweise leichter zu erhalten und entsprechend nachgefragt. Im Jahr 1890 wurde bestimmt, dass die durch die Prinzen vergebenen Titel erst nach eingeholter Allerhöchster Genehmigung verliehen werden dürften. Die Ausgezeichneten, deren Verleihung nicht veröffentlicht wurde, trugen beispielsweise die Bezeichnung „Hoflieferant Seiner Königlichen Hoheit, des Prinzen Alfons." Bei der Verleihung von Hoftiteln und Hoflieferantentiteln fielen Gebühren an. Seit einer Neuregelung der Vergabepra-

4.4 Ein modernes Volks- und Bürgerkönigtum

Mit den gesellschaftlichen Strukturen wandelten sich die Formen der monarchischen Selbstdarstellung und Herrschaftslegitimation.[435] Eine Begleitschrift zum Besuch des bayerischen Königspaares in Ansbach im Juni 1914 fragte rhetorisch, „ist es ein Wunder, dass unser Volk mit Verehrung und Liebe aufschaut zu unserem hohen Königspaare?" und gab gleich die Antwort: „In seiner schlichten und einfachen Lebensführung, in seinem glücklichen Familienleben, in seiner echten Frömmigkeit und warmherzigen Wohltätigkeit, in seiner gewissenhaften Arbeit und seiner echt deutschen Gesinnung ist es längst ein leuchtendes Vorbild geworden für alle Schichten unseres Volkes. Seine Befriedigung findet es in der Arbeit für das Wohlergehen der Gesamtheit; deren Glück ist ihm die Quelle des eigenen Glückes. [...] So hoch aber auch die Majestäten über dem Volke stehen, so innig sind sie mit ihm in der Pflege allgemein menschlicher und bürgerlicher Tugenden verbunden. Die Wittelsbacher und die Bayern waren in einer mehr denn 700-jährigen Geschichte stets eins; gute und böse Tage haben sie gemeinsam verlebt, Freude und Leid zusammen getragen. So wird es bleiben in alle Zukunft."[436]

Sofern die Dynastie Wittelsbach Gesellschaftspolitik problembewusst anging, kam sie ausnahmslos zur Einsicht, dass die Monarchie ein allen Volksschichten zugängliches Zuhause zu gewähren und für eine ausgewogene Berücksichtigung aller Klassen Sorge zu tragen habe. Ludwig III. hob dies verschiedentlich programmatisch hervor. Innerhalb dieses Programms ließen sich jedoch sehr unterschiedliche Akzente hinsichtlich der Kontakte mit der Öffentlichkeit und der Bevorzugung jeweiliger Gruppen als Loyalitätspartner setzen. Parteien oder Interes-

---

xis wurden die bis dato fixen Gebühren auf 300 bis 3000 Mark erhöht, während sie für Handwerker und Kleingewerbebetreibende gesenkt wurden. Die Höchstgebühr sollte schließlich 15.000 Mark betragen. Dem Staat kam ein Drittel der Einnahmen zu, zwei Drittel gingen an den Hof. Ein Teil der Gebühreneinnahmen des Hofes floss in die „Prinzregent-Luitpold-Wohlfahrtsanstalt für Beamte und Lohnarbeiter des k. Hofes." Die Hoftitel waren, obgleich sie vom Hof vergeben wurden, staatlich geschützt. Dies galt vor allem für die Wappen, die bei unberechtigter Führung mit bis zu 150 Mark Strafe oder Haft bedroht war. Die Führung der Hoftitel selbst war juristisch mühsamer zu schützen, da sie im eigentlichen Sinn gar keine Titel waren. Die bayerischen Hoftitel waren rein persönliche Auszeichnungen und wurden als „eigentliche Hoftitel" verliehen, die der Geschäftsbezeichnung voranzustellen waren; etwa Hof-Schuhmacher oder Hof-Buchhändler. Um 1900 waren Gesuche um Verleihung eines Hoftitels unter Darlegung der persönlichen und geschäftlichen Verhältnisse an die Krone zu richten und beim Oberstthofmeisterstab einzureichen. Dort wurden die Anträge von einer Kommission geprüft, die sich bei der Polizei und den Rentämtern unter anderem bezüglich des Leumundes und den Vermögens- und Familienverhältnissen der Gesuchsteller erkundigte. Fiel die Prüfung positiv aus, wurde das Gesuch um Hoftitelverleihung schließlich dem König zur Entscheidung vorgelegt. Vgl. Krauss, Marita: Die königlich bayerischen Hoflieferanten. München, 2009. S. 27-38.

[435] Vgl. Schwengelbeck, Matthias: Monarchische Herrschaftsrepräsentationen zwischen Konsens und Konflikt: Zum Wandel des Huldigungs- und Inthronisationszeremoniells. In: Andres, Jan (Hrsg.): Die Sinnlichkeit der Macht; Herrschaft und Repräsentation seit der Frühen Neuzeit. Frankfurt am Main u.a., 2005. S. 123-162.

[436] Heil Wittelsbach! Zur Erinnerung an den Besuch Ihrer Majestäten des Königs Ludwig III. und der Königin Marie Therese von Bayern in Ansbach 30. Juni 1914. Ansbach, 1914. S. 33f.

4.4 Ein modernes Volks- und Bürgerkönigtum

senverbände waren als Ansprechpartner angesichts der stets hervorgehobenen Überparteilichkeit der Krone weniger geeignet. Im Umgang mit der ländlichen Bevölkerung wandte sich das Königshaus vor allem den relativ unpolitischen Traditionsverbänden und Schützenkompanien zu, nicht aber den Christlichen Bauernvereinen oder den scharf oppositionellen Bauernbündlern.[437] Die Integrationsprogrammatik der bayerischen Monarchie intendierte die Konstruktion eines homogenen Staats- und Nationalbewusstseins, das in der Person des Monarchen und der königlichen Familie ihren symbolischen Ausdruck finden sollte. Politische Leitideen wie das monarchische Prinzip und die Hervorhebung der Erbmonarchie fanden in der inhaltlichen Gestaltung von Inszenierungen ihren Ausdruck, in denen der König als landesväterliche Integrationsfigur den ‚Bund von Fürst und Volk' vermitteln sollte.[438]

Dieses ‚Volk' bestand im Deutschen Kaiserreich allgemein – wie auch im Bundestaat Bayern – aus sehr stark differenzierten sozialen und gesellschaftlichen Milieus. Die Gesellschaftsordnung war, ebenso wie in anderen Industriestaaten dieser Zeit, nach Besitz, Prestige und Vermögen abgestuft. Eine herausgehobene Stellung nahm der Adel ein, was sich einesteils durch ständische Traditionen erklärt, gleichzeitig durch dessen Anpassungsfähigkeit an den modernen Kapitalismus. Die Klassengesellschaft war vielfach unterteilt in Zwischenklassen, etwa diejenigen des ‚neuen' und ‚alten' Mittelstands. Das Bürgertum muss als sehr heterogene Kategorie betrachtet werden, die sich vom Wirtschaftsbürgertum über das Bildungsbürgertum bis hin zum Kleinbürgertum zieht. Daneben standen die großen und jeweils sehr heterogenen Gruppen der industriell-gewerblichen Arbeiterschaft sowie der Bauern und Landarbeiter. Überlagert wurden die Klassenunterschiede zusätzlich durch zahlreiche außerökonomische Faktoren – etwa den Stadt-Land-Gegensatz, regionale oder konfessionelle Unterschiede. Diese Faktoren zogen sich quer zu den Klassengrenzen. Angesichts dieser Ausdifferenziertheit existierten weder ‚die' Arbeiterklasse noch ‚die' Bourgeoisie als geschlossene Einheiten. Insgesamt war die Gesellschaft des Kaiserreichs scharf zergliedert und wies eine festgefügte Sozialordnung von beträchtlicher Rigidität auf.[439]

Festzuhalten ist ganz allgemein, dass neben dem Adel ein beträchtlicher Teil der bürgerlichen Gesellschaft der Gravitation des Hofes unterworfen war. Die Monarchie wandte sich ihrerseits explizit dem Bürgertum zu.[440] Allgemein ist festzustellen, dass die konstitutionelle Monarchie in der deutschen Gesellschaft aller Milieus, Klassen und Schichten über ein beträchtliches – wenngleich nicht genau quantifizierbares – Prestige verfügte. Ungeachtet aller Kritik an fragwürdigen Sei-

---

[437] Vgl. Gollwitzer, Heinz: Fürst und Volk. Betrachtungen zur Selbstbehauptung des bayerischen Herrscherhauses im 19. und 20. Jahrhundert. In: Zeitschrift für Bayerische Landesgeschichte. Nr. 50. München, 1987. S. 723-748. Hier: S. 744f.
[438] Vgl. Mergen, Simone: Monarchiejubiläen im 19. Jahrhundert. Leipzig, 2005. S. 301.
[439] Vgl. Ullrich, Volker: Die nervöse Großmacht. Frankfurt am Main, 2007. S. 271-312.
[440] Vgl. Dollinger, Heinz: Das Leitbild des Bürgerkönigtums. In: Werner, Karl Ferdinand (Hrsg.): Hof, Kultur und Politik im 19. Jahrhundert. Bonn, 1985. S. 325-362.

ten der Institution Monarchie oder an menschlichen Unzulänglichkeiten hielten gesellschaftlich einflussreiche Gruppen nachdrücklich an der Monarchie fest. Nicht nur die bürgerliche Ober- und Mittelschicht, sondern auch die ländlich-bäuerliche Bevölkerung und das Kleinbürgertum waren für die monarchischen Inszenierungen empfänglich. Sogar innerhalb des sozialdemokratischen Milieus der großen Industrieregionen wurden der Kaiser und die Bundesfürsten von der Masse der SPD-Anhänger als Personifikationen des als sehr positiv empfundenen patriarchalisch-fürsorglichen Prinzips wahrgenommen, ungeachtet der monarchiekritischen Perspektive der SPD-Eliten.[441]

Der König von Bayern, die Königin von Bayern und etliche Prinzen und Prinzessinnen waren Vorsitzende und Protektoren unzähliger Vereine und Gesellschaften.[442] Die vom königlichen Haus übernommenen Schirmherrschaften waren vielfältig und in ihrer Zahl kaum zu überblicken. Ludwig III. hatte sich als Protektor des „Königlich Bayerischen Veteranen- und Kriegerbundes und seiner Mitgliedschaften" zur Verfügung gestellt, ebenso als Protektor des „Vereins für Hebung der Fluss- und Kanalschifffahrt in Bayern"[443] und des „Münchner Schwimmvereins".[444] Marie Therese übernahm neben vielen anderen Schirmherrschaften das Protektorat über den Münchner „Künstlerinnen-Verein" und über die „Katholische weibliche Jugend". Letztere war in 156 Vereinen mit über 10.000 Mitgliedern organisiert.[445] Ebenso stand sie dem „Witwen- und Waisen-Unterstützungsverein" als Protektorin vor.[446] Kronprinz Rupprecht war Schirmherr vieler Vereine, unter an-

---

[441] Vgl. Clark, Christopher: Preußen. Aufstieg und Niedergang 1600-1947. Bonn, 2007. S. 679.

[442] Nach seinem Regentschaftsantritt hatte Ludwig verfügt, „dass der Grundsatz, wonach Mitglieder des K. Hauses vor der Übernahme von Protektoraten oder Ehrenpräsidien mit dem K. Staatsministerium des K. Hauses in das Benehmen zu treten haben, auch fernerhin Beachtung finden möge." Vgl. Staatsminister Georg von Hertling an sämtliche Staatsministerien und Adjutanturen bzw. Hofmarschallämter der Mitglieder des K. Hauses. München, 13.2.1913. Protektoratsübernahme über Vereine durch Mitglieder des königlichen Hauses. BayHStA, NB. Staatsministerium des Innern für Kirchen- und Schulangelegenheiten, Nr. 19052; Kabinettschef Dandl wie die Staatsministerien im November 1913 darauf hin, dass der König bestimmt habe, „dass in den Protektoraten über Vereine, Körperschaften und Veranstaltungen etc., welche Allerhöchstdieselben bisher innegehabt haben, keine Änderung eintreten soll. Seine Majestät wollen die Protektorate unverändert weiterführen." Kabinettschef von Dandl an sämtliche Staatsministerien. München, 11.11.1913. Protektoratsübernahme über Vereine durch Mitglieder des königlichen Hauses. BayHStA, NB. Staatsministerium des Innern für Kirchen- und Schulangelegenheiten, Nr. 19052.

[443] Reise Seiner Majestät zum Kanaltag nach Fürth und Nürnberg 6. Juni 1915 (XXV. Hauptversammlung des Verein für Hebung der Fluss- und Kanalschifffahrt in Bayern unter dem Protektorate Seiner Majestät des Königs Ludwig III. von Bayern). Reisen des Königs zum Kriegsschauplatz und zu Besichtigungen von Rüstungsbetrieben und Lazaretten. BayHStA, GHA. Kabinettsakten König Ludwigs III., Nr. 34.

[444] Einladung des Königs und der Königin zur Teilnahme an oder zur Übernahme von Protektoraten über Wohltätigkeitsveranstaltungen 1913-1916. BayHStA, GHA. Kabinettsakten König Ludwigs III., Nr. 3.

[445] Vgl. Schad, Martha: Bayerns Königinnen. München, 2007. S. 321f.

[446] Einladung des Königs und der Königin zur Teilnahme an oder zur Übernahme von Protektoraten über Wohltätigkeitsveranstaltungen 1913-1916. BayHStA, GHA. Kabinettsakten König Ludwigs III., Nr. 3.

4.4 Ein modernes Volks- und Bürgerkönigtum

derem des in Köln ansässigen „Bayern-Vereins 1880 e.V."[447] Sowohl das Geburtsfest als auch der Namenstag des Königs wurden alljährlich im ganzen Land mit Paraden, Festgottesdiensten und Festsoupers, patriotischen Reden und Gesängen in festlich geschmückten Straßen und weiß-blau geschmückten Gebäuden, unter Glockengeläute und Böllerschüssen gefeiert. Die Familienfeiern des Königshauses wurden als festliche Jahres- beziehungsweise Lebenshöhepunkte begangen. Die ‚Landeskinder' feierten oder trauerten mit dem als solchem stilisierten ‚Landesvater'. Dieses patriarchalische Verhältnis wurde gezielt inszeniert.[448]

Ludwig III. erkannte, dass das im 19. Jahrhundert so überreichlich bemühte Treueverhältnis zwischen dem bayerischen Volk und den wittelsbachischen Fürsten eine Modernisierung nötig hatte. Den Ausweg sah er nicht etwa in Verfassungsliberalisierungen, sondern vielmehr auf der Ebene der politischen Kultur. Der Herrscher propagierte ein Treuekonzept, das neben dem Bürgertum nicht nur bewusst die Bauernschaft integrierte, sondern das auf einer völlig neuen ideologischen Grundlage beruhte. Ludwig deutete Treue nicht mehr als einseitige Angelegenheit, die vom Volk gegenüber dem königlichen Haus zu erbringen war, sondern betonte vielmehr eine wechselseitige und gemeinsame Treueverpflichtung von

---

[447] Schreiben des Bayern-Vereins 1880 e.V. an Kronprinz Rupprecht. Köln, 30.1.1915. Reisen des Königs zum Kriegsschauplatz und zu Besichtigungen von Rüstungsbetrieben und Lazaretten. BayHStA, GHA. Kabinettsakten König Ludwigs III., Nr. 34.

[448] Mit gesteigertem Aufwand wurden besonders „runde" Geburtstage des Herrschers inszeniert. Mit weniger Pomp, aber dennoch nicht zu übersehen, wurden der Bevölkerung die Geburtstage der Königin, der Prinzen und Prinzessinnen des königlichen Hauses ins Bewusstsein gerufen. Dynastische Eheschließungen wurden ebenso unter Einbeziehung der Öffentlichkeit gefeiert und durch ein heiteres Festzeremoniell bis ins letzte Dorf des Königreichs multipliziert. Schwere Erkrankungen und Todesfälle wurden durch kirchliche Fürbitten und Trauerritten der Öffentlichkeit begleitet. Im Falle des Ablebens des Königs wurde das ganze Land in den Bann gezogen. Die Hoftrauerordnung am bayerischen Königshof aus dem Jahr 1913 sah im Fall des Ablebens des Königs oder der Königin sowie der verwitweten Königin eine dreimonatige Hoftrauer vor. Dabei hatten alle hoffähigen Herren und die Hofbeamten zur Uniform am Oberarm einen Trauerflor zu tragen, schwarze Beinkleider ohne Treppenbesatz und schwarze Handschuhe. Desgleichen galten auch für die Damen des Hofes Kleidungsvorschriften. Die Hoftheater blieben bis zum Beisetzungstag geschlossen. Für zwei Monate wurde bei den Ausfertigungen der Hofämter nur schwarzgerändertes Papier verwendet. Auch die Trauerbeflaggung der königlichen Gebäude war detailliert geregelt. Für den Kronprinzen und die Kronprinzessin, sonstige Prinzen und minderjährige Prinzen waren abgestufte Trauerzeiten vorgesehen. Im Fall des Ablebens auswärtiger Herrscher, etwa des Deutschen Kaisers oder des Königs eines deutschen Bundesstaates, wurde in Bayern ebenfalls Hoftrauer von bis zu sechs Wochen angeordnet. Die Todesnachricht wurde durch Anschläge, Ausrufer und Extrablätter sofort überall verbreitet, würdevolle Seelenämter demonstrierten prunkvoll die Trauerverbundenheit von Staat, Armee, Kirchen und herrschender Gesellschaft. Kirchenräume blieben mehrere Wochen lang schwarz verhüllt, täglich klang über jeden Ort Trauergeläut, Zeitungen erschienen mit Trauerrand. Tanzmusiken blieben während der Trauerzeit verboten, andere öffentliche Vergnügungen eingeschränkt. Zugleich löste der neue Herrscher den Verstorbenen in Wort und Bild als politisches Symbol in Amtsstuben, Kasernen, Schulhäusern, auf Briefmarken, im Kirchengebet und in der Presse ab. Vgl. Blessing, Werner K.: Der monarchische Kult, politische Loyalität und die Arbeiterbewegung im deutschen Kaiserreich. In: Ritter, Gerhard A. (Hrsg.): Arbeiterkultur. Königstein, 1979. S. 185-208. Hier: S. 186f; Hoftrauerordnung am K. Bayerischen Hofe, 1913. Hofangelegenheiten. BayHStA, GHA. NL Herzogin Wiltrud von Urach, Nr. 321.

4. Die inszenierte Monarchie

Fürst und Volk.[449] Die bürgerliche Öffentlichkeit verlangte dem Monarchen ein Stück Bürgerlichkeit ab – und diese wurde ihr geboten. Königliche Würde und Volksnähe wurden demonstriert, wenn der König aus der Theaterloge, dem offenen Wagen oder vom Balkon eines Schlosses das Publikum grüßte.[450] Die Faszination der attraktiven Themen Technik und Industrie, Imperialismus oder Kolonialismus hatte vor allem der Kaiser symbolisch in seine Repräsentation aufzunehmen vermocht. Der monarchische Kult der Wittelsbacher musste, wenn er erfolgreich bleiben sollte, moderne Elemente adaptieren und sich inhaltlich und formal zu einem traditionell-modernen Mischzeremoniell aktualisieren, um den bürgerlich-industriellen Nationalstaat symbolisch zu verkörpern.[451]

Das ganze Jahr über fanden königliche Familienfeiern, Galabanketts, Hoftafeln, festliche Theateraufführungen und militärische Fackelzüge statt. Zeremonielle Bedeutung hatten auch die Einladungen nach Schloss Nymphenburg. Der Münchner Fasching verband die höfische mit der künstlerischen und bürgerlichen Welt.[452] Die alljährlichen Hofbälle, Hoftafeln und Hofkonzerte in der Residenz trugen sehr zur breiten Popularität des Königshauses bei. Anlässlich des Hofballs stellte der Oberstkämmerer dem Herrscher die neu hinzugekommenen Damen und Herren mit Hofrang vor.[453] Unter dem Einfluss bürgerlicher Wertmuster wurden dem König vermehrt bürgerliche Beschreibungen zugemessen. Arbeits- und Pflichtethos, Tugendkatalog und Familienideale der bürgerlichen Gesellschaft wurden zur Beschreibung und Deutung des Königs herangezogen. Der Monarch erhielt als Integrationsfigur immer neue Facetten zugeschrieben, um ein möglichst breites, für viele Bevölkerungsgruppen anschlussfähiges Angebot darzustellen.[454] Demonstrative Volkstümlichkeit und Bodenhaftung bekundete die Darstellung des Königs bei der Bewirtschaftung des landwirtschaftlichen Musterguts in Leutstetten oder bei der

---

[449] Vgl. Murr, Karl Borromäus: Treue im Zeichen des Krieges. Beobachtungen zu einem Leitmotiv bürgerlicher Identitätsstiftung im Königreich Bayern (1806-1918). In: Buschmann, Nikolaus; Murr, Karl Borromäus (Hrsg.): Treue. Politische Loyalität und militärische Gefolgschaft in der Moderne. Göttingen, 2008. S. 110-149. Hier: S. 144-146.

[450] Vgl. Hardtwig, Wolfgang: Performanz und Öffentlichkeit in der krisenhaften Moderne: Visualisierung des Politischen in Deutschland 1900-1936. In: Herfried Münkler, Jens Hacke (Hrsg.): Strategien der Visualisierung. Verbildlichung als Mittel politischer Kommunikation. Frankfurt am Main, 2009. S. 71-92. Hier: S. 75; Vgl. Machtan, Lothar: Wilhelm II. als oberster Sittenrichter: Das Privatleben der Fürsten und die Imagepolitik des letzten Deutschen Kaisers. In: Benz, Wolfgang u.a. (Hrsg.): Zeitschrift für Geschichtswissenschaft. 54. Jahrgang. Heft 1. Berlin, 2006. S. 5-19.

[451] Vgl. Blessing, Werner K.: Der monarchische Kult, politische Loyalität und die Arbeiterbewegung im deutschen Kaiserreich. In: Ritter, Gerhard A. (Hrsg.): Arbeiterkultur. Königstein, 1979. S. 185-208. Hier: S. 191f; Vgl. König, Wolfgang: Wilhelm II. und die Moderne. Der Kaiser und die technisch-industrielle Welt. Paderborn u. a., 2007.

[452] Vgl. Möckl, Karl: Hof und Hofgesellschaft in Bayern in der Prinzregentenzeit. In: Werner, Karl Ferdinand (Hrsg.): Hof, Kultur und Politik im 19. Jahrhundert. Bonn, 1985. S. 183-235. Hier: S. 193.

[453] Gedrucktes Programm des Hofballs am 14.01.1914 in München. Hofbälle und Konzerte (1908-1918, 1926, 1932). BayHStA, GHA. NL Herzogin Wiltrud von Urach, Nr. 322.

[454] Vgl. Mergen, Simone: Monarchiejubiläen im 19. Jahrhundert. Leipzig, 2005. S. 306.

4.4 Ein modernes Volks- und Bürgerkönigtum

Jagd, bei der er als einfacher Jäger unter einfachen Berg- oder Waldmenschen dargestellt wurde.[455]

Neben traditionellen Formen des diplomatischen und militärischen Zeremoniells sowie des strengen spanischen Hofprotokolls standen am Königshof Inszenierungen von Modernität, was sich etwa in Eisenbahnreisen und dem Einsatz für den Schifffahrtskanalbau ausdrückte. Ludwig war zudem seit 1903 auf Betreiben Oskar von Millers hin als Protektor des Vereins „Deutsches Museum von Meisterwerken der Naturwissenschaften und Technik" wesentlich an dessen Entstehung beteiligt.[456] Der König war zeitlebens an praktischen, zeitgemäßen Gegenständen interessiert und förderte an vielen Stellen technische Projekte. Dem wirtschaftlichen und technischen Fortschritt wurde Tribut gezollt, indem der Herrscher Gewerbeausstellungen eröffnete, Wirtschaftsverbände besuchte und sich durch Fabrikanlagen führen ließ, wo ihm freilich nur die besten Arbeitssäle gezeigt wurden und die Arbeiter zuvor ‚adrett' gemacht und durch Freistunden und Geschenke heiter gestimmt worden waren.[457] Ebenso wie der Kaiser leistete der König von Bayern durch seine Beschäftigung mit Wissenschaft, Technik und Industrie einen erheblichen Beitrag zum gesellschaftlichen Wandel und unterstützte die gesellschaftliche Emanzipation des Bildungs- und Wirtschaftsbürgertums.[458]

Der vergleichsweise einfache Lebensstil der Mitglieder des Königlichen Hauses war zum Teil gewollt, zum Teil den finanziellen Verhältnissen geschuldet. Die scheinbar bürgerliche, in Wirklichkeit aber aristokratische Lebensform trug ungeachtet der ihr zugrundeliegenden Motive sehr dazu bei, Vorstellungen zu fördern, die dem bayerischen Königtum jenen unpolitischen, vordergründig-konventionellen Anschein verliehen, der es fast allen gesellschaftlichen Schichten und politischen Schattierungen möglich machte, sich als ‚königstreu' zu bezeichnen.[459] Auch die Besuche wöchentlicher Kegelabende in den Münchner Pschorr-Bräu-Hallen durch Ludwig III. sowie Stadtspaziergänge in schwarzem Gehrock, Zylinder und goldener Brille trugen zu diesem Bild bei.[460] Die geplante Inszenierung von Volkstümlichkeit führte zu einer Wiederbelebung der Verbundenheit der Bevölkerung mit dem Herrscherhaus. Die konkreten Vorschläge und Maßnahmen sind dem Staatsministerium, der Hofverwaltung oder der Geheimkanzlei zuzuschreiben. Die Prinzen des Königlichen Hauses befürworteten dieses Programm,

---

[455] Vgl. Beckenbauer, Alfons: Ludwig III. von Bayern. Regensburg, 1987. S. 79-89; Vgl. Blessing, Werner K.: Staat und Kirche in der Gesellschaft. Göttingen, 1982. S. 228.
[456] Vgl. Beckenbauer, Alfons: Ludwig III. von Bayern. Regensburg, 1987. S. 135.
[457] Vgl. Blessing, Werner K.: Staat und Kirche in der Gesellschaft. Göttingen, 1982. S. 231; Vgl. Ursel, Ernst: Die bayerischen Herrscher von Ludwig I. bis Ludwig III. im Urteil der Presse nach ihrem Tode. Berlin, 1974. S. 155-157.
[458] Vgl. König, Wolfgang: Wilhelm II. und die Moderne. Der Kaiser und die technisch-industrielle Welt. Paderborn u. a., 2007.
[459] Vgl. Möckl, Karl: Hof und Hofgesellschaft in Bayern in der Prinzregentenzeit. In: Werner, Karl Ferdinand (Hrsg.): Hof, Kultur und Politik im 19. Jahrhundert. Bonn, 1985. S. 183-235. Hier: S. 232; Vgl. Ursel, Ernst: Die bayerischen Herrscher von Ludwig I. bis Ludwig III. im Urteil der Presse nach ihrem Tode. Berlin, 1974. S. 126-129.
[460] Vgl. Beckenbauer, Alfons: Ludwig III. von Bayern. Regensburg, 1987. S. 145.

das zur Hebung der eigenen Popularität beitrug, nicht nur, sondern setzten es pflichtbewusst um. Die führende bürgerliche und städtische Gesellschaftsschicht, auch weite Teile der Landbevölkerung, entwickelten eine mit der Person des Herrschers verknüpfte Anhänglichkeit, die sich in Abstufungen auch auf die in der Öffentlichkeit stehenden Prinzen erstreckte.[461]

Diese Art der Inszenierung empfand man wiederum mancherorts, angesichts eines noch wirksamen majestätischen Leitbilds, als unaristokratisch und profan.[462] Manche Zeitgenossen befremdete die Inszenierung eines scheinbar modernen Volks- und Bürgerkönigtums. Der Schriftsteller und Kulturhistoriker Franz Blei berichtete über die bayerische Königsfamilie: „Das Haus Wittelsbach gehörte nicht zu den reichen Dynastien, und die Familie ist groß. Man musste sparsam leben." Wenn Ludwig eine Einladung gab, „wurde Hofbräu und Würstel serviert." Bis auf „den abseitigen Rupprecht, den intelligentesten Kopf der zahlreichen Familie, taten die anderen [...] ihr möglichstes, sich mit dem Volke gemein zu machen, von keinem strengen Hofzeremoniell darin gehindert. [...] Aber es wirkte nicht wie was Besonderes auf das Volk, das seinen Regenten an Sommertagen in den Gassen spazieren sah, den Hut abnehmen, sich mit dem Taschentüchel den Schweiß wischen und zu einem Passanten sagen: ‚Heiß is heut'. [...] Weit volkstümlicher und geliebter war, weil er die Fantasie mit legendenbildender Kraft beschäftigte, um 1900 immer noch des zweiten Ludwig Leben und Sterben bei diesen Oberbayern, die gern glaubten, dass die Anbiederung der derzeit herrschenden Familie aus einem schlechten Gewissen käme."[463]

Die barock anmutenden klassischeren Formen monarchischer Repräsentation hingegen konnten dort eher befremden als begeistern, wo man für sie kaum prädisponiert war. Auftritte des Königs in einem modernen Industriezentrum, bei denen er unter Kanonendonner und Fanfarenstößen mit wehendem Helmbusch zwischen jubelnden Kindern über einen Blumenteppich durch geschmückte Straßen fuhr, in Generaluniform mit Gefolge durch Fabrikhallen schritt und goldene Münzen an Kinder verteilte, deren Eltern für einen Bruchteil arbeiteten, rückten den Monarchen für distanzierte Beobachter ins Operettenhafte. Vor allem in den Einflusszonen der Sozialdemokratie traf der Königskult daher eher auf Unverständnis. Auch persönliche Würde konnte dem nur begrenzt entgegenwirken.[464]

---

[461] Vgl. Weigand, Katharina: Prinzregent Luitpold. Die Inszenierung der Volkstümlichkeit. In: Schmid, Alois (Hg.): Die Herrscher Bayerns; 25 historische Portraits von Tassilo III. bis Ludwig III. München (2001), S. 359-375. Hier: S. 373f.

[462] Vgl. Schneider, Ludwig M.: Die populäre Kritik an Staat und Gesellschaft in München (1889-1914). Ein Beitrag zur Vorgeschichte der Münchner Revolution von 1918/19. München, 1975. S. 362f.

[463] Zit. nach Liebhart, Wilhelm: Königtum und Politik in Bayern. Frankfurt am Main, 1994. S. 205.

[464] Vgl. Blessing, Werner K.: Staat und Kirche in der Gesellschaft. Göttingen, 1982. S. 231f; Vgl. Sösemann, Bernd: Hollow-sounding jubilees: forms and effects of public self-display in Wilhelmine Germany. In: Mombauer, Annika (Hg.): The Kaiser; new research on Wilhelm II's role in imperial Germany. 1. Aufl. Cambridge [u.a.] (2003), S. 37-62. Hier: S. 53f und S. 60-62.

Alles in allem hatte es das Haus Wittelsbach Anfang des 20. Jahrhunderts durch seine scheinbar unpolitische, betont bodenständige und volkstümliche Selbstdarstellung erreicht, dass alle Bevölkerungsschichten und alle politischen Gruppen sich grundsätzlich als königstreu bezeichnen konnten. Selbst die Sozialdemokraten, eigentlich Gegner des monarchischen Systems, verhielten sich ‚königlich-bayerisch' und auch der „Simplizissimus" sah in der Wittelsbacher Dynastie ein wesentliches Element bayerischer Liberalität. Wenngleich die Monarchie und ihre öffentliche Darstellung innerhalb der Arbeiterbewegung teils sarkastisch bekämpft wurden, so wurde dem Herrscher für seine persönliche Integrität und seine Repräsentationsstrapazen Respekt gezollt. Es war gelungen, das Haus Wittelsbach integrativ und ausgleichend über die verschiedenen Interessen des liberalen Beamtentums, das von Institutionen des Kaiserreichs sowie dem hohen Wirtschaftsbürgertum gestützt wurde, und der katholisch-konservativ-fortschrittlichen Landtagsmehrheit, hinter der eine Volksbewegung stand, zu stellen. Sogar die Arbeiterbewegung war in ihren wichtigsten Organisationen am Rand dieses Systems eingebunden. Eine Steigerung der Legitimität der monarchischen Herrschaft war langfristig allerdings nur möglich, wenn nicht nur die bürgerliche Oberschicht, sondern die gesamte Gesellschaft politisch und sozial vollwertig eingebunden wurde.[465]

4.5 Landesreisen und Antrittsbesuche

In der Haupt- und Residenzstadt München war die Monarchie allein schon durch die Anwesenheit und die fast täglichen öffentlichen Auftritte der Mitglieder des Königlichen Hauses präsent. Zudem wurde monarchische Herrschaft seit der Regierungszeit König Ludwigs I. mit monumentaler Architektur deutlich sichtbar gemacht – die Anbauten der Residenz, die Ludwigstraße, die Feldherrnhalle oder das Siegestor dienen als Beispiele. Während der Prinzregentenzeit wurde München weiterhin durch das Königshaus geprägt. Der neue Justizpalast, das bayerische Nationalmuseum an der neuen Prinzregentenstraße, der Friedensengel, das Prinzregententheater sowie das bayerische Armeemuseum sollten den Glanz der wittelsbachischen Herrschaft architektonisch verewigen.[466] Aufgrund der schwierigen finanziellen Lage konnte die Monarchie jedoch nicht in dem Maße als Bauherr auftreten, wie sie es zu den Zeiten Ludwigs I. bis Ludwigs II. getan hatte. Als einziger

---

[465] Vgl. Möckl, Karl: Hof und Hofgesellschaft in Bayern in der Prinzregentenzeit. In: Werner, Karl Ferdinand (Hrsg.): Hof, Kultur und Politik im 19. Jahrhundert. Bonn, 1985. S. 183-235. Hier: S. 232f.

[466] Vgl. Murr, Karl Borromäus: „Treue bis in den Tod". Kriegsmythen in der bayerischen Geschichtspolitik im Vormärz. In: Buschmann, Nikolaus; Langewiesche, Dieter (Hrsg.): Der Krieg in den Gründungsmythen europäischer Nationen und der USA. Frankfurt am Main, 2003. S. 138-174; Vgl. Denk, Otto; Weiß, Joseph: Unser Bayerland. Vaterländische Geschichte, volkstümlich dargestellt. Mit 15 Tafelbildern und 461 Textabbildungen. München, 1906. S. 541-543, Vgl. Schrott, Ludwig: Der Prinzregent. München, 1962. S. 166-175.

4. Die inszenierte Monarchie

Teil der Prinzregentenstraße wurde die Isarbrücke direkt durch das Königshaus finanziert. Ansonsten traten meist die Stadt und nunmehr auch der monarchische Staat, wie im Fall des Nationalmuseums, als Bauherren auf. Dennoch war die hauptstädtische Bautätigkeit der Vorkriegszeit durch die Kunst- und Kulturförderung des Königshauses stets aufs Engste symbolisch mit demselben verwoben.[467]

In den Städten und Regionen des Königreichs war die Begegnung der Öffentlichkeit mit der Monarchie schwieriger zu bewerkstelligen als in München. Eine starke Präsenz des Herrschers war jedoch notwendig. Während der Sommermonate residierte der Monarch teils in Schloss Leutstetten am Starnberger See, teils in Schloss Wildenwart am Chiemsee. Mehrfach im Jahr wurden ‚Allerhöchste Jagden' im bayerischen Oberland veranstaltet, meist in Oberstdorf, Hohenschwangau, Wildenwart, Hintersee, Berchtesgaden und St. Bartholomä am Königssee. Für den königlichen Gastgeber beinhalteten diese Aufenthalte im Rahmen eines offiziellen Programms repräsentative Pflichten. In Begleitung Ludwigs III. befanden sich das engere Gefolge in Person des Oberthofmeisters, Oberstkämmerers, Kabinettschefs, Flügeladjutanten vom Dienst, Hofjagddirektors und Leibarztes. Im Umfeld der Jagdaufenthalte fanden Tafeln, Huldigungen und Empfänge der besuchten Gemeinden statt. Schulklassen standen Spalier und trugen dem Monarchen Gedichte vor. Zudem wurden in großer Zahl Auszeichnungen und Geschenke an Bürger verliehen.[468]

Entsprechend seiner nach dem Regierungsantritt geäußerten Absicht unternahm Ludwig in den beiden Sommern 1913 und 1914 Repräsentationsreisen in die bayerischen Städte und Provinzen.[469] Die großangelegte Inszenierung der Monarchie entwickelte sich zu einem touristischen und wirtschaftlichen Standortfaktor. Städtische Werbung und wirtschaftliche Selbstdarstellung äußerten sich in Geschenken an das Königshaus. Publikationen dokumentierten die Besuche sowie das Engagement der Organisatoren. Die zunehmende Konsumierbarkeit und Kommerzialisierung des Feierns förderte die Popularisierung monarchischer Inszenierungen. Die Anreise von Festgästen in die feiernden Städte stellte ein lukratives Geschäft für das städtische Gewerbe dar.[470] Dank des gut ausgebauten Eisenbahnnetzes war es dem Herrscher möglich, sich der Öffentlichkeit nicht nur in der Haupt- und Resi-

---

[467] Vgl. Ursel, Ernst: Die bayerischen Herrscher von Ludwig I. bis Ludwig III. im Urteil der Presse nach ihrem Tode. Berlin, 1974. S. 127.

[468] Einladungen und Empfänge anlässlich der Jagdaufenthalte in Oberstdorf, Hohenschwangau, Wildenwart, Hintersee, Berchtesgaden und St. Bartolomä 1913-1917. BayHStA, GHA. Kabinettsakten König Ludwigs III., Nr. 23; Vgl. Lerman, Katherine: Hofjagden: Royal Hunts and Shooting Parties in the Imperial Era. In: Biefang, Andreas; Epkenhans, Michael; Tenfelde, Klaus (Hrsg.): Das politische Zeremoniell im Deutschen Kaiserreich 1871-1918. Düsseldorf, 2008. S. 115-133.

[469] K.u.K. Gesandter von Velics in München an SE dem Herrn Minister des K.u.K. Hauses und des Äußern Grafen Berchtold. München, 19.6.1913. OeStA, Abt. Haus-, Hof- und Staatsarchiv. Ministerium des Äußern. Administrative Registratur, Nr. F2-36-1; Reisen Seiner Kgl. Hoheit des Prinzregenten von Bayern und ihrer Kgl. Hoheiten der Prinzen von Bayern. Reisen Seiner Majestät des Königs (1903-1918). BayHStA, Abt. Neuere Bestände. Staatsministerium des Innern für Kirchen- und Schulangelegenheiten. Nr. 19043.

[470] Vgl. Mergen, Simone: Monarchiejubiläen im 19. Jahrhundert. Leipzig, 2005. S. 305.

denzstadt oder im Umfeld der Schlösser, sondern in ganz Bayern sowie den Hauptstädten des Deutschen Reichs regelmäßig von Angesicht zu Angesicht präsentieren zu können. Die direkte Begegnung mit der Bevölkerung kann in ihrer loyalitäts- und identitätsstiftenden Wirkung kaum überschätzt werden, zumal diese öffentlichen Auftritte stets medial begleitet und multipliziert wurden. Die Zeitungen berichteten überschwänglich über die Landesreisen. Die Empfänge des Königspaares, der Ablauf der Huldigungen und die Zeitpläne der Feierlichkeiten wurden bis ins Detail beschrieben.[471]

Mit glänzendem Gefolge zog Ludwig unter Glockengeläut und Trompetenschall durch Fahnenwände und Triumphpforten in die Städte ein, wo sich die Schuljugend, Militär und Landwehr, Vereine, Korporationen und Bürgerschaft zur Huldigung auf die Straße begaben. Empfänge, Ordensverleihungen, Treueauszeichnungen für ‚einfache Menschen aus dem Volk', abendliche Serenaden und feierliche Brillantfeuerwerke mit sprühenden Königssymbolen boten die Glanzlichter dieser Besuche. Als Zwischenstation auf den Repräsentationsreisen wurden auch kleinere Orte Schauplatz der Repräsentation und Huldigung, der volksnahen Inszenierung der Herrschaft. Wo immer der Hofzug oder die Karossen langsam durch die festlich geschmückten Dörfer fuhren, konnte die ländliche Öffentlichkeit einen kurzen Blick auf den Glanz der Monarchie werfen. Ländliche oder bürgerliche Vergnügungen begleiteten die hohen Besuche stets. Die Repräsentationsreisen hatten durch Tanz, Musik, Spiele und leibliche Genüsse Volksfestcharakter, was wesentlich zum Erfolg beitrug.[472]

In einer Zeit des sprunghaft anwachsenden Massenverkehrs zogen die Schauplätze der monarchischen Attraktionen immer mehr Menschen aus einem immer größeren Gebiet an. Die Teilnehmer der Festlichkeiten übten in ihrem persönlichen Umfeld als Multiplikatoren eine vielgestaltige Breitenwirkung aus. Besonders intensiv war dies bei unmittelbar Beteiligten, etwa Paradeoffizieren und Eskorte-Soldaten, den Honoratioren vom Empfangskomitee und den Ehrenjungfrauen, den Preisträgern der Festschießen oder den Vereinsdeputierten. In der Regel kehrten sie mit einem Erinnerungszeichen – Orden und Verdienstmedaillen, Bildern und Broschüren – aus der Hand des Herrschers oder einer Hofcharge nach Hause zurück, welches den Loyalitätsapell an die Dynastie perpetuierte.[473]

Innerhalb kurzer Zeit absolvierte Ludwig zudem Antrittsbesuche in den Hauptstädten der wichtigsten deutschen Bundesstaaten sowie in Österreich-Ungarn. Als

---

[471] Vgl. die zahllosen Artikel zu diesen Anlässen in der Presseausschnittsammlung der Königin von Bayern. BayHStA, GHA. Presseausschnittsammlung der Königin Marie Therese. Bd. XXXIV.

[472] Vgl. Blessing, Werner K.: Der monarchische Kult, politische Loyalität und die Arbeiterbewegung im deutschen Kaiserreich. In: Ritter, Gerhard A. (Hrsg.): Arbeiterkultur. Königstein, 1979. S. 185-208. Hier: S. 187.

[473] Vgl. Blessing, Werner K.: Der monarchische Kult, politische Loyalität und die Arbeiterbewegung im deutschen Kaiserreich. In: Ritter, Gerhard A. (Hrsg.): Arbeiterkultur. Königstein, 1979. S. 185-208. Hier: S. 188; Vgl. Allerhöchste Auszeichnungen aus Anlass der Reisen Sr. Majestät des Königs. BayHStA, Abt. Neuere Bestände. Staatsministerium des Innern für Kirchen- und Schulangelegenheiten. Nr. 19144.

4. Die inszenierte Monarchie

erster stand vom 6. bis 8. März 1913 der Besuch der Reichshauptstadt Berlin an, wo ihm Kaiser Wilhelm II. einen pompösen Empfang bereitete. Unmittelbar zuvor heftete Ludwig sich als Chef seiner Armee den militärischen Rang und die Insignien eines bayerischen Generalfeldmarschalls an, was angesichts des repräsentativen Charakters der Reise angemessen erschien.[474] Derartigen Deutungszwängen konnte er sich nicht entziehen, was auch gar nicht in seiner Absicht liegen konnte.[475] Bei der Ankunft am Anhalter Bahnhof wurde das bayerische Regentenpaar durch Kaiser Wilhelm II. und Kaiserin Auguste Viktoria persönlich empfangen. Den feierlichen Höhepunkt der Reise bildete eine Galatafel im Schloss.[476] Auf dem Speiseplan standen Kaviar, gerösteter Rheinlachs, Schinken in Burgunder, Salmi von Wachteln, grüne Spargelspitzen und Alhambra Lombe. Dazu wurde St. Péray getrunken, 1893er Steinberger Cabinet, 1878er Château Gruaud-Larose und zum Schluss 1858er Tokajer.[477]

Ludwig erinnerte daran, dass noch vor kurzem der Tod des Prinzregenten Luitpold Bayerns Königshaus und Volk in tiefe Trauer senkte. Damals habe der Kaiser „in sichtbarster und rührender Weise an unserem Schmerze teilgenommen. Es ist mir ein Herzensbedürfnis, den Dank hierfür, sowie für alle meinem höchstseligen Vater in treuer Freundschaft erwiesene Liebe persönlich zum Ausdruck zu bringen." Mit überschwänglichen Worten bekräftigte er seine Bündnistreue: „Die Wärme des Empfangs, die wir bei euren Majestäten gefunden haben und die uns auch von der Bevölkerung der Reichshauptstadt entgegengebracht worden ist, ent-

---

[474] K.u.K. Gesandter von Velics in München an SE dem Herrn Minister des K.u.K. Hauses und des Äußern Grafen Berchtold. München, 13.3.1913. OeStA, Abt. Haus-, Hof- und Staatsarchiv. Ministerium des Äußern. Administrative Registratur, Nr. F2-36-1.

[475] Das Zeremoniell bildete ein eigenes Zeichensystem, eine symbolische Sprache. Die äußere Form der inszenierten Staatsbesuche war nicht einfach der Überrest höfischer Repräsentation, sondern erlaubte es, den Charakter des Ereignisses für die Öffentlichkeit sichtbar zu bestimmen. Die unmittelbar Beteiligten besaßen über die politische Deutung des Zusammentreffens allerdings in der Regel nur ein begrenztes Maß an Kontrolle. Aus diesem Grund wurde großer Wert auf die Auswahl der Begegnungsorte, auf das im Vorab bis ins kleinste Detail geregelte Zeremoniell und wohlüberlegten öffentlichen Reden gelegt. Nationale Repräsentation überformte die frühere Funktion dynastischer Selbstdarstellung am Residenzort. Unpolitisch verliefen die Begegnungen zwischen verschiedenen deutschen Bundesfürsten oder anderen europäischen Monarchen jedoch nicht. Wenngleich familiäre oder dynastische Komponenten nach wie vor eine Rolle spielten, so waren sie dennoch dem Bündnissystem und der nationalen Repräsentation bei- oder untergeordnet. Vgl. Paulmann, Johannes: Pomp und Politik. Paderborn u.a., 2000. S. 351f.

[476] Im Bahnhofsgebäude stand eine Ehrenkompagnie mit weißen Haarbüschen Spalier für den hohen Verbündeten, es wurde „Heil dir im Siegerkranz" gespielt. Vor dem Bahnhof standen eine Eskadron Garde-Kürassiere und Garde-Dragoner zur Eskorte auf dem Weg ins Berliner Stadtschloss über die Königgrätzer Straße, durch das Brandenburger Tor und Unter den Linden bereit. Am folgenden Tag fand der Antrittsbesuch beim Reichskanzler statt, im Anschluss ein offizielles Frühstück bei Graf Lerchenfeld in der bayerischen Gesandtschaft. Marie Therese vertrieb sich die Zeit währenddessen mit dem Besuch des Cecilienhauses und einer Fahrt nach Potsdam. Vgl. Allerhöchste Bestimmungen für den Empfang und die Anwesenheit Ihrer Königlichen Hoheiten des Prinzen Ludwig, Regenten des Königreichs Bayern, und Allerhöchstdessen Erlauchter Gemahlin in Berlin im März 1913. Reise des Prinzregenten Ludwig nach Berlin am 6.-8.3.1913. BayHStA, GHA. Kabinettsakten König Ludwigs III., Nr. 10.

[477] Königliche Tafel, 7.3.1913. Reise des Prinzregenten Ludwig nach Berlin am 6.-8.3.1913. BayHStA, GHA. Kabinettsakten König Ludwigs III., Nr. 10.

4.5 Landesreisen und Antrittsbesuche

springt den Gefühlen enger unauflösbarer Zusammengehörigkeit, die Deutschlands Fürsten und Völker im Deutschen Reiche eint. Eure Majestät dürfen gewiss sein, dass ich die von meinen Vorgängern in der Regierung Bayerns dem Deutschen Reiche erwiesene Treue stets bewahren werde, im engsten Zusammenstehen mit Eurer Majestät und den übrigen deutschen Fürsten an den hohen Aufgaben und der Entwicklung des Reiches in guten und bösen Tagen mitzuwirken."[478]

Wilhelm II. betonte, mit ihm begrüße sein „ganzes Volk den Herrn des schönen Bayerlandes als hochwillkommenen Gast." Er fuhr fort, Bayern und Preußen verknüpften „die starken Bande deutscher Einheit und Einigkeit, die einst in heißem Ringen geschmiedet wurden. Dankbar dürfen wir zurücksehen auf die langen Jahre, in denen es den deutschen Fürsten gegeben war, das damals Errungene in friedlicher Entwicklung zu fördern und zu pflegen. Der Hausritterorden vom Hl. Hubertus, durch dessen Verleihung Eure Königliche Hoheit jetzt die Gnade gehabt haben, vier meiner Söhne auszuzeichnen, trägt die Devise ‚In Trau vast' (In Treue fest). Möge dieser Wahlspruch ein Symbol sein und bleiben für das Zusammenstehen der Häuser Wittelsbach und Hohenzollern für alle Zeiten."[479]

Der folgende Antrittsbesuch ging nach Dresden, wo der sächsische König Friedrich August III.[480] größten Wert darauf legte, Ludwig „zu begrüßen und persönliche Rücksprache [...] über die sehr schwierigen Fragen zu halten".[481] Auch in der sächsischen Hauptstadt wurde der bayerische Besucher bei seiner Fahrt in die Stadt von einer Ehrenkompagnie begleitet und durch eine Galatafel im Schloss geehrt.[482] Der König von Sachsen betonte, die Anwesenheit seiner bayerischen Gäste bringe „den hochwillkommenen Beweis, dass Eure Königliche Hoheit gesonnen sind, die seit so langen Zeiten bestehenden Bande der Verwandtschaft und Freundschaft zwischen unseren Häusern und Ländern in alter Weise weiter zu pflegen."[483] Abermals reisten die ranghöchsten Vertreter des bayerischen Staates und Hofes mit, unter anderem der Vorsitzends des Ministerrats Georg von Hertling, Oberhofmeister Albrecht Graf von Seinsheim, Oberstkämmerer Hans Freiherr von Laßberg, Kabinettschef Otto von Dandl sowie Generaladjutant Wilhelm Walther von Walderstötten.[484]

---

[478] Text der in Berlin gehaltenen Rede Ludwigs. Reise des Prinzregenten Ludwig nach Berlin am 6.-8.3.1913. BayHStA, GHA. Kabinettsakten König Ludwigs III., Nr. 10.
[479] Redetext des Kaisers anlässlich der Galatafel. Reise des Prinzregenten Ludwig nach Berlin am 6.-8.3.1913. BayHStA, GHA. Kabinettsakten König Ludwigs III., Nr. 10.
[480] Zu Friedrich August III.: Fellmann, Walter: Sachsens letzter König. Friedrich August III. Berlin u.a., 1992.
[481] Telegramm Friedrich Augusts III. an Ludwig III., 13.2.1913. Reise des Prinzregenten Ludwig nach Dresden am 8.-10.3.1913. BayHStA, GHA. Kabinettsakten König Ludwigs III., Nr. 11.
[482] Programm der Reise des Prinzregenten Ludwig nach Dresden am 8.-10.3.1913. BayHStA, GHA. Kabinettsakten König Ludwigs III., Nr. 11.
[483] Rede des Königs von Sachsen, 8.3.1913. Reise des Prinzregenten Ludwig nach Dresden am 8.-10.3.1913. BayHStA, GHA. Kabinettsakten König Ludwigs III., Nr. 11.
[484] Gefolgeliste. Reise des Prinzregenten Ludwig nach Dresden am 8.-10.3.1913. BayHStA, GHA. Kabinettsakten König Ludwigs III., Nr. 11.

4. Die inszenierte Monarchie

Im Mai 1913 folgten Antrittsbesuche beim König von Württemberg sowie den Großherzögen von Baden und Hessen. Auch in Stuttgart, Karlsruhe und Darmstadt verlief das Festprogramm wie bei den vorangegangenen Reisen. Zunächst gastierte Ludwig vom 3. bis 5. Mai in Stuttgart bei König Wilhelm II. von Württemberg, wo Ehrenkompagnien, Galatafeln, Festgottesdienste, Militärparaden sowie eine Aufführung des Hoftheaters auf dem Plan standen.[485] Großherzog Friedrich II. von Baden ließ zu Ehren des Besuchs des bayerischen Bundesfürsten in Karlsruhe die Oper Aida aufführen.[486] Ludwig beschwor, wie zuvor Großherzog Ernst Ludwig von Hessen, bei seiner Tischrede in Darmstadt mit feierlichen Worten die unerschütterliche Bundestreue der deutschen Staaten und deren regierender Häuser.[487] Die Reihe von offiziellen Antrittsbesuchen schloss Anfang Juni 1913 ein Aufenthalt in Wien ab. Auch hier wurde viel Wert auf Symbolik gelegt.[488] Das Gefolge umfasste den Ministerratsvorsitzenden, den Obersthofmeister, den Kabinettschef, den Generaladjutanten, den Oberststallmeister und 23 weitere Bedienstete.[489] Neben politischen Gesprächen und Galadiners standen ein Empfang des Vorstands des Wiener Bayernvereins auf dem Programm, ebenso wie Kranzniederlegungen für Kaiserin Elisabeth sowie Kronprinz Rudolf in der Kapuzinergruft.[490] Der Besuch ging herzlich vonstatten, weswegen Ludwig und Marie Therese sich bei Kai-

---

[485] Programm des Besuchs in Stuttgart. Reise des Prinzregenten Ludwig nach Stuttgart, Karlsruhe und Darmstadt, verbunden mit Besuchen in der Pfalz und in Bad Kissingen und Würzburg vom 3.-18.5.1913. BayHStA, GHA. Kabinettsakten König Ludwigs III., Nr. 12a.

[486] Programm des Besuchs in Karlsruhe. Reise des Prinzregenten Ludwig nach Stuttgart, Karlsruhe und Darmstadt, verbunden mit Besuchen in der Pfalz und in Bad Kissingen und Würzburg vom 3.-18.5.1913. BayHStA, GHA. Kabinettsakten König Ludwigs III., Nr. 12a.

[487] Er hoffte, „dass es mir vergönnt sein wird, in treuem Zusammenwirken mit Eurer Königlichen Hoheit an der Förderung der vielseitigen Interessen zu arbeiten, in denen unsere Häuser und Länder sich berühren. Diese Interessen haben ein gemeinsames Ziel: die Wohlfahrt unserer Staaten und aller ihrer Berufsstände, das Ansehen und die Größe des ganzen deutschen Vaterlandes. Der Erreichung dieses Zieles alle Kraft zu widmen, ist die vornehmste Aufgabe unseres fürstlichen Berufes, darin weiß ich mich mit eurer Königlichen Hoheit eines Sinnes." Vgl. Tischrede Ernst Ludwigs. Reise des Prinzregenten Ludwig nach Stuttgart, Karlsruhe und Darmstadt, verbunden mit Besuchen in der Pfalz und in Bad Kissingen und Würzburg vom 3.-18.5.1913. BayHStA, GHA. Kabinettsakten König Ludwigs III., Nr. 12a.

[488] Der bayerische Gesandte in Wien urteilte über das Programm zufrieden: „Die ganzen Anordnungen und Veranstaltungen entsprechen einem gekrönten Haupte zukommenden Ehrungen. Im Großen und Ganzen dient der Besuch der belgischen Majestäten im Herbst 1911 als Vorbild." Vgl. Bericht des k.b. Gesandten in Wien Baron Tucher an Staatsminister des Kgl. Hauses und des Äußern von Hertling. Wien, 15. Mai 1913. (Abschrift). Reise des Prinzregenten Ludwig nach Wien 3.-5. Juni 1913. BayHStA, GHA. Kabinettsakten König Ludwigs III., Nr. 13.

[489] Liste des begleitenden Gefolges bei der Reise nach Wien. Reise des Prinzregenten Ludwig nach Wien 3.-5. Juni 1913. BayHStA, GHA. Kabinettsakten König Ludwigs III., Nr. 13.

[490] K.u.K. Obersthofmeisteramt: Programm für den Aufenthalt Ihrer Königlichen Hoheiten Ludwig Prinz-Regenten von Bayern und Maria Theresia Prinzessin von Bayern im Monate Juni 1913 in Wien. Reise des Prinzregenten Ludwig nach Wien 3.-5. Juni 1913. BayHStA, GHA. Kabinettsakten König Ludwigs III., Nr. 13.

ser Franz Joseph „für die so überaus freundliche Aufnahme [...] und für all die Liebe und Güte" bedankten.[491]

Auf die bayerischen Antrittsbesuche folgten Gegenbesuche. Anfang Dezember 1913 fand in der Residenz anlässlich der Thronbesteigung ein Ball statt. Das deutsche Kaiserpaar Wilhelm II. und Auguste Viktoria erschien zu diesem Anlass in München. Als Kaiser und Kaiserin nach einem Empfang beim Oberbürgermeister den Rathausbalkon betraten, erschallten Hochrufe der am Marienplatz versammelten Menge. In der Residenz fand die obligatorische Galatafel statt. Während des Auszugs aus München wurden die Majestäten von dem auf den Straßen und Plätzen wartenden Publikum mit andauernden Hochrufen begrüßt.[492] Im Jahr 1914 waren der Großherzog und die Großherzogin von Baden zu offiziellen Besuchen in München[493], ebenso König Wilhelm II. und Königin Charlotte von Württemberg[494] sowie der Großherzog und die Großherzogin von Hessen.[495] Der Herzog und die Herzogin von Braunschweig gaben sich die Ehre,[496] wie auch der Fürst von Hohenzollern-Sigmaringen.[497]

Das bayerische Herrscherpaar besuchte im Mai 1913 die bayerische Pfalz. Die siebentägige Anwesenheit bürdete enorme Repräsentationsaufgaben auf. Nach der Ankunft fanden in Edenkoben ein festlicher Empfang und eine Huldigung statt. Abends wurde in Schloss Ludwigshöhe eine Hoftafel veranstaltet. Dem folgten ein Empfang und eine feierliche Parade in Landau, ein Besuch Frankenthals und Bad Dürkheims. Am 9. Mai zogen Ludwig und Marie Therese unter großem Jubel in die festlich geschmückte Stadt Kaiserslautern ein, wo das Gewerbemuseum besichtigt wurde. Anschließend ging die Fahrt nach St. Ingbert und Neustadt an der Weinstraße, tags darauf nach Zweibrücken und Pirmasens. Am folgenden Pfingstsonntag stand der Besuch des Historischen Museums der Pfalz sowie der Heiligen

---

[491] Danktelegramm Prinzregent Ludwigs und Prinzessin Marie Thereses an Kaiser Franz Joseph von Österreich-Ungarn vom 6.6.1913. Reise des Prinzregenten Ludwig nach Wien 3.-5. Juni 1913. BayHStA, GHA. Kabinettsakten König Ludwigs III., Nr. 13.

[492] Artikel „Das Kaiserpaar in München". Münchner Zeitung, 17. Dezember 1913. Staatsbesuch Kaiser Wilhelms II. und der Kaiserin Auguste Viktoria (geb. Prinzessin zu Schleswig-Holstein) am 15. und 16. Dezember 1913 in München. LABW, HStA Stuttgart, Archiv der Herzöge von Urach, GU 119. NL Wiltrud Herzogin von Urach. Nr. 658.

[493] Besuch des Großherzogs und der Großherzogin von Baden 1914. Akten des Oberthofmarschalls. BayHStA, Geheimes Hausarchiv. Oberthofmarschallstab S.M. des Königs Ludwig III. von Bayern, Nr. 575.

[494] Besuch von König Wilhelm II. von Württemberg und Königin Charlotte am kgl. bay. Hofe 1914. Württembergische Gesandtschaft in München, E 75. LABW, HStA Stuttgart, Ministerium der auswärtigen Angelegenheiten, Nr. 10.

[495] Besuch des Großherzogs und der Großherzogin von Hessen 1914. Akten des Oberthofmarschalls. BayHStA, Geheimes Hausarchiv. Oberthofmarschallstab S.M. des Königs Ludwig III. von Bayern, Nr. 576.

[496] Besuch des Herzogs und der Herzogin von Braunschweig 1914. Akten des Oberthofmarschalls. BayHStA, Geheimes Hausarchiv. Oberthofmarschallstab S.M. des Königs Ludwig III. von Bayern, Nr. 577.

[497] Besuch des Fürsten von Hohenzollern-Sigmaringen 1914. Akten des Oberthofmarschalls. BayHStA, Geheimes Hausarchiv. Oberthofmarschallstab S.M. des Königs Ludwig III. von Bayern, Nr. 578.

Messe im Dom von Speyer an. Ludwigshafen bildete am 12. Mai den Ausgangspunkt für eine Rheinfahrt sowie eine Besichtigung der Walzmühle, bevor am 13. Mai zum Abschluss der Pfalzreise erneut Speyer besucht wurde. Die königlichen Hoheiten wohnten auf Schloss Ludwigshöhe, wo allabendlich Huldigungen und Festtafeln stattfanden.[498]

Der Pfalzreise folgte ein Besuch Unterfrankens. In Bad Kissingen weihte der Landesvater am 15. Mai das Kurhaus, den so genannten Regentenbau, ein. Zudem zeigte sich das Regentenpaar der jubelnden Menge anlässlich einer Stadtrundfahrt. An die Einwohnerschaft wurden Auszeichnungen und Geschenke verteilt. Am 17. Mai stand die Eröffnung des Luitpold-Museums in Würzburg an, wo man pompös empfangen und durch die beflaggten und geschmückten Straßen zur Residenz gebracht wurde.[499] Ende Juli 1913 wurde die Repräsentationsreise mit einem Besuch Nürnbergs und Fürths fortgesetzt. Das Programm folgte den bewährten inszenatorischen Mustern, indem der Herrscher vor einem großen, ihm huldigenden Publikum offene Fahrten durch die feierlich geschmückten Städte unternahm, mehrere Hoftafeln mit geladenen lokalen Ehrengästen abhielt, das Germanische Museum und verschiedene Industrieanlagen besichtigte. Ludwig befand sich auf dieser Reise in Begleitung seiner Gattin sowie seiner Töchter Adelgunde, Hildegard, Wiltrud, Helmtrud und Gundelinde.[500] Dem Ersten Bürgermeister Nürnbergs dankte er per Handschreiben für die gelungene Inszenierung: „Wie immer bin ich auch diesmal mit den meinen von der gesamten Einwohnerschaft in treuer Anhänglichkeit empfangen und begrüßt worden. Die Zurufe der Bevölkerung, die glänzenden Veranstaltungen, die Fahrten durch die geschmückte und festlich beleuchtete Stadt, haben Eindrücke in uns wachgerufen, die wir nicht vergessen werden."[501]

Die Landesreise, die sich im Jahr 1913 als großer Erfolg herausgestellt hatte, wurde im Folgejahr vom nunmehrigen König Ludwig III. mit großem Aufwand fortgesetzt. Die 800-Jahr-Feier der Burg Wittelsbach bot im Mai 1914 den Anlass für einen Besuch des Königs, der Königin und der Prinzessinnen Adelgunde, Hildegard, Helmtrud und Gundelinde in Aichach und Oberwittelsbach.[502] Bei dieser Gelegenheit wurden unzählige Auszeichnungen an lokale Persönlichkeiten – auch

---

[498] Programm der Reise des Prinzregenten Ludwig nach Stuttgart, Karlsruhe und Darmstadt, verbunden mit Besuchen in der Pfalz und in Bad Kissingen und Würzburg vom 3.-18.5.1913. BayHStA, GHA. Kabinettsakten König Ludwigs III., Nr. 12b.

[499] Programm der Reise des Prinzregenten Ludwig nach Stuttgart, Karlsruhe und Darmstadt, verbunden mit Besuchen in der Pfalz und in Bad Kissingen und Würzburg vom 3.-18.5.1913. BayHStA, GHA. Kabinettsakten König Ludwigs III., Nr. 12a.

[500] Zudem reisten etwa fünfzig Hofchargen und Dienerschaft mit den Mitgliedern der königlichen Familie. Teile der Einwohnerschaft Nürnbergs und Fürths wurden durch Ordens- und Titelverleihungen und sonstige Auszeichnungen persönlich durch die Königlichen Hoheiten geehrt, zudem wurden Geschenke, Bilder und Preziosen verteilt. Vgl. Besuch des Prinzregenten Ludwig in Nürnberg und Fürth am 28.-30.7.1913. BayHStA, GHA. Kabinettsakten König Ludwigs III., Nr. 14.

[501] Handschreiben Ludwigs an den Oberbürgermeister Nürnbergs, 30.7.13. Besuch des Prinzregenten Ludwig in Nürnberg und Fürth am 28.-30.7.1913. BayHStA, GHA. Kabinettsakten König Ludwigs III., Nr. 14.

[502] Programm für den Besuch des Königs in Aichach und Oberwittelsbach am 28. Mai 1914. BayHStA, GHA. Kabinettsakten König Ludwigs III., Nr. 4.

4.5 Landesreisen und Antrittsbesuche

an ‚kleine Leute' – vorgenommen. Auf der Burg Wittelsbach erhielten neben dem Gutsverwalter und den Bürgermeistern der angrenzenden Orte auch zwei Köchinnen und ein Tagelöhner vom König Auszeichnungen.[503]

Am 9. Juni 1914 besuchten Ludwig und Marie Therese Augsburg. Es wurde feierlich Einzug in die Stadt gehalten, über die Bahnhofsstraße bis zum Königsplatz durch ein Spalier von 3.500 Feuerwehrmännern, Turnern, Sanitätsmannschaften, Veteranen- und Soldatenvereinen sowie Mittel- und Volksschülern. Auf dem Rathausbalkon erwarteten Fanfarenbläser die hohen Besucher, die sich nach einem Empfang und der Enthüllung einer Königsbüste der jubelnden Öffentlichkeit präsentierten. Es folgten eine Militärparade, eine festliche Serenade und eine abendliche Autofahrt durch festlich beleuchtete Straßen, bevor man sich auf den Rückweg nach München machte.[504] Eine enorme Anzahl an Orden und Auszeichnungen wurden verteilt, unter anderem 51 bronzene Michaelsmedaillen und etliche Michaelsorden IV. Klasse. Etliche Augsburger Wirtschaftsbürger wurden zu Kommerzienräten, Ökonomieräten und Kanzleiräten ernannt, zudem unzählige „Allerhöchste Bilder" mit persönlicher Unterschrift verteilt.[505]

Nur wenige Tage später rollte der königliche Tross weiter. Vom 14. bis 16. Juni besuchte das Königspaar mit fünf seiner Töchter die Stadt Regensburg, wo ein großer militärischer Empfang auf dem Programm stand, ebenso wie Rundfahrten, Besichtigungen des Hafens, der Walhalla und des Domes, öffentliche Huldigungen und königliche Tafeln mit der regionalen Prominenz.[506] Daran schloss sich eine dreitägige Reise mit einem Salondampfer über Straubing und Deggendorf nach Passau an, bevor es durch das Rottal ging. Auf jeder Station des Dampfschiffes empfingen den König Salutschüsse, Glockengeläute und Ehreneskadronen. In Passau folgte am Abend des 17. Juni 1914 eine weitere Donaurundfahrt entlang der beleuchteten Stadt, bevor zum Abschluss an nur einem Tag Neuburg am Inn, Pocking, Pfarrkirchen, Eggenfelden, Neumarkt und Vilsbiburg beehrt wurden. Inkognito traf man abends in Landshut ein, von wo aus es zurück nach München ging.[507] Auch während dieser Reise wurden unzählige Orden, Titel und Geldgeschenke

---

[503] Schreiben des Kabinettschefs von Dandl an den Bezirksamtmann Hohenbleicher. München, 25.5.14. Besuch des Königs in Aichach und Oberwittelsbach am 28. Mai 1914. BayHStA, GHA. Kabinettsakten König Ludwigs III., Nr. 4.
[504] Programm für den Besuch des Königs und der Königin in Augsburg am 9.6.1914. Besuch des Königs in Augsburg am 9. Juni 1914. BayHStA, GHA. Kabinettsakten König Ludwigs III., Nr. 5.
[505] Auszeichnungen, Orden und Titel. Besuch des Königs in Augsburg am 9. Juni 1914. BayHStA, GHA. Kabinettsakten König Ludwigs III., Nr. 5.
[506] Programm für die Reise des Königspaares sowie fünf Prinzessinnen nach Regensburg 14.6.-16.6.1914. Besuch des Königs in Regensburg, Straubing, Deggendorf, Passau und im Rottal vom 14.-18. Juni 1914. BayHStA, GHA. Kabinettsakten König Ludwigs III., Nr. 6.
[507] Programm der Reise des Königspaares von Regensburg nach Passau und durch das Rottal nach München 16. mit 18. Juni 1914. Besuch des Königs in Regensburg, Straubing, Deggendorf, Passau und im Rottal vom 14.-18. Juni 1914. BayHStA, GHA. Kabinettsakten König Ludwigs III., Nr. 6.

verteilt, Huldigungen, Hoftafeln und etliche Empfänge abgehalten, um weite Teile der Öffentlichkeit am monarchischen Glanz teilhaben zu lassen.[508]

Vom 27. bis 29. Juni 1914 war der König in den unterfränkischen Städten Ochsenfurt und Würzburg. König Ludwig III. besichtigte eine neue Kinderbetreuungseinrichtung und fuhr mit dem Dampfschiff über den Main, bevor es nach Würzburg weiterging, wo er die Rote-Kreuz-Klinik besuchte. Ein Festgottesdienst sowie ein Festzug schlossen die Stippvisite ab.[509] Ludwig war mit seiner Reise zufrieden. Dem vormaligen Innenminister von Brettreich teilte er mit, er durfte „Beweise vaterländischer Gesinnung und treuer Anhänglichkeit" an sich und sein Haus mitnehmen. „Noch nie aber haben diese so großartigen und erhebenden Ausdruck gefunden wie in den verflossenen drei Tagen, wo Stadt und Land und alle Bevölkerungsschichten wetteiferten, die Jahrhundertfeier der Zugehörigkeit Unterfrankens zu Bayern zu einer so eindrucksvollen Kundgebung vaterländischer Begeisterung und bayerischer Königstreue zu gestalten." Er schloss, indem er seiner Freude und seinem „wärmsten Danke [...] für all diese Liebe und Treue und für den glänzenden Empfang, der mir, der Königin und meinen Töchtern überall, wohin wir kamen, bereitet wurde" Ausdruck verlieh.[510] Die Monarchie erfuhr mit dem Regierungsantritt Ludwigs nicht nur in München eine deutlich verstärkte Präsenz, sondern im gesamten Königreich Bayern und darüber hinaus. Durch die Staatsbesuche und vor allem die Landesreisen hatte Ludwig III. die Institution Monarchie der Öffentlichkeit ein erhebliches Stück näher gebracht. Es war gelungen, das Prestige der Wittelsbacher zu mehren. Angesichts der umjubelten Auftritte hat es den Anschein, als sei die Königsherrschaft im zweitgrößten deutschen Bundesstaat auf eine breitere legitimatorische Basis gestellt worden. Wie tragfähig diese war, musste sich jedoch erst erweisen.

4.6 Glänzende nationale Höhepunkte

Die Bundesfürsten traten gewissermaßen als Verheißungsträger auf. Wenn man die repräsentativen Anstrengungen der deutschen Monarchenriege bündelt, so wird der von ihnen erhobene Geltungsanspruch deutlich. Man präsentierte sich als verschworene, gegebenenfalls auch kampfbereite Solidargemeinschaft zum Besten des deutschen Vaterlandes und gleichzeitig als edle und großmütige Freunde der Un-

---

[508] Besuch des Königs in Regensburg, Straubing, Deggendorf, Passau und im Rottal vom 14.-18. Juni 1914. BayHStA, GHA. Kabinettsakten König Ludwigs III., Nr. 6.
[509] Programm des Besuchs S.M. und I. M. in Ochsenfurt, Würzburg, Schweinfurt und Kitzingen 27.-29.6.1914. Besuch des Königs in Ochsenfurt und Würzburg vom 27.-29. Juni 1914. BayHStA, GHA. Kabinettsakten König Ludwigs III., Nr. 7.
[510] Entwurf eines Schreibens König Ludwigs III. an Staatsminister von Brettreich, o.D. Besuch des Königs in Ochsenfurt und Würzburg vom 27.-29. Juni 1914. BayHStA, GHA. Kabinettsakten König Ludwigs III., Nr. 7.

4.6 Glänzende nationale Höhepunkte

tertanen.[511] Unzählige repräsentative Großveranstaltungen bildeten in den Jahren 1913 und 1914 die symbolische Bühne für die Bundesfürsten. ‚Nationale Einheit' sowie ‚Aufopferung für das Vaterland' waren wiederkehrende Motive dieser Jubiläums- und Gedenkfeiern, die für ihre Organisatoren eine breite Repopularisierung der Monarchie bewirken sollten.[512] Staats- und Jubiläumsfeiern eigneten sich hervorragend dazu, dauerhaft zur Sichtbarmachung, Legitimierung und Glaubwürdigkeit von Herrschaft beizutragen, solange deren Organisatoren sich intelligent der Medien bedienten und sich den zahllosen Möglichkeiten und Formen öffentlicher Kommunikation anpassten.[513]

Im Hinblick auf die Jahre 1913 und 1914 kann man vom beeindruckenden Höhepunkt monarchischer Festkultur im Deutschen Reich sprechen. Das 25-jährige Regierungsjubiläum Kaiser Wilhelms II. und die Erinnerung an die Befreiungskriege gegen das napoleonische Frankreich, die sich zum hundertsten Mal jährten, boten Festanlässe im nationalen Rahmen. Gleiches gilt für die prunkvolle Hochzeit der einzigen Kaisertochter Viktoria Luise, die den Rahmen für eine aufsehenerregende Monarchenbegegnung von europäischem Ausmaß formte. Über die Medien wurde ein nationales Publikum in die pompösen Festveranstaltungen einbezogen.[514] Das Regierungsjubiläum Wilhelms II. wurde im Juni 1913 in Berlin durch Festgottesdienste und Gratulationstouren feierlich begangen.[515] Der Kaiser ordnete an, sein Jubiläum für alle Gesellschaftsschichten zugänglich im neuerbauten Sportstadion von Grunewald zu feiern, wo sich etwa 30.000 Sportler und Turner einfanden. Die Bundesfürsten versammelten sich wie zur Thronbesteigung ein Vierteljahrhundert zuvor in Berlin.[516] Wichtiger als der Genuss der erlesenen Speisen des abendlichen Galadiners waren die Ansprachen der Bundesfürsten und des Kaisers, die sich gegenseitig ihrer Bündnistreue versicherten und die nationale Einheit beschworen.[517] Im Namen der Bundesfürsten und Freien Städte hielt der bayerische Herrscher eine Glückwunschansprache, in welcher er auf die Leistungen des Kaisers zurückblickte. Ludwig hob hervor, Wilhelm II. habe dem Land zu

---

[511] Monarchischer Pomp und die zujubelnde Öffentlichkeit waren allerdings im Zweifel nur Momentaufnahmen. Wie belastbar das öffentlich zelebrierte Machtgefüge der deutschen Monarchie jedoch tatsächlich war, musste erst unter Beweis gestellt werden. Vgl. Machtan, Lothar: Die Abdankung. Berlin, 2008. S. 30.

[512] Vgl. Smith, Jeffrey R.: A people's war. Germany's political revolution, 1913-1918. Lanham u.a., 2007. S. 25-46.

[513] Vgl. Sösemann, Bernd: Hollow-sounding jubilees: forms and effects of public self-display in Wilhelmine Germany. In: Mombauer, Annika (Hg.): The Kaiser; new research on Wilhelm II's role in imperial Germany. 1. Aufl. Cambridge [u.a.] (2003), S. 37-62. Hier: S. 40.

[514] Vgl. Machtan, Lothar: Die Abdankung. Berlin, 2008. S. 23f.

[515] Zum Abschluss der dreitägigen Feierlichkeiten versammelten sich am 17. Juni die deutschen Bundesfürsten und Präsidenten der Senate der Freien und Hansestädte Lübeck, Bremen und Hamburg in Berlin. Programm des 25jährigen Regierungsjubiläums Kaiser Wilhelms II. Acta der Geheimkanzlei S.K.H. des Prinzregenten zum 25. Regierungsjubiläum S.M. des Deutschen Kaisers am 15.6.1913. BayHStA, GHA. Kabinettsakten König Ludwigs III., Nr. 18.

[516] Vgl. Röhl, John C. G.: Wilhelm II. Der Weg in den Abgrund. 1900-1941. Nördlingen, 2008. S. 1013-1016.

[517] Vgl. Machtan, Lothar: Die Abdankung. Berlin, 2008. S. 25f.

wirtschaftlichem Aufschwung verholfen. Der lange und ehrenvolle Friede sei vor allem durch die gewonnene Stärke des Deutschen Reichs ermöglicht worden.[518] Im gesamten Reich fanden Festakte statt. Im Münchner Rathaus war Prinz Rupprecht als Vertreter seines Vaters zugegen.[519]

Die bayerische Monarchie lieferte im August 1913 einen eigenständigen Beitrag zu den Hundertjahrfeiern der Völkerschlacht, in dem die Idee der Nation in Form eines Fürstenbundes als das Erbe Ludwigs I. inszeniert wurde.[520] Mit dieser Säkularfeier wurde eine monarchische Inszenierung auf Reichsebene umgesetzt, die in Konkurrenz zu den von bürgerlichen Vereinen getragenen Einweihungsfeiern des Völkerschlachtdenkmals in Leipzig stand.[521] Das Arrangement der Zeremonie sollte Oberstzeremonienmeister Maximilian Graf von Moy in die Hand nehmen. In der Befreiungshalle bei Kelheim sollte „die Erinnerung an die großen Ereignisse von 1813, unter besonderer Bezugnahme auf Ludwig I., den namhaftesten Träger des nationalen Gedanken in Süddeutschland" gefeiert werden.[522] Nach der Zustimmung Kaiser Wilhelms II. zu den bayerischen Plänen, die anlässlich des Berlinbesuchs im März angesprochen wurden, lud man sämtliche Bundesfürsten sowie die Vertreter der freien Städte ein. Der Plan, so berichtete der österreichische Gesandte Graf von Velics, sei von Ludwig selbst ausgegangen, welcher diese patriotische nationale Feier „im Geiste des Begründers der Befreiungshalle, König Ludwig I., als eine Manifestation der nationalen Einheit und des Zusammenhaltens sämtlicher deutscher Fürsten und Stämme an dem nationalen Gedanken auszugestalten wünscht."[523] Auf eine Einladung des Kaisers von Österreich-Ungarn wurde mit Rücksicht auf den nationalen Gedanken verzichtet.[524]

Als die Planungen feststanden, wurde die Öffentlichkeit informiert. Ludwig hatte bestimmt, dass „am 25. August 1913 bei der Befreiungshalle in Kelheim eine im Sinne weiland S.M. König Ludwig I. gehaltene Feier zur Erinnerung an die Ereignisse des Jahres 1813 veranstaltet werde." Er habe „zu dieser Festlichkeit Seine Majestät den Deutschen Kaiser bereits eingeladen und Allerhöchstdessen Zusage erhalten."[525] An der Jahrhundertgedächtnisfeier nahmen beinahe alle Bundesfürs-

---

[518] Glückwunschansprache Ludwigs beim Gratulationsakt der Bundesfürsten. Acta der Geheimkanzlei S.K.H. des Prinzregenten zum 25. Regierungsjubiläum S.M. des Deutschen Kaisers am 15.6.1913. BayHStA, GHA. Kabinettsakten König Ludwigs III., Nr. 18.
[519] Acta der Geheimkanzlei S.K.H. des Prinzregenten zum 25. Regierungsjubiläum S.M. des Deutschen Kaisers am 15.6.1913. BayHStA, GHA. Kabinettsakten König Ludwigs III., Nr. 18.
[520] Vgl. Mergen, Simone: Monarchiejubiläen im 19. Jahrhundert. Leipzig, 2005. S. 309.
[521] Vgl. ebd. S. 299.
[522] Alleruntertänigster Vortrag Hertlings 15.2.1913. Vorträge des Staatsministers des K. Hauses und des Äußern bei Prinzregent bzw. König Ludwig von Bayern (Hertling und von Dandl) 1912/1918. BayHStA, NB. StMin des K. Hauses und des Äußern, Nr. 953.
[523] K.u.K. Gesandter von Velics in München an SE dem Herrn Minister des K.u.K. Hauses und des Äußern Grafen Berchtold. München, 23.5.1913. OeStA, Abt. Haus-, Hof- und Staatsarchiv. Ministerium des Äußern. Administrative Registratur, Nr. F2-36-1.
[524] Vgl. Mergen, Simone: Monarchiejubiläen im 19. Jahrhundert. Leipzig, 2005. S. 299.
[525] Prinzregent Ludwig an Staatsminister von Hertling. München, 20.3.1913. Jahrhundertfeier des Befreiungskrieges in der Befreiungshalle in Kelheim am 25.8.1913. BayHStA, GHA. Kabinettsakten König Ludwigs III., Nr. 21.

ten teil, lediglich zwei ließen sich vertreten. Die Bürgermeister der Freien Hansestädte, der Reichskanzler, die bayerischen Prinzen, die bayerische Staatsregierung, Nachkommen von für die Befreiungskriege bedeutenden Persönlichkeiten und eine große Zahl an geladenen Gästen erschienen. Die symbolträchtige nationale Veranstaltung unter Regie des bayerischen Hofes präzisierte nach Ansicht des österreichischen Gesandten von Velics „neuerdings die hervorragende Stellung, die Bayern als zweitgrößter Staat im Bunde einnimmt. […] Da das Fest mit dem Höchsten Namenstage Seiner Königlichen Hoheit des Prinzregenten zusammenfiel, welch ersterer überall im Lande freudig und begeistert gefeiert wurde, trug es gleichzeitig auch den Charakter einer persönlichen Huldigung aller Teile Deutschlands für den ehrwürdigen Regenten."[526]

Die Kelheimer Veranstaltung war von Beginn an für eine breite Öffentlichkeit angelegt. Tausende Sänger und Krieger, darunter viele Kinder und Jugendliche, aber auch zahlreiche Schaulustige erhielten die Gelegenheit, die Bundesfürsten nahezu vollständig zu sehen.[527] Prinz Leopold erinnerte sich, alles „war auf das Reichste und Geschmackvollste geflaggt und dekoriert, die Sonne lachte vom wolkenlosen Himmel." Am Bahnhof empfing man Kaiser Wilhelm II., die Könige und Fürsten und die vielen offiziellen Würdenträger. Der Weg zur Befreiungshalle, der in großen Serpentinen durch den Wald auf den Hügel hinaufführte, war festlich geschmückt.[528] Die Abordnungen der bayerischen Armee mit den Fahnen der Regimenter, die bereits 1813 existierten, machten den Anfang, dahinter folgten Kinderscharen in den Gewändern der Zeit der Befreiungskriege und schließlich die Bundesfürsten.[529] Tausende Schaulustige standen Spalier, um einen Blick auf den Kaiser, den bayerischen Prinzregenten Ludwig und die Bundesfürsten zu erhaschen. Die Auffahrt fand in Automobilen statt. Der Festakt in der überfüllten Festhalle beinhaltete Choräle und Ansprachen und war in der Erinnerung des Prinzen Leopold „imposant und würdig". Als großartig empfand er den „Anblick, als der Kaiser mit dem Prinzregenten, gefolgt von den Königen und Fürsten sowie all den Würdenträgern in der großen Paradeuniform die breite Steintreppe von der Befreiungshalle hinabstieg, umjubelt von der unabsehbaren Menge, zu dem Riesenzelte, in welchem das Festmahl stattfand." Leopold beschrieb diesen Tag als das vielleicht sichtbarste „Zeichen des Glanzes und der Macht, den das Deutsche Reich seit dem glorreichen Kriege von 1870/71 erreicht hatte."[530]

Ludwig pries in seiner Begrüßungsansprache, an der in der Münchner Regierungszentrale wochenlang gearbeitet worden war, nicht nur die Verdienste der Wit-

---

[526] K.u.K. Gesandter von Velics in München an SE dem Herrn Minister des K.u.K. Hauses und des Äußern Grafen Berchtold. München, 30.8.1913. OeStA, Abt. Haus-, Hof- und Staatsarchiv. Ministerium des Äußern. Administrative Registratur, Nr. F2-36-1.
[527] Vgl. Machtan, Lothar: Die Abdankung. Berlin, 2008. S. 26f.
[528] Maschinenschriftliche Abschrift der Lebenserinnerungen. S. 775. BayHStA, GHA. NL Prinz Leopold, Nr. 261.
[529] Vgl. Machtan, Lothar: Die Abdankung. Berlin, 2008. S. 27.
[530] Maschinenschriftliche Abschrift der Lebenserinnerungen. S. 775. BayHStA, GHA. NL Prinz Leopold, Nr. 261.

telsbacher um das deutsche Nationalbewusstsein an, sondern betonte das Zusammengehörigkeitsgefühl aller Teile des Reichs und warnte, „wer gleichwohl im Auslande je mit der Uneinigkeit, der Eifersucht der Reichsglieder rechnen würde, würde diese Rechnung grausam enttäuscht sehen." Der Kaiser erwiderte freudig und betonte, „die begeisterte Teilnahme aller Kreise unseres Volkes an den Feiern dieses Jahres, die sich auch heute wieder so kraftvoll und warmherzig hier an der Donau bekundet, legt Zeugnis davon ab, wie tiefe Wurzeln das vaterländische Empfinden geschlagen hat, wie innig sich das deutsche Volk mit seinen Fürsten verbunden fühlt."[531]

Das Gastgeberland Bayern, der zweitgrößte Bundesstaat, verstand es, sich symbolpolitisch hervorragend in Szene zu setzen. Allerdings gab es auch Missklänge. Manche Journalisten, die Gäste des Hofes waren, fühlten sich unverhältnismäßig scharf kontrolliert. Ein gewaltiges Aufgebot von Polizei und Soldaten sorgte für Sicherheit.[532] Der österreichische Gesandte von Velics berichtete, die durch den beschränkten Raum notwendige Zurückdrängung des Publikums und die strengen Absperrmaßregeln hätten teils Missstimmung erregt, die in hämischen Artikeln einiger liberaler Zeitungen und besonders der sozialistischen Presse Ausdruck gefunden habe.[533] Es wurde auch kritisiert, dass sich das Publikum vom Festakt ausgeschlossen fühlte. Entgegen der Absicht des Regenten sei in Kelheim ein Nationalfest ohne Nation und ein abschreckendes Bild des Verhältnisses von „Fürst und Volk" inszeniert worden. Der Rechtfertigung der Absperrungsmaßnahmen mit dem Hinweis auf eine Bedrohung durch Attentate wurde durch die sozialdemokratische und bürgerliche Presse entgegnet, dass das Verhältnis zwischen Öffentlichkeit und Dynastie in Bayern so gut sei, dass die Mitglieder der königlichen Familie sich völlig frei in der Hauptstadt bewegen könnten. Die Sicherheitsvorkehrungen wurden der Anwesenheit des Kaisers und der anderen Fürsten zur Last gelegt. Selbst im Rahmen einer deutschen Nationalfeier blieb die bayerische Dynastie der wichtigste Integrations- und Identifikationsfaktor.[534]

Noch ein weiteres Mal wurde der Völkerschlacht in großem Rahmen erinnert. Am 18. Oktober 1913 stand die Einweihung des monumentalen, neu errichteten Völkerschlachtdenkmals in Leipzig im Blickpunkt. Erneut erschienen beinahe alle deutschen Bundesfürsten. Die Szenen waren ähnlich wie in Kelheim: Fanfarenklänge, in Galauniform erschienene Fürsten, Ansprachen zur nationalen Einheit und dem „Bekenntnis der Liebe zum angestammten Fürstenhause, zum Kaiser und zum Reich". Schließlich folgte das von Hochrufen des Publikums begleitete Defilee der Fürsten zum Monument mit anschließendem Bankett im Leipziger Ge-

---

[531] Zit. nach Machtan, Lothar: Die Abdankung. Berlin, 2008. S. 28.
[532] Vgl. Beckenbauer, Alfons: Ludwig III. von Bayern. Regensburg, 1987. S. 106f.
[533] K.u.K. Gesandter von Velics in München an SE dem Herrn Minister des K.u.K. Hauses und des Äußern Grafen Berchtold. München, 30.8.1913. OeStA, Abt. Haus-, Hof- und Staatsarchiv. Ministerium des Äußern. Administrative Registratur, Nr. F2-36-1.
[534] Vgl. Mergen, Simone: Monarchiejubiläen im 19. Jahrhundert. Leipzig, 2005. S. 299f.

wandhaus.[535] Neben den deutschen Fürstlichkeiten gaben sich diesmal Großfürst Kyrill von Russland und der Erzherzog-Thronfolger von Österreich-Ungarn, Franz Ferdinand, die Ehre.[536] Im Alten Rathaussaal zu München fand zeitgleich am 18. Oktober ein Festakt statt, bei dem sich der in Leipzig weilende Ludwig diesmal von seinem drittältesten Sohn Franz vertreten ließ.[537]

Nicht nur in Bayern, sondern auch im Reich nahm die Wittelsbacher Monarchie ab dem Jahr 1913 eine deutlich stärkere Position als zuvor ein. Dies war durch das gezielte symbolpolitische Handeln Ludwigs ausgelöst, der gewillt war, als bayerischer Bundesfürst seinen Teil zur nationalen Repräsentation beizutragen. Die Stellung Bayerns im Reich sollte auf diese Weise auch realpolitisch gefestigt werden. Der bayerische Herrscher schlug bereits in seinem ersten Regierungsjahr sowohl in der engeren bayerischen als auch in der weiteren deutschen Heimat unübersehbare symbolpolitische Pflöcke für seine Dynastie ein, die seinen eigenen Anspruch verdeutlichten und ihm persönlich reichsweite Popularität verschaffen sollten.

4.7 Medienmonarchie

Für König Ludwig I. war es noch mit erheblichem Aufwand verbunden gewesen, seine Thronrede im Jahr 1830 an jede Gemeinde des Königreichs in je einem Exemplar verteilen zu lassen. Zu Beginn des 20. Jahrhunderts hatten sich die an der Dynastie orientierte Literatur und Publizistik und die Werbemaßnahmen für das Königtum sowohl quantitativ wie qualitativ außerordentlich intensiviert.[538] Der Presse kam bei der Vorbereitung, Verbreitung und Nachwirkung des monarchischen Zeremoniells eminente Bedeutung zu. König Ludwig III. stand im Rampenlicht nicht nur der bayerischen, sondern der gesamten deutschen Gesellschaft. Die Medienöffentlichkeit des Monarchen und der königlichen Familie war fast allgegenwärtig, wenn man die technischen Möglichkeiten der Zeit heranzieht. Dies war auch beabsichtigt. Keine Gelegenheit wurde ausgelassen, sich durch öffentliche Ansprachen, Rundreisen sowie Anwesenheit des Monarchen oder eines Prinzen bei den verschiedensten Einweihungen, Ausstellungen, Paraden und vielem mehr der

---

[535] Vgl. Machtan, Lothar: Die Abdankung. Berlin, 2008. S. 28-30.
[536] Programm zur Feier der Einweihung des Völkerschlachtdenkmals in Leipzig am 18. Oktober 1913. Reise des Prinzregenten Ludwig nach Leipzig. Einweihung des Völkerschlachtdenkmals 1913. BayHStA, GHA. Kabinettsakten König Ludwigs III., Nr. 22.
[537] Kabinettschef Otto von Dandl an den Münchner Oberbürgermeister von Brunner. Berchtesgaden, Oktober 1913. Einladung des Königs und der Königin zur Teilnahme an oder zur Übernahme von Protektoraten über Wohltätigkeitsveranstaltungen 1913-1916. BayHStA, GHA. Kabinettsakten König Ludwigs III., Nr. 3.
[538] Vgl. Gollwitzer, Heinz: Fürst und Volk. Betrachtungen zur Selbstbehauptung des bayerischen Herrscherhauses im 19. und 20. Jahrhundert. In: Zeitschrift für Bayerische Landesgeschichte. Nr. 50. München, 1987. S. 723-748. Hier: S. 746.

Öffentlichkeit zu präsentieren. Die Majestäten und Königlichen Hoheiten hatten in der Bevölkerung ‚Celebrity-Status' inne.[539]

Kein anderes politisches Thema verfügte in Zeitungen, Zeitschriften und Pamphleten aller Art und aller politischen Richtungen über eine derartige Präsenz wie die Monarchie, respektive der Träger der Krone.[540] Reichskanzler von Bülow stellte scharfsinnig fest, zum Ende des 19. Jahrhunderts habe eine „Zeit schrankenloser Publizität" ihren Anfang genommen, die einerseits für, andererseits gegen den Bestand der Monarchie arbeiten könne. Die Entstehung einer nicht mehr ortsgebundenen Öffentlichkeit bewirkte eine erhöhte Sichtbarkeit der Bundesfürsten. Die Darstellung des Monarchen war schwerer zu kontrollieren, allerdings bot sich durch die erhöhte Publizität die Chance, Persönlichkeit und Programmatik des Herrschers einem bisher unerreichbarem Publikum näherzubringen.[541]

Anlässlich Geburtstagen und Regierungsjubiläen wurden Festschriften verteilt und massenhaft Fotopostkarten der königlichen Familie verbreitet. Die Verschiebung der Grenzen von öffentlich und privat gehörte zu den neuen Strategien im Umgang mit der Öffentlichkeit. Den Monarchen wurde ein Privatleben zugestanden, welches sie aufgrund des Interesses an ebendiesem darzustellen hatten. In illustrierten Zeitschriften erschienen Bildberichte über das Familienleben des Königlichen Hauses. Die zunehmende Inszenierung der Privatheit des Monarchen verweist auf eine stärkere Personalisierung von Politik, ein wesentliches Merkmal moderner politischer Kommunikation, die ein Massenpublikum anzieht. Gleichzeitig erwies sich das Eindringen in das Privatleben der Herrschenden als zweischneidig, da nicht nur Positives, sondern zunehmend über tatsächlich oder vermeintlich skandalöses Verhalten berichtet wurde. An dieser Stelle wurde die mediale Inszenierung des Privaten durch deren Veröffentlichung unmittelbar politisch und nahm direkt Einfluss auf reale Machtverhältnisse.[542]

Um den deutungskulturellen Diskurs über das Regierungshandeln und die Monarchie besser steuern zu können, hatte der bayerische Ministerratsvorsitzende Georg von Hertling im Einverständnis mit Ludwig im Jahr 1913 ein staatliches Presseorgan geschaffen, die „Bayerische Staatszeitung". Deren Aufgabe sollte es

---

[539] Vgl. König, Alexander: Wie mächtig war der Kaiser? Kaiser Wilhelm II. zwischen Königsmechanismus und Polykratie von 1908 bis 1914. Stuttgart (2009). S. 28.

[540] Vgl. Kohlrausch, Martin: Monarchische Repräsentation in der entstehenden Mediengesellschaft: Das deutsche und das englische Beispiel. In: Andres, Jan (Hrsg.): Die Sinnlichkeit der Macht; Herrschaft und Repräsentation seit der Frühen Neuzeit. Frankfurt am Main u.a., 2005. S. 93-122. Hier: S. 96f; Vgl. Sösemann, Bernd: Hollow-sounding jubilees: forms and effects of public self-display in Wilhelmine Germany. In: Mombauer, Annika (Hg.): The Kaiser; new research on Wilhelm II's role in imperial Germany. 1. Aufl. Cambridge [u.a.] (2003), S. 37-62.

[541] Vgl. Kohlrausch, Martin: Monarchische Repräsentation in der entstehenden Mediengesellschaft: Das deutsche und das englische Beispiel. In: Andres, Jan (Hrsg.): Die Sinnlichkeit der Macht; Herrschaft und Repräsentation seit der Frühen Neuzeit. Frankfurt am Main u.a., 2005. S. 93-122. Hier: S. 93.

[542] Vgl. Hardtwig, Wolfgang: Performanz und Öffentlichkeit in der krisenhaften Moderne: Visualisierung des Politischen in Deutschland 1900-1936. In: Herfried Münkler, Jens Hacke (Hrsg.): Strategien der Visualisierung. Verbildlichung als Mittel politischer Kommunikation. Frankfurt am Main, 2009. S. 71-92. Hier: S. 75-77.

sein, „die Maßnahmen und die Aufgaben der Politik der Regierung in ruhiger und besonnener Weise zu vertreten."[543] Zuvor gab es stellenweise eine amtliche Regierungspresse, allerdings mit nur geringem Erfolg.[544] Die Staatszeitung garantierte, dass die Kommunikation des Königshauses und der Staatsregierung aufgenommen und von der Tagespresse rezipiert wurde. Allerdings kann es kaum verwundern, dass bereits die Gründung der Staatszeitung in der liberalen und sozialdemokratischen Presse ein negatives Echo fand.[545] Hertling war begeistert von der durch seine Anregung entstandenen Zeitung. In einem Brief an Hugo Graf von und zu Lerchenfeld gestand er, dass er nur die „Bayerische Staatszeitung" lese.[546] Deren erste Ausgabe betonte, es könne „auf die Dauer der Regierung unmöglich das Recht bestritten werden, ihre Meinung in einer Weise und Form zum Ausdruck zu bringen, die jeden Zweifel darüber ausschließt, was sie zu bestimmten Tagesfragen zu sagen" habe. Vornehmste Aufgabe der Staatszeitung sei „die Pflege des monarchischen Gedankens, die Liebe zum angestammten Herrscherhaus, sowie die Förderung der Interessen aller Volkskreise" des weiteren und engeren Vaterlandes.[547]

Die erste Ausgabe der „Bayerischen Staatszeitung" erschien am 1. Januar 1913 und sorgte selbst bei der Reichsleitung und im Reichstag für Unruhe, da man eine unbotmäßige Einmischung der bayerischen Regierung in außenpolitische Angelegenheiten befürchtete.[548] Die Staatszeitung betonte hingegen, eines ihrer Ziele sei „die Unterstützung und Popularisierung der Politik der Reichsleitung. [...] Ohne in unangebrachtem Partikularismus zu verfallen, wird die Staatszeitung mit besonderer Sorgfalt alle jene Gebiete pflegen, auf denen bayerische Interessen zur Erörterung gelangen." Soweit das neue Organ als amtlicher Staatsanzeiger tätig war, sollte sein Zweck ähnlich dessen der amtlichen Anzeiger anderer Bundesstaaten sein: Verordnungen und Bekanntmachungen wurden veröffentlicht. Der nichtamtliche Teil sollte sich dagegen auch jenen Fragen zuwenden, „die in besonderem Maß die öffentliche Meinung beschäftigen." Dies sollte sowohl die Innenpolitik als auch die Außenpolitik des Reiches betreffen, außerdem die Berichterstattung über politische und kulturelle Vorkommnisse im In- und Ausland.[549]

---

[543] „Aufgaben der Bayerischen Staatszeitung". Bayerische Staatszeitung, 1.1.1913. S. 1.
[544] Nach mehreren Fehlschlägen wurde es den Behörden schließlich freigestellt, eigene Blätter zu unterhalten, die allerdings keiner extremen Parteirichtung angehören durften. Sowohl die politische als auch die publizistische Landschaft erschwerten eine allzu einseitige Darstellung und begleiteten offiziöse Verlautbarungen teils sehr kritisch. Erst nach dem Ende der liberalen Ära in Bayern konnte die Gründung der „Bayerischen Staatszeitung" und des zugehörigen „Bayerischen Staatsanzeigers" im Jahr 1913 gelingen. Vgl. Ursel, Ernst: Die bayerischen Herrscher von Ludwig I. bis Ludwig III. im Urteil der Presse nach ihrem Tode. Berlin, 1974. S. 25-30.
[545] Vgl. Ursel, Ernst: Die bayerischen Herrscher von Ludwig I. bis Ludwig III. im Urteil der Presse nach ihrem Tode. Berlin, 1974. S. 30.
[546] Vgl. Deuerlein, Ernst: Einleitung. In: Briefwechsel Hertling-Lerchenfeld 1912-1917. Erster Teil. Boppard am Rhein, 1973. S. 37.
[547] „Aufgaben der Bayerischen Staatszeitung". Bayerische Staatszeitung, 1.1.1913. S. 1.
[548] Vgl. Deuerlein, Ernst: Einleitung. In: Briefwechsel Hertling-Lerchenfeld 1912-1917. Erster Teil. Boppard am Rhein, 1973. S. 37.
[549] „Aufgaben der Bayerischen Staatszeitung". Bayerische Staatszeitung, 1.1.1913. S. 1.

Die „Bayerische Staatszeitung" verfügte über ein Informationsmonopol bezüglich der Regierungsarbeit sowie der Angelegenheiten der königlichen Familie. So wurden in der ständigen Sektion „Hof- und Personalnachrichten" Ereignisse aus dem Alltag des Herrschers sowie private Begebenheiten der königlichen Familie und deren Umfeld am Hof geschildert, wie etwa Unfälle der Königin oder Berichte über die Freizeit der Prinzessinnen. Im Fall bedeutender Staatshandlungen, Zusammenkünften, öffentlichen Ansprachen und königlichen Reisen wurde umso intensiver berichtet. Die Presseausschnittsammlung der Königin Marie Therese gibt durch tausende Artikel ein Zeugnis der enorm umfangreichen bayerischen Monarchieberichterstattung. Die royale Berichterstattung erstreckte sich auf das ganze Spektrum der Presse. Täglich wurde über alle möglichen repräsentativen Aufgaben und privaten Unternehmungen des Königspaares und der königlichen Familie berichtet, etwa über den Besuch des Sommer-Meetings des Münchner Rennvereins, der deutschen Rosenausstellung oder der Hundertjahrfeier des 1. Schweren Reiterregiments. Fahnenweihen für ehemalige Regimentsangehörige, bei denen sich der König durch ein Familienmitglied vertreten ließ, selbst Audienztermine, Konzert- und Ausstellungsbesuche, Denkmalenthüllungen oder private Familiendéjeuners fanden Eingang in die Berichterstattung.[550]

Daneben waren spezielle popularhistorisch-unterhaltende Kulturzeitschriften von dynastisch-monarchischer Ausrichtung entstanden. Besonders die Zeitschrift „Das Bayerland - Illustrierte Wochenschrift für Bayerns Land und Volk" ist in diesem Zusammenhang zu erwähnen. „Das Bayerland" war zwar kein offizielles staatliches Magazin, die Zusammensetzung ihres Kuratoriums, dessen Ehrenpräsidium seit 1896 Prinz Rupprecht innehatte, ließ aber deutlich den Einfluss des Hofes erkennen.[551] Heinrich Leher leitete die von ihm 1890 begründete Zeitschrift viele Jahre als Herausgeber und Chefredakteur. „Das Bayerland" bestand aus reich bebilderten Artikeln und Unterhaltungsliteratur zu patriotischen, historischen und volkstümlichen Themen.[552] Das öffentliche und private Leben des bayerischen Königshauses wurde häufig thematisiert. Regelmäßig wurden ‚Homestorys' veröffentlicht, die den Monarchen und dessen Familie in ein positives Licht rücken sollten. So wurde beispielsweise in einem ausführlichen und reich bebilderten Artikel „König Ludwig III. von Bayern als Land- und Forstwirt" stilisiert, der neben der

---

[550] Vgl. die umfangreiche Presseausschnittsammlung der Königin von Bayern. BayHStA, GHA. Presseausschnittsammlung der Königin Marie Therese. Bd. XXXIV-XLIV.

[551] Vgl. Gollwitzer, Heinz: Fürst und Volk. Betrachtungen zur Selbstbehauptung des bayerischen Herrscherhauses im 19. und 20. Jahrhundert. In: Zeitschrift für Bayerische Landesgeschichte. Nr. 50. München, 1987. S. 723-748. Hier: S. 746.

[552] Mitherausgeber in den Jahren 1912 bis 1918 waren unter anderem Josef Weiß, die bekannten Historiker Michael Doeberl und Karl Trautmann sowie der Schriftsteller Otto Denk. Die in München verlegte Illustrierte wurde außerdem von den bayerischen Staatsministerien des Königlichen Hauses und des Äußern, des Innern, des Innern für Kirchen- und Schulangelegenheiten, der Justiz und vom Kriegsministerium amtlich empfohlen. Vgl. Das Bayerland. Illustrierte Wochenschrift für Bayerns Land und Volk. Begründet von H. Leher, Hrsg. von Dr. Josef Weiß und Dr. Otto Denk in Verbindung mit einem Kuratorium unter dem Vorsitze Sr. Kgl. Hoheit des Kronprinzen Rupprecht von Bayern. München, Jahrgänge 1912-1918.

ihm am Herzen liegenden Förderung der Wissenschaft und Industrie vor allem der bäuerlichen Landwirtschaft verbunden sei. Das landwirtschaftliche Gut Leutstetten, wo der König üblicherweise einen Teil des Sommers verbrachte, wurde als Mustergut dargestellt, das der volkstümliche und -nahe Monarch selbst bewirtschaftete. Auch sein Image als passionierter Jäger und naturverbundener Forstexperte wurde gepflegt. Dies alles verbinde sich in Leutstetten, so die Zeitschrift, „mit einem wahrhaft vorbildlichen Familienleben" der königlichen Familie.[553]

Die illustrierten Zeitungen bestanden zu einem guten Teil aus Werbung. Anzeigen für Produkte des gehobenen bis höheren Bedarfs trugen bis zu einem Drittel des Umfangs bei. Die redaktionellen Inhalte der Illustrierten waren vielfältiger Natur, aber fast ausschließlich auf Unterhaltung ausgerichtet: Ereignisse aus besseren Gesellschaftskreisen, Politik und technische Neuerungen, Katastrophennachrichten, Paraden und Sportereignisse, Kunst- und Modetrends. Monarchen und königliche Familien verkauften sich gerade deshalb so gut, weil sie mit verschiedenen Deutungen belegbar waren: Als Repräsentanten nationaler Ehre, als Akteure im internationalen wie nationalen Prestigestreit sowie gleichsam als Objekte wie Subjekte demonstrativen Konsums.[554]

Biografische Festschriften, die massenhaft verteilt vornehmlich als überschwängliche Werbung für die Monarchie und die sie symbolisierenden Personen dienten, unterlagen der vorherigen Genehmigung des zuständigen Ministeriums und des Kabinetts.[555] Eine offizielle Darstellung des Lebens Ludwigs III. erschien 1914. Sie wurde von Otto Denk unter dem Pseudonym „Otto von Schaching" geschrieben. Denk gipfelte in seiner entgegenkommenden Lebensbeschreibung des neuen Königs als treusorgendem, tapferem und zutiefst gläubigem Monarchen mit der Behauptung der unverbrüchlichen Verbindung des Hauses Wittelsbach mit dem bayerischen Volk. Die Geschichte Bayerns sei „älter als die irgendeines anderen deutschen Volksstammes" und kein anderes deutsches Volk besitze „ein Regentenhaus, das sich an Alter mit dem der Wittelsbacher vergleichen" könne, welches im fünften Jahrhundert mit den Bajuwaren ins Land gezogen sei. Würdig reihe sich König Ludwig III. in seine Vorfahren ein, da sein öffentliches Handeln ihn als einen Mann kennzeichne, „der von hoher Zinne aus aufmerksam den Wellenschlag der Zeit verfolgt und ihn zu verstehen gelernt hat. Nichts von allem, was dem modernen Menschen von Wert und Bedeutung erscheint, entzieht sich seiner Kenntnis."[556]

Zu den publizistischen Erzeugnissen kam die Dimension der Bilder hinzu. Die Jahrhundertwende wurde als mediengeschichtliche Umbruchsituation, als „revolu-

---

[553] „König Ludwig III. von Bayern als Land- und Forstwirt". In: Das Bayerland. Illustrierte Wochenschrift für Bayerns Land und Volk. Begründet von H. Leher, Hrsg. von Dr. Josef Weiß und Dr. Otto Denk in Verbindung mit einem Kuratorium unter dem Vorsitze Sr. Kgl. Hoheit des Kronprinzen Rupprecht von Bayern. München, Jahrgang 1914/15. Ausgabe vom 16.1.1915. S. S. 138-144.
[554] Vgl. Paulmann, Johannes: Pomp und Politik. Paderborn u.a., 2000. S. 394.
[555] Heil Wittelsbach! Zur Erinnerung an den Besuch Ihrer Majestäten des Königs Ludwig III. und der Königin Marie Therese von Bayern in Ansbach 30. Juni 1914. Ansbach, 1914.
[556] Schaching, Otto von: Ludwig III., König von Bayern. Ein Lebensbild. Regensburg, 1914. S. 13.

tionärer Aufbruch" des kulturellen Systems in Richtung einer neuen Medienkultur bewertet. Eines der Kennzeichen dieser Entwicklung war der sprunghafte Aufstieg der audiovisuellen Medien. Während in der stark zerklüfteten deutschen Presselandschaft platzierte politische Botschaften oder Imagekampagnen häufig ungehört verhallten, so war es vergleichsweise einfach, die Produktion und Weiterverteilung von Bildern zu beeinflussen. Meist waren dies handgezeichnete Porträts oder Fotografien, deren Anfertigung die aktive Mitarbeit des zu Porträtierenden voraussetzte und diesem einen großen Gestaltungsspielraum eröffnete.[557] Mehrfach wurde Ludwig III. von Walter Firle, Friedrich August von Kaulbach und anderen prominenten Malern in repräsentativen Ölgemälden verewigt.[558] Nach dem Regentschaftswechsel des Jahres 1912 wurden den öffentlichen Einrichtungen, Schulen, Behörden und Ministerien seitens der verschiedensten Firmen Porträtfotografen und Drucke mit dem Bildnis des neuen Prinzregenten angeboten. Die Ministerien gaben meist keine Empfehlung an ihre untergebenen Stellen weiter. Die Porträts waren mit acht bis zehn Mark relativ teuer, fanden aber reißenden Absatz. Nach der Regentschaftsbeendigung im Jahr 1913 entstand erneut ein großes Geschäft mit Bildnissen Ludwigs III. Zwischen einigen Verlagen entbrannte eine regelrechte Schlacht um die großen Aufträge in Schulen und öffentlichen Gebäuden.[559]

Hoffotografen wurden immer wichtiger für die Herrschaftsinszenierung der Wittelsbacher. Der Bedarf an Abbildungen war enorm und König Ludwig III. stand, ebenso wie die übrigen Mitglieder der königlichen Familie, unzählige Male Porträt für Maler und Fotografen. Neben zahlreichen Einzelporträts wurden publikumswirksame Fotografien von ‚Hohen' und ‚Allerhöchsten' Paaren gemacht. Mit derartigen Verlobungs-, Hochzeits- oder Ehebildnissen wurde nicht nur der Fortbestand oder eine neue Verzweigung von Dynastien symbolisiert, sie standen auch dafür ein, dass die gesellschaftlichen Normen des Ehe- und Familienlebens für jeden im Staat – selbst für die königliche Familie – ihre Gültigkeit besaßen. Die patriarchalische Rangordnung fand auf den Fotografien in der hervorragenden Stellung von Landesvater und erstgeborenem Thronfolger ihren ästhetischen Ausdruck. Monarchische Bildwerbung benötigte, um ihre luxuriöse Pracht grafisch wirksam zu entwickeln, großformatige Fotografien in großen Auflagen und ließ sich diese Sonderwünsche durchaus etwas kosten.[560]

---

[557] Die ästhetische Dimension symbolisch vermittelter Politik ließ sich besonders nachhaltig über Bilder vermitteln. Sinnzuschreibungen und Deutungsmuster weisen üblicherweise eine hervorragende Visualisierbarkeit auf; ohne korrespondierende Bildhaftigkeit ist symbolische Repräsentation schlicht undenkbar. Symbolische Politik muss daher in erster Linie über die gezielte Produktion und Verbreitung von Bildern vermittelt werden. Durch die Aufdringlichkeit der Bildersprache ließ sich der öffentliche Raum weitaus einfacher besetzen, als durch das geschriebene Wort. Vgl. Pyta, Wolfram: Hindenburg. München, 2009. S. 120.

[558] Vgl. Hubensteiner, Benno: Bayerische Geschichte. München, 1980. S. 388; Vgl. Beckenbauer, Alfons: Ludwig III. von Bayern. Regensburg, 1987. S. 204.

[559] Anschaffung von Bildnissen Seiner Kgl. Hoheit des Prinzregenten bzw. S.M. des Königs von Bayern für die Behörden und Stellen 1912/18. BayHStA, Abt. Neuere Bestände. Staatsministerium des Innern für Kirchen- und Schulangelegenheiten. Nr. 19034.

[560] Vgl. Ranke, Winfried: Joseph Albert. Hofphotograph der bayerischen Könige. München, 1977.

4.7 Medienmonarchie

Auf der anderen Seite hatten die Ateliers und Verlage großes Interesse an den lukrativen Aufträgen und Genehmigungen. Das berühmte Münchner „Hofatelier Elvira" – von den Fotografinnen und Frauenrechtlerinnen Sophia Goudstikker und Anita Augspurg geführt – verfügte über geschäftliche Verbindungen zu den verschiedensten Münchner Schichten. Der Kundenkreis reichte vom „Verein für Fraueninteressen" über die künstlerische Avantgarde bis zur Hocharistokratie. Selbst Kaiser Wilhelm II. sprach dem Atelier 1906 einen Auftrag für Porträtkarten aus. Königliche Hoheiten des bayerischen Herrscherhauses gehörten zum ständigen Klientel – allen voran Kronprinz Rupprecht und König Ludwig III. – aber auch viele andere Wittelsbacher. Es spricht für den Toleranzspielraum des Hofes wie des Gewerbeamtes der Stadt München, welches um Auskunft über Goudstikker gefragt wurde, dass der Lebensstil der beiden Frauen sowie ihre bekannte Haltung zur Frauenemanzipation kein Hindernis für einen Hoftitel darstellten.[561]

Üblicherweise wurden die Fotografen, die Porträts eines Mitglieds der königlichen Familie anfertigen sollten, zu diesem Zweck an den Hof gerufen. Ausgewählte Unternehmer wurden durch die Gewährung von Vorrechten privilegiert. Die Bilder wurden auf verschiedene Arten verbreitet. Um sie aufzuwerten, wurden sie vom Herrscher persönlich verteilt. Zum einen verschenkte er sie, mit wertvollem Rahmen und persönlicher Unterschrift, bei verschiedenen Anlässen. Außerdem vertrieben die Hoffotografen mit königlicher Genehmigung Abzüge und verkauften die Vorlagen an Verlage, die sie mit Auflagen von bis zu 100.000 Stück für den Massenmarkt produzierten. Aufgrund der unzureichenden Schutzgesetze war kaum zu verhindern, dass andere Ateliers Raubkopien herstellten und in Umlauf brachten. Zu den Privilegien der Hoffotografen gehörte der exklusive Zugang zu bestimmten Orten und Ereignissen. Gleichwohl mehrten sich die Bereiche, in denen der Monarch die Kontrolle über sein Abbild verlor oder aufgab. Aufgrund der technischen Reproduzierbarkeit der Fotografie konnte die unautorisierte Verbreitung von Monarchenbildern kaum verhindert werden.[562]

Die Monarchie, die im öffentlichen Raum über erhebliche Privilegien verfügte, was symbolische Kommunikation anging, profitierte zudem enorm durch die Entstehung des Massenmediums Film. Dessen Rolle für die Herrschaftsinszenierung kann gar nicht hoch genug eingeschätzt werden. Es wurde selbstverständlich, den Herrscher bei öffentlichen Auftritten zu filmen. Das Publikum monarchischer Darbietungen wurde räumlich und zeitlich entgrenzt, die Reichweite der politischen Kommunikation mit der Öffentlichkeit stark erweitert. Ab 1904 hatten Kinos beziehungsweise ‚Film-Paläste' im Reich eine geschätzte wöchentliche Besucherzahl von mehr als einer Million. Die Sequenzen der öffentlichen Auftritte der Monarchen wurden auf Jahrmärkten, in Wirtshäusern und in Varietés vorgeführt und erreichten je nach Aufführungsort ein sehr unterschiedlich zusammengesetztes, häufig jüngeres, weibliches Publikum. Damit nahm die Symbiose von Politik und Un-

---

[561] Vgl. Krauss, Marita: Die königlich bayerischen Hoflieferanten. München, 2009. S. 66-69.
[562] Vgl. Paulmann, Johannes: Pomp und Politik. Paderborn u.a., 2000. S. 391.

terhaltung ihren Anfang bereits im Wilhelminischen Zeitalter, wenngleich sie exklusiv auf die Monarchie beschränkt blieb. Die monarchische Herrschaftsinszenierung entsprach, obwohl sie auf einer jahrhundertelangen Tradition gründete, durch ihre Berührungspunkte mit der Unterhaltungskultur bemerkenswert dem Anspruch des modernen Massenmediums. Die Souveräne gehörten zu den Stars des frühen Stummfilms. Die meisten Berufsschauspieler und andere prominente Persönlichkeiten wurden deutlich seltener auf der Leinwand gezeigt.[563]

4.8 Legitimatorische Perspektiven

Indem seitens der Monarchie der Versuch unternommen wurde, den traditionellen konservativen Monarchismus – in welchem vom Volk passive Loyalität erwartet wurde – und die moderne Massenmobilisierung des 20. Jahrhunderts zum Zweck der eigenen Legitimierung zusammenzuführen, fand sie sich im Zentrum einer politischen Widersprüchlichkeit.[564] Durch die zunehmend mediale Verfasstheit des Kommunikationsraumes wurde die Monarchielandschaft einschneidend verändert. So lässt sich der massenmedial geführte Monarchiediskurs als erfolgreicher kommunikativer Austausch über die monarchische Ordnung und Repräsentation lesen.[565] Das Publikum wusste um die Regeln der Darbietung, die der Monarch bot,

---

[563] Die gefilmten Auftritte der deutschen Monarchenriege hatten stets etwas Pompöses und Extravagantes an sich, sie strahlten Glanz aus und waren opulent, gleichsam boten sie enormen Unterhaltungs- und Schauwert sowie den Reiz des Nichtalltäglichen, was sie für die Struktur des frühen Filmprogramms ideal erscheinen ließ. Die kinematografischen Unternehmen hatten rasch Interesse an den Monarchen entwickelt. Die Kaiser und Könige besaßen einen hohen Wiedererkennungswert. Aufgrund technischer Möglichkeiten und finanzieller Erwägungen waren Aufnahmen von Zeremonien und Ritualen der Monarchenriege bei Produzenten sehr begehrt. Die Monarchen verlangten weder Honorar, noch mussten Kostüme gestellt werden. Die Galauniformen waren imposant genug. Selbst die „Komparsen", in diesem Fall das Straßenpublikum sowie die militärische und höfische Entourage, waren ebenso kostenlos versammelt. Die „Drehbücher" der Auftritte waren von den Obersthofmarschallämtern bereits vorgegeben und den Filmproduzenten vorab bekannt. Zudem war der Weg vorhersehbar, den die gekrönten Häupter an der Kamera vorbei zurücklegen würden. Für privilegierte Kamerastandorte benötigten Kameramänner zwar die Einwilligung des jeweiligen Monarchen. Falls diese erteilt wurde, war bereits im Vorfeld sicher, dass die Aufnahme glücken würde. Vgl. Petzold, Dominik: Monarchischer Kult in der Moderne: Zur Herrschaftsinszenierung Wilhelms II. im Kino. In: Biskup, Thomas; Kohlrausch, Martin (Hrsg.): Das Erbe der Monarchie. Nachwirkungen einer deutschen Institution seit 1918. Frankfurt am Main, 2008. S. 117-137; Vgl. Petzold, Dominik: „Monarchische Reklamefilms"? Wilhelm II. im neuen Medium der Kinematografie. In: Petzold, Dominik; Freytag, Nils (Hrsg.): Das „lange" 19. Jahrhundert. Alte Fragen und neue Perspektiven. München, 2007. S. 201-220; Vgl. Paulmann, Johannes: Pomp und Politik. Paderborn u.a., 2000. S. 395-397; Vgl. Müller, Corinna; Segeberg, Harro (Hrsg.): Kinoöffentlichkeit (1895-1920. Entstehung, Etablierung, Differenzierung. Marburg, 2008; Vgl. Kessler, Frank; Verhoeff, Nanna: Networks of Entertainment: Early film distribution. 1895-1915. London, 2007.

[564] Vgl. Smith, Jeffrey R.: A people's war. Germany's political revolution, 1913-1918. Lanham u.a., 2007. S. 198.

[565] Vgl. Kohlrausch, Martin: Monarchische Repräsentation in der entstehenden Mediengesellschaft: Das deutsche und das englische Beispiel. In: Andres, Jan (Hrsg.): Die Sinnlichkeit der Macht; Herr-

4.8 Legitimatorische Perspektiven

und die Zwänge, unten denen er handelte. Die Massenmedien brachten eine riesige Zahl an Monarchiediskutanten hervor, die über ein gemeinsames, oft intimes Wissen verfügten und mit einem geteilten Set an Maßstäben und Kriterien urteilten. Zudem existierten exakte Vorstellungen davon, was vom Monarchen erwartet werden konnte. Der Herrscher stand den strukturellen Veränderungen der Medienlandschaft fast machtlos gegenüber. Der mediale Massenmarkt erforderte eine sichtbare und vernehmbare politische Führungsfigur, die wiederum bevorzugtes Objekt der Kritik wurde.[566]

Die Analyse der königlichen Auftritte in Kinodarbietungen und illustrierten Zeitschriften, auf Fotopostkarten und in der täglichen Medienberichterstattung legt nahe, dass diese nicht nur große Politik anschaulich darstellten, sondern gleichzeitig beliebte, wiederholt gesehene Spektakel waren. So gewinnen die inszenierten Rituale vor dem Massenpublikum aus dieser Perspektive ein nur wenig politisches Moment und mussten nicht unbedingt von großem Ernst geprägt sein. Ähnlich wie die Filme und Fotografien könnte man die Straßenveranstaltungen unter monarchischer Beteiligung, zumindest aus der Sicht der Zuschauer, als Teil des breiten Unterhaltungsangebots der Metropolen einordnen. Bei diesen spektakulären Anlässen formierte sich eine Gemeinschaft der Konsumenten, neben der imaginierten und erlebten Gemeinschaft der Nation, für den Augenblick unmittelbar am Straßenrand und auf den Tribünen. Mittelbar und dauerhafter wurde dies in der Welt der Warenkultur deutlich. Sowohl Nation als auch Konsumgesellschaft schlossen die Monarchen ein. Inszenierte, durch den König verkörperte Staatspolitik, gepaart mit königlichen Moden und luxuriösem Leben, übte eine beträchtliche Anziehungskraft aus. Die gekrönten Häupter besaßen gleichwohl nur noch eine begrenzte Kontrolle darüber, ob die monarchischen Auftritte mehr zur Nationalisierung oder eher zur Unterhaltung der Massen beitrugen. Da Nation und Kommerz eng miteinander verknüpft waren, muss man davon ausgehen, dass schlichtweg beides zugleich stattfand.[567]

Vor allem zwei Trends betrafen die Kommentierung der Monarchie: Zum einen die Verschärfung und Ausweitung kritischer Kommentierung, zum anderen die Differenzierung bei parallelem Bedeutungsverlust parteipolitischer Festlegungen der Zeitungen. In widersprüchlicher Weise wurde die Zeitungslandschaft immer differenzierter, dabei zugleich uniformer. Mit der erhöhten Medienpräsenz der Monarchen geht das Thema der Personalisierung des Monarchiediskurses eng einher. Nicht nur die Person des Kaisers wurde in ungeahntem Ausmaß Ziel von Veröffentlichungen und Karikaturen. Geschmack, Aussehen und Meinung des Herrschers wurden plötzlich zum Thema. Die Interpretation der Monarchie durch deren Träger wurde zum Massenprodukt. Die Presse begnügte sich nicht mit der zu poli-

---

schaft und Repräsentation seit der Frühen Neuzeit. Frankfurt am Main u.a., 2005. S. 93-122. Hier: S. 120.
[566] Vgl. Kohlrausch, Martin: Der Monarch im Skandal. Die Logik der Massenmedien und die Transformation der wilhelminischen Monarchie. Berlin, 2005. S. 82f.
[567] Vgl. Paulmann, Johannes: Pomp und Politik. Paderborn u.a., 2000. S. 397f.

tischen Werbezwecken präsentierten und sorgfältig aufbereiteten Privatheit des Herrscherhauses, sondern versuchte zunehmend, in das engere Privatleben vorzudringen. Selbst vormalige Tabufelder stiegen zu vieldiskutierten Politika auf. Die durch die Presse marktstrategisch absichtlich gesteigerte Empörung wurde unterschiedlich artikuliert und sprach dabei unterschiedliche Teilöffentlichkeiten an. Die Antwort auf diese neue Herausforderung waren vermehrte ‚Homestorys' seitens der Betroffenen, um moralische Glaubwürdigkeit zu beweisen. Öffentlichkeit und Herrscher wurden Teil einer emotionalisierten politischen Kultur, die von den Massenmedien wesentlich geprägt wurde. Sicherlich kann man in der Ausweitung der politischen Sphäre und der Macht der Inszenierung auch ein Element der Demokratisierung oder zumindest semipolitischer Teilhabe sehen.[568]

Die Monarchie hatte durch den Aufstieg der Massenmedien nicht an Bedeutung verloren, sondern konnte im Gegenteil eine regelrechte Renaissance erfahren. Im Deutschen Reich war der Monarchiediskurs umfangreicher, dichter und variantenreicher, als anzunehmen wäre. Die Bundesfürsten und der Kaiser entsprachen, in ihren jeweiligen regionalen und nationalen Bezugssystemen, weit besser den originären Bedürfnissen der Massenmedien nach personalisierter und klischeehafter Darstellung komplexer politischer und gesellschaftlicher Zusammenhänge, als dies für unübersichtliche demokratische Institutionen wie dem Reichstag, einzelnen Landtagen oder Parteien der Fall war. Die medial mobilisierte Gesellschaft suchte komplexitätsreduzierende Projektionsflächen und fand diese in den Bundesfürsten.

---

[568] Die einschneidende qualitative Veränderung der Medien wurde unter anderem als „zweiter Strukturwandel der Öffentlichkeit", „massenmediale Sattelzeit", „erste Stufe des massenmedialen Ensembles", „Aufstieg der vierten Gewalt" und „Medienrevolution" charakterisiert. Die Veränderung der Medienlandschaft hin zu massenmedialen Strukturen ist nicht zuletzt deshalb so bemerkenswert, da sie eine regionale, soziale und politische Entgrenzung mit sich brachte, welche durch den Bedeutungsverlust der Pressezensur vor dem Ersten Weltkrieg noch verstärkt wurde. Die Marktorientierung der Zeitungen führte zum partiellen Verlust der traditionellen Affinität vieler Zeitungen zu einer bestimmten Partei, da man es sich nicht mehr leisten konnte, die Informationsinteressen der Leser zu negieren. Darüber hinaus war es den Zeitungen aufgrund der Marktsituation nicht mehr möglich, manifeste öffentliche Stimmungen in ihren Kommentaren einfach zu negieren, nur weil dies die Parteilinie forderte. Die hohe Interaktivität der Zeitungen führte dazu, dass veröffentlichte originelle Artikel einer Zeitung umgehend von einer Zahl anderer Zeitungen reproduziert wurden. Dies gilt nicht nur für die Massenpresse, sondern für alle Zeitungen. Große Pressedebatten, welche sich um die Monarchie drehten, führten teils dazu, dass Zeitungen mehrere Seiten mit Kommentierungen anderer Blätter füllten. Nicht nur wurde auf diese Weise die Intensität politischer Debatten erhöht, während die Presse wachsam die Urteile der Konkurrenz verfolgte. Das Verhältnis von Monarchie und Massenmedien wird vielleicht am anschaulichsten in monarchischen, im engeren Sinne politischen Skandalen wiedergespiegelt. Die Medien etablierten sich auf diese Weise als eine Art vierte Gewalt im Staat und beeinflussten die öffentliche Meinung hinsichtlich skandalöser und im eigentlichen Sinn zunächst unpolitischer Vorgänge. Die Veröffentlichung des Privaten, die mediale Inszenierung wurde dabei unmittelbar politisch und nahm Einfluss auf die realen Machtverhältnisse. Die Skandalisierungstendenz der Medien führte zu einer „Politik der Sensationen", die ihre Foren beispielsweise am Rednerpult des Reichstags fand, aber durch die Presse massentauglich aufbereitet bis in die Haushalte der unterschiedlichsten Milieus oder in die täglichen Kneipengespräche vordrang. Vgl. Hardtwig, Wolfgang: Performanz und Öffentlichkeit in der krisenhaften Moderne: Visualisierung des Politischen in Deutschland 1900-1936. In: Herfried Münkler, Jens Hacke (Hrsg.): Strategien der Visualisierung. Verbildlichung als Mittel politischer Kommunikation. Frankfurt am Main, 2009. S. 71-92. Hier: S. 76f.

4.8 Legitimatorische Perspektiven

Selbst für das linke Spektrum der Presselandschaft besaß das Thema Monarchie eine hohe Anziehungskraft. Die Faszination personaler Integration verband sich mit medial begründeten Anforderungen nach Plakativität. Auf diese Weise wurde ein mediales Comeback der Monarchie ermöglicht, welches weder die strukturelle Gestaltung politischer Berichterstattung in den Massenmedien noch die Monarchie unberührt ließ. Im Fall Kaiser Wilhelms II. wurde konstatiert, dieser sei für die Medien nicht nur deshalb ein interessantes Phänomen gewesen, weil er ein ‚Medienkaiser' war, sondern weil er als politischer Monarch auftrat. Das Gleiche lässt sich, wenngleich nicht immer im nationalen Rahmen, sicherlich aber in regionalen Kontexten, für die Bundesfürsten sagen.[569]

Die Massenmedien formten nicht nur die Monarchie um, auch konnten die Monarchen als ‚Projektionsfläche' bestehender sowie als ‚Anreger' entstehender Diskurse eine eminente Rolle spielen. Auf diese Weise beeinflusste die Existenz monarchischer Herrschaft die Massenmedien. Die Berichterstattung über die Monarchie ging wohlgemerkt weit über die rein sentimentale Wiedergabe von Kutschfahrten oder einer kritischen Reportage einer Ungeschicklichkeit des Monarchen hinaus, vielmehr war das Schreiben über den Herrscher im jeweils nationalen oder regionalen Zusammenhang ein entscheidendes Verständigungsmittel über politische Probleme. Nur ein herausragendes und übergreifend als bedeutsam akzeptiertes Thema wie die Monarchie garantierte für die Presse die Kanalisierung des politischen Diskurses. Die herausgehobene, im Idealfall außer- und überparteiische Figur des Monarchen erlaubte es einesteils, eine die Parteigrenzen übergreifende Einheit in der Kommentierung herzustellen. Zudem bot der Monarch, etwa durch öffentliche Äußerungen, einen dauerhaften und kontroversen Referenzpunkt und einen willkommenen Aufhänger für eine verdichtete politische Diskussion. Gerade die traditionelle Institution Monarchie entsprach paradoxerweise den Erfordernissen der modernen Medien nach griffigen Klischees.[570]

Etliche mediale Skandale vor allem im Umfeld Kaiser Wilhelms II. führten jedoch zu erheblichen Erschütterungen. Infolge der unsäglichen Auslassungen des Kaisers, die im Oktober 1908 im Daily Telegraph veröffentlicht wurden und den außenpolitischen Beziehungen des Reichs Schaden zufügten, machte sich in der Öffentlichkeit Empörung über den Reichsmonarchen breit. Die Rolle des Kaisers und des Reichstags im Verfassungsgefüge wurden neu überdacht. Der Mehrheit der Kommentatoren schwebte eine Öffentlichkeit gegenüber dem Monarchen vor, die zwar partizipatorische Elemente beinhalten sollte, aber nicht unbedingt mit der Idee einer Parlamentarisierung verbunden sein musste.[571] Seit 1908 wurde jedoch

---

[569] Vgl. Kohlrausch, Martin: Monarchische Repräsentation in der entstehenden Mediengesellschaft: Das deutsche und das englische Beispiel. In: Andres, Jan (Hrsg.): Die Sinnlichkeit der Macht; Herrschaft und Repräsentation seit der Frühen Neuzeit. Frankfurt am Main u.a., 2005. S. 93-122. Hier: S. 118f.

[570] Vgl. ebd., Hier: S. 98-101.

[571] Die radikale Krisenerfahrung der Daily-Telegraph-Affäre wurde zwar nicht zu einer verfassungsmäßigen Änderung der Rolle des Kaisers oder eines der Bundesfürsten, dennoch aber, infolge der Kritik am Kaiser, zu einer Um- und Neuinterpretation der öffentlichen Rolle der Monarchen und

eine merkliche Repopularisierung der Monarchie im Kaiserreich augenfällig. Ende 1912 wollte kein Geringerer als Emanuel Nobel den Kaiser für den Friedensnobelpreis vorschlagen. Dies wurde jedoch von Reichskanzler Bethmann Hollweg abgewunken, um Wilhelm II. gegenüber der nationalen Rechten nicht in Erklärungsnöte zu bringen und um das befürchtete Hohngelächter der Sozialdemokraten zu vermeiden.[572] Da Wilhelm II. sich trotz früherer martialischer Äußerungen in den internationalen Krisen auf dem Balkan und in Nordafrika in den Jahren 1908 bis 1912 versöhnlich präsentierte, gelangte er trotz der sich verschärfenden internationalen Lage wieder stärker in den Ruf eines Friedenskaisers. Der Ansehenszuwachs der Reichsmonarchie strahlte auch auf die Bundesfürsten aus.[573]

Der Großteil der publizierten Kritik galt der Person des Monarchen, nicht aber der Institution Monarchie. Dies verweist auf den Trend, auf dem dies beruhte: Der zunehmenden Personalisierung politischer Fragen in der Person des Monarchen. Mediale Skandale ließen das offenbar faszinierende Modell eines direkten Austauschs zwischen Monarch und Öffentlichkeit als genuin modernes Kommunikationsmodell durchsetzbar erscheinen. Zumindest zeigten sie Defizite, welche in diesem Bereich herrschten, in aller Deutlichkeit auf.[574] Gleichzeitig beschleunigte die mediale Skandalberichterstattung über die deutschen Herrscherhäuser die Tendenz, die Einzelperson des Monarchen von der Einrichtung Monarchie zu trennen. Auf diese Weise wurde es möglich, Wilhelm II. oder Ludwig III. trotz grundsätzlicher Zustimmung zur monarchischen Ordnung abzulehnen. Zugleich wurden im Monarchiediskurs souveräne Elemente des kaiserlichen und königlichen Amtes mit der Vorstellung eines idealisierten Führertypus verschmolzen.[575]

Im medialen Kommunikationsraum herrschten keine freien Marktbedingungen. Der Straftatbestand der Majestätsbeleidigung zog um den Monarchen und die königliche Familie rechtliche Schutzräume, die diese vor scharfer Kritik schützen

---

der Monarchie genutzt. Vgl. Kohlrausch, Martin: Der Monarch im Skandal. Die Logik der Massenmedien und die Transformation der wilhelminischen Monarchie. Berlin, 2005. S. 265-281; Vgl. Ullrich, Volker: Als der Thron ins Wanken kam. Das Ende des Hohenzollernreiches 1890-1918. Bremen, 1993. S. 39-63; Vgl. Röhl, John C. G.: Wilhelm II. Der Weg in den Abgrund. 1900-1941. Nördlingen, 2008. S. 709-739.

[572] Vgl. Röhl, John C. G.: Wilhelm II. Der Weg in den Abgrund. 1900-1941. Nördlingen, 2008. S. 929.
[573] Wilhelm II. war bereit gewesen, sich angesichts der vergangenen Negativerfahrungen öffentlich zurückzunehmen. Da er seit dem Daily-Telegraph-Interview kaum noch brisante Äußerungen von sich gab, stiegen sein persönliches Ansehen und das der Monarchie im Allgemeinen. Die tatsächlichen politischen Ansichten und Planungen des Kaisers blieben der Öffentlichkeit fortan in den meisten Fällen verborgen. Die Reduzierung der kontroversen öffentlichen Äußerungen des Kaisers war vor allem durch die wirksame Abschirmung des Reichsmonarchen durch den Reichskanzler und Angehörige der kaiserlichen Entourage gelungen. Vgl. König, Alexander: Wie mächtig war der Kaiser? Kaiser Wilhelm II. zwischen Königsmechanismus und Polykratie von 1908 bis 1914. Stuttgart, 2009. S. 267-275.
[574] Vgl. Kohlrausch, Martin: Monarchische Repräsentation in der entstehenden Mediengesellschaft: Das deutsche und das englische Beispiel. In: Andres, Jan (Hrsg.): Die Sinnlichkeit der Macht; Herrschaft und Repräsentation seit der Frühen Neuzeit. Frankfurt am Main u.a., 2005. S. 93-122. Hier: S. 120.
[575] Vgl. Kohlrausch, Martin: Der Monarch im Skandal. Die Logik der Massenmedien und die Transformation der wilhelminischen Monarchie. Berlin, 2005.

4.8 Legitimatorische Perspektiven

sollten. Seit der Einführung des Strafgesetzbuches von 1871 in allen deutschen Staaten wurde als Höchststrafe für Tätlichkeiten gegen den Kaiser oder Landesherren anstelle der Todesstrafe eine lebenslängliche Zuchthausstrafe eingeführt. Durch die Presse begangene Majestätsbeleidigungen wurden in Bayern in vielen Fällen wegen Bedenken bezüglich der öffentlichen Wirkung einer Strafverfolgung nicht geahndet. Erst das Vorgehen der Behörden gegen den „Simplizissimus" im Jahr 1909 erregte die Aufmerksamkeit einer breiteren Öffentlichkeit. Die Spezialnummer „Manöver" vom 20. September 1909 enthielt ein Bild mit der Unterschrift „Kaisermanöver", das den Prinzen Ludwig an der Seite von Kaiser Wilhelm II. in einer Weise darstellte, die von Regierungsseite sowie einem Teil der Presse als Verhöhnung des Prinzen aufgefasst wurde. Trotzdem riet die zuständige Staatsanwaltschaft von einem Einschreiten ab, da eine Verurteilung durch das Schwurgericht unwahrscheinlich erschien und eine „mit einer Freisprechung endende öffentliche Verhandlung zweifellos noch peinlicher empfunden werden musste, als die Veröffentlichung des taktlosen und anstößigen Bildes selbst." Juristische Bedenken fanden ebenfalls Anklang, da nach dem Reichsgesetz über die Bestrafung der Majestätsbeleidigung vom 17. Februar 1908 eine Beleidigung nur noch in den Fällen als strafbar galt, in denen sie in der Absicht der Ehrverletzung, böswillig und mit Überlegung begangen wurde. Aus diesen Gründen erging anstelle einer strafrechtlichen Verfolgung ein Verbot des „Simplizissimus" an den bayerischen Staatsbahnhöfen. Die Zeitschrift bedachte Ludwig auch nach dessen Thronbesteigung mit Satire und Kritik.[576]

In den Jahren vor dem Ersten Weltkrieg empfahl Staatsminister von Hertling im Fall von Beleidigungen der Mitglieder des Königlichen Hauses kaum die Initiative zur Strafverfolgung.[577] Im Jahr 1914 kam es zu schärferen Angriffen der Presse auf das Königshaus. Am 11. Mai hatte der „Simplizissimus" unter der Überschrift „Der König und die Lehrer" eine Karikatur veröffentlicht, die den Empfang

---

[576] Die weitaus meisten der zur Anzeige gebrachten Fälle in Bayern fielen in den Bereich der Majestätsbeleidigung zweiten Grades, es handelte sich also um schriftliche oder mündliche Schmähungen des Monarchen, wobei erstere in Form von Flugblättern, Maueranschlägen oder Pressenotiz erscheinen konnten. Schwere Fälle von Majestätsbeleidigungen waren nach 1848 nicht mehr vorgekommen. Nachdem keine Vorzensur der Presse bestand, handelte es sich zumeist um Majestätsbeleidigungen in den Medien. Auch Bagatellen wie Kritik an der Regierung oder einzelnen Ordensverleihungen konnten mitunter eine Untersuchung wegen Majestätsbeleidigung nach sich ziehen. Allerdings kam es seit der Einführung der Schwurgerichte selten zu Verurteilungen in derartigen Fällen. Eines der wenigen Gegenbeispiele war die Entscheidung gegen den Redakteur des „freien Landesboten" Friedrich Benz vom 22. November 1900, der aufgrund folgender Pressenotiz eine Gefängnisstrafe von sechs Monaten erhielt: „Prinz Rupprecht verehrte seiner zukünftigen Gemahlin einen Brillantring von abnormer und auffallender Größe – spezifische Eigenschaft der Hochgeborenen, dass je schwerer ihre Edelsteine sind, um so leichter das ist, was man gewöhnlich im Kopf hat, also in diesem Falle nicht hat." Dagegen war im gleichen Jahr ein Verfahren bezüglich wesentlich bedeutenderer Angriffe gegen die Politik des Prinzregenten und des Kaisers hinsichtlich der Flottenpolitik eingestellt worden. Vgl. und Zit. nach Ursel, Ernst: Die bayerischen Herrscher von Ludwig I. bis Ludwig III. im Urteil der Presse nach ihrem Tode. Berlin, 1974. S. 30-35.
[577] Beleidigungen von Mitgliedern des Kgl. Hauses 1893-1912. BayHStA, NB. StMin des K. Hauses und des Äußern, Nr. 65864.

einer Lehrerabordnung bei Ludwig III. darstellte und die Bildunterschrift trug: „Meine Herren, wenn's Ihnen schlecht geht, warum betteln's dann net? Die hochwürdigen Herren Kapuziner betteln ja aa!" Der bayerische Innenminister und der Münchner Polizeipräsident waren sich zwar einig, dass die Verurteilung des verantwortlichen Redakteurs wünschenswert sei. Gleichzeitig konnte aber eine Gerichtsverhandlung dazu benutzt werden, den Verlauf der Audienz in unangenehmer Weise an die Öffentlichkeit zu bringen. Die Polizei lehnte ein Weiterverbreitungsverbot der Karikatur ab, da dieses lediglich Werbung für die Zeitschrift „Simplizissimus" darstelle und nicht zweckmäßig sei.[578]

Wurde dieser Angriff auf den Monarchen als politische Kritik heruntergespielt, so sahen die Behörden in der Ausgabe Nr. 7 des „Simplizissimus" vom 18. Mai 1914 hingegen einen deutlichen Affront. Abermals führte die Majestätsbeleidigung jedoch zu keiner Verurteilung. Je stärker sich die Herrscher aus der Tagespolitik heraushielten, desto weniger wurden sie mit dem Staat selbst identifiziert und gerieten so seltener in die öffentliche Kritik. Beschränkten sich die Majestätsbeleidigungen unter Ludwig II. und Prinzregent Luitpold auf harmlose Fälle, so bot Ludwig III. wieder mehr Angriffsfläche.[579] Ludwig III. konnte das monarchische Prinzip in der medial vernetzten Öffentlichkeit diskursiv nicht in gleicher Weise wie sein Großvater Ludwig I. durchsetzen. Nichtsdestoweniger wurde die Monarchie nach seiner Thronbesteigung auch auf medialem Weg popularisiert und der Herrschaftsdiskurs wieder auf eine aktive Rolle des Monarchen zentriert.[580] Die Chance zur Popularisierung der monarchischen Idee und die Möglichkeit zu neuen Formen von Herrschaftsinszenierung waren verlockend. Es bestand eine berechtigte Aussicht, der Monarchie eine breite plebiszitäre Basis jenseits der demokratischen Bestrebungen der Parteien und Parlamente zu verschaffen, vielleicht sogar konträr zu diesen. Nicht nur bediente die Medialisierung der Monarchie die gesteigerte

---

[578] Schreiben des Ministeriums des Innern an das Ministerium des Kgl. Hauses und des Äußern sowie an das Kabinett S.M. München, 14.5.1914. Strafverfolgung wegen Beleidigung S.M. des Königs oder S.K.H. des Prinzregenten, verübt durch die Presse 1886-1914. BayHStA, NB. StMin des K. Hauses und des Äußern, Nr. 65858.

[579] Ein auf der letzten Seite abgedrucktes Gedicht sprach die persönlichen wirtschaftlichen Interessen des Königs an. Die Titelseite des Blattes warf dem Monarchen im Hinblick auf dessen Abtretung der Neuen Pinakothek an den Staat die Preisgabe des kulturellen Erbes seines Großvaters König Ludwig I. vor. Aufgrund dieser Simplizissimus-Ausgabe wurde am 23. Juni 1914 gegen den Redakteur Freißler, den Zeichner Gulbransson und den Schriftsteller Steiger ein Majestätsbeleidigungsprozess eröffnet, der jedoch vom Kriegsausbruch unterbrochen wurde. Freißler hatte sich als Kriegsfreiwilliger gemeldet, daher konnte die Hauptverhandlung erst nach Kriegsende stattfinden. Seitens des Justizministeriums war allerdings im Januar 1915 empfohlen worden, die Verjährung eintreten zu lassen, da die Wochenschrift „Simplizissimus" seit Kriegsbeginn eine patriotische Haltung einnehme. Vgl. Ursel, Ernst: Die bayerischen Herrscher von Ludwig I. bis Ludwig III. im Urteil der Presse nach ihrem Tode. Berlin, 1974. S. 36.

[580] Vgl. Gollwitzer, Heinz: Fürst und Volk. Betrachtungen zur Selbstbehauptung des bayerischen Herrscherhauses im 19. und 20. Jahrhundert. In: Zeitschrift für Bayerische Landesgeschichte. Nr. 50. München, 1987. S. 723-748. Hier: S. 746.

4.8 Legitimatorische Perspektiven

Schaulust der Öffentlichkeit, sie half auch, die unnahbare Distanz zwischen Herrschern und Beherrschten ein Stück weit zu überwinden.[581]

Die Sichtbarmachung der Herrscherhäuser trug zur Popularisierung der Monarchie bei, förderte aber andererseits einen Abbau des monarchischen Charismas. Mit dem Popularitätsgewinn und der größeren Volkstümlichkeit ging die Gefahr einer Profanisierung des Fürstenmythos einher. Die mediale Selbstvermarktung der Bundesfürsten, ihre zunehmende Präsenz in den Bilderwelten der Illustrierten und in Kinofilmen drängten sie in Rollen hinein, die nicht unbedingt den Respekt der Öffentlichkeit vor der Würde und Kompetenz ihrer Herrscher zu steigern geeignet waren. Zudem lief die Fürstenriege durch eine allzu starke Bindung ihrer Reputation an mediale Interessen Gefahr, diese auf dem medialen Weg wieder zu verlieren. Vor allem die visuellen Medien waren in der Lage, in der Öffentlichkeit die entgegengesetzte Wirkung zu erzielen, indem sie das allzu menschliche Format der Majestäten und königlichen Hoheiten preisgaben. Auch der Glanz königlicher Lebenswelten vermochte dies nicht immer zu überblenden.[582] Die Medienmonarchie erwies sich somit als waghalsige Angelegenheit.

---

[581] Vgl. Machtan, Lothar: Die Abdankung. Berlin, 2008. S. 31.
[582] Vgl. ebd. S. 31f.

5. Kriegsausbruch

5.1 Julikrise

Am 28. Juni 1914 fielen in Sarajewo durch die Hand eines serbischen Studenten tödliche Schüsse auf den Erzherzog-Thronfolger Franz Ferdinand von Österreich-Ungarn und dessen Gattin. Ganz Europa reagierte auf diese Tat mit Entsetzen, zumal Zeitungsberichte die später bestätigte Vermutung nahelegten, dass Mitglieder des serbischen Geheimdienstes an dem Attentat beteiligt waren.[583] In München wurde die Nachricht als Schock aufgenommen, denn der habsburgische Thronfolger war nur zwei Monate zuvor am bayerischen Königshof zu Gast gewesen. Er vertrat bei seinem Besuch im April 1914 den 83-jährigen Kaiser Franz Joseph.[584] Die „Bayerische Staatszeitung" zitierend schrieb der österreichische Gesandte Ludwig Graf von Velics danach an den Minister des Äußern, „wie der warme Empfang, die herzlichen von ungekünstelter Freude getragenen Ovationen Zeugnis davon abgaben, dass die Münchner Bevölkerung aus eigener Wahrnehmung bestätigt gefunden habe, was von dem liebenswürdigen und ritterlichen Wesen des erlauchten Herrn [...] bekannt geworden sei."[585]

Der ermordete Erzherzog war mit dem bayerischen Herrscherhaus verwandt, insbesondere mit der Königin und dem Prinzen Leopold. Mit der bayerischen Armee verband Franz Ferdinand seine Inhaberschaft des Schwere-Reiter-Regiments in Landshut. Das Königshaus nahm am Tag des Attentats an mehreren festlichen Jubiläumsfeiern teil. König Ludwig III. und Königin Marie Therese befanden sich in Würzburg, als sie von den Schüssen in Sarajewo hörten. Sie verfolgten dort einen umjubelten historischen Festzug, der anlässlich der Feierlichkeiten der hundertjährigen Zugehörigkeit Unterfrankens zu Bayern veranstaltet wurde.[586] Auch das bayerische Neu-Ulm hatte an diesem 28. Juni Festschmuck angelegt. Das 12. Infanterieregiment „Prinz Arnulf von Bayern" beging mit großem Pomp sein hundertjähriges Regimentsjubiläum. Prinz Heinrich, der Sohn des 1907 verstorbenen Regimentsinhabers, wurde von Ludwig III. mit seiner Vertretung betraut. Heinrichs Mutter Therese, die Witwe des Prinzen Arnulf, war ebenso vor Ort. Als sich nach der Parade des Regiments eine festliche Gesellschaft im Offizierskasino an der Donau vereinigte und sich etwa 12.000 ehemalige Regimentsangehörige in den

---

[583] Vgl. Ullrich, Volker: Die nervöse Großmacht. Frankfurt am Main, 2007. S. 250f; Vgl. Chickering, Roger: Das Deutsche Reich und der Erste Weltkrieg. München, 2005. S. 22.
[584] Programm für die Reise S. K.u.K. Hoheit des durchlauchtigsten Herrn Erzherzogs Franz Ferdinand in Vertretung S. K.u.K. Apostolischen Majestät nach München im April 1914. OeStA, Abt. Haus-, Hof- und Staatsarchiv. Ministerium des Äußern. Administrative Registratur, Nr. F1-74-3.
[585] K.u.K. Gesandter von Velics in München an S.E. den Herrn Minister des K.u.K. Hauses und des Äußern Grafen Berchtold, München 2.7.1914. OeStA, Abt. Haus-, Hof- und Staatsarchiv. Ministerium des Äußern. Administrative Registratur, Nr. F1-74-3.
[586] Vgl. Beckenbauer, Alfons: Ludwig III. von Bayern. Regensburg, 1987. S. 161.

5.1 Julikrise

Gasthäusern der Stadt zusammenfanden, traf die Nachricht von der Ermordung des österreichisch-ungarischen Thronfolgers ein.[587] Abrupt wurden die Festveranstaltungen abgebrochen. Das Königspaar sprach Kaiser Franz Joseph telegrafisch die herzlichste Anteilnahme aus, sagte den Volksfestbesuch auf dem Würzburger Sanderrasen ebenso wie die Besuche der Städte Schweinfurt, Kitzingen und Ansbach ab und kehrte unverzüglich nach München zurück.[588]

Einflussreiche Kreise in Politik und Militär drängten in Wien zu einer militärischen Bestrafungsaktion. Der österreichische Generalstabschef Franz Graf Conrad von Hötzendorf sah die Zeit gekommen, das unliebsame Serbien, welches die österreichisch-ungarische Balkanpolitik behinderte, in die Schranken zu verweisen. Führende deutsche Staatsmänner hegten die Befürchtung, dass Österreich-Ungarn weiter an Prestige verlieren würde, falls es sich nicht gegen den serbischen Affront wehrte. Der befürchtete Zerfall der Doppelmonarchie war in jedem Fall zu verhindern, ansonsten verlöre das Reich seinen wichtigsten Verbündeten und stünde diplomatisch und militärisch isoliert da. Die deutsche Reichsleitung ging mit einem ‚Blanko-Scheck' an ihren Bundesgenossen ein beträchtliches Risiko ein. Es war Anfang Juli fraglich, ob sich der Konflikt regional begrenzen ließ oder ob er den Zündfunken für einen europäischen Krieg bedeuten würde.[589]

Bereits eineinhalb Jahre zuvor, am 8. Dezember 1912, war während eines vom Kaiser einberufenen, später als ‚Kriegsrat' bezeichneten Treffens im Berliner Schloss, von der militärischen Spitze des Deutschen Reiches eine strategische Vorentscheidung getroffen worden. Die Militärs und der Kaiser kamen, ohne den Reichskanzler oder den Staatssekretär des Auswärtigen Amtes in diese Frage einzubinden, angesichts der zunehmenden internationalen Spannungen überein, dass ein europäischer Krieg an der Seite Österreich-Ungarns in naher Zukunft unvermeidbar sei. In diesem Fall müsse man sich auf eine Konfrontation sowohl mit England, Frankreich als auch Russland einstellen. Der deutsche Generalstabschef Helmuth von Moltke war der Auffassung, je eher der Krieg beginne, desto besser. Nach Ansicht des Admiralstabs war man jedoch für eine derartige Konfrontation noch nicht ausreichend gerüstet. Großadmiral Alfred von Tirpitz machte damals geltend, es liege im Interesse der Marine, den Krieg, wenn möglich, noch ein bis zwei Jahre hinauszuzögern. Infolge eines Berichts des bayerischen Militärbeauftragten Karl von Wenninger vom 15. Dezember 1912, der den Kaiser als in offener Kriegsstimmung bezeichnete, wandte sich Prinz Ludwig, der wenige Tage zuvor seinem Vater als Prinzregent nachgefolgt war, besorgt an den Reichskanzler. Er teilte Bethmann mit, es sei die Ansicht verbreitet worden, der Kaiser dränge zum

---

[587] Generalmajor a. D. Hubert von Hößlin: Geschichte des 1. Weltkriegs 1914-18 (Bayerische Armee) 1956-1963. Bd. I. S. 1. BayHStA, KrA. Handschriften, Nr. 934-2.

[588] „Der Eindruck der Schreckensstunde". Bayerische Staatszeitung, Nr. 148. Montag, 29. Juni 1914. BayHStA, GHA. Presseausschnittsammlung der Königin Marie Therese. Bd. XXXIV.

[589] Vgl. Ullrich, Volker: Die nervöse Großmacht. Frankfurt am Main, 2007. S. 250f; Chickering, Roger: Das Deutsche Reich und der Erste Weltkrieg. München, 2005. S. 22-24; Vgl. Ullrich, Volker: Als der Thron ins Wanken kam. Das Ende des Hohenzollernreiches 1890-1918. Bremen, 1993. S. 87-135.

Krieg und plane eine Invasion Englands. Der Reichskanzler widersprach vehement und versuchte Ludwig davon zu überzeugen, dass der politischen Führung des Reiches und auch dem Kaiser selbst alle aggressiven Absichten fernlägen.[590]

Die Julikrise des Jahres 1914 schwelte zum Leidwesen der deutschen Diplomatie viel zu lange.[591] Kostbare Zeit verstrich – mehr als zwei Wochen – bis die Regierung Österreich-Ungarns endlich den Text eines Ultimatums an Serbien ausgearbeitet hatte. In Berlin unternahm man zwischenzeitlich vorsichtige Schritte zur Lösung oder zumindest Begrenzung der österreichisch-serbischen Krise. Andererseits versuchte man für den immer wahrscheinlicheren Fall eines großen Krieges, Russland in die Rolle des Aggressors zu manövrieren. Letzteres war innenpolitisch motiviert, denn nur auf diesem Weg war es möglich, die Unterstützung der Sozialdemokratie zu erreichen. Während die politische Führung des Reiches hinter den Kulissen handelte, schien nach außen hin alles seinen normalen Gang zu gehen. Wenig deutete auf einen Krieg hin. Der Kaiser begab sich auf seine alljährliche Nordlandreise, selbst führende Militärs wie der Chef des Großen Generalstabs fuh-

---

[590] Vgl. Röhl, John C. G.: Wilhelm II. Der Weg in den Abgrund. 1900-1941. Nördlingen, 2008. S. 963-966.

[591] Abgesehen von der älteren, apologetischen Version vom unabsichtlichen Hineinschlittern der europäischen Mächte in den Weltkrieg, die heute kaum noch Unterstützung findet, stehen sich drei verschiedene Interpretationsvorschläge gegenüber. Die erste stammt von Fritz Fischer und seinen Schülern, welche nachzuweisen versuchten, dass die deutsche Reichsleitung im Juli 1914 den Kontinentalkrieg mit Frankreich und Russland mutwillig provoziert habe, in der Hoffnung, wenigstens England neutral halten zu können. Um den immer wieder behaupteten Weltmachtanspruch des Deutschen Reichs in die Tat umzusetzen, habe man auf diese Weise zumindest eine kontinentale Hegemoniestellung zu erreichen versucht. Fischers Thesen gingen bis hin zur Behauptung eines von der deutschen Regierung von langer Hand geplanten und konsequent herbeigeführten Angriffskrieges. Eine zweite maßgebende Interpretationslinie, vornehmlich repräsentiert durch Wolfgang J. Mommsen und Hans-Ulrich Wehler, begründete die deutsche Politik im Juli 1914 durch die verfahrene innenpolitische Lage, in der sich das Kaiserreich befunden habe. Aufgrund steigenden Reformdrucks und zunehmender Schwierigkeiten hätten sich die konservativen Eliten des Kaiserreichs zu einer aggressiven Wendung nach außen – einer „Flucht nach vorn" – entschlossen, um die systemimmanente Blockade zu durchbrechen. So wäre das deutsche Regierungshandeln in der Julikrise nicht als Resultat einer konsequenten Kriegsplanung mit imperialistischen Zielen, sondern als rein innenpolitisch motivierte Krisenbewältigungsstrategie zu verstehen, mit deren Hilfe die deutschen Führungsschichten ihre Herrschaft zu konsolidieren suchten. Eine dritte Gruppe von Historikern, zu denen Egmont Zechlin, Karl Dietrich Erdmann, Andreas Hillgruber und Klaus Hildebrand zu zählen sind, erklärte im Gegensatz dazu das deutsche Regierungshandeln in der Julikrise zum Ergebnis außenpolitisch-strategischer Überlegungen. Die Krisensituation sollte dazu benutzt werden, den beständigen Niedergang der internationalen Position des Kaiserreichs aufzuhalten, um letztlich dessen Bewegungsfreiheit als Großmacht zu bewahren. In einer als defensiv verstandenen Gesamtkonstellation habe sich die Reichsleitung zu einer diplomatischen Offensive durchgerungen, die zwar von Beginn an das Risiko eines europäischen Krieges mit einkalkulierte, diesen aber letztlich nicht herbeiführen wollte. Die Reichsregierung habe den österreichisch-serbischen Konflikt zu lokalisieren getrachtet und dadurch eigenen diplomatischen Nutzen zu ziehen versucht, sei indessen mit dieser Politik des „kalkulierten Risikos" gescheitert. Keine der drei Denkschulen vermochte es jedoch, überzeugende Antworten auf alle im Zusammenhang des Kriegsausbruchs 1914 sich stellenden Fragen zu liefern. Vgl. Ullrich, Volker: Die nervöse Großmacht. Frankfurt am Main, 2007. S. 251-255; Vgl. Ullmann, Hans-Peter: Politik im Deutschen Kaiserreich. 1871-1918. München, 2005. S. 219-227.

ren in den Urlaub.⁵⁹² Trotz der strategischen Vorentscheidung war Wilhelm II. die letzte Instanz innerhalb des politischen Systems des Kaiserreichs und verfügte im Juli 1914 aufgrund des Fehlens einer Entscheidungsstruktur über weitreichende Möglichkeiten, sich für oder gegen die divergierenden Vorschläge der zivilen Reichsleitung und der militärischen Führung zu positionieren. Nach seiner Rückkehr von der Nordlandreise stellte sich der in seinen Entscheidungen oft schwankende Kaiser am 28. und 31. Juli dezidiert gegen seine Militärs, da ihm, wenngleich ihm die österreichische Sache als gerecht erschien, das Risiko einer russischen Intervention, und damit eines kontinentalen Krieges, zu hoch war. Am Ende beugte er sich jedoch denjenigen Ratgebern, die zum Krieg drängten.⁵⁹³

Die bayerische Krone hätte zweifellos diplomatisch auf die Beteiligten in Wien und Berlin einzuwirken vermocht. Die offizielle Politik des süddeutschen Bundesstaates zeigte sich dennoch im Verlauf der „Julikrise" sehr zurückhaltend. Zu Beginn der Krise wurde Hertling, der Vorsitzende des Ministerrats, über das Vorgehen der Reichsleitung durch seinen bestens informierten Vertrauten Lerchenfeld, den bayerischen Gesandten in Berlin, aufgeklärt. Nachdem dieser sich Anfang Juli in den Sommerurlaub begab, übermittelten der Geschäftsträger in Berlin, Hans von Schoen, sowie ein Attaché, Joseph Maria Graf von Soden-Fraunhofen, ihre Erkenntnisse an Hertling. Zu einer Einmischung Münchens gegenüber Berlin, Wien oder andernorts kam es zu keinem Zeitpunkt.⁵⁹⁴ Prinz Leopold, der sich auf Einladung seines kaiserlichen Schwiegervaters Franz Joseph in Bad Ischl befand, berichtete, „kleinere Jagden fanden statt, das Lebens schien sich wie alljährlich an diesem unvergleichlichen Kaiserlichen Sommersitze gestalten zu wollen, doch fühlte jedermann instinktiv, wie sich die Gewitterwolken am Balkan immer gefahrdrohender gestalteten. [...] Es war im höchsten Maße spannend, dies alles aus nächster Nähe beobachten zu können. [...] S[eine] M[ajestät] der Kaiser von Österreich verließ sein geliebtes Ischl, das er nie mehr sehen sollte, und wir alle fuhren eiligst nach Hause."⁵⁹⁵

Bevor sich der König von Bayern zum Sommerurlaub ins Schloss Leutstetten aufmachte, brachte er seine zuvor unterbrochene Sommerreise durch die bayerischen Städte zum Abschluss. Am 12. Juli trafen die Majestäten in Begleitung von drei Töchtern im mittelfränkischen Ansbach ein, wo sie freudig empfangen wurden.⁵⁹⁶ Von einer Mobilmachung war noch nichts zu ahnen, stattdessen wurden

---

592 Vgl. Ullrich, Volker: Die nervöse Großmacht. Frankfurt am Main, 2007. S. 257-259; Vgl. Röhl, John C. G.: Wilhelm II. Der Weg in den Abgrund. 1900-1941. Nördlingen, 2008. S. 1087-1089.
593 In Österreich-Ungarn hatte sich Kaiser Franz Joseph, der das Ultimatum an Serbien zunächst als diplomatischen Bluff angesehen hatte, ebenfalls zunehmend durch die harte Linie der Militärs lenken lassen. Vgl. Clark, Christopher: Wilhelm II. München, 2008. S. 282-288; Vgl. Röhl, John C. G.: Wilhelm II. Der Weg in den Abgrund. 1900-1941. Nördlingen, 2008. S. 1115-1121.
594 Vgl. den Briefwechsel Hertling-Lerchenfeld 1912-1917. Erster Teil. Boppard am Rhein, 1973. S. 301-321.
595 Vorwort des Kriegstagebuchs. BayHStA, GHA. NL Prinz Leopold, Nr. 239.
596 Besuch des Königs in Ansbach am 12. Juli 1914. BayHStA, GHA. Kabinettsakten König Ludwigs III., Nr. 8.

mehrere militärische Jubiläumsfeierlichkeiten abgehalten. Vom 4. bis 6. Juli kamen in München etwa 15.000 ehemalige Angehörige des Infanterie-Leibregiments zusammen, um am hundertjährigen Regimentsjubiläum der bayerischen Garde teilzuhaben. Im Schlosspark von Nymphenburg fanden eine Parade sowie das Exerzieren der 1. Kompagnie in historischen Uniformen statt, einige Tage später in Nürnberg die Hundertjahrfeier des 14. Infanterieregiments.[597]

Die kontinuierlich in München eintreffenden Berichte der Gesandten in Wien, Paris, St. Petersburg und Rom zeugen von der Informiertheit der bayerischen Regierung.[598] In der Sitzung des Ministerrats am 15. Juli 1914 wurde die österreichisch-serbische Krise allerdings nicht einmal angesprochen.[599] Dabei ließ die Berichterstattung keinen Zweifel am Ernst der Lage. Dennoch hatte Hertling keine Bedenken, sich nach Ruhpolding zu begeben. Victor Naumann, der als Publizist und Privatdiplomat agierte, unterrichtete ihn ebenfalls über die hohe Wahrscheinlichkeit des Krieges. Nach einem Gespräch mit Hertling Ende Juli fand er die bayerische Landeshauptstadt in tiefem Schlaf vor, was Naumann mit der „Vogel-Strauß-Politik" des Reichskanzlers erklärte, der die Bundesstaaten nicht ausreichend aufgeklärt habe. Dennoch reiste Hertling erst am 26. Juli nach München, nachdem Staatsrat Siegmund von Lössl ihn zur unverzüglichen Rückkehr aufgefordert hatte. Dort sah er keine Möglichkeit, auf die in Berlin getroffenen Entscheidungen Einfluss zu nehmen. Da Hugo von und zu Lerchenfeld sich nicht in Berlin befand, hatte Hertling keinen Briefpartner, mit dessen Hilfe er auf den Reichskanzler hätte einwirken können.[600]

Nicht alle Bundesstaaten waren gewillt, in der Krise passiv zu bleiben. Nach dem Attentat von Sarajewo und den deutsch-österreichischen Verhandlungen vom 5. und 6. Juli in Berlin forderte der württembergische Ministerpräsident Karl von Weizsäcker die Einberufung des Ausschusses für auswärtige Angelegenheiten und betonte, dass seine Regierung nicht in die außenpolitische Lage eingeweiht sei. Ein Zusammentreffen der leitenden Minister der großen Bundesstaaten war aus seiner Sicht nicht nur aus Gründen der bundesstaatlichen Beziehungen wünschenswert, sondern auch, weil das Ausbleiben einer Demonstration der Einzelstaaten als deren Beiseitestehen in der Krise gedeutet werden könnte. Dagegen wurde eine Einberufung des Bundesratsausschusses für auswärtige Angelegenheiten von bayerischer Seite als inopportun bezeichnet. In diesem Sinne äußerte sich zumindest Lerchenfeld gegenüber dem württembergischen Gesandten in Berlin. Das Recht zur Einberufung des Bundesratsausschusses für auswärtige Angelegenheiten, das der bayeri-

---

[597] Generalmajor a. D. Hubert von Hößlin: Geschichte des 1. Weltkriegs 1914-18 (Bayerische Armee) 1956-1963. Bd. I. S. 7. BayHStA, KrA. Handschriften, Nr. 934-2.
[598] Vgl. die im Auftrag des bayerischen Landtags veröffentlichten Gesandtschaftsberichte in: Dirr, Puis (Hrsg.): Bayerische Dokumente zum Kriegsausbruch und zum Versailler Schuldspruch. München und Berlin, 1925³.
[599] Ministerratsprotokoll Nr. 66 vom 15.7.1914. Ministerratsprotokolle der Ministerien Hertling, Dandl, Eisner. BayHStA, NB. StMin des K. Hauses und des Äußern, Nr. 99511.
[600] Vgl. Deuerlein, Ernst: Einleitung. In: Briefwechsel Hertling-Lerchenfeld 1912-1917. Erster Teil. Boppard am Rhein, 1973. S. 38f.

schen Regierung zustand, wurde nicht in Anspruch genommen, zumal sich der Ausschussvorsitzende Hertling auf seinem Landsitz in Ruhpolding befand. Der württembergische Ministerpräsident hielt es ohnehin für fraglich, ob sich eine der süddeutschen Regierungen mit Erfolg gegen ein offensives Vorgehen Österreichs mit deutscher Zustimmung hätte aussprechen können. Selbst bei einer Forderung nach bundesstaatlicher Mitbestimmung hätte die deutsche Peripherie kaum vermocht, die Eskalation der Krise zu hemmen.[601]

Die Informationspolitik der Reichsleitung blieb gegenüber den Bundesstaaten auch fortan mangelhaft. Verstimmt erklärte Ludwig III.: „Wenn mir aus Berlin Nachrichten als streng vertraulich mitgeteilt werden, so habe ich sie gewöhnlich schon drei Tage vorher in der Zeitung gelesen; das geht nicht an und ist ungehörig. Gewiss, die äußere Politik ist Sache des Reiches, aber schließlich stehen die Bayern ebenso draußen wie die Preußen, und ich trage für Bayern die gleiche Verantwortung wie der Kaiser für Preußen. Und dann meine ich überhaupt: Ein König von Bayern hat das volle Anrecht darauf, über alles informiert zu werden." Jedoch hütete sich Ludwig ebenso wie andere Bundesfürsten trotz des wiederholten Drängens ihrer Staatsregierungen vor offener Kritik. Auch wenn keine gemeinsame Aktion der deutschen Monarchenriege zustande kam, wagten einzelne Bundesfürsten wie der König von Bayern oder der Großherzog von Oldenburg ab dem Frühjahr 1915 immer häufiger in innen-, außen- sowie in personalpolitischen Fragen Interventionen beim Kaiser.[602] Dennoch sollte der Bundesratsausschuss für auswärtige Angelegenheiten zu mehr Bedeutung gelangen. In allen schwierigen Phasen des Krieges rief der Kanzler den Ausschuss, dessen Vorsitz der bayerische Ministerratsvorsitzende dauerhaft innehatte, zusammen.[603] Allein in den vier Kriegsjahren wurden fünfzehn Sitzungen abgehalten.[604]

---

[601] Vgl. Koch, Ingeborg: Die Bundesfürsten und die Reichspolitik in der Zeit Wilhelms II. München, 1961. S. 127-129; Vgl. Janßen, Karl-Heinz: Macht und Verblendung. Göttingen, 1963. S. 14; Vgl. Sendtner, Kurt: Rupprecht von Wittelsbach. Kronprinz von Bayern. München, 1954. S. 95; Vgl. Albrecht, Willy: Landtag und Regierung in Bayern. Berlin, 1968. S. 74; Vgl. Domarus, Max: Bayern 1805-1933. Stationen der Staatspolitik. Nach Dokumenten im Bayerischen Hauptstaatsarchiv. Würzburg, 1979. S. 153-166.

[602] Zit. nach und vgl. Koch, Ingeborg: Die Bundesfürsten und die Reichspolitik in der Zeit Wilhelms II. München, 1961. S. 129-131.

[603] Im April 1915, als die Rationierung notwendig wurde, dann im November 1915, als es sich um Mitteilungen militärischer Natur an die Bundesstaaten handelte. Im kritischen Jahr 1916 sah sich der Ausschuss im März, im August und im Oktober in Berlin, 1917 war der Ausschuss im Mai und im Juli versammelt. Vgl. „Schaffung eines Reichs-Kronrates?". Augsburger Abendzeitung, 19.1.1917. Den diplomatischen Ausschuss betreffend 1913-1918. BayHStA, NB. StMin des K. Hauses und des Äußern, Nr. 95456.

[604] Von 1871 bis 1913 war der Geheimausschuss lediglich fünfzehn Mal zusammengetreten. Vgl. Verzeichnis der Sitzungen des Bundesratsausschusses für die auswärtigen Angelegenheiten 1871-1918. Den diplomatischen Ausschuss betreffend 1913-1918. BayHStA, NB. StMin des K. Hauses und des Äußern, Nr. 95456.

5.2 Die Selbstmobilisierung der Öffentlichkeit

Im Gegensatz zum Königshaus und zur Staatsregierung bezog die bayerische Öffentlichkeit deutlich Stellung zur Krise. Die spontanen Kundgebungen der letzten Julitage stellen einen Wendepunkt in der politischen Kultur des Kaiserreichs dar. Zuvor war die politische Festkultur stets regierungsseitig dekretiert und reglementiert worden. Nunmehr wurde unaufgefordert eine nationale Öffentlichkeit aktiv, die begann, massiven Einfluss auf den politischen Diskurs auszuüben. Das bayerische Königshaus wurde vom Ausmaß des öffentlichen Entrüstungssturmes gegen Serbien und Russland völlig überrascht und konnte nur reagieren. Am 25. Juli 1914, etwa um acht Uhr abends, erreichten die Nachrichten von der serbischen Zurückweisung des österreichischen Ultimatums sowie der Abbruch der diplomatischen Beziehungen beider Nationen die deutsche Öffentlichkeit. Diese Nachricht brachte die öffentliche Stimmung gegen Serbien zur Eskalation.

In Berlin und München sowie in jeder größeren deutschen Stadt versammelten sich Menschenmassen auf den Straßen, um gespannt auf die Extraausgaben der Zeitungen zu warten. Spontane antiserbische und antirussische Kundgebungen folgten im Verlauf des Abends, patriotische Lieder wurden gesungen. Reichsleitung, Behörden und Polizei – ebenso wie die Regierungen der Bundesstaaten – standen dieser plötzlichen und unerwarteten Demonstration von populärem Patriotismus überrascht gegenüber. Die als „Augusterlebnis" mythologisierte Hochstimmung der folgenden Tage war hauptsächlich in den Städten zu beobachten und beschränkte sich vornehmlich auf Mitglieder der national gesinnten Kreise und des Bürgertums. Häufig war es aber nicht Kriegsbegeisterung, sondern Neugier, die sich manifestierte. Vorherrschende Stimmungslagen im ländlichen Raum waren Existenzangst, Antikriegsstimmung und Besorgnis.[605]

Die Königstochter Wiltrud notierte, die im Wittelsbacher Palais befindlichen Prinzessinnen hörten am Abend des 25. Juli „einen Lärm wie von heimkehrenden Ausflüglern, [...] einen lang dauernden Lärm durch die kühle dunkle Nacht zum offenen Fenster herein. Es wurde Deutschland, Deutschland über alles (auf die österreichische Hymne von Haydn), dann die deutsche Hymne gesungen, dann Hoch, Hurrah oder Heil gerufen." Man brachte in Erfahrung, „das Volk sei vor dem Palais und wolle den König sehen, um ihm die Treue zu beweisen." Der Monarch als Symbol der Selbstvergewisserung war indes nicht verfügbar – er weilte in Schloss

---

[605] Vgl. Smith, Jeffrey R.: A people's war. Germany's political revolution, 1913-1918. Lanham u.a., 2007. S. 50-77; Vgl. Ziemann, Benjamin: Front und Heimat. Essen, 1997. S. 39-54; Vgl. Raithel, Thomas: „Augusterlebnisse" 1914 in Deutschland und Frankreich. In: Petzold, Dominik; Freytag, Nils (Hrsg.): Das „lange" 19. Jahrhundert. Alte Fragen und neue Perspektiven. München, 2007. S. 245-260; Vgl. Altenhöner, Florian: Kommunikation und Kontrolle. Gerüchte und städtische Öffentlichkeiten in Berlin und London 1914/1918. München, 2008. S. 149-175; Vgl. Kruse, Wolfgang: Die Kriegsbegeisterung im Deutschen Reich zu Beginn des Ersten Weltkrieges. Entstehungszusammenhänge, Grenzen und ideologische Strukturen. In: Van der Linden, Marcel; Mergner, Gottfried (Hrsg.): Kriegsbegeisterung und mentale Kriegsvorbereitung. Interdisziplinäre Studien. Berlin, 1991. S. 73-87.

5.2 Die Selbstmobilisierung der Öffentlichkeit

Leutstetten nördlich des Starnberger Sees – so zog die Menge in Richtung der Innenstadt. Eine Stunde später erschien erneut eine Menschenmenge vor dem Wittelsbacher Palais. Wiltrud ging hinaus und „sah wie in der Brienner Straße Leute zogen, Jungen hoch riefen, einer unter den Studenten und Wehrkraftjungen eine feurige Rede hielt von der Bündnistreue der Deutschen gegenüber Österreich. Es war erhebend, ohne dass man viel verstand. Alle wollten Papa sehen, ihm eine Ovation bringen. Begeistert klang die Hymne, die Wacht am Rhein, das Deutschland, Deutschland über alles."[606]

Kronprinz Rupprecht war befremdet, dass die „unglaublichsten Gerüchte von verbrecherischen Anschlägen russischer und serbischer Agenten" sich in der Stadt ausbreiteten. So wurde behauptet, das Trinkwasser sei vergiftet worden – „eine Bekanntmachung, die schon nach wenigen Stunden ein Dementi erfuhr." Teils schlug der Argwohn in Gewalt um: „Wer ein fremdländisches Aussehen hatte, [wurde] von der Bevölkerung angehalten und der Polizei überantwortet." [607] Ähnliches spielte sich bei der Zerschlagung der Fensterscheiben des serbischen Generalkonsulats oder jenen des Cafés Fahrig ab, dessen Besitzer eine serbenfreundliche Gesinnung unterstellt wurde. Dieser Radaupatriotismus fand sein Gegenstück im nationalistischen Pathos der Intellektuellen.[608] Die Bevölkerung witterte feindliche Luftfahrzeuge am Himmel. Gerüchte über geheimnisvolle, mit Gold beladene Fahrzeuge, die auf dem Weg von Frankreich nach Russland angeblich Bayern durchquerten, hielten sich hartnäckig.[609] Die allgemeine Paranoia der Münchner Bevölkerung wird dadurch illustriert, dass Frauen auf offener Straße festgehalten wurden, die man für verkleidete Männer und Spione hielt.[610]

Neben diesen Ausschreitungen, die auf Großstädte beschränkt blieben und in allen beteiligten Nationen zu beobachten waren, gab es im ländlichen Bayern ähnliche Vorkommnisse. Dort trugen die Behörden Mitschuld, da sie die Bevölkerung ausdrücklich baten, den Schutz der Eisenbahnlinien und Brückenbauten zu unterstützen sowie gegen feindliche Saboteure vorzugehen. Dies führte dazu, dass fremde Automobile als feindlich betrachtet, angehalten und untersucht wurden. Zudem wurden mehrere Male deutsche Flugzeuge irrtümlich beschossen. Am 26. Juli mahnte die Münchner Polizei zur Ruhe und Besonnenheit, am Folgetag stellte sie fest, dass sie die anfängliche Rücksichtnahme nicht aufrechterhalten könne, da die Volksaufläufe Formen angenommen hätten, „die man nicht mehr nationaler Begeisterung allein zugute rechnen könne." Als die Ausschreitungen anhielten, forderte der Kommandierende General des I. Armeekorps zu einer ritterlichen Haltung gegenüber Angehörigen feindlicher Nationen auf.[611]

---

[606] Tagebucheintrag 26.7.1914. BayHStA, GHA. NL Herzogin Wiltrud von Urach, Nr. 592.
[607] Vorwort des Kriegstagebuchs. BayHStA, GHA. NL Kronprinz Rupprecht, Nr. 699.
[608] Vgl. Geyer, Martin H.: Verkehrte Welt. Revolution, Inflation und Moderne. München 1914-1924. Göttingen, 1998. S. 28f.
[609] Vgl. Bayerisches Kriegsarchiv (Hrsg.): Die Bayern im Großen Kriege 1914-1918. Bd 1. München, 1923. S. 7.
[610] Vorwort des Kriegstagebuchs. BayHStA, GHA. NL Kronprinz Rupprecht, Nr. 699.
[611] Zit. nach Albrecht, Willy: Landtag und Regierung in Bayern. Berlin, 1968. S. 80f.

König Ludwig III. versuchte ebenfalls, die aufgebrachten Massen zur Ordnung zu rufen. Der eilig nach München zurückgekehrte Monarch wurde am 26. Juli 1914 durch Vorträge des preußischen Gesandten, seines Kabinettschefs und des bayerischen Kriegsministers über den Stand der Dinge informiert, danach empfing er das Präsidium der Abgeordnetenkammer. Für Königin Marie Therese war der Tag aus einem zusätzlichen Grund nervenaufreibend. Sie hatte die Mitteilung erhalten, dass ihr Bruder, Erzherzog Friedrich von Österreich zum Oberbefehlshaber der k.u.k. Armee berufen worden sei.[612] Während der königlichen Mittagstafel marschierte die Leibregimentsmusik vorüber. Als die Residenzwache unter den Klängen des Radetzky-Marsches auf den Odeonsplatz einrückte, ertönten Hochrufe aus dem Publikum. Das Musikkorps in der Feldherrnhalle musste das erste Musikstück des Standkonzerts abbrechen und patriotische Lieder anstimmen, welche die Menge mitsang. Die abziehende Residenzwache wurde von einer Menschenmenge begleitet, die in den Vorgarten des Wittelsbacher Palais an der Ecke der Briener- und Türkenstraße einbog.[613] Als König, Königin und die anwesenden fünf Prinzessinnen auf dem Balkon erschienen, brachen Hochrufe aus. Die Wachablösung hielt und der Musikmeister ließ die Hymne spielen.[614] Die euphorische Hochstimmung der Bevölkerung, die in den Straßen Münchens und anderer Großstädte zu beobachten war, konterkarierte vollkommen die vorsichtige Zurückhaltung der offiziellen bayerischen Politik in der Julikrise. Angesichts der sich zuspitzenden Lage, öffentlicher Stimmungsmache und immer neuer Gerüchte sahen sich Ludwig III. und seine Staatsregierung zunehmend zum Handeln gezwungen. Der König war zu diesem Zeitpunkt aber nur noch ein Getriebener, dem nicht viel anderes übrig blieb, als sich an die Spitze der öffentlichen Protestbewegung zu stellen.

5.3 Kriegserklärung

Der 28. Juli 1914 erlebte die Mobilmachung und die Kriegserklärung Österreich-Ungarns. Die Kanonen der Festung Semlin feuerten über die Donau, gleichzeitig wurde Belgrad von der österreichisch-ungarischen Marine vom Fluss her beschossen. Der Krieg hatte begonnen.[615] Kronprinz Rupprecht notierte, die Kriegserklärung Österreichs sei „allenthalben in Deutschland mit lautem Beifall begrüßt [worden], nicht zum wenigsten in München, wo stürmische und begeisterte Kundgebungen vor der österreichischen Gesandtschaft erfolgten. Man war sich im Volke des Ernstes der Lage vollauf bewusst, [...] aber man war auch voll Selbstvertrauen und glaubte, dass wie die Dinge sich einmal gestaltet hatten, es am besten wäre, of-

---

[612] Tagebucheintrag 26.7.1914. BayHStA, GHA. NL Herzogin Wiltrud von Urach, Nr. 592.
[613] Generalmajor a. D. Hubert von Hößlin: Geschichte des 1. Weltkriegs 1914-18 (Bayerische Armee) 1956-1963. Bd. I. S. 8. BayHStA, KrA. Handschriften, Nr. 934-2.
[614] Tagebucheintrag 26.7.1914. BayHStA, GHA. NL Herzogin Wiltrud von Urach, Nr. 592.
[615] Vgl. Strachan, Hew: Der Erste Weltkrieg. München, 2006. S. 26-43.

5.3 Kriegserklärung

fensichtlich zu zeigen, dass man zum Äußersten entschlossen sei."[616] In Berlin und anderen deutschen Städten versammelten sich die Volksmassen auf der Straße. Wilhelm II. ließ sich inzwischen von seinem Generalstabschef Helmuth von Moltke und seinem Kriegsminister Erich von Falkenhayn überzeugen, dass der Krieg nicht zu vermeiden sei.[617]

Am 30. Juli 1914 bildete sich erneut eine Menschenansammlung vor dem Wittelsbacher Palais in München. Vom Balkon herab präsentierte sich Ludwig III. der Öffentlichkeit. Prinzessin Wiltrud entdeckte „eine Menge meist junger Leute, auch weibliche Wesen, Kopf an Kopf unter den alten buschig dichten Kastanienbäumen. Hochrufe, eine Ansprache eines in den mittleren Jahren stehenden Mannes [...] in der die Treue versichert wurde und die mit Hoch auf unsern Kaiser und Papa endete." Der König sprach in der Rolle des fürsorglichen Landesvaters „kurz aber ernst und eindrucksvoll zu den Versammelten, sie sollen sich jetzt beruhigen, dass man noch nicht so weit wäre, aber dass die Zeit sehr ernst sei" und dass er sie „wahrscheinlich bald unter Waffen sehen" werde. Wiltrud befand, dass das „Hoch und Klatschen bewies[en], dass Papa das Richtige gesagt [hatte]. Dann sangen alle unten die Wacht am Rhein und zogen ab."[618]

Als sich am 31. Juli abermals hunderte Münchner vor dem Wittelsbacher Palais versammelten und König, Königin und Kaiser hochleben ließen, antwortete ihnen Ludwig III.: „Es sind [...] sehr schwere und ernste Zeiten, denen wir entgegengehen. Aber ich vertraue darauf, dass das bayerische Volk wie seit vielen Jahrhunderten auch jetzt in Treue zu seinem Herrscherhause stehen wird." Für den kommenden Krieg erbat der bayerische König „Gottes reichsten Segen auf die Waffen [seiner] Armee, des ganzen Deutschen Reiches und seiner Verbündeten."[619] Der König spiegelte in den letzten Julitagen als patriarchalisch inszenierter „Landesvater" geschickt öffentlich die Sorgen und Ängste, aber auch die patriotische Begeisterung der Bevölkerung wider und wurde zum Träger deren Vertrauens.[620] Am 29. Juli war an sämtliche Offiziere der bayerischen Armee der Befehl zum Einrücken in die Garnisonen ergangen. Am 1. August wurde der Zustand drohender Kriegsgefahr erklärt. Prinzessin Wiltrud notierte, München sei „so voll Lärm [gewesen], dass es oft nur so rasselt[e]". Abends suchte der bayerische Kriegsminister den König auf, im Anschluss der vortragende Generaladjutant, General Walther von Walderstötten. In dessen Begleitung teilte Ludwig III. der königlichen Familie mit, dass die Mobilisierungsorder für die bayerische Armee ausgegeben sei.[621]

---

[616] Vorwort des Kriegstagebuchs. BayHStA, GHA. NL Kronprinz Rupprecht, Nr. 699.
[617] Vgl. Röhl, John C. G.: Wilhelm II. Der Weg in den Abgrund. 1900-1941. Nördlingen, 2008. S. 1150-1155 und 1177-1180.
[618] Tagebucheintrag 30.7.1914. BayHStA, GHA. NL Herzogin Wiltrud von Urach, Nr. 592.
[619] Zit. nach Zils, Wilhelm: König Ludwig III. im Weltkrieg. München, 1917. S. 4f.
[620] Vgl. Sendtner, Kurt: Rupprecht von Wittelsbach. Kronprinz von Bayern. München, 1954. S. 245.
[621] Tagebucheintrag 1.8.1914. BayHStA, GHA. NL Herzogin Wiltrud von Urach, Nr. 592.

Ludwig III. verhängte über Bayern den Kriegszustand, nachdem der Kaiser dies für das übrige Reichsgebiet getan hatte.[622] In einer am 31. Juli eilends einberufenen Sitzung des Staatsrats erklärte der König, er habe „soeben [...] die Verordnung über die Erklärung des Kriegszustandes [unterschrieben]. Wir stehen vor dem Kriege; [Ich] hoffe, dass Bayern mit Ehren bestehen möge."[623] Dies war durch die bayerische Sonderstellung im Kaiserreich bedingt. Überall sonst galt das preußische Kriegszustandsgesetz. Kein anderer Bundesfürst konnte aus eigenem Recht den Kriegszustand erklären.[624] Die Königstochter Wiltrud befand: „Wie herrlich sticht hervor, dass Bayern doch die größte Selbstständigkeit besitzt gegenüber anderen Staaten, denn im Reiche außer Bayern verhängte den Kriegszustand Kaiser Wilhelm II., hier aber Papa."[625] Für die bayerische Pfalz, für die andere verfassungsrechtliche Grundlagen galten, wurde das Standrecht und für die Dauer des Kriegszustands der Übergang der vollziehenden Gewalt auf die Militärbehörden angeordnet. Die Ausübung der Befugnisse der untergeordneten bayerischen Staatsbehörden, mit Ausnahme der richterlichen und verwaltungsrichterlichen Tätigkeit, wurde auf die Kommandierenden Generale der drei bayerischen Armeekorps übertragen. In der bayerischen Pfalz wurden diese Ermächtigungen an den Kommandeur der 3. bayerischen Division delegiert. Die untergeordneten Staatsbehörden verblieben in ihren Funktionen, hatten aber, wie die Gemeindebehörden, den Anordnungen der militärischen Befehlshaber Folge zu leisten.[626] Im Rahmen ihrer Befugnisse konnten die militärischen Befehlshaber zur Erhaltung der öffentlichen Sicherheit Vorschriften erlassen. Der Übergang der vollziehenden Gewalt auf das Militär wies gegenüber dem Rest des Reichs, in dem das preußische Kriegszustandsgesetz galt, gravierende Unterschiede auf. So blieben in Bayern die verfassungsmäßigen Grundrechte in voller Geltung.[627]

---

[622] Vgl. Zils, Wilhelm: König Ludwig III. im Weltkrieg. München, 1917. S. 3; Vgl. Röhl, John C. G.: Wilhelm II. Der Weg in den Abgrund. 1900-1941. Nördlingen, 2008. S. 1150-1155.
[623] Protokoll über die Sitzung des k. Staatsrats vom 31.7.1914. BayHStA, NB. Kgl. Staatsrat. Nr. 1449.
[624] Vgl. Albrecht, Willy: Landtag und Regierung in Bayern. Berlin, 1968. S. 74-76.
[625] Tagebucheintrag 30.7.1914. BayHStA, GHA. NL Herzogin Wiltrud von Urach, Nr. 592.
[626] Königlich Bayerisches Kriegsministerium, Verordnungs-Blatt N. 25 vom 31. Juli 1914. Allerhöchste Verordnungen Nr. 264, 265 und 266. Königliche Kundgebungen zu Beginn und während des 1. Weltkriegs. BayHStA, GHA. Kabinettsakten König Ludwigs III., Nr. 71.
[627] Die Anordnungen der Kommandierenden Generale mussten sich zwar innerhalb der bayerischen Verfassung bewegen, führten aber durch ihre Auswirkungen für weite Teile der Öffentlichkeit zu erheblichen Einschränkungen im politischen und wirtschaftlichen Bereich. Die Machtfülle der bayerischen Generalkommandos war, anders als in den übrigen deutschen Staaten, durch die Regierung erheblich eingeschränkt. Alle bedeutenden Anordnungen mussten, um überhaupt Erfolgsaussicht zu besitzen, einheitlich für das gesamte Gebiet des Königreichs getroffen werden. Dadurch aber, dass auf das bayerische Militär lediglich die vollziehende Gewalt der Mittel- und Unterbehörden übertragen wurde, bedurften landesweite Vollzugsanordnungen der drei Generalkommandos oder des bayerischen Kriegsministeriums stets der Billigung der zuständigen Zivilstaatsministerien. Im Verlauf des Krieges wurde Artikel 4 Nr. 2 des Kriegszustandsgesetzes exzessiv beansprucht, durch dessen Legitimation u.a. Betätigungsverbote für pazifistische Gruppen, Ausfuhrverbote für Lebensmittel aus Bayern und Einschränkungen für den Lebensmittelhandel erlassen wurden. Vgl. Albrecht, Willy: Landtag und Regierung in Bayern. Berlin, 1968. S. 74-76; Der Geschäftsgang der

5.3 Kriegserklärung

Der Kaiser unterzeichnete, nachdem er am Vortag den Zustand drohender Kriegsgefahr in Kraft gesetzt hatte, am 1. August um fünf Uhr nachmittags die Mobilmachungsordre.[628] Ihm unterstanden ab diesem Zeitpunkt auch die Kontingenttruppen der Bundesstaaten. Die immobilen Heimatformationen der bayerischen Armee allerdings – die stellvertretenden Generalkommandos und Inspektionen – blieben dem König von Bayern unterstellt.[629] Im bayerischen Ministerium des Äußern fand daraufhin um acht Uhr abends eine Dringlichkeitssitzung des Ministerrats statt. Dort wurde beschlossen, den bayerischen Bundesratsbevollmächtigten zu instruieren, gemäß Art. 11 Abs. II der Reichsverfassung der deutschen Kriegserklärung zuzustimmen. Hertling teilte seinen Ministerkollegen die von der Gesandtschaft in Berlin telefonisch übermittelten Titel der Gesetzesentwürfe und Verordnungen mit, die dem Bundesrat vorlagen. Die Schriftstücke waren noch nicht in München eingetroffen. Eilends entschied der Ministerrat, den Entwürfen ohne genaue Kenntnis deren Inhalts zuzustimmen.[630]

Der bayerische Bundesratsbevollmächtigte Lerchenfeld nahm kurz darauf in Berlin an der Bundesratssitzung teil, in der Reichskanzler von Bethmann Hollweg den Vertretern der Bundesstaaten die Bündnispflicht darlegte: „Ich hoffe, der Bundesrat hat aus meinen Ausführungen die Überzeugung gewonnen, Deutschland habe entsprechend seiner mehr als vierzigjährigen Friedenspolitik bis zum äußersten und letzten versucht, den Frieden zu erhalten. Eine so unerhörte Provokation wie die von Russlands Seite können wir nicht ertragen. Sonst würde Deutschland abdanken als Großmacht in Europa. Die Konsequenzen des Bündnisses zwischen Frankreich und Russland müssen wir auch ziehen. Ich kann mit gutem Gewissen Ihre Zustimmung zu den Maßnahmen erbitten, die ich Ihnen vorgeschlagen habe. Sie werden unserem Vaterlande die größten Opfer auferlegen, die je verlangt worden sind. Aber im Vertrauen auf Gott und unsere gute Sache müssen wir den Weg gehen in diesen Krieg um ein freies und großes Deutschland." Alle Bundesstaaten stimmten dem Antrag hinsichtlich der Kriegserklärung zu, zuerst Lerchenfeld, dann die übrigen Bevollmächtigten. Nachdem die Vertreter der Bundesstaaten die Zustimmung ihrer Regierungen abgegeben hatten, schloss der Reichskanzler: „Ich habe die Zustimmung des hohen Bundesrats festzustellen. Und wenn nun die eisernen Würfel rollen, so wolle uns Gott helfen."[631]

---

stellvertretenden Generalkommandos, ferner Kriegsamtsstellen und Kriegswirtschaftsämter (1915-1919). BayHStA, NB. StMin des K. Hauses und des Äußern, Nr. 93801.

[628] Vgl. Röhl, John C. G.: Wilhelm II. Der Weg in den Abgrund. 1900-1941. Nördlingen, 2008. S. 1158f.

[629] Diesem oblag weiterhin das Recht, bayerische Offiziere zu ernennen, auch war die bayerische Armee auf ihn vereidigt. Vgl. Weiß, Dieter J.: Bayern und Preußen. Eine Nachbarschaft in Deutschland. Remscheid, 2000. S. 40.

[630] Ministerratsprotokoll Nr. 67 vom 1.8.1914. Ministerratsprotokolle der Ministerien Hertling, Dandl, Eisner. BayHStA, NB. StMin des K. Hauses und des Äußern, Nr. 99511.

[631] Der sächsische Gesandte hatte dem Reichskanzler außerdem das Vertrauen seiner Regierung ausgesprochen, was Lerchenfeld als überflüssig empfand. Vgl. Hugo Graf Lerchenfeld an Freiherr von Hertling. Berlin, 1. August 1914. Wichtige Aktenstücke zum Ausbruch des Weltkrieges sowie über die militärische und politische Lage während des Krieges. BayHStA, NB. StMin des K. Hauses und

5. Kriegsausbruch

Auf gegnerischer Seite hatte man sich hinsichtlich der Bundesstaaten mitunter Illusionen gemacht. Der französische Ministerresident in München hatte gehofft, Bayern werde im Kriegsfall einer deutschen Generalmobilmachung nicht Folge leisten. Gemütsruhig buchte er eine Kur, die er vom 3. bis 24. August zu verbringen gedachte. Am 2. August 1914 wurden ihm und den übrigen Mitgliedern des diplomatischen Korps der Ententemächte die Pässe zugestellt. Ein noch unabhängiges Königreich Bayern hatte 1870 nicht gezögert, an der Seite Preußens in den Krieg einzutreten. Diesmal konnte die Entscheidung nicht anders ausfallen, nicht zuletzt aufgrund des wachsenden Drucks der Öffentlichkeit.[632] Nachdem der Wagen des Kriegsministers am späten Nachmittag des 1. August aus dem Innenhof des Wittelsbacher Palais hinausgefahren war, waren einige Passanten stehengeblieben. Später drängte eine größere Menschenmenge dorthin. Das Königspaar und fünf Töchter traten, wie schon in den Tagen zuvor, auf den Balkon, wo zuerst dem König, dann dem Deutschen Kaiser, dann der bayerischen Königin und schließlich dem königlichen Haus Hochrufe ausgebracht wurden.[633]

Der König wandte sich an die Menge. Er sei der festen Zuversicht, dass sich seine Soldaten „im Verein mit ihren deutschen Brüdern ebenso wie vor 44 Jahren tapfer schlagen werden und hoffe zu Gott, er möge sie ehrenvoll und mit Sieg gekrönt wieder in die Heimat zurückkehren lassen."[634] Er „war tief ergriffen und konnte schwer die Rührung überwinden." Wiltrud erlebte ihre Eltern an diesem Abend „erschöpft, Papas Nerven herunter, man denke die Spannung vorher und jetzt die Verantwortung. Alles ging sehr müde auseinander, aber während ich dies schreibe, ist wieder eine Ovation mit den bekannten patriotischen Liedern. [...] Begeisterung in der Stadt allgemein."[635] Der österreichische Gesandte berichtete am 2. August: „Die bayerischen Majestäten, die ich heute nach der Sonntagsmesse kurz zu sprechen die Ehre hatte, äußerten sich in sichtlich tief bewegter Stimmung über die, durch Russlands gewissenloses Vorgehen von gestern auf heute überstürzte, und nun mit einem allgemeinen europäischen Brande drohende Lage. [...] Der heutige, erste Mobilmachungstag bot hier durchaus das Bild ernster, von patriotischem Empfinden getragener Arbeit." Die Telegrammwechsel zwischen Wilhelm II. und Ludwig III. bezeugten „ernste Entschlossenheit und ein durch die Gefahr der Lage gestähltes, strammes Festhalten am Reichsgedanken."[636]

---

des Äußern, Nr. 975; Protokoll der siebenundzwanzigsten Sitzung des Bundesrates (§§662-678). Session 1914. Berlin, den 1. August 1914. Bayerischer Militärbevollmächtigter im Großen Hauptquartier 1918-19. BayHStA, KrA. Bayerischer Militärbevollmächtigter Berlin, Nr. 59.

[632] Vgl. Beckenbauer, Alfons: Ludwig III. von Bayern. Regensburg, 1987. S. 161-163; Vgl. Janßen, Karl-Heinz: Macht und Verblendung. Göttingen, 1963. S. 13-15; Vgl. Schneider, Ludwig M.: Die populäre Kritik an Staat und Gesellschaft in München (1889-1914). Ein Beitrag zur Vorgeschichte der Münchner Revolution von 1918/19. München, 1975. S. 365.

[633] Tagebucheintrag 1.8.1914. BayHStA, GHA. NL Herzogin Wiltrud von Urach, Nr. 592.

[634] „Kundgebungen vor dem Wittelsbacher Palais". Augsburger Postzeitung, 2. August 1914. BayHStA, GHA. Presseausschnittsammlung der Königin Marie Therese. Bd. XXXIV.

[635] Tagebucheintrag 1.8.1914. BayHStA, GHA. NL Herzogin Wiltrud von Urach, Nr. 592.

[636] Bericht des k.u.k. Gesandten von Velics an Minister Graf Berchtold vom 2.8.1914. Berichte aus München 1914-1915. OeStA, Abt. Haus-, Hof- und Staatsarchiv. Politisches Archiv, Nr. 837.

5.4 Allerhöchste Kriegsherren

Kaiser Wilhelm II. übernahm gemäß der Reichsverfassung den formellen Oberbefehl über die Armee. Am 16. August 1914 rückte er mit seinem Gefolge aus. Im Großen Hauptquartier, das aus fast 5.000 Mann bestand, sollte er in der Tradition der preußischen Heerkönige die Operationen von Armee und Marine leiten. Zwischen dieser Ambition und der Realität klaffte jedoch eine große Lücke. Der Kaiser beeilte sich, dem Chef des Großen Generalstabs des Feldheeres die Vollmacht zu geben, in seinem Namen Befehle zu erteilen. Dadurch wurde dieser zum Träger der Befugnisse der Obersten Heeresleitung. Wilhelm II. versprach, dass er von Einmischungen in die Operationen absehen werde. Somit wurde er mehr und mehr zu einer Randfigur. Er blieb zwar im Hauptquartier, beschwerte sich aber, von den militärischen Entscheidungsträgern weder auf dem Laufenden gehalten noch zu Rate gezogen zu werden. Besucher empfanden die Stimmung mitunter als surreal, wenn der Kaiser mit dem Silberservice Friedrichs des Großen dinierte, während er seine Gäste mit lebhaften Frontgeschichten aus dritter Hand unterhielt.[637] Im November 1914 bemerkte Wilhelm II: „Wenn man sich in Deutschland einbildet, dass ich das Heer führe, so irrt man sich sehr. Ich trinke Tee und säge Holz und gehe spazieren, und dann erfahre ich von Zeit zu Zeit, das und das ist gemacht, ganz wie es den Herren beliebt." Im Sommer 1915 erklärte er gegenüber dem preußischen Kriegsminister, „Ich rede ja so wenig rein als möglich, aber Falkenhayn muss doch nach außen die Fiktion erhalten, dass ich alles persönlich anordne."[638]

Von den Bundesfürsten zog nur eine Minderheit ins Feld. Die beiden ältesten deutschen Monarchen, König Wilhelm II. von Württemberg und König Ludwig III. von Bayern, verzichteten aufgrund ihres Alters darauf, Kommandostellen einzunehmen. Es ist ohnehin fraglich, ob die Oberste Heeresleitung den fürstlichen Generalen, die sich seit langem im militärischen Ruhestand befanden und deren militärische Eignung ungewiss war, überhaupt derartige Stellen zugestanden hätte.[639]

---

[637] Das Große Hauptquartier bezog anfänglich in Koblenz Quartier und danach, je nach Lage der Westfront, in Luxemburg, Charleville-Mezières, Bad Kreuznach und zuletzt in Spa. Hinzu kam Pleß an der Ostfront. Die Chefs des Generalstabs und des Admiralstabs, der preußische Kriegsminister und der Staatssekretär des Reichsmarineamts, der kaiserliche Generaladjutant, die Chefs der Kabinette und die Militärbevollmächtigten der deutschen Bundesstaaten sowie anfänglich auch der Reichskanzler sollten offiziell Wilhelm II. in der Leitung der Operationen „unterstützen". Vgl. Röhl, John C. G.: Wilhelm II. Der Weg in den Abgrund. 1900-1941. Nördlingen, 2008. S. 1176 und 1184-1190; Vgl. Epkenhans, Michael: Das Ende eines Zeitalters. Europäische Monarchen und ihre Armeen in Ersten Weltkrieg. (Vortrag am 17. Februar 2009). S. 21; Vgl. Deist, Wilhelm: Kaiser Wilhelm II. als Oberster Kriegsherr. In: Röhl, John C. G. u.a. (Hrsg.): Der Ort Kaiser Wilhelms II. in der deutschen Geschichte. München, 1991. S. 25-42; Vgl. Afflerbach, Holger Wilhelm II as supreme warlord in the First World War. In: Mombauer, Annika; Deist, Wilhelm (Hrsg.): The Kaiser. New Research on Wilhelm II's role in Imperial Germany. Cambridge, 2003. S. 195-216.

[638] Zit. nach Clark, Christopher: Wilhelm II. München, 2008. S. 289-293.

[639] Der dritte außerpreußische König, Friedrich August III. von Sachsen, wurde 1912 in den Rang eines Generalfeldmarschalls befördert, zog es aber vor, keine Kommandostelle im deutschen Heer zu beanspruchen, da er die Befürchtung hegte, seine Anwesenheit an der Front würde die eigentlichen Aufgaben der Kriegführung erschweren. Selbst wenn der sächsische König grundsätzlich über die

5. Kriegsausbruch

Das Fernbleiben vom Kriegsdienst konnte jedoch zur Selbstdelegitimierung der Bundesfürsten beitragen, da die persönliche Führung der Armee ein konstitutives Element monarchischer Herrschaft darstellte, das insbesondere auf der performativen Ebene eifrig bemüht worden war.[640] Die Souveräne, die in der Heimat blieben, unternahmen indes Inspektionsreisen an die Front, besuchten ihre Landeskinder in den Schützengräben und waren nicht selten von echter Anteilnahme für ‚ihre' Bayern, Sachsen, Württemberger oder Badener erfüllt.[641] Allerdings zogen durchaus Mitglieder des regierenden Hochadels mit hervorragender militärischer Befähigung an der Spitze ihrer Truppen in den Krieg.[642]

Im Gegensatz zum Kaiser, der sich als „Oberster Kriegsherr" ins Große Hauptquartier begab, blieben die meisten Bundesfürsten in ihren Haupt- und Residenzstädten. Wilhelm II. empfing regelmäßig den Chef des Generalstabs zu Vorträgen über die militärische Lage und besuchte sporadisch die Front. Da aber allgemein bekannt war, dass er in die operative Kriegführung nicht eingreifen konnte, lag die Kritik nahe, dass er, weitab von den eigentlichen Zentren der politischen und militärischen Entscheidungsfindung, ein überflüssiges Dasein als „Schlachtenbummler" führte. Seine Präsenz in Berlin wäre für die Koordinierung der Aufgabenverteilung zwischen den Militärs und der Reichsleitung dringend erforderlich gewesen. Symbolpolitisch wirkte sich das Verbleiben des Kaisers im Großen Hauptquartier verheerend aus. Während einige Militärs ihr Image als nationale Integrationsfigur pflegten, sich in schmeichelhaften Posen fotografieren oder malen ließen,

---

militärische Befähigung zur Führung einer Armee verfügte, zeigt allein der Blick auf die ihm zukommenden diplomatischen und zeremoniellen Rücksichtnahmen, dass die militärische Enthaltsamkeit Friedrich Augusts nicht unbegründet war. Die Oberhäupter der kleinen Fürstenhäuser Anhalts, Oldenburgs, Sachsen-Meiningens, Schaumburg-Lippes, Schwarzburgs und Waldecks waren ebenfalls nicht aktiv vertreten. Das großherzogliche Haus Badens versagte sich dem Kriegseinsatz ebenso, da sowohl Großherzog Friedrich II. als auch dessen Thronfolger Prinz Max von Baden aus gesundheitlichen Gründen nicht für eine aktive Verwendung in Frage kamen. Mehrere weitere Bundesfürsten fanden jedoch in verschiedenen Stäben hinter der Front Verwendung, wenngleich vielen von ihnen Jahre nach Beendigung ihres aktiven Dienstes die ihrem militärischen Rang entsprechende Befähigung abzugehen schien. Vgl. Machtan, Lothar: Die Abdankung. Berlin, 2008. S. 92-95; Vgl. Sauer, Paul: Württembergs letzter König. Das Leben Wilhelms II. Stuttgart, 1994. S. 261-269.

[640] Vgl. Machtan, Lothar: Der erstaunlich lautlose Untergang von Monarchie und Bundesfürstentümern – ein Erklärungsangebot. In: Gallus, Alexander (Hrsg.): Die vergessene Revolution von 1918/19. Göttingen, 2010. S. 39-56. Hier: S. 47f.

[641] Vgl. Koch, Ingeborg: Die Bundesfürsten und die Reichspolitik in der Zeit Wilhelms II. München, 1961. S.136.

[642] Zu diesen zählten etwa Herzog Ernst II. von Sachsen-Altenburg oder Fürst Adolf zu Schaumburg-Lippe, letztgenannter zunächst im Rang eines Oberstleutnant und Kommandeur des 2. Kurhessischen Husaren-Regiments, später sogar Brigadekommandeur im Rang eines Obersts. Der Herzog von Sachsen-Altenburg übernahm als populärer Heerführer das Kommando über das 8. Thüringische Infanterieregiment Nr. 152 und avancierte bald zum General der Infanterie, wurde Brigade- und später Divisionskommandeur. Der Thronfolger des Königreichs Württemberg, Herzog Albrecht, war als Oberkommandierender einer der sieben an die Westfront geschickten deutschen Armeen völlig ohne Zweifel ein qualifizierter General mit großer militärischer Erfahrung und hatte keinen geringen Anteil an den Operationen auf dem französischen und belgischen Kriegsschauplatz. Vgl. Machtan, Lothar: Die Abdankung. Berlin, 2008. S. 97-99.

Journalisten zu Gast hatten und vor Versammlungen sprachen, wurde es vom Kaiser und seinem Stab versäumt, für eine adäquate Medienpräsenz des Reichsmonarchen zu sorgen. Die Presse wurde sogar, aus Angst vor unbedachten und schädlichen Äußerungen Wilhelms II., durch das kaiserliche Gefolge energisch ferngehalten. Auf diese Weise tauchte der Kaiser in das militärische Geschehen ab, ohne mit zurechenbaren Erfolgen aufwarten zu können und räumte das nationale symbolpolitische Feld für andere.[643]

In einer Reichstagssitzung am 4. August 1914 wurde das besiegelt, was bald als „Burgfriede" bezeichnet wurde: Das Versprechen, über alle Partei- und Klassengrenzen hinweg zusammenzustehen im angeblich von außen aufgezwängten „Schicksalskampf". Symbolischen Ausdruck erhielt dieser Akt der innenpolitischen Versöhnung in den vielzitierten Worten Wilhelms II.: „Ich kenne keine Parteien mehr, ich kenne nur noch Deutsche." Dies war vor allem eine Einladung an die Sozialdemokraten, sich in die nationale Front einzureihen. Der SPD-Vorsitzende Hugo Haase verlas im Reichstag eine feierliche Erklärung, in der die Zustimmung seiner Partei zu den Kriegskrediten zugesichert wurde.[644] „Auguster-

---

[643] Zwar steckt eine politische Kulturgeschichte der Herrschaft des letzten Deutschen Kaisers erst in ihren Anfängen, es ist aber zu vermuten, dass Wilhelm II. durch die Eigendynamik des Krieges symbolisch in den Hintergrund gedrängt wurde. Es ist vor allem nicht auszuschließen, dass ein in der Reichshauptstadt Berlin verbliebener Kaiser, der unablässig die Kernaussage seiner Thronrede vom 4. August 1914 wiederholt hätte, in Kriegszeiten zur integrativen nationalen Symbolfigur hätte wachsen können. Vgl. Pyta, Wolfram: Hindenburg. München, 2009. S. 110f; Vgl. Clark, Christopher: Wilhelm II. München, 2008. S. 314f.

[644] Eduard David, eine der exponiertesten Persönlichkeiten der SPD-Fraktion, notierte: „Der ungeheure Jubel der gegnerischen Parteien, der Regierung, der Tribünen, als wir uns zur Zustimmung erheben, wird mir unvergessen sein. Es war im Grunde eine dargebrachte Ovation." Die Möglichkeit, die Protestaktionen gegen den drohenden Krieg zu Massenstreiks auszuweiten, wurde vom SPD-Parteivorstand nicht einmal in Betracht gezogen. Stattdessen versuchte die Sozialdemokratie, die Antikriegsbewegung zu demobilisieren. Die Gewerkschaftsvorstände hatten am 2. August beschlossen, die noch schwebenden Lohnkämpfe einzustellen und auf Streiks während des Krieges zu verzichten. Die demonstrierte Einmütigkeit war gar nicht so überraschend. In weit stärkerem Maße, als es die klassenkämpferisch-revolutionäre Rhetorik vermuten ließ, war die Sozialdemokratie in den Jahrzehnten vor dem Ersten Weltkrieg in das gesellschaftliche System des Kaiserreichs hineingewachsen. Ihren internationalistischen Bekenntnissen zum Trotz hatte sie eine teils sogar recht intensive Loyalität zum nationalen Staat entwickelt. Auch herrschte die allgemeine Überzeugung, dass man sich im Verteidigungsfalle nicht verweigern dürfe, vor allem, wenn es sich beim Kriegsgegner um das verhasste zaristische Russland handelte. Der greise August Bebel hatte 1904 erklärt, er selbst würde die Flinte auf die Schulter nehmen, wenn es um die Abwehr eines russischen Angriffs gehe. Die antizaristischen Sentiments der SPD hatte vor allem Kanzler Bethmann Hollweg seit Mitte Juli geschickt zu bedienen gewusst, indem er Russland in der öffentlichen Debatte in die Rolle des Aggressors manövriert hatte. Wie schon in der Vorkriegszeit versuchte Bethmann Hollweg durch eine *Politik der Diagonale* – die Gegensätze zu überbrücken, ohne einer Seite ernstlich weh zu tun – der innenpolitischen Zwickmühle zu entgehen, in der sich die Reichsregierung befand. Ohne Zweifel bestanden nach wie vor ernste Konflikte zwischen den Reformwünschen der Sozialdemokratie und den Vorstellungen der konservativen Rechten, die wiederum eine zu große Nachgiebigkeit der Reichsleitung gegenüber der SPD befürchteten. Zwar wurden in den ersten Kriegsmonaten etliche Ausnahmebestimmungen gegen die Sozialdemokratie aufgehoben, doch die entscheidenden Forderungen der Reformagenda wie die Abschaffung des preußischen Dreiklassenwahlrechts oder die Parlamentarisierung der Reichsverfassung sollten vorerst auf Eis gelegt

lebnis", „Burgfriede" und Einkreisungsangst brachten ein nationales Gemeinschaftsgefühl hervor, das auch dem integrativ über Parteien und Partikularinteressen stehenden, Identität stiftenden bayerischen Königshaus außerordentlich nützlich war. Die Mobilmachung hunderttausender Zivilisten zum Zweck der Verteidigung der Nation, die breite Zustimmung von Öffentlichkeit, Parteien und Presse, die Umstellung auf die Kriegswirtschaft sowie die verschiedenen Kriegszustandsgesetze konstituierten die Eröffnungsakte des Ausnahmezustands an der Heimatfront. Die in städtischen, nationalen und bürgerlichen Kreisen zu beobachtende Hochstimmung, die dem Ansehen der Monarchie als Symbol der Selbstvergewisserung entgegenkam, sollte sich jedoch bald abkühlen.[645]

Der nationale Markt für Sinndeutungen des Krieges war umkämpft. In den Tagen der Mobilmachung, die von Unruhe und Massenaufläufen gekennzeichnet waren, begann Ludwig III., in seiner Rolle als bundesstaatliche Symbolfigur, aktiv in den Diskurs um die Deutung des Krieges einzugreifen. Etliche Erlasse, Aufrufe und spontane öffentliche Aufritte Ludwigs III. bezeugen den Willen des Monarchen, symbolpolitische Pflöcke für das Haus Wittelsbach und das bayerische Königreich einzuschlagen. Der König konnte dabei zwar nur begrenzt als Symbolfigur auf der Bühne der gesamtdeutschen Öffentlichkeit agieren, dies war de facto dem Kaiser vorbehalten. Für die bayerische Öffentlichkeit war Ludwig III. jedoch eine symbolische Instanz, die auf verschiedene Identität stiftende Faktoren wie Religion, Nation und Heimat rekurrierte. Andere Bundesfürsten erkannten ebenfalls die sich bietenden symbolpolitischen Chancen des Kriegsausbruchs. König Friedrich August III. von Sachsen appellierte am 3. August an das sächsische Volk und Heer. Großherzog Friedrich II. von Baden wandte sich am gleichen Tag an das badische Volk, Großherzog Ernst Ludwig von Hessen am 16. August und Großherzog Friedrich Franz IV. von Mecklenburg-Schwerin tags darauf.[646]

Über die Staatszeitung verbreitete Ludwig III. in den ersten Augusttagen mehrere Aufrufe an das Volk, das Heer und den Kaiser.[647] Der österreichische Gesandte von Velics berichtete, dass neben Kaiser Wilhelms Rede „An das deutsche Volk" vor dem Reichstag, die tiefen Eindruck hinterlassen habe, der Aufruf „An meine Bayern" Ludwig III. bekannt geworden und durch seine schlichte, warme Sprache nicht weniger tief auf die Bevölkerung gewirkt habe.[648] Ludwig ließ keinen Zweifel an seiner Auffassung, dass Deutschland der Krieg aufgezwungen wor-

---

bleiben. Vgl. dazu und Zit. nach Ullrich, Volker: Die nervöse Großmacht. Frankfurt am Main, 2007. S. 446-450.
[645] Vgl. Geyer, Martin H.: Verkehrte Welt. Revolution, Inflation und Moderne. München 1914-1924. Göttingen, 1998. S. 35-37; zum Konzept des Ausnahmezustands vgl. Agamben, Giorgio: Ausnahmezustand. Frankfurt a. M., 2004.
[646] Proklamationen des Königs von Sachsen, des Großherzogs von Baden, des Großherzogs von Hessen und des Großherzogs von Mecklenburg-Schwerin. Königliche Kundgebungen zu Beginn und während des 1. Weltkriegs. BayHStA, GHA. Kabinettsakten König Ludwigs III., Nr. 71.
[647] Zils, Wilhelm: König Ludwig III. im Weltkrieg. München, 1917. S. 6-11.
[648] Bericht des k.u.k. Gesandten von Velics an Minister Graf Berchtold vom 2.8.1914. Berichte aus München 1914-1915. OeStA, Abt. Haus-, Hof- und Staatsarchiv. Politisches Archiv, Nr. 837.

den sei und es darum gehe, Geschlossenheit zu beweisen. „Deutschland hat den Kampf nach zwei Fronten aufgenommen. Der Druck der Ungewissheit ist von uns gewichen, das deutsche Volk weiß, wer seine Gegner sind. In ruhigem Ernst, erfüllt von Gottvertrauen und Zuversicht, scharen unsere wehrhaften Männer sich um die Fahnen. Es gibt kein Haus, das nicht Teil hätte an diesem frevelhaft uns aufgedrungenen Krieg." Die Heimatfront werde ihren Anteil zu tragen haben: „Wollen wir, jeder nach seiner Kraft, im eigenen Land Helfer sein für die, die hinausgezogen sind, um mit harter Hand den Herd der Väter zu verteidigen. Tue jeder freudig die Pflicht, die sein vaterländisches Empfinden ihn übernehmen heißt. Unsere Frauen und Töchter sind dem Land mit tatkräftigem Beispiele vorangegangen." Ludwig mahnte, es gelte „das Reich zu schützen, das wir in blutigen Kämpfen mit erstritten haben. [...] Gott segne unser tapferes deutsches Heer, unsere machtvolle Flotte, und unsere treuen österreichisch-ungarischen Waffenbrüder. Er schütze den Kaiser, unser großes deutsches Vaterland, unser geliebtes Bayern!"[649]

5.5 Mobilmachung der bayerischen Armee

Der „Mobilmachungs-Plan für die K. Bayer. Armee", nach dem nunmehr verfahren wurde, war durch Ludwig III. im November 1913 genehmigt worden. Am 1. August 1914 wurde aus dem I., II. und III. bayerischen Armeekorps, dem neu aufgestellten I. Reservekorps, der Kavalleriedivision und der Ersatzdivision sowie aus der Kriegsbesatzung der Festung Germersheim das bayerische Feldheer aufgestellt.[650] Das Aussehen der bayerischen Haupt- und Residenzstadt veränderte sich mit der Mobilmachung vollkommen. Die gesamte städtische Garnison zog ins Feld. München hatte nie so viele Soldaten gesehen. Nicht nur waren alle Kasernen, sondern auch viele Schulen und öffentliche Gebäude vom Militär belegt.[651] Überall waren Einberufene zu sehen, die mit Köfferchen oder notdürftig verschnürten Kartons zu den Meldestellen eilten. Unablässig hallten die Schritte abmarschierender Kolonnen zu den Klängen der Musikkapellen. Hüte und Taschentücher wurden geschwenkt, Blumen regneten in die Reihen der Soldaten, die kleine Sträußchen an ihre Gewehre gesteckt hatten. Kinder liefen neben den Kompagnien her.[652] Maßgebend für den Truppenanteil, den Bayern für die Bundesarmee des Reiches zu stellen hatte, war die Einwohnerstärke.[653] Die planmäßige Kriegsstärke des bayeri-

---

[649] „An Meine Bayern!" Bayerische Staatszeitung. München, 4. August 1918. Königliche Kundgebungen zu Beginn und während des 1. Weltkrieges. BayHStA, GHA. Kabinettsakten König Ludwigs III., Nr. 71.
[650] Vgl. Hackl, Othmar: Der bayerische Generalstab (1792-1919). München, 1999. S. 355-358.
[651] Maschinenschriftliche Abschrift der Lebenserinnerungen. S. 833. BayHStA, GHA. NL Prinz Leopold, Nr. 261.
[652] Vgl. Heydecker, Joe J.: Kronprinz Rupprecht von Bayern. Ein Lebensbild. München, 1953. S. 72.
[653] Da Bayern im Jahr 1914 etwa 6,9 Millionen Einwohner zählte, die Gesamtbevölkerung des Reiches allerdings bei 65 Millionen lag, musste nur ein Bruchteil der Heeresstärke Preußens gestellt wer-

schen Heeres bezifferte sich auf 12.753 Offiziere, Beamte, Ärzte und Veterinäre sowie 406.000 Unteroffiziere und Mannschaften. Diese Zahlen wurden bald überschritten.[654]

Wenngleich der 69-jährige Ludwig III. kein militärisches Kommando übernahm, wurde er als „Allerhöchster Kriegsherr" aktiv. Er wohnte täglich dem Abmarsch von Soldaten und der Vereidigung von Mannschaften bei. Ständig gingen Truppenteile und Ersatzeinheiten an die Front ab.[655] Prinz Leopold berichtete, der König habe es sich nicht nehmen lassen, „die hiesigen Regimenter, soweit es ihm möglich war, vor ihrem Abtransport zu verabschieden, wie ebenso später die Reserve- und Landwehrdivisionen. Dass ich mich möglichst oft dabei einfand, erschien mir selbstverständlich." In München strömten „die Urlauber, die Reservisten und dann die Landwehrleute zu ihren Regimentern. Blumengeschmückt marschierten sie in ihre Kasernen, vom Publikum jubelnd begrüßt, die ganze Einwohnerschaft der Haupt- und Residenzstadt war von einer patriotischen Begeisterung erfüllt, die Straßen und Plätze voll von einer dichtgedrängte Menge, welche jeder Truppe, jedem höheren Offizier und den Mitgliedern der königlichen Familie Ovationen brachte."[656] Gleichzeitig berichtete der österreichische Gesandte von der begrenzten Wirkung dieser Besuche, denn „der Presse ist es verpönt, selbst auch über die Besuche S.M. des Königs bei den einzelnen Truppenteilen Nachrichten zu veröffentlichen."[657] Zwar wurden Berichte über die in den Krieg ziehenden bayerischen Prinzen veröffentlicht, aus Gründen der Geheimhaltung war es aber zugleich untersagt worden, über „eventuell erfolgende Besuche, die Seine Majestät der König bei einzelnen Truppenteilen macht, eine Nachricht in irgendeiner Zeitung erscheinen zu lassen."[658]

Ab dem 1. August rollten Züge mit bayerischen Truppen der deutschen Westgrenze zu. Zwei Wochen lang wurden Soldaten, Pferde und Gerät in das Aufmarschgebiet verbracht. Bis zum 16. August wurden im rechtsrheinischen Bayern

---

den. Die Friedensstärke der königlich-bayerischen Armee betrug im Jahr 1914 etwa 87.000 Mann, davon 4.089 Offiziere, Veterinäre und Beamte, 83.125 Unteroffiziere und Mannschaften. Dazu kam die beträchtliche Zahl von 16.918 Pferden. Gegliedert war die königlich-bayerische Armee in drei aktive Armeekorps (AK) mit den Standorten München, Nürnberg und Würzburg. Diese wiederum bestanden aus sechs aktiven Divisionen, welche in München, Augsburg, Landau (Pfalz), Würzburg, Nürnberg und Regensburg stationiert waren, hinzu kamen eine drei Regimenter zählende Fußartilleriebrigade und mehrere kleinere Verbände. Jede der sechs bayerischen Divisionen bestand wiederum aus vier Infanterie-, zwei Kavallerie- und zwei Feldartillerieregimentern. Vgl. Potempa, Harald: Die Königlich-Bayerische Fliegertruppe 1914-1918. Frankfurt, 1997. S. 27f; Vgl. Bayerisches Kriegsarchiv (Hrsg.): Die Bayern im Großen Kriege 1914-1918. 2 Bände. München, 1923. S. 7.

[654] Vgl. Ziemann, Benjamin: Front und Heimat. Essen, 1997. S. 57; Vgl. Krafft von Dellmensingen, Konrad; Feeser, Friedrichfranz: Das Bayernbuch vom Weltkriege. 1914-1918. Ein Volksbuch. Stuttgart, 1930; Vgl. Bayerisches Kriegsarchiv (Hrsg.): Die Bayern im Großen Kriege 1914-1918. 2 Bände. München, 1923. S. 5.
[655] Kriegstagebuch, 24.10.14. BayHStA, GHA. NL Prinz Leopold, Nr. 239.
[656] Vorwort des Kriegstagebuchs. BayHStA, GHA. NL Prinz Leopold, Nr. 239.
[657] Bericht des k.u.k. Gesandten von Velics an Minister Graf Berchtold vom 2.8.1914. Berichte aus München 1914-1915. OeStA, Abt. Haus-, Hof- und Staatsarchiv. Politisches Archiv, Nr. 837.
[658] „Teilnahme des Herrscherhauses am Kriege". Bayerische Staatszeitung, 3.8.1914.

5.5 Mobilmachung der bayerischen Armee 167

3.050, in der Pfalz 2.500 Militärzüge mit rund 285.000 Wagen abgefertigt.[659] Für den Kriegsfall war mittels zweier preußisch-bayerischer Geheimabkommen aus den Jahren 1874 und 1889 festgelegt, dass Bayern ein Armeeoberkommando bestellen dürfe. Zudem war bestimmt worden, dass die bayerische Armee unter bayerischem Oberbefehl landsmannschaftlich geschlossen ins Feld rücken dürfe, was im August 1914 auch geschah.[660] Der bayerische Armeeführer bekam jedoch im Gegenzug einen preußischen Generalstabschef. Preußen hielt daran fest, auch wenn dies bayerischerseits als diskriminierend empfunden und militärisch paradox war. Ohne Not wurden Vertrauensverhältnisse sowie das aufeinander eingespielte militärische Netzwerk der bayerischen Führungsebene durchbrochen.[661]

An vorderster Stelle der an die Front abreisenden bayerischen Prinzen standen die Königssöhne Rupprecht[662] und Franz. Der österreichische Gesandte berichtete am 2. August, der 45-jährige Kronprinz Rupprecht werde „das Kommando über eine, voraussichtlich aus drei bayerischen und einem norddeutschen Armeekorps zusammengesetzte Armee erhalten und mit dieser an die Westgrenze abzurücken."[663] Tags zuvor hatte der Kaiser den bayerischen König davon in Kenntnis gesetzt, dass er, „das dortige Einverständnis voraussetzend, durch Order vom heutigen Tage den General-Obersten Kronprinzen von Bayern, Königliche Hoheit, für die Dauer des mobilen Verhältnisses zum Oberbefehlshaber der 6. Armee [...] ernannt habe."[664] Rupprecht war sich der grundsätzlichen Problematik fürstlicher Oberbefehlshaber bewusst, hielt jedoch deren größere Entscheidungsfreudigkeit auf Grund des meist jüngeren Alters und der geringeren Notwendigkeit, persönliche Rücksichten zu nehmen, für vorteilhaft.[665] Fachlich lag es ohnehin nahe, dem bayerischen Thronfolger eine Armee anzuvertrauen.[666]

Bereits während des Friedensdienstes hatte er die Offizierslaufbahn ernst genommen. In den Akten sind zahlreiche Spuren seiner fachlichen Kompetenz enthalten. So waren die jährlichen Beschaffenheitsberichte des I. bayerischen Armee-

---

[659] Vgl. Bayerisches Kriegsarchiv (Hrsg.): Die Bayern im Großen Kriege 1914-1918. 2 Bände. München, 1923. S. 7f.
[660] Vgl. Potempa, Harald: Die Königlich-Bayerische Fliegertruppe 1914-1918. Frankfurt, 1997. S. 26.
[661] Vgl. Müller, Thomas: Konrad Krafft von Dellmensingen. München, 2002. S. 291.
[662] Rupprecht führte während der gesamten Dauer des Krieges handschriftlich Tagebuch und dokumentierte darin nicht nur ausführlich sein tägliches Wirken als Armeeführer, sondern auch seine politischen und militärischen Überlegungen. Jeder Band seiner Aufzeichnungen wurde nach seinem Abschluss umgehend dem Hofmarschall des Kronprinzen, dem Grafen Pappenheim, nach München zur Verwahrung übersandt. Vgl. Weiß, Dieter J.: Kronprinz Rupprecht von Bayern. 1869-1955. Eine politische Biografie. Regensburg, 2007. S. 96.
[663] Bericht des k.u.k. Gesandten von Velics an Minister Graf Berchtold vom 2.8.1914. Berichte aus München 1914-1915. OeStA, Abt. Haus-, Hof- und Staatsarchiv. Politisches Archiv, Nr. 837.
[664] Allerhöchstes Handschreiben Kaiser Wilhelms II. an König Ludwig III., 1. August 1914. Besetzung höherer Kommandostellen, Verleihung von Kriegsauszeichnungen, Kriegsgliederung der Armee, Vorschläge für Demobilisierung und künftige Friedensgliederung (1912-1918). BayHStA, GHA. Kabinettsakten König Ludwigs III., Nr. 55.
[665] Vgl. Weiß, Dieter J.: Kronprinz Rupprecht von Bayern. Regensburg, 2007. S. 124.
[666] Vgl. Frauenholz, Eugen von: Kronprinz Rupprecht im Weltkrieg. In: Zeitschrift für bayerische Landesgeschichte. Band 1. München, 1928. S. 385-402. Hier: S. 385.

korps unter seinem Kommando profund und erschöpfend.[667] Als Armeeinspekteur war ihm durch seinen Vater „der bayerischen Armee gegenüber die Eigenschaft eines direkten Vorgesetzten" verliehen worden.[668] In seiner Stellung war er einer von acht für den Kriegsfall designierten Armeeführern. Zum Bereich seiner IV. Armeeinspektion gehörten neben den drei bayerischen Armeekorps auch zwei preußische.[669] Erich Ludendorff attestierte Rupprecht später Pflichtgefühl, aber sonst keine soldatische Neigung. Diese geringschätzende Kritik ist jedoch durch persönliche Differenzen zu erklären.[670]

Die verschiedenen Offiziersdienstgrade hatte Kronprinz Rupprecht in den Hauptwaffengattungen Infanterie, Kavallerie und Artillerie durchlaufen. Nacheinander hatte er die 7. bayerische Infanteriebrigade, die 1. bayerische Division und das I. bayerische Armeekorps geführt.[671] Aus militärischen Qualifikationsberichten geht hervor, dass er seinen Dienst geradlinig verrichtete. So wurde 1906 attestiert, er sei „sehr begabt, energisch und zielbewusst, sowie soldatisch veranlagt." Er verstehe es, „bei Besichtigungen und Besprechungen anregend und belehrend zu wirken und einen günstigen Einfluss auf die ihm unterstehenden Offiziere und Abteilungen zu üben" und sei „eifrig bestrebt, sich militärisch fortzubilden." Obwohl er im „Dienst ganz Soldat" sei, trete er „im kameradschaftlichen Verkehr sehr liebenswürdig" auf.[672]

Als er die Aufgabe des Kommandierenden Generals des I. bayerischen Armeekorps übernahm, führte er sich durch einen Tagesbefehl ein, der seine Prioritäten deutlich machte: „Das Korps auf der unter seiner Kommandoführung erreichten hohen Stufe der Ausbildung zu erhalten, soll unser gemeinschaftliches Streben sein, auf dass wir, falls uns der oberste Kriegsherr zu den Waffen ruft, mit Zuversicht den Ereignissen entgegenzutreten und neue Lorbeeren den alten hinzuzufügen vermögen."[673] Für die Führung höchster Befehlsebenen war er in den Bereichen der Operationsführung und Strategie geschult worden. Rupprecht konnte sich selbst eine sachkundige Meinung bilden und seine Autorität als Fachmann geltend

---

[667] Vgl. Storz, Dieter: „Dieser Stellungs- und Festungskrieg ist scheußlich!" Zu den Kämpfen in Lothringen und den Vogesen im Sommer 1914. In: Ehlert, Hans u. a. (Hrsg.): Der Schlieffenplan. Analysen und Dokumente. Paderborn, 2006. S. 161-204. Hier: S. 166; Die Beschaffenheitsberichte des I. bayerischen Armeekorps lagern im BayHStA, KrA: MKr 2758.

[668] Schreiben des bayerischen Kriegsministeriums an die sämtlichen unmittelbar berichtenden Stellen vom 21.5.1913. Betreff: Dienstliches Verhältnis Seiner Königlichen Hoheit des Prinzen Rupprecht von Bayern zur Armee. BayHStA, KrA. Offizierspersonalakte 47534.

[669] Vgl. Sendtner: Rupprecht von Wittelsbach. S. 174.

[670] Vgl. Ludendorff, Erich: Meine Kriegserinnerungen 1914-1918. Berlin, 1919. S. 215f.

[671] Vgl. Goetz: Rupprecht von Bayern. S. 6f; Frauenholz: Rupprecht im Weltkrieg. S. 385.

[672] Qualifikationsbericht zum 1.1.1906 über den Generalleutnant Rupprecht Prinz von Bayern, Kgl. Hoheit, Kommandeur der 1. Division. BayHStA, KrA. Offizierspersonalakte 47534.

[673] „Übernahme des Kommandos des I. Armeekorps durch Prinz Rupprecht" in „Münchner Neueste Nachrichten", Vorabendblatt am Donnerstag, 26. April 1906. BayHStA, KrA. Offizierspersonalakte 47534.

5.5 Mobilmachung der bayerischen Armee

machen.[674] Das erworbene Wissen befähigte ihn, als militärischer Führer operative Vorgänge beurteilen und eigenständige Entscheidungen treffen zu können.[675]

Zunächst war für die Prinzen aufgrund der Geheimhaltung nicht klar, wer sie unterstützen würde, geschweige denn, was ihre kommenden Aufgaben überhaupt waren. Als sich Prinz Franz eine Woche vor der Mobilmachung beim bayerischen Kriegsminister erkundigte, wer für den Generalstab des Kronprinzen Rupprecht bestimmt sei, bekam er die Auskunft, dies „werde alles in Berlin bestimmt." Man wisse nur den Namen des Stabschefs und dass der Deutsche Kronprinz dem Stab zugeteilt werde.[676] Anfänglich war Generalleutnant Konstantin Schmidt von Knobelsdorff als preußischer Stabschef der bayerischen Armee vorgesehen. Der Chef des bayerischen Generalstabes, Generalmajor Konrad Krafft von Dellmensingen, sollte hingegen bei der preußischen 5. Armee eingesetzt werden. Letzteren kannte Kronprinz Rupprecht seit langem, hatte mit ihm „gemeinsam die Vorlesungen der Kriegsakademie besucht" und „ihn seitdem immer mehr als klugen und energischen Menschen schätzen gelernt."[677] König Ludwig III. erörterte am 4. August während einer Audienz mit General Krafft von Dellmensingen die Frage des Generalstabschefs. Der König zeigte sich in diesem Gespräch nicht gerade als Experte in militärischen Dingen, verwehrte sich aber dagegen, dass Bayern politisch übergangen werde. Über die geplante Konstellation mit einem preußischen Stabschef in der Armee seines Sohnes war der Monarch äußerst ungehalten. Im Tagebuch General Kraffts findet sich die Äußerung Ludwigs: „wenn man uns nicht braucht, dann soll man überhaupt den Bund sein lassen."[678]

Plötzlich kam alles anders. Der Deutsche Kronprinz Wilhelm, der eigentlich dem Generalstab des Kronprinzen von Bayern zugeteilt war, übernahm anstelle des erkrankten Generalobersten von Eichhorn unerwartet die Leitung der 5. Armee und insistierte auf Schmidt von Knobelsdorff als Stabschef. Jener war sein ehemaliger Kriegsakademielehrer für Taktik und Strategie, daher vertraute der Deutsche Kronprinz ihm mehr als dem Bayern Krafft von Dellmensingen, welchen er kaum kannte. Kronprinz Rupprecht erkannte die günstige Gelegenheit und bat beim Chef des Großen Generalstabs um einen Tausch der Generalstabschefs der 5. und 6. Armee. Ohne Umstände wurde Schmidt von Knobelsdorff dem Deutschen Kronprinzen überwiesen und Krafft von Dellmensingen konnte die Aufgabe des Generalstabschefs des Münchner Armee-Oberkommandos der 6. Armee übernehmen.[679]

---

[674] Vgl. Sendtner, Kurt: Rupprecht von Wittelsbach. Kronprinz von Bayern. München, 1954. S. 118f.
[675] Vgl. ebd., S. 128.
[676] Brief des Prinzen Franz an Kronprinz Rupprecht. München, 24.7.1914. BayHStA, GHA. NL Kronprinz Rupprecht, Nr. 45.
[677] Vorwort des Kriegstagebuchs. BayHStA, GHA. NL Kronprinz Rupprecht, Nr. 699.
[678] Zit. nach Müller, Thomas: Konrad Krafft von Dellmensingen. München, 2002. S. 308.
[679] Für den bayerischen Kronprinzen bedeutete die Regelung der Personalie des Generalstabschefs seiner Armee eine große Erleichterung. Es wurde ihm die Sicherheit gegeben, einen in taktischer, operativer und organisatorischer Hinsicht höchst talentierten Mann zur Seite gestellt zu bekommen, auf den er sich verlassen konnte. Zugleich bedeutete Kraffts Ernennung zum Generalstabschef des Münchner Oberkommandos für Rupprecht einen politischen Erfolg, da das preußisch-bayerische Abkommen hinsichtlich eines gemischten Oberkommandos damit hinfällig wurde und nun zwei

Dem bayerischen Kronprinzen galt sein Generalstabschef als „vorzüglicher General von weitem, klaren Blicke und eiserner Energie. Voll Temperament und Initiative, leicht aufbrausend, aber gerecht in seinem Urteile."[680] Im Zuge der Mobilmachung fand sich das Oberkommando der 6. Armee im Münchner Nobelhotel Bayerischer Hof ein, um sich zu organisieren.[681] Dort wurde es in der allgemeinen Hektik als unangenehm empfunden, dass alles improvisiert werden musste. Im Kriegstagebuch wurde vermerkt: „Das Zusammenarbeiten der Offiziere des Stabes vollzieht sich zwar rasch; Unterpersonal ist aber nicht eingespielt."[682]

Die Führung eines Massenheeres stellte die Militärs vor große Aufgaben.[683] Die Militärstäbe waren Kommandozentralen, in denen die Aktivitäten der einzelnen Glieder der Armee koordiniert wurden und dafür gesorgt wurde, dass die vom Armeeführer vorgegebene Zielrichtung eingehalten wurde.[684] Dem Generalstabschef oblagen die Leitung der operativen Planung und die Verantwortlichkeit für die militärisch-taktische Konzeption. Die Entscheidungskompetenz und die Vertretung nach außen lagen beim Oberbefehlshaber. Es handelte sich um eine Doppelverantwortung, welche Oberbefehlshaber und Chef des Stabes zu tragen hatten.[685] Rupprecht stand einer kaum zu überblickenden Zahl von Mitarbeitern unterschiedlicher Fachgebiete vor, die der Kommandantur des Hauptquartiers, der Stabswache und der Proviantkolonne sowie der Armee-Intendantur zugeteilt waren. Zudem war der persönliche Adjutant des Kronprinzen zugegen.[686] Das mobilgemachte Armeeoberkommando zählte zu Kriegsbeginn 44 Offiziere, 196 Mann sowie 173 Pfer-

---

Bayern an der Spitze der 6. Armee standen. Vgl. Müller, Thomas: Konrad Krafft von Dellmensingen. München, 2002. S. 294f; Vgl. Sendtner, Kurt: Rupprecht von Wittelsbach. Kronprinz von Bayern. München, 1954. S. 246.

[680] Entwurf zum Qualifikationsbericht über Krafft von Dellmensingen durch Kronprinz Rupprecht von Bayern vom 4.1.1915. BayHStA, KrA. Offizierspersonalakte 11823; Vgl. Hebert, Günther: Das Alpenkorps. Aufbau, Organisation und Einsatz einer Gebirgstruppe im Ersten Weltkrieg. München, 1988. S. 55f.

[681] Übersicht über die Unterkunft des AOK München während der Mobilmachung 1914/15. BayHStA, KrA. AOK 6, Bund 1.

[682] Eintrag im Kriegstagebuch vom 2. August 1914. BayHStA, KrA. AOK 6. Bd. 1

[683] Vgl. Storz, Dieter: Kriegsbild und Rüstung vor 1914. Europäische Landstreitkräfte vor dem Ersten Weltkrieg. Herford u.a., 1992. S. 320-322.

[684] Die Heere untergliederten sich in verschiedenste Spezialgebiete und konnten von einem Oberbefehlshaber unmöglich bis ins kleinste Detail gesteuert und überblickt werden. Der Stab wurde aus einer Gruppe hoch spezialisierter Generalstabsoffiziere unterschiedlicher Fachgebiete gebildet, sorgfältig in Militärakademien geformt, elitär und hinter dem Armeeführer meist namenlos zurücktretend. Der Generalstab sollte zusammengenommen den „überlegenen Geist" bilden, der dem Armeeführer zur Seite trat. Vgl. Hebert, Günther: Das Alpenkorps. Aufbau, Organisation und Einsatz einer Gebirgstruppe im Ersten Weltkrieg. München, 1988. S. 54.

[685] Vgl. Sendtner, Kurt: Rupprecht von Wittelsbach. Kronprinz von Bayern. München, 1954. S. 248; Müller, Thomas: Konrad Krafft von Dellmensingen. München, 2002. S. 358f.

[686] Vgl. Liste der Mitglieder des Oberkommandos der 6. Armee. BayHStA, KrA. AOK 6. Bd. 1

de.[687] Bis auf zwei Generalstabsoffiziere sowie einen Adjutanten war der Generalstab ausschließlich mit bayerischen Offizieren besetzt.[688]

Rupprecht fungierte keineswegs nur als formeller Oberbefehlshaber, wie dies beim Deutschen Kronprinzen der Fall war.[689] Nach wenigen Wochen wuchs er in seine Führungsposition hinein. Sein Generalstabschef war weit mehr auf ihn angewiesen, als dies andersherum der Fall war.[690] Krafft von Dellmensingen akzeptierte es als militärische Selbstverständlichkeit, dass Kronprinz Rupprecht – sieben Jahre jünger als er und ihm vom militärischen Standpunkt unterlegen – sein Vorgesetzter war.[691] Anfang August notierte er für sich: „Einhalten d. militärischen Formen. Ältere [sollen] unter Jüngeren Enth[altsamkeit] üben; rücksichtsvolle Behandlung. Werde mich selbst an Formen halten, die Form ist nicht nur Form, sondern eine wesentliche Erleichterung des Zusammenlebens."[692] Krafft nutzte seine Fachkenntnisse nie gegen Rupprecht aus.[693] Dies fiel ihm umso leichter, als er seinen Oberbefehlshaber als eine „überhaupt […] kraftvolle Persönlichkeit, die wirklich Herrschereigenschaften besitzt" schätzen lernte.[694] Er setzte die Leitsätze für den Dienst im Generalstab am 4. August 1914 fest. Wichtig war ihm das „Fernhalten unbefugter Mitredender mit allen Mitteln." Der Generalstab beriet die Möglichkeiten des operativ-taktischen Handelns und trug diese dann dem Oberbefehlshaber vor. Krafft legte Wert auf die Feststellung, dass der „Weg zum Oberbefehlshaber […] nur durch [ihn], den Chef" ginge. Daher bliebe es ihm „allein vorbehalten, wer [an Besprechungen] teilnimmt." Bevor dem bayerischen Kronprinzen Vorschläge unterbreitet würden, mussten Meinungsverschiedenheiten innerhalb des Stabes ausgeglichen werden, damit „jede Sache erst dann an den Oberbefehlshaber komme, wenn sie nach allen Seiten geprüft und ausgereift sei." Krafft wies darauf hin, dass das letzte und allein entscheidende Wort stets dem Oberbefehlshaber obliege. Habe dieser „einmal eine Entscheidung getroffen, so [sei] nur diese maßgebend und nach bestem Wissen und Gewissen auszuführen."[695]

---

[687] Verzeichnis der Offiziere, Sanitätsoffiziere und Beamten des AOK 6 vom 6. August 1914. Armeeakten zum Aufmarsch in Lothringen. BayHStA, GHA. NL Kronprinz Rupprecht, Nr. 476; Meldung der Verpflegungsstärke des AOK 6. BayHStA, KrA. AOK 6. Bd. 1

[688] Auch arbeiteten in den weiteren Abteilungen des AOK 6, etwa in der Kommandantur, der Stabswache oder der Armee-Intendantur ausschließlich Bayern. Lediglich drei preußische reitende Feldjäger sowie, als Beauftragte des Chefs der Feldeisenbahnwesens, ein sächsischer und ein preußischer Stabsoffizier waren dem Oberkommando angegliedert. Zudem hatte die Oberste Heeresleitung zwei preußische Nachrichtenoffiziere zum AOK 6 entsandt. Vgl. Krafft von Dellmensingen, Konrad; Feeser, Friedrichfranz: Das Bayernbuch vom Weltkriege. 1914-1918. Ein Volksbuch. Stuttgart, 1930. S. 192f.

[689] Vgl. Storz, Dieter: „Dieser Stellungs- und Festungskrieg ist scheußlich!" Zu den Kämpfen in Lothringen und in den Vogesen im Sommer 1914. In: Ehlert, Hans u. a. (Hrsg.): Der Schlieffenplan. Analysen und Dokumente. Paderborn, 2006. S. 161-204. Hier: S. 165f.

[690] Vgl. Müller, Thomas: Konrad Krafft von Dellmensingen. München, 2002. S. 358f.

[691] Vgl. ebd., S. 444.

[692] Tagebucheintrag vom 4. August 1914. BayHStA, KrA. NL Krafft, Nr. 145.

[693] Vgl. Müller, Thomas: Konrad Krafft von Dellmensingen. München, 2002. S. 444f.

[694] Tagebucheintrag vom 27. August 1914. BayHStA, KrA. NL Krafft, Nr. 145.

[695] Zit. nach Xylander, Rudolph von: Deutsche Führung in Lothringen 1914. Berlin, 1935. S. 20f.

5. Kriegsausbruch

Das bayerische Staatsministerium des Königlichen Hauses und des Äußern ließ sich im Armeehauptquartier des Kronprinzen vertreten, um die Interessen des Königreichs zu wahren.[696] Am 25. August 1914 genehmigte der bayerische Kriegsminister auf Wunsch Hertlings die Entsendung des Legationsrats Leopold Krafft von Dellmensingen, eines Vetter des Generalstabschefs, wälzte aber die Kosten auf das bayerische Außenressort ab.[697] Dieser sollte den bayerischen Kronprinzen als Regierungsvertreter in außerordentlicher Mission in den kommenden Jahren in zivilen Angelegenheiten beraten.[698] Probleme mit politischer Dimension konnten durch den Verbindungsmann vor Ort abgeklärt und der Kronprinz bei seiner öffentlichen Darstellung unterstützt werden. So landeten Interview- und Audienzanfragen zuerst auf dem Schreibtisch Leopold Krafft von Dellmensingens, bevor sie den Weg zum bayerischen Kronprinzen fanden. Zudem musste das Ministerium den betreffenden Veröffentlichungen zustimmen.[699] Leopold Krafft von Dellmensingen verstand es ausgezeichnet, den Kronprinzen über alle politischen Fragen auf dem Laufenden zu halten. Manche Militärs sahen ihn als einzigen Zivilisten im Oberkommando allerdings kritisch.[700]

Die Tage der Mobilmachung empfand der bayerische Kronprinz als quälend. Seit längerer Zeit war er „auf den Nerven ziemlich herunter" und das Abschiednehmen von Truppen und Bekannten stimmte ihn nachdenklich. Hinzu kam, dass er an „Schlaflosigkeit [litt], die durch die herrschende Hitze und den vermehrten Straßenlärm eine sehr unerwünschte Steigerung erfuhr."[701] Prinz Franz setzte vor seiner Abreise vorsorglich sein Testament auf und richtete für den Fall seines Todes schriftliche Abschiedsworte an seine Gattin Isabella.[702] Bevor die beiden Königssöhne Rupprecht und Franz mitsamt ihren Vettern ins Feld zogen, wurden sie von ihrem Vater zu persönlichen Unterredungen empfangen. Ludwig III. sprach längere Zeit eindringlich mit Franz, welcher von ihm dessen Säbel mit Damaszenerklinge geschenkt bekam, den der König im Gefecht bei Helmstadt im Jahr 1866 getragen hatte. Rupprecht wurde ermahnt: „Die Lage ist ernst, aber mit dem Segen Gottes und unserer ausgezeichneten Armee hoffe ich, dass wir siegen werden."[703] Nachdem der bayerische Kronprinz am Abend des 7. August 1914 seine beiden Söhne Luitpold und Albrecht zu Bett gebracht hatte und zum Bahnhof fuhr, war es für ihn „wie eine Erlösung". Der Zug verließ München gegen 22 Uhr und Rupp-

---

[696] Hauptquartier. BayHStA, NB. StMin des K. Hauses und des Äußern, Nr. 97495.
[697] Entsendung des Legationsrates Leopold Krafft von Dellmensingen in das Hauptquartier Seiner Königlichen Hoheit des Kronprinzen 1914-1918. BayHStA, NB. StMin des K. Hauses und des Äußern, Nr. 97496.
[698] Vgl. Müller, Thomas: Konrad Krafft von Dellmensingen. München, 2002. S. 309.
[699] Bitte um Audienz bei Seiner Königlichen Hoheit dem Kronprinzen im Hauptquartier. BayHStA, NB. StMin des K. Hauses und des Äußern, Nr. 97496.
[700] Vgl. Naumann, Victor: Profile. 30 Porträt-Skizzen aus den Jahren des Weltkrieges nach persönlichen Begegnungen. München u.a., 1925. S. 154f.
[701] Vorwort des Kriegstagebuchs. BayHStA, GHA. NL Kronprinz Rupprecht, Nr. 699.
[702] Testament und Abschiedsbrief an Prinzessin Isabella. 31.7.1914. BayHStA, GHA. NL Prinz Franz, Nr. 20.
[703] Tagebucheintrag 8.8.1914. BayHStA, GHA. NL Herzogin Wiltrud von Urach, Nr. 592.

recht fühlte sich, als habe er seine „innere Ruhe wiedergefunden." Der Weg zur französischen Front gestaltete sich für den Oberbefehlshaber der 6. Armee zu einem vorweggenommenen Triumphzug. Auf den „Bahnhöfen standen dichtgedrängte Menschenmengen, die patriotische Lieder sangen", den Zuginsassen zujubelten und sie „mit Liebesgaben überhäuften." Nicht einmal die Mannschaften der „Stabswache vermochten das zu verzehren, was ihnen von hilfsbereiten weiblichen Händen gereicht wurde."[704]

5.6 Der Sieg des bayerischen Kronprinzen in Lothringen

Rupprechts Oberkommando waren in München die Aufmarschanweisung und die Zusammensetzung der zu befehligenden Armee bekanntgegeben worden.[705] Das deutsche Feldheer wurde zu insgesamt acht Armeen zusammengefasst. Um die anvisierte rasche Entscheidung gegen Frankreich herbeizuführen, waren sieben Armeen für den Einsatz an der Westfront eingeplant, insgesamt 1,6 Millionen Mann. Lediglich eine schwach besetzte 8. Armee würde in Ostpreußen aufmarschieren.[706] Die 1. Armee versammelte sich im Raum Krefeld-Jülich, die 2. Armee südlich davon in der Gegend Düren-Aachen. Die 3. Armee marschierte in der Eifel auf, die 4. Armee bei Trier. Der Deutsche Kronprinz Wilhelm übernahm die Leitung der 5. Armee, welche im Raum Metz-Saarbrücken aufmarschierte.[707] Dem bayerischen Kronprinzen wurde die Führung der 6. Armee übertragen, welche südlich von Metz aufmarschieren sollte und aus der bayerischen Armee bestand. Alle bayerischen Prinzen standen als Angehörige ihrer jeweiligen Einheiten unter seinem Kommando. Ferner gehörte das preußische XXI. Armeekorps dem Großverband an. Südlich folgten im Elsass die drei Armeekorps der 7. Armee.[708] Der deutsche Generalstabschef von Moltke plante, mittels des so genannten – aber durch ihn modifizierten – Schlieffenplans durch das neutrale Belgien nach Nordfrankreich vorzustoßen, um in einem nächsten Schritt die im Festungsgürtel um Verdun und Metz massierten französischen Truppen einzukesseln und vernichtend zu schlagen. Anschließend sollten alle verfügbaren Streitkräfte an die Ostfront geworfen werden, um gegen Russland den endgültigen Sieg zu erringen.[709]

---

[704] Vorwort des Kriegstagebuchs. BayHStA, GHA. NL Kronprinz Rupprecht, Nr. 699.
[705] Aufmarschanweisung für Oberkommando der 6. Armee (2.8.14) Drucksache. Armeeakten zum Aufmarsch in Lothringen. BayHStA, GHA. NL Kronprinz Rupprecht, Nr. 476.
[706] Vgl. Chickering, Roger: Das Deutsche Reich und der Erste Weltkrieg. München, 2002. S. 36.
[707] Vgl. Kielmannsegg: Deutschland und der Erste Weltkrieg. S. 33; Vgl. Stevenson, David: 1914-1918. Der Erste Weltkrieg. Düsseldorf, 2006. S. 73f.
[708] Vgl. Hackl, Othmar: Der bayerische Generalstab (1792-1919). München, 1999. S. 351; Storz, Dieter: „Dieser Stellungs- und Festungskrieg ist scheußlich!" Zu den Kämpfen in Lothringen und den Vogesen im Sommer 1914. In: Ehlert, Hans u. a. (Hrsg.): Der Schlieffenplan. Analysen und Dokumente. Paderborn, 2006. S. 161-204. Hier: S. 164f.
[709] Vgl. Ullrich, Volker: Die nervöse Großmacht. Frankfurt am Main, 2007. S. 408.

Am 10. August 1914 wurde dem bayerischen Kronprinzen mitgeteilt, dass seinem Oberkommando neben der 6. nun auch die 7. deutsche Armee unterstellt sei.[710] Die Armeeverbände bestanden zusammen aus rund 50 bayerischen und preußischen Infanteriebrigaden, etwa 300.000 Mann.[711] Damit hatte Rupprecht ein Kontingent von 239 Bataillonen unter seinem „Gemeinsamen Oberkommando" – ein Viertel des deutschen Westheeres.[712] Wilhelm II. ließ es sich nicht nehmen, dem mit der Gesamtverantwortung für den linken Heeresflügel ausgestatteten 45-Jährigen die besten Wünsche für die künftigen Operationen auszusprechen. Der Kaiser schrieb, er habe „unbedingtes Vertrauen sowohl zu [Rupprechts] Führung wie zu dem Geist und der Schlagkraft der von [diesem] befehligten Armeen. Wie 1870 werden Bayern, Preußen und Badener als deutsche Brüder kämpfen und siegen. Das walte Gott!"[713] Hatten Rupprecht und sein Generalstabschef zunächst mit einer offensiven Lösung ihrer Aufgabe geliebäugelt, indem sie gegen Mosel und Meurthe vorgehen wollten, so wandelte sich dies grundlegend.[714] Aufgrund verschwommener Anweisungen war man auf das Verhalten des Gegners angewiesen.[715] Falls französische Truppen nach Lothringen hineinstießen, konnte man versuchen, sie durch geschicktes Ausweichen in eine Falle zu locken.[716]

Rupprecht verblieb in der Überzeugung, seine Truppen sollten ihre Aufgabe am besten „offensiv lösen, um ihm das Gesetz vorzuschreiben anstatt es [sich] von ihm diktieren zu lassen." Dennoch beugte er sich den Empfehlungen der Heeresleitung und folgte der Kompetenz seines Generalstabschefs.[717] Folglich wurde eine weiträumige Rückzugsbewegung eingeleitet, um die französischen Truppen von mehreren Seiten angreifen zu können. Das größte Problem war die unklare Feindlage. Am 16. August wurde klar, dass der vermutete französische Großangriff eine Fata Morgana war. Die französischen Truppen folgten den deutschen Rückzugsbewegungen zögerlich und es erschien ungewiss, ob der Gegner in die Falle gehen würde.[718] Rupprecht plädierte abermals für eine offensive Lösung und meinte zu erkennen, welche „misslichen Wirkungen jede rückgängige Bewegung auf die Nerven der Truppe" ausübe. Aus seiner Sicht fiel den bayerischen Truppen „eine ähn-

---

[710] Kriegstagebuch, 10. August 1914. BayHStA, GHA. NL Kronprinz Rupprecht, Nr. 699.
[711] Vgl. Storz, Dieter: „Dieser Stellungs- und Festungskrieg ist scheußlich!" Zu den Kämpfen in Lothringen und den Vogesen im Sommer 1914. In: Ehlert, Hans u. a. (Hrsg.): Der Schlieffenplan. Analysen und Dokumente. Paderborn, 2006. S. 161-204. Hier: S. 204.
[712] Vgl. Strachan, Hew: The First World War. Volume 1: To Arms. Oxford, 2003. S. 207.
[713] Telegramm Kaiser Wilhelms II. an Kronprinz Rupprecht von Bayern in St. Avold, abgeschickt in Berlin am 13. August 1914. BayHStA, Geheimes Hausarchiv. NL Kronprinz Rupprecht von Bayern. Nr. 419.
[714] Vgl. Müller, Thomas: Konrad Krafft von Dellmensingen. München, 2002. S. 318-320.
[715] Vgl. ebd., S. 320.
[716] Vgl. Storz, Dieter: „Dieser Stellungs- und Festungskrieg ist scheußlich!" Zu den Kämpfen in Lothringen und den Vogesen im Sommer 1914. In: Ehlert, Hans u. a. (Hrsg.): Der Schlieffenplan. Analysen und Dokumente. Paderborn, 2006. S. 161-204. Hier: S. 174.
[717] Kriegstagebuch, 15. August 1914. BayHStA, GHA. NL Kronprinz Rupprecht, Nr. 699.
[718] Vgl. Storz, Dieter: „Dieser Stellungs- und Festungskrieg ist scheußlich!" Zu den Kämpfen in Lothringen und den Vogesen im Sommer 1914. In: Ehlert, Hans u. a. (Hrsg.): Der Schlieffenplan. Analysen und Dokumente. Paderborn, 2006. S. 161-204. Hier: S. 174f.

liche Rolle [zu] wie jene der schlesischen Armee unter Blücher im Jahre 1813 [...]: Ein Ausweichen und Wiedervorgehen." Falls sich die Lagebeurteilung bestätigte, visierte er für den 18. oder 19. August einen Angriff nach Lothringen an.[719]

Krafft von Dellmensingen setzte sich schließlich für eine begrenzte Offensive ein, mit der Zeit für die Offensive der deutschen Hauptkräfte im Norden gewonnen und der Gegner am Abzug gehindert werden könnte.[720] Am Abend des 17. August traf ein Abgesandter der Heeresleitung beim bayerischen Kronprinzen ein. Rupprecht forderte freie Hand, obgleich er zugab, dass „eine Offensive insoferne keine allzu großen Erfolge verspreche, als sie hauptsächlich frontal ausgeführt werden müsste." Der Gesandte lenkte ein, denn „ein Sieg sei ja jederzeit willkommen", gab aber die feindliche Überlegenheit zu bedenken. Der Kronprinz insistierte, er werde aus freien Stücken kein weiteres Zurückgehen befehlen. Wenn die Heeresleitung nicht „einen bestimmten gegenteiligen Befehl" schicke, würde er angreifen: „Entweder man lässt mich handeln oder man erteile mir bestimmte Befehle!"[721]

Die Entscheidung wurde ausdrücklich in die Hände des Armeeoberkommandos gelegt. Eine Übereinstimmung über das Vorgehen wurde nicht erzielt, allerdings schreckte die Heeresleitung davor zurück, ihre Überzeugung auf dem Befehlsweg durchzusetzen. Man war bei der Lagebeurteilung genauso unsicher wie das Oberkommando des bayerischen Kronprinzen.[722] Aus dieser Unsicherheit heraus telefonierte Krafft erneut mit der Heeresleitung. Sein Gesprächspartner war diesmal Generalquartiermeister Hermann von Stein. Dieser soll barsch entgegnet haben, Krafft und Rupprecht „sollten machen, was [sie] wollen."[723] Es scheint, als sah man im Großen Hauptquartier gespannt zu, wie sich die örtliche Führung entscheiden werde. Ein Bericht des bayerischen Militärbeauftragten weist ebenfalls in diese Richtung: „Man nimmt hier an, dass der Kronpr[inz] seine Aufgabe offensiv löst, man hofft dabei allerdings im Stillen, dass die Führernerven es zulassen, den Feind auf Saarburg hereinzulassen, um ihn dann zwischen zwei Fronten zu erdrücken."[724]

Die Heeresleitung kam ihrer Pflicht als zuständige Befehlsbehörde nicht nach. Ein Angriffsverbot gab es jedenfalls nicht, auch lag eine offensive Lösung ausdrücklich im Rahmen der Aufmarschanweisung.[725] Nach dem Telefonat mit Generalquartiermeister von Stein am Nachmittag des 18. August waren endgültig die Würfel für einen begrenzten Angriff gefallen. Der Termin wurde auf den 20. Au-

---

[719] Kriegstagebuch, 16. August 1914. BayHStA, GHA. NL Kronprinz Rupprecht, Nr. 699.
[720] Vgl. Storz, Dieter: „Dieser Stellungs- und Festungskrieg ist scheußlich!" Zu den Kämpfen in Lothringen und den Vogesen im Sommer 1914. In: Ehlert, Hans u. a. (Hrsg.): Der Schlieffenplan. Analysen und Dokumente. Paderborn, 2006. S. 161-204. Hier: S. 176.
[721] Kriegstagebuch, 17. August 1914. BayHStA, GHA. NL Kronprinz Rupprecht, Nr. 699.
[722] Vgl. Storz, Dieter: „Dieser Stellungs- und Festungskrieg ist scheußlich!" Zu den Kämpfen in Lothringen und den Vogesen im Sommer 1914. In: Ehlert, Hans u. a. (Hrsg.): Der Schlieffenplan. Analysen und Dokumente. Paderborn, 2006. S. 161-204. Hier: S. 177.
[723] Kriegstagebuch, 18. August 1914. BayHStA, GHA. NL Kronprinz Rupprecht, Nr. 699.
[724] Bericht von Wenningers vom 19. August 1914. BayHStA, KrA. NL Krafft, Nr. 187.
[725] Vgl. Storz, Dieter: „Dieser Stellungs- und Festungskrieg ist scheußlich!" Zu den Kämpfen in Lothringen und den Vogesen im Sommer 1914. In: Ehlert, Hans u. a. (Hrsg.): Der Schlieffenplan. Analysen und Dokumente. Paderborn, 2006. S. 161-204. Hier: S. 177f.

gust 1914 festgesetzt: Man müsse sich „noch gedulden, aber dann! Wir ziehen was wir können an Truppen heran",[726] notierte der Kronprinz in sein Tagebuch, das er bis zum Kriegsende penibel führen sollte, bis es auf mehr als 4.000 handschriftliche Seiten angewachsen war.[727] Die Anspannung wandelte sich bei Rupprecht in nervöse Ungeduld: „Für keine Schlacht war jemals eine solche Anzahl von schweren Geschützen zusammengezogen worden wie für die morgige." Um 19 Uhr erließ er den Befehl zum Angriff für den nächsten Morgen[728] und schrieb an den Vater: „Morgen hoffe ich, den Franzosen einen gehörigen Schlag zu versetzen, die Vorbereitungen sind bereits getroffen."[729]

Die Offensive brach am 20. August 1914 frontal los und traf auf die gleichsam vorrückenden französischen Truppen. Eine ungestüme Begegnungsschlacht entwickelte sich, die sich in eine ganze Reihe von Gruppenkämpfen aufteilte.[730] Auf der ganzen lothringischen Front griffen alle acht Armeekorps des bayerischen Kronprinzen an. Die deutsche Artillerie fügte den französischen Truppen so starke Verluste zu, dass diese ihre Stellungen aufgaben.[731] Am Nachmittag des 20. August musste der Befehlshaber der 2. französischen Armee den Rückzug hinter die Grenze anordnen, am nächsten Tag schloss sich die 1. französische Armee an. Für den französischen Oberbefehlshaber Joseph Joffre kamen die Nachrichten aus Lothringen vollkommen überraschend. Die französische 2. Armee wurde so schwer getroffen, dass sie am 21. August meldete, sie benötige 48 Stunden zur Wiederherstellung ihrer Operationsbereitschaft.[732] Beinahe wäre sie von beiden Seiten umfasst worden. Hinter der Meurthe konnten sich die Franzosen in starke Befestigungen zurückziehen, die auf dem hohen Gelände des Grand Couronné bei Nancy Schutz vor weiteren deutschen Angriffen versprachen.[733]

Im Laufe des 21. August 1914 wurde deutlich, dass die „Niederlage des Gegners […] eine große [war] und […] hätte vernichtend werden können."[734] Rupprecht schrieb seinem in München verbliebenen Onkel Leopold drei Tage später, er

---

[726] Kriegstagebuch, 18. August 1914. BayHStA, GHA. NL Kronprinz Rupprecht, Nr. 699.
[727] Das Kriegstagebuch des Kronprinzen von Bayern besteht aus insgesamt 4.196 handschriftlich beschriebenen Seiten und endet am 11.11.1918. Im Jahr 1929 veröffentlichte Rupprecht in drei Bänden eine stark gekürzte Fassung seines Kriegstagebuchs. Vgl. Kriegstagebuch. BayHStA, GHA. NL Kronprinz Rupprecht, Nr. 699-708; Bayern, Rupprecht Kronprinz von: Mein Kriegstagebuch. Hrsg. von Eugen von Frauenholz. 3 Bände. Berlin, 1929.
[728] Kriegstagebuch, 19. August 1914. BayHStA, GHA. NL Kronprinz Rupprecht, Nr. 699.
[729] Schreiben des Kronprinzen Rupprecht an Ludwig III., 9. August 1914. BayHStA, GHA. NL Ludwig III., Nr. 59.
[730] Vgl. Storz, Dieter: „Dieser Stellungs- und Festungskrieg ist scheußlich!" Zu den Kämpfen in Lothringen und den Vogesen im Sommer 1914. In: Ehlert, Hans u. a. (Hrsg.): Der Schlieffenplan. Analysen und Dokumente. Paderborn, 2006. S. 161-204. Hier: S. 179.
[731] Vgl. Keegan, John: Der Erste Weltkrieg. Eine europäische Tragödie. Hamburg, 2006. S. 140.
[732] Vgl. Storz, Dieter: „Dieser Stellungs- und Festungskrieg ist scheußlich!" Zu den Kämpfen in Lothringen und den Vogesen im Sommer 1914. In: Ehlert, Hans u. a. (Hrsg.): Der Schlieffenplan. Analysen und Dokumente. Paderborn, 2006. S. 161-204. Hier: S. 179.
[733] Vgl. Strachan, Hew: The First World War. Volume 1: To Arms. Oxford, 2003. S. 213-216; Reichsarchiv: Der Weltkrieg. Erster Band. S. 263-302.
[734] Kriegstagebuch, 21. August 1914. BayHStA, GHA. NL Kronprinz Rupprecht, Nr. 699.

5.6 Der Sieg des bayerischen Kronprinzen in Lothringen

habe die ursprünglich defensive Anweisung als „sehr misslichen Auftrag" empfunden, „denn nach einigen Anfangserfolgen zurückgehen zu müssen, ist weder für die Truppe noch für den Führer eine angenehme Sache." Nach dem endlich erfolgten eigenen Angriff sei man nun noch immer in der Verfolgung des Gegners begriffen, obgleich „Mann und Ross [...] äußerst erschöpft" seien.[735] Krafft konstatierte, der Gegner müsse „einen panischen Schrecken bekommen haben, dass er gleich so weit lief."[736] „Le Matin" beschrieb am 24. August den Zustand der sich zurückziehenden Truppen: „Kompanien und Bataillone zogen in kaum zu beschreibender Unordnung vorbei. Zwischen den Soldaten liefen Frauen, die Kinder auf dem Arm trugen oder Handwagen zogen. Junge Mädchen im Sonntagsstaat, alte Leute, die die merkwürdigsten Sachen mit sich schleppten. Man hatte den Eindruck, dass die Disziplin restlos zusammengebrochen war."[737]

Die erste große Schlacht des Ersten Weltkriegs war beendet und hatte unter dem Kommando des bayerischen Kronprinzen zu einem Sieg geführt. Am Mittag des 21. August ging ein Fernspruch aus Koblenz ein, in welchem der Kaiser dem bayerischen Kronprinzen seinen „Dank für die schöne Meldung von der Bravour und den Erfolgen seiner tapferen Truppen" aussprach.[738] Bei der Heeresleitung war man weit davon entfernt, der Führung der 6. Armee einen Vorwurf wegen des offensiven Vorgehens zu machen. Generaloberst von Moltke versammelte spätabends die Offiziere des Generalstabes und gab bewegt Kunde vom „großen Sieg" der 6. und 7. Armee in Lothringen, den er auch für sich in Anspruch nahm. Der Chef des Feldeisenbahnwesens, Wilhelm Groener, urteilte später über Moltke: „Es war *sein* Sieg, den er in den letzten Jahren bei Kriegsspielen und Generalstabsreisen sich zurechtgelegt hatte."[739] Rupprecht wurde zugetragen, „Moltke und […] Falkenhayn seien durch die Nachricht von unserem Erfolge […] zu Tränen gerührt gewesen und hätten die Berichte meines Stabschefs als die besten von sämtlichen Armeen eingegangenen gerühmt."[740] Während des Besuchs des bayerischen Königs im Großen Hauptquartier nur wenige Tage später wurde „den Leistungen sowohl der Leitung wie der Truppen der bayerischen Korps ein hohes und uneingeschränktes Lob gezollt", zumal sich „Generaloberst Prinz Rupprecht und sein als genial gerühmter Generalstabschef Krafft von Dellmensingen […] selbstständig mit vollstem Erfolge ihrer Aufgaben entledigt" hatten.[741]

---

[735] Brief des Kronprinzen Rupprecht an Prinz Leopold, 24.8.1914. BayHStA, GHA. NL Prinz Leopold, Nr. 37.
[736] Tagebucheintrag vom 21. August 1914. BayHStA, KrA. NL Krafft, Nr. 145.
[737] Vgl. Rocolle, Pierre: L'hécatombe des généraux. Paris, 1980. S. 98. Zit. nach Strachan, Hew: Der Erste Weltkrieg. München, 2004. S. 77.
[738] Abschrift eines Fernspruchs aus Koblenz an das AOK 6, aufgenommen am 21.8.1914 um 1 Uhr 3 Minuten nachmittags durch Kapfer. BayHStA, GHA. NL Kronprinz Rupprecht, Nr. 419.
[739] Groener, Wilhelm: Das Testament des Grafen Schlieffen. Operative Studien über den Weltkrieg. Berlin, 1929. S. 35.
[740] Kriegstagebuch, 23. August 1914. BayHStA, GHA. NL Kronprinz Rupprecht, Nr. 699.
[741] Bericht des k.u.k. Gesandten von Velics an Minister Graf Berchtold vom 28.8.1914. Berichte aus München 1914-1915. OeStA, Abt. Haus-, Hof- und Staatsarchiv. Politisches Archiv, Nr. 837.

5. Kriegsausbruch

Die deutschen und österreichischen Tageszeitungen stimmten in einen grenzenlosen Jubel ein. Die Siegesnachricht der von Kronprinz Rupprecht geführten Truppen verbreitete sich rasch und wurde euphorisch aufgenommen. Der Wolffsche Pressenachrichtendienst verbreitete unter dem Titel „Großer deutscher Sieg bei Metz – Viele Tausende Gefangene" folgende Meldung: „Der Große Generalstab teilt mit: Unter Führung des Kronprinzen von Bayern erkämpften Truppen aller deutschen Stämme gestern in Schlachten zwischen Metz und den Vogesen einen Sieg. Der mit starken Kräften in Lothringen vordringende Feind wurde auf der ganzen Linie unter schweren Verlusten geworfen. Es wurden viele Tausend Gefangene gemacht und dem Feinde zahlreiche Geschütze abgenommen." Die „Münchner Zeitung", „Bayerische Staatszeitung" und „Münchner Post" berichteten umfangreich über den ersten Schlachtenerfolg. Zum bis dato weithin unbekannten bayerischen Kronprinzen wurden etliche biografische Artikel veröffentlicht.[742] Im Gefolge des Sieges stieg Rupprecht zu einem bayerischen ‚Nationalhelden' auf und brachte es zu reichsweiter Bekanntheit als Heeresführer. In etlichen Städten wurden ihm hölzerne Denkmäler errichtet. In diese schlugen Bürger geschmiedete Nägel ein, um ihren Kampfgeist zur Schau zu stellen. Zwar verblasste dieser Kult nach wenigen Monaten infolge der Erstarrung der Westfront, aber die Popularität des Kronprinzen von Bayern blieb vor allem in seiner engeren Heimat ungebrochen.[743] Massenhaft erreichten das königliche Kabinett Huldigungskarten aus dem Feld, mit denen die Treue zum Herrscherhaus bekundet wurde.[744]

Ludwig III. hatte durch den Kaiser am Abend des 21. August vom Sieg der bayerischen Truppen unter dem Oberbefehl seines Sohnes erfahren. Noch in der Nacht gratulierte er „von ganzem Herzen" und sandte seiner „braven Armee [seine] wärmste Anerkennung und [seinen] Gruß."[745] Königin Marie Therese versäumte es nicht, ihren Sohn zu beglückwünschen. Sie berichtete ihm, nicht nur „hier in Bayern ist die Freude, der Stolz groß, auch aus Österreich höre ich, wie sich Alles freut und deine kühne Waffentat bewundert. [...] Du bist in aller Munde und es tut meinem Mutterherzen so wohl zu sehen, wie man dich endlich voll anerkennt."[746] Der Bildhauer Adolf von Hildebrand sprach seinen Landsleuten vermutlich aus der Seele, als er an den befreundeten Kronprinzen schrieb: „Liebe Königliche Hoheit, wir jubeln Ihnen alle freudigst zu: veni, vidi, vici! Was wird jetzt noch alles kom-

---

[742] Bayerische Staatszeitung, Münchner Post, Fremdenblatt, Münchner Zeitung, alle 22. August 1914. BayHStA, GHA. Presseausschnittsammlung der Königin Marie Therese. Bd. XXXIV.
[743] Vgl. Glaser, Hubert: Ludwig III. König von Bayern. Skizzen aus seiner Lebensgeschichte. Katalog zur Ausstellung in Wildenwart. Hrsg. von Max Oppel. Prien am Chiemsee, 1995. S. 41.
[744] Zu diesem Zweck kursierten bereits vorgedruckte Postkarten der Kunstanstalt C. Andelfinger & Cie. aus München, die ein Gedicht von E. v. Destouches zitieren: „Es drängt sich um der Wittelsbacher Thron/ In Jubel heut das treue Volk der Bayern" Vgl. die aus dem Feld gesendeten Huldigungskarten an das Kabinett. Königliche Kundgebungen zu Beginn und während des 1. Weltkrieges. BayHStA, GHA. Kabinettsakten König Ludwigs III., Nr. 71.
[745] Telegramm Ludwigs III. an Rupprecht vom 22.8.1914 um 2.20 vorm. BayHStA, GHA. NL Kronprinz Rupprecht, Nr. 419.
[746] Brief der Königin Marie Therese an Kronprinz Rupprecht. München, 26.8.1914. BayHStA, GHA. NL Kronprinz Rupprecht, Nr. 6.

5.6 Der Sieg des bayerischen Kronprinzen in Lothringen

men?"[747] Der Schilderung des Prinzen Leopold zufolge war die Begeisterung in München unbeschreiblich, als die Meldung der Lothringer Schlacht, „die sich unter der Führung des Kronprinzen Rupprecht zum ersten großen Siege gestaltet hatte" eintraf.[748] Die Bevölkerung Münchens brachte „den bayerischen Majestäten stürmische Huldigungen dar. König Ludwig antwortete, er [sei] stolz und glücklich, dass sein Sohn es gewesen [sei], unter dessen Führung die deutschen Truppen diesen Sieg errangen. Die Deutschen hätten noch schwere Kämpfe vor sich, aber dieser erste Sieg gelte für alle." In Münchner Regierungskreisen war man erfreut, dass der Widerhall des unter bayerischer Leitung errungenen Sieges in Berlin und Wien ein nicht minder herzlicher und begeisterter war.[749]

Die „Bayerische Staatszeitung" schilderte ausführlich, wie der Erfolg aufgenommen wurde: „Der Sieg in Lothringen hat überall in Deutschland Jubel und Begeisterung wachgerufen. Wie in München, so haben in Berlin und allen anderen Städten schon gleich mit dem Eintreffen der Siegesnachricht patriotische Kundgebungen stattgefunden. In Berlin demonstrierte die Volksmenge vor Ihrer Majestät der Kaiserin und vor der Kronprinzessin. Es wurden patriotische Lieder gesungen, die Kaiserin war mit der Kronprinzessin auf dem Balkon erschienen." Spätabends hatte sich Unter den Linden eine Menschenmenge eingefunden. Großer Jubel erhob sich, als Generalfeldmarschall Freiherr Colmar von der Goltz in einer Ansprache den Sieg von Metz „als eine Waffentat feierte, die sich an den historischen Großtaten des deutschen Heeres würdig anreihe." In Dresden versammelte sich vor dem Schloss ebenfalls eine ungeheure Menschenmenge und sang patriotische Lieder, bis König Friedrich August III. auf dem Balkon des Schlosses erschien. Seine kurze Ansprache erweckte beispiellosen Jubel, daraufhin läuteten sämtliche Kirchenglocken der Stadt. Die „Berliner Post" kommentierte pathetisch: „Der Kronprinz des zweitgrößten Bundesstaates hat das Heer der deutschen Truppen aller Stämme zum Siege geführt, ein Spross aus dem ruhmreichen Hause der Wittelsbacher, dem es im Kriege von 1870 nicht vergönnt war, dem deutschen Heer einen Heerführer zu stellen. Mit Begeisterung wird man dies gerade in Preußen und in Norddeutschland vernehmen."[750]

Mitten in den Jubel traf am 27. August 1914 die Nachricht vom Tod des ältesten Sohnes des Kronprinzen Rupprecht, des Erbprinzen Luitpold, ein. Seinem Vater Ludwig III. telegrafierte Rupprecht: „Luitpold eben sanft verschieden. Kinderlähme. Die Pflicht heischt [sic] handeln und nicht trauern."[751] Der 13-jährige Prinz

---

[747] Hildebrand an Rupprecht vom 21. August 1914.BayHStA, Geheimes Hausarchiv. NL Kronprinz Rupprecht von Bayern, Nr. 299.
[748] Vorwort des Kriegstagebuchs. BayHStA, GHA. NL Prinz Leopold, Nr. 239.
[749] Zit. nach Bericht des k.u.k. Gesandten von Velics an Minister Graf Berchtold vom 22.8.1914. Berichte aus München 1914-1915. OeStA, Abt. Haus-, Hof- und Staatsarchiv. Politisches Archiv, Nr. 837; Vgl. Zils, Wilhelm: König Ludwig III. im Weltkrieg. München, 1917. S. 17.
[750] „Mehr als 10.000 Franzosen gefangen, mehr als 50 Geschütze erobert". Bayerische Staatszeitung, 22.8.1914.
[751] Telegramm des Kronprinzen Rupprecht an Ludwig III., 27 August 1914. BayHStA, GHA. NL Ludwig III., Nr. 59; Vgl. Zils, Wilhelm: König Ludwig III. im Weltkrieg. München, 1917. S. 19.

Luitpold verstarb in Berchtesgaden völlig unerwartet. In Windeseile verbreitete sich die Todesnachricht. Als die amtliche Bestätigung der Meldung eintraf, herrschte tiefe Trauer, zumal Erbprinz Luitpold zu den Lieblingen der Münchner gehörte.[752] Am Folgetag begann in der Presse eine breite Berichterstattung über Tod und Beisetzung des jungen Erbprinzen.[753] Wie die Lindauer Volkszeitung berichtete, schätzte man „den munteren, bildhübschen Burschen, der berufen zu sein schien, einstmals Bayerns Königskrone zu tragen" überall. Luitpold folgte seiner Mutter nach nur wenigen Jahren im Tod. Tragisch erschien der Umstand, dass sich der Vater an der Front befand.[754]

König Ludwig III. brach nach der Nachricht des Todes seines Enkels einen Frontbesuch ab und kehrte nach München zurück.[755] Tausende Münchner versammelten sich wenige Tage später an der Theatinerkirche, um Abschied zu nehmen.[756] Nach der Beisetzungsfeier wurde der Sarg in die Gruft gebracht und eingesegnet.[757] Das Königspaar und alle in München befindlichen Mitglieder des Königlichen Hauses waren anwesend, nicht aber der Kronprinz, der an der Front zu verbleiben hatte.[758] Für den als Heerführer gefeierten Ruppprecht, der seine Söhne zuletzt vor seiner Abfahrt in München gesehen hatte, war es „ein arger, schrecklicher Schicksalsschlag – furchtbar plötzlich!" Er schrieb seinem Vater, vielleicht sei dieses Unglück für ihn eher zu ertragen, weil er „hier außen so viel Tod und Elend sehe und höre." Er berichtete, was ihm „am Meisten über [seine] Trauer [hinweghelfe, sei] die unablässige Arbeit."[759] Die Dynastie verbuchte durch den Schlachtensieg der bayerischen Truppen einen enormen Popularitätsschub. Die aufgeheizte Stimmung der letzten Julitage und die darauffolgende Anspannung hatten sich infolge der Siegesnachricht in einem grenzenlosen Jubelsturm entladen. Ruppprecht war über Nacht zu einer national gefeierten Persönlichkeit geworden. Die persönliche Tragödie des Kronprinzen verschaffte ihm zusätzliche Sympathien. Ludwig III. sollte den Sieg zum Anlass für seine Forderung nehmen, dass Bayerns Stellung im Reich weiter gestärkt werden müsse.

---

[752] „Erbprinz Luitpold von Bayern gestorben". Lindauer Volkszeitung, 28.8.14. BayHStA, GHA. Presseausschnittsammlung der Königin Marie Therese. Bd. XXXIV; Sendtner, Kurt: Rupprecht von Wittelsbach. Kronprinz von Bayern. München, 1954. S. 256f.

[753] Vgl. BayHStA, GHA. Presseausschnittsammlung der Königin Marie Therese. Bd. XXXIV.

[754] „Erbprinz Luitpold von Bayern gestorben". Lindauer Volkszeitung, 28.8.14. BayHStA, GHA. Presseausschnittsammlung der Königin Marie Therese. Bd. XXXIV.

[755] Bericht des k.u.k. Gesandten von Velics an Minister Graf Berchtold vom 28.8.1914. Berichte aus München 1914-1915. OeStA, Abt. Haus-, Hof- und Staatsarchiv. Politisches Archiv, Nr. 837.

[756] „Die Beisetzung des Erbprinzen Luitpold". Bayerische Staatszeitung, 1.9.14. BayHStA, GHA. Presseausschnittsammlung der Königin Marie Therese. Bd. XXXIV.

[757] Beisetzungsfeier für Erbprinz Luitpold. BayHStA, KrA. Offizierspersonalakte 7462; Todesfälle von Mitgliedern des K Hauses, Leichen- und Trauerfeierlichkeiten, milit. Anordnungen. BayHStA, KrA. Kriegsministerium, Nr. 97.

[758] „Die Beisetzung des Erbprinzen Luitpold". Bayerische Staatszeitung, 1.9.14. BayHStA, GHA. Presseausschnittsammlung der Königin Marie Therese. Bd. XXXIV.

[759] Schreiben des Kronprinzen Rupprecht an Ludwig III., 1. September 1914. BayHStA, GHA. NL Ludwig III., Nr. 59.

5.7 Erstarrung der Fronten

Die deutschen Truppen errangen in den ersten drei Kriegswochen beachtliche Siege. Auch im Norden der Front kam es zu den erwarteten großen Operationen, die der Feldzugsplan vorgesehen hatte. Nach der Einnahme Lüttichs, dem Rückzug des belgischen Heeres nach Antwerpen und dem Fall von Namur war der Weg frei für die deutschen Armeen, die in Richtung Nordfrankreich marschierten. Allgemein wurde erwartet, dass der rechte deutsche Heeresflügel den Traum von einem nur sechswöchigen Krieg Realität werden lasse.[760] Eine doppelte Umfassung der französischen Armee schien aus Sicht der Heeresleitung im Bereich des Möglichen. Der Durchbruch durch die Festungsfront in Lothringen sollte den deutschen Triumph vollständig machen.[761] Moltke plante, die Armeen unter Rupprechts Oberbefehl als Zangenarm aus südlicher Richtung – zeitgleich mit den nördlichen Armeen, die an der Marne standen – auf Paris schwenken zu lassen, um die französischen Truppen in einer gewaltigen Umfassungsschlacht zu vernichten.[762] Rupprechts Generalstabschef war erstaunt über die Weisungen aus dem Großen Hauptquartier. Für ihn bedeutete dies „ein folgenschweres Abirren von dem großen Schlieffenschen Operationsgedanken."[763] Der bayerische Kronprinz konnte nicht glauben, dass die Kriegsentscheidung am linken Heeresflügel gesucht würde. Für ihn waren Moltkes Worte „wohl nicht ernst gemeint [...] und wohl nur als billiger Trost zu betrachten."[764] Er konstatierte, die „Erfüllung dieses an sich sehr schwierigen Auftrags [sei] unter den [gegebenen] Umständen ausgeschlossen."[765]

Als eine Weisung eintraf, die die Beschießung des Festungsgürtels um Nancy vorsah, zürnte Rupprecht, man sei „im Großen Hauptquartier trotz [der] ausführlichen Berichte offenbar [...] nicht im Bilde über die wirkliche Lage und von einem unberechtigten Optimismus."[766] Es blieb beim Angriff auf die schweren Befestigungen. Der Vormarsch ging langsam vonstatten und brach ab dem 5. September unter einem Gegenangriff zusammen.[767] Ein Rückzug kam nicht infrage, da er ein

---

[760] Vgl. Keegan, John: Der Erste Weltkrieg. Eine europäische Tragödie. Hamburg, 2006. S. 144.
[761] Vgl. Strachan, Hew: The First World War. Volume 1: To Arms. Oxford, 2003. S. 244f.
[762] Im Frühjahr 1915 bestätigte Moltke diese von der Aufmarschanweisung abweichende Absicht. Vgl. Helmuth von Moltke 1848-1916. Dokumente zu seinem Leben und Wirken. Bd. 1, Basel, 1993. S. 352-359. Hier: S. 355. Hrsg. von Thomas Meyer als wesentlich erweiterte Neuauflage des Werkes: Helmuth von Moltke: Erinnerungen, Briefe, Dokumente 1877-1916. Ein Bild vom Kriegsausbruch, erster Kriegsführung und Persönlichkeit des ersten militärischen Führers des Krieges. Hrsg. von Eliza von Moltke. Stuttgart, 1922; Vgl. Müller, Thomas: Konrad Krafft von Dellmensingen. München, 2002. S. 345f.
[763] Kriegstagebuch, 22. August 1914. BayHStA, GHA. NL Kronprinz Rupprecht, Nr. 699.
[764] Ebd., 2. September 1914.
[765] Ebd., Eintrag vom 25. August 1914.
[766] Ebd., Eintrag vom 26. August 1914; Allgemeine Anweisung der OHL vom 27. August an die 1. bis 7. Armee für den Fortgang der Operationen. BayHStA, GHA. NL Kronprinz Rupprecht, Nr. 477.
[767] Vgl. Müller, Thomas: Konrad Krafft von Dellmensingen. München, 2002. S. 353-355.

rasches Kriegsende unmöglich machen konnte.[768] Nachdem am 8. September die Instruktion einging, Munition und Artillerie von der 6. zur 5. Armee, vom bayerischen zum Deutschen Kronprinzen zu verschieben, stand Rupprecht kurz davor, sein Kommando niederzulegen. Krafft notierte: „Der Prinz war sehr erzürnt über diesen Streich und erklärte, dass, wenn dieser Befehl käme [...], er dann die letzte Konsequenz ziehen werde."[769] Der Chef des Stabes vermochte es, Rupprecht mit Verweis auf den fatalen Eindruck, den ein derartiger Schritt im In- und Ausland hervorrufen würde, vom Rücktritt abzuhalten.[770]

Am 9. September erzielte der französische Oberbefehlshaber auch am nördlichen Frontabschnitt den erhofften Erfolg, als die Schlacht an der Marne von deutscher Seite abgebrochen wurde. Die Gesamtlage an der Westfront änderte sich damit dramatisch.[771] Um die Verbände zu organisieren und für einen erneuten Angriff bereitzustellen, befahl Moltke, nach der 7. Armee auch den Großteil der 6. Armee vom linken an den rechten Flügel zu verlegen. Der Bahntransport war zeitaufwändig, womit für einige Tage etwa ein Viertel der Gefechtskraft der deutschen Truppen ausfiel.[772] Ab dem 11. September wurden das II. bayerische, III. bayerische sowie XXI. preußische Armeekorps abgezogen. Das I. bayerische Armeekorps war einige Tage zuvor zum Abtransport befohlen worden. Am 14. September folgte das Oberkommando des bayerischen Kronprinzen und schloss den Truppenabzug ab. Unklar waren das Zielgebiet sowie der neue Auftrag.[773]

Die Wirkung der Meldung vom Rückschlag in der Schlacht an der Marne fiel im Großen Hauptquartier drastisch aus. Bis Anfang September überschlugen sich die Erfolgsmeldungen der Oberkommandos an der Westfront geradezu. Der gescheiterte Angriff der beiden Armeen des bayerischen Kronprinzen vor Nancy verursachte bereits heftige Kritik. Für Rupprecht war mit Generalstabschef von Moltke der Schuldige gefunden: „Man hat bei der O[bersten] H[eeres] L[eitung] offenbar völlig die Herrschaft über die Nerven verloren, seit man von dem Plane Schlieffens abwich."[774] Zwischen dem bayerischen Kronprinzen und der Heeresleitung bestanden von Anfang an Meinungsverschiedenheiten, was die militärische Strategie anging. Rupprecht sprach aus, seiner Ansicht nach sei „Moltke [...] seiner Aufgabe nicht mehr gewachsen. Er hatte nie auf die Stelle eines Chefs des

---

[768] Vgl. Storz, Dieter: „Dieser Stellungs- und Festungskrieg ist scheußlich!" Zu den Kämpfen in Lothringen und den Vogesen im Sommer 1914. In: Ehlert, Hans u. a. (Hrsg.): Der Schlieffenplan. Analysen und Dokumente. Paderborn, 2006. S. 161-204. Hier: S. 182f.
[769] Tagebucheintrag vom 8. September 1914. BayHStA, KrA. NL Krafft, Nr. 145.
[770] Vgl. Storz, Dieter: „Dieser Stellungs- und Festungskrieg ist scheußlich!" Zu den Kämpfen in Lothringen und den Vogesen im Sommer 1914. In: Ehlert, Hans u. a. (Hrsg.): Der Schlieffenplan. Analysen und Dokumente. Paderborn, 2006. S. 161-204. Hier: S. 196; Vgl. Müller, Thomas: Konrad Krafft von Dellmensingen. München, 2002. S. 368.
[771] Vgl. Müller, Thomas: Konrad Krafft von Dellmensingen. München, 2002. S. 365.
[772] Vgl. Wallach, Jehuda: Das Dogma der Vernichtungsschlacht. Die Lehren von Clausewitz und Schlieffen und ihre Wirkung in zwei Weltkriegen. München, 1970. S. 183f.
[773] Vgl. Müller, Thomas: Konrad Krafft von Dellmensingen. München, 2002. S. 374f; Vgl. Reichsarchiv: Der Weltkrieg. Vierter Band. S. 421-480.
[774] Kriegstagebuch, 9. September 1914. BayHStA, GHA. NL Kronprinz Rupprecht, Nr. 699.

5.7 Erstarrung der Fronten

Großen Generalstabes aspiriert, für die er auch seiner militärischen Vorbildung nach nicht geeignet war."[775] Rupprecht hielt das Befehlschaos der Heeresleitung für die Ursache der Krise: „Ein jeder der von mir erlassenen Befehle wird mitten in der Ausführung durch neue Anordnungen der O[bersten] H[eeres] L[eitung] über den Haufen geworfen. Die nun entstandene Situation ist eine äußerst fatale."[776]

Nichts lag näher, als die Schuld am Scheitern des Feldzugsplans Moltke zuzuschreiben. Nachdem dieser am Abend des 14. September einen Nervenzusammenbruch erlitt, erfolgte der Wechsel an der Spitze der Heeresleitung unvorhersehbar schnell. Der Kaiser drängte ihn, sich krank zu melden. Formell blieb er zunächst im Amt, wenngleich er seiner Vollmachten benommen wurde. Faktisch übernahm der preußische Kriegsminister von Falkenhayn als Generalquartiermeister mit unbeschränkter Vollmacht die Führung. Das Zusammenspiel zwischen dem abgesetzten und dem an seiner Stelle eingesetzten Chef der Heeresleitung fand am 1. November 1914 sein Ende. Moltke verließ das Große Hauptquartier, während Falkenhayn als neuer Chef des Generalstabs des Feldheeres eingesetzt wurde.[777] Die deutschen Operationen zeigen, dass die Heeresleitung die Hoffnung nicht aufgab, die kriegsentscheidende, überflügelnde Flankenbewegung wieder aufnehmen zu können. Der Reichskanzler notierte am 19. September über eine Besprechung mit Falkenhayn, dass die ersten Erfolge überschätzt worden seien, zog aber das Fazit: „Gesamtlage, solange Entscheidung nicht gefallen, natürlich ernst, aber durchaus nicht pessimistisch zu beurteilen." Weder Falkenhayn noch Bethmann Hollweg hatten den Eindruck, dass die Kriegsentscheidung mehr als eine Verzögerung erhalten habe. Bethmann befand: „Von einer Wendung zum ungünstigen oder schlimmen ist also überhaupt nicht die Rede."[778]

Falkenhayn wollte den Angriff wieder aufnehmen, indem er die 6. Armee des Kronprinzen von Bayern an den nördlichen Rand des „Schlagflügels" verschob. Zeitgleich sollte der Durchbruch in der Festungsfront zwischen Toul und Verdun angestrebt werden. Sobald Rupprechts Armee am äußersten rechten Heeresflügel

---

[775] Zwar sei Moltke „ein durchaus gediegener, vornehmer Charakter, aber mehr Philosoph wie Soldat, dabei durch ein körperliches Leiden geschwächt, das seine pessimistische Veranlagung verstärkte und seine Energie herabsetzte." Bei einem Zusammentreffen in Luxemburg hinterließ Moltke auf den Kronprinzen von Bayern „den Eindruck eines gebrochenen Greises". Kriegstagebuch, 15. September 1914. BayHStA, GHA. NL Kronprinz Rupprecht, Nr. 699.

[776] Kriegstagebuch, 6. September 1914. BayHStA, GHA. NL Kronprinz Rupprecht, Nr. 699.

[777] Vgl. Afflerbach, Holger: Falkenhayn. Politisches Denken und Handeln im Kaiserreich. München, 1994. S. 180-189; Vgl. Mombauer, Annika: Helmuth von Moltke and the origins of the First World War. Cambridge, 2001. S. 269-282; Vgl. Strachan, Hew: The First World War. Volume 1: To Arms. Oxford, 2003. S. 262-265; Vgl. Wallach, Jehuda: Das Dogma der Vernichtungsschlacht. Die Lehren von Clausewitz und Schlieffen und ihre Wirkung in zwei Weltkriegen. München, 1970. S. 184-189; Vgl. Kielmannsegg: Deutschland und der Erste Weltkrieg. S. 62; Vgl. Stevenson, David: 1914-1918. Der Erste Weltkrieg. Düsseldorf, 2006. S. 83f.

[778] Protokoll Bethmann Hollwegs vom 19. September 1914, Zit. nach Zechlin, Egmont: Friedensbestrebungen und Revolutionierungsversuche. Deutsche Bemühungen zur Ausschaltung Russlands im Ersten Weltkrieg. In: Das Parlament. Beilage aus Politik und Zeitgeschichte. 20/1961. S. 273, Anm. 23; Vgl. Afflerbach, Holger: Falkenhayn. Politisches Denken und Handeln im Kaiserreich. München, 1994. S. 191.

eintreffen würde, sollte von ihr eine neue, weiträumige Umfassungsoperation begonnen werden.[779] Auf der Fahrt nach Norden machte Rupprecht mit seinem Stab Halt in Luxemburg bei der Heeresleitung. Dort erläuterte Falkenhayn das Vorgehen. Die Bestimmung der Armee sei es, „die Entscheidung am Westflügel des Heeres herbeizuführen und dessen rechte Flanke zu sichern." Falkenhayn versicherte Rupprecht, er ließe ihm „völlig freie Hand bei der Lösung dieser Aufgabe."[780] Außerdem „solle die 6. Armee zunächst die Versammlung ihrer Kräfte abwarten", bevor sie eingreife.[781] Dieser Auftrag bedeutete, dass dem bayerischen Kronprinzen die Rolle der kriegsentscheidenden Kraft zugewiesen wurde. Für ihn bot sich die ersehnte Chance, frei operieren und manövrieren zu können.[782] Er war mehr als erfreut über den Auftrag, nicht zuletzt, weil er die in Lothringen „der 6. Armee gestellte Aufgabe [als] unerfüllbar" empfand. Der Kaiser gab ihm zum Abschied aus Luxemburg mit auf dem Weg, er solle „alles bis zur See hin vom Feind säubern!" Erstaunt stellte Rupprecht später fest: „Als ob dies so leicht ginge, noch dazu mit so geringen Kräften!"[783]

Am 23. September griffen seine Truppen in das Geschehen ein, als sie in der Gegend von Noyon ihre Offensive aufnahmen. Die Last der Entscheidung sollte auf ihr liegen. Die Truppen der 5. Armee griffen mit dem Ziel, die gegnerischen Truppen in der Heeresmitte zu trennen, in den Ardennen massiv an. Gleichzeitig versuchten die Armee des Kronprinzen Rupprecht und die französische 2. Armee, sich an der nördlichen Flanke gegenseitig zu überflügeln. Dies gelang nach heftigen Kämpfen keiner der beiden Armeen. Ebenso wurde der deutsche Durchbruchsversuch unter großen Verlusten zurückgewiesen. Bis zum 27. September wurde deutlich, dass die Operation am rechten Heeresflügel keinen Fortschritt bringen würde.[784] Rupprecht begann die Geduld sowohl mit seinen Truppen als auch mit der Heeresleitung zu verlieren. Für ihn war es „höchste Zeit zu einem energischen Anpacken des Gegners, sonst verlängert sich dieser schließlich bis zum Meere! Alles muss rücksichtslos vor!"[785]

Die Stadt Lille fiel am 12. Oktober in die Hände der 6. Armee.[786] Die erstarrende Front hatte sich durch die Kämpfe nach Norden verlagert. Der schmale Landstreifen zwischen Lille und der Kanalküste wurde zum letzten freien Operations-

---

[779] Vgl. Afflerbach, Holger: Falkenhayn. Politisches Denken und Handeln im Kaiserreich. München, 1994. S. 192f; Vgl. Kielmannsegg: Deutschland und der Erste Weltkrieg. S. 62; Vgl. Krafft von Dellmensingen, Konrad; Feeser, Friedrichfranz: Das Bayernbuch vom Weltkriege. 1914-1918. Ein Volksbuch. Stuttgart, 1930. S. 14f; Vgl. Strachan, Hew: The First World War. Volume 1: To Arms. Oxford, 2003. S. 267.
[780] Kriegstagebuch, 18. September 1914. BayHStA, GHA. NL Kronprinz Rupprecht, Nr. 699.
[781] Tagebucheintrag vom 18. September 1914. BayHStA, KrA. NL Krafft, Nr. 183.
[782] Vgl. Müller, Thomas: Konrad Krafft von Dellmensingen. München, 2002. S. 374-377
[783] Kriegstagebuch, 18. September 1914. BayHStA, GHA. NL Kronprinz Rupprecht, Nr. 699.
[784] Vgl. Strachan, Hew: The First World War. Volume 1: To Arms. Oxford, 2003. S. 267f; Vgl. Kielmannsegg: Deutschland und der Erste Weltkrieg. 64; Vgl. Reichsarchiv: Der Weltkrieg. Fünfter Band. S. 84-91.
[785] Kriegstagebuch, 26. September 1914. BayHStA, GHA. NL Kronprinz Rupprecht, Nr. 700.
[786] Ebd., 12. Oktober 1914.

5.7 Erstarrung der Fronten

raum an der Westfront. Hier sollte die Kriegsentscheidung fallen.[787] Am 15. Oktober gab die Heeresleitung dem Kronprinzen von Bayern „völlige Handlungsfreiheit, da man die Verhältnisse vom Großen Hauptquartier aus doch nicht so völlig überblicken könne" und gestattete dieser, offensiv zu werden. Rupprecht vermerkte: „Hätte sie dies nur schon früher getan, denn so ist kostbare Zeit unnütz vergeudet worden."[788] Eine Anlehnung der deutschen Flanke an den Ärmelkanal sollte die Gefahr einer Umfassung durch den Gegner beenden. Dementsprechend geriet die Kanalküste mit ihren wichtigen Städten Calais und Dünkirchen als Operationsraum in den Fokus.[789] Ab dem 20. Oktober entsprang die erste „Flandernschlacht". Nach wenigen Tagen wurde offensichtlich, dass der Angriff im schwierigen Sumpfgelände zum Scheitern verurteilt war.[790] Nachdem die Offensive steckenblieb, sah das Hauptquartier eine letzte Möglichkeit: Den Durchbruch durch den „Ypern-Bogen". Rupprecht wusste um die Bedeutung dieses Angriffs – er konnte die letzte Chance auf einen raschen Sieg an der Westfront bedeuten. Eine Zeit lang hatte man „einen Vorsprung vor dem Gegner bei dem Wettrennen um das Abgewinnen der Flanke", was nicht genutzt werden konnte. Wenn es mit dem neuerlichen Durchbruchsversuch nicht gelingen sollte, „die feindliche Front zu zersprengen, ehe sie völlig geschlossen und gefestigt ist", war es mit der Operationsfreiheit an der Westfront zu Ende.[791]

Optimistisch berichtete Rupprecht seinem Vater, er denke, dass er sich „nicht umsonst abmühte, da nun endlich das geschieht, worauf [er] seit Langem drängte." Was ihn mit Zuversicht erfüllte, war die Tatsache, dass er nun „wieder nahezu die Hälfte [der bayerischen] Truppen" unter seinem Befehl vereinigt.[792] Der Optimismus erwies sich als unbegründet. Trotz großer Verluste blieben Fortschritte aus. Falkenhayn beschränkte sich nun auf eine operative Frontbegradigung, was durch die Eroberung Yperns erreicht werden sollte. Dies gelang nicht.[793] Rupprecht befand, was die Truppen bislang geleistet hatten, sei erstaunlich und es sei „nicht zu verkennen, dass dringend Ablösungen durch frische Truppen von Nöten sind." Er hatte zwar keine Informationen zu den Gesamtverlusten, für Bayern allein beziffere sich jedoch „der Anteil hieran auf 200.000 Mann."[794] Prinz Franz von Bayern, der im Januar 1915 zum Kommandeur der 3. bayerischen Infanteriebrigade ernannt wurde, berichtete an seinen Bruder Rupprecht, „wenn wir auch um einige 100 Meter an einigen Stellen vorgesappt haben, so hat das doch nichts zu sagen." Niemand

---

[787] Vgl. Kielmannsegg: Deutschland und der Erste Weltkrieg. S. 65; Strachan, Hew: The First World War. Volume 1: To Arms. Oxford, 2003. S. 274f.
[788] Kriegstagebuch, 15. Oktober 1914. BayHStA, GHA. NL Kronprinz Rupprecht, Nr. 700.
[789] Vgl. Müller, Thomas: Konrad Krafft von Dellmensingen. München, 2002. S. 378f; Vgl. Kielmannsegg: Deutschland und der Erste Weltkrieg. S. 65.
[790] Vgl. Afflerbach, Holger: Falkenhayn. Politisches Denken und Handeln im Kaiserreich. München, 1994. S. 194.
[791] Kriegstagebuch, 29. Oktober 1914. BayHStA, GHA. NL Kronprinz Rupprecht, Nr. 701.
[792] Schreiben des Kronprinzen Rupprecht an Ludwig III., 29. Oktober 1914. BayHStA, GHA. NL Ludwig III., Nr. 59.
[793] Vgl. Müller, Thomas: Konrad Krafft von Dellmensingen. München, 2002. S. 380.
[794] Kriegstagebuch, 12. November 1914. BayHStA, GHA. NL Kronprinz Rupprecht, Nr. 701.

wisse, „wie lange dieser Krieg noch dauert, aber ich glaube jedermann wäre froh, wenn er zu Ende ginge. Wenn nur im Osten eine günstige, gründliche Entscheidung fiele, dann könnte man ja wohl hier auch noch eine erzwingen."[795] Dennoch konnte man zwei Errungenschaften verzeichnen: Fast ganz Belgien und das nordfranzösische Industriegebiet waren besetzt. Zudem eigneten sich die deutschen Stellungen hervorragend für die Verteidigung, so dass die Option einer späteren Offensivstrategie gewahrt blieb.[796]

Die Westfront sollte bis ins Frühjahr 1918 im Zeichen des Stellungskrieges stehen, auch wenn ständig örtliche Unternehmungen zur taktischen Verbesserung der Frontlinie stattfanden. Munitionsmangel und der Abtransport von Truppen an die Ostfront beendeten jede Hoffnung auf ein absehbares Kriegsende im Westen. Durch beständige Gefechte, fortwährende Verluste und die zermürbende Situation in den Schützengräben wurden die Truppen nach und nach verbraucht. Ein heftiger Vorstoß der englischen Armee im Bereich der Armee des Kronprinzen Rupprecht führte im März 1915 zum Verlust von Neuve-Chapelle. Am 9. Mai brach bei Arras der erste englisch-französische Großangriff los. Im September und Oktober 1915 lösten britische Angriffe im Artois erbitterte Kämpfe aus. Deren Abwehr sollte Kronprinz Rupprecht durch die deutsche Propaganda den Ehrentitel ‚Sieger von Arras und La Bassée' einbringen.[797] Die bayerische Monarchie hatte trotz des zermürbenden Stellungskrieges durch die Abwehrerfolge der vom Kronprinzen Rupprecht kommandierten bayerischen Armee einen Prestigegewinn zu verbuchen. Während die Mitglieder der königlichen Familie an der Westfront ab Ende 1914 außerstande waren, weitere offensive Erfolge zu erlangen, gerieten die in der Heimat verbliebenen Wittelsbacher durch ihre symbolträchtigen Auftritte und ihr soziales und karitatives Engagement zunehmend in den Fokus der Öffentlichkeit.

---

[795] Franz' Vorgänger General Schoch erkrankte im August 1914, sollte aber die Brigade nach seiner Genesung wieder übernehmen, während Franz dem Generalkommando zur Verfügung gestellt würde. Noch während der Anreise Schochs erreichte ein Telegramm den Brigadestab, dass Prinz Franz zum Kommandeur ernannt sei. Der Prinz konnte sich den Gesinnungswechsel der Befehlsstelle nicht erklären, hatte aber keine Einwände: „Sollte er unterwegs wieder erkrankt sein? Oder hat Papa ein Machtwort gesprochen? Auf jeden Fall bin ich mit dem Ausgang zufrieden." Brief des Prinzen Franz an Kronprinz Rupprecht. Belloy, 5.1.1915. BayHStA, GHA. NL Kronprinz Rupprecht, Nr. 45.

[796] Vgl. Chickering, Roger: Das Deutsche Reich und der Erste Weltkrieg. München, 2002. S. 36-43; Vgl. Strachan, Hew: Der Erste Weltkrieg. München, 2004. S. 84.

[797] Vgl. Weiß, Dieter J.: Kronprinz Rupprecht von Bayern. Regensburg, 2007. S. 110; Vgl. Sendtner, Kurt: Rupprecht von Wittelsbach. Kronprinz von Bayern. München, 1954. S. 269f sowie S. 275.

6. Monarchie und Heimatfront

6.1 Monarchische Repräsentation in Kriegszeiten

Der Kriegsausbruch veränderte die Repräsentation und die Aufgaben der Monarchie in verschiedener Hinsicht radikal. Der bayerische König musste sich, da er nicht aktiv am Krieg teilnahm, um eine angemessene öffentliche Alternativrolle in Form von tätiger Fürsorge und Mitgefühl gegenüber den Soldaten, den Kriegsopfern und deren Familien, ebenso in Form großzügiger Spenden und materieller Verzichtleistungen bemühen, um das Prestige des Königshauses zu wahren.[798] Ludwig III. verfügte, dass infolge der Kriegsverhältnisse von der Abhaltung des Ordenshauptfestes des Georgsordens, von Trauergottesdiensten für verstorbene Ritter sowie von Ordenskonferenzen Abstand genommen werden sollte.[799] Im April 1914 fand daher zum letzten Mal das Georgiritterfest statt, das mit seinem Zeremoniell in reicher Tracht, der Kapitelsitzung unter Vorsitz des Königs, dem Zug zur alten Schlosskapelle, dem Gottesdienst mit Ritterschlag der neu in den Orden aufgenommenen Mitglieder und dem Bankett im Herkulessaal der Residenz einen Höhepunkt monarchischer Repräsentation darstellte.[800] Repräsentative Anlässe wie diese waren bis dahin stets Bindeglieder zwischen Königshaus, Hofgesellschaft und der bürgerlichen Gesellschaft.[801] Der Münchner Hofball im Januar 1914 sollte ebenfalls der letzte seiner Art gewesen sein. Da er erstmals seit fünfzig Jahren ein bayerisches Königspaar gesehen hatte, war auch er mit besonderem Prunk und einer hohen Zahl von geladenen Fürstlichkeiten gefeiert worden.[802]

Diese fröhliche und pompöse Theatralität der Vorkriegsjahre wich einer ernsteren und nüchterneren Art von monarchischer Inszenierung, die sich hauptsächlich der Kirche und des Militärs bediente. An die Stelle von prunkvollen Bällen oder Festveranstaltungen trat die Zurschaustellung militärischen Führertums, Verleihungen von Kriegsorden, Inszenierungen von Frontbesuchen sowie soziales und karitatives Engagement. Vergnügungen und Zerstreuungen waren verpönt, an Jag-

---

[798] Vgl. Machtan, Lothar: Der erstaunlich lautlose Untergang von Monarchie und Bundesfürstentümern – ein Erklärungsangebot. In: Gallus, Alexander (Hrsg.): Die vergessene Revolution von 1918/19. Göttingen, 2010. S. 39-56. Hier: S. 48.
[799] Vgl. Zils, Wilhelm: König Ludwig III. im Weltkrieg. München, 1917. S. 50.
[800] Maschinenschriftliche Abschrift der Lebenserinnerungen. S. 828. BayHStA, GHA. NL Prinz Leopold, Nr. 261.
[801] Gedrucktes Programm des Hofballs am 14.1.1914 in München. Hofbälle und Konzerte (1908-1918, 1926, 1932). BayHStA, GHA. NL Herzogin Wiltrud von Urach, Nr. 322.
[802] Vgl. Schad, Martha: Bayerns Königinnen. München, 2007. S. 318f; Gedrucktes Programm des Hofballs am 14.1.1914 in München. LABW, HStA Stuttgart, Archiv der Herzöge von Urach, GU 119. NL Wiltrud Herzogin von Urach. Nr. 1031; Hofbälle 1910-1914. Akten des Oberhofmarschalls. BayHStA, Geheimes Hausarchiv. Oberhofmarschallstab S.M. des Königs Ludwig III. von Bayern, Nr. 700.

den war vorerst nicht zu denken.[803] Der zweitälteste Königssohn Karl zog sich zunehmend zurück und verbrachte die Sommermonate gänzlich in Wildenwart am Chiemsee.[804] Die Königin berichtete, der 43-jährige Karl gehe nicht mehr ins Theater: „Wie er sagt, wegen des Krieges. Wir gehen ja auch nicht hin, höchstens in Wohltätigkeitsvorstellungen."[805] Bei allem Ernst fand abseits der Öffentlichkeit dennoch bisweilen ein relativ unbeschwertes Familienleben statt.[806] Die 33-jährige Königstochter Hildegard berichtete ihrem Vater im Februar 1915 aus Leutstetten: „Wir sind sehr vergnügt hier, es ist herrlich sonnig […] & bin ich tüchtig […] mit Eis- und Schnee-Dingen, beim Skilaufen, d.h. Hinfallen, besudelt worden und [es] hat mich Trudi in den komischsten Momenten fotografiert."[807]

Landesreisen fanden nicht mehr statt, obgleich einzelne Städte vom Monarchen oder anderen Mitgliedern der königlichen Familie besucht wurden. Die älteste Königstochter Adelgunde stattete im September 1914 Augsburg einen offiziellen Besuch ab. Im Gepäck hatte sie 5.000 Mark an Spendengeldern.[808] Zahlreiches Publikum begrüßte sie am Bahnhof, bevor sie mit Oberbürgermeister Georg von Wolfram und Regierungspräsident Paul Ritter von Praun die örtlichen Wohltätigkeitsanstalten besuchte. Ihrem Vater schrieb Adelgunde: „Wir hatten 18 Veranstaltungen zu besichtigen, Bewahranstalten, Klöster, die Kommissinnenhäuser und Lazarette […]."[809] Prinzessin Wiltrud stattete Augsburg im Sommer 1916 ebenfalls einen Besuch ab, dessen Programm ein vom Bischof gehaltenes Hochamt und eine Denkmalenthüllung im Rathaus beinhaltete.[810] Im April 1917 besuchte Ludwig III. selbst die Fuggerstadt. Die „Augsburger Postzeitung" berichtete, der König sei bei strahlendem Sonnenschein unter den Klängen des Präsentiermarsches mit dem königlichen Extrazug, der aus zwei Salonwagen bestand, am Hauptbahnhof eingetroffen. Als Ludwig III. dem Zug entstieg, wurde er durch Hochrufe begrüßt. In der Prinzregentenstraße schritt er die Front der aufgestellten Ersatztruppenteile der Augsburger Regimenter zu Fuß ab.[811] Die „Allerhöchsten Jagden" wurden nicht gänzlich ausgesetzt. Ludwig III. hielt sich ab 1915 wieder zur Jagd in Oberstdorf, Hintersee und Berchtesgaden auf. Während den königlichen Jagdaufenthalten fan-

---

[803] Kriegstagebuch, 24.10.14. BayHStA, GHA. NL Prinz Leopold, Nr. 239.
[804] Schreiben des Prinzen Karl an König Ludwig III., 23.8.1914. BayHStA, GHA. NL Ludwig III., Nr. 63.
[805] Brief der Königin Marie Therese an Kronprinz Rupprecht. München, 24.4.1917. BayHStA, GHA. NL Kronprinz Rupprecht, Nr. 6.
[806] Schreiben der Prinzessin Wiltrud an König Ludwig III., 10.2.1915. BayHStA, GHA. NL Ludwig III., Nr. 70.
[807] Schreiben der Prinzessin Hildegard an König Ludwig III., 17.2.1915. BayHStA, GHA. NL Ludwig III., Nr. 69.
[808] Schreiben der Prinzessin Adelgunde an König Ludwig III., 9.9.1914. BayHStA, GHA. NL Ludwig III., Nr. 61.
[809] Schreiben der Prinzessin Adelgunde an König Ludwig III., 11.9.1914. BayHStA, GHA. NL Ludwig III., Nr. 61.
[810] Prinzessin Wiltrud an König Ludwig III., 3.7.1916. Briefe der Prinzessin Wiltrud von Bayern. BayHStA, GHA. NL Ludwig III., Nr. 70.
[811] „Des Königs Besuch in Augsburg". Augsburger Postzeitung. 14. April 1917. BayHStA, GHA. Presseausschnittsammlung der Königin Marie Therese. Bd. XLIII.

den regelmäßig Botschafterempfänge, persönliche Vorträge der Staatsminister oder der Adjutanten am Hoflager statt. Der König besichtigte in der Nähe gelegene Kriegslazarette und sprach fast täglich Frühstücks- oder Tafeleinladungen an lokale Honoratioren aus.[812]

Während in der Vorkriegszeit meist Kunst und Volkstum auf dem Programm standen, besuchte der König während des Krieges vorwiegend Wohltätigkeitsveranstaltungen wie Konzerte, Theateraufführungen und Ausstellungen. Er traf Angehörige von Kriegsteilnehmern, nahm an Feldweihnachten und Andachten teil und besuchte Vorträge über Schlachten, Kriegsrüstung und Ersatzstoffe.[813] Ludwig III. nahm unzählige Einladungen zu gesellschaftlichen Veranstaltungen unterschiedlichster Vereine an, um deren Ziele zu unterstützen. Die Auswahl der öffentlichen Auftritte des Königs bereitete seinem Umfeld allerdings gelegentlich Sorgen, wie im Fall eines Vortrags des Geschäftsführers des „Vereins deutscher Eisen- und Stahlindustriellen." Dandl wies im April 1918 darauf hin, dass die Forderungen dieses Vereins nach Annexion des Gebietes von Longwy und Briey „eine sehr umstrittene politische Friedenszielfrage" sei, in der weite Kreise der Parteien und der Öffentlichkeit „einen entschieden ablehnenden Standpunkt" einnähmen. Daher empfahl er, von einem Besuch der Veranstaltung abzusehen: „Ich möchte es nicht für ausgeschlossen halten, dass die Anwesenheit S.M. des Königs bei einem Vortrage, der sich voraussichtlich als Teil der Propaganda für die Annexion dieser Gebiete darstellen wird, eine politisch unerwünschte Beurteilung und Ausdeutung erfahren könnte."[814]

Das Jubiläum der hundertjährigen Zugehörigkeit der Pfalz zu Bayern wurde in gebotener Stille begangen. Eine Festnummer der Zeitschrift „Der Pfälzerwald" wurde zum 1. Mai 1916 veröffentlicht und der „Pfälzische Kurier" druckte ein Faksimile des „Besitz-Ergreifungs-Patentes" König Max I. Josephs aus dem Jahr 1816 ab. In einem Artikel hieß es, „die kriegerischen Zeiten und die Not der Gegenwart hemmten den Festesjubel, aber das Gedenken an all das, was in diesem Jahrhundert geschehen ist, lässt aus tiefster Seele den Wunsch formen, dass die Sonne des Friedens bald wieder einem arbeitsamen und frohen Volke leuchten möge, das sich glücklich schätzt, in gemeinsamer Arbeit mit den übrigen unter dem Szepter Bayerns vereinigten Stämmen an der Wohlfahrt des Staatsganzen zu arbeiten [...]." In München fand eine Hoftafel statt[815] und eine pfälzische Abordnung

---

[812] Einladungen und Empfänge anlässlich der Jagdaufenthalte in Oberstdorf, Hohenschwangau, Wildenwart, Hintersee, Berchtesgaden und St. Bartolomä 1913-1917. BayHStA, GHA. Kabinettsakten König Ludwigs III., Nr. 23.
[813] Einladung des Königs zu Vorträgen und Veranstaltungen 1913-1917. BayHStA, GHA. Kabinettsakten König Ludwigs III., Nr. 2.
[814] Ministerratsvorsitzender Dandl an Kabinettschef Spreti. München, 27.4.1918. Einladung des Königs zu Vorträgen und Veranstaltungen 1913-1917. BayHStA, GHA. Kabinettsakten König Ludwigs III., Nr. 2.
[815] Feiern zum hundertjährigen Jubiläum der Übernahme der Pfalz durch Bayern im Mai 1916. LABW, HStA Stuttgart, Archiv der Herzöge von Urach, GU 119. NL Wiltrud Herzogin von Urach. Nr. 147.

wurde empfangen.[816] Der König betonte, er hätte „den erinnerungsreichen Tag" gerne festlich in der Pfalz begangen, der Krieg machte dies aber unmöglich.[817]

Der bayerische Königshof behielt auch im Krieg seine Anziehungskraft für europäische und deutsche Fürstlichkeiten. Das strenge diplomatisch-dynastische Zeremoniell blieb unverändert. Unter anderem erschienen in den vier Kriegsjahren der Großherzog August II. von Oldenburg,[818] der Herzog und die Herzogin von Braunschweig,[819] der Deutsche Kaiser Wilhelm II.,[820] der König von Sachsen,[821] der Zar der Bulgaren,[822] das österreichische Kaiserpaar[823] sowie der Fürst von Lippe[824] zu Staatsbesuchen in der bayerischen Haupt- und Residenzstadt. Ab 1915 fanden Besuche von osmanischen Abordnungen, Großwesiren und Parlamentariern statt.[825] Den Besuchen hochrangiger Staatsgäste war die politische und symbolische Bedeutung nicht abzusprechen, sei es hinsichtlich einer gegenseitigen Aussprache über die Lage oder wenigstens der Bekundung eines Freundschaftsverhältnisses. Im Juni 1917 fand der prunkvolle Empfang des österreichischen Kaiserpaares in der bayerischen Residenzstadt statt. München legte kurz nach dem Besuch des Zaren Ferdinand I. von Bulgarien erneut reichen Flaggenschmuck an. Von einer dichtgedrängten Menschenmenge enthusiastisch begrüßt, zogen die Majestäten im offenen vierspännigem Galawagen in die Stadt ein.[826]

---

[816] Vgl. Zils, Wilhelm: König Ludwig III. im Weltkrieg. München, 1917. S. 97f.
[817] Zit. nach Zils, Wilhelm: König Ludwig III. im Weltkrieg. München, 1917. S. 95f.
[818] Besuch des Großherzogs August von Oldenburg 1915. Akten des Obersthofmarschalls. BayHStA, Geheimes Hausarchiv. Obersthofmarschallstab S.M. des Königs Ludwig III. von Bayern, Nr. 579.
[819] Besuch des Herzogs und der Herzogin von Braunschweig 1916. Akten des Obersthofmarschalls. BayHStA, Geheimes Hausarchiv. Obersthofmarschallstab S.M. des Königs Ludwig III. von Bayern, Nr. 582.
[820] Besuch des deutschen Kaisers 1917. Akten des Obersthofmarschalls. BayHStA, Geheimes Hausarchiv. Obersthofmarschallstab S.M. des Königs Ludwig III. von Bayern, Nr. 587.
[821] Besuch des Königs von Sachsen 1917. Akten des Obersthofmarschalls. BayHStA, Geheimes Hausarchiv. Obersthofmarschallstab S.M. des Königs Ludwig III. von Bayern, Nr. 588.
[822] Besuch des Königs Ferdinand der Bulgaren 1917. Akten des Obersthofmarschalls. BayHStA, Geheimes Hausarchiv. Obersthofmarschallstab S.M. des Königs Ludwig III. von Bayern, Nr. 591.
[823] Besuch des Kaisers und der Kaiserin von Österreich 1917. Akten des Obersthofmarschalls. BayHStA, Geheimes Hausarchiv. Obersthofmarschallstab S.M. des Königs Ludwig III. von Bayern, Nr. 592.
[824] Besuch des Fürsten Leopold IV. zur Lippe 1917. Akten des Obersthofmarschalls. BayHStA, Geheimes Hausarchiv. Obersthofmarschallstab S.M. des Königs Ludwig III. von Bayern, Nr. 593.
[825] Berichte über die Lage in der Türkei, Beziehungen zu dieser, Vorbereitung eines Besuchs des Königs in Konstantinopel. 1915-1918. BayHStA, GHA. Kabinettsakten König Ludwigs III., Nr. 66.
[826] An der Schützenstraße wurde eigens eine Ehrenpforte errichtet. Am Bahnhof waren der König, der eine österreichische Uniform angelegt hatte, die Königin mit ihrem Gefolge, die Prinzen Karl, Ludwig Ferdinand, Alfons, Herzog Christoph und der Herzog von Kalabrien zum Empfang anwesend, ferner der österreichisch-ungarische Gesandte Graf Thurn-Valsássina und die Damen und Herren des königlichen Dienstes. Vgl. „Besuch des österreichischen Kaiserpaares in München. Kaiser Karl begrüßt mit König Ludwig von Bayern die am Bahnhof aufgestellten österreichischen Veteranen". In: Das Bayerland. Illustrierte Wochenschrift für Bayerns Land und Volk. Begründet von H. Leher, Hrsg. von Dr. Josef Weiß und Dr. Otto Denk in Verbindung mit einem Kuratorium unter dem Vorsitze Sr. Kgl. Hoheit des Kronprinzen Rupprecht von Bayern. München, Jahrgang 1916/17. Ausgabe vom 7. und 14. Juli 1917. S. S. 321f.

6.1 Monarchische Repräsentation in Kriegszeiten

Dagegen trugen offizielle Besuche weniger prominenter Fürstlichkeiten einen höfischen Charakter und schienen nicht in die ernste Zeit zu passen. Als merkwürdig empfand der bayerische Kriegsminister den Besuch des Fürsten Leopold IV. zur Lippe, den er als „Miniaturherrscher" bezeichnete: „Was dessen Kommen veranlasste, konnte niemand sagen; böse Zungen behaupteten, dass er nur einen hohen bayerischen Orden haben wollte. Bei der Tafel hielt er eine schwungvolle Rede und gebärdete sich ganz als Potentat." Hellingrath zufolge schadeten die Gastspiele mancher Bundesfürsten am bayerischen Königshof erheblich der öffentlichen Stimmung: „Das Gepränge beim Empfang am Bahnhof und der feierliche Einzug zur Residenz durch flaggengeschmückte Straßen kontrastierten so seltsam und peinlich zum schweren Druck und zur Trauer, die auf den Gemütern lagen. Von den Tafelfreuden, die dem Gaste geboten wurden, machte man sich wohl übertriebene Vorstellungen und verglich sie mit der Not, die nicht nur am Tische der Armen bestand."[827]

Zu Galatafeln in der Residenz waren in der Regel etwa ein- bis zweihundert Personen geladen, zu königlichen Familientafeln waren es etwa dreißig Personen. Während vor dem Kriegsausbruch häufig pompöse Festtafeln abgehalten worden waren, wurde dies auf einige hochrepräsentative Anlässe reduziert. Festessen wurden auch zu den Königsgeburtstagen abgehalten, nur ohne die im Felde stehenden Prinzen. Zum Besuch von Kaiser Karl und Kaiserin Zita von Österreich-Ungarn wurde den geladenen Gästen Kalbskopfsuppe, Sardellenpastetchen, Ochsenfilet, Bohnen und Königinpudding serviert, dazu Madeira, Deidesheimer Grain 1900, Chateau Léoville 1878 und Schaumwein Saar-Riesling.[828] Wenngleich die Diners der Staatsempfänge im Vergleich zu den Friedensdiners einfacher ausfielen, so waren sie für die Kriegszeit zumindest üppig, während der Großteil der Bevölkerung sich mit Wassersuppe, Steckrüben und schlechtem Brot begnügen musste.[829]

Der 70. Geburtstag des Königs wurde am 7. Januar 1915 begangen, aber „Allerhöchstem Wunsche" entsprechend, ohne fröhliche Festlichkeit.[830] Die Feiern anlässlich der im Krieg stattfindenden Königsgeburtstage trugen einen anderen Charakter als in den Vorkriegsjahren, blieben aber monarchische Höhepunkte.[831] Den Mittelpunkt bildete ein Hochamt in der Münchner Frauenkirche in Anwesenheit der Majestäten, sämtlicher in der Stadt weilender Hoheiten, des diplomatischen Korps und der Spitzen der Zivil- und Militärbehörden. Danach fand eine Parade der in der Residenzstadt garnisonierten Truppen statt. Zudem wurde eine Familien-

---

[827] Manuskript der Lebenserinnerungen des k.-b. Kriegsministers Philipp von Hellingrath. S. 265f. BayHStA, Geheimes Hausarchiv. NL Philipp von Hellingrath, Nr. 6.
[828] Größtenteils gedruckte Speisekarten und Sitzordnungen zur Hoftafel (überwiegend am bayerischen Königshof). 1900-1917. LABW, HStA Stuttgart, Archiv der Herzöge von Urach, GU 119. NL Wiltrud Herzogin von Urach. Nr. 214.
[829] Manuskript der Lebenserinnerungen des k.-b. Kriegsministers Philipp von Hellingrath. S. 265f. BayHStA, Geheimes Hausarchiv. NL Philipp von Hellingrath, Nr. 6.
[830] Feier des 70. Geburtstagsfestes des Königs. BayHStA, GHA. Kabinettsakten König Ludwigs III., Nr. 80.
[831] Vgl. Zils, Wilhelm: König Ludwig III. im Weltkrieg. München, 1917. S. 15.

tafel in der Residenz abgehalten. Auch wurde alljährlich eine große Zahl von Auszeichnungen verliehen.[832] Der bayerische Monarch ließ über die Staatszeitung am 5. Januar 1915 verbreiten, er „habe den dringenden Wunsch ausgesprochen, dass von größeren Festlichkeiten aus Anlass Meines 70. Geburtstages Abstand genommen werde." Durch eine Huldigung, Festgottesdienste im Liebfrauendom und in der evangelischen Matthäuskirche, eine Parade der Truppen des Standorts München und eine Familientafel wurde der Tag dennoch ausgesprochen festlich begangen. Aus ganz Europa gingen tausende Glückwünsche ein, auch von der Mehrzahl der europäischen Fürstenhäuser.[833]

Die Hochzeit der Königstochter Adelgunde mit Fürst Wilhelm von Hohenzollern, die am 20. Januar 1915 stattfand, wurde hingegen in Stille gefeiert.[834] Die Trauung fand in der Hofkapelle der Residenz statt. Der Großteil der königlichen Familie konnte aufgrund des Kriegseinsatzes der Prinzen nicht an der Feier teilnehmen.[835] Die Hochzeit war einfacher als sonst gehalten. Adelgunde spendete den Armen der Stadt München 10.000 Mark, was laut der Königin „große Freude erregte."[836] Ihrem Vater schrieb Adelgunde: „Ich hätte es in keiner Weise besser treffen können und hoffe, die Schwestern bekommen es auch einmal ähnlich. […] Hoffentlich bist du wohl, danke noch tausendmal für alles in den 44 Jahren meines Lebens. Die Schwestern werden sich freuen über den Platz neben dir bei Tisch."[837] Monarchische Familienfeiern wurden regelmäßig zum Anlass für karitative Sammlungen, Spenden für soziale Zwecke und patriotische Appelle genommen. Ludwig spendete anlässlich seines Geburtstages 100.000 Mark zugunsten von Angehörigen von Kriegsteilnehmern und Kriegsopfern.[838] In einem „Allerhöchsten Handschreiben" wandte er sich an die Öffentlichkeit: „Seit vollen fünf Monaten stehen

---

[832] K.u.K. Geschäftsträger in München an S.E. den Minister des K.u.K. Hauses und des Äußern Ottokar Grafen Czernin, München 9.1.1917. Hofnachrichten aus Bayern. OeStA, Abt. Haus-, Hof- und Staatsarchiv. Ministerium des Äußern. Administrative Registratur, Nr. F2-28-2.

[833] Feier des 70. Geburtstagsfestes des Königs. BayHStA, GHA. Kabinettsakten König Ludwigs III., Nr. 80.

[834] K.u.K. Gesandter von Velics in München an S.E. den Minister des K.u.K. Hauses und des Äußern Graf Berchtold. München, 25.11.1914. Hofnachrichten aus Bayern. OeStA, Abt. Haus-, Hof- und Staatsarchiv. Ministerium des Äußern. Administrative Registratur, Nr. F2-28-2; Vermählung I.K.H. der Prinzessin Adelgunde von Bayern mit S.K.H. dem Fürsten Wilhelm von Hohenzollern 1914-15. BayHStA, KrA. Kriegsministerium, Nr. 96; Hochzeitsfeier der Prinzessin Adelgunde von Bayern mit Fürst Wilhelm von Hohenzollern-Sigmaringen 1915. Akten des Oberhofmarschalls. BayHStA, Geheimes Hausarchiv. Oberthofmarschallstab S.M. des Königs Ludwig III. von Bayern, Nr. 23.

[835] Prinzessin Hildegard an Prinz Georg. München, 9.1.1915. Briefe Rupprechts, Adelgundes, Franz, Hildegards, Wiltruds, Marie und Ferdinand von Kalabriens, Helmtruds und Gundelindes an Prinz Georg. BayHStA, GHA. NL Prinz Georg, Nr. 75.

[836] Brief der Königin Marie Therese an Kronprinz Rupprecht. München, 24.1.1915. BayHStA, GHA. NL Kronprinz Rupprecht, Nr. 6.

[837] Schreiben der Prinzessin Adelgunde an König Ludwig III., 4.2.1915. BayHStA, GHA. NL Ludwig III., Nr. 61.

[838] K.u.K. Gesandter von Velics an SE dem Herrn Minister des K.u.K. Hauses und des Äußern Grafen Berchtold. München, 4.1.1915. OeStA, Abt. Haus-, Hof- und Staatsarchiv. Ministerium des Äußern. Administrative Registratur, Nr. F2-36-1.

6.1 Monarchische Repräsentation in Kriegszeiten

Deutschlands beste Söhne in schwerem Kampfe vor dem Feinde. In kraftvoller Geschlossenheit ist die ganze Nation geeint. […] In einem langen Leben war Mein Bemühen darauf gerichtet, das Land und seine Bedürfnisse kennenzulernen und Mir Erfahrungen darüber zu sammeln, was dem Volke frommt. Erst seit kurzer Zeit von der Vorsehung zur Regierung berufen, ist es mein stetes Streben, diese reichen Erfahrungen zum Wohle des Landes zu verwerten. Felsenfest ist meine Zuversicht, dass ein siegreiches Niederringen unserer Feinde uns einen dauernden Frieden sichert, der Wert ist der schweren Opfer und der Mir die Möglichkeit gibt, Land und Volk wieder vorwärts zu führen auf dem Wege wirtschaftlicher Erstarkung und kultureller Entwicklung."[839]

Die Staatszeitung berichtete, bei Tagesanbruch legten die Residenz, die Prinzenpalais und Gesandtschaften sowie sämtliche staatlichen und städtischen Gebäude in München Flaggenschmuck an. Zahlreiche Privathäuser wurden beflaggt. Die Kontaktstangen der Straßenbahnwagen trugen weiß-blaue Wimpel, in zahlreichen Schaufenstern wurden Büsten oder Bilder des Königs – meist umgeben von Pflanzenschmuck – aufgestellt. Frühmorgens wurden in allen katholischen Kirchen Münchens Festgottesdienste abgehalten. Kurz vor halb 11 Uhr vormittags fuhren König und Königin „unter brausendem Jubel und Hurrarufen der trotz Regenwetters Spalier bildenden Menschenmenge zur Frauenkirche." Dort versammelten sich die Mitglieder der königlichen Familie, ebenso wie das diplomatische Korps, die Staatsminister, Staats- und Hofwürdenträger, der Münchner Oberbürgermeister samt Magistrat und Gemeindekollegium sowie Vertreter der Münchner Regimenter und Hochschulen. Das Königspaar wurde am Portal der Kirche vom Erzbischof und dem Oberstzeremonienmeister empfangen und zu den Thronsesseln im Presbyterium der Frauenkirche geleitet. Posaunen- und Paukenklänge begleiteten den festlichen Zug, der sich entlang eines Spaliers der königlichen Leibgarde der Hartschiere bewegte. Nachdem der König zum Wittelsbacher Palais zurückkehrte und die Glückwünsche seiner Hofstäbe, der Adjutanten und des Kabinettschefs entgegennahm, folgte eine Fahrt im offenen vierspännigen Galawagen durch die Brienner Straße zum Odeonsplatz. Auf der Ludwigstraße stellten sich 20.000 Soldaten zur Parade auf, die vom Monarchen abgenommen wurde.[840]

Nach dem Abschreiten der Paradeaufstellung hielt Ludwig am Siegestor eine Ansprache, in der er seiner Freude über die große Zahl und Verfassung der Soldaten Ausdruck verlieh, die in der Ludwigstraße aufgestellt waren. In vielen bayerischen Städten und Gemeinden wurde der „Königstag" durch Schulfeiern, Huldigungen, Festgottesdiente, Festsitzungen städtischer Kollegien und Festumzüge be-

---

[839] König Ludwig an seine Bayern. Allerhöchstes Handschreiben. Bayerische Staatszeitung, Kgl. Bayerischer Staatsanzeiger München, 5.1.1915. Königliche Kundgebungen zu Beginn und während des 1. WK: Verhängung des Kriegszustandes und Mobilmachungsbefehl, Aufrufe und Tagesbefehle, Aufrufe der Königin an die bayerischen Frauen, Weihnachtsgrüße und Neujahrsglückwünsche an die Truppen im Felde etc. (1914-1918). BayHStA, GHA. Kabinettsakten König Ludwigs III., Nr. 71.

[840] „Das 70. Geburtsfest Seiner Majestät des Königs." Bayerische Staatszeitung, 8.1.1915. BayHStA, GHA. Presseausschnittsammlung der Königin Marie Therese. Bd. XXXVI.

gangen.⁸⁴¹ Die Universität Erlangen verlieh dem König zu seinem Ehrentag die Würde eines Doktors beider Rechte.⁸⁴² In Berlin fand, unter Anwesenheit des Gesandten Lerchenfeld sowie der örtlichen Bayernvereine ein Festgottesdienst in der katholischen Hedwigskirche statt.⁸⁴³ Auch die folgenden Kriegsgeburtstage des Königs wurden ähnlich gefeiert. Zumal die Geburtstage der Jahre 1916 bis 1918 keine ‚runden' Jubiläen waren, fielen sie, wenn man die Vorkriegszeit als Maßstab nimmt, unspektakulär aus. Der König schrieb seinem Bruder Leopold im Januar 1917, sein Geburtstag sei auch diesmal wieder „in der durch die Kriegsverhältnisse bedingten ruhigen Weise" verlaufen. Nach dem Festgottesdienst habe er „in der Ludwigstraße die Front der in Parade aufgestellten Truppen" des Standorts München abgeschritten. Er berichtete, es „standen über 10.000 Mann in der Parade, außerdem hatten 7.000 Mann Spalier auf dem Weg zur Kirche gebildet."⁸⁴⁴

Familienfeste wie der königliche Namenstag beschränkten sich auf die Abhaltung feierlicher Gottesdienste, die gleichzeitig als Bittgottesdienste für die Truppen dienten. Die Staatszeitung berichtete am 26. August 1915: „Die Festgottesdienste traten diesmal dadurch mehr in die äußere Erscheinung, als während derselben die Truppen des Standortes München ein Straßenspalier bildeten, das sich zu beiden Seiten der Fahrbahnen vom Wittelsbacherpalais über den Maximilians-, Lenbach- und Karlsplatz, durch die Neuhauser- und Kaufingerstraße bis zur Frauenkirche erstreckte. In das Spalier waren vier Musikkorps eingeteilt. Hinter dem Militärspalier hatte sich eine zahlreiche Menschenmenge angesammelt, die die Auffahrt des Hofes verfolgte und dem Königspaar bei seiner Vorbeifahrt [...] lebhafte Huldigungen darbrachte."⁸⁴⁵ So wurde bis 1918 verfahren.⁸⁴⁶ An den weniger aufwändig gestalteten Geburtstagen der Königin wurden Fest- und Bittgottesdienste in vielen bayerischen Kirchen abgehalten. Im Münchner Liebfrauendom waren in der Regel die in der Residenzstadt anwesenden Prinzen und Prinzessinnen gegenwärtig.⁸⁴⁷

---

[841] „Das 70. Geburtsfest des Königs." Bayerische Staatszeitung, 9.1.1915. BayHStA, GHA. Presseausschnittsammlung der Königin Marie Therese. Bd. XXXVI.
[842] Schreiben der Universität Erlangen an das Kabinett, 20.11.1914. Persönliche Angelegenheiten König Ludwigs III. 1911-1918. BayHStA, GHA. Kabinettsakten König Ludwigs III., Nr. 1.
[843] „Das 70. Geburtsfest des Königs." Bayerische Staatszeitung, 9.1.1915. BayHStA, GHA. Presseausschnittsammlung der Königin Marie Therese. Bd. XXXVI.
[844] König Ludwig III. von Bayern an Prinz Leopold von Bayern. München, 7.1.1917. Briefe Ludwigs III. 1856-1921. BayHStA, GHA. NL Prinz Leopold, Nr. 36; Zils, Wilhelm: König Ludwig III. im Weltkrieg. München, 1917. S. 87f.
[845] „Namensfest Seiner Majestät des Königs". Bayerische Staatszeitung. 26.8.1915. BayHStA, GHA. Presseausschnittsammlung der Königin Marie Therese. Bd. XXXIX.
[846] Vgl. Zils, Wilhelm: König Ludwig III. im Weltkrieg. München, 1917. S. 110.
[847] K.u.K. Geschäftsträger in München an S.E. den Minister des K.u.K. Hauses und des Äußern Stephan Baron Burian. München, 3.7.1916. Hofnachrichten aus Bayern. OeStA, Abt. Haus-, Hof- und Staatsarchiv. Ministerium des Äußern. Administrative Registratur, Nr. F2-28-2.

6.2 Die Allianz von Thron und Altar

Die enge Verbindung zwischen Monarchie und Kirche setzte sich während des Krieges fort.[848] Die symbolische Bedeutung kirchlicher Rituale sollte ab 1914 erheblich steigen. Religiosität stellte nach wie vor das wichtigste Medium der Weltinterpretation und Daseinsorientierung dar. Der Befund nachlassender Kirchenbindung und der Verminderung kirchlicher Deutungsmacht trifft nur auf einen Teil der bayerischen Bevölkerung zu, während eine große Gruppe an ihrer religiösen Überzeugung festhielt und im Glauben Halt in den schweren Zeiten suchte. Der Erzbischof von München und Freising, Franziskus Kardinal von Bettinger, nahm ab Kriegsbeginn die Stelle des Feldprobstes der bayerischen Armee ein.[849] Da von Bettinger Zweifel hatte, ob er mit seinen 65 Jahren die Strapazen dieses Amtes würde auf sich nehmen können, hatte er bereits am Tag der Mobilmachung den Bischof von Speyer, Michael von Faulhaber, mit seiner Vertretung betraut. Dieser wurde zum stellvertretenden Feldprobst ernannt.[850] Faulhaber unternahm während der Kriegsjahre etliche Inspektionsreisen an die Ost- und Westfront.[851] Er wurde nach dem Tod Kardinal von Bettingers am 26. Mai 1917 zum Erzbischof von München und Freising ernannt und stieg damit zum wirklichen Feldprobst der bayerischen Armee auf.[852]

In seinen Predigten verwies Faulhaber wiederholt auf die christliche Legitimation des Königtums und die sich daraus ergebende Treueverpflichtung sowie auf das Vorbild von Trägern staatlicher Macht hin, wobei er meist den Kaiser, den bayerischen König und andere Mitglieder des Hauses Wittelsbach als Beispiele anführte.[853] Etwa 700 bayerische Priester meldeten sich freiwillig für die Militärseelsorge und wurden an den Fronten, in Feld- und Heimatlazaretten tätig.[854] Während der Kriegsjahre wurden etliche Bitt- und Trauergottesdienste für die Kriegsteilnehmer und die Bevölkerung unter Beteiligung der Majestäten und der in München anwesenden Hoheiten abgehalten. Der erste große Bittgottesdienst fand am 5. August 1914 statt und wurde durch den Erzbischof im Münchner Liebfrauendom ab-

---

[848] Vgl. Mommsen, Wolfgang J.: Die christlichen Kirchen im Ersten Weltkrieg. In: Mommsen, Wolfgang J.: Der Erste Weltkrieg. Anfang vom Ende des bürgerlichen Zeitalters. Frankfurt a. M., 2004. S. 168-180.
[849] Vgl. Ziemann, Benjamin: Front und Heimat. Essen, 1997. S. 246-261.
[850] Vgl. Klier, Johann: Von der Kriegspredigt zum Friedensappell. Erzbischof Michael von Faulhaber und der Erste Weltkrieg. Ein Beitrag zur Geschichte der deutschen katholischen Militärseelsorge. München, 1991. S. 68-72.
[851] Vgl. ebd., S. 97-130.
[852] Vgl. ebd., S. 113.
[853] Vgl. ebd., S. 165f.
[854] Vgl. Hüttl, Ludwig: Das Haus Wittelsbach. Die Geschichte einer europäischen Dynastie. München, 1980. S. 413.

gehalten. Anders als in Friedenszeiten wurde für die Kirchenfeier keine Ehrenkompagnie aufgestellt, kein Spalier war im Dom.[855]

Das Königshaus partizipierte an den Kirchenfeierlichkeiten, wurde in Hirtenbriefen erwähnt und setzte sich für die Errichtung eines kirchlichen Votivfestes ein. Sowohl einzelne katholische Diözesen und Ordinariate als auch die protestantische Landeskirche des Königreichs Bayern waren in ständiger Rücksprache mit dem Kultusministerium. Manche Fragen unterlagen der „Allerhöchsten Genehmigung", etwa die Abhaltung eines außerordentlichen Buß- und Bettages in der protestantischen Kirche der Pfalz, ebenso wie außerordentliche Feierlichkeiten aus Anlass des Krieges in katholischen Kirchen des Königreichs.[856] Bei Grundsteinlegungen oder Kircheneinweihungen war der König häufig persönlich vor Ort, etwa bei der Einweihung der Sendlinger Kirche in München[857] oder bei der Grundsteinlegung der Stadtpfarrkirche St. Wolfgang in München-Haidhausen.[858] Anlässlich der Grundsteinlegung von St. Wolfgang am 9. Mai 1915 sprach der Monarch nach den üblichen drei Hammerschlägen: „Zu Ehren des Allmächtigen Gottes, dessen Schutzes wir in dieser schweren Zeit mehr als je bedürfen und dessen Segen sichtbar auf unseren und unserer Verbündeten Heeren ruht. […] Zur Ehre unserer tapferen Heere, denen wir verdanken, dass wir heute ein schon längst vorbereitetes kirchliches Fest wie mitten im Frieden feiern können. Möge es auch den Kriegern aus dieser Gemeinde beschieden sein, hier einzuziehen nach siegreicher Beendigung des Krieges, dem ein langer ehrenvoller Frieden folgen möge."[859]

Der König ordnete an, dass das Osterfest während des Krieges ohne die üblichen höfischen Feierlichkeiten begangen werde. Die traditionelle Fußwaschung an den so genannten zwölf Aposteln fand während des Krieges gänzlich ohne die Teilnahme des Hofes als rein kirchliche Handlung durch den Stiftspropst im Herkulessaal der Residenz statt.[860] Ein weiterer alljährlicher Höhepunkt des katholischen Festtagskalenders war die Fronleichnamsprozession durch die Haupt- und Residenzstadt. Im Krieg sollte sie noch an Bedeutung gewinnen. Der König wohn-

---

[855] Tagebuch 5.8.1914. BayHStA, GHA. NL Herzogin Wiltrud von Urach, Nr. 592; Abhaltung von Bittgottesdiensten während des Krieges 1916. BayHStA, GHA. Kabinettsakten König Ludwigs III., Nr. 49.

[856] Bittgottesdienste und Gebete aus Anlass des Krieges 1914. Außerordentliche Feierlichkeiten, Hirtenbriefe, Errichtung eines kirchlichen Votivfestes. 1914-1918. BayHStA, Abt. Neuere Bestände. Staatsministerium des Innern für Kirchen- und Schulangelegenheiten. Nr. 19846.

[857] Einladung des Königs und der Königin zur Teilnahme an oder zur Übernahme von Protektoraten über Wohltätigkeitsveranstaltungen 1913-1916. BayHStA, GHA. Kabinettsakten König Ludwigs III., Nr. 3.

[858] Einladung des Königs und der Königin zur Teilnahme an oder zur Übernahme von Protektoraten über Wohltätigkeitsveranstaltungen 1913-1916. BayHStA, GHA. Kabinettsakten König Ludwigs III., Nr. 3.

[859] „Zur Grundsteinlegung der St. Wolfgangskirche in München". In: Das Bayerland. Illustrierte Wochenschrift für Bayerns Land und Volk. Begründet von H. Leher, Hrsg. von Dr. Josef Weiß und Dr. Otto Denk in Verbindung mit einem Kuratorium unter dem Vorsitze Sr. Kgl. Hoheit des Kronprinzen Rupprecht von Bayern. München, Jahrgang 1914/15. Ausgabe vom 16.1.1915. S. S. 294; Vgl. Zils, Wilhelm: König Ludwig III. im Weltkrieg. München, 1917. S. 55.

[860] Vgl. Zils, Wilhelm: König Ludwig III. im Weltkrieg. München, 1917. S. 51.

6.2 Die Allianz von Thron und Altar

te am Fronleichnamstag 1915 dem feierlichen Hochamt bei, bevor er die anschließende Prozession begleitete. Der königliche Oberstzeremonienmeister Maximilian Graf von Moy wies auf den symbolischen Wert der Veranstaltung hin: „Wie in früheren ernsten Kriegszeiten, so ist auch heuer dieser öffentliche Bittgang besonders dazu ausersehen, um den Segen des Himmels für unsere Waffen zu erflehen."[861] Dieses kirchliche Hauptfest bot sich zur symbolpolitischen Nutzung an, zumal es schon vor dem Krieg der Einheit und Versöhnung von Monarchie, Kirche und Stadt, Hof und Münchner Bürgertum in gemeinsamer öffentlicher Feier galt.[862] Die Prozession sollte in der Kriegszeit vor allem den Charakter eines großen Bittgangs haben.[863] Die Reihenfolge der Prozession war streng festgelegt. Der Hoffourier, der Klerus, der Kammerfourier und zwei Kämmerer als funktionierende Zeremonienmeister schritten voran, danach folgte der Oberstzeremonienmeister.[864] Unmittelbar hinter dem Traghimmel schritt der König mit der Kerze in der Hand,[865] zu dessen rechter Seite der stellvertretende Generalkapitän der Leibgarde, zur Linken der Generaladjutant vom Dienst. Diesen folgten die Prinzen mitsamt deren Adjutanten. Dahinter reihten sich Hofgesellschaft, Beamte, Offiziere und Bürger in den Zug in ihre Rangklassen ein.[866]

Die „Augsburger Postzeitung" berichtete über die bei prächtigem Wetter stattgefundene Fronleichnamsprozession des Jahres 1915, ungeachtet „des Fehlens des Militärspaliers gestaltete sie sich durch die außergewöhnlich große Beteiligung der Bevölkerung zu einer äußerst glanzvollen Feier. Die mit Birkengrün und roten Tüchern reichgeschmückten Häuser der Altstadt boten ein entzückendes Bild. Unter Glockengeläute war schon in früher Morgenstunde die große Gnadenmuttergottes aus der Herzogspitalkirche zum Dom gebracht worden, wo ab ¾ 7 Uhr die Anfahrt der nicht im Felde stehenden Prinzen des Königlichen Hauses erfolgte. Besonders feierlich gestaltete sich die Anfahrt Seiner Majestät des Königs, den am Domportale Kardinal Erzbischof von Bettinger, Oberstzeremonienmeister Graf Moy und das Domkapitel empfingen. Nach dem Pontifikalamt bewegte sich die große Prozession durch die Straßen der Altstadt, über den Marienplatz und an der Residenz vor-

---

[861] Programm für die Fronleichnams-Prozession 1915. Audienz-Erteilungen. Aufwartungen und Meldungen bei Allerhöchsten und Höchsten Personen. BayHStA, KrA. Kriegsministerium, Nr. 118.
[862] Vgl. Möckl, Karl: Hof und Hofgesellschaft in Bayern in der Prinzregentenzeit. In: Werner, Karl Ferdinand (Hrsg.): Hof, Kultur und Politik im 19. Jahrhundert. Bonn, 1985. S. 183-235. Hier: S. 193.
[863] „Fronleichnam in München". Augsburger Postzeitung, 4. Juni 1915. BayHStA, GHA. Presseausschnittsammlung der Königin Marie Therese. Bd. XXXVIII.
[864] Programm für die Fronleichnams-Prozession 1915. Audienz-Erteilungen. Aufwartungen und Meldungen bei Allerhöchsten und Höchsten Personen. BayHStA, KrA. Kriegsministerium, Nr. 118.
[865] „Fronleichnam in München". Augsburger Postzeitung, 4. Juni 1915. BayHStA, GHA. Presseausschnittsammlung der Königin Marie Therese. Bd. XXXVIII.
[866] Hinter den Prinzen folgte das Große Cortège, die dienstfreien Hauptleute, Rittmeister und Subalternoffiziere und Sanitätsoffiziere, die Beamten des königlichen Hofes, die Beamten der übrigen Höfe, die Beamten der Staatsministerien, der untergeordneten Behörden und die Bevölkerung der Haupt- und Residenzstadt. Vgl. Programm für die Fronleichnams-Prozession 1915. Audienz-Erteilungen. Aufwartungen und Meldungen bei Allerhöchsten und Höchsten Personen. BayHStA, KrA. Kriegsministerium, Nr. 118.

bei. Im Zuge sah man wie immer mit ihren Fahnen die Gewerbe, die Bündnisse, Bruderschaften und Vereine, die Schuljugend und die Geistlichkeit. Getragen von sechs Franziskanerpatres wurde dem Allerheiligsten das Muttergottesbild aus der Herzogspitalkirche als besonderes Merkmal der diesjährigen Bittprozession vorangetragen. [...] Von der üblichen geistlichen Herrentafel in der Residenz wurde in diesem Jahre Abstand genommen."[867] Auch in den Folgejahren wurde die Fronleichnamsprozession so abgehalten.[868]

König Ludwig III. knüpfte an die in Bayern traditionsreiche Verehrung der Gottesmutter Maria als Patrona Bavariae an. Im frühen 17. Jahrhundert hatte bereits Kurfürst Maximilian I. auf den Sockel der Marienstatue an der Residenz die Worte „Patrona Bioariäe" schreiben lassen. Die 1636 in München aufgerichtete Mariensäule sollte nach dem Willen des Kurfürsten der Mittelpunkt des Landes sein. Nachdem diese Marienverehrung über Jahrhunderte nur eine regionale Besonderheit gewesen war, drängte Ludwig III. nun bei Papst Benedikt XV. darauf, dass die Jungfrau Maria durch den Heiligen Stuhl zur Patronin der Bayern erklärt werde. Er erbat die Erlaubnis, dass alljährlich am 14. Mai in ganz Bayern ein Fest unter dem Titel ‚Patrona Bavariae' unter einem speziellen Ritus und mit einem besonderen Offizium gefeiert werden dürfe. Am 26. April 1916 gab der Vatikan die Zustimmung. Im Beisein der Majestäten feierte man drei Wochen darauf erstmalig. Auch wenn einige Beobachter wie Ludwig Thoma die allzu offensichtliche Verbindung von Religion, Patriotismus und dynastischem Glanz kritisierten, verfehlte das Fest insgesamt nicht seine symbolpolitische Wirkung.[869] Die katholische „Augsburger Postzeitung" feierte die Erhebung der Jungfrau Maria zur Patronin Bayerns und die Errichtung eines Festes ihr zu Ehren als eine „religiöse Großtat unseres allgeliebten Bayernkönigs Ludwig III. und unseres Heiligen Vaters, Papst Benedikt XV. Maria ist nun offiziell die Patrona Bavariae." Diese Ehrung durch Papst Benedikt XV. werde von der ganzen katholischen Christenheit wohl verstanden und gewürdigt werden.[870] König, Königin, die unverheirateten Prinzessinnen und die Hofangestellten nahmen am 13. Mai 1917 an einem feierlichen Gottesdienst anlässlich der Begehung des Festes der Patrona Bavariae im Münchner Dom teil. Die neue Stadtpfarrkirche von Pasing erhielt den Namen „Maria Schutzfrau Bayerns" und wurde mit einem großen Wandbild mit Patronin, Papst und Königspaar, Kronprinz und Feldsoldaten geschmückt.[871]

---

[867] „Fronleichnam in München". Augsburger Postzeitung, 4. Juni 1915. BayHStA, GHA. Presseausschnittsammlung der Königin Marie Therese. Bd. XXXVIII.

[868] „Die Fronleichnamsprozession im Kriegsjahr 1915". Bayerische Staatszeitung, 5. Juni 1916. BayHStA, GHA. Presseausschnittsammlung der Königin Marie Therese. Bd. XLI.

[869] „Patrona Bavariae". Bayerische Staatszeitung. 15. Mai 1916. BayHStA, GHA. Presseausschnittsammlung der Königin Marie Therese. Bd. XXXX; Vgl. Beckenbauer, Alfons: Ludwig III. von Bayern. Regensburg, 1987. S. 174f.

[870] „Maria Patrona Bavariae". Augsburger Postzeitung. 14. Mai 1916. BayHStA, GHA. Presseausschnittsammlung der Königin Marie Therese. Bd. XXXX.

[871] Vgl. Schad, Martha: Bayerns Königinnen. München, 2007. S. 327f; Vgl. Beckenbauer, Alfons: Ludwig III. von Bayern. Regensburg, 1987. S. 174f.

Die beiden christlichen Kirchen wurden von der bayerischen Regierung ab 1916 in Bemühungen zur Besserung der Volksstimmung einbezogen. Nach einer Anregung des Kultusministeriums erließ das Protestantische Oberkonsistorium in München ein Rundschreiben an die Geistlichkeit mit der dringenden Bitte, öffentlich und in den Predigten alles zu tun, damit das Volk in Geduld ausharre. In einer persönlichen Note bat der Kultusminister die katholischen Erzbischöfe und Bischöfe vertraulich, in Predigt und persönlichem Wort zur Hebung der Volksstimmung beizutragen. Auf Dauer konnten diese Geheimabsprachen jedoch nicht verborgen bleiben, so dass die kirchliche Durchhaltepropaganda im Auftrag der Regierung Gefahr lief, das Gegenteil des Gewünschten zu erreichen und die Kirchen einen ähnlichen Autoritätsverlust wie die Regierung zu erleiden.[872] In jedem Fall rückten Thron und Altar näher zusammen. Beide Institutionen bestärkten sich gegenseitig in ihrer symbolischen und sozialen Rolle. In München hörte man es gerne, als sich die deutschen Bischöfe zu Allerheiligen 1917 in einem Hirtenbrief gegen jene Kräfte wandten, die „mit Gewalt eine Volksherrschaft zu begründen" suchten und erklärten, „der Krieg hat in Deutschland den alten Bund zwischen Volk und Fürsten nicht gelockert, sondern ihn im gemeinsamen Leid und Streit noch fester geschmiedet. [...] Seiner ganzen Vergangenheit treu, wird das katholische Volk alles zurückweisen, was auf einen Angriff gegen unsere Herrscherhäuser und unsere monarchische Staatsauffassung hinausläuft. Wir werden stets bereit sein, wie den Altar auch den Thron zu schützen gegen äußere und innere Feinde."[873]

6.3 Königshaus und Lebensmittelkrise

Zunehmend wurde offenkundig, dass die Behörden unfähig waren, die ausreichende und flächendeckende Versorgung der Bevölkerung mit Nahrungsmitteln zu gewährleisten. Auf dem Schwarzmarkt waren hingegen alle rationierten oder ansonsten überhaupt nicht erhältlichen Lebensmittel zu bekommen. Nicht nur wohlhabende Privatpersonen, sondern auch Betriebe und Kommunen bedienten sich zunehmend des Schwarzmarktes, um die Versorgungsengpässe auszugleichen. Die Mängel und Ungerechtigkeiten der Ernährungswirtschaft sorgten für sozialen Zündstoff, da zwischen städtischen Verbrauchern und landwirtschaftlichen Produzenten Animositäten entstanden und die Verbitterung der darbenden Massen sich gegen Schieber, Wucherer und Spekulanten richtete. Zunehmend litt die Autorität der staatlichen Behörden, die das Gebiet der Ernährungspolitik weder durch Verbote noch durch Kontrollen zu ordnen vermochten.[874] Das Ausmaß der Nahrungs-

---

[872] Vgl. Albrecht, Willy: Landtag und Regierung in Bayern. Berlin, 1968. S. 129-131.
[873] Zit. nach Beckenbauer, Alfons: Ludwig III. von Bayern. Regensburg, 1987. S. 65; Vgl. Hüttl, Ludwig: Das Haus Wittelsbach. Die Geschichte einer europäischen Dynastie. München, 1980. S. 414f.
[874] Die alliierte Blockade schränkte die Nachrungsmittelimporte aus dem Ausland ein, gleichzeitig herrschte Mangel an Arbeitskräften, Zugtieren, Maschinen und Düngemitteln in der deutschen

mittelknappheit war dem königlichen Hof bekannt. Die Lebenshaltung des Königshauses wurde der ernsten Zeit entsprechend vereinfacht, was zumindest eine symbolische Geste des Verzichts darstellte. Prinz Leopold schrieb, „bei Sr. Majestät und dessen Familie war die Verpflegung auf das Einfachste reduziert, und wirkte bei festlicheren Veranstaltungen nahezu dürftig."[875] Im Februar 1918 befand er, „dass der König mit seiner Familie eingedenk der Not des Volkes geradezu darbte." Wenn dies nicht allgemein anerkannt wurde, so liege das daran, dass bei Hofe „Parasiten [...] auf königliche Kosten in Saus und Braus [lebten], ohne dass der König davon erfuhr."[876] Dass die Königsfamilie nur von Lebensmittelkarten gelebt hätte, ist jedoch stark übertrieben. Im November 1918 gab es zur königlichen Tafel zu Erbsen und Kartoffelnudeln immerhin Hirschkalbsbraten.[877]

Der König ließ sich von den zuständigen Stellen unmittelbar und fortgehend in Audienzen über die Fragen der Volksernährung aufklären.[878] Im September 1916 richtete Ludwig III. ein Handschreiben an seinen Innenminister: „Mit lebhaftem Interesse verfolge ich alle Maßnahmen und Einrichtungen auf dem unter den gegebenen Verhältnissen so wichtigem Gebiete der Volksernährung. Unter den Vorschlägen, durch die besonders in den Städten die Lage der von den Ernährungsschwierigkeiten bedrängten Bevölkerungskreise erleichtert werden soll, erscheint Mir der Gedanke, in großzügiger Weise Volksküchen und ähnliche öffentliche Speiseanstalten einzurichten, vorzugsweiser Berücksichtigung und nachdrücklicher Unterstützung wert." Zur Unterstützung derartiger Einrichtungen wandte der baye-

---

Landwirtschaft. Die Ernte des Jahres 1914 war ergiebig, daher konnte im ersten Kriegsjahr trotz des Ausbleibens ausländischer Zufuhren eine Lebensmittelknappheit vermieden werden. Nur bestimmte Lebensmittel wie Weizenmehl waren von Anfang an knapp. 1918 erreichten die Ernteerträge bei Kartoffeln und Futtergetreide nur noch ungefähr die Hälfte, beim Brotgetreide knapp zwei Drittel derjenigen von 1913. Weit bedeutsamer als die reale Knappheit bestimmter Lebensmittel waren allerdings die enormen Preissteigerungen der ersten Kriegsmonate. Ende Oktober 1914 erließ der Bundesrat allgemeine Höchstpreise für Brot und Futtergetreide, zwei Wochen später folgten Höchstpreise für Kartoffeln. Erst im Mai 1916 wurde mit der Gründung des Kriegsernährungsamtes versucht, einheitliche Strukturen zu schaffen. Zu diesem Zeitpunkt hatte sich allerdings schon eine „zweite Ökonomie" unterhalb des offiziellen Bewirtschaftungssystems gebildet. Im Januar 1915 wurde mit der Einführung der Brotkarte in erster Schritt zur Bewirtschaftung der knappen Lebensmittel unternommen. Die Rationierungsmaßnahmen erwiesen sich jedoch, ähnlich wie die Höchstpreisfestsetzungen, als unkoordiniert und planlos, zumal sich Kommunalverbände, Reichsstellen und die Beschaffungsstellen des Heeres Konkurrenz machten, was zu einem administrativen Chaos führte. Vgl. Albrecht, Willy: Landtag und Regierung in Bayern. Berlin, 1968. S. 93-95; Vgl. Ullrich, Volker: Die nervöse Großmacht. Frankfurt am Main, 2007. S. 458f; Vgl. Albrecht, Willy: Das Ende des monarchisch-konstitutionellen Regierungssystems in Bayern. Hrsg. von Karl Bosl. München, 1969. S. 263-299. Hier: S. 277-282; Vgl. Geyer, Martin H.: Verkehrte Welt. Revolution, Inflation und Moderne. München 1914-1924. Göttingen, 1998. S. 40-47; Vgl. Neitzel, Sönke: Weltkrieg und Revolution. 1914-1918/19. Berlin, 2008. S. 131-137.

[875] Kriegstagebuch, 24.10.14. BayHStA, GHA. NL Prinz Leopold, Nr. 239.
[876] Ebd., 20.2.1918. BayHStA, GHA. NL Prinz Leopold, Nr. 239.
[877] Vgl. Schad, Martha: Bayerns Königinnen. München, 2007. S. 347.
[878] Ministerialdirektor von Braun an Hertling. Ohne Datum. In: Briefwechsel Hertling-Lerchenfeld 1912-1917. Zweiter Teil. Boppard am Rhein, 1973. S. 751.

rische Monarch 200.000 Mark aus der Hofkasse auf, damit die Erkenntnis gestärkt werde, dass für den Ernährungsstand des Volkes ausreichend gesorgt sei.[879]

Der vorhandene bundesstaatliche Spielraum zur Lenkung der Lebensmittelversorgung wurde dennoch lange Zeit nicht durch eigene Initiativen genutzt, die über symbolische und regional begrenzte Aktionen hinausreichten. Die Ernährungspolitik überließ der Monarch zunächst Innenminister Maximilian von Soden und Kriegsminister Otto Kreß von Kressenstein.[880] Seit dem Frühjahr 1915 kam es zu Kompetenzstreitigkeiten zwischen den Ministern. In sachlichen Fragen standen sich zwei Behörden gegenüber, die unabhängig Weisungen an die Unterbehörden erteilten. Im Hinblick auf die Versorgung der städtischen Bevölkerung waren die Maßnahmen der Militärbehörden meist wirksamer, was zu einem Ansehensverlust der inneren Verwaltung führte.[881] Die Königin besuchte, sofern es ihr sich verschlechternder gesundheitlicher Zustand erlaubte, neben Lazaretten auch öffentliche Küchen, um diese zu unterstützen. Ihrem verreisten Gatten schrieb sie im Januar 1916: „Ich komme eben von Haidhausen, wo wir in der Brauerei Schüler die von den Besitzern für [die] Kriegsdauer eingerichtete Suppenanstalt besahen, in der täglich etwa 500 Kinder und arme Leute warme Suppe, Gemüse, Knödel [...] etc. bekommen. Es ist dies sehr anerkennenswert!"[882]

Für das gesamte Hofpersonal und die in den Nibelungensälen tätigen Frauen ließ die Königin in der Residenz eine Kriegsküche für Mittagsmahlzeiten einrichten. Für Erwachsene kostete das Essen 60 Pfennig, für Angestellte unter achtzehn Jahren nur 40 Pfennig. Ebenso wie in den vom König eingerichteten Volksküchen mussten Fleisch-, Zucker- und Mehlmarken abgegeben werden. Nur durch Zuschüsse aus der Kabinettskasse war der niedrige Preis für die Mahlzeiten realisierbar. Prinzessin Hildegard unternahm ebenfalls einen Versuch, der Stadtbevölkerung im Kampf gegen die Nahrungsmittelknappheit zu helfen, indem sie eine Kaninchenzucht betrieb und dies öffentlich zur Nachahmung propagierte. Ihre Aktion fand Unterstützung bis in die höchsten Gesellschaftskreise. In einer Anlage beim königlichen Marstall in München hielt die Prinzessin etwa 100 Kaninchen aus sieben verschiedenen Rassen. Jeden Sonntagvormittag war die Anlage der Bevölkerung zugänglich und konnte als Vorbild für eigene Zuchtbemühungen besichtigt werden. Hildegard ließ sich mit den Kaninchen fotografieren und diese Bilder als Postkarten vertreiben. Der Erlös des Kartenverkaufs sollte Kriegsinvaliden zugutekommen, die entweder eine Kaninchenzucht einrichten oder eine bereits bestehende ausbauen wollten.[883]

---

[879] Zit. nach Zils, Wilhelm: König Ludwig III. im Weltkrieg. München, 1917. S. 115f.
[880] Kreß vertrat aufgrund des Kriegszustandsgesetzes durch die stellvertretenden Generalkommandos Teile der vollziehenden Gewalt. Vgl. Beckenbauer, Alfons: Ludwig III. von Bayern. Regensburg, 1987. S. 197.
[881] Vgl. Albrecht, Willy: Landtag und Regierung in Bayern. Berlin, 1968. S. 103-106.
[882] Königin Marie Therese an König Ludwig III. München, 17.1.1916. Briefe der Königin Marie Therese an König Ludwig III. 1916/ 1917. BayHStA, GHA. NL Ludwig III., Nr. 48
[883] Vgl. Schad, Martha: Bayerns Königinnen. München, 2007. S. 345f.

Den im Felde befindlichen Prinzen blieb die Ernährungsproblematik in der Heimat nicht verborgen. Von seinem Hofmarschall wurde Kronprinz Rupprecht brieflich auf dem Laufenden gehalten: „Was aber die Teuerung anbelangt, so nimmt sie in allen zum täglichen Leben nötigen Dingen eine geradezu beängstigende Höhe an. Man begreift, wenn die Stimmung unter den weniger begüterten Leuten immer gedrückter wird, dabei werden diese oft lächerlichen hohen Preise ohne Wimpernzucken von dem Publikum gezahlt und gehen reißend ab. Das sind düstere Ausblicke in die Zukunft."[884] Ein kurzer Heimatbesuch Rupprechts im Dezember 1916 trug laut dem österreichischen Gesandten von Velics dazu bei, die Ernährungsfragen „in ihrer dringlichen Aktualität aufs Tapet zu bringen und damit tunlichst den drohenden, für den Ausgang des Krieges bedenklichen Folgen vorzubeugen."[885] Prinz Leopold wurde ebenfalls über die Lage informiert. Sein ältester Sohn Georg berichtete ihm von einem Fronturlaub: „Was ich in Bezug auf die allgemeine Stimmung beobachten konnte, so war sie mit Rücksicht auf die zweifellos bestehende Lebensmittelknappheit nicht allzu rosig. Immerhin kann von einer wirklichen Hungersnot nicht gesprochen werden, wenn auch Einschränkungen nach jeder Richtung hin nötig sind."[886]

Zunächst führten nur die Preissteigerungen zu Auseinandersetzungen. Die Lebensmittelknappheit nahm jedoch, vor allem in größeren Städten, ab dem Frühjahr 1916 ernste Ausmaße an. Die schlechte Getreideernte des Vorjahres zwang zu einer Herabsetzung der Brot- und Mehlrationen. Dies führte zu dem Phänomen des ‚Hamsterns' von Lebensmitteln, das in den kommenden Jahren eine gleichmäßige Versorgung erschweren sollte. Die Versorgungssituation wurde zusätzlich durch die zahlreichen außerbayerischen Sommerurlauber verschlechtert.[887] Kronprinz Rupprecht schrieb im Mai 1916, in Bayern stehe es „mit den Ernährungsverhältnissen günstiger wie in einigen Teilen Norddeutschlands, namentlich in Berlin" und in den westdeutschen Industriestädten. Die Folge der günstigeren bayerischen Lebensmittel war der Zuzug wohlhabender Norddeutscher nach Südbayern, „den man bayerischerseits nach Möglichkeit zu verhindern bestrebt" war, da man für diese keine zusätzlichen Lebensmittelzuweisungen erhielt.[888]

Obgleich die Staatsregierung die Lage durch verschiedene Maßnahmen verbessern konnte, kam es auf dem Münchner Marienplatz am 17. und 18. Juni 1916 zu den ersten größeren Ernährungsunruhen des Krieges. Zwar wurde die Demonstra-

---

[884] Graf Pappenheim an Kronprinz Rupprecht. München, 6.7.1917. Berichte des Hofmarschalls Graf Pappenheim an den Kronprinzen Rupprecht im Jahr 1917. BayHStA, GHA. NL Kronprinz Rupprecht, Nr. 166.
[885] K.u.K. Gesandter von Velics in München an den Minister des K.u.K. Hauses und des Äußern Stephan Baron Burián. München 16.12.1916. Berichte aus München 1916-1917. OeStA, Abt. Haus-, Hof- und Staatsarchiv. Politisches Archiv, Nr. 839.
[886] Prinz Georg von Bayern an Prinz Leopold von Bayern. München, 1.3.1917. Briefe des Prinzen Georg 1916-1930. BayHStA, GHA. NL Prinz Leopold, Nr. 31.
[887] Vgl. Albrecht, Willy: Landtag und Regierung in Bayern. Berlin, 1968. S. 147f; Vgl. Ay, Karl-Ludwig: Die Entstehung einer Revolution. München, 1968. S. 159-178.
[888] Kriegstagebuch, 5. Mai 1916. BayHStA, GHA. NL Kronprinz Rupprecht, Nr. 704.

6.3 Königshaus und Lebensmittelkrise

tion im Polizeibericht als Krawall von Jugendlichen zu verharmlosen versucht, aber aus Gesandtschaftsberichten geht hervor, dass sie von Hausfrauen ausging, die mit den Brotkarten nicht auskamen.[889] Die „Münchner Post" stempelte Innenminister Max von Soden-Fraunhofen zum Hauptschuldigen an der mangelhaften Organisation der Lebensmittelversorgung und riet zum Rücktritt. Auch die „Münchner Neuesten Nachrichten" sahen Sodens verfehlte Politik als Ursache für die Unruhen. Die „Augsburger Postzeitung" widersprach: „Die Gelegenheit ist zu günstig und zu dankbar, der Menge den „schwarzen" Minister als Sündenbock zu zeigen."[890] Ludwig III. wurde zur Last gelegt, seinen langjährigen Freund Soden zu schützen.[891] Nachdem die ersten Ernährungsdemonstrationen ausgerechnet in München stattfanden, war der König bestrebt, die Verhältnisse zu bessern. Der kurzzeitige Plan Ludwigs III., einen bayerischen Ernährungsdiktator für die Kriegszeit zu ernennen, scheiterte an der Ablehnung des dafür vorgesehenen Kandidaten, des Nürnberger Oberbürgermeisters. Dieser schlug dem Monarchen stattdessen die Bildung eines kleinen Beirats aus sachverständigen Vertretern der Hauptinteressengruppen vor, was Ludwig III. am 21. Juni 1916 mit der symbolträchtigen Schaffung des „Beirats für das Ernährungswesen" umsetzte.[892]

---

[889] Man ließ die seit den Mittagsstunden des 17. Juni protestierenden Frauen längere Zeit nicht ins Rathaus. Erst am späten Nachmittag, als sich bereits eine große Menge auf dem Marienplatz versammelt hatte, wurde ihnen laut dem österreichischen Gesandtschaftsbericht durch den Polizeipräsidenten bedeutet, dass sich die Bedürftigen unter den Anwesenden Ergänzungsbrotkarten in der Schule ihres Wohnbezirks abholen könnten. Die Schulvorstände waren jedoch nicht rechtzeitig informiert worden, daher kehrten die aufgebrachten Demonstrantinnen in immer größerer Zahl vor das Rathaus zurück. Am frühen Abend kam es zu ersten Ausschreitungen mit Steinwürfen besonders gegen das Rathaus und das daneben befindliche Kaffeehaus, was einige zerstörte Fensterscheiben zur Folge hatte. Erst zu diesem Zeitpunkt schritten die berittene Wache und drei Kompagnien Militär ein um den Marienplatz zu räumen, was aber erst nach Stunden gelang. Zahlreiche Verhaftungen folgten. Auch am folgenden Abend kam es zu Ausschreitungen, die aber bald unterdrückt werden konnten. Die Unruhen blieben gleichwohl auf das Münchner Rathaus und die umliegenden Straßen beschränkt. Die österreichische Gesandtschaft urteilte, nicht der tatsächliche Mangel an Brot sei ursächlich für die Proteste, sondern vor allem die schlechte Verteilung und Organisation der Lebensmittelversorgung. Dies wiederum werde angeblich – gegen den Willen der sozialistischen Partei – gezielt von „anarchistischen Elementen" genutzt, um die Unzufriedenheit der Bevölkerung über die Mängel der Verwaltung zu schüren. Vgl. K.u.K. Gesandtschaft in München und die Minister des K.u.K. Hauses und des Äußern Stephan Baron Burián. München 19.6.1916. Berichte aus München 1916-1917. OeStA, Abt. Haus-, Hof- und Staatsarchiv. Politisches Archiv, Nr. 839; Vgl. Albrecht, Willy: Landtag und Regierung in Bayern. Berlin, 1968. S. 148.

[890] Die katholische „Augsburger Postzeitung" behauptete, mit einem Protest gegen die Brotknappheit habe die Sache nichts zu tun: „Wie soll man verstehen, dass auch Geschäftsläden beschädigt wurden, die mit dem Lebensmittelgeschäft nicht in Verbindung stehen? Man kann viel eher begreifen, wenn die Kundgeber das Seidlsche Bäckergeschäft durch Steinwürfe schwer beschädigten und Brot daraus raubten. Das Fenstereinwerfen aber bei einer großen Buchhandlung unter den Rathausbögen, bei einer Zigarrenhandlung, einem Kamm- und Bürstengeschäft, einem Wäsche- und Trikotagengeschäft usw. deutet auf etwas anderes hin als eine nach Brot rufende und gegen (unleugbare) Missstände protestierende Menge." Vgl. „Die Kundgebungen in München". Augsburger Postzeitung, 21. Juni 1916. BayHStA, GHA. Presseausschnittsammlung der Königin Marie Therese. Bd. XLI.

[891] Vgl. Beckenbauer, Alfons: Ludwig III. von Bayern. Regensburg, 1987. S. 199.

[892] Vgl. Albrecht, Willy: Landtag und Regierung in Bayern. Berlin, 1968. S. 149f.

Drei Tage später wurde der Wortlaut der königlichen Verordnung „über die Sicherung der Volksernährung im Kriege" verbreitet. Der König ordnete mit sofortiger Wirkung die Bildung des Beirats für das Ernährungswesen für die Dauer des Krieges an, welcher dem Innenministerium beigeordnet sein würde und dem die Beratung und Begutachtung aller für die Volksernährung relevanten Fragen obliegen sollten. Der Beirat sollte in kurzen Zeitabschnitten auf Einladung des Innenministeriums zusammentreten und bestand aus sechs vom König ernannten ehrenamtlichen Mitgliedern: Dem Landtagsabgeordneten Erhard Auer, dem Oberbürgermeister der Haupt- und Residenzstadt München Wilhelm Ritter von Borscht, dem Oberbürgermeister der Stadt Nürnberg Otto Geßler, dem Direktor der landwirtschaftlichen Zentralgenossenschaft des bayerischen Bauernvereins für Ein- und Verkauf Georg Heim, dem Reichstags- und Landtagsabgeordneten Sebastian Matzinger sowie dem Kommerzienrat Matthias Wirth.[893]

Konsumenten- und Produzentenvertreter sollten sich im „Beirat für das Ernährungswesen" auf eine bessere und gleichmäßigere Versorgung der Bevölkerung mit Nahrungsmitteln verständigen. Der Beirat konnte Empfehlungen aussprechen, hatte aber keinerlei Weisungsbefugnis.[894] Die Auswahl der Beiräte war fruchtbar, ebenso wie die Grundidee, den Beirat klein zu halten. So wurden zielführende Diskussionen erreicht.[895] Im Bedarfsfall konnte das Innenministerium Sachverständige hinzuziehen. Das Kriegsministerium ordnete einen ständigen Vertreter ab. In allen Angelegenheiten, in denen die übrigen Staatsministerien beteiligt waren, wurden diese zur etwaigen Abordnung von Vertretern verständigt. Den Vorsitz führten der Staatsminister des Innern oder sein Stellvertreter.[896] Den Beiräten war es in dessen erster Sitzung am 26. Juni 1916 gelungen, sich Rechte zu sichern, die ursprünglich nicht vorgesehen waren. So sollte der Beirat wöchentlich einberufen werden und konnte seine Tagesordnung mitbestimmen. Auch bezüglich der Informationspolitik des Innenministeriums wurden erhebliche Zugeständnisse gemacht, sofern es sich nicht um geheime Drucksachen handelte. Die Mitglieder des Ernährungsbeirats erklärten sich bereit, für die Maßnahmen der Ernährungspolitik, zu denen sie beigetragen hätten, Mitverantwortung zu übernehmen.[897]

---

[893] Königliche Verordnung über die Sicherung der Volksernährung im Kriege. Bayerische Staatszeitung, 24. Juni 1916. BayHStA, GHA. Presseausschnittsammlung der Königin Marie Therese. Bd. XLI; Vgl. Zils, Wilhelm: König Ludwig III. im Weltkrieg. München, 1917. S. 106.
[894] Vgl. Beckenbauer, Alfons: Ludwig III. von Bayern. Regensburg, 1987. S. 197.
[895] Vgl. Albrecht, Willy: Landtag und Regierung in Bayern. Berlin, 1968. S. 150.
[896] Königliche Verordnung über die Sicherung der Volksernährung im Kriege. Bayerische Staatszeitung, 24. Juni 1916. BayHStA, GHA. Presseausschnittsammlung der Königin Marie Therese. Bd. XLI.
[897] Die Verhandlungen des Beirats in den kommenden Jahren zeigten zwar, dass Interessengegensätze gelegentlich scharf aufeinanderprallten und die Ernährungspolitik hart angegriffen wurde, aber dass insgesamt sachlich und zielorientiert um die besten Lösungen gerungen wurde. Etliche Anregungen des Ernährungsbeirats wurden vom bayerischen Innenministerium und den Ernährungsbehörden in die Tat umgesetzt. Vgl. Albrecht, Willy: Landtag und Regierung in Bayern. Berlin, 1968. S. 151-153.

6.3 Königshaus und Lebensmittelkrise

Im Herbst 1916 nahmen die Auseinandersetzungen in den Ernährungsfragen wieder an Fahrt auf. Die Ursachen der schlechten Versorgungslage in den Städten waren Minister von Soden bekannt. Es waren unbequeme Maßnahmen notwendig, etwa die Schaffung eines bayerischen Kriegswucheramtes bei der Münchner Polizeidirektion, das nach längeren Vorverhandlungen im Dezember 1916 gegründet wurde. Diese Maßnahme, die im Sinne der städtischen Konsumenten war, konnte jedoch das ramponierte Ansehen des Innenministers nicht mehr heben. Soden musste am 7. Dezember 1916 seinen Hut nehmen, was immerhin den König aus der Kritik nahm.[898] Zum Unmut der Bevölkerung war eine Benachteiligung Bayerns bei der Lebensmittelversorgung durch die Zentralstellen des Reiches festzustellen, wie ein Gutachten des bayerischen Innenministeriums im Frühjahr 1916 darlegte. Durch die Höchstpreisverordnungen wurde die bayerische Landwirtschaft stärker benachteiligt als diejenige anderer Bundesstaaten. Zudem wurden mehr landwirtschaftliche Produkte nach Norddeutschland ausgefahren, als angesichts der dortigen Ressourcen notwendig schien. Die Berliner Heeresverpflegungsstelle lehnte die Versorgung bayerischer Truppen mit Schweinefleisch ab und verlangte zugleich vom süddeutschen Bundesstaat, Armeekorps in Berlin und Altona mit Fleischkonserven zu beliefern. Das Kriegsernährungsamt setzte 1917 ein bayerisches Ablieferungssoll fest, was zu Gerüchten über Ungleichbehandlungen führte. Seit 1916 wurden antipreußische Affekte in Bayern zu einer regelrechten Volksbewegung. Die Frage war, ob diese offizielle Unterstützung fand. Ludwig III. stand es offen, sich als Verteidiger bayerischer Ernährungsinteressen zu präsentieren, was seiner Reputation ohne Zweifel zuträglich gewesen wäre.[899]

Zwar wurden zuvorderst die bayerische Staatsregierung, die innere Verwaltung und die Reichsstellen für die Ungerechtigkeiten der Lebensmittelversorgung verantwortlich gemacht, aber auch das bayerische Königshaus geriet mehr und mehr in die Kritik. Ungeachtet der sozialen Bemühungen des Königlichen Hauses kamen Gerüchte in Umlauf, der Hof bereichere sich auf Kosten der leidenden Bevölkerung. Der König, der das landwirtschaftliche Gut Leutstetten besaß, fungierte seit Jahrzehnten als Ehrenpräsident des „Bayerischen Landwirtschaftsrates", der als ständiger Beirat der Staatsregierung auftrat. Dieser wurde kritisch beäugt, da er nicht etwa eine demokratisch legitimierte Repräsentation der Landwirtschaft darstellte, sondern eine Organisation der wohlhabenden Großagrarier war, welchen Kriegsgewinnlerei unterstellt wurde.[900] Es wurde außerdem behauptet, Ludwig III. fordere für die Milch von seinen Gütern einen höheren Preis als üblich. Zudem verkaufe er diese direkt nach Berlin, anstatt sie auf dem bayerischen Markt zu be-

---

[898] Die Ernte war im Vergleich zu den Vorkriegsjahren schlecht ausgefallen, was Kürzungen der Lebensmittelrationen notwendig machte. Vor allem aber die ungleiche Verteilung der vorhandenen Lebensmittel und die andauernden Preissteigerungen wirkten negativ auf die Stimmung vor allem der städtischen Bevölkerung. Vgl. Albrecht, Willy: Landtag und Regierung in Bayern. Berlin, 1968. S. 183-186.
[899] Vgl. Ay, Karl-Ludwig: Die Entstehung einer Revolution. München, 1968. S. 134-148; Vgl. Beckenbauer, Alfons: Ludwig III. von Bayern. Regensburg, 1987. S. 207-210.
[900] Vgl. Beckenbauer, Alfons: Ludwig III. von Bayern. Regensburg, 1987. S. 199.

lassen. Die Hofdame Marie von Redwitz war über Vorwürfe gegen das Königshaus empört und folgerte, diese seien entschieden „die Folge einer berechneten Hetze".[901] Der Hof begann erst spät, den Gerüchten über die Presse entgegenzuwirken. Im Dezember 1916 betonten die „Münchner Neuesten Nachrichten" das soziale Denken des Königshauses, da der König außer Geldspenden auch Lebensmittel für Bedürftige zur Verfügung stellte. Der Hofgarten wurde angewiesen, größere Mengen Gemüse anzupflanzen. Das Wild, das bei den Hofjagden geschossen wurde, sollte zu niedrigen Preisen an die Bevölkerung abgegeben werden. Vom königlichen Gut Leutstetten werde, wie bereits zu Friedenszeiten, den Münchner Säuglingsheimen kostenlos beste Vollmilch zur Verfügung gestellt, „ein Geschenk, das im Monat einen Wert von etwa 200 Mark darstellt." In Wirklichkeit ging die Milch an Kinderheime in Nürnberg, allerdings nicht kostenlos.[902] Im Mai 1917 brachte die Staatszeitung durch den Artikel „Über die Milcherzeugung auf dem Kgl. Gute Leutstetten-Rieden" eine Richtigstellung und wies die Gerüchte über Milchlieferungen außerhalb Bayerns zurück.[903]

Die Landtagsberatungen im Frühjahr 1917 zeigten, dass die Ernährungsfragen eine zentrale Rolle in der öffentlichen Debatte einnahmen.[904] Die Ernährungsschwierigkeiten verschärften sich im Frühjahr und Sommer 1917, was zu einem erneuten Stimmungstief führte.[905] Bis zum Kriegsende sollte sich die Situation trotz zahlloser Gegenmaßnahmen durch Preissteigerungen und Verknappung verschlechtern, vor allem im Frühjahr und Sommer 1918. Die ‚Überschwemmung' der bayerischen Fremdenverkehrsgebiete durch norddeutsche ‚Kriegsgewinnler' sorgte zu einer Verstärkung des antipreußischen Sentiments. Die Sommerfrischler versorgten sich nicht nur mit Lebensmitteln, sondern führten diese illegal aus Bayern aus. Die Staatsregierung sah sich schließlich gezwungen, über den Bundesrat eine reichsweite Regelung der Beschränkung des Fremdenverkehrs zu erwirken.[906] Der Sommer 1918 bedeutete den Höhepunkt der Ernährungsschwierigkeiten, was zu Demonstrationen in den Städten führte. Erst gegen Ende August brachte das Eintreffen der neuen Ernte eine Verbesserung.[907]

---

[901] Ebenso verhielt es sich mit dem Gerücht, die königliche Hofhaltung beteilig sich nicht an der kriegsbedingt angeordneten Metallablieferung. Tatsächlich waren vom Hof und den Schlössern 124.633 Kilogramm Zinn, Kupfer, Messing und Platin abgegeben worden. Vgl. Redwitz, Marie Freiin von: Hofchronik. 1888-1921. München, 1924. S. 374.
[902] Vgl. Schad, Martha: Bayerns Königinnen. München, 2007. S. 346; Vgl. Beckenbauer, Alfons: Ludwig III. von Bayern. Regensburg, 1987. S. 206f.
[903] Vgl. Schad, Martha: Bayerns Königinnen. München, 2007. S. 346f.
[904] In seltener Einmütigkeit brandmarken das Zentrum, der Bauernbund und die Sozialdemokratie die preußischen Zentralisierungsbestrebungen und wiesen auf den öffentlichen Unmut über diesen Zustand hin. Liberale und Konservative hielten sich mit Kritik an der Zentralisierung der Kriegswirtschaft und Ernährungswirtschaft zurück, teilten diese aber im Wesentlichen. Vgl. Albrecht, Willy: Landtag und Regierung in Bayern. Berlin, 1968. S. 221-232.
[905] Vgl. ebd., S. 238-242.
[906] Vgl. ebd., S. 326-331.
[907] Vgl. ebd., S. 343-348.

6.4 Kriegswirtschaft und Zentralisierung

In ökonomischer Hinsicht war das Reich auf den Kriegsfall kaum vorbereitet. Man war von der Vorstellung eines kurzen Krieges ausgegangen, der Eingriffe ins Wirtschaftsleben überflüssig machen würde. Durch die Umstellung von der Friedens- auf die Kriegsproduktion wurde eine größere Arbeitslosigkeit verursacht, wobei in Bayern besonders die industriell geprägten Gebiete um Nürnberg und Fürth betroffen waren. Von Regierungsseite wurde keine Vorsorge getroffen, was deutlich machte, dass dem militärischen Mobilmachungsplan kein wirtschaftlicher zur Seite gestellt war. Der bayerische Ministerrat bemühte sich, der Arbeitslosigkeit durch eigene Maßnahmen entgegenzuwirken.[908] Im preußischen Kriegsministerium wurde eine Kriegsrohstoffabteilung eingerichtet, deren Leitung Walther Rathenau übernahm. Daneben wurden für die Erfassung und Verteilung der einzelnen Rohstoffe als Unterabteilungen der Kriegsrohstoffabteilung so genannte Kriegsrohstoffgesellschaften gegründet, die – obwohl als private Aktiengesellschaften organisiert – der staatlichen Kontrolle unterlagen. So entwickelte sich eine Kriegswirtschaft, die durch das Neben- und Miteinander von privater und staatlicher Wirtschaftslenkung zu charakterisieren ist – eine spezifisch deutsche Form eines Kriegssozialismus. Tatsächlich entwickelte sich das System halb staatlicher, halb privatwirtschaftlicher Lenkung zu einem Lobbyismus größten Stils, dessen Hauptnutzen die großindustriellen Rüstungsunternehmen zogen.[909] Der Krieg hob die Klassengegensätze nicht auf, sondern verschärfte sie sogar.[910]

---

[908] Wenn auch die Zahl der Erwerbslosen aufgrund zunehmender Einberufungen und des Ausbaus der Kriegsproduktion wieder zurückging, so konnte die Arbeitslosigkeit in den kommenden Jahren nicht beseitigt werden. Gleichsam wurde die Frage der Arbeitslosenfürsorge angegangen, indem den zuständigen Gemeinden Zuschüsse genehmigt wurden. Vgl. Albrecht, Willy: Landtag und Regierung in Bayern. Berlin, 1968. S. 82-84; Vgl. Der Krieg 1914-1918. Einschränkung der Staatsausgaben. BayHStA, NB. Staatsministerium des Innern für Kirchen- und Schulangelegenheiten, Nr. 15474; Der Krieg 1914-1918. Einschränkung der Staatsausgaben, Teil 2. BayHStA, NB. Staatsministerium des Innern für Kirchen- und Schulangelegenheiten, Nr. 15475.

[909] Ziemlich improvisiert wirkten die ersten Anstrengungen zur Überführung der Friedens- in die Kriegswirtschaft, die sich auf ein Gesetz vom 4. August 1914 stützten, welches dem Bundesrat weitreichende Vollmachten zur Abwendung wirtschaftlicher Schäden erteilte. Jedoch wurde rasch deutlich, dass die durch England bereits in den ersten Kriegstagen verhängte Seeblockade die deutsche Wirtschaft von wichtigen ausländischen Märkten abschnitt und der Handel mit den neutralen Nachbarstaaten dies nicht aufzufangen vermochte. Für ein hochindustrialisiertes Exportland wie das Deutsche Reich, das zudem in hohem Maße auf den Import von Rohstoffen angewiesen war, bedeutete dies die zwingende Notwendigkeit einer strengen Bewirtschaftung der knappen Ressourcen und staatlicher Eingriffe in die Wirtschaft. Vgl. Ullrich, Volker: Die nervöse Großmacht. Frankfurt am Main, 2007. S. 456-458; Vgl. Ullmann, Hans-Peter: Politik im Deutschen Kaiserreich. 1871-1918. München, 2005. S. 244-252.

[910] Verlierer des Krieges waren zweifelsohne die Arbeiter, deren materielle Lage sich bedeutend verschlechterte. Zwar stiegen in kriegswirtschaftlich wichtigen Branchen die Löhne, für die Mehrheit der Arbeiterschaft war aber ein deutlicher Reallohnverlust zu verzeichnen, der sich zusammen mit dem Anstieg der Lebenshaltungskosten drastisch auswirkte und zu Verelendungserscheinungen führte. Daneben gehörten die Angestellten zu den finanziellen Verlierern des Krieges, ebenso wie die Beamten, deren Gehälter bis 1917 auf nur noch etwa 40-50% des Vorkriegseinkommens sanken. Der bayerische Kriegsminister bemerkte im Juli 1918, selbst der sozial hochstehende Beamte

Der König war um Entgegenkommen gegenüber der Arbeiterschaft bemüht, wie die Debatte um die Aufhebung des Eisenbahnerrevers zeigt. Das von der bayerischen Sozialdemokratie als diskriminierend empfundene Streikverbot führte zwischen der Regierung und der Sozialdemokratie, den Liberalen und dem Bauernbund zu scharfen Debatten im Landtag. Trotz des Burgfriedens wurde der Revers aufrechterhalten. Die Regierung sah sich nicht in der Lage, ihr Verhältnis zur sozialdemokratischen Partei zu bereinigen. Am 26. September 1915 wurde dem Ministerrat mitgeteilt, dass der König in Anerkennung der patriotischen Haltung der bayerischen Arbeiterschaft ein Entgegenkommen für angebracht erachte und dies in der kommenden Staatsratssitzung zur Sprache bringen werde.[911] Ludwig III. bat den Staatsrat, umsichtig vorzugehen. Es sei von allen Teilen der Bevölkerung, besonders von den Arbeitern, „alles getan worden, um den Krieg zu fördern und keine Schwierigkeiten zu bereiten." Bayern sei der einzige Staat, in dem keine Streiks und Schwierigkeiten entstanden seien. Angesichts dieses musterhaften Verhaltens würde niemand begreifen, so der Monarch, wenn die Ausnahmebestimmung in Bayern aufrechterhalten bliebe. Es sei zwar unzulässig, dass Staatsbeamte, Staatsbedienstete und Staatsarbeiter vom Streikrecht Gebrauch machten. Ohne dass dieser Grundsatz aufgegeben werde, solle ein Weg gefunden werden, um den Vorwürfen, die aus der Reversfrage entständen, zu begegnen.[912]

Trotz der Intervention des Königs ging die Staatsregierung zögerlich vor. Die königliche Initiative macht deutlich, dass Ludwig III. seine bereits früher unter Beweis gestellte fortschrittliche Haltung in sozial- und wirtschaftspolitischen Fragen beibehielt. Bedauerlicherweise machte die Staatsregierung die liberale Haltung des Königs weder öffentlich bekannt noch nutzte sie die Gelegenheit, den Revers unter Berufung auf die Äußerungen des Monarchen mit sofortiger Wirkung öffentlichkeitswirksam fallenzulassen. Auf diese Weise hätte der Arbeiterschaft ein nachhaltig positives Bild des Monarchen vermittelt werden können. Erst im November 1915 rang sich die Regierung nach Debatten in der Abgeordnetenkammer und Besprechungen mit anderen Bundesstaaten dazu durch, den Eisenbahnerrevers

---

könne nicht mehr mit dem, was er verdiene, auskommen. Auch viele kleine Handwerksbetriebe litten unter dem Rohstoffmangel. Andererseits verdienten Handwerksbetriebe, die für den militärischen Bedarf produzierten, nicht schlecht. In der Landwirtschaft waren die Verhältnisse ähnlich ambivalent gelagert, da die Bauern als Selbstversorger im Krieg keinen Hunger litten und ihnen die Verteuerung agrarischer Produkte satte Einnahmen bescherten. Kleinere bäuerliche Betriebe litten jedoch an der Abwanderung von Landarbeitern in die Rüstungsbetriebe der Städte und auch an den zunehmenden bürokratischen Eingriffen in Produktion und Verteilung ihrer Erzeugnisse. In der Arbeiterschaft wirkte die Not trotz fortbestehender innerer Differenzierungen egalisierend. Dies ermöglichte erst eine gemeinsame Protestellung gegen die Herrschenden. Die Deklassierung weiter Teile des Mittelstandes, die Verarmung breiter Teile des Bildungsbürgertums und die tendenzielle Angleichung der Lebensbedingungen von Arbeitern und Angestellten bewirkten eine schärfere Profilierung der Klassenstrukturen. Vgl. Ullrich, Volker: Die nervöse Großmacht. Frankfurt am Main, 2007. S. 464-471.

[911] Vgl. Albrecht, Willy: Das Ende des monarchisch-konstitutionellen Regierungssystems in Bayern. Hrsg. von Karl Bosl. München, 1969. S. 263-299. Hier: S. 277; Vgl. Albrecht, Willy: Landtag und Regierung in Bayern. Berlin, 1968. S. 113f.

[912] Protokoll über die Sitzung des k. Staatsrats vom 27.9.1915. BayHStA, NB. Kgl. Staatsrat. Nr. 1451.

6.4 Kriegswirtschaft und Zentralisierung

außer Kraft zu setzen und durch ein allgemeines Teilnahmeverbot an Vereinigungen, die bestrebt seien, einen Aufstand herbeizuführen, zu ersetzen.[913] Die Integration der SPD in den Staat schritt dennoch voran. Sozialdemokraten wurden schließlich zu Gemeindeämtern zugelassen und, noch bedeutsamer, Vertreter von Gewerkschaften und SPD zunehmend in die Kriegswirtschaft einbezogen.[914]

Nachdem ein schnelles Ende des Krieges ausblieb, wurde begonnen, die Kriegsmaschinerie durch staatliche Eingriffe und wirtschaftliche Umverteilung umzuorganisieren. Die Größenordnung dieser Zentralisierung, die alle politischen, wirtschaftlichen, militärischen und privaten Bereiche beeinträchtigte, war vor dem Krieg unvorstellbar.[915] Im November 1916 wurde mit dem Kriegsamt eine rüstungswirtschaftliche Zentralbehörde geschaffen. Zu Konflikten führte das Ziel der Obersten Heeresleitung, eine möglichst totale Mobilmachung der Kriegswirtschaft zu erreichen und die Rüstungsproduktion zu noch größeren Anstrengungen anzutreiben. Paul von Hindenburg und Erich Ludendorff verlangten im September 1916 eine Verdoppelung der Munitionsfertigung bis zum Frühjahr 1917 und eine Verdreifachung der Produktion von Geschützen, Maschinengewehren und Flugzeugen. Dazu mussten alle Arbeitskräftereserven mobilisiert und der staatliche Zugriff auf den Arbeitssektor in einem nie zuvor dagewesenen Umfang ausgeweitet werden. Nicht auf ganzer Linie konnte man sich mit diesem so genannten „Hindenburgprogramm" durchsetzen. Das am 2. Dezember 1916 verabschiedete „Gesetz über den Vaterländischen Hilfsdienst" stellte einen ausgewogenen Kompromiss zwischen dem Interesse der Heeresleitung an einer totalen Mobilmachung der Arbeitskraftressourcen und den Forderungen der Gewerkschaften dar.[916]

Die kriegsbedingte Zentralisierung der Wirtschaft benachteiligte Bayern insgesamt. Dies führte nicht zuletzt dazu, dass Ressentiments gegen Preußen und das Reich in den süddeutschen Bundesstaaten und in Sachsen ab 1916/17 zu einem unkontrollierbaren Faktor der Stimmung der Zivilbevölkerung wurden. Die bayeri-

---

[913] Die Minister waren übereingekommen, dass zwar das Streikverbot unbedingt aufrechtzuerhalten sei, am Streikrevers selbst allerdings nicht festgehalten werden müsse. Zunächst aber sollte mit Preußen und Sachsen verhandelt werden, um ein einheitliches Vorgehen zu garantieren. Nur dann komme eine Aufhebung des Streikreverses nicht einer Kapitulation vor der Sozialdemokratie gleich. Vgl. Albrecht, Willy: Landtag und Regierung in Bayern. Berlin, 1968. S. 115.
[914] Vgl. Geyer, Martin H.: Verkehrte Welt. Revolution, Inflation und Moderne. München 1914-1924. Göttingen, 1998. S. 36.
[915] Vgl. Geyer, Michael: Deutsche Rüstungspolitik 1860-1980. Frankfurt, 1984. S. 94f.
[916] Für diese erstmalige Anerkennung der Gewerkschaften als gleichberechtigte Vertretung der Arbeiterschaft durch den Staat zahlten deren Führer jedoch einen hohen Preis. Da sie nun mehr als zuvor mit den Kriegsanstrengungen der alten Eliten identifiziert wurden, waren sie in zunehmendem Maße nicht mehr in der Lage, die sich radikalisierenden Proteste der Arbeiterschaft unter Kontrolle zu halten. Die an das Hindenburgprogramm und das Hilfsdienstgesetz geknüpften Hoffnungen erfüllten sich auch für die Oberste Heeresleitung nicht. Zudem wurde im Winter 1916/17 deutlich, dass die Reichsbahn die Anforderungen von Heer und Rüstungswirtschaft nicht mehr zu erfüllen in der Lage war, was zu einer schweren Transportkrise und einem Engpass in der Kohlenversorgung führte. Vgl. Pyta, Wolfram: Hindenburg. München, 2009. S. 247f; Vgl. Ullrich, Volker: Die nervöse Großmacht. Frankfurt am Main, 2007. S. 462-464; Das Gesetz über den vaterländischen Hilfsdienst. BayHStA, GHA. Kabinettsakten König Ludwigs III., Nr. 50.

schen Behörden machten für diese Entwicklung die preußischen Bemühungen um die Zurückdrängung föderativer Strukturen und die wirtschaftliche Benachteiligung Bayerns in Ernährungsfragen verantwortlich.[917] Wenn sich bayerische Entscheidungsträger vermehrt gegen Preußen stellten, war dies der Sorge um den Reichsbestand in seiner föderalen Form geschuldet.[918] Obgleich die bayerische Wirtschaft in Mitleidenschaft gezogen wurde, wussten manche Unternehmen die Zustände durch Umstellung auf Kriegsproduktion für sich zu nutzen. Durch Heeresaufträge waren Betriebe der Textil- und Bekleidungsindustrie, der Metall- und Lebensmittelindustrie und teils auch der Korb- und Holzwaren besser aufgestellt als vor dem Krieg. Andere Unternehmen standen dagegen vor dem Ruin. Die norddeutsche Konkurrenz zog große Heeresaufträge an Land. Ab 1916 wurden verstärkte Anstrengungen unternommen, die Lage der bayerischen Industrie zu verbessern. Nicht nur wurden bayerische Beamte und Wirtschaftsführer an „Kriegsgesellschaften" beteiligt, die als Lenkungsausschüsse die begrenzten Rohstoffe verteilten. Etliche bayerische Firmen konnten nun von Heeresaufträgen profitieren, wie am Beispiel des späteren Münchner Oberbürgermeisters Karl Scharnagl deutlich wird. Dieser hatte mehrfach vergeblich versucht, den Hoflieferantentitel für seine Bäckerei zu erlangen. Bei seinem Antrag im Jahr 1917 wurde angeführt, dass sich der Betriebsumsatz 1916 auf 336.000 Mark mehr als verdoppelt hatte. Aus einem gut geführten Vorstadtgeschäft war binnen kürzester Zeit ein Großbetrieb geworden, da Scharnagl ab 1916 große Heereslieferungen an Keksen und Lebkuchen an sich ziehen konnte.[919]

Das bayerische Königshaus war sich darüber im Klaren, dass die zum Teil unvermeidbare Kriegszentralisierung die politischen und wirtschaftlichen Grundlagen der Position Bayerns im Reich zu verschieben drohte. Der stets durch eine Vielzahl von Persönlichkeiten informierte Kronprinz Rupprecht beklagte im Juli 1917 das Verschwinden des bayerischen Mittelstandes. Bereits vor dem Krieg sei die Politik zunehmend durch die Großindustrie bestimmt worden. Das Ergebnis sei eine „Vertrustung" und Zentralisierung des Wirtschaftslebens.[920] Gegenüber Hertling äußerte er, Bayern werde sich „von den Folgen des Krieges viel schwerer erholen wie das nördliche Deutschland, weil seine Industrie weniger entwickelt" sei. Dieser sei „aber auch während des Krieges die Weiterentwicklung erschwert [worden], da ihr unter dem Vorwand, sie sei nicht genügend leistungsfähig, unverhältnismäßig wenige Aufträge von den Zentralstellen aus zugingen." Für ihn war klar: „Die Kreise der Schwerindustrie sind jetzt in Deutschland die Ausschlaggebenden. Die letzten 20 Jahre schon stand die ganze Auswärtige Politik des Reiches im Dienste eines Krupp und der übrigen Großindustriellen, nicht Deutschlands Wohl war maßge-

---

[917] Vgl. Ziemann, Benjamin: Front und Heimat. Essen, 1997. S. 272; Angebliche Spannung zw. Bayern und Preußen. Abfällige Urteile über Preußen (1916). BayHStA, NB. StMin des K. Hauses und des Äußern, Nr. 97566.
[918] Vgl. Ay, Karl-Ludwig: Die Entstehung einer Revolution. München, 1968. S. 89.
[919] Vgl. Krauss, Marita: Die königlich bayerischen Hoflieferanten. München, 2009. S. 74-77.
[920] Kriegstagebuch, 14. Juli 1917. BayHStA, GHA. NL Kronprinz Rupprecht, Nr. 706.

6.4 Kriegswirtschaft und Zentralisierung

bend, sondern der Profit."[921] Der Präsident des Bayerischen Statistischen Landesamtes wies im Frühjahr 1918 mit Zahlenmaterial nach: „Bayerns Volksvermögen hat sich während des Krieges [...] nicht so günstig entwickelt, wie es im Vergleich zu anderen deutschen Bundesstaaten, insbesondere zu Preußen, wünschenswert gewesen wäre." Ähnlich klagte der bayerische Kriegsminister im Sommer 1918, bei gleicher Leistung für den Krieg habe Bayern weniger verdient als andere Teile des Reiches.[922]

Um einen Teil der Kriegsmilliarden in sein Königreich zu lenken, setzte sich Ludwig III. als Mittler der Interessen Bayerns persönlich für die Gründung von Filialniederlassungen großer Firmen der Rüstungsindustrie ein. Dies galt vor allem für die Firma Krupp, die zu einer Zweigniederlassung in München gedrängt wurde.[923] Im Februar 1915 besichtigte Ludwig III. die in Essen ansässigen Kruppwerke und fühlte in diese Richtung vor.[924] Die Großindustriellenfamilie Krupp rangierte hinsichtlich ihres Privatvermögens sogar noch vor dem bayerischen Königshaus[925] und so geriet der Besuch zu einem repräsentativen Ereignis ersten Ranges.[926] Angeregt wurde der Besuch vom Münchner Ingenieur Oskar von Miller.[927] Nachdem General Walther von Walderstötten, der Generaladjutant des Königs, den Vorsitzenden des Konzerns um die Anwesenheit der „leitenden Persönlichkeiten der rheinisch-westfälischen Industrie" bat, ließ dieser ihn wissen, dass er die Vorsitzenden der großen Industrieverbände eingeladen habe.[928] Oskar von Miller versorgte den Generaladjutanten mit Hintergrundinformationen zu den am Besuch teilnehmenden führenden Persönlichkeiten der deutschen Industrie. Unter anderem sollte sich Professor Carl Duisberg, der Leiter der Elberfelder Farbwerke in Leverkusen, bei Krupp einfinden, der zugleich Vorsitzender des Deutschen Museums in München war. Ebenso waren der Direktor des Hörder Bergwerks- und Hüttenvereins, Heinrich Wilhelm Beukenberg, der Bergwerksdirektor Emil Kirdorf,

---

[921] Schreiben des Kronprinzen Rupprecht an den Staatsminister des königlichen Hauses und des Äußern Graf Hertling, 19. Juli 1917. Wichtige Aktenstücke zum Ausbruch des Weltkrieges sowie über die militärische und politische Lage während des Krieges. BayHStA, NB. StMin des K. Hauses und des Äußern, Nr. 975.
[922] Zit. nach und vgl. Beckenbauer, Alfons: Ludwig III. von Bayern. Regensburg, 1987. S. 194f.
[923] Vgl. ebd., S. 193f.
[924] Bericht des k.u.k. Gesandten von Velics an Minister Graf Berchtold vom 9.1.1915. Berichte aus München 1914-1915. OeStA, Abt. Haus-, Hof- und Staatsarchiv. Politisches Archiv, Nr. 837.
[925] Vgl. Schad, Martha: Bayerns Königinnen. München, 2007. S. 318.
[926] Brief aus Namur [Abs. unbek.] an Staatsminister v. Dandl inkl. Anlage handschr. Anhaltspunkte für die Presse. Ah. Reisen nach dem [westl.] Kriegsschauplatz und Essen 28.1.-13.2.15. Reise des Königs auf den westlichen Kriegsschauplatz Januar/ Februar 1915. BayHStA, GHA. Kabinettsakten König Ludwigs III., Nr. 25.
[927] Brief von Krupp von Bohlen-Halbach an Oskar von Miller an General Walderstötten, 13. Februar 1915. Ah. Reisen nach dem [westl.] Kriegsschauplatz und Essen 28.1.-13.2.15. Reise des Königs auf den westlichen Kriegsschauplatz Januar/ Februar 1915. BayHStA, GHA. Kabinettsakten König Ludwigs III., Nr. 25.
[928] Brief von Gustav Krupp von Bohlen-Halbach an General Walther von Walderstötten, 22. Jan. 1915. Ah. Reisen nach dem [westl.] Kriegsschauplatz und Essen 28.1.-13.2.15. Reise des Königs auf den westlichen Kriegsschauplatz Januar/ Februar 1915. BayHStA, GHA. Kabinettsakten König Ludwigs III., Nr. 25.

Louis Röchling, Teilhaber der Röchlingschen Stahlwerke und Friedrich Springorum, Generaldirektor der Eisen- und Stahlwerke Hoesch AG in Dortmund und Vorsitzender des Vereins Deutscher Eisenhüttenleute, auf die Villa Hügel in Essen – dem Familiensitz der Krupps – eingeladen.[929]

Am 11. Februar 1915 wurde dem König das Direktorium vorgestellt. Im Lichthof begrüßte Gustav Krupp von Bohlen-Halbach den König mit einer Ansprache.[930] Ludwig III. akzentuierte in seiner Erwiderung, „nicht allein das Heer, sondern das ganze zurückgebliebene Volk" habe sich in der Kriegszeit bewährt, „nicht am wenigsten die deutsche Industrie. Abgeschlossen von der ganzen Welt auf uns allein angewiesen, sind wir imstande, die Bedürfnisse des Heeres zu erfüllen und gleichzeitig für die zurückgebliebene Bevölkerung zu sorgen. Eines der größten Werke ist die Firma Krupp, ein Werk, das sonst in erster Linie für Friedenszwecke arbeitete, jetzt aber nahezu ausschließlich für den Krieg in Anspruch genommen wird. Was das Werk geleistet hat, das wissen wir und was das Werk künftig leisten wird, auf das freuen wir uns."[931] Nachdem Orden verliehen und ein Vortrag über die Entwicklung des Werkes gehalten wurden, schlossen sich die Besichtigung des Hauptverwaltungsgebäudes und der Besuch des Stammhauses, der Gussstahlfabrik sowie einiger weiterer Krupp-Betriebe an.[932] Die bayerischerseits geforderte Fertigungsanlage in München schien vom volkswirtschaftlichen Standpunkt aus unrentabel. Dementsprechend holte sich der König in dieser Hinsicht vorerst eine Abfuhr.[933]

Krupp von Bohlen-Halbach dankte von Miller später herzlich für dessen Vermittlung und betonte, das „große Interesse, das sowohl der König wie sein Schwiegersohn und die ihn begleitenden Herren für alles zeigten, hat die Tage der Anwesenheit Seiner Majestät nicht nur für mich, sondern für alle hiesigen Beteiligten zu überaus anregenden und dauernd denkwürdigen gestaltet, für die wir nicht dankbar genug sein können."[934] Kabinettschef Dandl äußerte gegenüber Miller, dass der

---

[929] Brief von Oskar von Miller an General Walderstötten, 27. Jan. 1915. Ah. Reisen nach dem [westl.] Kriegsschauplatz und Essen 28.1.-13.2.15. Reise des Königs auf den westlichen Kriegsschauplatz Januar/ Februar 1915. BayHStA, GHA. Kabinettsakten König Ludwigs III., Nr. 25.

[930] „König Ludwig von Bayern bei Krupp". Pressestimmen über die Reise seiner Majestät des Königs nach dem westlichen Kriegsschauplatz (28. Januar-13. Februar 1915). Ah. Reisen nach dem [westl.] Kriegsschauplatz und Essen 28.1.-13.2.15. Reise des Königs auf den westlichen Kriegsschauplatz Januar/ Februar 1915. BayHStA, GHA. Kabinettsakten König Ludwigs III., Nr. 25.

[931] „Eine Rede König Ludwigs in Essen". Presseschau. Bayer. Kurier v. 17. Februar 1915. Ah. Reisen nach dem [westl.] Kriegsschauplatz und Essen 28.1.-13.2.15. Reise des Königs auf den westlichen Kriegsschauplatz Januar/ Februar 1915. BayHStA, GHA. Kabinettsakten König Ludwigs III., Nr. 25; Vgl. Zils, Wilhelm: König Ludwig III. im Weltkrieg. München, 1917. S. 48f.

[932] „König Ludwig von Bayern bei Krupp". Pressestimmen über die Reise seiner Majestät des Königs nach dem westlichen Kriegsschauplatz (28. Januar-13. Februar 1915). Ah. Reisen nach dem [westl.] Kriegsschauplatz und Essen 28.1.-13.2.15. Reise des Königs auf den westlichen Kriegsschauplatz Januar/ Februar 1915. BayHStA, GHA. Kabinettsakten König Ludwigs III., Nr. 25.

[933] Vgl. Beckenbauer, Alfons: Ludwig III. von Bayern. Regensburg, 1987. S. 194.

[934] Brief von Krupp von Bohlen-Halbach an Oskar von Miller an General Walderstötten, 13. Februar 1915. Ah. Reisen nach dem [westl.] Kriegsschauplatz und Essen 28.1.-13.2.15. Reise des Königs auf den westlichen Kriegsschauplatz Januar/ Februar 1915. BayHStA, GHA. Kabinettsakten König Ludwigs III., Nr. 25.

6.4 Kriegswirtschaft und Zentralisierung

König sich „in Worten höchster Anerkennung über die schönen und interessanten Tage in Essen ausgesprochen" habe. Das Verdienst, „dass die Sache zustande kam, gebührt ausschließlich Euer Hochwohlgeboren. Es war ein famoser Gedanke von Ihnen, die Reise nach Essen anzuregen; Seine Majestät sind Ihnen hiefür sehr dankbar."[935] Im Sommer 1916 folgte ein Besuch Ludwigs III. bei der BASF im pfalzbayerischen Ludwigshafen. Im dortigen Werk Oppau wurde in einem aufwändigen Verfahren aus künstlichem Ammoniak künstlicher Salpeter hergestellt, der für die Landwirtschaft und die Sprengstoffherstellung notwendig war. Die Hälfte des Ammoniaks, das in Deutschland zu Sprengstoffen weiter verarbeitet wurde, lieferte zu diesem Zeitpunkt Ludwigshafen.[936]

Nachdem der erste Versuch des Königs, die Firma Krupp dazu zu bewegen, eine Münchner Niederlassung aufzubauen, gescheitert war, versuchte er es über einen Umweg, indem er mit den böhmischen Skodawerken in Pilsen verhandelte und beim Deutschen Kaiser in dieser Angelegenheit vorsprach. Mit dem Hinweis auf die nationale Ehre wurde Krupp abermals bedrängt, sich in Bayern zu engagieren und gab nun nach. Im Jahr 1916 wurde mit dem Bau von Montagehallen im Münchner Norden begonnen, für die 25 Millionen Mark zur Verfügung standen. Dort, in Freimann, sollten künftig Artilleriegeschütze zusammengebaut werden, die Rohre dazu wurden aus Essen angeliefert. Für die Kruppwerke bedeutete dies angesichts der Transportkosten Verluste, aber auch für Bayern brachte das Kruppsche Werk wirtschaftlich kaum Vorteile. Doch ungeachtet der damit einhergehenden Probleme folgten den Krupp-Werken weitere Neugründungen industrieller Kriegsbetriebe in Bayern. In Augsburg wurde von einer Berliner Firma im Jahr 1917 ein Zweigwerk für den Bau von Kampfflugzeugen errichtet und in München-Allach mit der Hilfe österreichischen Kapitals 1918 die Bayerischen Motorenwerke gegründet, die Automobile und Flugzeuge herstellten.[937] Mehr als ein Drittel des in Bayern während des Krieges investierten Kapitals konzentrierte sich auf den Raum München. Insgesamt fanden über 20.000 Beschäftigte in den neugegründeten Betrieben der Kriegsindustrie Arbeit.[938]

---

[935] Brief von Kabinettschef von Dandl an Oskar von Miller, 17. Februar 1915. Ah. Reisen nach dem [westl.] Kriegsschauplatz und Essen 28.1.-13.2.15. Reise des Königs auf den westlichen Kriegsschauplatz Januar/ Februar 1915. BayHStA, GHA. Kabinettsakten König Ludwigs III., Nr. 25.
[936] Besichtigung der Salpeterfabrik Oppau in Ludwigshafen am Rhein, den 5.7.1916. Reise Seiner Majestät des Königs von Bayern an die Westfront im Sommer 1916. BayHStA, GHA. Kabinettsakten König Ludwigs III., Nr. 27.
[937] Die dringend benötigten Facharbeiter waren vor allem in Augsburg und Nürnberg vorhanden, aber von dort unabkömmlich. Somit wurden Arbeiter aus Sachsen angeworben und der bayerische Arbeitsmarkt kaum entlastet. Die Neuankömmlinge verschärften in München, das etwa eine halbe Million Einwohner zählte, zusätzlich die angespannte Lebensmittelsituation und den Wohnungsmarkt. Als gesellschaftliche Außenseiter behandelt, nährten die sächsischen Arbeiter umstürzlerisches Ideengut. Vgl. Beckenbauer, Alfons: Ludwig III. von Bayern. Regensburg, 1987. S. 194; Vgl. Geyer, Martin H.: Verkehrte Welt. Revolution, Inflation und Moderne. München 1914-1924. Göttingen, 1998. S. 38.
[938] Vgl. Geyer, Martin H.: Verkehrte Welt. Revolution, Inflation und Moderne. München 1914-1924. Göttingen, 1998. S. 37f.

6.5 Die Organisation der Kriegsfürsorge

Die Lage an der Heimatfront verschlechterte sich angesichts der Lebensmittelkrise, der sozialen und wirtschaftlichen Not der daheimgebliebenen Frauen, Kinder und älteren Menschen sowie der großen Zahl an heimkehrenden verwundeten und kranken Soldaten zunehmend. Dies hatte weitreichende Konsequenzen für das Selbstverständnis und die öffentliche Rolle der bayerischen Monarchie, die sich während der Kriegsjahre auf sozialem und karitativem Gebiet in exponierter Weise hervortat. Mit dem Kriegsausbruch trat die Aufgabe der Sorge für die im Feld verwundeten Soldaten und deren Angehörige in den Vordergrund. Zwar standen diesen reichsgesetzlich geregelte Unterstützungen zu, die sich aber als zu gering herausstellten.[939] Im Zusammenhang mit der Fürsorge trat nicht nur der landesväterlich inszenierte bayerische Monarch auf. Vor allem rückte die immens bedeutsame öffentliche Rolle der Königin von Bayern und vieler Prinzessinnen, die durch authentisches Auftreten und wohltätige Aktivitäten Sympathien erweckten, in den Vordergrund. In alter Wittelsbacher Familientradition ergriffen viele der weiblichen Familienmitglieder die Initiative und boten tatkräftig karitative Arbeit an.[940] Insgesamt veränderte sich in den Kriegsjahren die Rolle der Frau in der deutschen Gesellschaft hin zu mehr Partizipation.[941] Von Beginn an unterstützte die bayerische Staatsregierung die Gründung von übergeordneten Fürsorgevereinen, in denen sich die in viele Gruppen zersplitterten Frauenvereine zusammenfanden. Kurz nach Kriegsbeginn wurden die konfessionellen, kulturellen und wirtschaftlichen Frauenverbände zu den Staatsaufgaben herangezogen, was zu einer Politisierung der Frauenbewegung führte.[942]

Die bayerische Königin und die Mehrzahl der Prinzessinnen interpretierten ihre eigenen Rollen unter den Bedingungen der Heimatfront grundlegend neu. In vielerlei Hinsicht übten sie durch ihre öffentlichkeitswirksam inszenierte und tatkräftige soziale und karitative Arbeit eine Vorbildfunktion aus. Die symbolische Bedeutung der weiblichen Wittelsbacher reichte weit über ihre in der Vorkriegszeit noch recht überschaubaren politischen Einflussmöglichkeiten hinaus. Königin Marie Therese wurde in einem engeren Sinn politisch aktiv, indem sie sich in die Diskussionen um die staatliche Fürsorge aktiv einbrachte. Ab Februar 1915 führte die Königin mit dem bayerischen Innenminister Gespräche über die Versorgung von Kriegsver-

---

[939] Vgl. Albrecht, Willy: Landtag und Regierung in Bayern. Berlin, 1968. S. 76.
[940] Vgl. Bußmann, Hadumod: „Ich habe mich vor nichts im Leben gefürchtet". Die ungewöhnliche Geschichte der Therese Prinzessin von Bayern. München, 2011. S. 234.
[941] Vgl. Canning, Cathleen: Sexual crisis, the writing of citizenship and the State of Emergency in Germany 1917-1920. In: Lüdke, Alf; Wildt, Michael (Hrsg.): Staats-Gewalt: Ausnahmezustand und Sicherheitsregimes. Historische Perspektiven. Göttingen, 2008. S. 167-213.
[942] Krieg 1914/16. Fürsorge für die Verwundeten und erkrankten Krieger. BayHStA, NB. Staatsministerium des Innern, Nr. 54016; Vgl. Albrecht, Willy: Landtag und Regierung in Bayern. Berlin, 1968. S. 76.

sehrten.⁹⁴³ Sie engagierte sich außerdem für die Belange von Frauen und Kindern. Um die Fürsorge für Mütter zu verbessern, setzte sie sich für den Neubau einer Münchner Frauenklinik und die Errichtung einer Hebammenschule ein, die 1916 eingeweiht wurden.⁹⁴⁴

Königin Marie Therese stellte sich mit Kriegsbeginn an die Spitze der Fürsorgeaktion.⁹⁴⁵ Am 2. August 1914 wandte sie sich an die „Frauen und Jungfrauen Bayerns" und bedauerte, dass es „dem deutschen Volke nicht gegönnt" sei, weiterhin „die Segnungen des Friedens zu genießen." Die bayerische Königin rief das weibliche Geschlecht, das nicht an den Kämpfen teilzunehmen bestimmt war, dazu auf, „nach Kräften mitzuwirken zur Linderung der Not jener Braven, welche das feindliche Geschoß oder die Beschwerden des Krieges verwunden oder zu Boden werfen." Besonderes jene Frauen, die Angehörige bei der Armee wüssten, sollten sich in den Dienst des Roten Kreuzes stellen. Die Fürsorge für die Daheimgebliebenen wurde ebenfalls angesprochen. „Draußen fließt Blut, herinnen fließen Tränen, am bittersten da, wo zur Sorge der Seele die Not des Leides kommt." Die Königin versicherte, auch dort werde im Zeichen des Roten Kreuzes geholfen. Ihre Töchter Adelgunde und Wiltrud würden mit ihr auf diesem Fürsorgegebiet arbeiten. „Soldaten die ihr ins Feld zieht, Ich, die Königin, sage euch, Eure tapferen Frauen und eure lieben Kinder sollen nicht Not leiden; schaut voraus gegen den Feind, Euren Lieben gehört nun unsere Sorge. […] Schart euch um eure Königin! König, Vaterland und Armee werden es euch danken."⁹⁴⁶

Das Protektorat über den „Bayerischen Frauenverein vom Roten Kreuz" hatte Marie Therese seit 1890 inne. Der Verein trug neben dem „Bayerischen Landeshilfsverein vom Roten Kreuz" die Hauptlast der freiwilligen Krankenpflege. Die 65-jährige Königin von Bayern widmete dieser Aufgabe im Krieg ihre ganze Kraft.⁹⁴⁷ Der Verein hatte den Zweck der Pflege und Unterstützung der im Feld verwundeten und erkrankten Soldaten. Die oberste Leitung oblag der Königin. Ordentliche Mitglieder konnten nur Frauen und Jungfrauen werden, die einen jährlichen Mindestbetrag oder einen einmalig festgesetzten Betrag zahlten. Der Verein gliederte sich in Zweigvereine, acht Kreisausschüsse und ein Zentralkomitee, dem wiederum Königin Marie Therese vorstand.⁹⁴⁸ Die Königin wies ihre Töchter an, sich ihr anzuschließen. Die Prinzessinnen Hildegard und Helmtrud widmeten sich

---

⁹⁴³ Schreiben der Königin Marie Therese an König Ludwig III., 6.2.1915. BayHStA, GHA. NL Ludwig III., Nr. 47.
⁹⁴⁴ Vgl. Schad, Martha: Bayerns Königinnen. München, 2007. S. 321.
⁹⁴⁵ Bericht des k.u.k. Gesandten von Velics an Minister Graf Berchtold vom 2.8.1914. Berichte aus München 1914-1915. OeStA, Abt. Haus-, Hof- und Staatsarchiv. Politisches Archiv, Nr. 837; Vgl. Doering, Oskar: Das Haus Wittelsbach. München, 1924. S. 114.
⁹⁴⁶ Königliche Kundgebungen zu Beginn und während des 1. WK: Verhängung des Kriegszustandes und Mobilmachungsbefehl, Aufrufe und Tagesbefehle, Aufrufe der Königin an die bayerischen Frauen, Weihnachtsgrüße und Neujahrsglückwünsche an die Truppen im Felde etc. (1914-1918). BayHStA, GHA. Kabinettsakten König Ludwigs III., Nr. 71.
⁹⁴⁷ Vgl. ebd., S. 339.
⁹⁴⁸ Vgl. ebd., S. 277f.

der Krankenpflege, während die Prinzessinnen Wiltrud und Gundelinde sich in der Angehörigenfürsorge und auf anderen Wohlfahrtsgebieten betätigen.[949]

Als Protektorin des „Bayerischen Frauenvereins vom Roten Kreuz", dessen Aufgabe in der Unterstützung des Kriegssanitätsdienstes lag, leitete Marie Therese „als leuchtendes Beispiel unermüdlicher Pflichttreue", wie „Das Bayerland" im Jahr 1917 schrieb, die Fürsorgeaktion. Sie wisse die karitativ tätigen Frauen „immer wieder von Neuem zu aufopfernder Betätigung anzufeuern." Besonders lagen der Königin die Ausbildung und das Wohl der Rotkreuzschwestern sowie die Betreuung des in der Heil- und Pflegeanstalt des Vereins errichteten Lazaretts „Rotes Kreuz" am Herzen. Marie Therese war bei den „Schwesternfesten" im Mutterhaus des Vereins stets zugegen und ließ es sich nicht nehmen, älteren Krankenschwestern Ehrungen persönlich zu übergeben und jungen Schwestern die Rote-Kreuz-Brosche anzuheften. Zum Weihnachtsfest im Münchner Mutterhaus beschenkte die Königin die Pflegeschwestern mit ‚Liebesgaben'.[950] Zu Neujahr 1916 richteten sich Ludwig III. und Marie Therese an den Vorsitzenden des „Bayerischen Landeshilfsvereins vom Roten Kreuz", Karl Graf von Drechsel: „Der Beginn des neuen Jahres lässt Uns mit voller Anerkennung aller der Angehörigen der freiwilligen Krankenpflege gedenken, die seit so vielen Monaten ihre Dienste dem Vaterlande weihen. Die freiwillige Krankenpflege hat sich zu Unserer hohen Befriedigung den außerordentlichen Anforderungen gewachsen gezeigt, die die große ernste Zeit an ihre Leistungsfähigkeit und Pflichttreue stellt."[951]

Die organisierte Fürsorge für die Angehörigen der Kriegsteilnehmer war eine Neuerung. 1870/71 war diese Fürsorge noch allein der Privatwohltätigkeit überlassen. Seit 1888 waren Angehörigen von Kriegsteilnehmern Ansprüche auf Unterstützung eingeräumt worden, welche durch ein Gesetz vom 4. August 1914 erweitert wurden. Da die gesetzlich gewährleisteten Ansprüche den tatsächlichen Bedürfnissen nicht genügten, wurde die staatliche Unterstützungstätigkeit durch eine organisierte Tätigkeit der Privatwohltätigkeit, insbesondere seitens der Frauenvereine, in ähnlicher Weise ergänzt, wie dies beim staatlichen Kriegssanitätsdienst durch die organisierte freiwillige Krankenpflege der Fall war. Das bayerische Innenministerium unterstützte die Frauenvereine bei der Bildung von Ortsausschüssen, um den Hilfsbedarf vor Ort besser feststellen zu können. Am 17. Oktober 1914 tagte der „Bayerische Landesausschuss zur Fürsorgetätigkeit für die Angehö-

---

[949] „Kriegsfürsorge der Königin" von Generalleutnant Karl von Menz. In: Das Bayerland. Illustrierte Wochenschrift für Bayerns Land und Volk. Begründet von H. Leher, Hrsg. von Dr. Josef Weiß und Dr. Otto Denk in Verbindung mit einem Kuratorium unter dem Vorsitze Sr. Kgl. Hoheit des Kronprinzen Rupprecht von Bayern. München, Jahrgang 1917/18. Zweites Oktoberheft. S. 166; Vgl. Naumann, Victor: Profile. 30 Porträt-Skizzen aus den Jahren des Weltkrieges nach persönlichen Begegnungen. München u.a., 1925. S. 114.

[950] „Kriegsfürsorge der Königin" von Generalleutnant Karl von Menz. In: Das Bayerland. Illustrierte Wochenschrift für Bayerns Land und Volk. Begründet von H. Leher, Hrsg. von Dr. Josef Weiß und Dr. Otto Denk in Verbindung mit einem Kuratorium unter dem Vorsitze Sr. Kgl. Hoheit des Kronprinzen Rupprecht von Bayern. München, Jahrgang 1917/18. Zweites Oktoberheft. S. 166.

[951] Zit. nach Zils, Wilhelm: König Ludwig III. im Weltkrieg. München, 1917. S. 84.

rigen der Kriegsteilnehmer" in Anwesenheit der Prinzessinnen Adelgunde, Wiltrud und Therese unter dem Vorsitz der Gräfin Luxburg. Der Gesamtbetrag der gesammelten Spendengelder bezifferte sich zu diesem Zeitpunkt bereits auf mehrere Millionen Mark. Die Organisation des Landesausschusses sowie das Zusammenwirken von Behörden und fest organisierten freiwilligen Hilfskräften hatten sich laut einem Bericht der „Augsburger Postzeitung" bewährt. Dass die vielzähligen Frauenvereine sich zur gemeinsamen Arbeit zusammengeschlossen hatten, verdanke Bayern „vor allem Ihrer Majestät der Königin, die schon im Aufruf vom 2. August 1914 auf die dringende Notwendigkeit dieser Fürsorge hingewiesen und das anzustrebende Ziel deutlich gezeigt hat."[952] Der König, die Königin und sämtliche in München anwesenden Prinzen und Prinzessinnen nahmen im April 1915 demonstrativ an der öffentlichkeitswirksam inszenierten Sitzung des Landeskomitees für Kriegsinvalidenfürsorge im Rittersaal der Residenz teil. Neben dem Königshaus waren die Staatsminister, Staatsräte, alle Regierungspräsidenten, Vertretungen des Landtages, des Handels und Gewerbes, der Wissenschaft und der Presse anwesend. Das Königspaar spendete bei dieser Gelegenheit 50.000 Mark, um „den im Kriege Verwundeten oder Erkrankten die Wiedererlangung der Arbeits- und Erwerbsfähigkeit zu erleichtern", wie die „Bayerische Staatszeitung" berichtete.[953]

6.6 Monarchie und Lazarette

Für die Scharen an heimkehrenden Verwundeten mussten fortwährend Lazarette eingerichtet werden. Krankenhäuser, Kliniken, Schulhäuser und andere öffentliche Gebäude wurden dafür in Anspruch genommen. Von der wohlhabenden Oberschicht wurden zahlreiche Privatlazarette gegründet. Je nach ihrer Eignung wurden vom König die von der Zivilliste unterhaltenen Schlösser kurz nach Kriegsbeginn als Lazarette, Erholungsheime oder Kinderanstalten zur Verfügung gestellt und auf Anhieb mehr als 1.000 zusätzliche Krankenbetten geschaffen. Zu diesem Zweck wurden die Schlösser Ansbach, Aschaffenburg, Bamberg, Bayreuth, Würzburg, Nymphenburg, Landshut, Hintersee, Ludwigshöhe, Fürstenried, Vorderriß, eine Villa in Regensburg und Veitshöchheim mit ihren jeweiligen Nebengebäuden zur Nutzung freigegeben. Aus der königlichen Kasse wurde die Installation von elektrischem Licht bezahlt, Operationssäle errichtet, Betten und Wäsche geliefert. Der König ordnete angesichts der großstädtischen Wohnungsnot schließlich an, alle in

---

[952] „Der bayerische Landesausschuss zur Fürsorgetätigkeit für die Angehörigen der Kriegsteilnehmer". Augsburger Postzeitung, 22.10.1914. BayHStA, GHA. Presseausschnittsammlung der Königin Marie Therese. Bd. XXXV.
[953] „50000 Mark Spende des Königspaares". Bayerische Staatszeitung, 29. April 1915. BayHStA, GHA. Presseausschnittsammlung der Königin Marie Therese. Bd. XXXVII; Zils, Wilhelm: König Ludwig III. im Weltkrieg. München, 1917. S. 55.

München wohnenden Hofbeamten in zivilistischen Räumen unterzubringen, um Stadtwohnungen für die Allgemeinheit freizumachen.[954]

Fast täglich besuchten Mitglieder des Königshauses die zahlreichen in München und der näheren Umgebung befindlichen Lazarette. Medienwirksam inszeniert beehrte das Königspaar, meist in Begleitung der Töchter, im Oktober 1914 das Kriegslazarett des österreichisch-ungarischen Hilfsvereins,[955] kurz darauf, in Begleitung von Journalisten, das israelitische Krankenheim in München. Unter Führung der Anstaltsärzte unterzogen die Besucher sämtliche Anstaltsräume einer Besichtigung, wandten sich an die Verwundeten und beschenkten sie mit Liebesgaben, wie die „Bayerische Staatszeitung" am 18. Oktober 1914 zu berichten wusste.[956] Prinz Leopold empfand die Freude der Verwundeten als rührend, „wenn man zu ihnen kam und sich für ihre Verhältnisse und Erlebnisse interessierte, und ihnen kleine Geschenke brachte, fast alle schienen voll Begeisterung und guten Mutes."[957] Die Königin schrieb ihrem ältesten Sohn im Frühjahr 1915, in München gebe „es jetzt allerlei Feste für Kriegszwecke, andere wohlth. Zwecke, Vorträge, Konzerte etc. Wir haben schon sehr viel Lazarette besucht, aber doch noch nicht alle."[958] In den bayerischen Zeitungen war viel über Lazarettbesichtigungen durch die Prinzessinnen Wiltrud, Helmtrud und Hildegard zu lesen, ebenso wurde ausführlich über deren Tätigkeit im Roten Kreuz und deren Engagement für Liebesgaben berichtet.[959] Im Jahr 1916 kursierte eine Fotopostkarte der grafischen Kunstanstalten F. Bruckmann A.G. München, welche die Prinzessinnen Hildegard und Helmtrud als Rot-Kreuz-Schwestern zeigte.[960]

Die Königin entschloss sich, auf Rundreisen durch ganz Bayern Verwundete in Lazaretten und Krankenhäusern zu besuchen. Im Juni 1915 reiste sie in Begleitung ihrer Töchter nach Bayreuth und Bamberg. Im Oktober 1915 durchquerte die Königin die bayerische Pfalz, wo sie Lazaretten in Ludwigshafen und Neustadt einen Besuch abstattete. Ihrem Gatten gestand die 66-jährige in einem Brief, dass die ständigen Reisen und Lazarettbesichtigungen für sie „hochanstrengend" seien. Der

---

[954] Vgl. Redwitz, Marie Freiin von: Hofchronik. 1888-1921. München, 1924. S. 375; Vgl. Zils, Wilhelm: König Ludwig III. im Weltkrieg. München, 1917. S. 13.

[955] Besuch des Kriegslazaretts des österreichisch-ungarischen Hilfsvereins. Bayerische Staatszeitung, 7. Oktober 1914. BayHStA, GHA. Presseausschnittsammlung der Königin Marie Therese. Bd. XXXV.

[956] „Besuch des israelitischen Krankenheims". Bayerische Staatszeitung, 18. Oktober 1914. Hof- und Personalnachrichten. BayHStA, GHA. Presseausschnittsammlung der Königin Marie Therese. Bd. XXXV.

[957] Maschinenschriftliche Abschrift der Lebenserinnerungen. S. 833. BayHStA, GHA. NL Prinz Leopold, Nr. 261.

[958] Brief der Königin Marie Therese an Kronprinz Rupprecht. München, 8.5.1915. BayHStA, GHA. NL Kronprinz Rupprecht, Nr. 6.

[959] Vgl. Presseausschnittsammlung vom 1.9.1914-30.11.1914. BayHStA, GHA. Presseausschnittsammlung der Königin Marie Therese. Bd. XXXV.

[960] Postkarte mit Foto von Prinzessin Hildegard und Prinzessin Helmtrud als Rot-Kreuz-Schwestern. Briefe und Postkarten des Prinzen Leopold von Bayern 1914-1915. BayHStA, GHA. NL Prinz Heinrich. Nr. 27.

6.6 Monarchie und Lazarette

Empfang überstieg allerdings alle „Erwartungen und war wirklich rührend."[961] An Rupprecht schrieb sie: „Während Papa im Westen war, besuchte ich Lazarette in Würzburg und Aschaffenburg und sah auch dort viel Elend. In Bamberg und Bayreuth, Prien, Aschau, Hohenheim, Traunstein war ich auch, jetzt kommt Ingolstadt und Ansbach. Zu Reichenhall, Lindau, Regensburg bin ich auch gebeten, doch Alles kann man nicht machen."[962] Die Besuche liefen stets ähnlich ab. Soldaten, die ihre Betten zu verlassen imstande waren, standen zur Begrüßung Ihrer Majestät bereit. ‚Leutselig' unterhielten sich die Königin und die Prinzessinnen in den Krankensälen mit den Verwundeten, fragten nach der Regimentszugehörigkeit, dem Ort, an welchem die Verwundung stattgefunden hatte und nach dem Befinden. Zudem ließ sich Marie Therese von den Ärzten in manchen Fällen den Heilungsprozess erläutern. Meist entstand eine Fotografie der Königin im Kreis der Verwundeten und des Pflegepersonals. Üblicherweise bekam jeder verwundete und kranke Soldat von der Königin ein Geschenk in die Hand, gewöhnlich zwei Fotopostkarten mit den Bildnissen des Kaisers, des Königs von Bayern oder des Kronprinzen von Bayern. Zudem erhielten die Soldaten meist ein Heftchen mit Soldatenliedern und immer Zigaretten oder zwei Zigarren.[963]

Ihrem Gatten berichtete die Königin: „In Bayreuth [...] war großer Empfang mit Anrede des Bürgermeisters, dann fuhren wir in das schöne Schloss und richteten die Mitbringsel her. Nach einiger Zeit besichtigten wir das Lazarett im Schlosse und die Verwundeten in dem Nebengebäude (wohin wir durch den Garten gingen) und fuhren dann in Lazarette. [...] In Bayreuth war der Empfang schon sehr herzlich, aber hier [in Bamberg] war er großartig. Schon an allen Stationen winkten die Leute und hier war alles auf den Beinen!"[964] Auf dem Programm standen Besuche des Georgiritter-Lazaretts im Bamberger Schloss, das nach Marie Thereses Bericht „wunderschöne Räume" einnahm, für deren Überlassung man dem König sehr dankbar sei. Zudem besuchte sie das Militärlazarett und das Lazarett in der Luitpold-Realschule.[965] Nach dem Besuch der Heiligen Messe im Bamberger Dom spazierten die Königin und ihre Begleiterinnen „wie beim Herkommen durch ein Spalier blumenstreuender Klosterschülerinnen" in die Residenz zurück. Der Abschied Marie Thereses aus Bamberg war sehr lebhaft: „Massenhaft Menschen standen auf den Straßen und die Schuljugend bildete stellenweise Spalier."[966] Die

---

[961] Schreiben der Königin Marie Therese an König Ludwig III., 13.10.1915. BayHStA, GHA. NL Ludwig III., Nr. 47; Reise der Königin nach Bayreuth, Bamberg, Würzburg, Aschaffenburg und Ludwigshöhe 1915. Akten des Oberstthofmarschalls. BayHStA, Geheimes Hausarchiv. Oberstthofmarschallstab S.M. des Königs Ludwig III. von Bayern, Nr. 512.
[962] Brief der Königin Marie Therese an Kronprinz Rupprecht. Leutstetten, 26.8.1915. BayHStA, GHA. NL Kronprinz Rupprecht, Nr. 6.
[963] Vgl. Schad, Martha: Bayerns Königinnen. München, 2007. S. 340f.
[964] Schreiben der Königin Marie Therese an König Ludwig III., 26.6.1915. BayHStA, GHA. NL Ludwig III., Nr. 47.
[965] Schreiben der Königin Marie Therese an König Ludwig III., 26.6.1915 abends. BayHStA, GHA. NL Ludwig III., Nr. 47.
[966] Schreiben der Königin Marie Therese an König Ludwig III., 27.6.1915. BayHStA, GHA. NL Ludwig III., Nr. 47.

Presse berichtete reichsweit über ihre zahllosen Reisen. Selbst die ostpreußische „Königsberger Woche" widmete der Königin von Bayern einen ausführlichen Bildbericht mit dem Titel „Ein Lazarettbesuch der Königin von Bayern in Bamberg" und bildete diese mitsamt ihrem Gefolge im Kreise der genesenden Feldgrauen und Rot-Kreuz-Schwestern ab.[967]

Während der König sich immer wieder an der Front befand, zog sich die gesundheitlich stark angegriffene Königin häufig zur Erholung auf das Gut Leutstetten oder ins Schloss Wildenwart im Chiemgau zurück, wo sie nicht nur Besuche empfing, sondern die Lazarette und „Kleinkinderbewahranstalten" in der Umgebung besichtigte.[968] Während ihrer Aufenthalte in den Bergen besuchte die Königin Arbeitsstellen des Roten Kreuzes, um Einblick in deren Tätigkeit zu gewinnen. Dabei suchte sie die örtlichen Lazarette und Wohlfahrtseinrichtungen auf und kam mit den Lazarettpatienten ins Gespräch.[969] Im Frühjahr 1916 schrieb sie ihrem Sohn Rupprecht, sie habe „sehr viel zu tun" und müsse aufgrund ihrer schwindenden Gesundheit „Kohlensäurebäder nehmen, die mir dreimal wöchentlich ein paar Stunden wegnehmen, da ich nachher noch liegen müsste. Abends gab es Konzerte, Wohltätigkeitsvorstellungen, Vorträge in Hülle und Fülle. Dazwischen Luft schöpfen, Lazarette und Wohltätigkeitseinrichtungen besuchen und so geht es fort. [...] Mit großer Bangigkeit verfolgen wir hier alle Nachrichten vom Felde, denn obwohl man ja überzeugt ist, dass es immer Siege geben wird, ist doch der Gedanke so furchtbar traurig, dass so manche, die froh hierauszogen, bei der Heimkehr fehlen werden."[970]

Die Mehrzahl der Prinzessinnen war während des Krieges in hohem Maße karitativ tätig. Vor allem die jüngeren Prinzessinnen verrichteten im Rahmen der freiwilligen Krankenpflege des Frauenvereins des Roten Kreuzes in Münchner Lazaretten „als leuchtendes Beispiel treuester vaterländischer Pflichterfüllung" Pflegedienste. Für ihre sozialen Anstrengungen wurden die Königstöchter Helmtrud und Hildegard sowie deren Cousine María del Pilar mit Ehrungen wie der Rote-Kreuz-Medaille, verliehen durch den Deutschen Kaiser, oder mit dem österreichischen Verdienstorden ausgezeichnet.[971] Am 6. August 1914 hatten die Prinzessinnen Hil-

---

[967] Königsberger Woche Nr. 10, 8. Jg. (1915) mit Titelbild „Kronprinz Rupprecht von Bayern mit seinem Sohne Prinz Albrecht" und Bildbericht „Ein Lazarettbesuch der Königin von Bayern in Bamberg 1915". S. 162. BayHStA, Geheimes Hausarchiv. NL Königin Marie Therese. Nr. 145.

[968] Vgl. die Briefe der Königin Marie Therese an König Ludwig III. 1916/ 1917. BayHStA, GHA. NL Ludwig III., Nr. 48; Briefe der Königin Marie Therese an König Ludwig III. 1918. BayHStA, GHA. NL Ludwig III., Nr. 49.

[969] „Kriegsfürsorge der Königin" von Generalleutnant Karl von Menz. In: Das Bayerland. Illustrierte Wochenschrift für Bayerns Land und Volk. Begründet von H. Leher, Hrsg. von Dr. Josef Weiß und Dr. Otto Denk in Verbindung mit einem Kuratorium unter dem Vorsitze Sr. Kgl. Hoheit des Kronprinzen Rupprecht von Bayern. München, Jahrgang 1917/18. Zweites Oktoberheft. S. 166.

[970] Brief der Königin Marie Therese an Kronprinz Rupprecht. München, 7.3.1916. BayHStA, GHA. NL Kronprinz Rupprecht, Nr. 6.

[971] Vgl. Schad, Martha: Bayerns Königinnen. München, 2007. S. 343f; Zeitungsartikel 8.12.1915. Angelegenheiten der Prinzessin Hildegard. 1913-1918. BayHStA, GHA. Kabinettsakten König Ludwigs III., Nr. 139.

6.6 Monarchie und Lazarette

degard, Helmtrud und Gundelinde zusammen mit ihren Hofdamen erstmals den praktischen Kurs im Roten Kreuz besucht, um sich für die Aufgaben in der Verwundetenfürsorge zu rüsten.[972] Die Königstochter Helmtrud arbeitete, wie ihre Schwester Wiltrud im November 1914 an ihren Vetter Heinrich berichtete, „jeden Tag von 7 bis 12 oder 1 Uhr im Roten Kreuz Lazarett." Heinrichs Mutter Prinzessin Therese sowie die Königstöchter Adelgunde und Wiltrud wohnten stets „den Sitzungen der Fürsorge für die Zurückbleibenden der Kriegsteilnehmer bei, arbeite[te]n in den Nibelungensälen oder besuch[t]en Lazarete."[973] Prinzessin Gundelinde lag vor allem der Verein „Lasset die Kleinen zu mir kommen" am Herzen, der 1914 ein Kriegszufluchtsheim eröffnete. Bis 1916 wurden über 100 Kinder, deren Väter im Feld standen und deren Mütter erkrankt oder verstorben waren, dort aufgenommen. Kinder von arbeitenden Müttern wurden tagsüber betreut. Es bestand die Möglichkeit, in der zugehörigen Suppenküche für 10 Pfennig eine warme Mahlzeit zu bekommen. An den entstehenden Kosten beteiligte sich Gundelinde wiederholt durch Spenden.[974]

Prinzessin María de Pilar, eine Cousine der Königstöchter, war ebenfalls unermüdlich für das Rote Kreuz tätig. Ihr Bruder Prinz Adalbert schrieb über sie, dass sie sich „seit der Mobilmachung täglich im Roten Kreuz abrackerte, bei jedem Wetter und jeder Jahreszeit mit dem Rad frühmorgens hin und spätabends zurückfuhr."[975] Der enorme Einsatz der jungen Prinzessinnen für Soldaten, die Verwundeten und die in der Heimat zurückgebliebenen Bedürftigen sollte sich während des Krieges nicht verringern. Im Februar 1916 schrieb Wiltrud an Heinrich: „Hier geht das Leben seinen Gang wie den letzten Winter auch: Lazarettbesuche und Arbeit in den Nibelungensälen. Wohltätigkeitsvorträge und Konzerte werden besucht, Feldpakete abgeschickt und jeden Tag der Bericht von der Front erwartet. Helmi und Pilar sind unermüdlich bei den Verwundeten im Roten Kreuz tätig, Hildegard etwas weniger, da sie das Pflegen nicht so gut verträgt wie die beiden anderen."[976] Wenn das Arbeitspensum es zuließ, verbrachten die Prinzessinnen zur Erholung einige Tage in Leutstetten.[977]

Prinz Ludwig Ferdinand, der als Arzt tätig war, stand seit 1910 à la suite des Sanitätskorps und stellte sich bei Kriegsbeginn zur Dienstleistung in den Münchner

---

[972] Tagebuch 6.8.1914. BayHStA, GHA. NL Herzogin Wiltrud von Urach, Nr. 592.
[973] Schreiben der Prinzessin Wiltrud von Bayern an Prinz Heinrich von Bayern. München, 11. November 1914. Schriftwechsel der Wiltrud Prinzessin von Bayern mit ihrem Vetter Heinrich Prinz von Bayern. 1891-1916. LABW, HStA Stuttgart, Archiv der Herzöge von Urach, GU 119. NL Wiltrud Herzogin von Urach. Nr. 338.
[974] Vgl. Schad, Martha: Bayerns Königinnen. München, 2007. S. 312.
[975] Vgl. ebd., S. 344.
[976] Schreiben der Prinzessin Wiltrud von Bayern an Prinz Heinrich von Bayern. München, 1. Februar 1916. Schriftwechsel der Wiltrud Prinzessin von Bayern mit ihrem Vetter Heinrich Prinz von Bayern. 1891-1916. LABW, HStA Stuttgart, Archiv der Herzöge von Urach, GU 119. NL Wiltrud Herzogin von Urach. Nr. 338.
[977] Schreiben der Prinzessin Helmtrud an König Ludwig III., 8.2.1915. BayHStA, GHA. NL Ludwig III., Nr. 71; Schreiben der Prinzessin Gundelinde an König Ludwig III., 102.1915. BayHStA, GHA. NL Ludwig III., Nr. 72.

Reservelazaretten zur Verfügung, wo er verwundeten und kranken Soldaten medizinische Behandlung zukommen ließ. Angesichts dieser praktischen Sanitätsoffizierstätigkeit wandte sich der Prinz im Juli 1915 mit der Bitte an das bayerische Kriegsministerium, ihn mit einem militärärztlichen Dienstgrad auszustatten und dadurch in die Lage zu versetzen, die wahrgenommene Stelle auch bei der Ausfertigung dienstlicher Schriftstücke zum Ausdruck zu bringen.[978] König Ludwig III. verlieh dem Prinzen die Dienstgradbezeichnung „Obergeneralarzt à la suite des Sanitätskorps" mit dem bisher bekleideten Rang.[979] Im ersten Kriegsjahr wirkte Ludwig Ferdinand als leitender Arzt der chirurgischen Abteilung des Garnisons-Lazaretts München, ab Oktober 1915 bis zum Kriegsende als leitender Arzt der Fürsorgeabteilung des Königlichen Reserve-Lazaretts München.[980] Prinz Alfons, der jüngere Bruder Ludwig Ferdinands, fungierte nach seinem kurzen Kriegseinsatz Anfang 1915 als Ehrenpräsident des bayerischen Landeskomitees für freiwillige Krankenpflege im Kriege und wurde 1916 mit der preußischen Rot-Kreuz-Medaille geehrt.[981] Die schriftstellerisch tätige Gattin des Prinzen Ludwig Ferdinand, Prinzessin María de la Paz, geborene Infantin von Spanien, veröffentlichte im Jahr 1917 einen Schriftenband mit dem Titel „Aus meinem Leben", der ein Dutzend erstmals aus dem Spanischen ins Deutsche übersetzte kurze Essays der Prinzessin beinhaltete, welche in Spanien und Südamerika weitverbreitet und überaus populär waren. Den gesamten Erlös der Buchverkäufe spendete die Prinzessin Witwen und Waisen von Gefallenen sowie den Invaliden des königlich-bayerischen I. Reserve-Infanterieregiments.[982]

Prinzessin Gisela, eine Tochter des österreichischen Kaisers Franz Joseph und der Kaiserin Elisabeth, war seit 1873 mit Prinz Leopold verheiratet. Während Leopold der bayerischen Armee diente, betätigte Gisela sich vor allem karitativ. Bereits vor dem Ersten Weltkrieg hatte Gisela in München den österreichisch-ungarischen Hilfsverein, den „Giselaverein", den Verein „Ferienkolonie", einen Kranken- und einen Mädchenhort, sowie in Wien eine Stiftung für Blinde und Taubstumme gegründet. Sie war nicht nur Schirmherrin dieser Vereine, sondern wurde in deren Rahmen tätig.[983] Zusammen mit ihrem Gatten besuchte Prinzessin Gisela jeden zweiten Tag eines der vielen Münchner Lazarette, was stets einige

---

[978] Schreiben des bayerischen Kriegsministeriums an König Ludwig III., 14.7.1915. BayHStA, KrA. Offizierspersonalakte 7388.

[979] Allerhöchstes Handschreiben S.M. des Königs von Bayern an das bayerische Kriegsministerium, 16.7.15. BayHStA, KrA. Offizierspersonalakte 7388.

[980] Personalbogen des Ludwig Ferdinand Prinz von Bayern, Königliche Hoheit. BayHStA, KrA. Offizierspersonalakte 7388.

[981] Gedruckter Reisebericht zum Besuch der in der Schweiz internierten bayerischen Gefangenen durch S.K.H. Prinz Alfons 1917 vom 16. April 1917 bis 6. Mai 1917. Wirtschaftliche Lage im Ersten Weltkrieg, Kriegsgefangene und Zivilinternierte, Verlustlisten (1914-1918). BayHStA, GHA. Kabinettsakten König Ludwigs III., Nr. 48; Ludwig III. an Prinz Alfons, 1.1.1916. Angelegenheiten des Prinzen Alfons 1913-1918. BayHStA, GHA. Kabinettsakten König Ludwigs III., Nr. 155.

[982] Bayern, Maria de la Paz Prinzessin von: Aus meinem Leben. Eindrücke von Paz, Prinzessin Ludwig Ferdinand von Bayern, Infantin von Spanien. München, 1917.

[983] Vgl. Schad, Martha: Kaiserin Elisabeth und ihre Töchter. München, 1999. S. 23-40.

6.6 Monarchie und Lazarette

Stunden in Anspruch nahm. Die Prinzessin richtete kurz nach Kriegsausbruch den größten Teil des Leopoldinischen Palais als Erholungsheim für verwundete Offiziere ein und widmete sich bis zum Juni des Jahres 1919 zusammen mit ihren Hofdamen der Pflege.[984] Das Heim war bis auf den letzten Platz besetzt.[985] Gisela half nicht nur persönlich bei der Versorgung der Soldaten und besuchte unentwegt die Lazarette Münchens, sondern sammelte Liebesgaben für die im Feld stehenden Truppen, was ihr in der Residenzstadt die Bezeichnung „der gute Engel aus Wien" einbrachte.[986] Prinz Leopold, der in den ersten Monaten des Krieges keine militärische Verwendung gefunden hatte, berichtete seiner in Lindau wohnenden Schwester Therese über seine Gattin: „Sie trägt ihre Sorge um unsere Kinder mit bewunderungswürdiger Kraft und ist unermüdlich tätig für die kommende Verwundetenfürsorge und sieht viele Damen bei sich, die ihre nächsten Verwandten im Felde haben, wird dabei immer schlanker."[987] Im Frühjahr 1917 äußerte er sich gegenüber seinem Sohn Georg: „Es ist bewunderungswürdig, wie sie mit unseren wenigstens halbinvaliden Dienern für die vielen Offiziere sorgt, die sie in Pflege genommen hat; ich fürchte nur immer, dass sie sich doch schließlich zu viel zumutet, aber da lässt sich jetzt nichts machen."[988]

Von offizieller Seite wurden ihre karitativen Anstrengungen ebenfalls gewürdigt. Ende 1915 wurde ihr vom König, der bei ausländischen Ehrungen von Mitgliedern der königlichen Familie Bayerns zustimmen musste, die Annahme und das Tragen des von ihrem Vater, dem Kaiser von Österreich, verliehenen „Ehrenzeichens 1. Klasse mit der Kriegsdekoration für die Verdienste um das Rote Kreuz" offiziell gestattet.[989] Im Sommer 1916 folgte die Verleihung des vom Großherzog von Baden verliehenen „Kriegshilfekreuzes",[990] ein halbes Jahr später das vom König von Sachsen verliehene „Ehrenkreuz für freiwillige Wohlfahrtspflege im Kriege".[991] Im April 1917 erhielt Prinzessin Gisela die Erlaubnis, den ihr vom König von Bulgarien verliehenen „Rote-Kreuz-Orden I. Klasse" anzunehmen

---

[984] Vorwort des Kriegstagebuchs. BayHStA, GHA. NL Prinz Leopold, Nr. 239.
[985] Kriegstagebuch, 24.10.14. BayHStA, GHA. NL Prinz Leopold, Nr. 239.
[986] Vgl. Schad, Martha: Kaiserin Elisabeth und ihre Töchter. München, 1999. S. 40f.
[987] Prinz Leopold von Bayern an Prinzessin Therese. München, 13. August 1914. Briefe, Postkarten und ein Telegramm (26.11.1918) des Prinzen Leopold von Bayern an Prinzessin Therese. BayHStA, GHA. NL Prinzessin Therese (†1925), Nr. 75.
[988] Schreiben des Prinzen Leopold an Prinz Georg, 14.4.17. BayHStA, GHA. NL Prinz Georg, Nr. 59.
[989] König Ludwig III. an Prinzessin Gisela von Bayern. München, 20. Dezember 1915. Schreiben König Ludwigs III. wegen der Erlaubnis zum Tragen österreichischer, preußischer, badischer, sächsischer und bulgarischer Auszeichnungen für Verdienste um die Kriegskrankenpflege 1915-1917. BayHStA, GHA. NL Prinzessin Gisela, Nr. 19.
[990] König Ludwig III. an Prinzessin Gisela von Bayern. Metz, 2. Juli 1916. Schreiben König Ludwigs III. wegen der Erlaubnis zum Tragen österreichischer, preußischer, badischer, sächsischer und bulgarischer Auszeichnungen für Verdienste um die Kriegskrankenpflege 1915-1917. BayHStA, GHA. NL Prinzessin Gisela, Nr. 19.
[991] König Ludwig III. an Prinzessin Gisela von Bayern. München, 10. Februar 1917. Schreiben König Ludwigs III. wegen der Erlaubnis zum Tragen österreichischer, preußischer, badischer, sächsischer und bulgarischer Auszeichnungen für Verdienste um die Kriegskrankenpflege 1915-1917. BayHStA, GHA. NL Prinzessin Gisela, Nr. 19.

und zu tragen,[992] zu dem im Herbst 1917 noch das „Ehrenzeichen des Bulgarischen Roten Kreuzes I. Klasse" kam.[993] König Ferdinand von Bulgarien verlieh letzteres Ehrenzeichen in Würdigung der „hohen Verdienste" Prinzessin Giselas, wie er ihr am 7. November 1917 schrieb, da sie „während der mehr als dreijährigen Dauer dieses furchtbaren Krieges sich mit unermüdlicher Hingabe den Werken der Barmherzigkeit gewidmet und in aufopfernder Weise für das leibliche und geistige Wohl der verwundeten und kranken Soldaten gesorgt" hatte.[994] Giselas und Leopolds zweite Tochter Auguste, die mit dem ungarischen Erzherzog Josef August verheiratet war, widmete sich wie ihre Mutter der Verwundetenpflege, die sie auch materiell unterstützte. Sie hatte sich sogar dazu bereit erklärt, an der Front Dienst als Krankenschwester zu versehen, was aber am Einspruch ihres Großvaters, des Kaisers Franz Joseph, scheiterte. Sie war eine der Begründerinnen der „Gold für Eisen"-Bewegung und trat als Protektorin zahlreicher Wohltätigkeitsvereine in Erscheinung.[995]

Herzogin Maria José in Bayern mietete zur Augenklinik ihres 1909 verstorbenen Gatten Herzog Carl Theodor noch eine Nachbarvilla an und richtete beide Häuser als Lazarette ein.[996] Prinzessin Therese, die den Prinzen Arnulf von Bayern, den jüngsten Bruder König Ludwigs III., geheiratet hatte, lebte nach dem Tod ihres Mannes im Jahr 1907 in einer Wohnung im Wittelsbacher Palais. Während des Krieges unterhielt die als fromm geltende Prinzessin ein Lazarett auf ihrem Gut Holzen. Für ihr Engagement in der Pflege Verwundeter erhielt auch sie mehrere Auszeichnungen, unter anderem das Ehrenkreuz für freiwillige Wohlfahrtspflege des Königreichs Sachsen, das Charlottenkreuz des Königreichs Württemberg sowie die Rote-Kreuz-Medaille des Deutschen Reichs.[997] Bereits vor dem Krieg hatte sie den Verein „Arbeiterinnen-Heim" gegründet und zusammen mit ihrem Sohn Heinrich auf dem Gut Holzen eine Gartenstadt ins Leben gerufen. Zudem hatte sie eine Kleinkinderschule in Sendling, das Prinzessin-Arnulf-Haus für Säuglinge an der Frühlingstraße in München und den „Verein Kinderheim" gegründet.[998]

Das Lazarett Holzen im bayerischen Bezirksamt Wolfratshausen wurde im August 1914 vollständig eingerichtet und in Dienst gestellt. Es enthielt 100 Betten für

---

[992] König Ludwig III. an Prinzessin Gisela von Bayern. München, 17. April 1917. Schreiben König Ludwigs III. wegen der Erlaubnis zum Tragen österreichischer, preußischer, badischer, sächsischer und bulgarischer Auszeichnungen für Verdienste um die Kriegskrankenpflege 1915-1917. BayHStA, GHA. NL Prinzessin Gisela, Nr. 19.

[993] König Ludwig III. an Prinzessin Gisela von Bayern. München, 27. November 1917. Schreiben König Ludwigs III. wegen der Erlaubnis zum Tragen österreichischer, preußischer, badischer, sächsischer und bulgarischer Auszeichnungen für Verdienste um die Kriegskrankenpflege 1915-1917. BayHStA, GHA. NL Prinzessin Gisela, Nr. 19.

[994] Schreiben König Ferdinands von Bulgarien an Prinzessin Gisela. Sofia, 7. November 1917. Verleihung der Ehrenkreuzes des Bulgarischen Roten Kreuzes I. Klasse durch König Ferdinand. BayHStA, GHA. NL Prinzessin Gisela, Nr. 20.

[995] Vgl. Schad, Martha: Kaiserin Elisabeth und ihre Töchter. München, 1999. S. 36.

[996] Vgl. Redwitz, Marie Freiin von: Hofchronik. 1888-1921. München, 1924. S. 376.

[997] Vgl. Aretin, Cajetan von: Die Erbschaft des Königs Otto von Bayern. München, 2006. S. 35f.

[998] Vgl. Rall, Hans: Wittelsbacher Lebensbilder von Kaiser Ludwig bis zur Gegenwart. München, 1979. S. 118.

6.6 Monarchie und Lazarette 225

Verwundete und Kranke, fünf Küchen und zwei Speiseanstalten für leichter verwundete Offiziere, Unteroffiziere und Mannschaftssoldaten.[999]

Auch des Königs Schwester, Prinzessin Therese, eröffnete kurz nach Ausbruch des Krieges ein Lazarett in ihrer Villa in Lindau. Mit Kriegsbeginn übersiedelte sie ganzjährig dorthin, während sie bislang nur die Sommermonate am Bodensee verbrachte. Trotz gesundheitlicher Schwächen nahm sie keinerlei Privilegien in Anspruch.[1000] Für ihre schriftstellerische Tätigkeit war während des Krieges keine Zeit; „es ruht alles." Nicht nur Villa Amsee wurde als Hospital eingerichtet, auch die Möbel des Kasinos wurden für das Lazarett verwendet. Die Pferde der Prinzessin fuhren täglich für das Militär.[1001] Während des Ersten Weltkrieges nahmen die Prinzessin das Lazarett und ihre sonstigen karitativen Tätigkeiten für Verwundete, Gefangene, Vermisste, ins Feld ziehende oder auf Transporten durchziehende Truppen in Beschlag.[1002] Ihrem Bruder Leopold beschrieb sie im Herbst 1916 ihren Einsatz: „Gibt es keine Lazaretttätigkeit, so gibt es häusliche Angelegenheit zu erledigen, Anfragen, Bestimmungen in Küche, Garten, Stall und Haus. [...] Da gibt es manchmal wochenlange Arbeit. Du siehst, dass mir die Zeit im Dienst der Nächstenliebe nicht lang werden kann."[1003] Mit der Königin stand Therese über Fragen der Verwundetenfürsorge sowie über das Rote Kreuz in Korrespondenz.[1004] Während der Sommermonate fuhr Prinzessin Wiltrud regelmäßig für einige Wochen zur Unterstützung ihrer Tante nach Lindau. Dort half sie im Lazarett bei der Verwundetenpflege und war froh um das – im Vergleich zu München – bessere Essen auf dem Land.[1005] Für ihre karitativen Anstrengungen wurde Therese im Jahr 1916 mit der vom Kaiser verliehenen Rote-Kreuz-Medaille ausgezeichnet, ebenso mit dem badischen Kriegshilfskreuz.[1006]

---

[999] „Das Lazarett der Prinzessin Arnulf". Augsburger Postzeitung, 2. September 1914. BayHStA, GHA. Presseausschnittsammlung der Königin Marie Therese. Bd. XXXV.
[1000] Vgl. Neukum-Fichtner, Eva: „Freiheit, Freiheit war es, wonach ich leidenschaftlich lechzte". In: Bußmann, Hadumod, Neukum-Fichtner, Eva (Hrsg.): „Ich bleibe ein Wesen eigener Art". Prinzessin Therese von Bayern. München, 1997. S. 28-37. Hier: S. 36; Vgl. Bußmann, Hadumod: „Ich habe mich vor nichts im Leben gefürchtet". Die ungewöhnliche Geschichte der Therese Prinzessin von Bayern. München, 2011. S. 234-236.
[1001] Schreiben der Prinzessin Therese von Bayern an Prinz Leopold von Bayern. Lindau, 12. August 1914. Briefe der Prinzessin Therese 1859-1925. BayHStA, GHA. NL Prinz Leopold, Nr. 45.
[1002] Zur Erziehungsgeschichte der Prinzessin Therese, „warum Prinzessin Therese niemals über Griechenland geschrieben hat", wie die Prinzessin arbeitet, die Tätigkeit der Prinzessin im Roten Kreuz, ihre Lehrer und ihre Beziehungen zu Gelehrten. Abschrift nach eigenen Aufzeichnungen der Prinzessin Therese. 1921-1922. BayHStA, GHA. NL Prinzessin Therese (†1925), Nr. 38.
[1003] Schreiben der Prinzessin Therese von Bayern an Prinz Leopold von Bayern. Lindau, 6. November 1916. Briefe der Prinzessin Therese 1859-1925. BayHStA, GHA. NL Prinz Leopold, Nr. 45.
[1004] Briefe der Therese Prinzessin von Bayern an ihre Schwägerin Marie Therese Königin von Bayern (geb. Erzherzogin von Österreich-Este Prinzessin von Modena) 1910-1917. LABW, HStA Stuttgart, Archiv der Herzöge von Urach, GU 119. NL Wiltrud Herzogin von Urach. Nr. 1127.
[1005] Vgl. die Briefe der Wiltrud Prinzessin von Bayern an ihre Mutter Marie Therese Königin von Bayern (geb. Erzherzogin von Österreich-Este Prinzessin von Modena) 1910-1917. LABW, HStA Stuttgart, Archiv der Herzöge von Urach, GU 119. NL Wiltrud Herzogin von Urach. Nr. 1102.
[1006] Vgl. die Briefe König Ludwigs III. an seine Schwester Prinzessin Therese vom 16.1. und 6.7. 1916, in denen die Genehmigung zur Annahme der Auszeichnungen erteilt wurde. Angelegenheiten der

6.7 Wohltätigkeit und Liebesgaben

Wenige Tage nach Kriegsbeginn informierte der König den Innenminister, dass er die geplanten Ehrengeschenke der Städte zu seinem 70. Geburtstag ablehnte und es stattdessen „mit freudiger Genugtuung begrüßen [würde], wenn die hierfür bestimmten Mittel der Fürsorge für die Kriegsteilnehmer und ihre Angehörigen zugewendet würden."[1007] Er bestimmte, dass die Aufrufe zu Sammlungen für verwundete und kranke Soldaten sowie zur Fürsorge für Angehörige der Kriegsteilnehmer „möglichst bald und gleichzeitig erlassen werden" sollten. Das Königspaar eröffnete die Sammlungen für die Verwundetenfürsorge und Angehörigenfürsorge durch Spenden von jeweils 10.000 Mark.[1008] Während eines Besuchs der bayerischen Pfalz im September 1914 spendete Ludwig III. die Summe von 10.000 Mark an das Rote Kreuz und die pfälzischen Fürsorgeeinrichtungen. Viele weitere Spenden folgten.[1009] Wohltätigkeitsveranstaltungen für die Kriegsinvalidenfürsorge waren während des Krieges Anlässe, bei denen Mitglieder des Königlichen Hauses regelmäßig auftraten. Im November 1914 besuchten die Majestäten eine karitative Ausstellung im Kunstausstellungsgebäude am Münchner Königsplatz, die Familien von Kriegsteilnehmern zugute kam. Im Februar 1915 war der König zusammen mit den Prinzessinnen Helmtrud und Gundelinde bei einer Wohltätigkeitsveranstaltung im Münchner Prinzregententheater.[1010] Ludwig III. besuchte jährlich die Vorbereitungen des „Weihnachtsausschusses vom Roten Kreuz" für Oberbayern für „Weihnachten im Felde"[1011] und besichtigte im Kunstverein ausgestellte Entwürfe für ein bayerisches „Opfertag-Plakat".[1012] War der König nicht vor Ort, veranlasste er die Überbringung einer Spende. Die Vorsitzende des Landesausschusses für die Angehörigen der Kriegsteilnehmer, Gräfin Luxburg, bedankte sich im März 1917 bei Kabinettschef Dandl für eine Spende des Königs in Höhe von 16.500 Mark anlässlich einer Vorstellung im Gärtnerplatztheater.[1013]

Anlässlich des Hochzeitsjubiläums des bayerischen Königspaares am 20. Februar 1918 wurden mehrere Wohltätigkeitsstiftungen ins Leben gerufen. Die städtischen Kollegien Münchens errichteten eine Stiftung in Höhe von einer Million Mark, „deren Mittel zur Fürsorge für arme, dem Säuglingsalter entwachsene, aber

---

Prinzessin Therese, Schwester des Königs. 1913-1918. BayHStA, GHA. Kabinettsakten König Ludwigs III., Nr. 149.

[1007] Zit. nach Zils, Wilhelm: König Ludwig III. im Weltkrieg. München, 1917. S. 12f.
[1008] Zit. nach ebd., S. 13.
[1009] Vgl. ebd., S. 20.
[1010] Einladung des Königs und der Königin zur Teilnahme an oder zur Übernahme von Protektoraten über Wohltätigkeitsveranstaltungen 1913-1916. BayHStA, GHA. Kabinettsakten König Ludwigs III., Nr. 3.
[1011] Dandl an den Geheimen Sanitätsrat Dr. May. München, 14.6.1917. Einladung des Königs zu Vorträgen und Veranstaltungen 1913-1917. BayHStA, GHA. Kabinettsakten König Ludwigs III., Nr. 2.
[1012] Dandl an den Geheimen Sanitätsrat Dr. May. München, 9.11.1917. Einladung des Königs zu Vorträgen und Veranstaltungen 1913-1917. BayHStA, GHA. Kabinettsakten König Ludwigs III., Nr. 2.
[1013] Gräfin Luxburg an Dandl. München, 23.3.1917. Einladung des Königs zu Vorträgen und Veranstaltungen 1913-1917. BayHStA, GHA. Kabinettsakten König Ludwigs III., Nr. 2.

noch nicht schulpflichtige Kinder, vor allem für Kinder von Gefallenen, von Invaliden und Kriegsveteranen, sowie zur Unterstützung kinderreicher Familien durch Gewährung von Mietzuschüssen verwendet werden" sollte. Die Stiftung erhielt den Namen „Das Kind".[1014] Anlässlich der Goldenen Hochzeit wurden private Initiativen ins Leben gerufen, unter anderem durch den Bezirksverband der katholischen Arbeiter und Arbeiterinnen der Stadt München, die durch die Majestäten unterstützt wurden.[1015] Ein Spendenaufruf führte bis zum 16. Februar 1918 zu Einnahmen von 5,04 Millionen Mark.[1016] Durch diese Stiftungsmittel stellte der König 1,2 Millionen Mark für den Bau eines Kunstausstellungsgebäudes im alten botanischen Garten in München bereit, um „am Tage meiner Goldenen Hochzeit dem künstlerischen Schaffen Münchens in besonderer Weise Meine Fürsorge zuteilwerden zu lassen."[1017] Insgesamt spendete das Königspaar anlässlich der Goldenen Hochzeit fast zehn Millionen Mark für wohltätige Zwecke. Ein Teil des Geldes sollte der Errichtung einer städtischen Hochschule in Nürnberg zugute kommen.[1018]

Durch die „Landesspende" wurde auch eine „König-Ludwig-III.-und-Königin-Marie-Therese-von-Bayern-Landesstiftung" begründet. Diese diente der Fürsorge für Säuglinge, Kleinkinder und kinderreiche Familien. Das unangreifbare Grundstockvermögen sollte fünf Millionen Mark betragen. Über die Zinsen sollte der König verfügen. Die vom Königspaar aus dem eigenen Vermögen mit einem Betrag von 500.000 Mark errichtete „König-Ludwig-III.-und-Königin-Marie-Therese-von-Bayern-Aussteuerstiftung" bezweckte, in jedem Kalenderjahr fünfzig Brautpaaren zur Eheschließung und Gründung eines Hausstandes Beihilfen zu gewähren. Über die Vergabe sollten die beiden Majestäten entscheiden.[1019] In der Stiftungsurkunde der „Aussteuerstiftung" hieß es seitens des Königspaares, „wir können den heutigen Tag nicht vorübergehen lassen, ohne Unserem Lande einen sichtbaren Beweis unserer Königlichen Gnade und nie ermüdenden Fürsorge" dar-

---

[1014] Vgl. Schad, Martha: Bayerns Königinnen. München, 2007. S. 329.
[1015] Errichtung der König Ludwig III. und Königin Marie Therese-Landesstiftung, der König Ludwig III. und Königin Marie Therese-Aussteuerstiftung und anderer Stiftungen aus Anlass der Goldenen Hochzeit des Königspaares 1918. BayHStA, GHA. Kabinettsakten König Ludwigs III., Nr. 163.
[1016] Schreiben des Innenministeriums an das königliche Kabinett (Graf Spreti). München, 16. Februar 1918. Errichtung der König Ludwig III. und Königin Marie Therese-Landesstiftung, der König Ludwig III. und Königin Marie Therese-Aussteuerstiftung und anderer Stiftungen aus Anlass der Goldenen Hochzeit des Königspaares 1918. BayHStA, GHA. Kabinettsakten König Ludwigs III., Nr. 163.
[1017] Schreiben König Ludwigs III. an das Staatsministerium des Innern für Kirchen und Schulangelegenheiten (Knilling), 20. Februar 1918. Errichtung der König Ludwig III. und Königin Marie Therese-Landesstiftung, der König Ludwig III. und Königin Marie Therese-Aussteuerstiftung und anderer Stiftungen aus Anlass der Goldenen Hochzeit des Königspaares 1918. BayHStA, GHA. Kabinettsakten König Ludwigs III., Nr. 163.
[1018] Vgl. Schad, Martha: Bayerns Königinnen. München, 2007. S. 330.
[1019] „Die Wohltätigkeitsstiftungen des Königspaares." Bayerische Staatszeitung, 21. Februar 1918. Errichtung der König Ludwig III. und Königin Marie Therese-Landesstiftung, der König Ludwig III. und Königin Marie Therese-Aussteuerstiftung und anderer Stiftungen aus Anlass der Goldenen Hochzeit des Königspaares 1918. BayHStA, GHA. Kabinettsakten König Ludwigs III., Nr. 163.

zubringen.[1020] Verwaltet wurden beide Stiftungen durch das bayerische Innenministerium.[1021] Im vierten Kriegsjahr fand außerdem eine „Allerhöchste Ehrung" für Eltern, die eine große Zahl von Söhnen im Feld stehen hatten, statt.[1022]

Königin Marie Therese richtete bei Kriegsbeginn in den Nibelungensälen der Residenz eine Werkstatt für die Herstellung von Wäsche und Verbandszeug ein, in der nicht nur adelige Damen, sondern Frauen aus allen Bevölkerungsschichten arbeiteten. Die Königin packte teils persönlich an, ebenso wie die Prinzessinnen des Königlichen Hauses.[1023] Anfangs nur als Nähstelle gedacht, als Arbeitsfeld für freiwillig dem Roten Kreuz zur Verfügung gestellte „Frauenarbeit aller Stände", wuchs diese bald über diese ursprüngliche Bestimmung hinaus.[1024] Die unter der Leitung der Hofdame Maria von Zwehl arbeitende, so genannte „Kriegsarbeitsstelle des Frauenvereins vom Roten Kreuz" in den Nibelungensälen der Residenz wurde zur größten Nähstube Deutschlands. Diese „Kriegsnähstube" ermöglichte die Versorgung abgehender Truppen und Lazarette mit Wäsche, ohne dass der lange Instanzenweg eingehalten werden musste. Die Feldlazarette erhielten von Anfang an auch Stärkungsmittel wie Kognak, Schinken, Schokolade, Gemüsekonserven oder Fruchtsäfte. Zwischen 600 und 800 mit Nähen und Stricken beschäftigten ‚Kriegerfrauen' und sonstigen Arbeitswilligen wurde durch die Nähstube, die außer in den Nibelungensälen auch in den Blumensälen der Residenz untergebracht war, für die Dauer des Krieges gut bezahlte Heimarbeit ermöglicht.[1025]

Die Arbeitsstellen waren dringend notwendig: Trotz der großen Mengen an Kleidung, die den Soldaten von der „Kriegsnähstube" zur Verfügung gestellt werden konnte, monierten einige Zeitungen bereits im September 1914 mit Blick auf die kalte Jahreszeit die mangelhafte Ausstattung der Frontsoldaten mit warmen Socken.[1026] Die Königin schenkte der „Kriegsnähstube" während der gesamten Zeit ihres Bestehens ihre tatkräftige Unterstützung. Prinzessin Wiltrud berichtete, ihre Mutter und sie „waren während des Krieges mehrmals in der Woche zur Handar-

---

[1020] Errichtung der König Ludwig III. und Königin Marie Therese-Landesstiftung, der König Ludwig III. und Königin Marie Therese-Aussteuerstiftung und anderer Stiftungen aus Anlass der Goldenen Hochzeit des Königspaares 1918. BayHStA, GHA. Kabinettsakten König Ludwigs III., Nr. 163.

[1021] „Die Wohltätigkeitsstiftungen des Königspaares." Bayerische Staatszeitung, 21. Februar 1918. Errichtung der König Ludwig III. und Königin Marie Therese-Landesstiftung, der König Ludwig III. und Königin Marie Therese-Aussteuerstiftung und anderer Stiftungen aus Anlass der Goldenen Hochzeit des Königspaares 1918. BayHStA, GHA. Kabinettsakten König Ludwigs III., Nr. 163.

[1022] Allerhöchste Ehrung von Vätern oder Müttern, die eine große Zahl von Söhnen im Felde stehen haben (1917/18). BayHStA, NB. Staatsministerium des Innern, Nr. 54021.

[1023] Maschinenschriftliche Abschrift der Lebenserinnerungen. S. 835. BayHStA, GHA. NL Prinz Leopold, Nr. 261.

[1024] „Kriegsfürsorge der Königin" von Generalleutnant Karl von Menz. In: Das Bayerland. Illustrierte Wochenschrift für Bayerns Land und Volk. Begründet von H. Leher, Hrsg. von Dr. Josef Weiß und Dr. Otto Denk in Verbindung mit einem Kuratorium unter dem Vorsitze Sr. Kgl. Hoheit des Kronprinzen Rupprecht von Bayern. München, Jahrgang 1917/18. Zweites Oktoberheft. S. 166.

[1025] Vgl. Schad, Martha: Bayerns Königinnen. München, 2007. S. 339, Abschrift des Tagebuchs der Prinzessin Wiltrud. 5.11.1918. Erinnerungen zum Hofstaat am 9.11.1918 und zur Flucht in der Revolutionszeit 1918/19. BayHStA, GHA. NL Herzogin Wiltrud von Urach, Nr. 288.

[1026] Vgl. Schad, Martha: Bayerns Königinnen. München, 2007. S. 340.

6.7 Wohltätigkeit und Liebesgaben

beit in den Nibelungensälen."[1027] Häufig erschien die Königin, begleitet von einer ihrer Töchter, ohne Ankündigung in der Arbeitsstelle, nahm an einem der Tische mitten unter den Anwesenden Platz und arbeitete, wie „Das Bayerland" schrieb, „mit Nadel, Schere und Fingerhut ganz das Gleiche […], wie die anderen freiwilligen Helferinnen." Wurden an die Arbeitsstelle spezielle Anforderungen, etwa seitens eines Lazaretts, Lazarettzuges oder besondere Wünsche aus dem Feld gestellt, deren Erfüllung den Rahmen überschritt, so bedurfte es „nur einer Bitte ihrer Leiterin, um von unserer Königin die Erfüllung dieser Wünsche zu erreichen." Zahlreiche Dankschreiben militärischer Stellen, aber auch einzelner Offiziere und Soldaten, gingen bei der Königin für ihr Engagement ein. „Das Bayerland" stellte fest, das Wirken der Königin sei damit noch nicht erschöpft, „sie führt in vollen Zügen auch auf das Gebiet der allgemeinen Kriegsfürsorge in der Heimat. Überall, wo Not und Elend des Krieges an die Tore pochen, tut sich ihre gütige Hand auf und oft drohen ihre Kräfte zu versagen im Übermaß der auferlegten Pflicht."[1028]

Die karitative Haupttätigkeit des Königshauses bestand in der Sammlung und Bereitstellung der „Liebesgaben" für die Armee. Marie Therese bereitete oft stundenlang Feldpostpakete für die Angestellten des Hofes oder der königlichen Güter.[1029] Durchgehend gingen Sachspenden von Unternehmen an das Königshaus, die diese an die Angehörigen des Heeres weiterleitete. Der Zigarettenhersteller Waldorf-Astoria in Stuttgart stellte als ein Beispiel von vielen mehrfach im Jahr 30.000 Stück Zigaretten und Zigarren zur Verfügung.[1030] Die erste Kriegsweihnacht erlebte eine große Spendenbereitschaft. Ludwig III. bedachte jeden Angehörigen seiner zahlreichen bayerischen, preußischen, sächsischen, württembergischen und österreichischen Regimenter mit Weihnachtsgaben, welche vor dem Versand einige große Säle der Residenz belegten. Das große Münchner Kaufhaus Rosipal war mit Präsenten „vom Keller bis unter das Dach mit Liebesgaben angefüllt und bedurfte es vieler Extrazüge dieselben an die Fronte zu bringen." Dabei war dies nur ein Teil der Weihnachtsliebesgaben.[1031] Prinz Franz berichtete seinem königlichen Vater von der Front, „welch große Freude" dessen Weihnachtssendungen für die Regimenter verursachten, und „zwar weniger deshalb, weil es den Leuten nicht gut geht, denn sie erhalten Liebesgaben in unglaublicher Menge, sondern hauptsächlich deshalb, weil sie stolz darauf sind, von dir persönlich etwas zu bekommen. Darum freuen sie auch die Sachen mit deinem Bilde besonders."[1032]

[1027] Abschrift des Tagebuchs der Prinzessin Wiltrud. 5.11.1918. Erinnerungen zum Hofstaat am 9.11.1918 und zur Flucht in der Revolutionszeit 1918/19. BayHStA, GHA. NL Herzogin Wiltrud von Urach, Nr. 288.

[1028] „Kriegsfürsorge der Königin" von Generalleutnant Karl von Menz. In: Das Bayerland. Illustrierte Wochenschrift für Bayerns Land und Volk. Begründet von H. Leher, Hrsg. von Dr. Josef Weiß und Dr. Otto Denk in Verbindung mit einem Kuratorium unter dem Vorsitze Sr. Kgl. Hoheit des Kronprinzen Rupprecht von Bayern. München, Jahrgang 1917/18. Zweites Oktoberheft. S. 166f.

[1029] Vgl. Redwitz, Marie Freiin von: Hofchronik. 1888-1921. München, 1924. S. 376.

[1030] Gesuche an den König 1918 K-Z. BayHStA, GHA. Kabinettsakten König Ludwigs III., Nr. 88.

[1031] Maschinenschriftliche Abschrift der Lebenserinnerungen. S. 835. BayHStA, GHA. NL Prinz Leopold, Nr. 261.

[1032] Prinz Franz an König Ludwig III., 14.12.1914. BayHStA, GHA. NL Ludwig III., Nr. 64.

Die Königin nahm im Beisein der Presse häufig Liebesgaben von Körperschaften und Vereinen entgegen, etwa die Weihnachtsliebesgaben der katholischen weiblichen Jugendvereine der Stadt München für die im Feld stehenden Jugendlichen. Die „Augsburger Postzeitung" berichtete Anfang Dezember 1914: „Die Gaben waren auf langen Tischen im Tanzsaal des Wittelsbacher Palais aufgestellt, der seit einiger Zeit in ein großes Warenlager umgewandelt ist, in dem die Königin mit ihren Damen ihre für unsere Truppen bestimmten Liebesgaben sammelt, sortiert und zum Versand bringt. Unter Führung der Fürstin Oettingen waren an 60 Mädchen als Vertreterinnen von ca. 20 Jugendvereinen anwesend und begrüßten die Königin mit freudigen Hochrufen. Die Königin besichtigte mit regstem Interesse die gespendeten Gegenstände, die teils in farbigen Taschentüchern, teils in Paketen zusammengestellt waren. Außer selbstgefertigten Sachen, wie Wollsachen verschiedener Art, enthielten die zahlreichen Päckchen noch Zigarren, Nähzeug, Lebkuchen, Seifenstücke usw."[1033]

König und Königin richteten anlässlich der ersten Kriegsweihnacht über die „Bayerische Staatszeitung" ganzseitige handschriftliche Adressen an die Öffentlichkeit. Ludwig schrieb, zum Weihnachtsabend gedenke er „ganz besonders herzlich all Meiner lieben Landeskinder, die fern von der Heimat vor dem Feinde stehen. Ich gedenke ihrer mit Stolz und Dank für ihre Leistungen und in der vertrauensvollen Zuversicht, dass ihre opferfreudige Pflichterfüllung von Erfolgen gekrönt sein wird, die Gewähr dafür bieten, dass künftig niemand mehr es wagt, den deutschen Weihnachtsfrieden zu stören." Marie Therese versicherte den Soldaten im Feld, dass „in jeder Stadt, in jedem Dorfe […] aufopfernde Hände" bemüht seien, deren Angehörige vor Not zu bewahren und deren Kindern „eine Weihnachtsfreude zu bereiten."[1034] Die Einkäufe ihrer eigenen Weihnachtsgeschenke besorgte die Königin vorzugsweise persönlich in kleineren Geschäften und solchen, die von Frauen geführt wurden, deren Männer sich im Krieg befanden. Ihre Weihnachtsgaben waren vor allem für im Feld stehende Hofbedienstete bestimmt, aber auch für viele andere Personen, von denen der Königin bekannt war, dass sie ansonsten nichts oder nur wenig erhielten. Kriegsgefangene, Kranke in Feldlazaretten und Pflegerinnen wurden nicht nur mit Geschenken, sondern auch mit dringend benötigten Nahrungsmitteln bedacht. Jedes Paket, das die Residenz verließ, beinhaltete eine Weihnachtskarte mit der Aufschrift „Sendung Ihrer Majestät der Königin mit den besten Wünschen."[1035]

[1033] „Liebesgaben". Augsburger Postzeitung, 1. Dezember 1914. BayHStA, GHA. Presseausschnittsammlung der Königin Marie Therese. Bd. XXXVI.
[1034] Weihnachtsgrüße des Königs. Bayerische Staatszeitung, 20.12.1914. Königliche Kundgebungen zu Beginn und während des 1. WK: Verhängung des Kriegszustandes und Mobilmachungsbefehl, Aufrufe und Tagesbefehle, Aufrufe der Königin an die bayerischen Frauen, Weihnachtsgrüße und Neujahrsglückwünsche an die Truppen im Felde etc. (1914-1918). BayHStA, GHA. Kabinettsakten König Ludwigs III., Nr. 71; Sympathiekundgebungen S.M. des Königs und I.M. der Königin an die Truppen im Felde anlässlich des Weihnachtsfestes. BayHStA, NB. StMin des K. Hauses und des Äußern, Nr. 97494; Zils, Wilhelm: König Ludwig III. im Weltkrieg. München, 1917. S. 32f.
[1035] Vgl. Schad, Martha: Bayerns Königinnen. München, 2007. S. 340.

6.7 Wohltätigkeit und Liebesgaben

Die Königstöchter Wiltrud und Helmtrud verwendeten viel Zeit darauf, Liebesgaben an Offiziere, Unteroffiziere und Soldaten der bayerischen Armee zum Versand bereitzustellen. Ebenso wurden Soldaten aus Wildenwart, aus Sárvár (Ungarn) und Sulden (Südtirol) von den beiden Prinzessinnen mit Geschenkpaketen bedacht. Wiltrud führte ein Verzeichnis der beschenkten Kriegsteilnehmer und der ihnen zugesandten Liebesgaben. Diese bestanden aus Schokolade, Zigarren, Teewürfeln, wollenen Hemden und Jacken, Büchern und Feldgebetgesangsbüchern, Früchten, Pfefferminz- oder Eisbonbons und Zitronenstangen. Meist waren Fotopostkarten mit dem Konterfei Ludwigs III., des Kronprinzen Ruprecht oder des Prinzen Franz beigelegt. Den Paketen wurde stets eine persönliche, handschriftliche Botschaft der Prinzessinnen beigegeben, etwa: „Beste Wünsche für ihre Tätigkeit bei Reims senden Prinzessinnen Wiltrud und Helmtrud." Zudem standen die beiden mit vielen der Beschenkten in Korrespondenz.[1036] Der persönliche Einsatz der jungen Prinzessinnen war bemerkenswert. Wiltrud schrieb ihrer Tante Therese im Herbst 1915, bei ihr herrsche „eine namenlose Unordnung, so viele Soldatenpaketchen sollen dieser Tage fort gehen."[1037] Wie das bayerische Kriegsministerium jedoch im Dezember 1915 feststellte, war die Ansicht weit verbreitet, bei der „Verteilung von Liebesgaben im Felde würden in erster Linie die Dienstgrade (Offiziere, Feldwebel, Unteroffiziere) bedacht, die Mannschaften kämen aber vielfach zu kurz." Um derartigen Gerüchten den Boden zu entziehen, wurde verfügt, dass die Verteilung von Liebesgaben entweder durch den Kompanieführer persönlich zu erfolgen habe oder dass mit der Verteilung ein Ausschuss zu beauftragen war, der sich „aus von Fall zu Fall gewählten Unteroffizieren und Mannschaften zu gleichen Teilen" zusammensetzen müsse.[1038]

Des Königs Schwester Prinzessin Therese unterstützte die Kriegswohlfahrt auf eigene Art. Im Sommer 1915 hielt sie in Lindau einen geografischen Vortrag mit Lichtbildern, der die im Jahr 1907 unternommene Reise ihres verstorbenen Bruders Arnulf nach Zentralasien zum Thema hatte. Die Erlöse kamen dem örtlichen Roten Kreuz zugute. Der Rathaussaal der Stadt Lindau wurde Schauplatz dieses ungewöhnlichen Ereignisses, als den in großer Zahl erschienen Angehörigen des Rot-Kreuz-Vereins Gelegenheit geboten wurde, den wissenschaftlichen Vortrag eines Mitglieds des Königlichen Hauses zu hören. Der Rednerin wurde reicher Beifall

---

[1036] Versendung von Liebesgaben (Geschenkpaketen) an Offiziere, Unteroffiziere und Soldaten des Bayerischen Offizierskorps und an Soldaten aus Sárvár (Ungarn) und Sulden (Südtirol). 1914-1918. LABW, HStA Stuttgart, Archiv der Herzöge von Urach, GU 119. NL Wiltrud Herzogin von Urach. Nr. 733.
[1037] Schreiben der Prinzessin Wiltrud von Bayern an Prinzessin Therese von Bayern. München, 14. Oktober 1915. Briefe der Wiltrud Prinzessin von Bayern an ihre Tante Therese Prinzessin von Bayern. LABW, HStA Stuttgart, Archiv der Herzöge von Urach, GU 119. NL Wiltrud Herzogin von Urach. Nr. 1112.
[1038] Bayerisches Kriegsministerium an alle mobilen Truppenteile: „Liebesgaben". Verordnung Nr. 116319. München, 13.12.1915. Verschiedenes. BayHStA, KrA. Heeresgruppe Kronprinz Rupprecht, Bd. 25.

gezollt.[1039] Von allen Frontabschnitten erreichten Therese viele hundert Postkarten und Feldpostbriefe, vielfach mit Fotografien der Betreffenden, in denen ihr von den durch sie gepflegten Soldaten und Offizieren der Dank für den Genesungsaufenthalt in Lindau oder für von ihr gesandte Liebesgaben und Pakete ausgesprochen wurde. Dazu kamen Weihnachts-, Oster- und Neujahrsgrüße oder Gratulationen zum Namens- und Geburtstag der Prinzessin. In den Schreiben wurde häufig der Friedenssehnsucht der Frontkämpfer Ausdruck verliehen, zugleich aber die Treue zum bayerischen Königshaus beschworen.[1040] Ein Angehöriger des Deutschen Alpenkorps schrieb im Sommer 1915, dass „die geduldige Ertragung aller Strapazen und das tapfere Aushalten in größter Gefahr ein Beweis der Liebe und Treue zu unserem kgl. Haus Wittelsbach und unserem Vaterlande" seien."[1041]

Dennoch wurden die Wohltätigkeitsaktivitäten des Königshauses von den Behörden nicht immer gern gesehen. Ohne Genehmigung besuchte Prinzessin Therese im April 1915 im Reservelazarett Lindau französische Verwundete und überreichte diesen kleine Geschenke, etwa Postkarten. Das Staatsministerium des Königlichen Hauses wurde durch die Münchner Militärbehörden auf diese Tatsache hingewiesen. Das Generalkommando des I. Armeekorps befürchtete negative Auswirkungen auf die öffentliche Meinung, „denn das Bekanntwerden derartiger Aufmerksamkeiten von Mitgliedern des K. Hauses gegenüber feindlichen Kriegern [könne] im Auslande nur zu leicht zu falschen Schlüssen über die Stellungnahme der Mitglieder der bayerischen Herrscherfamilie zur allgemeinen Sache des Deutschen Reiches Veranlassung geben." Die Militärbehörden wiesen noch auf eine Reihe weiterer Verstöße bayerischer Prinzessinnen gegen die Kriegsgesetze hin. Prinzessin Isabella, Schwiegertochter des Königs und Ehefrau des Prinzen Franz, verstieß gegen das Zahlungsverbot ins feindliche Ausland, als sie einer Deutschen in Südfrankreich eine, wenn auch verhältnismäßig geringe, Summe von 300 Mark aushändigen ließ. María de la Paz, die Gattin des Prinzen Ludwig Ferdinand beging einen gleichartigen Verstoß, als sie einer Londoner Dame 1.000 Mark auszahlen ließ.[1042]

Das bayerische Königshaus war sich seiner Rolle an der Heimatfront vollkommen bewusst. Die Lazarettbesuche der Königin und der Prinzessinnen sowie die von ihnen versandten Liebesgaben dienten – neben der Verbesserung der Lage der Bevölkerung – nicht nur als perpetuierte Treuebezeugung des Königshauses zu

---

[1039] Der gleiche Lichtbildvortrag war von Therese bereits im Jahr 1912 im engsten Kreis der königlichen Familie in der Residenz abgehalten worden. Vgl. Zeitungsbericht „Lichtbildervortrag", 1. September 1915. Angelegenheiten der Prinzessin Therese. 1913-1918. BayHStA, GHA. Kabinettsakten König Ludwigs III., Nr. 149.

[1040] Feldpostbriefsammlung der Prinzessin Therese von Bayern. BayHStA, KrA. Kriegsbriefe, Nr. 327-332.

[1041] Feldpostbrief aus den Dolomiten (Südtirol) an Prinzessin Therese von Bayern. 28. Juli 1915. Feldpostbriefsammlung der Prinzessin Therese von Bayern. BayHStA, KrA. Kriegsbriefe, Nr. 328.

[1042] Schreiben des Generalkommandos des I. bayerischen Armeekorps an das Staatsministerium des Königlichen Hauses und des Äußern. München, 14.8.1915. Von Mitgliedern des bayerischen Königshauses begangene Verstöße gegen die Kriegsgesetze. BayHStA, NB. StMin des K. Hauses und des Äußern, Nr. 97498.

seinen Bürgern und Soldaten, sondern war zudem ein symbolisches Kommunikationsmittel, das die ständige Verbindung zwischen Heimat und Front, zwischen Monarchie, Soldaten und Zivilbevölkerung, garantierte. Für das Ansehen der bayerischen Königsfamilie in Bayern und darüber hinaus war das authentische und volksnahe Engagement der weiblichen Familienmitglieder ohne jeden Zweifel von unschätzbarem Wert.

6.8 Kriegsgefangenenhilfe

Während der vier Kriegsjahre wurden Millionen Soldaten interniert. Die Kriegsgefangenen nahmen nach ihrer Gefangennahme einen Sonderstatus ein.[1043] Ihr Schicksal war nicht nur abhängig von der Frage, an welcher Front sie in gegnerische Hände fielen, sondern auch von ihrem militärischen Rang und ihrer Nationalität. Mit den Kriegsgefangenen verbanden sich eine Reihe unterschiedlicher Probleme aus militärischer, außen-, wirtschafts- und nationalitätenpolitischer Perspektive.[1044] Bis Kriegsende waren im Reich etwa 2,5 Millionen Soldaten interniert, von welchen der größte Teil aus Russland stammte. Mehr als eine halbe Million Gefangene kamen aus Frankreich, weitere hunderttausende aus Großbritannien, Rumänien und Italien. Die Mehrzahl der körperlich gesunden Internierten wurde in der Landwirtschaft und Industrie eingesetzt.[1045] Völkerrechtlich war die menschenwürdige Behandlung von Kriegsgefangenen zuletzt 1907 in der so genannten Haager Landkriegsordnung kodifiziert worden. Neben dem enorm engagierten Internationalen Roten Kreuz und neutralen Staaten wie der Schweiz waren etliche universitäre, kirchliche und private Akteure im Einsatz, die durch humanitäre Initiativen zu einer Verbesserung der Situation der Gefangenen beitrugen und materielle sowie diplomatische Hilfe leisteten.[1046]

Mitglieder des bayerischen Königshauses nahmen an diesen Anstrengungen teil. An Königin Marie Therese und einige Prinzessinnen gingen immer wieder Anfragen bezüglich einzelner Gefangener.[1047] Ein großer Teil der Kriegstätigkeit der

---

[1043] Vgl. Becker, Annette: Oubliés de la Grande Guerre. Humanitaire et culture de guerre 1914-1918. Populations occupées, déportés civils, prisonniers de guerre. Paris, 1998. S. 23f.

[1044] Vgl. Oltmer, Jochen: Vorwort. In: Oltmer, Jochen (Hrsg.): Kriegsgefangene im Europa des Ersten Weltkriegs. Paderborn u. a., 2006. S. 9f.

[1045] Vgl. Oltmer, Jochen: Unentbehrliche Arbeitskräfte. Kriegsgefangene in Deutschland 1914.1918. In: Oltmer, Jochen (Hrsg.): Kriegsgefangene im Europa des Ersten Weltkriegs. Paderborn u. a., 2006. S. 67-96.

[1046] Vgl. Hinz, Uta: Humanität im Krieg? Internationales Rotes Kreuz und Kriegsgefangenenhilfe im Ersten Weltkrieg. In: Oltmer, Jochen (Hrsg.): Kriegsgefangene im Europa des Ersten Weltkriegs. Paderborn u. a., 2006. S. 216-236.

[1047] Anfragen bezüglich einzelner französischer Gefangener und Gnadengesuche seitens Angehörigen von französischen Kriegsgefangenen an Königin Marie Therese. Wirtschaftliche Lage im Ersten Weltkrieg, Kriegsgefangene und Zivilinternierte, Verlustlisten (1914-1918). BayHStA, GHA. Kabinettsakten König Ludwigs III., Nr. 48.

Prinzessin Therese bestand aus der Nachforschung nach vermissten und gefangenen deutschen sowie feindlichen Soldaten. Ihrem Bruder Leopold berichtete sie über ihre Tätigkeit: „Und sitze ich am Schreibtisch, so liegen oft endlose Listen von französischen Gefangenen und Vermissten vor mir, deren Angehörige durch mich Nachrichten zu erlangen hoffen."[1048] Unzählige Anfragen baten die Prinzessin um Hilfe bei der Suche nach dem Aufenthaltsort oder Gesundheitszustand von nahestehenden Personen. Therese nutzte ihre weitverzweigten Netzwerke. Sie selbst, aber auch ihre Hofdamen Gabriella von Deym und Johanna von Malsen forschten brieflich nach vermissten Personen in deutschen Gefangenenlagern und bei den Verwaltungen von Soldatenfriedhöfen. Unter anderem stand die Prinzessin mit dem Reichstagsabgeordneten Matthias Erzberger in Korrespondenz, ebenso mit dem Comité internationale de la Croix Rouge in Genf und dem Ausschuss für deutsche Kriegsgefangene.[1049] Über Umwege sandte Therese Liebesgaben in Kriegsgefangenenlager.[1050] Die menschenwürdige Behandlung Kriegsgefangener durch die eigenen Truppen machte auch Kronprinz Rupprecht zu schaffen. Als er im Oktober 1914 in Douai ankam, musste er persönlich „einschreiten, um zu verhindern, dass die zur Bewachung zugeteilten Landsturmleute und andere herbeigeeilte Soldaten" die im gotischen Rathaus festgehaltenen englischen und französischen Soldaten „ihrer warmen Mäntel beraubten." Außerdem war eine „große Zahl französischer Gefangener und Wehrpflichtiger [...] in der Notre Dame Kirche eingeschlossen." Dort „herrschte [...] ein wahrhaft pestilenzialischer Gestank [...]." Rupprecht verfügte, „dass diesem Missstande abgeholfen" werde.[1051]

Die Unterbringung kranker und verwundeter Kriegs- und Zivilgefangener im neutralen Ausland war eine der beachtlichsten Erscheinungen, die der Weltkrieg auf karitativem Gebiet zeitigte. Während der Austausch von schwerverwundeten und schwerkranken Kriegsgefangenen durch die Genfer Konventionen bereits in früheren Kriegen möglich war, bedeutete die Hospitalisierung in einem neutralen Land, wie sie seit Januar 1915 praktiziert wurde, ein Novum der Kriegsgeschichte. Die in der Schweiz internierten Gefangenen sollten nicht nur genesen, sondern erhielten Unterricht und konnten Ausbildungen absolvieren. Zudem wurden die Kriegsgefangenen nach ihrer Genesung unter anderem in der Garten-, Ernte, Fabrik- oder Waldarbeit eingesetzt. Nach Abschluss eines künftigen Friedensvertrags sollten sie „als gekräftigte, arbeitsfrohe Menschen in die Heimat" zurückkehren.[1052]

[1048] Schreiben der Prinzessin Therese von Bayern an Prinz Leopold von Bayern. Lindau, 6. November 1916. Briefe der Prinzessin Therese 1859-1925. BayHStA, GHA. NL Prinz Leopold, Nr. 45.
[1049] Nachforschung nach vermissten Feinden und Gefangenen. Feldpostbriefsammlung der Prinzessin Therese von Bayern. BayHStA, KrA. Kriegsbriefe, Nr. 333-336.
[1050] Vgl. Feldpostbriefsammlung der Prinzessin Therese von Bayern. BayHStA, KrA. Kriegsbriefe, Nr. 332.
[1051] Kriegstagebuch, 14. Oktober 1914. BayHStA, GHA. NL Kronprinz Rupprecht, Nr. 700.
[1052] Die Verhandlungen zwischen den kriegführenden Mächten waren durch Gustave Ador, seit 1910 Präsident des Internationalen Komitees vom Roten Kreuz, sowie vom früheren Schweizer Bundespräsidenten Arthur Hoffmann angestoßen worden. Nach Vermittlung des Papstes und der Mitwirkung des päpstlichen Delegaten Monsignore Marchetti war es zu einer Einigung über die halbinvaliden Kriegsteilnehmer gekommen. Dem Einsatz Papst Benedikts XV. und der Schweizer Regie-

6.8 Kriegsgefangenenhilfe

Die „Deutsche Interniertenzeitung" berichtete im Mai 1918, seit Januar 1916 seien 1.012 Bayern, darunter 46 Offiziere und 67 Zivilgefangene, aus der französischen Gefangenschaft entlassen worden, „um in der Wunderwelt der Schweizer Berge Genesung und neuen Lebensmut wiederzufinden." Die Kriegsgefangenen wurden in die deutschsprachigen Kantone, an die Gestade des Vierwaldstättersees, nach Graubünden, St. Gallen und Appenzell, Zürich, das Glarnerland und Basel verbracht.[1053] Die Anteilnahme aus der Heimat löste bei den Internierten Befriedigung aus. Den Kriegsgefangenen war es stets willkommen, wenn Mitglieder eines deutschen Herrscherhauses ihnen die Grüße ihrer engeren Heimat übermitteln kamen und überdies massenhaft Liebesgaben verteilten.[1054]

Im Auftrag Ludwigs III. durchreiste dessen Vetter, der populäre Prinz Alfons, zwischen 16. April und 6. Mai 1917 als Repräsentant des bayerischen Königshauses die Schweiz, um die dort inhaftierten deutschen Kriegsgefangenen und Zivilinternierten zu besuchen. Im Zeitraum von nur zwanzig Tagen begutachtete er dort über 36 Internierungsorte mit über 5000 Internierten.[1055] Die „Deutsche Interniertenzeitung" schilderte einen der Besuche des Prinzen in Davos: „Und die Herzen schlugen ihm entgegen, ihm, der es so sehr versteht, zu den Menschen zu sprechen, als Soldat kameradschaftlich zum Soldat, als Mensch tief mitfühlend zum Menschen."[1056] Der Prinz war bemüht, möglichst jedem der Internierten persönlich „gütige Worte der Teilnahme, des Trostes und der Aufmunterung" zuzusprechen, schüttelte ihnen eindringlich die Hand und ließ ihnen „die Gaben seiner Majestät, bestehend aus Bildern des Königs, der Königin und des Kronprinzen, sowie Zigar-

---

rung war es zu verdanken, dass die letzten Hindernisse aus dem Weg geräumt werden konnten. Nach langwierigen Verhandlungen war im Februar 1916 zwischen dem Deutschen Reich und Frankreich ein Abkommen über die Unterbringung verwundeter und kranker Kriegsgefangener in der Schweiz zustandegekommen, dem sich das britische Königreich im Mai 1916 anschloss. Da die deutschen Kriegsgefangenen, die der belgischen Armee in die Hand gefallen waren, Frankreich übergeben worden waren, wurden die belgischen Kriegsgefangenen in Deutschland in das Abkommen miteinbezogen. Die Grundlage dieses Abkommens bildete eine Zusammenstellung, die alle Krankheiten und Gebrechen enthielt, welche die Kriegsgefangenen zur Unterbringung in der Schweiz berechtigten. Vgl. Broschüre „Die deutschen Kriegsgäste der Schweiz. Ein Gedenkblatt an die Hospitalisierung deutscher Kriegs- und Zivilgefangener. Mit 121 Abbildungen." Hrsg. von der Abteilung für Gefangenenfragen der Kaiserlichen Deutschen Gesandtschaft in Bern. Erstes bis fünfundzwanzigstes Tausend. München, Piper & Co. Verlag, 1917. Sechs Hefte über die in der Schweiz internierten deutschen Soldaten und die Zivilinternierten in Frankreich 1914-1918. BayHStA, GHA. NL Herzogin Wiltrud von Urach, Nr. 286.

[1053] Deutsche Interniertenzeitung, 22. Mai 1918. Heft 80-81. S. 3. Sechs Hefte über die in der Schweiz internierten deutschen Soldaten und die Zivilinternierten in Frankreich 1914-1918. BayHStA, GHA. NL Herzogin Wiltrud von Urach, Nr. 286.
[1054] Ebd., S. 4.
[1055] Gedruckter Reisebericht zum Besuch der in der Schweiz internierten bayerischen Gefangenen durch S.K.H. Prinz Alfons 1917 vom 16. April 1917 bis 6. Mai 1917. Wirtschaftliche Lage im Ersten Weltkrieg, Kriegsgefangene und Zivilinternierte, Verlustlisten (1914-1918). BayHStA, GHA. Kabinettsakten König Ludwigs III., Nr. 48.
[1056] Deutsche Interniertenzeitung, 22. Mai 1918. Heft 80-81. S. 4. Sechs Hefte über die in der Schweiz internierten deutschen Soldaten und die Zivilinternierten in Frankreich 1914-1918. BayHStA, GHA. NL Herzogin Wiltrud von Urach, Nr. 286.

ren und Zigaretten" zustellen.[1057] In Davos waren während des Besuchs des Prinzen Alfons am 11. Mai 1917 ungefähr 900 Hospitalisierte versammelt, an die er eine Ansprache richtete: „ Kameraden! Seine Majestät der König von Bayern hat mich in die Schweiz entsandt, um die deutschen Internierten zu besuchen, den Bayern, als seinen Landeskindern, seine wärmsten landesväterlichen Grüße zu überbringen und, als treuer Bundesfürst, Euch alle freundlich zu grüßen, Euch seine innigste Teilnahme an eurem Los zu versichern und euch baldige Gesundung und Heilung zu wünschen." Alfons sprach dem Papst, der Schweizer Bundesregierung und dem ganzen Schweizer Volk seinen wärmsten Dank aus. Gleichzeitig mahnte er die Kriegsgefangenen: „Das Vaterland erwartet aber auch von Euch, dass ihr eingedenk der Ehre, des Königs Rock zu tragen, dem deutschen Namen in der Schweiz Ehre macht, durch stramme Mannszucht, durch gutes Verhalten und durch Ehrerbietung vor den schweizerischen Behörden." Mehrmals verbrachte er ein paar Stunden im Kreis der Internierten und kam mit ihnen ins Gespräch.[1058]

Dieser gelungene PR-Coup des Königshauses wurde im Inland aufgegriffen. Die Staatszeitung publizierte am 28. April 1917, noch vor der Rückkehr des Prinzen, einen großen Artikel „Prinz Alfons von Bayern bei den deutschen Internierten in der Schweiz", in dem die Fürsorge des Königshauses für die Internierten herausgestellt wurde.[1059] Die Abteilung für Gefangenenfragen der deutschen Gesandtschaft in Bern veröffentlichte eine reich bebilderte Broschüre mit dem Titel „Die deutschen Kriegsgäste der Schweiz. Ein Gedenkblatt an die Hospitalisierung deutscher Kriegs- und Zivilgefangener", in der sich auch Fotografien der Besuche des Prinzen Alfons wiederfanden.[1060] Vom 5. bis 26. Juli 1918 besuchte schließlich auch der Erzbischof von München und Freising, Michael Kardinal von Faulhaber, mit ausdrücklicher Billigung des bayerischen Königs und des bayerischen Kriegsministeriums, die deutschen Austauschgefangenen in der Schweiz. In dessen Predigten kamen seine betont vaterländische Gesinnung und seine Treue zum bayerischen Königshaus mehrfach zum Ausdruck. In Faulhabers offiziellem Bericht über seinen Besuch bei den Internierten in der Schweiz hieß es, es sei seine Absicht gewesen, die Soldaten für eine „königstreue Friedensarbeit" vorzubereiten. Eine

---

[1057] Gedruckter Reisebericht zum Besuch der in der Schweiz internierten bayerischen Gefangenen durch S.K.H. Prinz Alfons 1917 vom 16. April 1917 bis 6. Mai 1917. Wirtschaftliche Lage im Ersten Weltkrieg, Kriegsgefangene und Zivilinternierte, Verlustlisten (1914-1918). BayHStA, GHA. Kabinettsakten König Ludwigs III., Nr. 48.

[1058] Deutsche Interniertenzeitung, 22. Mai 1918. Heft 80-81. S. 4. Sechs Hefte über die in der Schweiz internierten deutschen Soldaten und die Zivilinternierten in Frankreich 1914-1918. BayHStA, GHA. NL Herzogin Wiltrud von Urach, Nr. 286.

[1059] „Prinz Alfons von Bayern bei den deutschen Internierten in der Schweiz" Bayerische Staatszeitung, 28.4.1917. BayHStA, GHA. Presseausschnittsammlung der Königin Marie Therese. Bd. XLIII.

[1060] Broschüre „Die deutschen Kriegsgäste der Schweiz. Ein Gedenkblatt an die Hospitalisierung deutscher Kriegs- und Zivilgefangener. Mit 121 Abbildungen." Hrsg. von der Abteilung für Gefangenenfragen der Kaiserlichen Deutschen Gesandtschaft in Bern. Erstes bis fünfundzwanzigstes Tausend. München, Piper & Co. Verlag, 1917. Sechs Hefte über die in der Schweiz internierten deutschen Soldaten und die Zivilinternierten in Frankreich 1914-1918. BayHStA, GHA. NL Herzogin Wiltrud von Urach, Nr. 286.

6.8 Kriegsgefangenenhilfe

Neubelebung des monarchischen Gedankens sei vor allem deshalb notwendig, da vor den Internierten ständig republikanisch inspirierte Reden gegen Kaiser und Bundesfürsten gehalten würden.[1061]

Nach und nach waren Gefangene unter den kriegführenden Staaten ausgetauscht worden. Am 11. August 1916 richtete Ludwig III. an in Aachen eingetroffene bayerische Austauschgefangene ein Begrüßungstelegramm, in dem er seinen „tapferen Landsleuten, die im Kampfe für das Vaterland schwere Wunden davongetragen haben", bei ihrer Rückkehr in die Heimat seinen „herzlichen Willkommensgruß" und äußerte die Hoffnung, sie möchten sich in der Heimat „bald von den Leiden der Kriegsgefangenschaft" erholen.[1062] Im April 1918 wurde in Bern zwischen Vertretern der deutschen und französischen Regierung eine Absprache über die Rückkehr der Gefangenen in die Heimat und die Behandlung der in feindlicher Gewalt verbleibenden Gefangenen getroffen. Das bayerische Kriegsministerium übersandte dem Generaladjutanten des bayerischen Königs einen Abdruck der Vereinbarung.[1063] Im Sommer 1918 stand fest, dass die Rückkehr tausender gesunder Kriegsgefangener aus französischer Gefangenschaft bevorstand, unter denen sich zahlreiche bayerische Staatsangehörige befanden. Mit Rücksicht auf den politischen Wert sollte ein Prinz des Königlichen Hauses die Rückkehrer in Empfang nehmen. So beorderte Ludwig III. abermals seinen Vetter Alfons nach Konstanz am Bodensee, wo die ersten größeren Transporte eintreffen sollten.[1064] Alfons empfing die am 17. Oktober 1918 eingetroffenen Austauschgefangenen und begrüßte die Heimkehrer im Namen des Königs von Bayern.[1065] Wenngleich die bayerische Monarchie oder die Staatsregierung sich politisch nicht in das international verhandelte Gebiet der Kriegsgefangenenhilfe einmischten, so konnten sie doch zumindest symbolisches Terrain erobern. Auch in diesem Fall wird deutlich, wie sich die bayerische Königsfamilie der Öffentlichkeit als fürsorgliche Institution präsentierte, die den Kontakt zu den notleidenden Kriegsgefangenen aufrecht erhielt, deren Not ernst nahm und ihnen Mut zusprach.

[1061] Vgl. Klier, Johann: Von der Kriegspredigt zum Friedensappell. Erzbischof Michael von Faulhaber und der Erste Weltkrieg. Ein Beitrag zur Geschichte der deutschen katholischen Militärseelsorge. München, 1991. S. 131-134.
[1062] Zit. nach Zils, Wilhelm: König Ludwig III. im Weltkrieg. München, 1917. S. 109.
[1063] K.B. Kriegsministerium an den Generaladjutanten des Königs von Bayern. München, 22. Mai 1918. Wirtschaftliche Lage im Ersten Weltkrieg, Kriegsgefangene und Zivilinternierte, Verlustlisten (1914-1918). BayHStA, GHA. Kabinettsakten König Ludwigs III., Nr. 48.
[1064] Schreiben König Ludwigs III. an Prinz Alfons von Bayern. Leutstetten, 11. Juli 1918. Wirtschaftliche Lage im Ersten Weltkrieg, Kriegsgefangene und Zivilinternierte, Verlustlisten (1914-1918). BayHStA, GHA. Kabinettsakten König Ludwigs III., Nr. 48.
[1065] Schreiben des Prinzen Alfons von Bayern an König Ludwig III. München, 18. Oktober 1918. Wirtschaftliche Lage im Ersten Weltkrieg, Kriegsgefangene und Zivilinternierte, Verlustlisten (1914-1918). BayHStA, GHA. Kabinettsakten König Ludwigs III., Nr. 48.

6.9 Gnadenakte und Kriegsorden

Der König von Bayern bezeugte der Bevölkerung noch auf andere Weise seine Verbundenheit. Ludwig III. erließ während der Kriegszeit mehrere Amnestien, die meist im Zuge seiner Geburtstage verkündet wurden.[1066] Die Strafnachlässe hatten neben militärischen und wirtschaftlichen Notwendigkeiten vor allem symbolpolitische Bedeutung, da sie den König als einigende und gnädige Instanz in Zeiten des Notstands hervorhoben. Der am 1. August 1914 gewährte Gnadenakt erließ allen Personen des aktiven Heeres vom Feldwebel abwärts und allen unteren Militärbeamten die gegen sie verhängten Geld- oder Freiheitsstrafen.[1067] Am 10. August 1914 wurde eine noch weitreichendere Amnestie verfügt.[1068] Beim Kabinett gingen etliche Throngesuche ein, die um allgemeine Gnadenerlässe für Straftäter baten, etwa um die Ernte zu sichern.[1069] Auch Begnadigungsgesuche für einzelne Soldaten erreichten das Kabinett.[1070] Seitens Angehöriger französischer Kriegsgefangener wurden einige Male Gnadengesuche an das bayerische Königshaus übermittelt.[1071] Selbst Mitglieder der königlichen Familie setzten sich für Verurteilte ein. So ließ Prinzessin Isabella ihrem Schwager Rupprecht über ihren Ehemann Franz die Angelegenheit einer jungen Französin vorbringen.[1072] Das Recht zu Begnadi-

---

[1066] Vgl. Zils, Wilhelm: König Ludwig III. im Weltkrieg. München, 1917. S. 6-8, 13-15, 44-46, 86f.

[1067] Ausnahmen bildeten Personen, die unter Ehrenstrafen standen, ihre bürgerlichen Ehrenrechte aberkannt bekommen hatten oder eine schlechte Führung vorwiesen. Vgl. Zils, Wilhelm: König Ludwig III. im Weltkrieg. München, 1917. S. 6-8.

[1068] Ludwig III. erließ „angesichts der opferwilligen Vaterlandsliebe, die das gesamte Volk in dem Uns aufgedrängten Kriege beweist, allen denjenigen Personen", die wegen Diebstahl oder Unterschlagung, Betrugs, strafbaren Eigennutzes oder Forstfrevel zu einer Geld-, Haft-, Arrest- oder Gefängnisstrafe bis zu drei Monaten verurteilt worden waren, soweit sie noch nicht vollstreckt waren, deren Strafen in Gnaden. Wegen Beleidigung des Landesherren oder eines Bundesfürsten, feindlicher Handlungen gegen befreundete Staaten, Verbrechen und Vergehen in Beziehung auf die Ausübung staatsbürgerlicher Rechte, Widerstand gegen die Staatsgewalt, Verbrechen und Vergehen wider die öffentliche Ordnung, Beleidigung, einer mittels der Presse begangenen strafbaren Handlung zu einer Geld- oder Haftstrafe bis zu zwei Jahren verurteilte Personen wurden durch den König ebenfalls begnadigt. Ludwig ordnete an, dass aberkannte bürgerliche Ehrenrechte wieder zu verleihen seien. Vgl. Zils, Wilhelm: König Ludwig III. im Weltkrieg. München, 1917. S. 13-15; „Amnestie in Bayern". Bayerische Staatszeitung, 10. August 1914. BayHStA, GHA. Presseausschnittssammlung der Königin Marie Therese. Bd. XXXIV.

[1069] Gesuche an den König 1915. BayHStA, GHA. Kabinettsakten König Ludwigs III., Nr. 83.

[1070] Gesuche an den König 1918 A-J. BayHStA, GHA. Kabinettsakten König Ludwigs III., Nr. 87.

[1071] Anfragen bezüglich einzelner französischer Gefangener und Gnadengesuche seitens Angehörigen von französischen Kriegsgefangenen an Königin Marie Therese. Wirtschaftliche Lage im Ersten Weltkrieg, Kriegsgefangene und Zivilinternierte, Verlustlisten (1914-1918). BayHStA, GHA. Kabinettsakten König Ludwigs III., Nr. 48.

[1072] Franz berichtete seinem Bruder, Isabella habe ihm geschrieben: „Die arme Person tut mir sehr leid, aber warum müssen sich die Frauenpersonen auch immer in den Krieg hineinmischen! Es ist schon genug, wenn die Männer Krieg führen. Es scheinen ernste Tatsachen gegen [sie] vorzuliegen und ich fürchte, dass daher nicht viel zu machen sein wird. Sie ist höchstens 24 Jahre alt, was für einen [...] Franzosenkopf nicht alt genug ist, um vernünftig zu sein, und mehr wie genug um romantischen Heldinnen nachzueifern [...]. Vielleicht steht es in Rupprechts Macht, mildernd auf das Urteil einzuwirken." Vgl. Brief des Prinzen Franz an Kronprinz Rupprecht. München, 16. September 1917. BayHStA, GHA. NL Kronprinz Rupprecht, Nr. 45.

gungen lag jedoch bei den Bundesfürsten, weswegen Rupprecht nichts tun konnte. Er teilte mit, die einzige Möglichkeit, die sich biete, sei ein Gnadengesuch an den Kaiser.[1073]

Im Dezember 1914 wurde vom bayerischen Kriegsministerium die Aussicht auf weitere „Allerhöchste Gnadenbeweise" des Königs von Bayern bekanntgegeben. Bei Ausbruch des Krieges hatten sich eine große Anzahl früherer Offiziere und Sanitätsoffiziere, welche infolge ehrengerichtlichen Urteils aus dem Heer ausgeschieden oder veranlasst worden waren, vor der Einleitung des ehrengerichtlichen Verfahrens um ihre Verabschiedung nachzusuchen, zur Wiederverwendung gemeldet und wurden teils als Offiziere auf Kriegsdauer, teils als Kriegsfreiwillige, in die bayerische Armee eingeteilt. Das Kriegsministerium teilte den mobilen Formationen der bayerischen Armee mit, dieser Beweis der Vaterlandsliebe und Opferwilligkeit sei Grund genug, „schon jetzt einen Allerhöchsten Gnadenerweis für jene Offiziere und Sanitätsoffiziere, welche bereits längere Zeit im Felde stehen und sich vor dem Feinde besonders bewährt haben, bei Seiner Majestät dem König zu beantragen." Daher sollten personelle Vorschläge für zu begnadigende Frontkämpfer eingereicht werden. Die Maßstäbe für die Gnadenbeweise bestimmte das Kriegsministerium selbst. Von einem Antrag ausgeschlossen blieben militärgerichtlich verurteilte und aus dem Offiziersstand entfernte Personen.[1074] Ludwig III. nahm 1915 den Geburtstag des Deutschen Kaisers zum Anlass, allen Militärangehörigen, für die ihm das Begnadigungsrecht zustand, die gegen verhängten Disziplinarstrafen sowie Geld- und Freiheitsstrafen, sofern sie ein halbes Jahr nicht überschritten, zu erlassen.[1075]

Der bayerische Staatsrat beschloss am 27. September 1915 unter Vorsitz des Königs einen Entwurf für ein Sondergesetz zur Niederschlagung von laufenden Strafverfahren gegen Kriegsteilnehmer. Nach der bayerischen Verfassung stand dem König das Recht der Gnade zu, er konnte jedoch nicht in laufende Strafverfahren eingreifen. In einigen Bundesstaaten war dem Landesherrn ein beschränktes oder auch unbeschränktes Niederschlagungsrecht eingeräumt worden. Die bayerischen Bestimmungen hatten den Vorteil, dass sie den König vor dem Vorwurf der Kabinettsjustiz schützten. Dennoch war nach Meinung des Staatsrates aufgrund der Kriegsverhältnisse eine Änderung notwendig. Seit Kriegsbeginn ruhten die laufenden Strafverfahren, mussten aber nach einem Kriegsende wieder aufgenommen werden. Dasselbe war bei Strafsachen der Fall, die während des Krieges begangen worden waren. Sowohl der König als auch seine Staatsräte waren der Ansicht, eine nachträgliche Verfolgung dieser Strafsachen würde als ungerecht empfunden werden. Dementsprechend wurde der Antrag auf ein Sondergesetz, das Ludwig III. die

---

[1073] Brief des Prinzen Franz an Kronprinz Rupprecht. München, 24. September1917. BayHStA, GHA. NL Kronprinz Rupprecht, Nr. 45.
[1074] K.b. Kriegsministerium an sämtliche mobilen und immobilen Kommandobehörden und Truppenteile. München, 14.Dezember 1914. Allerhöchster Gnadenbeweis. BayHStA, KrA. AOK 6, Bd. 70.
[1075] Vgl. Zils, Wilhelm: König Ludwig III. im Weltkrieg. München, 1917. S. 44-46.

Niederschlagung von Strafverfahren gegen Kriegsteilnehmer möglich machen sollte, einstimmig angenommen und vom König genehmigt.[1076]

Ludwig III. gewährte weitere Gnadenbeweise. Anlässlich seines Geburtstagsfestes verfügte der König die Niederschlagung von Strafverfahren zugunsten von Kriegsteilnehmern, soweit sie vor dem 7. Januar 1916 und vor der Einberufung zu den Fahnen begangene Übertretungen oder Vergehen zum Gegenstand hatten, bei denen der Täter zur Zeit der Tat das 21. Lebensjahr noch nicht vollendet hatte. Vom Gnadenerlass ausgenommen waren wegen des Verrates militärischer Geheimnisse Verurteilte. Der Erlass wurde im Januar 1917 auf die Kriegsteilnehmer ausgedehnt, die seit dem letzten allgemeinen Gnadenerlass zu den Fahnen einberufen worden waren. Daneben wurden den Kriegsteilnehmern alle aufgrund von Straftaten verhängter Strafen einschließlich der Nebenstrafen und der rückständigen Kosten erlassen, sofern die einzelne Strafe oder ihr noch nicht vollstreckter Teil in Verweis, Geldstrafe, Haft, Festungshaft bis zu einem Jahr oder Gefängnis bis zu einem Jahr bestand. Anderen Verurteilten, insbesondere einer Anzahl von Angehörigen von Kriegsteilnehmern, wurde ebenso die königliche Gnade zuteil. Begnadigte, die sich in Haft befanden, wurden in Freiheit gesetzt.[1077] In der Ministerratssitzung am 25. Januar 1918 einigte man sich darauf, anlässlich der Goldenen Hochzeit des Königspaares eine Amnestie für alle Geldstrafen unter 150 Mark und alle Freiheitsstrafen bis zu vier Wochen zu gewähren.[1078]

Noch wichtiger als Amnestien und Gnadenbeweise wurde die Verleihung von militärischen Orden und Auszeichnungen, durch die sich die Monarchie der Unterstützung von Bürgertum und Soldaten zu sichern versuchte. Diese wurden in enormer Zahl vergeben. Vor allem die militärischen Orden rückten in den Mittelpunkt. Der am seltensten verliehene und wertvollste bayerische Militärorden war der Militär-Max-Joseph-Orden. Dieser war in drei Rangklassen unterteilt: Großkreuz, Kommandeurkreuz und Ritterkreuz. Das Ordensvermögen war in den Friedensjahren so angewachsen, dass bei Kriegsbeginn sechs neue Großkreuze mit einer Jahresrente von 2.700 Mark, acht Kommandeurkreuze zu 900 Mark und 100 Ritterkreuze zur Verleihung ausgesetzt wurden. Ordensbezüge konnten nur bayerische Staatsangehörige erhalten. Die Kinder verstorbener Ordensmitglieder empfingen Zuwendungen. Zugesprochen wurde der Orden durch ein ad hoc zusammentretendes Ordenskapitel.[1079] Am häufigsten wurde die Rangstufe des Ritterkreuzes

---

[1076] Protokoll über die Sitzung des k. Staatsrats vom 27.9.1915. BayHStA, NB. Kgl. Staatsrat. Nr. 1451.
[1077] Vgl. Zils, Wilhelm: König Ludwig III. im Weltkrieg. München, 1917. S. 6-8, 13-15, 44-46, 86f; K.u.K. Geschäftsträger in München an S.E. den Minister des K.u.K. Hauses und des Äußern Ottokar Grafen Czernin, München 9.1.1917. Hofnachrichten aus Bayern. Anlage: „Augsburger Postzeitung" vom 9.1.1917: „Allerhöchste Gnadenerlasse". OeStA, Abt. Haus-, Hof- und Staatsarchiv. Ministerium des Äußern. Administrative Registratur, Nr. F2-28-2.
[1078] Ministerratsprotokoll Nr. 120 vom 25.1.1918. Ministerratsprotokolle der Ministerien Hertling, Dandl, Eisner. BayHStA, NB. StMin des K. Hauses und des Äußern, Nr. 99511.
[1079] „Der bayerische Max-Joseph-Orden". Belgischer Kurier, 12.1.1916. Nr. 11. Akt des Groß-Kanzler-Amtes des kgl. Militär-Max-Joseph-Ordens betreffend Anwendung der Statuten im Kriege 1914-1916. BayHStA, KrA. Militär-Max-Joseph-Orden (MMJO), I K 2.

6.9 Gnadenakte und Kriegsorden

verliehen. 247 Ritterkreuze, 14 Kommandeurkreuze und fünf Großkreuze wurden im Verlauf des Krieges an bayerische Offiziere vergeben. Daneben gingen zwanzig Großkreuze, sieben Kommandeurkreuze und sieben Ritterkreuze an nichtbayerische Ordensträger.[1080]

Ludwig III. war als Ordensgroßmeister seit dem 6. Januar 1914 Inhaber der obersten Rangstufe. Zwar wurden auch verbündete Fürsten wie der Deutsche Kaiser, der Großsultan des Osmanischen Reiches, der König von Württemberg, der Zar der Bulgaren, der Kaiser von Österreich-Ungarn sowie der König von Sachsen im Verlauf des Weltkriegs mit dem Großkreuz mit Ordensstern des Militär-Max-Joseph-Ordens ausgezeichnet. In der Regel war der Erwerb der höchsten bayerischen Militärauszeichnung aber an höchste militärische Erfolge gebunden. Auf diese Weise erwarb im Kriegsjahr 1914 der bayerische Kronprinz Rupprecht das Großkreuz des Militär-Max-Joseph-Ordens, im Jahr 1915 Generaloberst August von Mackensen, General Erich von Falkenhayn, General Alexander von Linsingen und Generalfeldmarschall Prinz Leopold von Bayern. Im Jahr 1916 wurden Generalfeldmarschall Paul von Hindenburg, General Erich Ludendorff und der bayerische Oberbefehlshaber der Deutschen Südarmee, Felix Graf von Bothmer,[1081] mit der höchsten Rangstufe ausgezeichnet.[1082] Prinz Georg berichtete seinem Vater Leopold, dass Graf Bothmer, „unser hochverehrter Oberbefehlshaber, aus der Hand seines Obersten Kriegsherrn das Großkreuz des Max-Joseph-Ordens empfangen durfte, war uns allen eine große Freude und man kann wohl sagen, dass die ganze Armee sich durch die Auszeichnung ihres Führers geehrt fühlt."[1083]

Kommandeurkreuze erhielten unter anderem Prinz Franz und Konrad Krafft von Dellmensingen.[1084] Eine bereits erworbene niedrigere Ordensklasse wurde mit der Erlangung einer höheren abgelegt.[1085] Ein mit dem Orden ausgezeichneter Offizier erlangte den persönlichen Adel und einen lebenslangen Ehrensold. Der Er-

---

[1080] Akt des Groß-Kanzler-Amtes des kgl. Militär-Max-Joseph-Ordens betreffend Verzeichnis der Ordensdekorationen nach ihren Nummern und Besitzern. BayHStA, KrA. Militär-Max-Joseph-Orden (MMJO), I K 25 Akt 3.
[1081] Personalbogen Felix Graf von Bothmer. BayHStA, KrA. Offizierspersonalakte 5786.
[1082] Verzeichnis der Ordens-Dekorationen „Groß-Kreuze" nach ihren Nummern mit Aufführung vom wem getragen, wann erhalten und wann eingeliefert. Akt des Groß-Kanzler-Amtes des kgl. Militär-Max-Joseph-Ordens betreffend Groß-Kreuze. BayHStA, KrA. Militär-Max-Joseph-Orden (MMJO), I K 25 Akt 2.
[1083] Prinz Georg von Bayern an Prinz Leopold von Bayern. München, 12.1.1916. Briefe des Prinzen Georg 1916-1930. BayHStA, GHA. NL Prinz Leopold, Nr. 31.
[1084] Verzeichnis der Ordens-Dekorationen „Commandeur-Kreuze" nach ihren Nummern mit Aufführung vom wem getragen, wann erhalten und wann eingeliefert. Akt des Groß-Kanzler-Amtes des kgl. Militär-Max-Joseph-Ordens betreffend Kommandeur-Kreuze. BayHStA, KrA. Militär-Max-Joseph-Orden (MMJO), I K 25 Akt 1.
[1085] Unter den Ritterkreuzträgern des Militär-Max-Joseph-Ordens waren junge Offiziere wie Leutnant Pohl vom 7. Feldartillerieregiment, ebenso wie Kommandierende Generale wie Freiherr von Gebsattel. Wiederholt waren sogar Reserveoffiziere zu Rittern des Ordens ernannt worden. Vgl. Verzeichnis der Ordens-Dekorationen „Ritter-Kreuze" nach ihren Nummern mit Aufführung vom wem getragen, wann erhalten und wann eingeliefert. Akt des Groß-Kanzler-Amtes des kgl. Militär-Max-Joseph-Ordens betreffend Groß-Kreuze. BayHStA, KrA. Militär-Max-Joseph-Orden (MMJO), I K 25 Akt 2.

werb des Militär-Max-Joseph-Ordens war durch eine Wahl seitens der „Schwertgenossen" in einem gewissen Sinn demokratisch.[1086] Die Aufnahmekriterien blieben streng und die Bestätigung der Ordensvergabe oblag allein dem König als Ordensgroßmeister. Im Verlauf des Krieges wurden 448 Gesuche durch die verschiedenen Ordenskapitel abgewiesen, dazu kamen 16 ohne Kapitelspruch abgelehnte Gesuche. Durch Abstimmungen der Ordenskapitel wurden weitere 18 Offiziere als zur Aufnahme in den Orden würdig erachtet, aber auf Antrag des Ordensgroßkanzlers von Ludwig III. abgelehnt.[1087]

Das Kriegsministerium wies die Kommandobehörden im Sommer 1916 an, dass „bei der Würdigung von Ordensgesuchen und Anträgen" ein strenger Maßstab anzulegen sei: „So mehren sich auch die Fälle, in denen um Aufnahme in den Orden auf Grund von Einzeltaten erbeten wird, die zweifellos mit besonderem Mut sowie großem Schneid ausgeführt wurden, und hohe Anerkennung verdienen, denen aber nur ein örtlich begrenzter auch für den engeren Truppenverband ohne Einwirkung bleibender Erfolg zuerkannt werden kann." Ludwig III. teilte mit, dass bei einer zu freizügigen Verleihungspraxis die Gefahr bestünde, „dass dadurch der hohe Wert des Ordens und die Verdienste jener Offiziere, die ihn sich durch die Operationen in hervorragender Weise beeinflussende Taten erworben haben, verkleinert" werde. Es entspreche nicht den Grundsätzen der Ordenssatzung, „nach denen die, der Belohnung durch den Max-Joseph-Orden würdigen, Handlungen das erhabene Gepränge des Ungewöhnlichen und ganz außer den Grenzen der Pflicht liegenden tragen sollen, [...], wenn der höchste bayerische Kriegsorden für solche Taten zur Verleihung gelangt."[1088] Im Winter 1917 wurde die in den Statuten vorgesehene Maximalzahl an Ordensrittern erreicht. Außerdem waren keine finanziellen Mittel zur Aufstockung des Ordensvermögens vorhanden. Ludwig III. genehmigte durch eine „Allerhöchste Entschließung" am 8. Februar 1917 eine Änderung der Satzung des Ordens. Nach der Vergabe der Maximalzzahl der in „Artikel 5 der Statuten des königlich-bayerischen Militär-Max-Joseph-Ordens festgesetzten Ordenspensionen rücken die später ernannten Ordensmitglieder in der jeweiligen Reihenfolge ihres Ranges in freiwerdende Ordenspensionen ein."[1089]

Weitaus häufiger verteilt, an Offiziere wie Mannschaftssoldaten gleichermaßen, wurden der Militär-Verdienstorden und das Militär-Verdienstkreuz. Deren Satzung

---

[1086] „Der bayerische Max-Joseph-Orden". Belgischer Kurier, 12.1.1916. Nr. 11. Akt des Groß-Kanzler-Amtes des kgl. Militär-Max-Joseph-Ordens betreffend Anwendung der Statuten im Kriege 1914-1916. BayHStA, KrA. Militär-Max-Joseph-Orden (MMJO), I K 2.

[1087] Verzeichnis abgewiesener Gesuche des MMJO. BayHStA, KrA. Militär-Max-Joseph-Orden (MMJO), I K 7.

[1088] Bayerisches Kriegsministerium an die Kommandierenden Generale der I., II. und III. bayerischen Armeekorps und des I. bayerischen Reservekorps. München, 12.8.1916. Betr.: Max-Joseph-Orden. Akt des Groß-Kanzler-Amtes des kgl. Militär-Max-Joseph-Ordens betreffend Anwendung der Statuten im Kriege 1914-1916. BayHStA, KrA. Militär-Max-Joseph-Orden (MMJO), I K 2.

[1089] Änderung der Statuten des Militär-Max-Joseph-Ordens. Verordnung Nr. 140. Verordnungsblatt Nr. 10 des bayerischen Kriegsministeriums. München, 13. Februar 1917. Akt des Groß-Kanzler-Amtes des kgl. Militär-Max-Joseph-Ordens betreffend Anwendung der Statuten im Kriege 1914-1916. BayHStA, KrA. Militär-Max-Joseph-Orden (MMJO), I K 2.

sah vor, dass diese Auszeichnung „solche tapfere Kriegstaten, denen es an der einen oder anderen statutenmäßigen Vorbedingung zur Verleihung des Militär-Max-Joseph-Ordens gebricht" belohnen und „besonders hervorragende Verdienste um die Armee im Krieg und Frieden durch ein äußerliches Ehrenzeichen" anerkennen sollte. Der Militärverdienstorden konnte von allen Angehörigen des bayerischen Heeres erworben werden. Außerdem konnte er an Zivilpersonen, die sich „besonders und in hervorragender Weise" um die Armee verdient gemacht hatten, sowie an Angehörige anderer Armeen verliehen werden. Der Großmeister des Ordens war laut den Statuten „zu allen Zeiten des Königs Majestät". Der Militärverdienstorden war in mehrere Rangklassen unterteilt; das Großkreuz, die 1. Klasse, die 2. Klasse, das Offizierskreuz, eine 3. und 4. Klasse, sowie als unterste Klasse das Militär-Verdienstkreuz. Im Kriegsfall konnte die Befugnis, im Namen des Königs „auf dem Schlachtfeld oder bald nach erfolgter Tat" den Orden zu verleihen, durch dessen Vollmacht an bayerische Armeeführer übertragen werden. Mit der Auszeichnung waren keine Ansprüche auf Ehrenbesoldung, Adel oder sonstige Vorrechte verbunden.[1090] Vorschläge für die Verleihungen des Militärverdienstordens und des Militärverdienstkreuzes wurden von den bayerischen Generalkommandos und bayerischen Kommandobehörden dem bayerischen Kriegsministerium vorgelegt. Truppenteile unter preußischem Kommando schlugen die Auszuzeichnenden direkt dem bayerischen König vor. Das Kriegsministerium wies im August 1914 darauf hin, dass die Anzahl der Vorschläge nicht begrenzt und „ohne Rücksicht auf Dienstalter oder Rang ausschließlich nach dem Verdienst zu stellen" sei. Für ein und dieselbe Tat sollte aber nur eine Auszeichnung verliehen werden. Also war es nicht möglich, das preußische Eiserne Kreuz 2. Klasse und das bayerische Militärverdienstkreuz gleichzeitig zu erhalten.[1091]

In den Statuten der bayerischen Kriegsauszeichnungen waren höhere Vergabemaßstäbe angelegt als an die Verleihung des preußischen Eisernen Kreuzes. Dies führte dazu, dass die bayerischen Mannschaftssoldaten „nur in bescheidener Weise mit bayerischen Auszeichnungen bedacht" wurden, was laut bayerischem Kriegsministerium „bei den im Felde stehenden Truppen eine gewisse Missstimmung" hervorgerufen habe. Das Kriegsministerium betonte im November 1914, dass jeder Ordensvorschlag „ausnahmslos befürwortend Seiner Majestät unterbreitet" worden sei und stets „die Allerhöchste Genehmigung" gefunden habe.[1092] Im Oktober 1914 wandte sich Kronprinz Rupprecht an seinen Vater und betonte, dass eine Umgestaltung der Statuten des Militär-Max-Joseph-Ordens notwendig sei, ebenso wie der für die bayerischen Tapferkeitsmedaillen. Dadurch, dass die bayerischen Soldaten kaum bayerische Auszeichnungen erhielten, „dagegen viele Eiserne Kreuze,

---

[1090] Satzungen des Königlich Bayerischen Militär-Verdienstordens. München, 1913. Ordensangelegenheiten Bayern. BayHStA, KrA. AOK 6, Bd. 74.
[1091] Verordnung des königlich-bayerischen Kriegsministeriums Nr. 27146. München, 20.8.1914. Ordensangelegenheiten Bayern. BayHStA, KrA. AOK 6, Bd. 74.
[1092] Verordnung des königlich-bayerischen Kriegsministeriums Nr. 49541. München, 7.11.1914. Orden. BayHStA, KrA. Heeresgruppe Kronprinz Rupprecht, Bd. 19.

sind die Medaillen bei ihnen ganz in Misskredit gelangt und werden nicht einmal begehrt." Daneben schlug der Kronprinz die Schaffung „eines neuen billigen Kriegsordens – analog dem Offizieren wie Mannschaften gleichmäßig zu verleihenden eisernen Kreuze" vor. Problematisch sei die Nachfrage nach bayerischen Orden in den Reihen der „Prinzen regierender Häuser, [...] die nicht bloß derartige Wünsche für sich, sondern auch für ihre Adjutanten und sogar Privatsekretäre" äußerten. Rupprecht verwies darauf, hätte man „einen Orden in der Art des Eisernen Kreuzes I. und II. Klasse, ließe sich alles leichter und billiger machen."[1093]

Ludwig III. behielt sich „die Genehmigung jeder Auszeichnung" persönlich vor, was es dem bayerischen Kriegsministerium unmöglich machte, bei der Ausgabe der bayerische Verdienstkreuze „in gleicher Weise wie bei jener des Eisernen Kreuzes" zu verfahren. Im November 1914 wurde vom Kriegsminister zur Begünstigung bayerischer Soldaten verordnet, dass dem bayerischen König künftig nur noch begrenzt Anträge auf Verleihung des Militärverdienstordens und des Militärverdienstkreuzes mit Schwertern an Angehörige anderer Kontingente vorgelegt werden sollten, „da meist kein Verdienst um die bayerische Armee" vorliege, sondern nur dienstliche Zusammenarbeit.[1094] Eine erste Änderung der Ordensstatuten war im Oktober erfolgt, nach der Beamten der Militärverwaltung und Zivilpersonen der Verdienstorden und das Verdienstkreuz ohne Schwerter an einem besonderen Band verliehen werden sollten.[1095] Die Satzung erhielt später den Zusatz, dass in besonderen Fällen eine Dekoration mit Schwertern an Beamte vergeben werden konnte.[1096]

Am 16. Oktober 1914 wurde durch eine königliche Verordnung der bayerische Militär-Sanitäts-Orden gegründet, der den von 1812 ersetzte. Dieser sollte „ausgezeichnete militärische Verdienste, die sich Sanitätsoffiziere der mobilen Armee in der mit eigener Lebensgefahr verbundenen Versorgung und Behandlung verwundeter und kranker Offiziere usw. und Mannschaften auf Schlachtfeldern und in Lazaretten des Operationsgebietes während eines Krieges erwerben" belohnen. Der Orden konnte von Sanitätsoffizieren der bayerischen und anderer Armeen erworben werden und war in zwei Klassen unterteilt. Eine Kommission sollte die Gesuche um Ordensvergabe entgegennehmen. Der zuständige Kommandierende General musste diese bestätigen und an das Kriegsministerium weiterleiten, welches die Entscheidung des Königs erbat. Die erste Rangklasse war mit einer jährlichen Zahlung von 600 Mark dotiert, die zweite mit 300 Mark.[1097]

Je länger der Krieg dauerte, desto schlechter wurde die Durchhaltemoral unter den Feldsoldaten. Vielfach wurde gegenüber dem bayerischen Kriegsministerium

---

[1093] Schreiben des Kronprinzen Rupprecht an Ludwig III., 17. Oktober 1914. BayHStA, GHA. NL Ludwig III., Nr. 59; Ordensangelegenheiten. BayHStA, KrA. AOK 6, Bd. 71.
[1094] Verordnung des königlich-bayerischen Kriegsministeriums Nr. 49541. München, 7.11.1914. Orden. BayHStA, KrA. Heeresgruppe Kronprinz Rupprecht, Bd. 19.
[1095] Vgl. Zils, Wilhelm: König Ludwig III. im Weltkrieg. München, 1917. S. 23.
[1096] Vgl. ebd., S. 29f.
[1097] Zit. nach und vgl. ebd., S. 23-26.

angeregt, „die Stimmung der Mannschaften durch [die] zahlreichere und schneller einsetzende Verleihung von Auszeichnungen zu heben." Das Kriegsministerium informierte die mobilen Dienststellen schließlich, dass die Verleihung des Militär-Verdienstkreuzes an Unteroffiziere und Mannschaften „lediglich dem Ermessen der Feldvorgesetzten überlassen" sei. Es würden alle eingehenden Vorschläge dem König zur Genehmigung unterbreitet. Das Ministerium versicherte, man werde sich künftig verstärkt um eine rasche Erledigung der eingegangenen Anträge bemühen. Gegen eine ausgedehnte Anwendung des den Kommandierenden Generalen und Divisionskommandeuren eingeräumten Rechtes, „bei hervorragend tapferen Taten und an tapfere Schwerverwundete die Auszeichnung im Namen Seiner Majestät des Königs" zu verleihen, bestünden keine Einwände.[1098]

Im Verlauf des Jahres 1915 wurde deutlich, dass die bayerischen Ehrenzeichen den Bedarf nicht decken konnten, zumal die üblichen Verleihungen von Zivilorden vorläufig ausgesetzt wurden. Wie das Kabinett am 29. September 1915 an den Ministerratsvorsitzenden schrieb, äußerte der König den Wunsch, es solle „aus Anlass des gegenwärtigen Krieges eine besondere Auszeichnung für solche Persönlichkeiten geschaffen werden, die sich, ohne im Dienste des Heeres und des Roten Kreuzes zu stehen, durch ihre dienstliche oder durch freiwillige Tätigkeit besondere Verdienste um die Landeswohlfahrt erworben haben." Ähnliche Ehrenzeichen wurden in Württemberg und in den Hansestädten gestiftet. Dieses Ehrenzeichen solle, so Kabinettschef Dandl, nur in einer Klasse und ohne Rücksicht auf Rang und Stand des Auszuzeichnenden verliehen werden. Ursprünglich war geplant, eine derartige Stiftung erst nach Kriegsende zu vollziehen. Die lange Kriegsdauer ließ es aber bedenklich erscheinen, daran festzuhalten. Ludwig III. wollte daher „die Stiftung und die erstmalige Verleihung einer größeren Zahl des Ehrenzeichens schon zum nächsten Allerhöchsten Geburtsfeste" am 7. Januar 1916 vollziehen. Dementsprechend wurde Hertling angewiesen, „möglichst bald den Entwurf einer Satzung für die Stiftung des Ehrenzeichens" vorzulegen.[1099]

Damit wurde der Entschluss gefasst, einen bayerischen Orden „in der Art des Eisernen Kreuzes" zu schaffen, den Kronprinz Rupprecht ein Jahr zuvor angeregt hatte.[1100] Nur einen Monat später verkündete Hertling die Schaffung der neuen Kriegsauszeichnung, des eisernen „König-Ludwig-Kreuzes". Die ersten ungefähr 4.000 Verleihungen des Ehrenzeichens erfolgten am nächsten Königsgeburtstag, dem 7. Januar 1916. Es sollten „nur solche Personen vorgeschlagen werden, die sich ganz besonders hervortretende, unmittelbare Verdienste im Sinne der Stiftungsbestimmungen" erworben hatten. Wer bereits eine andere bayerische Kriegs-

---

[1098] Bayerisches Kriegsministerium an sämtliche mobilen Dienststellen: „Stimmung an der Front und in der Heimat". München, 30.1.1918. Bayerische Auszeichnungen. BayHStA, KrA. Heeresgruppe Kronprinz Rupprecht, Bd. 21.
[1099] Schreiben des Kabinettschefs Otto von Dandl an den Minister des Königlichen Hauses und des Äußern Georg von Hertling. München, 29. September 1915. König-Ludwig-Kreuz 1915-1918. BayHStA, NB. Staatsministerium der Finanzen, Nr. 67199.
[1100] Schreiben des Kronprinzen Rupprecht an Ludwig III., 17. Oktober 1914. BayHStA, GHA. NL Ludwig III., Nr. 59.

auszeichnung erhalten hatte, kam für die Verleihung nicht in Frage.[1101] Die Presse berichtete, das „König-Ludwig-Kreuz" sei „als Zeichen ehrender und dankbarer Anerkennung für solche Personen bestimmt", die sich „durch dienstliche oder freiwillige Tätigkeit in der Heimat besondere Verdienste um das Heer oder die allgemeine Wohlfahrt des Landes erworben haben."[1102]

Wie das Kriegsministerium im Juni 1916 mitteilte, wünschte Ludwig III. eine eingehende Unterrichtung über alle Ordensbewilligungen.[1103] Vorschläge für das König-Ludwig-Kreuz konnten fortlaufend an das Kriegsministerium und das Ministerium des Königlichen Hauses und des Äußern gestellt werden. Diese unterbreiteten dem König Empfehlungen für die zu ehrenden Personen. Nach der ersten Verleihung von 4.000 König-Ludwig-Kreuzen am 7. Januar 1916 wurden am 25. August 1916, dem Namenstag des Königs, weitere 3.000 Personen geehrt. Anlässlich der Königsgeburtstage und der königlichen Namensfeste in den Jahren 1917 und 1918 wurden ebenfalls zahllose Ehrungen mit dem König-Ludwig-Kreuz vorgenommen.[1104] Anlässlich des 100-jährigen Verfassungsjubiläums wurde eine Sonderausgabe des König-Ludwig-Kreuzes in Silber gestiftet und an eine Vielzahl von Personen verliehen, unter anderem an die Prinzen des Königlichen Hauses.[1105] Die regulären Verleihungen für den 7. Januar 1919 waren zwar geplant, fanden aber nicht mehr statt.[1106]

Trotz der großen Nachfrage an königlichen Ehrenzeichen in der Zivilbevölkerung und unter den bayerischen Soldaten gab es auch deutliche Kritik. Unter dem Titel „Sozialdemokratie und Ludwigskreuz" wies die sozialdemokratische „Münchner Post" am 8. Januar 1916 darauf hin, dass sich „in der umfangreichen Liste der mit dem neuen König-Ludwig-Kreuz Bedachten auch die Namen einer Anzahl Münchner Parteimitglieder" befänden. Der neue Orden sei gestiftet worden als Zeichen ehrender und dankbarer Anerkennung für „besondere Verdienste um das Heer oder um die allgemeine Wohlfahrt des Landes". Der Sozialdemokratie sei die eifrige „Pflege der allgemeinen Wohlfahrt des Landes" ohnehin eine selbstverständliche Pflicht, die sie „auch in außerordentlichen Zeiten, ja sogar in ihnen erst recht und um ihrer selbst Willen" erfülle. In Übereinstimmung „mit einem einmü-

---

[1101] Schreiben des Ministers des Königlichen Hauses und des Äußern Georg von Hertling an sämtliche Zivilstaatsministerien und das Kriegsministerium. München, 28. Oktober 1915. König-Ludwig-Kreuz 1915-1918. BayHStA, NB. Staatsministerium der Finanzen, Nr. 67199; Zils, Wilhelm: König Ludwig III. im Weltkrieg. München, 1917. S. 85f.

[1102] „Der Geburtstag des Königs Ludwig von Bayern". Wiener Fremdenblatt, 8.1.1916. BayHStA, GHA. Presseausschnittsammlung der Königin Marie Therese. Bd. XXXX.

[1103] Bayerisches Kriegsministerium. München, 8.6.1916. Orden. BayHStA, KrA. Heeresgruppe Kronprinz Rupprecht, Bd. 19.

[1104] Schreiben des Kabinettschefs Otto von Dandl an den Minister des Königlichen Hauses und des Äußern Georg von Hertling. München, 26. Mai 1916. König-Ludwig-Kreuz 1915-1918. BayHStA, NB. Staatsministerium der Finanzen, Nr. 67199.

[1105] Jahrhundertfeier des Bestehens der bayerischen Verfassung 1918. BayHStA, NB. StMin des K. Hauses und des Äußern, Nr. 70318.

[1106] Schreiben des Kabinettschefs Otto von Dandl an den Minister des Königlichen Hauses und des Äußern Georg von Hertling. München, 26. Mai 1916. König-Ludwig-Kreuz 1915-1918. BayHStA, NB. Staatsministerium der Finanzen, Nr. 67199.

tig gefassten Beschlusse der Münchner Parteileitung" würden daher, „unter voller Anerkennung der freundlichen Absicht des Spenders [...] die mit dem Ludwigskreuz Bedachten den Orden mit höflichem Danke zurückgeben." Die Sozialdemokratie lehnte es ab, „sich monarchische Auszeichnungen anzulegen." Die „Münchner Post" schloss giftig: „Für gewisse Leute wird es sich empfehlen, davon gebührende Notiz zu nehmen."[1107] Durch die Unterhöhlung des Bewusstseins für die Bedeutung von Orden und Auszeichnungen sowie durch deren massenhafte Verleihung verloren diese ihren Wert und wurden teils zu unwürdigen Tauschobjekten. So ging auf die für die Vergabe von Heeresaufträgen zuständigen Beamten in Berlin ein Regen an bayerischen Zivilorden und Titeln nieder. Erfüllte man die Wünsche der Regierungsbeamten nach Auszeichnungen, wurden bayerische Wirtschaftsinteressen berücksichtigt. Noch im August 1918 wurden in diesem Zusammenhang Orden verliehen, etwa an den Abteilungsvorstand im Kriegsernährungsministerium, den Abteilungsvorstand im Kriegsernährungsamt, den Geschäftsführer der Reichsgerstengesellschaft, den Vorstand der Reichsfettstelle und den Vorstand der Reichszuckerstelle.[1108]

[1107] „Sozialdemokratie und Ludwigskreuz". Augsburger Postzeitung, 10.1.1916. BayHStA, GHA. Presseausschnittsammlung der Königin Marie Therese. Bd. XXXX.

[1108] Ein Auszug aus den Unterlagen für 1917 macht dies deutlich: „Hieronymus Burckhardt, Geheimer Regierungsrat und vortragender Rat im preußischen Landwirtschaftsministerium, leitender Geschäftsführer der Zentralstelle zur Beschaffung der Heeresverpflegung in Berlin. In dieser Eigenschaft ermöglichte er durch seine Zustimmung die vielfachen, Bayern entgegenkommenden Zugeständnisse dieser Stelle. Auch in seiner Eigenschaft als geschäftsführendes Vorstandsmitglied der Reichsfleischstelle sowie als Mitglied der Reichskartoffelstelle und Reichsfutterstelle ist B. bayerischen Wünschen öfter entgegengekommen. Jetzt ist B. anstelle des Unterstaatssekretärs Dr. Göppert Vorstand des Preußischen Landesfleischamtes geworden. Er kann hier sowohl bei den Sitzungen des Vorstandes wie des Beirates der Reichsfleischstelle bei Beratung bayerischer Interessen ein gewichtiges Wort mitsprechen. Geh. Regierungsrat Burckhardt möchte für den Verdienstorden vom hl. Michael 4. Kl. Mit der Krone vorgeschlagen werden." Vgl. Krauss, Marita: Die königlich bayerischen Hoflieferanten. München, 2009. S. 77-79.

7. Monarchie an der Front

7.1 Front- und Staatsbesuche

Ludwig III. inszenierte die bayerische Monarchie vor dem Hintergrund der Kriegsbühne durch zahlreiche Frontbesuche.[1109] Neben der Präsenz des Königs in der Heimat bildeten die Frontbesuche die unabdingbare Grundlage für dessen Ansehen unter den Soldaten. Nur durch diese erheblichen Reiseanstrengungen, die sogar die Landesreisen der Vorkriegsjahre in den Schatten stellten, konnte der über 70-jährige Ludwig III. seine Stellung als „Allerhöchster Kriegsherr" den Soldaten glaubhaft machen und ihnen seine landesväterliche Treue vermitteln. Daneben dienten die Frontbesuche der direkten und persönlichen Kommunikation des bayerischen Bundesfürsten mit dem Kaiser und führenden Militärs. Zwei Wochen nach Kriegsausbruch äußerte er erstmals den Wunsch, den bayerischen Feldtruppen einen Besuch abzustatten. Der bayerische Gesandte in Berlin meldete kurz darauf nach München, der Kaiser würde sich freuen, den König von Bayern im deutschen Hauptquartier begrüßen zu dürfen. Allerdings wurde ein weiterer Abschnitt der militärischen Operationen abgewartet, bevor eine offizielle Einladung zum Besuch des Großen Hauptquartieres an den König erging.[1110]

Am 26. August 1914 trat Ludwig III. zusammen mit seinem Ministerratsvorsitzenden und seinem Kriegsminister seine erste Frontreise an.[1111] In Begleitung des Königs befand sich das übliche engere Gefolge, das ihn bei seinen Reisen begleiten sollte.[1112] Während der Abwesenheit des Monarchen und des Ministerratsvorsitzenden pendelte täglich ein Kurier zwischen München und dem Großen Hauptquartier. Die Regierungsgeschäfte wurden in unveränderter Weise weitergeführt.[1113] Die Presse feierte die gleichzeitige Anwesenheit der beiden wichtigsten

---

[1109] Reisen des Königs zu den verschiedenen Kriegsschauplätzen 1914-1918. Akten des Obersthofmarschalls. BayHStA, Geheimes Hausarchiv. Obersthofmarschallstab S.M. des Königs Ludwig III. von Bayern, Nr. 515; Allerhöchste Reisen an die Kriegsfronten 1916-1918. Akten des Obersthofmarschalls. BayHStA, Geheimes Hausarchiv. Obersthofmarschallstab S.M. des Königs Ludwig III. von Bayern, Nr. 516.

[1110] Bericht des k.u.k. Gesandten von Velics an Minister Graf Berchtold vom 19.8.1914. Berichte aus München 1914-1915. OeStA, Abt. Haus-, Hof- und Staatsarchiv. Politisches Archiv, Nr. 837.

[1111] Bericht des k.u.k. Gesandten von Velics an Minister Graf Berchtold vom 26.8.1914. Berichte aus München 1914-1915. OeStA, Abt. Haus-, Hof- und Staatsarchiv. Politisches Archiv, Nr. 837.

[1112] Dazu zählten Oberstallmeister Baron Leonrod, Kabinettschef von Dandl, Generaladjutant von Walther, die beiden Flügeladjutanten Graf zu Castell und Freiherr von Bodman. Zudem reisten der Gesandte Graf Lerchenfeld und der Legationsrat von Stockhammern mit. Vgl. Auflistung des Gefolges S.M. des Königs von Bayern auf seiner Reise ins Große Hauptquartier in Koblenz. Reisen Seiner Majestät des Königs von Bayern ins Große Hauptquartier 1914, an die Ostfront 1916 und an die Westfront 1918. BayHStA, GHA. Kabinettsakten König Ludwigs III., Nr. 27.

[1113] Rundschreiben des königlichen Kabinetts an die obersten Hofämter, Staatsministerien etc. (Durchschrift). München, 23. August 1914. Reisen Seiner Majestät des Königs von Bayern ins Große

7.1 Front- und Staatsbesuche

deutschen Bundesfürsten im Hauptquartier als Demonstration der nationalen Einheit: „Die Feinde und Neider des Reichs, die noch auf inneren Streit unter den Deutschen gehofft hätten, würden nun gewahr werden, was deutsche Einigkeit vermöge."[1114] Mitte September 1914 folgte die nächste Reise des Monarchen, die ihn zu den bayerischen Feldtruppen in Lothringen führte. Ludwig III. besuchte eine Reihe von Feldlazaretten und Anstalten des Roten Kreuzes sowie verschiedene Kampfstätten. Sein Erscheinen diente als Anlass für zahlreiche Beförderungen und Auszeichnungen. Kronprinz Rupprecht erhielt das Großkreuz des Militär-Max-Joseph-Ordens, Prinz Franz wurde zum Generalmajor befördert und Prinz Konrad zum Major.[1115] Die Reisen boten dem Monarchen Gelegenheit, Familienangehörige zu treffen. Ludwig III. schrieb seiner in München verbliebenen Gattin Marie Therese, er habe das eroberte Sperrfort Manonvillers besichtigt und Rupprecht in Dieuze besucht, den er „in gutem Gesund- und Gemütszustande traf." Danach war er „so glücklich, Franz zu treffen, der wohlauf ist und sich einen Vollbart wachsen lässt, begegnete zufällig Adalbert an der Spitze seiner marschierenden Batterie, und sah endlich Wilhelm Hohenzollern in Pfalzburg [...]."[1116]

Die Münchner Bevölkerung brachte dem Monarchen nach seiner Rückkehr vom Kriegsschauplatz regelmäßig Ovationen dar. Hier versuchte der König, seiner symbolpolitischen Rolle als sorgender Landesvater und zugleich als Mittler zwischen Front und Heimat gerecht zu werden. In einer Ansprache, die in der „Bayerischen Staatszeitung" abgedruckt wurde, betonte er, dass er zwar mit großer Freude die siegreichen Truppen begrüßt habe, „die bayerischen und andere [...]; leider musste ich mich auch überzeugen von den schrecklichen, den traurigen Folgen dieses erschrecklichen Krieges. Und es war mir ein arg großer Schmerz, die vielen, vielen Verwundeten und viele Schwerverwundete daliegen zu sehen. Ja, es ist ein harter Krieg! Da überzeugte ich mich erst recht wieder davon, welch großes Glück uns Gott damit beschieden, dass wir gut vierzig Jahre Frieden hatten, und ich bitte Gott, dass auch jetzt wieder bald Friede werde, der mindestens wieder ebenso lange, vierzig Jahre, währen möge, und dass uns der Sieg werde. Aber es stehen uns neue große Schlachten und blutige schwere Kämpfe noch bevor und es wird leider der Krieg noch lange dauern."[1117]

Hauptquartier 1914, an die Ostfront 1916 und an die Westfront 1918. BayHStA, GHA. Kabinettsakten König Ludwigs III., Nr. 27.

[1114] Bericht des k.u.k. Gesandten von Velics an Minister Graf Berchtold vom 26.8.1914. Berichte aus München 1914-1915. OeStA, Abt. Haus-, Hof- und Staatsarchiv. Politisches Archiv, Nr. 837.

[1115] Bericht des k.u.k. Gesandten von Velics an Minister Graf Berchtold vom 15.9.1914. Berichte aus München 1914-1915. OeStA, Abt. Haus-, Hof- und Staatsarchiv. Politisches Archiv, Nr. 837; Zils, Wilhelm: König Ludwig III. im Weltkrieg. München, 1917. S. 18.

[1116] Schreiben Ludwigs III. an Marie Therese, 11.9.1914. BayHStA, Geheimes Hausarchiv. NL Königin Marie Therese. Nr. 78.

[1117] Ansprache des Königs nach seiner Rückkehr vom Kriegsschauplatz. Bayerische Staatszeitung, Kgl. Bayerischer Staatsanzeiger, Hof- und Personalnachrichten, 17.9.1915. Königliche Kundgebungen zu Beginn und während des 1. WK: Verhängung des Kriegszustandes und Mobilmachungsbefehl, Aufrufe und Tagesbefehle, Aufrufe der Königin an die bayerischen Frauen, Weihnachtsgrüße und Neujahrsglückwünsche an die Truppen im Felde etc. (1914-1918). BayHStA, GHA. Kabinettsakten

7. Monarchie an der Front

Der König wandte sich während des Krieges durchgehend mittels „Allerhöchster Handschreiben" an die Öffentlichkeit. Am 4. Januar 1915 wiederholte er die Botschaft des Burgfriedens, während er sich als treusorgender Landesvater inszenierte: „Mit Stolz und freudiger Anerkennung blicke Ich auf die tapfere bayerische Armee, die in heldenmutigem Kampfe und herrlichen Waffentaten ihren alten Ruf befestigt und sich als würdiges Glied der deutschen Heere erwiesen hat. Mit stiller Wehmut gedenke Ich der Helden, die in dem gewaltigen Ringen ihr Blut für das Vaterland vergossen haben, und all der Familien, die den Verlust teurer Angehöriger beklagen." Ludwig III. dankte seinem Volk, das „in dieser ernsten Zeit seine Liebe zum Vaterlande und zum Königshause so glänzend bewahrt und unter Zurückstellung aller trennenden Gegensätze nur das eine Ziel vor Augen hat, dem Vaterlande zu dienen."[1118]

Der monarchische Festtagskalender spiegelte sich auch an der Front wider. Die Geburtstage des Deutschen Kaisers wurden durch Paraden, Festgottesdienste, Ordensverleihungen und Festessen gefeiert[1119], ebenso wie diejenigen des Königs von Bayern. In den Hauptquartieren wurden Trinksprüche auf die Monarchen ausgebracht.[1120] An der Westfront wurde der 70. Geburtstag Ludwigs III. festlich begangen. Wie die „Augsburger Postzeitung" berichtete, wurde in Lille, dem Hauptquartier der Armee des bayerischen Kronprinzen, eine große Parade abgehalten. „Kronprinz Rupprecht hielt eine kurze Ansprache, auf die seine Truppen ein brausendes Hoch auf den König ausbrachten. Am Morgen hatte der bayerische Kronprinz eine Parade über die an der Front im Feuer der feindlichen Artillerie stehenden Regimenter abgehalten."[1121] Die Parade vor den Truppen des II. bayerischen Korps und der 6. Bayerischen Reservedivision in Comines musste mit Rücksicht auf die Fliegergefahr bei Dämmerlicht abgehalten werden.[1122]

Im Namen der Armee richtete Rupprecht an seinen Vater ein Schreiben, das veröffentlicht wurde: „Durchlauchtigster, Großmächtigster König, Gnädigster und geliebtester Herr Vater! Ferne der Heimat feiern heute die bayerischen Truppen im Felde das Geburtsfest ihres Obersten Kriegsherrn – in Treue fest – von dem unerschütterlichen Willen beseelt, den Sieg an ihre Fahnen zu fesseln. Möge Gott der Allmächtige den Sieg uns verleihen und einen rühmlichen Frieden zum Wohle Bayerns und des gesamten deutschen Vaterlandes. Möge er die ersprießliche und unermüdliche Regierungstätigkeit Euerer Majestät segnen und möge es Euerer Majestät vergönnt sein, Allerhöchst Ihr Geburtsfest noch recht oft in gleicher Frische und Rüstigkeit zu feiern, umjubelt von einem dankbaren und anhänglichen Vol-

---

König Ludwigs III., Nr. 71; Vgl. Zils, Wilhelm: König Ludwig III. im Weltkrieg. München, 1917. S. 20f.
[1118] Zit. nach Zils, Wilhelm: König Ludwig III. im Weltkrieg. München, 1917. S. 37f.
[1119] Kriegstagebuch, 27.1.1916. BayHStA, GHA. NL Prinz Leopold, Nr. 239.
[1120] Ebd., 7.1.1916. BayHStA, GHA. NL Prinz Leopold, Nr. 239.
[1121] „Wie die Bayern den Geburtstag ihres Königs begingen." Augsburger Postzeitung, 9.1.1915. BayHStA, GHA. Presseausschnittsammlung der Königin Marie Therese. Bd. XXXVI.
[1122] Kriegstagebuch, 7.1.1915. BayHStA, GHA. NL Kronprinz Rupprecht, Nr. 701.

7.1 Front- und Staatsbesuche

ke."[1123] Ludwig beantwortete dies, indem er „für den Heldenmut und die opferfreudige Hingabe, mit der Meine Landeskinder in dem gewaltigsten Kampfe, den Deutschland je zu bestehen hatte", herzlich dankte.[1124] Anlässlich des 70. Geburtstages des bayerischen Königs war sogar der Kaiser bei Rupprecht erschienen.[1125] Die Namenstage Ludwigs III. wurden an der Front ebenfalls festlich begangen.[1126]

Die enge Verbindung von Front und Heimat, Armee und Bevölkerung, hob Ludwig III. bei zahllosen Gelegenheiten hervor. Anlässlich einer Truppenvereidigung im September 1915 wandte er sich an die Truppe: „Ihr seid Soldaten, nachdem ihr den Fahneneid geleistet habt. Ihr tretet damit aber in keiner Weise aus dem Volk aus, denn die ganze bewaffnete Macht ist ja das Volk in Waffen, und das ganze Volk ist es, das diesen schweren Kampf führt. Diejenigen, denen nicht das Glück beschieden ist, vor den Feind zu treten, setzen ohne Rücksicht auf Alter und Geschlecht alles daran, unserem Vaterlande zu ermöglichen, den Krieg in Ehren zu bestehen. Sie sorgen dafür, dass das Volk ernährt wird und dass die für die Armee notwendigen Mittel beschafft werden." Hier appellierte der Monarch an die Idee des Burgfriedens: „Dank dem Zusammenarbeiten des ganzen Volkes, ohne Unterschied des Standes und des Geschlechts, von hoch und niedrig, von reich und arm, ist es bisher uns gelungen, diese großen Opfer zu bringen."[1127]

Ende Januar 1915 bereiste der König für die Dauer von zwei Wochen erneut die Westfront. Zunächst besuchte er in Metz das III. bayerische Korps und die bayerische Ersatzdivision sowie in Dieuze die bayerische Reservedivision. Der Stadt und Festung Namur, wo der bayerische Generalleutnant Baron Hirschberg als Gouverneur wirkte, war ein weiterer Besuch zugedacht, ebenso dem Großen Hauptquartier. Im Anschluss bezog Ludwig III. in Cambrai Quartier, um von dort aus den Kronprinzen Rupprecht in Lille zu besuchen und die umliegenden bayeri-

---

[1123] Veröffentlichtes Schreiben des Kronprinzen Rupprecht an Ludwig III. Armee-Oberkommando der 6. Armee. AHQu Lille, 10.1.1915. Königsbesuche, Paraden, Auszeichnungen etc. BayHStA, KrA. AOK 6, Bd. 84; Zils, Wilhelm: König Ludwig III. im Weltkrieg. München, 1917. S. 40.

[1124] Veröffentlichtes Antwortschreiben des Ludwigs III. an den Kronprinzen Rupprecht. Königsbesuche, Paraden, Auszeichnungen etc. BayHStA, KrA. AOK 6, Bd. 84; Vgl. Zils, Wilhelm: König Ludwig III. im Weltkrieg. München, 1917. S. 41.

[1125] Schreiben des Kronprinzen Rupprecht an Ludwig III., 7.1.1915. BayHStA, GHA. NL Ludwig III., Nr. 59.

[1126] Kriegstagebuch, 25.8.1915. BayHStA, GHA. NL Prinz Leopold, Nr. 239; Im Armeeoberkommando der Kaiserlichen Deutschen Südarmee, die unter dem Befehl des bayerischen Generals Felix Graf von Bothmer stand, wurden die Namensfeste mit großen Festessen gefeiert. Vgl. Bekanntmachung der Kaiserlich Deutschen Südarmee. Armee-Oberkommando, 22.8.1915. Betreff: Allerhöchstes Namensfest S.M. des Königs von Bayern am 25. August 1915. BayHStA, KrA. Handschriften, Nr. 2683; Im Jahr 1916 war bei der Heeresgruppe Prinz Leopold am Ludwigstag Festbeflaggung angeordnet worden. Ein Feldgeistlicher feierte eine Messe in der Klosterkirche, mittags fand ein Konzert statt und abends ein feierliches Souper im dekorierten Kasino. Vgl. Kriegstagebuch, 26.8.16. BayHStA, GHA. NL Prinz Leopold, Nr. 239; Der letzte Kriegsgeburtstag des Königs wurde am 7.1.1918 vom Oberkommando Ost in der Kernwerkskirche von Brest-Litowsk begangen. In Schloss Skoki fand ein feierliches Gabelfrühstück beim Oberbefehlshaber Ost Prinz Leopold statt, zu welchem er die Mitglieder seines Stabs und die ortsanwesenden Bayern geladen hatte. Vgl. Kriegstagebuch, 7.1.1918. BayHStA, GHA. NL Prinz Leopold, Nr. 239.

[1127] Zit. nach Zils, Wilhelm: König Ludwig III. im Weltkrieg. München, 1917. S. 73f.

schen Truppen, südlich bis Péronne, zu besichtigen.[1128] Mehrere Tage verbrachte der König am Sitz des Armeeoberkommandos seines Sohnes, wo er in dessen Begleitung sämtliche bayerischen Korpskommandos, die Divisions- und Brigadestäbe und eine große Anzahl von Landwehrformationen besuchte.[1129] Zu einem kleineren Eklat kam es, als der Bischof von Namur sich weigerte, den König offiziell zu empfangen.[1130] In Namur besichtigte Ludwig die auf dem Platz St. Aubain in Paradeaufstellung stehenden bayerischen Besatzungstruppen und nahm den Parademarsch der Truppen ab. Der Gouverneur der Festungsstadt erinnerte die Soldaten an das Beispiel, das ihnen der Monarch, der 1866 vor dem Feind verwundet worden war, gegeben habe, und brachte ein dreifaches Hurra auf den König aus, in das die Truppen einstimmten.[1131] Die Frontreisen mit großem Gefolge kosteten angesichts der Ausgaben für Mahlzeiten, Transporte, Gepäcktransporte, Trinkgelder und Geschenke stattliche Summen.[1132]

Seitens des Kabinetts wurden für die Rückkehr des Königs offizielle Empfänge in München organisiert, begleitet durch massive Pressearbeit.[1133] Am 13. Februar 1915 wandte sich der nach München zurückgekehrte Monarch an eine vor dem Wittelsbacher Palais zusammengekommene Menschenmenge, die er zum Durchhalten aufforderte.[1134] Am selben Tag erließ er einen Armeetagesbefehl, in dem er den Truppen seinen Dank für ihre Leistungen aussprach. Ludwig hob hervor, er sei „von hoher Befriedigung erfüllt über das Lob und die Achtung, die der bayerischen Armee von allen Seiten gezollt" werde und gleichsam stolz „auf den ausgezeichneten Ruf, den sie sich in diesem Kriege neuerdings erworben" habe.[1135] Die Zeitungen berichteten überschwänglich, wo immer der König sich gezeigt habe, sei „er

---

[1128] Teile der zwei bayerischen Reservekorps zwischen Arras und Ypern und die bayerische Kavalleriedivision in Südbelgien sollten ebenfalls die Anerkennung des königlichen Besuches erhalten. Vgl. Bericht des k.u.k. Gesandten von Velics an Minister Graf Berchtold vom 9.1.1915. Berichte aus München 1914-1915. OeStA, Abt. Haus-, Hof- und Staatsarchiv. Politisches Archiv, Nr. 837.

[1129] „Die Reise des Königs nach dem westlichen Kriegsschauplatz". Pressestimmen über die Reise seiner Majestät des Königs nach dem westlichen Kriegsschauplatz (28. Januar-13. Februar 1915). Ah. Reisen nach dem [westl.] Kriegsschauplatz und Essen 28.1.-13.2.15. Reise des Königs auf den westlichen Kriegsschauplatz Januar/ Februar 1915. BayHStA, GHA. Kabinettsakten König Ludwigs III., Nr. 25.

[1130] „Deutschlandhetze". Fränkischer Kurier, 24.2.1915. Besuch S.M. des Königs in Belgien. Zwischenfall zwischen S.M. dem König von Bayern und dem Bischof von Namur betr. (1915). BayHStA, NB. StMin des K. Hauses und des Äußern, Nr. 97503.

[1131] „König Ludwig in Namur". Pressestimmen über die Reise seiner Majestät des Königs nach dem westlichen Kriegsschauplatz (28. Januar-13. Februar 1915). Ah. Reisen nach dem [westl.] Kriegsschauplatz und Essen 28.1.-13.2.15. Reise des Königs auf den westlichen Kriegsschauplatz Januar/ Februar 1915. BayHStA, GHA. Kabinettsakten König Ludwigs III., Nr. 25.

[1132] Abrechnung der Reise S.M. des Königs auf den Kriegsschauplatz 28. Januar-13. Februar 1915. Ah. Reisen nach dem [westl.] Kriegsschauplatz und Essen 28.1.-13.2.15. Reise des Königs auf den westlichen Kriegsschauplatz Januar/ Februar 1915. BayHStA, GHA. Kabinettsakten König Ludwigs III., Nr. 25.

[1133] Programmheft des Besuchs bei den Kruppwerken. Ah. Reisen nach dem [westl.] Kriegsschauplatz und Essen 28.1.-13.2.15. Reise des Königs auf den westlichen Kriegsschauplatz Januar/ Februar 1915. BayHStA, GHA. Kabinettsakten König Ludwigs III., Nr. 25.

[1134] Vgl. Zils, Wilhelm: König Ludwig III. im Weltkrieg. München, 1917. S. 49.

[1135] Zit. nach ebd., S. 49f.

von den Truppen mit stürmischem Jubel begrüßt [worden]; auch die Truppen nichtbayerischer Kontingente stimmten begeistert in die Huldigungen ein." Nicht allein den Soldaten, sondern auch den im Bahn- und Postdienst verwendeten Beamten habe der König „sein landesväterliches Interesse" zugewandt und sich von ihnen Bericht erstatten lassen.[1136]

Im Sommer 1915 bereiste der König erstmals die Ostfront. Während dieser Reise traf er in Wien auf Kaiser Franz Joseph und in Pless auf Generalstabschef von Falkenhayn. Daran schlossen sich Besuche Krakaus und Przemysls an, ebenso eine Begegnung mit Generalfeldmarschall August von Mackensen. Im zurückeroberten galizischen Lemberg kam, wie der bayerische Monarch äußerte, im „enthusiastischen Jubel der Bevölkerung [...] die Freude über die Erlösung vom russischen Kriegsjoch und über den Wiederanschluss an die alte Heimat zum Ausdruck." Im Großen Hauptquartier richtete der Kaiser die Bitte an Ludwig III., Rang und Abzeichen eines preußischen Generalfeldmarschalls anzunehmen,[1137] da dessen „allezeit bewährten Truppen [...] auf allen Kriegsschauplätzen mit hervorragender Tapferkeit und schönen Erfolgen" kämpften.[1138] Die Übergabe des Feldmarschallstabes fand am 17. Juli 1915 in der Nürnberger Burg statt.[1139] Rupprecht teilte seinem Vater mit, er hoffe, dass die Tapferkeit der bayerischen Truppen „für Bayern noch andere Ergebnisse erzielen möge, als äußerliche, an sich ja ganz schöne Auszeichnungen."[1140]

Symbolpolitisch war seiner Meinung nach durch die Verleihung der preußischen Feldmarschallswürde durch den Kaiser, ohne dass diesem der bayerische Feldmarschallstab angeboten wurde, ein Missverhältnis eingetreten: „Wenn der Kaiser als der einseitig Auszeichnungen verleihende Teil hervortritt, tritt er hiermit aus der Rolle eines primus inter pares gegenüber den übrigen deutschen Fürsten hervor, die hierdurch nicht ganz ohne ihr Verschulden in eine Art von Vasallenverhältnis hinabgleiten. Wäre es nicht möglich, S.M. dem Kaiser noch jetzt den bayerischen Marschallstab zu überreichen mit der Begründung, dass dessen künstlerische Ausführung eine Verzögerung der Absicht bewirkte?"[1141] Die Bedenken

---

[1136] „Die Reise des Königs nach dem westlichen Kriegsschauplatz". Pressestimmen über die Reise seiner Majestät des Königs nach dem westlichen Kriegsschauplatz (28. Januar-13. Februar 1915). Ah. Reisen nach dem [westl.] Kriegsschauplatz und Essen 28.1.-13.2.15. Reise des Königs auf den westlichen Kriegsschauplatz Januar/ Februar 1915. BayHStA, GHA. Kabinettsakten König Ludwigs III., Nr. 25.

[1137] Bericht des k.u.k. Gesandten von Velics an Minister Stephan Baron Burián vom 4.7.1915. Berichte aus München 1914-1915. OeStA, Abt. Haus-, Hof- und Staatsarchiv. Politisches Archiv, Nr. 837.

[1138] Handschreiben Kaiser Wilhelms II. an König Ludwig III. Großes Hauptquartier, 26. Juni 1915. Persönliche Angelegenheiten König Ludwigs III. 1911-1918. BayHStA, GHA. Kabinettsakten König Ludwigs III., Nr. 1.

[1139] Überreichung der Würde eines preußischen Generalfeldmarschalls an Seine Majestät den König. Persönliche Angelegenheiten König Ludwigs III. 1911-1918. BayHStA, GHA. Kabinettsakten König Ludwigs III., Nr. 1.

[1140] Schreiben des Kronprinzen Rupprecht an Ludwig III. Lille, 4.7.1915. BayHStA, GHA. NL Ludwig III., Nr. 59.

[1141] Schreiben des Kronprinzen Rupprecht an Ludwig III. Lille, 10.7.1915. BayHStA, GHA. NL Ludwig III., Nr. 59.

des Kronprinzen wurden in München geteilt, daher wurde Kaiser Wilhelm II. im September 1915 von Ludwig III. zum bayerischen Generalfeldmarschall ernannt.[1142]

Symbolisch bedeutsam war der Besuch vor Verdun kämpfender bayerischer Regimenter im Juli 1916. Gefolgt von der Generalität, unter der sich auch Prinz Franz befand, trat Ludwig III. vor die Front und sprach den Truppen Dank und Anerkennung aus „für ihre heldenmütige, sieggekrönte Tapferkeit in dem Ringen vor Verdun, dem schwersten Kampfe, den die Kriegsgeschichte kennt." Der König verteilte zahllose Dekorationen an Offiziere, Unteroffiziere und Soldaten. Ludwig ergriff einige Tage später die Gelegenheit, auf den Schlachtfeldern von Sedan den dort gefallenen bayerischen Soldaten zu gedenken. Auf dem Friedhof von Bazeilles legte er am Bayern-Denkmal einen Kranz nieder, der die Aufschrift trug: „Zum Andenken an die im Jahre 1870 gefallenen Bayern und zur Ehre ihrer Kameraden, die vor zwei Jahren auf den gleichen Schlachtfeldern ihr Leben dem Vaterlande geopfert haben". Der weitere Verlauf der Reise führte den König zum Kronprinzen Rupprecht. Er besichtigte Stellungen der 6. Armee und zeichnete Offiziere und Mannschaften mit Orden aus. Zuletzt besuchte Ludwig III. mehrere an der Front stehende bayerische Truppenteile. In Metz fand eine Parade der bayerischen Besatzungstruppe statt.[1143]

Im August 1915 führte den bayerischen Monarchen eine militärische Inspektionsreise ins Elsass. Wie die Presse vermeldete, fanden sowohl in den Reichslanden als auch auf süddeutschen Zwischenstationen enthusiastische Begrüßungskundgebungen statt, die der im Kaiserreich populären Persönlichkeit Ludwigs III. ebenso wie den Leistungen der Bayern an der Front galten.[1144] Ein Besuch der kaiserlichen Marine führte den König im Sommer 1916 nach Wilhelmshaven. Im Anschluss besuchte er Hamburg, Bremen, Oldenburg, Braunschweig und Leipzig.[1145] Die Reise galt vornehmlich dem Besuch der deutschen Seestreitkräfte, zu dem der Deutsche Kaiser den König von Bayern bei deren letzten Begegnung im Großen Hauptquartier eingeladen hatte. Zahlreiche Besichtigungen und eine Fahrt auf einem Kriegsschiff standen ebenso auf dem Programm wie Gespräche mit der Marineführung. Mit seinem Interesse an der Marine gewann Ludwig III. Sympathien.[1146] Dem Kai-

---

[1142] Ernennung des Königs zum preußischen und des Kaisers zum bayerischen Generalfeldmarschall etc. BayHStA, GHA. Kabinettsakten König Ludwigs III., Nr. 56.

[1143] Presseschau: Der Besuch König Ludwigs bei Seinen Truppen an der Westfront. München, 5. Juli 1916. Reise Seiner Majestät des Königs von Bayern an die Westfront im Sommer 1916. BayHStA, GHA. Kabinettsakten König Ludwigs III., Nr. 27; Zeiteinteilung für die Reise Seiner Majestät des Königs von Bayern an die Westfront im Sommer 1916. Königsbesuche, Paraden, Auszeichnungen etc. BayHStA, KrA. AOK 6, Bd. 84; Zils, Wilhelm: König Ludwig III. im Weltkrieg. München, 1917. S. 107.

[1144] Bericht des k.u.k. Gesandten von Velics an Minister Stephan Baron Burián vom 21.8.1915. Berichte aus München 1914-1915. OeStA, Abt. Haus-, Hof- und Staatsarchiv. Politisches Archiv, Nr. 837.

[1145] Reise Seiner Majestät des Königs von Bayern zur Marine nach Wilhelmshaven 1916. BayHStA, GHA. Kabinettsakten König Ludwigs III., Nr. 28.

[1146] Eine besondere Freude bereitete es ihm, dass er Gelegenheit bekam, im Dienst der Marine stehende bayerische Staatsangehörige zu begrüßen. Alle vom Dienst auf den Schiffen abkömmlichen Bayern

ser telegrafierte er anschließend, die Eindrücke, die er gewonnen habe, befestigten sein „Vertrauen in die unüberwindliche Stärke der deutschen Waffen zu Wasser wie zu Land."[1147]

Die Reise nach Norddeutschland bot dem König Gelegenheit zu Begegnungen mit anderen Bundesfürsten und Vertretern der freien und Hansestädte. In Bremen wurde er vom präsidierenden Bürgermeister Carl Georg Barkhausen begrüßt, am Bahnhof in Oldenburg erwartete ihn Großherzog August. Auf der Rückreise nahm der König Aufenthalt in Hamburg und folgte einer Einladung des Senats zum Abendessen. Im Anschluss traf er in Braunschweig zum Besuch des Herzogs Ernst August ein, bevor er in Leipzig abschließend auf den König von Sachsen traf.[1148] Im Oktober 1916 folgte eine ausgedehnte Reise an die Ostfront, die den Monarchen über Warschau und Bialowies zum Oberkommando Ost nach Brest-Litowsk führte, später nach Kowel, Lemberg und Rohatyn.[1149] Während dieser Rundreise traf er auf seinen dort kommandierenden Bruder Leopold sowie auf den Erzherzog-Thronfolger Karl von Österreich-Ungarn.[1150] Im Großen Hauptquartier begegnete er Generalfeldmarschall Paul von Hindenburg und General Erich Ludendorff, mit denen er ausführliche Gespräche führte.[1151] Wenn Zeit und Gelegenheit war, wurden ihm die ortsanwesenden bayerischen Staatsangehörigen vorgestellt.[1152]

In der Zeit vom 30. April bis 12. Mai 1917 unternahm der König eine neuerliche Frontreise in den Westen, unter anderem zum Großen Hauptquartier nach Bad Kreuznach. Der den König begleitende Kriegsminister erinnerte sich, ein Teil der Reise „galt den in der Pfalz garnisonierten Ersatztruppen und führte uns nach Landau, Speyer, wo auch die Flugzeugfabrik von Eversbusch besichtigt wurde, nach Zweibrücken, Kaiserslautern, Neustadt a. H. und dem neuen großen Flugplatz bei Speyerdorf-Lachen. Überall großer Empfang, Ansprachen, Truppenparaden, dann Gang durch irgendeine Fabrik und Besuche [...]." Am 4. Mai tafelte die bayerische Delegation beim Kaiser, der den Besuch eine Woche später im nahe gelegenen

---

hatten sich in Parade aufgestellt, um von ihrem Landesfürsten begrüßt zu werden. Vgl. Pressemitteilung des Königlichen Kabinetts. Reise Seiner Majestät des Königs von Bayern zur Marine nach Wilhelmshaven 1916. BayHStA, GHA. Kabinettsakten König Ludwigs III., Nr. 28.

[1147] Telegramm des Königs von Bayern an Kaiser Wilhelm II., 26.7.1916. Reise Seiner Majestät des Königs von Bayern zur Marine nach Wilhelmshaven 1916. BayHStA, GHA. Kabinettsakten König Ludwigs III., Nr. 28.

[1148] Pressemitteilung des Königlichen Kabinetts. Reise Seiner Majestät des Königs von Bayern zur Marine nach Wilhelmshaven 1916. BayHStA, GHA. Kabinettsakten König Ludwigs III., Nr. 28.

[1149] Kalender König Ludwigs für Oktober/ November 1916. Reisen des Königs zum Großen Hauptquartier 1914, an die Ostfront 1916 und die Westfront 1918. BayHStA, GHA. Kabinettsakten König Ludwigs III., Nr. 24.

[1150] Programm für die Reise Seiner Majestät des Königs an die Ostfront [1916]. Korps Bothmer. AOK Süd. Besuche des bayerischen Königs 1915-1917. BayHStA, KrA. Handschriften, Nr. 2683.

[1151] Schreiben an Ritter Mertz von Quirnheim im Stab des im Stabe des Chefs des Feldheeres, 20.10.1916. Reisen des Königs zum Großen Hauptquartier 1914, an die Ostfront 1916 und die Westfront 1918. BayHStA, GHA. Kabinettsakten König Ludwigs III., Nr. 24.

[1152] Notizen für den Allh. Besuch S.M. d. bay. Königs [1916]. Korps Bothmer. AOK Süd. Besuche des bayerischen Königs 1915-1917. BayHStA, KrA. Handschriften, Nr. 2683.

Schloss Ludwigshöhe in der Pfalz erwiderte.[1153] Ein Besuch der Westfront im Februar 1918 führte den König nach Metz[1154] und Homburg, wo er mit dem Kaiser, der Kaiserin und dem Großherzog von Hessen zusammentraf.[1155] In Metz standen etliche Truppenbesuche, Paraden und Ordensverleihungen auf dem Programm.[1156] Ludwig berichtete seiner Gattin, er habe im Großen Hauptquartier lange mit Hindenburg gesprochen.[1157] Im Mai 1918 unternahm der König eine zehntägige Reise an die Front nach Flandern, besuchte das Kampfgebiet um den Kemmel und sah acht bayerische Divisionen.[1158] In Spa traf er den Kaiser und hatte Gelegenheit, „mit Hindenburg und Ludendorff sowie mit Hertling und Kühlmann Rücksprache zu nehmen." Zudem traf er erneut mit seinen Söhnen Rupprecht und Franz zusammen.[1159] Einige Wochen später führte den König eine zweiwöchige Rundreise auf den Balkan nach Wien, Belgrad und Sofia.[1160] Ein seit Frühjahr 1918 geplanter Besuch Ludwigs III. in Konstantinopel kam infolge der kritischen Kriegslage hingegen nicht mehr zustande.[1161]

Den Frontreisen kam nach Ansicht des österreichischen Gesandten, dem Grafen Ludwig von Velics, aufgrund der Persönlichkeit König Ludwigs III. „eine größere ethische Bedeutung zu", da sich dieser „seit dem Beginne dieses großen Krieges als ein äußerst entschlossen und national denkender deutscher Kriegsfürst erwiesen" habe.[1162] Gerade für die bayerischen Soldaten, die vielfach nicht in deutschpatriotischem Überschwang in den Krieg gezogen waren, besaß der monarchische Kult um die Wittelsbacher große Bindungskraft. Viele zogen im festen Glauben an die Verteidigung von König und engerem Heimatland ins Feld, für die es ihrer Meinung nach auszuhalten lohne. Da die Soldaten von rein defensiven Absichten der eigenen Kriegführung ausgingen, waren sie bereit, ihr ‚Bayerland' zu verteidi-

---

[1153] Manuskript der Lebenserinnerungen des k.-b. Kriegsministers Philipp von Hellingrath. S. 250-253. BayHStA, Geheimes Hausarchiv. NL Philipp von Hellingrath, Nr. 6.

[1154] Reise Seiner Majestät des Königs Februar 1918. Reisen des Königs zum Großen Hauptquartier 1914, an die Ostfront 1916 und die Westfront 1918. BayHStA, GHA. Kabinettsakten König Ludwigs III., Nr. 24.

[1155] Kgl. Frühstückstafel am 5. Februar 1918 im Kgl. Schloß Homburg. Reise Seiner Majestät des Königs Februar 1918. Reisen des Königs zum Großen Hauptquartier 1914, an die Ostfront 1916 und die Westfront 1918. BayHStA, GHA. Kabinettsakten König Ludwigs III., Nr. 24.

[1156] Entwurf über den gedachten Verlauf der Reise S.M. des Königs von Bayern. K.B. Militärbevollmächtigter Nr. 14110, G.H.Qu. 24.1.18. Reise Seiner Majestät des Königs Februar 1918. Reisen des Königs zum Großen Hauptquartier 1914, an die Ostfront 1916 und die Westfront 1918. BayHStA, GHA. Kabinettsakten König Ludwigs III., Nr. 24.

[1157] Schreiben Ludwigs III. an Marie Therese, 6.2.1918. BayHStA, Geheimes Hausarchiv. NL Königin Marie Therese. Nr. 82.

[1158] König Ludwig III. von Bayern an Prinz Leopold von Bayern. München, 7. Juli 1918. Briefe Ludwigs III. 1856-1921. BayHStA, GHA. NL Prinz Leopold, Nr. 36.

[1159] Schreiben Ludwigs III. an Marie Therese, 14.5.1918. BayHStA, Geheimes Hausarchiv. NL Königin Marie Therese. Nr. 82.

[1160] Reisen des Königs auf den Kriegsschauplatz auf dem Balkan (Serbien, Polen). 1916-1918. BayHStA, GHA. Kabinettsakten König Ludwigs III., Nr. 67.

[1161] Berichte über die Lage in der Türkei, Beziehungen zu dieser, Vorbereitung eines Besuchs des Königs in Konstantinopel. 1915-1918. BayHStA, GHA. Kabinettsakten König Ludwigs III., Nr. 66.

[1162] Bericht des k.u.k. Gesandten von Velics an Minister Stephan Baron Burián vom 10.2.1915. Berichte aus München 1914-1915. OeStA, Abt. Haus-, Hof- und Staatsarchiv. Politisches Archiv, Nr. 837.

gen. Ludwig III. vermittelte den Soldaten während seinen Besuchen das Bild einer über politischen und gesellschaftlichen Interessen stehenden, vermittelnden Instanz und diente den Mannschaftssoldaten als Identifikationsfigur. Dies wurde bei einer Vielzahl von Paraden deutlich, die vom Monarchen abgenommen wurden. Für die Soldaten, die den König persönlich zu Gesicht bekamen, bedeutete dies eine hervorgehobene Ehre.[1163]

Hans Klinger, ein Landwehrmann des I. bayerischen Ersatz-Infanterie-Regiments, schilderte einen königlichen Frontbesuch aus der Sicht der Soldaten: „Am 15. dieses Monats wurde uns auch die hohe Ehre zu teil, den hohen Besuch Seiner Majestät des Königs in unserem Operationsgebiet zu haben. Es hatte sich jeder Mann richtig gefreut, aber leider war es nicht möglich, in unserer Kampffront zu erscheinen, da diese Stellung zu gefährlich ist heranzukommen [...]. Eine Ehrenkompanie für Seine Majestät wurde von unserer ganzen Brigade zusammengestellt, damit keine Kompanie beleidigt zu sein braucht."[1164] Zwei Jahre später berichtete derselbe Hans Klinger in einem Feldpostbrief an Prinzessin Therese über einen weiteren Frontbesuch: „Seine Majestät der König war an unserer Front auf Besichtigung hier. Ich hatte leider diese hohe Ehre nicht, Seine Majestät den König sehen zu dürfen, da unser Bataillon in Stellung war und das III. Bataillon, welches in Ruhe war, die schöne Parade hatte. Zu diesem hohen Empfang hatte unser 5. Ersatzregiment am selbigen Morgen zwei Franzosen aus den Gruben geholt und diese wurden gleich Seiner Majestät dem König vorgeführt, welches Seiner Majestät sicher Freude machte zum Empfang."[1165]

Nicht nur die Königsbesuche waren vielen Soldaten eine Ehre, sondern auch die Begegnungen mit im Feld stehenden bayerischen Prinzen. So schrieb der 28-jährige Kriegsfreiwillige Kurt Kreiter aus dem pfalzbayerischen Germersheim im Mai 1917 an seine Verlobte: „Gestern war große Paradeaufstellung vor dem Kronprinzen Rupprecht. Er hat sich alle Offiziere vorstellen lassen, die bei Arras dabei waren und auf diese Weise bin ich auch einmal zu einem königlichen Handschlag gekommen."[1166] Über die Bedeutung der Sichtbarkeit des Monarchen an der Front war sich die königliche Familie durchaus bewusst. Im Januar 1918 ließ Kronprinz Rupprecht den Vortragenden Generaladjutanten seines Vaters durch ein Schreiben des Legationsrats von Krafft wissen, er sei der „Überzeugung, dass die Allerhöchsten Besuche Seiner Majestät, die von den bayerischen Truppen stets freudigst begrüßt werden, in hervorragender Weise dazu beitragen, das bayerische Nationalbewusstsein und die Anhänglichkeit an das bayerische Königshaus zu erhalten und zu befestigen." Umso schmerzlicher empfand der Kronprinz, dass die Heereslei-

---

[1163] Vgl. Ziemann, Benjamin: Front und Heimat. Essen, 1997. S. 265f.
[1164] Landwehrmann Hans Klinger an Prinzessin Therese von Bayern. Frankreich, 25. August 1915. Feldpostbriefsammlung der Prinzessin Therese von Bayern. BayHStA, KrA. Kriegsbriefe, Nr. 329.
[1165] Landwehrmann Hans Klinger an Prinzessin Therese von Bayern. Frankreich, 27. Mai 1917. Feldpostbriefsammlung der Prinzessin Therese von Bayern. BayHStA, KrA. Kriegsbriefe, Nr. 328.
[1166] Der Kriegsfreiwillige Kurt Kreiter an seine Verlobte Charlotte Felsing in Berlin. Frankreich, 2. Mai 1917. Kriegsbriefe von Kurt Kreiter. BayHStA, KrA. Kriegsbriefe, Nr. 353.

tung und der Feldeisenbahnchef den Königsreisen zunehmend Hindernisse entgegenstellten, die mit „Schwierigkeiten der Eisenbahnverkehrslage" begründet wurden. Dies war ihm unverständlich, da die militärischen Stellen „zahlreichen Kommissionen und Abordnungen aus Kreisen der Abgeordneten, der Presse und anderer Berufsstände, deren Erscheinen an der Front eine unvergleichlich geringere Bedeutung zukommt, die Einreise in das Operationsgebiet" ermöglichten.[1167]

7.2 Die bayerischen Prinzen im Feld

Nicht nur der bayerische Kronprinz Rupprecht hatte sich militärisch durch seinen Erfolg in Lothringen im Sommer 1914 und die schweren Abwehrschlachten an der Westfront im Jahr 1915 hervorgetan. Beinahe alle männlichen Mitglieder des bayerischen Königshauses hatten sich im August 1914 zum Kriegsdienst gemeldet. Prinzessin Wiltrud hielt am 2. August 1914 fest: „So sind denn alle jungen Prinzen eingerückt bis auf [Prinz] Karl, der nie gedient hat und [Herzog] Christoph und [Herzog] Siegfried [...]. Eine so intensive Mobilisierung ist 1870 nicht gewesen."[1168] Durch die militärdienstleistenden Prinzen verfügte das bayerische Königshaus über ein engmaschiges Kommunikationsnetz, das sich über alle Fronten des Weltkrieges erstreckte und das sich gegenseitig mit Informationen aus erster Hand versorgte. Einige Mitglieder des Hauses Wittelsbach erlangten durch ihren Kriegsdienst hohe Popularität. Rupprecht hatte das Kommando über die 6. Armee inne, Prinz Franz kommandierte zunächst das 2. Infanterieregiment „Kronprinz". Prinz Georg diente ab August 1914 als Kommandeur des freiwilligen Automobilkorps und Automobilführer. Prinz Konrad war als Zugkommandant im 1. Schweren-Reiter-Regiment eingeteilt worden, Prinz Heinrich als Eskadronschef im gleichen Regiment, Herzog Ludwig Wilhelm als Zugkommandant im 3. Chevauleger-Regiment. Prinz Adalbert fand Verwendung als Hauptmann im 1. Feldartillerie-Regiment, dessen Vater Prinz Ludwig Ferdinand als Militärarzt. Prinz Alfons wurde als General zur Disposition des Hauptquartiers gestellt.[1169]

Für die Prinzen war ihr Einsatz eine notwendige Pflicht gegenüber König und Vaterland, die sie aufgrund ihrer gesellschaftlichen Stellung auf sich nahmen. Dank der medialen Berichterstattung über die Kriegseinsätze der Prinzen stieg deren Prestige sowohl an der Front als auch in der Heimat, was dem Ansehen des Königshauses sehr zuträglich war und den monarchischen Gedanken insgesamt

---

[1167] Schreiben des Legationsrats Leopold Krafft von Dellmensingen an den Generaladjutanten des Königs von Bayern Walter von Waldershütten. Hauptquartier der Heeresgruppe Kronprinz Rupprecht, 13.1.1918. Besetzung höherer Kommandostellen, Verleihung von Kriegsauszeichnungen, Kriegsgliederung der Armee, Vorschläge für Demobilisierung und künftige Friedensgliederung (1912-1918). BayHStA, GHA. Kabinettsakten König Ludwigs III., Nr. 55.
[1168] Tagebucheintrag 2.8.1914. BayHStA, GHA. NL Herzogin Wiltrud von Urach, Nr. 592.
[1169] Bericht des k.u.k. Gesandten von Velics an Minister Graf Berchtold vom 2.8.1914. Berichte aus München 1914-1915. OeStA, Abt. Haus-, Hof- und Staatsarchiv. Politisches Archiv, Nr. 837.

7.2 Die bayerischen Prinzen im Feld

stärkte. Die briefliche Kommunikation innerhalb der königlichen Familie blieb sehr rege. Der König und die Königin schrieben sich während der Abwesenheit Ludwigs aus München täglich. Mit den Verwandten bestand ständiger Briefkontakt, ebenso wie diese untereinander brieflich und persönlich kommunizierten.[1170] Wenngleich sich die Prinzen ab 1915 auf nahezu alle Kriegsschauplätze verstreut wiederfanden – von Flandern und Rumänien bis in den Kaukasus, von Palästina über Weißrussland und Verdun – blieben sie durch die Medienberichterstattung stets präsent. Natürlich variierten militärische Befähigung und Diensteifer des knappen Dutzends bayerischer Prinzen, ebenso wie deren militärische Stellung und Bedeutung für die Wahrnehmung der Monarchie. Auch die Ehepartnerinnen des Monarchen und der Prinzen sorgten dafür, dass die Bande innerhalb der eigenen Familie nicht abrissen. Dadurch übten sie eine politische Funktion aus, da sie vermittelnd auftreten konnten und eine Kommunikation ermöglichten, die von Eingriffen der Ministerien abgeschottet blieb.[1171]

Prinz Franz, der dritte Sohn des Königs, hatte Anfang August 1914 zunächst das Kommando über das 2. bayerische Infanterieregiment übernommen, welches der 6. Armee seines Bruders Rupprecht unterstellt war.[1172] Ebenso wie dieser war auch der 38-jährige Franz ein überaus fähiger und verantwortungsbewusster Offi-

---

[1170] Kronprinz Rupprecht schrieb seiner Mutter alle zwei bis vier Wochen, wobei sich der Inhalt meist um die Familie, das oberflächliche Kriegsgeschehen oder seine Erlebnisse drehte. Er berichtete von seiner Arbeit am Schreib- oder Kartentisch, von Ausfahrten zu den einzelnen Stäben und in die vordersten Stellungen. Seinen Bruder Franz und seinen Schwager Ferdinand sah er gelegentlich, aber nicht allzu häufig. Mit den Prinzen und Prinzessinnen stand er in Briefkontakt. Vgl. die umfangreichen schriftlichen Korrespondenzen während der Jahre 1914 und 1918, die in den Nachlässen König Ludwigs III., der Königin Marie Therese, des Kronprinzen Rupprecht, des Prinzen Leopold, des Prinzen Franz, der Prinzessin Gisela, der Prinzessin Therese, der Prinzessin Wiltrud, des Prinzen Georg und des Prinzen Heinrich im Geheimen Hausarchiv des Bayerischen Hauptstaatsarchivs liegen.

[1171] Zwischen 1914 und 1918 existieren umfangreiche schriftliche Korrespondenzen zwischen den Angehörigen des europäischen Hochadels, allerdings vorrangig zwischen Mitgliedern „verbündeter" Staaten. Hervorzuheben ist, dass ohnehin die konfessionelle Bindung der jeweiligen Dynastie die Kommunikation zwischen den Herrscherhäusern in bestimmte Bahnen lenkte, welche wesentlich von den weiblichen Mitgliedern bestimmt wurden. Vgl. Paulmann, Johannes: Pomp und Politik. Paderborn u.a., 2000. S. 93.

[1172] Der 1875 in Leutstetten als dritter Sohn des Königspaares geborene Prinz war 1891 als Secondeleutnant ins 2. Bayerische Infanterieregiment eingetreten und à la suite desselben gestellt worden. Später fand er Verwendung im 1. Schweren-Reiter-Regiment, wo er 1902 zum Rittmeister und Eskadronschef aufstieg. 1906 wechselte er von der Kavallerie wieder zur Infanterie, avancierte dort 1907 zum Major und Bataillonskommandeur im 2. Infanterieregiment. Im darauffolgenden Jahr lernte Prinz Franz den Stabsdienst im 1. Schweren-Reiter-Regiment kennen, in dem er es 1910 zu Oberstleutnant und Kommandeur brachte. Ehrenhalber wurde der beliebte Prinz 1913 à la suite des königlich preußischen Feldartillerieregiments „Luitpold von Bayern" N. 4 gestellt. Im Jahr zuvor war ihm bereits die Inhaberschaft des 20. Bayerischen Infanterieregiments verliehen worden. Bei Kriegsausbruch war Prinz Franz von Bayern 39 Jahre alt und befand sich als Oberst seit 1912 in der Stellung des Kommandeurs des 2. königlich bayerischen Infanterieregiments. Vgl. Übersicht über den militärischen Einsatz von Prinzen des Königlichen Hauses im 1. WK (1915). BayHStA, GHA. Kabinettsakten König Ludwigs III., Nr. 136.

zier.[1173] Im Qualifikationsbericht zum 1. Januar 1914 wurde er als „ein geistig und körperlich recht gut beanlagter Offizier" beschrieben, der sich dem Soldatenberuf mit großer Dienstfreudigkeit und Hingabe widme. Anerkennenswert sei, dass ihm der Gedanke fernliege, „als Königlicher Prinz besondere Vorrechte in dienstlicher Beziehung genießen zu wollen, schlicht und pflichttreu tut er seine Pflicht, wie jeder andere tüchtige Regimentskommandeur." Franz hatte „gesunde taktische Anschauungen und anerkennenswerte militärwissenschaftliche Bildung." Militärischen Fragen brachte er viel Interesse entgegen und bildete sich im Verständnis für größere Verhältnisse fort. Die taktische Führung des Regiments wurde als „gut und sicher" bezeichnet. Seine Verantwortungsfreudigkeit trat vorteilhaft in Erscheinung, ebenso hielt er „viel auf Strammheit und Disziplin im Regimente". Der vorgesetzte Brigadekommandeur urteilte anerkennend, der offene Charakter des populären Prinzen, dessen Gerechtigkeitssinn und großes Wohlwollen gegen Untergebene hätten ihm rasch das Vertrauen und die Zuneigung seines Offizierskorps erworben. Letzteres arbeitete „mit voller Hingabe für seinen Kommandeur." Bei allem sonstigen Wohlwollen trete der Oberst Verfehlungen dennoch energisch entgegen.[1174]

Franz' Regiment war in den ersten Kriegswochen an einem Gefecht bei Badonviller beteiligt, ebenso an der Schlacht in Lothringen und am Durchbruchsversuch vor Nancy.[1175] Am 10. September 1914 wurde er zum Generalmajor befördert.[1176] Er berichtete seinem Onkel Leopold, bis jetzt sei der Feldzug für ihn sehr anstrengend. Das tagelange Aushalten in geschützten Stellungen sei nicht angenehm.[1177] Der unklaren Nachrichtenlage geschuldet, wurde Anfang September irrtümlich verbreitet, dass Franz gefallen sei. Fassungslos schrieb sein Vetter Konrad, der sich im Stab des 1. Schweren-Reiter-Regiments befand, er verstehe nicht, „wie ein Brigadekommandeur direkt ins feindliche Feuer kommen kann." Zum Glück stellte sich die Meldung als falsch heraus.[1178] Einige Tage später wurde Franz jedoch während eines Gefechts zwischen Compiègne und Noyon am Oberschenkel verwundet. Zur operativen Entfernung eines Granatsplitters wurde er nach München transportiert und am Bahnhof vom Königspaar in Empfang genommen. Nach dem Eingriff in der chirurgischen Klinik begab er sich zur Genesung in seine Familien-

---

[1173] Personalbogen des Franz Maria Luitpold Prinz von Bayern, Königliche Hoheit. BayHStA, KrA. Offizierspersonalakte 519.
[1174] Qualifikationsbericht zum 1. Januar 1914 über den Oberst Prinz Franz von Bayern, Kgl. Hoheit. Kommandeur kgl. 2. Infanterie-Regiments „Kronprinz". BayHStA, KrA. Offizierspersonalakte 519.
[1175] Auszug aus der Kriegsrangliste des Stabes der 4. bayerischen Infanteriebrigade. Generalmajor und Brigadekommandeur Prinz Franz von Bayern, K.H. BayHStA, KrA. Offizierspersonalakte 519.
[1176] Personalbogen des Franz Maria Luitpold Prinz von Bayern, Königliche Hoheit. BayHStA, KrA. Offizierspersonalakte 519.
[1177] Prinz Franz an Prinz Leopold, 13. September 1914. Briefe des Prinzen Franz 1914-1929. BayHStA, GHA. NL Prinz Leopold, Nr. 41.
[1178] Prinz Konrad an Prinz Leopold, 6. September 1914. Briefe des Prinzen Konrad 1914-1930. BayHStA, GHA. NL Prinz Leopold, Nr. 33.

wohnung im Schloss Nymphenburg.[1179] Der Kaiser verlieh ihm das Eiserne Kreuz II. Klasse. Knapp zwei Wochen später, zum 39. Geburtstag des rekonvaleszenten Königssohns, berichtete die Staatszeitung, die Heilung der Wunde nehme einen befriedigenden Verlauf.[1180] Durch Kaiser Wilhelm II. und Kaiser Franz Joseph, ebenso durch den Kronprinzen Georg von Sachsen und den Reichskanzler gingen Telegramme mit Genesungswünschen ein. Bethmann Hollweg telegrafierte dem bayerischen König am 2. Oktober, dem Prinzen Franz sei „es vergönnt gewesen, für die große Sache zu bluten und der ruhmreichen Geschichte des Hauses Wittelsbach ein neues ehrenvolles Blatt einzufügen. Deutschland ist stolz auf seine Fürsten."[1181] Dem Kaiser antwortete Ludwig, er hoffe nach der geglückten Entfernung des Granatsplitters nun „auf normalen Verlauf der Heilung [seines Sohnes], die es ihm bald ermöglicht, wieder ins Feld zu ziehen."[1182] Nach sechs Wochen häuslicher Behandlung war die Verwundung geheilt.[1183] Im Januar 1915 wurde Franz zum Kommandeur der 3. Infanteriebrigade ernannt, im Spätsommer 1916 zum Kommandeur der 4. bayerischen Infanteriedivision.[1184] Im weiteren Kriegsverlauf nahm er an der Sommeschlacht und der Herbstschlacht von La Bassée und Arras teil, erlebte den Stellungskrieg in Flandern und befehligte die Erstürmung des Forts Doaumont sowie die Gräbenkämpfe um Fort Thiaumont vor Verdun. Zuletzt war seine Division zwischen Maas und Mosel eingesetzt.[1185]

Neben den beiden Königssöhnen Rupprecht und Franz wurde des Königs 30-jähriger Neffe Prinz Heinrich im August 1914 als aktiv dienstleistender Offizier an die Front berufen. Er fand zunächst im Rang eines Rittmeisters Verwendung als Eskadronschef im 1. Schweren-Reiter-Regiment.[1186] Heinrich führte während des Krieges Tagebuch.[1187] Der 1884 geborene Prinz war der einzige Sohn des 1907

[1179] Bericht des k.u.k. Gesandten von Velics an Minister Graf Berchtold vom 30.9.1914. Berichte aus München 1914-1915. OeStA, Abt. Haus-, Hof- und Staatsarchiv. Politisches Archiv, Nr. 837.
[1180] „39. Geburtstag des verwundeten Prinzen Franz". Bayerische Staatszeitung. Hof- und Personalnachrichten. 11.10.1914. BayHStA, GHA. Presseausschnittsammlung der Königin Marie Therese. Bd. XXXV.
[1181] Telegramm des Reichskanzlers Bethmann Hollweg an König Ludwig III. Großes Hauptquartier, 2. Oktober 1914. Angelegenheiten des Prinzen Franz und seiner Familie. 1913-1918. BayHStA, GHA. Kabinettsakten König Ludwigs III., Nr. 138.
[1182] Telegramm König Ludwigs III. an Kaiser Wilhelm II. München, 3. Oktober 1914. Angelegenheiten des Prinzen Franz und seiner Familie. 1913-1918. BayHStA, GHA. Kabinettsakten König Ludwigs III., Nr. 138.
[1183] Militärärztliches Zeugnis. St. Quentin, 6.11.1918. BayHStA, KrA. Offizierspersonalakte 519.
[1184] Personalbogen des Franz Maria Luitpold Prinz von Bayern, Königliche Hoheit. BayHStA, KrA. Offizierspersonalakte 519; Kriegstagebücher. BayHStA, KrA. 4. bay. Infanteriedivision aktiv, Bd. 3.
[1185] Auszug aus der Kriegsrangliste des Stabes der 4. B. Inf. Brig. Gen.Maj. und Brig. Kdeur Prinz Franz von Bayern, K.H. BayHStA, KrA. Offizierspersonalakte 519.
[1186] Übersicht über den militärischen Einsatz von Prinzen des Königlichen Hauses im 1. WK (1915). BayHStA, GHA. Kabinettsakten König Ludwigs III., Nr. 136.
[1187] Kriegstagebücher und Notizbüchlein des Prinzen Heinrich aus dem 1. Weltkrieg 1914-1916. BayHStA, GHA. NL Prinz Heinrich. Nr. 23.

verstorbenen Prinzen Arnulf, des jüngsten Bruders des bayerischen Königs.[1188] 1905 war der Wechsel zur Kavallerie des 1. Schweren-Reiter-Regiments erfolgt, in dem er 1907 zum Oberleutnant und 1910 zum Rittmeister befördert worden war. Nach Beendigung seiner zweijährigen Kommandierung zur bayerischen Kriegsakademie, die er mit gutem Erfolg besuchte, wurde Heinrich im Jahr 1912 Chef der 1. Eskadron des 1. Schweren-Reiter-Regiments. Im Juni 1914 wurde er à la suite des 12. Infanterieregiments gestellt, als das in Neu-Ulm stehende Regiment, das den Namen seines Vaters trug, sein hundertjähriges Regimentsjubiläum feierte.[1189] Der Direktor der Kriegsakademie urteilte über den Prinzen, dieser sei zweifellos vom „besten Willen beseelt, aus seinem Kommando zur Kriegsakademie Nutzen für seine militärische Zukunft zu ziehen." Er verfüge über eine gute militärische Veranlagung, große Gewandtheit und eine rasche Auffassungsgabe, daneben hätten sich aber Lücken in militärischem Wissen und Können gezeigt.[1190] Der Prinz war außerdem sehr sprachbegabt.[1191]

Er führte die 2. Eskadron seines 1. Schweren-Reiter-Regiments ins Feld. Am 3. August 1914 begrüßte er seine aufgesessene Eskadron mit den Worten: „Kameraden! Wir ziehen jetzt aus für den König und unser geliebtes Vaterland; keiner weiß wohin und keiner weiß, ob er in acht Tagen noch lebt. Aber so viel ist sicher: Wenn es sein muss, werdet ihr euer Leben für mich lassen und ich meines für euch und weichen wollen wir nimmer!" „Das sagte er so", schrieb später ein Angehöriger des Regiments, „dass wir an das Ende der Welt mit ihm geritten wären."[1192] Prinz Heinrich verstand es mit seiner beherzten Art, das Vertrauen und die Anhänglichkeit seiner Untergebenen zu gewinnen. Er hatte kein Interesse daran, in einem Stab weit hinter der Front zu dienen, sondern wollte mit seinen Offizieren und

---

[1188] Nach dem Abschluss seines Privatunterrichts nach dem Lehrplan eines Humanistischen Gymnasiums war Prinz Heinrich 1901 als Leutnant à la suite ins Infanterie-Leibregiment eingetreten. Vgl. Qualifikationsbericht zum 1. Januar 1913 über den Rittmeister Prinz Heinrich von Bayern, Königl. Hoheit, Eskadronschef im 1. Schweren-Reiter-Regiment. BayHStA, KrA. Offizierspersonalakte 57534.

[1189] Personalbogen des Heinrich Luitpold Prinz von Bayern, Königliche Hoheit. BayHStA, KrA. Offizierspersonalakte 57534.

[1190] Häufige Abwesenheitszeiten aufgrund repräsentativer Pflichten und die etwas mangelnde Fähigkeit des Prinzen, sich völlig zu konzentrieren, hätten das Schritthalten mit den übrigen Kursgenossen seines Jahrgangs erschwert. Trotzdem habe Seine Königliche Hoheit „viel gelernt, insbesondere auf taktischem Gebiete, dem er besonderes Interesse entgegenbrachte". In seinen körperlichen Leistungen sei Prinz Heinrich „hart gegen sich selbst" und habe „den höchsten Anforderungen entsprochen." Seinen Kursgenossen gegenüber habe er „eine höchst anerkennenswerte Kameradschaft geübt." Vgl. Qualifikationsbericht zum 1. Januar 1913 über den Rittmeister Prinz Heinrich von Bayern, Königl. Hoheit, Eskadronschef im 1. Schweren-Reiter-Regiment. BayHStA, KrA. Offizierspersonalakte 57534.

[1191] Auch nach dem Abschluss seiner Studien las er Klassiker der Weltliteratur in ihrer Ursprache und noch während des Krieges lernte er auf dem südöstlichen Kriegsschauplatz mit Eifer serbisch, bulgarisch und rumänisch. Nach nur kurzer Zeit konnte er die notwendige Verständigung ohne Zuhilfenahme eines Dolmetschers bewältigen. Vgl. Maximilian Pfeiffer: Prinz Heinrich von Bayern. Das Lebensbild eines Frühvollendeten. O.J. [verm. 1917]. S. 9. BayHStA, KrA. Offizierspersonalakte 57534.

[1192] Maximilian Pfeiffer: Prinz Heinrich von Bayern. Das Lebensbild eines Frühvollendeten. O.J. [verm. 1917]. S. 12. BayHStA, KrA. Offizierspersonalakte 57534.

7.2 Die bayerischen Prinzen im Feld

Mannschaften kämpfen.[1193] Die Eskadron des Prinzen zog als erste aus München aus und erhielt am 13. August 1914 die Feuertaufe. Ein Regimentsangehöriger schilderte den Heldenmut des Kommandeurs: „Auf seinem ‚Buffalo' ritt unser Heinrich allen weit voraus. Es war kaum zum Mitreiten, und plötzlich sah man, wie der Prinz von Feinden umringt war. Schon dachte man, er sei verloren, aber dann kamen seine Schweren Reiter heran und haben ihn herausgehaut, dass die Fetzen flogen. Der tapfere Sergeant Thies war sein Lebensretter. Allerdings, einen Lanzenstich in den Oberschenkel hatte er abbekommen. Doch kaum eine Woche später, mit ungeheilter Wunde, kam er wieder zu uns. Und so war es immer, stets war er der Erste und Mutigste, war's zu Pferd oder war's im Schützengraben."[1194] Die militärtheoretischen Wissenslücken konnte Heinrich ausgleichen, so dass der Qualifikationsbericht im Mai 1915 wohlwollend ausfiel. Nun hieß es, er sei „innerlich und äußerlich eine echte Soldatennatur" und habe über zweieinhalb Jahre seine Eskadron in Krieg und Frieden mit sehr großem Erfolg geführt. Seine „Liebe zum Beruf, großer Ehrgeiz, Fleiß, Gewissenhaftigkeit und Aufmerksamkeit auf alle Anregungen" hätten dazu geführt, dass der Prinz alle Dienstzweige voll beherrsche und seine Eskadron fest in der Hand hatte. Fördernd habe das sichere, in jeder Lage gewandte Auftreten gewirkt, sowie ein großes Selbstbewusstsein, das manchmal stärker als nötig zum Vorschein komme. Seine Untergebenen behandelte er gerecht, „allerdings mit Strenge, da er von jedem die gleiche treuste Pflichterfüllung fordert, durch die er sich selbst auszeichnet."[1195]

Die beiden Söhne des Generalfeldmarschalls Prinz Leopold, des Bruders des Königs, nahmen ebenfalls am Krieg teil, auch wenn sie nicht so sehr im Blickpunkt der Öffentlichkeit standen, wie ihre Vettern Rupprecht, Franz und Heinrich.[1196] Der 1883 geborene Prinz Konrad war im Jahr 1900 zwar formell in die bayerische Armee eingetreten, stand seitdem aber nicht im aktiven Dienst. Am 4. August 1914 wurde er auf seinen Wunsch hin in die 2. Eskadron des 1. Schweren-Reiter-Regiments eingeteilt. Nach einem Monat Kriegsdienst folgte die Beförderung in den Majorsrang.[1197] Zunächst war Konrad Zugführer, dann wurde er als Ordonnanzoffizier beim Regimentsstab verwendet. Sein Vorgesetzter urteilte im März 1915 anerkennend, er habe sich „voll bewährt."[1198] Konrad übernahm im April

---

[1193] Auszug aus „Das Königlich Bayerische Infanterie-Leib-Regiment im Weltkrieg 1914/1918". BayHStA, KrA. Offizierspersonalakte 57534.
[1194] Zit. nach Maximilian Pfeiffer: Prinz Heinrich von Bayern. Das Lebensbild eines Frühvollendeten. O.J. [verm. 1917]. S. 12f. BayHStA, KrA. Offizierspersonalakte 57534.
[1195] Qualifikationsbericht bis 3. Mai 1915 über Major Prinz Heinrich von Bayern, Königl. Hoheit, Eskadronschef im 1. Schweren-Reiter-Regiment. BayHStA, KrA. Offizierspersonalakte 57534.
[1196] Übersicht über den militärischen Einsatz von Prinzen des Königlichen Hauses im 1. WK (1915). BayHStA, GHA. Kabinettsakten König Ludwigs III., Nr. 136; Tagebucheintrag 2.8.1914. BayHStA, GHA. NL Herzogin Wiltrud von Urach, Nr. 592.
[1197] Personalbogen des Konrad Prinz von Bayern, Königliche Hoheit. BayHStA, KrA. Offizierspersonalakte 42971.
[1198] Er habe laut Qualifikationsbericht gute Veranlagungen und besitze besonders gute militärische Eigenschaften. Seine Ruhe und Unerschrockenheit, sowie seine Dienstfreude überstiegen weit das Maß des Durchschnitts. Es sei im Vergleich zu früher erkennbar, dass aus Seiner Königlichen Ho-

1915 die 2. Eskadron, bevor er im Sommer zum Regimentsstab abkommandiert wurde.[1199] Nachdem er zunächst an der Westfront verwendet wurde, ging es nun an die Ostfront. Seinem Vater schrieb er: „Wir leben nur mehr zu Pferd im Herzen Russlands unter den primitivsten Verhältnissen, die bayer. Kav. Div. zeichnet sich, glaube ich, sehr aus und imponiert den Preußen sehr. [...] Täglich habe ich nun Erlebnisse, wie man sie kaum für möglich halten würde. Der ganze Krieg hier im Osten ist höchst originell und interessant, aber das Anstrengendste was man sich denken kann."[1200] Im November 1915 wechselte er in den Generalstab der 9. Armee, die zu diesem Zeitpunkt von seinem Vater befehligt wurde, bevor er im Juli 1916 zur bayerischen Kavalleriedivision als Major beim Stab des 2. Schweren-Reiter-Regiments kommandiert wurde. Am 3. Dezember 1917 wurde er von Ludwig III. zu dessen Kommandeur ernannt.[1201] In dieser Stellung war er bis ins Jahr 1918 in den besetzten russischen Gebieten stationiert.[1202] Während zwei seiner Eskadrons im Kaukasus kämpften, zog er „mit dem Rest des Regiments [...] in der Ukraine herum, um bewaffnete Banden von aufständischen Bauern zu zerstreuen und um die Dörfer zu entwaffnen."[1203]

Konrads älterer Bruder Prinz Georg reiste ebenfalls im August 1914 an die Front.[1204] Der 1880 geborene Prinz hatte nach dem Gymnasialabschluss den Armeedienst angetreten, war auf eigenen Wunsch hin bis 1908 vom aktiven Dienst entbunden und à la suite seines Regiments gestellt worden.[1205] Er galt als gewandter, schneidiger Geländereiter. Sein Vorgesetzter urteilte 1907, Georg sei „getragen von hohem Ehrgeiz und Eifer" und habe in der Führung der Eskadron während des

---

heit nunmehr eine „ausgesprochene Persönlichkeit mit festem Willen und genügender Energie im Auftreten geworden ist." Aufgrund dessen war Prinz Konrad am 15. Januar 1915 probeweise mit der Führung einer Eskadron beauftragt worden. Die taktische Führung habe Seine Königliche Hoheit mit Erfolg selbstständig geleistet, dagegen habe der 31jährige Prinz bei der inneren Leitung der Eskadron in den meisten Fällen der Unterstützung von Seiten eines älteren Offiziers bedurft. Die anerkennenswerten militärischen Eigenschaften vermochten jedoch die militärischen Kenntnisse nicht zu ersetzen, die dem Prinzen infolge langer Abwesenheit aus dem aktiven Dienst fehlten. Folglich verfügte der Prinz nach dem Urteil seines Vorgesetzten noch nicht über die nötigen Grundlagen, um später die Leitung eines Regiments übernehmen zu können, wenn er auch infolge seines Rangverhältnisses dieser Stellung näher rückte. Vgl. Qualifikationsbericht vom 9.3.1915 über den Major Prinz Konrad von Bayern, Königliche Hoheit. BayHStA, KrA. Offizierspersonalakte 42971.

[1199] Personalbogen des Konrad Prinz von Bayern, Königliche Hoheit. BayHStA, KrA. Offizierspersonalakte 42971.
[1200] Schreiben des Prinzen Konrad an Prinz Leopold, 9.5.1915. Briefe des Prinzen Konrad 1914-1930. BayHStA, GHA. NL Prinz Leopold, Nr. 33.
[1201] Personalbogen des Konrad Prinz von Bayern, Königliche Hoheit. BayHStA, KrA. Offizierspersonalakte 42971.
[1202] Prinz Leopold von Bayern an König Ludwig III. Ober Ost, 30.6.1918. Angelegenheiten des Prinzen Leopold. 1913-1918. BayHStA, GHA. Kabinettsakten König Ludwigs III., Nr. 144.
[1203] Prinz Konrad von Bayern an König Ludwig III., 20.7.1918. Angelegenheiten des Prinzen Konrad. 1912-1918. BayHStA, GHA. Kabinettsakten König Ludwigs III., Nr. 148.
[1204] Übersicht über den militärischen Einsatz von Prinzen des Königlichen Hauses im 1. WK (1915). BayHStA, GHA. Kabinettsakten König Ludwigs III., Nr. 136; Tagebucheintrag 2.8.1914. BayHStA, GHA. NL Herzogin Wiltrud von Urach, Nr. 592.
[1205] Personalbogen des Georg Franz Josef Luitpold Maria Prinz von Bayern, Königliche Hoheit. BayHStA, KrA. Offizierspersonalakte 58344.

7.2 Die bayerischen Prinzen im Feld

Regiments- und Brigadeexerzierens große Leistungen gezeigt.[1206] Georg, der zum Major aufgestiegen war, bat bei Kriegsausbruch um Verwendung als Kraftfahrer. Als Kommandeur des bayerischen freiwilligen Automobilkorps, welches dem Oberkommando der 6. Armee unterstellt wurde, diente er in der Umgebung seines Vetters, des Kronprinzen Rupprecht.[1207] Nach dessen Dafürhalten hätte Georg, da er mehrere Jahre aktiv gedient hatte, um eine Verwendung bei der Truppe nachsuchen sollen.[1208] Die Tätigkeit vermochte den Prinzen nicht auszufüllen.[1209] Er übernahm häufig repräsentative Aufgaben.[1210] Verschiedentlich begrüßte er Gäste des Armeeoberkommandos.[1211] Georg begleitete seinen Onkel Ludwig III. im September 1914 bei dessen erstem Truppenbesuch.[1212] Ab Januar 1915 wurde er dem Generalkommando des II. bayerischen Reservekorps als Ordonnanz- und Nachrichtenoffizier überwiesen.[1213] Der Prinz wurde dem Generalstab des neugebildeten, für den östlichen Kriegsschauplatz bestimmten Korps speziell wegen seiner Landes- und Sprachenkenntnisse als Leiter des Informationsdienstes zugeteilt. Diese für ihn besser geeignete Funktion sollte er bis zum Kriegsende in verschiedenen Einheiten auf mehreren Kriegsschauplätzen recht erfolgreich ausüben.[1214] Über seinen Kriegseinsatz führte er Tagebuch.[1215]

Im Juli 1915 wurde Georg zum Generalstab der Deutschen Südarmee befohlen, bevor er im Herbst 1916 zum Stab des Chefs des Generalstabes des Feldheeres zur besonderen Verwendung versetzt und zum Verbindungsoffizier beim Oberkommando der Südarmee ernannt wurde. Am 22. Dezember 1916 erhielt er die Beför-

---

[1206] Geistesgegenwart, Reife und rascher Entschluss seien Seiner Königlichen Hoheit in hohem Maße zu Eigen. Besonders anerkennenswert seien auch sein Interesse und Verständnis für Fragen der Aufklärung. Vgl. Qualifikationsbericht zum 19.9.1907 über Georg Franz Josef Luitpold Maria Prinz von Bayern, Königliche Hoheit. BayHStA, KrA. Offizierspersonalakte 58344.

[1207] Personalbogen des Georg Franz Josef Luitpold Maria Prinz von Bayern, Königliche Hoheit. BayHStA, KrA. Offizierspersonalakte 58344.

[1208] Kriegstagebuch, 6. Oktober 1914. BayHStA, GHA. NL Kronprinz Rupprecht, Nr. 700.

[1209] Schreiben des Kronprinzen Rupprecht an Ludwig III., 9. Oktober 1914. BayHStA, GHA. NL Ludwig III., Nr. 59.

[1210] Nicht selten war der Prinz zu den Dejeuners und Diners seines Vetters Rupprecht eingeladen und kam dort etwa auch mit dem Deutschen Kaiser zusammen. Vgl. Tagebuch des Prinzen Georg, 5.10.14. BayHStA, GHA. NL Prinz Georg, Nr. 21.

[1211] Beispielsweise Ferdinand von Kalabrien, den mit Prinzessin Maria verheirateten Schwiegersohn des bayerischen Königspaares, welcher sich bei der Frontreise des Königs angeschlossen hatte, um seinem Artillerieregiment einen Besuch abzustatten. Vgl. Tagebuch des Prinzen Georg, 15.9.14. BayHStA, GHA. NL Prinz Georg, Nr. 21.

[1212] Tagebuch des Prinzen Georg, 11.9.14. BayHStA, GHA. NL Prinz Georg, Nr. 21.

[1213] Personalbogen des Georg Franz Josef Luitpold Maria Prinz von Bayern, Königliche Hoheit. BayHStA, KrA. Offizierspersonalakte 58344.

[1214] Kommandierender General des Reservekorps war der dem bayerischen König nahestehende Graf Felix von Bothmer, dessen Generalstab bestand neben Prinz Georg aus einer Reihe von auserlesenen bayerischen Offizieren. Besonders ist hierbei Graf Bothmers Stabschef Oberstleutnant Hans Hemmer hervorzuheben, der zuvor Generalstabsoffizier beim I. bayerischen Armeekorps gewesen war. Zum Stab gehörte ferner der in München hochgeachtete bisherige Adjutant des Kriegsministers Freiherr von Kress, Major Alfred Schuster. Vgl. Bericht des K.u.K. Gesandten von Velics an Minister des K.u.K. Hauses und des Äußern Stephan Baron Burián. München 5.3.1915. Berichte aus München 1914-1915. OeStA, Abt. Haus-, Hof- und Staatsarchiv. Politisches Archiv, Nr. 837.

[1215] Tagebücher des Prinzen Georg 1914-18. BayHStA, GHA. NL Prinz Georg, Nr. 21 – Nr. 29.

derung zum Oberstleutnant. Im August 1917 wurde er als Nachrichtenoffizier zum Oberkommando der Heeresgruppe Woyrsch versetzt. Die nächste Dienststelle des 37-jährigen war die des Verbindungsoffiziers der Obersten Heeresleitung zur 4. türkischen Armee, ab dem 17. Oktober 1917 zur 7. türkischen Armee.[1216] Seinem Vater Leopold schrieb Georg aus Jerusalem, wo sich sein Hauptquartier befand, die osmanischen Verbündeten müssten sich zurückziehen, „ohne dass es zu erheblichen Kämpfen gekommen wäre, allerdings ist die englische Übermacht sehr bedeutend und kann in absehbarer Zeit keine Rede davon sein, dass wir ihnen nennenswerte Kräfte entgegenstellen. So bleibt also nichts anderes übrig, als das Land schrittweise aufzugeben. Trotzdem bin ich sehr froh, auf diesen Kriegsschauplatz gekommen zu sein und den Krieg einmal unter ganz neuen Verhältnissen kennen zu lernen."[1217] Anfang Dezember 1917 musste Jerusalem geräumt werden, wie Georg bedauerte: „Wenn man auch dieses Ereignis längst als unvermeidlich voraussah, so bleibt es doch recht schmerzlich wegen des damit verbundenen Prestigeverlustes. Immerhin ist anzuerkennen, dass der Fall noch ziemlich lange hinausgezogen worden ist."[1218] Seinem Onkel König Ludwig III. berichtete Prinz Georg, die Sinaifront sei zwar nur ein Nebenkriegsschauplatz, trotzdem habe er „es noch keinen Augenblick bedauert, hierhergekommen zu sein. Es gibt viel Interessantes zu sehen und zu erleben, da die Verhältnisse von denen in Europa ja grundverschieden sind."[1219]

Der zum Oberst aufgestiegene Prinz wurde im April 1918 zum türkischen Großen Hauptquartier versetzt,[1220] was ihn von Nablus im Westjordanland nach Konstantinopel brachte. Seinem Vater berichtete er: „Die Arbeit, die es hier zu leisten gibt, ist zu meiner Freude sehr viel umfangreicher, als ich mir erwartet hatte, sodass ich tatsächlich den ganzen Tag in Anspruch genommen bin."[1221] Ab Mai 1918 diente er als Nachrichtenoffizier der Obersten Heeresleitung beim Oberkommando Ost.[1222] Die Qualifikationsberichte enthielten sehr positive Beurteilungen.[1223] In einem Schreiben aus dem Großen Hauptquartier hieß es im Sommer 1918, Georg habe sich „als Nachrichtenoffizier der O.H.L. in mehreren Stellungen an der russischen Front und in der Türkei vortrefflich bewährt. Gutes taktisches Verständnis,

---

[1216] Personalbogen des Georg Franz Josef Luitpold Maria Prinz von Bayern, Königliche Hoheit. BayHStA, KrA. Offizierspersonalakte 58344.
[1217] Prinz Georg von Bayern an Prinz Leopold von Bayern. München, 20.11.1917. Briefe des Prinzen Georg 1916-1930. BayHStA, GHA. NL Prinz Leopold, Nr. 31.
[1218] Prinz Georg von Bayern an Prinz Leopold von Bayern. München, 11.12.1917. Briefe des Prinzen Georg 1916-1930. BayHStA, GHA. NL Prinz Leopold, Nr. 31.
[1219] Prinz Georg von Bayern an König Ludwig III. Nablus, 13.12.1917. Angelegenheiten des Prinzen Georg. 1912-1918. BayHStA, GHA. Kabinettsakten König Ludwigs III., Nr. 147.
[1220] Personalbogen des Georg Franz Josef Luitpold Maria Prinz von Bayern, Königliche Hoheit. BayHStA, KrA. Offizierspersonalakte 58344.
[1221] Prinz Georg von Bayern an Prinz Leopold von Bayern. München, 3.5.1918. Briefe des Prinzen Georg 1916-1930. BayHStA, GHA. NL Prinz Leopold, Nr. 31.
[1222] Personalbogen des Georg Franz Josef Luitpold Maria Prinz von Bayern, Königliche Hoheit. BayHStA, KrA. Offizierspersonalakte 58344.
[1223] Vgl. die Qualifikationsberichte über Georg Franz Josef Luitpold Maria Prinz von Bayern, Königliche Hoheit. BayHStA, KrA. Offizierspersonalakte 58344.

7.2 Die bayerischen Prinzen im Feld 267

klarer Blick, bemerkenswerte Ruhe und rasche Auffassung haben Seine Königliche Hoheit instand gesetzt, in schwierigen Lagen wertvolle Dienste zu leisten. Der Nachrichtendienst, den er organisierte, hat sich vollauf bewährt."[1224]

Mit dem 30-jährigen Herzog Ludwig Wilhelm zog ein weiterer Wittelsbacher im August 1914 ins Feld.[1225] Bei Kriegsbeginn befand er sich im Dienstgrad eines Rittmeisters und wurde am 2. August 1914 als Zugführer bei der 4. Eskadron eingeteilt, im Januar 1915 zum Major befördert.[1226] Im Januar 1915 wurde er aufgrund gesundheitlicher Probleme auf längere Zeit vom Kriegsdienst beurlaubt und kehrte nach Bayern zurück. Der Münchner Arzt Doktor Hermann Schmidt bescheinigte ihm Herzbeschwerden und Anämie.[1227] Nach einjähriger Unterbrechung seines Fronteinsatzes zog er wieder ins Feld und führte die 5. Eskadron. Im Qualifikationsbericht vom 16. April 1918 wurde er positiv beurteilt: „Vor dem Feinde tapfer und unerschrocken, war er stets für das Wohl seiner Untergebenen sehr bedacht und hat sich die reiterliche Ausbildung sehr angelegen sein lassen. S. K. Hoheit war stets bestrebt, von seinen Rechten, die ihm seine Geburt zubilligte, keinen Gebrauch zu machen und erfreute sich deshalb allgemein großer Beliebtheit."[1228]

Ludwig Wilhelms 24-jähriger Vetter Herzog Luitpold in Bayern rückte ebenfalls ein.[1229] Der jüngste der drei Söhne des Herzogs Max Emanuel zog am 3. August 1914 mit dem mobilen 1. Ulanenregiment ins Feld. Dort angekommen, wurde er zum Stab der 4. Kavallerie-Brigade versetzt und kurz darauf zum Oberleutnant befördert.[1230] Nach nur wenigen Wochen erkrankte er schwer. Dessen Arzt teilte seinem Vetter Rupprecht mit, Luitpold habe einen heftigen Lungenspitzenkatarrh, der einige Monate zur Ausheilung bedürfe, anderenfalls könne sich daraus Tuberkulose entwickeln.[1231] Nach seiner Rückkehr im Juni 1915 diente Luitpold als Hilfsnachrichtenoffizier beim Oberkommando der 6. Armee. Nach seiner Beförderung zum Rittmeister im August 1916 führte er seine nachrichtendienstliche Tätigkeit beim Oberkommando der neugeschaffenen Heeresgruppe „Kronprinz von Bayern" fort. Am 2. Februar 1918 wurde er zu den Nachrichtenoffizieren zur besonderen Verwendung beim Stab des Chefs des Generalstabs des Feldheeres und als Nachrichtenoffizier zum Oberkommando der Heeresgruppe Kronprinz Rupp-

---

[1224] Schreiben der Abt. IIIb des Generalstabs des Feldheeres an den Oberbefehlshaber Ost, 22.7.1918. BayHStA, KrA. Offizierspersonalakte 58344.
[1225] Übersicht über den militärischen Einsatz von Prinzen des Königlichen Hauses im 1. WK (1915). BayHStA, GHA. Kabinettsakten König Ludwigs III., Nr. 136.
[1226] Personalbogen des Ludwig Wilhelm Karl Norbert Theodor Johann Herzog in Bayern, Königliche Hoheit. BayHStA, KrA. Offizierspersonalakte 57532.
[1227] Ärztliches Attest betreffend Herzbeschwerden und Anämie durch Dr. Herman Hillin Schmidt. München, 3.2.1915. Offizierspersonalakte 57532.
[1228] Qualifikationsbericht vom 16. April 1918 über Ludwig Wilhelm Karl Norbert Theodor Johann Herzog in Bayern, Königliche Hoheit. BayHStA, KrA. Offizierspersonalakte 57532.
[1229] Übersicht über den militärischen Einsatz von Prinzen des Königlichen Hauses im 1. WK (1915). BayHStA, GHA. Kabinettsakten König Ludwigs III., Nr. 136.
[1230] Personalbogen des Luitpold Emanuel Ludwig Maria Herzog in Bayern, Königliche Hoheit. BayHStA, KrA. Offizierspersonalakte 44229.
[1231] Schreiben des Kronprinzen Rupprecht an Ludwig III., 19.9.1914. BayHStA, GHA. NL Ludwig III., Nr. 59.

recht kommandiert.[1232] Von seinem Vorgesetzten, dem Chef des Generalstabs der Heeresgruppe Kronprinz Rupprecht, wurde der junge Herzog als „ruhig, zurückhaltend, gut beanlagt" geschildert. Hermann von Kuhl notierte, Luitpold habe sich in „jeder Beziehung bewährt. Hat den Nachrichtenoffizier der O.H.L. längere Zeit zur vollen Zufriedenheit vertreten. Füllt seine Stelle gut aus."[1233]

Prinz Alfons, ein 52-jähriger Vetter des Königs, meldete sich ebenfalls freiwillig.[1234] Der zweite Sohn des 1905 verstorbenen Prinzen Adalbert hatte seine Militärkarriere im 1. bayerischen Infanterieregiment begonnen.[1235] Als Brigadekommandeur wurde er als äußerst beliebt beschrieben: „Heiter, zuversichtlich, ungemein frisch angelegt, voll Begeisterung für seine Waffe, dabei sehr flott zu Pferd, das alles übt guten, belebenden Einfluss auf die ihm unterstellten Kommandeure und Regimenter."[1236] Als Regimentskommandeur wurde ihm durch Anton Alfred Noder, der sich als Künstler A. De Nora nannte, die „Prinz-Alfons-Hymne" gewidmet, die dessen leutseliges, populäres Wesen zum Ausdruck brachte.[1237] Seine militärischen Fähigkeiten hielten sich jedoch in Grenzen.[1238] Alfons war einst bei einem Manöver „gefangen" worden und hatte einen „blauen Brief" erhalten. Als der Krieg ausbrach, meldete er sich ohne Ranganspruch freiwillig zur Dienstleistung. Als Inhaber des 7. Chevauleger-Regiments wurde er dem Generalkommando des 3. bayerischen Armeekorps unter General Ludwig von Gebsattel zugeteilt und war an der Westfront bei St. Mihiel stationiert, bis das Regiment nach einigen Monaten aufgelöst wurde. Danach wurde Alfons für verschiedene repräsentative Auf-

---

[1232] Personalbogen des Luitpold Emanuel Ludwig Maria Herzog in Bayern, Königliche Hoheit. BayHStA, KrA. Offizierspersonalakte 44229.

[1233] Qualifikationsbericht vom 12.7.1918 über Luitpold Emanuel Ludwig Maria Herzog in Bayern, Königliche Hoheit. BayHStA, KrA. Offizierspersonalakte 44229.

[1234] Übersicht über den militärischen Einsatz von Prinzen des Königlichen Hauses im 1. WK (1915). BayHStA, GHA. Kabinettsakten König Ludwigs III., Nr. 136; Vgl. Aretin, Cajetan von: Die Erbschaft des Königs Otto von Bayern. München, 2006. S. 36.

[1235] Im Jahr 1897 war Prinz Alfons zum Generalmajor und Kommandeur der 1. Kavalleriebrigade ernannt, vier Jahre später unter Beförderung zum Generalleutnant dieser Stellung enthoben worden, bevor er 1905 zum General der Kavallerie avancierte. Zudem erhielt Prinz Alfons mehrere Inhaberschaften und Stellungen à la suite der königlich-bayerischen Armee. Vgl. Personalbogen des Alfons Maria Franz von Assisi Clemens Max Emanuel Prinz von Bayern, Königliche Hoheit. BayHStA, KrA. Offizierspersonalakte 2850.

[1236] Qualifikationsbericht für das Jahr 1901 über Alfons Maria Franz von Assisi Clemens Max Emanuel Prinz von Bayern, Königliche Hoheit. BayHStA, KrA. Offizierspersonalakte 2850.

[1237] Darin hieß es: „Unser Prinz Alfons und der soll leben!/ Er ist ein schneidiger Soldat./ Und sehr beliebend auf allen Pieren/ Fahrt er spazieren durch die Stadt./ [...] Ihn liebet jeder wack're Bayer/ Gebürtig aus dem Bayerland/ Aber auch vor den Preißen droben/ Macht Königliche Hoheit uns keine Schand." Vgl. Prinz-Alfons-Hymne von A. De Nora. Münchner Neueste Nachrichten, 9.1.1933. BayHStA, KrA. Offizierspersonalakte 2850.

[1238] In der Gefechtsleitung zeigte der Prinz „viel Initiative, seine Anordnungen erfolgen rasch und formal bestimmt. [...] Allein es ergaben sich hierbei auch Momente, wobei die getroffenen Anordnungen nicht ganz überlegt und mitunter der Zweckmäßigkeit entbehrten." Obgleich taktische Bemühungen des Prinzen sichtbar waren, vermochte der ihm vorgesetzte Kavallerie-Inspektor 1901 diesem die „unbedingte Eignung für seine gegenwärtige Stellung vorderhand noch nicht zuzusprechen." Vgl. Qualifikationsbericht für das Jahr 1901 über Alfons Maria Franz von Assisi Clemens Max Emanuel Prinz von Bayern, Königliche Hoheit. BayHStA, KrA. Offizierspersonalakte 2850.

7.2 Die bayerischen Prinzen im Feld

gaben eingesetzt, so fuhr er unter anderem an die Ostfront, nach Kowel und zur bayerischen Kavalleriedivision.[1239]

Der 28-jährige Prinz Adalbert, ein Neffe des Königs, wurde im August 1914 Batterie-Chef und Hauptmann im 1. Feld-Artillerie-Regiment.[1240] In den Dienst der Armee war er 1903 eingetreten. 1909 folgte die Beförderung zum Oberleutnant, 1911 die Abkommandierung zur Kriegsakademie und 1914 das Avancement zum Hauptmann. Am 11. Januar 1915 wurde er dem Generalkommando des I. bayerischen Armeekorps zugeteilt, wo er ab Ende März im Generalstab Verwendung fand.[1241] Adalbert war ein begeisterter und begabter Offizier. Sein Kommando zur Kriegsakademie nahm er nach der Beurteilung in seinem Qualifikationsbericht für das Jahr 1913 so ernst „wie irgendeiner der anderen kommandierten Offiziere." Prinz Adalbert wurde als „ein prächtiger Charakter" beschrieben, „pflichttreu, einfach, bescheiden, liebenswürdig nicht nur äußerlich, sondern innerlich, ein vortrefflicher Kamerad."[1242] Ab Mai 1915 wurde er als Rittmeister und Eskadronschef zum 2. Schweren-Reiter-Regiment versetzt, im Januar 1917 zum Major befördert. Im März 1917 fand er Verwendung als Abteilungskommandeur beim 1. Feldartillerieregiment, bevor er im Juli 1917 zur bayerischen Kavalleriedivision überwiesen wurde. Ab Anfang 1918 wurde Adalbert erneut im 1. Feldartillerieregiment eingesetzt. Dort verblieb er bis zum Kriegsende.[1243] Die Beurteilung, die der Prinz 1918 erhielt, lobte ihn in höchsten Tönen.[1244]

[1239] Nachruf auf Prinz Alfons von Bayern durch Hermann Roth. Münchner Neueste Nachrichten, 9.1.1933. BayHStA, KrA. Offizierspersonalakte 2850.

[1240] Übersicht über den militärischen Einsatz von Prinzen des Königlichen Hauses im 1. WK (1915). BayHStA, GHA. Kabinettsakten König Ludwigs III., Nr. 136; Bayern, Adalbert Prinz von: Erinnerungen 1900-1956, München 1991. S. 162f.

[1241] Personalbogen des Adalbert Alfons Maria Ascension Antonius Hubertus Joseph Prinz von Bayern, Königliche Hoheit. BayHStA, KrA. Offizierspersonalakte 2609.

[1242] Jede nachlässige Einstellung gegenüber seinem Kommando liege ihm vollkommen fern. Ihm wurde beschieden, er sei geistig gut veranlagt, denke durchaus militärisch, liebe seinen Beruf und besitze einen gesunden Ehrgeiz. Der Versuchung, durch anderweitige Ablenkungen und Verpflichtungen seinen Plichten entfremdet zu werden, habe Seine Königliche Hoheit mit unverkennbarer Willenskraft wiederstanden." Vgl. Qualifikationsbericht zum 1.1.1913 über Adalbert Alfons Maria Ascension Antonius Hubertus Joseph Prinz von Bayern, Königliche Hoheit. BayHStA, KrA. Offizierspersonalakte 2609.

[1243] Personalbogen des Adalbert Alfons Maria Ascension Antonius Hubertus Joseph Prinz von Bayern, Königliche Hoheit. BayHStA, KrA. Offizierspersonalakte 2609.

[1244] Seine Königliche Hoheit sei militärisch sehr gut veranlagt und durchgebildet. Sein Vorgesetzter vermerkte: „Ich habe S.K.H. in der „Großen Schlacht in Frankreich" mehrere Wochen Tag und Nacht an meiner Seite gehabt, hierbei die große unerschütterliche Ruhe festgestellt, die S.K.H. auch in recht bedenklichen Situationen nicht verlassen hat." Persönlich sei Prinz Adalbert kühn und ohne die geringste Rücksicht auf seine Person, stets ruhig und kühl abwägend, mit gutem Blick fürs Wesentliche, dabei frisch und beherzt im Entschluss, auch in misslichen Lagen immer guter Laune und unverdrossen. Sein offenes Wesen, das ihm alle Herzen gewinne, seine vornehme Natur, seine reiche allgemeine Bildung, die Beherrschung verschiedener Sprachen sowie seine Stellung als königlicher Prinz würden ihn für höhere Stellungen mit repräsentativem Charakter während des Krieges besonders geeignet erscheinen lassen. Vgl. Qualifikationsbericht zum 24.7.1918 über Adalbert Alfons Maria Ascension Antonius Hubertus Joseph Prinz von Bayern, Königliche Hoheit. BayHStA, KrA. Offizierspersonalakte 2609.

7.3 Der Konflikt des Königshauses mit der Heeresleitung

Bereits kurz nach seinem Amtsantritt im Herbst 1914 machte sich Erich von Falkenhayn, der Chef des Generalstabs des Feldheeres, zahlreiche Gegner. Die dem Kaiserreich abverlangten Anstrengungen wurden immer größer.[1245] Die Heeresleitung befand sich in einem komplizierten politischen und militärischen Machtgeflecht und war in ihren Entscheidungen keinesfalls autonom. Nicht nur war der Generalstabschef von der Gunst Wilhelms II. abhängig, sondern er musste sich bei seiner Aufgabe auch mit dem kaiserlichen Militärkabinett sowie den deutschen Heeresführern arrangieren. Der König von Bayern war grundsätzlich mehr als Andere in der Lage, seinen Einfluss geltend zu machen. Das Haus Wittelsbach konnte in militärischen Streitfragen versuchen, seine dynastischen Verbindungen spielen zu lassen sowie die eigene Lageeinschätzung direkt beim Obersten Kriegsherrn Wilhelm II. zur Geltung zu bringen – was allerdings bei der Persönlichkeit des Kaisers ein schwieriges Unterfangen darstellte. Meist war der Umweg über das kaiserliche Militärkabinett vielversprechender. Soweit es um politische Impulse ging, konnte das bayerische Königshaus den Bundesratsausschuss für auswärtige Angelegenheiten einschalten. Dem bayerischen König Ludwig III. und den militärisch und politisch exponierten bayerischen Prinzen war es möglich, eine kritische Distanz zur militärischen Strategie oder zur Reichspolitik zu artikulieren, wenngleich dies ein gewisses Risiko barg.[1246]

Die deutsche Verfassungsstruktur offenbarte im Verlauf des Krieges deutliche Strukturdefizite. Da sich Wilhelm II., dessen Aufgabe es gewesen wäre, Militär und Politik zu koordinieren, mit sporadischen Eingriffen in die Personalpolitik zufrieden gab, ohne inhaltliche Richtlinien festzusetzen, konnte die Oberste Heeresleitung alle politischen Bemühungen des Reichskanzlers konterkarieren.[1247] Zeigte die Ernennung des eigenwilligen Falkenhayn durch Wilhelm II., der sich über die Präferenzen vieler Militärs durchsetzte, wie wichtig die verbliebenen Vollmachten des Souveräns wären, so unterstrich das Festhalten am vielkritisierten Generalstabschef die weiterhin zentrale Stellung des Kaisers in der Machtstruktur des Kaiserreichs.[1248] Nachdem im Herbst 1914 zunächst Erleichterung über den Personalwechsel an der Heeresspitze herrschte, wurde dem bayerischen Kronprinzen der Nachfolger Moltkes zunehmend ein Dorn im Auge: „Einerseits werden die A[rmee] O[ber] K[ommando]s über die allgemeine Lage nicht genügend unterrichtet, andererseits pfuscht ihnen die O[berste] H[eeres] L[eitung] stets ins Handwerk, anstatt sich nach der Weise des großen Moltke mit der Erteilung von allgemeinen

---

[1245] Vgl. Chickering, Roger: Das Deutsche Reich und der Erste Weltkrieg. München, 2002. S. 90; Ausführlich dazu vgl. Janßen, Karl-Heinz: Der Kanzler und der General. Die Führungskrise um Bethmann Hollweg und Falkenhayn (1914-1916). Göttingen, 1967.
[1246] Vgl. Glaser, Hubert: Ludwig III. König von Bayern. Skizzen aus seiner Lebensgeschichte. Katalog zur Ausstellung in Wildenwart. Hrsg. von Max Oppel. Prien am Chiemsee, 1995. S. 41.
[1247] Vgl. Pyta, Wolfram: Hindenburg. München, 2009. S. 227.
[1248] Vgl. Clark, Christopher: Wilhelm II. München, 2008. S. 294.

Direktiven zu begnügen und den A.O.K.'s die Erfüllung der ihnen zugewiesenen Aufgaben zu überlassen."[1249] Rupprecht empfand Falkenhayn als „von sehr lebhaftem, fast hastigem Wesen."[1250] Aus anfänglicher Skepsis entstand eine Gegnerschaft. Erbost über abfällige Äußerungen des Chefs der Heeresleitung, dem er aufgrund dessen Einmischung in Angelegenheiten der Armeeoberkommandos die Schuld am Scheitern der Offensive vor Ypern gab, war Rupprecht Ende Oktober 1914 entschlossen, „zum Kaiser nach Mezières zu fahren um seine Entscheidung herbeizuführen." Er vermerkte: „Entweder führe ich die Armee oder ich trete zurück. So geht es nicht weiter."[1251]

Der Ausweg aus der Vertrauenskrise war ein persönliches Gespräch, in dem Rupprecht einen Teilerfolg erzielte. Trotzdem vermerkte er später, General von Falkenhayn habe „wenig sachlich, um nicht zu sagen dilettantisch" gesprochen.[1252] Andere prominente Heerführer teilten die scharfe Kritik des Kronprinzen am Generalstabschef.[1253] Die angestrebte rasche Kriegsentscheidung im Westen war gescheitert, die Front erstarrte im Stellungskrieg. Rupprecht schrieb seinem Vater, er hoffe, im Osten falle bald die Entscheidung, denn „wenn wir auch hier auszuhalten vermögen, sind wir doch bis auf Weiteres nicht in der Lage irgendwelche bedeutendere Erfolge zu erzielen, da eine wesentliche Umgruppierung der Kräfte vorgenommen wurde."[1254] Die Situation der Armee des Kronprinzen Rupprecht und der Infanteriebrigade des Prinzen Franz an der Sommefront sollte unverändert bleiben. Auf nahe Entfernungen lagen sich Deutsche und Franzosen gegenüber und errichteten immer neue, widerstandsfähigere Stellungen. Die Somme wurde zu einem äußerst verlustreichen Nebenkriegsschauplatz.[1255] Zwischen Falkenhayn und dem Oberkommando Ost entspann ein Disput darüber, wo und mit welcher Zielsetzung die militärischen Operationen fortzusetzen seien. Die Frage nach der Gesamtstrategie spitzte sich im Januar 1915 zu einer schweren Führungskrise zu, die nach einer Rücktrittsdrohung Hindenburgs zwar nicht in der Entlassung Falkenhayns als Chef der Obersten Heeresleitung, aber immerhin seiner Ablösung vom gleichzeitig ausgeübten Posten des preußischen Kriegsministers sowie der Entsendung eines Großteils der Heeresreserven an die Ostfront endete.[1256]

[1249] Kriegstagebuch, 27. Oktober 1914. BayHStA, GHA. NL Kronprinz Rupprecht, Nr. 701.
[1250] Kriegstagebuch, 1. Oktober 1914. BayHStA, GHA. NL Kronprinz Rupprecht, Nr. 700.
[1251] Kriegstagebuch, 27. Oktober 1914. BayHStA, GHA. NL Kronprinz Rupprecht, Nr. 701.
[1252] Ebd., 27. Oktober 1914. BayHStA, GHA. NL Kronprinz Rupprecht, Nr. 701.
[1253] Vgl. Janßen, Karl-Heinz: Der Kanzler und der General. Die Führungskrise um Bethmann Hollweg und Falkenhayn (1914-1916). Göttingen, 1967. S. 29f.
[1254] Schreiben des Kronprinzen Rupprecht an Ludwig III., 1. Dezember 1914. BayHStA, GHA. NL Ludwig III., Nr. 59.
[1255] Im Februar und März 1915 erfolgten starke französische und britische Angriffe in der Champagne und brachten das deutsche Westheer zeitweilig in Bedrängnis, ohne nennenswerte Geländegewinne zu erzielen. Vgl. Ullrich, Volker: Die nervöse Großmacht. Frankfurt am Main, 2007. S. 250f; Vgl. Chickering, Roger: Das Deutsche Reich und der Erste Weltkrieg. München, 2005. S. 412.
[1256] Der Chef des Großen Generalstabs zweifelte nach dem Abbruch der Westoffensive an der Möglichkeit eines militärischen Endsiegs und teilte dies am 18. November dem Reichskanzler mit, indem er Bethmann aufforderte, die Möglichkeit eines Separatfriedens mit Russland auszuloten. Hindenburg und Ludendorff hielten im Gegensatz dazu einen entscheidenden militärischen Erfolg für

Die Bundesstaaten waren zunehmend bestrebt, die dynastischen Grenzen auch vom militärischen Gesichtspunkt nicht verschwinden zu lassen. Insofern wurde darauf beharrt, dass die Stellung gegenüber Preußen gewahrt blieb.[1257] Die bayerische Armeeführung bemängelte eine fortwährende Beschneidung der bayerischen Eigenständigkeit.[1258] Schon die beabsichtigte Verlegung von Teilen der deutschen Truppen an die Ostfront warf für die Heeresleitung aufgrund preußisch-bayerischer Rivalitäten offenbar ungeahnte Schwierigkeiten auf. Kronprinz Rupprecht gab eine Äußerung Wilhelm Groeners, des Chefs des Feldeisenbahnwesens der Heeresleitung, weiter. Dieser hatte angeblich ein bayerisches Armeekorps sowie das bayerische Reservekorps zum Abtransport vorgeschlagen, „habe aber im Großen Hauptquartier die Antwort erhalten, es ginge nicht an, Bayern nach Ostpreußen zu entsenden, denn man dürfe sich nicht nachsagen lassen, dass Ostpreußen von Bayern befreit worden sei."[1259]

Seit Anfang 1915 waren die bayerischen Bataillone auf alle Kriegsschauplätze der Ost- und Westfront verteilt. Eine zusammenhängende bayerische Armee wie zu Kriegsbeginn existierte zum Unmut der bayerischen Regierung sowie des Kronprinzen Rupprecht nicht mehr.[1260] Mitte Mai 1915 teilte der bayerische Militärbevollmächtigte im Großen Hauptquartier mit, dass in der Heeresleitung die Ansicht herrsche, Bayern solle mit Preußen eine Militärkonvention nach dem Vorbild Württembergs abschließen. Der empörte Militärbevollmächtigte sei, wie Rupprecht berichtete, entgegen seinen früheren Ansichten immer mehr zur Überzeugung gekommen, dass die bayerischen Truppen von Preußen „nur als untergeordnete Hilfsvölker behandelt würden."[1261] Rupprecht befürchtete ebenfalls eine Änderung der Militärkonvention zwischen Preußen und Bayern von 1871, welche die Grundlage für die Sonderstellung der bayerischen Armee bildete.[1262]

Nach dem Dafürhalten Rupprechts wäre es vorteilhaft gewesen, das 1915 neugebildete Alpenkorps[1263] vollständig aus bayerischen Truppen zu bilden. Dies aber widerstrebte „den Vertretern der in Preußen immer mehr zur Vorherschafft gelangenden unitarischen Richtung, die ängstlich bemüht waren, jedes Hervortreten Bayerns und geschlossener bayerischer Truppenteile hintanzuhalten." Seit dem

---

realisierbar, falls man den Schwerpunkt der Kriegführung an die Ostfront verlegte und die dort stationierten Verbände ausreichend verstärkte. Unterstützung fanden die beiden nicht nur vom Reichskanzler, der Falkenhayns Ansichten als zu pessimistisch einschätzte, sondern vor allem vom österreichisch-ungarischen Verbündeten, der unter dem Druck der russischen Angriffe eine Niederlage nach der anderen hinnehmen musste. Vgl. Ullrich, Volker: Die nervöse Großmacht. Frankfurt am Main, 2007. S. 250f; Vgl. Chickering, Roger: Das Deutsche Reich und der Erste Weltkrieg. München, 2005. S. 411f.

[1257] Vgl. Koch, Ingeborg: Die Bundesfürsten und die Reichspolitik in der Zeit Wilhelms II. München, 1961. S. 136.
[1258] Vgl. Sendtner, Kurt: Rupprecht von Wittelsbach. Kronprinz von Bayern. München, 1954. S. 275f.
[1259] Kronprinz Rupprecht an Krafft, 18. April 1934. BayHStA, KrA. NL Krafft, Nr. 195.
[1260] Vgl. Weiß, Dieter J.: Kronprinz Rupprecht von Bayern. Regensburg, 2007. S. 111f.
[1261] Kriegstagebuch, 14. Mai 1915. BayHStA, GHA. NL Kronprinz Rupprecht, Nr. 702.
[1262] Vgl. Sendtner, Kurt: Rupprecht von Wittelsbach. Kronprinz von Bayern. München, 1954. S. 324f.
[1263] Vgl. Hebert, Günther: Das Alpenkorps. Aufbau, Organisation und Einsatz einer Gebirgstruppe im Ersten Weltkrieg. München, 1988.

7.3 Der Konflikt des Königshauses mit der Heeresleitung

bayerischen Schlachtenerfolg in Lothringen im August 1914 hätten Teile der Heeresleitung versucht, „die bayerischen Truppen auf möglichst viele Armeen zu verteilen, um ja nicht den Begriff einer einheitlichen bayerischen Armee aufkommen zu lassen."[1264]

Der Kronprinz schrieb seinem Vater, man hätte „eben schon im Frieden, worauf ich ja drang, eine bayerische Armee mit eigener Inspektion schaffen und das kaiserliche Inspektionsrecht der Person des Kaisers zuschieben sollen, wie dies auch ursprünglich im Jahre 1871 gedacht war."[1265] Rupprecht mahnte seinen Vater, sich beim Kaiser nachdrücklich für eine Zusage von künftig ein bis zwei bayerischen Armeeoberkommandos einzusetzen, von denen im Frieden eines als bayerische Armeeinspektion bestehen sollte. Ansonsten werde das bayerische Heer immer mehr der Einflussnahme seines Königs entgleiten. Er erachtete dies naturgemäß „als sehr bedauerlich für das Ansehen und die Autorität des bayerischen Königs im eigenen Lande."[1266] Zwar blieb bei den Soldaten das Bewusstsein der Zugehörigkeit zur bayerischen Armee bestehen und wurde durch symbolische Zeichen zu stärken versucht. Die politische Funktion der 1870/71 ausgehandelten Selbstständigkeit des bayerischen Heeres – welches gegenüber der deutschen Öffentlichkeit die hervorgehobene Bedeutung des süddeutschen Königreichs im Kaiserreich unterstreichen sollte – drohte sich jedoch im Verlauf des gemeinsamen Kriegserlebnisses der Fronttruppen mehr und mehr aufzulösen.[1267]

Auch die Zweifel an der Strategie nahmen zu. Rupprecht arbeitete mit seinem Generalstab stets alternative militärische Vorgehensweisen für den ihn betreffenden Frontabschnitt aus, da er Falkenhayns Plänen misstraute. Der Missmut über vermeintliche und tatsächliche Fehler der militärischen Führung wuchs auch andernorts.[1268] Prinz Max von Baden teilte Rupprecht im April 1915 mit, dass in Berlin große Verstimmung gegen Falkenhayn bestehe. Der Großherzog von Oldenburg sei nach München gereist, um eine Zusammenkunft der Bundesfürsten anzuregen. Dem Kaiser müsse erklärt werden, dass das Vertrauen in die Heeresleitung geschwunden und ein Wechsel an der Spitze des Großen Generalstabes angezeigt sei. Ludwig III. zog Hertling zu dieser Besprechung hinzu und man verständigte sich darauf, den Ausschuss für militärische Angelegenheiten einzuberufen. Rupprecht empfand den Weg über den Bundesrat als schlechte Lösung. Es handelte sich für ihn hierbei „um eine Frage von großer Bedeutung [...], die nur durch mündlichen Vortrag beim Kaiser zu einer gedeihlichen Lösung gebracht werden kann." Rupprecht fand, die Bundesfürsten seien „in der letzten Zeit viel zu viel in den Hintergrund getreten, sehr zum Schaden des monarchischen Ansehens. Gerade sie sind in

---

[1264] Kriegstagebuch, 19. Mai 1915. BayHStA, GHA. NL Kronprinz Rupprecht, Nr. 702.
[1265] Schreiben des Kronprinzen Rupprecht an Ludwig III., 19. Mai 1915. BayHStA, GHA. NL Ludwig III., Nr. 59.
[1266] Schreiben des Kronprinzen Rupprecht an Ludwig III., 13. August 1916. BayHStA, GHA. NL Ludwig III., Nr. 59.
[1267] Vgl. Glaser, Hubert: Ludwig III. König von Bayern. Skizzen aus seiner Lebensgeschichte. Katalog zur Ausstellung in Wildenwart. Hrsg. von Max Oppel. Prien am Chiemsee, 1995. S. 41.
[1268] Vgl. Weiß, Dieter J.: Kronprinz Rupprecht von Bayern. Regensburg, 2007. S. 111.

erster Linie dazu berufen, dem Kaiser die ungeschminkte Wahrheit zu sagen." Ihm selbst waren die Hände gebunden: „Wäre nicht Falkenhayn mein militärischer Vorgesetzter, würde ich sehr gerne beim Kaiser gegen ihn vorstellig werden."[1269] Am 7. April 1915 schrieb er seinem Vater, der Vorschlag des Großherzogs Augusts II. von Oldenburg finde seine Unterstützung. Er bat ihn um ein Treffen mit Wilhelm II., denn „wer könnte dem Kaiser besser die Wahrheit sagen als einer der deutschen Fürsten als Sprecher der übrigen?" Der „Schönredner und Jongleur" Falkenhayn besaß seiner Einschätzung nach nicht das Vertrauen der Armee. Rupprecht empfahl, wenngleich noch erfolglos, Hindenburg und dessen Stabschef Ludendorff als dessen Nachfolger einzusetzen. Falls diese auf dem östlichen Kriegsschauplatz unentbehrlich seien, wäre Generalfeldmarschall von Bülow ein geeigneter Kandidat.[1270]

Während der Frühjahrskämpfe um Arras eskalierte der Konflikt zwischen dem bayerischen Kronprinzen und Falkenhayn. Nicht nur entzog Falkenhayn Rupprecht vorübergehend nahezu die Hälfte der Truppen, auch griff er diesen am 12. Mai 1915 in einem Telegramm indirekt an. Dort hieß es, der Befehl über eine Angriffstruppe werde einem General übertragen, der „denselben Glauben und ein Interesse am Erfolg habe" wie der Kommandierende General des 7. Armeekorps. Dies wurde von Rupprecht als ungehöriger Vorwurf an die 6. Armee und als persönliche Ehrverletzung gewertet: „Ich weiß nicht, ob ich durch meine bisherige Armeeführung eine derartige, meiner Würde zuwiderlaufende Behandlung verdient habe und kann nicht verhehlen, dass ich darüber aufs Tiefste empört bin."[1271] Nach dem Erhalt eines weiteren Telegramms sah sich Rupprecht veranlasst, beim Kaiser eine Beschwerdeschrift einzureichen.[1272] In einem ersten Entwurf bat er gleichsam um die Enthebung von seinem Kommando, strich dies aber später aus dem Konzept. Nach Einholung einer Stellungnahme durch Falkenhayn kommentierte Wilhelm II. in seinem detaillierten, durch den Chef des kaiserlichen Militärkabinetts entworfenen, Antwortschreiben die einzelnen Vorwürfe an die Heeresleitung.[1273] Nachdem Rupprecht vom Kaiser in „allen wesentlichen Punkten Recht" bekam und Falkenhayn in einem Schreiben sein „Bedauern über die Missverständnisse zum Ausdruck" gebracht hatte, erwiderte Rupprecht am 23. Mai 1915, dass er die Angelegenheit als erledigt betrachte.[1274]

Seinem Vater schrieb er einige Tage darauf, er hoffe, dass „fernere Reibungen" ausblieben.[1275] Zudem erklärte Rupprecht gegenüber dem bayerischen Minister-

---

[1269] Kriegstagebuch, 6. April 1915. BayHStA, GHA. NL Kronprinz Rupprecht, Nr. 702.
[1270] Schreiben des Kronprinzen Rupprecht an Ludwig III., 7. April 1914. BayHStA, GHA. NL Ludwig III., Nr. 59.
[1271] Zit. nach Weiß, Dieter J.: Kronprinz Rupprecht von Bayern. Regensburg, 2007. S. 112.
[1272] Schreiben des Kronprinzen Rupprecht an Ludwig III., 18. Mai 1915. BayHStA, GHA. NL Ludwig III., Nr. 59.
[1273] Vgl. Weiß, Dieter J.: Kronprinz Rupprecht von Bayern. Regensburg, 2007. S. 112f.
[1274] Kriegstagebuch, 23. Mai 1915. BayHStA, GHA. NL Kronprinz Rupprecht, Nr. 702.
[1275] Schreiben des Kronprinzen Rupprecht an Ludwig III., 29. Mai 1914. BayHStA, GHA. NL Ludwig III., Nr. 59.

7.3 Der Konflikt des Königshauses mit der Heeresleitung 275

ratsvorsitzenden Hertling, nach der Entschuldigung Falkenhayns sehe er sich nun doch in der Lage, sein Kommando beizubehalten. Ludwig III. teilte zwar die Verstimmung seines Sohnes über die Heeresleitung, beschwichtigte aber: „Beklagen aber würde ich es in höchstem Maße, wenn es zum Bruch zwischen dir u[nd] dem Kaiser käme. Freude darüber hätten nur unsere zahlreichen Feinde."[1276] Als eigentliche Reaktion auf seine Beschwerdeschrift sah Rupprecht einen Befehl der Obersten Heeresleitung vom 19. Mai 1915 an, welcher ihm seinen Generalstabschef Konrad Krafft von Dellmensingen durch die Ernennung zum Führer des neuaufzustellenden Alpenkorps entzog. Seinem Vater berichtete er, es sei „den Herren des großen Hauptquartiers immer ein Dorn im Auge" gewesen, dass er entgegen ursprünglicher Vereinbarungen einen bayerischen anstatt eines preußischen Generalstabschefs zur Seite hatte.[1277] Dies war mit der Versetzung Kraffts beendet, allerdings für Rupprecht „in ungehöriger Weise, indem über den bayerischen General von Krafft verfügt wurde, ohne hierüber die Willensmeinung S.M. des Königs von Bayern zu hören, dessen Zustimmung zu einer anderweitigen Verwendung des Generals erst nachträglich erbeten wurde." Für den Kronprinzen war die Versetzung seines Generalstabschefs „ein schwerer Schlag". Er verlor in ihm, „nicht nur einen bewährten Berater, sondern zugleich einen treuen Freund."[1278]

Sein neuer Generalstabschef wurde Gustav Graf von Lambsdorff, dessen Verhältnis zu Rupprecht von Anfang an getrübt war. Der Kronprinz vermutete, sein Stabschef wolle ihn im Auftrag der Heeresleitung auf eine rein repräsentative Rolle beschränken und warf ihm schließlich Illoyalität vor.[1279] Lambsdorff mischte sich nach seinem Dafürhalten in jedes Detail ein.[1280] Der Legationsrat im Armeeoberkommando berichtete beunruhigt an das bayerische Außenministerium, Lambsdorff versuche „den persönlichen Einfluss Seiner Königlichen Hoheit auf die zu treffenden Entscheidungen mehr und mehr auszuschalten." Dies sei inakzeptabel und könne auf Dauer nicht so bleiben. Im Interesse des Kronprinzen sowie im sachlichen Interesse sei es wünschenswert, wenn vor dem Ausbruch eines offenen Konflikts möglichst in aller Stille ein Wechsel eintrete.[1281] Über das kaiserliche

---

[1276] Zit. nach Weiß, Dieter J.: Kronprinz Rupprecht von Bayern. Regensburg, 2007. S. 113.
[1277] Schreiben des Kronprinzen Rupprecht an Ludwig III., 19. Mai 1914. BayHStA, GHA. NL Ludwig III., Nr. 59.
[1278] Kriegstagebuch, 19. Mai 1915. BayHStA, GHA. NL Kronprinz Rupprecht, Nr. 702.
[1279] Vgl. Weiß, Dieter J.: Kronprinz Rupprecht von Bayern. Regensburg, 2007. S. 113.
[1280] Zum Ärgernis wurde für den Oberbefehlshaber, dass sein Stabschef „alles und jedes in seine Hand zu bekommen" versuchte, ihn sehr mangelhaft orientierte und auch selbst über die militärische Lage nicht immer ausreichend orientiert war, da er die nötige Arbeitsteilung nicht einhielt. Lambsdorffs besuchte fast täglich einen anderen Stab zum Frühstück sprach und im Gegenzug Einladungen an die Herren des betreffenden Stabes aus. Dies tat Kronprinz Rupprecht zwar gelegentlich und gerne selbst, aber nur insoweit, als es die Gefechtslage gestattete. Rupprecht traute Lambsdorff im Ergebnis überhaupt nicht: „Ein glatter, kalter Höfling, aber kein Mann, wie ich ihn wollte." Vgl. Kriegstagebuch, 19. Oktober 1915. BayHStA, GHA. NL Kronprinz Rupprecht, Nr. 703.
[1281] Auszug aus einem Brief des Geheimen Legationsrats Leopold Krafft von Dellmensingen beim Armeeoberkommando 6. Besetzung höherer Kommandostellen, Verleihung von Kriegsauszeichnungen, Kriegsgliederung der Armee. BayHStA, GHA. Kabinettsakten König Ludwigs III., Nr. 55.

Militärkabinett vermochte Rupprecht Lambsdorffs Abkommandierung an die Ostfront zu erwirken. Der nachfolgende Generalstabschef des bayerischen Kronprinzen, der preußische General Hermann von Kuhl, arbeitete hingegen höchst vertrauensvoll mit seinem Oberbefehlshaber zusammen.[1282] Zusammenfassend lässt sich sagen, dass sich beim bayerischen Kronprinzen dessen militärische und gesellschaftliche Stellung zu vermischen begannen. Die sich verschärfenden Konflikte, die Rupprecht, aber auch Ludwig III., mit Falkenhayns Heeresleitung austrugen, hatten selten militärstrategische, sondern zumeist politische Ursachen, die im Beharren auf Bayerns Sonderstellung im Reich begründet lagen. Diese auf militärischem Gebiet dauerhaft gegen die vermeintlichen und tatsächlichen Angriffe seitens preußischer oder Reichsstellen zu verteidigen, war vor allem Rupprechts ständiges Anliegen. Ludwig III. teilte dessen Befürchtungen, trat jedoch in militärischen Fragen nicht so offensiv auf wie sein Sohn, da er der Heeresleitung größeres Vertrauen entgegenbrachte als dieser. Auch hätte eine zu deutliche Opposition der bayerischen Königsfamilie zur Heeresleitung einen Affront gegenüber dem Kaiser hervorrufen können, was Ludwig III. unbedingt vermeiden wollte.

7.4 Prinz Leopold, Generalfeldmarschall im Wartestand

Für den 68-jährigen Prinzen Leopold von Bayern, der später zu einem der einflussreichsten deutschen Militärs aufsteigen sollte, bedeuteten die Tage der Mobilmachung eine „unendlich schwere und traurige Zeit", da er keine militärische Verwendung fand.[1283] Dabei hatte sich der Bruder des Königs als Divisionskommandeur und Kommandierender General bewährt. Er besaß „aus Kriegs- und Friedenszeiten her eine außerordentlich große Erfahrung auf allen militärischen Gebieten", wie ein unter ihm dienender Generalleutnant betonte. Der Prinz war „von großer, kräftiger Gestalt, breitschultrig, etwas zur Wohlbeleibtheit neigend, was er dauernd bekämpfte. Im Ganzen gewährte sein Äußeres das Bild eines echt männlichen, älteren, wohlerhaltenen Herrn, der jegliche Strapazen als Soldat" ertragen konnte. Taktisch war er hervorragend veranlagt.[1284] Mehr als fünfzig Dienstjahre hatte er gedient und wurde 1913 als Inspekteur der IV. Armee-Inspektion im höchsten militärischen Rang eines Generalfeldmarschalls verabschiedet, um diese Stelle für seinen Neffen, den Kronprinzen Rupprecht, zu räumen. Leopold notierte deprimiert, „die bayerische Armee auf eine möglichst hohe kriegsmäßige Ausbildungsstufe zu bringen, war mein unausgesetztes Streben, dieselbe vielleicht einmal selbst im ernsten Waffengange führen zu dürfen, meine stete Hoffnung. Kaum etwas über

---

[1282] Vgl. Weiß, Dieter J.: Kronprinz Rupprecht von Bayern. Regensburg, 2007. S. 113; Vgl. Sendtner, Kurt: Rupprecht von Wittelsbach. Kronprinz von Bayern. München, 1954. S. 249.
[1283] Vorwort des Kriegstagebuchs. BayHStA, GHA. NL Prinz Leopold, Nr. 239.
[1284] Zit. nach Lenski, Franz von: Lern- und Lehrjahre in Front und Generalstab. Berlin, 1939. S. 258-266.

ein Jahr aus dem aktiven Dienste geschieden, kam nun der Krieg, und nun war kein Platz für mich, nicht einmal beim Besatzungsheere."[1285]

Leopold verfügte als Bruder des bayerischen Königs und Schwiegersohn des Kaisers von Österreich über exzellente Verbindungen, die er zu nutzen versuchte: „Ich meldete mich bei meinem Bruder, dem Könige, zu jeder beliebigen Verwendung, aber es war eben für mich kein Platz in der bayerischen Armee. Mit Genehmigung meines Königs wendete ich mich an den Deutschen Kaiser."[1286] Auch diesen bat er, ihn „irgendwo im Heere zu verwenden."[1287] Am 15. August 1914 erging durch den Chef des Kaiserlichen Militärkabinetts der Bescheid, dass Kaiser Wilhelm II. sich über das Angebot Leopolds, seine „bewährten Kräfte der Armee zur Verfügung zu stellen, im hohem Maße gefreut" habe. Wilhelm II. bedauerte jedoch, „dass die Verwendung Eurer Königlichen Hoheit, der Anciennitätsverhältnisse halber [...] bisher leider nicht möglich gewesen sei, doch würden Allerhöchstdieselben Eurer Königlichen Hoheit Wunsch im Auge behalten und bei sich bietender Gelegenheit gern berücksichtigen."[1288] Der Prinz wäre am liebsten „in einen verborgenen Winkel verkrochen, wo [er] von nichts hörte und [nichts] sah" und schämte sich, „den Leuten ins Gesicht zu sehen."[1289] Seiner Schwester Therese schrieb er: „Mich freut das Leben nicht mehr; denn in der jetzigen großen Zeit von jeder militärischen Tätigkeit vollkommen ausgeschlossen zu sein, ist fast mehr als ich ertragen kann, aber es muss eben getragen werden."[1290]

Ihm erging es wie einigen anderen kurz zuvor pensionierten Generalen, etwa Paul von Hindenburg, für die bei Kriegsbeginn keine ihrem Rang entsprechende Verwendung gefunden wurde. Ende August 1914 wurde dieser unerwartet als Oberbefehlshaber der 8. Armee nach Ostpreußen gerufen, um einen repräsentativen Gegenpart für den als schwierig geltenden neueingesetzten Stabschef Ludendorff zu bilden, während Leopold weiter zum Warten verdammt war.[1291] Hindenburg war der bayerische Prinz persönlich bekannt, da sein IV. Armeekorps dessen Armeeinspektion unterstellt war. Er urteilte später, er habe in Leopold „einen hervorragenden Führer und vortrefflichen Soldaten" kennengelernt.[1292] Nach seinem kometenhaften Aufstieg zum „Sieger von Tannenberg" fühlte er in einem Schreiben an den Prinzen im Februar 1915 mit dessen Situation mit: „Ich darf aber wohl auch hinzufügen, dass es mich [...] jedes Mal schmerzlich berührt, eure Königliche

---

[1285] Vorwort des Kriegstagebuchs. BayHStA, GHA. NL Prinz Leopold, Nr. 239.
[1286] Maschinenschriftliche Abschrift der Lebenserinnerungen. S. 832. BayHStA, GHA. NL Prinz Leopold, Nr. 261.
[1287] Vorwort des Kriegstagebuchs. BayHStA, GHA. NL Prinz Leopold, Nr. 239.
[1288] Schreiben des Chefs des Militär-Kabinetts des Kaisers Moriz von Lyncker an Prinz Leopold von Bayern. Berlin, 15.8.1914. Militärische Verwendung und politische Aktionen im Ersten Weltkrieg. BayHStA, GHA. NL Prinz Leopold, Nr. 230.
[1289] Vorwort des Kriegstagebuchs. BayHStA, GHA. NL Prinz Leopold, Nr. 239.
[1290] Prinz Leopold von Bayern an Prinzessin Therese. München, 13. August 1914. Briefe, Postkarten und ein Telegramm (26.11.1918) des Prinzen Leopold von Bayern an Prinzessin Therese. BayHStA, GHA. NL Prinzessin Therese (†1925), Nr. 75.
[1291] Vgl. Pyta, Wolfram: Hindenburg. München, 2009. S. 41-55.
[1292] Hindenburg, Paul von: Aus meinem Leben. Leipzig, 1920. S. 61f.

Hoheit in der Zahl der deutschen Heerführer vermissen zu müssen. Mir selbst ist das Glück, in diesem Kriege eine Rolle zu spielen, über Verdienst zu Teil geworden."[1293]

Nachdem im November des Jahres 1914 die Frontlinien zu erstarren begannen, bat Prinz Leopold darum, dem Kaiser seine Aufwartung machen sowie „seine" Regimenter an der Front begrüßen zu dürfen. Dem Wunsch des bayerischen Generalfeldmarschalls wurde entsprochen. So trat der Prinz im Oktober 1914 die Fahrt nach Frankreich an.[1294] Am 17. Oktober wurde Leopold in Charleville-Mezières im Großen Hauptquartier empfangen.[1295] In Douai traf sein Tross den Kronprinzen Rupprecht an.[1296] Diesem dankte Leopold dafür, dass er sich „ein gutes Bild der ganzen militärischen Situation auf dem westlichen Kriegsschauplatze machen konnte".[1297] Am folgenden Abend fand ein Souper beim Kaiser statt, wo außer der engsten Suite mehrere hohe Generale geladen waren. Leopold sprach bei dieser Gelegenheit den für Personalfragen zuständigen Chef des kaiserlichen Militärkabinetts, General Moriz von Lyncker, auf eine Kriegsverwendung an, doch konnte dem Prinzen höchstens ein Generalgouvernement in Aussicht gestellt werden.[1298] Am 24. Oktober 1914 kehrte er von seiner achttägigen Reise zurück. Trotz der ihm allerorts zuteil gewordenen Sonderbehandlung war eine Kriegsverwendung nicht in Sicht. Die Westfront war in Grabenkämpfen erstarrt, die Aussicht auf ein neugeschaffenes Generalgouvernement oder gar auf ein Armeekommando war recht gering.[1299] Leopold unternahm im Frühjahr 1915 eine zweite Frontreise nach Frankreich und Belgien.[1300] Die Hoffnung des 69-jährigen, im Feld Verwendung zu finden, schwand immer mehr.[1301]

[1293] Brief Paul von Hindenburgs an den Prinzen Leopold. Lötzen, 27.2.1915. Korrespondenzen mit Privatpersonen A-H. BayHStA, GHA. NL Prinz Leopold, Nr. 137a.
[1294] Vorwort des Kriegstagebuchs. BayHStA, GHA. NL Prinz Leopold, Nr. 239.
[1295] Dort tauschte er sich mit Reichskanzler von Bethmann Hollweg, Großadmiral von Tirpitz sowie dem Chef des kaiserlichen Militärkabinetts, General von Lyncker, über die militärischen und politischen Verhältnisse aus. Zum Gabelfrühstück war der liebenswürdig aufgenommene Gast zusammen mit seinem Sohn, dem Prinzen Georg, und seinen Begleitern zum deutschen Kaiser befohlen, welcher ihm sehr zuversichtlich erschien. Vgl. Kriegstagebuch, 17.10.14. BayHStA, GHA. NL Prinz Leopold, Nr. 239.
[1296] Zu diesem Augenblick bestand dessen Armee aus sieben Armeekorps, er war vollauf durch seine Tätigkeit in Anspruch genommen, dennoch fand er die Zeit, seinem Onkel Leopold über seine bisherige Tätigkeit und den Verlauf des Krieges aufzuklären. Am Abend fand zudem ein kleines Diner bei Kronprinz Rupprecht statt, der entsprechend den beschränkten Raumverhältnissen in seinem Quartier außer seinem Generalstabschef, dem Generalleutnant Krafft von Dellmensingen, und einigen Mitgliedern seines engeren Stabes stets noch einige Gäste seines Oberkommandos oder Gäste von auswärts einzuladen pflegte. Vgl. Kriegstagebuch, 18.10.14. BayHStA, GHA. NL Prinz Leopold, Nr. 239.
[1297] Brief des Prinzen Leopold an Kronprinz Rupprecht, München 2.10.1914. BayHStA, GHA. NL Kronprinz Rupprecht, Nr. 17.
[1298] Kriegstagebuch, 21.10.14. BayHStA, GHA. NL Prinz Leopold, Nr. 239.
[1299] Ebd., 24.10.14. BayHStA, GHA. NL Prinz Leopold, Nr. 239.
[1300] In Begleitung des bayerischen Militärbevollmächtigten im Großen Hauptquartier, des Barons von Nagel, war es ihm möglich, in dieser relativ kurzen Zeit die Mehrzahl der bayerischen Truppenverbände zu besichtigen und die bedeutsamsten Abschnitte der Westfront, von den Vogesen bis an die

7.4 Prinz Leopold, Generalfeldmarschall im Wartestand

Unerwartet traf am 18. April 1915 ein Telegramm des Kaisers in München ein. Wilhelm II. teilte dem Prinzen mit, er werde zum Führer der 9. Armee ernannt, deren Generalstab sich im polnischen Lodz befinde. Die Freude Leopolds war groß, war es doch das Ziel seiner „Lebensarbeit gewesen, eine Armee vor dem Feinde zu führen."[1302] Zur Ernennung des Prinzen kam es, da aufgrund eines Schlaganfalls von Generalfeldmarschall Karl von Bülow, der dienstlichen Versetzung des Generalobersten August von Mackensen sowie der Schrapnellverwundung des Generalobersten Alexander von Kluck Veränderungen in den hohen deutschen Armeestellen notwendig wurden.[1303] Der Kaiser zeigte sich gewiss, dass Prinz Leopold „die braven Truppen der 9. Armee auch weiterhin zu Ruhm und Sieg" zu führen wisse.[1304] Er schrieb an Ludwig III., er hoffe, dessen – sowie des Prinzen Leopolds – langgehegten Wünschen zu begegnen, indem er die Ernennung des Prinzen zum Oberbefehlshaber einer deutschen Armee im Osten vollziehe.[1305] Leopold war sich der Unterstützung seines königlichen Bruders bewusst: „Deiner stets erneuten warmen Verwendung in dieser Angelegenheit habe ich es in erster Linie zu danken, dass dieses, mein heißersehntestes, Lebensziel Wirklichkeit wurde."[1306]

Für Leopold galt es, bald auf seinem Posten einzutreffen. Umgehend besprach sich der neuernannte Armeeführer mit dem bayerischen Militärbevollmächtigten, der sich in dienstlichen Angelegenheiten in München befand. Abends meldete er sich bei den Majestäten, um persönlich die Nachricht seiner Ernennung zu überbringen.[1307] Dem Kaiser wurde sowohl telegrafisch als auch schriftlich der ergebenste Dank ausgesprochen. Den bayerischen Kriegsminister sprach er ebenfalls vor der Abreise, um Informationen über die 9. Armee zu erhalten, konnte dort jedoch keinen Aufschluss erhalten. Nicht einmal der Name des Chefs des Generalstabes war bekannt. In Russisch-Polen, dem Sitz des Armeeoberkommandos und dem Schauplatz seiner künftigen Tätigkeit, war der Prinz nie gewesen, ging somit „gänzlich unbekannten Verhältnissen entgegen." Trotzdem hoffte er, in seinem Armeekommando „manch altem Bekannten zu begegnen", zumal er als Generalinspekteur der IV. Armeeinspektion über viele Jahre mit preußischen Dienststellen und Regimentern zu tun gehabt hatte.[1308]

---

belgische Küste, in Augenschein zu nehmen. Vgl. Kriegstagebuch, 3.4.15. BayHStA, GHA. NL Prinz Leopold, Nr. 239.

[1301] Kriegstagebuch, 4.-18.4.15. BayHStA, GHA. NL Prinz Leopold, Nr. 239.
[1302] Kriegstagebuch, 18.4.15. BayHStA, GHA. NL Prinz Leopold, Nr. 239.
[1303] Bericht des k.u.k. Gesandten von Velics an Minister Stephan Baron Burián vom 21.4.1915. Berichte aus München 1914-1915. OeStA, Abt. Haus-, Hof- und Staatsarchiv. Politisches Archiv, Nr. 837.
[1304] Telegramm Wilhelms II. an Prinz Leopold von Bayern. Großes Hauptquartier, 16.4.1915. Militärische Verwendung und politische Aktionen im Ersten Weltkrieg. BayHStA, GHA. NL Prinz Leopold, Nr. 230.
[1305] Bericht des k.u.k. Gesandten von Velics an Minister Stephan Baron Burián vom 21.4.1915. Berichte aus München 1914-1915. OeStA, Abt. Haus-, Hof- und Staatsarchiv. Politisches Archiv, Nr. 837.
[1306] Prinz Leopold von Bayern an König Ludwig III. A.O.K. 9, 11.2.1916. Angelegenheiten des Prinzen Leopold. 1913-1918. BayHStA, GHA. Kabinettsakten König Ludwigs III., Nr. 144.
[1307] Kriegstagebuch, 18.4.15. BayHStA, GHA. NL Prinz Leopold, Nr. 239.
[1308] Ebd., 19.4.15. BayHStA, GHA. NL Prinz Leopold, Nr. 239.

Die Freude war nicht uneingeschränkt. Als Leopolds Sohn Georg, der sich als Nachrichtenoffizier an der deutschen Südostfront befand,[1309] von der Ernennung des Vaters zum Oberbefehlshaber der 9. Armee erfuhr, war seine Überraschung „groß und nicht eben angenehm." Er hatte gehofft, dieser würde „in diesem Kriege kein Kommando mehr erhalten" und mutmaßte, nun habe er seine Ernennung „mit kräftiger Unterstützung des Generals Karl von Nagel im Großen Hauptquartier doch durchgesetzt." Für die ablehnende Haltung gab es sachliche Gründe. Prinz Leopold war älter als alle anderen deutschen Heerführer, auch als Paul von Hindenburg, dem er unterstellt wurde. Die langjährige Verwendung als Generalinspekteur der IV. Armeeinspektion hatte zu großen Teilen symbolischen Charakter. Es war daher volle 23 Jahre her, dass Leopold als Kommandierender General aus dem aktiven Dienst ausgeschieden war. Prinz Georg schrieb skeptisch in sein Tagebuch: „Eine ganz neue Generation ist inzwischen herangewachsen, der er innerlich fremd gegenübersteht, gegen die er sich immer ablehnend, häufig geringschätzend verhielt. Ich bin begierig zu hören, wie der Stab zusammengesetzt ist, wer der Chef ist und ob sich ein Bayer darunter befindet."[1310] Sein jüngerer Bruder Konrad war hingegen weniger skeptisch und schrieb dem Vater: „Mit besonderer Freude vernahm ich die Nachricht von deiner Berufung zur Führung der 9. Armee und möchte ich nicht versäumen, dir meinen innigsten Glückwunsch zu senden. Ich kann mir deine Freude lebhaft vorstellen […]."[1311]

7.5 Die Einnahme von Warschau

Per Sonderzug machte sich Prinz Leopold am 20. April 1915 nach Lodz auf. Der engste Mitarbeiter des Prinzen wurde General Paul Grünert, der Chef des Generalstabes. Dringende Geschäfte lagen zu diesem Zeitpunkt nicht vor.[1312] Prinz Leopold unterhielt fortan weitreichende Korrespondenzen mit seiner Verwandtschaft[1313] und führte ausführlich über seine Gedanken und Erlebnisse Tagebuch.[1314] Die Kommandierenden Generale der Armeekorps waren dem Armeechef mehr oder weniger bekannt. Der aus nahezu 70 Offizieren bestehende Generalstab war

---

[1309] Personalbogen des Georg Franz Josef Luitpold Maria Prinz von Bayern, Kgl. Hoheit. BayHStA, KrA. Offizierspersonalakte 58344.
[1310] Tagebuch des Prinzen Georg, 23.4.15. BayHStA, GHA. NL Prinz Georg, Nr. 21.
[1311] Schreiben des Prinzen Konrad an Prinz Leopold, 24.4.1915. Briefe des Prinzen Konrad 1914-1930. BayHStA, GHA. NL Prinz Leopold, Nr. 33.
[1312] Kriegstagebuch, 20.4.15. BayHStA, GHA. NL Prinz Leopold, Nr. 239.
[1313] Er erhielt täglich Post von seiner Gattin Gisela, die ihn über Münchner Ereignisse auf dem Laufenden hielt. Vgl. Kriegstagebuch, 8.11.1915. BayHStA, GHA. NL Prinz Leopold, Nr. 239; Mit seinen Söhnen Konrad und Georg unterhielt er nicht nur Briefkontakt, sondern ließ sie ab Ende 1915 zeitweise seinem Oberkommando zuteilen. Vgl. Kriegstagebuch, 2.11.1915. BayHStA, GHA. NL Prinz Leopold, Nr. 239.
[1314] Die maschinenschriftliche Abschrift seines Kriegstagebuchs umfasst 1340 Seiten; Kriegstagebuch. BayHStA, GHA. NL Prinz Leopold, Nr. 239.

ihm jedoch vollkommen fremd, was es dem 69-jährigen nicht leicht machte, „sie alle näher kennen zu lernen".[1315] Da der Prinz sich persönlich bei Generalfeldmarschall von Hindenburg zu melden wünschte, nahm er erneut eine Eisenbahnreise auf sich. Hindenburgs Hauptquartier befand sich im ostpreußischen Lötzen, wo der nach der Schlacht von Tannenberg zum Nationalhelden stilisierte Generalfeldmarschall den bayerischen Prinzen liebenswürdig in Empfang nahm. Leopold lernte bei seinem kurzen Besuch in Lötzen Erich Ludendorff kennen, ebenso den Oberstleutnant Max Hoffmann, mit welchem er später jahrelang zusammenarbeiten würde.[1316] Kaiser Wilhelm II. kam am 5. Juli 1915 zur 9. Armee. Prinz Leopold und sein Generalstabschef wurden zum „Gabelfrühstück" in den Hofzug befohlen, wo der gutgelaunte Kaiser die Leistungen der bayerischen Truppen lobte.[1317]

Militärisch verlief das Kommando des Prinzen Leopold zunächst enttäuschend. An der Ostfront herrschte nach den Schlachten in Ostpreußen, Polen und Galizien Stellungskrieg. Leopold besichtigte während der ersten Wochen seines Kommandos die ihm unterstellten Armeekorps und nahm die Truppen in Augenschein, was angesichts der Entfernungen viel Zeit beanspruchte.[1318] Mitte Mai 1915 lotete der Armeeführer mit seinem Stabschef die Möglichkeiten eines Angriffs aus. Eine Offensive, die dem russischen Gegner eine vernichtende Niederlage beizubringen vermochte, war nicht durchzuführen.[1319] Der vorgeschlagene Einsatz von Giftgas war für den zweifelnden Prinzen unbekanntes Territorium, brachte aber die Aussicht, aus dem Grabenkrieg heraus zu einer Offensive schreiten zu können. Am 13. Mai 1915 war Fritz Haber persönlich im Oberkommando der 9. Armee erschienen, um die Anwendung der Gasflaschen zu erläutern und letzte Überzeugungsarbeit zu leisten.[1320] Schließlich wurde eine Offensive der 9. Armee auf den 31. Mai festgesetzt. Das Ablassen des Gases verursachte Probleme, was dazu führte, dass der Angriff nicht wie geplant erfolgen konnte. So brach die Offensive unter großen Verlusten zusammen.[1321] Nur spärlich konnte die 9. Armee ab Juni 1915 Erfolge verbuchen. Die Stimmung im Armeekommando war trotzdem gehoben. Immerhin verbesserten die Fortschritte die Stellung der Armee nicht unbedeutend, wenngleich ein durchschlagender Erfolg ausgeblieben war. Prinz Leopold empfand seine Dienststellung als „entsprechend und angenehm", beteuerte aber gegenüber seinem Bruder, „nur hätten wir alle den Wunsch, einen fröhlichen Angriffskrieg führen zu dürfen."[1322]

[1315] Schreiben des Prinzen Leopold an Prinz Georg, 4.5.15. BayHStA, GHA. NL Prinz Georg, Nr. 59.
[1316] Kriegstagebuch, 22.4.15. BayHStA, GHA. NL Prinz Leopold, Nr. 239.
[1317] Ebd., 5.7.15. BayHStA, GHA. NL Prinz Leopold, Nr. 239.
[1318] Schreiben des Prinzen Leopold an Kronprinz Rupprecht, 7.5.15. BayHStA, GHA. NL Kronprinz Rupprecht, Nr. 17.
[1319] Kriegstagebuch, 18.5.15. BayHStA, GHA. NL Prinz Leopold, Nr. 239.
[1320] Ebd., 13.5.15. BayHStA, GHA. NL Prinz Leopold, Nr. 239.
[1321] Ebd., 31.5.15. BayHStA, GHA. NL Prinz Leopold, Nr. 239.
[1322] Schreiben des Prinzen Leopold an König Ludwig III., 13.6.1915. BayHStA, GHA. NL Ludwig III., Nr. 53.

Im gleichen Zeitraum gelang der weiter südlich operierenden 11. Armee unter August von Mackensen ein großer Sieg. Der geglückte Durchbruch in der Schlacht von Gorlice-Tarnów entwickelte eine überraschende Eigendynamik. Entlang einer Linie von hunderten von Kilometern Länge wurden die gegnerischen Truppen zurückgedrängt, um die russischen Armeen bis Ende Juni 1915 fast vollständig aus Galizien zu vertreiben und Lemberg zurückzuerobern. Mackensen und dessen Generalstabschef Hans von Seeckt liefen mit diesen Erfolgen in großen Schritten dem seit Monaten sieglosen Hindenburg den Rang als Kriegshelden ab – sowohl was die Popularität in der Bevölkerung anging, als auch den Rückhalt durch die Oberste Heeresleitung. Dies wurde durch den Kaiser im Juni 1915 mit der Verleihung der preußischen Feldmarschallswürde an August von Mackensen untermauert, der dadurch mit Hindenburg und Leopold rangmäßig gleichzog.[1323] Die Planungen für den Fortgang der Operationen erlebten durch die unterschiedlichen Auffassungen Falkenhayns und Hindenburgs einige Turbulenzen. Anfang Juli 1915 wurde im Beisein des Kaisers im Posener Schloss zu Gunsten des Chefs des Generalstabs des Feldheeres entschieden. Eine Sommeroffensive Falkenhayns trug Früchte und bescherte erhebliche Geländegewinne. Im nördlichen Teil der Angriffsfront begann eine Hindenburg unterstehende Armeegruppe einen Vorstoß und nahm am 28. August 1915 das nordöstlich von Warschau gelegene Bialystok ein. Am südlichen Frontabschnitt erreichte parallel dazu die Heeresgruppe Mackensen Brest-Litowsk. Bis Ende September war ganz Russisch-Polen besetzt. Man drang bis ins westliche Weißrussland und die westliche Ukraine vor und fügte dem Zarenreich schwerste Niederlagen zu.[1324]

Der 9. Armee des Prinzen Leopold gelang es nach monatelangen Stellungskämpfen im Zuge der Sommeroffensive ebenfalls, vorzurücken. Hocherfreut schrieb der Prinz nach München: „Seit vorgestern weicht, wohl in Folge der großen Hindenburgschen Offensive, der Feind auch vor unserer Fronte."[1325] Im Juni erhielt Leopold das österreichische Militärverdienstkreuz I. Klasse mit Kriegsdekoration sowie das Großkreuz mit Schwertern des Herzoglich-Sachsen-Ernestinischen Hausordens.[1326] Die russischen Truppen südlich der Weichsel traten vor der Front des bayerischen Generalfeldmarschalls den Rückzug an. Allerdings schrumpfte des Prinzen Armee infolge fortgesetzter Truppenabgaben auf spärliche vier Divisionen sowie Landsturmeinheiten zusammen,[1327] sehr zum Unmut Leopolds: „Nachdem man mir mit Ausnahme des 25. Reservekorps fast alle Truppen genommen [hat], hat die 9. Armee als solche eigentlich keinen Sinn mehr. Was be-

---

[1323] Vgl. Pyta, Wolfram: Hindenburg. München, 2009. S. 167; Vgl. Neitzel, Sönke: Weltkrieg und Revolution. 1914-1918/19. Berlin, 2008. S. 46f.
[1324] Vgl. Pyta, Wolfram: Hindenburg. München, 2009. S. 171f.
[1325] Schreiben des Prinzen Leopold an König Ludwig III., 19.7.1915. BayHStA, GHA. NL Ludwig III., Nr. 53.
[1326] Ordensverleihungen. BayHStA, GHA. NL Prinz Leopold, Nr. 185.
[1327] Generalmajor a. D. Hubert von Hößlin: Geschichte des 1. Weltkriegs 1914-18 (Bayerische Armee) 1956-1963. Bd. II. S. 344. BayHStA, KrA. Handschriften, Nr. 934-2.

zweckt diese systematische Ausraubung der 9. Armee? Will man mich wegekeln? Wir werden ja sehen."[1328]

Obwohl viele Hindenburg das Verdienst der Schlachtenerfolge im Osten zuschrieben, hatte jener de facto nur die ruhmlose Aufgabe, dem Falkenhaynschen Kriegsplan zu assistieren. Hindenburg hatte seit Juli 1915 eine Demontage über sich ergehen lassen müssen. Dem formalen „Oberbefehlshaber im Osten" wurde ein Verband nach dem anderen genommen. Hindenburg hatte sich gegen einen Angriff auf das stark befestigte Warschau ausgesprochen und war für eine Operation in Richtung Kowno eingetreten, hatte sich aber beim Kaiser gegen Falkenhayn nicht durchsetzen können. Zudem hatten sich zwischen Hindenburg und Mackensen Unstimmigkeiten ergeben, die dazu führten, dass letzterer – was Hindenburg sehr verärgerte – mit der selbstständigen Führung einer Heeresgruppe betraut wurde.[1329] Wie Kronprinz Rupprecht als Oberkommandierender der 6. Armee an der Westfront verwundert feststellte, erfuhr man nur wenig über die Operationen an der Ostfront. Rupprecht konstatierte überrascht, dass „Hindenburg als Oberbefehlshaber des Ostheeres tatsächlich ausgeschaltet worden war, indem ihm nur noch die nördlichen Armeegruppen unterstellt blieben."[1330] Als die 9. Armee des Prinzen Leopold am 5. August 1915 auf ihrem Vormarsch die Tore der polnischen Hauptstadt Warschau erreichte, wurde auch sie dem Oberkommando Ost entzogen. Zusammen mit der südlich von Warschau operierenden Armeeabteilung Woyrsch wurde sie als selbstständige Heeresgruppe unter dem Kommando des Prinzen Leopold direkt der Obersten Heeresleitung unterstellt. Hindenburgs militärischer Kommandobereich „Ober Ost" war somit faktisch auf lediglich eine von drei Heeresgruppen an der deutschen Ostfront geschrumpft. Ihm wurde nur der militärische Flankenschutz zugeteilt, während andere Armeen prestigeträchtige Triumphe feiern konnten.[1331]

Der Aufstieg des Prinzen Leopold und dessen Ernennung zum Oberbefehlshaber einer nach ihm benannten Heeresgruppe fußte auf mehreren Ursachen. Zwar war dies nur konsequent, da er die 9. Armee zur vollen Zufriedenheit des wohlwollenden Kaisers führte.[1332] Doch die Ernennung des Prinzen zum Heeresgruppenführer – und damit verbunden der Lorbeer für die anstehende Einnahme der polnischen Hauptstadt – war eine direkte Folge des schwelenden Konflikts der Obersten Heeresleitung mit Hindenburg. Dieser hatte sich am 26. Juli 1915 an den Kaiser gewandt und die Verstärkung seiner 10. Armee und einen Angriff gegen die rückwärtigen russischen Stellungen gefordert. Doch der Kaiser entschied nach einem

---

[1328] Kriegstagebuch, 1.8.15. BayHStA, GHA. NL Prinz Leopold, Nr. 239.
[1329] Kriegstagebuch, 10. Juli 1915. BayHStA, GHA. NL Kronprinz Rupprecht, Nr. 703.
[1330] Selbst der Leiter der Operationsabteilung der Obersten Heeresleitung von Loßberg, den Falkenhayn als seinen Vertreter im Großen Hauptquartier in Mezières zurückgelassen hatte, wurde nur mangelhaft orientiert, da Falkenhayn „alles allein anordnete, sowohl im Westen wie auch im Osten." Vgl. Kriegstagebuch, 27. Juli 1915. BayHStA, GHA. NL Kronprinz Rupprecht, Nr. 703
[1331] Vgl. Pyta, Wolfram: Hindenburg. München, 2009. S. 171f.
[1332] Personalbogen des Prinzen Leopold von Bayern, Königliche Hoheit. BayHStA, KrA. Offizierspersonalakte 41320.

Vortrag Falkenhayns anders. Ausschlaggebend war für die Oberste Heeresleitung der Wunsch, die Offensive auf dem östlichen Kriegsschauplatz bald zum Abschluss zu bringen. Als sich der russische Abzug vor der 9. Armee am 3. August 1915 zu bestätigen schien, versuchte Hindenburg, der ihm unterstellten Armee des Prinzen Leopold eine Division für den geplanten eigenen Angriff auf Kowno zu entnehmen. Um dies zu verhindern, traf der Befehl der Heeresleitung über die Bildung der selbstständigen „Heeresgruppe Prinz Leopold von Bayern" sowie deren alleinige Unterstellung unmittelbar unter die Heeresleitung ein. Damit wurde Hindenburg die Möglichkeit der Verstärkung seiner 10. Armee sowie der Njemenarmee genommen. Als Ende August 1915 durch die Schaffung eines „Generalgouvernements Warschau" große Gebiete aus dem Befehlsbereich von Ober Ost herausgenommen wurden, bat von Hindenburg trotzig um die Änderung seiner Dienstbezeichnung „Oberbefehlshaber der gesamten deutschen Streitkräfte im Osten", da diese zur schneidenden Ironie geworden sei.[1333]

Für den Heeresgruppenführer Prinz Leopold geriet der Tag der Einnahme von Warschau zum Höhepunkt seiner militärischen Laufbahn. Nach dreieinhalb Monaten konnte er einen großen Erfolg feiern. Am 5. August 1915 wurde die Eroberung der Warschauer Forts während der Nacht gemeldet. Bald darauf wurde bekannt, dass das 25. Reservekorps die Stadt Warschau genommen habe. Unmittelbar auf diese Meldung traf Hindenburgs Glückwunsch ein, bald darauf derjenige des Kaisers unter Verleihung des Ordens Pour le Mérite. König Ludwig III., der telegrafisch informiert wurde, verlieh seinem siegreichen Bruder das Großkreuz des Militär-Max-Joseph-Ordens. Für den Prinzen war es „ein erhebender Tag." Es erfüllte ihn mit Genugtuung und gleichzeitig „mit Dank für diese Gnade des Himmels", dass es ihm beschieden war, als Feldherr einen derartigen Erfolg zu erleben. Durch die Schaffung der nach ihm benannten Heeresgruppe wurde auf einen Schlag die unsichere Kommandosituation beendet, die den Prinzen in den zurückliegenden Wochen belastet hatte.[1334] Im Oberkommando der Heeresgruppe gab es viel zu tun, da vom Großen Hauptquartier neue Ziele bekannt gegeben wurden. Vorerst sollte bis an den Bug nachgestoßen werden. Für den Armeeführer nahm jedoch vor allem die Beantwortung der sich häufenden Glückwunschtelegramme Zeit in Anspruch.[1335]

Die Tage nach der Einnahme der polnischen Hauptstadt brachten für den siegreichen Armeeführer repräsentative Aufgaben mit sich. Der bayerische Schriftsteller Ludwig Ganghofer war als Kriegsberichterstatter zur Stelle, um Eindrücke zu sammeln.[1336] Vier Tage nach der Siegesnachricht sollte der triumphal inszenierte Einzug des „Eroberers von Warschau" in die Stadt an der Spitze seiner Armee stattfinden. Am Morgen traf der Flügeladjutant des bayerischen Königs ein und

---

[1333] Generalmajor a. D. Hubert von Hößlin: Geschichte des 1. Weltkriegs 1914-18 (Bayerische Armee) 1956-1963. Bd. II. S. 346. BayHStA, KrA. Handschriften, Nr. 934-2.
[1334] Kriegstagebuch, 5.8.15. BayHStA, GHA. NL Prinz Leopold, Nr. 239.
[1335] Ebd., 7.8.15. BayHStA, GHA. NL Prinz Leopold, Nr. 239.
[1336] Ebd., 10.8.1915. BayHStA, GHA. NL Prinz Leopold, Nr. 239.

überreichte Leopold ein königliches Handbillet sowie die Insignien des Großkreuzes des Militär-Max-Joseph-Ordens. Das Armeeoberkommando machte sich bei strahlendem Sonnenschein in Automobilen auf den Weg. Am Wiener Bahnhof bestieg man zum feierlichen Einzug in die Stadt das Pferd. Voraus ritt eine Landsturmeskadron, der die Musik eines Infanterieregiments folgte. Geschmückt mit dem Stern des Großkreuzes des Militär-Max-Joseph-Ordens und dem vom Kaiser verliehenen Pour le Mérite folgte Prinz Leopold. Die Paradestrecke war geschmückt und wurde durch ein Spalier deutscher Infanterie freigehalten. Das Publikum war zahlreich. Vereinzelt waren deutsche, vor allem aber polnische Flaggen zu sehen. Enthusiasmus war für die Besatzer zwar nicht vorhanden, doch wurde freundlich gegrüßt. Auf dem historischen Sachsenplatz angekommen, ritt der Prinz die Front der in Paradeaufstellung wartenden Kompagnien des 25. Reservekorps ab und nahm den Parademarsch ab. Für den Prinzen bildete der Einzug in die polnische Hauptstadt „einen feierlichen historischen Moment, der den Teilnehmern sicher einen unauslöschlichen Eindruck gemacht haben wird."[1337]

In einer Rede an die Warschauer Bevölkerung sprach der Prinz die Leitlinien für die Besatzung der Stadt an. „Wir führen Krieg mit den feindlichen Armeen, aber nicht mit friedlichen Bürgern, im Gegenteil, die Bevölkerung kann bei gutem Verhalten auf den mächtigen Schutz unserer Waffen rechnen. Ich fühle es aber als meine Pflicht zu erwähnen, dass im Falle eines feindlichen Verhaltens der Bewohner gegen unsere Truppen wir mit Bedauern genötigt wären, mit voller Strenge der Kriegsartikel vorzugehen. […] Bei solchem guten Verhalten bin ich gerne bereit, der Stadt zu erlauben, von der Wohltat der Autonomie, wie sie den Städten Polens gestattet ist, Gebrauch zu machen."[1338] Seine Armee führte nach der Einnahme Warschaus die militärischen Aktionen weiter und nahm die Verfolgung der russischen Truppen auf.[1339] Sie stand nun östlich der Weichsel an der Kostrzyn, in Fühlung mit dem Gegner. Prinz Leopold erhielt die Weisung, möglichst auf Brest-Litowsk vorzustoßen, was er als unproblematisch einschätzte: „Es wird kaum viel Schwierigkeit haben, denn ich fürchte, der Feind wird vor dem Bug kaum ernstlich standhalten."[1340] Er sollte Recht behalten. Das Oberkommando der Heeresgruppe übersiedelte aufgrund der raschen Fortschritte bereits sechs Tage nach dem Einzug in Warschau ins 90 Kilometer weiter östlich gelegene Siedlce.[1341]

Nahezu über Nacht stieg Prinz Leopold von Bayern im Kaiserreich zum Kriegshelden auf, als die amtliche Meldung „Warschau gefallen" verbreitet wurde. In der Ausgabe vom 6. August 1915 berichtete die „Bayerische Staatszeitung" in knappen Worten: „Seine Königliche Hoheit Prinz Leopold von Bayern haben Sei-

---

[1337] Ebd., 9.8.15. BayHStA, GHA. NL Prinz Leopold, Nr. 239.
[1338] „Ansprache des Prinzen Leopold in Warschau". Bayerische Staatszeitung. 22. August 1915. BayHStA, GHA. Presseausschnittsammlung der Königin Marie Therese. Bd. XXXIX.
[1339] Vgl. Neitzel, Sönke: Weltkrieg und Revolution. 1914-1918/19. Berlin, 2008. S. 47.
[1340] Kriegstagebuch, 11.8.1915. BayHStA, GHA. NL Prinz Leopold, Nr. 239.
[1341] Gouverneur von Warschau blieb vorläufig General Eugen Gerecke, ebenso verblieb eine Landsturmdivision in der polnischen Hauptstadt. Vgl. Kriegstagebuch, 14.8.1915. BayHStA, GHA. NL Prinz Leopold, Nr. 239.

ner Majestät dem König telegrafisch die Einnahme Warschaus gemeldet. Seine Majestät haben darauf dem Prinzen Leopold das Großkreuz des Militär-Max-Joseph-Ordens verliehen."[1342] Der politische Symbolwert der besetzten polnischen Hauptstadt war kaum zu übertreffen. Die russische Propaganda, die versichert hatte, die feindlichen Angriffe würden sich an der „unbezwingbaren Festung" Warschau brechen und es werde der russischen Heeresleitung jederzeit möglich sein, aus dem strategischen Festungsnetz, dessen Mittelpunkt Warschau darstellte, zum Angriff überzugehen, stellte sich als gegenstandslos heraus.[1343] Noch am Abend des 6. August 1915 erlebte die Einwohnerschaft der bayerischen Haupt- und Residenzstadt München nach Anordnung des Oberbürgermeisters eine berauschte Siegesfeier auf dem Königsplatz. Dieser war ein minutenlanges Glockengeläut aller Kirchenglocken der Stadt vorausgegangen. Aber nicht nur in Bayern, sondern im gesamten Deutschen Reich und Österreich-Ungarn wurden zahlreiche Jubelfeiern und Kundgebungen zur Einnahme Warschaus durch den bayerischen Prinzen abgehalten.[1344]

Mehrere tausend Menschen fanden sich auf dem Münchner Königsplatz ein, um ihrer Freude Ausdruck zu verleihen. Nach dem Ende der Siegesfeier zog die Menge vor das Wittelsbacher Palais, um dem König zu huldigen. Ludwig III. richtete sich an die jubelnde Menge: „Die Hauptstadt Polens, Warschau, diese starke Festung, ist genommen und was mich besonders freut, ist, dass es meinem Bruder Leopold, […] der sein ganzes Leben der Armee gewidmet hat, jetzt beschieden war, die Armee zu führen, die siegreich in die Festung eingezogen ist." Fast zeitgleich mit der Einnahme Warschaus war die Festung Iwangorod in die Hände der österreichischen Truppen gefallen. Für den Bayernkönig bedeuteten die beiden Siege „einen weiteren Schritt zum Frieden, wenn auch damit gerechnet werden muss, dass der Weg zu diesem Ziele noch weit ist." Die verbündeten Heere hätten Großes geleistet. Im Osten sei es von Erfolg zu Erfolg gegangen, im Westen hätten die Kriegsgegner nichts auszurichten vermocht. Ludwig zweifelte nicht, dass es nach Durchführung der Operationen im Osten auch in Frankreich wieder vorwärts gehen würde. Allerdings wisse niemand, wann der Friede kommen werde. Man müsse ausharren, bis der Feind niedergerungen sei. Ernst fuhr er fort: „Schwere Opfer sind gebracht worden. Die Truppen im Felde haben ein leuchtendes Beispiel von Mut und Ausdauer gegeben. Das ganze deutsche Volk steht in fester Geschlossenheit hinter ihnen. Darum freuen wir uns des Sieges und halten wir aus, bis wir sagen können: Jetzt wissen unsere Feinde, dass wir es sind, die den Frieden schließen wollen, und zwar zu Bedingungen, die uns eine Gewähr für einen glorreichen, dauernden Frieden bieten, die uns eine gegen künftige Angriffe gesicherte Grenze

---

[1342] „Warschau gefallen". Bayerische Staatszeitung, 6. August 1915. BayHStA, GHA. Presseausschnittsammlung der Königin Marie Therese. Bd. XXXVIII.
[1343] Vgl. Wolbe, Eugen: Generalfeldmarschall Prinz Leopold von Bayern. Ein Lebensbild. Leipzig, 1920. S. 117.
[1344] „Siegesfeier". Bayerische Staatszeitung, 7. August 1915. BayHStA, GHA. Presseausschnittsammlung der Königin Marie Therese. Bd. XXXVIII.

bringen." Als Antwort erhoben sich aus der Menge nicht enden wollende Hochrufe auf den bayerischen König, den Prinzen Leopold und den Kronprinzen Rupprecht. „Deutschland, Deutschland über alles" und die Königshymne wurden gesungen, bevor die Menge vor das Palais des Prinzen Leopold zog, um abermals ihrer Freude Ausdruck zu geben.[1345]

7.6 Netzwerkpflege an der Ostfront

Die deutschen Osttruppen erzielten nach der Einnahme Warschaus rasche Fortschritte, da der Gegner auf der ganzen Front zurückwich. Als man in das litauisch-weißrussische Grenzgebiet eindrang, war die Kraft des Vorstoßes erlahmt.[1346] Nichtsdestoweniger wähnte Prinz Leopold, eine Chance vergeben zu haben. Um eine von Hindenburg anvisierte Einkreisung möglich zu machen, wäre das Mitwirken seiner Heeresgruppe notwendig gewesen. Einen energischen Angriff des rechten Flügels seiner Heeresgruppe hatte er aber nicht befehlen wollen. Überzeugt von Hindenburgs Plan war Leopold ohnehin nicht.[1347] Das Hauptquartier des Prinzen war aufgrund der Fortschritte immer weiter nach Osten verlegt worden – von Siedlce über Siemiatycze nach Bialowies.[1348] Währenddessen unternahm der Prinz eine Reihe von Fahrten an die Front, um die seinem Befehl unterstellten Armeekorps persönlich zu besichtigen.[1349] Am 23. September 1915 fand die Übersiedelung seines Hauptquartiers in das weißrussische Slonim statt, wo die Büros des Generalstabs eingerichtet wurden. Der Prinz nahm fünf Kilometer entfernt im Schloss von Albertin sein Quartier.[1350] Ende September erging der Befehl der Hee-

---

[1345] Fremdenblatt, 7. August 1915. BayHStA, GHA. Presseausschnittsammlung der Königin Marie Therese. Bd. XXXVIII; Vgl. Zils, Wilhelm: König Ludwig III. im Weltkrieg. München, 1917. S. 68f.

[1346] Der von Hindenburg im Sommer beim Kaiser vorgetragene Plan, einen Vernichtungssieg im Osten mittels einer beidseitigen Umfassung der gegnerischen Truppen zu erreichen, war aufgrund des Widerstandes Falkenhayns verworfen worden. Trotzdem hatte die nördlich von Prinz Leopolds Operationsgebiet im Baltikum agierende Heeresgruppe Hindenburgs mit der Einnahme von Kowno am 18. August und Wilna am 18. September 1915 eine Grundlage dafür gelegt, dass der Umfassungsplan in kleinerem Rahmen dennoch realisierbar gewesen wäre. Vgl. Pyta, Wolfram: Hindenburg. München, 2009. S. 169-174.

[1347] Kriegstagebuch, 19.9.1915. BayHStA, GHA. NL Prinz Leopold, Nr. 239.

[1348] Ebd., 7.9.1915. BayHStA, GHA. NL Prinz Leopold, Nr. 239.

[1349] Ebd., 18.8.1915. BayHStA, GHA. NL Prinz Leopold, Nr. 239.

[1350] Ebd., 23.9.1915. BayHStA, GHA. NL Prinz Leopold, Nr. 239; Die Verhältnisse, in denen die militärische Führung lebte, waren weit entfernt von den kalten Verpflegungsrationen, nassen Stiefeln und Uniformen sowie den überfluteten Schützengräben, mit denen die Frontsoldaten zurechtzukommen hatten. Aus diesem Blickwinkel mussten die Privatquartiere in abgelegenen Schlössern, die elegante Umgebung, die glänzenden Automobile, der ungestörte Schlaf und die üppigen Mahlzeiten Kritik hervorrufen. Die Praxis, Hauptquartiere weit hinter der Front einzurichten, war zwar eine Neuerung, allerdings eine durchaus gerechtfertigte. Notwendig war sie vor allem angesichts der ungeheuren Ausdehnung der Fronten und den damit einhergehenden Anforderungen an die Kommunikation des Hauptquartiers mit den einzelnen Truppenteilen geworden. Es konnte auch

resleitung, dass nicht mehr weiter vorgegangen werden solle.[1351] Nach dem Ende der Operationen sollte die Heeresgruppe des Prinzen Leopold über zwei Jahre lang in der Defensive verharren. Für den Prinzen war eine „wichtige Phase des Krieges" abgeschlossen: Die Verfolgung des Gegners nach den Erfolgen in Polen wurde eingestellt, der Bewegungskrieg war vorläufig zu Ende. Es galt, die erreichte Linie zu befestigen und mit möglichst geringen Kräften zu halten, damit die Heeresleitung „die Vorteile der inneren Linie ausnützend, über die Truppen verfügen konnte, die im Osten frei wurden."[1352] Die Lage der Mittelmächte war weit besser als noch im Frühjahr. Russland wurde zurückgedrängt und Österreich-Ungarn war entlastet. Im Westen konnten alle alliierten Angriffe, zuletzt die große Herbstoffensive in der Champagne und bei Arras, zurückgewiesen werden.[1353]

Während er sich aus der Leitung der militärischen Operationen mehr und mehr zurückzog, erledigte Prinz Leopold seine repräsentativen Aufgaben mit großem Engagement, um sein persönliches Image – aber auch jenes der bayerischen Monarchie – zu heben. Sein Quartier Schloss Albertin machte für den Prinzen „einen gefälligen Eindruck, mit seinem in Polen gebräuchlichen Säulenvorbau und seinen hübschen Proportionen, bestehend nur aus ebener Erde und erstem Stock, gelbem Anwurf u[nd] mit wildem Wein umwachsen. Viel Raum bot das Innere nicht; eine hölzerne Doppeltreppe führte aus dem größeren Vorplatze in den ersten Stock, welcher die Wohnräume enthielt, während zu ebener Erde sich ein größeres Speisezimmer, die Bibliothek und ein größerer Salon befanden, auch ein ganz brauchbares Bad war vorhanden."[1354] Praktisch war die Entfernung seines Quartiers von den Büros des Generalstabs indes nicht. Der Prinz fuhr dreimal täglich nach Slonim, um am Frührapport, am Mittagstisch, am Abendrapport und dem Abendtisch teilzunehmen. Für die Strecke von etwa fünf Kilometern wurde aufgrund schlechter Straßen eine halbe Stunde benötigt. Leopold ließ sich nach kurzer Zeit einen Haushalt in Albertin einrichten. Wenn er nicht zur Truppenbesichtigung unterwegs war, fuhr er fortan nur noch vormittags und abends nach Slonim.[1355]

Der Tagesablauf des „Eroberers von Warschau" blieb außerordentlich ruhig. In den Sommermonaten verbrachte der Heeresgruppenführer seine freie Zeit mit Reiten, Schwimmen und der Jagd.[1356] Morgens ritt er eines seiner privaten Pferde, gelegentlich fand im Umland ein längerer Galopp statt. Gegen 9 Uhr vormittags erschien Leopold in den Büros des Armeeoberkommandos. Dort wurde die Gefechtslage mit dem Generalstabschef en Detail besprochen. Die Nachmittage nutzte er,

---

nicht die Aufgabe des Oberbefehlshabers sein, sich in die Gefahr der unmittelbaren Kampfzone zu begeben. Höchstens ging es darum, gelegentliche Eindrücke aus erster Hand zu bekommen. Vgl. Keegan, John: Der Erste Weltkrieg. Eine europäische Tragödie. Hamburg, 2006. S. 434-441.

[1351] Kriegstagebuch, 25.-26.9.1915. BayHStA, GHA. NL Prinz Leopold, Nr. 239.
[1352] Ebd., 26.9.1915. BayHStA, GHA. NL Prinz Leopold, Nr. 239.
[1353] Vgl. Ullrich, Volker: Die nervöse Großmacht. Frankfurt am Main, 2007. S. 250f; Vgl. Chickering, Roger: Das Deutsche Reich und der Erste Weltkrieg. München, 2005. S. 414.
[1354] Kriegstagebuch, 25.9.1915. BayHStA, GHA. NL Prinz Leopold, Nr. 239.
[1355] Ebd., 25.9.1915. BayHStA, GHA. NL Prinz Leopold, Nr. 239.
[1356] Ebd., 30.7.16. BayHStA, GHA. NL Prinz Leopold, Nr. 239.

7.6 Netzwerkpflege an der Ostfront

um mit seinem Hofmarschall und persönlichen Adjutanten, Emanuel Freiherr von Perfall, im Auto die Gegend zu erkunden. Abends fand im Büro des Generalstabschefs ein Vortrag über die Geschehnisse des Tages statt.[1357] Der Prinz machte es sich zur Gewohnheit, an allen Sonn- und Feiertagen den katholischen Militärgottesdienst zu besuchen.[1358] Da der Öffentlichkeit nicht bekannt war, dass Prinz Leopold sich aus den militärischen Operationen nach der Eroberung Warschaus weitgehend heraushielt, schadete dies seinem positiven Image keineswegs. Im Gegenteil nutze er nun, als siegreicher Feldherr, die Möglichkeit, sein Netzwerk an der Ostfront zu erweitern und zu pflegen und leistete damit dem Ansehen seines Hauses einen guten Dienst. Es wurde üblich, dass in Schloss Albertin, welches er ab Herbst 1915 für annähernd ein Jahr bewohnen sollte, täglich fünf bis acht Gäste an den Mittagstisch geladen wurden – manchmal sogar mehr. Darunter waren Mitglieder des Oberkommandos sowie viele von der Front eintreffende Generalstabsoffiziere. Bei einem „Plauderstündchen" am Kamin zu einer Tasse Kaffee und einer Zigarre war im privaten Rahmen Gelegenheit geboten, „sich näher zu treten und gar manches Neue zu erfahren." Leopold wurde mit Besuchen geradezu überhäuft. Etliche Fürstlichkeiten, auswärtige Gesandte, Parlamentarier und sonstige Persönlichkeiten, die an die Front der Heeresgruppe kamen, pflegten in Schloss Albertin vorzusprechen.[1359]

Am 9. Februar 1916 wurde des Prinzen siebzigster Geburtstag begangen. Noch ein Jahr zuvor hatte Leopold sich ohne Aussicht auf militärische Verwendung in München befunden. Damals hatte er, wie er seinem Bruder schrieb, kaum noch Hoffnung, „jemals an der Spitze einer Armee in Feindesland kämpfen zu dürfen."[1360] Nun aber wurde der gefeierte Generalfeldmarschall durch Telegramme und Briefe aus der Heimat mit Glückwünschen überhäuft.[1361] Ein Armeetagesbefehl König Ludwigs III. gedachte der Verdienste, „die sich Seine Königliche Hoheit während einer über ein halbes Jahrhundert dauernden, von selbstlosester Pflichttreue getragenen Friedenstätigkeit und durch die ruhmvolle Teilnahme an den Feldzügen 1866 und 1870/71 um die Armee, den Thron und das Vaterland erworben hat. Mit Stolz blicken Heer und Volk auf den Königlichen Prinzen, der

---

[1357] Ebd., 21.4.15. BayHStA, GHA. NL Prinz Leopold, Nr. 239.
[1358] Dieser wurde vom örtlichen Divisions- oder Etappengeistlichen abgehalten, bestand aus einer Predigt, Gesang von Mannschaftssoldaten und, wo dies möglich war, etwas Orgelspiel. Vgl. ebd., 2.5.15. BayHStA, GHA. NL Prinz Leopold, Nr. 239.
[1359] Ebd., 12.10.1915. BayHStA, GHA. NL Prinz Leopold, Nr. 239.
[1360] Prinz Leopold von Bayern an König Ludwig III. A.O.K. 9, 11.2.1916. Angelegenheiten des Prinzen Leopold. 1913-1918. BayHStA, GHA. Kabinettsakten König Ludwigs III., Nr. 144.
[1361] Leopold konnte zu seiner Freude im Namen seines Bruders eine Anzahl von bayerischen Orden überreichen, nachdem sein Generalstabschef im Namen der Offiziere des Oberkommandos gratuliert hatte. Mittags traf bei herrlichem Wetter per Extrazug der König von Sachsen samt engerem Gefolge auf dem eigens für Prinz Leopold errichten Bahnhof bei Albertin ein. Im Speisesaal des festlich geschmückten Schlosses wurde das Gabelfrühstück mit mehr als vierzig Personen eingenommen. Der gutgelaunte König Friedrich August III. verlieh Leopold anlässlich der Feier außerdem das Komturkreuz des königlich-sächsischen Heinrichsordens. Vgl. Kriegstagebuch, 9.2.1916. BayHStA, GHA. NL Prinz Leopold, Nr. 239.

auch in diesem Kriege seine bewährten Kräfte in den Dienst unserer großen Sache gestellt hat, dem es vergönnt war, als Oberbefehlshaber einer deutschen Armee neue Ruhmesblätter in sein tatenreiches Leben einzufügen."[1362] Die Heimat nahm medial am Prinzengeburtstag teil. Etliche Tageszeitungen, allen voran die „Bayerische Staatszeitung" und die „Bayerische Kriegerzeitung", veröffentlichten biografische Artikel mit Porträtfotografien, durch welche der Heldenmythos des Wittelsbachers mit dem Verweis auf die Schlacht bei Villepion im Jahr 1870 sowie auf die Einnahme Warschaus im Jahr 1915 bestärkt werden sollte.[1363]

Im Verwaltungsbereich der Heeresgruppe Prinz Leopold lag die Bialowicza Puszcza, der letzte Urwald Europas. Leopold setzte sich dafür ein, dass der bayerische Landwehrhauptmann Georg Escherich[1364] an die Spitze der Forstverwaltung gestellt wurde. Aufgrund einer zuvor erlittenen Verwundung leistete dieser, felddienstuntauglich, als Leiter der Passabteilung des Generalgouvernements Warschau seinen Kriegsdienst.[1365] Bereits die Verwendung im Passamt verdankte er dem ihm wohlgesinnten Leopold. Escherich war ein Bekannter des Prinzen, der sich durch seine Forschungsreisen in Afrika, zuletzt in einem Teil Kameruns, einen Ruf als Forstexperte erworben hatte. Generalstabschef Paul Grünert pflichtete Leopold bezüglich dieser Personalie ohne Zögern bei.[1366] Leopold vermerkte, Escherich solle „den hiesigen Forst besehen und mir dann Rapport machen." Dessen verwundeter Fuß sei noch nicht so weit hergestellt, dass er im Frontdienst verwendbar wäre. Die Aussicht, in seinem eigentlichen Beruf wirken zu dürfen, scheine ihm sympathisch.[1367] Escherich traf am 18. September 1915, auf zwei Stöcke gestützt, beim Oberkommando in Bialowies ein, um sich über die ihm angetragene Aufgabe zu informieren[1368] Die Inaugenscheinnahme eines Teiles des Urwal-

---

[1362] Zit. nach Zils, Wilhelm: König Ludwig III. im Weltkrieg. München, 1917. S. 92f.
[1363] Artikel „70. Geburtstag des Generalfeldmarschalls Prinzen Leopold von Bayern" in der Bayerischen Staatszeitung. 9. Februar 1916. Angelegenheiten des Prinzen Leopold. 1913-1918. BayHStA, GHA. Kabinettsakten König Ludwigs III., Nr. 144.
[1364] Der Kolonial- und Forstexperte Escherich wurde infolge der Novemberrevolution ab 1920 als Gründer und „Reichshauptmann" der „Organisation Escherich" (Orgesch), einer der einflussreichsten republikfeindlichen Einwohnerwehren, reichsweit bekannt. Die extrem rechtsgerichtete Organisation hatte Schätzungen zufolge auf ihrem Höhepunkt etwa eine Million Mitglieder, darunter 300.000 in Bayern. Vgl. Nußer, Horst: Konservative Wehrverbände in Bayern, Preußen und Österreich 1918-1933. Mit einer Biographie von Forstrat Georg Escherich 1870-1941. 2 Bd, München, 1973.
[1365] Vgl. Escherich, Georg: Der alte Jäger. Erinnerungen aus meinem Leben. Berlin, 1934. S. 115-117.
[1366] Leopold, Prinz von Bayern: Meine Jagderinnerungen. In: Aus dem Leben zweier Herrenjäger. Hrsg. von Georg Escherich. Berlin, 1928. S. 11-228. Hier: S. 174.
[1367] Kriegstagebuch, 18.9.1915. BayHStA, GHA. NL Prinz Leopold, Nr. 239.
[1368] Aufgrund des bereits geplanten Umzugs des Armeeoberkommandos war dabei Eile geboten. Es galt, die durch Escherich zu leitende „Militärforstverwaltung Bialowies" noch vorher ins Leben zu rufen. Nach nur zwei Tagen intensiver Besichtigung und Planung konnte der Forstexperte dem darüber hoch erfreuten Heeresgruppenchef Prinz Leopold, dessen Stabschef Grünert und dessen Oberquartiermeister Wilkens im Jagdschloss Bialowies einen groben Organisationsvorschlag unterbreiten, der die Verwaltung und Nutzbarmachung sämtlicher Forsten und Jagden im Operations- und Etappengebiet umfasste. Vgl. Escherich, Georg: Der alte Jäger. Erinnerungen aus meinem Leben. Berlin, 1934. S. 115-117.

des und ein ungefährer Bewirtschaftungsplan wussten zu überzeugen. Leopold befand über Escherich: „Er ist in seiner Art ein großartiger Mann, der hier vollkommen an seinem Platz sein durfte. Exzellenz Beseler wollte ihn allerdings für sein Passbüro wieder haben, doch gebe ich ihn nicht mehr her."[1369] Ende September erfolgte Escherichs Ernennung zum Leiter der Militärforstverwaltung Bialowies und gleichzeitig zum Kommandanten des Ortskommandanturbezirkes.[1370] Der Forstexperte zog Hilfskräfte heran, meist Kriegsbeschädigte, ließ hunderte von Kilometern Förderbahnen zum Transport des Holzes und eine Anzahl von Fabriken zur Holzverwertung für Armeezwecke erbauen.[1371] Der neugeschaffenen Militärforstverwaltung unterstand das gesamte, östlich Russisch-Polens und inmitten des sumpfigen Quellgebiets von Narew, Narewka und Lesna-Prava gelegene Bialowieser Gebiet mit einem Umfang von rund 165.000 Hektar, das mit Ausnahme von kleinen Siedlungen einen ununterbrochenen Wald bildete.[1372]

Prinz Leopold war als passionierter Jäger begeistert vom Bialowieser Urwald, der nach seiner Ansicht „wohl mit zu den schönsten Revieren gehört, die ich je gesehen [habe] und sowohl landschaftlich als jagdlich außerordentlich sehenswert ist."[1373] Im Laufe der Kriegsjahre fuhr der Prinz häufig nach Bialowies, das leicht im Auto oder mit der Eisenbahn zu erreichen war: „Es war mir stets eine Erholung, wenn der Dienst es mir gestattete, von Zeit zu Zeit einige Tage im Urwald zuzubringen. Auch zur Kräftigung nach schwerer Erkrankung weilte ich dort."[1374] Des Öfteren ging er zusammen mit Escherich auf die Pirsch, meist auf Hirsch, Rehbock und Auerhahn. Escherich war nach Kräften bemüht, seinem Förderer zu jagdlichen Erfolgen zu verhelfen, wenngleich dieser ohnehin „einer der erfolgreichsten Jäger seiner Zeit" war.[1375] In Bialowies war eine Herde bedrohter Wisente vom russischen Zaren gehegt worden. Hunderte davon wurden im September und Oktober 1915 erlegt, dazu tausende Stück anderen Wildes.[1376] Ununterbrochen waren

---

[1369] Kriegstagebuch, 20.9.1915. BayHStA, GHA. NL Prinz Leopold, Nr. 239.
[1370] Vgl. Escherich, Georg: Der alte Jäger. Erinnerungen aus meinem Leben. Berlin, 1934. S. 117.
[1371] Vgl. Leopold, Prinz von Bayern: Meine Jagderinnerungen. In: Aus dem Leben zweier Herrenjäger. Hrsg. von Georg Escherich. Berlin, 1928. S. 11-228. Hier: S. 175f.
[1372] Rund 128.000 Hektar davon gehörten zur Apanage des russischen Zaren und wurden vor dem Ersten Weltkrieg als dessen Jagdgut bewirtschaftet. Das riesige Waldgebiet war auch aus diesem Grund über Jahrhunderte kaum menschlichen Eingriffen ausgesetzt, daher waren alle Holzarten, die natürlich vorkommen konnten, auch vorhanden. Kiefern mit fast 40 Metern Höhe und Fichten von über 50 Metern Höhe waren keine Seltenheit. Andere Bäume wie Eichen und Eschen, Birken, Hainbuchen oder Schwarzerlen erreichten ebenso in Mitteleuropa nicht gekannte Ausmaße. Vgl. Escherich, Georg: Der alte Jäger. Erinnerungen aus meinem Leben. Berlin, 1934. S. 117f.
[1373] Schreiben des Prinzen Leopold an König Ludwig III., 7.10.1915. BayHStA, GHA. NL Ludwig III., Nr. 53.
[1374] Leopold, Prinz von Bayern: Meine Jagderinnerungen. In: Aus dem Leben zweier Herrenjäger. Hrsg. von Georg Escherich. Berlin, 1928. S. 11-228. Hier: S. 178f.
[1375] Escherich, Georg: Der alte Jäger. Erinnerungen aus meinem Leben. Berlin, 1934. S. 169.
[1376] Im Jahr 1914 hatte der Wildbestand noch etwa 16000 Tiere umfasst, darunter mehr als 700 Wisente, über 6000 Stück Rotwild, 1500 Stück Damwild und nahezu 5000 Rehe. Mit dem Rückzug der russischen und dem Vormarsch der deutschen Truppen wurde dieser Bestand erheblich verringert, da er mit der Ausnahme von wenigen Jagdkommandos fast schutzlos der Wilderei durch hungernde

Schüsse zu hören, wie Leopold missbilligend festhielt. „Manche Kugel pfiff in hörbarer Nähe durch die Luft, da die Mehrzahl dieser Herren keine Jäger waren. So wurde sehr viel Wild angeschossen, was nicht im Knalle liegen blieb, blieb meist seinem Schicksale überlassen und ging elend ein."[1377] Als Escherich die Forstverwaltung übernahm, konnte er mithilfe des Etappenkommandeurs einige Kavalleriekommandos und Teile eines Landsturmbataillons akquirieren, um der Wilderei Einhalt zu gebieten. Anfangs kam es zu blutigen Zusammenstößen. Wer im Wald mit der Waffe in der Hand erwischt oder bei Hausdurchsuchungen des Waffenbesitzes überführt wurde, wurde kriegsgerichtlich abgeurteilt. Völlig abgestellt wurde die Wilderei jedoch nicht.[1378] Der Prinz brachte einige Wisente zur Strecke, betonte aber, dass der Bestand dieses kostbaren Wildes geschont werden müsse.[1379] Aus Lindau kam Unterstützung für seine Bemühungen. Seine Schwester Therese hoffte, dass es ihm gelingen möge, „die Ausrottung des Wisents zu verhindern, ebenso die grässliche Zerstörung des Bialowiczer Urwaldes." Leopolds briefliche Schilderung der dortigen Natur erzeugte in der weitgereisten Prinzessin „die schönsten Reiseerinnerungen und Vorstellungen. Ein solch unberührter Wald ist für mich eines der schönsten Dinge, die man sehen kann." Escherich war ihr persönlich bekannt. Die Idee, „ihn zu berufen, [sei] eine ausgezeichnete."[1380] Das Wisent durfte fortan nur unter der Sondergenehmigung des Prinzen Leopold abgeschossen werden. Die Abschusserlaubnis wurde grundsätzlich nur Fürstlichkeiten und einzelnen Generalen gewährt. Während der mehr als dreijährigen Tätigkeit Escherichs als Leiter der Jagdverwaltung wurden insgesamt nur acht Wisente, mit nur einer Ausnahme nur abschussreife Bullen, erlegt.[1381]

Selbst die Offiziere und Beamten der Militärforstverwaltung durften nicht nach eigenem Ermessen vorgehen. Wie die Jagdgäste bekamen sie ihren Abschuss nach Zahl, Ort und Zeit vom Jagdamt zugewiesen und durften nur in Begleitung eines Revierjägers jagen. Escherich hielt sich an diese von ihm selbst erlassenen Vorschriften. Die Jagdgäste in Bialowies, deren Ansprüche laut Escherich „meist im umgekehrten Verhältnis zu ihrem Verdienst standen", waren ein heikles Thema. Während sich Hindenburg über jeden Hirsch freute und Manfred von Richthofen über seinen „Achtender" überglücklich war, stellten manche Etappenkommandeure forschere Ansprüche.[1382] Der Urwald von Bialowies diente für Leopold ebenso wie Schloss Albertin als idealer Schauplatz, um abseits der offiziellen Kanäle Informa-

---

Soldaten ausgeliefert war. Vgl. Escherich, Georg: Der alte Jäger. Erinnerungen aus meinem Leben. Berlin, 1934. S. 121f.

[1377] Kriegstagebuch, 10.9.1915. BayHStA, GHA. NL Prinz Leopold, Nr. 239.
[1378] Vgl. Escherich, Georg: Der alte Jäger. Erinnerungen aus meinem Leben. Berlin, 1934. S. 122-125.
[1379] Artikel „Bei Generalfeldmarschall Prinz Leopold". Münchner Neueste Nachrichten, 7. April 1917. S. 4. Angelegenheiten des Prinzen Leopold. 1913-1918. BayHStA, GHA. Kabinettsakten König Ludwigs III., Nr. 144.
[1380] Brief der Prinzessin Therese von Bayern an Prinz Leopold von Bayern. Lindau, 21.10.1915. Briefe der Prinzessin Therese 1859-1925. BayHStA, GHA. NL Prinz Leopold, Nr. 45.
[1381] Vgl. Escherich, Georg: Der alte Jäger. Erinnerungen aus meinem Leben. Berlin, 1934. S. 133.
[1382] Ebd., S. 152f.

7.6 Netzwerkpflege an der Ostfront

tionen auszutauschen und in persönlichen Kontakt mit maßgebenden Persönlichkeiten zu treten. Jagdgäste, denen der Abschuss eines Wisents durch Prinz Leopold genehmigt wurde, waren Generalfeldmarschall von Hindenburg, König Friedrich August III. von Sachsen, Prinz Friedrich Leopold von Preußen, der Erzherzog Thronfolger Karl von Österreich, zudem König Ludwig III. von Bayern und als letzter der Chef des Generalstabes des Oberkommandos Ost, General Max Hoffmann.[1383] Mit seinen beiden Söhnen Georg und Konrad begab sich Prinz Leopold im Mai 1916 zur Wisentjagd.[1384] Georg genehmigte er den Abschuss eines dieser Tiere, was allerdings geheim blieb, „um keine Empfindlichkeiten zu verletzen."[1385] Bei nicht wenigen hochdekorierten Generalen wurde böses Blut verursacht, als ihnen die begehrte Abschusserlaubnis vom Prinzen verwehrt wurde. Escherich verzichtete freiwillig auf den ihm zugestandenen Wisentbullen.[1386]

Kaiser Wilhelm II. nahm am 11. November 1915 die Gelegenheit wahr, das Oberkommando der Heeresgruppe zu inspizieren.[1387] Bei trübem Wetter erreichte der kaiserliche Extrazug vormittags den Bahnhof von Wolkowysk, wo er vom Prinzen Leopold in Empfang genommen wurde. Nach Tisch reiste Wilhelm II. nach Bialowies, um die Fortschritte der neuinstallierten Forstverwaltung zu begutachten.[1388] Er schoss bei dieser Gelegenheit einen Wisent, der über 15 Zentner wog; den stärksten bis dahin gesichteten Bullen.[1389] Seine Entourage hatte zuvor mit Hinweis auf einen möglichen Affront gegenüber dem Zaren den kaiserlichen Jagdausflug zu verhindern versucht, sich aber nicht durchzusetzen vermocht.[1390] Aus Bialowies traf ein Dankestelegramm Wilhelms II. ein. Leopold stellte fest: „Aus dem ganzen Tenor ersah man, dass der Allerhöchste Kriegsherr mit seinem ganzen Ausfluge zufrieden war."[1391] Nach dreijähriger Tätigkeit hatte die von Prinz Leopold auf den Weg gebrachte und von ihm protegierte Militärforstverwaltung den Bestand der Wisente erheblich vermehrt und das übrige Wild auf ein gesundes Maß geführt.[1392] Neben der wirtschaftlichen und jagdlichen Nutzung wurde der Urwald zur naturwissenschaftlichen Untersuchung freigegeben. Im Januar 1918 wurde auf Betreiben der Militärforstverwaltung in einem Teil des Waldes ein Naturschutzpark errichtet, in dem jegliche Nutzung untersagt wurde. Das im Norden des Ortes Bialowies befindliche Naturschutzgebiet umfasste zwischen 3.000 und 4.000 Hektar.[1393]

[1383] Vgl. Escherich, Georg: Der alte Jäger. Erinnerungen aus meinem Leben. Berlin, 1934. S. 168.
[1384] Tagebuch des Prinzen Georg, 8.5.1916. BayHStA, GHA. NL Prinz Georg, Nr. 23.
[1385] Prinz Georg von Bayern an Prinz Leopold von Bayern. München, 14.4.1916. Briefe des Prinzen Georg 1916-1930. BayHStA, GHA. NL Prinz Georg, Nr. 31.
[1386] Vgl. Pyta, Wolfram: Hindenburg. München, 2009. S. 195.
[1387] Kriegstagebuch, 8.11.1915. BayHStA, GHA. NL Prinz Leopold, Nr. 239.
[1388] Ebd., 11.11.1915. BayHStA, GHA. NL Prinz Leopold, Nr. 239.
[1389] Vgl. Escherich, Georg: Der alte Jäger. Erinnerungen aus meinem Leben. Berlin, 1934. S. 128.
[1390] Vgl. ebd., S. 137f.
[1391] Kriegstagebuch, 12.11.1915. BayHStA, GHA. NL Prinz Leopold, Nr. 239.
[1392] Escherich, Georg: Der alte Jäger. Erinnerungen aus meinem Leben. Berlin, 1934. S. 164.
[1393] Mangels eigener Ressourcen der Militärforstverwaltung wurden anfangs wissenschaftliche Institute im Deutschen Reich dazu herangezogen. Als erste hatte die königliche zoologische Staatssammlung

7.7 Verdun, Sommeschlacht und Brussilow-Offensive

Anfang des Jahres 1916 wollte Generalstabschef von Falkenhayn an der Westfront angreifen. Da die deutschen Verbände stark an der Ostfront engagiert waren, fehlten jedoch Reserven für eine breitangelegte Offensive. Erfolge konnten lediglich auf einem schmalen Frontabschnitt erlangt werden. Mit massierten Truppen sollte ein Angriff auf den am besten geeignet erscheinenden Frontabschnitt stattfinden: Verdun, der Eckpfeiler des französischen Festungssystems. Von Anfang an war klar, dass ein Durchbruch selbst bei größter Überlegenheit an Menschen und Material nicht aussichtsreich war. Vielmehr lag der Gedanke zugrunde, Frankreich in eine Abnutzungsschlacht um diesen prestigereichen Punkt zu verwickeln, ohne dass das Reich zu einem vergleichbaren Kräfteeinsatz gezwungen sein würde. Es war kein Zufall, dass dieser größte zu erringende Siegespreis im militärischen Zuständigkeitsbereich der 5. Armee des Deutschen Kronprinzen Wilhelm lag. Für den Thronfolger des Hauses Hohenzollern ergab sich die Gelegenheit, die Pforte zum Ruhm zu durchschreiten und die siegreichen Heerführer des Ostens auszustechen. Falkenhayn versuchte mit dem Angriff auf Verdun, drei Dinge zugleich zu erreichen; einen kriegsentscheidenden Durchbruch, die militärische Aufwertung des Thronfolgers und die Relativierung des Feldherrnmythos Hindenburgs. Im Einklang damit ging die Presseabteilung der Heeresleitung daran, Kronprinz Wilhelm populärer zu machen.[1394]

Am 29. Januar 1916 kam der Chef des Großen Generalstabs ins Hauptquartier der Heeresgruppe Prinz Leopold, um sich über die Verteidigungsmaßnahmen im Falle eines russischen Angriffs zu informieren. Über die Verdun-Pläne der Heeresleitung schwieg sich Falkenhayn jedoch aus.[1395] Mittlerweile war Graf Lambsdorff, der vormalige Generalstabschef des mit ihm unzufriedenen Kronprinzen Rupprecht, ausgerechnet auf den Posten des Stabschefs des Prinzen Leopold versetzt

---

in München Professor Dr. Stechow entsandt, der bereits im Oktober 1915 mit einem Präparator eintraf. Zunächst sollten vor allem die noch überall im Wald liegenden Wisentskelette, die den Wildereien zum Opfer gefallen waren, geborgen und gesammelt werden. Stechow arbeitete zudem an Studien zu den im Winter besonders leicht zu beobachtenden Wisenten. Als nächstes folgte das königliche Museum für Naturkunde in Berlin dem Münchner Beispiel und entsandte seinen Oberpräparator nach Bialowies. Allerdings sah sich die Militärforstverwaltung im Sommer 1916 dazu gezwungen, die wissenschaftliche Erkundung des Waldes selbst zu organisieren und einheitlich zu leiten. Die wissenschaftliche Abteilung der Forstverwaltung sorgte für die zeitweise Heranziehung ausgezeichneter Fachgelehrter, regelte die Sammeltätigkeit und legte ein Naturalienkabinett an. Die rasch anwachsende Sammlung, die von Dr. Ludwig Nick, dem ersten Assistenten des Senckenbergschen Museums in Frankfurt am Main, als Leiter und Konservator geführt wurde, wurde im oberen Stockwerk des Jagdschlosses Bialowies untergebracht. Vgl. ebd., S. 160-163.

[1394] Vgl. Pyta, Wolfram: Hindenburg. München, 2009. S. 182; Vgl. Ullrich, Volker: Die nervöse Großmacht. Frankfurt am Main, 2007. S. 250f; Vgl. Chickering, Roger: Das Deutsche Reich und der Erste Weltkrieg. München, 2005. S. 414f; Vgl. Neitzel, Sönke: Weltkrieg und Revolution. 1914-1918/19. Berlin, 2008. S. 54-56.

[1395] Kriegstagebuch, 29.1.1916. BayHStA, GHA. NL Prinz Leopold, Nr. 239.

worden.[1396] Die Frontlinie blieb unverändert, bis auf geringe, durch Gefechte veranlasste Frontverschiebungen. Leopold sah es als seine Aufgabe, sich „die ganze Stellung persönlich anzusehen".[1397] Erst nach rund einem halben Jahr hatte er die gesamte, etwa 400 Kilometer lange Front seiner Armee in Augenschein genommen und eine große Zahl an Schützengräben durchschritten. Er gewann dabei die Überzeugung, dass es möglich sein werde, die Stellungen trotz der russischen Überzahl zu behaupten.[1398]

Von Generalleutnant Karl von Wenninger, dem ehemaligen bayerischen Militärbevollmächtigten im Großen Hauptquartier, erfuhr Kronprinz Rupprecht im Februar 1916, dass Falkenhayn bereits im August 1914, nach der Lothringer Schlacht, geäußert habe, der Kaiser sei ärgerlich, weil der Deutsche Kronprinz noch keinen Erfolg gehabt habe. Es müsse die Kriegsentscheidung bei der kronprinzlichen Armee fallen.[1399] Rupprecht versprach sich von einer Offensive auf Verdun nichts und vermerkte bezüglich der Rolle des Deutschen Kronprinzen bissig: „Bisher wenigstens galt es nicht als ein Zeichen besonderer Feldherrnkunst, wenn man den Gegner an seiner stärksten Stelle angriff. Sollte Verdun etwa deshalb angegriffen werden, weil dort die Armee des Kronprinzen Wilhelm [steht] und man diesem einen besonderen Erfolg in die Hände spielen wollte, wäre dies sehr verfehlt."[1400] Am Angriff auf Verdun übte der Kronprinz von Bayern frühzeitig herbe Kritik. Ein konzentrierter Durchbruchsangriff unter dem Einsatz aller verfügbaren Kräfte war seiner Meinung nach an einer weniger befestigten Stelle südlich von Arras und der Somme weit erfolgversprechender.[1401]

Am 21. Februar 1916 befahl der Stabschef der 5. deutschen Armee seinen Korps, so weit wie möglich vorzurücken. Kronprinz Wilhelm, dem diese unterstand, gab als Ziel aus, die Festung Verdun rasch zu Fall zu bringen. Falkenhayn behauptete in seinen Memoiren, er habe Verdun nicht erobern, sondern die französische Armee zur Verteidigung der Stadt zwingen und auf diese Weise ausbluten lassen wollen. Die völlige Erschöpfung des Gegners wurde so vom Mittel zum Ziel. Dabei ist es gleichgültig, ob der Durchbruch versucht werden sollte oder nicht, denn die deutschen Angriffe stockten bereits nach wenigen Tagen. Ende Februar 1916 waren die deutschen Verluste fast ebenso hoch wie die der Franzosen. Dies sollte sich in den kommenden Monaten nicht ändern. Frankreich war entschlossen, die Stadt nicht aufzugeben, dementsprechend vollzog sich der Umschwung von einer Durchbruchs- zur Zermürbungsschlacht.[1402]

Der Angriff auf Verdun beschädigte das öffentliche Ansehen des Kronprinzen Wilhelm irreparabel. Wilhelm, über dessen ausschweifendes Privatleben nicht nur

---

[1396] Ebd., 24.11.1915. BayHStA, GHA. NL Prinz Leopold, Nr. 239; Kriegstagebuch, 24. November 1915. BayHStA, GHA. NL Kronprinz Rupprecht, Nr. 703.
[1397] Kriegstagebuch, 28.9.1915. BayHStA, GHA. NL Prinz Leopold, Nr. 239.
[1398] Ebd., 7.3.1916. BayHStA, GHA. NL Prinz Leopold, Nr. 239.
[1399] Kriegstagebuch, 22.2.1916. BayHStA, GHA. NL Kronprinz Rupprecht, Nr. 703.
[1400] Ebd., 13.1.1916. BayHStA, GHA. NL Kronprinz Rupprecht, Nr. 703.
[1401] Vgl. Weiß, Dieter J.: Kronprinz Rupprecht von Bayern. Regensburg, 2007. S. 114.
[1402] Vgl. Strachan, Hew: Der Erste Weltkrieg. München, 2004. S. 230-233.

in Armeekreisen ungünstige Gerüchte im Umlauf waren, wurde als Oberbefehlshaber der 5. Armee für die ungeheuren Verluste haftbar gemacht.[1403] Dabei spielte es keine Rolle, dass er die Operationen nur formell leitete, diese aber eigentlich in der Verantwortung Falkenhayns und seines Stabschefs Konstantin Schmidt von Knobelsdorff lagen. Mitte März 1916 hatte Wilhelm den Glauben an einen Erfolg bei Verdun verloren und plädierte für Friedensverhandlungen, konnte sich aber gegen Falkenhayn und dessen Intimus Knobelsdorff nicht durchsetzen. Die gegnerische Propaganda stilisierte Kronprinz Wilhelm dessen ungeachtet im Verlauf der Schlacht um Verdun regelrecht zu einem Monster. Sein Image sollte sich davon nicht mehr erholen.[1404]

Die Armee des Kronprinzen von Bayern spielte nach wie vor nur eine defensive Rolle. Seiner Schwester Wiltrud berichtete Rupprecht im Februar 1916, er sitze „jetzt bereits seit über einem Jahr hier in der denkbarst öden Gegend und beneide alle anderen, die mehr herum kommen. [...] Franz sehe ich im Durchschnitt alle Monate einmal, die Entfernungen sind eben ziemlich groß und es gibt so viel zu tun, dass ich nur selten abkommen kann."[1405] Im Frühjahr 1916 besprachen sich Franz und Rupprecht eingehend zur militärischen Lage. Dabei stellten sie eine Übereinstimmung ihrer Anschauungen fest, wie Franz einem Legationssekretär des bayerischen Außenministeriums schilderte. Die beiden Königssöhne waren sich einig, dass ein durchschlagender militärischer Erfolg, der den Stellungskrieg beenden und in einen Bewegungskrieg umwandeln würde, in Frankreich nicht zu erreichen sei. Selbst eine Einnahme von Verdun war ihrer Ansicht nach nur als ein Teilerfolg einzuschätzen, da die zurückliegenden Stellungen derart befestigt waren, dass an einen Durchbruch der Front nicht zu denken sei. Der Stellungskrieg würde sich lediglich mit einer veränderten Kampflinie fortsetzen. An einen Zusammenbruch der französischen Armee zu glauben, war für Franz und Rupprecht durch nichts gerechtfertigt.[1406] Franz berichtete Rupprecht am 10. Mai 1916, er habe unlängst auf Heimaturlaub wiederholt den Vater gesehen, der diese Einschätzung zur strategischen Lage als übertrieben pessimistisch betrachte.[1407]

Im Rahmen der notwendig gewordenen Rotation der Fronteinheiten wurde Franz mit seinen Regimentern nach Verdun beordert. Schon während den französischen Durchbruchsversuchen in der Champagne-Schlacht im Februar 1915 war stürmisches Feldartilleriefeuer auf seine Truppen ergangen.[1408] Ebenso war er in

---

[1403] Vgl. Pyta, Wolfram: Hindenburg. München, 2009. S. 183f.
[1404] Vgl. Ries, Helmut: Kronprinz Wilhelm. Hamburg, 2001. S. 131, S. 150-152.
[1405] Rupprecht an Wiltrud, 11.2.1916. Feldpostbriefe von Verwandten an Wiltrud Prinzessin von Bayern 1914-1918. LABW, HStA Stuttgart, Archiv der Herzöge von Urach, GU 119. NL Wiltrud Herzogin von Urach. Nr. 491.
[1406] Aktenvormerkung des Legationssekretärs Freiherrn von Stengel über ein Gespräch mit Prinz Franz in Nymphenburg. München, 27. April 1916. Wichtige Aktenstücke zum Ausbruch des Weltkrieges sowie über die militärische und politische Lage während des Krieges. BayHStA, NB. StMin des K. Hauses und des Äußern, Nr. 975.
[1407] Kriegstagebuch, 10. Mai 1916. BayHStA, GHA. NL Kronprinz Rupprecht, Nr. 704.
[1408] Brief des Prinzen Franz an Kronprinz Rupprecht. Belloy, 20.3.1915. BayHStA, GHA. NL Kronprinz Rupprecht, Nr. 45.

7.7 Verdun, Sommeschlacht und Brussilow-Offensive

die Herbstschlacht bei La Bassée und Arras involviert gewesen, bevor er sich ab Ende 1915 in Flandern wiederfand.[1409] Die ihm unterstellten Einheiten hatten heftigen feindlichen Angriffen standgehalten.[1410] Was aber vor Verdun vonstattenging, war auch für den kampferprobten Prinzen unvorstellbar. Seinem Bruder Rupprecht berichtete er fast resignierend: „Was ich über die ganze V[erdun]-Sache denke, weißt du. Ich glaube überdies, dass man sich über die Höhe der feindlichen Verluste im Vergleich zu unseren [...] einer großen Täuschung hingibt."[1411] Der dreißigseitige, ausführliche Gefechtsbericht des Prinzen Franz über den Einsatz der unter seinem Kommando stehenden 4. bayerischen Infanteriebrigade vor Verdun vom 23. Mai bis zum 15. Juni 1916 macht die sinnlosen Verluste deutlich, die in keinem Verhältnis zu den Ergebnissen standen: „Offiziere: 30 tot, 65 verwundet, 4 vermisst, 38 krank. Unteroffiziere und Mannschaften: 800 tot, 3.686 verw., 584 verm., 1.113 krank. Gesamtausfall: 137 Offiziere, 6.183 Unteroffiziere und Mannschaften."[1412]

An Rupprecht schrieb Franz im August abermals, „Gräben [...] gab es eigentlich nirgends, Unterstände erst recht nicht, ja nicht einmal in den ständig belegten und schwer beschossenen Lagern in den Wäldern, wenigstens keine, die den Namen verdienen." Selbst die beste Truppe mache nur ein oder zwei Angriffe. Werde ein weiterer befohlen, „so springen höchstens die Offiziere und die Tapfersten vor, fallen und der Gefechtswert der Truppe ist erst recht geschädigt." Die Wirkung des feindlichen Feuers und der unmenschlichen Lebensbedingungen sei stark zersetzend. Was die ebenfalls von ihm kommandierte 3. Infanteriebrigade, die nach Meinung des Prinzen gut vorbereitet war, wirklich durchgemacht und geleistet hätte, könne sich niemand vorstellen. Erst nach Wochen gelang es, für die Mannschaftssoldaten in den vordersten Linien „wieder geordnete Verhältnisse und gut ausgebaute Stellungen" bereit zu stellen. Dem Prinzen bereitete das Geschehen große Sorge: „Schade nur um die vielen tapferen Leute, die wir vor V[erdun] liegen ließen. Das grässlichste war das Schicksal der Verwundeten, die tagelang fast ohne jede Hilfe, auch innerhalb unserer Linien liegen blieben, da unter den bestehenden gefährlichen Verhältnissen sich niemand um sie kümmerte." Die wiederholten Bemühungen des Prinzen, für deren Rettung und Bergung zu sorgen, hatten nur geringen Erfolg.[1413]

Aufgrund seiner Führertätigkeit im Mai und Juni 1916 wurde Prinz Franz von seinem königlichen Vater mit dem Ritterkreuz des Militär-Max-Joseph-Ordens

---

[1409] Auszug aus der Kriegsrangliste des Stabes der 4. bayerischen Infanteriebrigade. Generalmajor und Brigadekommandeur Prinz Franz von Bayern, K.H. BayHStA, KrA. Offizierspersonalakte 519.
[1410] Prinz Franz an Prinz Leopold, 9. Februar 1916. Briefe des Prinzen Franz 1914-1929. BayHStA, GHA. NL Prinz Leopold, Nr. 41.
[1411] Brief des Prinzen Franz an Kronprinz Rupprecht, 26.8.1916. BayHStA, GHA. NL Kronprinz Rupprecht, Nr. 45.
[1412] Gefechtsbericht über den Einsatz der 4. Infanteriebrigade vor Verdun 1916. BayHStA, GHA. NL Prinz Franz, Nr. 44.
[1413] Brief des Prinzen Franz an Kronprinz Rupprecht, 26.8.1916. BayHStA, GHA. NL Kronprinz Rupprecht, Nr. 45.

ausgezeichnet.[1414] Seine Infanteriebrigade hatte bei der von der deutschen Öffentlichkeit umjubelten Erstürmung des Forts Douaumont mitgewirkt, ebenso an den verlustreichen Grabenkämpfen um Fort Thiaumont, die beide unmittelbar vor der Stadt Verdun lagen.[1415] Seiner Meinung nach verdiente er diese Auszeichnung aber nicht. Franz schrieb an Prinz Leopold, er könne dies „nur als eine sichtbare äußerliche Anerkennung der heldenhaften Haltung und glänzenden Leistungen" der ihm unterstellten Regimenter ansehen, auf die auch er stolz sei.[1416] Sein persönliches Verdienst empfand er als zu gering. Er habe nur seine Pflicht getan und sei dabei unaufgeregt geblieben.[1417] Im Gegensatz zur Truppe hatte der Prinz im Brigadestab wenig durchlitten, obwohl er den Unterstand aufgrund des feindlichen Feuers für mehr als drei Wochen fast nie verlassen konnte.[1418]

Prinz Leopold stellte im März 1916 skeptisch fest, dass die Schlacht bei Verdun trotz der Meldungen eines fortschreitenden Erfolges „ungeheuer viel Blut" koste, die Truppen zermürbe und ein durchschlagender Erfolg noch immer ausbliebe.[1419] Alle Pressebeeinflussung konnte nicht darüber hinwegtäuschen, dass Verdun ein militärischer Fehlschlag war. Ende März wurde klar, dass der Plan gescheitert war. Monatelang tobte die Materialschlacht auf nur wenigen Quadratkilometern, bis am Ende 317.000 französische und 282.000 deutsche Tote, Verwundete und Vermisste zu verzeichnen waren. Der Name der Schlacht prägte sich tief ins kollektive Gedächtnis beider Völker. Allerdings war der Angriff zu einem derartigen Prestigeobjekt aufgerückt, dass man sich in der Obersten Heeresleitung nicht zu seinem Abbruch und der Preisgabe der unter ungeheuren Opfern errungenen Geländegewinne entschließen konnte.[1420]

Während noch Überlegungen angestellt wurden, die Offensive bei Verdun einzustellen, sah Kronprinz Rupprecht bereits die nächste Notlage kommen: „Die Initiative ist jetzt völlig an unsere Gegner übergegangen und es ist sehr wahrscheinlich, dass die Franzosen, sowie wir ihnen bei Verdun Luft lassen, von dort beträchtliche Kräfte nebst starker Artillerie in die Gegend von der Somme schaffen, um ihre Einbruchstelle zu erweitern."[1421] Am 24. Juni begann die lange vorbereite-

---

[1414] Telegramm König Ludwigs III. an Prinz Franz. Leutstetten, 14.8.1916. Angelegenheiten des Prinzen Franz und seiner Familie. 1913-1918. BayHStA, GHA. Kabinettsakten König Ludwigs III., Nr. 138.
[1415] Auszug aus der Kriegsrangliste des Stabes der 4. bayerischen Infanteriebrigade. Generalmajor und Brigadekommandeur Prinz Franz von Bayern, K.H. BayHStA, KrA. Offizierspersonalakte 519.
[1416] Prinz Franz an Prinz Leopold, 31. August 1916. Briefe des Prinzen Franz 1914-1929. BayHStA, GHA. NL Prinz Leopold, Nr. 41.
[1417] Brief des Prinzen Franz an Kronprinz Rupprecht, 26.8.1916. BayHStA, GHA. NL Kronprinz Rupprecht, Nr. 45.
[1418] Prinz Franz an Prinz Leopold, 31. August 1916. Briefe des Prinzen Franz 1914-1929. BayHStA, GHA. NL Prinz Leopold, Nr. 41.
[1419] Kriegstagebuch, 3.3.1916. BayHStA, GHA. NL Prinz Leopold, Nr. 239.
[1420] Vgl. Pyta, Wolfram: Hindenburg. München, 2009. S. 183; Vgl. Ullrich, Volker: Die nervöse Großmacht. Frankfurt am Main, 2007. S. 250f; Vgl. Chickering, Roger: Das Deutsche Reich und der Erste Weltkrieg. München, 2005. S. 415f; Vgl. Neitzel, Sönke: Weltkrieg und Revolution. 1914-1918/19. Berlin, 2008. S. 58f.
[1421] Kriegstagebuch, 12. Juli 1916. BayHStA, GHA. NL Kronprinz Rupprecht, Nr. 704.

7.7 Verdun, Sommeschlacht und Brussilow-Offensive

te britisch-französische Operation an der Somme. Die Hauptlast der alliierten Großoffensive übernahm die britische Armee. Dies bedeutete Entlastung für die vor Verdun gebundene französische Armee. Am 24. Juni begann die Entente mit der Beschießung der deutschen Stellungen an der Somme. Die ungeheuer verlustreiche Schlacht zog sich bis Mitte November 1916 hin, ohne dass der anvisierte Durchbruch durch die deutschen Linien erfolgte.[1422] Prinz Franz übernahm im Oktober unverhofft die Führung der 4. bayerischen Infanteriedivision an der Westfront. Seinem Onkel Leopold berichtete er, es sei noch viel zu tun, bis er „alle Truppen, Offiziere und Stellungen kenne. Außerdem hält mich die Kanzlei täglich doch einige Stunden fest."[1423]

Währenddessen wurde auch die Heeresgruppe Prinz Leopold an der Ostfront auf die Defensive beschränkt, da die Heeresleitung für die Kämpfe im Westen möglichst viele Truppen zur freien Verfügung benötigte.[1424] Leopold notierte: „Es war für mich schmerzlich, dass wir auf der Ostfront noch auf nicht absehbare Zeit zur reinen Defensive gezwungen waren, denn wir hatten nach allen zuverlässigen Nahrichten überall zwei-, meist dreifache Überlegenheit uns gegenüber, und eine Verstärkung an Truppen konnte uns die Oberste Heeresleitung nicht geben, da sie alle anderswo nicht absolut notwendigen Truppen an der Westfront brauchte."[1425] Der russische Beitrag zur gleichzeitigen Großoffensive der Ententemächte bestand in der Brussilow-Offensive in Galizien, etwas südlich des Kommandobereichs des Prinzen Leopold. Binnen weniger Tage rückten die Angriffstruppen auf einer Front von zwanzig Kilometern Breite 75 Kilometer vor, nahmen 200.000 Gefangene und besiegten die 4. k.u.k. Armee vollständig, bevor die Front stabilisiert werden konnte.[1426] Die bayerischen Prinzen hatten im Verlauf des Jahres 1916 in verantwortlichen Positionen Eindrücke an der West- und Ostfront gesammelt. Vor allem für Franz und Rupprecht, die vor Verdun und an der Somme gewesen waren, stellte sich das Bewusstsein der Sinnlosigkeit der Falkenhaynschen Zermürbungsstrategie ein. Zunehmend kamen die beiden Königssöhne angesichts der enormen Verluste und der verfahrenen militärischen Lage zur Überzeugung, dass baldmöglich Frieden geschlossen werden müsse.

[1422] Vgl. Strachan, Hew: Der Erste Weltkrieg. München, 2006. S. 234-238; Hirschfeld, Gerhard: Die Somme-Schlacht von 1916. In: Hirschfeld, Gerhard u. a. (Hrsg.): Die Deutschen an der Somme. 1914-1918. Krieg, Besatzung, Verbrannte Erde. Essen, 2006. S. 79-90; Vgl. Neitzel, Sönke: Weltkrieg und Revolution. 1914-1918/19. Berlin, 2008. S. 59f.
[1423] Prinz Franz von Bayern an Prinz Leopold von Bayern, 18. Oktober 1916. Briefe des Prinzen Franz 1914-1929. BayHStA, GHA. NL Prinz Leopold, Nr. 41.
[1424] Kriegstagebuch, 7.3.1916. BayHStA, GHA. NL Prinz Leopold, Nr. 239.
[1425] Ebd., 31.5.1916. BayHStA, GHA. NL Prinz Leopold, Nr. 239.
[1426] Vgl. Strachan, Hew: Der Erste Weltkrieg. München, 2006. S. 234f; Vgl. Neitzel, Sönke: Weltkrieg und Revolution. 1914-1918/19. Berlin, 2008. S. 60-63.

7.8 Die Debatte um das Königreich Polen

Infolge der siegreichen Offensive an der Ostfront im Sommer 1915 standen Kongresspolen, fast ganz Kurland und Litauen unter deutscher Militärverwaltung. Vor allem die Frage nach dem Schicksal Kongresspolens geriet in die Diskussion.[1427] Prinz Leopold war von Anfang an im Zentrum der Überlegungen zu Polen. Seit Frühjahr 1915 kursierten Gerüchte, der Prinz sei wegen seines leutseligen Charakters und seiner gewinnenden Umgangsformen von der Heeresleitung auserwählt worden, um die Armee zu führen, der bei einer eventuellen Besetzung Warschaus die Aufgabe zufallen würde, das Besatzungsregime in Polen einzurichten.[1428] Er hatte einige Zeit später – nachdem Warschau tatsächlich durch seine Armee erobert worden war – als Besatzungsrichtlinie festgesetzt, dass die Zivilbevölkerung freundlich zu behandeln sei. Vor allem sollte der katholische Klerus nicht vor den Kopf gestoßen werden.[1429] Das gute Verhältnis Leopolds zur Geistlichkeit des besetzten Gebietes trug dazu bei, dass Gerüchte aufkamen, die den Prinzen als künftigen König von Polen bezeichneten. Diese Aussicht schien dessen Gattin Gisela nicht gerade zu begeistern und auch Leopold selbst erschien sich für diese Aufgabe „als wenig geeignet".[1430] Im August 1915 war Prinzessin Gisela von einem Journalisten vorgeschlagen worden, die Presse zu beeinflussen, damit Leopold den polnischen Thron besteigen könne. Sie schrieb ihrem Ehegatten daraufhin besorgt, so mancher sei in der Heimat „schon mit unserer Krönung beschäftigt, überhaupt bilden sich das eine Menge Leute ein: Du magst dir meine Freude denken! Ich, die nur den einen Wunsch habe, meine Tage hier in Frieden zu beschließen, reich an Sorgen und Aufregungen dieses schrecklichen Krieges!"[1431]

Polen wurde im Sommer 1915 in zwei Verwaltungsgouvernements geteilt, einem deutschem mit Sitz in Warschau und einem österreichischen mit Sitz in Lublin. Der deutsche Generalgouverneur wurde direkt dem Kaiser unterstellt. Die zu einem Verwaltungsbereich zusammengefassten baltischen Staaten fielen als „Land des Oberbefehlshabers Ost" direkt unter deutsche Militärverwaltung.[1432] Mit der Ernennung Hans von Beselers zum Generalgouverneur von Polen war dem Prinzen Leopold „ein Stein vom Herzen" gefallen: „Es hing wie das Schwert des Damokles über mir, dass ich für diesen Posten ausersehen sei, um dann nach einiger Zeit König von Polen zu werden. Von polnischer Seite wurde dies vielfach gewünscht und

---

[1427] In der Diskussion war zunächst eine „austropolnische Lösung" in Verbindung mit einer deutsch-österreichischen Zollunion, gegen die sich nicht zuletzt die deutsche Heeresleitung sperrte. Diese drängte stattdessen auf eine Umwandlung Polens in einen autonomen Staat in Anlehnung an das Deutsche Reich. Vgl. Ullrich, Volker: Die nervöse Großmacht. Frankfurt am Main, 2007. S. 430.
[1428] Bericht des k.u.k. Gesandten von Velics an Minister Stephan Baron Burián vom 21.4.1915. Berichte aus München 1914-1915. OeStA, Abt. Haus-, Hof- und Staatsarchiv. Politisches Archiv, Nr. 837.
[1429] Kriegstagebuch, 2.5.15. BayHStA, GHA. NL Prinz Leopold, Nr. 239.
[1430] Ebd., 10.8.1915. BayHStA, GHA. NL Prinz Leopold, Nr. 239.
[1431] Prinzessin Gisela von Bayern an Prinz Leopold von Bayern, 10. August 1915. Briefe der Prinzessin Gisela 1872-1928. BayHStA, GHA. NL Prinz Leopold, Nr. 14.
[1432] Vgl. Ullrich, Volker: Die nervöse Großmacht. Frankfurt am Main, 2007. S. 430.

7.8 Die Debatte um das Königreich Polen

in Berlin und auch Wien hätte man es nicht ungern gesehen. Eines war dabei aber außer Rechnung geblieben: Der künftige König von Polen konnte, wenn er sich halten wollte, einzig und allein polnische Politik treiben, polnische Interessen vertreten; dass ein deutscher Fürst auf dem polnischen Königsthrone deutsche oder österreichische Interessen vertreten könne, war gänzlich ausgeschlossen." Ein Königreich Polen müsste danach trachten, die preußischen und österreichischen Provinzen mit polnischer Bevölkerung für sich zu gewinnen. Hierin lag laut Prinz Leopold „der unausbleibliche Konflikt, in welchen jeder deutsche Fürst als König von Polen geraten musste."[1433]

Dennoch hielten die Versuche an, den Prinzen zu einer Kandidatur zu bewegen. Die polnische Aristokratie gab sich in Schloss Albertin die Klinke in die Hand, um die Königsfrage zu besprechen. Leopold notierte: „Dass ich in diesen Gesprächen außerordentlich vorsichtig sein musste, ist wohl selbstverständlich, vor allem musste ich an dem Standpunkte des deutschen Heerführers festhalten."[1434] Die Reichsleitung schwenkte Anfang 1916 auf die Linie der Obersten Heeresleitung um, da sich Zollbundpläne mit Österreich-Ungarn als nicht realisierbar herausstellten. Schließlich stimmte Österreich-Ungarn der Schaffung eines polnischen Pufferstaates zu, der an beide Zentralmächte angelehnt werden würde. Die Heeresleitung unter Hindenburg und Ludendorff drängte auf eine rasche Proklamation des Königreichs Polen, da sie sich davon eine massenhafte Rekrutierung polnischer Soldaten für die Kriegführung der Mittelmächte versprach.[1435]

Noch ehe die Bundesstaaten auf die Mitte Oktober 1916 angekündigte Entscheidung bezüglich Polens reagieren konnten, war von Seiten des Deutschen Kronprinzen angeregt worden, die polnische Proklamation durch das Eingreifen des Königs von Bayern zu verhindern. Kronprinz Wilhelm sah in der Autonomie Polens eine Gefahr, „weil dadurch ein Friedensschluss mit Russland ungeheuer erschwert oder unmöglich gemacht" würde. Wilhelm, dessen Armee in der Schlacht vor Verdun ausgeblutet war, hatte einsehen müssen, dass das Reich zumindest im Osten einen raschen Friedensschluss benötigte, da es einen Zweifrontenkrieg nicht durchhalten konnte. In dieser Lagebeurteilung war er sich mit dem Kronprinzen von Bayern einig, der seinem Vater bereits mehrfach die bedenklichen Zustände an der Westfront geschildert hatte. Der Kronprinz des Deutschen Reiches drängte den bayerischen Kronprinzen, den Kaiser unmittelbar oder durch Vermittlung des bayerischen Königs zu einem Sonderfrieden mit Russland zu bewegen, selbst wenn dies den Verzicht auf Polen und Ostgalizien bedeutete. Kronprinz Wilhelm wählte diesen Umweg, da er in politischen Dingen bei seinem Vater kaum Gehör fand. Kronprinz Rupprecht schrieb Ludwig III. im gewünschten Sinn und warnte: „Wir verlieren sonst wahrscheinlich den Krieg."[1436]

[1433] Kriegstagebuch, 26.8.1915. BayHStA, GHA. NL Prinz Leopold, Nr. 239.
[1434] Kriegstagebuch, 9.11.1915. BayHStA, GHA. NL Prinz Leopold, Nr. 239.
[1435] Vgl. Ullrich, Volker: Die nervöse Großmacht. Frankfurt am Main, 2007. S. 430-433.
[1436] Vgl. Janßen, Karl-Heinz: Macht und Verblendung. Göttingen, 1963. S. 109f.

König Ludwig III. wollte im Herbst 1916 an die Ostfront reisen und das Große Hauptquartier besuchen. In seinem Umfeld hatte man es nicht eilig, dem Drängen Rupprechts zu entsprechen. Nicht einmal das Zusammentreffen mit Wilhelm II. wurde vorverlegt. Immerhin traf der König am 31. Oktober 1916 mit einigen Zweifeln am Nutzen der polnischen Königsproklamation in Warschau ein. Dort wurde er günstiger gestimmt. Den polnischen Eliten kam es gelegen, wenn sich der zweitgrößte deutsche Bundesstaat für ihre Autonomie einsetzte. Führende Persönlichkeiten ließen es sich nicht entgehen, dem König ihre Aufwartung zu machen. Die Audienz des Erzbischofs von Warschau zeigte, dass die katholische Geistlichkeit um bayerische Unterstützung in der Auseinandersetzung mit der preußischen Politik baten und eine verlockende Gegenleistung boten: Die Erhebung eines bayerischen Prinzen auf den polnischen Thron.[1437] Ludwig III. war der Idee nicht abgeneigt.[1438] Bei seinem Besuch in Leopolds Hauptquartier spielte er diesem gegenüber scherzhaft auf eine mögliche Kandidatur an. Kabinettschef Dandl bemerkte dazu, hinter dem Scherz „steckt auch etwas Ernst." In Berlin war Prinz Leopold, der „Eroberer von Warschau", einer der hochgehandelten Kandidaten. Er wies drei Vorzüge auf: Er war Bayer, so dass Polen sich von ihm Rückendeckung gegenüber Preußen erhoffen konnte. Zweitens war er gläubiger Katholik und drittens der Schwiegersohn des österreichisch-ungarischen Kaisers Franz Joseph, was die österreichischen Vorbehalte gegen eine deutsche Kandidatur entkräften konnte. Bei diesen Aussichten fiel es Ludwig III. leicht, sich mit der Proklamation anzufreunden, wenngleich ein erneuter Brief Rupprechts ihn in Aufregung versetzte. Auf Anraten Dandls telegrafierte er zurück, über die polnische Frage verhandle inzwischen der Auswärtige Ausschuss in Berlin unter Vorsitz von Hertling. Eine Demarche beim Kaiser erübrige sich. Der Vorstoß der beiden Kronprinzen lief ins Leere, da der Bundesrat die Polenfrage nur als nachgeordnetes Thema behandelte. Selbst Hertling hatte sich mit der Proklamation angefreundet.[1439]

Gegenüber dem württembergischen Gesandten Moser von Filseck hatte Hertling jedoch Herzog Wilhelm von Urach Graf von Württemberg als Kandidaten für die polnische Krone genannt und Prinz Leopold als ungeeignet bezeichnet. Bayern sei nicht an der Übernahme der polnischen Königskrone durch einen Wittelsbacher interessiert und „er wolle schon jetzt sich dagegen verwahren, dass man darin, wenn es je dazu kommen sollte, eine Bayern gegenüber gemachte Konzession, gewissermaßen ein Geschenk an Bayern zu sehen habe." Es ist zu vermuten, dass Hertling damit den Anspruch auf das Elsass aufrechterhalten wollte. Wenn Würt-

---

[1437] Ebd., S. 110.
[1438] Bereits im Herbst 1915 hatte er eine Ahnentafel anfertigen lassen, die auf zwei polnische Könige zurückführte. Auf diese Weise sollten die verwandtschaftlichen Beziehungen der Wittelsbacher mit früheren polnischen Herrscherhäusern belegt werden, um für den Fall einer Thronkandidatur Argumente zu haben. Vgl. Abstammungstafel Ludwigs III. und des Kronprinzen Rupprecht. Denkschriften über die Verwaltung der besetzten polnischen Gebiete des Russischen Reichs und über die künftige Gestaltung Polens (1915-1917). BayHStA, GHA. Kabinettsakten König Ludwigs III., Nr. 62.
[1439] Vgl. Janßen, Karl-Heinz: Macht und Verblendung. Göttingen, 1963. S. 110f.

temberg die polnische Krone angeboten bekäme, waren die bayerischen Ansprüche eher durchsetzbar.[1440] Am 5. November 1916 wurde schließlich das Königreich Polen proklamiert. Allerdings sollte es erst nach dem Krieg errichtet werden und war somit nur ein vages Versprechen. Auf diese Weise konnten bei der polnischen Bevölkerung kaum Sympathien geweckt werden.[1441] Prinz Leopold war zwar „in erster Linie von diesen Angelegenheiten in Mitleidenschaft gezogen." Politische Mitsprache in der Polenfrage hatte er jedoch nicht erhalten. Der Prinz urteilte am Vorabend der Proklamation scharfsichtig, „das Ganze war doch ein recht schwaches und daher schädliches diplomatisches Machwerk."[1442] Der von der Heeresleitung kurze Zeit später initiierte Aufruf zur Werbung polnischer Kriegsfreiwilliger erwies sich als völliger Fehlschlag, da sich bis Ende 1917 nur einige tausend Mann meldeten. Das Scheitern der deutschen Polenpolitik lag vor allem darin begründet, dass sie nicht auf Partnerschaft angelegt war, sondern allein der Logik der Machtpolitik folgte. Überdies waren die Meinungsverschiedenheiten zwischen den Mittelmächten mit dem Kompromiss von 1916 keineswegs beendet. Vielmehr dauerte der Streit über Polen bis zum Kriegsende an.[1443]

7.9 Der ‚Heldentod' des Prinzen Heinrich

Bereits früh häuften sich Zeitungsmeldungen über Gefechtsteilnamen bayerischer Prinzen. Dies diente dem Ziel, ‚Kriegshelden' im ansonsten gesichtslosen Massenkrieg zu fabrizieren. Prinz Heinrich von Bayern erarbeitete sich aufgrund seines draufgängerischen Images und mehrerer Verwundungen eine hohe Wertschätzung. Am 11. Januar 1915 wurde der 30-Jährige zum Major befördert, im März 1915 übertrug man ihm das Kommando des 3. Bataillons des Infanterie-Leibregiments. Als Bataillonskommandeur stand Heinrich zunächst in Frankreich, dann in Serbien und danach wieder in Frankreich.[1444] Am 12. März 1915 war er als Bataillonskommandeur in Péronne eingetroffen und hatte das in Paradeaufstellung angetretene III. Bataillon übernommen. Von Beginn an war er unter ‚seinen Leibern' hoch

---

[1440] Für diese Annahme spricht, dass sich Hertling später als Reichskanzler dafür einsetzte, einen Württemberger auf den polnischen Thron zu bringen. Vgl. Janßen, Karl-Heinz: Macht und Verblendung. Göttingen, 1963. S. 111f.
[1441] Vgl. Ullrich, Volker: Die nervöse Großmacht. Frankfurt am Main, 2007. S. 432.
[1442] Nicht einmal über die Hauptfragen war ein tragfähiges Abkommen zwischen dem Deutschen Reich und Österreich Ungarn getroffen worden, wie er mit Recht kritisierte: „Welche Landesteile Russlands sollte das neue Königreich Polen umfassen? Sollten auch die polnischen Teile Österreich-Ungarns und Preußens dazu geschlagen werden? Wo sollte das neu gegründete Reich Ausgang zum Meere haben? In welchen Abhängigkeitsverhältnissen sollte Polen von den Mittelmächten sein? Wer sollte den Oberbefehl über das polnische Heer führen?" Vgl. Kriegstagebuch, 4.11.1916. BayHStA, GHA. NL Prinz Leopold, Nr. 239.
[1443] Vgl. Ullrich, Volker: Die nervöse Großmacht. Frankfurt am Main, 2007. S. 432f.
[1444] Vgl. Maximilian Pfeiffer: Prinz Heinrich von Bayern. Das Lebensbild eines Frühvollendeten. O.J. [verm. 1917]. S. 13. BayHStA, KrA. Offizierspersonalakte 57534.

geschätzt.¹⁴⁴⁵ Im Sommer 1915 wurde er zum Alpenkorps nach Südtirol versetzt. Seinem Onkel Leopold berichtete er, dass er seine „alten Regimentskameraden um ihre Erlebnisse im Osten beneide." Das Alpenkorps hatte hingegen die Anweisung, sich defensiv zu verhalten, um nicht Rumänien auf die Seite der Kriegsgegner zu ziehen.¹⁴⁴⁶ Der Prinz, der die Soldaten seine „braven Buben" nannte, genoss den Ruf der Fürsorglichkeit gegenüber seinen Untergebenen. Mit ihren Bitten und persönlichen Anliegen kamen viele zu ihm, da bekannt war, dass er sich bemühte, die Verhältnisse der Soldaten kennenzulernen.¹⁴⁴⁷

Während eines Sturmangriffs auf Fleury vor Verdun wurde Heinrich, zurück an der Westfront, im Juni 1916 mit einigen Offizieren in einer im Keller befindlichen Gefechtsstelle verschüttet. Ein Volltreffer drückte einen Teil der Decke ein. Die Mauern des Ausgangs stürzten ein. Heinrich wurde durch herabfallende Steintrümmer am Kopf verwundet. Ein Adjutant konnte sich nach einiger Zeit freigraben und Hilfe holen.¹⁴⁴⁸ Der Keller blieb zwei bis drei Stunden verschüttet, bis die Offiziere befreit werden konnten. Der Prinz trug Sorge, dass ein schwerverwundeter Offizier gerettet wurde und befahl, dass seine Offiziere den Keller verlassen sollten. Er selbst wollte als Letzter hinausgehen.¹⁴⁴⁹ Während seiner Genesung verbrachte Heinrich einige Zeit in München. Wie der österreichische Geschäftsträger der Gesandtschaft beobachtete, hatte der Prinz einen leichten Nervenschock erlitten und darum „ein nervöses Zucken im Gesicht und in den Augen." Heinrich befand sich in München in Behandlung des renommierten Chirurgen Professor Ottmar Ritter von Angerer, welcher dessen Verletzungen als nicht gefährlich bezeichnete, wohl aber die Notwendigkeit einer mehrwöchentlichen Kur betonte.¹⁴⁵⁰ Nach Mitteilung des Arztes besserte sich das Befinden des Prinzen rasch. Heinrich trug infolge der Verschüttung „zwei bis drei Quetschwunden am Kopfe und eine größere Anzahl Beulen am Körper."¹⁴⁵¹ Nach dem Ausbruch des Krieges mit Ru-

---

[1445] Auszug aus „Das Königlich Bayerische Infanterie-Leib-Regiment im Weltkrieg 1914/1918". BayHStA, KrA. Offizierspersonalakte 57534.

[1446] Schreiben des Prinzen Heinrich von Bayern an Prinz Leopold von Bayern. Südtirol, 1. Juli 1915. BayHStA, GHA. NL Prinz Leopold, Nr. 48.

[1447] Eine der Anekdoten, die man sich über Prinz Heinrich erzählte, dient als Beispiel: „Ein Mann bat ihn um Urlaub wegen der Krankheit seiner Frau. Der Prinz erkundigte sich näher und als er hörte, dass die Frau sehr schwer lungenleidend sei, riet er ihm, jetzt nicht in Urlaub zu gehen. Er beauftragte seinen Leibarzt in München, sich nach der Frau zu erkundigen, ließ sie in ein Sanatorium bringen und dort in Behandlung nehmen. Als ihm der Bericht [erstattet] wurde, dass die Frau genesen sei, ließ er den Mann kommen und sagte ihm: Ihre Frau ist gesund, nun gehen sie in Urlaub." Vgl. Maximilian Pfeiffer: Prinz Heinrich von Bayern. Das Lebensbild eines Frühvollendeten. O.J. [verm. 1917]. S. 16. BayHStA, KrA. Offizierspersonalakte 57534.

[1448] Verdun, 24./25.6.16. Auszug aus „Das Königlich Bayerische Infanterie-Leib-Regiment im Weltkrieg 1914/1918". BayHStA, KrA. Offizierspersonalakte 57534.

[1449] Vgl. Maximilian Pfeiffer: Prinz Heinrich von Bayern. Das Lebensbild eines Frühvollendeten. O.J. [verm. 1917]. S. 18. BayHStA, KrA. Offizierspersonalakte 57534.

[1450] K.u.K. Geschäftsträger in München an S.E. den Minister des K.u.K. Hauses und des Äußern Stephan Baron Burian. München, 3.7.1916. Hofnachrichten aus Bayern. OeStA, Abt. Haus-, Hof- und Staatsarchiv. Ministerium des Äußern. Administrative Registratur, Nr. F2-28-2.

[1451] Telegramm von Hofrat Walter an Staatsrat von Dandl. München, 29. Juni 1916. Angelegenheiten des Prinzen Heinrich. 1912-1917. BayHStA, GHA. Kabinettsakten König Ludwigs III., Nr. 151.

7.9 Der ‚Heldentod' des Prinzen Heinrich

mänien fand sich Heinrich mit dem Leibregiment auf dem siebenbürgischen Kriegsschauplatz wieder.[1452] Das Leibregiment traf Anfang November 1916 Vorbereitungen für einen Angriff auf den Ort Poiana Sibiului, ein paar Kilometer westlich von Hermannstadt.[1453]

Die Operation sollte durch Heinrich geleitet werden, der als ältester Bataillonskommandeur stellvertretender Kommandeur des Leibregiments war. In den Mittagsstunden des 7. November 1916 begab er sich mit dem Brigade- und dem Bataillonskommandeur auf den Monte Sate, der zwei Tage zuvor erstürmt worden war. Heinrich wollte dem Brigadeführer bei dieser Gelegenheit seinen Angriffsplan darlegen und die beiden Bataillonskommandeure in ihre Aufgaben einweisen. Bereits am Vorabend hatte er Erkundungen vorgenommen und das Gelände besichtigt, obwohl man ihn vor rumänischen Scharfschützen gewarnt hatte, die sich in den gegnerischen Schützengräben befänden. Am 7. November begab er sich wiederum über die sichere Deckung hinaus und spähte mit dem Fernglas die gegenüberliegenden Stellungen ab. Kaum hatte Heinrich seiner Begleitung zugerufen, dass er feindliche Schützengräben am gegenüberliegenden Waldrand gesehen habe, traf ihn eine Kugel und er brach mit einem Bauchschuss schwerverwundet zusammen. Das Geschoss drang durch den Unterkörper hindurch. Der unter Schock stehende Prinz glaubte gleichwohl nur an eine leichte Verletzung und wurde zur Behandlung in ein Zelt gebracht. Er betonte, dass er sich wohl fühle und nur bedauere, den Angriff des nächsten Tages nicht leiten zu können. Gegen Abend empfing er auf Vorschlag seines Adjutanten den Feldgeistlichen der Division, der ihm die Stärkungsmittel der Kirche gab. Der Schmerz nahm ihm das Bewusstsein, dann erwachte er und verlangte vom Arzt ein Schmerzmittel.[1454]

Nachdem Heinrichs Mutter Therese im Wittelsbacher Palais in München telegrafisch von der schweren Verwundung ihres Sohnes erfahren hatte, reiste sie umgehend in Richtung Wien, um von dort aus nach Ungarn und Siebenbürgen zu gelangen.[1455] Sie sollte nicht mehr rechtzeitig dort ankommen. Oberstabsarzt Doktor Obermaier berichtete in einem Brief an die Prinzessin, nachdem er dem Prinzen Morphium verabreicht hatte, ein Transport oder eine Operation aufgrund der Schwere der Verletzung nicht infrage kam und der Divisionspfarrer Pickl das Sakrament der Krankensalbung vorgenommen hatte, habe ihm der Sterbende gesagt: „Sie werden mich gewiss für recht wehleidig halten." Als der Arzt dies verneinte und ihm versicherte, jeder wisse, dass er „täglich Beweise von Selbstbeherrschung" gegeben hätte, erwiderte der Prinz: „Ja, wissen Sie; Noblesse oblige. Ich sage das weniger mit Beziehung auf meine bürgerliche Stellung als auf meine mili-

---

[1452] Vgl. Maximilian Pfeiffer: Prinz Heinrich von Bayern. Das Lebensbild eines Frühvollendeten. O.J. [verm. 1917]. S. 13. BayHStA, KrA. Offizierspersonalakte 57534.
[1453] Rumänien, 1916/17. Auszug aus „Das Königlich Bayerische Infanterie-Leib-Regiment im Weltkrieg 1914/1918". BayHStA, KrA. Offizierspersonalakte 57534.
[1454] Vgl. Maximilian Pfeiffer: Prinz Heinrich von Bayern. Das Lebensbild eines Frühvollendeten. O.J. [verm. 1917]. S. 19f. BayHStA, KrA. Offizierspersonalakte 57534.
[1455] Prinzessin Gisela von Bayern an Prinz Leopold von Bayern, 8. November 1916. Briefe der Prinzessin Gisela 1872-1928. BayHStA, GHA. NL Prinz Leopold, Nr. 14.

tärische." Der Oberstabsarzt informierte Prinzessin Therese, „dass vom ersten Augenblicke an keine Aussicht bestand, das Leben zu retten. Das eine ist mir aber gelungen, Seiner Königlichen Hoheit Schmerzen zu ersparen sowie jede Ahnung von der Schwere des Zustandes."[1456] Am 8. November morgens um 2.15 Uhr starb Prinz Heinrich.[1457]

Die Verleihung des bayerischen Militär-Max-Joseph-Ordens für seine Tapferkeit und vorbildliche Einwirkung auf die Truppe erlebte Heinrich nicht mehr.[1458] Er war zuvor bereits durch das Eiserne Kreuz 2. und 1. Klasse und den bayerischen Militärverdienstorden 3. Klasse mit Schwertern ausgezeichnet worden, ferner mit dem Ritterkreuz des Hausordens der Hohenzollern, der türkischen Liakat-Medaille in Gold mit Schwertern und dem Eisernen Halbmond.[1459] Als der Leichnam des Prinzen zu Tal getragen wurde, donnerten Geschütze zum Angriff des Leibregiments.[1460] Am 8. November telegrafierte Konrad Krafft von Dellmensingen, Kommandeur des Deutschen Alpenkorps in Rumänien, an den bayerischen Kriegsminister Otto Kreß von Kressenstein die Todesnachricht.[1461] Der Rücktransport des Prinzen sollte am 12. November 1916 stattfinden, genau neun Jahre nach dem Tod seines Vaters Prinz Arnulf.[1462] Ludwig III., der nach einer Frontreise einige Tage auf dem ungarischen Gut Sárvár verbrachte, erhielt dort die Nachricht, Prinz Heinrich sei gefallen.[1463] Der König kehrte am 10. November eilends nach München zurück. Dem österreichischen Gesandten gegenüber sprach er mit „einer Träne im Auge" von dem „auf dem Felde der Ehre gefallenen jungen Prinzen, dessen tüchtige militärische Qualitäten nun den Verlust als einen doppelt schmerzvollen für sein Haus und für die Armee erscheinen ließen."[1464]

Am 11. Oktober 1916 war bereits der geisteskranke König Otto I. von Bayern im 69. Lebensjahr in Schloss Fürstenried entschlafen, weswegen die Offiziere und Militärbeamten entsprechend der Hoftrauerordnung Trauerflor trugen. Er war in al-

---

[1456] Vgl. und zit. nach Maximilian Pfeiffer: Prinz Heinrich von Bayern. Das Lebensbild eines Frühvollendeten. O.J. [verm. 1917]. S. 39f. Beilage: Brief des Oberstabsarztes Dr. Obermaier an Prinzessin Therese, 8. November 1916. BayHStA, KrA. Offizierspersonalakte 57534.

[1457] Vgl. Maximilian Pfeiffer: Prinz Heinrich von Bayern. Das Lebensbild eines Frühvollendeten. O.J. [verm. 1917]. S. 23. BayHStA, KrA. Offizierspersonalakte 57534.

[1458] Rumänien, 1916/17. Auszug aus „Das Königlich Bayerische Infanterie-Leib-Regiment im Weltkrieg 1914/1918". BayHStA, KrA. Offizierspersonalakte 57534.

[1459] Vgl. Maximilian Pfeiffer: Prinz Heinrich von Bayern. Das Lebensbild eines Frühvollendeten. O.J. [verm. 1917]. S. 13. BayHStA, KrA. Offizierspersonalakte 57534.

[1460] Rumänien, 1916/17. Auszug aus „Das Königlich Bayerische Infanterie-Leib-Regiment im Weltkrieg 1914/1918". BayHStA, KrA. Offizierspersonalakte 57534.

[1461] Telegramm Konrad Krafft von Dellmensingens an den bayerischen Kriegsminister Kreß von Kressenstein. AOK 9, 8. November 1916. BayHStA, KrA. Offizierspersonalakte 57534.

[1462] Vgl. Maximilian Pfeiffer: Prinz Heinrich von Bayern. Das Lebensbild eines Frühvollendeten. O.J. [verm. 1917]. S. 7. BayHStA, KrA. Offizierspersonalakte 57534.

[1463] Telegramm des Kabinettschefs von Dandl an die Residenz in München. Sárvár, 8. November 1916, 7.40 Uhr. Reisen des Königs zum Großen Hauptquartier 1914, an die Ostfront 1916 und die Westfront 1918. BayHStA, GHA. Kabinettsakten König Ludwigs III., Nr. 24.

[1464] K.u.K. Gesandter von Velics an den Minister des K.u.K. Hauses und des Äußern Stephan Baron Burián. München 10.11.1916. Berichte aus München 1916-1917. OeStA, Abt. Haus-, Hof- und Staatsarchiv. Politisches Archiv, Nr. 839.

7.9 Der ‚Heldentod' des Prinzen Heinrich

ler Stille beigesetzt worden.[1465] Weitaus näher ging der königlichen Familie und der Öffentlichkeit jedoch der Tod des jungen Prinzen Heinrich.[1466] Prinz Konrad bekam die Todesnachricht seines Vetters am Abend des 8. November durch dessen Mutter Therese, die ihm aus Prien am Chiemsee telegrafierte, als sie ihre Reise zu ihrem schwerverwundeten Sohn abbrechen musste. Konrad, der im 2. Schwere-Reiter-Regiment Dienst leistete, bekam umgehend die Erlaubnis, zur Beisetzung nach München zu fahren und konnte nicht glauben, dass er seinen „liebsten Freund nun nie mehr sehen soll."[1467] Sein älterer Bruder Georg wertete den „so unerwarteten Heldentod des armen Heinrich" für dessen Mutter Therese, „die ihn so vergötterte, eigentlich nur ihrem Sohne lebte" als furchtbaren Schlag. Für die Familie sei Heinrichs Tod „ein schwerer Verlust, denn er war zweifellos eines ihrer begabtesten und menschlich sympathischsten Mitglieder." Zugleich sei er ein „Vertreter einer modernen Richtung [gewesen], der sich nicht scheute, gelegentlich seine Ansicht offen auszusprechen, wenn sie auch manchen Ohren unbequem klang".[1468] Prinz Franz erfüllte die Nachricht von Heinrichs Tod mit tiefer Trauer. Andererseits, so schrieb er an seinen Onkel Leopold, „darf unsere Familie mit Recht auf ihn stolz sein."[1469]

Prinzessin Therese notierte nach dem Tod ihres Neffen tieftraurig, dieser „lebensfrohe, sonnige, dieser so wohlwollende, junge Mann von nie versagender Güte mit seinen herrlichen Geistes- und Herzensanlagen – er sollte wirklich nie, nie mehr uns zulächeln, nie mehr ein liebes Wort an uns richten."[1470] Prinz Leopold schrieb an seinen Neffen Rupprecht: „Dass Heinrich fiel, ist uns allen sehr nahe gegangen, es ist schade um ihn; aber stolz darauf dürfen wir sein, dass für unsere große Sache auch ein königlich bayerischer Prinz den Heldentod starb."[1471] Seinem Sohn Georg gegenüber äußerte Leopold, seit Kriegsbeginn habe sich Heinrich „als schneidiger unerschrockener Soldat bemüht, auf welchen für die Zukunft größte Hoffnungen gesetzt werden konnten. Für die Mutter ist es außerordentlich schwer, doch soll sie diesen Schlag mit bewunderungswürdiger Seelenstärke tragen."[1472] Rupprecht wiederum schrieb seiner Tante Therese nach Lindau, Heinrich habe „es

---

[1465] Ableben Seiner Majestät des Königs Otto I. Feierliche Beerdigung, Trauerperiode. BayHStA, KrA. Kriegsministerium, Nr. 106.
[1466] Vgl. Liebhart, Wilhelm: Königtum und Politik in Bayern. Frankfurt am Main, 1994. S. 215.
[1467] Prinz Konrad von Bayern an Prinz Leopold von Bayern, 9. November 1916. Briefe des Prinzen Konrad 1914-1930. BayHStA, GHA. NL Prinz Leopold, Nr. 33.
[1468] Prinz Georg von Bayern an Prinz Leopold von Bayern, 12. November 1916. Briefe des Prinzen Georg 1916-1930. BayHStA, GHA. NL Prinz Leopold, Nr. 31.
[1469] Prinz Franz von Bayern an Prinz Leopold von Bayern, 10. November 1916. Briefe des Prinzen Franz 1914-1929. BayHStA, GHA. NL Prinz Leopold, Nr. 41.
[1470] Tagebucheintrag der Prinzessin Therese am 25. Dezember 1916. Tagebücher der Prinzessin Therese von Bayern 1889-1925. BayHStA, GHA. NL Prinzessin Therese (†1925), Nr. 19; Vgl. Bußmann, Hadumod: „Ich habe mich vor nichts im Leben gefürchtet". Die ungewöhnliche Geschichte der Therese Prinzessin von Bayern. München, 2011. S. 236.
[1471] Schreiben des Prinzen Leopold an Kronprinz Rupprecht. Ober Ost, 24. November 1916. BayHStA, GHA. NL Kronprinz Rupprecht, Nr. 17.
[1472] Schreiben des Prinzen Leopold an Prinz Georg, 16.11.16. BayHStA, GHA. NL Prinz Georg, Nr. 59.

schön gehabt im Leben, das ein schönes Ende krönte. Schrecklich dauert mich seine arme Mutter, die ihn so liebte und an der er so hing."[1473]

Der König ordnete „wegen des höchstbetrüblichen Ablebens Seiner Königlichen Hoheit des Prinzen Heinrich von Bayern, welcher den Heldentod für das Vaterland gefunden hat", eine Hoftrauer von vier Wochen an.[1474] Am 12. November wurde ein Armeebefehl erlassen: „Prinz Heinrich von Bayern, Königliche Hoheit, ist als Bataillonskommandeur im Infanterie-Leib-Regiment auf dem Felde der Ehre gefallen. Seit Kriegsbeginn stand seine Königliche Hoheit im Feld, zuerst als Eskadronschef im 1. Schweren-Reiter-Regiment, sodann seit März 1915 als Bataillonskommandeur im Infanterie-Leib-Regiment. Zweimal verwundet, das letztemal bei den schweren Kämpfen im Sommer 1916 vor Verdun, kehrte er nach Wiederherstellung zu seinem Regiment zurück und fand jetzt als stellvertretender Regimentsführer bei einer Erkundung auf dem südöstlichen Kriegsschauplatz den Heldentod. Als leuchtendes Vorbild von Pflichttreue und Tapferkeit wird der verewigte Prinz in der Erinnerung der Armee fortleben."[1475]

Der Kaiser sandte eine Beileidsdepesche an Ludwig III. Heinrich habe „sein fürstliches Blut im Heldentod für den Ruhm des bayerischen Königshauses und für die Ehre des deutschen Vaterlandes freudig zum Opfer gebracht. Ich mit der ganzen deutschen Armee beklage mit seinem Verlust einen der tapfersten hoffnungsvollsten Prinzen, dessen Name mit dem Erfolge bei Hermannstadt für immer verknüpft bleibt."[1476] Die Beerdigung geriet zu einer Demonstration der öffentlichen Anteilnahme am Königshaus. Aufgrund der besonderen Verhältnisse bestand Ludwig III. darauf, „die Leiche in feierlichem Zuge Allerhöchstpersönlich zur Aufbahrung in der Theatinerkirche" zu begleiten und ordnete an, dass Militärspalier für die Wegstrecke aufgestellt werde.[1477] Die Majestäten und in München anwesenden Hoheiten erwarteten im Königsalon des Hauptbahnhofes zusammen mit Kardinal von Bettinger die Ankunft des Sarges. Davor befanden sich Ehrenkompagnien des Infanterieleibregiments und des 1. Schweren-Reiter-Regiments in Aufstellung. Unter dem Geläute aller Kirchenglocken der Stadt und unter Gebeten der Geistlichkeit wurde der Leichnam in den Trauerwagen gehoben und zur Auf-

---

[1473] Kronprinz Rupprecht von Bayern an Prinzessin Therese von Bayern, 10. November 1916. Briefe des Kronprinzen Rupprecht von Bayern. BayHStA, GHA. NL Prinzessin Therese (†1925), Nr. 100.

[1474] Schreiben des Oberstzeremonienmeisters Graf Moy an das bayerische Kriegsministerium. München, 9. November 1916. Ableben S.K.H. Prinz Heinrich von Bayern. BayHStA, KrA. Kriegsministerium, Nr. 107.

[1475] Armeebefehl vom 12. November 1916. Verordnungsblatt Nr. 50. Ableben S.K.H. Prinz Heinrich von Bayern. BayHStA, KrA. Kriegsministerium, Nr. 107; Zils, Wilhelm: König Ludwig III. im Weltkrieg. München, 1917. S. 121.

[1476] Zit. nach Maximilian Pfeiffer: Prinz Heinrich von Bayern. Das Lebensbild eines Frühvollendeten. O.J. [verm. 1917]. S. 33 Beilage: Beileidsdepesche Kaiser Wilhelms II. an König Ludwig III. BayHStA, KrA. Offizierspersonalakte 57534; Vgl. Zils, Wilhelm: König Ludwig III. im Weltkrieg. München, 1917. S. 121.

[1477] Telegramm des Oberstzeremonienmeisters Graf Moy. München an das bayerische Kriegsministerium, 10. November 1916. Ableben S.K.H. Prinz Heinrich von Bayern. BayHStA, KrA. Kriegsministerium, Nr. 107; Blessing, Werner K.: Staat und Kirche in der Gesellschaft. Göttingen, 1982. S. 78.

7.9 Der ‚Heldentod' des Prinzen Heinrich

bahrung in die Theatinerkirche verbracht. Der mit sechs Pferden bespannte Wagen war von Ehrenträgern und Ehrenbegleitern, Edelknaben mit Fackeln und zwölf Leibgarde-Hartschieren begleitet. Als erster Leidtragender im Trauerzug folgte der König, danach die Prinzen. Darauf folgten die Mitglieder des diplomatischen Korps, die Herren der drei Hofrangklassen, das Offizierskorps des Leibregiments sowie das Offizierskorps des 1. Schweren-Reiter-Regiments.[1478]

Am Vormittag des 14. Novembers 1916 wurde der Sarg des Prinzen in der Theatinerkirche nach einer zweitägigen Aufbahrung, einem Requiem und der Einsegnung durch den Erzbischof in Begleitung des Obersthofmeisters, des Staatsministers des Königlichen Hauses sowie der Geistlichkeit in die Gruft hinab getragen. Währenddessen wurden vor der Kirche Ehrensalven abgegeben. Der König, die Königin und die Prinzen und Prinzessinnen wohnten der Grablegung bei.[1479] Die Wittelsbacher rückten bei dieser Gelegenheit sowohl privat als auch öffentlich als große Familie enger zusammen. Neben der privaten Tragödie bedeutete der Tod des Prinzen Heinrich damit eine Revitalisierung des Heldenmythos um die bayerische Monarchie und eine Erhöhung deren symbolischen Kapitals. Die tragischen Umstände des Todes des beliebten jungen Prinzen brachten dem Königshaus zweifellos viele Sympathien der mittrauernden Öffentlichkeit ein. Heinrichs Tod bezeugte für viele, dass nicht nur das Volk, sondern auch die Dynastie im Krieg große Opfer zu erbringen habe.

[1478] Allerhöchste Anordnung zu der am Sonntag, den 12. November 1916 nachmittags 1:30 Uhr stattfindenden feierlichen Einholung der sterblichen Hülle Seiner Königlichen Hoheit des Prinzen Heinrich von Bayern vom Hauptbahnhofe München zur Hofkirche St. Cajetan. Schreiben des Oberstzeremonienmeisters Graf Moy. München an das bayerische Kriegsministerium, 11. November 1916. Ableben S.K.H. Prinz Heinrich von Bayern. BayHStA, KrA. Kriegsministerium, Nr. 107. Schreiben des Oberstzeremonienmeisters Graf Moy. München an das bayerische Kriegsministerium, 11. November 1916. Ableben S.K.H. Prinz Heinrich von Bayern. BayHStA, KrA. Kriegsministerium, Nr. 107.

[1479] Programm der Beisetzungsfeier für S.K.H. Prinz Heinrich. Ableben S.K.H. Prinz Heinrich von Bayern. BayHStA, KrA. Kriegsministerium, Nr. 107.

8. Im Zentrum militärischer Macht

8.1 Der Sturz Falkenhayns

Der Konflikt zwischen Falkenhayn und seinen Kritikern verschärfte sich 1916 deutlich.[1480] Obgleich durch den Angriff auf Verdun die Kritik am Chef des Großen Generalstabs wuchs, verstrich das Frühjahr, ohne dass seitens des Königs von Bayern die Gelegenheit zum persönlichen Austausch mit dem Kaiser wahrgenommen worden wäre. Dabei war dies der einzige Weg, um strukturelle Änderungen in der Kriegführung zu erwirken. Kronprinz Rupprecht klagte: „Der Kaiser weilt noch immer in Berlin. Wenn nur mein Vater ihn wieder einmal aufsuchen wollte, um mit ihm Rücksprache zu nehmen. Ich bat so darum!"[1481] Rupprecht legte seinem Vater nahe, er möge die Initiative ergreifen. Hierbei ging es nur vordergründig um militärische Unstimmigkeiten, hauptsächlich jedoch um die Stärkung der Stellung Bayerns. Es ergebe sich „eine nie wiederkehrende Gelegenheit, durch Aufrollung wichtiger Fragen der Außenpolitik im Bundesrate, vor der Reichskanzler noch eine Entscheidung gefällt, beziehungsweise seinen Vortrag beim Kaiser gehalten, großen Einfluss und entsprechendes Ansehen im Reiche zu erlangen." Häufig wurde gefordert, Ludwig III. möge öfter zum persönlichen Meinungsaustausch zum Kaiser erscheinen, der immer nur die gleichen paar Leute höre. Rupprecht schloss sich diesen Bitten an.[1482] Am 15. Juni 1916 wurde er in seinem Hauptquartier durch den Kaiser und Falkenhayn besucht, vermochte aber den Generalstabschef nicht umzustimmen.[1483] Er erfuhr lediglich, dass nach wie vor Aussicht bestehe, durch die Kämpfe bei Verdun die französische Armee zu zermürben. Der Kaiser griff in die Diskussion nicht ein.[1484]

Knapp zwei Wochen später begab sich König Ludwig III. mit einem Hofsonderzug auf eine Frontreise in den Westen, die ihn nach Sedan, Douai und Metz führen sollte. Dort waren Truppenbesuche vorgesehen, daneben sollten politische Gespräche stattfinden.[1485] Die Reise führte zum Kaiser, der den Besuch nach einigen Tagen erwiderte.[1486] Bei einem Besuch des Deutschen Kronprinzen wurde über die Vorgänge bei Verdun gesprochen. Dieser beteuerte, er sei gegen den Angriff ge-

---

[1480] Vgl. Janßen, Karl-Heinz: Der Kanzler und der General. Göttingen, 1967.
[1481] Kriegstagebuch, 25. Mai 1916. BayHStA, GHA. NL Kronprinz Rupprecht, Nr. 704.
[1482] Kronprinz Rupprecht an König Ludwig III., 12. Mai 1916. Briefe des Kronprinzen Rupprecht an Ludwig III. BayHStA, GHA. NL König Ludwig III., Nr. 59.
[1483] Vgl. Weiß, Dieter J.: Kronprinz Rupprecht von Bayern. Regensburg, 2007. S. 114.
[1484] Kriegstagebuch, 15. Juni 1916. BayHStA, GHA. NL Kronprinz Rupprecht, Nr. 704.
[1485] Zeiteinteilung für die Reise Seiner Majestät des Königs von Bayern an die Westfront im Sommer 1916. BayHStA, GHA. Kabinettsakten König Ludwigs III., Nr. 27.
[1486] Presseschau: Der Besuch König Ludwigs bei Seinen Truppen an der Westfront. München, 5. Juli 1916. Reise Seiner Majestät des Königs von Bayern an die Westfront im Sommer 1916. BayHStA, GHA. Kabinettsakten König Ludwigs III., Nr. 27.

8.1 Der Sturz Falkenhayns

wesen und es sei nicht mehr geplant die Stadt selbst zu nehmen, wohl aber die letzten davor befindlichen Forts. Kronprinz Wilhelm berichtete dem bayerischen König, es seien im Großen Hauptquartier Bestrebungen zum Sturz Falkenhayns im Gange.[1487] Die Zusammenkunft mit dem Kaiser sollte den beiden Monarchen Gelegenheit geben, sich endlich auszusprechen.[1488] Im Gefolge Ludwigs III. befanden sich hochrangige Vertreter des königlichen Hofes und der bayerischen Staatsregierung, unter anderem Obersthofmeister Wilhelm Freiherr von Leonrod, Kriegsminister Otto Freiherr von Kreß, der bayerische Militärbevollmächtigte im Großen Hauptquartier, Karl Freiherr von Nagel, der bayerische Gesandte in Berlin Hugo Graf von und zu Lerchenfeld, Kabinettschef Otto von Dandl sowie Generaladjutant Wilhelm Walther von Walderstötten.[1489]

Um Falkenhayns Position zu schwächen, war in Folge des militärischen Offenbarungseides des österreichisch-ungarischen Verbündeten im Sommer 1916 der Vorschlag lanciert worden, die gesamte Ostfront, also auch die Truppen der Donaumonarchie, einem einheitlichen Oberbefehl zu unterstellen. Unter anderem der Reichskanzler und der Chef des Militärkabinetts verwandten sich für Paul von Hindenburg als Oberkommandierenden der Ostfront, was beim Kaiser auf wenig Gegenliebe stieß. Vor allem störte diesen die damit verbundene symbolische Erhöhung Hindenburgs. Wilhelm II. musste von der Notwendigkeit dieser Personalentscheidung überzeugt werden, dies konnte aber nur von einflussreicher Stelle geschehen. Der Reichskanzler blieb in der Rolle eines politischen Bittstellers, der sich hütete, sich in die Kommandogewalt des Kaisers einzumischen.[1490] Bethmann Hollweg suchte stattdessen in der Konstruktion der Reichsverfassung, nach der nicht der Kaiser allein, sondern die verbündeten Regierungen und Fürsten insgesamt Träger der Souveränität waren, einen Weg, um zum Kaiser durchzukommen. Darum bemühte er sich zunehmend um die Unterstützung der größeren Bundesstaaten.[1491] Der König von Bayern war während seiner Reise von mehreren Seiten gedrängt worden, dem Kaiser darzulegen, dass Änderungen in der Befehlsstruktur nötig seien. Es solle ein Oberbefehlshaber für den Westen und einer für den Osten aufgestellt und die Verteilung der Kräfte besser geregelt werden.[1492]

Ludwig III. und Wilhelm II. sprachen sich Ende Juni 1916 lange und „ohne Zeugen".[1493] Die militärische Lage erfüllte den König mit Sorge. Wurde es nicht Zeit, den ‚Volkshelden' Hindenburg in die Bresche zu stellen? Zuvor hatten der

---

[1487] Kriegstagebuch, 30. Juni 1916. BayHStA, GHA. NL Kronprinz Rupprecht, Nr. 704.
[1488] K.u.K. Gesandtschaft in München an den Minister des K.u.K. Hauses und des Äußern Stephan Baron Burián. München 24.6.1916. Berichte aus München 1916-1917. OeStA, Abt. Haus-, Hof- und Staatsarchiv. Politisches Archiv, Nr. 839.
[1489] Liste des Gefolges. Reise Seiner Majestät des Königs von Bayern an die Westfront im Sommer 1916. BayHStA, GHA. Kabinettsakten König Ludwigs III., Nr. 27.
[1490] Vgl. Pyta, Wolfram: Hindenburg. München, 2009. S. 211-213.
[1491] Vgl. Janßen, Karl-Heinz: Der Wechsel in der Obersten Heeresleitung 1916. In: Vierteljahrshefte für Zeitgeschichte. Jhrg. 7, Heft 4. Stuttgart, 1959. S. 337-371. Hier: S. 363.
[1492] Kriegstagebuch, 5. Juli 1916. BayHStA, GHA. NL Kronprinz Rupprecht, Nr. 704.
[1493] Schoen an Lössl. Berlin, 28. Juni 1916. In: Briefwechsel Hertling-Lerchenfeld 1912-1917. Zweiter Teil. Boppard am Rhein, 1973. S. 630.

bayerische Militärbevollmächtigte und der bayerische Gesandte in Berlin Ludwig III. davon abgeraten, den Kaiser auf eine Neuregelung der Kommandoverhältnisse anzusprechen. Lerchenfeld befürchtete, „dass die Einmischung eines Bundesfürsten in die kaiserliche Kommandogewalt S.M. erst recht kopfscheu machen, jene Aktion durchkreuzen würde." Der Vertreter des Reichskanzlers und des Auswärtigen Amtes im Großen Hauptquartier, Karl-Georg von Treutler, telegrafierte nach dem Monarchentreffen am 27. Juni 1916 nach Berlin, er müsse auf Grund einer Äußerung des bayerischen Kabinettschefs annehmen, „dass der König die Frage des Oberbefehls gegen Russland angeschnitten" habe. Anscheinend legte es Ludwig dem Kaiser zumindest nahe, Hindenburg im Osten freie Hand zu lassen. Die Monarchen hatten sich freundlich verabschiedet, und abends sei der Kaiser „auffallend still" gewesen. Wilhelm II. scheint vorher nicht von der Absicht des bayerischen Königs verständigt worden zu sein.[1494]

Seiner Umgebung gegenüber äußerte sich der Kaiser nicht zu diesem Thema. Dem bayerischen Ministerium des Äußeren wurde aus Berlin gemeldet, im Auswärtigen Amt begrüße man es, wenn infolge der Anregung des Königs von Bayern der Oberbefehl der Ostfront auf Hindenburg übertragen würde.[1495] Die Begegnung König Ludwigs III. mit Kaiser Wilhelm II. im Großen Hauptquartier nahm einen herzlichen Verlauf, ohne indes konkrete Entscheidungen herbeizuführen.[1496] So betonte die Umgebung des Königs von Bayern nach der Rückkehr nach München lediglich die während der Reise gewonnenen „ganz vorzüglichen Eindrücke."[1497] Erst nachdem sich auch der Chef des kaiserlichen Militärkabinetts für eine Verwendung Hindenburgs als Oberbefehlshaber Ost eingesetzt hatte, stimmte der Kaiser widerwillig zu, eine Anfrage bezüglich der Vereinigung des Oberbefehls und dessen Ausübung durch Hindenburg an den Verbündeten zu richten.[1498] Allerdings gab es erhebliche Widerstände seitens Österreich-Ungarns gegen eine Ernennung Hindenburgs zum Oberbefehlshaber der gesamten Ostfront.[1499]

Da sich die Donaumonarchie weigerte, den Oberbefehl in deutsche Hände zu legen, konnte erst nach weiteren Niederlagen der österreichisch-ungarischen Truppen ein Kompromiss erreicht werden: Hindenburg erhielt ab dem 30. Juli 1916 den Oberbefehl über sämtliche Truppen der Verbündeten an der Ostfront von Riga bis nach Ostgalizien und war allein der deutschen Heeresleitung unterstellt. Der öster-

---

[1494] Vgl. Janßen, Karl-Heinz: Der Wechsel in der Obersten Heeresleitung 1916. In: Vierteljahrshefte für Zeitgeschichte. Jhrg. 7, Heft 4. Stuttgart, 1959. S. 337-371. Hier: S. 348f; Kriegstagebuch, 5. Juli 1916. BayHStA, GHA. NL Kronprinz Rupprecht, Nr. 704.
[1495] Schoen an Lössl. Berlin, 28. Juni 1916. In: Briefwechsel Hertling-Lerchenfeld 1912-1917. Zweiter Teil. Boppard am Rhein, 1973. S. 630.
[1496] K.u.K. Gesandter von Velics an den Minister des K.u.K. Hauses und des Äußern Stephan Baron Burián. München 11.7.1916. Berichte aus München 1916-1917. OeStA, Abt. Haus-, Hof- und Staatsarchiv. Politisches Archiv, Nr. 839.
[1497] K.u.K. Gesandter von Velics an den Minister des K.u.K. Hauses und des Äußern Stephan Baron Burián. München 7.7.1916. Berichte aus München 1916-1917. OeStA, Abt. Haus-, Hof- und Staatsarchiv. Politisches Archiv, Nr. 839.
[1498] Vgl. Pyta, Wolfram: Hindenburg. München, 2009. S. 212.
[1499] Vgl. Strachan, Hew: Der Erste Weltkrieg. München, 2006. S. 174.

reichische Erzherzog-Thronfolger Karl bekam eine eigenständige Heeresgruppe anvertraut. Ihm wurde zugleich mit Hans von Seeckt einer der fähigsten deutschen Generale als Generalstabschef zur Seite gestellt. An dem durch diese Änderungen der Kommandostruktur geschwächten Chef der Heeresleitung von Falkenhayn hielt Wilhelm II. gegen alle Widerstände fest.[1500]

Anlässlich eines Königsbesuchs in Douai wurde Kronprinz Rupprecht von seinem Vater zum Inhaber des 1. Feldartillerieregiments ernannt.[1501] Der bayerische Gesandte Hugo Graf von und zu Lerchenfeld nutzte seine Anwesenheit in Douai, um sich am 2. Juli 1916 mit Rupprecht ins Benehmen zu setzen. Er äußerte sich pessimistisch, „klagte über das Fehlen irgendwelcher bedeutender Persönlichkeiten und sagte, man hätte den Krieg bereits im Spätherbst 1914 beenden sollen." Rupprecht setzte ihn in Kenntnis, dass im Heer und im Großen Hauptquartier große Unzufriedenheit mit Falkenhayn herrsche und dieser beim Kaiser gegen Hindenburg zu intrigieren scheine.[1502] Einige Tage später bekräftigte der bayerische Kronprinz seine Opposition gegen den Chef des Großen Generalstabs gegenüber Lerchenfeld ausführlich in einem Brief. Rupprecht bat den Gesandten, er möge dem Reichskanzler auseinandersetzen, „dass es so nicht weiterginge und wir gänzlich abwirtschaften würden, wenn Falkenhayn länger an der Spitze der O.H.L. bliebe."[1503] Rupprecht war der Meinung, dass Hindenburgs Ernennung zum Oberbefehlshaber des gesamten Ostens des Kaisers Volkstümlichkeit erhöhen könnte.[1504]

Rupprechts Kritikpunkte gegen Falkenhayn waren vielfältig. Die Offensive bei Verdun sei völlig verfehlt, zudem sei die Initiative „völlig an unsere Gegner übergegangen [...]".[1505] Daneben kritisierte er Entscheidungen Falkenhayns während der Ypernschlacht im Herbst 1914, konstatierte dessen Verschulden der Niederlage bei Arras im Frühjahr 1915 und auch der Niederlage der 2. Armee in der Sommeschlacht. Lerchenfeld informierte den Reichskanzler über die Auffassung des bayerischen Kronprinzen. Dieser regte an, die Heerführer sollten sich mit Kritik und Beschwerden direkt an den Kaiser wenden. Daraufhin vermittelte Lerchenfeld ein Gespräch zwischen Rupprecht und dem Generalgouverneur von Belgien, Moritz von Bissing.[1506] Nachdem Rupprecht seine Kritik vorgebracht hatte, antwortete von Bissing, er habe sich die Sache bezüglich Falkenhayn nicht so dramatisch vorgestellt, aber „so dürfe es freilich nicht weitergehen." Beide waren sich einig, dass als Nachfolger Falkenhayns nur Hindenburg in Betracht komme, der aber mit den Verhältnissen des westlichen Kriegsschauplatzes nicht vertraut sei. Bissing zeigte

---

[1500] Vgl. Pyta, Wolfram: Hindenburg. München, 2009. S. 213-216.
[1501] Kriegstagebuch, 30. Juni 1916. BayHStA, GHA. NL Kronprinz Rupprecht, Nr. 704.
[1502] Ebd., 2. Juli 1916. BayHStA, GHA. NL Kronprinz Rupprecht, Nr. 704.
[1503] Ebd., 5. Juli 1916. BayHStA, GHA. NL Kronprinz Rupprecht, Nr. 704.
[1504] Kriegstagebuch, 15. Juli 1916. BayHStA, GHA. NL Kronprinz Rupprecht, Nr. 704.
[1505] Ebd., 12. Juli 1916. BayHStA, GHA. NL Kronprinz Rupprecht, Nr. 704.
[1506] Vgl. Weiß, Dieter J.: Kronprinz Rupprecht von Bayern. Regensburg, 2007. S. 115; zum Generalgouvernement siehe: Maschinenschriftliches Manuskript „Bayerns Anteil an der deutschen Verwaltung in Belgien in den Kriegsjahren 1914/18" von Ernst Vogt, ehemaliger Beamter des Zivilverwaltungschefs für Flandern in Brüssel. 1964. BayHStA, KrA. Handschriften, Nr. 937.

dem Kronprinzen Rupprecht ein bei ihm eingegangenes Telegramm des Reichskanzlers, der mitteilte, so erwünscht ein Wechsel in der Person des Chefs des Großen Generalstabs auch sei, würde der Kanzler, wenn er beim Kaiser vorstellig würde, als Nichtmilitär vielleicht das Gegenteil des Gewollten erreichen. Der Reichskanzler blieb auf Hilfe angewiesen, wollte er den Kaiser überzeugen. Daraufhin regte von Bissing an, Rupprecht solle dem Kaiser persönlich Vortrag erstatten, wozu sich dieser grundsätzlich bereit erklärte.[1507]

Während eines Kurzbesuchs des Kaisers im Hauptquartier des Kronprinzen Rupprecht am 10. August 1916 stellte dieser fest, dass Wilhelm II. durch Falkenhayn nicht ausreichend über die militärische Lage orientiert wurde.[1508] Dies teilte der Kronprinz seinem Vater brieflich mit.[1509] Weder die verantwortlichen Politiker noch die führenden Militärs wagten es jedoch, einen Schritt zu unternehmen. Zwar war der Reichskanzler hinter den Kulissen bestrebt, eine Allianz gegen Falkenhayn zu schmieden, war aber ohne zwingende Argumente, solange sich dieser nichts zuschulden kommen ließ. Hindenburg hütete sich ebenso wie viele andere Armeeführer, den ersten Stein gegen Falkenhayn zu werfen.[1510] Ob sich der bayerische oder der württembergische Thronfolger, „deren Stimmen eventuell allein Beachtung finden würden", gegenüber Falkenhayn, dem preußischen Kriegsminister und dem Chef des kaiserlichen Militärkabinetts durchsetzen könnten, hielt der Kanzler für fraglich. Lerchenfeld vermutete, Kronprinz Rupprecht würde einen solchen Schritt vermutlich „mit der pflichtmäßigen Subordination unter den Obersten Kriegsherrn nicht für vereinbar" halten. Weder er noch Bethmann konnten ahnen, dass Kronprinz Rupprecht bereits entsprechende Schritte unternommen hatte.[1511]

Nach langem Zögern hatte dieser sich am 21. August 1916 brieflich an den Chef des kaiserlichen Militärkabinetts Moriz von Lyncker gewandt. Diesem brachte er seine fundamentale Kritik an der Heeresleitung dar und stellte fest, dass Falkenhayn nicht mehr das Vertrauen der Armee besäße. Zum Schluss ersuchte er nachdrücklich, „Seiner Majestät dem Kaiser bei dem nächsten Vortrage Mitteilung [davon] zu machen."[1512] Moriz von Lyncker erkannte die Kritik an Falkenhayn an, bezeichnete diesen aber als unentbehrlich, da dessen Entlassung das Vertrauen des österreichischen Bundesgenossen erschüttern würde. Allerdings benutzte Lyncker den Brief des Kronprinzen von Bayern am 28. August 1916, um den Kaiser auf den

---

[1507] Kriegstagebuch, 7. Juli 1916. BayHStA, GHA. NL Kronprinz Rupprecht, Nr. 704.
[1508] Ebd., 10. August 1916. BayHStA, GHA. NL Kronprinz Rupprecht, Nr. 704.
[1509] Schreiben des Kronprinzen Rupprecht an Ludwig III., 13.8.1916. BayHStA, GHA. NL Ludwig III., Nr. 59.
[1510] Vgl. Pyta, Wolfram: Hindenburg. München, 2009. S. 221.
[1511] Entsprechend den Intentionen des Reichskanzlers bemerkte der Unterstaatssekretär im Auswärtigen Amt gegenüber den bayerischen und den württembergischen Gesandten am 26. August 1916, möglicherweise würde eine Einmischung der Feldmarschälle Kronprinz Rupprecht und Herzog Albrecht mehr Gewicht haben als eine Intervention des Kanzlers. Vgl. Janßen, Karl-Heinz: Der Wechsel in der Obersten Heeresleitung 1916. In: Vierteljahrshefte für Zeitgeschichte. Jhrg. 7, Heft 4. Stuttgart, 1959. S. 337-371. Hier: S. 368.
[1512] Kriegstagebuch, 20. August 1916. BayHStA, GHA. NL Kronprinz Rupprecht, Nr. 704.

totalen Vertrauensverlust Falkenhayns hinzuweisen und dessen Entlassung durchzusetzen.[1513]

Den Anlass für die Erschütterung des kaiserlichen Vertrauens in Falkenhayn hatte ein von außen hereinbrechendes Ereignis, die rumänische Kriegserklärung an Österreich-Ungarn, geboten. Nachdem Falkenhayn am 28. August den Ernst der Lage nicht zu leugnen vermochte, nutzte der Chef des Militärkabinetts die Gelegenheit, dem Kaiser die Erlaubnis zur Einladung Hindenburgs ins Große Hauptquartier abzuringen. Auf diese Weise sollte Falkenhayn selbst um seine Entlassung ersuchen, damit der Kaiser sein Gesicht wahren konnte. Wie erwartet fasste Falkenhayn, nachdem er davon in Kenntnis gesetzt wurde, die Befragung Hindenburgs ohne seine Beteiligung als Affront auf und reichte seinen Rücktritt ein, den Wilhelm II. noch am selben Tag annahm. Als Hindenburg und Ludendorff am nächsten Tag eintrafen, hatte Falkenhayn seinen Posten bereits verlassen.[1514]

Die Entlassung Erich von Falkenhayns als Chef der Obersten Heeresleitung im August 1916 markiert einen entscheidenden Wendepunkt in der deutschen Kriegführung sowie der Dynamik der politischen Verhältnisse im Kaiserreich. Seine Ablösung durch Hindenburg und Ludendorff, den beiden deutschen Generalen, die durch ihre öffentlichkeitswirksam vermarkteten Erfolge für diese Aufgabe prädestiniert schienen, zeugte von der Alarmbereitschaft der deutschen Führung.[1515] Zwei Monate später kam zwischen Wilhelm II. und dem Kronprinzen von Bayern die Sprache auf den Wechsel in der Heeresleitung. Wilhelm sagte Rupprecht, er wisse, dass dieser „wegen Falkenhayn mit ihm unzufrieden gewesen sei und es sei ihm auch bekannt, dass der eingetretene Wechsel in der O.H.L. an der ganzen Westfront allgemeine Zufriedenheit erregt habe." Rupprecht erzählte dem Kaiser, dass er sich nur deshalb an Lyncker gewandt hatte, weil er es für seine Pflicht gehalten habe, dass „Seine Majestät von zuständiger Seite die Wahrheit erführe." Der Kaiser unterstrich gegenüber Rupprecht, dass dieser den richtigen Weg gewählt habe und fügte an, dass es für ihn sehr schwer gewesen sein müsse, in seiner dienstlichen Stellung etwas zu unternehmen.[1516]

Tatsächlich hatte Rupprecht zunehmend seine einflussreiche Position als Kronprinz von Bayern dazu verwendet, um die Entfernung seines militärischen Vorgesetzten von Falkenhayn durchzusetzen. Aus militärischer Sicht war das fragwürdig, jedoch hatte Rupprecht angesichts der militärischen Situation keine

---

[1513] Vgl. Weiß, Dieter J.: Kronprinz Rupprecht von Bayern. Regensburg, 2007. S. 117.
[1514] Neben der entblößten neuen Front in Siebenbürgen brachte der Kriegseintritt des Agrarstaates das Reich auch ernährungswirtschaftlich in Schwierigkeiten. Diese erheblich verschlechterte Kriegslage musste auf Falkenhayn zurückfallen, der einen rumänischen Kriegseintritt zu diesem Zeitpunkt für ausgeschlossen gehalten hatte. Der Frontwechsel des Chefs des kaiserlichen Militärkabinetts von Lyncker gab letztlich den Ausschlag für den Gesinnungswandel des Kaisers. Lyncker entzog dem Chef des Generalstabs des Feldheeres die Unterstützung, da die von vielen Seiten geäußerte sachliche Kritik zu massiv geworden war und mit dem Kriegseintritt Rumäniens eine Zeitlang sogar der Zusammenbruch Österreichs und der Abfall Bulgariens möglich schien. Vgl. Pyta, Wolfram: Hindenburg. München, 2009. S. 221-223.
[1515] Vgl. Chickering, Roger: Das Deutsche Reich und der Erste Weltkrieg. München, 2002. S. 89f.
[1516] Kriegstagebuch, 19. Oktober 1916. BayHStA, GHA. NL Kronprinz Rupprecht, Nr. 705.

andere Möglichkeit gesehen. Dies lag auch daran, dass sein zaudernder Vater Ludwig III. sich im Sommer 1916 aus übervorsichtiger Rücksichtnahme nicht in der Lage sah, allzu kritische Fragen, welche die gesamtdeutsche Politik oder Kriegführung betrafen, direkt mit dem Kaiser zu besprechen, um unter keinen Umständen in dessen Personalhoheit einzugreifen.

8.2 Der militärische Aufstieg der Wittelsbacher Prinzen

Im Sommer 1916 stiegen die beiden Armeeführer des Hauses Wittelsbach, Kronprinz Rupprecht und Prinz Leopold, in die engere militärische Führung des Kaiserreichs auf. Für Rupprecht wurde infolge eines Umbaus der Kommandostruktur der Posten eines Heeresgruppenführers im Westen geschaffen, während Leopold die Stelle des Oberbefehlshabers Ost übernahm. Zuvor waren beide in den Rang eines Generalfeldmarschalls befördert worden. Die im Feld stehenden Wittelsbacher Prinzen übernahmen nicht nur militärische Verantwortung, sondern erarbeiteten sich zunehmend politisches Gewicht, das weit über ihren verfassungsmäßigen Einfluss als Mitglieder des bayerischen Königshauses hinausreichte.[1517] Besonders Rupprecht vertrat seine Einsichten und Ansichten nicht nur im privaten Kreis, sondern bemühte sich, diesen auch Geltung zu verschaffen. Mit den Beförderungen des Kronprinzen Rupprecht und des Prinzen Leopold wurde der politisch-militärische Einfluss der Wittelsbacher, ähnlich wie im Fall von Hindenburgs Aufstieg zum Chef der Obersten Heeresleitung, institutionell verfestigt.[1518]

Am 30. Juli 1916 war ein Befehl zur Neugruppierung der Ostfront ergangen. Drei Heeresgruppen wurden formiert, wobei die Heeresgruppe Prinz Leopold von Bayern fortan aus der 12. Armee und den beiden Armeeabteilungen Woyrsch und Gronau bestehen sollte.[1519] Das Handbillet des Kaisers traf am Abend des 1. Augusts 1916 bei Prinz Leopold ein.[1520] König Ludwig III. war in diese Entscheidung nicht involviert und gratulierte seinem Bruder drei Wochen später: „Mit besonderer Freude habe ich aus den letzten Berichten entnommen, dass dein Befehlsbereich sich bedeutend vergrößert hat. Ich wünsche dir und deiner ganzen Heeresgruppe die besten Erfolge. [...] Jedenfalls aber wird die Erweiterung deines Wirkungskrei-

---

[1517] Von der Zugehörigkeit der Reichsratskammer abgesehen waren die Prinzen in der Vorkriegszeit in politische Entscheidungsprozesse nicht eingebunden. Selbst dort konnten sie in Rücksicht auf den König nicht ohne Weiteres eigene politische Initiativen entfalten. Vgl. Weiß, Dieter J.: Die Staatsauffassung Kronprinz Rupprechts von Bayern. Ein Verfassungsentwurf aus dem deutschen Widerstand. In: Ackermann, Konrad u. a. (Hrsg.): Bayern vom Stamm zum Staat. Festschrift für Andreas Kraus zum 80. Geburtstag. München, 2002. S. 547-560. Hier: S. 548.
[1518] Vgl. Weiß, Dieter J.: Kronprinz Rupprecht von Bayern. Regensburg, 2007. S. 129-134; Vgl. Sendtner, Kurt: Rupprecht von Wittelsbach. Kronprinz von Bayern. München, 1954. S. 310f.
[1519] Kriegstagebuch, 30.7.16. BayHStA, GHA. NL Prinz Leopold, Nr. 239.
[1520] Ebd., 1.8.16. BayHStA, GHA. NL Prinz Leopold, Nr. 239.

8.2 Der militärische Aufstieg der Wittelsbacher Prinzen

ses deinen Wünschen vollkommen entsprechen."[1521] Kronprinz Rupprecht wurde am 23. Juli 1916, dem 50. Jahrestag der Verwundung Ludwigs III. in der Schlacht bei Helmstadt, von seinem Vater zum bayerischen Generalfeldmarschall ernannt.[1522] Seine Mutter, die sich des hohen öffentlichen Prestiges ihres Sohnes bewusst war, gratulierte überschwänglich: „Auch schriftlich möchte ich dir sagen, wie sehr wir alle, aber besonders ich, mich über die hohe Auszeichnung freuen, die dir zu Teil wurde. Deine Truppen freuen sich gewiss mit dir, denn ich höre von so vielen Seiten und besonders aus Kreisen des Volkes heraus, wie unendlich beliebt du bei den Soldaten bist und das erfüllt mich mit Stolz und Befriedigung."[1523]

Die Beförderung zum Generalfeldmarschall besaß einen hohen Symbolwert. Üblicherweise erfolgte sie nur infolge herausragender militärischer Leistungen – der erfolgreichen Führung eines Feldzuges, Stürmung einer Festung oder dem Gewinn einer bedeutenden Schlacht.[1524] Die Veranlassung für Rupprechts Ernennung war allerdings, zu seinem Missfallen, kein militärischer Erfolg.[1525] Der bayerische Ministerratsvorsitzende, der Kabinettschef und der Generaladjutant des Königs hatten seine Beförderung bereits Monate zuvor angeregt.[1526] Im Mai 1915 hatte das bayerische Kriegsministerium die Generaladjutantur des Königs darauf hingewiesen, dass eine Ernennung Rupprechts zum bayerischen Generalfeldmarschall – sofern sie nicht aufgrund eines militärischen Erfolges veranlasst werde – aus Gründen der Stellung und Anciennität möglichst gleichzeitig mit derjenigen des württembergischen Thronfolgers Albrecht erfolgen sollte. Zudem stand die Frage im Raum, ob aus Gründen des dynastischen Prestiges die gleichzeitige Verleihung der preußischen Feldmarschallwürde an Rupprecht und Prinz Leopold erstrebenswert wäre.[1527] Letzterer war bereits im Jahr 1905 durch seinen Vater, den Prinzregenten Luitpold, in den Rang eines bayerischen Generalfeldmarschalls befördert worden.[1528]

Ein Jahr zuvor hatten der Verleihung der preußischen Feldmarschallwürde an den König von Bayern rein dynastische Überlegungen zugrundegelegen. Die militärischen Rangerhöhungen der prinzlichen Armeeführer im Sommer 1916 waren nicht weniger durch dynastische Rangfragen verkompliziert worden. In einem

---

[1521] Ludwig III. an Prinz Leopold, 26.8.1916. Briefe Ludwigs III. 1856-1921. BayHStA, GHA. NL Prinz Leopold, Nr. 36.
[1522] Vgl. Weiß, Dieter J.: Kronprinz Rupprecht von Bayern. Regensburg, 2007. S. 116.
[1523] Brief der Königin Marie Therese an Kronprinz Rupprecht. Leutstetten, 25.7.1916. BayHStA, GHA. NL Kronprinz Rupprecht, Nr. 6.
[1524] Allerdings kam es auch zu Beförderungen aus politischen Motiven. Im Jahr 1912 war beispielsweise König Friedrich August III. von Sachsen mit einigem Tamtam zum preußischen Generalfeldmarschall ernannt worden. Vgl. Machtan, Lothar: Die Abdankung. Berlin, 2008. S. 93.
[1525] Kriegstagebuch, 23. Juli 1916. BayHStA, GHA. NL Kronprinz Rupprecht, Nr. 704.
[1526] Vgl. Weiß, Dieter J.: Kronprinz Rupprecht von Bayern. Regensburg, 2007. S. 116.
[1527] Schreiben des bay. Kriegsministeriums an die k. b. Generaladjutantur. München, 29.5.1915. Besetzung höherer Kommandostellen, Verleihung von Kriegsauszeichnungen, Kriegsgliederung der Armee. BayHStA, GHA. Kabinettsakten König Ludwigs III., Nr. 55.
[1528] Beförderungen und Ernennungen 1861-1916. BayHStA, GHA. NL Prinz Leopold, Nr. 182; Vgl. Rall, Hans: Wittelsbacher Lebensbilder von Kaiser Ludwig bis zur Gegenwart. München, 1979. S. 69f.

Brief am 13. August 1916 dankte Rupprecht seinem Vater für die Ernennung zum Generalfeldmarschall, betrachtete dies aber „vor allem als eine Auszeichnung all unserer braven bayerischen Truppen und Offiziere", von denen ihm zu seinem „größten Bedauern nur mehr ein verhältnismäßig kleiner Teil unterstellt" war.[1529] Kurz nach der bayerischen Beförderung wurde er am 1. August 1916 durch den Kaiser, gleichzeitig mit Prinz Leopold von Bayern und Herzog Albrecht von Württemberg, auch zum preußischen Generalfeldmarschall ernannt. Dies hinterließ bei Rupprecht den faden Beigeschmack, die preußische überträfe die bayerische Feldmarschallswürde in ihrer Bedeutung.[1530] Der Kaiser hob in einem Handschreiben an Rupprecht ausdrücklich die Leistungen der bayerischen Truppen hervor. Insbesondere habe der Kronprinz von Bayern „an den Erfolgen unserer Waffen ruhmreichsten Anteil". Unter seiner sicheren und zielbewussten Führung „heftete sich alsbald der Sieg an die Fahnen ihrer Armee." Prinz Leopold könne, so schrieb der Kaiser an den Bruder des Königs von Bayern, seitdem er den Oberbefehl über die 9. Armee an der Ostfront übernommen hatte, „auf Erfolge zurückblicken, die der höchsten Anerkennung wert sind."[1531]

Bedeutender als die Rangerhöhungen der Prinzen sollte ihre Versetzung auf den Posten eines Heeresgruppenführers im Westen und auf die Stelle des Oberbefehlshabers Ost sein, die nur wenige Wochen später, im Zuge der Ernennung Hindenburgs zum Chef des Großen Generalstabs stattfanden. An der vielgegliederten Westfront wurden zwischen die Armeen und das Große Hauptquartier drei Heeresgruppen eingeschoben, denen jeweils drei bis vier Armeen unterstanden und die Leitung größerer Angriffs- und Verteidigungsschlachten obliegen sollte.[1532] Der Kaiser hatte Kronprinz Rupprecht diesbezüglich am 21. August 1916 mitgeteilt, dass wichtige militärische Gründe einer von ihm beantragten Beurlaubung entgegenständen. Es sei nicht ausgeschlossen, dass eine Neuregelung der Kommandoverhältnisse eintrete, wobei der Kronprinz von Bayern unentbehrlich sei.[1533] Am 26. August wurde der Befehl zur Bildung einer Heeresgruppe unter dem Oberbefehl des Kronprinzen von Bayern mit Sitz in Cambrai erlassen, welcher zwei Tage darauf in Kraft trat. Der neugebildeten Heeresgruppe wurden die 6., 1. und 2. deut-

---

[1529] Schreiben des Kronprinzen Rupprecht an Ludwig III., 13.8.1916. BayHStA, GHA. NL Ludwig III., Nr. 59.
[1530] Kriegstagebuch, 3. August 1916. BayHStA, GHA. NL Kronprinz Rupprecht, Nr. 704.
[1531] Handschreiben Kaiser Wilhelms an Kronprinz Rupprecht und Prinz Leopold anlässlich deren Ernennung zum preußischen Generalfeldmarschall, 1. August 1916. Ernennung des Königs zum preußischen und des Kaisers zum bayerischen Generalfeldmarschall etc. BayHStA, GHA. Kabinettsakten König Ludwigs III., Nr. 56; Handschreiben des Kaisers an Prinz Leopold, 1.8.1916. Beförderungen und Ernennungen 1861-1916. BayHStA, GHA. NL Prinz Leopold, Nr. 182.
[1532] Sendtner, Kurt: Rupprecht von Wittelsbach. Kronprinz von Bayern. München, 1954. S. 247.
[1533] Rupprecht hatte zuvor die Bitte um einen einmonatigen Urlaub aus gesundheitlichen Gründen geäußert. Im Verlauf des Krieges hatte er noch keinen Urlaub genommen und erwartete derzeit keine größeren Kämpfe. Seit längerem litt der 47-Jährige an Schlaflosigkeit, zudem hatte eine Untersuchung ergeben, dass Herz und Magennerven angegriffen waren. Auf die Antwort des Kaisers hin zog Rupprecht seinen Urlaubsantrag zurück. Vgl. Kriegstagebuch, 21. August 1916. BayHStA, GHA. NL Kronprinz Rupprecht, Nr. 704.

sche Armee unterstellt.[1534] Mit einem Armee-Tagesbefehl verabschiedete sich Rupprecht am 27. August von der 6. Armee, der er seit Kriegsbeginn als Oberbefehlshaber vorgestanden hatte: „Es drängt mich, Führern und Truppen der 6. Armee meinen Dank und meine Anerkennung auszusprechen für das, was sie unter Aufbietung aller Kraft zum Schutze unseres Vaterlandes meist gegen eine Überzahl von Feinden geleistet haben. Den Kämpfern von Lothringen und Lunéville, von Ypern, Armentières, La Bassée, Loos, Lens und Arras werden künftige Geschlechter dafür danken, dass sie die Heimat vor dem Eindringen des Feindes bewahrt haben."[1535]

Kaum hatte Rupprecht am 28. August den Befehl über die nach ihm benannte Heeresgruppe übernommen, traf ein Telegramm ein, wonach Generalfeldmarschall von Hindenburg zum Chef des Großen Generalstabs ernannt und General Ludendorff ihm als 1. Generalquartiermeister zugeteilt worden war.[1536] Kurz darauf wurde Prinz Leopold an Hindenburgs Stelle zum Oberbefehlshaber Ost ernannt.[1537] Dieser empfand stolze Freude, auf eine der verantwortungsvollsten Befehlsstellen aufgerückt zu sein.[1538] Als seine Gattin Gisela in München über Umwege erfuhr, Leopold würde fortan die ganze Ostfront zu führen haben, schrieb sie ihm erschrocken: „Natürlich rufe ich den Heiligen Geist mehr denn je um Erbarmung für dich an."[1539] Zwar hatte sich die Beförderung des Prinzen Leopold aufgrund seines Ranges als bayerischer und preußischer Generalfeldmarschall und als mit der Ostfront vertrauter Heeresgruppenführer förmlich aufgedrängt, dennoch trat er die Nachfolge Hindenburgs gewiss auch aufgrund dessen Empfehlung beim Kaiser an.[1540] Eine telegrafische Anfrage des Prinzen, ob er sich persönlich im Großen Hauptquartier zu melden habe, wurde ihm negativ beschieden.[1541] So traf Leopold am 31. August 1916 in Brest-Litowsk ein, dem Standort des Hauptquartiers Ober Ost, wo er am Bahnhof von seinem neuen Generalstabschef Oberst Max Hoffmann und den Generalstabsoffizieren empfangen wurde.[1542]

Am gleichen Tag übersiedelte an der Westfront der Generalstab der Heeresgruppe Kronprinz Rupprecht nach Cambrai.[1543] Rupprecht war hocherfreut über den frischen Wind, den die neue militärische Führung mit sich brachte: „Der

---

[1534] Ebd., 26. August 1916. BayHStA, GHA. NL Kronprinz Rupprecht, Nr. 704.
[1535] Armee-Tagesbefehl des Kronprinzen Rupprecht von Bayern. Oberkommando der 6. Armee, AHQu, 27.8.1916. Verschiedenes. BayHStA, KrA. Heeresgruppe Kronprinz Rupprecht, Bd. 25.
[1536] Kriegstagebuch, 28. August 1916. BayHStA, GHA. NL Kronprinz Rupprecht, Nr. 704; Telegramm Ludendorffs an die Heeresgr. Krp. Rupprecht vom 29.8.1916 3.50 nm. Offiziere spez. BayHStA, KrA. Heeresgruppe Kronprinz Rupprecht, Bd. 15.
[1537] Telegramm Ludendorffs an die Heeresgr. Krp. Rupprecht vom 31.8.1916 9.23 vm. Offiziere spez. BayHStA, KrA. Heeresgruppe Kronprinz Rupprecht, Bd. 15.
[1538] Kriegstagebuch, 29.8.16. BayHStA, GHA. NL Prinz Leopold, Nr. 239.
[1539] Prinzessin Gisela von Bayern an Prinz Leopold von Bayern, 30. August 1916. Briefe der Prinzessin Gisela 1872-1928. BayHStA, GHA. NL Prinz Leopold, Nr. 14.
[1540] Vgl. Wolbe, Eugen: Generalfeldmarschall Prinz Leopold von Bayern. Ein Lebensbild. Leipzig, 1920. S. 126.
[1541] Kriegstagebuch, 30.8.16. BayHStA, GHA. NL Prinz Leopold, Nr. 239.
[1542] Ebd., 31.8.16. BayHStA, GHA. NL Prinz Leopold, Nr. 239.
[1543] Kriegstagebuch, 31. August 1916. BayHStA, GHA. NL Kronprinz Rupprecht, Nr. 704.

Wechsel in der O.H.L. macht sich sehr angenehm fühlbar. Was von ihr angeordnet wird, ist zweckmäßig und sie ist bestrebt, nach besten Kräften den an sie gestellten Anforderungen zu entsprechen."[1544] An die Heeresgruppe des Deutschen Kronprinzen erging der Befehl: „Der Angriff auf Verdun ist einzustellen und die gewonnene Linie als Dauerstellung auszubauen."[1545] Die 3. Armee wurde der Heeresgruppe Deutscher Kronprinz unterstellt, die 7. Armee der Heeresgruppe Kronprinz von Bayern. Rupprecht konnte nur staunen: „Es geht alles so schnell, dass man kaum im Stande ist, sich genügend zu orientieren."[1546] Unkritisch stand der bayerische Kronprinz der neuen militärischen Führung allerdings keineswegs gegenüber. Hindenburg galt nach seinen Informationen als geistvoll, aber als sehr zur Bequemlichkeit neigend. Ludendorff eilte der Ruf seiner großen Arbeitskraft voraus, aber auch der seiner schroffen und wenig umgänglichen Natur. Diese Einschätzungen sollten sich für Rupprecht bald als richtig herausstellen.[1547]

Im Verlauf des Sommers 1916 war im Großen Hauptquartier über die Schaffung eines Oberbefehlshabers West analog zur Rolle des Oberbefehlshabers Ost diskutiert worden. Leopold Krafft von Dellmensingen, der Geheime Legationsrat im Hauptquartier des Kronprinzen Rupprecht, hatte dem Ministerratsvorsitzenden Hertling im September über diesbezügliche Planungen berichtet: „Für diese Stellung käme natürlich S.K. Hoheit der Kronprinz [Rupprecht] als rangältester Feldmarschall auf dem westlichen Kriegsschauplatz in erster Linie in Frage." Allerdings zweifelte er daran, dass man sich in Berlin dazu entschließen werde, „den Deutschen Kronprinzen unter den Befehl S.K. Hoheit zu stellen." Auch der Umstand, dass den Oberbefehl im Osten ein bayerischer Prinz führe, werde es den maßgebenden Persönlichkeiten in Preußen „unerwünscht erscheinen lassen, dass auch die Westfront einem bayerischen Prinzen unterstellt" werde. Der Deutsche Kronprinz solle, wie Legationsrat Krafft erfahren hatte, für die Position nicht in Frage kommen. Möglicherweise scheitere letztlich der ganze Plan. Falls ein anderer General ohne Rücksicht auf die Rangfrage mit dieser Aufgabe betraut würde, stände zu erwarten, dass Kronprinz Rupprecht dadurch gekränkt werde. Krafft fügte hinzu, dies wäre insbesondere deshalb bedauerlich, weil die lange Zeit bestandene „Gereiztheit" des Kronprinzen von Bayern seit der Ablösung Falkenhayns behoben zu sein schien. Dass Rupprecht sich „unter dem Eindruck der gewaltigen Kämpfe und naturgemäß schweren Verluste in sehr ernster Stimmung" befinde, bedürfe wohl keiner besonderen Betonung.[1548]

Hertling bat den Gesandten Lerchenfeld, ihm diesbezüglich nähere Informationen zukommen zu lassen, denn „eine Übergehung des Kronprinzen [Rupprecht]

[1544] Ebd., 5. September 1916. BayHStA, GHA. NL Kronprinz Rupprecht, Nr. 704.
[1545] Ebd., 3. September 1916. BayHStA, GHA. NL Kronprinz Rupprecht, Nr. 704.
[1546] Ebd., 30. August 1916. BayHStA, GHA. NL Kronprinz Rupprecht, Nr. 704.
[1547] Ebd., 30. August 1916. BayHStA, GHA. NL Kronprinz Rupprecht, Nr. 704.
[1548] Geheimer Legationsrat Krafft an Graf Hertling. Hauptquartier der Heeresgruppe Kronprinz Rupprecht, 23. September 1916. In: Briefwechsel Hertling-Lerchenfeld 1912-1917. Zweiter Teil. Boppard am Rhein, 1973. S. 727-730.

wäre natürlich höchst unerwünscht, sowohl wegen seiner als auch wegen des Königs Stimmung."[1549] Letztlich wurde gänzlich von den Überlegungen zur Installation eines Oberbefehlshabers West Abstand genommen. Stattdessen wurde die Westfront dauerhaft in drei Heeresgruppen unterteilt, die der Obersten Heeresleitung unterstellt blieben. Südlich des Frontbereiches der Heeresgruppe Kronprinz von Bayern schloss sich die, zunächst im Raum Verdun und später in der Champagne eingesetzte, Heeresgruppe Deutscher Kronprinz an. Im Februar 1917 wurde im vergleichsweise ruhigen Abschnitt zwischen Metz und der schweizerischen Grenze die Heeresgruppe Herzog Albrecht von Württemberg errichtet. Die Beibehaltung dieser drei prinzlichen Heeresgruppen bis zum Kriegsende erfolgte nicht zuletzt, weil Hindenburg und Ludendorff die militärische Führung der Operationen nicht aus der Hand geben und keinen der Thronfolger durch die Ernennung zum Oberbefehlshaber West als symbolische Konkurrenz aufgewertet sehen wollten.[1550]

8.3 Prinz Leopold von Bayern als Oberbefehlshaber der Ostfront

Als Prinz Leopold den Oberbefehl über die längste Front des Ersten Weltkrieges übernahm, hatte die russische Offensive unter General Alexej Alexejewitsch Brussilow ihren Zenit bereits überschritten. Seinem Oberbefehl unterstanden sämtliche Armeen und Heeresgruppen von der Ostsee bis zu den Karpaten, neben deutschen Verbänden auch die k.u.k. österreichisch-ungarische II. und III. Armee. Lediglich am Südflügel seines Befehlsbereichs waren heftige Abwehrgefechte im Gange, gleichzeitig in Rumänien. Es folgte im Herbst 1916 eine Erweiterung des Befehlsbereichs Ober Ost immer weiter nach Süden, um den österreichisch-ungarischen Truppen Rückhalt bieten zu können. Gleichzeitig wurden dem Oberkommando Truppenverbände für die Offensive auf Rumänien entnommen. Die Oberste Heeresleitung unter Hindenburg verweigerte die Verstärkung durch im Dezember 1916 freiwerdende Truppen im nahezu besiegten Rumänien mit dem Hinweis auf die Lage an der Westfront. An eine Offensive im Osten war nicht zu denken. Ohnehin machte der harte Winter 1916/17 größere Offensivaktionen auf beiden Seiten unmöglich. Dennoch fanden ständig örtliche Kämpfe statt. Bis ins Frühjahr 1917 ging es ausschließlich um das defensive Halten der Ostfront.[1551] Die militärische Lage

---

[1549] Hertling an Lerchenfeld. München, 26. September 1916. In: Briefwechsel Hertling-Lerchenfeld 1912-1917. Zweiter Teil. Boppard am Rhein, 1973. S. 726f.
[1550] Vgl. Deist, Wilhelm: Lexikonartikel „Streitkräfte (Deutsches Reich)". In: Hirschfeld, Gerhard u. a. (Hrsg.): Enzyklopädie Erster Weltkrieg. Paderborn, 2002. S. 870f; Vgl. Kress, Wolfgang: Lexikonartikel „Albrecht, Herzog von Württemberg". In: Hirschfeld, Gerhard u. a. (Hrsg.): Enzyklopädie Erster Weltkrieg. Paderborn, 2002. S. 328f; Vgl. Schranz, Daniel: Lexikonartikel „Wilhelm, Kronprinz des Deutschen Reichs und von Preußen". In: Hirschfeld, Gerhard u. a. (Hrsg.): Enzyklopädie Erster Weltkrieg. Paderborn, 2002. S. 971.
[1551] Vgl. Wolbe, Eugen: Generalfeldmarschall Prinz Leopold von Bayern. Ein Lebensbild. Leipzig, 1920. S. 126-130.

bezeichnete Prinz Leopold in einem Interview mit den „Münchner Neuesten Nachrichten" noch im April 1917 als durchaus gut, „denn unsere braven Soldaten halten treue Wacht. Unser Volk muss eben auch Vertrauen haben und darf die Geduld nicht verlieren." Nach dem Stand der Lage dürfe man noch immer den Sieg erhoffen, so der Oberbefehlshaber Ost.[1552]

Seit 1915 war durch Ludendorff eine ausgedehnte deutsche Militärverwaltung im Osten aufgebaut worden. Das Tätigkeitsfeld von Ober Ost umfasste nicht nur den Befehl über alle deutschen und verbündeten Armeen von Riga bis in die Karpaten, sondern auch die Zivilverwaltung des östlich und nördlich des Generalgouvernements Warschau gelegenen besetzten russischen Gebietes. In Anlehnung an die russischen Gouvernements war Ober Ost in vier Verwaltungsbezirke unterteilt, welche sich von der Ostsee bis ins polnisch-weißrussische Grenzgebiet erstreckten. Die territoriale Ausdehnung von Ober Ost entsprach mit 109.000 Quadratkilometern dem gemeinsamen Umfang der deutschen Provinzen Ost- und Westpreußen, Pommern und Posen oder auch dem größten Teil Süddeutschlands.[1553] Die Front, die dem Prinzen Leopold fortan unterstand, erstreckte sich über 1.160 Kilometer Länge.[1554] Reichliche Einnahmen brachten Ober Ost die den besetzten Gebieten auferlegten Steuern. Die Sicherheitslage blieb problematisch.[1555] Prinz Leopold war nur dem Kaiser gegenüber verantwortlich. Der militärische Teil dieser Stellung war ihm vertraut, zumal ihn ein riesiger Apparat an Generalstabsoffizieren, Adjutanten und Spezialisten unterstützte.[1556]

Dem Generalstab stand Oberst Max Hoffmann vor, der im Urteil des Prinzen „ein Offizier von gediegenem Wissen, scharfem Verstande, von großer Energie und Verantwortungsfreudigkeit und vor allem von erstaunlicher Arbeitskraft" war.[1557] Hoffmann hatte fast zwei Jahre lang im Stab Hindenburgs als erster Generalstabsoffizier und engster Mitarbeiter Ludendorffs gedient und war mit Ober Ost vertraut wie kein anderer.[1558] Dass er nicht zusammen mit Hindenburg und Ludendorff in die Oberste Heeresleitung wechselte, war für Prinz Leopold ein Glücksfall. Für Hoffmann selbst war „die Ernennung zum Chef des Generalstabes des Oberbefehlshabers Ost die größere Auszeichnung und die schönere Stellung", da ihm die-

---

[1552] Artikel „Bei Generalfeldmarschall Prinz Leopold". Münchner Neueste Nachrichten, 7. April 1917. S. 4. Angelegenheiten des Prinzen Leopold. 1913-1918. BayHStA, GHA. Kabinettsakten König Ludwigs III., Nr. 144.
[1553] Vgl. Pyta, Wolfram: Hindenburg. München, 2009. S. 184; Liulevicius, Vejas Gabriel: Kriegsland im Osten. Eroberung, Kolonisierung und Militärherrschaft im Ersten Weltkrieg. Hamburg, 2002. S. 72-188.
[1554] Vgl. Generalmajor a. D. Hubert von Hößlin: Geschichte des 1. Weltkriegs 1914-18 (Bayerische Armee) 1956-1963. Bd. III. S. 710. BayHStA, KrA. Handschriften, Nr. 934-2.
[1555] Kriegstagebuch, 13.9.16. BayHStA, GHA. NL Prinz Leopold, Nr. 239.
[1556] Ebd., 13.9.16. BayHStA, GHA. NL Prinz Leopold, Nr. 239.
[1557] Ebd., 13.9.16. BayHStA, GHA. NL Prinz Leopold, Nr. 239.
[1558] Die Aufzeichnungen des Generalmajors Max Hoffmann. Hrsg. von Karl Friedrich Nowak. Erster Band. Berlin, 1929. S. XVI-XXIII.

8.3 Prinz Leopold von Bayern als Oberbefehlshaber der Ostfront

ser Posten eigene Verantwortung brachte.[1559] Zu diesem Zeitpunkt war das Verhältnis zwischen Hoffmann und Ludendorff „noch ein absolut freundschaftliches und vertrauensvolles". Die Zusammenarbeit zwischen Ober Ost und der Obersten Heeresleitung sollte sich im Verlauf der nächsten beiden Jahre deutlich eintrüben.[1560] Als Erster Generalstabsoffizier – und damit Hoffmanns engster Mitarbeiter – wurde zunächst Oberstleutnant Keller ernannt. Nach dessen Versetzung trat der später durch seine Teilnahme an den Friedensverhandlungen in Brest-Litowsk und den Waffenstillstandsverhandlungen im Westen bekannt gewordene Major Friedrich Brinckmann an seine Stelle. Den Prinzen Leopold bezeichnete Hoffmann als klugen Soldaten und vornehmen Vorgesetzten. In den schwierigsten Verhältnissen habe er stets klare Überlegung und eiserne Nerven bewahrt. Über militärische Fragen habe es so gut wie nie einen Zwiespalt zwischen dem Oberbefehlshaber Ost und seinem Generalstabschef gegeben.[1561]

Da Prinz Leopold, der im November 1916 sein 60-jähriges Dienstjubiläum in der bayerischen Armee feierte,[1562] bereits mehr als ein Jahr an der Ostfront tätig war, fiel ihm die Orientierung in militärischen Dingen leicht. In der Regel hielt ihm Hoffmann zweimal täglich Vortrag über alle wichtigeren militärischen Vorkommnisse, die notwendigen Befehle und Anordnungen sowie über zu treffende Personalentscheidungen. Den Vorträgen der einzelnen Referate beim Oberbefehlshaber wohnte Hoffmann ebenfalls bei.[1563] Der Prinz, der Quartier auf dem kleinen, verlassenen Landsitz Skoki genommen hatte, erklärte gegenüber Hoffmann, er stünde diesem von fünf Uhr vormittags an, was seine gewöhnliche Aufstehzeit sei, jederzeit zur Verfügung.[1564] Der dienstliche Verkehr mit dem Großen Hauptquartier sowie mit den einzelnen unterstellten Armeen wurde telefonisch und telegrafisch bewerkstelligt.[1565] Als Leopold noch Oberbefehlshaber der 9. Armee und der nach ihm benannten Heeresgruppe gewesen war, hatte er Wert darauf gelegt, die Standorte der ihm unterstellten Korpskommandos und Divisionen zu inspizieren sowie

---

[1559] Die Aufzeichnungen des Generalmajors Max Hoffmann. Hrsg. von Karl Friedrich Nowak. Zweiter Band. Berlin, 1929. S. 148.
[1560] Ebd., S. 159.
[1561] Ebd., S. 155f.
[1562] „SM König Ludwig haben verfügt, dass das 60jährige Militärdienstjubiläum des im Felde stehenden Generalfeldmarschalls Prinzen Leopold von Bayern, der seit 28. November 1861 dem aktiven Heere angehört und überdies fünf Feldzugsjahre aufzuweisen hat, am Montag den 27. dM offiziell gefeiert werde. Wie ich höre, soll der Jubelfesttag außer durch die Herausgabe eines Armeebefehles nur durch Absendung von Begrüßungstelegrammen seitens SM des Königs und der verschiedenen Truppenverbände gefeiert werden, da Feldmarschall Prinz Leopold alle Orden und Ehrenzeichen, über die die Krone Bayern für solche Anlässe verfügt, schon von früher her innehat. Von der Absendung von Abordnungen wird der Kriegszeit wegen ganz abgesehen." Vgl. K.u.K. Gesandter von Velics in München an S.E. den Minister des K.u.K. Hauses und des Äußern Stephan Baron Burian. München, 13.11.1916. OeStA, Abt. Haus-, Hof- und Staatsarchiv. Ministerium des Äußern. Administrative Registratur, Nr. F2-37-1.
[1563] Kriegstagebuch, 13.9.16. BayHStA, GHA. NL Prinz Leopold, Nr. 239.
[1564] Die Aufzeichnungen des Generalmajors Max Hoffmann. Hrsg. von Karl Friedrich Nowak. Zweiter Band. Berlin, 1929. S. 156f.
[1565] Kriegstagebuch, 13.9.16. BayHStA, GHA. NL Prinz Leopold, Nr. 239.

alle Kommandierenden Generale persönlich kennenzulernen. Während des monatelangen Stellungskriegs hatte er „die vordersten Stellungen fast in ihrer ganzen Länge durchschritten und die Unterkünfte der Truppen besichtigt." Dies war in der neuen Stellung als Oberbefehlshaber der Ostfront nicht mehr durchführbar. Die ihm unterstehende Front reichte vom linken Flügel der Deutschen Südarmee in Galizien bis nach Riga, einige Zeit später sogar vom Schwarzen Meer bis an den Finnischen Meerbusen. Die Zahl der Ober Ost unterstellten Truppen nahm in den Jahren 1917 und 1918, bis zum Frieden von Brest-Litowsk, immer weiter zu. Bis zu neun Armeen und Armeeabteilungen waren Prinz Leopold zu Höchstzeiten unterstellt, darunter mehrere österreichisch-ungarische, denen wiederum etliche Generalkommandos sowie Infanterie- und Kavalleriedivisionen angehörten. Auch in seiner Funktion als Oberbefehlshaber Ost blieb der Prinz bemüht, mit den ihm unterstellten Generalen und Truppen möglichst in persönlichen Kontakt zu treten und bei größeren Waffenentscheidungen anwesend zu sein. Bei einem so ausgedehnten Befehlsbereich, so erkannte er bald selbst, war ihm selten die Freude vergönnt, „dieselben Truppen öfters begrüßen zu können."[1566]

Neben den militärischen Aufgaben, unter denen die Etappenangelegenheiten viel Zeit in Anspruch nahmen, war die Militärverwaltung des besetzten Gebietes zu erledigen.[1567] Das Gebiet des Oberbefehlshabers Ost stand nicht unter Zivilverwaltung, sondern unter rein militärischer Hoheit. Alle Ämter, die dort auf den Gebieten des Kultus, der Post, der Schulen, der Steuererhebung, des Passwesens und der Militärverwaltung eingerichtet worden waren, wurden von Offizieren verwaltet. In Ober Ost herrschten strenge Kriegsgesetze – einerseits um der Spionage entgegenzuwirken, andererseits um die Sicherheit zu gewährleisten. Im Ganzen habe sich, so Prinz Leopold, die Bevölkerung „an deutsche Zucht und Ordnung wieder gewöhnt." Man dürfe dabei nur nicht übersehen, „dass nicht alle Polen uns als ihre Befreier betrachten, sondern dass wir staatsrechtlich feindliches Gebiet besetzt haben und drinnen nicht allen zu Liebe walten können."[1568]

In Brest-Litowsk war kein Platz für den großen Verwaltungsapparat vorhanden, daher verblieb dieser in Kowno. Alle Akten mussten übersandt werden. Nicht selten hatten die Ressortchefs zum Vortrag in Brest-Litowsk zu erscheinen – eine Reise, die mindestens eine Nacht in Anspruch nahm.[1569] Die Verwaltungsabteilungen von Ober Ost leitete, wie schon unter Hindenburg, Oberquartiermeister General Ernst von Eisenhardt-Rothe.[1570] Im Herbst 1916 aufkommende Bestrebungen,

---

[1566] Kriegstagebuch, 1.9.16. BayHStA, GHA. NL Prinz Leopold, Nr. 239.
[1567] Ausführlich zur deutschen Militärverwaltung von Ober Ost: Liulevicius, Vejas Gabriel: Kriegsland im Osten. Eroberung, Kolonisierung und Militärherrschaft im Ersten Weltkrieg. Hamburg, 2002. S. 72-188; Kriegstagebuch, 13.9.16. BayHStA, GHA. NL Prinz Leopold, Nr. 239.
[1568] Artikel „Bei Generalfeldmarschall Prinz Leopold". Münchner Neueste Nachrichten, 7. April 1917. S. 4. Angelegenheiten des Prinzen Leopold. 1913-1918. BayHStA, GHA. Kabinettsakten König Ludwigs III., Nr. 144.
[1569] Kriegstagebuch, 13.9.16. BayHStA, GHA. NL Prinz Leopold, Nr. 239.
[1570] Die Aufzeichnungen des Generalmajors Max Hoffmann. Hrsg. von Karl Friedrich Nowak. Zweiter Band. Berlin, 1929. S. 156.

8.3 Prinz Leopold von Bayern als Oberbefehlshaber der Ostfront

dem Oberbefehlshaber Ost die Verwaltung der besetzten Gebiete zu entziehen und direkt Generalquartiermeister Ludendorff zu unterstellen, wurden von Seiten Hoffmanns mit der ihm eigenen Entschiedenheit verhindert. Schließlich blieben sowohl der gewaltige Militärapparat als auch die ausgedehnte Verwaltung dem Prinzen Leopold unterstellt. Um den Reiseaufwand zu erleichtern, wurde die Verwaltung im Dezember 1916 nach Bialystok verlegt. Fortan erschien der für die Verwaltungsabteilungen zuständige Oberquartiermeister wöchentlich mit den Ressortleitern zum Vortrag in Brest-Litowsk, um Entscheidungen des Prinzen entgegenzunehmen.[1571]

Prinz Leopold befand sich in seinen eigenen Worten „in der Stellung eines absoluten Herrschers, ohne durch eine Landesvertretung beengt zu sein. Alle Verordnungen, die ich erließ, hatten der Zivilverwaltung gegenüber Gesetzeskraft." Diese war in Ressorts für Justiz, Finanz, Forstwesen, Ackerbau und Kultus aufgeteilt, entsprechend den Ministerien eines deutschen Staates. An der Spitze jedes dieser Arbeitsbereiche stand ein Beamter, stets zugleich Reserve- oder Landwehroffizier, der im Grunde die Stellung eines Ministers innehatte und über einen ausreichenden Mitarbeiterstab verfügte. Militärische Dinge oder Eisenbahnangelegenheiten unterstanden Prinz Leopold hingegen direkt. Die Verwaltungsaufgaben waren Leopold zwar nicht völlig fremd – er hatte immerhin mehr als fünfzig Jahre lang der Kammer der Reichsräte des Königreichs Bayern angehört – doch hatte er sich zuvor „niemals eingehender mit denselben befasst." Sein Stabschef musste sich ebenso in manche Dinge erst einarbeiten.[1572] Innerhalb der Zitadelle von Brest-Litowsk spielte sich alles auf engem Raum ab. Die Gebäude aus rohem Ziegel waren allesamt ähnlich und verfügten über kleine Gärten. In einer Baracke war das Büro des Oberkommandos, dann folgte das Kasino, wo der Oberbefehlshaber Ost mittags und abends mit knapp zwei Dutzend Mitgliedern des engeren Stabes speiste. Trotz des begrenzten Raumes lud Leopold stets Gäste zu Tisch. Da anzunehmen war, dass sein Aufenthalt von längerer Dauer sein würde, nahm Leopold Quartier außerhalb der Zitadelle in einem der nächstgelegenen kleinen Schlösser. Dies bot für ihn den Vorteil, tagsüber aus dem für ihn höchst unerfreulichen Brest-Litowsk herauszukommen.[1573]

Sein Tagesablauf begann üblicherweise mit einem morgendlichen Ausritt mit seinem Hofmarschall und seinem Adjutanten. Im Laufe des Vormittages wurde Leopold nach Brest-Litowsk gefahren, wo seine persönliche Entscheidung in vielen militärischen und administrativen Fragen erforderlich war. An Sonn- und Feiertagen sowie an politischen Festtagen wohnte er der heiligen Messe und der Predigt in der als Garnisonskirche benutzten griechischen Kirche im Kernwerk von Brest-Litowsk bei. Natürlich gab es häufig Abweichungen von dieser Tagesordnung. Den täglichen Morgenritt versuchte er aber aufrecht zu erhalten. Häufig war er zu Be-

---

[1571] Ebd., S. 163.
[1572] Kriegstagebuch, 13.9.16. BayHStA, GHA. NL Prinz Leopold, Nr. 239.
[1573] Ebd., 1.9.16. BayHStA, GHA. NL Prinz Leopold, Nr. 239.

sichtigungen an der Front oder bei den Stäben der ihm unterstellten Heeresteile.[1574] Vom neun Kilometer nördlich des Hauptquartiers gelegenen Schloss Skoki aus konnte Leopold per Auto in einer Viertelstunde in Brest eintreffen, ähnlich wie zuvor zwischen Albertin und Slonim. Die kommenden einhalb Jahre sollte das Schloss das Quartier des Oberkommandieren Ost bleiben, häufig unterbrochen von Dienstreisen, die den Prinzen vom Finnischen Meerbusen bis in die Ukraine brachten. Da er telefonisch und telegrafisch mit Brest-Litowsk – und somit mit dem gesamten besetzten Gebiet in Osteuropa – verbunden war, hatte die Entfernung keine Bedeutung. Das repräsentative Schlösschen bestand aus Parterre und erstem Stock und hatte eine einfache hölzerne Treppe. Im ersten Stock befand sich ein Salon mit angeschlossenem Balkon. Leopold ließ sich ein großes helles Arbeitszimmer mit Aussicht auf den Garten einrichten. Das Speisezimmer zierten Kupferstiche und Geweihe von Hirschen und Rehböcken, welche der Prinz geschossen hatte. Vom Speisezimmer aus führten Stufen in einen kleinen Park, der sich sanft abfallend bis an die Lesna erstreckte. In seiner Funktion widmete sich Prinz Leopold nachdrücklich seinen repräsentativen Verpflichtungen und der Netzwerkpflege. Er überließ seinem Stabschef die Planung der militärischen Operationen, während er sich der Besichtigung seiner Truppen widmete. Selbst während heftiger russischer Angriffe verbrachte Leopold mehrfach Zeit in Bialowies, um mit Gästen des Oberkommandos Wisente und Hirsche zu jagen.[1575] Dies bot dem Prinzen die Gelegenheit zum informellen und persönlichen Austausch mit den maßgebenden militärischen und politischen Persönlichkeiten, die sich an der Ostfront befanden.[1576]

Das Oberkommando Ost wurde zum beliebten Ziel prominenter Frontbesucher und somit gewissermaßen eine Schnittstelle zwischen den verschiedenen Fronten und der Heimat. Wie schon zuvor in Albertin nutzte Leopold sein Quartier, um informell Einfluss zu nehmen und sein Netzwerk zu pflegen. In Schloss Skoki konnte Prinz Leopold einen eigenen Haushalt führen und die täglich im Hauptquartier eintreffenden und durchreisenden Gäste nicht nur standesgemäß empfangen, sondern auch mit ihnen ins persönliche Gespräch kommen, was im beengten Kasino in Brest nicht möglich war.[1577] Seiner Schwester berichtete der Prinz, sein Hauptquartier liege „in einer wenig ansprechenden Gegend, aber an Besuchen fehlt es nicht, auch gibt es in meinem neuen Dienstbereiche, der sich von der Ostsee bis nahe den Karpaten erstreckt, naturgemäß ziemlich viel zu tun […]."[1578] Die Rolle des Gastgebers lag ihm außerordentlich. Im Urteil des Chefs des Generalstabs von Ober Ost war Prinz Leopold ein passionierter Soldat, leidenschaftlicher Jäger und Reiter und

---

[1574] Ebd., 10.9.16. BayHStA, GHA. NL Prinz Leopold, Nr. 239.
[1575] Ebd., 17.9.16. BayHStA, GHA. NL Prinz Leopold, Nr. 239.
[1576] In Bialowies traf er auch mit Hindenburg zusammen, der sich von Georg Escherich die Forsteinrichtungen zeigen ließ und selbst auf die Jagd nach einem Wisent ging. Vgl. ebd., 20.1.1916. BayHStA, GHA. NL Prinz Leopold, Nr. 239.
[1577] Ebd., 1.9.16. BayHStA, GHA. NL Prinz Leopold, Nr. 239.
[1578] Prinz Leopold von Bayern an Prinzessin Therese. Oberkommando Ost, 10. Oktober 1916. Briefe, Postkarten und ein Telegramm (26.11.1918) des Prinzen Leopold von Bayern an Prinzessin Therese. BayHStA, GHA. NL Prinzessin Therese (†1925), Nr. 75.

8.3 Prinz Leopold von Bayern als Oberbefehlshaber der Ostfront

der letzte Grandseigneur, den er kennengelernt habe.[1579] Der preußische Generalleutnant Franz von Lenski erinnerte sich in ähnlicher Weise an den Prinzen: „Fast immer guter Laune, ein angenehmer Plauderer oder fesselnder Erzähler, wie es traf. Was hatte er auch alles erlebt in zwei großen Kriegen […]? Von der Kaiserproklamation von Versailles, der er als Vierundzwanzigjähriger beigewohnt, oder vorher vom Gefecht bei Villepion […] erzählte er oft. Und wie viel Humoristisches wusste er einzuflechten, denn sein Sinn für Humor war stark entwickelt."[1580]

Der Prinz kam nicht nur mit höheren Befehlshabern in Kontakt, sondern ebenso mit Vertretern der Parlamente, Geistlichen, Wirtschaftsvertretern, Professoren, Schriftstellern und deutschen Fürstlichkeiten. Wiederholt war der Kaiser zu Gast. König Friedrich August III. von Sachsen, König Wilhelm II. von Württemberg und andere regierende Fürsten, die ihre Regimenter an der Front besuchten, statteten Prinz Leopold ihren Besuch ab.[1581] Die Brüder Richthofen waren im Dezember 1917 Gäste des Prinzen Leopold. Manfred von Richthofen, der als Kampfflieger mit seinem roten Fliegergeschwader Berühmtheit erlangt hatte, war in den Hauptquartieren ein gern gesehener Gast – zumal ihm seine „Erfolge nicht in den Kopf gestiegen" waren.[1582] Mittags kam in der Regel meist eine große Anzahl von Gästen in Skoki zu Tisch zusammen. Bei regierenden Fürsten oder besonders feierlichen Gelegenheiten stieg die Zahl der Gäste auf bis zu vierzig Personen. An gewöhnlichen Tagen waren es meist sieben oder acht Mitglieder des Stabes, des Gouvernements sowie der Zivilverwaltung, sodass der Prinz Gelegenheit hatte, sie nach Tisch bei Kaffee und Zigarre näher kennenzulernen. Abends fuhr der Oberkommandierende der Ostfront nach Brest und blieb zum gemeinschaftlichen Souper im Kasino, wo täglich Generale, Offiziere und andere Besucher seine Gäste waren.[1583] Leopold bemerkte ab 1917 nicht ohne Sarkasmus eine abermalige Steigerung der Besuche in seinem Hauptquartier: „Die Mehrzahl hatte dienstlich zu tun, doch gab es sicher auch solche, welche die Gelegenheit benützen wollten, unentgeltlich ihnen bisher unbekannte Gegenden zu sehen."[1584]

Ein Höhepunkt für den Oberbefehlshaber der Ostfront war der Besuch seines Bruders, des Königs von Bayern. Dieser hatte einige Tage in Bialowies verbracht[1585] und traf am 2. November 1916 mit großem Gefolge am Bahnhof Lesnaja ein, wo er von Prinz Leopold und Max Hoffmann empfangen und nach Schloss Skoki begleitet wurde. In Brest-Litowsk wurde der König von bayerischen Abord-

---

[1579] Vgl. Die Aufzeichnungen des Generalmajors Max Hoffmann. Hrsg. von Karl Friedrich Nowak. Zweiter Band. Berlin, 1929. S. 155f.
[1580] Vgl. Lenski, Franz von: Lern- und Lehrjahre in Front und Generalstab. Berlin, 1939. S. 285f.
[1581] Vgl. Wolbe, Eugen: Generalfeldmarschall Prinz Leopold von Bayern. Ein Lebensbild. Leipzig, 1920. S. 167f.
[1582] Kriegstagebuch, 29.12.1917. BayHStA, GHA. NL Prinz Leopold, Nr. 239.
[1583] Kriegstagebuch, 10.9.16. BayHStA, GHA. NL Prinz Leopold, Nr. 239.
[1584] Ebd., 28.6.17. BayHStA, GHA. NL Prinz Leopold, Nr. 239.
[1585] Plan für den Besuch Sr. Majestät des Königs von Bayern in Bialowies am 31.X.16 bis 2.XI.16. Ober Ost, 31. Oktober 1916. Reisen des Königs zum Großen Hauptquartier 1914, an die Ostfront 1916 und Westfront 1918. BayHStA, GHA. Kabinettsakten König Ludwigs III., Nr. 24.

nungen begrüßt, bevor er durch ein Spalier hindurch im Automobil durch die Stadt und Zitadelle gefahren wurde. Ein Diner im Kasino schloss sich an.[1586] Nachdem Ludwig ein paar Tage später das k.u.k. Heeresgruppenkommando Böhm-Ermolli besucht hatte,[1587] traf er in Lemberg erneut mit Prinz Leopold zusammen.[1588] Wenngleich Leopold militärisch und verwaltungstechnisch die Entscheidungen seines Stabes in der Regel nur bestätigte, hatte er de facto eine enorme politische Machtfülle inne. Der weithin geschätzte Prinz fungierte auf diesem Posten als einer der wichtigsten deutschen Militärs, was symbolpolitisch die gestiegene Bedeutung des bayerischen Königshauses zum Ausdruck brachte und auch dem öffentlichen Ansehen der Dynastie nutzte.

8.4 Die Heeresgruppe Kronprinz von Bayern

Kronprinz Rupprecht von Bayern interpretierte seine neugewonnene Rolle anders als sein Onkel Leopold. Im Gegensatz zu diesem nahm Rupprecht seine militärischen Aufgaben bis ins Detail wahr. Die dem Kronprinzen mit der Führung der nach ihm benannten Heeresgruppe übertragene Aufgabe brachte diesem „neue und schwere Sorgen", da ihm nun die Leitung der Kämpfe an der Sommefront oblag: „Ich fürchte, dass hierbei wenig Ehre aufzuheben sein wird, nachdem dort der Karren durch die O.H.L. gründlichst verfahren wurde." Der Oberbefehl über die Heeresgruppe erstreckte sich weitreichend auf operative und taktische Angelegenheiten, auf die damit zusammenhängenden Personalentscheidungen und Truppenverschiebungen. Gleichzeitig wurden die verwaltungstechnischen, wirtschaftlichen und juristischen Obliegenheiten den Oberkommandos der einzelnen Armeen überantwortet.[1589] Anstatt an der Spitze einer Heeresgruppe zu stehen, hätte Rupprecht lieber wieder eine rein bayerische Armee unter sich gesehen. Seinem Vater schrieb er: „Als Führer einer Heeresgruppe hat man in der Defensive eine sehr undankbare Aufgabe und verhältnismäßig wenig Einwirkung auf den Gang der Dinge."[1590] Sei-

---

[1586] Bericht über den „Verlauf des Besuches Sr. Majestät des Königs von Bayern in Brest-Litowsk am 2. und 3. XI. 1916". Oberbefehlshaber Ost Abt. IIa Nr. 4634/16. Hauptquartier, den 30. Oktober 1916. Reisen des Königs zum Großen Hauptquartier 1914, an die Ostfront 1916 und die Westfront 1918. BayHStA, GHA. Kabinettsakten König Ludwigs III., Nr. 24.
[1587] Programm für den Allerhöchsten Besuch Seiner Majestät des Königs von Bayern, in Lemberg am 4. und 5. November 1916. k.u.k. Heeresgruppenkommando von Böhm-Ermolli. Op. Nr. 4992. Reisen des Königs zum Großen Hauptquartier 1914, an die Ostfront 1916 und die Westfront 1918. BayHStA, GHA. Kabinettsakten König Ludwigs III., Nr. 24.
[1588] Begleitung Sr. Majestät des Königs v. Bayern durch Se. Kgl. Hoheit den Prinzen Leopold zur Südarmee. Oberbefehlshaber Ost. Hauptquartier, den 2. November 1916. Reisen des Königs zum Großen Hauptquartier 1914, an die Ostfront 1916 und die Westfront 1918. BayHStA, GHA. Kabinettsakten König Ludwigs III., Nr. 24.
[1589] Kriegstagebuch, 26. August 1916. BayHStA, GHA. NL Kronprinz Rupprecht, Nr. 704.
[1590] Schreiben des Kronprinzen Rupprecht an Ludwig III., 10. September 1916. BayHStA, GHA. NL Ludwig III., Nr. 59.

ne älteste Schwester Adelgunde befand 1917 gegenüber dem Vater, Rupprecht habe wohl „den schwersten und verantwortungsvollsten Posten von allen, nicht zu beneiden. Wie viel angenehmer muss es an den Fronten sein, wo man rasch vorwärts kommen kann."[1591] Generalleutnant Hermann von Kuhl, der seit November 1915 Chef des Stabes des Kronprinzen von Bayern war, verblieb auf diesem Posten. Im Generalstab der neugeschaffenen Heeresgruppe fand sich die Elite des bayerischen Generalstabes wieder. Als erster Generalstabsoffizier diente zuerst Major Hermann Ritter von Lenz, später Major Karl Ritter von Prager. Zweiter Generalstabsoffizier war Major Wilhelm Ritter von Leeb. Ferner waren dem Stab die jungen Hauptleute Pirner und Franz Halder zugeteilt.[1592]

Hohe Generale ordneten selten am Kartentisch stehend alle Operationen persönlich an. Hindenburg oder Mackensen hielten sich in hohem Maß von der eigentlichen operativen Arbeit fern, ebenso Prinz Leopold. Für diese Aufgaben besaßen sie überragende Stabschefs.[1593] Kronprinz Rupprecht bildete hier eine Ausnahme. Für gewöhnlich sah er „wenig vom kriegerischen Treiben, da [er] an den Kartentisch und das Telefon gefesselt" war.[1594] Von Zeit zu Zeit begab er sich dennoch auf die Schlachtfelder.[1595] Seiner Mutter berichtete er im Sommer 1916: „Die Tage verfließen hier überaus schnell, so viel gibt es zu schaffen, allerdings vorwiegend am Schreib- oder Kartentische. Ab und zu geht es im Auto zu den einzelnen Stäben zu Besprechungen und alle Monate vielleicht einmal zu Fuß in die vordersten Stellungen."[1596] Hermann von Kuhl fand für die Arbeit seines Armeeführers bewundernde Worte: „Der Kronprinz von Bayern hatte eine auffallend gute Auffassung und großes Verständnis für operative Lagen. Er war ungemein fleißig, hatte in seinem Arbeitszimmer stets die genauen Kriegskarten, zeichnete sich alles ein [...] und war stets tadellos unterrichtet. Es war daher leicht, ihm beim Vortrag die Lage und den Entschluss zu unterbreiten. Er erfasste die Lage schnell und hatte sich den Entschluss schon selbst überlegt. Niemals wurde er unruhig. [...] Für einen kühnen Entschluss war er stets zu haben. Von seinem ganzen Stab wurde er hoch verehrt. [...] Ich kann nur in größter Dankbarkeit seiner gedenken."[1597] Zwar war Rupprecht als Heeresgruppenchef an die Befehle der Obersten Heeresleitung gebunden,

---

[1591] Schreiben der Prinzessin Adelgunde an König Ludwig III., 27.11.1917. BayHStA, GHA. NL Ludwig III., Nr. 61.
[1592] Zit. nach: Generalmajor a. D. Hubert von Hößlin: Geschichte des 1. Weltkriegs 1914-18 (Bayerische Armee) 1956-1963. Bd. III. S. 718f. BayHStA, KrA. Handschriften, Nr. 934-2.
[1593] Was Ludendorff für Hindenburg war, war für Mackensen Hans von Seeckt, für Kronprinz Rupprecht im Lauf des Krieges seine Generalstabschefs Konrad Krafft von Dellmensingen und Hermann von Kuhl und für Prinz Leopold vor allem Max Hoffmann. Vgl. Pyta, Wolfram: Hindenburg. München, 2009. S. 150.
[1594] Schreiben des Kronprinzen Rupprecht an Ludwig III., 1. September 1914. BayHStA, GHA. NL Ludwig III., Nr. 59.
[1595] Vgl. Weiß, Dieter J.: Kronprinz Rupprecht von Bayern. Regensburg, 2007. S. 124.
[1596] Schreiben des Kronprinzen Rupprecht an Königin Marie Therese, 28. Juli 1916. Briefe und Telegramme des Kronprinzen Rupprecht 1914-1917. BayHStA, Geheimes Hausarchiv. NL Königin Marie Therese von Bayern, Nr. 96.
[1597] Zit. nach Generalmajor a. D. Hubert von Hößlin: Geschichte des 1. Weltkriegs 1914-18 (Bayerische Armee) 1956-1963. Bd. III. S. 718f. BayHStA, KrA. Handschriften, Nr. 934-2.

aber er entwickelte auch eigenständige Konzepte. Dabei behielt er stets die Gesamtentwicklung an allen Fronten im Auge.[1598]

Nach von Kuhls Schilderung pflegte Rupprecht „jeden Morgen die eingegangenen Meldungen, Berichte, Anordnungen der Obersten Heeresleitung und sonstigen Schriftstücke eingehend zu prüfen und sich anhand der Einzeichnungen auf seiner Karte ein genaues Bild der Lage zu machen." Dabei stellte er „seine Erwägungen über die zu ergreifenden Maßnahmen an und kam, gründlich vorbereitet, vormittags [...] zum Vortrag. [...] Leicht und schnell gelang es infolgedessen über die zu fassenden Entschlüsse und zu erteilenden Befehle eine Einigung herbeizuführen. Ebenso wurde abends verfahren." Kuhl bemerkte, dass der bayerische Kronprinz auch „in den schwersten Schlachttagen [...] trotz seines starken Temperaments nie in den Fehler nervöser Führer [verfiel], die dauernd am Fernsprecher horchen, jede Einzelheit wissen und regeln wollen." Lobende Worte fand Kuhl für die Arbeitsatmosphäre. Im Generalstab „herrschte die größte Ruhe, so dass es für jeden eine Freude war, unter diesem Oberbefehlshaber zu arbeiten. Die Selbstständigkeit, die er für sich in Anspruch nahm, gewährte er auch allen anderen."[1599] Der amerikanische Journalist William Bayard Hale hatte im Sommer 1916 Gelegenheit, das Hauptquartier zu besuchen und interviewte Rupprecht: „Ich habe nie erwartet, bemerkte der Kronprinz lächelnd, dass ich mich mit so vielfältigen Dingen beschäftigen würde, wie die, denen ich jetzt nachgehe. Sehr oft baue ich Eisenbahnen, führe Bauten auf, richte Sanitätsdienste ein, überwache Postämter, errichte Krankenhäuser oder bestelle die Felder. Krieg ist jetzt etwas sehr verschiedenes von dem in früheren Tagen. Natürlich habe ich meine Sachverständigen zur Ausführung der eigentlichen Arbeit aus den verschiedenen Gebieten und Berufen, aber die letzte Verantwortlichkeit bleibt auf mir sitzen."[1600]

Rupprechts Führungsdenken wurde auch durch Franz Halder beschrieben: „Die preußische Führungsschule, wie sie Schlieffen zur Meisterschaft entwickelt hatte, war eine Schule der Führungsmittel. Sie hat uns die unité de doctrine gegeben, die eine unserer Stärken war. Aber sie hat zu einem Übergewicht der Führungsmittel über die Führungskunst geführt." Gegenüber „der vollendeten Entwicklung des Führungshandwerks" im preußischen Generalstab habe Rupprecht „als der geborene Vertreter der Führungskunst" gestanden. Dieser habe die Führungstechnik zwar in überzeugender Weise beherrscht, sie sei ihm aber stets nur Mittel zum Zweck gewesen. Als Oberbefehlshaber habe er den Kampf stets ritterlich und aufrecht geführt. Vertrauen sei für ihn das wesentliche Element militärischer Führung gewesen. Wie kaum ein anderer habe er sich auf die Kunst der militärischen Menschenführung verstanden. Er habe seine Untergebenen stets mitzureißen und zu beflügeln vermocht. Mit „Herzlichkeit und Wärme" sei er seinen Unterführern und Mit-

---

[1598] Vgl. Weiß, Dieter J.: Kronprinz Rupprecht von Bayern. Regensburg, 2007. S. 125.
[1599] Kuhl, Hermann von: Der Feldherr. In: Süddeutsche Monatshefte. 30. Jahrgang. Januar 1933. Zit. nach Sendtner, Kurt: Rupprecht von Wittelsbach. Kronprinz von Bayern. München, 1954. S. 251f.
[1600] „Eine Unterredung mit Kronprinz Rupprecht". Bayerische Staatszeitung, 2. September 1916. BayHStA, GHA. Presseausschnittsammlung der Königin Marie Therese. Bd. XLI.

arbeitern im Stab begegnet. Er habe jeden zu Wort kommen lassen und sich als Meister des Zuhörens erwiesen.[1601]

Rupprecht brachte sich auch politisch stark ein. Sein Quartier Rupprecht wurde, ähnlich wie dasjenige des Deutschen Kronprinzen und des Oberkommandierenden Ost, zum Treffpunkt von Diplomaten, Heerführern, Journalisten und Fürstlichkeiten. Zu den Mahlzeiten lud Rupprecht neben seinen engsten Generalstabsmitarbeitern abwechselnd zu seinem Hauptquartier zugehörige Offiziere ein. Er hatte fortwährend Offiziere, Pressevertreter sowie Staatsmänner und Besucher aus aller Welt zu Gast bei sich in Cambrai.[1602] Militärische Gespräche waren bei Tisch tabu. Rupprechts favorisierte Themen waren Reisen, Kunst, Musik und Literatur, um von der täglichen Arbeit abzulenken.[1603] Der Kronprinz nahm seinen 26-jährigen Vetter Herzog Luitpold nach dessen Genesung von seiner Lungenerkrankung in seinen Stab auf, was ihm ab 1916 außerhalb des Dienstes einen willkommenen Gesprächspartner in Kunstfragen bescherte. Zudem ließ Rupprecht den Radierer Oskar Graf dem Stab der Heeresgruppe zuteilen, „der einige sehr hübsche Blätter fertigte, nach meiner bisherigen Kenntnis wohl das Beste, was an Kriegsbildern hervorgebracht wurde."[1604] Rupprecht lud in Zeiten geringer Kampfaktivität auch Musiker, die sich an seiner Front befanden, zu Konzerten in sein Hauptquartier ein. In den Phasen heftiger Kämpfe, etwa während der Durchbruchsschlachten an der Somme oder in Flandern, erfüllte er ausschließlich seine militärischen Aufgaben. General von Kuhl urteilte, Rupprecht sei nicht nur „politisch als Kronprinz, sondern auch militärisch als Feldmarschall und Heerführer eine Persönlichkeit."[1605]

Legationsrat Krafft vermittelte nach wie vor den Kontakt zwischen dem Hauptquartier des Kronprinzen und der bayerischen Staatsregierung, stand aber der bayerischen Regierung näher als den Auffassungen Rupprechts. Weder dessen wachsende Sorge um die Schwächung der bayerischen Eigenstaatlichkeit noch dessen Einschätzung zu den schwindenden militärischen Erfolgsaussichten vermochte er

---

[1601] Halder hatte als bayerischer Generalstabsoffizier im Ersten Weltkrieg Dienst im Stab des Kronprinzen geleistet. Jahrzehnte später, von 1938 bis 1942, fiel ihm als Generaloberst und Chef des Generalstabs des Heeres ein maßgeblicher Anteil an den „Blitzfeldzügen" des Zweiten Weltkrieges zu. Über lange Jahre blieben Halder und Kronprinz Rupprecht persönlich miteinander verbunden, sogar über den Zweiten Weltkrieg hinaus. Aus einem Brief Halders aus dem Jahr 1954. Zit. nach Hackl: Kriegsakademie. S. 250-252.

[1602] Vgl. Ries, Helmut: Kronprinz Wilhelm. Hamburg, 2001. S. 131, S. 150-152; Kuhl, Hermann von: Der Feldherr. In: Süddeutsche Monatshefte. 30. Jahrgang. Januar 1933. Zit. nach Sendtner, Kurt: Rupprecht von Wittelsbach. Kronprinz von Bayern. München, 1954. S. 251f.

[1603] Der Armeeführer mahnte seine Offiziere zur humanen Behandlung der französischen Zivilbevölkerung und der Kriegsgefangenen, forderte die Schonung der Kunstwerke und Bibliotheken des Kampfgebietes. Über Entdeckungen von Kunstwerken, wie die Wachsbüste des „Mädchens von Lille" aus der Zeit um 1500, die er im Museum von Lille auffand, freute sich der Kronprinz ganz besonders. Vgl. Goetz, Walter: Rupprecht. Kronprinz von Bayern. 1869-1955. Ein Nachruf. München, 1956. S. 23f.

[1604] Schreiben des Kronprinzen Rupprecht an Otto Lanz, 14.7.1916. Briefe des Kronprinzen von Bayern. 1916. BayHStA, Geheimes Hausarchiv. NL Otto Lanz, Nr. 8.

[1605] Vgl. und zit. nach Goetz, Walter: Rupprecht. Kronprinz von Bayern. 1869-1955. Ein Nachruf. München, 1956. S. 24.

zu teilen und versuchte daher, den Kronprinzen im Sinne Hertlings und Dandls zu beeinflussen. Das bayerische Kriegsministerium verfügte mit Karl Freiherr von Nagel über einen gut informierten Militärbevollmächtigten im Großen Hauptquartier, der regelmäßig mit dem Kronprinzen zusammentraf und dessen Kritik an der Obersten Heeresleitung nach München vermeldete. Nicht nur über diese offiziellen Kontakte bezog Rupprecht Informationen über die politische Lage, sondern auch durch sein umfangreiches persönliches Netzwerk. Mit den täglich in seinem Hauptquartier zu Gast weilenden Abgeordneten oder Journalisten tauschte sich der bayerische Kronprinz aus, zudem unterhielt er zahllose Korrespondenzen. Da die deutsche Presse der Zensur unterlag, ließ der stets kritische Rupprecht durch seinen Hofmarschall für sich die „Basler Nachrichten" abonnieren.[1606]

Rupprecht gönnte sich während der Kriegsjahre nur fünf Wochen Heimaturlaub, die auf vier Besuche aufgeteilt waren, da er sich als unabkömmlich betrachtete.[1607] Zur Jagd ging er weniger häufig als andere Armeeführer, obgleich er ein passionierter Jäger war. Ab und zu nahm er an einer Fasanjagd teil.[1608] An Prinz Georg schrieb er, es gebe zwar wenige, aber dafür sehr starke Rehböcke: „Leider hat man nur allzu wenig Zeit zum Pirschen, denn es gibt gerade übergenug zu tun."[1609] Erst im Sommer 1917 schoss er, wie er seinem jagdbegeisterten Onkel Leopold berichtete, in der Gegend um Cambrai seinen „ersten Rehbock während des Krieges".[1610]

Der einzige noch lebende Sohn des seit 1912 verwitweten Kronprinzen, der bei Kriegsausbruch neun Jahre alte Erbprinz Albrecht, der mit einem Erzieher bei seinem königlichen Großvater in München lebte, besuchte seinen Vater etliche Male.[1611] Im August 1915 hatte Albrecht zehn Tage im Quartier des Kronprinzen in Lille verbracht[1612] und war im Januar 1916 erneut bei seinem Vater.[1613] Aufgrund der kritischen Kriegslage konnte sich Rupprecht bis Mitte September 1916 keine Abwesenheit von der Front erlauben, weswegen er seinen Vater um die Erlaubnis bitten musste, dass Albrecht nach der Ferienzeit „zu einem von mir näher zu bezeichnendem Termine auf rund 14 Tage zu mir kommen darf und zwar nach meinem neuen, derzeit noch nicht bestimmt feststehenden aber wohl etwas weiter

---

[1606] Vgl. Weiß, Dieter J.: Kronprinz Rupprecht von Bayern. Regensburg, 2007. S. 129f; Vgl. Sendtner, Kurt: Rupprecht von Wittelsbach. Kronprinz von Bayern. München, 1954. S. 326.
[1607] Beurlaubungen des Kronprinzen Rupprecht von Bayern während der Kriegszeit. BayHStA, KrA. Offizierspersonalakte 47534; Vgl. Sendtner, Kurt: Rupprecht von Wittelsbach. Kronprinz von Bayern. München, 1954. S. 254.
[1608] Kriegstagebuch, 28. Dezember 1914. BayHStA, GHA. NL Kronprinz Rupprecht, Nr. 701.
[1609] Kronprinz Rupprecht an Prinz Georg, 24. Mai 1917. Briefe Rupprechts, Adelgundes, Franz, Hildegards, Wiltruds, Marie und Ferdinand von Kalabriens, Helmtruds und Gundelindes an Prinz Georg. BayHStA, GHA. NL Prinz Georg, Nr. 75.
[1610] Brief des Kronprinzen Rupprecht an Prinz Leopold, 29.7.1917. BayHStA, GHA. NL Prinz Leopold, Nr. 37.
[1611] Vgl. Sendtner, Kurt: Rupprecht von Wittelsbach. Kronprinz von Bayern. München, 1954. S. 257f.
[1612] Kriegstagebuch, 1. August 1915. BayHStA, GHA. NL Kronprinz Rupprecht, Nr. 703.
[1613] Prinz Franz an König Ludwig III., 5.1.1916. BayHStA, GHA. NL Ludwig III., Nr. 64.

8.4 Die Heeresgruppe Kronprinz von Bayern

rückwärts gelegenem Quartiere."[1614] Wie Prinz Franz berichtete, hatte sein Neffe diese Besuche „offenbar sehr genossen."[1615]

General Nikolaus von Endres, der die enorme Popularität des Heeresgruppenführers konzedierte, übte in seinem Tagebuch bezüglich des politisch bedenklichen Privatlebens des Kronprinzen Kritik.[1616] Der verwitwete Rupprecht unterhielt laut Kriegsminister Philipp von Hellingrath „in Douai und Lille enge Beziehungen zu einer Französin und trieb dieses Verhältnis so weit, dass er sich mit ihr sogar in der Öffentlichkeit zeigte." Diese Angelegenheit führte zu einer Besprechung des Kriegsministers mit Rupprechts Generalstabschef Hermann von Kuhl, „wobei festgestellt wurde, dass der persönliche Adjutant einen sehr schlimmen Einfluss auf seinen Herrn ausübe."[1617] Auch wenn die Öffentlichkeit über diese Angelegenheit nichts erfuhr, wurde Adjutant Franz von Redwitz seiner Position enthoben und durch Baron Hirschberg ersetzt. Nichtsdestoweniger hatte das Kriegsministerium dem Kronprinzen freigestellt, Baron Redwitz „auch mit dem Adjutantentitel" beim Kronprinzen zu belassen. Aus „Etatrücksichten" müsse die Bezahlung aber künftig durch diesen selbst erfolgen. Hirschberg wurde gegenüber Rupprecht von dessen Hofmarschall Friedrich Graf von Pappenheim als „sehr glückliche Wahl" bezeichnet.[1618] Hellingrath vermerkte: „Der Kronprinz ahnte wohl den Zusammenhang dieser Maßnahme und zog sich jedenfalls eine Lehre daraus; jedenfalls kamen mir von dieser Zeit an keine Klagen mehr zu Ohren."[1619] Im Sommer 1918 bahnte Rupprecht seine Verlobung mit der 19-jährigen Prinzessin Antonia von Luxemburg an. Nachdem der König seine laut Familienstatut notwendige Zustimmung gegeben hatte, verkündete er anlässlich seines Namenstages der überraschten und erfreuten Öffentlichkeit offiziell die Nachricht von der Verlobung seines Sohnes. Die Hochzeit sollte allerdings erst nach dem Krieg stattfinden.[1620]

[1614] Schreiben des Kronprinzen Rupprecht an Ludwig III., 23. August 1916. BayHStA, GHA. NL Ludwig III., Nr. 59.
[1615] Prinz Franz an König Ludwig III., 5.1.1916. BayHStA, GHA. NL Ludwig III., Nr. 64.
[1616] Vgl. Weiß, Dieter J.: Kronprinz Rupprecht von Bayern. Regensburg, 2007. S. 124.
[1617] Manuskript der Lebenserinnerungen des k.-b. Kriegsministers Philipp von Hellingrath. S. 244. BayHStA, Geheimes Hausarchiv. NL Philipp von Hellingrath, Nr. 6.
[1618] Graf Pappenheim an Kronprinz Rupprecht. München, 6.2.1917. Berichte des Hofmarschalls Graf Pappenheim an den Kronprinzen Rupprecht im Jahr 1917. BayHStA, GHA. NL Kronprinz Rupprecht, Nr. 166; Kriegsministerium an das Generalkommando I. b. A.K. München, 25.6.1916. Lebenslauf, Ernennungen und Vollmachten (1916-1958). BayHStA, Geheimes Hausarchiv. NL Franz von Redwitz, Nr. 1.
[1619] Manuskript der Lebenserinnerungen des k.-b. Kriegsministers Philipp von Hellingrath. S. 244. BayHStA, Geheimes Hausarchiv. NL Philipp von Hellingrath, Nr. 6.
[1620] Kriegstagebuch, 16.-24. August 1916. BayHStA, GHA. NL Kronprinz Rupprecht, Nr. 708; Vgl. Sendtner, Kurt: Rupprecht von Wittelsbach. Kronprinz von Bayern. München, 1954. S. 259f.

8.5 Die großen Abwehrschlachten im Westen

Am 8. September 1916, eine gute Woche nach den personellen und strukturellen Veränderungen in der deutschen Militärführung, fand im Hauptquartier des Kronprinzen von Bayern in Cambrai eine grundlegende Besprechung statt. An dieser nahmen neben Kronprinz Rupprecht der neue Chef des Generalstabs des Feldheeres Hindenburg und der Erste Generalquartiermeister Ludendorff teil, ebenso Kronprinz Wilhelm, Herzog Albrecht von Württemberg, die Führer der 1. und 2. Armee, General Otto von Below und General Max von Gallwitz, Admiral Ludwig von Schröder, der Oberbefehlshaber des Marinekorps, sowie die Stabschefs sämtlicher Armeen der Westfront. Bei dieser Gelegenheit überreichte Hindenburg dem bayerischen Kronprinzen im Auftrag des Kaisers den preußischen Marschallstab, bevor er mit der Darlegung der Kriegslage begann. An der West- wie an der Ostfront standen die deutschen Truppen so dünn, dass nach Einschätzung der Heeresleitung keine Offensiven unternommen werden konnten. Da Hindenburg und Ludendorff den ganzen Tag über in Cambrai blieben, hatte Rupprecht Gelegenheit, sich ein Bild über die neue Heeresleitung zu verschaffen: „Das Einvernehmen zwischen den Beiden ist ein vorzügliches. Hindenburg ist eine stattliche Erscheinung. [...] Sein Wesen ist gelassen und bestimmt. Er liebt die Jagd und ist einem harmlosen Witze gegenüber sehr zugänglich. [...] Ludendorff hat einen feingeschnittenen klugen Kopf. [...] Was er sagte, war alles zutreffend."[1621]

Seinem Vater berichtete Rupprecht ausführlich über das unerfreuliche Bild der militärischen Gesamtlage. Die österreichisch-ungarische Armee besaß keine Angriffskraft mehr und konnte sich in der Verteidigung nur noch dann behaupten, wenn ihre Divisionen mit deutschen Verbänden untermischt waren. Dadurch war es unmöglich, für Angriffsunternehmungen Kräfte freizubekommen: „Wir müssen uns also sowohl im Westen wie im Osten auf die reine Defensive beschränken, ja nicht einmal gegen die Rumänen vermögen wir Truppen von nennenswerter Stärke aufzubringen, da die hierfür bestimmten Neuformationen sofort wieder zur Stützung der schwankenden österreichischen Front verwendet werden mussten." Gelinge die Offensive der Bulgaren, könne man eventuell „etwas gegen die Russen unternehmen". Misslinge sie aber, sei man genötigt, sich mit den „Gegnern, so gut oder schlecht es geht, über die Friedensbedingungen auseinander zu setzen." Der Deutsche Kronprinz, der in den Augen Rupprechts „wesentlich reifer" geworden sei, beurteile die Dinge ebenso und sei gleichfalls der Ansicht, man sei „bald am Ende unserer Kräfte".[1622]

Wie der Legationsrat Krafft nach München berichtete, stand seit der Bildung der Heeresgruppe Kronprinz von Bayern alles „unter dem Eindruck und der Einwirkung der Kämpfe an der Somme, die [...] mit unverminderter Heftigkeit andau-

---

[1621] Kriegstagebuch, 5. September 1916. BayHStA, GHA. NL Kronprinz Rupprecht, Nr. 704.
[1622] Schreiben des Kronprinzen Rupprecht an Ludwig III., 10. September 1916. BayHStA, GHA. NL Ludwig III., Nr. 59.

8.5 Die großen Abwehrschlachten im Westen

erten." Trotz aller Schwierigkeiten teile Kronprinz Rupprecht die Zuversicht Hindenburgs, dass es dem Gegner nicht gelingen werde, die Front zu durchbrechen.[1623] Rupprecht berichtete seinem Onkel Leopold Ende September, seine Heeresgruppe stehe „in dem schwersten und verlustreichsten Kampfe, den wir überhaupt hatten."[1624] Dieser hatte ihm zuvor geschrieben, er verfolge die Kämpfe an der Somme mit „gespanntestem Interesse" und bewundere, „was Führer und Truppen gegenüber der vielfachen feindlichen Übermacht leisten."[1625] Die Lagebeurteilung des Kronprinzen korrespondierte nicht mit derjenigen seines Vaters. Kabinettschef Dandl informierte den Ministerratsvorsitzenden Hertling über eine Auseinandersetzung des Kronprinzen mit dem König. Rupprecht hatte Ludwig III. am 22. September 1916, inmitten der Sommeschlacht, eindringlich gewarnt: „Zu Hause werden die Dinge mit einem oft leichtfertigen Optimismus abgetan. […] Ich fürchte, es wird zu Hause einmal ein sehr übles Erwachen aus allerhand schönen Illusionen geben, die wohl zu einem früheren Zeitpunkte eine gewisse Berechtigung hatten, die aber jetzt nicht mehr angebracht sind. Die Lage ist zweifellos sehr ernst, doch hoffe ich, dass wir diesmal noch ihrer Herr werden. Ich wiederhole aber, es ist Zeit, dass Schluss gemacht wird, denn allzu lange geht es nicht mehr weiter." Für Dandl war dies „ein Bild von der, wie es scheint, nicht geringen Aufregung des Kronprinzen." Der König beantwortete das Schreiben am 6. Oktober 1916, forderte mehr Zuversicht und betonte, dass er nicht so schwarz sehen könne.[1626]

Die immens verlustreiche Sommeschlacht dauerte bis in den Spätherbst des Jahres 1916 an. Erst Anfang Dezember kam die alliierte Offensive zum Erliegen. Im Spätherbst 1916 hatte Rupprecht erstmals für eine Verkürzung der deutschen Frontlinie unter Aufgabe von erobertem Terrain plädiert. Schließlich stimmte die Heeresleitung dem Plan eines Rückzugs in die so genannte „Siegfriedstellung" entlang der Linie Arras-St. Quentin-Soissons zu, die hinter der Front als Auffangstellung aufgebaut werden sollte. Durch diese Maßnahme hofften sowohl Kronprinz Rupprecht als auch die Heeresleitung, Rückhalt für eine neue Offensive zu gewinnen. Vor allem sollte die Frontverkürzung defensive Maßnahmen erleichtern. Der Rückzug wurde am 4. Februar 1917 befohlen und dauerte bis in den März an.[1627] Rupprecht empfand es als schmerzlich, „stets mit defensiven Aufgaben betraut" zu sein. Die Schuld an der Erstarrung der Westfront gab er nach wie vor Falkenhayns verfehlter Strategie. Seiner Meinung nach war aber auch die dritte Oberste Heeres-

---

[1623] Geheimer Legationsrat Krafft an Graf Hertling. Hauptquartier der Heeresgruppe Kronprinz Rupprecht, 23. September 1916. In: Briefwechsel Hertling-Lerchenfeld 1912-1917. Zweiter Teil. Boppard am Rhein, 1973. S. 727-730.
[1624] Brief des Kronprinzen Rupprecht an Prinz Leopold, 23.9.1916. BayHStA, GHA. NL Prinz Leopold, Nr. 37.
[1625] Brief des Prinzen Leopold an Kronprinz Rupprecht, 19.9.1916. BayHStA, GHA. NL Kronprinz Rupprecht, Nr. 17.
[1626] Otto von Dandl an den Ministerratsvorsitzenden Georg von Hertling. Berchtesgaden, 6.10.16. Wichtige Aktenstücke zum Ausbruch des Weltkrieges sowie über die militärische und politische Lage während des Krieges. BayHStA, NB. StMin des K. Hauses und des Äußern, Nr. 975.
[1627] Vgl. Weiß, Dieter J.: Kronprinz Rupprecht von Bayern. Regensburg, 2007. S. 119f.

leitung außerstande, unter den gegebenen Verhältnissen offensive Erfolge zu erzielen. Vor allem ärgerte ihn die Aussicht, den drei prinzlichen Heeresgruppenführern der Westfront könnte die Schuld für die dauerhafte Defensive zugeschrieben werden, während die Heeresleitung sich aus der Verantwortung stehle. Man werde sagen, an der Westfront werde nur deshalb nichts erreicht, weil die Führer der dortigen Heeresgruppen – Herzog Albrecht von Württemberg, Kronprinz Wilhelm des Deutschen Reiches und Kronprinz Rupprecht von Bayern – nur „aus dynastischen Rücksichten gewählt worden seien." Wenn an der Westfront hingegen eine Operation gelinge, wie beispielsweise das Beziehen der Siegfriedstellung, beanspruche die Heeresleitung das Verdienst ausschließlich für sich. Dies war für Rupprecht „bei aller Anerkennung Hindenburgs und Ludendorffs" bedauerlich, da auf diese Weise „die Leistungen der Führer der einzelnen Armeegruppen und Armeen in der öffentlichen Meinung herabgesetzt" würden.[1628]

Auf Anordnung der Heeresleitung sollten während des Rückzugs in die Siegfriedstellung im Räumungsgebiet alle Einrichtungen zerstört werden, die für gegnerische Zwecke nutzbar waren. Zudem wurden 140.000 Bewohner ins Hinterland deportiert. Rupprecht missbilligte dies aufs Schärfste und spielte mit Rücktrittsgedanken: „Am liebsten hätte ich meinen Abschied genommen, es wurde mir aber bedeutet, dass dies nichts nutzen und mir aus politischen Gründen auch nicht genehmigt würde, da der Vorgang im Ausland als ein Zerwürfnis zwischen Bayern und dem Reiche gedeutet würde. So musste ich mich denn darauf beschränken, meine Unterschrift zu den Ausführungsbestimmungen zu verweigern." Der Kaiser und Ludendorff sprachen dessen ungeachtet gegenüber dem Reichskanzler dem Kronprinzen Rupprecht den Verdienst an der erfolgreichen Ausführung des Rückzugs zu.[1629] Als Abschnittskommandeur an den Befestigungsbauten stand auch Prinz Franz unter dem Kommando seines Bruders. Während den Grabungsarbeiten ließ er Fossil-Kollektionen retten und in die naturwissenschaftlichen Sammlungen des bayerischen Staates überbringen.[1630]

Als Antwort auf den Rückzug der deutschen Truppen erfolgten heftige Angriffe auf die Heeresgruppe Kronprinz von Bayern, die am 9. April 1917 bei Arras einsetzten. Bis Anfang Mai konnte der Vorstoß aufgehalten werden. Am 16. April setzte der französische Sturm auf den Chemin des Dames-Höhenzug in der Picardie ein, der bald in sich zusammenbrach. Die nächste Flandernschlacht setzte wenige Wochen später, ab dem 31. Juli 1917, im Raum Ypern ein und dauerte bis in den November.[1631] Die Infanteriedivision des Prinzen Franz führte im September 1917 bei Passchendaele an der Flandernfront einen Gegenangriff durch.[1632] Immer

---

[1628] Kriegstagebuch, 5. April 1917. BayHStA, GHA. NL Kronprinz Rupprecht, Nr. 705.
[1629] Zit. nach Weiß, Dieter J.: Kronprinz Rupprecht von Bayern. Regensburg, 2007. S. 120.
[1630] Vgl. Rall, Hans: Wittelsbacher Lebensbilder von Kaiser Ludwig bis zur Gegenwart. München, 1979. S. 71.
[1631] Vgl. Neitzel, Sönke: Weltkrieg und Revolution. 1914-1918/19. Berlin, 2008. S. 69-72; Vgl. Weiß, Dieter J.: Kronprinz Rupprecht von Bayern. Regensburg, 2007. S. 120.
[1632] Vgl. Rall, Hans: Wittelsbacher Lebensbilder von Kaiser Ludwig bis zur Gegenwart. München, 1979. S. 71.

wieder bescherten englische Durchbruchsversuche einen hohen Blutzoll, erzielten aber kaum Geländegewinne. Der britische Vorstoß vom 20. November 1917 brachte die erste Tankschlacht des Krieges.[1633] Die Heeresgruppe Kronprinz Rupprecht wehrte schwere britische Angriffe ab. Die deutsche Propaganda stilisierte den bayerischen Kronprinzen daraufhin zum „Wächter an der flandrischen Front".[1634]

Gefahrlos war der Krieg für den Heeresgruppenführer nicht. Im Mai 1915 war eine Fliegerbombe „dicht vor der Gartenmauer des von [ihm] früher bewohnten Hauses geplatzt", das er zuvor „aus Sicherheitsgründen verlassen hatte, weil es sehr leicht zu finden war und seine genaue örtliche Beschreibung in einer französischen Zeitung erschienen war, die ihre Kenntnisse vermutlich der ungeschickten Veröffentlichung eines deutschen Journalisten verdankte."[1635] Einen Monat später landete eine Fliegerbombe unmittelbar vor dem alten Quartier des Kronprinzen.[1636] Im Juli 1916 wurde sein Quartier erneut angegriffen, wie er berichtete: „Ich sah die Sache kommen, da die in den vorangehenden Tagen und Nächten abgeworfenen Bomben immer mehr meinem Hause sich näherten. Es war wie ein Einschießen. [...] Am gleichen Tage wurde genau zu der Stunde, zu der ich den Weg zum Oberkommando [...] zu Pferde zurückzulegen pflegte, dieser Weg mit Bomben abgestreut. Durch einen Zufall war ich etwa zehn Minuten aufgehalten worden, sonst wäre ich mitten in die Bescherung hineingeraten."[1637]

Auch die Frontbesuche wurden gefährlicher. Im Mai 1918 war der König von Sachsen während einer Truppenbesichtigung im offenen Gelände von Fliegern angegriffen worden. Am gleichen Tag war ein Fliegerangriff auf ein Depot bei Tournai erfolgt. Eine Bombe, die verspätet losgelassen worden war, traf ein von König Ludwig III. während dessen Frontbesuchs bewohntes Haus in der Nähe von Tournai. Der König befand sich zu dieser Zeit beim Generalkommando des II. bayerischen Armeekorps. Während er mit seinem Sohn Rupprecht dort weilte, strich über ihnen „ein feindliches Fliegergeschwader hinweg, verfolgt von einer deutschen Jagdstaffel, mit der es MG-Schüsse austauschte."[1638] In der Nacht auf den 2. Juli 1918 wurde das Quartier des Kronprinzen von Bayern infolge eines Fliegerangriffs stark beschädigt. Rupprecht hatte sich rechtzeitig in den betonierten Unterstand im Keller begeben, bevor die Bomben einschlugen: „Da klirrte und schepperte es nebenan und zitterten die Wände, kein Zweifel, der an mein Schlafzimmer angren-

---

[1633] Vgl. Weiß, Dieter J.: Kronprinz Rupprecht von Bayern. Regensburg, 2007. S. 119.
[1634] Der Wächter an der flandrischen Front Kronprinz Rupprecht von Bayern. In: Das Bayerland. Illustrierte Wochenschrift für Bayerns Land und Volk. Begründet von H. Leher, Hrsg. von Dr. Josef Weiß und Dr. Otto Denk in Verbindung mit einem Kuratorium unter dem Vorsitze Sr. Kgl. Hoheit des Kronprinzen Rupprecht von Bayern. München, Jahrgang 1917/18. Zweites Oktoberheft 1917. S. 25.
[1635] Kriegstagebuch, 9. Mai 1915. BayHStA, GHA. NL Kronprinz Rupprecht, Nr. 702.
[1636] Brief des Kronprinzen Rupprecht an Prinz Leopold, 18.6.1915. BayHStA, GHA. NL Prinz Leopold, Nr. 37.
[1637] Schreiben des Kronprinzen Rupprecht von Bayern an den bayerischen Kriegsminister Philipp von Hellingrath, 9.7.1916. Korrespondenz mit Kronprinz Rupprecht. BayHStA, Geheimes Hausarchiv. NL Philipp von Hellingrath, Nr. 7.
[1638] Kriegstagebuch, 16. Mai 1918. BayHStA, GHA. NL Kronprinz Rupprecht, Nr. 708.

zende Wintergarten war getroffen [...]. Hauptmann Gerke, der die Bomben zu zählen sich mühte, sprach eben ‚fünf' und nun fiel eine Bombe unmittelbar auf den Unterstand selbst [...]. Die Erschütterung war äußerst stark. Ich sah noch, wie die Decke des Unterstandes nach unten sich senkte, dann erlosch das Licht und eine dichte Wolke aus Staub und Rauch drang [...] herein." Rupprecht blieb unverletzt, während sein Adjutant leicht verwundet wurde.[1639]

8.6 Prinz Leopolds Sieg über das revolutionäre Russland

Im Osten brach im März 1917 die Herrschaft des russischen Zaren in revolutionären Wirren zusammen. Nikolaus II. unterzeichnete seine Abdankung, worauf eine provisorische Regierung, gestützt auf die bürgerlich-liberale Mehrheit in der Duma, die Macht übernahm. Im Petrograder Sowjet der Arbeiter- und Soldatendeputierten besaß diese von Beginn an einen Mit- und Gegenspieler. Während die provisorische Regierung zu den Bündnisverpflichtungen und zur Fortsetzung des Krieges stand, rief der Sowjet Ende März zu einem Frieden „ohne Annexionen und Kontributionen" auf. Dieser Appell machte einen starken Eindruck auf die kriegsmüden Massen der kämpfenden Nationen und setzte die deutsche Politik zunehmend unter Druck.[1640] Seinem Sohn Georg schrieb Leopold, in Russland scheine sich „die Revolution verhältnismäßig schnell und ohne große Kämpfe zu vollziehen, was noch kommt ist wohl schwer vorauszusehen, aber immerhin hoffe ich, dass eine Schwächung des Riesenreiches eintreten wird."[1641] Für die militärischen Operationen bedeutete die Revolution ein Problem. Für ein weiteres Vorgehen gegen die russische Armee fehlten Reserven. Eine Zeitlang hatte es den Anschein, als ob man zu Waffenstillstandsverhandlungen kommen könnte.[1642] Am 17. April äußerte General Hoffmann gegenüber Ludendorff, dass die Kampfkraft der russischen Armee zwar erschüttert sei, man aber nicht damit rechnen könne, sie bei „etwaigen deutschen Angriffen kampflos weggehen zu sehen." Man war sich einig, dass im Fall eines russischen Zusammenbruchs große deutsche Truppenkontingente vom Osten in den Westen verschoben werden mussten, um dort den endgültigen Sieg zu erkämpfen.[1643]

[1639] Ebd., 2. Juli 1918. BayHStA, GHA. NL Kronprinz Rupprecht, Nr. 708; Telegramm des bayerischen Militärbevollmächtigten im Großen Hauptquartier an das bayerische Kriegsministerium, 5.7.1918. No. 16049. BayHStA, KrA. Offizierspersonalakte 47534.
[1640] Vgl. Ullrich, Volker: Die nervöse Großmacht. Frankfurt am Main, 2007. S. 513-522; Vgl. Stevenson, David: 1914-1918. Der Erste Weltkrieg. Düsseldorf, 2006. S. 360-371.
[1641] Schreiben des Prinzen Leopold an Prinz Georg, 26.3.17. BayHStA, GHA. NL Prinz Georg, Nr. 59.
[1642] Vgl. Wolbe, Eugen: Generalfeldmarschall Prinz Leopold von Bayern. Ein Lebensbild. Leipzig, 1920. S. 129f.
[1643] Die Aufzeichnungen des Generalmajors Max Hoffmann. Hrsg. von Karl Friedrich Nowak. Zweiter Band. Berlin, 1929. S. 171f.

8.6 Prinz Leopolds Sieg über das revolutionäre Russland

Die revolutionären Verhältnisse führten zu chaotischen Szenen. Prinz Leopold schrieb im April 1917: „An meiner Front haben sich die Verhältnisse ganz eigentümlich gestaltet. An manchen Teilen der Front ist das Art[illerie-]Feuer heftig aufgelebt. [...] Im Gegensatz hierzu tritt an vielen Stellen die russische Infanterie vor ihre Gräben und sendet Deputationen in unsere Linien, um zu verhandeln." Dies barg Gefahren: „Es muss diese Angelegenheit unsererseits mit großer Vorsicht behandelt werden, da man einerseits die Friedensgeneigtheit der Russen begünstigen, andernfalls jedoch den allenfallsigen Verbrüderungsversuchen mit aller Entschiedenheit entgegentreten muss."[1644] Es herrschten „merkwürdige Zustände, halb Krieg, halb Waffenstillstand."[1645] Prinz Georg schrieb seinem Vetter Rupprecht: „Hier im Osten hat der Krieg unterdessen höchst eigentümliche Formen angenommen. Die Gefechtstätigkeit hat so gut wie ganz aufgehört, an vielen Stellen der Front herrscht ein stillschweigender Waffenstillstand, russische Unterhändler kommen herüber und verhandeln, teils mit, teils ohne Wissen ihrer Vorgesetzten, mit uns."[1646] Auf Wunsch der Heeresleitung wurde Mitte Mai 1917 bezüglich eines allgemeinen Waffenstillstandsabkommens vorgefühlt.[1647] Das Auswärtige Amt sandte einen Diplomaten nach Brest-Litowsk.[1648]

Die Vorstellungen der deutschen Heeresleitung bezüglich der Friedensordnung waren maßlos. Kurland und Litauen, Teile von Livland und Estland sollten annektiert, Kongresspolen formal selbstständig, faktisch aber vom Reich abhängig werden. Dass Bethmann es nicht mehr wagte, den Forderungen der Militärs offen zu widersprechen, illustriert, wie schwach seine Position im Machtkampf mit Ludendorff und Hindenburg war. Eine Annahme der Friedensformel des Petrograder Sowjets kam weder für die Reichsleitung noch für die Heeresleitung infrage. Stattdessen setzte man auf eine weitere Destabilisierung Russlands, die einen militärischen Sieg ermöglichen sollte. Die Zersetzung, die durch die Revolution ins russische Heer getragen wurde, sollte durch Propaganda verstärkt werden. In diesem Zusammenhang stand der Transport von in der Schweiz lebenden Exilrussen durch Deutschland über Schweden bis nach Petrograd. Darunter befand sich auch Wladimir Iljitsch Lenin, der Führer der russischen Bolschewiki. Der Reichstagsabgeordnete Matthias Erzberger und das Auswärtige Amt hatten dies eingefädelt und von deutschen Militärs war die Aktion ausdrücklich befürwortet worden. Der Oberbefehlshaber Ost war allerdings nicht informiert, ebenso wenig wie sein Stabschef.[1649]

[1644] Kriegstagebuch, 16.4.17. BayHStA, GHA. NL Prinz Leopold, Nr. 239.
[1645] Ebd., 7.5.17. BayHStA, GHA. NL Prinz Leopold, Nr. 239.
[1646] Brief des Prinzen Georg an Kronprinz Rupprecht, 15.5.1917. BayHStA, GHA. NL Kronprinz Rupprecht, Nr. 19.
[1647] Kriegstagebuch, 12.5.17. BayHStA, GHA. NL Prinz Leopold, Nr. 239.
[1648] Ebd., 13.5.17. BayHStA, GHA. NL Prinz Leopold, Nr. 239.
[1649] Vgl. Ullrich, Volker: Die nervöse Großmacht. Frankfurt am Main, 2007. S. 517f; Vgl. Die Aufzeichnungen des Generalmajors Max Hoffmann. Hrsg. von Karl Friedrich Nowak. Zweiter Band. Berlin, 1929. S. 174.

Schließlich gelang es Alexander Kerenski überraschend, die russischen Truppen, die am Rande des Zusammenbruchs standen, zu einer neuen Offensive zu bringen. Dieses politisch und militärisch zweifelhafte Unternehmen sollte mit der britischen Frühjahrsoffensive bei Arras und dem französischen Angriff in der Champagne zusammenfallen. Die „Kerenski-Offensive" begann im Juli 1917 und erzielte zunächst in Galizien gegen die österreichische Armee hohe Gewinne. Als deutsche Verstärkungen eintrafen, kam die Offensive zum Stehen.[1650] Für den Oberbefehlshaber Ost kam es nicht nur darauf an, den Angriff abzuwehren, sondern ihn mit einer Gegenoffensive zu beantworten. Dazu waren seit langem Vorbereitungen getroffen worden.[1651] Prinz Leopold kam Kerenskis Vorstoß gelegen. Ende Juni 1917 notierte er: „Die Möglichkeit einer Offensive auf meiner Front schien in die Nähe gerückt. Endlich, nachdem wir hier im Osten fast zwei Jahre lang in der starren Defensive gestanden hatten. Führer und Truppe sahen mit Freude und voller Zuversicht der Zukunft entgegen."[1652] Hoffmann teilte Ludendorff mit, eine Gegenoffensive habe gute Erfolgsaussichten.[1653]

Die Oberste Heeresleitung sandte fünf Infanteriedivisionen und ein Bataillon schwere Artillerie zur Verstärkung. Die Absicht des Prinzen Leopold war es, den „südlichen Teil der feindlichen Armee womöglich vernichtend zu schlagen ohne Rücksicht auf Geländegewinn."[1654] Die Bedingung für das Gelingen dieses Planes war, dass die angegriffene deutsche Front einigermaßen hielt, bis sie selbst zum Angriff schreiten konnte.[1655] Nachdem aber die III. österreichisch-ungarische Armee in Galizien schwer geschlagen wurde, schien der Plan in Gefahr.[1656] Die russische Armee würde, wenn man die Österreicher nicht verstärkte, bis an die Karpaten vordringen, möglicherweise auch nach Ungarn eindringen. Politisch war dies nicht unbedenklich, aber nach des Prinzen Auffassung musste die deutsche Offensive in die russische Flanke und deren Rücken den Gegner umso vernichtender treffen. Als Erfolgsaussicht winkte immerhin die Kapitulation der gesamten russischen Südarmee. Hoffmann setzte sich für eine Variante ein, nach der zuerst die russische Offensive zum Stehen gebracht und erst danach die Offensive von Norden her begonnen werden sollte. Laut Leopold war „dies die vorsichtigere und auch sichere Operation; nur konnte damit der große Erfolg, den ich anstrebe, nicht erreicht werden und musste man sich mit einem kleineren aber sicheren Erfolge genügen lassen." Schließlich gab er, „wenn auch schweren Herzens" nach, wenn-

---

[1650] Vgl. Chickering, Roger: Das Deutsche Reich und der Erste Weltkrieg. München, 2002. S. 213; Vgl. Die Aufzeichnungen des Generalmajors Max Hoffmann. Hrsg. von Karl Friedrich Nowak. Zweiter Band. Berlin, 1929. S. 168.
[1651] Vgl. Wolbe, Eugen: Generalfeldmarschall Prinz Leopold von Bayern. Ein Lebensbild. Leipzig, 1920. S. 130f.
[1652] Kriegstagebuch, 27.6.17. BayHStA, GHA. NL Prinz Leopold, Nr. 239.
[1653] Die Aufzeichnungen des Generalmajors Max Hoffmann. Hrsg. von Karl Friedrich Nowak. Zweiter Band. Berlin, 1929. S. 177.
[1654] Kriegstagebuch, 30.6.17. BayHStA, GHA. NL Prinz Leopold, Nr. 239.
[1655] Ebd., 1.7.17. BayHStA, GHA. NL Prinz Leopold, Nr. 239.
[1656] Vgl. Wolbe, Eugen: Generalfeldmarschall Prinz Leopold von Bayern. Ein Lebensbild. Leipzig, 1920. S. 132f.

gleich er der Ansicht war, dass die von ihm „entworfene Operation die Bessere gewesen wäre, die Gelegenheit zu einem solchen Erfolge bot sich auch nicht wieder."[1657]

Der Prinz begab sich hinter die Front, um nah am Geschehen zu sein und seinen Oberbefehl persönlich wahrzunehmen. Von einer Anhöhe aus beobachtete er am 19. Juli den Sturm auf die Slota Gora, wo der frontale Durchbruch durch die russischen Linien gelang.[1658] Propagandistisch wurde der Erfolg umgehend genutzt. Der Artilleriebeobachtungsturm, von welchem aus Prinz Leopold und Max Hoffmann die Schlacht beobachtet hatten, war telefonisch mit dem Großen Hauptquartier verbunden. Durch die Heeresleitung wurde der Reichskanzler umgehend über die Vorgänge in Galizien informiert. Am Abend des gleichen Tages sprach er vor dem Reichstag über die siegreiche Operation.[1659] Am 21. Juli traf die Meldung ein, dass eine russische Stellung westlich von Tarnopol durchbrochen worden war und sich der Gegner in vollem Rückzug befinde.[1660] Es war gelungen, nach frontalem Durchbruch eine große Schwenkung nach Süden vorzunehmen, wodurch die russische Armee in eine schwierige Lage geraten war. Der Abschnitt von Zloczow wurde zur Defensivflanke, während alle Truppen westlich des Sereth zur Fortsetzung der Offensive der Südarmee unterstellt wurden. Kaiser Karl von Österreich-Ungarn machte auf einer Frontreise am 22. Juli 1917 Halt bei Prinz Leopold und ließ sich die Lage erläutern.[1661] Zwei Tage später traf Kaiser Wilhelm II. am Güterbahnhof nördlich von Zloczow ein, wo er von Prinz Leopold und Oberst Hoffmann empfangen wurde. Wilhelm II. verlieh beiden aufgrund der erfolgreichen Offensive das Eichenlaub zum Orden Pour le Mérite.[1662]

Ende Juli war die Schlacht im Großen und Ganzen vorüber. Der Sieg war von großer Bedeutung, da die Befreiung fast ganz Galiziens gelungen war. Eine Verfolgung in russisches Gebiet schien riskant und so wurde die Offensive an der Landesgrenze angehalten.[1663] In einem ausführlichen Bericht über die Operationen in Galizien subsummierte Max Hoffmann am 4. August 1917, am großen Erfolg hätten auch „die verbündeten österreichisch-ungarischen und osmanischen Truppen ihren Anteil. An Kriegsbeute wurden bis Ende Juli eingebracht: 225 Offiziere, 22.660 Mann, 192 Geschütze, 76 Minenwerfer, 265 Maschinengewehre, 27 Panzerautos, 2 Panzerzüge. [...] So hat die russische Offensive durch Herausfordern einer Gegenoffensive die entgegengesetzte Wirkung gehabt, wie sie Kerenski erhofft hatte. Das russische Heer ist nach schwerer Einbuße wieder in die Defensive geworfen. Fast ganz Galizien und in der Weiterwirkung auch der größte Teil der

---

[1657] Kriegstagebuch, 9.7.17. BayHStA, GHA. NL Prinz Leopold, Nr. 239.
[1658] Ebd., 19.7.17. BayHStA, GHA. NL Prinz Leopold, Nr. 239.
[1659] Die Aufzeichnungen des Generalmajors Max Hoffmann. Hrsg. von Karl Friedrich Nowak. Zweiter Band. Berlin, 1929. S. 179f.
[1660] Kriegstagebuch, 21.7.17. BayHStA, GHA. NL Prinz Leopold, Nr. 239.
[1661] Ebd., 22.7.17. BayHStA, GHA. NL Prinz Leopold, Nr. 239.
[1662] Ebd., 24.7.17. BayHStA, GHA. NL Prinz Leopold, Nr. 239.
[1663] Ebd., 28.7.17. BayHStA, GHA. NL Prinz Leopold, Nr. 239.

Bukowina sind befreit."[1664] Für den Erfolg wurde Prinz Leopold vom Kaiser von Österreich das Militärverdienstkreuz I. Klasse mit Schwertern in Brillanten verliehen.[1665] Zu Ehren des Prinzen wurde gar eine Eisenbahnbrücke über den Dnjester unter dem Namen „Prinz Leopold Brücke" eingeweiht.[1666] Der König von Bayern übersandte Oberst Hoffmann auf Antrag Leopolds das Ritterkreuz des Militär-Max-Joseph-Ordens.[1667] Von Leutstetten aus gratulierte Ludwig III. seinem Bruder Anfang August 1917 überschwänglich: „Mit größtem Interesse habe ich die Nachrichten über das siegreiche Vordringen deiner Armeen verfolgt und mit lebhafter Freude jeden deiner Erfolge begrüßt. Ich beglückwünsche dich von Herzen dazu. Es bleibt für alle Zeiten ein Ruhmesblatt in der Geschichte Bayerns und seines Königshauses, dass in diesem schweren Kriege unter der Führung eines bayerischen Prinzen im Osten gegen eine Überzahl von Feinden glänzende Erfolge erzielt und gleichzeitig im Westen ebenfalls unter der Führung eines bayerischen Prinzen Angriffe eines übermächtigen Gegners von noch nie dagewesener Stärke siegreich abgeschlagen wurden. Dass dabei auch bayerische Truppen, besonders bayerische Landsturmregimenter, sich rühmlich ausgezeichnet haben, erhöht meine Freude und die Bedeutung dieses ruhmvollen Kriegsabschnittes."[1668]

Während die galizische Offensive auslief, wurde im Hauptquartier von Ober Ost die Durchführung einer Operation im Baltikum erwogen. Auf diese Weise sollte ein völliger Zusammenbruch Russlands erreicht werden. Aus diesen Erwägungen heraus wurde bei der Heeresleitung angefragt, ob die zur Verstärkung erhaltenen Truppen im Osten belassen werden konnten. Inzwischen wurden Vorbereitungen zu einem Angriff gegen Riga getroffen.[1669] Am 7. August 1917 kam die Nachricht der Heeresleitung, „dass in Folge der jetzigen Lage im Westen" die Divisionen für weitere Operationen im Osten belassen würden. Leopold erkannte, „dass diese Operation nichts anderes sein konnte, als ein möglichst vernichtender Schlag gegen den rechten russischen Flügel, der mit besonders starken Kräften die Umgegend von Riga besetzt hielt und dieselbe in vielen hintereinander Linien nachdrücklichst befestigt hatte."[1670] Der Prinz übernahm die Leitung der Operationen. Die kriegsmüden russischen Truppen zogen sich rasant zurück.[1671] Am 1. Septem-

---

[1664] Ausführlicher Bericht Max Hoffmanns im Namen Prinz Leopolds über die Kämpfe in Galizien. Hauptquartier Ober Ost, 4. August 1917. Überblick über die Operationen in Galizien im Juli 1917. BayHStA, GHA. NL Prinz Leopold, Nr. 258.

[1665] Kriegstagebuch, 1.8.17. BayHStA, GHA. NL Prinz Leopold, Nr. 239; Ordensverleihungen. BayHStA, GHA. NL Prinz Leopold, Nr. 185.

[1666] Eisenbahnbrücke über den Dnjester „Prinz Leopold Brücke". OeStA, Abt. Kriegsarchiv. Allerhöchster Oberbefehl. Militärkanzlei S.M. des Kaisers, Nr. 34-2/2.

[1667] Kriegstagebuch, 2.8.17. BayHStA, GHA. NL Prinz Leopold, Nr. 239.

[1668] König Ludwig III. von Bayern an Prinz Leopold von Bayern. Leutstetten, 10. August 1917. Briefe Ludwigs III. 1856-1921. BayHStA, GHA. NL Prinz Leopold, Nr. 36.

[1669] Vgl. Wolbe, Eugen: Generalfeldmarschall Prinz Leopold von Bayern. Ein Lebensbild. Leipzig, 1920. S. 137.

[1670] Kriegstagebuch, 7.8.17. BayHStA, GHA. NL Prinz Leopold, Nr. 239.

[1671] Vgl. Wolbe, Eugen: Generalfeldmarschall Prinz Leopold von Bayern. Ein Lebensbild. Leipzig, 1920. S. 137f.

ber 1917 beobachtete der Prinz den Übergang deutscher Truppen über die Düna.[1672] Hoffmann berichtete, dass nach dem erfolgreichen Brückenschlag und dem Ende der russischen Gegenwehr der erste, „der auf der mittelsten Brücke hinüberging, […] Seine Königliche Hoheit der Oberbefehlshaber selbst [war], der wie stets nach vorne drängte, um die Truppe im Angriff zu begleiten."[1673] Am 3. September war Riga genommen. Die Eroberung der Stadt war ein großer Symbolerfolg. Militärisch war ein Ziel erreicht worden, das lange angestrebt worden war, jedoch erst erreicht werden konnte, als die Heeresleitung die dafür nötigen Streitkräfte zur Verfügung stellte.[1674]

Wie zwei Jahre zuvor in Warschau zog der bayerische Prinz am 4. September 1917 feierlich in Riga ein. Seinem Neffen, dem Kronprinzen Rupprecht, schrieb er, „rührend war die ungeheuchelte Freude der deutschen Einwohner Rigas, als ich am Morgen nach der Einnahme unangesagt in die Stadt kam."[1675] Der deutschbaltische Bevölkerungsteil empfand den Einmarsch als Befreiung von russischer Herrschaft. Leopold vermerkte nach einer Rundfahrt durch die Stadt: „Unvergesslich sind diese Augenblicke des begeisterten Empfangs. Namentlich waren es die alten und die jungen Damen, Frauen und Mädchen, welche mit Tränen in den Augen gerührt dankten, dass wir gekommen seien um sie zu befreien. Immer wieder musste man hören: Drei Jahre haben wir gewartet; Gott sei Dank, dass Sie da sind."[1676] Hoffmann erklärte sich dies durch vorangegangene Ausschreitungen der russischen Soldaten, „deren Moral und Disziplin durch die Revolution stark gesunken war." Außerdem habe die Einwohnerschaft „durch lettischen Hass stark gelitten und atmete dankbar auf, als die deutschen Truppen die Stadt besetzten und Ruhe und Ordnung mit sich brachten." [1677]

Zwei Tage später traf der Kaiser ein. Er beglückwünschte den Prinzen Leopold zu den militärischen Erfolgen, verlieh dem westfälischen Dragonerregiment Nr. 7 dessen Namen und hob hervor, dass einem Nichtsouverän zum ersten Mal eine derartige Auszeichnung zuteil werde. In mehreren Autos fuhr man durch Riga, wo der Kaiser zusammen mit dem Prinzen eine Parade abnahm und unzählige Eiserne Kreuze verteilte. Abermals fand Leopold am Straßenrand „eine festlich gekleidete, dicht gedrängte Menge" vor: „Die Bevölkerung Rigas gab ihrer Begeisterung durch fortwährendes Hurrarufen Ausdruck. Die Damen und Mädchen warfen Blumen. Das Ganze war entschieden ein historisches Erlebnis."[1678] Die große Mehrheit der Einwohner Rigas wird jedoch kaum euphorisch auf die Besatzungstruppen

---

[1672] Kriegstagebuch, 1.9.1917. BayHStA, GHA. NL Prinz Leopold, Nr. 239.
[1673] Die Aufzeichnungen des Generalmajors Max Hoffmann. Hrsg. von Karl Friedrich Nowak. Zweiter Band. Berlin, 1929. S. 182.
[1674] Kriegstagebuch, 3.9.1917. BayHStA, GHA. NL Prinz Leopold, Nr. 239.
[1675] Brief des Prinzen Leopold an Kronprinz Rupprecht, 18.9.1917. BayHStA, GHA. NL Kronprinz Rupprecht, Nr. 17.
[1676] Kriegstagebuch, 4.9.1917. BayHStA, GHA. NL Prinz Leopold, Nr. 239.
[1677] Die Aufzeichnungen des Generalmajors Max Hoffmann. Hrsg. von Karl Friedrich Nowak. Zweiter Band. Berlin, 1929. S. 183.
[1678] Kriegstagebuch, 6.9.1917. BayHStA, GHA. NL Prinz Leopold, Nr. 239.

und deren Obersten Kriegsherren reagiert haben. In der Heimat rief die Nachricht von der Einnahme Rigas dagegen in der Tat großen Jubel hervor, zumal man hoffte, dass ein russischer Zusammenbruch das endgültige Ende des Krieges herbeiführen würde. Ludwig III. befand sich gerade in Nürnberg, als spätabends die Mitteilung von der Eroberung Rigas eintraf. Der Nürnberger Oberbürgermeister erbat sich vom König die Erlaubnis, „trotz der vorgerückten Stunde diese Freudenbotschaft durch Glockengeläute und Böllerschüsse der Bevölkerung bekannt zu geben." Dies wurde gestattet und „kurz darauf erschienen unter dem Schlosse Tausende von Menschen, die in Hochrufe auf Seine Majestät ausbrachen. Der Jubel wollte kein Ende nehmen, als der König sich dem Volke am Balkon zeigte."[1679]

Zu weiteren Unternehmungen reichten die deutschen Streitkräfte im Osten nicht aus, zumal nun größere Truppenmassen an die Westfront abgegeben werden mussten. Im weiteren Verlauf der Kämpfe wurde Jakobstadt besetzt.[1680] Militärisch hätte es nach Einschätzung Hoffmanns keine Schwierigkeiten gemacht, den Offensivstoß bis St. Petersburg fortzusetzen.[1681] Zur Absicherung der seeseitigen Flanke wurden die baltischen Inseln im September 1917 angegriffen. Dies geschah nicht mehr unter dem Kommando Leopolds, der einen kurzen Heimaturlaub antrat.[1682] Ende Oktober 1917 waren die Inseln Oesel, Dagö und Moon am Eingang des Rigaer Meerbusens infolge einer gemeinsamen Aktion der Marine und der Landungstruppen der Armee erobert worden.[1683] Durch die Einnahme der baltischen Inseln war die militärische Herrschaft über die Ostsee gesichert.[1684]

Nach den vernichtenden Niederlagen in Galizien, bei Riga und Jakobstadt konnte Kerenski die Zersetzung des russischen Millionenheeres nicht mehr aufhalten. Seine Regierung wurde durch die Bolschewiki am 7. November 1917 gestürzt.[1685] Wie Leopold feststellte, konnte es „kaum einem Zweifel unterliegen, dass die Friedenssehnsucht in Russland immer zunimmt und ebenso die Unlust in der Armee, weiterzukämpfen."[1686] Am 26. November traf ein Telegramm des russischen Oberbefehlshabers beim Oberkommando Ost ein, in dem ein Waffenstillstand erbeten wurde. Leopold registrierte hoffnungsvoll: „Hiermit scheint im Weltkriege endlich die lange erstrebte Entscheidung zu unseren Gunsten zu begin-

---

[1679] K.u.K. Gesandter Graf Thurn in München an den Minister des K.u.K. Hauses und des Äußern Stephan Baron Burián. München 8.9.1917. Berichte aus München 1916-1917. OeStA, Abt. Haus-, Hof- und Staatsarchiv. Politisches Archiv, Nr. 839.
[1680] Vgl. Wolbe, Eugen: Generalfeldmarschall Prinz Leopold von Bayern. Ein Lebensbild. Leipzig, 1920. S. 139.
[1681] Die Aufzeichnungen des Generalmajors Max Hoffmann. Hrsg. von Karl Friedrich Nowak. Zweiter Band. Berlin, 1929. S. 182.
[1682] Kriegstagebuch, 22.9.1917 und 29.9.1917. BayHStA, GHA. NL Prinz Leopold, Nr. 239.
[1683] Vgl. Wolbe, Eugen: Generalfeldmarschall Prinz Leopold von Bayern. Ein Lebensbild. Leipzig, 1920. S. 139f; Vgl. Die Aufzeichnungen des Generalmajors Max Hoffmann. Hrsg. von Karl Friedrich Nowak. Zweiter Band. Berlin, 1929. S. 183f.
[1684] Kriegstagebuch, 22.10.1917. BayHStA, GHA. NL Prinz Leopold, Nr. 239.
[1685] Vgl. Wolbe, Eugen: Generalfeldmarschall Prinz Leopold von Bayern. Ein Lebensbild. Leipzig, 1920. S. 140f.
[1686] Kriegstagebuch, 14.11.1917. BayHStA, GHA. NL Prinz Leopold, Nr. 239.

nen."[1687] Das Gesamtbild sprach eine andere Sprache: Während im Osten Siege errungen worden waren, tobte an der Westfront die Flandernschlacht. Auf dem italienischen Kriegsschauplatz waren die österreichisch-ungarischen Truppen während der 11. Isonzoschlacht in schwerste Bedrängnis geraten. Es konnte für die Heeresleitung nur darum gehen, die bedrohten Fronten mit Truppen aus dem Osten massiv zu verstärken.[1688]

8.7 Monarchie und Kriegspropaganda

Die Monarchie hatte bereits vor dem Kriegsausbruch einen sehr prominenten Platz im medialen Gefüge eingenommen. Täglich waren die Protagonisten der bayerischen Königsfamilie in Zeitungen, Zeitschriften und im Kino gegenwärtig. Unter den Bedingungen von Zensur und Ausnahmezustand veränderte sich das Kommunikationsverhalten, ebenso nahm das staatliche Interesse an der Kontrolle und Manipulation der Massenmedien sowie der öffentlichen Kommunikation zu. Propaganda wurde explizit zu einem staatlichen Handlungsfeld.[1689] Deutungskulturelle Akteure wie das bayerische Königshaus waren auf zuverlässige Bedingungen in der öffentlichen Kommunikation angewiesen, um ihre Botschaften im Beziehungsgeflecht von medialer Produktion und Rezeption zu vermitteln. Man musste sich der vorhandenen kommunikativen Entfaltungsmöglichkeiten bedienen, um die Monarchie zu vermarkten. Nur wenn die medialen Strukturen es zuließen, konnte sich ein Akteur wie die bayerische Königsfamilie als Sinnproduzent bemerkbar machen und symbolische Konstruktionsleistungen bewerkstelligen. Der Krieg schuf zwar neue Rahmenbedingungen für die Presseberichterstattung, die strukturelle Verfasstheit der öffentlichen Kommunikation änderte sich aber nicht grundlegend. Auch im Krieg konnten deutungskulturelle Diskurse nicht einfach von oben erzwungen werden.[1690]

[1687] Ebd., 26.11.1917. BayHStA, GHA. NL Prinz Leopold, Nr. 239.
[1688] Vgl. Die Aufzeichnungen des Generalmajors Max Hoffmann. Hrsg. von Karl Friedrich Nowak. Zweiter Band. Berlin, 1929. S. 184f.
[1689] Vgl. Altenhöner, Florian: Kommunikation und Kontrolle. Gerüchte und städtische Öffentlichkeiten in Berlin und London 1914/1918. München, 2008. S. 89-148.
[1690] Bereits vor 1914 hatte eine nationübergreifende Kommunikationsebene bestanden, welche die Teilöffentlichkeiten der Bundesstaaten zumindest schwach miteinander vernetzte. Mit der Verhängung des Kriegszustands war die Zuständigkeit für die Pressepolitik auf die militärischen Befehlshaber übergegangen. Eine einheitliche Handhabung der Zensur sollte aufgrund des institutionellen Partikularismus und der Konkurrenz der militärischen Stellen nicht entstehen, obgleich dieser Eingriff in die Pressefreiheit leicht zu organisieren gewesen wäre. Alles in allem war das Reich von einer effizienten Steuerung der von der Presse verbreiteten Informationen weit entfernt. Die Eingriffe in die Meinungsfreiheit hemmten die Entwicklung einer meinungsfreudigen medialen Berichterstattung kaum. Letztlich gelang es weder der Reichsregierung noch den Regierungen der Bundesstaaten, den öffentlichen Diskurs durch gezielte Presselenkung in ihrem Sinne zu steuern. Eine straffe Lenkung der öffentlichen Kommunikation, genauer gesagt eine systematische propagandistische Lenkung der öffentlichen Meinung sowie ein rückhaltloser Gebrauch aller Zensurmöglichkeiten, fan-

Da Bayern die Militärhoheit im eigenen Land behielt, unterstand die Ausübung der Zensur dem bayerischen Kriegsministerium.[1691] Dem dort ansässigen Pressereferat kam die Aufsicht über die Münchner Presse zu. Die Überwachung der übrigen bayerischen Presseorgane wurde von den stellvertretenden Generalkommandos übernommen, welche ihre Zensurgewalt teils an die untergeordneten Bezirksämter delegierten. Das Pressereferat, geleitet durch Oberstleutnant Alphons Falkner von Sonnenburg, war zugleich für die Ausarbeitung der Gesamtrichtlinien für die bayerische Zensur zuständig. Sonnenburg war bei wichtigen Erlassen auf die Billigung und Gegenzeichnung des bayerischen Kriegsministers angewiesen.[1692]

---

den weder auf Reichsebene noch in den Einzelstaaten statt. Alle Bemühungen um eine verstärkte Zentralisierung der Zensur scheiterten. Weder die im Oktober 1914 geschaffene „Oberzensurstelle" noch deren Nachfolgeorganisation, das „Kriegspresseamt", waren in der Lage, über Empfehlungen an die einzelnen Militärbefehlshaber hinausgehend in die Zensurpraxis einzugreifen. Zu den konkurrierenden Zuständigkeiten der Einzelstaaten und dem Kompetenzwirrwarr zwischen den Militärbefehlshabern gesellten sich weitere Reibungsverluste und institutionelle Eifersüchteleien innerhalb der obersten militärischen Stellen. Die Richtlinienkompetenz in Fragen der Militärpolitik wurde, in Ermangelung eines vergleichbaren Ressorts auf Reichsebene, vom preußischen Kriegsministerium beansprucht, gleichsam rangen die der Obersten Heeresleitung unterstehenden Konkurrenzorganisationen „Oberzensuramt" und „Kriegspresseamt" um eine Erweiterung ihrer Kompetenzen. Dazu kamen eine Reihe ziviler Behörden, nicht zuletzt die Presseabteilung des Auswärtigen Amtes, die in die Zensurpraxis eingriffen. Vgl. Pyta, Wolfram: Hindenburg. München, 2009. S. 115-117; Vgl. Altenhöner, Florian: Kommunikation und Kontrolle. Gerüchte und städtische Öffentlichkeiten in Berlin und London 1914/1918. München, 2008. S. 53-59.

[1691] Die Zuständigkeit des bayerischen Kriegsministeriums für die Zensur im bayerischen Staatsgebiet wurde mit dem Landesgesetz über den Kriegszustand in der Fassung vom 6. August 1914 begründet. Das preußische Gesetz über den Belagerungszustand fand in Bayern keine Anwendung, da Art. 68 der Reichsverfassung, nach der Schlussbestimmung zum XI. Abschnitt der Reichsverfassung und nach Ziffer III § 5 des Versailler Bündnisvertrages vom 23. November 1870, in Bayern keine Gültigkeit besaß. Vgl. Schreiben des bayerischen Kriegsministeriums an den Chef des stellvertretenden Generalstabs der Armee in Berlin. München, 30.6.1915. Vertrauliche Mitteilungen des Pressereferats im Kriegsministerium, Pressezensur, etc. (1914-1918). BayHStA, GHA. Kabinettsakten König Ludwigs III., Nr. 54.

[1692] Um in Bayern wirksam zu werden, benötigten alle Zensurerlasse der Heeresleitung oder des Stellvertretenden Generalstabs in Berlin die Übernahme durch die bayerischen Militärbehörden. Inhaltlich war eine generelle Vorzensur auf alle Presseartikel vorgesehen, welche allgemein über den Krieg und über militärische Angelegenheiten handelten. Die Richtlinien zur Zensur militärischer Nachrichten wurden von Generalstabschef Moltke bereits am 13. August 1914 bedeutend erweitert, als dieser anordnete, dass die Zensurbehörden alle Versuche unterdrücken sollten, die durch Pressepolemiken darauf gerichtet seien, den inneren Frieden zu gefährden. Dieser zunächst in allen deutschen Staaten außer Bayern gültige Erlass wurde vom bayerischen Kriegsministerium am 19. August 1914 für den eigenen Zuständigkeitsbereich übernommen. Zwar war damit die Pressezensur auf den innenpolitischen Bereich ausgedehnt, aber keine expliziten Richtlinien ausgearbeitet worden. Dies hatte eine teilweise sehr unterschiedliche Handhabung der Zensur zur Folge. Während das Pressereferat des Kriegsministeriums den Münchner Zeitungen mündlich mitteilte, sie bei zu scharfer Kritik zu verwarnen und bei wiederholten Verstößen für einige Zeit die Vorzensur über eine Zeitung zu verhängen, ließen sich manche Bezirksämter von vornherein alle Artikel über innenpolitische Fragen zur Vorzensur vorlegen. Die ungleich behandelten Presseorgane kritisierten diese Zensurpolitik offen, zumal vor allem die liberale und sozialdemokratische Münchner Presse in den Genuss einer freizügigen Handhabung der Zensur kam, während die zentrumsnahe Presse außerhalb Münchens wesentlich kleinlicher zensiert wurde. Der bayerische Kriegsminister hatte zudem, dem preußischen Beispiel folgend, am 25. August 1914 das Verbot der Verbreitung sozialdemokratischer Zeitungen unter den Heeresangehörigen aufgehoben, was zu weiteren Entrüstungen auf libe-

8.7 Monarchie und Kriegspropaganda

Durch eigene Veröffentlichungen wurde seitens des Hofes versucht, den König als zum Durchhalten mahnenden, mitfühlenden und überparteilichen Landesvater zu stilisieren. Diese Rolle behielt der König bis Kriegsende bei. Man wandte sich durch seitens der Presse verbreiteter Kundgebungen, Erlasse, Tagesbefehle und veröffentlichter Briefe unzählige Male direkt an die Öffentlichkeit. Dazu zählten Weihnachts- und Neujahrsgrüße des Königshauses, Bekanntmachungen anlässlich des Königsgeburtstags oder des Ludwigstags, ebenso wie Ansprachen zum Jahrestag des Kriegsausbruches. Diese regelmäßigen Kundgebungen nutzte Ludwig III. zur Bestärkung des Durchhaltewillens der Bevölkerung und des Heeres.[1693] Unzählige Tageszeitungen, Wochen- und Monatsschriften reproduzierten die Meldungen der königlichen Verwaltung und der Ministerialbehörden. Seitens des Kabinetts wurden Pressenotizen mit Mitteilungen über die offiziellen und privaten Aktivitäten des Monarchen an alle bedeutenden Tageszeitungen versandt.[1694]

Neben amtlichen Bekanntmachungen und Inseraten gab es eine Reihe weiterer Möglichkeiten zur Beeinflussung der Presse. Verwarnungen und Androhung strafrechtlicher Konsequenzen besaßen eine einschüchternde Wirkung. Vereinzelt wurden Redakteure herbeizitiert, um sie umzustimmen. Die Behörden gingen im Allgemeinen subtiler vor, indem sie den Pressevertretern von sich aus Material anboten und so die Meinungsbildung beeinflussten. Zudem wurden finanzielle Anreize für regierungsfreundliche Presseorgane geschaffen. Durch einen Fonds der bayerischen Staatsregierung konnten Zeitungen und Einzelpersonen bei Bedarf subventioniert werden. Man war zu einer modernen Öffentlichkeitsarbeit übergegangen, die die Chancen und Risiken öffentlicher Kommunikation abzuwägen versuchte, anstatt sich hinter rechtliche Konstruktionen zu flüchten.[1695] Im Fall von Schmähschriften gegen den Monarchen wurde – wie schon vor dem Krieg – von der Strafverfolgung abgesehen, sofern eine Verurteilung ungewiss war.[1696]

Das Interesse am bayerischen König war enorm, ebenso das an den populären Prinzen. Siegreiche Heerführer eigneten sich hervorragend zur Stilisierung als ‚Kriegshelden' und boten Identifikationsangebote. Die bayerischen Prinzen, die im Militärdienst standen, blieben stets öffentlich präsent. Im Gegensatz zu den namen- und zahllosen Opfern des Krieges hatten dessen ‚Helden' ein Gesicht.[1697] Beim

---

raler und konservativer Seite geführt hatte. Vgl. Albrecht, Willy: Landtag und Regierung in Bayern. Berlin, 1968. S. 95-97.

[1693] Vgl. Zils, Wilhelm: König Ludwig III. im Weltkrieg. München, 1917.

[1694] Persönliche Angelegenheiten Ludwigs III. 1911-1918. BayHStA, GHA. Kabinettsakten König Ludwig III., Nr. 1.

[1695] Vgl. Ursel, Ernst: Die bayerischen Herrscher von Ludwig I. bis Ludwig III. im Urteil der Presse nach ihrem Tode. Berlin, 1974. S. 25-30.

[1696] K. Staatsministerium d. Innern an die K. Polizeidirektion München und an das K. Min. d. Kgl. Hauses und des Äußern, München 13.1.1917. Strafverfolgung wegen Beleidigung S.M. des Königs oder S.K.H. des Prinz Regenten (1886-1917). BayHStA, NB. StMin des K. Hauses und des Äußern, Nr. 65856.

[1697] Diese waren natürlich keine wirklichen Menschen, sondern soziale Konstruktionen von Gesellschaften, kulturelle Vorstellungen überlegener Individualität. In deren als außergewöhnlich wahrgenommenem Handeln konzentrierte sich die Hoffnung der Nation. Sie stifteten kollektive Identi-

Kabinett gingen ständig Anfragen deutscher und internationaler Zeitungen, Verlage, Fotografen, Maler oder Schriftsteller ein, den König oder die populären Prinzen interviewen, malen oder filmen zu dürfen.[1698] Dandl, der zusammen mit Hertling für die Pressearbeit zuständig war, achtete stets auf die zu erwartende Außenwirkung und lehnte inopportun erscheinende Gesuche ab. Der ungarischen Zeitung „Pesti Napló" beschied er Ende 1915, „Seine Majestät legen Sich gerade in der jetzigen Zeit aus naheliegenden Gründen in der öffentlichen Besprechung der durch den Weltkrieg geschaffenen politischen Lage große Zurückhaltung auf und waren deshalb schon wiederholt veranlasst, Gesuche um Abgabe von Äußerungen für einzelne Tageszeitungen abzulehnen."[1699] Das Kabinett hatte laufend Anfragen von Schriftstellern zu bearbeiten, die Biografien über populäre Mitglieder des Königshauses zu verfassen wünschten. Genehmigungen waren schwer zu erhalten. Die Werke mussten den Anforderungen der königlichen Verwaltung an die Bedürfnisse ihrer Öffentlichkeitsarbeit genügen. Auch die Bitten an das Kabinettssekretariat, vaterländische, monarchische und patriotische Bücher dem König widmen zu dürfen, häuften sich.[1700] Der Kabinettschef teilte dem „Berliner Lokalanzeiger" die Richtlinien mit, die für diese Fälle galten: „Entsprechend den bestehenden Vorschriften sind alle literarischen Werke, bevor sie S.M. dem König zur Annahme unterbreitet oder mit einem förmlichen Widmungsvermerk versehen in die Öffentlichkeit gebracht werden, der vorherigen Prüfung und Würdigung durch das zuständige Staatsministerium zu unterstellen."[1701]

Obgleich Ludwig III. als unmilitärisch galt, wurde er in den kriegerischen Heldenmythos um die Wittelsbacher integriert. Der fünfzigste Jahrestag der Kriegsverwundung des Königs bei Helmstadt am 25. Juli 1866 wurde seitens der Staatszeitung und anderer Medien prominent hervorgehoben: „So hat damals unser König seine Treue gegen die Vergangenheit mit seinem Blute besiegelt, dann aber dem neuen Reiche seine Arbeit und die gleiche Treue geweiht. Die starken nationalen Empfindungen seines Großvaters lebten und leben auch in ihm […]. Und wir wissen alle, dass das Herz unseres Herrschers heute im gleichen Takte schlägt mit dem Herzen Deutschlands. Nicht umsonst hat jedem Worte, das König Ludwig III. in diesem Kriege gesprochen hat, freudiger Beifall gedankt: Der Mann, der herbes

---

tät, allerdings nur, solange sie auf Distanz gehalten und nicht durch Misserfolge oder Ähnliches entzaubert wurden. Vgl. Giesen, Bernhard: Die Aura des Helden. Eine symbolgeschichtliche Skizze. In: Honer, Anne; Kurt, Ronald u.a. (Hrsg.): Diesseitsreligion. Zur Deutung der Bedeutung moderner Kultur. Konstanz, 1999. S. 437-444.

[1698] Gesuche an den König 1914-1918. BayHStA, GHA. Kabinettsakten König Ludwigs III., Nr. 82-88.
[1699] Antwortschreiben des Kabinettschefs von Dandl auf eine Interviewanfrage an Seine Majestät durch den Schriftleiter des Pesti Napló Kornelius Tabori. München, 3.12.1915. Gesuche an den König 1915. BayHStA, GHA. Kabinettsakten König Ludwigs III., Nr. 83.
[1700] Gesuche an den König 1915. BayHStA, GHA. Kabinettsakten König Ludwigs III., Nr. 83.
[1701] Kabinettschef von Dandl an den Berliner Lokalanzeiger, München 21.11.1916. Gesuche an den König 1915. BayHStA, GHA. Kabinettsakten König Ludwigs III., Nr. 83.

8.7 Monarchie und Kriegspropaganda

nationales Leid und hohes nationales Glück erfahren hat, fühlt wohl wie keiner unseren schweren nationalen Daseinskampf mit."[1702]

Im Jahr 1917 erschien ein von Wilhelm Zils im Verlag J.F. Lehmanns herausgegebenes Sammelwerk „König Ludwig III. im Weltkrieg", in dem ausgewählte Briefe, Erlasse, Reden und Telegramme König Ludwigs III. und Marie Thereses veröffentlicht wurden. Der Herausgeber bezeichnete es als dessen Zweck, „noch im Verlaufe dieses gewaltigen Weltenringens zu zeigen, in welch hervorragender Weise der Herrscher des zweitgrößten deutschen Bundesstaates sich für die Einheit und Größe des Reiches einsetzt, wie felsenfest und unerschütterlich sein Glaube an des Reiches Kraft, an dessen endgültigen Sieg in einem bereits zweieinhalbjährigen Kampf steht, zu zeigen ferner, wie dankerfüllten Herzens König Ludwig III. die Heldentaten seiner Bayern aufnimmt und lohnt."[1703] Der Archivar Otto Kolshorn hatte, als er 1918 um die Genehmigung der Arbeit an einer Biografie des bayerischen Königs ersuchte, bereits eine Biografie über Kronprinz Rupprecht geschrieben.[1704] Im April 1918 hatte Prinz Leopold seinen Biografen Eugen Wolbe zu Gast.[1705] Erhielt ein Schriftsteller die Genehmigung, konnte er sich jeglicher Unterstützung sicher sein.[1706]

Zur Verfestigung des ‚Heldenstatus' der bayerischen Prinzen trug die Dimension der Bilder bei. Das bekannteste Ölgemälde des Kronprinzen Rupprecht zeigt diesen am 9. Mai 1915 nachdenklich am Kartentisch stehend, zusammen mit seinem Generalstabschef Krafft von Dellmensingen. Der Düsseldorfer Kriegsmaler Fritz Reusing stellte es nach monatelanger Arbeit im Jahr 1916 fertig. Etliche weitere Porträts anderer Künstler folgten.[1707] Das Interesse am Porträtieren des Prinzen Leopold wuchs ebenfalls stark an.[1708] Viele Künstler suchten aus ökonomischen Gründen den Kontakt zu populären Truppenführern, da sie die mangelnde Nach-

---

[1702] „50ter Jahrestag der Verwundung des Königs bei Helmstadt (25.7.1866)". Bayerische Staatszeitung, 25.7.1916. Persönliche Angelegenheiten König Ludwigs III. 1911-1918. BayHStA, GHA. Kabinettsakten König Ludwigs III., Nr. 1.

[1703] Zit. nach Zils, Wilhelm: König Ludwig III. im Weltkrieg. München, 1917. S. III-V.

[1704] Kolshorn, Otto: Kronprinz Rupprecht von Bayern. Ein Lebens- und Charakterbild. München, 1918; Gesuche an den König 1918 K-Z. BayHStA, GHA. Kabinettsakten König Ludwigs III., Nr. 88.

[1705] Kriegstagebuch, 28.4.1918. BayHStA, GHA. NL Prinz Leopold, Nr. 239.

[1706] Außer den Unterredungen mit Prinz Leopold war es Wolbe gestattet worden, sich in München mit Prinzessin Gisela in München zu besprechen, zudem mit Prinz Georg und Hofmarschall Freiherr von Perfall. In Tegernsee gab der ehemalige Kriegsminister Freiherr von Horn Auskunft über den Werdegang des Oberbefehlshabers Ost. Prinzessin Therese übersandte aus Lindau ausführliche schriftliche Mitteilungen zu ihrem Bruder. Nicht zuletzt stellte General Hoffmann, Chef des Stabes beim Oberbefehlshaber Ost, umfangreiches amtliches Material bezüglich der Friedensverhandlungen von Brest-Litowsk zur Verfügung. Wolbes Werk erschien aufgrund der folgenden Revolutionswirren erst 1920. Vgl. das Vorwort in: Wolbe, Eugen: Generalfeldmarschall Prinz Leopold von Bayern. Ein Lebensbild. Leipzig, 1920.

[1707] Abgedruckt in Weiß, Dieter J.: Kronprinz Rupprecht von Bayern. Regensburg, 2007. S. 188.

[1708] Anfang September 1915 war erstmals ein österreichischer Hauptmann im Hauptquartier des Prinzen Leopold erschienen, der als höherer Truppenführer, welchen österreichisch-ungarische Truppen unterstanden, für ein großes Kriegswerk in Bleistift zeichnete. So wurde der Prinz „abkonterfeit", was zu dessen Überraschung „schnell von dem liebenswürdigen Herrn besorgt wurde." Kriegstagebuch, 10.9.15. BayHStA, GHA. NL Prinz Leopold, Nr. 239.

frage nach Gemälden, Grafiken und Skulpturen in eine wirtschaftliche Notlage zu bringen begann.[1709] Meist bat Prinz Leopold die Künstler zum Gabelfrühstück oder zum abendlichen Diner. Im November 1915 kam der Kunstprofessor Arnold Busch aus Breslau in das Quartier des Prinzen, um diesen für sein Kriegswerk zu zeichnen.[1710] Drei Wochen später wurde Fritz Reusing in Albertin empfangen.[1711] Der dem Prinzen unbekannte Maler hatte dies einer Empfehlung des Kronprinzen Rupprecht zu verdanken.[1712] Leopold stellte sich beinahe den gesamten Vor- und Nachmittag für Porträtsitzungen zur Verfügung, kämpfte dabei aber so sehr mit dem Schlaf, dass der Maler sich entschieden gestört fühlte.[1713]

In den kommenden Jahren hatte Leopold fortwährend weitere Künstler aus dem Reich und Österreich-Ungarn zu Gast, etwa Hermann Hanatschek, der im Auftrag des k.u.k. Armeemuseums eine Skizze zu einem großen Repräsentationsbild und ein Brustbild des Generalfeldmarschalls anfertigte.[1714] Ferner porträtierten der Düsseldorfer Kunstmaler Wilhelm Schneider-Didam[1715] sowie der Kunstprofessor Nikolaus Schattenstein den bayerischen Prinzen.[1716] Die Künstler hatten nicht ausschließlich finanzielle Interessen am Porträtieren der prinzlichen Heerführer. Diese boten durch ihre Stellung noch andere interessante Perspektiven. Das Beispiel des Malers Reusing verweist darauf, dass dieser mehr an der Fürsprache beim König als an einer Entlohnung interessiert war. Leopold schrieb Rupprecht, Reusing lehne eine Bezahlung der Porträts ab. Er erstrebe den Titel eines königlich-bayerischen Professors, welchen natürlich nur der König verleihen könne. Leopold vermochte nicht zu beurteilen, ob eine derartige Titelverleihung angebracht war und bat den Kronprinzen um dessen Einschätzung.[1717] Rupprecht wandte sich an seinen Hofmarschall, bezweifelte aber, ob sich der Professorentitel für Reusing erwirken las-

---

[1709] Die künstlerische Darstellung deutscher „Kriegshelden" brachte den Künstlern die Aussicht auf ein vergleichsweise sicheres Geschäft. Besonders Lithografien und Radierungen fanden guten Absatz, außerdem ließen diese sich in den heimischen Ateliers anfertigen, ohne den oft kostspieligen und beschwerlichen Weg an die Front auf sich nehmen zu müssen. Zudem brauchte man für einen Besuch in einem der Armeehauptquartiere eine offizielle Akkreditierung als „Kriegsmaler", für deren Ausstellung die Abteilung IIIb des stellvertretenden Generalstabs in Berlin verantwortlich zeichnete. Trotz dieser Hindernisse nahm der Andrang prominenter Künstler auf die Zulassung zum „Kriegsmaler" stetig zu, bis ungefähr sechzig Kunstmaler und Grafiker diese begehrte Berechtigung besaßen. Unter diesen befanden sich so bekannte Protagonisten wie Max Slevogt, allerdings blieb die künstlerische Avantgarde unterrepräsentiert und eine naturalistische Kunstrichtung vorherrschend. Vgl. Pyta, Wolfram: Hindenburg. München, 2009. S. 120f.
[1710] Kriegstagebuch, 1.11. und 2.11.1915. BayHStA, GHA. NL Prinz Leopold, Nr. 239.
[1711] Ebd., 20.11. bis 23.11.1915. BayHStA, GHA. NL Prinz Leopold, Nr. 239.
[1712] Brief des Prinzen Leopold an Kronprinz Rupprecht, 30.8.1915. BayHStA, GHA. NL Kronprinz Rupprecht, Nr. 17.
[1713] Kriegstagebuch, 20.11. bis 23.11.1915. BayHStA, GHA. NL Prinz Leopold, Nr. 239.
[1714] Ebd., 20.12.1916. BayHStA, GHA. NL Prinz Leopold, Nr. 239.
[1715] Ebd., 22.8.1917. BayHStA, GHA. NL Prinz Leopold, Nr. 239.
[1716] Kriegstagebuch, 17.1.1918. BayHStA, GHA. NL Prinz Leopold, Nr. 239.
[1717] Brief des Prinzen Leopold an Kronprinz Rupprecht, 24.7.1917. BayHStA, GHA. NL Kronprinz Rupprecht, Nr. 17.

se. Dieser sei „kein allzu bedeutender Künstler", zudem seien die Kriegsmaler „manchmal recht lästig mit ihren Wünschen."[1718]

Der Krieg markierte einen Entwicklungssprung in der Rolle der populären Medien für die Propaganda.[1719] Das Kino wurde ein wichtiges Medium monarchischer Öffentlichkeitsarbeit. Unter den bis 1918 meistgefilmten Personen im Kaiserreich nahm Kaiser Wilhelm II. mit mehr als 320 Aufnahmen unangefochten den Spitzenplatz ein. König Ludwig III. von Bayern wurde bis zum Kriegsende ganze 64 Mal gefilmt, König Friedrich August III. von Sachsen 39 Mal und der Großherzog von Mecklenburg-Schwerin 28 Mal. Die Liste der „Nicht-Dynasten" wurde mit 27 Aufnahmen von Graf Zeppelin angeführt, Reichskanzler Bethmann Hollweg brachte es auf ganze 11 Filmauftritte.[1720] Zunehmend setzte sich das Medium Film auch in der Kriegsberichterstattung durch.[1721] In der Spielfilmproduktion waren vor allem patriotische Themen gefragt. „Wochenschauen" brachten der Heimat die Kriegsschauplätze nahe. Anfang 1917 wurde die Film- und Bildpropaganda durch die Heeresleitung intensiviert, indem in Berlin ein Bild- und Filmamt geschaffen wurde. Im Dezember 1917 wurde die Universum Film AG (Ufa) gegründet, die ebenfalls der Propaganda zunutze gemacht werden sollte. Diese Anstrengungen kamen populären Heerführern wie Hindenburg, aber auch Kronprinz Rupprecht oder Prinz Leopold zugute.[1722]

Plakatkunst und Bildpostkarten nahmen eine immer wichtigere Rolle ein und wurden in Millionenauflagen von der Heimat an die Front und in umgekehrter Richtung versandt. Die Bildpostkarte stellte sich als ideales Propagandainstrument heraus und wurde fortan gezielt eingesetzt. Die Kriegsfotografie war beherrscht von Motiven wie zerstörten Gebäuden oder populären Persönlichkeiten an der Front.[1723] Während des Krieges setzte sich die fotografische Karte vollends durch und fand zunehmend als Medium der visuellen politischen Kommunikation Verwendung, etwa zu Zwecken der monarchischen Selbstdarstellung.[1724] Das Interesse

---

[1718] Brief des Kronprinzen Rupprecht an Prinz Leopold, 29.7.1917. BayHStA, GHA. NL Prinz Leopold, Nr. 37.

[1719] Die Bewältigung der Kriegserfahrung war in ihren euphorischen und depressiven Emotionalisierungen von Beginn an auch von einer Theatralisierungstendenz geprägt. Die großstädtischen Massen drängten nach Kriegsausbruch zahlreich auf die Straße, die der Ort des politischen Spektakels wurde, in die Theater und in die Kinos. Vgl. Hardtwig, Wolfgang: Performanz und Öffentlichkeit in der krisenhaften Moderne: Visualisierung des Politischen in Deutschland 1900-1936. In: Herfried Münkler, Jens Hacke (Hrsg.): Strategien der Visualisierung. Verbildlichung als Mittel politischer Kommunikation. Frankfurt am Main, 2009. S. 71-92. Hier: S. 78f.

[1720] Vgl. Petzold, Dominik: Monarchischer Kult in der Moderne: Zur Herrschaftsinszenierung Wilhelms II. im Kino. In: Biskup, Thomas; Kohlrausch, Martin (Hrsg.): Das Erbe der Monarchie. Nachwirkungen einer deutschen Institution seit 1918. Frankfurt am Main, 2008. S. 117-137.

[1721] Vgl. Kaes, Anton: Schlachtfelder im Kino und die Krise der Repräsentation. In: Martus, Steffen u.a. (Hrsg.): Schlachtfelder. Codierung von Gewalt im medialen Wandel. Berlin, 2003. S. 117-128.

[1722] Vgl. Ullrich, Volker: Die nervöse Großmacht. Frankfurt am Main, 2007. S. 503f.

[1723] Vgl. Ullrich, Volker: Die nervöse Großmacht. Frankfurt am Main, 2007. S. 502f.

[1724] Durch die fotografische Bildpostkarte wurde dem Massenpublikum eine virtuelle Teilnahme an Ereignissen möglich, zu denen in Wirklichkeit kein Zugang bestand. Den Zeitgenossen wurde durch diese Bilder also ein Einblick in eine ferne Gegenwart und fremde Vergangenheit suggeriert. In ähnlicher Weise verhielt es sich bereits vor dem Weltkrieg mit den künstlerisch gestalteten fotogra-

an Genehmigungen für Veröffentlichungen von Porträts des Königs und anderer Mitglieder des Königshauses ebbte nicht ab, was etliche Anfragen von Verlagen, Kunstakademien und Firmen beim Innenministerium zeigen.[1725] Je nach Sachlage und Veröffentlichungsweck genehmigte das Kabinett, das Einverständnis des Monarchen vorausgesetzt, die Veröffentlichung von Fotografien. Der Kriegspostkartenverlag S. Egger, der für die offiziellen Postkarten des Roten Kreuzes verantwortlich zeichnete, erhielt im September 1915 die Genehmigung zur Veröffentlichung von Aufnahmen des Königs, die diesen an der Front zeigten.[1726]

Ebenso durfte der Berliner Verlag Carl Fleming ab 1915 Abbildungen des Königs für seine Serie von 42 Kriegspostkarten verwenden, die mit einer Auflage von über zwei Millionen Exemplaren vor allem ins Feld geliefert wurden.[1727] Eine andere Postkarte zeigte ein Foto des Prinzen Leopold nach der Einnahme von Warschau, eine Ehrenkompagnie entlang reitend.[1728] Motive des Prinzen zu Pferde fanden sich auf unzähligen Postkarten.[1729] Verbreitet war eine Bildpostkarte aus dem Jahr 1916, die den Titel „Prinz Leopold v. Bayern der Eroberer von Warschau bei Hindenburg" trug und vom Kriegsfotografen Krickhahn vertrieben wurde.[1730] Ebenso wurden die Besuche des Erbprinzen Albrecht im Hauptquartier seines Vaters in Postkartenform verbreitet.[1731] Von Prinz Heinrich kursierten Feldpostkarten, die an den Sieg des 1. Schweren-Reiter-Regiments über eine Abteilung französischer Dragoner am 13. August 1914 erinnern sollten.[1732]

Die Prinzen waren für die Illustrierten sehr interessant. Selbst die Frontreisen des jugendlichen Erbprinzen Albrecht wurden für PR-Zwecke genutzt. So entstanden 1915 einige bebilderte Artikel in der „Königsberger Woche", die den Kronprinzen Rupprecht in Generaluniform mit seinem Sohn in weißer Latzhose zeig-

---

fischen Sammelbildern, welche in Alben zusammengestellt wurden. Vgl. Paul, Gerhard: Das Jahrhundert der Bilder. Die visuelle Geschichte und der Bildkanon des kulturellen Gedächtnisses. In: Das Jahrhundert der Bilder. 1900 bis 1949. Hrsg. von Gerhard Paul. Göttingen, 2009. S. 14-39. Hier: S. 15.

[1725] Anschaffung von Bildnissen Seiner Kgl. Hoheit des Prinzregenten bzw. S.M. des Königs von Bayern für die Behörden und Stellen 1912/18. BayHStA, Abt. Neuere Bestände. Staatsministerium des Innern für Kirchen- und Schulangelegenheiten. Nr. 19034.

[1726] Anfrage des Kriegspostkarten-Verlags S. Egger an den König. München, 2.9.1915. Gesuche an den König 1915. BayHStA, GHA. Kabinettsakten König Ludwigs III., Nr. 83.

[1727] Dankschreiben des Generaladjutanten von Walther an den Verlag Carl Fleming. München, 5.11.1915. Gesuche an den König 1915. BayHStA, GHA. Kabinettsakten König Ludwigs III., Nr. 83.

[1728] Postkarte des Prinzen Leopold zu Pferde. Private Schreiben aus der Zeit des Ersten Weltkriegs. BayHStA, GHA. NL Prinzessin Gisela, Nr. 6.

[1729] Postkarte mit Foto von Prinz Leopold hoch zu Pferde. Briefe und Postkarten des Prinzen Leopold von Bayern 1914-1915. BayHStA, GHA. NL Prinz Heinrich. Nr. 27.

[1730] „Prinz Leopold v. Bayern der Eroberer von Warschau bei Hindenburg". Kriegsphotograf Krickhahn. Briefe und Postkarten des Prinzen Heinrich und der Prizessinnen Clara, Therese und Hildegard von Bayern. 1905, 1914-1924. Private Schreiben aus der Zeit des Ersten Weltkriegs. BayHStA, GHA. NL Prinzessin Gisela, Nr. 2.

[1731] Abgedruckt in: Weiß, Dieter J.: Kronprinz Rupprecht von Bayern. Regensburg, 2007. S. 104.

[1732] Bildpostkarte des Prinzen Heinrich. Erinnerungen an Prinz Heinrich. Postkarten auf den Sieg einer von ihm geführten Eskadron. BayHStA, GHA. NL Prinzessin Therese (†1938), Nr. 15.

8.7 Monarchie und Kriegspropaganda

ten.[1733] Das „Bayerland" konzentrierte sich im April 1918 auf „Bayern im Weltkriege". Neben Artikeln über bayerische Soldatenlieder sowie Kriegsnot und Kriegsleid in bayerischer Dichtung wurden die Verdienste der bayerischen Prinzen hervorgehoben. Die Öffentlichkeit, so stellte die Zeitschrift fest, könne stolz „auf die trefflichen Leistungen seiner ausgezeichneten todesmutigen Truppen sein, besonders stolz aber darauf sein, dass die bayerische Wehrmacht, obwohl sie nur etwa den zehnten Teil der gesamten deutschen bildet, drei hervorragende Heerführer lieferte: Kronprinz Rupprecht, Prinz Leopold und Graf Bothmer."[1734] Die Beiträge waren reich bebildert: Kronprinz Rupprecht wurde beim Abreiten der Front eines bayerischen Jägerbataillons auf dem Place de la Republique in Lille gezeigt.[1735] Ebenso konnte das „Bayerland" mit Privatfotografien aus dem „Feld-Album" des Erbprinzen Albrecht aufwarten. Eine Fotografie des zu diesem Zeitpunkt zwölf Jahre alten Erbprinzen mit Hindenburg wurde veröffentlicht. Man sah den Kronprinzen von Bayern bei der Verabschiedung eines Gastes vor seinem Quartier, bei einer Parade zum Besuch seines Vaters in Valenciennes und bei der Verteilung von Auszeichnungen. Ein Gruppenbild zeigte Hindenburg und Ludendorff zusammen mit den militärisch verantwortlichen Thronfolgern der größten deutschen Staaten: Kronprinz Rupprecht mit seinem Sohn Albrecht, Herzog Albrecht von Württemberg und dem preußisch-deutschen Kronprinzen Wilhelm.[1736] Eine Fotografie des Prinzen Leopold im Arbeitszimmer seines Standquartiers wurde publiziert, ebenso ein Gruppenbild des Prinzen zusammen mit Max Hoffmann und dem Stab von Ober Ost. Ein gemeinsames Bild des Generalfeldmarschalls mit seinem Bruder Ludwig III. in Brest-Litowsk durfte nicht fehlen.[1737]

[1733] Königsberger Woche Nr. 10, 8. Jg. (1915) mit Titelbild „Kronprinz Rupprecht von Bayern mit seinem Sohne Prinz Albrecht" und Bildbericht „Ein Lazarettbesuch der Königin von Bayern in Bamberg 1915". S. 162. BayHStA, Geheimes Hausarchiv. NL Königin Marie Therese. Nr. 145.

[1734] „Generalfeldmarschall Prinz Leopold von Bayern als Heerführer" von Generalmajor Friedrich Otto. In: Das Bayerland. Illustrierte Wochenschrift für Bayerns Land und Volk. Begründet von H. Leher, Hrsg. von Dr. Josef Weiß und Dr. Otto Denk in Verbindung mit einem Kuratorium unter dem Vorsitze Sr. Kgl. Hoheit des Kronprinzen Rupprecht von Bayern. München, Jahrgang 1917/18. Zweites Aprilheft 1918. S. 245-248. Hier: S. 248.

[1735] „Kronprinz Rupprecht in der Lothringer Schlacht" von Generalleutnant von Hößlin. In: Das Bayerland. Illustrierte Wochenschrift für Bayerns Land und Volk. Begründet von H. Leher, Hrsg. von Dr. Josef Weiß und Dr. Otto Denk in Verbindung mit einem Kuratorium unter dem Vorsitze Sr. Kgl. Hoheit des Kronprinzen Rupprecht von Bayern. München, Jahrgang 1917/18. Zweites Aprilheft 1918. S. 245.

[1736] „Kronprinz Rupprecht von Bayern und der Kampf an der Westfront" von Generalleutnant von Hößlin. In: Das Bayerland. Illustrierte Wochenschrift für Bayerns Land und Volk. Begründet von H. Leher, Hrsg. von Dr. Josef Weiß und Dr. Otto Denk in Verbindung mit einem Kuratorium unter dem Vorsitze Sr. Kgl. Hoheit des Kronprinzen Rupprecht von Bayern. München, Jahrgang 1917/18. Zweites Aprilheft 1918. S. 248-250.

[1737] „Generalfeldmarschall Prinz Leopold von Bayern als Heerführer" von Generalmajor Friedrich Otto. In: Das Bayerland. Illustrierte Wochenschrift für Bayerns Land und Volk. Begründet von H. Leher, Hrsg. von Dr. Josef Weiß und Dr. Otto Denk in Verbindung mit einem Kuratorium unter dem Vorsitze Sr. Kgl. Hoheit des Kronprinzen Rupprecht von Bayern. München, Jahrgang 1917/18. Zweites Aprilheft 1918. S. 245-248.

Leopold hatte Gefallen an seinem ‚Kriegsheldenstatus' gefunden.[1738] Ein Tagebucheintrag des Prinzen zeigt, dass ihm die Notwendigkeit einer guten Pressearbeit bewusst war: „Abends kam eine Anzahl von Reportern verschiedener Pressebüros zu mir ins Kasino. Bei der politischen Macht, welche die Presse leider besitzt und welche die Reichsregierung vor und während des Krieges zu wenig in Rechnung zog, muss man ihnen, wenn auch mit einer gewissen Vorsicht, entgegenkommen."[1739] Dabei vermarkteten keineswegs alle mit dem Charisma des siegreichen Heerführers ausgestatteten deutschen Generale ihre Person auf offensive Weise. Generalfeldmarschall August von Mackensen teilte Prinz Leopold auf dessen Empfehlungsschreiben für einen Porträtkünstler hin mit: „Der von eurer Königlichen Hoheit empfohlene Künstler wird hier eine offene Türe finden, aber nur infolge dieser Fürsprache. Ich halte Künstler und Presseleute nach Möglichkeit vom Hauptquartier fern."[1740]

Nach der Einnahme von Warschau war der bayerische Heimatschriftsteller Ludwig Ganghofer zur Stelle, um Eindrücke zu sammeln.[1741] Ganghofer, der als freiwilliger Kriegsberichterstatter tätig war, berichtete von den Kriegsschauplätzen und veröffentlichte neben seinen weitverbreiteten propagandistischen Kriegsberichten „Reise zur deutschen Front" und „Die stählerne Mauer" auch eine Sammlung von Kriegsgedichten und Kriegsliedern.[1742] Herzlich wurde Ganghofer von Prinz Leopold empfangen. In patriotischem Überschwang schilderte der Schriftsteller den „Russischen Niederbruch" als militärische Großtat und fand anerkennende Worte für den Prinzen, den er einer breiten Leserschaft bekannt machte: „Dichte Spaliere von Neugierigen hielten alle Bürgersteige besetzt, als der Sieger von Warschau, Prinz Leopold von Bayern, unter der strahlenden Sonne des 9. August in der polnischen Metropole einzog und auf dem Sachsenplatz, nahe der russischen Kirche mit den goldenen Kuppeln, die Parade abnahm."[1743] Es sei ergreifend gewesen, „als Prinz Leopold einer Reihe von Mannschaften, die sich bei der Eroberung von Warschau durch besondere Tapferkeit hervorgetan hatten, das Eiserne Kreuz überreichte. Freundlich redete der siegreiche Heerführer mit jedem von diesen zwanzig braven Feldgrauen, und für mich war's eine feine Freude, zu beobachten, wie der Stolz dieser Stunde auf ihre Seelen wirkte."[1744]

Leopolds erneute Popularitätssteigerung ab 1916 war auf professionelle Pressearbeit zurückzuführen. Mit knapp fünfzig Mitarbeitern war die Presseabteilung

---

[1738] Vgl. Pyta, Wolfram: Hindenburg. München, 2009. S. 118-150.
[1739] Kriegstagebuch, 21.8.17. BayHStA, GHA. NL Prinz Leopold, Nr. 239.
[1740] Brief August von Mackensens an den Prinzen Leopold. Nisch, 20.12.1915. Korrespondenzen mit Privatpersonen A-H. BayHStA, GHA. NL Prinz Leopold, Nr. 137a.
[1741] Kriegstagebuch, 10.8.15. BayHStA, GHA. NL Prinz Leopold, Nr. 239.
[1742] Ganghofer, Ludwig: Reise zur deutschen Front. Berlin, Wien, 1915; Ganghofer, Ludwig: Die stählerne Mauer. Reise zur deutschen Front 1915. Zweiter Teil. Berlin, Wien, 1915; Ganghofer, Ludwig: Die Front im Osten. Berlin, Wien, 1915; Ganghofer, Ludwig: Der russische Niederbruch. Berlin, Wien, 1915.
[1743] Ganghofer, Ludwig: Der russische Niederbruch. Berlin, Wien, 1915. S. 201
[1744] Ebd., S. 204.

Ober Ost sehr gut ausgestattet. Sie war im besetzten Gebiet für die Vor- und Nachzensur der fremdsprachigen Zeitungen zuständig und bemühte sich um die Gründung und Unterstützung von deutschsprachigen Journalen. Mindestens ebenso stark war sie aber auf eine positive Außendarstellung des Oberkommandos Ost bedacht. Der deutschen Öffentlichkeit sollten die militärischen Erfolge, aber auch die Verwaltungstätigkeit im eroberten Gebiet anschaulich gemacht werden. Die in Kowno hauptamtlich damit befassten Offiziere vermieden die strukturellen Fehler der vergleichbaren Abteilung IIIb bei der Obersten Heeresleitung. Dort hatte das ungeschickte Auftreten der für die Öffentlichkeitsarbeit verantwortlichen Militärs häufig den Unmut der Pressevertreter hervorgerufen. Beim Oberkommando Ost hingegen setzte man auf Experten mit journalistischer oder verlegerischer Erfahrung aus dem Zivilleben. Der Leiter der Presseabteilung von Ober Ost, Friedrich Bertkau, bildete den Idealtyp der Verbindung von Militär und Journalismus. Nach 14-jähriger Dienstzeit beim Militär hatte er studiert und seit 1912 beim Ullstein Verlag journalistische Erfahrung gesammelt. Im Krieg wurde er schwer verwundet und als felddienstunfähig eingestuft. Daraufhin wurde Bertkau als Pressechef von Ober Ost berufen, wo er mit großer Tatkraft und viel Geschick einen leistungsfähigen Presseapparat aufbaute. Die Presseabteilung lud journalistische Multiplikatoren gezielt zu Pressefahrten nach Ober Ost ein. Journalisten und Verleger wurden mit großer Liebenswürdigkeit empfangen. Sicherlich dürfte dies die wohlwollende Wahrnehmung deutscher Verwaltungstätigkeit und selbst kleinerer militärischer Erfolge im Osten befördert haben.[1745]

Aufgrund der umtriebigen Arbeit seiner Presseabteilung hatte Prinz Leopold ständig Journalisten aus aller Welt zu Gast. Er notierte über den Besuch von amerikanischen, argentinischen und schwedischen Zeitungsreportern: „Das liebe ich nun nicht besonders, da jedoch die Presse einmal von großem Einflusse ist, so muss man diesen Leuten artig entgegenkommen. Ich hatte jedoch den Eindruck,

---

[1745] Bertkau konnte in Pressefragen unbehindert von militärischen Hierarchien agieren, da er direkt dem Chef des Generalstabs des Oberkommandos Ost unterstand. Nach und nach wurden eine Reihe hochkarätiger deutscher Literaten und Künstler für die Kownoer Presseabteilung reklamiert, die dadurch dem stumpfen Kasernendienst oder dem lebensbedrohlichen Frontdienst zu entgehen hofften. Dies brachte ihr zu Recht den Namen „Künstlerecke" ein. Die Literaten Richard Dehmel, Arnold Zweig und Herbert Eulenburg betätigten sich unter Bertkau ebenso wie der Maler Karl Schmidt-Rottluff und zwei Vertreter der Berliner Sezession, Magnus Zeller und Hermann Struck. Während das Oberkommando Mackensen mit der Eroberung Serbiens im Herbst 1915 einen durchschlagenden militärischen Erfolg verbuchen konnte, der in der deutschen Öffentlichkeit nicht nach Gebühr gewürdigt wurde, ließ „Ob.Ost reklamehaft seinen Ruhm in die Welt posaunen [...], der doch nicht so überragend ist, wie sie selbst glauben und das deutsche Volk infolge der Reklame annimmt", wie Wilhelm Groener, der Chef des deutschen Feldeisenbahnwesens, in sein Tagebuch notierte. Wenngleich Ober Ost in Bezug auf die mediale Selbstvermarktung allen anderen deutschen Heeresverbänden weit überlegen zeigte, so darf der Aktionsradius der Pressestelle nicht überschätzt werden. Letztlich konnte sie auch nicht mehr tun, als an die journalistische Ehrenpflicht zu appellieren, die Arbeit von Ober Ost entsprechend zu würdigen. Dabei entzog es sich ihrem Einfluss, ob und wie häufig die Presse diesem Wunsch nachkam. Vgl. Pyta, Wolfram: Hindenburg. München, 2009. S. 184-187; Vgl. Bertkau, Friedrich: Das amtliche Zeitungswesen im Verwaltungsgebiet Ober-Ost. Beitr. z. Gesch. d. Presse im Weltkrieg. Leipzig, 1928.

dass sie uns im Ganzen freundlich gesinnt seien."[1746] Im April 1917 konstatierten die „Münchner Neuesten Nachrichten", man habe es gerade in Bayern als Genugtuung empfunden, dass der Name des Prinzen Leopold, der zum ersten Mal bei der Eroberung Warschaus ruhmvoll genannt wurde, bald darauf in Verbindung mit der Führung einer Heeresgruppe erschien und nun, als Oberbefehlshaber Ost, Tag für Tag im Heeresbericht zu lesen sei.[1747]

Die internationale Presse interessierte sich auch für Kronprinz Rupprecht. Im Januar 1915 hatte sich das amerikanische Generalkonsulat an das bayerische Außenministerium gewandt und für den Korrespondenten Karl von Wiegand um eine Interviewgenehmigung beim Kronprinzen angefragt. Das Staatsministerium leitete die Anfrage weiter.[1748] Wiegand galt als deutschfreundlich und hatte zuvor bereits den Deutschen Kronprinzen sowie Tirpitz interviewt. Deshalb war Rupprecht einverstanden, sofern die Heeresleitung zustimmte.[1749] Wiegand berichtete nach erfolgter Genehmigung, der Kronprinz von Bayern erwecke „den Eindruck eines Mannes von schneller Entschlossenheit und unermüdlicher Energie." Rupprecht sei „eine angenehme Persönlichkeit von ruhigem, einfachem Auftreten. Er ist kein Scheinkommandant, er ist Befehlshaber, daran wird niemand zweifeln. Dass er einer der fähigsten deutschen Heerführer ist, geht aus der offensichtlichen Tatsache hervor, dass man ihm den Befehl über eine der gefährlichsten Stellen der Westfront anvertraute, wo die verzweifeltsten Kämpfe stattgefunden haben."[1750]

Im Frühjahr 1915 besuchte Ludwig Ganghofer den bayerischen Kronprinzen. In seinem beim Ullstein Verlag erschienenen Werk „Die stählerne Mauer" stilisierte er diesen als den deutschen Heerführer, „dem wir seit der Erlösungsschlacht in den Vogesen begeisterte Dankbarkeit und ein erhöhtes Maß von Verehrung entgegenbringen, und der auch in den schmerzvollsten Stunden schwerster menschlicher Prüfung ein aufrechter Held blieb und das stählerne Wort von der Zeit sprach, in der man handeln muss und nicht trauern darf." Ganghofer beschrieb ihn als „schlanke, straffe Soldatengestalt", als „lebhaft und elastisch. In der Art, wie er die Gäste begrüßt und mit ihnen plaudert, ist heitere Freundlichkeit. Sieben Kriegsmonate, die Fülle des Geschehens und der militärischen Verantwortung, wie auch persönliches Erleben und Überwinden haben diesen charakteristischen Fürstenkopf noch schärfer gemeißelt, noch herber geformt. Die blaugrauen Augen sind von einer Ruhe, die wie ein Schleier ist. Doch immer wieder leuchten sie bei raschem

---

[1746] Kriegstagebuch, 4.9.16. BayHStA, GHA. NL Prinz Leopold, Nr. 239.
[1747] Artikel „Bei Generalfeldmarschall Prinz Leopold". Münchner Neueste Nachrichten, 7. April 1917. S. 4. Angelegenheiten des Prinzen Leopold. 1913-1918. BayHStA, GHA. Kabinettsakten König Ludwigs III., Nr. 144.
[1748] Korrespondenz des amerik. Generalkonsuls T. St. John Gaffney in München mit dem Staatsministerium des K.H. und des Äußern am 15.1.1915. Bitte um Audienz bei S.K.H. dem Kronprinzen im Hauptquartier. BayHStA, NB. StMin des K. Hauses und des Äußern, Nr. 97497.
[1749] Schreiben des Geh. Legationsrates Leopold von Krafft an das Staatsministerium des K.H. und des Äußern. La Madeleine bei Lille, 18.1.1915. Bitte um Audienz bei S.K.H. dem Kronprinzen im Hauptquartier. BayHStA, NB. StMin des K. Hauses und des Äußern, Nr. 97497.
[1750] Zit. nach Heydecker, Joe J.: Kronprinz Rupprecht von Bayern. Ein Lebensbild. München, 1953. S. 76.

8.7 Monarchie und Kriegspropaganda

Gespräch blitzartig auf, und dann hört man auch immer ein Wort, das man sich merken muss, weil etwas Starkes und Aufrichtiges aus ihm redet."[1751] In den „Münchner Neuesten Nachrichten" waren Auszüge des Buches vorab veröffentlicht worden.[1752]

Das „Bayerland" erinnerte 1918 an Lothringen und Warschau, die großen Erfolge der bayerischen Heerführer. Ungeachtet der Hervorhebung bayerischer Eigenständigkeit wurden diese Siege symbolpolitisch in den Dienst der deutschen Nation gestellt. Über Lothringen hieß es, „in der deutschen Heimat schmücken sich zum ersten Male in diesem Kriege die Häuser mit schwarz-weiß-roten und weißblauen Flaggen! Dies ist die Bedeutung des Sieges auf Lothringer Boden: Als erster im freien Felde erfochtener Erfolg stärkte er unser Bewusstsein und legte die Zuversicht der Franzosen auf eine mühelose Eroberung der im Jahre 1870/71 verlorenen Provinzen lahm."[1753] Leopold wurde als Heerführer in eine Reihe mit Hindenburg und Mackensen gestellt, den anderen siegreichen Heerführern der Ostfront.[1754] Er selbst notierte im Juli 1916, am 50. Jahrestag der Schlacht bei Kissingen, im Hinblick auf seine deutsch-nationale Instrumentalisierung amüsiert: „Gerade fünfzig Jahre werden es heute, dass ich im Gefechte bei Hausen (Schlacht bei Kissingen) [gegen preußische Truppen] die Feuertaufe erhielt. Wie sich die Zeiten ändern. Wer hätte damals wohl gedacht, dass ich einst solche Massen preußischer Truppen befehligen sollte?[1755] Kronprinz Rupprecht, so „Das Bayerland", sei ohne Zweifel „ein Bayer von echtem Schrot und Korn." Den „wertvollsten Teil seines Lebens" habe er der „Rettung des gemeinsamen deutschen Vaterlandes geweiht. Ein echter Bayer und ein echter Deutscher, so steht die Heldengestalt dieses Heerführers aus königlichem Blute in der Geschichte da für alle Zeit."[1756]

Prinz Heinrich war für die Medien aufgrund seines draufgängerischen Images von Beginn an interessant. So verbreitete die „Bayerische Staatszeitung" am 18. August 1914 einen Artikel der „Deutschen Tageszeitung", in dem festgestellt wur-

---

[1751] Ganghofer, Ludwig: Die stählerne Mauer. Reise zur deutschen Front 1915. Zweiter Teil. Berlin, Wien, 1915. S. 125-141.
[1752] Vgl. Heydecker, Joe J.: Kronprinz Rupprecht von Bayern. Ein Lebensbild. München, 1953. S. 75.
[1753] „Kronprinz Rupprecht in der Lothringer Schlacht" von Generalleutnant von Hößlin. In: Das Bayerland. Illustrierte Wochenschrift für Bayerns Land und Volk. Begründet von H. Leher, Hrsg. von Dr. Josef Weiß und Dr. Otto Denk in Verbindung mit einem Kuratorium unter dem Vorsitze Sr. Kgl. Hoheit des Kronprinzen Rupprecht von Bayern. München, Jahrgang 1917/18. Zweites Aprilheft 1918. S. 245.
[1754] „Generalfeldmarschall Prinz Leopold von Bayern als Heerführer" von Generalmajor Friedrich Otto. In: Das Bayerland. Illustrierte Wochenschrift für Bayerns Land und Volk. Begründet von H. Leher, Hrsg. von Dr. Josef Weiß und Dr. Otto Denk in Verbindung mit einem Kuratorium unter dem Vorsitze Sr. Kgl. Hoheit des Kronprinzen Rupprecht von Bayern. München, Jahrgang 1917/18. Zweites Aprilheft 1918. S. 245-248. Hier: S. 248.
[1755] Kriegstagebuch, 10.7.1916. BayHStA, GHA. NL Prinz Leopold, Nr. 239.
[1756] „Kronprinz Rupprecht von Bayern und der Kampf an der Westfront" von Generalleutnant von Hößlin. In: Das Bayerland. Illustrierte Wochenschrift für Bayerns Land und Volk. Begründet von H. Leher, Hrsg. von Dr. Josef Weiß und Dr. Otto Denk in Verbindung mit einem Kuratorium unter dem Vorsitze Sr. Kgl. Hoheit des Kronprinzen Rupprecht von Bayern. München, Jahrgang 1917/18. Zweites Aprilheft 1918. S. 248-250. Hier: S. 250.

de, Heinrich habe in einem der letzten Gefechte „mit seiner Eskadron eine Abteilung französischer Dragoner attackiert und vernichtet." Die „Deutsche Tageszeitung" bemerkte dazu: „Eine englische Zeitung meldete dieser Tage, dass der Prince of Wales zu seinem Regiment abgehen würde, sobald seine Uniform fertig sei. In welchem Gegensatz hierzu steht die obige Meldung. Unsere deutschen Prinzen haben es wahrhaft nicht nötig, auf eine neue Uniform zu warten; deutsche Prinzen haben eben anderes soldatisches Blut, sie stellen sich sofort an die Spitze ihrer Truppenteile und führen sie zum Siege."[1757]

Die Verwundung des Prinzen Franz nahmen die Staatszeitung und etliche andere Medien im September 1914 zum Anlass, die Leistungen und den Opfermut des bayerischen Königshauses hervorzuheben: „Die Nachricht, dass nun auch ein Spross unseres Königshauses, gleich vielen anderen tapferen Helden, auf dem Schlachtfeld sein Blut für Deutschlands und Bayerns Ehre und Freiheit vergossen hat, wird neben der herzlichen Freude darüber, dass der Sohn unseres Königs und die Königliche Familie vor Schwererem bewahrt blieben, im ganzen Volke freudigen Stolz auslösen in jenem Gemeinsamkeitsgefühle, das Bayerns Herrscherhaus und Bayerns Volk, wie stets in frohen und ernsten Tagen, so besonders in diesem Kriege eint."[1758] Nach der Todesnachricht des Prinzen Heinrich im November 1916 begann eine umfassende Berichterstattung über dessen Leben und Wirken. Die Medien stilisierten sein Ableben als ‚Heldentod', was in unzähligen Nekrologen übernommen wurde. Zudem erschien eine durch den Reichstagsabgeordneten Maximilian Pfeiffer verfasste Biografie des Prinzen mit dem Untertitel: „Das Lebensbild eines Frühvollendeten".[1759]

Sofern keine militärischen Erfolge zu berichten waren, wurden Anekdoten wiedergegeben, die über die im Feld stehenden Mitglieder des Herrscherhauses kursierten. Diese spiegeln das hohe Ansehen und die Volkstümlichkeit der Prinzen wider. Der „Schwäbische Merkur" druckte im November 1915 einen der Redaktion zugesandten Feldpostbrief eines Leutnants der Reserve ab, der von einer Schützengrabenbesichtigung eines der Prinzen berichtete: „Ein Generalstabshauptmann, noch recht jung, steht im Graben. Mir schwant wohl etwas, ich nehme mir aber vor, nur mit ‚Herr Hauptmann' zu antworten. Da kommt mir der freundliche Herr zuvor, auf mich zu, sich vorstellend und mir die Hand reichend: Prinz Adalbert von Bayern. [...] Dann ein paar Fragen und Scherzworte über das gute Gelingen, noch einen freundlichen Händedruck und Kgl. Hoheit geht weiter." Der Leutnant fühlte

---

[1757] „Prinz Heinrich von Bayern im Kampfe". Bayerische Staatszeitung, 18. August 1914. BayHStA, GHA. Presseausschnittsammlung der Königin Marie Therese. Bd. XXXIV.
[1758] „Prinz Franz von Bayern verwundet". Bayerische Staatszeitung, 29.9.14. BayHStA, GHA. Presseausschnittsammlung der Königin Marie Therese. Bd. XXXV.
[1759] Vgl. die Presseausschnittssammlung der Königin Marie Therese ab dem 9. November 1916. BayHStA, GHA. Presseausschnittsammlung der Königin Marie Therese. Bd. XLII; Graf Pappenheim an Kronprinz Rupprecht, München, 14.1.1917. Berichte des Hofmarschalls Graf Pappenheim an den Kronprinzen Rupprecht im Jahr 1917. BayHStA, GHA. NL Kronprinz Rupprecht, Nr. 166; Maximilian Pfeiffer: Prinz Heinrich von Bayern. Das Lebensbild eines Frühvollendeten. O.J. [verm. 1917].

sich durch diese Begegnung an eine unter den bayerischen Soldaten an der Westfront weitverbreitete Anekdote über den Prinzen Franz von Bayern erinnert, die er der Zeitung folgendermaßen schilderte: „In einer der früheren Stellungen geht er durch die Stellung. Ein bärtiger Reservist schmaust, im Graben stehend, mit sichtlichem Behagen aus einer Konservenbüchse, sich durch den hohen Herren absolut nicht stören lassend. Kgl. Hoheit fragt, dem Allgäuer vertraulich auf die Schulter klopfend: ‚Nun, wie schmeckt Dir's?' und erhält die in ihrer treuherzig vorgebrachten Weise überraschende Antwort: ‚Oh mei, Kgl. Hoheit, i friß halt so nei!' Dies ist jetzt ein geflügeltes Wort bei uns geworden."[1760]

Nicht nur König Ludwig III., sondern auch die bayerischen Prinzen waren sich ihrer Verpflichtung gegenüber der Öffentlichkeit und gegenüber dem Königshaus bewusst. Durch ihren Kriegseinsatz waren insbesondere Prinz Leopold und Kronprinz Rupprecht zu reichweit bekannten und populären Persönlichkeiten aufgestiegen. Bereitwillig ließen sich die Militärdienst leistenden Königlichen Hoheiten als pflichttreue Vertreter ihrer Dynastie malen, fotografieren, filmen und interviewen. Darin spiegelt sich die öffentliche Darstellung der weiblichen Familienmitglieder, die in der Heimat karitative Dienste verrichteten. Insgesamt war durch diese teils gezielte, teils zufällige, mediale Vermarktung ein menschliches und volksnahes öffentliches Bild entstanden. Ob sich das dadurch geschaffene positive Image der bayerischen Dynastie auch in Krisenzeiten in grundsätzliche Loyalität zur monarchischen Ordnung ummünzen ließ, musste sich jedoch erst erweisen.

[1760] Schwäbischer Merkur (Abendblatt), 22. November 1915. Zwischen Lens und Arras. (Feldpostbrief). Presseäußerungen über im Felde stehende Königliche Hoheiten 1915. BayHStA, NB. StMin des K. Hauses und des Äußern, Nr. 97499.

9. In der Systemkrise

9.1 Stimmungskrise und Monarchiekritik

Mit Kriegsbeginn setzte eine schleichende Revolutionierung der Gesellschaft ein. An der Heimatfront herrschte in Bezug auf die Lebensmittelkrise, das fehlende Heizmaterial und die mangelhafte medizinische Versorgung ein alltäglicher Ausnahmezustand. Ein Ende der Kampfhandlungen war nicht absehbar. Die Kluft zwischen dem militarisierten Staat und der zivilen Öffentlichkeit vergrößerte sich. Forderungen nach materiellen Gütern und höheren Löhnen vermischten sich mit dem Verlangen nach Repräsentation und Partizipation. Unter der Hülle des „Burgfriedens" verschärften sich die gesellschaftlichen Spannungen, die Lebensstandards sanken. Das Verlangen nach Frieden wurde zunehmend zum treibenden Motiv für die Ressentiments gegen die Privilegierten und Herrschenden, für soziale Kritik und sozialen Protest. Verstärkt wurde die Öffentlichkeit auf diese Weise zu einem politischen Akteur.[1761] In Bayern war ein großer Teil der Bevölkerung durch den sich totalisierenden Krieg betroffen.[1762] Hauptangriffspunkte der öffentlichen Kritik waren die Staatsregierung, insbesondere die innere Verwaltung, die Landwirtschaft und die Berliner Zentralstellen. Der militärische Kriegsverlauf hatte nur geringe Auswirkungen auf die Stimmungslage. Militärische Prestigeerfolge bildeten die Ausnahmen. Positive Nachrichten von der Front belebten die Hoffnung auf ein baldiges Kriegsende – aufgrund dessen Ausbleibens konnten sie aber nicht von bleibendem Einfluss sein. Die steigenden Verluste wirkten hingegen dauerhaft negativ. Je mehr Männer an die Front geschickt wurden, desto größer war die Zahl an Gefallenen, Verwundeten, Vermissten und Gefangenen und desto ungewisser er-

---

[1761] Vgl. Ullrich, Volker: Die Revolution von 1918/19. München, 2009. S. 11-21; Vgl. Canning, Cathleen: Sexual crisis, the writing of citizenship and the State of Emergency in Germany 1917-1920. In: Lüdke, Alf; Wildt, Michael (Hrsg.): Staats-Gewalt: Ausnahmezustand und Sicherheitsregimes. Historische Perspektiven. Göttingen, 2008. S. 167-213. Hier: S. 169-171; Vgl. Altenhöner, Florian: Kommunikation und Kontrolle. Gerüchte und städtische Öffentlichkeiten in Berlin und London 1914/1918. München, 2008. S. 39-52; Vgl. Ullrich, Volker: Zur inneren Revolutionierung der wilhelminischen Gesellschaft des Jahres 1918. In: Kriegsende 1918. Ereignis, Wirkung, Nachwirkung. Hrsg. im Auftrag des Militärgeschichtlichen Forschungsamtes von Jörg Duppler und Gerhard P. Groß. München, 1999. S. 273-283. Hier: S. 273f; Vgl. Prinz, Friedrich: Die Geschichte Bayerns. München, 2001. S. 434f; Vgl. Smith, Jeffrey R.: A people's war. Germany's political revolution, 1913-1918. Lanham u.a., 2007. S. 183-187; Vgl. Ullmann, Hans-Peter: Politik im Deutschen Kaiserreich. 1871-1918. München, 2005. S. 252-262.

[1762] Zum Zeitpunkt der größten deutschen Mobilisierung von Menschenmaterial im Frühjahr 1918 zählte das bayerische Feldheer allein 550.000, die gesamte bayerische Armee etwa 910.000 Soldaten und Offiziere. Von der etwa 6,9 Millionen starken Bevölkerung Bayerns standen also etwa 8% im Feld und 13,2% überhaupt unter den Waffen. Mindestens jeder achte Bayer (inkl. Frauen, Kinder, Greise, Untaugliche etc.) leistete zu diesem Zeitpunkt unmittelbar militärischen Dienst, im gesamten Kriegsverlauf sogar etwa jeder fünfte. Vgl. Bayerisches Kriegsarchiv (Hrsg.): Die Bayern im Großen Kriege 1914-1918. 2 Bände. München, 1923. S. 9f.

9.1 Stimmungskrise und Monarchiekritik

schien ein baldiges Kriegsende. Andere Faktoren trugen speziell in Bayern zur Verschlechterung der Stimmung bei. So kursierten seit 1915 Gerüchte über eine bevorzugte Verwendung bayerischer Truppen als Sturmtruppen, die für antipreußische Ressentiments sorgten. Die Zentralisation der Kriegswirtschaft hatte die antipreußische Stimmung verstärkt, die sich auf dem Land manifestierte. In den Städten bildete der Unmut über die Lebensmittelkrise die Hauptursache für die Unzufriedenheit.[1763]

Aufgrund seines öffentlichkeitswirksamen sozialen Engagements und der militärischen Symbolerfolge hatte sich das bayerische Königshaus bis ins Jahr 1917 weithin seine Popularität erhalten. Trotz der steigenden Unzufriedenheit mit der Staatsregierung kam es in Bayern lange Zeit nicht zu grundsätzlicher Kritik an der Institution Monarchie. Ludwig III. war auch persönlich zumindest nicht unpopulär und wurde mit negativen Entwicklungen in geringerem Maß verknüpft als die Verwaltung oder das Militär. Dem König blieb die integrative Rolle als „fürsorglicher Landesvater", die er mit Engagement auszufüllen bemüht war. Dies ging sogar so weit, dass während der gesamten Kriegszeit zahllose Eingaben von patriotischen Bürgern mit der Bitte um die Übernahme von „Ehrenpatenschaften" ihrer Kinder durch den König eingingen.[1764] Während Kronprinz Rupprecht und Prinz Leopold durch ihre militärischen Siege zu umjubelten ‚Kriegshelden' avancierten und auch die jüngeren bayerischen Prinzen an der Front reüssierten, machten sich die Königin und der Großteil der Prinzessinnen um die Wohlfahrt verdient, was enorm zum Ansehen der Wittelsbacher beitrug. In den meist anonymen Eingaben von Soldaten wie Zivilisten an den König wird das hohe Prestige der bayerischen Königsfamilie deutlich. In untertänigem Gestus wandten sich Bittsteller mit Wünschen oder Beschwerden an den Monarchen oder verlangten offensiv von ihrem Allerhöchsten Kriegsherrn, dass dieser Bayern vor dem preußischen Größenwahn rette und dem Krieg ein Ende bereite. Die Hoffnungen der bayerischen Öffentlichkeit in ihren König werden anhand eines Gerüchts deutlich, das 1916 in Oberbayern und im bayerischen Wald verbreitet war. Ludwig III., so hieß es, habe dem Kaiser die Freundschaft aufgekündigt, nachdem dieser ein bayerisches Regiment

---

[1763] Vgl. Ay, Karl-Ludwig: Die Entstehung einer Revolution. München, 1968. S. 23-36; Albrecht, Willy: Landtag und Regierung in Bayern. Berlin, 1968. S. 124-126.

[1764] Nur in seltenen Fällen übernahm Ludwig III. tatsächlich Taufpatenschaften, etwa für den Sohn des österreichischen Kaiserpaares oder einen Enkel des Grafen Hertling. Das Kabinett sagte den Antragstellern in der Regel dankend und mit den besten Wünschen Seiner Majestät ab: „Beehre mich mitzuteilen, dass ich Seiner Majestät dem König ihr Gesuch um Übernahme der Ehrenpatenschaft bei ihrem jüngstgeborenen Sohne Georg Ludwig unterbreitet habe. Seine Majestät haben die Eingabe mit sichtlichem Interesse entgegengenommen und waren über ihre patriotische, treuanhängliche und wahrhaft fromme Gesinnung aufrichtig erfreut. Seit Beginn und im Verlaufe des Krieges sind an Seine Majestät wiederholt Bitten um Übernahme von Patenschaften gestellt worden, denen Allerhöchstdieselben jedoch aus grundsätzlichen Erwägungen und der Konsequenzen wegen keine Folge zu geben vermochten. Um nicht das Gefühl unverdienter Zurücksetzungen wachzurufen, sind Seine Majestät zu Allerhöchstihrem Bedauern auch in ihrem Falle nicht in der Lage, eine zusagende Antwort zu erteilen." Vgl. Schreiben des Kabinettschefs Dandl an Herrn Ingenieur Isidor Zehetmayr, Hallmeierstr. 8, München. München, 16.5.1918. Persönliche Angelegenheiten König Ludwigs III. 1911-1918. BayHStA, GHA. Kabinettsakten König Ludwigs III., Nr. 1.

dezimieren wollte, welches sich gegen preußische Truppen gewandt habe, für die es bei Verdun mehrfach eine Stellung zurückerobern musste.[1765]

Anlässlich der zum Ludwigstag stattfindenden Huldigung der Verwundeten sämtlicher Lazarette des Standortes München am 24. August 1917 im Kaiserhof der Residenz wurde von einem Vertreter des Landsturms eine Festrede auf das Königliche Haus gehalten, die das öffentlich vermittelte Bild der bayerischen Monarchie anschaulich widerspiegelt: „Über dieser Stunde liegt die Weihe der Treue und Liebe des Bayernvolkes zu seinem Herrscherhause, liegt aber auch die anteilnehmende Sorge des Herrscherhauses für sein Land. [...] Zwei ruhmreiche Feldherren aus Wittelsbacher Geschlecht halten feldgraue Wacht im Westen und im Osten. Er, der von allen deutschen Heerführern zuerst in der Hauptsache nur mit Bayerns Söhnen und Vätern im August 1914 den feindlichen Nachbarn im Westen siegreich schlug [...], derselbe bayerische Königssohn, Kronprinz Rupprecht, hält gerade jetzt wieder in Flandern noch nie erlebtem, englischem Vernichtungsfeuer felsenfest stand. [...] Im Osten ist es aber der Bruder des Königs von Bayern, Prinz Leopold, der die russische Soldateska zu Hauf treibt [...] und die deutsch-österreichisch-ungarischen Fahnen von Sieg zu Sieg führt. Der Eroberer von Warschau ist zum Befreier Galiziens geworden. Zu der Unbesiegbarkeit im Felde gesellt sich das stille Heldentum in der Heimat. Auch da ist das Haus Wittelsbach, voran König und Königin, wegweisend in hilfsbereiter Vorsorge und beispielgebend in opferfreudiger Fürsorge".[1766]

Von der Front gingen unzählige Feldpostbriefe bei Mitgliedern der königlichen Familie ein, die eine monarchische Gesinnung vieler Soldaten belegen. Prinzessin Therese erhielt im Dezember 1915 ein Schreiben eines Angehörigen des bayerischen Infanterie-Leibregiments, der um göttlichen Beistand für das Königshaus bat: „Möge der allmächtige Schöpfer, der große Schlachtenlenker, Eurer Königlichen Hoheit sowie Seiner Majestät unserem erhabenen König und allergnädigsten Kriegsherrn, sowie dem ganzen Königlichen Haus, noch recht viele Jahre der Gesundheit schenken."[1767] Viele Soldaten sahen das bayerische Königshaus nicht als ausschlaggebenden Grund für die lange Kriegsdauer. Noch im August 1918 schrieb ein bei Reims stationierter bayerischer Soldat an Prinzessin Therese, er grüße „Ihre Königliche Hoheit sowie das Königliche Haus ergebenst". Zum Frie-

---

[1765] Vgl. Ziemann, Benjamin: Front und Heimat. Essen, 1997. S. 266.
[1766] Festrede, verfasst von Josef M. Jurinek, gesprochen von Landsturmmann A. Froschmayr. Huldigung der Verwundeten sämtlicher Lazarette des Standortes München am 24. August 1917 im Kaiserhof der K. Residenz. Zum Allerhöchsten Namensfeste Seiner Majestät des Königs Ludwig III. von Bayern 1917. Vermählung S.K.H. des Prinzen Ludwig von Bayern mit Ihrer K.u.K. Hoheit der Erzherzogin Maria Theresia von Österreich-Este (Modena), geboren am 2. Juli 1849, am 20. Februar 1868 zu Wien. (1868 bis 1918). BayHStA, KrA. Kriegsministerium, Nr. 82.
[1767] Feldpostbrief von Michael Rader, Infanterist des k.b. Infanterie-Leibregiments, an Prinzessin Therese von Bayern. München, 30. Dezember 1915. Feldpostbriefsammlung der Prinzessin Therese von Bayern. BayHStA, KrA. Kriegsbriefe, Nr. 329.

9.1 Stimmungskrise und Monarchiekritik

den sei noch immer „keine Aussicht vorhanden, so müssen wir den Feind so weit bringen, bis er nachgibt."[1768]

Erste vereinzelte Unmutsäußerungen richteten sich, ungeachtet der karitativen und sozialen Anstrengungen des Königshauses, angesichts der wachsenden Kriegsmüdigkeit der Bevölkerung dennoch bald gegen den Monarchen und dessen Familie. Dem Königshaus wurde aufgrund seiner symbolischen Rolle eine Erwartungshaltung entgegengebracht, welche nicht vollständig zu erfüllen war. Ein anonymer Brief forderte im April 1915 von Ludwig III. einen baldigen Friedensschluss und artikulierte die Kriegsmüdigkeit der ländlichen Bevölkerung: „Ein solches Unheil wie dieser Krieg muss jetzt aufhören. Bei euren Familien und des Kaisers Familien wird der Mann nicht weggeschossen. Aber bei dem Volke gibt es Tausende Witwenfrauen. Und wo bei manchen acht und zehn Kinder da sind. [...] Aber bei euch hohen Kreisen kommt das nicht vor."[1769] Eine weitere anonyme Zuschrift an den Monarchen wetterte im November 1916 gegen die „Großkopferten", die das Vaterland von innen verderben würden. Nicht der Feind, sondern die Habgier im Inland sei das Schlimmste: „Wenn so fortgewirtschaftet wird, dann sind andere daran schuld, dann fehlt auch das Vertrauen zum Obersten Kriegsherrn."[1770] Teils erreichten den Hof auch wirre Drohschreiben.[1771]

An die Königin wurden anonyme Appelle gesandt, die ihr das Oberhofmeisteramt jedoch in der Regel nicht vorlegte. Von Marie Therese wurde 1916 verlangt, dass sie sich für einen Friedensschluss einsetzen solle: „Es ist höchste Zeit und heilige Pflicht der Frauen, dass wir einschreiten und das schreckliche Morden aller Nationen verhindern und Einhalt gebieten, dazu brauchen wir die höchste Persönlichkeit des Landes, die Königin und Beschützerin des Volkes und wenn die die Kraft und den Muth dazu nicht hat, dann halten sie täglich und persönlich den Rundgang in einem Lazarett, Irrenanstalt und Zuchthaus [...], dann werden Sie bald das wahnsinnige und gottlose Treiben der Männer und Söhne einsehen, dass sie es sind, die der ganzen Welt Glück und Familienfrieden vernichten, ohne Gott und seine Gebote zu beobachten und dazu sollt er ihnen den Sieg verleihen."[1772]

Neben dem allgemeinen Stimmungsniedergang war eine wachsende Aktivität pazifistischer und feministischer Bewegungen sowie der sozialdemokratischen

---

[1768] Feldpostbrief von Heinrich Talman an Prinzessin Therese von Bayern. Bei Reims, 6. August 1918. Feldpostbriefsammlung der Prinzessin Therese von Bayern. BayHStA, KrA. Kriegsbriefe, Nr. 332; Vgl. die Feldpostbriefsammlung der Prinztessin Therese. BayHStA, KrA. Kriegsbriefe, Nr. 327-332.

[1769] Anonymer Brief an König Ludwig III. Kempten, 9. April 1915. BayHStA, NB. StMin des K. Hauses und des Äußern, Nr. 97506.

[1770] Anonymer Brief an König Ludwig III. Kempten, 3. November 1916. BayHStA, NB. StMin des K. Hauses und des Äußern, Nr. 97506.

[1771] Brief eines Irren an König Ludwig III. 1915. BayHStA, NB. StMin des K. Hauses und des Äußern, Nr. 97507.

[1772] Anonymer Brief an Königin Marie Therese. Lindau, 1.11.1916. Zwei anonyme Briefe an die Königin von Bayern, 1916. BayHStA, NB. StMin des K. Hauses und des Äußern, Nr. 97509.

Minderheit in Bayern zu verzeichnen.[1773] 1915 hatte das Kriegsministerium eine gezielte Aufklärungstätigkeit begonnen. In ausführlichen Geheimberichten wurden die Haltung der Presse, Versammlungen von Friedensaktivisten wie Ludwig Quidde, die Tätigkeit von Vereinen und Privatpersonen sowie die Stimmung in der Armee und in der Heimat festgehalten.[1774] Im Februar 1916 hatte sich der Kriegsminister in einer Note an seine Ministerkollegen gewandt, in der eingehend die Stimmung in Armee und Heimat behandelt wurde. Die befürchteten Gefahren veranlassten ihn, Wege zur Verbesserung der bayerischen Situation vorzuschlagen. Persönlichkeiten, die das Vertrauen der Öffentlichkeit genossen, etwa Geistliche, Lehrer, Beamte oder Gewerkschaftsführer, sollten durch die Ministerien zur Hebung der Stimmung herangezogen werden und in vertraulichen Aussprachen, öffentlichen Vorträgen und durch die Verteilung von Propagandaschriften zur „Stärkung des Volksgewissens" beitragen.[1775] Das Innenministerium beobachtete die Stimmungslage ab 1916 sehr genau[1776] und gab gezielt Aufklärungsschriften, Flug- und Merkblätter zu deren Verbesserung heraus.[1777] In der Ministerratssitzung vom 2. September 1916 kam die öffentliche Stimmungslage zur Sprache. Sämtliche Regierungsmitglieder kamen überein, dass die in der Bevölkerung herrschende Missstimmung zu diesem Zeitpunkt nicht zu überschätzen und insbesondere eine tiefgehende Erschütterung der monarchischen Gesinnung des weit überwiegenden Teiles der bayerischen Bevölkerung nicht zu befürchten sei.[1778]

Mit zunehmender Kriegsdauer wurde die Lage jedoch fataler, wie die geheimen „Stimmungsberichte" des bayerischen Kriegsministeriums zeigen.[1779] Ab Oktober

---

[1773] Vgl. Albrecht, Willy: Landtag und Regierung in Bayern. Berlin, 1968. S. 131-134; Bosl, Karl: Bayerische Geschichte. 2. Auflage. München, 1980. S. 186.

[1774] Friedenssehnsucht und Nahrungsmittelknappheit bildeten die Hauptursachen für die zunehmende Kritik an der Staatsregierung. Da die Sicherheit des Kaiserreichs erkämpft zu sein schien, traf man sowohl an der Heimatfront als auch in der Armee immer weniger auf Verständnis dafür, dass beispielsweise der Krieg im Nahen Osten für das Kaiserreich von Bedeutung sei. Vgl. Friedensbewegung in Bayern. Haltung der Presse, Tätigkeit von Vereinen und Privatpersonen, Stimmung in der Armee und in der Heimat. BayHStA, NB. StMin des K. Hauses und des Äußern, Nr. 97552.

[1775] Vgl. Albrecht, Willy: Landtag und Regierung in Bayern. Berlin, 1968. S. 126f; Stimmung in der Armee und Heimat. BayHStA, KrA. Kriegsministerium, Nr. 14008.

[1776] Stimmung in der Armee und in der Heimat, 1916-1919. Teil 1-6. BayHStA, NB. Staatsministerium des Innern, Nr. 66327-66332.

[1777] Aufrechterhaltung der öffentlichen Ruhe und Ordnung, 1914-1919. BayHStA, NB. Staatsministerium des Innern, Nr. 66134; Stimmung in der Armee und in der Heimat, Aufklärungsschriften, Flug- und Merkblätter, 1916-1919. Teil 1-3. BayHStA, NB. Staatsministerium des Innern, Nr. 66336-66338; Stimmung in der Heimat, einzelne Aufklärungsaktionen. Teil 1-4. BayHStA, NB. Staatsministerium des Innern, Nr. 66339-66342.

[1778] Ministerratsprotokoll Nr. 96 vom 2.9.1916. Ministerratsprotokolle der Ministerien Hertling, Dandl, Eisner. BayHStA, NB. StMin des K. Hauses und des Äußern, Nr. 99511.

[1779] Aufgrund eines Erlasses des preußischen Kriegsministeriums vom 31. August 1916 mussten von allen außerpreußischen Generalkommandos monatliche Berichte über die Volksstimmung und die Ernährungslage an das Kriegsernährungsamt geschickt werden. Von den bayerischen stellvertretenden Generalkommandos wurden Berichte in doppelter Form an das bayerische Kriegsministerium eingereicht, welche nach einer Prüfung durch das Pressereferat unter Oberstleutnant Alphons Falkner von Sonnenburg weitergesandt und durch einen Bericht für ganz Bayern ergänzt wurden. Vgl. Albrecht, Willy: Landtag und Regierung in Bayern. Berlin, 1968. S. 183.

1916 sprachen die monatlichen Reporte des Pressereferats des Kriegsministeriums politische Ereignisse an und trafen generelle Aussagen zur Stimmungs- und Ernährungslage. Die unverändert schlechte Stimmungslage wurde an Ernährungsfragen und der wachsenden Kriegsmüdigkeit festgemacht.[1780]

Andere Betrachter teilten diese Einschätzung. Der Historiker Karl Alexander von Müller, ein Mitglied der Historischen Kommission der Akademie der Wissenschaften und ehrenamtlicher Schriftführer des Frauenvereins vom Roten Kreuz für Oberbayern, wandte sich infolge eines Urlaubs, den er in der Gegend des Schliersees, Miesbachs und des Leitzachtals verbracht hatte, im August 1916 besorgt und „aus Liebe zum Herrscherhaus und zur bayerischen Heimat" an Hertling: „Weniges in diesem Weltkrieg war mir erschütternder, als die Stimmung, die ich unter diesen kernbayerischen, bisher grundkonservativ und königstreu gesinnten Bauern angetroffen habe. Sie äußert sich, in erschreckendem Umfang, unverhohlen in der Öffentlichkeit, im Gasthaus, auf der Straße, in der Bahn, wie in persönlichem Gespräch." Es seien stets die gleichen Empfindungen und Gedanken, die zur Sprache kämen. Fast ausnahmslos sei ein antipreußisches Ressentiment auszumachen, welches sich teils „aus Erzählungen und Briefen aus dem Feld, zum andern aus den Schwierigkeiten und Gegensätzen der Ernährungsfrage in der Heimat" nähre. Zwar entspreche dies dem, was man in München höre, es sei aber „in dieser ländlichen Bevölkerung zu einem Grad gesteigert, von dem man sich kaum einen übertriebenen Begriff machen" könne. Inmitten des Ringens des deutschen Volkes um sein Dasein sei in diesen Gegenden nichts verhasster als der „Saupreuße". Die zweite Hauptrichtung der Kritik, warnte Müller, sei eine „antimonarchische" und argumentiere, dass der Krieg ein „Schwindel" sei und dem Volk etwas vorgetäuscht werde. Dasselbe sei ihm aus der Garmischer Gegend und aus dem Chiemgau zu Ohren gekommen.[1781]

Die zunehmende Zentralisierung der Wirtschaft und die Konzentration auf die Kriegs- und Großindustrie wirkten sich dramatisch aus. Der gut informierte Kronprinz Rupprecht bemerkte, die wirtschaftlichen Probleme des bayerischen Mittelstandes zögen katastrophale Folgen nach sich: „Die Angehörigen dieses Standes, die früher in ihrer überwiegenden Mehrheit gut monarchisch gesinnt waren, sind jetzt antimonarchischer wie die Sozialdemokraten, da sie der Regierung die Schuld an ihrem Unglücke beimessen. Dies ist nicht bloß in gr[oßen] Städten der Fall, wie in München, wo einzelne Hitzköpfe bereits davon sprachen, vor die Residenz zu ziehen und eine Revolution zu machen, sondern auch in kleinen Orten wie z.B.

[1780] Geheimberichte zur Stimmung der Zivilbevölkerung und der Ernährungslage. 1917-1918. Pressereferat des bayerischen Kriegsministeriums. Friedensbewegung in Bayern. Haltung der Presse, Tätigkeit von Vereinen und Privatpersonen 1918. BayHStA, NB. StMin des K. Hauses und des Äußern, Nr. 97553.

[1781] Brief Karl Alexander von Müllers an den Ministerratsvorsitzenden Hertling. München, 31.8.1916. Friedensbewegung in Bayern. Haltung der Presse, Tätigkeit von Vereinen und Privatpersonen, Stimmung in der Armee und in der Heimat. BayHStA, NB. StMin des K. Hauses und des Äußern, Nr. 97552.

Cham, wo Unterschriften gesammelt wurden, um den König zur Abdankung zu bestimmen."[1782]

Seit der Jahreswende 1916/17 bemühte sich die bayerische Staatsregierung in Form von vermehrter propagandistischer „Aufklärung", zu der fortan kirchliche und wirtschaftliche Vereinigungen beitrugen, um die Überwindung der Stimmungskrise. Auch wurde versucht, das Verhältnis zur Presse zu verbessern.[1783] Im Juli 1917 schrieb der bayerische Innenminister an Hertling, das Innen- und das Kriegsministerium würden nun verstärkt gegen die schlechte Stimmung in der Bevölkerung vorgehen. Innenminister Friedrich von Brettreich führte aus: „Die öffentliche Stimmung ist meines Erachtens für die gegenwärtige Zeit, noch mehr aber für den Herbst und Winter zu einer Frage von der größten Bedeutung geworden. Demgemäß wird alsbald zu prüfen sein, in welcher Weise, soweit dies auf dem seelischen Gebiete liegt, für eine bessere Stimmung weiter Kreise der Bevölkerung gewirkt und die Auffassung von der Lage bei den Massen beeinflusst werden kann und soll."[1784]

Immer wieder wurde der Verdacht geäußert, dass die Missstimmung gezielt befördert worden sein könnte. Feindliche Propaganda tat ihr übriges, wenngleich dies nicht quantifizierbar ist.[1785] Die aufkommenden Negativgerüchte waren aber vielmehr Symptom und nicht etwa Ursache der Glaubwürdigkeits-, Legitimations- und Vertrauenskrise der staatlichen Autoritäten sowie auch der Medien. Nur eine Regierung, die über das Vertrauen der Bevölkerung verfügte, konnte durch Öffentlichkeitsarbeit deren Einschätzungen, Stimmungen und Verhalten beeinflussen.[1786]

[1782] Kriegstagebuch, 14. Juli 1917. BayHStA, GHA. NL Kronprinz Rupprecht, Nr. 706.
[1783] Vgl. Albrecht, Willy: Landtag und Regierung in Bayern. Berlin, 1968. S. 198-208.
[1784] Staatsminister des Innern von Brettreich an den Vorsitzenden des Ministerrats von Hertling. München, 7.7.1917. Friedensbewegung in Bayern. Haltung der Presse, Tätigkeit von Vereinen und Privatpersonen, Stimmung in der Armee und in der Heimat. BayHStA, NB. StMin des K. Hauses und des Äußern, Nr. 97552.
[1785] Der bayerische Innenminister informierte im April 1917 die Polizeidirektion München, ihm sei berichtet worden „dass namentlich in Eisenbahnwartesälen und auf Eisenbahnfahrten, aber auch in Wirtschaften, insbesondere in solchen, die an Wochenmarkttagen von Landleuten stark besucht werden, von einer Reihe von Leute, offensichtlich mit Absicht, in breiter und vordringlicher Weise die Unterhaltung auf das politische Gebiet gelenkt" werde. Diese Personen sprächen hauptsächlich Münchner Mundart und würzten ihre Gespräche mit „boshaften, witzigen Bemerkungen und Schlagern", um zum Ergebnis zu gelangen, „dass es am besten wäre, wenn Oberen verschwinden würden und keine Kriegsanleihe mehr gezeichnet würde." Der Innenminister konstatierte, es sei selbstverständlich, dass „in der gegenwärtigen hochpolitischen Zeit, in der täglich die Spalten der gesamten Presse mit politischen Nachrichten [...] gefüllt sind, für die Bevölkerung politische Erörterungen naheliegen. Es ist auch kein Grund zu der Annahme gegeben, dass unser Volk in seiner Gesamtheit in Gefahr stünde, seine königstreue und vaterländische Gesinnung zu verlieren." Es könne sich seiner Meinung nach „wohl nur um das böswillige und unüberlegte, vielleicht auf zufälliger Verärgerung oder persönlicher Schimpflust beruhende Vorgehen einzelner Personen handeln." Vgl. Staatsminister des Innern von Brettreich an die k. Polizeiinspektion München. München, 26.4.1917. Friedensbewegung in Bayern. Haltung der Presse, Tätigkeit von Vereinen und Privatpersonen, Stimmung in der Armee und in der Heimat. BayHStA, NB. StMin des K. Hauses und des Äußern, Nr. 97552; Ay, Karl-Ludwig: Die Entstehung einer Revolution. München, 1968. S. 37-62.
[1786] Vgl. Altenhöner, Florian: Kommunikation und Kontrolle. Gerüchte und städtische Öffentlichkeiten in Berlin und London 1914/1918. München, 2008. S. 302.

Im „Monatsbericht über die Volksstimmung und Volksernährung" vom Juli 1917 wies das bayerische Kriegsministerium darauf hin, dass zwischen der Stimmung in den Städten und auf dem Land unterschieden werden müsse. Während die Stimmung in den Städten mehr als „Müdigkeit" zu bezeichnen sei, sprächen die Berichte aus dem Land von „Trostlosigkeit". Der „dauernde Mangel an Arbeitskräften und die damit verbundene Abarbeitung der landwirtschaftlich tätigen Personen, die starke Kürzung der Lebensmittel, die Versagung der Fleischzusatzkarte" hätten niederdrückend gewirkt. Die Ernährungslage spiele nicht mehr die Hauptrolle, obgleich ihr ein weitgehender Einfluss zustehe. Trotz der Herabsetzung der Fleischmenge, des Kartoffelmangels oder der Gemüse- und Obstteuerung stehe man „hauptsächlich im Banne einer großen Kriegsmüdigkeit". Die Öffentlichkeit beginne, die Hauptschuld an der Fortdauer des Krieges nicht beim Feind, sondern bei der eigenen Regierung zu suchen. Zudem seien die „enttäuschten Hoffnungen, die man in die russische Revolution setzte, [...] die Aussicht auf einen weiteren Kriegswinter, die Ungewissheit der innerpolitischen Lage" von größerem Einfluss, als die allgemeine Ernährungslage. Selbst große militärische Erfolge, wie sie 1917 an der Ostfront zu vermelden waren, erweckten bei weitem nicht mehr das gleiche Interesse wie im ersten Kriegsjahr. Der Bericht des Kriegsministeriums konstatierte: „Die große Masse der Bevölkerung ist apathisch und in gewissem Sinne misstrauisch gegen die eigenen Erfolge."[1787]

9.2 Reformforderungen und Regierungskrisen in Bayern

Nicht nur im Verhältnis der Öffentlichkeit zu den Regierenden, sondern auch auf der Ebene des bayerischen Parlaments und der Staatsregierung kam es vermehrt zu Konflikten. Die Monarchie war davon direkt betroffen. Der bayerische Landtag war im August 1914 das einzige deutsche Parlament, das vor der Sommerpause noch getagt hatte. Einhellig hatten sich alle Fraktionen, einschließlich der Sozialdemokratie, zum Krieg und zum Burgfrieden bekannt.[1788] Nach dem Ende der Sitzungsperiode war die Abgeordnetenkammer vom König nicht mehr einberufen worden, obgleich innenpolitische Probleme drängten. Die sozialdemokratische „Münchner Post" stellte am 23. März 1915 kritisch fest: „Die Frage einer Kriegstagung des bayerischen Landtags gelangt wieder in Nachrichten einiger Blätter in Erörterung. Das ist kein Wunder, da Bayern unter den größeren deutschen Bundesstaaten das einzige Land ist, dessen Parlament keine Möglichkeit hatte, die wichtigen wirtschaftlichen und sozialen Maßnahmen, die der Weltkrieg bedingt, ordnend

---

[1787] Monatsbericht über Volksstimmung und Volksernährung Juli 1917. K.B. Kriegsministerium an das Ministerium des Königlichen Hauses und des Äußern. München, 12.8.1917. Friedensbewegung in Bayern. Haltung der Presse, Tätigkeit von Vereinen und Privatpersonen, Stimmung in der Armee und in der Heimat. BayHStA, NB. StMin des K. Hauses und des Äußern, Nr. 97552.
[1788] Vgl. Albrecht, Willy: Landtag und Regierung in Bayern. Berlin, 1968. S. 78-80.

zu behandeln."[1789] Die liberalen „Münchner Neuesten Nachrichten" konstatierten hingegen eine begreifliche „Ablehnung der bayerischen Staatsregierung vor jeder außerordentlichen Landtagstagung, für die noch dazu in der jetzigen Zeit kein rechter Zweck ersichtlich" sei, zumal der Landtag „beim Kriegsausbruch versammelt war und in würdiger Kundgebung als erster im Reich der großen Zeit gerecht geworden ist."[1790] Die Staatsregierung versuchte lange, eine außerordentliche Landtagssession abzuwenden.[1791] Der König äußerte in der Staatsratssitzung am 27. September 1915, man befinde sich „in einer sehr ernsten Zeit" und sei „der einzige Staat, der bisher während des Krieges den Landtag nicht einberufen habe; es würden deshalb wohl viele Anfragen und auch viele Angriffe erhoben werden." Der Grund, warum eine Einberufung des Landtags nicht notwendig sei, läge im Finanzgesetz, welches die Regierung ermächtigt habe, „alle notwendigen Maßnahmen zu ergreifen."[1792] Die ordentliche Session der Landtagsversammlung, die im Herbst 1915 zur Verabschiedung des Etats für 1916/17 anberaumt werden musste, konnte jedoch nicht verhindert werden.[1793] Neuwahlen sollten allerdings vermieden werden. Der Staatsrat verabschiedete im Juni 1916 einen Gesetzesantrag zur einjährigen Verlängerung der laufenden Legislaturperiode des Landtags, die eigentlich bis 1918 dauern sollte.[1794]

Die Regierung stand keineswegs geschlossen. Mehrfach musste sich König Ludwig III. mit Krisen befassen. Zwischen dem Kriegs- und Innenministerium war es wiederholt zu Streitigkeiten in der Ernährungs- und Zensurpolitik gekommen.[1795] Obgleich Hertlings Gesundheitszustand sich zunehmend verschlechterte,

---

[1789] Münchner Post, 23.3.1915. Einberufung, Eröffnung, Vertagung und Schluss des Landtags 1912-1918. BayHStA, NB. StMin des K. Hauses und des Äußern, Nr. 94836.
[1790] „Keine Kriegssitzung des bayerischen Landtags". Münchner Neueste Nachrichten, 22.3.1915. Einberufung, Eröffnung, Vertagung und Schluss des Landtags 1912-1918. BayHStA, NB. StMin des K. Hauses und des Äußern, Nr. 94836.
[1791] Vgl. Albrecht, Willy: Landtag und Regierung in Bayern. Berlin, 1968. S. 112.
[1792] Protokoll über die Sitzung des k. Staatsrats vom 27.9.1915. BayHStA, NB. Kgl. Staatsrat. Nr. 1451.
[1793] Die vom König einberufene Session dauerte vom 30. September 1915 bis zum 12. Juli 1916. Vgl. Albrecht, Willy: Landtag und Regierung in Bayern. Berlin, 1968. S. 112f.
[1794] Protokoll über die Sitzung des k. Staatsrats vom 25.6.1916. BayHStA, NB. Kgl. Staatsrat. Nr. 1454.
[1795] Der bayerische Kriegsminister Kressenstein vertrat eine großzügige Zensurpolitik, die sachliche Kritik an den Ernährungsmaßnahmen der Regierung nicht völlig untersagte. Ferner vertrat der Kriegsminister gegenüber Innenminister von Soden eine konsumentenfreundliche Ernährungspolitik und forderte früh eine staatliche Regelung des Lebensmittelverkehrs durch die Regierung. Dies hatte neben der „Stärkung des Durchhaltewillens" der ärmeren Bevölkerungsteile noch einen anderen Grund. Kreß warnte Hertling im Mai 1916, dass die föderative Struktur des Reiches durch die hervortretenden Zentralisierungstendenzen in Gefahr gerate. In einer Note an den Ministerratsvorsitzenden führte Kreß aus, dass mittels einer konsequenten Weiterführung der bisherigen Arbeit der Stellvertretenden Generalkommandos, die unter anderem auch in Norddeutschland als mustergültig gelobte Anordnungen gegen den Wucher und zur Verteilung von Milcherzeugnissen getroffen hatten, eine geschlossene bayerische Ernährungsorganisation hätte gebildet werden können. Auf diese Weise hätte Bayern eine für die anderen Bundesstaaten, auch für Preußen, vorbildliche Organisation schaffen können, die das föderative Prinzip des Kaiserreichs gestärkt hätte. Scheiterte eine bayerische Lebensmittelorganisation aber nun, so werde dies zu einer Stärkung der Zentralstellen des Reiches führen. Eine große Chance der süddeutschen Bundesstaaten, durch innerstaatliches Handeln Einfluss auf Preußen zu gewinnen, sei damit vertan. Innenminister Soden teilte zwar die Be-

9.2 Reformforderungen und Regierungskrisen in Bayern

blieb er für Ludwig III. politisch unverzichtbar. Nach einem Schwächeanfall im Frühjahr 1915, den Kronprinz Rupprecht in seinem Tagebuch als Schlaganfall bezeichnete, war Hertling gezwungen, seinem Dienst einige Wochen fernzubleiben. Nach dessen Rückkehr beteuerte der König gegenüber seinem leitenden Minister, er hoffe, dass dieser „noch recht lange an der Stelle bleiben möge". Er wisse nicht, was er machen solle, falls Hertling seinen Abschied nähme. Dieser nahm sich vor, wenigstens bis zur Beendigung des Krieges auf seinem Posten zu verbleiben. Während einer Audienz am 11. Juni 1915 erklärte sich Ludwig angesichts des dauerhaft schlechten Zustands Hertlings damit einverstanden, dass dieser die Amtsgeschäfte auch von seinem Landsitz in Ruhpolding führte. Immer häufiger hielt Hertling sich aus gesundheitlichen Rücksichten dort in den folgenden Jahren auf, was die Tätigkeit des Ministerrats deutlich erschwerte und verlangsamte.[1796]

Im Sommer 1916 waren im Ministerrat Auseinandersetzungen um die Handhabung der Pressezensur entbrannt. Insbesondere der Innen- und der Verkehrsminister forderten von Kriegsminister Kreß eine stärkere Zensur durch die militärischen Befehlshaber. Dieser jedoch setzte sich für weitere Liberalisierungen ein.[1797] Die Presse richtete sich zunehmend gegen den Innenminister. Die sozialdemokratische „Münchner Post" griff die Ernährungspolitik Sodens am 21. November 1916

---

denken bezüglich einer weiteren Zentralisierung, bei ihm lautete die Alternative zur Berliner Planwirtschaft allerdings nicht „bayerische Planwirtschaft", sondern möglichste Aufrechterhaltung des freien Marktes. Hertling teilte Sodens marktliberale und antisozialdemokratisch ausgerichtete Auffassungen weitgehend. Vgl. Albrecht, Willy: Landtag und Regierung in Bayern. Berlin, 1968. S. 186-188.

[1796] Vgl. ebd., S. 39f.

[1797] Kreß betonte, sämtlichen Parteien seien sich im Wunsch nach einer Milderung der Zensur einig, so dass selbst der „Reichskanzler wie auch die Oberste Heeresleitung in diesem Sinne beruhigende Erklärungen abgegeben" hätten. Da die parlamentarische Vertretung aller Zensurmaßregeln in Bayern allein dem Kriegsminister oblag, sah er sich außerstande, einer Verschärfung der Zensur zuzustimmen. Abgesehen davon könne er als bayerischer Kriegsminister in den Zensuranordnungen „nicht aus dem Rahmen heraustreten, den die Reichsleitung und die Oberste Heeresleitung in dieser Angelegenheit geschaffen" hätten. Die bayerische Pressezensur, deren Handhabung vom Kriegspresseamt voll anerkannt sei, werde nach den gleichen Leitsätzen geübt wie im ganzen Kaiserreich. Auch eine besonders strenge Zensur der sozialdemokratischen „Münchner Post" und der liberalen „Münchner Neuesten Nachrichten" komme nicht in Frage, da dies aufgrund der dadurch entstehenden öffentlichen Empörung sogar kontraproduktiv sei. Schließlich sei in Bayern aufgrund des eigenen Kriegsrechts, anders als in den meisten preußischen Korpsbezirken, die Pressefreiheit nicht völlig aufgehoben und jede bayerische Zensurverfügung musste mit Art. 4 Ziff. 2 des Kriegszustandsgesetzes begründet sein. Kriegsminister Freiherr von Kreß an die sämtlichen Herren Zivilstaatsminister. München, 10. Juli 1916. Volksernährung während des Krieges. BayHStA, KrA. Kriegsministerium, Nr. 14016.; Gleichzeitig hatte sich das bayerische Kriegsministerium beim Kriegspresseamt in Berlin, das als Organ der Heeresleitung die Überwachung der Presse außerhalb Bayerns übernommen hatte, dafür eingesetzt, dass die Zensurbestimmungen in wirtschafts- und innenpolitischer Fragen aufgehoben würden. Diese Aufhebung erfolgte am 1. August 1916 und wurde vom bayerischen Kriegsminister am 10. August übernommen. Damit war in Bayern die seit August 1915 bestehende Vorzensurpflicht für alle Presseartikel, die sich mit Ernährungsfragen befassten, grundsätzlich aufgehoben. Die abermaligen Einwände Sodens wies Kreß schroff ab. Vgl. Albrecht, Willy: Landtag und Regierung in Bayern. Berlin, 1968. S. 190; Kriegsministerium an die sämtlichen Herrn Zivilstaatsminister, München 10.7.1916. Volksernährung während des Krieges. BayHStA, KrA. Kriegsministerium, Nr. 14016.

scharf an, was die Pressezensur unbeanstandet durchgehen ließ.[1798] Tags darauf bat Soden Hertling um Gegenmaßnahmen. In der Sitzung des Ernährungsbeirates kam es wenige Stunden später außerhalb der Tagesordnung zu einer Debatte, in der die Zensurpolitik kritisiert wurde. Innenminister Soden wies dies nicht zurück, sondern erklärte sich ausdrücklich einverstanden mit dem geäußerten Vorwurf, die sozialdemokratische Presse werde vom Kriegsministerium einseitig begünstigt. Damit eskalierte die Situation.[1799] Widerwillig befasste sich Hertling mit der Krise, nachdem sich beide Minister infolge der Vorkommnisse im Ernährungsbeirat bei ihm beschwert hatten. Hertling verschaffte sich Informationen, verständigte Kabinettschef Dandl und versuchte schließlich eine Vermittlung.[1800]

Kronprinz Rupprecht äußerte sich seinem Vater gegenüber bereits im Februar 1916 kritisch über die Außenwirkung der bayerischen Staatsregierung: „Was uns gegenwärtig sehr schadet – ich muss es offen aussprechen – ist, dass wir noch aus den Zeiten der Regentschaft her, ein Parteiministerium haben, denn als solches wird das Ministerium Hertling nun doch einmal angesehen. Ich persönlich habe an dem Grafen Hertling nichts auszusetzen, aber dass er ausgesprochener Parteiführer war, schädigt unsere Sache, da infolge dieses Umstandes in weitesten Kreisen bayerische und Zentrumspolitik identifiziert wird, zwei Dinge, die sich keineswegs immer decken. Daher auch die vermehrte Missstimmung der Liberalen im Reiche, insbesondere in Württemberg gegen Bayern."[1801]

Ludwig III. hatte sich im Hintergrund gehalten, sich aber im November 1916 mit dem Kronprinzen Rupprecht besprochen und geklagt, er habe „sonst nur mehr wenige Rechte, so könne er gegen die Minister eigentlich nichts machen, da er diese doch nur in Ausnahmefällen entlassen könne." Rupprecht war entschieden anderer Meinung: „Nun, wer will, der kann und zur Durchsetzung seines Willens braucht man gerade, wenn der Wille energisch, meist keine Zwangsmittel."[1802] Nachdem eine Einigung nicht erreichbar schien, berichteten Hertling und der als Vermittler hinzugezogene Kultusminister dem König am 4. Dezember 1916 über das Rücktrittsgesuch, zu dem sich Max von Soden mittlerweile entschlossen hatte. Ludwig III. handelte nun konsequent im Rahmen seiner Befugnisse. Er erklärte sich bereit, Sodens Rücktritt unter der Voraussetzung anzunehmen, dass der Kriegsminister sein Amt ebenfalls zur Verfügung stelle. Dieser hatte zu diesem Zeitpunkt jedoch nicht an einen solchen Schritt gedacht. Die Verabschiedung beider Staatsminister ging eindeutig auf die Initiative des Monarchen zurück. Noch

---

[1798] Vgl. Beckenbauer, Alfons: Ludwig III. von Bayern. Regensburg, 1987. S. 199f.
[1799] Vgl. Albrecht, Willy: Landtag und Regierung in Bayern. Berlin, 1968. S. 189f.
[1800] Vgl. Deuerlein, Ernst: Einleitung. In: Briefwechsel Hertling-Lerchenfeld 1912-1917. Erster Teil. Boppard am Rhein, 1973. S. 42.
[1801] Schreiben des Kronprinzen Rupprecht an Ludwig III., 25. Februar 1916. BayHStA, GHA. NL Ludwig III., Nr. 59.
[1802] Kriegstagebuch, 20. November 1916. BayHStA, GHA. NL Kronprinz Rupprecht, Nr. 705.

am selben Tag gingen Entlassungsgesuche der beiden Minister ein, wobei Soden ausdrücklich die fehlende Unterstützung im Ministerrat anführte.[1803]

Die Neubesetzung der Ministerien zog sich hin, da man versuchte, den ehemaligen Innenminister der Regierung Podewils, Friedrich von Brettreich,[1804] als bayerischen Ernährungskommissar zu gewinnen. Dieser war aber nur als Minister bereit, die Ernährungsorganisation zu übernehmen. Am 7. Dezember wurde Brettreich durch den König zum neuen Innenminister ernannt, am 11. Dezember übernahm Generalleutnant Philipp von Hellingrath das Kriegsministerium. Der König nahm sich die Freiheit, zu demonstrieren, wem seine Sympathien galten. Den Wunsch Otto Kreß von Kressensteins nach einem Frontkommando erfüllte er nicht, sondern gewährte dem scheidenden Kriegsminister ‚nur' die Inhaberschaft des 6. Chevaulegersregiments.[1805] Ludwig III. versicherte seinem langjährigen Weggefährten Max von Soden in einem Handschreiben am 7. Dezember, mit Dankbarkeit werde er dessen gedenken, was Soden „in treuester Anhänglichkeit an Mich und Mein Haus zum Besten des Vaterlands" bewirkt habe. Indem der König ihn unter Einreihung in die Staatsräte im außerordentlichen Dienst in den Ruhestand versetzte, erhob er ihn gleichzeitig in den erblichen Grafenstand.[1806] Der österreichische Gesandte in München, Ludwig Graf von Velics, berichtete, der „Wechsel in den Ministerien des Krieges und des Innern fand im Lande günstigste Aufnahme. [...] Es handelt sich heute vornehmlich um die Festlegung einer einheitlichen, klaren Vorgangsweise zwischen den Staatsministerien."[1807] Bei der Einführung der beiden neuen Minister in den Staatsrat bat der König seine Regierung, künftig einträchtig zusammenzuarbeiten und Meinungsverschiedenheiten im Ministerrat auszugleichen.[1808]

Der Gesandtschaftsbericht gibt Aufschluss, dass der König selbst den „neuen Kurs" eingeleitet hatte. In der Staatsratssitzung hatte er „mit einer halbstündigen, freien Rede überrascht, welche die Grundzüge der nächsten staatlichen Aufgaben Bayerns darlegte. Große Rolle kam darin der Volksernährung, als Mittel zum siegreichen Durchhalten, zu, sowie den bayerischen Schienen- und Wasserwegen, von welch letzteren der Monarch sagte, einst hätten sie durch viele Jahre ein Lächeln

---

[1803] Vgl. Albrecht, Willy: Landtag und Regierung in Bayern. Berlin, 1968. S. 194f; Vgl. Beckenbauer, Alfons: Ludwig III. von Bayern. Regensburg, 1987. S. 199f.

[1804] Friedrich Ritter von Brettreich, Staatsrat i.o.D., Staatsminister des Innern 1907-1916. BayHStA, NB. Kgl. Staatsrat. Nr. 8123.

[1805] Vgl. Albrecht, Willy: Landtag und Regierung in Bayern. Berlin, 1968. S. 195; Vgl. Beckenbauer, Alfons: Ludwig III. von Bayern. Regensburg, 1987. S. 199f; Vgl. Zils, Wilhelm: König Ludwig III. im Weltkrieg. München, 1917. S. 126-128; Philipp von Hellingrath, Staatsrat i.o.D., Kriegsminister 1916. BayHStA, NB. Kgl. Staatsrat. Nr. 8133.

[1806] Josef Maria Graf von Soden-Fraunhofen: Meine Lebenserinnerungen. XX. Kapitel: Rückblick auf das Leben meines Vaters. S. 21f. BayHStA, NLuS. Familienarchiv Soden-Fraunhofen. Nachlass Maximilian Graf von Soden-Fraunhofen. Nr. 316.

[1807] K.u.K. Gesandter von Velics in München an den Minister des K.u.K. Hauses und des Äußern Stephan Baron Burián. München 16.12.1916. Berichte aus München 1916-1917. OeStA, Abt. Haus-, Hof- und Staatsarchiv. Politisches Archiv, Nr. 839.

[1808] Vgl. Albrecht, Willy: Landtag und Regierung in Bayern. Berlin, 1968. S. 196.

des Auslandes provoziert, heute aber stehe schon Bayern [...] vom Ausland beneidet da." Graf von Velics schlussfolgerte, der Heimatbesuch Kronprinz Rupprechts habe dazu beigetragen, dass dringliche Fragen vom König behandelt worden waren, um den – für den Ausgang des Krieges bedenklichen – Folgen vorzubeugen.[1809] Die liberale Presse begrüßte zwar die Entlassung des hochkonservativen Max von Soden, kritisierte aber die Entlassung des Kriegsministers. Gleichzeitig wurde in konservativen Kommentaren die Entlassung Sodens bedauert und dessen liberaler Nachfolger Brettreich kritisch beäugt. Wenngleich die maßgebliche Initiative des Königs bei der Entlassung des Kriegsministers nicht bekannt wurde, bezog die Kritik Ludwig III. mit ein. Die unterschiedliche Behandlung der beiden Staatsminister wurde insbesondere von der Kreß freundlich gesinnten Presse kritisch vermerkt. Dennoch war der vom König angeordnete Rücktritt beider Minister im Hinblick auf die Einheitlichkeit des Ministerrats und auch hinsichtlich der öffentlichen Meinung eine glückliche Lösung.[1810]

Nach den Ministerentlassungen kam es zu weiteren Auseinandersetzungen. Zu Beginn des Jahres 1917 entbrannte ein Kompetenzstreit zwischen Verkehrsminister Lorenz von Seidlein und Innenminister Friedrich von Brettreich in Bezug auf eine Referatsneuverteilung. Erst in der Staatsratssitzung am 28. April 1917 konnte dieser durch Eingreifen des Königs beigelegt werden. Erneut bat Ludwig III. seinen Ministerratsvorsitzenden, die Streitigkeiten zu schlichten. Über den Etat der Jahre 1918/19, der im Sommer 1917 beraten werden sollte, entstand ein Disput zwischen dem Verkehrs- und dem Finanzminister. Hertling vermochte die Auseinandersetzungen nicht zu beenden. Am 27. Oktober führte er vor der Abgeordnetenkammer aus, es habe einst ein großes Opfer für ihn bedeutet, sein Amt zu übernehmen. Dieses Opfer werde er bringen, solange er „noch das Vertrauen Seiner Majestät des Königs und [...] die Gesundheit dazu besitze."[1811] Die neuerliche Ministerkrise wurde zwar durch einen Kompromiss gelöst, aber sie führte dazu, dass der innen-

---

[1809] K.u.K. Gesandter von Velics in München an den Minister des K.u.K. Hauses und des Äußern Stephan Baron Burián. München 16.12.1916. Berichte aus München 1916-1917. OeStA, Abt. Haus-, Hof- und Staatsarchiv. Politisches Archiv, Nr. 839.
[1810] Vgl. Albrecht, Willy: Landtag und Regierung in Bayern. Berlin, 1968. S. 194f.
[1811] Die Auseinandersetzung eskalierte, als Seidlein beim König ein Rücktrittsgesuch mit der Begründung einreichte, er sehe sich gesundheitlich nicht in der Lage, den Streit mit dem Finanzminister fortzusetzen und sich gegenüber dem Landtag zu behaupten. Zwar konnte Seidlein durch Hertling dazu bewegt werden, das Rücktrittsangebot zurückzuziehen, aber der Konflikt zwischen den Ministern war dadurch nicht ausgeräumt. Bis zum Beginn der Beratungen des Staatshaushalts in der Kammer der Abgeordneten war es zwischen den Ministerien zu keiner Einigung gekommen. Als der Finanzminister am 26. Oktober im Plenum Stellung nahm, kritisierte er in aller Öffentlichkeit seinen Ministerkollegen scharf. Die Äußerungen Breunigs vor dem Landtag wurden von der Presse als sensationelle Flucht in die Öffentlichkeit bewertet. Sowohl die sozialdemokratische als auch die liberale Presse - ebenso wie die sozialdemokratische und die liberale Fraktion - nahmen dies zum Anlass, den Verkehrsminister scharf zu attackieren. Das Zentrum wiederum kritisierte den Finanzminister für dessen Vorgehen. Vgl. Albrecht, Willy: Landtag und Regierung in Bayern. Berlin, 1968. S. 252-255; Ministerkonflikte 1917. BayHStA, NB. StMin des K. Hauses und des Äußern, Nr. 93751.

9.2 Reformforderungen und Regierungskrisen in Bayern

politische Streit entbrannte.[1812] Eine Äußerung des Königs zur neuerlichen Regierungskrise wurde nicht bekannt. Kronprinz Rupprecht befand dagegen: „Meines Dafürhaltens gehören beide Minister entlassen, der eine wegen seiner Eigenmächtigkeit, der andere, weil er statt im Ministerrate auf eine Einigung des Streitfalles zu drängen, seinen Kollegen in der Kammer angriff. Der geschilderte Vorgang ist gerade keine Empfehlung für Hertling, der entschieden im gegebenen Momente seine Autorität nicht zu wahren verstanden hatte."[1813]

Während des Krieges mobilisierte sich die Öffentlichkeit auch außerhalb der bestehenden politischen Strukturen. Die Bildung einer Gegenöffentlichkeit zeichnete sich ab, was neben spontanen Unruhen Forderungen nach Partizipation und einer Modernisierung des politischen Systems nach sich zog.[1814] Im Herbst 1916 wurden Rufe nach einer Wiedereinberufung des Landtags laut. Die „Münchner Neuesten Nachrichten" befanden im November 1916, die Gründe für eine Einberufung des Parlamentes seien „so schwerwiegend", dass man sich wundern müsse, „warum die bayerische Staatsregierung dazu nicht selbst die Initiative" ergreife. In der Ernährungsfrage bestehe die Notwendigkeit, die Vertreter des Volkes zur Mitarbeit heranzuziehen, ebenso in den Fragen der Kriegsfürsorge, der Überführung der Kriegs- in die Friedenswirtschaft sowie der Frage nach der Vertretung bayerischer Interessen im Reich. Die „Münchner Neuesten Nachrichten" stellten fordernd fest: „Fast alle Parlamente der bedeutenderen deutschen Bundesstaaten sind in der letzten Zeit zu einer Tagung zusammengetreten oder treten demnächst noch zusammen, vor wenigen Tagen erst hat sich der als rückständig verschriene preußische Landtag wieder zusammengefunden, es erscheint daher wohl auch für den zweitgrößten Bundesstaat angezeigt, das Ventil der Volksmeinung nicht länger geschlossen zu halten."[1815]

Der Druck wurde seitens der sozialdemokratischen Fraktion erhöht.[1816] Schließlich wurde der Landtag am 31. Januar 1917 zu einer außerordentlichen Session einberufen, um in erster Linie ernährungs- und wirtschaftspolitische Fragen zu be-

---

[1812] Vgl. Albrecht, Willy: Landtag und Regierung in Bayern. Berlin, 1968. S. 255f.
[1813] Kriegstagebuch, 29. Oktober 1917. BayHStA, GHA. NL Kronprinz Rupprecht, Nr. 707.
[1814] Vgl. Geyer, Martin H.: Verkehrte Welt. Revolution, Inflation und Moderne. München 1914-1924. Göttingen, 1998. S. 47-50; Vgl. Canning, Cathleen: Sexual crisis, the writing of citizenship and the State of Emergency in Germany 1917-1920. In: Lüdke, Alf; Wildt, Michael (Hrsg.): Staats-Gewalt: Ausnahmezustand und Sicherheitsregimes. Historische Perspektiven. Göttingen, 2008. S. 167-213.
[1815] „Wann tritt der bayerische Landtag wieder zusammen?" Münchner Neueste Nachrichten, 23.11.1916. Einberufung, Eröffnung, Vertagung und Schluss des Landtags 1912-1918. BayHStA, NB. StMin des K. Hauses und des Äußern, Nr. 94836.
[1816] Diese bereitete in längeren Fraktionssitzungen Interpellationen und Anträge vor, mittels derer sie eine Einberufung des Landtags zu erzielen hoffte, wie Heinrich Held, der Vorsitzende der Zentrumsfraktion, dem bayerischem Ministerratsvorsitzenden berichtete. Noch immer war weithin unklar, ob in diesem Winter eine Session stattfinden würde. Held stellte Hertling diesbezüglich die Frage, „ob es nicht [vernünftig wäre] wenn die K. Staatsregierung recht bald [...] diese Absicht kundgäbe, damit nicht der Eindruck verübt wird, als sei sie durch die Sozialdemokraten zu ihrem Entschlusse gedrängt worden." Vgl. Schreiben Heinrich Helds an Hertling. Regensburg, 15. November 1916. Einberufung, Eröffnung, Vertagung und Schluss des Landtags 1912-1918. BayHStA, NB. StMin des K. Hauses und des Äußern, Nr. 94836.

raten und einige Gesetzesvorhaben zu verabschieden. Die großen Parteien – Zentrum, Sozialdemokraten und Liberale – bemühten sich während der außerordentlichen Session um eine Versachlichung der Streitfragen, insbesondere in der Ernährungsproblematik. Stärker als bisher trat der Unmut gegen die Berliner Zentralisierungstendenzen hervor.[1817] Im vierten Kriegsjahr wurde nicht nur mehr parlamentarische Teilhabe, sondern immer deutlicher eine Systemreform gefordert. Die russische Revolution und die Osterbotschaft des Kaisers, in der Verfassungsreformen in Preußen nach dem Krieg konzediert wurden, hatten zusammen mit der wachsenden Unzufriedenheit mit den politischen Zuständen zu einem Drängen nach raschen Reformen geführt. Wilhelm II. beharrte gegenüber dem Reichskanzler darauf, allen weitergehenden Parlamentarisierungsbestrebungen, insbesondere, was den Reichstag anbelange, entschieden entgegenzutreten. In dieser Hinsicht waren dem Kaiser auch von bundesstaatlicher Seite unmissverständliche Grenzen gesetzt. König Ludwig III. hatte dem Kaiser mitgeteilt, dass die deutschen Bundesfürsten zwar die Osterbotschaft voll würdigten und billigten, aber weitergehenden Plänen absoluten Widerstand entgegensetzen würden.[1818]

Von den Wittelsbachern war auch in Bayern keine Bereitschaft zur Selbstaufgabe der monarchischen Herrschaftsrechte zu erwarten. Wenngleich Ludwig III. Reformforderungen sehr zögerlich begegnete, hatte er bereits vor seinem Regierungsantritt die Bereitschaft bewiesen, das Forum eines Parlaments zu benutzen. Dies zeigte sich nicht nur in seinen Wortmeldungen in der Kammer der Reichsräte, sondern auch in seiner Kandidatur um ein Reichstagsmandat für die Patriotenpartei im Jahr 1871 – ein ungewöhnlicher Vorgang für einen Angehörigen eines regierenden Hauses.[1819] Kronprinz Rupprecht reflektierte wiederholt die bayerische und deutsche Verfassungslage.[1820] Der Kronprinz war für das Königreich Bayern durchaus reformwillig. So befürwortete er die Einführung eines Mehrheitswahlrechtes und die Gewährung von zwei Stimmen an alle Feldzugsteilnehmer. Zudem plädierte er hinsichtlich einer Reform der Kammer der Reichsräte für die Aufnahme von Arbeitern und Handwerkern, die von ihren Körperschaften repräsentiert werden sollten. Einige seiner Anregungen griff die bayerische Regierung in einem

---

[1817] Die Reichsratskammer trat während der Sitzungsperiode nur viermal zusammen, wiederholt wurden in diesen kurzen Beratungen aber Forderungen nach Kriegsentschädigungen und möglichen Annexionen laut. Vgl. Albrecht, Willy: Landtag und Regierung in Bayern. Berlin, 1968. S. 208219.

[1818] Vgl. Röhl, John C. G.: Wilhelm II. Der Weg in den Abgrund. 1900-1941. Nördlingen, 2008. S. 1217f.

[1819] Kandidatur des Prinzen Ludwig bei der Reichstagswahl 1871. BayHStA, GHA. NL Ludwig III., Nr. 305; Vgl. Gollwitzer, Heinz: Fürst und Volk. Betrachtungen zur Selbstbehauptung des bayerischen Herrscherhauses im 19. und 20. Jahrhundert. In: Zeitschrift für Bayerische Landesgeschichte. Nr. 50. München, 1987. S. 723-748. Hier: S. 742.

[1820] Seine Vorstellungen bezüglich möglicher Verfassungsreformen hatten dabei stets den drohenden Verlust bayerischer Souveränitätsrechte im Blick. Rupprecht, der sich für eine Stärkung des Auswärtigen Ausschusses des Bundesrates ausgesprochen hatte, fürchtete eine Ausdehnung der Kompetenzen des Reichstages. Vgl. Weiß, Dieter J.: Die Staatsauffassung Kronprinz Rupprechts von Bayern. Ein Verfassungsentwurf aus dem deutschen Widerstand. In: Ackermann, Konrad u. a. (Hrsg.): Bayern vom Stamm zum Staat. Festschrift für Andreas Kraus zum 80. Geburtstag. München, 2002. S. 547-560. Hier: S. 548.

Reformentwurf auf. Selbst die Grundlagen der monarchischen Herrschaft waren für Rupprecht nicht unumstößlich. In einem privaten Gespräch mit dem Journalisten Victor Naumann relativierte der weitsichtige Kronprinz das Gottesgnadentum als Legitimationsgrundlage der Monarchie und wies den Weg zu einer Neuinterpretation des Königtums: „Wir haben nur Berechtigung, wenn wir das Volk für uns haben, wenn wir sozial empfinden und sozial handeln."[1821]

Im Herbst 1917 reichte die sozialdemokratische Fraktion im bayerischen Landtag einen spektakulären Antrag ein, der die Umwandlung des konstitutionellen Staates in eine parlamentarische Demokratie mit monarchischer Spitze forderte. Einen antimonarchischen Impetus hatte die sozialdemokratische Forderung nach mehr demokratischer Teilhabe dementsprechend nicht. Mit diesem Programm war auch in Bayern die Frage nach Verfassungsreformen aktuell geworden, ohne Rücksicht darauf, ob der Krieg noch andauerte. Im Finanzausschuss des Landtags betonte die SPD, durch Verfassungsreformen müsse erreicht werden, dass die herrschende Mehrheitspartei, das Zentrum, die Verantwortung gegenüber dem Ministerrat auf sich nehme. Der monarchischen Idee werde ein schlechter Dienst erwiesen, wenn der notwendige politische Fortschritt stets mit dem Hinweis auf ebendiese abgelehnt werde. Außer bei Teilen der Liberalen fand die SPD im bürgerlichen Parteienlager für ihre Forderungen jedoch keine Unterstützung. Die Regierung ließ lediglich eine kurze Stellungnahme des Ministerratsvorsitzenden verlesen. Dieser betonte seine ablehnende Haltung, da die Anträge auf eine vollständige Umgestaltung der geschichtlich gewordenen, bewährten Grundlagen des bayerischen Staates hinausliefen.[1822]

Eine Reform der Ersten Kammer war bereits früher vage in Aussicht gestellt, durch den Kriegsausbruch aber vertagt worden. Als 1917 eine Reform nicht nur des preußischen Abgeordnetenhauses, sondern auch des preußischen Herrenhauses versprochen worden war, erhielten auch die Forderungen nach einer Reform der

---

[1821] Zit. nach und vgl. Weiß, Dieter J.: Die Staatsauffassung Kronprinz Rupprechts von Bayern. Ein Verfassungsentwurf aus dem deutschen Widerstand. In: Ackermann, Konrad u. a. (Hrsg.): Bayern vom Stamm zum Staat. Festschrift für Andreas Kraus zum 80. Geburtstag. München, 2002. S. 547-560. Hier: S. 548f.

[1822] Im Einzelnen waren die elf Punkte des Antrags geradezu revolutionär: Die Kammer der Reichsräte solle aufgelöst und das Zweikammersystem damit in ein Einkammersystem umgewandelt werden. Zudem forderte die bayerische SPD das allgemeine, gleiche, direkte und geheime Wahlrecht zum Landtag für alle volljährigen bayerischen Staatsangehörigen ohne Unterschied des Geschlechts nach dem Verhältniswahlrecht. Die Initiativrechte des Landtags sollten gestärkt, das Sanktionsrecht des Königs dagegen abgeschafft werden. Minister und Bundesratsmitglieder sollten nach Vorschlag des Landtags ernannt werden. Ebenso beinhaltete der sozialdemokratische Forderungskatalog ein Selbstbestimmungsrecht des Landtags in Bezug auf seinen Zusammentritt und seine Vertagung sowie einen einjährigen Staatshaushalt. Alle Vorrechte der Geburt und des Standes sollten beseitigt, die Privilegien der Standesherren aufgehoben und der Adel abgeschafft werden. Ebenso sollten die Fideikommisse aufgehoben werden. Auch die bisherigen Privilegien des Königs und der Mitglieder der königlichen Familie, insbesondere der Steuer- und Portofreiheit, der Unverantwortlichkeit sowie des besonderen Gerichtsstandes sollten aufgehoben werden. Als letzten Punkt verlangte man die vollständige Trennung von Kirche und Staat und die vollkommene Durchführung der Gewissens-, Religions- und Kultusfreiheit. Vgl. Albrecht, Willy: Landtag und Regierung in Bayern. Berlin, 1968. S. 259-269.

Ersten Kammer Bayerns wieder Aufwind. Der Ministerrat plädierte für eine Vergrößerung der Reichsratskammer, in der die Zahl der Prinzen verringert werden solle. Zusätzlich seien etwa zwanzig neue Mitglieder aus den wichtigsten Berufsgruppen vom König zu ernennen. Grundsätzlich bestand das Einverständnis des Monarchen. Er wünschte sich jedoch eine Erweiterung seines Rechts, lebenslängliche Reichsräte zu ernennen. Schließlich lenkte er ein und beharrte nicht auf seiner Prärogative. Widerstand kam seitens der Kammer der Reichsräte selbst, die auf der Beibehaltung des uneingeschränkten Ernennungsrechts des Königs bestand. Diesem sei die Berücksichtigung bestimmter Berufsgruppen lediglich nahezulegen. Die Frage nach der Lebenslänglichkeit der Mitgliedschaft sorgte ebenfalls für Kontroversen. Die Kammer der Abgeordneten diskutierte die Reformpläne der Regierung lebhaft. Vor allem das Zentrum war nicht gewillt, Rechte der Krone aufzugeben. Die Verhandlungen endeten ohne Kompromiss. Im Februar 1918 verschickte der Innenminister einen Entwurf, der dreißig neue Mitglieder für die Erste Kammer vorsah und für diese das Prinzip der Lebenslänglichkeit kippte. Dies sollte die Verhandlungsgrundlage bilden.[1823] Durch eine Reform hätte man ein Ventil für den zunehmenden öffentlichen Druck finden können. Trotz der Dringlichkeit lag dem bayerischen Landtag aber bis in den Oktober 1918, als die Krise des monarchischen Systems virulent wurde, kein konkreter Reformvorschlag der Regierung für auch nur eine der beiden Kammern vor.[1824]

9.3 Der Bruch des Burgfriedens

Die innenpolitischen Konflikte im Kaiserreich nahmen immer gravierendere Formen an, was sich in drastischen Herrschaftsauseinandersetzungen zwischen konkurrierenden und rivalisierenden politischen Lagern, dem Militär, wirtschaftlichen Interessengruppen und Regierungseliten ausdrückte. Diskursiv waren diese Konflikte lange Zeit durch den allgegenwärtigen Bezug auf die Nation an den Rand gedrängt worden. Innenpolitisch erlebte das Reich jedoch spätestens ab 1916 einen offenen Kampf um die Umverteilung von Machtchancen und das Ende des – seit Kriegsbeginn mehr oder minder eingehaltenen – Burgfriedens.[1825] Aus mehreren Richtungen radikalisierten sich auf der politischen Ebene des Kaiserreichs die Gestaltungs- und Vertretungsansprüche. Im Herbst und Winter 1916 war die Macht der Obersten Heeresleitung unter Hindenburg und Ludendorff gegenüber der zivilen Reichsleitung unter Reichskanzler von Bethmann Hollweg drastisch ausgewei-

---

[1823] Vgl. Albrecht, Willy: Landtag und Regierung in Bayern. Berlin, 1968. S. 269f.
[1824] Vgl. Albrecht, Willy: Das Ende des monarchisch-konstitutionellen Regierungssystems in Bayern. Hrsg. von Karl Bosl. München, 1969. S. 263-299. Hier: S. 290-295.
[1825] Vgl. Müller, Sven Oliver: Die umkämpfte Nation. Legitimationsprobleme im kriegführenden Kaiserreich. In: Echternkamp, Jörg; Müller, Sven Oliver (Hrsg.): Die Politik der Nation. Deutscher Nationalismus in Krieg und Krisen 1760-1960. München, 2002. S. 149-171.

9.3 Der Bruch des Burgfriedens

tet worden. Am linken Rand des Spektrums verstieß ein radikaler Flügel der SPD gegen die Parteidisziplin, stellte sich offen gegen den Krieg und stimmte im Reichstag gegen weitere Kriegskredite. Von der SPD wurden vermehrt soziale und politische Kompensationen für die Arbeiterklasse gefordert. Vor allem die Ablehnung eines „Eroberungskrieges und die Forderungen nach einer Wahlrechtsreform standen auf der sozialdemokratischen Agenda. Im krassen Gegensatz dazu trat ein einflussreiches, ultranationalistisches Netzwerk des rechten Spektrums der Reichspolitik auf den Plan, das weitreichende deutsche Annexionen als Bedingung für einen Friedensschluss forderte, sich für einen schrankenlosen Einsatz deutscher U-Boote einsetzte und sich innenpolitischen Reformen widersetzte. In zwei der wichtigsten Fragen, derjenigen des unbeschränkten U-Boot-Kriegs sowie derjenigen der Wahlrechtsreform, sahen sich Bethmann Hollweg und Kaiser Wilhelm II. zudem in einem offenen Konflikt mit der militärischen Führung.[1826]

Der Reichskanzler hatte sich in der vornehmlich innenpolitisch motivierten Diskussion um den uneingeschränkten U-Boot-Krieg lange gegen ebendiesen gestellt, da er sich der damit verbundenen Risiken bewusst war. Daraufhin war von seinen Gegnern öffentlich seine Entlassung gefordert worden.[1827] Der Kaiser war in der Frage gespalten, befürwortete aber eine gemäßigte Haltung, da er einerseits einen Kriegseintritt der Vereinigten Staaten fürchtete, andererseits weil ihm, wie er gegenüber dem Chef des kaiserlichen Marinekabinetts, Admiral Georg Alexander von Müller, äußerte, „das Versenken von unschuldigen Passagieren ein furchtbarer Gedanke" war.[1828] Der Kronprinz von Bayern warnte seit dem Frühjahr 1916,

---

[1826] In etlichen wichtigen Fragen musste Bethmann gegenüber den Vorstellungen der Militärs klein bei geben, etwa bezüglich des künftigen Status des russischen Teils Polens. Auch hatte er die Entlassungen mehrerer Minister und hoher Beamter wie Jagow, Helfferich und Hammann zu akzeptieren. Anfang 1917 beschlossen Hindenburg und Ludendorff ungeachtet des Anteils Bethmanns beim Sturz Falkenhayns und der Ernennung Hindenburgs zu dessen Nachfolger, dass der Sturz des Kanzlers anzustreben sei. Zeitgleich mit diesen Entwicklungen innerhalb der Exekutive wurde die innenpolitische Situation im Kaiserreich auch aufgrund des brüchig werdenden Burgfriedens immer labiler. Nachdem die Reichstagsfraktionen im August 1914 bereitwillig der nationalen Einheit wegen eingewilligt hatten, sich bei Fragen zurückzuhalten, welche die Bevölkerung zu spalten vermochten, war dieser Burgfriede bereits ab dem Sommer 1915 von beiden politischen Lagers in Frage gestellt worden. Vgl. Clark, Christopher: Wilhelm II. München, 2008. S. 307f; Vgl. Geyer, Martin H.: Verkehrte Welt. Revolution, Inflation und Moderne. München 1914-1924. Göttingen, 1998. S. 34f.

[1827] Die Auseinandersetzungen zwischen den Befürwortern eines schrankenlosen Einsatzes der U-Boote und dessen Gegnern um den Reichskanzler Bethmann Hollweg zogen sich seit dem Frühjahr 1915 hin. Vor allem in den Augen der Annexionisten galt das neue Kriegsinstrument als Wunderwaffe, mit der man in der Lage sein schien, Großbritannien bereits ab dem Sommer 1915 entscheidend zu schlagen. Die illusionären Hoffnungen der Rechtsparteien, der Wirtschaftsverbände und der Alldeutschen sowie die öffentlichen Erwartungen an die mit großem finanziellen Aufwand erbaute deutsche U-Boot-Flotte nahmen dank den propagandistischen Anstrengungen des Reichsmarineamts auch dann nicht ab, als diese sich mehr und mehr als grandiose militärische Fehlinvestition entpuppte. Seit Mitte 1916 hatte sich die Kampagne der Konservativen und Alldeutschen gegen den Reichskanzler zu einer regelrechten Hassorgie gesteigert. Vgl. Ullrich, Volker: Die nervöse Großmacht. Frankfurt am Main, 2007. S. 506-512.

[1828] Auf der Seite des Kanzlers standen die kaiserlichen Kabinettschefs von Müller und von Valentini sowie Treutler, der Verbindungsoffizier für auswärtige Angelegenheiten im Hauptquartier. Diesen

„dass der Schaden eines Bruches mit Amerika den Vorteil bei Weitem überwiegen würde, den wir bei Führung des rücksichtslosen U-Boot-Krieges zu erwarten haben würden." Seiner Ansicht nach wäre ein Kriegseintritt der Vereinigten Staaten vom rein militärischen Standpunkt betrachtet fatal: „Was tun, wenn nach und nach ein paarmal hunderttausend Amerikaner in den Schützengräben erscheinen und ebenso viele französische oder englische Truppen zum Angriff freimachen?"[1829] Der Reichskanzler sah sich in seiner Innen- und Außenpolitik in einer Zwickmühle, der er durch eine „Politik der Diagonale" auszuweichen suchte. Mit dieser erprobten Taktik, die bestehenden Gegensätze zu überbrücken, ohne eine Seite ernstlich zu verärgern, vermochte er allerdings weder den Reformwünschen der Sozialdemokratie zufriedenstellend zu begegnen, noch konnte er die Befürchtungen der konservativen Rechten vor zu großer Nachgiebigkeit gegenüber ebendiesen Ansprüchen aus der Welt schaffen.[1830]

Die Stellung Bethmanns war, unter anderem aufgrund der Querschüsse des Alldeutschen Verbandes, ins Wanken geraten. Aufgrund der entgegenkommenden Haltung des Kanzlers gegenüber der SPD war auch das Zentrum zunehmend gegen ihn in Opposition geraten. Die konservativ-alldeutsche Fronde hatte ihren Schwerpunkt mittlerweile nach München verlegt, mit dem Ziel, den Reichskanzler zu diskreditieren. Dort wurden sie vom bekannten Verleger Julius F. Lehmann unterstützt, einem führenden Mitglied des Alldeutschen Verbandes.[1831] Von konservativer Seite wurde versucht, sich den Einfluss der deutschen Monarchenriege politisch zunutze zu machen.[1832] Kronprinz Rupprecht notierte beunruhigt: „Die konservativ-alldeutsche Fronde hat ihr Hauptquartier von Berlin nach München verlegt, im Bestreben, die Einzelstaaten gegen das Reich auszuspielen. Graf Hertling ist hiermit keineswegs einverstanden, zumal auch er von diesen Kreisen angefeindet wird, da er zum Kanzler hält."[1833] Aufgrund seines schlechten Gesundheitszustands während des Sommers 1916 war Hertling aber kaum in der Lage, aktiv einzugreifen. Ministerialrat Braun hatte gegenüber Kronprinz Rupprecht geklagt, dass Hertling „körperlich sehr herunten und geistig ganz abgespannt sei, dass er von seinem Landaufenthalte in Ruhpolding fast nie mehr in die Stadt käme, man ihn

---

standen vor allem Staatssekretär Tirpitz und Marinestabschef Bachmann gegenüber, die im größtmöglichen U-Boot-Einsatz das einzige Mittel sahen, sich gegen die britische „Hungerblockade" zur Wehr zu setzen. Vgl. und zit. nach Clark, Christopher: Wilhelm II. München, 2008. S. 299f.

[1829] Kriegstagebuch, 11. Mai 1916. BayHStA, GHA. NL Kronprinz Rupprecht, Nr. 704.
[1830] Vgl. Ullrich, Volker: Die nervöse Großmacht. Frankfurt am Main, 2007. S. 450-55.
[1831] Vgl. Geyer, Martin H.: Verkehrte Welt. Revolution, Inflation und Moderne. München 1914-1924. Göttingen, 1998. S. 30f; Kriegstagebuch, 25. August 1916. BayHStA, GHA. NL Kronprinz Rupprecht, Nr. 704.
[1832] Königlich Bayerische Gesandtschaft in Stuttgart an das Staatsministerium des Königlichen Hauses und des Äußern. Stuttgart, 22.12.1915. Stimmungsmache gegen den Reichskanzler und die Parteien 1915. BayHStA, NB. StMin des K. Hauses und des Äußern, Nr. 95148; Bayerisches Staatsministerium des Königlichen Hauses und des Äußern an die Königlich Bayerische Gesandtschaft in Stuttgart. München, 31.12.1915. Stimmungsmache gegen den Reichskanzler und die Parteien 1915. BayHStA, NB. StMin des K. Hauses und des Äußern, Nr. 95148.
[1833] Kriegstagebuch, 25. August 1916. BayHStA, GHA. NL Kronprinz Rupprecht, Nr. 704.

nur noch seiner persönlichen Beziehungen wegen zu gelegentlichen Reisen nach Berlin" verwende. Rupprecht konstatierte mit Sorge, „gerade jetzt [sei] eine starke bayerische Regierung ein so dringendes Bedürfnis." Zu allem Überfluss war der bayerische Gesandte in Berlin, Hugo Graf von und zu Lerchenfeld, krankheitshalber ebenfalls an der Führung der Geschäfte verhindert.[1834]

In München fokussierte sich die Kanzlersturzbewegung auf die bayerische Regierung, die wegen ihrer loyalen Unterstützung Bethmann Hollwegs in die Kritik der Alldeutschen und Konservativen geriet. In zunehmendem Maße rückten auch der Kaiser, der an Bethmann festhielt und der König von Bayern, der nicht beim Kaiser im Sinne der Kanzlergegner intervenierte, ins Schussfeld. Im Juli 1916 hatte sich die Kanzlersturzbewegung im „Volksausschuss für die rasche Niederkämpfung Englands" institutionalisiert, um den öffentlichen Druck auf Bethmann zu erhöhen sowie um Einfluss auf die bayerische Regierung und den bayerischen Monarchen zu erlangen. Den Höhepunkt dieser Bestrebungen stellte eine Audienz von führenden Mitgliedern der Bewegung am 5. August 1916 dar.[1835] Unter anderem wurden Professor Max von Gruber, Reichsrat Johann Kaspar Graf Preysing-Lichtenegg-Moos, Reichsrat Franz von Buhl und mehrere Landtags- und Reichstagsabgeordnete bei Ludwig III. vorstellig.[1836]

In einer von Professor von Gruber verlesenen und später auch veröffentlichten Denkschrift wurde der Monarch gedrängt, im Sinne der Kanzlergegner aktiv zu werden. Neben scharfen Angriffen auf den Reichskanzler wurden der unbeschränkte U-Boot-Krieg und weitgehende Annexionen gefordert.[1837] Die Denkschrift schloss mit dem Appell: „Wie die Dinge sich entwickelt haben, liegt die Entscheidung über das Schicksal Deutschlands in der Hand Eurer Majestät, in der Hand des Hauses Wittelsbach. Als treue Bayern bitten wir Eure Majestät, den großen, niemals wiederkehrenden Augenblick nicht unbenützt vorübergehen zu lassen, den alten Ruhm des Hauses Wittelsbach mit neuem Glanze zu umgeben, die Dankbarkeit gegen das Haus Wittelsbach für immer unauslöschlich in die deutschen Herzen zu pflanzen."[1838] Dass eine Delegation, der neben Gruber, Preysing-Lichtenegg-Moos, und Buhl, die Landtagsabgeordneten Robert Einhauser vom Zentrum, Karl Hübsch von der Fortschrittlichen Volkspartei, Anton Löweneck von den Nationalliberalen sowie die Reichstagsabgeordneten Franz Joseph Pfleger vom Zentrum und Luitpold Weilnböck von den Konservativen angehörten, Eindruck auf den Monarchen

---

[1834] Ebd., 4. August 1916. BayHStA, GHA. NL Kronprinz Rupprecht, Nr. 704.
[1835] Vgl. Albrecht, Willy: Landtag und Regierung in Bayern. Berlin, 1968. S. 163f.
[1836] „Empfang bei SM dem König". Bayerische Staatszeitung. 6. August 1916. U-Boots-Agitation, Kanzlerhetze gegen Bethmann Hollweg: Empfänge politischer Persönlichkeiten bei König Ludwig III. am 5.8.1916 und die nach diesem Empfang betriebene Agitation. BayHStA, NB. StMin des K. Hauses und des Äußern, Nr. 967.
[1837] Vgl. Albrecht, Willy: Landtag und Regierung in Bayern. Berlin, 1968. S. 164f.
[1838] Abdruck der Adresse an Seine Majestät. U-Boots-Agitation, Kanzlerhetze gegen Bethmann Hollweg: Empfänge politischer Persönlichkeiten bei König Ludwig III. am 5.8.1916 und die nach diesem Empfang betriebene Agitation. BayHStA, NB. StMin des K. Hauses und des Äußern, Nr. 967.

machte, war nicht verwunderlich.[1839] Hertling und Kriegsminister Kreß von Kressenstein hatten vorsorglich an der Audienz teilgenommen, um den Monarchen von Zugeständnissen abzuhalten.[1840]

Über eine Stunde unterhielt sich Ludwig III. mit den verschiedenen Audienzteilnehmern freundlich. Die Staatsregierung ließ jedoch durch die Staatszeitung am folgenden Tag einen offiziellen Bericht verbreiten, der den Anschein erwecken sollte, dass die Delegation kühl behandelt worden sei.[1841] Im Artikel „Empfang bei Seiner Majestät dem König" hieß es am 6. August 1916, der König habe „zum Vertrauen in die verantwortlich leitenden Stellen" gemahnt, „da verständnisvolles, einiges Zusammenwirken aller Stände und aller Parteien in so ernster Zeit unerlässlich sei" und zugleich davor gewarnt, „Spaltungen in das deutsche Volk zu tragen, um nicht das Durchhalten bis zu einem ehrenvollen Frieden zu erschweren."[1842] Das Kriegsministerium wies erneut die ihm unterstehenden Stellen an, Kritik an der Politik des Reichskanzlers in der Presse keinesfalls zu dulden und gemäß den bestehenden Richtlinien weiterhin scharf zu zensieren. Die Frage des Einsatzes der U-Boote sei „ausschließlich eine Angelegenheit der Obersten Heeresleitung und als solche einer öffentlichen Kritik in Presse, Vorträgen und Versammlungen ebenso entzogen, wie der Einsatz der Landstreitkräfte."[1843]

Anderslautende Berichte von Audienzteilnehmern über den Empfang wurden rigoros von der Zensur unterdrückt. Das freundliche Verständnis Ludwigs III. gegenüber den Forderungen der Kanzlergegner blieb weitgehend unbekannt.[1844] Als einige Zeit später eine anonym verbreitete Aufzeichnung der Audienz kursierte, war nicht nur Hertling entsetzt. Seiner Meinung nach handelte es sich um ein „tendenziöses Machwerk bedenklichster Art." Der von ihm umgehend informierte Ludwig III. war höchst ungehalten darüber, dass eine einseitige Aufzeichnung ohne sein Wissen hergestellt und verbreitet wurde. Der König betonte gegenüber Hertling, wie dieser an Professor von Gruber weitergab, dass „alles vermieden werden müsse, was bei unseren Feinden den Eindruck erwecken könnte, als fehle es an der Einigkeit der Bundesfürsten und der Geschlossenheit der Bundesstaaten; so selbstverständlich es sei, dass er sich die Wahrung bundesstaatlicher Rechte an-

---

[1839] Vgl. Albrecht, Willy: Landtag und Regierung in Bayern. Berlin, 1968. S. 165.
[1840] „Empfang bei SM dem König". Bayerische Staatszeitung. 6. August 1916. U-Boots-Agitation, Kanzlerhetze gegen Bethmann Hollweg: Empfänge politischer Persönlichkeiten bei König Ludwig III. am 5.8.1916 und die nach diesem Empfang betriebene Agitation. BayHStA, NB. StMin des K. Hauses und des Äußern, Nr. 967.
[1841] Vgl. Albrecht, Willy: Landtag und Regierung in Bayern. Berlin, 1968. S. 165f.
[1842] „Empfang bei SM dem König". Bayerische Staatszeitung. 6. August 1916. U-Boots-Agitation, Kanzlerhetze gegen Bethmann Hollweg: Empfänge politischer Persönlichkeiten bei König Ludwig III. am 5.8.1916 und die nach diesem Empfang betriebene Agitation. BayHStA, NB. StMin des K. Hauses und des Äußern, Nr. 967.
[1843] Bayerisches Kriegsministerium an die stellvertretenden Kommandierenden Generale des I., II. und III. Armeekorps sowie an das Staatsministerium des Königlichen Hauses und des Äußern, das Staatsministerium des Innern und das Kabinett des Königs von Bayern. München, 5.8.1916. Stimmungsmache gegen den Reichskanzler und die Parteien 1915. BayHStA, NB. StMin des K. Hauses und des Äußern, Nr. 95148.
[1844] Vgl. Albrecht, Willy: Landtag und Regierung in Bayern. Berlin, 1968. S. 166.

gelegen sein lasse, ebenso selbstverständlich sei es auch, dass in so schwerer ernster Zeit nicht Misstrauen und Spaltungen in das Volk getragen werden dürfen."[1845]

Durch das loyale Verhalten der bayerischen Regierung zum Reichskanzler blieb die Audienz bei Ludwig III. ohne Erfolg. In einem Briefwechsel zwischen Hertling und Bethmann Ende Juli 1916 waren die Alldeutschen und die Anhänger des unbeschränkten U-Boot-Kriegs zur Sprache gekommen. Bethmann bat Hertling hinsichtlich der durch die Lebensmittelnot, die Agitation der Alldeutschen und der Anhänger des U-Boot-Krieges hervorgerufenen Missstimmung um dessen Rat. Der bayerische Ministerratsvorsitzende hatte dem Reichskanzler zugesichert, dass seitens der bayerischen Staatsregierung alles getan werde, durch Einwirken auf geeignete Persönlichkeiten und die Presse aller Richtungen beruhigend einzuwirken. Die Einschätzung des Reichskanzlers, die Alldeutschen trügen Schuld an der schlechten Stimmungslage, teilte er.[1846]

In der Ministerratssitzung am 2. September 1916 brachte Hertling „die in gewissen Bevölkerungskreisen vorhandene und durch die Agitation der Alldeutschen oder irregeleiterter Patrioten genährte Beunruhigung" zur Sprache. Bei dieser Gelegenheit wurde die Agitation gegen den Reichskanzler seitens der Staatsminister einstimmig verurteilt.[1847] Im Dezember 1916 sprach Kronprinz Rupprecht sich scharf gegen die Alldeutschen aus. Gegenüber einem Vertrauten äußerte er, „am liebsten wäre es ihm, diese Herren für einige Zeit in die ‚Hölle' zwischen Somme und Ancre zu schicken, damit sie die wahre Situation besser einschätzen lernten."[1848] Die öffentliche Hetze gegen Bethmann fand auch in unzähligen Presseartikeln ihren Niederschlag, ungeachtet der Zensurvorschiften, die eine offene Kritik an der Reichspolitik untersagten.[1849]

Während des gesamten Jahres 1916 vermochten der um Mäßigung bemühte Kaiser und die Gruppe um Bethmann die U-Boot-Anhänger in Schach zu halten, obwohl im Reichstag und in der Presse immer offensiver für einen uneinge-

---

[1845] Graf Hertling an Geheimrat von Gruber. München, 30. September 1916. In: Briefwechsel Hertling-Lerchenfeld 1912-1917. Zweiter Teil. Boppard am Rhein, 1973. S. 733.
[1846] Brief des Reichskanzlers Bethmann Hollweg an Graf Hertling. Großes Hauptquartier, 26. Juli 1916. Briefwechsel meist politischen Inhalts des Staatsministers Graf von Hertling mit Bethmann Hollweg. BayHStA, NB. StMin des K. Hauses und des Äußern, Nr. 961; Brief des Grafen Hertling an Reichskanzler Bethmann Hollweg, 1. August 1916. Briefwechsel meist politischen Inhalts des Staatsministers Graf von Hertling mit Bethmann Hollweg. BayHStA, NB. StMin des K. Hauses und des Äußern, Nr. 961; Vgl. Albrecht, Willy: Landtag und Regierung in Bayern. Berlin, 1968. S. 166f.
[1847] Ministerratsprotokoll Nr. 96 vom 2.9.1916. Ministerratsprotokolle der Ministerien Hertling, Dandl, Eisner. BayHStA, NB. StMin des K. Hauses und des Äußern, Nr. 99511.
[1848] K.u.K. Gesandter von Velics in München an den Minister des K.u.K. Hauses und des Äußern Stephan Baron Burián. München 3.12.1916. Berichte aus München 1916-1917. OeStA, Abt. Haus-, Hof- und Staatsarchiv. Politisches Archiv, Nr. 839.
[1849] Umfangreiche Presseschau der Hetze gegen Bethmann, 1915-1917. Stimmungsmache gegen den Reichskanzler und die Parteien 1915. BayHStA, NB. StMin des K. Hauses und des Äußern, Nr. 95148.

schränkten Einsatz der U-Boote geworben wurde.[1850] Bethmann, der im Spätsommer gehofft hatte, in Hindenburg und Ludendorff Verbündete gefunden zu haben, sah sich eines Besseren belehrt. Er war der erste Politiker, der Hindenburgs militantes Politikverständnis zu spüren bekam. Im Januar 1917 hatte der Reichskanzler seinen Kontrahenten in der Frage des U-Boot-Kriegs nichts mehr entgegenzusetzen, was der Kapitulation der politischen Autorität vor der militärischen gleichkam.[1851] Infolge des monatelangen Drucks der Obersten Heeresleitung wurde am 9. Januar 1917 der Beschluss zur Eröffnung des uneingeschränkten U-Boot-Kriegs ab dem 1. Februar gefällt. Die Entscheidung, die deutschen U-Boote fortan gleichermaßen gegen Kriegs- wie gegen Handelsschiffe einzusetzen, war von historischer Tragweite, da durch sie die Vereinigten Staaten von Amerika noch weiter in den Konflikt hineingezogen wurden und der bis dato hauptsächlich europäische Krieg sich endgültig zum Weltkrieg auszuweiten drohte.[1852]

Bethmann teilte den deutschen Bundesstaaten den Entschluss zum unbeschränkten U-Boot-Krieg am 16. Januar 1917 im eigens dafür einberufenen Ausschuss für auswärtige Angelegenheiten mit, ohne dass Widerspruch laut wurde. Die bayerische Staatsregierung positionierte sich in einer Ministerratssitzung am 20. Januar kritisch. Georg von Hertling berichtete Lerchenfeld nach Berlin, seine vertraulichen Mitteilungen hätten unter seinen Ministerkollegen die größte Bestürzung ausgelöst. Befürchtet wurde, dass durch den voraussichtlichen Kriegseintritt der Vereinigten Staaten sowohl Ausgang und Dauer des Konfliktes als auch die Chancen für Friedensverhandlungen ungünstig beeinflusst werden könnten. Anstatt aber die bayerischen Bedenken offiziell und mit der Ermächtigung des Königs an die Reichsleitung zu senden, begnügte sich Hertling damit, über Hugo Graf von Lerchenfeld und den Vertreter des Reichskanzlers und des Auswärtigen Amtes im Großen Hauptquartier, Karl-Georg von Treutler, auf inoffiziellem Weg Einfluss auf eine an die Vereinigten Staaten zu richtende Note zu nehmen.[1853] Graf Friedrich von Pappenheim, der Hofmarschall des bayerischen Kronprinzen, berichtete diesem am 6. Februar 1917 aus München, der „Beginn des unbeschränkten U-Boot-Krieges scheint im Volk eine ungeteilte Befriedigung zu finden." So erfreulich diese „energische Tat" aber auch sei, könne man, so fuhr Graf Pappenheim re-

---

[1850] Dies hatte nicht zuletzt zur Demission von Tirpitz durch den Kaiser im März 1916 geführt. Dennoch fand der U-Boot-Krieg in der zweiten Hälfte des Jahres immer mehr Unterstützer. Der öffentliche Druck auf den Reichskanzler erhöhte sich und nunmehr kamen Forderungen nach einem schrankenlosen U-Boot-Krieg nicht mehr nur von den Befürwortern von Annexionen, die in dieser Kampagne bereits 1915 den Ton angegeben hatten, sondern aus dem gesamten Parteienspektrum im Reichstag. Vgl. Clark, Christopher: Wilhelm II. München, 2008. S. 298-306; Vgl. Röhl, John C. G.: Wilhelm II. Der Weg in den Abgrund. 1900-1941. Nördlingen, 2008. S. 1209-1216.
[1851] Vgl. Ullrich, Volker: Die nervöse Großmacht. Frankfurt am Main, 2007. S. 512f.
[1852] Vgl. ebd., S. 506.
[1853] Graf Hertling an Graf Lerchenfeld. München, 21. Januar 1917. In: Briefwechsel Hertling-Lerchenfeld 1912-1917. Zweiter Teil. Boppard am Rhein, 1973. S. 793.

9.3 Der Bruch des Burgfriedens

signiert fort, „sich nicht ganz der Aussicht entschlagen, dass er zu den letzten Hilfsmitteln gehört, die uns vor dem Zusammenbruch bewahren."[1854]

Die innenpolitische Polarisierung und Radikalisierung schritt weiter voran, was den Burgfrieden endgültig obsolet machte. War es im Verlauf des Jahres 1916 der politischen Rechten gelungen, eine Mehrheit für ihre Kampagne für den U-Boot-Krieg zu mobilisieren, so lag die Initiative ab dem Frühjahr 1917 auf Seiten der politischen Linken. Die Meldungen aus dem revolutionären Russland ließen ab dem Frühjahr 1917 vor allem in den Industriestädten eine explosive Stimmung aufkommen. Die gemäßigte Linke und die politische Mitte nutzten dies, um innenpolitische Reformen zu fordern. Die radikale sozialistische Opposition organisierte sich im Frühjahr 1917 links der Sozialdemokratie als Unabhängige Sozialdemokratische Partei Deutschlands (USPD). Im Herbst 1917 sammelte sich die annexionistische Bewegung in der Deutschen Vaterlandspartei. Was unter einer Parlamentarisierung zu verstehen sei und wie diese praktisch umgesetzt werden könnte, darüber herrschte weitestgehend Uneinigkeit. Der Chef der Obersten Heeresleitung, Paul von Hindenburg, und Reichskanzler Theobald von Bethmann Hollweg standen sich der Frage nach inneren Reformen diametral gegenüber. Anfang 1917 hatten sich die inhaltlichen Gegensätze zwischen der Heeresleitung und dem Reichskanzler derart zugespitzt, dass Hindenburg den offenen Kampf ansagte.[1855]

Unter dem beträchtlichen Reformdruck verschloss sich auch ein moderater Konservativer wie Bethmann nicht den Notwendigkeiten einer schrittweisen Demokratisierung. Der Reichskanzler hatte sich auch mit dem bayerischen Ministerratsvorsitzenden Hertling über Verfassungsreformen ausgetauscht. Bethmann teilte die von diesem geäußerte Einsicht, dass Reformen angesichts des Wandels der Öffentlichkeit vonnöten seien. Sie sollten jedoch erst nach Kriegsende angegangen werden: „Für mich ist die allgemeine Richtlinie, dass nach den Erlebnissen dieses Krieges eine Perpetuierung der Wahlrechtskämpfe ausgeschlossen werden muss und dass nur eine im besten Sinne volkstümliche Monarchie Bestand haben wird. Namentlich dem letzteren Gedanken hat sich alles andere unterzuordnen."[1856] Im April 1917 war von Bethmann Hollweg offen die Frage nach einer Wahlrechtsreform aufs Tapet gebracht worden, was Hindenburg regelrecht erzürnte. Insbesondere die Abschaffung des antiquierten preußischen Dreiklassenwahlrechts stand im Fokus. Bethmann Hollweg drängte den Kaiser, um die Ruhe wiederherzustellen, in einer so genannten ‚Osterbotschaft' eine preußische Wahlrechtsreform in Aussicht

---

[1854] Graf Pappenheim an Kronprinz Rupprecht. München, 6.2.1917. Berichte des Hofmarschalls Graf Pappenheim an den Kronprinzen Rupprecht im Jahr 1917. BayHStA, GHA. NL Kronprinz Rupprecht, Nr. 166.

[1855] Vgl. Ullrich, Volker: Die nervöse Großmacht. Frankfurt am Main, 2007. S. 522-529; Vgl. Albrecht, Willy: Landtag und Regierung in Bayern. Berlin, 1968. S. 279-291; Vgl. Clark, Christopher: Wilhelm II. München, 2008. S. 308.

[1856] Brief des Reichskanzlers von Bethmann Hollweg an den bayerischen Ministerratsvorsitzenden Hertling. Großes Hauptquartier, 11. April 1917. Briefwechsel meist politischen Inhalts des Staatsministers Graf von Hertling mit Bethmann Hollweg. BayHStA, NB. StMin des K. Hauses und des Äußern, Nr. 961.

zu stellen, die auf das Ende der Feindseligkeiten folgen werde. Kaiser Wilhelm II. hatte sich, wenn auch zunächst widerwillig, von der Notwendigkeit einer Demokratisierung überzeugen lassen. Doch das vage Versprechen des Kaisers sollte in den folgenden Monaten nur noch mehr die Gemüter erhitzen.[1857] Kronprinz Rupprecht urteilte, dass für das preußische Dreiklassenwahlrecht infolge der gewaltigen Leistungen des Volkes kein Platz mehr sei und stattdessen die gleiche, unmittelbare und geheime Wahl der Abgeordneten eingeführt gehöre. Die Wirkung des kaiserlichen Erlasses wäre seiner Ansicht größer gewesen, wenn er einige Monate früher erfolgt wäre.[1858]

9.4 Die bayerische Monarchie in der Kriegszieldiskussion

Wenngleich die Devise des Verteidigungskrieges den Verzicht auf Eroberungen zur Konsequenz hätte haben müssen, entfachte dennoch eine lebhafte Diskussion über Annexionen. Diese wurde von großen Teilen der Öffentlichkeit – vor allem seitens der politischen Klasse, des Wirtschaftsbürgertums und imperialistisch gesinnten Universitätsgelehrten – getragen. Sowohl wirtschaftliche Interessengruppen als auch nationale Verbände, Reichstagsabgeordnete und Repräsentanten der bundesstaatlichen Dynastien äußerten ausschweifende Annexionswünsche.[1859] Es wurden Forderungen laut, für die Zukunft des Reiches „Sicherungen" und „Garantien" zu erkämpfen, welche sich in einem Friedensschluss ausdrücken sollten. Der Kaiser äußerte schon während der Mobilmachung, das Schwert solle erst eingesteckt werden, sobald man den Frieden selbst diktieren könne. Auch der bayerische König versprach, so lange Krieg zu führen, bis der Feind die Bedingungen annehme, die man ihm vorschreibe.[1860] Bereits zwei Wochen nach Kriegsbeginn meldete der König von Bayern Ansprüche an. Als der preußische Gesandte in München, Karl-Georg von Treutler, bei einer Audienz am 15. August 1914 bemerkte, mit welcher Anerkennung man in Berlin von den bayerischen Truppen spreche, erinnerte Ludwig an den deutsch-französischen Krieg.[1861] Alte Ressentiments brachen

---

[1857] Vgl. Pyta, Wolfram: Hindenburg. München, 2009. S. 261f.
[1858] Kriegstagebuch, 8. April 1917. BayHStA, GHA. NL Kronprinz Rupprecht, Nr. 705.
[1859] Vgl. Ullrich, Volker: Die nervöse Großmacht. Frankfurt am Main, 2007. S. 419.
[1860] Kriegszielinteressen ökonomischer oder territorialer Art wurden seitens der bayerischen Regierung Anfang August 1914 nicht als Vorbedingung für den Kriegseintritt geltend gemacht. In Äußerungen des bayerischen Königs Ludwig III. sowie des bayerischen Ministerpräsidenten Hertling manifestierten sich jedoch bayerische Kriegsziele, die nicht immer mit jenen des Reichs in Einklang zu bringen waren. Vgl. Fischer, Fritz: Griff nach der Weltmacht. Die Kriegszielpolitik des kaiserlichen Deutschland 1914/18. Düsseldorf, 1961. S. 110.
[1861] Vgl. Domarus, Max: Bayern 1805-1933. Stationen der Staatspolitik. Nach Dokumenten im Bayerischen Hauptstaatsarchiv. Würzburg, 1979. S. 167; Vgl. Janßen, Karl-Heinz: Macht und Verblendung. Göttingen, 1963. S. 21f; Vgl. Glaser, Hubert: Ludwig III. König von Bayern. Skizzen aus seiner Lebensgeschichte. Katalog zur Ausstellung in Wildenwart. Hrsg. von Max Oppel. Prien am Chiemsee, 1995. S. 42f.

9.4 Die bayerische Monarchie in der Kriegszieldiskussion 385

durch, als er forderte: „So, wie im Jahre 1870 dürfe es aber nicht wieder gehen. [...] Er habe nichts dagegen, dass Preußen sich vergrößere, aber Bayern müsse auch etwas bekommen." Spontan forderte er, dass nicht nur das Reichsland Elsass-Lothringen aufgeteilt, sondern „Belgien verschwinden und die Rheinmündung deutsch werden müsse." Dies war nicht einmal mit Hertling abgesprochen.[1862] Die geforderte Annexion Belgiens entsprach dem annexionistischen Übermut, der in den Hauptstädten der Bundesstaaten um sich griff.[1863] Der Schlachtenerfolg des bayerischen Kronprinzen in Lothringen beförderte die Kriegszielträumereien dessen Vaters, dem man bereits lange vor seiner Regierungszeit großbayerische Träume nachgesagt hatte. Das Territorium des Königreichs Bayern hätte sich durch das Elsass um zehn Prozent vergrößert, dessen Bevölkerung um eine Million Einwohner. Belgien war für den König interessant, weil er durch die Kontrolle der Rheinmündungen einen besseren Anschluss an den Weltmarkt erwartete. Um mit der industriellen Entwicklung Norddeutschlands mitzuhalten, war es notwendig, Kohle und Rohstoffe billig und schnell nach Süddeutschland zu befördern. Im Großen Hauptquartier und im Auswärtigen Amt schwelgte man jedoch ebenso in Macht- und Eroberungsträumen.[1864]

Ludwig III. begab sich am 26. August 1914 ins Große Hauptquartier, um dem Deutschen Kaiser seine Vorstellungen mitzuteilen. Er beanspruchte das gesamte Elsass, wenngleich ihm Hertling dies auszureden versuchte. Zwischen Ludwig III. und dem Reichskanzler entwickelten sich offene Gespräche. Bethmann Hollweg war ohnehin längst durch Botschafter Hans von Schoen über die bayerischen elsässisch-belgischen Pläne informiert worden. Ministerpräsident Hertling wiederum trat gegenüber dem Reichskanzler als Bewahrer des föderativen Prinzips auf und warnte in diesem Sinne vor einseitigen Machtverschiebungen im Reich.[1865] Bethmann hatte unter dem Eindruck eines triumphalen deutschen Siegs im September 1914 selbst noch weitreichende Kriegsziele angedeutet.[1866] Nach den militärischen

---

[1862] Hertling verlieh den königlichen Forderungen eine diplomatischere Form, indem er feststellte, „dass eine einseitige Vergrößerung Preußens notwendigerweise eine Verschiebung im Verhältnis der Bundesstaaten herbeiführen müsse, die das bundesstaatliche Gefüge des Reiches beeinträchtigen müsste, wenn nicht auch andere Staaten, darunter wir, gleichfalls etwas zugeteilt bekämen." Außerdem hatte Hertling schon zuvor – nicht ohne Hintergedanken – erwähnt, wie glänzend sich doch die föderative Grundlage des Reiches in dieser ernsten Zeit bewährt habe. Vgl. und zit. nach Janßen, Karl-Heinz: Macht und Verblendung. Göttingen, 1963. S. 21f.

[1863] Vgl. Domarus, Max: Bayern 1805-1933. Stationen der Staatspolitik. Nach Dokumenten im Bayerischen Hauptstaatsarchiv. Würzburg, 1979. S. 168.

[1864] Vgl. Janßen, Karl-Heinz: Macht und Verblendung. Göttingen, 1963. S. 26-30.

[1865] Er entfernte sich damit von den Absichten seines Königs und schlug dem Reichskanzler vor, die Reichslande zwischen Preußen (Lothringen), Bayern (Unter-Elsass) und Baden (Ober-Elsass) aufzuteilen. Nachdem Bethmann Hollweg die bayerischen Kriegszielvorstellungen ruhig entgegengenommen hatte, zeigte sich der bayerische König „sehr befriedigt." Vgl. Janßen, Karl-Heinz: Macht und Verblendung. Göttingen, 1963. S. 22f.

[1866] In der Frage nach den Kolonien und auch bezüglich der Behandlung der Niederlande sollten weitere Erwägungen folgen. Zentraler Punkt des *Septemberprogramms* waren die wirtschaftspolitischen Aspekte. Bethmann Hollweg strebte die Gründung eines mitteleuropäischen Wirtschaftsverbandes an, der Frankreich, Belgien, Holland, Dänemark, Österreich-Ungarn und sogar das noch nicht existierende Polen beinhalten sollte, eventuell auch Italien, Schweden und Norwegen. Ziel dieses Wirt-

Rückschlägen im Herbst 1914 waren weder ein rasches Kriegsende noch ein Friedensvertrag mit Landgewinnen zu erwarten.[1867] In München befürchtete man fortan jedoch, der Reichskanzler würde vorzeitig Frieden schließen. Das Grundproblem der Kriegszieldebatte war dementsprechend, dass jegliche Bemühungen um einen Verständigungsfrieden behindert wurden.[1868]

Am 6. Juni 1915 konterkarierte Ludwig III. die ausgleichenden Bemühungen seines Ministerratsvorsitzenden durch eine Rede anlässlich der 25. Generalversammlung des bayerischen Kanalvereins in Fürth, die seine Vorstellungen öffentlich machte: „Als der Krieg ausbrach, da dachten wir, es werde ein Krieg auf kurze Zeit sein. Aber die Dinge gestalteten sich anders. Auf die Kriegserklärung Russlands folgte die Frankreichs und als dann auch noch die Engländer über uns herfielen, da habe ich gesagt: Ich freue mich darüber und ich freue mich deswegen, weil wir jetzt mit unseren Feinden Abrechnung halten können; und weil wir jetzt endlich – und das geht den Kanalverein besonders an – einen direkten Ausgang vom Rhein zum Meer bekommen." Er fuhr fort, „viel kostbares Blut ist vergossen worden. Es soll aber nicht umsonst vergossen worden sein. Eine Stärkung des Deutschen Reiches und eine Ausdehnung über seine Grenzen hinaus, soweit dies notwendig ist, damit wir gesichert sind gegen künftige Angriffe, das soll die Frucht dieses Krieges sein."[1869]

Der König erntete stürmischen Beifall. Seine Forderungen hatten jedoch innenpolitische Folgen. Nachdem die Rede am folgenden Tag im Wortlaut vom amtlichen „Wolffschen Telegraphenbureau" verbreitet worden war, intervenierte die Reichsleitung. Die bayerische Gesandtschaft in Berlin teilte dem bayerischen Außenministerium telefonisch mit, dass der Reichskanzler aufgrund des Eindrucks, der in den neutralen Niederlanden hervorgerufen werden könnte, Bedenken gegen die in der Presse verbreitete Fassung habe. Dringend wurde gebeten, in der Staatszeitung eine abgeänderte Fassung zu veröffentlichen. Am 7. Juni fand eine Bespre-

---

schaftsverbandes sollte, unter lediglich äußerlicher Gleichberechtigung dessen Mitglieder, die wirtschaftliche Vorherrschaft des Deutschen Reichs über Mitteleuropa sein. Zu den Mitteleuropa-Plänen vgl. Mommsen, Wolfgang J.: Der Erste Weltkrieg. Frankfurt am Main, 2004. S. 94-117; Vgl. Fischer, Fritz: Griff nach der Weltmacht. Düsseldorf, 1961. S. 117f.

[1867] Selbst Falkenhayn schätzte die Situation nunmehr realistisch ein und erklärte, es werde zukünftig unmöglich sein, die Ententemächte auf militärischem Gebiet zur Annahme deutscher Friedensbedingungen zu zwingen. Daher plädierte er bei Bethmann Hollweg für Bemühungen um einen Separat- und Verständigungsfrieden. Vgl. Deist, Wilhelm: Strategy and Unlimited Warfare in Germany. Moltke, Falkenhayn, and Ludendorff. In: Chickering, Roger; Förster, Stig (Hrsg.): Great War, Total War. Combat and Mobilisation on the Western Front, 1914-1918. Cambridge u. a., 2000. S. 265-279. Hier: S. 271-273.

[1868] Janßen, Karl-Heinz: Macht und Verblendung. Göttingen, 1963. S. 34-36; Domarus, Max: Bayern 1805-1933. Stationen der Staatspolitik. Nach Dokumenten im Bayerischen Hauptstaatsarchiv. Würzburg, 1979. S. 168.

[1869] „Rede des Königs auf dem Kanaltag". Münchner Neueste Nachrichten, 7. Juni 1915. Rede S.M. des Königs anlässlich des Kanaltages in Fürth 1915. BayHStA, NB. StMin des K. Hauses und des Äußern, Nr. 97502. Reise des Königs nach Fürth und Nürnberg 1915. Akten des Obersthofmarschalls. BayHStA, Geheimes Hausarchiv. Obersthofmarschallstab S.M. des Königs Ludwig III. von Bayern, Nr. 511.

9.4 Die bayerische Monarchie in der Kriegszieldiskussion

chung zwischen Kabinettschef Otto von Dandl, Staatsrat Siegmund von Lössl und dem Legationssekretär des bayerischen Außenministeriums Paul Freiherr von Stengel statt. Nach Genehmigung des Königs wurde die Rede in einer gekürzten Version in der Staatszeitung bekanntgegeben und durch das Süddeutsche Korrespondenzbüro verbreitet.[1870] Darin hieß es, der König hoffe, „dass wir für Süd- und Westdeutschland günstigere Verbindungen zum Meere bekommen werden".[1871] Zudem untersagte das Kriegsministerium der Presse Erörterungen über die verschiedenen Wortlaute der Königsrede. Nachdem in den Folgetagen unter anderem das „Münchner Tagblatt" und die „Münchner Post" dennoch Spekulationen anstellten, untersagte das Kriegsministerium am 9. Juni weitere Erörterungen gänzlich.[1872] Auch international schlug die Kanaltagsrede hohe Wellen.[1873]

Dieser Vorgang verdeutlicht, dass Ludwig III. seine Ansichten zur Kriegszielfrage, die von jenen seiner Regierung abwichen, öffentlich zu vertreten gewillt war. Bei energischem Widerspruch Hertlings gab er jedoch nach. Zudem zeigt die Kanalrede, dass der Monarch seine Äußerungen zu außen- und wirtschaftspolitischen Fragen, in denen er sich als Fachmann sah, nicht grundsätzlich durch die zuständigen Ressorts prüfen ließ, sondern sich zu eigenständigem Handeln in der Lage sah. Bereits acht Tage nach diesem Vorfall griff er erneut in die Außenpolitik ein und verhinderte eine Friedensinitiative Hertlings beim Reichskanzler. Dieser hatte am 14. Juni 1915 einen Brief an Bethmann aufgesetzt, in dem er sich für einen Separatfrieden mit Russland auf Basis des ‚Status quo ante' einsetzte. Um seiner Note mehr Gewicht zu verschaffen, betonte er die Zustimmung des Königs. Bevor der Brief abgesandt wurde, ließ Hertling ihn dem Monarchen vorlegen. Ludwig äußerte Bedenken gegen einen Verzicht auf Annexionen gegenüber Russland, woraufhin sich Hertlings Initiative erledigt hatte.

Dies zeigt, wie politisch relevant die annexionistische Haltung des Königs geworden war. Mehrfach hatten sie zu Verhandlungen der bayerischen Regierung mit den Reichsstellen geführt, in denen das Hauptziel der königlichen Wünsche, Elsass-Lothringen, thematisiert worden war. Nun hatte der König nicht nur diplomatische Verwicklungen mit den Niederlanden provoziert, sondern auch eine Friedensinitiative seines Ministerratsvorsitzenden vereitelt. Die Folgen der Kanalrede

---

[1870] Aktenvormerkung des Legationssekretärs Freiherrn von Stengel zur Rede des Königs von Bayern bei der 25. Generalversammlung des bayerischen Kanalvereins in Fürth. Rede S.M. des Königs anlässlich des Kanaltages in Fürth 1915. BayHStA, NB. StMin des K. Hauses und des Äußern, Nr. 97502

[1871] Offiziöse Version der Rede des Königs auf dem Kanaltag. Bayerische Staatszeitung, 8. Juni 1915. Rede S.M. des Königs anlässlich des Kanaltages in Fürth 1915. BayHStA, NB. StMin des K. Hauses und des Äußern, Nr. 97502

[1872] Aktenvormerkung des Legationssekretärs Freiherrn von Stengel zur Rede des Königs von Bayern bei der 25. Generalversammlung des bayerischen Kanalvereins in Fürth. Rede S.M. des Königs anlässlich des Kanaltages in Fürth 1915. BayHStA, NB. StMin des K. Hauses und des Äußern, Nr. 97502

[1873] Bayerische Gesandtschaft in Bern (Ministerialresident von Böhm) an das Staatsministerium des königlichen Hauses und des Äußern, 12. Juni 1915. Rede S.M. des Königs anlässlich des Kanaltages in Fürth 1915. BayHStA, NB. StMin des K. Hauses und des Äußern, Nr. 97502

waren bezeichnend, da Ludwig dazu beitrug, die Kriegszieldebatte weiter zu verschärfen. Durch seine Parteinahme machte er sich angreifbar. Bei den Anhängern eines Verständigungsfriedens, vor allem in der Arbeiterschaft, verspielte er viel Ansehen.[1874] Auf der anderen Seite fand er wohlwollende Unterstützung unter den deutschen Annexionisten. Eintausend deutsche Intellektuelle, darunter 136 Bayern, unterzeichneten 1915 eine annexionistische Denkschrift.[1875]

Innerhalb der königlichen Familie gingen die Meinungen auseinander. Der Reichskanzler hatte der bayerischen Regierung im Mai 1916 seine Vorstellungen der Nachkriegsordnung nach einem militärischen Sieg mitgeteilt.[1876] Kronprinz Rupprecht hielt diese „für äußerst unglücklich."[1877] Die gegenüber Russland anvisierten Kriegsziele gingen den beiden im Feld stehenden Königssöhnen viel zu weit, wie sie gegenüber dem bayerischen Außenministerium erklärten. Franz und Rupprecht sahen auf absehbare Zeit keine Möglichkeit einer wirtschaftlichen Verständigung mit England und Frankreich. So war das Reich wirtschaftlich auf Russland angewiesen. Deutsche Annexionen in den Ostseeprovinzen und in Polen lehnten die beiden ab, da diese keine Sicherung der Ostgrenzen garantieren würden. Franz befand, man müsse bald zum Frieden kommen, da die Gefahr bestehe, „dass der Krieg bis zu unserer wirtschaftlichen Erschöpfung von unseren Gegnern fortgesetzt werden könnte."[1878] Am Abend des 9. Mai 1916 speiste Prinz Franz, nach einer Reise nach München an die Front zurückgekehrt, bei seinem Bruder Rupprecht. Franz hatte wiederholt den Vater gesehen, der sich, wie Rupprecht Franz' Beurteilung wiedergab, „mit der Hervorhebung von allerhand Spitzfindigkeiten juristischer und historisch-politischer Art beschäftige, noch immer von der Angliederung Belgiens und Kurlands an das Reich träume" und Rupprechts „aus dem Feld geschickte Briefe als übertrieben pessimistisch betrachte."[1879]

Prinz Leopold vertrat hingegen einen ähnlichen Standpunkt wie sein königlicher Bruder, betonte aber öffentlich, er „mische sich als Armeeführer in keiner Weise in politische Dinge und wolle sich dazu auch nicht äußern." Gegenüber den „Münchner Neuesten Nachrichten" hob er hervor: Vergeblich seien die Opfer

---

[1874] Vgl. Albrecht, Willy: Landtag und Regierung in Bayern. Berlin, 1968. S. 155-157; Vgl. Ursel, Ernst: Die bayerischen Herrscher von Ludwig I. bis Ludwig III. im Urteil der Presse nach ihrem Tode. Berlin, 1974. S. 164f; Vgl. Albrecht, Willy: Das Ende des monarchisch-konstitutionellen Regierungssystems in Bayern. Hrsg. von Karl Bosl. München, 1969. S. 263-299. Hier: S. 282-286.

[1875] Vgl. Hüttl, Ludwig: Das Haus Wittelsbach. Die Geschichte einer europäischen Dynastie. München, 1980. S. 413.

[1876] Kurland sollte an Preußen angegliedert werden, während Polen unter deutscher Oberhoheit zu einem Königreich unter der Herrschaft eines der Halbbrüder der bayerischen Königin, Erzherzog Karl Stephan, würde. Belgien wiederum sollte als selbstständiger Staat erhalten bleiben, wobei das Deutsche Reich Einfluss auf dessen Militär-, Bahn- und Zollpolitik beanspruchte. Vgl. Weiß, Dieter J.: Kronprinz Rupprecht von Bayern. Regensburg, 2007. S. 145.

[1877] Kriegstagebuch, 3. Juni 1916. BayHStA, GHA. NL Kronprinz Rupprecht, Nr. 704.

[1878] Aktenvormerkung des Legationssekretärs Freiherrn von Stengel über ein Gespräch mit Prinz Franz in Nymphenburg. München, 27. April 1916. Wichtige Aktenstücke zum Ausbruch des Weltkrieges sowie über die militärische und politische Lage während des Krieges. BayHStA, NB. StMin des K. Hauses und des Äußern, Nr. 975.

[1879] Kriegstagebuch, 10. Mai 1916. BayHStA, GHA. NL Kronprinz Rupprecht, Nr. 704.

9.4 Die bayerische Monarchie in der Kriegszieldiskussion

nicht, „denn wenn ein ganz besonderes Unglück, was ich aber für ganz ausgeschlossen halte, dahin führen würde, dass wir wirklich nicht Sieger bleiben, so würden alle Opfer, die wir schon gebracht haben, klein sein, gegen diejenigen, die uns dann erst auferlegt würden. Es ist jetzt alles, was wir für das Vaterland tun, gut angelegt, denn bei einem Krieg wie diesem kommt man nicht wie bei anderen mit einem lahmen Flügel davon, wenn man ihn verliert, sondern wir würden, wenn wir die Besiegten wären, wirtschaftlich und politisch so erdrückt, dass wir wohl auf ein Jahrhundert uns nicht mehr erholen könnten. Es wäre überhaupt nicht auszudenken, was dann werden sollte."[1880] In Bezug auf das Elsass waren sich die Brüder einig. Wie Ludwig III. an Leopold schrieb, war er seit „Kriegsbeginn [...] in dieser Sache unablässig tätig. Ich vertrete den Standpunkt, dass Elsass-Lothringen nur durch die Angliederung an bestehende Bundesstaaten zu einem wirklich deutschen Lande gemacht werden kann und dass deshalb Lothringen an Preußen, Elsass mit dem in der Gegend von Forbach gelegenen Kohlegebiet aber an Bayern zugeteilt werden soll."[1881]

Der Reichsleitung kam die bundesstaatliche Diskussion ungelegen. Jede Aufteilung annektierter Gebiete, bei der die Bundesstaaten nicht berücksichtigt würden, war zum Scheitern verurteilt.[1882] Im weiteren Verlauf der Annexionsdebatte wurden Ansprüche Preußens auf Belgien und das Elsass artikuliert, Polen und das Baltikum gerieten als Kompensationsobjekte für größere und kleinere deutsche Bundesstaaten in den Fokus.[1883] Die Verhandlungen hielten hinter den Kulissen über Jahre an. Ludwig III. hatte sich letztmalig im Februar 1918 mit dem Deutschen Kaiser zu diesem Thema besprochen. Zwei Monate später, im April 1918, erfolgte die Einigung Wilhelms II. mit dem Reichskanzler, dass das der bayerischen Rheinpfalz benachbarte Unterelsass an Bayern fallen solle, während das Oberelsass an Baden sowie Lothringen an Preußen gehen würde. Zudem sollten Estland, Livland und Kurland durch Personalunion an das Haus Hohenzollern gebunden werden. Diese im kaiserlichen Hauptquartier in Spa getroffenen Abmachungen verdeutlichen, wie ungebrochen der Glaube an ein siegreiches Kriegsende selbst im vierten Kriegsjahr noch war.[1884]

[1880] Artikel „Bei Generalfeldmarschall Prinz Leopold". Münchner Neueste Nachrichten, 7. April 1917. S. 4. Angelegenheiten des Prinzen Leopold. 1913-1918. BayHStA, GHA. Kabinettsakten König Ludwigs III., Nr. 144.
[1881] König Ludwig III. an Prinz Leopold von Bayern. Leutstetten, 10.8.1917. Angelegenheiten des Prinzen Leopold. 1913-1918. BayHStA, GHA. Kabinettsakten König Ludwigs III., Nr. 144.
[1882] Vgl. Janßen, Karl-Heinz: Macht und Verblendung. Göttingen, 1963. S. 34.
[1883] Vgl. ausführlich zu den jahrelangen Debatten um die Kriegszielforderungen der Bundesstaaten: Janßen, Karl-Heinz: Macht und Verblendung. Göttingen, 1963.
[1884] Vgl. Glaser, Hubert: Ludwig III. König von Bayern. Skizzen aus seiner Lebensgeschichte. Katalog zur Ausstellung in Wildenwart. Hrsg. von Max Oppel. Prien am Chiemsee, 1995. S. 43.

9.5 Die Neuverhandlung des föderativen Gleichgewichts

Auf der föderativen Ebene des Kaiserreichs kam es ebenfalls zu einem Bruch des Burgfriedens. Die Machtverteilung zwischen den Bundesstaaten, der Reichsleitung, dem Reichstag und dem Bundesrat geriet in zweierlei Hinsicht auf die Agenda. Zum einen kamen nach und nach Forderungen nach Verfassungsreformen auf, die die Machtarchitektonik im Reich zu verschieben drohten. Zum anderen hatte bereits die Kriegszieldebatte letztlich dazu geführt, dass das föderative Gleichgewicht von einzelnen Bundesstaaten infrage gestellt worden war. Offensiv hatte König Ludwig III. die Neuverhandlung bundesstaatlicher Macht gefordert. Seine Annexionspläne waren angesichts der Forderungen anderer Bundesfürsten nicht ausgefallen. Die süddeutschen Bundesstaaten überboten sich während der vier Kriegsjahre gegenseitig mit Kriegszielforderungen und begannen taktische Manöver, um sich möglichst große Gewinne zu sichern.[1885]

Der württembergische Ministerpräsident Karl von Weizsäcker erklärte gegenüber dem Reichstagsabgeordneten Matthias Erzberger, dass der Weg zur Aufteilung der Reichslande Elsass-Lothringen nur „über seine Leiche" führe: „Ehe Bayern ein Stück Elsass erhalte, sei er lieber dafür, dass Preußen die gesamten Reichslande einstecke." Der König von Württemberg lehnte die bayerischen Wünsche scharf ab. Die Königreiche Sachsen und Bayern wehrten sich gegen jede denkbare Vergrößerung Preußens, während Baden mehrmals seinen Standpunkt änderte.[1886] Der bayerische Ministerratsvorsitzende beanspruchte ein Mitspracherecht für den Moment, „in welchem ernsthaft von den Friedensbedingungen und einer eventuellen größeren oder kleineren Umgestaltung der europäischen Karte gesprochen werden kann." Hertling warnte: „Änderungen des Bundesgebiets unterliegen bekanntlich der Gesetzgebung des Reiches; mir scheint aber, dass die Bundesregierungen doch nicht erst damit befasst werden sollten, wenn sie vor vollendeten Tatsachen stehen, sondern bevor seitens der Reichsleitung den fremden Staaten gegenüber das letzte Wort gesprochen ist."[1887]

[1885] Dabei waren zwei Dinge maßgebend: Zum Ersten zweifelte kaum jemand an der „gerechten Sache", denn der Verteidigungscharakter des Krieges sowie der feindliche Vernichtungswille schienen erwiesen. Der gewaltige Blutzoll, den die deutschen Truppen bereits früh zu zahlen hatten, steigerte in der Heimat das Begehren nach einem sinn- und augenfälligen Lohn für die Opfer und nach Sicherheiten in Bezug auf einen denkbaren nächsten Krieg. Für die deutschen Bundesstaaten war noch eine zweite Komponente bestimmend; das wechselseitige Misstrauen. Dies herrschte nicht nur in Süddeutschland gegenüber Preußen, sondern vor allem unter den süddeutschen Staaten selbst. Eifersüchtig waren die Fürsten und Regierungen darauf bedacht, ihre Landesinteressen zu wahren, Privilegien zu behaupten, Vorteile gegenüber anderen Bundesstaaten auszunutzen und Gegensätze zu betonen. Vgl. Janßen, Karl-Heinz: Macht und Verblendung. Göttingen, 1963. S. 31f.
[1886] Zit. nach Erzberger, Matthias: Erlebnisse im Weltkrieg. Stuttgart und Berlin, 1920. S. 163.
[1887] Zit. nach und vgl. Janßen, Karl-Heinz: Macht und Verblendung. Göttingen, 1963. S. 16f; Für die Reichsregierung ergab sich die Notwendigkeit, bei der Formulierung von Kriegszielen die Forderungen der Bundesstaaten zu berücksichtigen, da man auf deren politische und militärische Unterstützung angewiesen war. Demgegenüber hätte eine unmittelbare Aufsummierung der Kriegsziele der deutschen Einzelstaaten durch die Reichsleitung die völlige Lähmung der gesamtdeutschen Außenpolitik zur Folge gehabt. Bethmann stand damit vor der Aufgabe, die politischen und wirtschaft-

9.5 Die Neuverhandlung des föderativen Gleichgewichts

An seinem Grundgedanken, Annexionen dürften das staatliche Gefüge nicht zugunsten Preußens verschieben, hielt Ludwig III. fest. Je nach Kriegslage und außenpolitischen Bedingungen variierte er den Forderungskatalog.[1888] Kronprinz Rupprecht war sich der Gefahr durch andere Bundesstaaten bewusst, wenn er seinem Vater riet: „Begehren wir zu viel, wird nur die Eifersucht anderer gereizt, denn es lässt sich nicht verkennen, dass eine solche Eifersucht seitens einiger an uns angrenzender kleinerer Staaten gegen uns besteht und dass Preußen, schon aus Rücksicht auf diese, uns keinesfalls mehr zugestehen dürfte, wenn überhaupt so viel." Hohe Forderungen würden „das Gegenteil des Gewollten erzeugen und in Berlin verstimmend wirken sowie dort ein im Übrigen durchaus unbegründetes Misstrauen" gegen die bayerischen Absichten wecken.[1889] Bethmann ließ nichts unversucht, die Zusammenarbeit mit den Bundesstaaten zu verbessern. In der Kriegszielfrage blieb ihm angesichts der Befindlichkeiten der Bundesstaaten kein anderes Mittel übrig, als eine abermalige Politik der Diagonale.[1890] Er war indes wenig erfreut über die eigenmächtigen Aktionen des bayerischen Königs. Wie der österreichische Gesandte berichtete, waren „einzelne Aussprüche, welche König Ludwig als Anhänger der sogenannten ‚festeren Richtung' gegen die bis jetzt in Berlin wahrnehmbare Entschlusslosigkeit in privatem Kreise tat, von Pressmännern ungebührlich aufgebauscht und brühwarm nach der Reichshauptstadt gemeldet worden." Bethmann wurde im Juni 1915 ins Große Hauptquartier berufen, um dort mit Ludwig III. zusammenzutreffen und Verstimmungen zu beheben.[1891]

---

lichen Forderungen der einzelnen Bundesstaaten, des Kaisers, des Reichstages, des preußischen Landtags, des preußischen Staatsministeriums, des Großen Generalstabs, des Admiralstabs und der einflussreichen Wirtschaftsverbände zu koordinieren und mit seiner eigenen Konzeption zu vereinbaren.

[1888] Vgl. Glaser, Hubert: Ludwig III. König von Bayern. Skizzen aus seiner Lebensgeschichte. Katalog zur Ausstellung in Wildenwart. Hrsg. von Max Oppel. Prien am Chiemsee, 1995. S. 43.

[1889] Schreiben des Kronprinzen Rupprecht an Ludwig III., 14. Dezember 1914. BayHStA, GHA. NL Ludwig III., Nr. 59.

[1890] Mühsam hatte Bethmann die Bundesstaaten von ihren eigenen Kriegszielen lösen müssen. So hatte es lange gedauert, bis König Ludwig III. von einer Annexion Belgiens Abstand nahm. Für bundesstaatliche Kriegsziele war in Bethmanns Programm kein Platz. Durch bewusst ungefähre Erklärungen hatte der Reichskanzler es vermocht, definitive Entscheidungen in dieser Frage lange genug hinauszuzögern, um die Bundesstaaten angesichts einer verschlechterten militärischen und wirtschaftlichen Lage kompromissbereit zu machen. Da eine Teilung Elsass-Lothringens in den Bereich der Innenpolitik fiel, gelang es Bethmann, das spezifisch bayerische Kriegsziel zunächst vollständig aus der Annexionsdebatte herauszuhalten und einen definitiven Beschluss zu verzögern. Im Sommer 1917 schien dem Reichskanzler für den Plan einer Zweiteilung Elsass-Lothringens eine Mehrheit im Reichstag gesichert. Wollte er dies allerdings auch im Bundesrat durchbringen, so mussten Sachsen, Württemberg und Baden durch Kompensationen gewonnen werden. Auch andere Bundesstaaten hätten Ansprüche gestellt. Dennoch war Bayern seinem Ziel, einen Teil Elsass-Lothringens zuerkannt zu bekommen, nie so nahe wie im Sommer 1917. Selbst die Oberste Heeresleitung hatte sich der elsass-lothringischen Frage mittlerweile angenommen. Einem gemeinsamen Vorstoß der militärischen Führung und der bayerischen Regierung hätte der angeschlagene Reichskanzler nicht lange widerstehen können. Vgl. Janßen, Karl-Heinz: Macht und Verblendung. Göttingen, 1963. S. 130-144.

[1891] Bericht des K.u.K. Gesandten von Velics an Minister des K.u.K. Hauses und des Äußern Stephan Baron Burián. München 26.6.1915. Berichte aus München 1914-1915. OeStA, Abt. Haus-, Hof- und Staatsarchiv. Politisches Archiv, Nr. 837.

Die innenpolitischen Verwerfungen und föderalen Verteilungskämpfe im Kaiserreich führten schließlich sogar dazu, dass an den zentralen Reichsstellen vorbei geheimdiplomatische Bemühungen der Bundesstaaten geführt wurden. Diese sollten zum Ziel haben, die Stellung der Bundesstaaten gegenüber dem Reich zu festigen und eine einseitige Machtverschiebung zugunsten Preußens zu verhindern. Da Hertling und Dandl in dieser politisch hochbrisanten Angelegenheit nicht offen auftreten konnten, wurden im Sommer 1916 mittels des Privatdiplomaten Victor Naumann geheime Sondierungen mit Sachsen aufgenommen. Der Journalist, der während des Krieges schon mehrfach als politischer Agent zwischen München, Wien und Berlin tätig gewesen war, sollte im Auftrag Ludwigs III., Dandls und Hertlings eine Einheitsfront derjenigen Bundesstaaten erwirken, die sich noch weitgehende Unabhängigkeit von Preußen erhalten hatten.[1892]

Als Leitsätze für die „Dresdner Unterhaltungen" wurde festgelegt, „dass jede Absicht, eine Stellung gegen den Kanzler, die Reichspolitik oder Preußen einzunehmen, mehr als fern liegt." Die angestrebten gemeinsamen Grundsätze sollten dazu dienen, „die Reichsverfassung praktisch zu bestätigen, und dadurch im besten Sinne für das Wohl des Reiches Sorge zu tragen." Elsass-Lothringen und etwaige Neuerwerbungen sollten nicht den Charakter des Reichslandes erhalten oder weitertragen, sondern an die größeren Bundesstaaten verteilt werden. Sachsen sollte sich verpflichten, sich für den bayerischen Erwerb des Elsass einzusetzen. Bayern würde im Gegenzug Sachsens Wünsche nach polnischen Besitzungen unterstützen. Beide Staaten sollten bei Friedensverhandlungen durch einen bayerischen und einen sächsischen Bevollmächtigten vertreten werden, um so den föderativen Charakter des Reiches zu wahren. Fragen des Föderalismus sollten zukünftig vorab geklärt werden. Hertling wollte zudem erreichen, dass beide Staaten dem Reichskanzler ihre Zustimmung für seine Politik aussprächen. Beide Staaten sollten eingehender als bisher über die auswärtige Politik des Reiches informiert werden, was nicht nur durch die häufigere Einberufung des Bundesratsausschusses, sondern durch regelmäßige Mitteilungen aus Berlin geschehen sollte.[1893]

Naumann sondierte die Lage am 20. Juni 1916 in einer Unterredung mit dem sächsischen Gesandten in Berlin, Gottfried von Nostitz, während sich der sächsische Minister für auswärtige Angelegenheiten, Christoph Graf von Vitzthum, zur Kur befand.[1894] Am 10. Juli 1916 traf sich Naumann mit Vitzthum im Hotel Sendig in Dresden zu einer eineinhalbstündigen inoffiziellen Besprechung. Das Ergebnis war für Hertling insgesamt zufriedenstellend, wenngleich keine schriftlichen Vereinbarungen getroffen wurden. Vitzthum erklärte, ihn freue, dass man in Bayern an

---

[1892] Vgl. Janßen, Karl-Heinz: Macht und Verblendung. Göttingen, 1963. S. 189f.
[1893] Leitsätze für die Dresdner Unterhaltungen. Bayerisch-sächsische Geheimverhandlungen über eine Aufteilung Elsass-Lothringens unter die größeren Bundesstaaten. BayHStA, GHA. Kabinettsakten König Ludwigs III., Nr. 69.
[1894] Bericht an Hertling zur Unterredung Naumanns mit den beiden Gesandten v. Nostitz und v. Leipzig vom 20. Juni 1916. Bayerisch-sächsische Geheimverhandlungen über eine Aufteilung Elsass-Lothringens unter die größeren Bundesstaaten. BayHStA, GHA. Kabinettsakten König Ludwigs III., Nr. 69.

9.5 Die Neuverhandlung des föderativen Gleichgewichts

keine Sonderbündelei oder ein Abweichen von der Reichsverfassung denke. Dies erleichtere ihm das Gespräch wesentlich, da man in Sachsen auf dem gleichen Standpunkt stehe. Was die Innenpolitik des Reiches anging, so bedurfte es seiner Ansicht nach keiner Abmachung, da man die bayerische Ansicht teile. Es sei zu begrüßen, dass Bayern eine strikt föderalistische Politik auf Grund der Reichsverfassung führen wolle. Man könne überzeugt sein, Sachsen dabei stets an seiner Seite zu finden. Bezüglich des zukünftigen Friedens wünschte sich Vitzthum keinen Vertrag, sondern nur Besprechungen, da alles andere in Berlin falsch aufgefasst werden könnte.[1895] Naumann reiste außerdem an die Höfe in Darmstadt und Schwerin, traf in Frankfurt mit dem Herzog von Sachsen-Meiningen zusammen und besprach sich in Gera mit dem regierenden Fürsten Reuß. Geplante Besuche in Stuttgart und Karlsruhe scheinen später verworfen worden zu sein. Naumann berichtete die Ergebnisse seiner Rundfahrt, zu der er angeblich von den betreffenden Fürsten eingeladen worden war, direkt dem König von Bayern, dem bayerischen Kronprinzen Rupprecht und dem Grafen Hertling. Eine gemeinsame Aktion mehrerer Bundesfürsten kam jedoch letztlich nicht zustande, da sich vor allem Hessen-Darmstadt und Mecklenburg davor scheuten, sich allzu offen gegen Preußen zu stellen. Unter diesen Umständen wagte auch Ludwig III. nicht, entschlossener vorzugehen.[1896] Ludwig III. schrieb an Herzog Bernhard III. von Sachsen-Meiningen im Februar 1918: „Ich glaube, dass aber im jetzigen Zeitpunkt nichts unternommen werden soll, was den Friedensschluss im Osten aufhalten und erschweren könnte. Die von dir angeregten Fragen hängen auch wesentlich mit der Ordnung der Dinge im Westen zusammen. Infolge dessen dürfte es sich empfehlen, an die Erörterung der Sache erst nach Friedensschluss heranzutreten. Die ganze Angelegenheit scheint mir jedenfalls nicht so geklärt, dass eine gemeinschaftliche oder doch zusammenwirkende Aktion einer Mehrzahl von deutschen Bundesfürsten zurzeit zweckmäßig oder auch nur erreichbar wäre."[1897]

[1895] Anfänglich hatte man sich in Sachsen zwar gegen eine Vergrößerung Bayerns ausgesprochen. Dies sei, so Vitzthum, aber deswegen geschehen, da sich der Reichskanzler sächsischen Wünschen gegenüber negativ verhalten habe. Wenn sich nun Bayern für eine sächsische Vergrößerung einsetzte, so läge kein Grund vor, dass Sachsen nicht das Gleiche täte. In der Polenfrage sei aber eine Lösung noch nicht abzusehen, in der Frage des Elsass seien Kompromisse nötig. Die Idee der bayerischen und sächsischen Vertreter bei den zukünftigen Friedensverhandlungen war Vitzthum sympathisch. Eine gemeinsame Demarche in Berlin lehnte er aber ab, da dies den Eindruck eines Sonderbundes erwecken könnte. Vgl. Kopie eines Berichtes an Hertling für Dandl über eine Besprechung zwischen Dr. Victor Naumann und Graf Christoph Vitzthum in Dresden. 10. Juli 1916, Hotel Sendig. Bayerisch-sächsische Geheimverhandlungen über eine Aufteilung Elsass-Lothringens unter die größeren Bundesstaaten. BayHStA, GHA. Kabinettsakten König Ludwigs III., Nr. 69.

[1896] Vgl. Janßen, Karl-Heinz: Macht und Verblendung. Göttingen, 1963. S. 190-194.

[1897] Fürst Friedrich Wilhelm zu Ysenburg und Büdingen schrieb König Ludwig III., um preußische Sonderwünsche anzuprangern und ihn zu bitten, seinen bayerischen Einfluss für das „gesamtdeutsche" Interesse geltend zu machen. Im gleichen Sinn wandte sich Herzog Bernhard von Sachsen-Meiningen am 28. Januar 1918 an den bayerischen König, um gegen preußisch-hohenzollernsche Annexionswünsche im Baltikum zu argumentieren und sich für die Thronkandidatur von Mitgliedern aus kleineren fürstlichen Familien in den betreffenden Staaten, etwa Adolf Friedrich zu Mecklenburg für Kurland und den Herzog von Urach für Litauen, auszusprechen. Vgl. Denkschriften

Auf einer gänzlich anderen Ebene, derjenigen der Verfassungsreformen, ging es ebenfalls um ein Austarieren des Gewichts der Bundesstaaten im Reich. Die im Reichstag geführte Reformdiskussion war von bundesstaatlicher Seite mit Sorge betrachtet worden. Bayerischerseits bestand die Antwort darauf in der Forderung nach einer Stärkung der Position der Bundesstaaten. Für Kronprinz Rupprecht war eine Kompetenzerweiterung der einzelstaatlichen Regierungen ein wirksames Mittel, um den „Aspirationen des Reichstages" entgegenzutreten. Aufgrund der damit verbundenen zentralistischen Tendenzen lehnte er die parlamentarische Regierungsform auf Reichsebene ab. Rupprecht forderte seinen Vater auf, sich dafür einzusetzen, dass die Bundesratsbevollmächtigten im Ausschuss für auswärtige Angelegenheiten „künftig die Ansichten ihrer Regierung vertreten können." Was sei es „für ein Zustand, wenn jeder Landtags- oder Reichstagsabgeordnete über die Richtlinien der auswärtigen Politik reden darf, während dies den Bundesratsmitgliedern nicht gestattet sein soll?"[1898] Im Herbst 1916 schrieb Rupprecht seinem Vater: „Die Tagung des Auswärtigen Ausschusses des Reichstages beunruhigt mich einigermaßen: Ich glaube, dass sie der Anfang ist, dass der Reichstag alles in seine Hand nimmt und befürchte, dass der Bundesrat immer mehr durch den Reichstag in den Hintergrund gedrängt wird, und wir einem völligen Unitarismus auf demokratischer Grundlage zutreiben."[1899] Im April 1917 befürchtete er, dass eine Einführung des parlamentarischen Systems im Reich „einer völligen Ausschaltung des ohnehin schon so geminderten Einflusses der einzelnen Bundesregierungen gleichkäme." Diejenigen, die sich am stärksten gegen eine Demokratisierung sträubten, arbeiteten ihr „am meisten in die Hände durch fortgesetzte Schmälerung der einzelstaatlichen Rechte und die gewalttätige Förderung zentralistischer Bestrebungen."[1900]

Im Umfeld des bayerischen Königs fehlte es nicht an Initiativen, die eine stärkere Einmischung in die Angelegenheiten des Reichs beanspruchten. Die Prinzen Rupprecht und Franz ersuchten den Vater um ein stärkeres reichsweites Engagement und mehr politische Entschlusskraft. In einem am 12. Mai 1916 verfassten Brief drängte Rupprecht auf ein selbstbewussteres Vorgehen. Der Kronprinz schrieb seinem Vater nachdrücklich, er werde von etlichen Mitgliedern aus dem konservativen und fortschrittlichen Spektrum darum gebeten, sich dafür einzuset-

---

und Berichte über die Verhältnisse in Russland und den besetzten russischen Westgebieten (außer Polen) (1917-1918). BayHStA, GHA. Kabinettsakten König Ludwigs III., Nr. 65.

[1898] Angesichts der Ambitionen des Reichstags und mehrerer einzelstaatlicher Parlamente waren Befürchtungen eines Machtverlusts der bundesstaatlichen Regierungen nicht unbegründet. Nachdem das preußische Abgeordnetenhaus sich mit Erfolg das Recht ausbedingt hatte, sich zu Fragen der auswärtigen Politik zu äußern, hatte das sächsische Parlament das gleiche Recht für sich und für die Vertretung Sachsens im Bundesrat gefordert. Die Regierungen der Einzelstaaten wurden nach der Ansicht des Kronprinzen Rupprecht immer mehr ausgeschaltet, was sich durch die Mitgestaltungsansprüche der linksstehenden Parteien noch verstärkte. Vgl. Schreiben des Kronprinzen Rupprecht an Ludwig III., 25. Februar 1916. BayHStA, GHA. NL Ludwig III., Nr. 59.

[1899] Schreiben des Kronprinzen Rupprecht an Ludwig III., 9. Oktober 1916. BayHStA, GHA. NL Ludwig III., Nr. 59.

[1900] Kriegstagebuch, 12. April 1917. BayHStA, GHA. NL Kronprinz Rupprecht, Nr. 705.

zen, dass der Einfluss des Bundesrates in wirtschaftlichen und politischen Fragen gestärkt werde.[1901] Im Mai 1917 kursierte eine Denkschrift des einflussreichen bayerischen Reichsrats Ludwig Freiherr von Würtzburg. Laut dieser sollte es zwar nicht die „Aufgabe Bayerns in diesem Kriege [sein], den Partikularismus zu pflegen oder, wie die Parteien im Reichstag es tun, die Kriegslage zur Förderung von Sonderinteressen auszunützen." Da das Königreich aber nach der Präsidialmacht Preußen der größte Bundesstaat und wichtigste Teilnehmer an der Reichssouveränität sei, müsse von ihm eine aktivere Rolle zur korrigierenden Einwirkung auf das Reich gefordert werden. Dazu kämen noch weitere Umstände, die dies nahelegten: „Bayerns König ist der Senior der deutschen Bundesfürsten. Er hat seinen politischen Weitblick und seine gut deutsche Gesinnung oft genug bewiesen. Der bayerische Thronfolger ist der Führer einer der größten Heeresgruppen, Bayern hat acht Armeekorps ins Feld gestellt. Der Vertreter Bayerns im Bundesrat ist ein Herr von außergewöhnlich reicher politischer Erfahrung [...]. Diese Umstände bedeuten eine Stärkung des Rechts, aber auch der Pflicht Bayerns, zur Einwirkung auf die Reichspolitik."[1902]

Doch diese Initiativen fruchteten beim bayerischen König kaum. Hatte sich Ludwig III. im Rahmen der Kriegszieldebatte allzu offensiv für ein größeres Gewicht Bayerns eingesetzt, so zauderte er hinsichtlich der standhaften Vertretung bayerischer Ansprüche auf anderen Gebieten. Kronprinz Rupprecht warnte den Ministerratsvorsitzenden Hertling im Sommer 1917, man werfe der bayerischen Regierung zunehmend vor, „dass sie sich alles von Berlin gefallen ließe und die Meinung gewinnt immer mehr Anhänger, dass, nachdem doch alles von Berlin aus geleitet werde, unsere Regierung nichts weiter sei, als ein überflüssiger kostspieliger Ballast." Die Einzelstaaten dürften nicht in die Krise Preußens verwickelt werden und sollten nicht zulassen, „dass sie durch eine Umgestaltung der Reichsverfassung in parlamentarischem Sinne ihrer wichtigsten Rechte und ihres Einflusses auf die Aufgaben des Reiches beraubt werden." Vielfach herrsche die Ansicht, dass die Befugnisse, auf welche die Bundesstaaten während des Krieges zeitweilig verzichteten, dauerhaft in zentraler Verantwortung verbleiben sollten. Derartige Bestrebungen liefen letzten Endes „auf die Existenz eines mehr oder minder republikanischen Einheitsstaates" hinaus. Rupprecht konzedierte jedoch, dass die Reichsverfassung zweifellos eine Umgestaltung erfahren müsse; „eine solche Umgestaltung darf aber nicht im parlamentarisch-republikanischen Sinne erfolgen, sondern sollte eher in dem Sinne vor sich gehen, dass die Autorität der Einzelstaaten eine Hebung erfährt und die Reichsverfassung mehr der Form eines Staatenbundes als eines Bundesstaates angenähert wird."[1903]

[1901] Ebd., 25. Mai 1916. BayHStA, GHA. NL Kronprinz Rupprecht, Nr. 704.
[1902] Denkschrift des bayerischen Reichsrats Ludwig Freiherr von Würtzburg, Mai 1917. Wichtige Aktenstücke zum Ausbruch des Weltkrieges sowie über die militärische und politische Lage während des Krieges. BayHStA, NB. StMin des K. Hauses und des Äußern, Nr. 975.
[1903] Schreiben des Kronprinzen Rupprecht von Bayern an den Staatsminister des Königlichen Hauses und des Äußern Graf Hertling, 19. Juli 1917. Abgedruckt als „Brief S. K. Hoheit des Kronprinzen

9.6 Fürstliche Friedensbemühungen

Als ein vollständiger Sieg nicht mehr erreichbar war, hatte sich der Reichskanzler der Möglichkeit eines Sonderfriedens mit einem einzelnen Kriegsgegner zugewandt. Bethmann teilte dem bayerischen Ministerratsvorsitzenden am Jahresende 1914 mit, dass man zuerst mit Russland ins Reine kommen wolle, dann mit Frankreich. Es sei verantwortungslos, eventuelle Friedensangebote abzulehnen. Die Versuche, im Laufe des Jahres 1915 mit dem russischen Zarenreich zum Abschluss eines Friedens zu kommen, waren jedoch zum Scheitern verurteilt.[1904] Als der Großherzog von Oldenburg im Frühjahr 1915 nach München reiste, um Ludwig III. für eine Kampagne gegen den Reichskanzler zu gewinnen, riskierte Hertling eine Gegensteuerung und wandte sich an den Kanzler. Die Bundesstaaten sollten in die Friedensbemühungen des Reiches mit einbezogen werden.[1905] Zunächst war Kronprinz Rupprecht, der sich zunehmend in die Innen- und Außenpolitik einzumischen begonnen hatte, ebenfalls ein Befürworter von Annexionen. Seit Herbst 1915 sprach er sich aber für einen Verständigungsfrieden auf der Grundlage eines ‚Status quo ante' aus und bekräftigte dies unzählige Male gegenüber seinem Vater und Hertling.[1906] Die Friedensfrage übe eine beachtliche Rückwirkung auf die öffentliche Stimmungslage aus, führte Hertling am 28. März 1915 in seinem Brief an Bethmann aus. Ludwig III. hatte zuvor die Forderung nach einem „ehrenvollen Frieden" betont, der die Opfer aufwiege. Hertling legte dem Kanzler die Meinung beachtenswerter Kreise dar, nach der ein „fauler Friede" die Revolution nach sich ziehen könnte. Er relativierte diese Einschätzung, fügte aber an, ein Friedensschluss, der den gebrachten Opfern nicht entspreche, würde Erbitterung nach sich ziehen, die den Fortbestand der monarchischen Ordnung gefährden könnte. Aus diesem Grund regte er die Einberufung des Bundesratsausschusses für auswärtige Angelegenheiten an. Da der Reichskanzler dies für sinnvoll erachtete, trat der Ausschuss am 7. April 1915 zu seiner ersten Kriegstagung zusammen. Dort gelang es Bethmann Hollweg, die Bundesstaaten durch einen optimistischen Lagebericht zu beruhigen. Zu einer tiefgreifenden Aussprache kam es nicht.[1907]

Zur gleichen Zeit hatte es Versuche gegeben, das diplomatische Gewicht der deutschen Fürstenhäuser zur Erlangung eines Verständigungsfriedens einzubringen, vor allem im Jahr 1915, als die Aussichten auf einen militärischen Erfolg in weite Ferne gerückt waren. Die diplomatischen Kanäle der Wittelsbacher zu den Kriegsgegnern waren weitgehend abgebrochen, wie das Beispiel des Kronprinzen

---

Rupprecht von Bayern an den bayerischen Ministerpräsidenten Exzellenz Graf Hertling am 19. Juli 1917" durch den Bayerischen Heimat- und Königsbund. Ansbach, ca. 1927.

[1904] Vgl. Janßen, Karl-Heinz: Macht und Verblendung. Göttingen, 1963. S. 38-41; Vgl. Ullrich, Volker: Die nervöse Großmacht. Frankfurt am Main, 2007. S. 433-439.

[1905] Vgl. Glaser, Hubert: Ludwig III. König von Bayern. Skizzen aus seiner Lebensgeschichte. Katalog zur Ausstellung in Wildenwart. Hrsg. von Max Oppel. Prien am Chiemsee, 1995. S. 44.

[1906] Vgl. Albrecht, Willy: Das Ende des monarchisch-konstitutionellen Regierungssystems in Bayern. Hrsg. von Karl Bosl. München, 1969. S. 263-299. Hier: S. 266.

[1907] Vgl. Albrecht, Willy: Landtag und Regierung in Bayern. Berlin, 1968. S. 154f.

Rupprecht und seines Schwagers, König Albert von Belgien, zeigt, die vor dem Krieg noch in herzlicher Freundschaft verbunden waren. Die dynastischen Verbindungen des Kaisers zum russischen und zum englischen Königshaus hatten sich ebenso als wirkungslos erwiesen.[1908]

Die Kommunikationslinien der Wittelsbacher zu den neutralen und verbündeten europäischen Fürstenhäusern blieben hingegen bestehen, wenngleich nicht ohne Hindernisse. Von den Zensurbestimmungen waren auch Briefsendungen des Königs von Bayern an Mitglieder neutraler Königshäuser betroffen, etwa im Jahr 1914 an den König von Bulgarien beziehungsweise die Großherzogin von Luxemburg. Diese Briefe wurden, wie alle anderen Postsendungen, von der Überwachungsstelle des bayerischen Kriegsministeriums überprüft. Nachdem der Zar von Bulgarien gegen die Zensur protestiert hatte, wurden dem bayerischen Königshaus ab Februar 1915 Ausnahmegenehmigungen erteilt. Briefe an vorher festgelegte Adressaten im Ausland sollten nicht weiter überwacht werden.[1909] Hans Graf zu Toerring, ein Schwager des Kronprinzen Rupprecht und des Königs Albert von Belgien, führte von November 1915 bis ins Frühjahr 1916 private Friedensgespräche mit dem belgischen König, die aber im Sand verliefen. Ob Rupprecht in diese involviert war, ist nicht dokumentiert.[1910] Großherzog Ernst Ludwig von Hessen[1911] hatte auf Drängen des Deutschen Kronprinzen vergeblich versucht, seine Schwester, die russische Zarin Alexandra für eine deutsch-russische Friedensinitiative zu gewinnen. Ebenso hatten die Häuser Baden, Oldenburg und Coburg sich in Briefen ergebnislos an den Zaren gewandt. Gleichzeitig hatte sich Prinz Max von Baden als Privatmann an das schwedische Königshaus gewandt, um die Möglichkeit eines Kriegseintritts gegen Russland zu erörtern. Dieser Vorstoß war mit dem Auswärtigen Amt abgesprochen und vom Kaiser bewilligt. Nach einem mehrtägigen Stockholmbesuch des badischen Prinzen schlugen die Gespräche im November 1915 fehl, vor allem, weil sich die schwedische Regierung und das schwedische Parlament gegenüber König Gustav V. ablehnend verhielten. Die Erfolgsaussichten dynastischer Geheimdiplomatie stellten sich als ebenso gering heraus wie diejenigen der offiziellen Diplomatie. Dennoch rissen die Bestrebungen nicht ab, die deutschen Dynastien als Türöffner für Friedenssondierungen einzusetzen.[1912]

Die an der Front stehenden Prinzen und Thronfolger der deutschen Bundesstaaten verfügten in vielen Fällen über eine wesentlich bessere Einschätzung der Lage als ihre regierenden Väter. Kronprinz Rupprecht hatte im Laufe des Sommers 1915 allmählich die Überzeugung gewonnen, dass der Krieg militärisch nicht mehr zu gewinnen sei. Von da an begann er, sich mit der Möglichkeit eines Verständi-

---

[1908] Vgl. Weiß, Dieter J.: Kronprinz Rupprecht von Bayern. Regensburg, 2007. S. 130f.
[1909] Briefsendungen an die Mitglieder neutraler Königshäuser 1914. BayHStA, NB. StMin des K. Hauses und des Äußern, Nr. 97477.
[1910] Vgl. Weiß, Dieter J.: Kronprinz Rupprecht von Bayern. Regensburg, 2007. S. 144.
[1911] Vgl. Knodt, Manfred: Ernst Ludwig, Großherzog von Hessen und bei Rhein. Sein Leben u. seine Zeit. Darmstadt, 1978.
[1912] Vgl. Machtan, Lothar: Die Abdankung. Berlin, 2008. S. 81f.

gungsfriedens auseinanderzusetzen. Er konnte aber in seiner militärischen und dynastischen Stellung keine politischen Entscheidungen herbeiführen, sondern lediglich den Entscheidungsträgern Vorschläge unterbreiten. Sein Engagement für einen Friedensschluss war nur indirekt, über die Einwirkung auf Ludwig III., den Kaiser, die Reichsleitung oder die Heeresleitung. Beim bayerischen Monarchen, der sich als vehementer Anhänger eines ‚Siegfriedens' gezeigt hatte, fand dies allerdings kaum Resonanz. Die Kronprinzen der größten deutschen Bundesstaaten, Wilhelm und Rupprecht, stimmten ab dem Sommer 1916 darin überein, dass ein baldiger Friedensschluss notwendig war. Diese Einsicht vertraten sie nicht nur gegenüber ihren Vätern, sondern auch bei einem Treffen der Obersten Heeresleitung unter Hindenburg mit den Befehlshabern der Heeresgruppen und Armeen der Westfront.[1913] Rupprechts Überzeugung war, dass es geboten sei, einen Frieden ohne Annexionen zu schließen. Sein königlicher Vater war dagegen, wie der Kronprinz im Mai 1916 feststellte „allzu optimistischer Ansicht und steht noch immer auf dem Standpunkte, den auch ich in Verkennung der tatsächlichen Verhältnisse bis zum Sommer 1915 vertrat." Rupprecht machte für die Fehleinschätzungen des Vaters dessen direktes Umfeld verantwortlich: „Wenn er nur einen jüngeren Minister zur Seite hätte, denn Graf Hertling ist infolge seines Alters und zunehmender Arterienverkalkung nicht mehr im Stande, seinen so wichtigen Posten auszufüllen. Er weilt zurzeit wieder in seinem Landsitze zu Ruhpolding, wo er doch jetzt in München sein sollte oder noch besser in Berlin."[1914]

Der Standpunkt des Königs von Bayern blieb ungeachtet aller gegensätzlichen Argumente, dass der Frieden die Opfer aufwiegen müsse. Nicht nur die Sicherung der Grenzen, sondern auch ein Landgewinn sollte erreicht werden.[1915] Dagegen hatte sich Rupprecht bereits im Herbst 1915 an den Chef der Obersten Heeresleitung und an den Reichskanzler gewandt, um sie von der Notwendigkeit eines Friedensschlusses zu überzeugen, der nur unter Preisgabe der besetzten Gebiete erreichbar sei. Die Aussprachen verliefen für Rupprecht enttäuschend. Erich von Falkenhayn, der sich am Nachmittag des 13. Oktober 1915 im Oberkommando des Kronprinzen eingefunden hatte, sprach sich zu Rupprechts Missfallen für eine Ermattungsstrategie aus; „der Krieg werde wohl noch lange währen und der Sieg demjenigen zufallen, der am längsten aushielte." Abends folgte der Besuch des Reichskanzlers, der seiner Meinung Ausdruck verlieh, dass ein Ende des Krieges noch nicht absehbar sei. Sofern die Entente nicht zerfalle, müsse man vielleicht bis zum nächsten Sommer kämpfen. Fraglich sei, ob sich eine große Waffenentscheidung ermöglichen ließe. Desillusioniert von den Ausführungen des Reichskanzlers notierte Rupprecht: „Mir machte der Kanzler den Eindruck eines guten alten Herrn, ohne Energie und ohne jeden Anflug von Genialität."[1916]

[1913] Vgl. Weiß, Dieter J.: Kronprinz Rupprecht von Bayern. Regensburg, 2007. S. 143-146.
[1914] Kriegstagebuch, 5. Mai 1916. BayHStA, GHA. NL Kronprinz Rupprecht, Nr. 704.
[1915] König Ludwig III. von Bayern an Prinz Leopold von Bayern. München, 3. Januar 1918. Briefe Ludwigs III. 1856-1921. BayHStA, GHA. NL Prinz Leopold, Nr. 36.
[1916] Kriegstagebuch, 13. Oktober 1915. BayHStA, GHA. NL Kronprinz Rupprecht, Nr. 703.

9.6 Fürstliche Friedensbemühungen

Neben einigen bayerischen Prinzen, die vorsichtige politische Gespräche am König vorbei führten, engagierten sich zur Beunruhigung der bayerischen Behörden auch einige der bayerischen Prinzessinnen für einen Friedensschluss. Dies weist auf eine zunehmende Politisierung der weiblichen Mitglieder des Königshauses hin. Die Königin von Bayern, die sich abgesehen von Fragen der Fürsorge nicht in die Politik einmischte, hoffte ebenso wie die Mehrzahl der Prinzessinnen auf ein baldiges Kriegsende. Marie Therese übernahm allerdings die einschränkende Formulierung ihres Gatten, wenn sie ihrem Sohn Rupprecht schrieb: „Gott gebe, dass [...] wir bald einen ehrenvollen [!] Frieden bekommen."[1917] Prinzessin Wiltrud sah in einem Brief an ihren königlichen Vater zuversichtlich der „Aussicht auf einen baldigen und günstigen Frieden" entgegen.[1918] Andere Prinzessinnen ließen dem Friedenswunsch hingegen Taten folgen. Prinzessin Therese von Bayern stand unter anderem mit dem bekannten Schweizer Arzt und Pazifisten Auguste Forel in Briefkontakt.[1919] Prinzessin María de la Paz, die Gattin des Prinzen Ludwig Ferdinand von Bayern, hatte sich an den Bundespräsidenten der Schweiz privat mit der Bitte um Kontaktaufnahme mit dem Vatikan gewandt, um zu einem Ende des Krieges aufzurufen. Außerdem erstrebte sie die Mitgliedschaft des Genfer Vereins „Frauenweltbund", dessen Mitglieder sich zur Förderung eines dauerhaften Friedens verpflichteten. Das stellvertretende Generalkommando des I. Armeekorps ersuchte das bayerische Staatsministerium des Königlichen Hauses und des Äußern im August 1915 nachdrücklich, die Königlichen Hoheiten entsprechend zu verständigen, dass ihr Verhalten unerwünschte Folgen habe. Man sei sich sicher einig, dass jetzt alles „peinlich vermieden werden soll, was auch nur entfernt die Stellung von Mitgliedern des bayerischen Herrscherhauses zur deutschen Sache dem Auslande gegenüber in ein schiefes Licht rücken könnte."[1920]

Georg von Hertling sah die internationalen Verbindungen der Wittelsbacher als Chance, weswegen er sich im Januar 1916 vertraulich an den Reichskanzler wandte. In der ausländischen Presse war wiederholt berichtet worden, dass sich Herzogin Maria José in Bayern, Witwe des 1909 verstorbenen Herzogs Carl Theodor, mit ihrer Tochter Elisabeth Gabriele, die seit 1909 als Ehefrau König Alberts I. die Königin von Belgien war, getroffen habe. Nachdem er mit der Herzogin gesprochen hatte, wies Hertling diese Gerüchte gegenüber Bethmann Hollweg als unzutreffend zurück. Maria José empfinde es als sehr schmerzlich, ihre Tochter seit Kriegsausbruch nicht mehr gesehen zu haben. Hertling schlug Bethmann vor, ein

---

[1917] Brief der Königin Marie Therese an Kronprinz Rupprecht. Leutstetten, 25.7.1916. BayHStA, GHA. NL Kronprinz Rupprecht, Nr. 6.
[1918] Schreiben der Prinzessin Wiltrud an König Ludwig III., 24.8.1917. BayHStA, GHA. NL Ludwig III., Nr. 70.
[1919] Nachforschung nach vermissten Feinden und Gefangenen. Feldpostbriefsammlung der Prinzessin Therese von Bayern. BayHStA, KrA. Kriegsbriefe, Nr. 333-336.
[1920] Schreiben des Generalkommandos des I. bayerischen Armeekorps an das Staatsministerium des Königlichen Hauses und des Äußern. München, 14.8.1915. Von Mitgliedern des bayerischen Königshauses begangene Verstöße gegen die Kriegsgesetze. BayHStA, NB. StMin des K. Hauses und des Äußern, Nr. 97498.

Treffen in der Schweiz möglich zu machen. Falls der Kanzler zustimme, könnte die Herzogin bei dieser Gelegenheit über ihre Tochter mit dem belgischen König – unter Ausnutzung der engen verwandtschaftlichen Beziehungen – eine mündliche Sondierung für einen deutsch-belgischen Sonderfrieden wagen.[1921] In seiner Antwort lehnte Bethmann Hollweg ein solches Vorgehen aber ab, da vor kurzem bereits der Besuch der Prinzessin Mathilde, Gräfin von Trani, einer Wittelsbacher Tante der belgischen Königin, für einigen Aufruhr gesorgt hatte.[1922]

Schließlich sandte der Reichskanzler ein erstes offizielles Friedensangebot an die Entente. Mit Zustimmung des Kaisers und der Heeresleitung einigte sich Bethmann nach Verhandlungen mit Österreich-Ungarn auf ein gemeinsames Friedensangebot der Mittelmächte, das am 12. Dezember 1916 übermittelt wurde. Bedingungen wurden nicht genannt, nur der Wille der Mittelmächte ausgesprochen, Dasein, Ehre und Entwicklungsfähigkeit ihrer Völker zu sichern. Die Note war ebenso wie Bethmanns Reichstagsrede selbstbewusst und kampfentschlossen. Bethmann teilte den Bundesstaaten am Vorabend der Bekanntgabe der Note mit, er schätze die Aussichten für eine Annahme des Friedensangebots als nicht sehr hoch ein, dennoch werde es auf die Haltung der neutralen Staaten und der friedenswilligen Lager der Ententestaaten günstig wirken. Dabei hatte es der Reichskanzler keineswegs auf eine Ablehnung des Friedensangebots abgesehen und war zu Gesprächen und Zugeständnissen bereit. Fast zeitgleich hatte sich der amerikanische Präsident Woodrow Wilson am 21. Dezember mit einer Note an die kriegführenden Staaten gewandt, um einen Vermittlungsversuch zu wagen. Wenige Tage später wurde diese durch die deutsche Reichsleitung zurückgewiesen. Man erklärte sich zwar zu Verhandlungen bereit, aber ohne amerikanische Beteiligung und vor allem ohne, wie Wilson gefordert hatte, vorherige Bedingungen zu nennen. Zu Verhandlungen der Mittelmächte mit der Entente kam es nicht, da die Ententemächte in ihrer schroffen Antwortnote am 30. Dezember 1916 das deutsch-österreichische Friedensangebot als bloße Propaganda zurückwiesen.[1923]

Papst Benedikt XV. hatte ebenfalls versucht, Friedensverhandlungen anzubahnen. Am dritten Jahrestag des Kriegsbeginns hatte er sich an die kriegführenden Mächte gewandt. In einer Note schlug er sich als neutraler Vermittler vor und forderte Abrüstung, eine internationale Schiedsgerichtsbarkeit und den Verzicht auf Annexionen. Damit griff der Vatikan wesentliche Grundzüge der internationalen Friedensbewegung der Vorkriegszeit auf. Dennoch betrachteten sich alle Kriegsparteien durch diesen Vorschlag benachteiligt. Die deutsche Antwort auf die päpstliche Note war äußerlich entgegenkommend gehalten, aber ablehnend.[1924] Wie

---

[1921] Brief des Grafen Hertling an Reichskanzler Bethmann Hollweg. München, 10. Januar 1916. Briefwechsel meist politischen Inhalts des Staatsministers Graf von Hertling mit Bethmann Hollweg. BayHStA, NB. StMin des K. Hauses und des Äußern, Nr. 961.
[1922] Brief des Reichskanzlers Bethmann Hollweg an Graf Hertling. Berlin, 23. Januar 1916. Briefwechsel meist politischen Inhalts des Staatsministers Graf von Hertling mit Bethmann Hollweg. BayHStA, NB. StMin des K. Hauses und des Äußern, Nr. 961.
[1923] Vgl. Ullrich, Volker: Die nervöse Großmacht. Frankfurt am Main, 2007. S. 441-445.
[1924] Kriegstagebuch, 29. August 1918. BayHStA, GHA. NL Kronprinz Rupprecht, Nr. 708.

Ludwig III. seinem Bruder Leopold mitteilte, stand er den päpstlichen Bemühungen um einen Verständigungsfrieden „durchaus sympathisch gegenüber." Dennoch vermochte er sich mit den Vorschlägen „im Einzelnen keineswegs in allen Punkten einverstanden zu erklären. Eine vollständige Wiederherstellung des Zustandes vor dem Kriege würde, insbesondere was Belgien anlangt, die Interessen des Reiches empfindlich schädigen."[1925] Rupprecht hielt dem entgegen, dass man den Frieden nur durch Zugeständnisse erhalten werde: „Wir vermögen eben unseren Gegnern das Gesetz nicht zu diktieren, da wir sie nicht zu bezwingen vermochten und je länger der Krieg sich hinauszieht, desto ungünstiger werden für uns die Verhältnisse."[1926] Hinter den fruchtlosen Bemühungen verbarg sich das Dilemma, dass in einem immer totaler werdenden Krieg die traditionellen Mittel der Kabinettspolitik nicht mehr ausreichten, um einen Frieden anzubahnen. Die Radikalisierung der Kriegführung, die beispiellosen Opfer an Menschen und Material, die Mobilisierung aller verfügbaren Ressourcen und die damit einhergehende Aufstachelung nationaler Leidenschaften schränkten die diplomatischen Handlungsspielräume stark ein. So wuchs in allen kriegführenden Staaten die Neigung, den Krieg bis zum Zusammenbruch der Gegner auszukämpfen. Keine der Mächte war bereit, zum labilen ‚Status quo ante' zurückzukehren, solange die Hoffnung auf eine Verbesserung der militärischen Lage zu ihren Gunsten bestand.[1927]

9.7 Die Demission des Reichskanzlers Bethmann Hollweg

Die Auseinandersetzung zwischen der Heeresleitung, dem Reichstag und dem Reichskanzler war zunehmend aus den Fugen geraten. Vor allem in der Friedensfrage schieden sich die Geister. Hindenburg hoffte auf einen Diktatfrieden, Bethmann hingegen erblickte die Gelegenheit, auf diplomatischem Weg zu einem Sonderfrieden mit Russland zu gelangen.[1928] Die Heeresleitung schreckte nun auch nicht mehr vor offenen Affronts zurück, um sich mit ihrer Position durchzusetzen. Ende Mai 1917 wies Ludendorff alle Armeeoberkommandos, Divisionsstäbe, Generalkommandos und Etappenverwaltungen an, keine militärischen oder wirtschaftlichen Auskünfte mehr an offiziell reisende Persönlichkeiten zu geben – auch

---

[1925] König Ludwig III. von Bayern an Prinz Leopold von Bayern. München, 24. August 1917. Briefe Ludwigs III. 1856-1921. BayHStA, GHA. NL Prinz Leopold, Nr. 36.
[1926] Kriegstagebuch, 29. August 1918. BayHStA, GHA. NL Kronprinz Rupprecht, Nr. 708.
[1927] Vgl. Ullrich, Volker: Die nervöse Großmacht. Frankfurt am Main, 2007. S. 440f.
[1928] Dies war allerdings nur unter dem Verzicht auf Annexionen denkbar, was für Hindenburg wiederum das Verschenken eines in greifbarer Nähe scheinenden militärischen Sieges bedeutete. Bethmann zeigte sich dementsprechend zunächst offen für die von den russischen Sozialisten propagierte Formel eines Friedens „ohne Annexionen und Kontributionen" und fasste sogar ernsthaft die Möglichkeit ins Auge, einen derartigen Frieden durch die im Krieg zerbrochene Sozialistische Internationale anbahnen zu lassen. Ein Sieg auf Kosten möglicher deutscher Zugewinne hatte für Hindenburg indes keinen Wert. Vgl. Pyta, Wolfram: Hindenburg. München, 2009. S. 260f.

nicht an den Reichskanzler. Lediglich der Heeresleitung sei dies vorbehalten. Kronprinz Rupprecht empörte sich: „Der Kanzler hat meines Erachtens das Recht, Erkundigungen überall dort einzuholen, wo es ihm beliebt, und wenn es vielleicht zweckmäßiger gewesen wäre, die O.H.L. von seiner Reise nach der Front zu benachrichtigen, konnte es sich hierbei für ihn doch nur um einen Höflichkeitsakt handeln." Rupprecht erwägte, sich wegen Ludendorff direkt beim Kaiser zu beschweren, unterließ es aber, da er der Meinung war, „dass dies in der Folge den Sturz des Kanzlers durch die vermehrte Gegnerschaft Ludendorffs beschleunigen könnte, der in dem überaus populären Hindenburg eine starke Rückendeckung besitzt." Gerade Bayern hatte seiner Ansicht nach „allen Grund, den jetzigen Kanzler zu stützen, der lange nicht so engherzig preußisch und konservativ denkt wie Ludendorff."[1929]

Die Nadelstiche der Heeresleitung gegen den Reichskanzler nahmen zu. Ludendorff ließ in seinem Umfeld verlautbaren, „es sei ein Unglück, dass kein anderer zum Kanzler geeigneter Mann da sei." Der im Hintergrund ebenso gegen den Kanzler intrigierende Deutsche Kronprinz Wilhelm klagte gegenüber dem Kronprinzen von Bayern im Mai 1917 „über die Unentschlossenheit und Schwäche Bethmann Hollwegs."[1930] Der Reichskanzler fand sich am 1. Juni 1917 im Rahmen einer Frontreise im Hauptquartier des Kronprinzen Rupprecht zu einer ausgiebigen Besprechung ein und hinterließ dort einen „sympathischen Eindruck." Bethmann sprach „von den Schwierigkeiten, die ihm die Konservativen und Alldeutschen bereiteten – die O.H.L. nannte er nicht – und den heiklen Verhandlungen mit dem Reichstag. Die Tätigkeit des Verfassungsausschusses werde ausgehen wie das Hornberger Schießen, da die Parteien der Mitte schon wieder bereuten, sich auf die Sache eingelassen zu haben."[1931] Dem bayerischen Gesandten Lerchenfeld teilte Bethmann nach seiner Rückkehr nach Berlin mit, dass er bei allen von ihm besuchten Armeeführern „dem vollsten Vertrauen begegnet sei, dass die Armee durchhalten wird, aber überall, mit ganz einzelnen Ausnahmen, auch dem Wunsche, dass bald Frieden geschlossen werden möge." In den Ansprüchen, welche sie an den künftigen Frieden stellten, so Bethmann, seien „die Generale viel maßvoller als die Parlamentarier, ebenso in der Einschätzung der zu erwartenden Wirkungen des U-Boot-Krieges."[1932]

Anfang Juli 1917 eskalierte die innenpolitische Krise des Kaiserreichs.[1933] Der Reichstagsabgeordnete Matthias Erzberger hatte mit einer Rede vor dem Hauptausschuss des Reichstags ein politisches Erdbeben ausgelöst, in der er nachwies, dass bei der Wirkung des U-Boot-Krieges von falschen Zahlen ausgegangen wor-

---

[1929] Kriegstagebuch, 31. Mai 1917. BayHStA, GHA. NL Kronprinz Rupprecht, Nr. 706.
[1930] Ebd., 15. Mai 1917. BayHStA, GHA. NL Kronprinz Rupprecht, Nr. 706.
[1931] Ebd., 1. Juni 1917. BayHStA, GHA. NL Kronprinz Rupprecht, Nr. 706.
[1932] Graf Lerchenfeld an Graf Hertling. Berlin, 9. Juni 1917. In: Briefwechsel Hertling-Lerchenfeld 1912-1917. Zweiter Teil. Boppard am Rhein, 1973. S. 850.
[1933] Vgl. Ullrich, Volker: Als der Thron ins Wanken kam. Das Ende des Hohenzollernreiches 1890-1918. Bremen, 1993. S. 137-157.

9.7 Die Demission des Reichskanzlers Bethmann Hollweg

den war. Nun sollten politische Konsequenzen folgen, indem der Wille des Reichstags zu einem Verständigungsfrieden bekundet und demokratische Reformen im Inneren in die Wege geleitet werden sollten. Viele Reichstagsabgeordnete bestanden auf einer sofortigen Wahlrechtsreform. Infolge dieser Rede kamen führende Abgeordnete von MSPD, Zentrum, und liberaler Fortschrittspartei zusammen und vereinbarten die Koordinierung ihrer Aktivitäten in einem „Interfraktionellen Ausschuss". Dies markierte den Beginn einer institutionalisierten Zusammenarbeit der drei Parteien, an der sich zunächst auch die nationalliberale Fraktion beteiligte.[1934] Die Implikationen der Ereignisse im Reichstag waren für die Bundesstaaten von größter Bedeutung. Der Gesandte Lerchenfeld war in diesen Tagen erkrankt, daher erachtete der bayerische Reichstagsabgeordnete Franz Joseph Pfleger es am 8. Juli 1917 in einem Brief an König Ludwig III. als seine „Gewissenspflicht", diesem einen ausführlichen Bericht zu übersenden. Die Verhandlungen im Hauptausschuss des Reichstags, dem das Zentrumsmitglied seit 1913 als ständiges Mitglied angehörte, müssten „das größte Interesse nicht nur für das Deutsche Reich, sondern auch für unser Bayernland und sein allgeliebtes Herrscherhaus beanspruchen." Sein Zentrumskollege Erzberger hatte im Reichstag nicht nur nachgewiesen, dass der unbeschränkte U-Boot-Krieg seine behauptete Wirkung verfehlte und daher ein Siegfrieden in weiter Ferne lag, sondern hielt es bei dieser Sachlage „angesichts unserer wirtschaftlichen und militärischen Lage [...] für angezeigt, dass [...] der Reichstag als solcher eine Friedenskundgebung erlasse, die auf dem Standpunkt des 4. August 1914 sich aufbauen müsse."[1935]

Im Zusammenhang mit diesen Vorgängen standen innenpolitische Bestrebungen der Reichstagsmehrheit. Sollte eine geplante Friedensresolution des Reichstags glaubwürdig sein, so schien nicht nur ein personeller Wechsel an der Spitze der Reichsleitung, sondern auch eine Systemveränderung im parlamentarischen Sinn unabdingbar. Bethmann Hollweg hatte seine Politik der Diagonale überspannt.[1936] Der Reichskanzler hatte das Vertrauen des Reichstags verloren. Daneben erhoben sich Forderungen nach einer Einführung des „parlamentarischen Regimes" im Reich und in Preußen, des Reichstagswahlrechts in Preußen sowie nach einer Vermehrung der Reichstagswahlkreise um 25 Sitze. Pfleger warnte Ludwig III. eindringlich, dass die „Vorgänge, die sich in den nächsten Tagen abspielen werden, [...] die dringende Aufmerksamkeit der Regierung Ew. Majestät" erheischen müssten. Die Einführung der parlamentarischen Regierungsform bedeute eine Änderung der Reichsverfassung zu Ungunsten Bayerns. Pfleger schlussfolgerte, dies alles hätte seine Ursache in „der von allen Parteien ausgesprochenen Entschlusslosigkeit

---

[1934] Die eigentliche Sensation war, dass Erzberger nicht ein Sozialdemokrat, sondern ein führender Vertreter der bürgerlichen Zentrumspartei war, zudem ein Parlamentarier, der vor einiger Zeit selbst noch ausschweifende Kriegsziele propagiert hatte. Vgl. Ullrich, Volker: Die nervöse Großmacht. Frankfurt am Main, 2007. S. 522-524; Vgl. Clark, Christopher: Wilhelm II. München, 2008. S. 308.
[1935] Bericht des Reichstagsabgeordneten Dr. Franz Joseph Pfleger an S.M. den König betreffend die Friedensresolution des Reichstages 1917. Berlin, 8.7.1917. Friedensresolutionen, Friedensvorschläge, Friedensverhandlungen. BayHStA, GHA. Kabinettsakten König Ludwigs III., Nr. 51
[1936] Vgl. Ullrich, Volker: Die nervöse Großmacht. Frankfurt am Main, 2007. S. 522f.

des Herrn Reichskanzlers, in Folge seines Mangels an tatkräftiger Energie."[1937] Während der Verhandlungen der Reichstagsmehrheit waren auch deren Gegner im Großen Hauptquartier eifrig bemüht, die Krise für ihre Zwecke zu nutzen. Hindenburg und Ludendorff meldeten sich für den 7. Juli beim Kaiser an, um die Entlassung des Kanzlers zu fordern. Doch Bethmann vermochte einmal mehr, den Kaiser von seiner Sicht zu überzeugen. Die beiden Generale mussten unverrichteter Dinge wieder abreisen.[1938]

Das bayerische Herrscherhaus und die bayerische Staatsregierung hatten die Zuspitzung der Krise während den ersten beiden Juliwochen mit Sorge verfolgt, sich aber nicht in die kaiserliche Prärogative eingemischt. Der bayerische Gesandte in Berlin, Hugo Graf Lerchenfeld, wurde schließlich, wie er am 8. Juli an König Ludwig III. schrieb, am gleichen Tag direkt zum Kaiser nach Schloss Bellevue zitiert. Wilhelm II. wollte sich vor seiner zu treffenden Entscheidung informieren, wie sich der Bundesrat zu den Vorgängen im Reichstag stellte und vor allem, ob der Reichskanzler noch das Vertrauen der verbündeten Regierungen besaß. Bereits beim letzten Aufeinandertreffen hatte König Ludwig III. dem Kaiser versichert, dass er dem Reichskanzler sein Vertrauen schenke und der Meinung sei, dass an den Verfassungsgrundlagen des Reichs nicht gerüttelt werden dürfe. Lerchenfeld berichtete Wilhelm II. nunmehr, dass sich an diesen Standpunkten des Königs nichts geändert habe. Nach Lerchenfelds Eindruck galt dies nicht nur für Bayern, sondern auch für die anderen süddeutschen Staaten, wie er dem Kaiser darlegte. Auch wenn bei Bethmann Hollweg vielfach eine gewisse Entschlussfreudigkeit vermisst werde, so stünden dieser viele wertvolle Eigenschaften gegenüber.[1939] Der bayerische Gesandte war dem Reichskanzler seit langen Jahren freundschaftlich verbunden und schätzte ihn als Menschen wie als Staatsmann. Obgleich auch er vermehrt den Eindruck gewann, Bethmann sei seiner Aufgabe nicht mehr vollständig gewachsen, hielt er an ihm fest, da er der Meinung war, dass es keinen anderen gleichsam geeigneten Kandidaten für das Amt des Reichskanzlers gab.[1940]

Hertling hatte sich bereits lange als verlässliche Stütze des Reichskanzlers herausgestellt und diesen gegenüber der Öffentlichkeit und Ludwig III. mehrfach verteidigt.[1941] Dem Kaiser sagte Lerchenfeld, es erscheine ihm gefährlich, in der aktuellen Situation einen konservativen Reichskanzler zu berufen. Wilhelm II. stimmte

---

[1937] Bericht des Reichstagsabgeordneten Dr. Franz Joseph Pfleger an S.M. den König betreffend die Friedensresolution des Reichstages 1917. Berlin, 8.7.1917. Friedensresolutionen, Friedensvorschläge, Friedensverhandlungen. BayHStA, GHA. Kabinettsakten König Ludwigs III., Nr. 51.
[1938] Vgl. Ullrich, Volker: Die nervöse Großmacht. Frankfurt am Main, 2007. S. 524f; Vgl. Clark, Christopher: Wilhelm II. München, 2008. S. 308.
[1939] Graf Lerchenfeld an König Ludwig III. Berlin, 8. Juli 1917. In: Briefwechsel Hertling-Lerchenfeld 1912-1917. Zweiter Teil. Boppard am Rhein, 1973. S. 860f.
[1940] Lerchenfeld-Koefering, Hugo Graf von: Erinnerungen und Denkwürdigkeiten. 1843 bis 1925. Eingeleitet und Hrsg. von seinem Neffen Hugo Graf Lerchenfeld-Koefering. Berlin, 1934. S. 392-395.
[1941] Vgl. Koch, Ingeborg: Die Bundesfürsten und die Reichspolitik in der Zeit Wilhelms II. München, 1961. S.131.

ausdrücklich zu.[1942] Durch Briefe von Hugo von und zu Lerchenfeld, Georg von Hertling und Ministerialrat von Braun war auch Kronprinz Rupprecht fortgehend über die Geschehnisse in Berlin informiert worden. Am 8. Juli erwähnte der Kaiser gegenüber Lerchenfeld im Hinblick auf mögliche Ambitionen Ludendorffs, dass derzeit ein General als Reichskanzler nicht infrage käme. Der Deutsche Kronprinz, so wurde Rupprecht berichtet, sei offen für die Kandidatur des Großadmirals von Tirpitz eingetreten, habe sich aber durch einen Vortrag des kaiserlichen Kabinettschefs Rudolf von Valentini bekehren lassen.[1943]

Weder Ludwig III. noch ein anderes gekröntes Haupt der deutschen Einzelstaaten, die formell für die Politik des Reiches mitverantwortlich zeichneten, griffen aktiv in die schwere Kanzlerkrise ein. Die Bundesfürsten überließen dem Kaiser die Verantwortung. Es lässt sich feststellen, dass die Souveräne bis zum offenen Ausbruch der Krise mehrheitlich hinter Bethmann Hollweg standen. Durch ihre Minister oder Bundesratsbeauftragten plädierten sie fast vollzählig für den Verbleib des Reichskanzlers. Die größeren Bundesstaaten, zumindest die Königreiche und die Großherzogtümer mit Ausnahme Oldenburgs, hatten sich lange Zeit öffentlich hinter Bethmann gestellt. Nicht zuletzt deshalb war der Kaiser in der Lage, an seinem Kanzler festzuhalten. Neben den Königen von Bayern und Württemberg hielt vor allem Herzog Ernst August von Braunschweig eine Entlassung Bethmanns für leichtfertig. Ein öffentliches Eintreten für den Reichskanzler kam für die meisten Fürsten jedoch ab dem Zeitpunkt nicht mehr infrage, als dieser sich für eine vorsichtige Demokratisierung einzusetzen begann. Bethmann war dennoch für die Mehrzahl der Bundesfürsten der geeignete Mann dafür, die Sozialdemokraten zu integrieren und gleichzeitig ein Programm der Neuordnung zu entwerfen, ohne dabei den Bestand der Monarchie zu gefährden. Angesichts der Querelen zwischen Reichsleitung, Reichstag und Heeresleitung zeigten sich viele Fürsten beunruhigt, allerdings wagte kaum einer, direkt in die Reichspolitik einzugreifen.[1944]

Um das Ziel, Bethmann zu stürzen, schließlich doch noch durchzusetzen, suchte Ludendorff ein Zweckbündnis mit Repräsentanten des Reichstags. Gerüchte wurden gestreut, Ludendorff sei einer Parlamentarisierung nicht abgeneigt. Diese Aussagen wurden selbst auf Seiten der Sozialdemokratie für bare Münze genommen. So sah sich Bethmann von zwei Seiten in die Zange genommen; den Militärs, denen sein Reformeifer zu weit ging und den Parteien der Reichstagsmehrheit, denen er gerade darin nicht energisch genug auftrat. Auch in der Öffentlichkeit wurde der Ruf nach seiner Entlassung nun immer lauter. Der Kanzler war sich der Situation, in der ihm allein das kaiserliche Vertrauen als Basis für seine Regierungsarbeit geblieben war, vollauf bewusst. Nur ein größerer politischer Erfolg konnte

---

[1942] Graf Lerchenfeld an König Ludwig III. Berlin, 8. Juli 1917. In: Briefwechsel Hertling-Lerchenfeld 1912-1917. Zweiter Teil. Boppard am Rhein, 1973. S. 860-863.
[1943] Kriegstagebuch, 18. Juli 1917. BayHStA, GHA. NL Kronprinz Rupprecht, Nr. 706.
[1944] Vgl. Machtan, Lothar: Die Abdankung. Berlin, 2008. S. 110f; Janßen, Karl-Heinz: Macht und Verblendung. Göttingen, 1963. S. 142f; Vgl. Koch, Ingeborg: Die Bundesfürsten und die Reichspolitik in der Zeit Wilhelms II. München, 1961. S.132-134.

noch helfen. Am 10. Juli 1917 trotzte Bethmann dem Kaiser tatsächlich das Versprechen des gleichen Wahlrechts für Preußen ab. Als die Öffentlichkeit zwei Tage später erfuhr, dass der nächste preußische Landtag nach dem neuen Wahlrecht gewählt werden würde, schien sich der Reichskanzler abermals behauptet zu haben.[1945] Der erneut zur Audienz beim Kaiser befohlene Lerchenfeld erfuhr am 11. Juli vom Reichsmonarchen persönlich von den Plänen zur preußischen Wahlrechtsreform. Wilhelm II. deutete ihm gegenüber an, er hoffe, dass Bethmann auf diese Weise in die Lage gebracht werde, sein Amt fortzusetzen.[1946] Lerchenfeld äußerte allerdings tags darauf in seinem ausführlichen Bericht an Ludwig III., dass er noch immer Zweifel habe, „ob der Reichskanzler sich auch mit der Konzession des gleichen Wahlrechts in Preußen werde halten können."[1947]

Erst nach einem weiteren drastischen Akt der Insubordination gegenüber dem Reichsmonarchen schien dem vor Wut schäumenden Kaiser keine andere Wahl zu bleiben, als dem Druck nachzugeben.[1948] Am 13. Juli empfing der Kaiser abermals den Grafen Lerchenfeld und berichtete ihm, dass Hindenburg, Ludendorff und der preußische Kriegsminister von Stein mit ihrem Rücktritt gedroht hatten, wenn Bethmann im Amt blieb.[1949] Am Nachmittag des gleichen Tages erfuhr Kronprinz Rupprecht durch den bayerischen Kriegsminister von Ludendorffs und Hindenburgs Ultimatum an den Kaiser: „Falls der Kaiser den Kanzler wegen Fragen der inneren Politik noch brauche, würden sie in ihren Stellungen bleiben, falls er aber des Kanzlers äußere Politik billige, würden sie ihren Abschied erbitten." Für den bayerischen Thronfolger waren die Implikationen dieser Drohung der beiden führenden Militärs gegenüber dem Reichsmonarchen klar: „Entschieden machten sie sich hierbei eines Übergriffes schuldig, die Geschichte wird hierüber urteilen."[1950] Der von Hindenburg überrumpelte Kaiser klagte gegenüber Lerchenfeld, ihm bleibe nichts übrig, als dem Ultimatum nachzugeben, da ein Wechsel in der O.H.L. derzeit unmöglich sei.[1951]

Wilhelm II. kommentierte den Vorgang angeblich mit den Worten, „es sei wohl Zeit für ihn, abzudanken, da zum ersten Mal ein preußischer Monarch durch seine Generale gezwungen worden sei, etwas zu tun, was er nicht tun wollte" und bewies damit eine realistische Einsicht in die faktischen Machtverhältnisse im Sommer

---

[1945] Vgl. Ullrich, Volker: Die nervöse Großmacht. Frankfurt am Main, 2007. S. 525f; Vgl. Clark, Christopher: Wilhelm II. München, 2008. S. 309; Vgl. Röhl, John C. G.: Wilhelm II. Der Weg in den Abgrund. 1900-1941. Nördlingen, 2008. S. 1220f.
[1946] Graf Lerchenfeld an Lössl. Berlin, 11. Juli 1917. In: Briefwechsel Hertling-Lerchenfeld 1912-1917. Zweiter Teil. Boppard am Rhein, 1973. S. 874f.
[1947] Graf Lerchenfeld an König Ludwig III. Berlin, 12. Juli 1917. In: Briefwechsel Hertling-Lerchenfeld 1912-1917. Zweiter Teil. Boppard am Rhein, 1973. S. 875-877.
[1948] Vgl. Ullrich, Volker: Die nervöse Großmacht. Frankfurt am Main, 2007. S. 526-529; Vgl. Clark, Christopher: Wilhelm II. München, 2008. S. 309; Vgl. Röhl, John C. G.: Wilhelm II. Der Weg in den Abgrund. 1900-1941. Nördlingen, 2008. S. 1222.
[1949] Kriegstagebuch, 18. Juli 1917. BayHStA, GHA. NL Kronprinz Rupprecht, Nr. 706.
[1950] Kriegstagebuch, 13. Juli 1917. BayHStA, GHA. NL Kronprinz Rupprecht, Nr. 706.
[1951] Ebd., 18. Juli 1917. BayHStA, GHA. NL Kronprinz Rupprecht, Nr. 706.

1917.[1952] Bethmann hatte jedoch mittlerweile selbst erkannt, dass das Fundament seiner politischen Arbeit angesichts der durch Hindenburg betriebenen Aushöhlung der monarchischen Prärogative weggebrochen war. Um dem Kaiser die Möglichkeit zu geben, den Rücktritt des Reichskanzlers wenigstens der Form nach unabhängig von der Forderung der Heeresleitung zu bewilligen und ihm eine zu offensichtliche Kapitulation vor dem Machtwillen Hindenburgs zu ersparen, gab Bethmann Hollweg am Morgen des 13. Juli 1917 auf.[1953]

Wer an die Stelle des gestürzten Reichskanzlers treten sollte, war jedoch völlig unklar. Ludendorff hatte mit Bernhard Fürst von Bülow, dem Amtsvorgänger Bethmann Hollwegs, auch gleich einen Nachfolger ins Auge gefasst. Diese Personalie war für Wilhelm II. indes ein rotes Tuch, da er von Bülow nach wie vor für die den Ruf des Monarchen schädigenden Affären der Vorkriegszeit verantwortlich machte. Eine von Ludendorff durchgesetzte Ernennung Bülows zum Reichskanzler gegen den Willen des Kaisers wäre einer völligen Selbstentmachtung Wilhelms II. gleichgekommen. Die kaiserliche Entourage war schlagartig gezwungen, innerhalb kürzester Zeit einen eigenen, geeigneten Kandidaten zu präsentieren.[1954] Noch während Lerchenfeld sich am 13. Juli beim Kaiser befand, erschien Kabinettschef Rudolf von Valentini und übergab Wilhelm II. das Abschiedsgesuch des Reichskanzlers. In diesem benannte Bethmann Hollweg den bayerischen Ministerratsvorsitzenden Graf Hertling als die einzige Persönlichkeit, „durch deren Ernennung die Lage entwirrt und das Vertrauen im Ausland erhalten werden könnte." Obwohl Lerchenfeld Zweifel äußerte, dass Hertling eine derartige Offerte annehmen werde, bat der Kaiser ihn, diesen darauf vorzubereiten, dass er ihm nach Rücksprache mit dem Kronprinzen Wilhelm und Generalstabschef Hindenburg den Kanzlerposten anbieten werde.[1955]

Ludwig III. wandte sich am 14. Juli anerkennend an Bethmann: „[...] es liegt Mir am Herzen, in dieser Stunde Euer Exzellenz wärmsten Dank zu sagen für all die aufopfernde Tätigkeit, die Sie in ernster Zeit dem Wohle des Reiches und der Bundesstaaten gewidmet haben."[1956] Kronprinz Rupprecht fand es tags zuvor „wahrhaft unglaublich, wie es in Berlin zugeht." Seinem Vater hatte er in Sorge geschrieben, Ludendorff müsse unbedingt auf sein militärisches Fach beschränkt werden und dürfe sich nicht in alle Fragen der inneren und äußeren Politik einmischen. Rupprecht bat Ludwig III., auch im Namen des Deutschen Kronprinzen, nach Berlin zum Kaiser zu fahren, um das politische Gewicht Bayerns wenigstens in der Frage der Nachfolge Bethmanns einzubringen. Ebenso wie Bethmann empfahl Kronprinz Rupprecht für den Posten des Reichskanzlers an vorderster Stelle

---

[1952] Vgl. und zit. nach Pyta, Wolfram: Hindenburg. München, 2009. S. 283.
[1953] Vgl. Ullrich, Volker: Die nervöse Großmacht. Frankfurt am Main, 2007. S. 526f; Vgl. Clark, Christopher: Wilhelm II. München, 2008. S. 309; Vgl. Pyta, Wolfram: Hindenburg. München, 2009. S. 282f.
[1954] Vgl. Machtan, Lothar: Die Abdankung. Berlin, 2008. S. 113.
[1955] Graf Lerchenfeld an König Ludwig III. Berlin, 14. Juli 1917. In: Briefwechsel Hertling-Lerchenfeld 1912-1917. Zweiter Teil. Boppard am Rhein, 1973. S. 878-880.
[1956] Vgl. Janßen, Karl-Heinz: Macht und Verblendung. Göttingen, 1963. S. 142. Fußnote 549.

den bayerischen Ministerratsvorsitzenden Hertling. Seinen Vater warnte Rupprecht angesichts möglicher, mit einer Parlamentarisierung verbundener bundesstaatlicher Machteinbußen eindringlich: „Ganz Deutschland blickt jetzt erwartungsvoll auf Bayerns Eingreifen! Es steht viel auf dem Spiel, um nicht zu sagen Alles!"[1957] Rupprecht war der Meinung, die „fortgesetzte traurige Passivität der bayerischen Regierung, die allen Geschehnissen ruhig zusieht", habe den monarchischen Gedanken bereits „stark geschwächt."[1958]

Nach einem Gespräch mit dem Publizisten Victor Naumann sinnierte Rupprecht am Tag nach Bethmanns Entlassung über die Gefahren, die sich aus der Kanzlerkrise für die Monarchie ergaben: „Durch seine fortgesetzten Missgriffe und seine Untätigkeit ist der Kaiser um alles Ansehen gekommen und die Verstimmung geht soweit, dass sogar monarchisch gesinnte und ernsthaft denkende Leute bezweifeln, ob die Dynastie Hohenzollern den Krieg überdauern wird." Sogar eine Abdankung des Kaisers sei „im Interesse des monarchischen Ansehens nur zu begrüßen." Als Konsequenz aus der Krise müssten die „einzelnen Bundesstaaten alles daran setzen, dass sie nicht in die innere Katastrophe Preußens mit verwickelt werden, die mir noch lange nicht abgeschlossen zu sein scheint." Man dürfe nicht zulassen, dass die deutschen Bundesstaaten durch eine Umgestaltung der Reichsverfassung „ihrer wichtigsten Rechte und ihres Einflusses auf die Angelegenheiten des Reichs gänzlich beraubt werden."[1959] Nur wenige Stunden nach Bethmanns – durch den Kaiser sichtlich erleichtert angenommenem – Rücktrittsgesuch wurde Hertling durch den kaiserlichen Kabinettschef das Amt des Reichskanzlers angeboten.[1960] Der bayerische Ministerratsvorsitzende befand sich in dieser kritischen Lage dank einer Initiative des bayerischen Reichstagsabgeordneten Moritz Freiherr von und zu Franckenstein und des Kabinettschefs Otto von Dandl auf königliche Weisung hin bereits in Berlin.[1961]

Hertling lehnte die Offerte des Reichskanzlerpostens dankend ab, da man es ihm gegenüber als Hauptaufgabe der künftigen Regierung bezeichnete, den Reichstag zu besänftigen.[1962] Gegenüber Naumann erklärte Hertling, die Kanzlerschaft sei ihm in einer Weise angeboten worden, die ihm von vornherein die Ablehnung leicht machte: „Ich sollte nämlich Reichskanzler werden, um den Reichstag zu beruhigen, so ließ man mir mitteilen. Wenn ich aber Kanzler bin, so geschieht das nicht, um den Reichstag zu beruhigen, sondern um die gesamten Geschäfte des

---

[1957] Schreiben des Kronprinzen Rupprecht an Ludwig III., 13.7.1917. BayHStA, GHA. NL Ludwig III., Nr. 59.
[1958] Kriegstagebuch, 13. Juli 1917. BayHStA, GHA. NL Kronprinz Rupprecht, Nr. 706.
[1959] Ebd., 14. Juli 1917. BayHStA, GHA. NL Kronprinz Rupprecht, Nr. 706.
[1960] Vgl. Machtan, Lothar: Die Abdankung. Berlin, 2008. S. 113; Graf Lerchenfeld an König Ludwig III. Berlin, 14. Juli 1917. In: Briefwechsel Hertling-Lerchenfeld 1912-1917. Zweiter Teil. Boppard am Rhein, 1973. S. 878f.
[1961] Moritz Freiherr von und zu Frankenstein an Otto von Dandl. Berlin, 10.7.1917. Friedensresolutionen, Friedensvorschläge, Friedensverhandlungen. BayHStA, GHA. Kabinettsakten König Ludwigs III., Nr. 51; Graf Lerchenfeld an Graf Hertling. Berlin, 15. Juni 1917. In: Briefwechsel Hertling-Lerchenfeld 1912-1917. Zweiter Teil. Boppard am Rhein, 1973. S. 881f.
[1962] Vgl. Machtan, Lothar: Die Abdankung. Berlin, 2008. S. 113.

Reichs zu führen."[1963] Auch führte der 73-Jährige sein Alter als Verzichtsgrund an. Er war sich im Klaren, mit der Heeresleitung hinsichtlich der Kriegsziele und des Kriegsendes in Konflikte zu geraten.[1964] König Ludwig III. war über seinen Entschluss erleichtert, da er mit ihm seinen wichtigsten politischen Berater verloren hätte.[1965] Schließlich fiel die Wahl auf den preußischen Staatskommissar für Ernährung, Georg Michaelis, einen farb- und konturlosen Verwaltungsbeamten. Die Parteien der Reichstagsmehrheit wurden in der Nachfolgefrage nicht zu Rate gezogen. Hindenburg konnte insofern ein Wort mitreden, als er zwar Bethmanns Nachfolger nicht mitbestimmen, aber immerhin sein Placet für ihn abgeben konnte. Der Kaiser, der den Reichskanzler bis zuletzt zu halten versucht hatte, hatte sich zum ersten Mal in einer so kardinalen Frage wie dieser dem Druck der Öffentlichkeit, vor allem aber dem Druck Hindenburgs, beugen müssen. Damit war Wilhelm II. nicht länger der Herr über die Besetzung des Reichskanzlerpostens, was eine tiefe Zäsur in der Geschichte des Deutschen Kaiserreichs bedeutete und ein wichtiges Indiz für das Zerbröckeln kaiserlicher Autorität darstellte. Während die „herrenlose Souveränität" sich nur zum Teil auf den Reichstag als Organ der Volkssouveränität verlagerte, konnte Hindenburg endgültig seine Stellung als herrschaftliche Potenz neben dem Kaiser etablieren.[1966]

9.8 Hindenburg als Konkurrenz der Monarchie

Im August 1916 hatte das Kaiserreich eine politische Umformung mit profunden Konsequenzen erlebt. Der Aufstieg der Obersten Heeresleitung unter den populären Generalen Hindenburg und Ludendorff, deren Beliebtheit zu diesem Zeitpunkt beispiellos war, hatte deutlich gemacht, wie sehr die politischen Mechanismen erodiert waren. Übereinstimmend mit populären Erwartungen fiel der Machtwechsel in der Heeresleitung zusammen mit einer umfassenderen Kriegsanstrengung als zuvor, was auch zu einer verstärkten Mobilisierung der Öffentlichkeit führte.[1967] Die Ablösung Falkenhayns als Chef der Obersten Heeresleitung durch Paul von Hindenburg markierte in militärischer und politischer Hinsicht einen Einschnitt. Nicht nur machte sie den Weg frei für eine Radikalisierung der Kriegführung, die auf den militärischen Gesamtsieg setzte und dafür alle Ressourcen zu mobilisieren bereit war, sondern sie bedeutete auch einen stillen Verfassungswandel, da die beiden Generale durch ihren Rückhalt im Volk eine plebiszitär abgesicherte Machtpo-

---

[1963] Naumann, Victor: Profile. 30 Porträt-Skizzen aus den Jahren des Weltkrieges nach persönlichen Begegnungen. München u.a., 1925. S. 24f.
[1964] Kriegstagebuch, 18. Juli 1917. BayHStA, GHA. NL Kronprinz Rupprecht, Nr. 706.
[1965] Vgl. Albrecht, Willy: Landtag und Regierung in Bayern. Berlin, 1968. S. 256.
[1966] Vgl. Ullrich, Volker: Die nervöse Großmacht. Frankfurt am Main, 2007. S. 527f; Vgl. Pyta, Wolfram: Hindenburg. München, 2009. S. 283.
[1967] Vgl. Smith, Jeffrey R.: A people's war. Germany's political revolution, 1913-1918. Lanham u.a., 2007. S. 154-171.

sition einnahmen, die sie unentbehrlich und unangreifbar machte. Diese Tatsache machte sich das Feldherrngespann zunutze, um mit Rücktrittsdrohungen gegenüber dem Kaiser und der zivilen Reichsleitung ihre Wünsche durchzusetzen. Bald war Bethmann Hollweg mit den populären Generalen nicht mehr fertig geworden.[1968]

Wilhelm II. und den Bundesfürsten war im Chef der Heeresleitung ein ernstzunehmender symbolpolitischer Konkurrent erwachsen. Während Wilhelm II. zunehmend aus dem Blick der Öffentlichkeit geriet, gelangten andere nationale Symbolfiguren in den Fokus.[1969] Der Kaiser wurde zwar für militärische Ziele instrumentalisiert, trotzdem entfernten sich die Reichsmonarchie und das Militär zunehmend voneinander.[1970] Hindenburg hatte infolge der militärischen Erfolge an der Ostfront sowohl unter den Soldaten als auch in der Zivilbevölkerung ein hohes Ansehen erreicht und war mit dem Nimbus eines siegreichen Heerführers umgeben.[1971] Dabei hatte der Mythos wenig mit der Realität zu tun. Der bayerische Kriegsminister stellte bei einem Besuch des Großen Hauptquartiers erstaunt fest, der stets als agil beschriebene Hindenburg scheine in Wirklichkeit müde und gealtert. Wie man ihm daraufhin erzählte, arbeitete der Chef der Obersten Heeresleitung „nur mehr wenig und ließ den Generalquartiermeister schalten und walten." Dennoch befand Hellingrath: „Jedenfalls darf nicht unterschätzt werden, welche Wirkung das Vertrauen, das seine abgeklärte und ausgleichende Persönlichkeit allgemein genoss, ausübte und dass schon sein Name eine Macht bedeutete."[1972] Dass Hindenburg sich auf das Repräsentieren verlegte und die operative Arbeit seinem Generalquartiermeister Ludendorff überließ, tat seinem Nimbus keinen Abbruch. Im Gegenteil: Nur so fand Hindenburg die Zeit, sich hauptsächlich auf symbolpolitisch verwertbare Aktivitäten zu konzentrieren.[1973]

Die Gefahren, die sich mit Hindenburgs Aufstieg für das Ansehen der Krone verbanden, waren Wilhelm II. früh bewusst. Falkenhayn hatte dem Kaiser wenige Tage vor Hindenburgs Berufung an die Spitze der Obersten Heeresleitung prophezeit: „Wenn Euere Majestät Hindenburg und Ludendorff nehmen, dann hören Euere Majestät auf, Kaiser zu sein." Im Rückblick erscheint diese Personalentscheidung als letzter großer Schritt von politischer Tragweite, für den der Kaiser allein verantwortlich zeichnete. Tatsächlich konnte Hindenburg dank des ihn umgebenden Mythos des siegreichen Heerführers aus einer ureigenen Legitimationsquelle schöpfen. Durch seinen Aufstieg zum Leiter der Gesamtkriegführung war er aufgewertet worden und konnte seine symbolische Leistung nun auch in politischen

---

[1968] Vgl. Ullrich, Volker: Die nervöse Großmacht. Frankfurt am Main, 2007. S. 418.
[1969] Vgl. Smith, Jeffrey R.: A people's war. Germany's political revolution, 1913-1918. Lanham u.a., 2007. S. 141-150.
[1970] Vgl. Hull, Isabel V.: Military culture, Wilhelm II. and the end of the monarchy in the First World War. In: Mombauer, Annika (Hg.): The Kaiser; new research on Wilhelm II's role in imperial Germany. Cambridge u.a., 2003. S. 235-258.
[1971] Vgl. Ziemann, Benjamin: Front und Heimat. Essen, 1997. S. 266.
[1972] Manuskript der Lebenserinnerungen des k.-b. Kriegsministers Philipp von Hellingrath. S. 250. BayHStA, Geheimes Hausarchiv. NL Philipp von Hellingrath, Nr. 6.
[1973] Vgl. Pyta, Wolfram: Hindenburg. München, 2009. S. 150-153.

Einfluss ummünzen. Der Kaiser hingegen sank politisch immer mehr zum Vollzugsorgan der Obersten Heeresleitung herab.[1974] Die deutschen Postüberwachungsstellen verzeichneten bis ins Frühjahr 1918 kaum Kritik an der Heeresleitung, während die Reichsleitung ständig für negative Entwicklungen verantwortlich gemacht wurde. Es herrschte die weitverbreitete Vorstellung, die hohe militärische Führung trage an Missständen keine Schuld und sei über diese nicht informiert.[1975] Das Kalkül der politischen Führung, mittels der Ernennung Hindenburgs das Prestige der Hohenzollerndynastie zu erhöhen, scheiterte. Spätestens der durch Hindenburg betriebene Sturz Bethmann Hollwegs bedeutete die Hinnahme der charismatisch legitimierten Herrschaft Hindenburgs durch den Kaiser. Drastisch war für Wilhelm II. vor allem die Tatsache, dass er im Reich zunehmend seine Symbolfunktion als integrativer Herrscher an Hindenburg verlor. In der öffentlichen Wahrnehmung hatte dieser als ‚Nationalheros' den Status eines ‚Ersatzkaisers' eingenommen.[1976]

Der Hindenburg-Mythos und die enttäuschten Erwartungen in die Parlamentarisierung ließen vor allem Wilhelm II. verstärkt in die Kritik geraten, was ab dem Sommer 1917 zu einem regelrechten Verfall des Kaisergedankens führte.[1977] Victor Naumann klagte im Juni 1917 in einem Brief an Kronprinz Rupprecht über die anhaltende Schädigung des monarchischen Ansehens durch die Heeresleitung. Man habe von militärischer Seite den Kaiser und die Bundesfürsten ganz beiseitegeschoben, indem man Hindenburgs Namen immer mehr in den Vordergrund rückte und ihn für alle möglichen Zwecke gebrauchte.[1978] Rupprecht stellte fest, es sei sehr schade, „dass wenn es in der letzten Zeit etwas in Deutschland durchzusetzen galt, immer der Name Hindenburg dazu herhalten musste. [...] Vor dem Namen Hindenburg ist jener des Kaisers völlig verblasst. Wie aber, wenn nach dem so eifrig betriebenen Kulte um Hindenburg dessen Name als Lockmittel plötzlich versagen sollte, vielleicht infolge eines zu langen ergebnislosen Hinausziehen des Krieges oder eines Missgriffes auf innerpolitischem Gebiete?"[1979]

Im Dezember 1917 wunderte sich Rupprecht über eine Ansprache des Kaisers vor Truppen der Westfront: „Auffallend war, dass er unter anderem sagte: ‚Ich überbringe euch die Grüße des Feldmarschalls (Hindenburg)'. Früher hätte er bei seinem Selbstbewusstsein Ähnliches nicht gesagt und ich fand seine Äußerung auch nicht passend, denn wenn der Herrscher und Oberste Kriegsherr zu seinen Truppen redet, klingt es doch seltsam, wenn er gewissermaßen den Chef des Gr.

[1974] Vgl. und zit. nach ebd., S. 223f.
[1975] Vgl. Ziemann, Benjamin: Front und Heimat. Essen, 1997. S. 266.
[1976] Dessen zunehmende Resignation gegenüber dem Hindenburg-Mythos gipfelte im Januar 1918, als der ‚Volksheld' Hindenburg Wilhelm II. zur Entlassung des Chefs seines Zivilkabinetts nötigte. Vgl. Hoegen, Jesko von: Der Held von Tannenberg. Genese und Funktion des Hindenburg-Mythos (1914-1934). Köln, 2007. S. 188f.
[1977] Vgl. Sösemann, Bernd: Der Verfalls des Kaisergedankens im Ersten Weltkrieg. In: Röhl, John C. G. u.a. (Hrsg.): Der Ort Kaiser Wilhelms II. in der deutschen Geschichte. München, 1991. S. 145-170.
[1978] Kriegstagebuch, 20. Juni 1917. BayHStA, GHA. NL Kronprinz Rupprecht, Nr. 706.
[1979] Ebd., 14. Juli 1917. BayHStA, GHA. NL Kronprinz Rupprecht, Nr. 706.

Generalstabes über sich stellt. Der Kaiser will eben von der großen Volkstümlichkeit Hindenburgs für sich Nutzen schlagen, indem er dessen Namen bei jeder Gelegenheit hervorhebt. Ich finde seine Handlungsweise verkehrt [...]. Man merkt die Absicht seines veränderten Verhaltens und dies wirkt auf jeden Einsichtigen verstimmend."[1980]

Der 70. Geburtstag des Generalfeldmarschalls wurde durch aufwändige Feierlichkeiten als „Hindenburg-Tag" inszeniert, was den Gipfel seiner Wertschätzung darstellte. Die Öffentlichkeit überschlug sich in ihrer Verehrung förmlich, die allerdings nicht allein dem Feldherrn, sondern ebenso der zunehmend durch diesen personifizierten nationalen Einheit galt. Die Huldigungen im Umfeld des Großen Hauptquartiers, die dem Feldmarschall von offizieller Seite und auch spontan von der Bevölkerung entgegengebracht wurden, erweckten beinahe den Eindruck einer Geburtstagsfeier zu Ehren eines Monarchen. Auch sonst wurde der Geburtstag des ‚Nationalhelden' wie ein Nationalfeiertag begangen. Schulkinder erhielten schulfrei, die öffentlichen Gebäude wurden beflaggt. Der Kaiser ließ es sich nicht nehmen, Hindenburg am Morgen des 2. Oktober 1917 als erster Gratulant persönlich seine Glückwünsche auszusprechen und trat symbolisch vollends hinter seinen Generalstabschef zurück.[1981]

Die bayerische Residenzstadt zeichnete den Feldherrn durch eine besonders eindrucksvolle, künstlerisch gestaltete Feier aus. In München wurde die „Hindenburgfeier" auf dem Königsplatz begangen. Ludwig III. befand sich in Berchtesgaden und machte keine Anstalten, die Geburtstagsfeier des Feldmarschalls durch seine persönliche Anwesenheit aufzuwerten. Stattdessen befehligte er seinen auf Heimaturlaub befindlichen Bruder Leopold, ihn bei diesem Anlass zu vertreten.[1982] Die Abendveranstaltung war ein großer Erfolg, wie der Prinz dem König tags darauf berichtete: „Der ganze große Platz war schwarz von Menschen. Das Ganze war entschieden eine großartige patriotische Feier, die wie immer [...] in München sehr gut organisiert war, und tadellos verlief."[1983] Als Prinz Leopold am Festplatz eintraf, „war alles taghell elektrisch beleuchtet, auf dem ausgedehnten Königsplatze stand Kopf an Kopf eine frohbewegte Menge [...]. Alles verlief programmmäßig, Musikstücke, Chorgesang, Festreden." Auf Wunsch des Münchner Oberbürgermeisters hielt der hochgeachtete prinzliche Oberbefehlshaber Ost eine Ansprache von der Tribüne, die am Ausstellungsgebäude errichtet war. Seine Worte „endeten mit einem Hoch auf das liebe Bayernland und auf das ganze deutsche Vaterland und lösten einen nicht enden wollenden Jubel aus."[1984]

[1980] Ebd., 22. Dezember 1917. BayHStA, GHA. NL Kronprinz Rupprecht, Nr. 707.
[1981] Vgl. Pyta, Wolfram: Hindenburg. München, 2009. S. 295-297; Vgl. Hoegen, Jesko von: Der Held von Tannenberg. Genese und Funktion des Hindenburg-Mythos (1914-1934). Köln, 2007. S. 189-192.
[1982] König Ludwig III. von Bayern an Prinz Leopold von Bayern. Berchtesgaden, 3. Oktober 1917. Briefe Ludwigs III. 1856-1921. BayHStA, GHA. NL Prinz Leopold, Nr. 36.
[1983] Prinz Leopold von Bayern an König Ludwig III. München, 3. Oktober 1917. Angelegenheiten des Prinzen Leopold. 1913-1918. BayHStA, GHA. Kabinettsakten König Ludwigs III., Nr. 144.
[1984] Kriegstagebuch, 2.10.17. BayHStA, GHA. NL Prinz Leopold, Nr. 239.

Ludwig III. freute sich, dass ausgerechnet Leopold an der „Hindenburgfeier" in München teilnehmen konnte, da das Königshaus durch den populären Oberkommandierenden im Osten symbolisches Terrain gegenüber dem Chef der Heeresleitung gewinnen konnte. Wäre Ludwig selbst erschienen, wäre der Gegensatz zwischen dem unmilitärisch auftretenden König und dem mythisch überhöhten Feldherrn Hindenburg möglicherweise allzu augenscheinlich geworden. Ludwig schrieb seinem Bruder aus Berchtesgaden: „Auch den Münchnern hat Deine Anwesenheit offenbar große Freude bereitet; der Oberbürgermeister hat dies in seinem Huldigungstelegramm ausdrücklich erwähnt und seinen Dank ausgesprochen."[1985] Von der idealtypischen Verkörperung deutscher Wehrhaftigkeit durch die Monarchen war in der offiziellen Propaganda kaum mehr die Rede.[1986] Das bayerische Königshaus litt symbolpolitisch jedoch nicht im gleichen Ausmaß an Hindenburgs steilem Aufstieg wie der Kaiser. Bundesstaatliche und nationale Symboliken fanden nach wie vor nebeneinander ihren konkurrierenden Platz. Was den Mythos seiner militärischen Leistungen betraf, hatte Hindenburg in Bayern mit Kronprinz Rupprecht, Prinz Leopold und Graf von Bothmer schwergewichtige Konkurrenz, noch dazu aus königlichem Hause. Der preußische Feldmarschall Hindenburg eignete sich ohnehin nur bedingt zur politischen Integrationsfigur im süddeutschen Königreich. Dennoch trat die Figur Hindenburgs auch in Bayern als politische Legitimationsinstanz immer stärker in den öffentlichen Raum.

9.9 Die beginnende Monarchiekrise

Im Krieg wurden Fragen aktuell, auf die Ludwig III. als oberster Repräsentant und symbolische Instanz des bayerischen Volkes seinen Einfluss hätte geltend machen müssen. Der Monarch war aufgrund seiner Eingebundenheit in politische Entscheidungsprozesse zwar kaum in der Lage, die Probleme im Alleingang zu lösen. Die Ernährungslage, die ungenügende Vertretung bayerischer Interessen im Reich und die verfassungspolitischen Reformforderungen waren jedoch Bereiche, in denen Ludwig III. entweder zu spät oder gar nicht aktiv wurde. Kronprinz Rupprecht hatte hingegen die gesellschaftlichen Prozesse und politischen Anforderungen erkannt, der sich die bayerische Monarchie zu stellen hatte, wollte sie zukunftsfähig bleiben. Zumeist vergeblich hatte er versucht, seinen Vater zum Handeln zu bewegen. Ähnliches gilt für seinen Bruder Franz. Selbst als alle im Landtag vertretenen Parteien vom Zentrum bis hin zur Sozialdemokratie in seltener Eintracht von König und Staatsregierung ein entschiedeneres Auftreten in Berlin forderten, zauderte

---

[1985] König Ludwig III. von Bayern an Prinz Leopold von Bayern. Berchtesgaden, 3. Oktober 1917. Briefe Ludwigs III. 1856-1921. BayHStA, GHA. NL Prinz Leopold, Nr. 36.
[1986] Vgl. Machtan, Lothar: Der erstaunlich lautlose Untergang von Monarchie und Bundesfürstentümern – ein Erklärungsangebot. In: Gallus, Alexander (Hrsg.): Die vergessene Revolution von 1918/19. Göttingen, 2010. S. 39-56. Hier: S. 49.

König Ludwig III. und wich einer Konfrontation aus. Vor allem seine engsten Berater Hertling, Soden, Lerchenfeld und Dandl wären geradezu in der Pflicht gewesen, dem König ein mutiges Auftreten und eigene Initiativen nahezulegen. In der vierten Angelegenheit, die zum Autoritätsverlust des bayerischen Königs beitrug, der Kriegszielfrage, hatte dieser dagegen sehr früh und deutlich Stellung genommen. Die öffentliche Erklärung zugunsten der Annexionisten machte den bayerischen Monarchen zwar in deren Kreisen zu einer Symbolfigur, kostete ihn zugleich aber viel Prestige unter den Anhängern eines Verständigungsfriedens.[1987] Ludwig III. wurde außerdem zunehmend die vorzeitige Regentschaftsbeendigung vorgehalten, die im Jahr 1913 noch weitgehende Zustimmung erfahren hatte.[1988]

Ernährungsfragen, Friedensfragen und Verfassungsfragen hatten die bayerische, wie auch die gesamtdeutsche, Öffentlichkeit und deren parlamentarische Repräsentanten ab 1916 in zwei Lager gespalten, wenngleich die Frontstellungen in diesen drei Bereichen nicht identisch waren. Die Staatsregierung und der Landtag hatten es nicht geschafft, in auch nur einem der Problemfelder signifikante Fortschritte zu erreichen, was die Unzufriedenheit der Bevölkerung weiter geschürt hatte. Die Stimmungskrise erreichte in Bayern ihren Höhepunkt im Sommer 1918, als die Ernährungsschwierigkeiten eine Klimax erreichten und sich die Erkenntnis Bahn brach, dass die deutsche Westoffensive gescheitert war. Im Spätsommer 1918 traf die Staatsregierung Vorsorgemaßnahmen gegen ernsthafte Unruhen. Doch nicht nur Landtag und Regierung verloren weiter an Autorität. Der König wurde in diesen Autoritätsverfall mit einbezogen. Vor allem seine Untätigkeit auf allen genannten Gebieten wurde ihm angelastet.[1989]

Forderungen nach mehr demokratischer Teilhabe und dem Wegfall von Privilegien des Herrscherhauses waren laut geworden, ungeachtet der Bejahung einer monarchischen Staatsspitze durch alle politischen Lager. Die Steuerfreiheit des Königs, der Zivilliste sowie der Mitglieder des Königlichen Hauses war ein verfassungsmäßiger Grundsatz, was nicht selten Kritik hervorrief.[1990] Auf das Fideikommiss und Privatvermögen der Hoheiten wurde ab Juli 1917 eine Kriegssteuer erhoben.[1991] Im Frühjahr 1918 einigte man sich auf einen Reformvorschlag, der

---

[1987] Vgl. Albrecht, Willy: Das Ende des monarchisch-konstitutionellen Regierungssystems in Bayern. Hrsg. von Karl Bosl. München, 1969. S. 263-299. Hier: S. 265.
[1988] Vgl. Ursel, Ernst: Die bayerischen Herrscher von Ludwig I. bis Ludwig III. im Urteil der Presse nach ihrem Tode. Berlin, 1974. S. 168.
[1989] Vgl. Albrecht, Willy: Landtag und Regierung in Bayern. Berlin, 1968. S. 340-355.
[1990] Die Steuerfreiheit galt für die Berufseinkommensteuer und Haussteuer, nicht dagegen für die Kapitalrentensteuer und Gewerbesteuer. Der Finanzausschuss der bayerischen Abgeordnetenkammer lehnte einen sozialdemokratischen Antrag, die Steuerpflichtbefreiung der Zivilliste abzuschaffen, noch im Juni 1916 mit dem Hinweis auf die großen Verdienste der Prinzen und Prinzessinnen im laufenden Krieg mit großer Mehrheit ab. Vgl. „Die Steuerfreiheit des Königshauses". Bayerische Staatszeitung, 25. Juni 1916. BayHStA, GHA. Presseausschnittsammlung der Königin Marie Therese. Bd. XLI.
[1991] Diese betrug allein im Fall des Kronprinzen Rupprecht eine Summe von 233.000 Mark jährlich. Vgl. Graf Pappenheim an Kronprinz Rupprecht. München, 4.7.1917. Berichte des Hofmarschalls Graf Pappenheim an den Kronprinzen Rupprecht im Jahr 1917. BayHStA, GHA. NL Kronprinz Rupprecht, Nr. 166.

9.9 Die beginnende Monarchiekrise

zwar die Steuerfreiheit des Königs und der Königin erhalten, gleichzeitig aber den Prinzen empfehlen sollte, freiwillig auf die Steuerfreiheit ihrer Berufseinkommen zu verzichten. Apanagen und Miete aus haussteuerfreien Schlossgebäuden sollten nicht als Einkommen betrachtet werden.[1992] Im Juni 1918 fiel ein weiteres Privileg weg: In Anbetracht der gebotenen Einschränkung des Salonwagenverkehrs sollten die Reisen der „Allerhöchsten und Höchsten Herrschaften" in den Zügen des öffentlichen Verkehrs nur noch „gegen Bezahlung der tarifmäßigen Gebühr" durchgeführt werden.[1993]

Der Monarch wurde nicht müde, die Botschaft zu wiederholen, die er seit Kriegsbeginn verbreitete. Zum Neujahrstag 1917 betonte er die Freude, die ihn „beim Rückblick auf die Leistungen, mit denen das bayerische Heer [...] seinen Waffenruhm gewahrt und gemehrt" habe, erfüllte. Mit Zuversicht sehe er der Entscheidung entgegen, die das neue Jahr bringen möge: „So danke ich denn bewegten Herzens dem Allmächtigen, der unsere Waffen sichtlich gesegnet hat, danke ich den bis in den Tod getreuen Söhnen meines Landes, die Leben und Gesundheit für die Zukunft ihres Vaterlandes geopfert haben, danke ich allen denen, die im Felde und in der Heimat Anteil haben an den Erfolgen des vergangenen Jahres."[1994] Anlässlich des dritten Jahrestags des Kriegsausbruchs am 31. Juli 1917 veröffentlichte die Staatszeitung einen königlichen Aufruf, der abermals zum Durchhalten aufrief: „Bayerns tapferes Heer hat in treuer Blutsgemeinschaft mit allen deutschen Stämmen und im engen Verein mit Deutschlands Verbündeten Unvergleichliches geleistet. [...] In treuer Opfer- und Arbeitsgemeinschaft steht die Heimat zur Front. Stadt und Land wetteifern in Pflichttreue und Opfermut, in ernster, schwerer Arbeit und in starker, zäher Ausdauer." Ludwig hob hervor, es sei ihm ein „Herzensbedürfnis, meinen lieben Bayern für all die Kriegsarbeit der Heimat heißen Dank, aufrichtige Anerkennung und stolze Bewunderung auszusprechen." Die Opfer seien nicht vergebens, auch wenn Bayerns Volk nun schon drei Jahre „gekämpft, geblutet, gestritten und gelitten" habe. Mit dem Appell an die nationale Einigkeit schloss er: „In bewährter deutscher Treue steht Bayern zu Kaiser und Reich, ungebrochen, unbezwingbar beschützen Meine Bayern ihr liebes Heimatland, bis für Kind und Kindeskind der heißersehnte glückliche Friede erkämpft ist. Ihn gebe

---

[1992] Ministerratsprotokoll Nr. 130 vom 27.4.1918. Ministerratsprotokolle der Ministerien Hertling, Dandl, Eisner. BayHStA, NB. StMin des K. Hauses und des Äußern, Nr. 99511.

[1993] Nach den Tarifbestimmungen waren laut Verkehrsminister fortan „bei Einstellung eines Salonwagens Fahrkarten 1. Klasse [...] für so viele Personen, wie den Wagen benützen, mindestens aber für 12 Personen zu lösen". Vgl. K.B. Staatsministerium für Verkehrsangelegenheiten an die Hofhaltungen der K. Bay. Prinzen und Prinzessinnen (ausnahmlich S.K.H. d. Kronprinzen Rupprecht von Bayern) sowie der Mitglieder der herzoglich-bayerischen Linie. München, 27.6.1918. Hofangelegenheiten. Hoftrauerordnung 1913. Anweisung zur Benutzung und Bezahlung der Salonwagen (27.6.1918). BayHStA, GHA. NL Herzogin Wiltrud von Urach, Nr. 321.

[1994] Neujahrsgrüße des Königs. Bayerische Staatszeitung, 29.12.1916. Königliche Kundgebungen zu Beginn und während des 1. WK: Verhängung des Kriegszustandes und Mobilmachungsbefehl, Aufrufe und Tagesbefehle, Aufrufe der Königin an die bayerischen Frauen, Weihnachtsgrüße und Neujahrsglückwünsche an die Truppen im Felde etc. (1914-1918). BayHStA, GHA. Kabinettsakten König Ludwigs III., Nr. 71.

9. In der Systemkrise

Gott!"[1995] Die Realität des Krieges ließ die Rhetorik der „Bayerntreue" zunehmend verblassen. Ohnehin konnten die zahllosen Treueaufrufe, die seitens der bayerischen Monarchie an die Öffentlichkeit gerichtet wurden, nicht dazu beitragen, die drohende militärische Niederlage abzuwenden. Dies führte dazu, dass das mehr als ein Jahrhundert lang dominierende Treuekonzept – ein für die konstitutionelle Monarchie zentrales Modell kollektiver Identitätsstiftung – rapide an Wirkungskraft verlor.[1996]

Der öffentliche Druck auf die Bundesfürsten, ihren Herrschaftsanspruch jenseits des rein Dynastischen zu begründen, hatte sich seit 1917 erhöht. Dies bedingte die Forderung nach einer weitgehenden Umformung der Rolle der Monarchie. Angesichts der Verheerungen des sich totalisierenden Krieges hatte sich das ererbte Prestige des Herrscheramtes weitestgehend aufgezehrt. Die Institution Monarchie benötigte zunehmend innen-, sozial- und außenpolitische Erfolge für die eigene Rechtfertigung. Von den Bundesfürsten wurde verlangt, mit öffentlichen Taten zu beweisen, dass die Monarchie mehr als nur ein grandioses Versprechen herrlicher Zeiten war, wie es Wilhelm II. einst ausgedrückt hatte. Der anhaltende Misserfolg wurde für den Weiterbestand der Staatsform existenzbedrohend. Das Distanzgefühl zwischen den Regierten und den Herrschern, das als unerlässlich für die Wahrung der monarchischen Autorität angesehen worden war, musste überwunden werden. Die große Mehrheit der Bevölkerung erwartete vom Kaiser und den Bundesfürsten Verständnis für soziale Nöte, Leistungsbereitschaft und Vertrauenswürdigkeit. Spätestens mit dem Sturz Bethmann Hollwegs trat die Führungsschwäche des Kaisers ins öffentliche Bewusstsein. Gleichsam wurde das Vertrauen in die Führungsqualität und Empathiefähigkeit der Bundesfürsten, ungeachtet der noch immer weitverbreiteten emotionalen Bindung der Bevölkerung an die Monarchie, immer weiter beschädigt. Politische Loyalität beruhte, besonders was ihre moralische Dimension anging, in der konstitutionellen Monarchie auf dem Prinzip der Wechselseitigkeit. Die Monarchie hatte durch ihren eigenen Geltungsanspruch nicht nur Erwartungen an die Repräsentation von Macht, sondern ebenso von geistiger Führung und Mitgefühl hervorgebracht, hinter welche die Kronenträger immer weiter zurückfielen.[1997]

[1995] „An meine Bayern". Bayerische Staatszeitung, Kgl. Bayerischer Staatsanzeiger München, 31. Juli 1917. Königliche Kundgebungen zu Beginn und während des 1. WK: Verhängung des Kriegszustandes und Mobilmachungsbefehl, Aufrufe und Tagesbefehle, Aufrufe der Königin an die bayerischen Frauen, Weihnachtsgrüße und Neujahrsglückwünsche an die Truppen im Felde etc. (1914-1918). BayHStA, GHA. Kabinettsakten König Ludwigs III., Nr. 71.

[1996] Vgl. Murr, Karl Borromäus: Treue im Zeichen des Krieges. Beobachtungen zu einem Leitmotiv bürgerlicher Identitätsstiftung im Königreich Bayern (1806-1918). In: Buschmann, Nikolaus; Murr, Karl Borromäus (Hrsg.): Treue. Politische Loyalität und militärische Gefolgschaft in der Moderne. Göttingen, 2008. S. 110-149. Hier: S. 146f.

[1997] Vgl. Machtan, Lothar: Der erstaunlich lautlose Untergang von Monarchie und Bundesfürstentümern – ein Erklärungsangebot. In: Gallus, Alexander (Hrsg.): Die vergessene Revolution von 1918/19. Göttingen, 2010. S. 39-56. Hier: S. 48f; Vgl. Gollwitzer, Heinz: Die Endphase der Monarchie in Deutschland. Stuttgart, 1971. In: Heinz Gollwitzer: Weltpolitik und deutsche Geschichte. Gesammelte Studien. Hrsg. von Hans-Christof Kraus. Göttingen, 2008. S. 363-383. Hier: S. 382f.

10. Zwischen Hoffnung und Scheitern

10.1 Das Zwischenspiel Georg Michaelis

Die Ernennung von Georg Michaelis zum Reichskanzler im Juli 1917 war eine Überraschung. Er war, wie Lerchenfeld seinem König nach München berichtete, „nicht eine Persönlichkeit, die ohne weiteres die Wahl erklärt. Er hat nichts Imponierendes im Auftreten und hat den auswärtigen Dingen bisher ganz ferngestanden. Man kann daher wohl mit Recht sagen, dass eine Verlegenheitswahl vorliegt."[1998] Gestärkt aus der Julikrise gingen lediglich Hindenburg und Ludendorff hervor. Nie war ihr politisches Gewicht größer als nach dem erzwungenen Rücktritt Bethmann Hollwegs.[1999] Dem neuen Reichskanzler war sogar ein offizieller Vertreter der Heeresleitung beigestellt worden.[2000] Für Michaelis galt es, ein rasches Krisenmanagement auf die Beine zu stellen.[2001] Der Hofmarschall des Kronprinzen Rupprecht referierte, die Forderungen der Parteien seien „dem Ausland gegenüber schlimmer als eine verlorene Schlacht."[2002] Prinz Leopold vermerkte kritisch, es „fehlte eben die sichere klare Richtlinie, es fehlte eben der große Staatsmann. Bethmann Hollweg, so tüchtig und ehrenwert er war, konnte den allerdings sehr schweren Posten eines Reichskanzlers in diesen entscheidenden Zeiten nicht ausfüllen und sein Nachfolger Michaelis, der dieses Amt […] übernommen, hatte es bisher nicht recht zu Wege gebracht."[2003] Die fortgesetzten Beratungen des interfraktionellen Ausschusses machten Rupprecht Sorgen: „Ich finde, dass diese Kommission einer Herabminderung des Einflusses der einzelnen Bundesregierun-

---

[1998] Graf Lerchenfeld an König Ludwig III. Berlin, 14. Juli 1917. In: Briefwechsel Hertling-Lerchenfeld 1912-1917. Zweiter Teil. Boppard am Rhein, 1973. S. 879.
[1999] Vgl. Ullrich, Volker: Die nervöse Großmacht. Frankfurt am Main, 2007. S. 529.
[2000] Vgl. Hertling, Karl Graf von: Ein Jahr in der Reichskanzlei. Erinnerungen an die Kanzlerschaft meines Vaters. Freiburg im Breisgau, 1919. S. 36f.
[2001] Am 13. Juli 1917 waren die Mitglieder des interfraktionellen Ausschusses des Reichstags zu Hindenburg und Ludendorff kommandiert worden, die es zwar nicht erreichten, den Parlamentariern die geplante Friedensresolution auszureden, aber immerhin eine Abschwächung der Forderungen durchsetzten. So kam der eher allgemein gehaltene Appell zu einem „Frieden der Verständigung und der dauernden Versöhnung der Völker" zustande. Der neue Reichskanzler tat ein Übriges, den Eindruck der Friedensresolution des Reichstags abzuschwächen, indem er am 19. Juli vor dem Reichstag eine relativierende Rede hielt. Der Versuch der Reichstagsmehrheit, durch die Bildung des interfraktionellen Ausschusses und die Friedensresolution im Juli 1917 zu einer gestaltenden Kraft der Reichspolitik zu werden, war desaströs gescheitert. Offensichtlich waren die Parteien auf den Übergang zur parlamentarischen Regierungsweise weder sachlich noch personell vorbereitet. Der neue Reichskanzler verstand sich, ganz im Gegensatz zu seinem Amtsvorgänger, in erster Linie als Erfüllungsgehilfe der Obersten Heeresleitung. Vgl. Ullrich, Volker: Die nervöse Großmacht. Frankfurt am Main, 2007. S. 528f.
[2002] Graf Pappenheim an Kronprinz Rupprecht. Possenhofen, 22.7.1917. Berichte des Hofmarschalls Graf Pappenheim an den Kronprinzen Rupprecht im Jahr 1917. BayHStA, GHA. NL Kronprinz Rupprecht, Nr. 166.
[2003] Kriegstagebuch, 25.9.1917. BayHStA, GHA. NL Prinz Leopold, Nr. 239.

gen gleichkommt und zwar in erster Linie der bayerischen, der die Einberufung des Bundesratsausschusses für auswärtige Angelegenheiten und der Vorsitz in diesem zusteht."[2004]

Kurz nach dem Kanzlerwechsel war es zu einer Krisenintervention des bayerischen Kronprinzen gekommen. Was Rupprecht am 14. Juli 1917 in seinem Tagebuch ausgeführt hatte,[2005] formulierte er fünf Tage später in einem Brief an Hertling, den er gerne als Reichskanzler gesehen hätte. Darin fanden sich bemerkenswerte Einsichten und Forderungen. Der Kaiser sei „um alles Ansehen gekommen." Jede Schmälerung der bundesstaatlichen Rechte mindere das Ansehen der Bundesfürsten. Da weder die Bundesfürsten noch der Kaiser zu einem „bloßen konstitutionellen Zierrat" verkommen und die Regierung nicht „die Schöpfung der augenblicklichen Mehrheitsparteien werden dürfe, forderte der bayerische Thronfolger nachdrücklich, den Auswärtigen Ausschuss des Bundesrats als Gegengewicht zum Reichstag zu stärken und zu einer ständigen und mit Beschlussrechten ausgestatteten Institution zu erheben. Auch vor der Machtfülle Ludendorffs warnte Rupprecht. Die gegenwärtige Krise habe zu einem Sieg der Heeresleitung über den Reichskanzler geführt, der durch dessen Unentschlossenheit bedingt war. Es dürfe nicht dazu kommen, dass Ludendorff neben der militärischen Leitung auch die politische übernehme, und zwar „unter dem Aushängeschild des populären Feldmarschalls Hindenburg."[2006] Hertling bemühte sich in seinem Antwortschreiben, den Kronprinzen zu beschwichtigen. Der neue Reichskanzler habe verständnisvoll reagiert, als er ihm in Berlin hinsichtlich der geforderten Parlamentarisierung dargelegt habe, dass „Maßnahmen, die die Grundlagen der Reichsverfassung berühren würden, undiskutierbar seien."[2007]

Um die Bedenken der süddeutschen Monarchie auszuräumen, begab sich Michaelis am 30. Juli 1917 nach München. Dort wurde er vom König empfangen und erhielt den Hausritterorden vom Heiligen Hubertus. Mittags speisten die beiden mit sämtlichen Staatsministern sowie den Gesandten der Bundesstaaten.[2008] Die Presse berichtete, der Kanzler habe „wiederholt seiner Befriedigung über den Empfang in München Ausdruck verliehen." Mit dem König und dem Ministerratsvorsitzenden

---

[2004] Kriegstagebuch, 25. August 1917. BayHStA, GHA. NL Kronprinz Rupprecht, Nr. 708.
[2005] Ebd., 14. Juli 1917. BayHStA, GHA. NL Kronprinz Rupprecht, Nr. 706.
[2006] Schreiben des Kronprinzen Rupprecht von Bayern an Georg Graf von Hertling, 19.7.1917. Wichtige Aktenstücke zum Ausbruch des Weltkrieges sowie über die militärische und politische Lage während des Krieges. BayHStA, NB. StMin des K. Hauses und des Äußern, Nr. 975; Abgedruckt in: Briefwechsel Hertling-Lerchenfeld 1912-1917. Zweiter Teil. Boppard am Rhein, 1973. S. 912-916; Vgl. Machtan, Lothar: Die Abdankung. Berlin, 2008. S. 117f.
[2007] Schreiben Georg Graf von Hertlings an den Kronprinzen Rupprecht von Bayern, 9.8.1917. Wichtige Aktenstücke zum Ausbruch des Weltkrieges sowie über die militärische und politische Lage während des Krieges. BayHStA, NB. StMin des K. Hauses und des Äußern, Nr. 975; Abgedruckt in: Briefwechsel Hertling-Lerchenfeld 1912-1917. Zweiter Teil. Boppard am Rhein, 1973. S. 917-922.
[2008] „Der Reichskanzler beim König von Bayern". Norddeutsche allgemeine Zeitung. 31. Juli 1917. Reisen des Reichskanzlers. Besuch in München etc. 1917. BayHStA, NB. StMin des K. Hauses und des Äußern, Nr. 95151.

hatte Michaelis „eingehende Besprechungen über alle schwebenden Fragen." Während der Audienz erfuhr der Reichskanzler, „dass der König von Bayern bis ins Kleinste über alle Tagesfragen politischer, militärischer und ganz besonders auch wirtschaftlicher Natur genau unterrichtet" sei und dass er, „mehr als vielleicht in der großen Öffentlichkeit bekannt wird, in den Wirtschaftsfragen seines Landes mit am Werke ist, um [...] den Schwierigkeiten, die durch die Kriegsverhältnisse unvermeidlich sind, entgegen zu steuern und dort Erleichterung, vor allem der werkstätigen Bevölkerung zu schaffen, wo dies irgend geschehen kann."[2009] Der König hatte ihn beispielsweise auf den Kohlenmangel und die sich daraus ergebenden Missstände hingewiesen.[2010] Gegenüber der Presse betonte der Reichskanzler, Bayern werde auf keinen Fall benachteiligt: „Das war niemals der Fall und wird es auch niemals sein. Was Bayern überschüssig hat, das gibt es ab, was es unterschüssig hat, das erhält es vom übrigen Reiche." Die Hauptsache sei: „Erst den Krieg siegreich zu Ende führen. Erst die große Abrechnung mit den Waffen beenden, dann wird es auch mit vereinten Kräften an den Aufbau und die Auffrischung im Innern gehen."[2011]

In München war auch die elsass-lothringische Frage zur Sprache gekommen.[2012] Der Reichstag drängte zur Autonomie, Bayern zur Teilung und die Heeresleitung zum Anschluss an Preußen. Ludwig III. war nicht willens, über eine Autonomie zu diskutieren. Der neue Reichskanzler musste sich belehren lassen, dass Bayern am Teilungsplan festhielt. Zwei Tage später wurde eine umfangreiche Denkschrift nachgereicht. Hertling versuchte in einem Begleitschreiben, den Eindruck zu erwecken, als betrachte Bayern die Frage „nur vom Gesichtspunkt der Gesamtinteressen des Reichs." Jedoch war weder im Reichstag noch im Bundesrat eine Mehrheit für den bayerischen Teilungsplan zu finden. Ludendorff hatte seine Forderung nach einer Annexion der Reichslande durch Preußen erneuert. Falls Bayern einen Teil Elsass-Lothringens übernehmen sollte, müsse geprüft werden, ob es militärisch dazu in der Lage sei.[2013] Ludendorff legte Ludwig III. nahe, die Aufteilung Elsass-Lothringens zwischen Bayern und Preußen offiziell anzuregen. Die Initiative hierzu wollte der König aber nicht ergreifen. Bezüglich dieses Vorschlags war nach Ansicht des Kronprinzen Rupprecht Vorsicht geboten.[2014] Die für Bayern günstige Konstellation zerschlug sich, als sich die Reichstagsmehrheit auf

---

[2009] „Das Ergebnis der Kanzlerreise nach Bayern". München-Augsburger Abendzeitung. 1. August 1917. Reisen des Reichskanzlers. Besuch in München etc. 1917. BayHStA, NB. StMin des K. Hauses und des Äußern, Nr. 95151.

[2010] „Von der Reise des Reichskanzlers". Norddeutsche allgemeine Zeitung. 1. August 1917. Reisen des Reichskanzlers. Besuch in München etc. 1917. BayHStA, NB. StMin des K. Hauses und des Äußern, Nr. 95151.

[2011] „Beim neuen Reichskanzler". München-Augsburger Abendzeitung. 31. Juli 1917. Reisen des Reichskanzlers. Besuch in München etc. 1917. BayHStA, NB. StMin des K. Hauses und des Äußern, Nr. 95151.

[2012] König Ludwig III. von Bayern an Prinz Leopold von Bayern. Leutstetten, 10. August 1917. Briefe Ludwigs III. 1856-1921. BayHStA, GHA. NL Prinz Leopold, Nr. 36.

[2013] Vgl. Janßen, Karl-Heinz: Macht und Verblendung. Göttingen, 1963. S. 145-155.

[2014] Kriegstagebuch, 13. Juli 1917. BayHStA, GHA. NL Kronprinz Rupprecht, Nr. 706.

eine Autonomie der Reichslande einigte, um eine Verständigung mit Frankreich zu erleichtern.[2015]

Unter Erzbergers Leitung hatte sich die Zentrumsfraktion im Reichstag den Liberalen und Sozialdemokraten angenähert und sich im Interfraktionellen Ausschuss gegen die Teilung und für die Errichtung eines selbstständigen Bundesstaats Elsass-Lothringen ausgesprochen. Ludwig III. vertrat, wie er seinem Bruder Leopold schrieb, den Standpunkt, „dass Elsass-Lothringen nur durch die Angliederung an bestehende Bundesstaaten zu einem wirklich deutschen Lande gemacht werden kann und dass deshalb Lothringen an Preußen, Elsass mit dem in der Gegend von Forbach gelegenen Kohlengebiet aber an Bayern zugeteilt werden soll." Ludwig versicherte Leopold, er werde alles tun, „um den Plan der Aufteilung der Reichslande doch noch zur Durchführung zu bringen."[2016] Elsässische Abgeordnete hatten bei Graf Lerchenfeld in Berlin angefragt, wie sich Ludwig III. „zu einer Bitte des neuen Bundesstaats um Benennung eines bayerischen Prinzen als Landesfürsten verhalten würde."[2017] Der über diese Anfrage informierte Rupprecht notierte: „Leider teilte mir mein Vater seine Antwort nicht mit. Ich hoffe, sie ist ablehnend."[2018] Die Gründung eines autonomen Bundesstaates war, wie Ludwig III. betonte, „nicht nur im bayerischen Interesse zu bedauern, sondern nach meiner festen Überzeugung auch vom deutschen Standpunkte aus ein großer Fehler."[2019]

Im Rahmen einer Frontreise des neuen Reichskanzlers hatte Kronprinz Rupprecht im August 1917 dessen Besuch erhalten und sprach sich mit ihm über die „äußere wie innere Politik" aus. Rupprecht „fiel dabei angenehm auf, wie sachlich und nüchtern [...] er die Dinge betrachtete."[2020] Michaelis ließ sich über die militärische Lage aufklären, bevor er sich zu seinen politischen Ansichten äußerte. In der Frage der Kriegsziele gab er sich als Anhänger einer gemäßigten Richtung. Friedensverhandlungen mit Russland seien schwierig. Falls sich die Möglichkeit für einen Sonderfrieden mit England ergebe, so wäre er auch dazu bereit. Mit Frankreich seien inoffizielle Verhandlungen eingeleitet. Nachdem der bayerische Thronfolger den Kanzler auf die Notwendigkeit einer Stärkung der Bundesstaaten hingewiesen und sich mit Nachdruck gegen eine Beschneidung bayerischer Rechte ausgesprochen hatte, betonte Michaelis, dass er größten Wert auf die Erhaltung des Ansehens der Bundesfürsten lege. Den Interfraktionellen Ausschuss des Reichstags

---

[2015] Vgl. Janßen, Karl-Heinz: Macht und Verblendung. Göttingen, 1963. S. 144.
[2016] König Ludwig III. von Bayern an Prinz Leopold von Bayern. Leutstetten, 10. August 1917. Briefe Ludwigs III. 1856-1921. BayHStA, GHA. NL Prinz Leopold, Nr. 36.
[2017] König Ludwig III. von Bayern an Prinz Leopold von Bayern. München, 24. August 1917. Briefe Ludwigs III. 1856-1921. BayHStA, GHA. NL Prinz Leopold, Nr. 36.
[2018] Kriegstagebuch, 29. August 1918. BayHStA, GHA. NL Kronprinz Rupprecht, Nr. 708.
[2019] König Ludwig III. von Bayern an Prinz Leopold von Bayern. Berchtesgaden, 3. Oktober 1917. Briefe Ludwigs III. 1856-1921. BayHStA, GHA. NL Prinz Leopold, Nr. 36.
[2020] Kriegstagebuch, 31. August 1917. BayHStA, GHA. NL Kronprinz Rupprecht, Nr. 706.

10.1 Das Zwischenspiel Georg Michaelis

wollte er nur in Ausnahmefällen einberufen.[2021] Am 27. September besprach sich Rupprecht während eines kurzen Aufenthalts in München mit Hertling.[2022]

Das bayerische Herrscherhaus baute ebenso wie die übrigen Bundesfürsten darauf, dass Michaelis die Friedensbekundungen und Reformforderungen des Reichstags einzudämmen vermochte. Der württembergische Ministerpräsident äußerte die Hoffnung, dass es zur Verbesserung der innenpolitischen Situation ausreiche, „der Reichsregierung einen mehr parlamentarischen Anstrich zu geben." Doch dieser parlamentarische Anstrich der Regierung Michaelis verblasste schnell.[2023] Zwar war der Hardliner Arthur Zimmermann als Staatssekretär im Auswärtigen Amt durch den geschickteren Diplomaten Richard von Kühlmann ersetzt und einige Parlamentarier zu Unterstaatssekretären berufen worden. Dies waren jedoch kosmetische Korrekturen. Der Kanzler war bemüht, den Forderungen der Heeresleitung Folge zu leisten und wollte mit der Reichstagsmehrheit nicht kooperieren.[2024] Dies konnte nicht gut gehen. Lerchenfeld schrieb am 10. Oktober 1917 resigniert an Hertling: „Der Reichskanzler hat Ihnen gegenüber einmal der Zuversicht Ausdruck gegeben, dass er in sein Amt hineinwachsen werde […]. Nach den Erfahrungen der letzten Wochen vermag ich diese Hoffnung nicht aufrecht zu erhalten. Es ist auf die Dauer nicht erträglich, wenn jede Frage, die im Reichstag behandelt wird, durch die Schuld des Reichskanzlers oder seiner Leute zu einem Konflikt zwischen Reichsleitung und Parlament führt."[2025]

Der Hofmarschall des Kronprinzen Rupprecht informierte diesen am 15. Oktober 1917: „Die Vorgänge im Reichstag sind sehr deprimierend, die Regierung hat wieder enttäuscht und der Reichstag benimmt sich, dass es eine Schande ist. Was Abgeordnete, die aus Berlin kommen, sagen, scheint die Stellung des Kanzlers nicht mehr haltbar."[2026] Der Interfraktionelle Ausschuss drängte ab Oktober 1917 auf die Entlassung des Reichskanzlers. Zwar regierten die Parteien der Reichstagsmehrheit nicht das Reich, gleichwohl konnte nicht mehr gegen ihren Willen regiert werden.[2027] In die Auswahl eines neuen Kanzlers wollte die Reichstagsmehrheit involviert werden und stellte Bedingungen an die Kooperation mit dem Regierungschef. Einen antimonarchischen Impetus hatte dieses Aufbegehren nicht. Der Reichstag sah sich nicht befugt, dem Kaiser einen Kandidaten für Michaelis' Nachfolge vorzuschlagen.[2028]

[2021] Legationsrat Krafft an Hertling. Heeresgruppenhauptquartier, 4.9.1917. In: Briefwechsel Hertling-Lerchenfeld 1912-1917. Zweiter Teil. Boppard am Rhein, 1973. S. 923-928.
[2022] Kriegstagebuch, 27. September 1917. BayHStA, GHA. NL Kronprinz Rupprecht, Nr. 707.
[2023] Vgl. und zit. nach Machtan, Lothar: Die Abdankung. Berlin, 2008. S. 120f.
[2024] Vgl. Ullrich, Volker: Die nervöse Großmacht. Frankfurt am Main, 2007. S. 529.
[2025] Lerchenfeld an Hertling. Berlin, 10.10.1917. In: Briefwechsel Hertling-Lerchenfeld 1912-1917. Zweiter Teil. Boppard am Rhein, 1973. S. 932-934.
[2026] Graf Pappenheim an Kronprinz Rupprecht. München, 15.10.1917. Berichte des Hofmarschalls Graf Pappenheim an den Kronprinzen Rupprecht im Jahr 1917. BayHStA, GHA. NL Kronprinz Rupprecht, Nr. 166.
[2027] Vgl. Ullrich, Volker: Die nervöse Großmacht. Frankfurt am Main, 2007. S. 529.
[2028] Vgl. Machtan, Lothar: Die Abdankung. Berlin, 2008. S. 120f.

10.2 Hertlings Ernennung zum Reichskanzler

Als das Scheitern des Reichskanzlers offensichtlich wurde, versuchte das bayerische Königshaus, sich rechtzeitig in die Diskussion um einen geeigneten Nachfolgekandidaten einzumischen. In Berlin hatten hektische Sondierungen stattgefunden. Abermals war Fürst von Bülow ins Gespräch gebracht und Graf Hertling um eine Stellungnahme gebeten worden. Hertling zeigte sich erschüttert über die Vorgänge und erklärte, er halte eine sofortige Lösung der Krise für unabdingbar. Ein weiteres Verbleiben von Michaelis schien ihm unmöglich, Bülow aber „halte er für ein Unglück für Deutschland." Der Kabinettschef des bayerischen Königs hielt die Bedenken hingegen für nicht durchschlagend. In der abschätzigen Beurteilung Bülows stimmte Kronprinz Rupprecht hingegen, wie schon drei Monate zuvor, mit Hertling überein. Dieser war für ihn „kein großer Staatsmann, sondern vielmehr ein kleinlicher Intrigant. […] Für den Kaiser, den er seinerzeit im Reichstage so bloßstellte, ist es eine unerhörte Zumutung, mit Bülow wieder zusammenzuarbeiten." Dennoch befürchtete Rupprecht, dass Wilhelm II. sich in diese Personalie fügen werde, „wenn Ludendorff, der schon seit längerer Zeit von Bülow sprach, dessen Wahl ihm durch Hindenburg" nahelegte.[2029] Der Ministerialdirektor und Pressechef in der Reichskanzlei, Magnus Freiherr von Braun, äußerte gegenüber Dandl, der Kaiser sei einverstanden, Bülow zum Kanzler zu ernennen. Zuvor sollte aber klargestellt werden, dass seitens der bayerischen Regierung kein Widerstand gegen dessen Kandidatur zu erwarten sei.[2030] Dandl teilte mit, der König stehe auf dem Standpunkt, dass die zukünftige Zusammenarbeit und die Stellung Bayerns im Reich nicht durch eine schroff ablehnende Haltung gefährdet werden dürfe. Unter der Prämisse, dass der kommende Mann „eine den bayerischen Interessen entgegenkommende Haltung in der Politik" einnehme, sollten Bülow keine Schwierigkeiten gemacht werden.[2031]

Der interfraktionelle Ausschuss beschloss am 22. Oktober, dem Kaiser die Wahl zu überlassen, machte aber Einschränkungen. Vizekanzler Karl Helfferich sei aus persönlichen Gründen abzulehnen. Mit der Begründung mangelnder außenpolitischer Erfahrung wurden Kandidaturen von Graf Siegfried von Roedern, Hermann Fürst von Hatzfeldt und Adolf Wermuth zurückgewiesen. Staatssekretär Wilhelm Solf fand hingegen einige Sympathien, ebenso wie der Staatssekretär im Auswärtigen Amt, Richard von Kühlmann. Hugo von Lerchenfeld berichtete Georg von Hertling am 23. Oktober 1917, er habe den Eindruck, „dass die Chancen des Fürsten Bülow heute viel weniger günstig stehen als vor einigen Tagen."[2032] Inmitten dieser Vielzahl an Kandidaten tauchte mit Graf Hertling ein weiterer Name auf. Der umtriebige Privatdiplomat Victor Naumann sowie der bayeri-

---

[2029] Kriegstagebuch, 24. Oktober 1917. BayHStA, GHA. NL Kronprinz Rupprecht, Nr. 707.
[2030] Ebd., 2. November 1917. BayHStA, GHA. NL Kronprinz Rupprecht, Nr. 707.
[2031] Ebd., 24. Oktober 1917. BayHStA, GHA. NL Kronprinz Rupprecht, Nr. 707.
[2032] Lerchenfeld an Hertling. Berlin, 23.10.1917. In: Briefwechsel Hertling-Lerchenfeld 1912-1917. Zweiter Teil. Boppard am Rhein, 1973. S. 949-951.

10.2 Hertlings Ernennung zum Reichskanzler

sche Gesandte Lerchenfeld hatten diesen bei August Graf zu Eulenburg, dem einflussreichen preußischen Minister des Königlichen Hauses, erneut ins Gespräch gebracht.[2033] Lerchenfeld schrieb Hertling am 25. Oktober: „Der Wunsch, dass Euere Exzellenz den Reichskanzlerposten annehmen möchten, tritt wieder vielfach hervor. Ich sprach mich dann stets dahin aus, dass unter Umständen Euere Exzellenz doch bereit sein könnten, das Opfer zu bringen." Lerchenfeld betonte, er zweifle keinen Augenblick, dass es Hertling „mehr als jedem anderen Reichskanzler gelingen würde, die parlamentarische Lage wieder in das Gleichgewicht zu bringen."[2034]

Am 26. Oktober 1917 ging bei Hertling ein chiffriertes Telegramm Lerchenfelds ein, in dem er gebeten wurde, sich so schnell wie möglich in Berlin einzufinden. Der Kaiser werde ihm erneut den Posten des Reichskanzlers anbieten. Das Telegramm schloss mit den Worten „Sie werden hier freudig empfangen – eine Ablehnung meiner Meinung nach unmöglich."[2035] Wie der Gesandte berichtete, hatte sich der Kaiser zuvor im engen Kreis besprochen und man hatte sich ausnahmslos auf den bayerischen Ministerratsvorsitzenden geeinigt. Auch alle Staatssekretäre begrüßten eine Ernennung Hertlings. Der kaiserliche Kabinettschef von Valentini äußerte gegenüber Lerchenfeld, dass die Heeresleitung sich künftig aus der Außenpolitik fernhalten wolle, da Hindenburg und Ludendorff eingesehen hätten, „dass man die Kriegsziele nicht beliebig weit stecken könne."[2036] Nach dem Rücktritt Bethmann Hollwegs im Juli hatte Hertling den Kanzlerposten auch mit dem Verweis darauf abgelehnt, dass er sich Ludendorff nicht gewachsen fühle. Seine Auseinandersetzungen mit Hindenburg lagen inzwischen etwas zurück. Zudem erleichterten Angriffe der liberalen und sozialdemokratischen Fraktionen im bayerischen Landtag den Entschluss Hertlings, seinen Abschied als Ministratsvorsitzender in Bayern zu nehmen. So akzeptierte der mittlerweile 74-Jährige diesmal gegenüber Wilhelm II. das Angebot des Reichskanzleramtes und des Amtes des preußischen Ministerpräsidenten.[2037]

Letztlich hatte wohl der Zuspruch Ludwigs III. den Ausschlag gegeben. Der Monarch hatte seinen leitenden Staatsminister „dringend gebeten", sich der ihm angetragenen Aufgabe „zum Wohle des Reiches" nicht wieder zu entziehen.[2038] Schriftliche Hinweise auf einen wie auch immer gearteten „Auftrag" Hertlings durch den bayerischen Monarchen – etwa in der Kriegszielfrage oder bezüglich der Zentralisierungstendenzen im Reich – existieren nicht, wenngleich sich Ludwig si-

---

[2033] Vgl. Naumann, Victor: Profile. 30 Porträt-Skizzen aus den Jahren des Weltkrieges nach persönlichen Begegnungen. München u.a., 1925. S. 194f.
[2034] Lerchenfeld an Hertling. Berlin, 25.10.1917. In: Briefwechsel Hertling-Lerchenfeld 1912-1917. Zweiter Teil. Boppard am Rhein, 1973. S. 953f.
[2035] Abgedruckt bei: Hertling, Karl Graf von: Ein Jahr in der Reichskanzlei. Erinnerungen an die Kanzlerschaft meines Vaters. Freiburg im Breisgau, 1919. S. 14.
[2036] Lerchenfeld an Hertling. Berlin, 26.10.1917. In: Briefwechsel Hertling-Lerchenfeld 1912-1917. Zweiter Teil. Boppard am Rhein, 1973. S. 955f.
[2037] Vgl. Albrecht, Willy: Landtag und Regierung in Bayern. Berlin, 1968. S. 256.
[2038] Vgl. und zit. nach Janßen, Karl-Heinz: Macht und Verblendung. Göttingen, 1963. S. 164.

cher sein konnte, dass sein enger Vertrauter nicht explizit gegen bayerische Interessen handeln würde.[2039] Seinem Neffen Georg schrieb der König einige Wochen später, Graf Hertling habe „mit der Übernahme des Kanzleramts ein großes persönliches Opfer gebracht. Bei seiner bedeutenden staatsmännischen Begabung wird es ihm, wie ich hoffe, gelingen, sich das allgemeine Vertrauen zu erwerben und zu erhalten und seine unendlich schwierigen Aufgaben glücklich zu lösen. Für mich bedeutet sein Ausscheiden aus dem bayerischen Staatsdienst einen schweren Verlust."[2040] Begeistert war Hertling von seinem Wechsel nicht. Seinem Sohn und engen Mitarbeiter Karl schrieb er, „er hätte das zweite Mal unmöglich nein sagen können und habe das schwere Amt in Gottes Namen übernommen."[2041]

Als Kronprinz Rupprecht am Abend des 29. Oktober 1917 erfuhr, dass Hertling als Reichskanzler vorgesehen sei, hoffte er angesichts dessen schlechten Gesundheitszustandes, dass er wenigstens „auf die Dauer des Krieges" im Amt bleiben könne. Hertling war für ihn „ein hochachtbarer Charakter, ein gewandter Redner und erfahrener Parlamentarier und mit den Angelegenheiten der Reichspolitik mehr vertraut, als mit jener der innerbayerischen Politik." Dennoch wäre es vorteilig gewesen „wenn mit Rücksicht auf die verfahrene Angelegenheit des preußischen Wahlrechts für die Kriegsdauer das Amt eines preußischen Ministerpräsidenten von jenem des Reichskanzlers getrennt" worden wäre, um Hertling zu entlasten.[2042] Seinem Vater schrieb Rupprecht am 6. November mit gemischten Gefühlen: „Du wirst sehr bedauern, den Grafen Hertling als Berater verloren zu haben, hoffentlich gelingt es ihm, die verschiedenen Widerstände zu überwinden und auch mit General von Ludendorff auszukommen [...]."[2043] Am 31. Oktober machte Reichskanzler Michaelis seinen Platz frei.[2044]

Von Anfang an musste sich Hertling darüber im Klaren sein, dass in konservativen und nationalistischen Kreisen Preußens Vorbehalte gegen die Reichskanzlerschaft eines katholischen Ministerratsvorsitzenden aus Bayern herrschten.[2045] Als erklärter Befürworter der konstitutionellen Monarchie entsprach Hertling keinesfalls den Ansprüchen an einen Reichskanzler, von dem man sich eine Teilhabe des Reichstags an der Regierungspolitik versprechen konnte. Die Reichstagsmehrheit war mit der Personalie Hertling dennoch zufrieden, zumal gleichzeitig mit dem Fortschrittler Friedrich von Payer zum Vizekanzler und dem Nationalliberalen Robert Friedberg zum Vizepräsidenten des preußischen Staatsministeriums erstmals Parlamentarier in höchste Staatsämter berufen wurden. Ein enges und vertrauens-

---

[2039] Vgl. Machtan, Lothar: Die Abdankung. Berlin, 2008. S. 120f.
[2040] Schreiben König Ludwigs III. an Prinz Georg. München, 9. Januar 1918. Briefe Ludwigs III. an Prinz Georg. BayHStA, GHA. NL Prinz Georg, Nr. 74.
[2041] Hertling, Karl Graf von: Ein Jahr in der Reichskanzlei. Erinnerungen an die Kanzlerschaft meines Vaters. Freiburg im Breisgau, 1919. S. 32.
[2042] Kriegstagebuch, 29. Oktober 1917. BayHStA, GHA. NL Kronprinz Rupprecht, Nr. 707.
[2043] Schreiben des Kronprinzen Rupprecht an Ludwig III., 6. November 1917. BayHStA, GHA. NL Ludwig III., Nr. 59.
[2044] Vgl. Ullrich, Volker: Die nervöse Großmacht. Frankfurt am Main, 2007. S. 528f.
[2045] Vgl. Machtan, Lothar: Die Abdankung. Berlin, 2008. S. 124.

10.2 Hertlings Ernennung zum Reichskanzler

volles Zusammenwirken von Regierung und Parlament schien in greifbare Nähe gerückt. Der positive und entgegenkommende Eindruck, den der 74-Jährige unter den Fraktionen erweckt hatte, konnte jedoch nicht darüber hinwegtäuschen, dass Hertling ein erklärter Gegner der Parlamentarisierung im Reich war. Von einer Gewichtsverlagerung der Machtverhältnisse zugunsten des Reichstags konnte keine Rede sein.[2046] Hertlings erste Rede vor dem Reichstag wurde wohlwollend aufgenommen. Bei seinem ersten Zusammentreffen als Kanzler mit der Heeresleitung hatte er in allen kritischen Punkten die Unterstützung des Kaisers erhalten. Die Chancen schienen gut, dass seine Regierungszeit zu einem Erfolg werden könnte. Russland war kurz davor, um einen Waffenstillstand zu bitten. Falls ein Friede zustande kam, bevor die Vereinigten Staaten auf dem Kriegsschauplatz eintrafen, bestand Hoffnung auf einen von Hertling angestrebten allgemeinen Verständigungsfrieden.[2047] Jedoch zeigte sich bald, dass sich die Heeresleitung in der Aussicht auf einen Sonderfrieden mit Russland illusorischen Siegeshoffnungen hingab.[2048] Auf Hertlings glänzenden Einstand folgten Enttäuschungen. Vor allem gegenüber der Heeresleitung vermochte sich der 74-Jährige nicht durchzusetzen. Die auf Hertling gesetzten Friedenshoffnungen verflogen schnell. Der mecklenburgische Ministerpräsident Langfeld äußerte gegenüber Victor Naumann nach kurzer Zeit verwundert: „Die Differenz zwischen dem Ministerpräsidenten Grafen Hertling und dem Reichskanzler Grafen Hertling ist eine ungeheure."[2049]

In München war indes die Frage nach dem Nachfolger Hertlings als Vorsitzender des bayerischen Ministerrates diskutiert worden. Im Gespräch waren unter anderem Kabinettschef Otto von Dandl und Innenminister Friedrich von Brettreich. Für den Hofmarschall des Kronprinzen Rupprecht war der hochgehandelte Dandl „der Mann am rechten Platze, ein gerecht denkender, praktischer und vernünftiger Mensch mit vielem Takt. Zum Ministerpräsidenten würde er sich wohl auch besonders eignen."[2050] Für den 7. November wurde Hertling aus Berlin zurückerwartet. Bei dieser Gelegenheit sollte die Ministerfrage gelöst werden.[2051] Der König ernannte nach Rücksprache mit Hertling am 10. November 1917 Otto von Dandl zum neuen bayerischen Minister des Königlichen Hauses und des Äußern und gleichzeitig zum Vorsitzenden des Ministerrats.[2052] Sein Nachfolger als Kabinettschef wurde Ministerialrat Heinrich Graf von Spreti, der dem Zentrum nahe

---

[2046] Vgl. Ullrich, Volker: Die nervöse Großmacht. Frankfurt am Main, 2007. S. 529.
[2047] Vgl. Naumann, Victor: Profile. 30 Porträt-Skizzen aus den Jahren des Weltkrieges nach persönlichen Begegnungen. München u.a., 1925. S. 27f.
[2048] Vgl. Ullrich, Volker: Die nervöse Großmacht. Frankfurt am Main, 2007. S. 529.
[2049] Vgl. Naumann, Victor: Profile. 30 Porträt-Skizzen aus den Jahren des Weltkrieges nach persönlichen Begegnungen. München u.a., 1925. S. 28f.
[2050] Graf Pappenheim an Kronprinz Rupprecht. München, 2.11.1917. Berichte des Hofmarschalls Graf Pappenheim an den Kronprinzen Rupprecht im Jahr 1917. BayHStA, GHA. NL Kronprinz Rupprecht, Nr. 166.
[2051] Graf Pappenheim an Kronprinz Rupprecht. München, 6.11.1917. Berichte des Hofmarschalls Graf Pappenheim an den Kronprinzen Rupprecht im Jahr 1917. BayHStA, GHA. NL Kronprinz Rupprecht, Nr. 166.
[2052] Vgl. Albrecht, Willy: Landtag und Regierung in Bayern. Berlin, 1968. S. 257.

stand.[2053] Dieser genoss den Ruf eines vorzüglichen und eifrigen Juristen, der laut „Bayerland" eine „ungekünstelte Liebenswürdigkeit mit vornehmem Wesen" verband.[2054] Das Königreich Bayern hatte mit Dandl wieder einen Ministerratsvorsitzenden, der die Beamtenlaufbahn durchschritten hatte und altbayerischer Herkunft war.[2055] Er war das jüngste Mitglied der Staatsregierung, besaß aber als langjähriger Kabinettschef des Monarchen dessen volles Vertrauen. Die Presse begrüßte die Berufung des politisch ungebundenen Beamten. Die sozialdemokratischen Zeitungen hoben hervor, dass Dandls Ernennung Gespräche mit den Landtagsfraktionen vorausgegangen seien. Die liberale Presse erwartete eine sachliche Zusammenarbeit mit dem neuen Regierungschef, während die Zentrumspresse dessen konservative Grundeinstellung akzentuierte.[2056]

Die „Bayerische Staatszeitung" hob hervor, dass von Dandls Wahl unter „den gegenwärtigen Verhältnissen [...] als die beste zu bezeichnen" sei, die getroffen werden konnte. Der 49-Jährige bringe „aus seiner fünfjährigen bisherigen Tätigkeit als Kabinettschef die genaueste Kenntnis aller politischen Verhältnisse in sein neues Amt mit. Er kennt nicht nur den Gang der Staatsmaschine durch und durch, sondern er hatte als Vertrauensmann der Krone und Mittelsperson zwischen Krone, Staatsregierung und Parteien auch hinreichend Gelegenheit, mit allen maßgebenden politischen Persönlichkeiten in Verbindung zu treten. Und allseits wird seine Aufrichtigkeit und Liebenswürdigkeit, sein Taktgefühl und Geschick in der Erledigung schwieriger Aufgaben anerkannt. Arbeitsfreudigkeit und Geschäftsgewandtheit werden ihm nicht weniger hoch angerechnet. Politisch ist der neue Ministerpräsident nicht hervorgetreten, aber er gilt als Mann von konservativen Anschauungen und seine Loyalität ist unbestritten. So sehen alle Parteien seinem Wirken mit Vertrauen entgegen."[2057] Ludwig III. betonte vor dem bayerischen Staatsrat: „Es hat mich sehr gefreut, dass, als dem Grafen von Hertling die höchst ehrenvolle Aufgabe zuteilwurde, an die Spitze der Reichsleitung zu treten, Seine Exzellenz [Otto von Dandl] sich zur Übernahme der Nachfolgerschaft entschlossen hat. Ich

---

[2053] Graf Pappenheim an Kronprinz Rupprecht. München, 6.11.1917. Berichte des Hofmarschalls Graf Pappenheim an den Kronprinzen Rupprecht im Jahr 1917. BayHStA, GHA. NL Kronprinz Rupprecht, Nr. 166.

[2054] Graf Spreti neuer Kabinettschef. In: Das Bayerland. Illustrierte Wochenschrift für Bayerns Land und Volk. Begründet von H. Leher, Hrsg. von Dr. Josef Weiß und Dr. Otto Denk in Verbindung mit einem Kuratorium unter dem Vorsitze Sr. Kgl. Hoheit des Kronprinzen Rupprecht von Bayern. München, Jahrgang 1917/18. Zweites Oktoberheft 1917. S. 66.

[2055] Nach dem Dienst im Leib-Infanterieregiment und dem Studium der Rechtswissenschaften an der Münchner Universität war er zunächst als Anwalt tätig gewesen, wurde aber 1895 in das bayerische Justizministerium berufen. Dort blieb er, von einer zweijährigen Tätigkeit als Amtsrichter am Amtsgericht München abgesehen, bis zum Jahre 1906, vorwiegend mit der Überleitung der Gesetzgebung zum BGB und mit Grundbuchanlegung beschäftigt. Im Jahre 1906 erfolgte Dandls Berufung in die Geheimkanzlei des Prinzregenten Luitpold, dort war er bis zum Ministerialdirektor aufgerückt. Vgl. Dr. Otto von Dandl. Ausschnitt aus dem Archiv für publizistische Arbeit, 11.1.1934. BayHStA, NLuS. P 9.512.

[2056] Vgl. Albrecht, Willy: Landtag und Regierung in Bayern. Berlin, 1968. S. 257f.

[2057] „Der neue bayerische Ministerpräsident". Bayerische Staatszeitung. 11. November 1917. BayHStA, GHA. Presseausschnittsammlung der Königin Marie Therese. Bd. XLIV.

zweifle nicht, dass Seine Exzellenz, der früher zehn Jahre unter meinem Vater und jetzt fünf Jahre während meiner Regierung tätig gewesen ist, seine Pflicht tun wird, namentlich auch zum Besten des bayerischen Vaterlandes."[2058] Der frühere Innenminister von Soden erfuhr von einem sächsischen Korrespondenzpartner, dass man in Dresden vom neuen bayerischen Ministerpräsidenten einen sehr positiven Eindruck gewonnen habe: „Seine natürliche, frische Art hat ihm sofort die Sympathien unserer Minister und auch des Königs verschafft. Man setzt hier große Hoffnungen auf ihn."[2059] Die vor Dandl liegenden Aufgaben waren groß. Zum einen galt es, die innenpolitischen Fronten zu überbrücken. Daneben stand die geforderte Stärkung der bayerischen Stellung im Reich. Wollte Dandl die Kriegsanstrengungen nicht gefährden, so musste er den Forderungen zumindest partiell nachgeben und sich notfalls auch mit Hertling anlegen.[2060]

10.3 Der Friede von Brest-Litowsk

Fast zeitgleich mit den personellen Änderungen im deutschen Reichskanzleramt und im bayerischen Ministerium des Äußeren war es in Russland am 7. November 1917 zum Sturz der provisorischen Regierung Kerenski gekommen. Die Bolschewiki übernahmen die Macht in Petrograd. Nur einen Tag später rief die Sowjetregierung die kriegführenden Staaten auf, einen Frieden ohne Annexionen und Reparationszahlungen, unter voller Wahrung des Selbstbestimmungsrechts der Völker zu schließen.[2061] Der russische Oberbefehlshaber Krylenko erbat am 26. November einen Waffenstillstand. Ludendorff entschied nach Rücksprache mit Ober Ost, dass Verhandlungen aufgenommen werden sollten – zumal die Aussicht bestand, im Osten freiwerdende Truppen im Westen einzusetzen. Der Oberbefehlshaber Ost erhielt Befehl, den Waffenstillstand herbeizuführen.[2062] Auf deutscher Seite war man jedoch uneins, wie ein Friedensschluss auszusehen habe. Die Heeresleitung sah in der militärischen Ohnmacht des Gegners die Gelegenheit, das im April 1917 in Bad Kreuznach verabschiedete Maximalprogramm umzusetzen. Da sie die militärische Entscheidung mittels einer Großoffensive im Westen suchen wollte, drängte sie auf einen raschen Abschluss der Verhandlungen. Die Reichsleitung konnte sich mit einer Ausweitung des deutschen Einflussbereichs im Osten an-

---

[2058] Protokoll über die Sitzung des k. Staatsrats vom 9.12.1917. BayHStA, NB. Kgl. Staatsrat. Nr. 1461.
[2059] Wehnert an Max von Soden. Dresden, 4. Februar 1918. Briefe an Max von Soden-Fraunhofen diverse Januar-Juni 1918. BayHStA, NLuS. Familienarchiv Soden-Fraunhofen. Nachlass Maximilian Graf von Soden-Fraunhofen. Nr. 556.
[2060] Vgl. Albrecht, Willy: Landtag und Regierung in Bayern. Berlin, 1968. S. 258.
[2061] Vgl. Ullrich, Volker: Die nervöse Großmacht. Frankfurt am Main, 2007. S. 536.
[2062] Die Aufzeichnungen des Generalmajors Max Hoffmann. Hrsg. von Karl Friedrich Nowak. Zweiter Band. Berlin, 1929. S. 189f.

freunden, allerdings mussten solche Bestrebungen mit Rücksicht auf die Reichstagsmehrheit in verdeckter Form vorangetrieben werden.[2063]

Prinz Leopold wandte sich am 15. November brieflich an Reichskanzler von Hertling, um Näheres über die politischen Planspiele zu erfahren und diesen nach Ober Ost einzuladen. Hertling antwortete am 21. November zwar ausführlich, aber reichlich schwammig, die von Leopold entwickelten Gedanken fänden seine „ernsteste Beachtung, zumal die berührten Fragen im Brennpunkt der für die Zukunft des Reiches entscheidenden Beratungen stehen." Ein abschließendes Urteil über das Verhältnis zu den Ostseeprovinzen ließe sich noch nicht abgeben: „In erster Linie dürfte es zunächst darauf ankommen, die Litauer und Kurländer baldigst zu der Erklärung zu veranlassen, dass sie in Ausübung des freien Selbstbestimmungsrechts der Völker von sich aus den Anschluss an Deutschland erbitten. In welcher Form dieser Anschluss sich vollzieht, würde späterer Erwägung vorzubehalten sein. Im Vordergrund der Erwägung steht die Personalunion mit der deutschen Kaiserkrone oder der Krone Preußens, doch vermag ich mich heute in dieser Beziehung noch nicht in irgendeiner Richtung festzulegen." Hinsichtlich Elsass-Lothringens seien die Verhandlungen ebenfalls noch nicht zum Abschluss gelangt. Hertling teilte dem Prinzen mit, die Abwägung der Reichsinteressen, der Interessen der Bundesstaaten und des Reichslandes selbst bedürfte „der eingehendsten Prüfung und Beratung, so dass wohl noch einige Zeit bis zu endgültiger Stellungnahme vergehen muss."[2064]

Am 3. Dezember 1917 begannen im Hauptquartier von Ober Ost in Brest-Litowsk Waffenstillstandsverhandlungen. Damit hatte die Reichsleitung ihr Ziel, Russland von der gegnerischen Koalition abzuspalten, erreicht.[2065] Prinz Leopold begrüßte als Oberbefehlshaber Ost die 19-köpfige russische Deputation unter Leitung von Adolf Joffe und verlieh der Erwartung Ausdruck, „dass die Verhandlungen in Bälde zum gewünschten Abschluss gedeihen mögen." Zugleich beauftragte er General Hoffmann mit der Leitung der Verhandlungen. Der Prinz befand: „Das Ganze war ein welthistorischer Moment, der sich wohl allen, welche ihn miterlebten, für immer eingeprägt haben wird." Für die Verhandlungen war in der halbzer-

---

[2063] Reichskanzler Hertling knüpfte an frühere Überlegungen Bethmann Hollwegs an, als er am 29. November 1917 erklärte, was die Länder Polen, Kurland, Litauen betreffe, achte man das Selbstbestimmungsrecht ihrer Völker. Dies war ein taktisches Manöver, um die Neuordnung Osteuropas mittels der Schaffung eines Systems von Satellitenstaaten unter deutscher Hegemonie in Angriff zu nehmen. Mit der Proklamation des Königreichs war in Polen am 5. November 1916 eine Vorentscheidung gefallen, in Kurland und Litauen waren seit dem Herbst 1917 unter deutschem Druck Landesräte gebildet worden, die um den Schutz des Deutschen Reichs nachgesucht hatten, obgleich die Räte nur eine Minderheit der Bevölkerung zu repräsentieren vermochte. Die Blicke der Heeresleitung richteten sich darüber hinaus auf Estland und Livland, um den russischen Herrschaftsbereich künftig vom Ostseezugang abzutrennen. Nachdem Kaiser Wilhelm II. und die Reichsleitung Bedenken geäußert hatten, wurden Estland und Livland bis auf Weiteres von der Kriegszielagenda genommen. Vgl. Ullrich, Volker: Die nervöse Großmacht. Frankfurt am Main, 2007. S. 536-538.

[2064] Schreiben des Reichskanzlers Graf Hertling an Prinz Leopold von Bayern. Berlin, 21.11.1917. Militärische Verwendung und politische Aktionen im Ersten Weltkrieg. BayHStA, GHA. NL Prinz Leopold, Nr. 230.

[2065] Vgl. Ullrich, Volker: Die nervöse Großmacht. Frankfurt am Main, 2007. S. 536.

10.3 Der Friede von Brest-Litowsk

störten Zitadelle von Brest-Litowsk eine der Offiziersbaracken entsprechend eingerichtet worden.[2066] Leopold beschrieb die russische Delegation mit Verwunderung: „Die Gesellschaft war merkwürdig genug. Nur neun von diesen waren stimmberechtigt, die maßgebenden derselben waren Freunde Lenins, Urrevolutionäre und Nihilisten, die Meisten derselben waren direkt aus der Verbannung aus Sibirien gekommen, natürlich Juden von reinstem Wasser, meist Zeitungsschreiber und Hetzer, gescheite und daher recht interessante Leute." Zu den Abendmahlzeiten saßen stets Adolf Joffe und Lew Kamenew zu beiden Seiten Prinz Leopolds, ihm gegenüber Generalstabschef Max Hoffmann, zu dessen rechter Seite Anastasia Bitsenko. Prinz Leopold konzedierte, das „persönliche Verhältnis zu den Gebildeten dieser Abgesandten" habe sich „ganz erträglich" gestaltet.[2067]

Leopold überließ seinem Generalstabschef die Verhandlungsführung und ging auf die Jagd. Nachdem von russischer Seite weitreichende Forderungen gestellt worden waren, einigte man sich zumindest auf eine zehntägige Waffenruhe. Als am 5. Dezember der vorläufige Waffenstillstandsvertrag vorlag, war der Prinz zurück, um seine Unterschrift unter das Dokument zu setzen.[2068] Die russische Delegation reiste daraufhin ab, um neue Instruktionen einzuholen. Bereits kurz darauf forderten Lenin und Leo Trotzki per Funkspruch die deutschen Soldaten und Matrosen zur Meuterei auf. Leopold war außer sich: „Gegen ein derartiges, völkerrechtswidriges Benehmen kann nicht scharf genug vorgegangen werden. Es ist dies erneut ein Zeichen, dass die Russenpartei mit allen Mitteln die revolutionäre Propaganda in Deutschland betreibt, ich fürchte immer, dass die Reichsregierung diese Propaganda viel zu sehr auf die leichte Schulter nimmt."[2069] Am 12. Dezember traf die russische Deputation wieder in Brest-Litowsk ein, um die Verhandlungen fortzuführen.[2070] Drei Tage später wurden sie zum Abschluss gebracht. Der Waffenstillstand sollte bis zum 14. Januar 1918 ausnahmslos gelten. Danach lief er mit der Möglichkeit eines siebentägigen Kündigungsrechts weiter. Er umfasste die Ostfront vom Schwarzen Meer bis zur Ostsee, ebenso die Kriegsschauplätze in Asien. Verstärkungen, Umgruppierung und operative Truppenverschiebungen durften nicht vorgenommen werden. Am 15. Dezember 1917 versammelten sich die Ver-

---

[2066] Kriegstagebuch, 3.12.1917. BayHStA, GHA. NL Prinz Leopold, Nr. 239.
[2067] Neben dem Delegationsleiter Joffe gehörte der Delegation dessen Schwager Lew Kamenew sowie Anastasia Bitsenko an. Letztere hatte nach der Revolution von 1905 den früheren russischen Kriegsminister erschossen und war daraufhin lebenslänglich nach Sibirien verbannt worden. Ferner gehörten der russischen Verhandlungsdeputation zu Leopolds Verwunderung einige Beamte an, „ein gemeiner Matrose, ein Arbeiter der untersten Klasse mit entsprechenden Manieren, ein Unteroffizier und ein prächtiger russischer Bauer mit üppigem grauen Haar und Bart." Sie waren alle stimmberechtigt, während ihnen als Berater ohne Stimmrecht mehrere Stabsoffiziere des russischen Generalstabs, ein Admiral, einige höhere Marineoffiziere und andere Beamte beigeordnet waren. Vgl. Kriegstagebuch, 3.12.1917. BayHStA, GHA. NL Prinz Leopold, Nr. 239; Die Aufzeichnungen des Generalmajors Max Hoffmann. Hrsg. von Karl Friedrich Nowak. Zweiter Band. Berlin, 1929. S. 190-194.
[2068] Kriegstagebuch, 5.12.1917. BayHStA, GHA. NL Prinz Leopold, Nr. 239.
[2069] Ebd., 8.12.1917. BayHStA, GHA. NL Prinz Leopold, Nr. 239.
[2070] Ebd., 12.12.1917. BayHStA, GHA. NL Prinz Leopold, Nr. 239.

handlungsteilnehmer spätnachts im großen Speisezimmer, um die Schriftstücke zu unterzeichnen. Nach einer kurzen Ansprache überreichte Prinz Leopold den Vertretern von Österreich-Ungarn, der Türkei, dem bulgarischen Justizminister sowie dem Leiter der russischen Delegation je ein Exemplar des Waffenstillstandsvertrags. Ein Fotograf hielt die Unterzeichnung für die Nachwelt fest.[2071]

Unmittelbar danach begannen die Friedensverhandlungen. Da es der deutschen Seite geboten schien, die Friedensverhandlungen in Brest-Litowsk und nicht etwa einem neutralen Land zu führen, musste die Zitadelle entsprechend arrangiert werden, um für die zahlreichen Kommissionen Platz zu bieten. Der große Saal im Theatergebäude wurde schließlich als Sitzungssaal für die Plenarsitzungen der Konferenz eingerichtet.[2072] Prinz Leopold gab an, dass vor allem „die immer wieder versuchte sozialistische Propaganda der russischen Bevollmächtigten" den Grund darstellte, wieso Brest als Verhandlungsort am geeignetsten schien. Die russische Delegation arbeitete darauf hin, die Friedensverhandlungen nach Stockholm zu verlegen, um „mit denselben einen großen internationalen sozialistischen Parteitag zu verbinden."[2073] Geleitet wurde die deutsche Delegation von Richard von Kühlmann, dem Staatsekretär des Auswärtigen Amtes. General Max Hoffmann, Prinz Leopolds Generalstabschef in Ober Ost, wurde beauftragt, die Oberste Heeresleitung bei den Verhandlungen zu vertreten.[2074]

Gerade diese Personalie war nicht unumstritten. Generalleutnant Hermann von Kuhl, der Generalstabschef der Heeresgruppe Kronprinz von Bayern, wies seinen prinzlichen Oberbefehlshaber darauf hin, dass Hoffmann, „der als früherer erster Gen.Stabsoff. (Ia) Ludendorffs dessen besonderes Vertrauen" genieße, „hierfür wegen der großen Schroffheit seines Wesens und wegen seiner sehr extremen Ansichten und seiner allzu weit gehenden Pläne nicht der geeignete Mann sei."[2075] Prinz Georg hingegen schrieb seinem Vater nach Brest-Litowsk, dass die Verhandlungen unter Vorsitz des Generals Hoffmann geführt werden, beruhige ihn sehr: „Da besteht wenigstens die Gewissheit, dass die deutschen Interessen nachdrücklich gewahrt werden, gegen Diplomaten habe ich in dieser Beziehung ein tiefwurzelndes Misstrauen."[2076] Max Hoffmann erfüllte die Erwartungen, als verlängerter Arm der Heeresleitung in Brest-Litowsk zu fungieren, allerdings keineswegs. In militärischer und politischer Hinsicht besaß der Chef des Generalstabs von Ober Ost einen eigenen Kopf und stand Richard von Kühlmanns Ansichten weit näher als Ludendorffs. Außerdem hatte er vor Hindenburg, den er zwei Jahre lang aus nächster Nähe erlebt hatte, jeglichen militärischen Respekt verloren. So kam es

---

[2071] Ebd., 15.12.1917. BayHStA, GHA. NL Prinz Leopold, Nr. 239.
[2072] Ebd., 18.12.1917. BayHStA, GHA. NL Prinz Leopold, Nr. 239.
[2073] Ebd., 20.12.1917. BayHStA, GHA. NL Prinz Leopold, Nr. 239.
[2074] Vgl. Die Aufzeichnungen des Generalmajors Max Hoffmann. Hrsg. von Karl Friedrich Nowak. Zweiter Band. Berlin, 1929. S. 197; Kriegstagebuch, 18.12.1917. BayHStA, GHA. NL Prinz Leopold, Nr. 239.
[2075] Kriegstagebuch, 6. Januar 1918. BayHStA, GHA. NL Kronprinz Rupprecht, Nr. 707.
[2076] Prinz Georg von Bayern an Prinz Leopold von Bayern. München, 11.12.1917. Briefe des Prinzen Georg 1916-1930. BayHStA, GHA. NL Prinz Leopold, Nr. 31.

10.3 Der Friede von Brest-Litowsk

immer wieder zu Zusammenstößen zwischen der Heeresleitung und Hoffmann.[2077] Nachdem die russische Delegation, der österreichische Außenminister Ottokar Graf von und zu Czernin, der türkische Bevollmächtigte Talât Pascha, der bulgarische Bevollmächtigte sowie der Staatssekretär des Auswärtigen Amtes Richard von Kühlmann eingetroffen waren, begannen die Friedensverhandlungen am 22. Dezember 1917.[2078]

Prinz Leopold hielt im Theatersaal als Gastgeber die feierliche Eröffnungsansprache. An den Friedensverhandlungen selbst nahm er nicht teil.[2079] Graf Czernin berichtet, dass „auch die russischen Bolschewiken unter seinem Charme standen, obwohl sie ein doppeltes Vorurteil gegen den Prinzen und den General hatten." Czernin empfand den Prinzen Leopold als einen „der sympathischsten und angenehmsten Männer", denen er je begegnet sei: „Von ruhigem, ausgeglichenem Verstande, dabei zielbewusst und energisch, stets freundlich und von bestechender Bescheidenheit."[2080] Zu Beginn legte die russische Delegation ein Sechs-Punkte-Programm vor, das den Rückzug aller Truppen aus den besetzten Gebieten forderte, ebenso die Wiederherstellung der politischen Selbstständigkeit der Völker, freie Entscheidung für nationale Gruppen, sich per Referendum einer anderen Nation anzuschließen oder Selbstständigkeit zu erlangen sowie die Sicherung der Rechte nationaler Minderheiten und der Verzicht auf Reparationen. Im Namen der Mittelmächte akzeptierte Czernin dies als diskutable Grundlage, unter der Voraussetzung, dass alle kriegführenden Staaten sich diesen Bedingungen verpflichteten. Weder Czernin noch Kühlmann rechneten damit, dass die Ententemächte auf dieser Grundlage bereit wären, Vertreter nach Brest-Litowsk zu entsenden. Das Entgegenkommen der Mittelmächte wurde stark relativiert, als Hoffmann, im Einverständnis mit Kühlmann, die russische Delegation aufklärte, dass ein Verzicht auf Annexionen die Loslösung von Polen, Litauen und Kurland aus dem russischen Staatsverband keineswegs ausschließe. Kaum hatten die Friedensverhandlungen begonnen, waren sie vom Scheitern bedroht. Kühlmann legte am 27. Dezember einen Vertragsentwurf vor, in dem der Verzicht auf Polen, Litauen, Kurland, Teile von Estland und Livland verlangt wurde. Danach wurden die Verhandlungen für zehn Tage unterbrochen.[2081]

Da der Oberbefehlshaber Ost den Eindruck hatte, dass auf russischer Seite kein Interesse an einem schnellen Friedensschluss bestand, begann er mit seinem Stabschef Hoffmann Planungen für den Fall einer Aufkündigung des Waffenstillstands. Für Leopold stand außer Frage, dass in diesem Fall „eine energische Offensive" ergriffen werde müsste. Dies barg Schwierigkeiten, denn wenngleich durch die in

---

[2077] Vgl. Pyta, Wolfram: Hindenburg. München, 2009. S. 317f.
[2078] Vgl. Die Aufzeichnungen des Generalmajors Max Hoffmann. Hrsg. von Karl Friedrich Nowak. Zweiter Band. Berlin, 1929. S. 197f; Kriegstagebuch, 21.12.1917. BayHStA, GHA. NL Prinz Leopold, Nr. 239.
[2079] Kriegstagebuch, 22.12.1917. BayHStA, GHA. NL Prinz Leopold, Nr. 239.
[2080] Vgl. und zit. nach Wolbe, Eugen: Generalfeldmarschall Prinz Leopold von Bayern. Ein Lebensbild. Leipzig, 1920. S. 73f.
[2081] Vgl. Ullrich, Volker: Die nervöse Großmacht. Frankfurt am Main, 2007. S. 538f.

Auflösung befindliche russische Armee kein Widerstand zu erwarten war, so konnte der Oberbefehlshaber Ost „nur über verhältnismäßig wenig Truppen [...] verfügen, welche mangels Trains und Kolonnen wenig bewegungsfähig waren." Hoffmann war der Meinung, ein Vormarsch würde Wochen in Anspruch nehmen. Leopold beabsichtigte für den Fall des Scheiterns der Friedensgespräche „eine möglichst schnelle Besitzergreifung der nach Nordosten und Osten führenden Eisenbahnlinien, Sicherung der Flussübergänge und Vormarsch längs und auf den Eisenbahnlinien".[2082]

Ludwig III. verfolgte die Verhandlungen von Brest-Litowsk gespannt. Seinem Bruder schrieb er am 3. Januar 1918, es freue ihn außerordentlich, dass es Leopold vergönnt sei, „an dem Weltereignis, das sich in Brest abspielt, so tätigen Anteil zu nehmen. Allem Anschein nach nehmen die Verhandlungen einen guten Fortgang. Hoffentlich sind hierbei unsere Diplomaten ebenso glücklich wie unsere Feldherren es waren." Im Osten sei der Friede angebahnt und im Westen dürfe man „nach allen Anzeichen auch auf einen nicht zu fernen, guten Ausgang rechnen." Seine Hauptsorge blieb, „dass der Frieden so gestaltet wird, dass er wert ist der ungeheuren Opfer, die von uns gebracht wurden, und dass wir nicht bloß eine vollständige Sicherung unserer Grenzen, sondern auch einen Landgewinn erreichen, der uns eine gedeihliche wirtschaftliche Entwicklung für lange Zeiten sichert."[2083] Prinz Franz schrieb seinem königlichen Vater zwei Tage später, er hoffe auf einen Friedensschluss im Osten, der nicht allzu weitgehende Forderungen an Russland beinhalte. Denn „so etwas wäre Wasser auf die Mühlen der Sozialisten, besonders wenn es denn diesen gelänge, einen verträglichen Frieden herbeizuführen."[2084] Leopold erwartete, dass nach einem Friedensschluss seine Tätigkeit als Armeeführer im Osten beendet sein würde.[2085]

Die Heeresleitung griff Kühlmann wegen dessen Verhandlungstaktik an und witterte diplomatische Kompromissbereitschaft. Hindenburg stellte gegenüber Reichskanzler Hertling klar, dass er niemals die Genehmigung zur Unterzeichnung eines „schmählichen Friedens" erteilen werde, der „nicht der Würde von Thron und Altar" entspreche. Im Verlauf des erbitterten Streits zwischen der Reichslei-

---

[2082] Kriegstagebuch, 23.12.1917. BayHStA, GHA. NL Prinz Leopold, Nr. 239.
[2083] König Ludwig III. von Bayern an Prinz Leopold von Bayern. München, 3. Januar 1918. Briefe Ludwigs III. 1856-1921. BayHStA, GHA. NL Prinz Leopold, Nr. 36.
[2084] Prinz Franz an König Ludwig III., 5.1.1918. BayHStA, GHA. NL Ludwig III., Nr. 64.
[2085] Nach der Niederwerfung Russlands kam es Leopolds Ansicht nach darauf an, einen kriegsentscheidenden Sieg über die Westmächte zu erkämpfen, ehe die amerikanische Armee auf dem europäischen Kriegsschauplatz spürbar eingreifen konnte. Aus diesem Grund hatte Leopold seinen Stabschef in Berlin vorfühlen lassen, ob sich nicht eine neue militärische Tätigkeit für ihn finden ließe. Ihm schwebte laut seinen Tagebuchaufzeichnungen der Gedanke vor, „sämtliche im Osten freigewordene Streitkräfte nach Oberitalien zu werfen, nach rascher und endgültiger Besiegung der Italiener, von Oberitalien aus mit einer mächtigen deutschen und österreichischen Armee in Frankreich einzudringen und die französische Front durch einen Vormarsch auf Paris von Süden her aufzurollen." Das Kommando über diese Riesenarmee hätte der Prinz am liebsten selbst übernommen: „Dies wäre auch für mich eine schöne militärische Aufgabe gewesen." Doch in Berlin hatte Hoffmann für diesen Plan wenig Begeisterung gefunden. Vgl. Kriegstagebuch, 4.1.1918. BayHStA, GHA. NL Prinz Leopold, Nr. 239.

tung und der Heeresleitung, der sich zur Jahreswende 1917/18 abspielte, drohten Hindenburg und Ludendorff zum wiederholten Mal mit Rücktritt.[2086] Hoffmann geriet ebenso ins Kreuzfeuer der Heeresleitung.[2087] Ludendorff intrigierte mit allen Mitteln, um seine Ziele zu erreichen. Der Deutsche Kronprinz wurde eingespannt, um über den bayerischen Kronprinzen Einfluss auf König Ludwig III. zu nehmen. Ludendorff hatte dem Kronprinzen Wilhelm mitgeteilt, dass er sich durch den Staatssekretär des Äußern beleidigt fühle, so dass er sich genötigt sehe, um die Enthebung von seinem Posten zu bitten. Doch der von Kronprinz Wilhelm angesprochene Rupprecht ließ sich nicht auf die Ränkespiele ein. Er teilte mit, dass er „weder einen Rücktritt Ludendorffs und Hindenburgs noch einen solchen des Reichskanzlers für opportun hielte, sondern vielmehr zu hoffen sei, dass der Kaiser den Streitfall regle und die O.H.L. wie die Reichsleitung anweise, sich streng an ihre Kompetenzen zu halten." In diesem Sinne berichtete er seinem Vater nach München.[2088]

Diese Anregung zur Schlichtung war von Ludwig III. fast unverändert an den Kaiser weitergeleitet worden und fiel dort auf fruchtbaren Boden. Hindenburg wurde am 12. Januar 1918 durch Reichskanzler Hertling ein Schriftstück übersandt, das „eine genaue Scheidung der Kompetenzen der Reichsleitung und der O.H.L. festlegte und dessen Inhalt von Hindenburg anerkannt wurde. Auch erfolgte am gleichen Tage eine Entscheidung des Kaisers im gleichen Sinne."[2089] Dies zeigt, dass Wilhelm II. zu Beginn des Jahres 1918 keineswegs zu einem ‚Schattenkaiser' oder einer Marionette der Heeresleitung degradiert worden war. Sekundiert durch Hoffmann und Kühlmann und mit der Unterstützung des Königs von Bayern revitalisierte er seine Herrschaftsbefugnis als Oberster Kriegsherr.[2090] Der Konflikt zwischen der Reichsleitung und der Heeresleitung war damit einstweilen erledigt. Es gelang Ludendorff nicht, beim Kaiser die Demission Kühlmanns oder Hertlings durchzusetzen. Auch Hoffmann konnte nicht aus dem Weg geräumt werden.[2091]

[2086] Ullrich, Volker: Die nervöse Großmacht. Frankfurt am Main, 2007. S. 539f.
[2087] Pyta, Wolfram: Hindenburg. München, 2009. S. 318; Der Chef des Generalstabs beim Oberkommando Ost war vom Kaiser um seine Meinung über den Erwerb polnischer Grenzgebiete befragt worden, ohne dass Ludendorff davon informiert worden war. Hoffmann hatte bei dieser Gelegenheit vor einer Besetzung eines größeren polnischen Grenzstreifens gewarnt, wie die Oberste Heeresleitung ihn gefordert hatte. Dies führte zum endgültigen Bruch zwischen Hoffmann und Ludendorff. Für seinen Widerspruch sollte der Generalstabschef des Prinzen Leopold nach Ludendorffs Willen strafweise an die Spitze einer Division abkommandiert werden. Der Kaiser widersprach: Hoffmann hatte in Brest-Litowsk zu bleiben. Vgl. Die Aufzeichnungen des Generalmajors Max Hoffmann. Hrsg. von Karl Friedrich Nowak. Erster Band. Berlin, 1929. S. XXIV; Vgl. Die Aufzeichnungen des Generalmajors Max Hoffmann. Hrsg. von Karl Friedrich Nowak. Zweiter Band. Berlin, 1929. S. 203-206.
[2088] Kriegstagebuch, 6. Januar 1918. BayHStA, GHA. NL Kronprinz Rupprecht, Nr. 707.
[2089] Kriegstagebuch, 19. Januar 1918. BayHStA, GHA. NL Kronprinz Rupprecht, Nr. 707.
[2090] Vgl. Pyta, Wolfram: Hindenburg. München, 2009. S. 318.
[2091] Stattdessen erzwang die Heeresleitung den Abgang des langjährigen Chefs des kaiserlichen Zivilkabinetts, Rudolf von Valentini, einer der letzten Stützen des Systems Bethmann in der Umgebung des Kaisers. Nachfolger in dieser einflussreichen Position wurde der erzkonservative Friedrich Wilhelm von Berg. Vgl. Ullrich, Volker: Die nervöse Großmacht. Frankfurt am Main, 2007. S. 540.

Wilhelm II. drängte auf einen raschen Abschluss der Friedensverhandlungen mit der Ukraine.[2092] Die abgereiste russische Delegation ließ hingegen verlautbaren, sie wolle die Verhandlungen in Stockholm fortführen. Bereits zuvor hatte sie beantragt, den Waffenstillstand auf sechs Monate zu verlängern.[2093] Auf ein „sehr ernstes Telegramm" sagte die russische Delegation ihre Anreise nach Brest doch noch zu.[2094] Als die Friedensverhandlungen am 8. Januar 1918 wieder aufgenommen wurden, hatten Kühlmann und Hoffmann es mit dem Volkskommissar für auswärtige Angelegenheiten Leo Trotzki zu tun, der Joffe als Delegationsleiter ersetzte. Trotzki war ein gewiefter, dialektisch geschulter Unterhändler, der den Versuch unternahm, die Verhandlungen in die Länge zu ziehen und als agitatorisches Forum zu nutzen, um die Stimmung der Arbeiterschaft im Deutschen Reich und Österreich-Ungarn in revolutionärem Sinne zu beeinflussen.[2095]

Aufgrund einer geheimen Zusatzvereinbarung zu den Versailler Verträgen von 1870/71 sollte auch ein bayerischer Sondergesandter an den Friedensverhandlungen teilnehmen. Die Regierungen der deutschen Bundesstaaten wurden Anfang Januar von dieser Nachricht überrascht. Prinz Leopold war nicht geeignet, als Diplomat bayerische Interessen zu vertreten. Zum bayerischen Vertreter in Brest-Litowsk wurde daher vom König der ehemalige Staatsminister des Äußern, Clemens Graf von Podewils, bestimmt. Dieser sollte, als Mitglied der bestehenden deutschen Delegation, seine Instruktionen direkt durch den Reichskanzler erhalten.[2096] Der bayerische Gesandte in Stuttgart Karl Graf von Moy berichtete, in Württemberg herrsche Entrüstung über diese Vorgänge.[2097] Am 15. Januar 1918

[2092] Bereits im November 1917 hatte sich die parlamentarische Vertretung der drei sozialistischen Parteien in Kiew von der russischen Regierung losgesagt und die Unabhängigkeit der Ukrainischen Volksrepublik erklärt. Ungeachtet der Formierung einer bolschewistischen Gegenregierung erkannten die Mittelmächte die Kiewer Regierung an und gewährten ihr eine eigenständige Delegation in Brest-Litowsk. Durch die separaten Verhandlungen sollte Druck auf die russische Delegation ausgeübt werden. Vgl. Ullrich, Volker: Die nervöse Großmacht. Frankfurt am Main, 2007. S. 541f.
[2093] Kriegstagebuch, 3.1.1918. BayHStA, GHA. NL Prinz Leopold, Nr. 239.
[2094] Ebd., 4.1.1918. BayHStA, GHA. NL Prinz Leopold, Nr. 239.
[2095] Vgl. Ullrich, Volker: Die nervöse Großmacht. Frankfurt am Main, 2007. S. 540f.
[2096] Dieses – ausschließlich nicht öffentlich bekannte – bayerische Sonderrecht sorgte für erheblichen Unmut in den übrigen deutschen Bundesstaaten. Da Podewils ausdrücklich als bayerischer Vertreter bezeichnet wurde, schrieb das „Stuttgarter Neue Tagblatt" kritisch, habe er „offenbar seine Vollmachten nicht vom Kaiser, sondern vom König von Bayern empfangen. Es wird also ein bayerischer Bevollmächtigter aufgestellt, der im Namen Bayerns Frieden schließen soll und zwar den Reichsfrieden, denn ein bayerischer Sonderfriede steht ja nicht in Frage." Die Entsendung Podewils wurde als „bayerischer Partikularismus" bewertet, der sich über Verfassungsrecht sowie Völkerrecht hinwegsetze, da ausschließlich der Kaiser berechtigt sei, das Reich bei internationalen Verhandlungen zu vertreten. Aus Preußen, Sachsen und Württemberg kamen teils heftige Angriffe. Vgl. „Der bayerische Vertreter in Brest-Litowsk". Stuttgarter Neues Tagblatt, 18. Januar 1918. Entsendung eines bayerischen Vertreters zu den Friedensverhandlungen 1918. BayHStA, NB. StMin des K. Hauses und des Äußern, Nr. 97684; Vgl. Koch, Ingeborg: Die Bundesfürsten und die Reichspolitik in der Zeit Wilhelms II. München, 1961. S.143-145.
[2097] Die württembergischen Zeitungen gerierten sich zwar lautstark als Verteidiger der Reichsverfassung, nach Moys Ansicht bildete aber Missgunst „das Hauptmotiv ihres Ärgers." Vgl. Schreiben der bayerischen Gesandtschaft in Stuttgart (Graf Moy) an den Staatsminister des Königlichen Hauses und des Äußern Otto von Dandl. Stuttgart, 19. Januar 1918. Entsendung eines bayerischen Ver-

10.3 Der Friede von Brest-Litowsk

ließ Reichskanzler Hertling der bayerischen Regierung mitteilen, er stimme der Wahl Podewils' zu. Die preußische Gesandtschaft in München betonte jedoch, der Reichskanzler verstehe Podewils nicht als Vertreter Bayerns, sondern als Mitglied der vorhandenen Delegation. Dies entspreche der zwischen Bayern und Preußen getroffenen Verabredung, „nach deren Wortlaut der Bevollmächtigte Seiner Majestät des Königs von Bayern amtlich vom Bundeskanzler zu instruieren" sei. Diese Instruktion könne naturgemäß mit der dem Staatssekretär des Auswärtigen Amts erteilten nur identisch sein.[2098] Nach Rücksprache Lerchenfelds mit dem Auswärtigen Amt wurde Podewils mitgeteilt, er habe sich beim König zur Audienz zu melden und möge danach nach Berlin abreisen, wo alles Weitere geregelt werde. Es ist nicht auszuschließen, dass Ludwig III. seinen Sondergesandten auf bestimmte Verhandlungsziele einzuschwören versuchte, bevor dieser sich auf den Weg machte.[2099] Sicher ist im Gegensatz dazu, dass Victor Naumann Podewils vor dessen Abreise mit auf den Weg gab, er müsse sich unbedingt mäßigend in die Friedensverhandlungen einbringen und betonen, die bayerische Regierung sei der Ansicht, je versöhnlicher der Friede ausfalle, desto besser. Podewils teilte diese Meinung und sah in einem Verständigungsfrieden die „einzige Rettung."[2100] Inwiefern bayerische Sonderinteressen durchgesetzt werden konnten, war fraglich.[2101]

Infolge Trotzkis vorübergehender Abreise waren die Verhandlungen vertagt worden. Kühlmann reiste zurück nach Berlin. Podewils traf ihn dort und begab sich mit ihm zusammen nach Brest-Litowsk, begleitet von Graf Soden. Wie Lerchen-

---

treters zu den Friedensverhandlungen 1918. BayHStA, NB. StMin des K. Hauses und des Äußern, Nr. 97684.

[2098] Zudem wies man darauf hin, dass sich innerhalb des Rahmens der Delegation von Brest-Litowsk „kaum Gelegenheit zu einer dauernden Betätigung bieten" werde, die der „hervorragenden Stellung des Grafen Podewils, seinen diplomatischen Qualitäten und seiner staatsmännischen Vergangenheit gerecht würde". Hertling ließ in Anbetracht der örtlichen Verhältnisse in Brest-Litowsk vorschlagen, „dass Graf Podewils zwar alsbald als Bevollmächtigter des Königs von Bayern der deutschen Friedensdelegation offiziell zugeteilt" werde, in Brest-Litowsk aber nur dann persönlich erscheine, wenn besonders wichtige Fragen zur Verhandlung stünden. Sollte Podewils dagegen Wert auf dauerhafte Anwesenheit legen, so stünde dem nichts im Wege. Vgl. Schreiben der preußischen Gesandtschaft in München (Graf Zech) an den Staatsminister des Königlichen Hauses und des Äußern Otto von Dandl. München, 15. Januar 1918. Entsendung eines bayerischen Vertreters zu den Friedensverhandlungen 1918. BayHStA, NB. StMin des K. Hauses und des Äußern, Nr. 97684.

[2099] Vormerkung des Staatsministeriums des Königlichen Hauses und des Äußern zu einem Telefonat mit der bayerischen Gesandtschaft in Berlin. Entsendung eines bayerischen Vertreters zu den Friedensverhandlungen 1918. BayHStA, NB. StMin des K. Hauses und des Äußern, Nr. 97684.

[2100] Vgl. Naumann, Victor: Profile. 30 Porträt-Skizzen aus den Jahren des Weltkrieges nach persönlichen Begegnungen. München u.a., 1925. S. 100f.

[2101] Graf Podewils meldete sich per Brief beim bayerischen Ministerratsvorsitzenden Dandl, um die dort „noch gebotene Möglichkeit auszunützen", erneut auf die Gefährdung hinzuweisen, der seine Berichterstattung in Brest durch die Zensurmaßnahmen ausgesetzt sein werde. Nichts passiere „die Zensurgrenze, was nach Herkunft, Bestimmung oder sonst wie der Einsichtnahme wert befunden und ihr dann nicht auch unterzogen würde", daher sei an Ort und Stelle größte Vorsicht geboten. [Vgl.] Schreiben des bayerischen Sonderbevollmächtigten Graf Podewils an den Staatsminister des Königlichen Hauses und des Äußern Otto von Dandl. Berlin, 23. Januar 1918. Entsendung eines bayerischen Vertreters zu den Friedensverhandlungen 1918. BayHStA, NB. StMin des K. Hauses und des Äußern, Nr. 97684.

feld berichtete, hatte ihm Reichskanzler Hertling im Gespräch mitgeteilt, dass der württembergische Gesandte im Auftrag des württembergischen Ministerpräsidenten „Bedenken gegen diese Bevorzugung Bayerns" geäußert habe.[2102] Prinz Leopold freute sich außerordentlich, als er seinen langjährigen Bekannten Graf Podewils am 28. Januar 1918 in Brest begrüßen konnte.[2103] Der bayerische Sondervertreter hatte allerdings keine Gelegenheit zu einem energischen Auftreten und wurde in den Hintergrund gedrängt.[2104] Da Podewils Ende Februar erkrankte, wurde Legationsrat von Schoen, der als enger Mitarbeiter Lerchenfelds in der bayerischen Gesandtschaft in Berlin wirkte, mit Genehmigung Ludwigs III. als Vertreter bei den Friedensverhandlungen mit Rumänien, die in Bukarest stattfinden sollten, bestimmt.[2105] Erst Anfang März kam es zu einer Besprechung, bei der die Verstimmungen zwischen den Bundesstaaten behoben wurden.[2106]

Trotzki schnitt jeden Verkehr der russischen Abordnung mit den übrigen Delegationen ab. Sie nahm ihre Mahlzeiten für sich ein und kam nur in den Sitzungen mit den anderen Bevollmächtigten zusammen. Da Prinz Leopold an den Sitzungen nicht teilnahm, hatte er „keine Gelegenheit, Trotzki persönlich kennen zu lernen."[2107] Das diplomatische Katz-und-Maus-Spiel Trotzkis und Kühlmanns, das sich um verschiedene Interpretationen des Selbstbestimmungsrechts drehte, wurde am 12. Januar 1918 durch ein Machtwort Hoffmanns für beendet erklärt. Der Vertrag mit der Ukrainischen Volksrepublik – der erste Friedensvertrag des Ersten Weltkriegs überhaupt – wurde am 9. Februar 1918 unterzeichnet.[2108] Abends beim

---

[2102] Schreiben der bayerischen Gesandtschaft in Berlin (Graf Lerchenfeld) an den Staatsminister des Königlichen Hauses und des Äußern Otto von Dandl. Berlin, 19. Januar 1918. Entsendung eines bayerischen Vertreters zu den Friedensverhandlungen 1918. BayHStA, NB. StMin des K. Hauses und des Äußern, Nr. 97684.

[2103] Kriegstagebuch, 28.1.1918. BayHStA, GHA. NL Prinz Leopold, Nr. 239.

[2104] Vgl. Naumann, Victor: Profile. 30 Porträt-Skizzen aus den Jahren des Weltkrieges nach persönlichen Begegnungen. München u.a., 1925. S. 101.

[2105] Schreiben der bayerischen Gesandtschaft in Berlin (Legationsrat von Schoen) an den Staatsminister des Königlichen Hauses und des Äußern Otto von Dandl. Berlin, 20. Februar 1918. Entsendung eines bayerischen Vertreters zu den Friedensverhandlungen 1918. BayHStA, NB. StMin des K. Hauses und des Äußern, Nr. 97684.

[2106] Der württembergische Ministerpräsident betonte bei dieser Gelegenheit erneut, es müsse bei der Reichsverfassung bleiben, wonach der Kaiser die Verhandlungen mit dem Ausland zu führen habe. Es stehe dem aber nichts im Wege, dass der Kaiser außer einem bayerischen auch einmal einen württembergischen oder sächsischen Delegierten zu Friedensverhandlungen entsenden könne. Graf Hertling teilte schließlich diese Auffassung. Vgl. Schreiben der bayerischen Gesandtschaft in Stuttgart (Graf Moy) an den Staatsminister des Königlichen Hauses und des Äußern Otto von Dandl. Stuttgart, 5. März 1918. Entsendung eines bayerischen Vertreters zu den Friedensverhandlungen 1918. BayHStA, NB. StMin des K. Hauses und des Äußern, Nr. 97684.

[2107] Kriegstagebuch, 7.1.1918. BayHStA, GHA. NL Prinz Leopold, Nr. 239.

[2108] Die russische Verhandlungsführung agiere so, „als ob sie siegreich in unserem Lande ständen und die Bedingungen diktieren könnten." Er wies entnervt darauf hin, „dass die Tatsachen entgegengesetzt sind. Das siegreiche deutsche Heer steht in Ihrem Gebiet." Die Oberste Heeresleitung verbitte sich daher jegliche Einmischung in die Angelegenheiten der besetzten Gebiete: „Für uns haben die Völker der besetzten Gebiete ihren Wunsch der Lostrennung von Russland bereits klar und unzweideutig zum Ausdruck gegeben." Am 18. Januar präsentierte der Generalstabschef von Ober Ost eine Karte, in der mit einer blauen Linie die künftige Grenze zwischen dem Reich und Russland gezogen war. Sie trennte nicht nur Polen und die Ukraine, sondern auch Kurland, Litauen, Tei-

10.3 Der Friede von Brest-Litowsk

Diner, an dem alle Delegierten mit Ausnahme der Russen teilnahmen, hatte man zu Ehren des 72. Geburtstags Leopolds eine Feier arrangiert. Bei dieser Gelegenheit wies der Prinz auf die Bedeutung dieses Tages hin, an dem nach dreieinhalb Kriegsjahren der erste Frieden geschlossen worden war, „dem hoffentlich bald weitere Friedenschlüsse folgen" würden.[2109] Seinem Sohn Georg schrieb er jedoch, er frage sich, wie es weitergehe, „denn die Russen sind unglaublich zähe und anmaßend, ihr ganzes Trachten ist, die Revolution bei den Mittelmächten in Szene zu setzen."[2110] Trotzki setzte tags darauf einen Schlusspunkt unter die Verhandlungen, indem er erklärte, für Russland sei der Kriegszustand beendet und seine Truppen würden demobilisiert. Auf weitere Verhandlungen oder eine Unterzeichnung des Friedensvertrages werde er verzichten.[2111] Nach einer Besprechung mit Hoffmann befand Leopold: „So viel Ungewöhnliches dieser Krieg auch gebracht hatte, so etwas war noch nie da gewesen. Was sollte man mit dieser Erklärung anfangen? […] War dieselbe als Kündigung des Waffenstillstands anzusehen?"[2112]

Kühlmann empfahl, den Schwebezustand zwischen Krieg und Frieden zu erhalten. Hoffmann plädierte dagegen für eine Aufkündigung des Waffenstillstandes, damit die Bolschewiki zum Abschluss des Friedensvertrages gezwungen würden und nicht in aller Ruhe eine Revolutionsarmee schaffen könnten. Die Entscheidung für eine Wiederaufnahme der militärischen Operationen fiel am 13. Februar. Ludendorff überzeugte Hertling und den Kaiser mit dem Argument, dass man erst nach einem klaren Ende der Kampfhandlungen im Osten Divisionen an die Westfront abziehen könne. Nachdem infolge Trotzkis Erklärung der Waffenstillstand als gekündigt befunden wurde, begann der deutsche Vormarsch am 18. Februar 1918. Innerhalb weniger Tage waren deutsche Truppen nach Minsk vorgedrungen und hatten Estland und Livland vollständig besetzt, bis sie 150 Kilometer vor Petrograd standen. Nennenswerter Widerstand wurde nicht geleistet.[2113]

Prinz Leopold empfand die Leistungen seiner Truppen in Ost-Livland, Groß- und Kleinrussland als großartig: „Dieser Vormarsch zu Eisenbahn, zu Pferde und zu Fuß dürfte einzig in der Kriegsgeschichte dastehen. Russischer Widerstand war nicht bedeutend. Stäbe und Truppen ergaben sich massenhaft, die Beute an Kriegs-

---

le Livlands und Estlands von Russland ab. Diese auftrumpfenden Auftritte Hoffmanns lieferten Trotzki einen willkommenen Anlass, die deutsche „Gewaltpolitik" öffentlich anzuprangern und die Zugeständnisse Kühlmanns als Lippenbekenntnisse abzutun. Die folgende, höchst wirksame Propaganda der Bolschewiki war sicherlich eine der Hauptursachen für die Januarstreiks im Deutschen Reich und in Österreich-Ungarn. Vgl. Ullrich, Volker: Die nervöse Großmacht. Frankfurt am Main, 2007. S. 539-542; Vgl. Die Aufzeichnungen des Generalmajors Max Hoffmann. Hrsg. von Karl Friedrich Nowak. Erster Band. Berlin, 1929. S. XXVI.

[2109] Kriegstagebuch, 9.2.1918. BayHStA, GHA. NL Prinz Leopold, Nr. 239.
[2110] Schreiben des Prinzen Leopold an Prinz Georg, 10.2.18. BayHStA, GHA. NL Prinz Georg, Nr. 59.
[2111] Vgl. Ullrich, Volker: Die nervöse Großmacht. Frankfurt am Main, 2007. S. 542.
[2112] Kriegstagebuch, 10.2.1918. BayHStA, GHA. NL Prinz Leopold, Nr. 239.
[2113] Vgl. Liulevicius, Vejas Gabriel: Kriegsland im Osten. Eroberung, Kolonisierung und Militärherrschaft im Ersten Weltkrieg. Hamburg, 2002. S. 257; Vgl. Ullrich, Volker: Die nervöse Großmacht. Frankfurt am Main, 2007. S. 542f; Vgl. Die Aufzeichnungen des Generalmajors Max Hoffmann. Hrsg. von Karl Friedrich Nowak. Zweiter Band. Berlin, 1929. S. 214f.

und Eisenbahnmaterial war sehr groß."[2114] Lenin gelang es am 24. Februar 1918 – angesichts der bedrohlichen Lage – im Zentralkomitee eine Mehrheit für die Annahme des deutschen Ultimatums zu gewinnen.[2115] Leopold vermutete, der russischen Regierung sei der deutsche Vormarsch, „der ihre militärische und politische Situation täglich verschlechtert, entschieden unerwartet gekommen." Er mutmaßte, man habe geglaubt, die deutsche Seite würde „untätig bleiben und die Revolution werde zugleich bei uns ausbrechen. Nun war ihnen Angst geworden und sie verlangten stürmisch die Verhandlungen wieder aufzunehmen."[2116] In Brest-Litowsk wurde daraufhin am 3. März 1918 der Friedensvertrag unterzeichnet, der Russland dazu zwang, Polen, Litauen und Kurland abzutreten, Estland und Livland zu räumen und die staatliche Souveränität der Ukraine anzuerkennen.[2117] Die Bedingungen für Russland beurteilte Leopold als „ziemlich schwere, indem es seine westlichen Randprovinzen je nach dem Ausfalle der vorzunehmenden Volksabstimmung voraussichtlich verlor, die Ukraine selbstständiger Staat werden" sollte und es eine beachtliche Kriegsentschädigung zu leisten hatte.[2118] Er ließ am 3. März den Vormarsch und die Feindseligkeiten gegen Russland einstellen. Abends zuvor hatte Ludendorff nach Brest telegrafiert, dass auch Rumänien die deutschen Friedensbedingungen annehme. Leopold konstatierte nicht ohne Sorge: „Somit wäre Friede auf der ganzen Ostfront. Mit starken Bandenunruhen in Russland, vor allem aber in der Ukraine, ist bestimmt zu rechnen."[2119]

Mit der Niederwerfung der russischen Kriegsmacht hatte Prinz Leopold als Oberbefehlshaber Ost die ihm zugemessene Aufgabe gelöst. Das Verdienst des Prinzen fand in der Verleihung des Großkreuzes des Eisernen Kreuzes durch den Kaiser seinen Ausdruck, jener äußerst seltenen Auszeichnung, die der Oberste Kriegsherr nur nach einer Entscheidungsschlacht oder nach Abschluss eines siegreichen Friedensvertrages verlieh.[2120] Kaiser Karl von Österreich-Ungarn verlieh ihm überdies das Großkreuz des Militär-Maria-Theresia-Ordens.[2121] Sein Generalstabschef Hoffmann konnte keine neue preußische Auszeichnung erhalten, da er

---

[2114] Schreiben des Prinzen Leopold an Prinz Georg, 6.3.18. BayHStA, GHA. NL Prinz Georg, Nr. 59.
[2115] Vgl. Ullrich, Volker: Die nervöse Großmacht. Frankfurt am Main, 2007. S. 542f; Vgl. Die Aufzeichnungen des Generalmajors Max Hoffmann. Hrsg. von Karl Friedrich Nowak. Zweiter Band. Berlin, 1929. S. 215.
[2116] Kriegstagebuch, 25.2.1918. BayHStA, GHA. NL Prinz Leopold, Nr. 239.
[2117] Durch diese harten Bedingungen wurde Russland auf das vorpetrinische Kerngebiet zurückgeworfen, verlor seine ertragreichsten Korngebiete und große Teile seiner Kohle- und Eisenlagerstätten. Vgl. Ullrich, Volker: Die nervöse Großmacht. Frankfurt am Main, 2007. S. 543f; Vgl. Liulevicius, Vejas Gabriel: Kriegsland im Osten. Eroberung, Kolonisierung und Militärherrschaft im Ersten Weltkrieg. Hamburg, 2002. S. 258.
[2118] Kriegstagebuch, 3.3.1918. BayHStA, GHA. NL Prinz Leopold, Nr. 239.
[2119] Ebd., 2.3.1918. BayHStA, GHA. NL Prinz Leopold, Nr. 239.
[2120] Außer dem Prinzen Leopold wurde diese Ehrung während des Ersten Weltkriegs nur den Feldmarschällen Hindenburg und Mackensen zuteil. Vgl. Wolbe, Eugen: Generalfeldmarschall Prinz Leopold von Bayern. Ein Lebensbild. Leipzig, 1920. S. 163f.
[2121] Verleihung des Großkreuzes des M.M.Th.Ordens durch Kaiser Karl an Prinz Leopold am 26.3.1918. OeStA, Abt. Kriegsarchiv. Allerhöchster Oberbefehl. Militärkanzlei S.M. des Kaisers, Nr. 13-5/50.

bereits das Eichenlaub zum Pour le Mérite erhalten hatte. König Ludwig III. hatte ihm zuvor bereits den Militär-Max-Josef-Orden verliehen.[2122] Wilhelm II. richtete an den Oberbefehlshaber Ost ein Telegramm, in welchem er ihm seinen Dank aussprach: „Am Ende vorigen Jahres senkte der einst mächtige Gegner im Osten zum ersten Male die Waffen. Aber noch einmal musste ich mein tapferes Ostheer zum Kampfe rufen, um den von der russischen Regierung auf dem Wege der Verhandlungen verweigerten Frieden mit dem Schwerte zu erkämpfen. Unter Deiner Führung haben meine unvergleichlichen Truppen in wenigen Tagen ihre Aufgabe glänzend gelöst."[2123] Dennoch brachte der erreichte Friedensschluss mit Russland das Reich einem allgemeinen Frieden mit der Entente vorerst nicht näher. Dies barg, je länger dieser Zustand anhielt, enormen innenpolitischen Sprengstoff. Prinz Leopold hatte gemutmaßt, durch die Verzögerungstaktik hoffe man, „die sozialistische Revolution vorerst wenigstens in Deutschland zu Wege zu bringen."[2124] Kronprinz Rupprecht hatte im Februar ebenfalls angenommen, dass die russische Seite den Abbruch der Friedensverhandlungen provoziere, um das Kaiserreich in eine Revolution zu stürzen. Der bayerische Thronfolger war gleichwohl der Meinung, diese Rechnung werde nicht aufgehen: „Unsere Sozialdemokraten denken nicht entfernt an eine Revolution, deren Wirkungen, wenn wir hierdurch den Krieg verlören, für sie selbst verhängnisvoll sein müssten und suchen die Unabhängigen Sozialisten möglichst zu bremsen."[2125]

10.4 Die Krise monarchischer Repräsentation

Die bayerische Monarchie geriet zunehmend in eine Repräsentationskrise. Hatte das Königshaus die bayerische Öffentlichkeit durch seine erfolgreiche Symbolpolitik bis 1917 überwiegend für sich gewinnen können, so täuschten die bewährten Formen der Herrschaftsrepräsentation nunmehr nicht mehr über die sich überlagernden Krisendiskurse hinweg. Da die Ergebnislosigkeit der politischen Anstrengungen zunehmend deutlich wurde, verlor auch das überwölbende Symbol Monarchie an Strahlkraft und Glaubwürdigkeit. Dies lag auch daran, dass die königlichen Durchhalteapelle keinerlei Selbstkritik erkennen ließen. In einem Depeschenwechsel zwischen Ludwig III. und Wilhelm II. wies der bayerische König zum Jahreswechsel 1918 die Schuld an der Fortdauer des Krieges den Gegnern zu und rief die Bevölkerung weiter zum Durchhalten auf: „Deutschlands Fürsten und freie Städte und das ganze deutsche Volk werden wie bisher in Einigkeit und Entschlossenheit zusammenstehen, bis uns unser gutes Recht auf Leben und Geltung, auf Weiter-

---

[2122] Kriegstagebuch, 3.3.1918. BayHStA, GHA. NL Prinz Leopold, Nr. 239.
[2123] Zit. nach Wolbe, Eugen: Generalfeldmarschall Prinz Leopold von Bayern. Ein Lebensbild. Leipzig, 1920. S. 164.
[2124] Kriegstagebuch, 3.1.1918. BayHStA, GHA. NL Prinz Leopold, Nr. 239.
[2125] Kriegstagebuch, 20. Februar 1918. BayHStA, GHA. NL Kronprinz Rupprecht, Nr. 707.

entwicklung in ehrlicher Arbeit erstritten ist."[2126] Zunehmend wurde der König von Bayern trotz aller symbolpolitischen Anstrengungen von einer positiven Integrationsfigur zu einem negativen Sinnbild für die Missstände umgedeutet.

Mitte Januar 1918 fanden in Österreich-Ungarn größere Demonstrationsstreiks statt. Ein Übergreifen der Streikbewegung nach Bayern schien möglich. Nachdem die bayerische Regierung informiert worden war, dass ein größerer Rüstungsarbeiterstreik in Berlin bevorstehe, klärte man die stellvertretenden Generalkommandos auf, dass zwar kein bayerischer Generalstreik zu erwarten sei, da die SPD einen solchen nicht billige, dass aber örtliche Arbeitsniederlegungen bevorstünden. Die USPD könne versuchen, diese für ihre Zwecke zu nutzen. Wie erwartet kam es in Bayern in größeren Städten zu Arbeitsniederlegungen, die in erster Linie die Rüstungsindustrie betrafen. In Nürnberg wurde am 28. und 29. Januar gestreikt.[2127] In weiteren Städten gingen die Arbeiter der Rüstungsbetriebe auf die Straße. In München waren die Krupp-Geschützwerke, die beiden Rapp-Motorenwerke und einige Flugzeugwerke betroffen. Die Aktionen sollten Sympathie gegenüber den streikenden Arbeitern in Berlin und Wien ausdrücken.[2128] Die Ursachen der Streikbewegung lagen in den ergebnislosen Verfassungsreformbestrebungen, der Lebensmittelkrise und den enttäuschten Hoffnungen auf einen Verhandlungsfrieden. Einen antimonarchischen Impetus hatten die Januarstreiks des Jahres 1918 zunächst nicht.[2129] Der bayerische Ministerrat wollte gegenüber der Streikbewegung Vorsicht walten lassen, um keine Eskalation zu provozieren.[2130]

[2126] Abschrift der Neujahrswünsche zum Jahr 1918 Ludwigs und Marie Thereses an Kaiser Wilhelm und Viktoria (Abgedr. In der Augsburger Abendzeitung v. 2. Jan. 1918 Nr. 2). Depeschenwechsel zwischen S.M. dem König und S.M. dem deutschen Kaiser aus Anlasses Jahreswechsels (1914-1918). BayHStA, NB. StMin des K. Hauses und des Äußern, Nr. 76091.

[2127] Außergewöhnlich in der gesamten deutschen Streikbewegung war ein in diesem Zusammenhang in der „Fränkischen Tagespost" veröffentlichter gemeinsamer Aufruf der beiden sozialistischen Parteien SPD und USPD zusammen mit den freien Gewerkschaften, in dem als Forderungen der Arbeiterschaft die Wahlrechtsreform in Preußen und eine Verfassungsreform in Bayern, die Aufhebung des Belagerungszustands und die Wiederherstellung der Presse- und Versammlungsfreiheit, die Entlassung Liebknechts und anderer in Schutzhaft genommener Persönlichkeiten. Weiter wurde eine gleichmäßige Verteilung der Lebensmittel, die Einführung des Achtstundentags und eine sofortige Einleitung von Friedensverhandlungen an allen Fronten auf der Grundlage des Selbstbestimmungsrechts der Völker und des Verzichts auf Annexionen und Entschädigungen verlangt. Der Nürnberger Streik endete am 29. Januar friedlich mit einer Großkundgebung, ebenso wie die kleineren Streiks in Fürth, Schweinfurt, Ludwigshafen und Frankenthal in den darauffolgenden Tagen. Vgl. Albrecht, Willy: Landtag und Regierung in Bayern. Berlin, 1968. S. 295-297; Demonstrationsstreiks, Unruhen und politische Umtriebe, Jan.-Okt. 1918. Teil 1-2. BayHStA, NB. Staatsministerium des Innern, Nr. 66283-66284.

[2128] Vgl. Ay, Karl-Ludwig: Die Entstehung einer Revolution. München, 1968. S. 196-201; Vgl. Geyer, Martin H.: Verkehrte Welt. Revolution, Inflation und Moderne. München 1914-1924. Göttingen, 1998. S. 49; Vgl. Beckenbauer, Alfons: Ludwig III. von Bayern. Regensburg, 1987. S. 180f.

[2129] Vgl. Albrecht, Willy: Landtag und Regierung in Bayern. Berlin, 1968. S. 291-295; Vgl. Prinz, Friedrich: Die Geschichte Bayerns. München, 2001. S. 435f.

[2130] Ein allgemeines Versammlungsverbot sollte nicht erlassen, aber auch keine weiteren Genehmigungen für Versammlungen unter freiem Himmel erteilt werden. Vgl. Ministerratsprotokoll Nr. 121 vom 1.2.1918. Ministerratsprotokolle der Ministerien Hertling, Dandl, Eisner. BayHStA, NB. StMin des K. Hauses und des Äußern, Nr. 99511.

10.4 Die Krise monarchischer Repräsentation

In München hatte Kurt Eisner, der radikale Führer der bayerischen USPD, versucht, den Ausstand zu einem unbefristeten Generalstreik auszudehnen. Die Verhaftung Eisners und anderer Streikführer am 31. Januar bannte diese Gefahr. Daraufhin war es der gemäßigten Münchner SPD möglich, sich an die Spitze des Protests zu setzen und diesen ruhig zu Ende zu führen. Hatte bis zu Eisners Verhaftung noch die Friedensfrage im Mittelpunkt der Forderungen der Münchner Streikenden gestanden, so wurden danach ähnliche Forderungen aufgestellt wie in Berlin und Nürnberg. Während einer Kundgebung auf der Münchner Theresienwiese am 2. Februar wurde die Freilassung der Streikführer gefordert, ein Friedensangebot, die Umwandlung der konstitutionellen Regierung in eine Volksregierung, die volle Wiederherstellung der bürgerlichen Freiheiten, die Beendigung des Belagerungszustands sowie die gleichmäßige Verteilung der Lebensmittel. Diese Forderungen waren derart radikal, dass selbst die großzügige bayerische Zensur der „Münchner Post" deren Veröffentlichung untersagte. Nach einer abschließenden Kundgebung am 3. Februar wurde in München die Arbeit wieder aufgenommen.[2131]

Anders als die preußische und die Reichsregierung, die jegliches Entgegenkommen gegenüber den Streikenden ablehnten, hatte die bayerische Staatsregierung beschlossen, Vertreter der Streikbewegung zu empfangen, sofern sie unter der Führung von Landtagsabgeordneten standen. Der Ministerratsvorsitzende empfing im Beisein des Kriegs- und Innenministers am 16. Februar die Abordnung der Arbeiterausschüsse. Dandl betonte, dass Reichskanzler Hertling auf dem Standpunkt der Friedensresolution des Reichstags stehe, dass die preußische Wahlrechtsreform aber eine rein preußische Angelegenheit sei, in welche sich andere Bundesstaaten nicht einmischen könnten. Der Innenminister versicherte der Delegation, dass es zu keinen Verhaftungen gekommen sei, die nicht mit strafrechtlichen Verstößen zusammenhingen. Anregungen zu einer zeitgemäßen Umgestaltung der bayerischen Verfassung würden geprüft, mehrere Gesetzesentwürfe seien bereits ausgearbeitet. Diese Aussprache zwischen den Streikendenvertretern und der Staatsregierung erzielte eine Beruhigung. Allerdings kam es nun darauf an, ob man sich mit freundlichen Zusagen an die Arbeitervertreter begnügte, oder ob wenigstens einige der Forderungen in die Tat umgesetzt würden.[2132]

Am 20. Februar 1918 beging das bayerische Königspaar die Feier seiner Goldenen Hochzeit. König Ludwig III. hatte aus diesem Grund inmitten der Januarstreiks ein pomphaftes Fest angeordnet, das er noch dazu in allen Einzelheiten selbst regelte.[2133] Die Frage, ob eine derartige Inszenierung angesichts der kriti-

---

[2131] Vgl. Albrecht, Willy: Landtag und Regierung in Bayern. Berlin, 1968. S. 297f.
[2132] Vgl. ebd., S. 301-303.
[2133] Die Feier der Goldenen Hochzeit Ihrer Majestäten des Königs und der Königin von Bayern. BayHStA, Abt. Neuere Bestände. Staatsministerium des Innern für Kirchen- und Schulangelegenheiten. Nr. 19025; Manuskript der Lebenserinnerungen des k.-b. Kriegsministers Philipp von Hellingrath. S. 291. BayHStA, Geheimes Hausarchiv. NL Philipp von Hellingrath, Nr. 6; Goldene Hochzeit des Königs Ludwig III. und der Königin Marie Therese 1918. Akten des Oberhofmar-

schen innenpolitischen Lage angemessen und zeitgemäß sei, hatten sämtliche Staatsminister am 25. Januar verneint, als sie in der Ministerratssitzung „schwere Bedenken gegen die Abhaltung einer Serenade auf dem Max-Joseph-Platz aus Anlass der Goldenen Hochzeit" geäußert hatten.[2134] Der österreichische Gesandte Duglas von Thurn-Valsássina berichtete, es habe Besorgnis erregt, dass die Veröffentlichung des Festprogrammes in die Tage der Münchner Streikbewegung gefallen war. Teils wurde befürchtet, dass die Feier nicht ohne unliebsame Zwischenfälle verlaufen würde.[2135] Kriegsminister von Hellingrath empfand es als „politisch wenig klug, ein Gepränge zu entwickeln, das so gar nicht in den Ernst der Zeit passte. Es musste eine Erbitterung beim darbenden, kriegsmüden und verzweifelten Volk hervorrufen, wenn sich höfische Feste in schroffen Gegensatz zum allgemeinen Elend stellten, und musste die tiefgehende Missstimmung gegen den König noch weiter steigern." Er schlussfolgerte, die Sozialdemokraten hätten sich „gar kein wirksameres Agitationsmittel" wünschen können, als es ihnen der Monarch selbst lieferte.[2136] Ludwig III. war sich nach dem Urteil Hellingraths nicht „über die Stimmung, die im Volke gärte und sich gegen ihn wandte" im Klaren. Derartige Dinge habe er nicht hören wollen und nur „zu leicht aus dem Weihrauch [...], der ihm von einzelnen Kreisen gestreut" wurde, auf die Loyalität der Allgemeinheit geschlossen.[2137] Diese Einschätzung findet sich auch bei Kronprinz Rupprecht, der in diesen Tagen lange Unterredungen mit seinem Vater führte: „Er will die Dinge nur so sehen, wie er sie wünscht."[2138]

Die Feierlichkeiten sollten sich über fünf Tage erstrecken und bestanden, neben offiziellen Empfängen und Festtafeln, aus einer Landeshuldigung im Herkulessaal der Residenz.[2139] Der König hatte angeordnet, dass zum Hochzeitsjubiläum alle Staats- und Stiftungsgebäude in den Landesfarben beflaggt würden. Die Residenzstadt sollte vom 18. bis 20. Februar bayerische und deutsche Farben tragen.[2140]

---

schalls. BayHStA, Geheimes Hausarchiv. Obersthofmarschallstab S.M. des Königs Ludwig III. von Bayern, Nr. 645.

[2134] Ministerratsprotokoll Nr. 120 vom 25.1.1918. Ministerratsprotokolle der Ministerien Hertling, Dandl, Eisner. BayHStA, NB. StMin des K. Hauses und des Äußern, Nr. 99511.

[2135] Goldene Hochzeit des Königspaares. K.u.K. Gesandter von Thurn in München an SE dem Herrn Minister des K.u.K. Hauses und des Äußern, München 24.2.1918. OeStA, Abt. Haus-, Hof- und Staatsarchiv. Ministerium des Äußern. Administrative Registratur, Nr. F2-37-1.

[2136] Manuskript der Lebenserinnerungen des k.-b. Kriegsministers Philipp von Hellingrath. S. 291. BayHStA, Geheimes Hausarchiv. NL Philipp von Hellingrath, Nr. 6.

[2137] Manuskript der Lebenserinnerungen des k.-b. Kriegsministers Philipp von Hellingrath. S. 292. BayHStA, Geheimes Hausarchiv. NL Philipp von Hellingrath, Nr. 6.

[2138] Kriegstagebuch, 20. Februar 1918. BayHStA, GHA. NL Kronprinz Rupprecht, Nr. 707.

[2139] Allerhöchst angeordnete Einteilung der Festlichkeiten aus Anlass der Goldenen Hochzeit Ihrer Majestäten des Königs und der Königin im Februar 1918. Vermählung S.K.H. des Prinzen Ludwig von Bayern mit Ihrer K.u.K. Hoheit der Erzherzogin Maria Theresia von Österreich-Este (Modena), geboren am 2. Juli 1849, am 20. Februar 1868 zu Wien. (1868 bis 1918). BayHStA, KrA. Kriegsministerium, Nr. 82.

[2140] Bekanntmachung des Gesamtstaatsministeriums über die Beflaggung der Zivilstaatsgebäude, München 15.2.1918. Vermählung S.K.H. des Prinzen Ludwig von Bayern mit Ihrer K.u.K. Hoheit der Erzherzogin Maria Theresia von Österreich-Este (Modena), geboren am 2. Juli 1849, am 20. Februar 1868 zu Wien. (1868 bis 1918). BayHStA, KrA. Kriegsministerium, Nr. 82.

10.4 Die Krise monarchischer Repräsentation

Nachdem am 16. Februar das diplomatische Korps, die Staatsminister und obersten Hofchargen empfangen worden waren, stellte die Landeshuldigung am 18. Februar einen ersten Höhepunkt dar. Vertreter der Behörden, Städte und aller Stände des Königreichs waren erschienen, ebenso wie Offiziers- und Mannschaftsabordnungen der an der Front stehenden österreichischen, preußischen, württembergischen, sächsischen und bayerischen Königsregimenter. Der Präsident der Reichsratskammer hielt eine Glückwunschansprache, die der König erwiderte. Diesem Festakt folgte ein Cercle, der fünf Stunden dauerte, bei dem der König mit jedem Einzelnen der Geladenen sprach und als Erinnerungszeichen die Jubiläumsmedaille überreichte.[2141] Die Prinzen waren auf den ausdrücklichen Wunsch des Königs ungeachtet der militärischen Operationen sämtlich in München erschienen. Prinz Leopold hatte nach dem Abbruch der Friedensverhandlungen durch Trotzki die Leitung des Vormarsches gegen Russland seinem Stabschef überlassen und war im Salonwagen nach München gefahren.[2142] Er nutzte die Gelegenheit, sich mit seinem Neffen Rupprecht zu treffen. Leopold hatte sich entschlossen, sich „in den wenigen Tagen des hiesigen Aufenthalts über die Verhältnisse an der Westfront und vor allem über die innere und äußere politische Lage möglichst genau zu informieren."[2143] Am 19. Februar war auch der Kaiser für einige Stunden in der bayerischen Hauptstadt, da er es sich laut Prinz Leopold „nicht nehmen lassen wollte, persönlich zu gratulieren", obwohl die bayerischen Majestäten alle fürstlichen Besuche, mit Ausnahme der nahen Verwandten, „wegen der ernsten Zeiten" abgelehnt hatten.[2144]

Abends fand vor der Residenz ein Standkonzert der Militärkapellen und Gesangsvereine statt. Neugierige in dichten Massen füllten den Max-Joseph-Platz. Hier wurde der Stimmungswandel in der Bevölkerung überdeutlich. Der Kriegsminister befand, es habe nicht die übliche Begeisterung geherrscht, „lautlos die schwarze Menge, das schwache Hoch einiger Gesinnungstüchtiger fand nirgends leises Echo, manch böses Wort mag wohl da unten gefallen sein."[2145] In den Reichen Zimmern der Residenz fand die königliche Familientafel statt, an der auch der Kaiser teilnahm.[2146] Als Geschenk überreichte Wilhelm II. eine Porzellan-Standuhr aus der königlichen Manufaktur Berlin.[2147] Am eigentlichen Jubiläumstag, dem 20. Februar, fand ein Festgottesdienst in der Frauenkirche statt, danach verschiedene Festessen. Den Abschluss bildete eine Festvorstellung im Hof- und Nationaltheater

---

[2141] Manuskript der Lebenserinnerungen des k.-b. Kriegsministers Philipp von Hellingrath. S. 291. BayHStA, Geheimes Hausarchiv. NL Philipp von Hellingrath, Nr. 6.
[2142] Kriegstagebuch, 15.2.1918. BayHStA, GHA. NL Prinz Leopold, Nr. 239.
[2143] Ebd., 18.2.1918. BayHStA, GHA. NL Prinz Leopold, Nr. 239.
[2144] Kriegstagebuch, 19.2.1918. BayHStA, GHA. NL Prinz Leopold, Nr. 239.
[2145] Manuskript der Lebenserinnerungen des k.-b. Kriegsministers Philipp von Hellingrath. S. 292. BayHStA, Geheimes Hausarchiv. NL Philipp von Hellingrath, Nr. 6.
[2146] Kriegstagebuch, 19.2.1918. BayHStA, GHA. NL Prinz Leopold, Nr. 239.
[2147] Vgl. Schad, Martha: Bayerns Königinnen. München, 2007. S. 329.

„bei festlich beleuchtetem Hause."[2148] Die ordensgeschmückten Uniformen und fahnentragenden Deputationen aus allen Teilen des Landes, die die Frauenkirche füllten, brachten ein farbenprächtiges Bild hervor.[2149]

Der Ehebund wurde durch Erzbischof Faulhaber neu eingesegnet. Der Münchner Maler Otto Hierl-Deronco hielt das Ereignis in einem klassischen Historienbild fest.[2150] Der Verlauf des ganzen Festes befriedigte den König „in hohem Maße", während er nicht nur beim Kriegsminister einen bitteren Nachgeschmack hinterließ.[2151] Seinem Bruder Leopold schrieb Ludwig, die mit der Goldenen Hochzeit verbundenen Anstrengungen hätten die Königin und er gut überstanden. Über den Verlauf der Festlichkeiten sei er „sehr zufrieden, insbesondere freut mich die erstaunlich große Zahl von Stiftungen für wohltätige und gemeinnützige Zwecke."[2152] Prinz Leopold fiel jedoch auf, dass „die Begeisterung der Bevölkerung, welche sich sonst bei einem derartigen seltenen und schönen Feste einzustellen pflegte, nicht auf der Höhe der Situation war." Dies sah er aber nicht durch das Königshaus verschuldet, sondern machte die „Länge des Krieges, die Entbehrungen in Folge der [...] Blockade, [...] wohl auch die feindliche Propaganda, nicht zuletzt die Hetze der Sozialisten" für den kühlen Empfang der bayerischen Majestäten verantwortlich.[2153]

Königin Marie Therese war zu diesem Zeitpunkt bereits schwerkrank, was öffentlich nicht bekannt war. Für die Monarchie war ihre unermüdliche Symbolleistung als Landesmutter – gerade im Hinblick auf den in die Kritik geratenen Monarchen – unentbehrlich. Der Kriegsminister urteilte, selbst als die Königin „sich schon in schwer leidendem Zustand befand", habe man ihr repräsentative Pflichten zugemutet, „die allgemein empörten."[2154] Er berichtete: „Die arme, damals schon schwerkranke Königin musste die ganze Zeit über aushalten."[2155] Während sie selbst mit Prognosen verschont wurde, waren der König und die Töchter informiert, dass der Leibarzt sowie der Direktor der Universitätsfrauenklinik Münchens sie aufgegeben hatten. Sie litt an einem inoperablen und schnell wachsenden Tumor im Bauch, von dem die Ärzte nicht sagen konnten, ob er bösartig war. Sie selbst ging von Darmkrebs aus. Die Königin fühlte sich im letzten Kriegsjahr so

---

[2148] Allerhöchst angeordnete Einteilung der Festlichkeiten aus Anlass der Goldenen Hochzeit Ihrer Majestäten des Königs und der Königin im Februar 1918. Vermählung S.K.H. des Prinzen Ludwig von Bayern mit Ihrer K.u.K. Hoheit der Erzherzogin Maria Theresia von Österreich-Este (Modena), geboren am 2. Juli 1849, am 20. Februar 1868 zu Wien. (1868 bis 1918). BayHStA, KrA. Kriegsministerium, Nr. 82.
[2149] Kriegstagebuch, 20.2.1918. BayHStA, GHA. NL Prinz Leopold, Nr. 239.
[2150] Vgl. Schad, Martha: Bayerns Königinnen. München, 2007. S. 329.
[2151] Manuskript der Lebenserinnerungen des k.-b. Kriegsministers Philipp von Hellingrath. S. 292f. BayHStA, Geheimes Hausarchiv. NL Philipp von Hellingrath, Nr. 6.
[2152] Ludwig III. an Prinz Leopold, 1.3.1918. Briefe Ludwigs III. 1856-1921. BayHStA, GHA. NL Prinz Leopold, Nr. 36.
[2153] Kriegstagebuch, 20.2.1918. BayHStA, GHA. NL Prinz Leopold, Nr. 239.
[2154] Manuskript der Lebenserinnerungen des k.-b. Kriegsministers Philipp von Hellingrath. S. 243. BayHStA, Geheimes Hausarchiv. NL Philipp von Hellingrath, Nr. 6.
[2155] Manuskript der Lebenserinnerungen des k.-b. Kriegsministers Philipp von Hellingrath. S. 291f. BayHStA, Geheimes Hausarchiv. NL Philipp von Hellingrath, Nr. 6.

10.4 Die Krise monarchischer Repräsentation

elend, dass sie die meiste Zeit zur Erholung auf dem Land verbrachte und kaum noch Lazarettbesuche abstattete.[2156] Die an der Front befindlichen Prinzen waren durch ihre Schwestern informiert. Rupprecht schrieb im Mai an seine Schwester Wiltrud: „Deine Zeilen brachten mir die traurige Gewissheit, dass es leider um Mama recht schlecht steht, ein Glück ist, dass sie nicht weiß, was ihr fehlt und es steht fast zu hoffen – so traurig es an sich ist – dass eine Herzschwäche sie vor längerem qualvollen Leiden bewahren möge. [...] Gerne käme ich Mamas wegen in nicht allzu ferner Zeit nach München, allein ich glaube, es würde sie aufregen, wenn sie meint, man kommt wegen ihrer Gesundheit. Franz war erst gestern bei mir, ich habe ihn von allem unterrichtet."[2157]

Marie Therese gab sich hoffnungsvoll: „Mir geht es gut und seit die Ärzte den Sitz meines Übels erkannt haben und dagegen wirken, bin ich sehr vergnügt, weil ich hoffen kann gesünder zu werden. Ich brauchte eine strenge Kur und soll sehr viel essen und schlafen, um dicker zu werden."[2158] Der österreichische Gesandte Graf von Thurn hatte unter Geheimhaltung berichtet, „dass der Gesundheitszustand Ihrer Majestät der Königin Marie Therese, obwohl sie sich von ihrem letzten Unwohlsein gut erholt und die leichte Lungenentzündung, die damit in Verbindung war, vollkommen überstanden hat, noch immer ein recht prekärer ist." Auch eine „ernstliche Verschlimmerung" sei jederzeit möglich, was eine Operation unumgänglich machen würde. Der Tumor bereite „der hohen Patientin oft starke Beschwerden und Schmerzen." Das „subjektive Befinden" der Königin sei jedoch in letzter Zeit relativ günstig gewesen, so dass die Hoffnung bestehe, „dass die eingeleitete Behandlung mit Röntgenstrahlen und Mesothorium eine günstige Wirkung" erzielt habe. Auf jeden Fall bedürfe Königin Marie Therese aber „großer Schonung und soll jede Ermüdung vermeiden."[2159] Ihr gesundheitlicher Zustand verschlechterte sich im Laufe des Jahres 1918 trotz Radium- und Röntgenbehandlungen zunehmend.[2160] Ihre öffentliche Funktion konnte Königin Marie Therese kaum noch ausfüllen. Damit fehlte der öffentlichen Repräsentation des Hauses Wittelsbach zunehmend das symbolpolitisch unschätzbar wertvolle Element der wohltätigen Landesmutter.

Die Forderungen nach Frieden und Mitbestimmung ebbten im Frühjahr 1918 nicht ab. Eine behutsame Verfassungsreform wurde nunmehr selbst von weiten

---

[2156] Vgl. Schad, Martha: Bayerns Königinnen. München, 2007. S. 349; Landaufenthalte der Königin 1915-1918. Akten des Oberhofmarschalls. BayHStA, Geheimes Hausarchiv. Oberhofmarschallstab S.M. des Königs Ludwig III. von Bayern, Nr. 519.

[2157] Kronprinz Rupprecht von Bayern an Prinzessin Wiltrud von Bayern, 2. Mai 1918. Briefe des Kronprinzen Rupprecht von Bayern, 1918. BayHStA, GHA. NL Herzogin Wiltrud von Urach, Nr. 2.

[2158] Brief der Königin Marie Therese an Kronprinz Rupprecht. München, 16.5.1918. BayHStA, GHA. NL Kronprinz Rupprecht, Nr. 6.

[2159] K.u.K. Gesandter Graf Thurn in München an S.E. den Minister des K.u.K. Hauses und des Äußern Stephan Baron Burian. München, 25.5.1918. Hofnachrichten aus Bayern. OeStA, Abt. Haus-, Hof- und Staatsarchiv. Ministerium des Äußern. Administrative Registratur, Nr. F2-28-2.

[2160] Abschrift des Tagebuchs der Prinzessin Wiltrud. 18.10.1918. Erinnerungen zum Hofstaat am 9.11.1918 und zur Flucht in der Revolutionszeit 1918/19. BayHStA, GHA. NL Herzogin Wiltrud von Urach, Nr. 288.

Teilen des Bürgertums gefordert. Das „Donauwörther Anzeigeblatt" konstatierte, das bayerische Verfassungsleben habe sich in den letzten hundert Jahren „ruhig und stetig weiterentwickelt und in allen Zeitenwenden hat sich die Verfassungsurkunde hervorragend bewährt. Eine freiheitliche, volksfreundliche und im guten Sinne des Wortes demokratische Entwicklung hat sich unter ihr vollzogen und Bayern hat seine Rolle als zweitgrößter deutscher Bundesstaat in nicht wenigen Fällen dazu benutzt, vorbildlich und bahnbrechend vorzugehen." Sei auch „heute so manche Bestimmung der bayerischen Verfassungsurkunde nicht mehr zeitgemäß", so mache dies „nicht etwa einen Umsturz, sondern lediglich einen zeitgemäßen Ausbau, eine reformierende Fortentwicklung unseres Verfassungslebens [...] notwendig."[2161]

Im Mai 1918 wurde der Versuch unternommen, durch einen monarchisch gefärbten Festakt die historische Deutungshoheit zu verteidigen. Zum hundertsten Jahrestag der bayerischen Konstitution am 26. Mai 1918 sollte der idealisierte Bund zwischen Fürst und Volk durch die einheitsstiftende Programmatik der Jubiläumsfeier erneuert werden.[2162] Mit einem Gottesdienst in der Hofkirche St. Michael und einem Festakt im Großen Thronsaal der Residenz wurde das Verfassungsjubiläum im Beisein Ludwigs III. gefeiert. Sämtliche in München weilenden Prinzen, das große Cortège, die Mitglieder der Kammer der Reichsräte und der Kammer der Abgeordneten sowie die Staatsminister und Staatsräte nahmen am Festakt teil. Die Präsidenten der beiden Kammern des Landtags hielten Ansprachen, die der Monarch erwiderte.[2163] Dem König wurde von Fürst Carl Ernst Fugger von Glött im Namen der Reichsratskammer die unerschütterliche „Anhänglichkeit an Eure Majestät erhabene Person und das ganze Königliche Haus" versichert und „das Versprechen unwandelbarer Vaterlandsliebe und zuverlässiger Verfassungstreue" gegeben. Theobald Ritter von Fuchs, der Präsident der Abgeordnetenkammer, verwies auf die durch die Verfassung garantierten Mitspracherechte des Volkes, hob vor allem aber die bayerischen Leistungen während des Krieges hervor: „Machtvoll und ungebrochen steht das Deutsche Reich da im Endkampfe dieses Krieges, und wo immer besonders stolze Siegestaten gemeldet werden konnten, leuchteten die Namen bayerischer Regimenter voran auf der Ehrentafel. Auf den bayerischen Kronprinzen schaut ein großer Teil der deutschen Streitkräfte, die derzeit gegen Briten und Franzosen die letzten, so Gott will, vernichtenden

---

[2161] „Hundert Jahre bayerische Verfassung". Donauwörther Anzeigeblatt, 25.5.1918. Jahrhundertgedenkfeier der bayerischen Verfassung 1918. BayHStA, GHA. Kabinettsakten König Ludwigs III., Nr. 32.

[2162] Vgl. Mergen, Simone: Monarchiejubiläen im 19. Jahrhundert. Leipzig, 2005. S. 294f; Vgl. Albrecht, Willy: Das bayerische Verfassungsjubiläum vom Mai 1918. In: Zeitschrift für Bayerische Landesgeschichte. Nr. 31. München, 1968. S. 675-684.

[2163] Einteilung zu den Feierlichkeiten anlässlich der Jahrhundertgedenkfeier der bayerischen Verfassung am 26. Mai 1918. Jahrhundertfeier des Bestehens der bayerischen Verfassung 1918. BayHStA, NB. StMin des K. Hauses und des Äußern, Nr. 70318; Vgl. Albrecht, Willy: Das bayerische Verfassungsjubiläum vom Mai 1918. In: Zeitschrift für Bayerische Landesgeschichte. Nr. 31. München, 1968. S. 675-684. Hier: S. 681.

10.4 Die Krise monarchischer Repräsentation

Schläge führen, als auf den erprobten, ruhmreichen Führer, als auf einen ganzen, ernsten Mann." Mit dem Gelöbnis „unverbrüchlicher Treue" schließe sich das Land nunmehr um das „geliebte Herrscherhaus" zusammen. Der König möge noch lange Jahre der Friedensarbeit vor sich haben, „er möge Bayern unter der seit hundert Jahren bewährten Verfassung in ruhiger Fortentwicklung einer glücklichen Zukunft entgegenführen."[2164]

Der Monarch betonte in seiner Antwort die gemeinsame Verantwortung von Fürst und Volk: „Wie die Verfassung nie geboren worden wäre ohne das feste Vertrauen eines weitblickenden Herrschers in die staatspolitische Reife und die hohen sittlichen Kräfte seines Volkes, so wäre sie auch nie groß geworden ohne die verfassungstreue Gesinnung seiner Nachfolger auf dem Throne, nie lebensfähig gewesen ohne die treue Liebe des Volkes." Ludwig schloss: „Treue um Treue! Treue der Verfassung, Treue Meinem geliebten Bayernvolke! Das sind die Leitsterne Meines Lebens!"[2165] Amtlich ließ er verlautbaren, dass das bayerische Verfassungswerk in „Zeiten reichen Glückes wie in Tagen schwerer Heimsuchung" seine Probe bestanden habe: „Zu dem altbewährten Herzensbunde, der Bayerns Fürst und Volk, gleichen Blutes und Stammes, seit Jahrhunderten eint, hat die Verfassungsurkunde ein neues, auf das geschriebene Gesetz gegründetes unzerreißbares Band gefügt." Die Konstitution begehe ihre Jahrhundertfeier „inmitten des ungeheuren Völkerringens, das Bayerns tapfere Söhne Schulter an Schulter mit denen aller anderen deutschen Staaten in heldenhaftem, siegreichen Kampfe im Felde und zahllose wackere Männer und Frauen in unermüdlicher, hingebender Arbeit zu Hause sieht." Er betonte, der Ruhm des Thrones hinge, wie bereits sein Urgroßvater, König Max I. Josef, niedergelegt hatte, nur „von dem Glücke des Vaterlandes und von der Liebe Seines Volkes" ab und versicherte: „Diese Gesinnung beseelt auch mich beim Eintritt in das zweite Jahrhundert der Verfassung. Fest stehe ich zu ihr."[2166]

Diese einheitsstiftende Symbolik vermochte im vierten Kriegsjahr die Bevölkerung nicht mehr zu überzeugen. Sowohl König als auch Staatsregierung ließen eine deutliche Stellungnahme zu Verfassungsreformen vermissen. Die sozialdemokratischen Abgeordneten boykottierten die Hoffeiern gänzlich und nutzten das historische Jubiläum ihrerseits, indem sie im Rahmen einer eigenen Erinnerungsfeier Verfassungsreformen forderten. Die Liberalen verbanden ebenso einen eigenen

---

[2164] Feier des 100jährigen Bestehens der bayerischen Verfassung im Thronsaale der Königlichen Residenz am 26. Mai 1918. Ansprachen der Präsidenten der beiden Kammern des Parlaments bei der Verfassungsfeier, Fürst Fugger von Glott und Geheimer Hofrat von Fuchs (München) am 26.5.1918. Jahrhundertgedenkfeier der bayerischen Verfassung 1918. BayHStA, GHA. Kabinettsakten König Ludwigs III., Nr. 32.

[2165] Feier des 100jährigen Bestehens der bayerischen Verfassung im Thronsaale der Königlichen Residenz am 26. Mai 1918. Ansprache König Ludwigs III. bei der Verfassungsfeier am 26.5.1918. Jahrhundertgedenkfeier der bayerischen Verfassung 1918. BayHStA, GHA. Kabinettsakten König Ludwigs III., Nr. 32.

[2166] Gesetz- und Verordnungsblatt für das Königreich Bayern Nr. 36. München, 26.5.1918. Jahrhundertfeier des Bestehens der bayerischen Verfassung 1918. BayHStA, NB. StMin des K. Hauses und des Äußern, Nr. 70318.

Festakt mit dieser politischen Forderung. Über die Inhalte der offiziellen Festschrift des Historikers Michael Doeberl kam es zu Auseinandersetzungen. Doeberl hatte einen Rückblick auf die Verfassungsentwicklung für den Schulgebrauch geschrieben. Ihm war daraufhin vorgeworfen worden, sich zu sehr den politischen Reformforderungen angepasst zu haben. Der Präsident der Ersten Kammer, Fürst Carl Ernst Fugger von Glött, räumte ein, dass eine Festschrift zwar bis zu einem gewissen Grade immer eine Tendenzschrift sei, in diesem Falle sei die Tendenz aber verfehlt. Im Juni drückte der sozialdemokratische Sprecher Max Süßheim im Landtag das aus, was mittlerweile weit über die Grenzen seiner Partei hinaus so empfunden wurde: „Die Schaffung eines gerechten Wahlrechtes in Bayern wäre eine würdigere Verfassungsfeier gewesen als die Abhaltung eines markenlosen Festessens."[2167]

10.5 Ostimperium, Frühjahrsoffensive und Zusammenbruch

Mit dem Frieden von Brest-Litowsk war die Aufgabe des Prinzen Leopold als Heerführer erledigt. Die dem Prinzen „wenig zusagende Verwaltungstätigkeit" trat in den Vordergrund. Mehr und mehr deutsche Truppen wurden in den Westen abtransportiert, wo die Kriegsentscheidung fallen sollte. Folgerichtig fragte sich der Prinz, ob es nicht an der Zeit wäre, beim Kaiser um seine Enthebung von der Stelle als Oberbefehlshaber Ost zu bitten. Max Hoffmann riet ihm davon ab und meinte, dieser Schritt sei verfrüht: „Wenn auch in Beziehung auf Truppenführung kaum noch wichtige Entschlüsse zu fassen sein werden, so gäbe es einerseits militärisch immer noch viel zu tun. Eine große und sehr wichtige Aufgabe sei es nunmehr, die ganze Verwaltung des besetzten Gebietes nach und nach auf den Friedensfuß überzuführen und die politische Gestaltung desselben zu leiten und zu überwachen." Dies werde laut Hoffmann „wohl noch Jahre in Anspruch nehmen und das Ganze müsse jetzt noch in einer Hand bleiben." Somit entschloss sich der Prinz, „bis auf Weiteres auf dem jetzigen Posten zu verbleiben", wenngleich ihm dies „nicht besonders sympathisch" erschien.[2168] Nachdem in Brest-Litowsk drei Monate lang Waffenstillstands- und Friedensverhandlungen abgehalten worden waren und durch die Anwesenheit vieler Diplomaten stets Betrieb geherrscht hatte, war nun der Alltag eingetreten. Noch immer machten täglich Gäste von der Front, aus dem Reich und aus dem besetzten Gebiet ihre Aufwartung.[2169]

An der russischen Demarkationslinie herrschte Frieden. In der Ukraine jedoch waren die Verhältnisse unklar. Offiziell war man zum Abschluss des Friedensver-

---

[2167] Vgl. Mergen, Simone: Monarchiejubiläen im 19. Jahrhundert. Leipzig, 2005. S. 295; Vgl. Albrecht, Willy: Das bayerische Verfassungsjubiläum vom Mai 1918. In: Zeitschrift für Bayerische Landesgeschichte. Nr. 31. München, 1968. S. 675-684. Hier: S. 681-684.
[2168] Kriegstagebuch, 5.3.1918. BayHStA, GHA. NL Prinz Leopold, Nr. 239.
[2169] Ebd., 8.3.1918. BayHStA, GHA. NL Prinz Leopold, Nr. 239.

trages gekommen, aber die Souveränität der ukrainischen Regierung war, wie Leopold richtig erkannte, „recht zweifelhafter Natur". Die zur Besetzung des Landes vormarschierenden deutschen Truppen hatten einen schweren Stand. Unter diesen Umständen gelang es nicht wie geplant, die vereinbarten Getreidelieferungen in Richtung Westen abzutransportieren. Leopold schlussfolgerte Anfang März 1918: „Die ganze Aktion in der Ukraine wird mir persönlich immer unsympathischer, da sie meiner Ansicht nach ins Uferlose führt und wir hierzu doch zu wenig Truppen zur Verfügung haben."[2170] Zudem wurden dem Oberkommando Ost durch die Heeresleitung immer mehr Kompetenzbereiche abgenommen, wohl auch aufgrund des Zerwürfnisses zwischen Ludendorff und Hoffmann.[2171] Im Mai 1918 hielten die dem Prinzen Leopold unterstehenden Truppen frühere russische Gebiete „in einer Ausdehnung nahezu wie das Deutsche Reich besetzt", von der Narwa bis zum Dnjester an der ukrainischen Grenze.[2172] Die Zustände in den sowjetrussischen Gebieten waren trostlos, wie General Hoffmann festhielt: „Gräueltaten jeder Art, Ermordung vieler Tausender von Gebildeten und Besitzenden, Raub und Diebstahl."[2173] Die Besatzungstruppen standen in schwachen Linien zahlreichen bolschewistischen Kampfgruppen gegenüber und wurden täglich in Feuergefechte verwickelt. Aus diesem Grund spielte Hoffmann mit dem Gedanken, den Frieden aufzukündigen und durch einen Vormarsch bis nach Moskau „Ordnung zu schaffen" und die Sowjetregierung zu stürzen. Die Heeresleitung zog ein solches Vorgehen jedoch nicht in Betracht.[2174]

[2170] Kriegstagebuch, 7.3.1918. BayHStA, GHA. NL Prinz Leopold, Nr. 239.

[2171] In Kiew wurde unter General Groener eine deutsch-ukrainische Handelsorganisation ins Leben gerufen, die für die Getreidelieferungen zuständig sein sollte. Der Einfluss auf die politischen Verhältnisse der Ukraine wurde dem Oberbefehlshaber Ost ebenso genommen wie die Verwaltung der besetzten baltischen Gebiete. Die Pläne der Obersten Heeresleitung in Bezug auf das Baltikum wurden nunmehr vom Chef des Stabes der 8. Armee umgesetzt, einem Vertrauten Ludendorffs. Am 1. Mai 1918 wurde das Hauptquartier des Oberbefehlshabers Ost Prinz Leopold von Bayern mitsamt den Verwaltungsabteilungen nach Kowno zurückverlegt. Vgl. Die Aufzeichnungen des Generalmajors Max Hoffmann. Hrsg. von Karl Friedrich Nowak. Zweiter Band. Berlin, 1929. S. 221f.

[2172] Die neue Grenze gegen Russland wurde festgelegt, während die polnische Frage weiter offen blieb. Litauen, Kurland, Livland und Estland sollten von Russland abgetrennt werden, aber es blieb unklar, in welches Verhältnis diese Länder zum Deutschen Reich treten würden. Militärisch war jedenfalls ein enger Anschluss an das Reich beschlossen und sogar schon die Sitze für drei neue Generalkommandos ausgewählt. Was mit der Ukraine geschehen sollte, war ebenso noch unklar. Militärisch war diese durch deutsche und österreichisch-ungarische Truppen besetzt, befriedet war sie allerdings keineswegs. Der Hauptzweck der Besetzung der Ukraine war es gewesen, deren reiche Getreidevorräte, Kohlenvorkommen und den Reichtum an Pferden für das Deutsche Reich nutzbar zu machen. Dieses Vorhaben konnte infolge der fortgesetzten Kämpfe nur sehr unvollkommen erreicht werden, dafür hielt es, wie Prinz Leopold erkannte, „aber ziemlich viele unserer Truppen in Atem" und entzog diese anderen Kriegsschauplätzen. Vgl. Kriegstagebuch, 8.5.1918. BayHStA, GHA. NL Prinz Leopold, Nr. 239.

[2173] Die Aufzeichnungen des Generalmajors Max Hoffmann. Hrsg. von Karl Friedrich Nowak. Zweiter Band. Berlin, 1929. S. 222.

[2174] Vgl. Die Aufzeichnungen des Generalmajors Max Hoffmann. Hrsg. von Karl Friedrich Nowak. Zweiter Band. Berlin, 1929. S. 222-224; Vgl. Hildebrand, Klaus: Das deutsche Ostimperium 1918. Betrachtungen über eine historische „Augenblickserscheinung". In: Pyta, Wolfram; Richter, Ludwig (Hrsg.): Gestaltungskraft des Politischen. Festschrift für Eberhard Kolb. Berlin, 1998. S. 109-124. Hier: S. 122f.

Prinz Leopold war in Sorge über die Zweckmäßigkeit des Vormarsches.[2175] Für ihn waren Ludendorffs Eroberungspläne Fantasterei: „Jeder Mann, den wir nach dem Brester Frieden und dem Frieden mit Rumänien nicht unbedingt an der Ostfront brauchten, ging schmerzlich an die Westfront ab, an welcher wir nicht stark genug sein konnten. Vielleicht wäre es deshalb günstiger gewesen, die Besetzung der Ukraine zu unterlassen."[2176] Den baltischen Annexionsplänen stand er dennoch offen gegenüber. Seinem königlichen Bruder schrieb er Ende Juni 1918 nach einer Inspektionsreise durch das Baltikum, in Reval werde vielfach der Anschluss an das Deutsche Reich gewünscht. Leopold war der Ansicht, der „Hauptvorteil davon wird wohl der Krone Preußen zufallen. Hoffentlich geht Bayern nicht leer aus, obwohl wie es scheint manche Schwierigkeiten zu überwinden sind."[2177] Der Prinz setzte seine „volle Hoffnung darauf, dass dank den größten Truppenmassen, die im Osten entbehrlich wurden, es gelingen würde, die Armee im Westen derart zu verstärken, dass unsere Feinde endgültig niedergeworfen werden konnten, ehe die amerikanische Armee eingreifen könne, und ehe unser Nachschub an Mannschaften aufgebraucht sei."[2178] Dass ausgerechnet die bayerische Kavalleriedivision, die als eine der besten Einheiten des deutschen Heeres galt, von Rumänien bis in die Krim und in den Kaukasus verlegt wurde, war dem Oberbefehlshaber Ost unverständlich.[2179]

Der deutsche Herrschaftsbereich wurde inmitten des beginnenden russischen Bürgerkriegs und angesichts alliierter Interventionen unter Nichtbeachtung der in Brest-Litowsk vereinbarten Grenzen immer weiter nach Osten verschoben. Im April griff die Ostseedivision an Finnlands Seite gegen sowjetische Truppen ein und entschied dort den Bürgerkrieg. Schließlich gelangten deutsche Truppen unter dem Oberbefehl des Prinzen Leopold über die Ukraine hinaus ins Donezbecken mit seinen reichen Erz- und Kohlelagern, bis nach Tiflis und in den Kaukasus. Im Juni war man zur Halbinsel Krim mit der Festung Sewastopol vorgestoßen, dem Stützpunkt der russischen Schwarzmeerflotte. Deren größter Teil entzog sich einer Beschlagnahmung durch Selbstversenkung. Die Heeresleitung hoffte, Einfluss auf die Ölquellen in Baku und die Manganerzgruben von Batum und Poti zu gewinnen. Selbst Pläne zur Inbesitznahme sibirischer Bahnen und zur Schaffung von neuen Verbindungen vom Kaukasus in den nahen Osten bis nach Indien wurden in Planungsstäben ausgearbeitet. Georgien fiel in den deutschen Einflussbereich. All dies summierte sich bis zum Sommer 1918 zu einem gigantischen „Imperium Germanicum", das schließlich bis an die Grenze Persiens reichte und beträchtliche Kräfte band. Die Heeresleitung und mit ihr die wirtschaftlichen Interessengruppen, die

---

[2175] Manuskript der Lebenserinnerungen des k.-b. Kriegsministers Philipp von Hellingrath. S. 291f. BayHStA, Geheimes Hausarchiv. NL Philipp von Hellingrath, Nr. 6.
[2176] Kriegstagebuch, 8.5.1918. BayHStA, GHA. NL Prinz Leopold, Nr. 239.
[2177] Prinz Leopold von Bayern an König Ludwig III. Ober Ost, 30.6.1918. Angelegenheiten des Prinzen Leopold. 1913-1918. BayHStA, GHA. Kabinettsakten König Ludwigs III., Nr. 144.
[2178] Kriegstagebuch, 21.2.1918. BayHStA, GHA. NL Prinz Leopold, Nr. 239.
[2179] Ebd., 10.3.1918. BayHStA, GHA. NL Prinz Leopold, Nr. 239.

10.5 Ostimperium, Frühjahrsoffensive und Zusammenbruch 451

hinter dieser territorialen Ausdehnung standen, hatten jedes Maß verloren.[2180] Der Reputation des Prinzen Leopold schadete der Diktatfrieden von Brest-Litowsk, zumal angesichts des Vormarsches an der Ostfront kein allgemeiner Friedensabschluss in Sicht war.[2181]

Der Sieg im Osten schien eine strategische Öffnung im Westen zu bieten, die vorbei war, sobald amerikanische Truppen in nennenswerter Anzahl auf dem europäischen Kontinent eintrafen. Die deutschen Versuche, zu einem Friedensschluss zu gelangen, hatten gezeigt, dass eine Annäherung am Verhandlungstisch keine Erfolgsaussichten besaß. Seit dem Spätherbst 1917 war die Heeresleitung entschlossen, alles auf eine Karte zu setzen und im Westen die Entscheidung zu suchen. Eine Frühjahrsoffensive, auf welche das Hindenburg-Programm ausgerichtet worden war, sollte die Alliierten zu Friedensverhandlungen zwingen. Skepsis herrschte darüber selbst in höchsten Militärkreisen. Die Erfolgsaussichten waren gering, da alle bisherigen Versuche gescheitert waren, den Stellungskrieg zu überwinden. Ein strategischer Durchbruch setzte eine hohe Überlegenheit des Angreifers an Menschen und Material voraus.[2182] Ludendorff warnte zwar vor hohen Erwartungen, wollte aber den Durchbruch durch die alliierten Linien. An welcher Stelle dieser

---

[2180] Wie man im Auswärtigen Amt richtig bemerkte, wandelte man auf den Spuren der „Alexanderfeldzüge." Sieht man einmal von den Fantasien ab, deutsche Dynastien in den neugeschaffenen Staaten Nord- und Osteuropas zu errichten, ging es Ludendorff, von Finnland bis Georgien darum, Soldaten zu rekrutieren und strategische Ausgangsstellungen für kommende Kriege zu besetzen. Besiegelt wurden die ausschweifenden Eroberungszüge im Osten schließlich in den Berliner „Zusatzverträgen", die im August 1918 den Vertrag von Brest-Litowsk komplettierten. Sie brachten Sowjetrussland insgesamt in deutsche Abhängigkeit und trennten Estland, Livland und Georgien vom untergegangenen Vielvölkerstaat des Zaren ab. Vgl. Ullrich, Volker: Die nervöse Großmacht. Frankfurt am Main, 2007. S. 544-546; Vgl. Hildebrand, Klaus: Das deutsche Ostimperium 1918. Betrachtungen über eine historische „Augenblickserscheinung". In: Pyta, Wolfram; Richter, Ludwig (Hrsg.): Gestaltungskraft des Politischen. Festschrift für Eberhard Kolb. Berlin, 1998. S. 109-124. Hier: S. 120f; Vgl. Epkenhans, Michael: Die Politik der militärischen Führung 1918: „Kontinuität der Illusionen und das Dilemma der Wahrheit". In: Kriegsende 1918. Ereignis, Wirkung, Nachwirkung. Hrsg. im Auftrag des Militärgeschichtlichen Forschungsamtes von Jörg Duppler und Gerhard P. Groß. München, 1999. S. 217-233. Hier: S. 222; Vgl. Liulevicius, Vejas Gabriel: Kriegsland im Osten. Eroberung, Kolonisierung und Militärherrschaft im Ersten Weltkrieg. Hamburg, 2002. S. 265.

[2181] Vgl. Wolbe, Eugen: Generalfeldmarschall Prinz Leopold von Bayern. Ein Lebensbild. Leipzig, 1920. S. 148.

[2182] Ab Januar 1918 waren die Vorbereitungen für das geplante Unternehmen mit dem Decknamen „Michael" angelaufen. Mit einem noch nie dagewesenen Artilleriefeuer sollte der Großangriff am südlichen Abschnitt der englischen Front im Raum St. Quentin beginnen, also im Kommandobereich der Heeresgruppe Kronprinz Rupprecht. Im Schutz dieser Feuerwalze sollte die Infanterie das gegnerische Verteidigungssystem in seiner gesamten Breite durchstoßen, um dann im Rücken der gegnerischen Front operative Bewegungsfreiheit zu erhalten. Vgl. Ullrich, Volker: Die nervöse Großmacht. Frankfurt am Main, 2007. S. 546f, Vgl. Storz, Dieter: „Aber was hätte anders geschehen sollen?" Die deutschen Offensiven an der Westfront 1918. In: Kriegsende 1918. Ereignis, Wirkung, Nachwirkung. Hrsg. im Auftrag des Militärgeschichtlichen Forschungsamtes von Jörg Duppler und Gerhard P. Groß. München, 1999. S. 51-95; Vgl. Chickering, Roger: Das Deutsche Reich und der Erste Weltkrieg. München, 2002. S. 215f; Vgl. Die Aufzeichnungen des Generalmajors Max Hoffmann. Hrsg. von Karl Friedrich Nowak. Zweiter Band. Berlin, 1929. S. 315f; Vgl. Ullrich, Volker: Als der Thron ins Wanken kam. Das Ende des Hohenzollernreiches 1890-1918. Bremen, 1993. S. 159-177.

verwirklicht würde, war ihm gleichgültig. In diesem Zusammenhang äußerte er gegenüber dem bayerischen Kronprinzen die später vielzitierte Wendung: „Das Wort ‚Operation' verbitte ich mir. Wir hauen ein Loch hinein. Das Weitere findet sich. So haben wir es in Russland auch gemacht."[2183]

Die Frühjahrsoffensive entwickelte sich zum größten militärischen Einzelunternehmen der Geschichte. Das deutsche Westheer wurde durch 33 freigewordene Divisionen mit mehr als 500.000 Soldaten aus dem Osten verstärkt, sodass am 21. März 1918 an der „Michael"-Front einschließlich der rückwärtigen Reserven 76 Divisionen zum Angriff bereit standen. Dennoch verfügte man mit etwa vier Millionen Mann über nicht mehr als achtzig Prozent der alliierten Kräfte. Zudem fehlte es an Reserven. Dies resultierte nicht zuletzt aus der Friedensregelung von Brest-Litowsk, die nach dem Einsatz einer weiteren Million deutscher Soldaten zur Kontrolle der besetzten Ostgebiete verlangte.[2184] Die Soldaten erwarteten von einem Angriff eine rasche, definitive Entscheidung und damit das Ende des Krieges. Die Januarstreiks waren unter den Frontsoldaten auf massive Ablehnung gestoßen, da die Überzeugung herrschte, dass Streiks den Krieg in die Länge zu ziehen geeignet waren. Im Frühjahr 1918 entstand angesichts der Hoffnung auf einen entscheidenden Sieg sogar wieder eine gewisse Kriegsbegeisterung.[2185]

Das Vertrauen des Generalquartiermeisters und des Chefs der Obersten Heeresleitung in die geplante Offensive zog viele in den Bann, aber bei Weitem nicht alle. Die Stabschefs der beteiligten Heeresgruppen und der bayerische Kronprinz gingen allesamt mit Zweifeln und Sorgen in die Schlacht.[2186] Rupprecht, der anlässlich der Feier der Goldenen Hochzeit seiner Eltern in München weilte, wunderte sich über die optimistischen Erwartungen, die dort vorherrschten. Man habe „keine Ahnung von den Schwierigkeiten, die zu überwinden sind."[2187] Anfang Februar hatte er seinen Vater gewarnt, dass der Ersatz an Mannschaften zur Neige gehen werde. Man brauche weit mehr Truppen zur Lösung der Aufgabe. „Selbst wenn alle Ost-

---

[2183] Zit. nach und vgl. Storz, Dieter: „Aber was hätte anders geschehen sollen?" Die deutschen Offensiven an der Westfront 1918. In: Kriegsende 1918. Ereignis, Wirkung, Nachwirkung. Hrsg. im Auftrag des Militärgeschichtlichen Forschungsamtes von Jörg Duppler und Gerhard P. Groß. München, 1999. S. 51-95. Hier: S. 63f.

[2184] Vgl. Ullrich, Volker: Die nervöse Großmacht. Frankfurt am Main, 2007. S. 546-548; Storz, Dieter: „Aber was hätte anders geschehen sollen?" Die deutschen Offensiven an der Westfront 1918. In: Kriegsende 1918. Ereignis, Wirkung, Nachwirkung. Hrsg. im Auftrag des Militärgeschichtlichen Forschungsamtes von Jörg Duppler und Gerhard P. Groß. München, 1999. S. 51-95. Hier: S. 61-69; Vgl. Chickering, Roger: Das Deutsche Reich und der Erste Weltkrieg. München, 2002. S. 215f; Vgl. Die Aufzeichnungen des Generalmajors Max Hoffmann. Hrsg. von Karl Friedrich Nowak. Zweiter Band. Berlin, 1929. S. 315f.

[2185] Vgl. Ziemann, Benjamin: Enttäuschte Erwartung und kollektive Erschöpfung. Die deutschen Soldaten an der Westfront 1918 auf dem Weg zur Revolution. In: Kriegsende 1918. Ereignis, Wirkung, Nachwirkung. Hrsg. im Auftrag des Militärgeschichtlichen Forschungsamtes von Jörg Duppler und Gerhard P. Groß. München, 1999. S. 165-182. Hier: S. 168-173.

[2186] Vgl. Storz, Dieter: „Aber was hätte anders geschehen sollen?" Die deutschen Offensiven an der Westfront 1918. In: Kriegsende 1918. Ereignis, Wirkung, Nachwirkung. Hrsg. im Auftrag des Militärgeschichtlichen Forschungsamtes von Jörg Duppler und Gerhard P. Groß. München, 1999. S. 51-95. Hier: S. 69.

[2187] Kriegstagebuch, 18. Februar 1918. BayHStA, GHA. NL Kronprinz Rupprecht, Nr. 707.

Truppen für den Westen verfügbar würden, wäre hiermit ein ausschlaggebender Erfolg im Westen noch keineswegs völlig sicher gestellt, umso weniger ist dies der Fall, wenn im Osten starke Truppen zurückgelassen werden müssen. Was aber dann? Es ist uns dann einfach unmöglich, den Krieg siegreich zu beenden."[2188]

Während seines Aufenthalts hatte er Gelegenheit, „dem Kaiser, der einige Stunden in München zubrachte, mit ein paar Worten die Schwierigkeiten auseinanderzusetzen", die der Offensive entgegenstehen. Für ihn war es unwahrscheinlich, dass mehr als eine feindliche „Teilniederlage und eine Einbeulung des feindlichen Stellungssystems" zu erreichen seien. Der Kaiser entgegnete, man rechne nicht mit einem Durchbruch, sondern damit, durch aufeinanderfolgende „Angriffe an verschiedenen Stellen den Gegner möglichst zu schädigen." Rupprecht zweifelte, dass man im Stande sei, „mehrere große Angriffshandlungen nacheinander auszuführen."[2189] Dem bayerischen Kriegsminister gegenüber sprach er sich ebenfalls gegen die Offensive aus und bezeichnete den Friedensschluss um jeden Preis als einzig richtige Lösung.[2190] Der Ministerratsvorsitzende und der Kriegsminister teilten seine Ansichten über die militärisch-politische Lage. Ludwig III. verschloss sich hingegen zunehmend den Realitäten. Bezüglich des Erscheinens amerikanischer Truppen bedeutete er seinem Sohn Rupprecht, „die Amerikaner hätten in Europa nichts zu schaffen." Nach erheblichen Mühen gelang es dem Kronprinzen, dem König in „mehr denn einer Hinsicht die Augen zu öffnen." Eine Einmischung seines Vaters bei der Heeresleitung oder beim Kaiser erwartete er angesichts dessen „Energielosigkeit" aber nicht.[2191]

Am 10. März 1918 erging der Angriffsbefehl, der die „Michael"-Offensive entfesselte. In blutigen Kämpfen erreichte die deutsche Infanterie am linken Flügel nach wenigen Tagen den Crozatkanal und die Somme. Daraufhin wurden die Ziele der Offensive erweitert. Beiderseits der Somme sollte gegen die englischen und französischen Armeen vorgegangen werden, um diese voneinander zu trennen. Ludendorff telegrafierte am 24. März euphorisch, die Schlacht sei gewonnen. Drei Tage später stagnierte die Offensive jedoch. Nun sollte ein Angriff am rechten Flügel der Front die „Michael"-Offensive voranbringen, scheiterte aber und musste eingestellt werden. Es folgten Angriffe auf die französischen Armeen, die nicht entscheidend vorankamen. Bis zum 29. März hatte sich die deutsche Angriffsfront von 80 auf 20 Kilometer verengt. Die „Michael"-Offensive hatte ihren Höhepunkt überschritten. Ein letzter Versuch, die Stadt Amiens einzunehmen, um die gegnerischen Truppen voneinander zu trennen, misslang am 4. April. Am folgenden Tag wurde die Einstellung der Offensive befohlen. Immerhin waren die Anfangserfolge der Offensive derart beeindruckend, dass der britische Oberbefehlshaber ernsthaft

---

[2188] Rupprecht an Ludwig III. vom 4. Februar 1918. BayHStA, Geheimes Hausarchiv. NL König Ludwig III., Nr. 59.
[2189] Kriegstagebuch, 19. Februar 1918. BayHStA, GHA. NL Kronprinz Rupprecht, Nr. 707.
[2190] Manuskript der Lebenserinnerungen des k.-b. Kriegsministers Philipp von Hellingrath. S. 291f. BayHStA, Geheimes Hausarchiv. NL Philipp von Hellingrath, Nr. 6.
[2191] Kriegstagebuch, 20. Februar 1918. BayHStA, GHA. NL Kronprinz Rupprecht, Nr. 707.

erwogen hatte, Frieden zu schließen. Mit der Abwehr des Angriffs hatte die Entente zwar einen strategischen Erfolg erzielt, gleichzeitig aber eine schwere taktische Niederlage erlitten.[2192]

Die Anstrengungen um den kriegsentscheidenden Sieg hielten an. Unmittelbar auf „Michael" folgte am 9. April ein Angriff in Flandern, der den Decknamen „Georg" erhielt, der ebenfalls seit Ende 1917 geplant worden war. Nun sollte die Flandernoffensive die Entscheidung gegen England bringen. Jedoch erfüllten sich die Erwartungen nicht, obwohl die Infanterie schon am ersten Tag einige Kilometer weit vorzudringen und einen Großteil der britischen Artillerie zu erobern vermochte. Doch schließlich geriet auch „Georg" ins Stocken und musste am 20. April eingestellt werden. Jedoch wurde in einem beschränkten Angriff am 25. April der Kemmelberg erstürmt, um die bislang erreichte Linie zu sichern. Zwar blieb der Geländegewinn der „Georg"-Offensive hinter dem der „Michael"-Offensive zurück, war aber nichtsdestoweniger spektakulär, da die englische Armee das Gebiet, das sie im Vorjahr unter ungeheuerlichen Opfern erobert hatte, wieder räumen musste.[2193] Rupprecht schrieb seinem Vater, der Krieg müsse sich „noch im Laufe des [Monats] Mai entscheiden: Entweder es gelingt uns bis dahin, den Gegner gänzlich klein zu kriegen, was bezüglich der Franzosen noch erheblichen Schwierigkeiten begegnen dürfte, oder es müssen die Diplomaten einsetzen unter wesentlicher Zurückschraubung der Kriegsziele."[2194] Die alliierte Front konnte nicht entscheidend durchbrochen werden. Für das deutsche Heer hatte sich der Stellungsverlauf angesichts der Raumgewinne eher verschlechtert, da nun zur Verteidigung der besetzten Linie mehr Ressourcen nötig waren als zuvor. Dies war aufgrund der deutschen Verluste, die sich auf über 400.000 Mann summierten, und angesichts der schlechten Ersatzlage umso dramatischer. Die taktischen Erfolge hatten an der strategischen Lage nichts verändert. Das Zeitfenster bis zum Eintreffen signifikanter amerikanischer Verstärkung auf Seiten der Gegner schloss sich, während die Heeresleitung weiter stur ihre Offensivpolitik verfolgte.[2195]

Rupprecht erörterte seinem auf Frontbesuch befindlichen Vater am 14. Mai, das Problem sei, dass Ludendorff Mittel und Zweck verwechselte; „die Kriegführung

---

[2192] Vgl. Storz, Dieter: „Aber was hätte anders geschehen sollen?" Die deutschen Offensiven an der Westfront 1918. In: Kriegsende 1918. Ereignis, Wirkung, Nachwirkung. Hrsg. im Auftrag des Militärgeschichtlichen Forschungsamtes von Jörg Duppler und Gerhard P. Groß. München, 1999. S. 51-95. Hier: S. 72-75; Vgl. Stevenson, David: 1914-1918. Der Erste Weltkrieg. Düsseldorf, 2006. S. 484-487.

[2193] Vgl. Storz, Dieter: „Aber was hätte anders geschehen sollen?" Die deutschen Offensiven an der Westfront 1918. In: Kriegsende 1918. Ereignis, Wirkung, Nachwirkung. Hrsg. im Auftrag des Militärgeschichtlichen Forschungsamtes von Jörg Duppler und Gerhard P. Groß. München, 1999. S. 51-95. Hier: S. 78f; Vgl. Stevenson, David: 1914-1918. Der Erste Weltkrieg. Düsseldorf, 2006. S. 487f.

[2194] Rupprecht an Ludwig III. vom 19. April 1918. BayHStA, Geheimes Hausarchiv. NL König Ludwig III., Nr. 59.

[2195] Vgl. Storz, Dieter: „Aber was hätte anders geschehen sollen?" Die deutschen Offensiven an der Westfront 1918. In: Kriegsende 1918. Ereignis, Wirkung, Nachwirkung. Hrsg. im Auftrag des Militärgeschichtlichen Forschungsamtes von Jörg Duppler und Gerhard P. Groß. München, 1999. S. 51-95. Hier: S. 79-82.

10.5 Ostimperium, Frühjahrsoffensive und Zusammenbruch

ist ihm der Selbstzweck, der sich die Politik unterzuordnen hat, anstatt dass die Kriegführung das Mittel der Politik ist zum Zwecke der Erreichung bestimmter politischer Ziele." Nach seiner Ansicht erhoffte sich Ludendorff „die Beendigung des Krieges dabei weniger durch den Sieg als vielmehr durch den inneren Zusammenbruch der uns feindlichen Staaten nach dem Vorbilde Russlands. Die Verhältnisse liegen aber bei den W[est]-Mächten doch wesentlich anders; diese sind viel fester gefügt wie Russland es war."[2196] Ludendorffs Operationsplanung, die nach zwei gewaltigen Angriffsschlachten, in denen seine Armee ihre Kräfte fast völlig verbraucht hatte, weiterhin die Offensive suchte, konnte in den Reihen der militärisch Verantwortlichen nicht darüber hinwegtäuschen, dass der Krieg mittelfristig verloren war.[2197] Ludendorff spielte gedanklich mit längst nicht mehr vorhandenen Reserven, die den Krieg noch gewinnen sollten: „Wenn ich jetzt einige Hunderttausend Mann frischer Truppen aus der Heimat bekäme, könnte der Feldzug [im Westen] in wenigen Wochen beendet sein."[2198]

Am 27. Mai 1918 begann der nächste Angriff, der sich auf die Champagne konzentrierte. Die Erfolge der Angriffe „Blücher" und „Goerz" übertrafen wiederum die in sie gesetzten Erwartungen und wurden zu einer größeren Operation ausgebaut, aus der sich die Schlacht von Soissons und Reims entwickelte. Am 4. Juni kam die Offensive zum Stehen, bevor bei Noyon der nächste Angriff folgte. Der Großangriff hatte einen tiefen Keil in die Front gestoßen, dessen Spitze den seit 1914 symbolträchtigen Marnefluss erreichte. Die Frage war jedoch, wie lange Ludendorff seine Offensivtaktik durchhalten konnte, während die Armee personell und materiell heruntergewirtschaftet wurde. Die deutschen Reserven waren erschöpft – zudem ab Mai durch eine große Grippeepidemie dezimiert – und mittlerweile beteiligten sich amerikanische Truppen an den Gefechten. Es fehlten der Heeresleitung schlicht die Mittel, die beeindruckenden Erfolge des Frühjahrs auszunutzen.[2199] Die letzte Offensive der deutschen Armee trug den Decknamen „Marneschutz-Reims" und bezweckte ab Mitte Juli 1918 eine Verbesserung des Stellungsverlaufes und eine indirekte Schwächung der Alliierten in Flandern, wo Ludendorff die kriegsentscheidende Operation „Hagen" stattfinden lassen wollte. „Marneschutz-Reims" verpuffte fast wirkungslos, während sich Ludendorff ins Hauptquartier der Heeresgruppe Kronprinz Rupprecht begab, von wo aus er „Hagen" persönlich leiten wollte. Dort erreichte ihn am 18. Juli die Nachricht von ei-

---

[2196] Kriegstagebuch, 14. Mai 1918. BayHStA, GHA. NL Kronprinz Rupprecht, Nr. 708.
[2197] Vgl. Storz, Dieter: „Aber was hätte anders geschehen sollen?" Die deutschen Offensiven an der Westfront 1918. In: Kriegsende 1918. Ereignis, Wirkung, Nachwirkung. Hrsg. im Auftrag des Militärgeschichtlichen Forschungsamtes von Jörg Duppler und Gerhard P. Groß. München, 1999. S. 51-95. Hier: S. 84f.
[2198] Vgl. und zit. nach Hildebrand, Klaus: Das deutsche Ostimperium 1918. Betrachtungen über eine historische „Augenblickserscheinung". In: Pyta, Wolfram; Richter, Ludwig (Hrsg.): Gestaltungskraft des Politischen. Festschrift für Eberhard Kolb. Berlin, 1998. S. 109-124. Hier: S. 119.
[2199] Vgl. Storz, Dieter: „Aber was hätte anders geschehen sollen?" Die deutschen Offensiven an der Westfront 1918. In: Kriegsende 1918. Ereignis, Wirkung, Nachwirkung. Hrsg. im Auftrag des Militärgeschichtlichen Forschungsamtes von Jörg Duppler und Gerhard P. Groß. München, 1999. S. 51-95. Hier: S. 85-90.

nem französischen Gegenangriff. In den folgenden Tagen wurde die Zurücknahme des in der Schlacht von Soissons und Reims erkämpften Gebietes befohlen und die Flandernoffensive abgesagt. Die Initiative lag von nun an bei der Entente. Das Spiel der Obersten Heeresleitung war aus.[2200]

Das einst grenzenlose Vertrauen der Öffentlichkeit in die Heeresleitung sank in diesen Monaten dramatisch. Ludendorffs Autorität war allenfalls bei der Armeeführung noch intakt, wenngleich sich Zweifel an seiner Strategie mehrten.[2201] Das Verharren im Angriff hatte wesentlich dazu beigetragen, die Illusionen der deutschen Öffentlichkeit über die Kriegslage aufrechtzuerhalten. Umso größer war die Enttäuschung, als der Zusammenbruch offenbar wurde. Ähnlich verlief in der Armee die Stimmungskurve. Das hohe Maß an Einsatzbereitschaft im Frühjahr 1918 ist dadurch zu erklären, dass die allgemeine Hoffnung bestand, dass auf einen kriegsentscheidenden Sieg ein sofortiger Friedensschluss folgen würde. Als sich nach den deutschen Erfolgen des Frühjahrs abzeichnete, dass diese Hoffnung trügerisch war, löste sich die Disziplin mehr und mehr auf. Das Kaiserreich war am Ende seiner Ressourcen angelangt und konnte die Verluste weder qualitativ noch quantitativ ersetzen. Dies führte ab dem Sommer 1918 in kürzester Zeit zu einer dramatischen Zuspitzung der militärischen Lage.[2202]

Zwar standen deutsche Truppen, wie Prinz Leopold feststellte, „auf allen Kriegsschauplätzen tief im Feindesland". Ein militärischer Sieg schien aber aussichtslos.[2203] Im August 1918 begann nach der Westfront die Ostfront zusammenzubrechen, nachdem die Entente von Archangelsk aus einen Vormarsch startete.[2204] Leopold hielt die kritische Situation fest: „Die Ententetruppen rücken in der Richtung auf den Onegasee vor. In der Ukraine spuckt es wieder überall. Das Neueste ist, dass auch Rumänien, mit dem wir schon längst Frieden geschlossen haben, unzuverlässig wird und beabsichtigt, uns erneut feindlich gegenüberzutreten. [...] Hier zeigte sich zum ersten Male wie wenig glücklich unsere von oben befohlene, ich möchte fast sagen uferlose, Besetzungs- und Ausdehnungspolitik im Osten sich erwies. Es reichten eben einfach die militärischen Kräfte nicht mehr aus, die für den Osten übrig blieben, da der Westen vor allem und der Balkan und Kaukasus

---

[2200] Vgl. Storz, Dieter: „Aber was hätte anders geschehen sollen?" Die deutschen Offensiven an der Westfront 1918. In: Kriegsende 1918. Ereignis, Wirkung, Nachwirkung. Hrsg. im Auftrag des Militärgeschichtlichen Forschungsamtes von Jörg Duppler und Gerhard P. Groß. München, 1999. S. 51-95. Hier: S. 93; Vgl. Stevenson, David: 1914-1918. Der Erste Weltkrieg. Düsseldorf, 2006. S. 499-512.

[2201] Vgl. Storz, Dieter: „Aber was hätte anders geschehen sollen?" Die deutschen Offensiven an der Westfront 1918. In: Kriegsende 1918. Ereignis, Wirkung, Nachwirkung. Hrsg. im Auftrag des Militärgeschichtlichen Forschungsamtes von Jörg Duppler und Gerhard P. Groß. München, 1999. S. 51-95. Hier: S. 91.

[2202] Vgl. Storz, Dieter: „Aber was hätte anders geschehen sollen?" Die deutschen Offensiven an der Westfront 1918. In: Kriegsende 1918. Ereignis, Wirkung, Nachwirkung. Hrsg. im Auftrag des Militärgeschichtlichen Forschungsamtes von Jörg Duppler und Gerhard P. Groß. München, 1999. S. 51-95. Hier: S. 95.

[2203] Kriegstagebuch, 22.7.1918. BayHStA, GHA. NL Prinz Leopold, Nr. 239.

[2204] Ebd., 17.8.1918. BayHStA, GHA. NL Prinz Leopold, Nr. 239.

10.5 Ostimperium, Frühjahrsoffensive und Zusammenbruch

stets mehr und neue Truppen in Anspruch nahmen."[2205] Die Engländer versuchten, eine Front von Archangelsk bis Bagdad herzustellen.[2206] Als Gegenmaßnahme wollten Leopold und Hoffmann einen Vormarsch in Richtung Petrograd wagen, zu dessen Genehmigung der Stabschef nach Berlin gesandt wurde.[2207]

Der Vormarsch der englischen Truppen machte Fortschritte. Doch anstatt Ober Ost ein offensives Vorgehen zu gestatten, wurden noch mehr Truppen entzogen, um die zusammenbrechende Westfront zu stützen.[2208] Inmitten dieser Situation verabschiedete sich Prinz Leopold in den Heimaturlaub.[2209] Während dieser Zeit war er in telefonischer Verbindung mit Ober Ost, so dass er „stets am Laufenden bleiben konnte, jeden Augenblick bereit, sofort auf meinen Posten zurückzukehren, wenn meine Anwesenheit erforderlich werden sollte."[2210] Bulgarien musste währenddessen Waffenstillstand schließen, wodurch die Situation auf dem Balkan verloren war. In der Zwischenzeit bröckelte die Westfront dramatisch. Leopold erhielt den Befehl, vier weitere Divisionen abzugeben.[2211] Vom Vormarsch nach Petrograd, dem der Prinz entgegengesehen hatte, war keine Rede mehr.[2212] Am 7. Oktober fand sich der Prinz wieder auf seinem Posten ein.[2213] Nun sollte er „voraussichtlich fast alle [...] Truppen nach dem Westen und nach dem Süden abgeben müssen". Dies bedeutete, dass Leopold längs der russischen Grenze nur noch über sieben Divisionen verfügte. Eine Räumung der Ukraine war unvermeidlich.[2214] Am 10. Oktober wurde Hoffmann abermals nach Berlin entsandt.[2215] Zwei Tage später erging der Befehl, das gesamte besetzte Gebiet im Osten zu räumen und „von den vielen Millionen Vorräten und dem fast noch ungezählten Kriegsmaterial möglichst viel" zu bergen.[2216]

Mit der Idee eines Siegfriedens hatten sich die militärischen und politischen Spitzen des Reiches einem Paradigma unterworfen, das sich angesichts schwindender Siegeszuversicht zu einer Belastung erwuchs. Sobald der Krieg im Bewusstsein breiter Teile der Öffentlichkeit nicht mehr zu gewinnen war, musste der Konsens des Aus- und Durchhaltens endgültig zusammenbrechen. Für immer mehr Menschen wurde der Krieg sinnlos.[2217] Den bis in den Oktober verbreiteten Erfolgsmeldungen der Heeresleitung wurde kein Glauben mehr geschenkt.[2218] Rupp-

---

[2205] Ebd., 18.8.1918. BayHStA, GHA. NL Prinz Leopold, Nr. 239.
[2206] Ebd., 24.8.1918. BayHStA, GHA. NL Prinz Leopold, Nr. 239.
[2207] Ebd., 2.9.1918. BayHStA, GHA. NL Prinz Leopold, Nr. 239.
[2208] Ebd., 3.9.1918. BayHStA, GHA. NL Prinz Leopold, Nr. 239.
[2209] Ebd., 4.9.1918. BayHStA, GHA. NL Prinz Leopold, Nr. 239.
[2210] Ebd., 8.-26.9.1918. BayHStA, GHA. NL Prinz Leopold, Nr. 239.
[2211] Ebd., 26.9.-6.10.1918. BayHStA, GHA. NL Prinz Leopold, Nr. 239.
[2212] Ebd., 8.-26.9.1918. BayHStA, GHA. NL Prinz Leopold, Nr. 239.
[2213] Ebd., 7.10.1918. BayHStA, GHA. NL Prinz Leopold, Nr. 239.
[2214] Ebd., 9.10.1918. BayHStA, GHA. NL Prinz Leopold, Nr. 239.
[2215] Ebd., 10.10.1918. BayHStA, GHA. NL Prinz Leopold, Nr. 239.
[2216] Ebd., 12.10.1918. BayHStA, GHA. NL Prinz Leopold, Nr. 239.
[2217] Vgl. Altenhöner, Florian: Kommunikation und Kontrolle. Gerüchte und städtische Öffentlichkeiten in Berlin und London 1914/1918. München, 2008. S. 306.
[2218] Vgl. Geyer, Martin H.: Verkehrte Welt. Revolution, Inflation und Moderne. München 1914-1924. Göttingen, 1998. S. 51.

recht erfuhr, dass „in Nürnberg auf einem Militärzug die Aufschrift zu lesen war: Schlachtvieh für Wilhelm und Söhne." Die Stimmung war nicht nur in Bayern sehr schlecht, sondern auch in Norddeutschland.[2219] Wie dramatisch die Situation hinter der Front, speziell im Etappengebiet war, illustriert ein am 20. September bei der Abfahrt Hindenburgs am Bahnhof von Mons aus der Menge vernommener Ruf: „Schlagt ihn tot – den Frieden wollen wir!"[2220] Gerüchte besagten, Kronprinz Rupprecht hatte trotz eines Befehls Hindenburgs nicht mehr angreifen wollen. Man erzählte sich in den Schützengräben, von der Etappe ausgehend bis nach Berlin und München, es sei infolgedessen zu einem Duell zwischen den beiden gekommen, bei dem der Chef der Heeresleitung vom bayerischen Kronprinzen erschossen worden sei. Daraufhin sei letzterer in Schloss Belœil in Belgien interniert worden.[2221] Rupprecht empfand es als bezeichnend „für die Nervosität in Heimat und Heer [...], dass [...] die törichtesten Gerüchte Glauben finden."[2222] Für ihn gab der Umstand, dass „die in der Heimat erwartete, für entscheidungsbringend erachtete Offensive in Flandern unterblieb, Anlass zu dem über das ganze Reich verbreiteten törichten Gerüchte, ich habe mich geweigert, die Offensive durchzuführen, da ich sie als aussichtslos erachtet hätte und hätte, als mich Hindenburg deshalb beschimpfte, ihn kurzerhand erschossen."[2223]

In einem Bericht des in Berlin ansässigen Büros für Sozialpolitik hieß es, der „Eindruck der feindlichen Gegenoffensive auf die deutschen Arbeitermassen ist unleugbar sehr groß geworden. Spiegelt sich auch in den allgemein verbreiteten Gerüchten von schwerer Erkrankung, Tod oder Ermordung Hindenburgs eine Ehrfurcht vor dem Feldmarschall wider, die nicht glauben will, dass unter seiner Führung oder Verantwortung die deutschen Heere jemals anders als mit vollem offenkundigen Erfolge operieren könnten, so finden sich daneben in den breiten Massen doch auch noch andere Stimmungen und Gedanken vor [...]. So bewegt die Arbeiterschaft jetzt ein ziemlich buntes Gemisch von Stimmungen, deren Grundton freilich ein ratloser Pessimismus ist."[2224] Hindenburg wurde nach dem Scheitern der Frühjahrsoffensive von unzähligen Frontkämpfern als Massenmörder eingestuft, wie Frontbriefe belegen. Stattdessen setzten vor allem die bayerischen Soldaten ihre letzten Hoffnungen in den Kronprinzen Rupprecht, der nach wie vor hohes Ansehen genoss.[2225]

[2219] Kriegstagebuch, 2. September 1918. BayHStA, GHA. NL Kronprinz Rupprecht, Nr. 708.
[2220] Ebd., 21. September 1918. BayHStA, GHA. NL Kronprinz Rupprecht, Nr. 708.
[2221] Vgl. Ziemann, Benjamin: Front und Heimat. Essen, 1997. S. 266f; Vgl. Kriegstagebuch, 1. August 1918. BayHStA, GHA. NL Kronprinz Rupprecht, Nr. 708; Vgl. Weiß, Dieter J.: Kronprinz Rupprecht von Bayern. Regensburg, 2007. S. 123.
[2222] Kriegstagebuch, 1. August 1918. BayHStA, GHA. NL Kronprinz Rupprecht, Nr. 708.
[2223] Ebd., 8. August 1918. BayHStA, GHA. NL Kronprinz Rupprecht, Nr. 708.
[2224] Bericht des Büros für Sozialpolitik zur inneren Lage in der Arbeiterschaft. Berlin, 1.8.1918. Vertrauliche Mitteilungen des Pressereferats im Kriegsministerium, Pressezensur, etc. (1914-1918). BayHStA, GHA. Kabinettsakten König Ludwigs III., Nr. 54.
[2225] Vgl. Ziemann, Benjamin: Front und Heimat. Essen, 1997. S. 266f; Vgl. Kriegstagebuch, 1. August 1918. BayHStA, GHA. NL Kronprinz Rupprecht, Nr. 708; Vgl. Weiß, Dieter J.: Kronprinz Rupprecht von Bayern. Regensburg, 2007. S. 123.

10.6 Die Krise der nationalen Integration

Die sich abzeichnende militärische Niederlage wirkte nunmehr dramatisch auf die allgemeine Stimmungslage. Im Juni 1918 trug die Herabsetzung der Fleischration zur weiteren Verschlechterung bei. In Ingolstadt kam es zu Ausschreitungen. Auch die wirtschaftliche Zentralisierung stand nach wie vor heftig in der Kritik.[2226] Der Krieg wurde angesichts schwindender Siegeschancen sowohl an der Front als auch in der Heimat als preußische Angelegenheit betrachtet, der die Bundesstaaten entgegen zu treten hätten. Nationale Deutungsmuster verloren rapide an Überzeugungskraft und partikularistische Strömungen gewannen unter den außerpreußischen Truppenkontingenten immer mehr an Bedeutung. Schon früh hatte es an der Front Gerüchte über Benachteiligungen bayerischer Einheiten durch preußische Kontingente gegeben. Die Ressentiments der bayerischen Heimatfront gegen Preußen waren zu einem unkontrollierbaren Faktor geworden. Die bayerischen Behörden zeigten sich besorgt.[2227] Im August 1918 wurden der Tiefstand des Wirtschaftsjahres sowie die schlechteste Ernährungslage festgestellt, was die „schwerste Belastungsprobe für die Bevölkerung" darstellte. Die Gehässigkeiten zwischen Nord- und Süddeutschland wurden inzwischen sogar in der Presse verhandelt.[2228] In einer Denkschrift des bayerischen Kriegsministeriums im Sommer 1918 hieß es: „Der Gegensatz zwischen Preußen und Bayern ist außerordentlich groß. Er hat in neuerer Zeit eine derartige Vertiefung erfahren, dass eine weitere Verschärfung die Fortentwicklung des Deutschen Reiches und die Interessen der Landesverteidigung ernsthaft gefährden müsste. Maßnahmen zur Bekämpfung der bestehenden Missstimmung erscheinen daher unerlässlich." Der Krieg habe einerseits das bayerische Selbstgefühl gesteigert, andererseits zu einer erheblichen Beeinträchtigung des preußischen Ansehens geführt. Die „zentralistischen Bestrebungen […], welche das Deutsche Reich in einen unter überwiegender preußischer Zentralgewalt stehenden Staat mit erheblich gekürzten politischen Rechten der süddeutschen Völker und Dynastien umzuwandeln wünschen", seien die Hauptursache dafür. Die Bevölkerung sei überzeugt, dass Bayern wirtschaftlich benachteiligt werde.[2229]

[2226] Der Bericht des bayerischen Kriegsministeriums zur Stimmung der Zivilbevölkerung stellte fest, dies dürfe aber „nicht allein als bayerischer Partikularismus abgetan werden, sondern hat seine Gründe im wirtschaftlichen Übergewicht Norddeutschlands." Vgl. Geheimbericht zur Stimmung der Zivilbevölkerung und der Ernährungslage. Juni 1918. Pressereferat des bayerischen Kriegsministeriums. Friedensbewegung in Bayern. Haltung der Presse, Tätigkeit von Vereinen und Privatpersonen 1918. BayHStA, NB. StMin des K. Hauses und des Äußern, Nr. 97553; Vgl. Albrecht, Willy: Das Ende des monarchisch-konstitutionellen Regierungssystems in Bayern. Hrsg. von Karl Bosl. München, 1969. S. 263-299. Hier: S. 286-290.

[2227] Vgl. Ziemann, Benjamin: Front und Heimat. Essen, 1997. S. 265-289; Sendtner, Vgl. Kurt: Rupprecht von Wittelsbach. Kronprinz von Bayern. München, 1954. S. 327f.

[2228] Geheimbericht zur Stimmung der Zivilbevölkerung und der Ernährungslage. August 1918. Pressereferat des bayerischen Kriegsministeriums. Friedensbewegung in Bayern. Haltung der Presse, Tätigkeit von Vereinen und Privatpersonen 1918. BayHStA, NB. StMin des K. Hauses und des Äußern, Nr. 97553.

[2229] Denkschrift gefertigt vom Pressereferat auf Grund Befehls Seiner Exzellenz des Herrn Kriegsministers vom 23.6.18. Angebliche Spannung zw. Bayern und Preußen. Abfällige Urteile über Preu-

Preußischerseits kochten die Emotionen ebenfalls hoch. Das bayerische Kriegsministerium sah sich im September gezwungen, beim preußischen Kriegsministerium die Zensur aus preußisch-kaisertreuen Kreisen stammender Flugblätter anzumahnen, die Bayern partikularistischen Verrat anzulasten versuchten. Im Pamphlet „Preußenherzen hoch!" hieß es wörtlich: „Mit Geschick haben es die Preußenfeinde innerhalb Deutschlands verstanden, die Reichsgewalt an sich zu reißen: Ein süddeutscher Reichskanzler, ein süddeutscher Vizekanzler, ein süddeutscher Reichstagspräsident, ein süddeutscher Minister des Äußern [...]; alle wichtigen Ämter in den Händen von Bayern! Ist es da ein Wunder, wenn die Politik auf eine völlige Lahmlegung Preußens, der Kaiserkrone, und der Heeresleitung gerichtet ist [...]? Aus bayerisch-partikularistischem Hasse will man Preußens Macht zerstören, um selbst in Deutschland zu herrschen. Welche Zerstörungskräfte am Werke sind, zeigen die Besprechungen des Wiener Hofes mit den katholischen Höfen Dresden und München. Die Zensur unter Graf Hertling verbietet jede Andeutung über diese an Hochverrat grenzenden Besprechungen. Es ist kein Geheimnis mehr, dass Bayern die Mitwirkung an der Weiterführung des Krieges seiner Zeit davon abhängig gemacht hat, dass Graf Hertling Reichskanzler werde. [...] Auch die Heeresfront ist durch Bayern zerrissen worden. [...]. Unterstützung haben diese Disziplinbrecher bei ihrem Höchstkommandierenden, dem Prinzen Rupprecht gefunden, der es nicht zugab, dass sie nach Gebühr bestraft wurden. [...] In heutiger Stunde müssen wir uns auch erinnern, dass König Ludwig von Bayern es war, der 1871 am schärfsten gegen die Übertragung der Kaiserkrone an die Hohenzollern war. [...] Soll Deutschland durch partikularistischen Verrat zu Grunde gehen, so soll doch Preußen weiterbestehen."[2230]

Auch Erich Ludendorff beklagte in seinen Kriegserinnerungen den „partikularistischen Geist" der bayerischen Truppen. Die Wirkung dieser „von der bayerischen Regierung stillschweigend zugelassenen Bestrebungen machte sich fühlbar [...]. Die bayerischen Truppen sahen den Krieg allmählich als einen rein preußischen an."[2231] In der Endphase des Krieges gaben jedoch neben bayerischen und badischen Truppen auch Rheinländer, Hessen, Hannoveraner und sogar Schlesier Preußen die Schuld an der Lage. Dies verweist darauf, dass die antipreußischen Strömungen nicht allein durch einen ‚bayerischen Partikularismus' erklärt werden können, sondern vielmehr ein populäres Deutungsmuster bereitstellten, das schlagwortartig den Unmut über die vorgeblich von preußischen Machtinteressen verursachte Verlängerung des Krieges verdeutlichte.[2232]

ßen (1916). BayHStA, NB. StMin des K. Hauses und des Äußern, Nr. 97566; Vgl. Ziemann, Benjamin: Front und Heimat. Essen, 1997. S. 265-289; Vgl. Sendtner, Kurt: Rupprecht von Wittelsbach. Kronprinz von Bayern. München, 1954. S. 327f.

[2230] Schreiben des bayerischen Kriegsministers von Hellingrath an den preußischen Kriegsminister von Stein betreffs Verbotes eines Flugblattes. München, 21.9.1918. Vertrauliche Mitteilungen des Pressereferats im Kriegsministerium, Pressezensur, etc. (1914-1918). BayHStA, GHA. Kabinettsakten König Ludwigs III., Nr. 54.

[2231] Ludendorff, Erich: Meine Kriegserinnerungen 1914-1918. Berlin, 1919. S. 518.

[2232] Vgl. Ziemann, Benjamin: Front und Heimat. Essen, 1997. S. 270.

10.6 Die Krise der nationalen Integration

Die partikularistischen Strömungen stellten für die süddeutschen Staaten gleichermaßen eine Bedrohung wie eine Chance dar. Stellte einer der Bundesfürsten öffentlich seine Einsicht in die Notwendigkeit eines Friedensschlusses klar, so konnte er sich der Unterstützung weiter Teile der Bevölkerung sicher sein. Wie im Sommer 1914 ergab sich im Sommer 1918 für die bayerische Monarchie die Möglichkeit, als symbolische Instanz den öffentlichen Diskurs, dieses Mal zulasten der Reichseinheit, aufzunehmen. Ludwig III. war sich zwar während eines Frontbesuchs am 14. Mai 1918 mit seinem Sohn Rupprecht darin einig, dass „die militärpolitische Lage zu ernsten Befürchtungen Anlass" gebe.[2233] Doch der Monarch, der tags zuvor mit dem Kaiser und dem Kanzler gesprochen hatte,[2234] behielt diese Einsicht für sich und übte sich in gewohnten Durchhalteparolen. In einem Handschreiben bedauerte er, dass das verstrichene Jahr keinen Frieden gebracht hatte. Es liege an den Gegnern, wenn man in das fünfte Kriegsjahr eintrete: „Noch sind die Gegner trotz aller Misserfolge nicht zum Friedenswillen bereit, noch betrachten sie Deutschlands Zerschmetterung als ihr Ziel." Für Ludwig III. kam ein Verständigungsfriede nicht in Betracht. Somit galt es, „weiterzukämpfen, alle Mühsale und Entbehrungen auch fernerhin auf uns zu nehmen in der sicheren Zuversicht, dass Gott unsere gerechte Sache zum Siege führen wird." In Verkennung der Tatsachen betonte er, er wisse sich eins mit seinem Volk, „dass es König und Vaterland nicht verlassen, dass es durchhalten wird bis zum glücklichen Frieden."[2235]

Ein rascher Waffenstillstand und eine Parlamentarisierung schienen Auswege aus der prekären Situation zu bieten. Reichskanzler Hertling war zu diesen Schritten nicht bereit.[2236] Kronprinz Rupprecht war ebenso wie Prinz Max von Baden im Sommer 1918 zur Überzeugung gekommen, dass der überforderte Hertling abberufen werden müsse. Der bayerische Kronprinz hatte dem Prinzen Max, der sich in der Kriegsgefangenenfürsorge engagiert hatte,[2237] dazu geraten, sich ungeachtet seiner instabilen Gesundheit politisch einzubringen und ihm ermunternd geschrieben, man müsse nur seine Nerven besiegen. Das Selbstvertrauen käme mit den ersten Erfolgen.[2238] Im Gegensatz zu seinem Vater war Rupprecht bereits im Frühjahr für eine Friedensanbahnung aktiv geworden. Nach seiner Überzeugung hätte man

---

[2233] Kriegstagebuch, 14. Mai 1918. BayHStA, GHA. NL Kronprinz Rupprecht, Nr. 708.
[2234] Vgl. Hertling, Karl Graf von: Ein Jahr in der Reichskanzlei. Erinnerungen an die Kanzlerschaft meines Vaters. Freiburg im Breisgau, 1919. S. 109.
[2235] „An meine Bayern". Bayerische Staatszeitung, Kgl. Bayerischer Staatsanzeiger München, 1. August 1918. Königliche Kundgebungen zu Beginn und während des 1. WK: Verhängung des Kriegszustandes und Mobilmachungsbefehl, Aufrufe und Tagesbefehle, Aufrufe der Königin an die bayerischen Frauen, Weihnachtsgrüße und Neujahrsglückwünsche an die Truppen im Felde etc. (1914-1918). BayHStA, GHA. Kabinettsakten König Ludwigs III., Nr. 71.
[2236] Vgl. Weiß, Dieter J.: Kronprinz Rupprecht von Bayern. Regensburg, 2007. S. 154.
[2237] Vgl. Mann, Golo: Prinz Max von Baden und das Ende der Monarchie in Deutschland. In: Prinz Max von Baden. Erinnerungen und Dokumente. Hrsg. von Golo Mann und Andreas Burckhardt. Stuttgart, 1968. S. 9-57. Hier: S. 15f.
[2238] Vgl. Mann, Golo: Prinz Max von Baden und das Ende der Monarchie in Deutschland. In: Prinz Max von Baden. Erinnerungen und Dokumente. Hrsg. von Golo Mann und Andreas Burckhardt. Stuttgart, 1968. S. 9-57. Hier: S. 46.

vor Beginn der Frühjahrsoffensive Verhandlungen beginnen und die Kriegsziele den Verhältnissen anpassen müssen, hierzu „fehlte es aber Ludendorff am politischen Blicke. Hertling und Kühlmann hätten schon früher energischer auftreten und ihre Entlassung erbitten müssen, wenn die O.H.L. beim Kaiser eine Politik durchzusetzen wusste, die ihrer Überzeugung nicht entsprach."[2239]

Am 20. Mai 1918 war der bayerische Kronprinz mit Erich Ludendorff zusammengetroffen. Der Generalquartiermeister war der Ansicht, ein Friedensangebot sei fehl am Platz. Zunächst erschien ihm eine Sondierung durch eine deutsche Persönlichkeit ohne Amt, etwa den Prinzen Max von Baden, fruchtbarer. Obgleich der bayerische Thronfolger der Ansicht war, dass eine umgehende Erklärung des Reichskanzlers zu den Kriegszielen vonnöten sei, stimmte er zu, dass „das Auftreten einer Persönlichkeit wie des Prinzen Max von Baden in der Friedensfrage günstig erschien." Er sagte Ludendorff zu, Max dazu zu bewegen, sich für eine Verständigung mit England einzusetzen. Falls dies Erfolge zeitige, könne er sich ihn während etwaigen Friedensverhandlungen sogar als Leiter des Auswärtigen Amtes vorstellen. Ludendorff lehnte derartige Gedankenspiele mit dem Verweis auf dessen Stellung ab, erwähnte aber, dass Prinz Max bereits als Kandidat für den Kanzlerposten gehandelt worden sei. Ruprecht, der den badischen Prinzen „für einen durchaus verlässigen Charakter" und „vielleicht für den fähigsten unter den deutschen Prinzen" hielt, hob dessen Verständnis für wirtschaftliche Fragen hervor. Kurz darauf legte Rupprecht Max nahe, „den Kaiser und womöglich den Kanzler über die Lage zu sprechen, wobei er sich auf mich berufen dürfe." Die beiden Thronfolger verabredeten, dass Max den Kaiser in Spa treffen würde, während Rupprecht sich in einem Brief an den Reichskanzler wandte. Rupprecht resümierte am Abend das Ergebnis seiner Gespräche: „Es ist traurig, dass Prinz Max und ich den verantwortlichen Stellen reinen Wein über den Stand der Dinge einschenken müssen, aber es ist unumgänglich nötig. Die O.H.L. ist verblendet, sie glaubt eigentlich selbst nicht mehr an die Möglichkeit entscheidender Erfolge, will aber aus dieser Erkenntnis keine Folgerungen ziehen."[2240]

Die Antwort des Reichskanzlers auf das Schreiben des Kronprinzen von Bayern war ernüchternd. Hertling versicherte ihm zwar, dass keine Gelegenheit zur Anbahnung von Friedensverhandlungen versäumt werden würde. Gleichwohl erwartete der Reichskanzler durch die Fortsetzung der Offensive eine Stärkung der pazifistischen Strömungen beim Gegner. Rupprecht war gänzlich anderer Meinung und plädierte für ein Friedensangebot, da kriegsentscheidende Offensiven nicht mehr zu erwarten seien. Mit dem Reichskanzler stimmte er zwar darin überein, dass eine Angliederung Belgiens an das Reich nicht anzustreben sei, gab aber zu bedenken: „Ist man aber zu dieser Ansicht gelangt, sollte man sie ruhig aussprechen, weil dann ein hauptsächlicher Kriegsgrund in Wegfall gerät."[2241] Bereits zu-

---

[2239] Kriegstagebuch, 21. Juli 1918. BayHStA, GHA. NL Kronprinz Rupprecht, Nr. 708.
[2240] Kriegstagebuch, 20. Mai 1918. BayHStA, GHA. NL Kronprinz Rupprecht, Nr. 708.
[2241] Ebd., 9. Juni 1918. BayHStA, GHA. NL Kronprinz Rupprecht, Nr. 708.

10.6 Die Krise der nationalen Integration

vor hatte Rupprecht zynisch vermerkt: „Leider ist tatsächlich der alte Hertling wirklich nicht mehr viel mehr wie eine Marionette, ihm gebricht das an Willen, was Ludendorff an Verstand gebricht."[2242]

Doch Hertling war aus bayerischer Sicht beileibe nicht das größte Hindernis für die Bemühungen um einen Verständigungsfrieden. Noch Anfang Juli 1918 beschied König Ludwig III. seinem Bruder Leopold: „Wie sich auch die Dinge entwickeln mögen, ich bin und bleibe der Meinung, dass nach Abschluss aller Kämpfe nicht nur Preußen, sondern auch Bayern einen Gebietszuwachs erhalten muss."[2243] Die bayerische Staatsregierung setzte sich entgegen dieser Prämisse im August 1918 für eine bundesstaatliche Friedensinitiative ein. Kriegsminister von Hellingrath prognostizierte eine entscheidende Niederlage, falls nicht ein Verständigungsfriede in die Wege geleitet würde. Am 15. August 1918 legte er dem bayerischen Ministerrat eine Denkschrift vor, in der er zum Schluss kam, dass zwar die Geländeverluste seit Beginn der alliierten Gegenoffensive gering waren, die demoralisierende Wirkung der Angriffe aber gewaltig sei. Angesichts der schlechten Ersatzlage sei es unmöglich, wieder die Initiative an sich zu reißen, während die Kriegsgegner ihre Verluste mit frischen amerikanischen Truppen ausglichen. Das noch vorhandene relative Kräftegleichgewicht müsse so schnell wie möglich zur Erreichung eines Verständigungsfriedens genutzt werden. Andernfalls drohe nicht nur eine militärische Niederlage, sondern die Gefahr, dass der Reichstag die Initiative in der Friedensfrage an sich reiße. Da Hellingrath die preußischen Stellen in dieser Frage als gescheitert ansah, plädierte er für einen gemeinsamen Vorstoß der Bundesstaaten bei der Reichsleitung.[2244]

Dandl gab im Ministerrat angesichts dieser Einschätzungen sowie ähnlicher Berichte der bayerischen Gesandtschaft in Bern und zweier Schreiben aus dem Auswärtigen Amt seiner Überzeugung Ausdruck, dass die Bundesstaaten nicht mehr passiv zusehen dürften. Es sei ihre Pflicht, von der Reichsleitung Klarheit über die Frage zu verlangen, in welcher Weise der Kanzler zu einem Frieden gelangen wolle. Nach Dandls Ansicht sollte ein vertrauliches Benehmen mit den Regierungen Sachsens und der süddeutschen Bundesstaaten und eine Einberufung des Auswärtigen Ausschusses erfolgen, bevor eine schriftliche Vorstellung beim Kanzler und beim Kaiser anvisiert werden konnte.[2245] Der Ministerratsvorsitzende wurde beauftragt, sich bei Ludwig III. die Vollmacht erteilen zu lassen, bei der Reichsleitung vorstellig zu werden.[2246] Volle Unterstützung erhielt Dandl durch den in München

---

[2242] Ebd., 27. Mai 1918. BayHStA, GHA. NL Kronprinz Rupprecht, Nr. 708.
[2243] Ludwig III. an Prinz Leopold, 7.7.1918. Briefe Ludwigs III. 1856-1921. BayHStA, GHA. NL Prinz Leopold, Nr. 36.
[2244] Vgl. Albrecht, Willy: Landtag und Regierung in Bayern. Berlin, 1968. S. 355f.
[2245] Ministerratsprotokoll Nr. 135 vom 15.8.1918. Ministerratsprotokolle der Ministerien Hertling, Dandl, Eisner. BayHStA, NB. StMin des K. Hauses und des Äußern, Nr. 99511.
[2246] Vgl. Albrecht, Willy: Landtag und Regierung in Bayern. Berlin, 1968. S. 356.

anwesenden Kronprinzen Rupprecht.[2247] Von Seiten des österreichischen Kaisers Karl kam ebenfalls Beistand in der Friedensfrage.[2248]

Dandl wurde am 16. August 1918 beim Monarchen vorstellig, erstattete Vortrag und führte aus, dass sich die militärische Lage nicht mehr verbessern, sondern nur verschlechtern könne. Es sei höchste Zeit, bei der Reichsleitung auf die Erreichung eines Friedensschlusses hinzuwirken, da mit der Verschlechterung der militärischen auch die politische Situation für einen Friedensschluss ungünstiger werde. Der Monarch, der zu Beginn der Frühjahrsoffensive noch von einem deutschen Belgien und Nordfrankreich geträumt hatte, stimmte dem Ministerratsbeschluss zu und erkannte endlich den Ernst der Situation sowie die Notwendigkeit eines Friedensschlusses an, auch wenn er nur unter Opfern zu erlangen wäre. Er erklärte sich ebenso mit Dandls Vorschlag einverstanden, sich mit den süddeutschen Bundesstaaten und Sachsen zu verständigen und dann den Auswärtigen Ausschuss einzuberufen, um die Reichsleitung zum Handeln zu zwingen.[2249] Dandl teilte in Stuttgart dem Ministerpräsidenten Karl von Weizsäcker die Friedenspläne der bayerischen Regierung mit. Dieser war rückhaltlos derselben Meinung und beklagte die mangelhafte Informationspolitik gegenüber den Bundesstaaten. Auch erklärte er sich einverstanden mit der Einberufung des Auswärtigen Ausschusses. Am 23. August hatte sich Dandl auch in Karlsruhe eingefunden, um mit dem Vorsitzenden der badischen Staatsregierung sowie mit Prinz Max von Baden zu konferieren. Der badische Ministerpräsident Heinrich von und zu Bodman beurteilte die militärische Lage zuversichtlicher als sein bayerischer Kollege, war aber mit einer Einberufung des Auswärtigen Ausschusses einverstanden. Ein förmliches Friedensangebot sah er als bedenklich an.[2250]

Mit den Vollmachten des Königs und des Ministerrats reiste Dandl nach Berlin, wo er den Mitgliedern des Auswärtigen Ausschusses am 2. September anhand der Denkschrift Hellingraths und mit eigenen Ergänzungen den Ernst der Lage darlegte. Dandl kam zu dem alarmierenden Schluss, dass es ums Ganze, auch um die Kronen der deutschen Monarchien gehe. Dabei wurde er von seinem württember-

---

[2247] Kriegstagebuch, 15. August 1918. BayHStA, GHA. NL Kronprinz Rupprecht, Nr. 708.
[2248] Er betonte in einem Gespräch mit Kronprinz Rupprecht „ausdrücklichst seine unerschütterliche Bundestreue, bemerkte aber, dass er einen umso härteren Stand habe, als die Stimmung in Österreich sich zusehends gegen Preußen verschlechtere (genauso wie in Bayern), da man Preußen die Schuld an der übermäßigen Verlängerung des Krieges zumesse." Die Friedensbedingungen würden sich nur verschlechtern. Der Deutsche Kaiser, „den er im Übrigen sehr verehre, schwebe völlig in den Wolken und betrachte jede geglückte Patrouillenunternehmung als einen Sieg. Ludendorff beginne den Stand der Dinge als ernst zu betrachten, er sei zwar ein vorzüglicher General, verstehe aber nichts von Politik. Der Reichskanzler sei zu alt für seinen Posten und so gut wie willenlos." Vgl. Kriegstagebuch, 28. August 1918. BayHStA, GHA. NL Kronprinz Rupprecht, Nr. 708.
[2249] Alleruntertänigster Vortrag Dandls 16.8.1918. Vorträge des Staatsministers des K. Hauses und des Äußern bei Prinzregent bzw. König Ludwig von Bayern (Hertling und von Dandl) 1912/1918. BayHStA, NB. StMin des K. Hauses und des Äußern, Nr. 953; Vgl. Albrecht, Willy: Landtag und Regierung in Bayern. Berlin, 1968. S. 356.
[2250] Ministerratsprotokoll Nr. 136 vom 26.8.1918. Ministerratsprotokolle der Ministerien Hertling, Dandl, Eisner. BayHStA, NB. StMin des K. Hauses und des Äußern, Nr. 99511; Vgl. Albrecht, Willy: Landtag und Regierung in Bayern. Berlin, 1968. S. 357.

10.6 Die Krise der nationalen Integration

gischen Kollegen unterstützt, während der badische Außenminister die Lagebeurteilung nicht teilte. Obwohl Dandl von Reichskanzler Hertling entschieden die Darlegung konkreter Friedensmöglichkeiten forderte, wies ihn dieser mit dem Hinweis ab, es werde alles getan, was einen Friedensschluss herbeiführen könne. Zu einer Aktivität ließ Hertling sich nicht bewegen und beschwichtigte, die aktuelle Depression entspreche nicht der tatsächlichen Lage.[2251] Es kann nicht verwundern, dass selbst Dandl fortan für eine Ablösung Hertlings eintrat. Jedoch sollte ein Rücktritt des Kanzlers mit dessen Gesundheitszustand begründet werden. Es ist zu vermuten, dass Dandl sich durch ein Loyalitätsgefühl gegenüber seinem Amtsvorgänger daran gehindert sah, entschlossener gegen den tatenlosen Reichskanzler vorzugehen. Selbst ein weiterer dramatischer Bericht Hellingraths konnte ihn nicht dazu bringen, offen dessen Abberufung zu fordern. Wenn der bayerische Ministerratsvorsitzende es ernst gemeint hatte mit seiner Feststellung, dass es um den Fortbestand der monarchischen Ordnung gehe, dann bedeutete diese Rücksichtnahme auf den greisen – wenngleich persönlich höchst liebenswürdigen – Grafen Hertling nichts anderes als ein Zeichen großer Schwäche des bayerischen Regierungschefs.[2252] Dandl wurde daher zu Recht vom Nürnberger Ersten Bürgermeister vorgeworfen, er habe politische Führung vermissen lassen.[2253]

Der bayerische Kronprinz reagierte entsetzt auf Hertling und urteilte: „Welch kläglicher Standpunkt für einen Reichskanzler!" Hertling stand auch von anderer Seite unter Druck. Mittlerweile wurde er von der rechtsstehenden Presse scharf angegriffen, weil er sich in einer Rede im preußischen Herrenhaus für die Einführung des allgemeinen Wahlrechts mit dem Argument ausgesprochen hatte, dass er die Gefahren einer Revolution und des Sturzes der Dynastie sehe, falls die Wahlrechtsvorlage nicht Gesetz würde. Gleichzeitig warf die Sozialdemokratie vor, dass er den Konservativen in der Wahlrechtsfrage zu weit entgegenkam. Rupprecht stellte fassungslos fest: „So hat er es mit beiden Parteien verspielt und was das Schlimmste ist, wird seine Rede als Schwächebekenntnis der Regierung von der äußersten Linken aufgefasst und ausgebeutet."[2254]

Mittlerweile demonstrierten die Feiern des Namenstags Ludwigs III. im August 1918 in aller Deutlichkeit dessen Unbeliebtheit, die sich auf seine zurückhaltende Haltung in der Friedensfrage gründete. Den Mitgliedern des Königlichen Hauses entging die Veränderung der Stimmung gegen den Monarchen nicht. Gleichzeitig wurde deutlich, dass die Kritik sich auf die Person des Monarchen konzentrierte und dass der Kronprinz weitaus populärer war als sein Vater. Rupprecht, der nach München gekommen war, notierte befremdet: „Die Verstimmung gegen meinen Vater macht sich durch die gegenüber sonst auffallend geringe Beflaggung der

---

[2251] Sitzungsbericht des Auswärtigen Ausschusses, 2.9.1918. Bundesratsausschuss für auswärtige Angelegenheiten. Sitzungsberichte. BayHStA, NB. StMin des K. Hauses und des Äußern, Nr. 966.
[2252] Vgl. Albrecht, Willy: Landtag und Regierung in Bayern. Berlin, 1968. S. 357f.
[2253] Vgl. Revolution und Räterepublik in München 1918/19 in Augenzeugenberichten. Hrsg. von Gerhard Schmolze. Düsseldorf, 1969. S. 67f.
[2254] Kriegstagebuch, 9. September 1918. BayHStA, GHA. NL Kronprinz Rupprecht, Nr. 708.

Häuser erkenntlich, sowie die geringe Beteiligung an der abendlichen Serenade, bei der gewissermaßen demonstrativ nach dem Hoch auf meinen Vater auch ein Hoch auf mich ausgebracht wurde, was mir umso peinlicher war, als im Volke allgemein davon gesprochen wird, dass mein Vater nach dem Kriege zu meinen Gunsten abdanken müsse."[2255] In der Tat spricht einiges dafür, dass ein derartiger Schritt im Sommer 1918 geeignet gewesen wäre, eine Eskalation der politischen Zustände in Bayern zu verhindern.[2256] Dennoch verließ der bayerische Thronfolger in dieser prekären Situation München wieder. Bestimmend für seinen Entschluss war, „dass im Volke gesagt wurde, es ginge jetzt schief an der Front, weil ich nicht dort sei. Von Hindenburg wird überhaupt kaum mehr gesprochen und Ludendorff hat alles Vertrauen verloren."[2257]

Ende September 1918 warnte Rupprecht seinen Vater abermals eindringlich, es sei „unbedingt nötig, sofort und zu jedem Preise Frieden zu schließen."[2258] Prinz Franz verbrachte im Oktober einige Tage in München und Hohenschwangau und erlebte die prekäre Lage in der Heimat.[2259] Prinz Leopold besuchte ebenfalls München und urteilte nach Gesprächen mit dem Kriegsminister und dem König: „Die politischen Nachrichten aus Berlin lauteten recht bedenklich und auch die militärischen Nachrichten waren wenig erfreulich."[2260] Die Heeresberichte des Spätsommers 1918, die in den Worten des bayerischen Kronprinzen „Niederlagen als Abwehrsiege zu schildern sich mühten", hatten in dessen Augen „geradezu verheerend gewirkt und das Vertrauen der Leute untergraben." Den Soldaten müsse durch die Heeresleitung offenbart werden, „dass jetzt an keinen Frieden zu denken ist, solange die feindlichen Angriffe nicht abgeschlagen [sind] und es muss dafür gesorgt werden, dass die Leute nicht glauben es werde fortgekämpft, um Landgewinn für Preußen im Osten und Kronen für preußische Prinzen zu erlangen."[2261] Für Bayern hoffte er, dass es sich angesichts der bevorstehenden innenpolitischen Umwälzungen zu halten vermöge und nicht als selbständiges Staatsgebilde verschwände, „aufgesogen als eine Provinz eines parlamentarisch regierten deutschen Staatswesen."[2262] Rupprecht notierte in sein Tagebuch, in der Heimat braue sich „ein Unwetter zusammen."[2263]

[2255] Kriegstagebuch, 24. August 1914. BayHStA, GHA. NL Kronprinz Rupprecht, Nr. 708.
[2256] Vgl. Machtan, Lothar: Die Abdankung. Berlin, 2008. S. 239f.
[2257] Kriegstagebuch, 28. August 1918. BayHStA, GHA. NL Kronprinz Rupprecht, Nr. 708.
[2258] Rupprecht an Ludwig III., 30. September 1918. BayHStA, Geheimes Hausarchiv. NL König Ludwig III., Nr. 59.
[2259] Schreiben des Prinzen Franz an Königin Marie Therese, 12.10.1918. Briefe und Telegramme des Prinzen Franz von Bayern an Königin Marie Therese. 1918. BayHStA, Geheimes Hausarchiv. NL Königin Marie Therese. Nr. 103.
[2260] Kriegstagebuch, Einträge vom 26. September bis 6. Oktober 1918. BayHStA, GHA. NL Prinz Leopold, Nr. 239.
[2261] Kriegstagebuch, 7. September 1918. BayHStA, GHA. NL Kronprinz Rupprecht, Nr. 708.
[2262] Rupprecht an Ludwig III., 30. September 1918. BayHStA, Geheimes Hausarchiv. NL König Ludwig III., Nr. 59.
[2263] Kriegstagebuch, 21. September 1918. BayHStA, GHA. NL Kronprinz Rupprecht, Nr. 708.

10.7 Die Regierung des Prinzen Max von Baden

Im Angesicht der drohenden Niederlage wurde auf Reichsebene eine vorsichtige Parlamentarisierung konzediert. Dieser Schritt war unvermeidlich, da man davon überzeugt war, dass das Eingeständnis der militärischen Niederlage eine Schockreaktion auslösen würde, die eine revolutionäre Zuspitzung nach sich ziehen könnte. Am Nachmittag des 28. September 1918 hatte sich die Heeresleitung für die Aufnahme von Waffenstillstands- und Friedensverhandlungen entschieden. Einen Tag später versammelte sich die Führungsspitze des Kaiserreichs in Spa, um aus dem Mund Hindenburgs zu vernehmen, was niemand sich eingestehen wollte: Der Krieg war verloren.[2264] Dass der Abschluss eines Waffenstillstands ausgerechnet aus dieser Richtung gefordert wurde, blieb der Öffentlichkeit verborgen. Den Eingeweihten war es schlicht unbegreiflich. Prinz Georg, der in Berlin mit seinem Vater Leopold den Gesandten Lerchenfeld gesprochen hatte, schrieb: „Ich hätte es nie für möglich gehalten, dass L[udendorff], dieser Mann von Stahl und Eisen, in dieser Weise zusammenklappen würde; eher, hätte ich gedacht, würde er sich erschießen, als die Niederlage eingestehen."[2265]

Kronprinz Rupprecht von Bayern und Prinz Max von Baden schreckten lange Zeit vor Einmischungen in den Herrschaftsbereich des Kaisers zurück. Rupprecht hatte vor, dem Kaiser am 21. September 1918 „die militärische, die außen- wie innenpolitische Lage in kurzen Worten zu schildern und ihn zu beschwören, einen neuen Kanzler zu berufen, der des allg. Vertrauens sicher sein könne, sofern er eine selbständige und modern empfindende Persönlichkeit" sei. Davon war ihm aber durch Prinz Max und Otto von Dandl, denen er sein Vorhaben mitgeteilt hatte, abgeraten worden. Für Rupprecht stand fest, dass man sich „an der Schwelle eines neuen Zeitalters" befand und „gewaltige Umwälzungen" bevorstanden. In dieser „so kritischen Zeit" versagten die deutschen Regierungen auf ganzer Linie, vor allem die preußische und die Reichsregierung.[2266] Seiner Ansicht nach hatte die Reichsregierung, ebenso wie die bundesstaatlichen Regierungen, nun allen Grund, sich mit einer Parlamentarisierung zu befassen, „um die Leitung nicht ganz aus der Hand zu bekommen und die nötigen Sicherungen zu schaffen." Es war für ihn jedoch die Frage, ob dies „unter den gegebenen Verhältnissen das einzige Mittel ist, um aus den inneren wie äußeren Schwierigkeiten heraus und zum Frieden zu gelangen."[2267]

Prinz Max war lange als möglicher Reichskanzler im Gespräch. Als Aristokrat und Vertreter der Tradition war der badische Thronfolger dennoch das, was man

---

[2264] Vgl. Ullrich, Volker: Die nervöse Großmacht. Frankfurt am Main, 2007. S. 557f; Vgl. Ullrich, Volker: Als der Thron ins Wanken kam. Das Ende des Hohenzollernreiches 1890-1918. Bremen, 1993. S. 179-189; Vgl. Haffner, Sebastian: Die deutsche Revolution 1918/19. Berlin, 2004. S 27-40.
[2265] Tagebuch des Prinzen Georg, 7.10.18. BayHStA, GHA. NL Prinz Georg, Nr. 29.
[2266] Kriegstagebuch, 21. September 1918. BayHStA, GHA. NL Kronprinz Rupprecht, Nr. 708.
[2267] Ebd., 26. September 1918. BayHStA, GHA. NL Kronprinz Rupprecht, Nr. 708.

als „fortschrittlich" bezeichnete. Den notwendigen Reformen konnte ein den Ausgleich symbolisierender Mann wie er als Kanzler vorstehen. Zudem war er im In- und Ausland, selbst im feindlichen, nicht zuletzt aufgrund seiner Tätigkeit in der Kriegsgefangenenfürsorge hoch geachtet. Dennoch existierten schwer überwindliche Hindernisse, die seiner Kanzlerschaft entgegenstanden. Die Verfassung des Kaiserreichs hatte für das Amt des Reichskanzlers definitiv keinen Thronfolger eines Bundesstaates im Blick. Zudem war der Prinz kein Berufspolitiker, die politischen Ränkespiele im hauptstädtischen Berlin waren ihm fremd.[2268] Gleichwohl war er bereit, als Reichskanzler Verantwortung zu übernehmen, um der Nation zu demonstrieren, dass ein Mitglied der Fürstenhäuser zu regieren und in höchster Not zu helfen imstande sei. Allerdings blieb es fraglich, ob dieser Nachweis, selbst wenn er gelang, der Monarchie den erhofften Dienst tun konnte.[2269] Auf sich allein gestellt wollte Max seinen Hut aber nicht in den Ring werfen. Er telegrafierte am 26. September an Rupprecht, die „Kanzlerkrise sei nun akut." Entweder Fürst von Bülow oder ein General seien als Hertlings Nachfolger im Gespräch. Max drängte Rupprecht, persönlich nach Berlin zu kommen und seinen politischen Einfluss dort geltend zu machen, was dieser aber ablehnte.[2270]

Das Auswärtige Amt hatte ein Programm ausarbeiten lassen, in dem als Voraussetzung für Friedensverhandlungen die Bildung einer neuen Regierung auf breiter nationaler Basis genannt wurde. Die Revolution von oben sollte der Revolution von unten zuvorkommen, wie der Staatssekretär im Auswärtigen Amt Paul von Hintze am 29. September vorschlug. Hindenburg, Ludendorff und der Kaiser erklärten sich einverstanden. Als Reichskanzler Hertling am Mittag desselben Tages in Spa eintraf, war die Entscheidung gefallen und ihm blieb nur noch die Demission. Mit den Parteiführern des Reichstages wurden Verhandlungen über die neue Regierung aufgenommen. Am 30. September unterschrieb der Kaiser einen Erlass, in dem Hertlings Rücktritt bekanntgegeben und der Wunsch geäußert wurde, „dass Männer, die vom Vertrauen des Volkes getragen sind, in weiterem Umfang teilnehmen an den Rechten und Pflichten der Regierung."[2271] Dem bayerischen König gegenüber sah sich Wilhelm II. zu einer Stellungnahme verpflichtet, da dieser seinen „bewährten Ministerpräsidenten dem Reich bereitwilligst zur Verfügung" gestellt hatte. Graf Hertling, so Wilhelm II., habe „während seiner Kanzlerschaft dem Vaterlande Dienste geleistet, die ihm nicht vergessen werden." Das Opfer sei „nicht vergebens gebracht." Der Kaiser betonte, er trenne sich „sehr schweren Herzens" von seinem Reichskanzler. Dieser aber sehe sich „bei der Ent-

---

[2268] Vgl. Mann, Golo: Prinz Max von Baden und das Ende der Monarchie in Deutschland. In: Prinz Max von Baden. Erinnerungen und Dokumente. Hrsg. von Golo Mann und Andreas Burckhardt. Stuttgart, 1968. S. 9-57. Hier: S. 26f.
[2269] Ebd., Hier: S. 56f.
[2270] Kriegstagebuch, 26. September 1918. BayHStA, GHA. NL Kronprinz Rupprecht, Nr. 708.
[2271] Vgl. und zit. nach Ullrich, Volker: Die nervöse Großmacht. Frankfurt am Main, 2007. S. 558-561; Vgl. Hertling, Karl Graf von: Ein Jahr in der Reichskanzlei. Erinnerungen an die Kanzlerschaft meines Vaters. Freiburg im Breisgau, 1919. S. 182-185; Vgl. Röhl, John C. G.: Wilhelm II. Der Weg in den Abgrund. 1900-1941. Nördlingen, 2008. S. 1235-1239.

wicklung der innerpolitischen Lage im Reich und den [...] als notwendig erkannten Zugeständnissen, [...] nach seiner politischen Vergangenheit [...] nicht mehr in der Lage [...], weiter an der Spitze der Reichsregierung zu verbleiben."[2272] Ludwig III. bedauerte den Rücktritt in einem Telegramm „auf das Lebhafteste". Er akzeptierte jedoch die Gründe, die zur Aufgabe des Reichskanzleramtes, welches Hertling „voriges Jahr so opferwillig übernommen" und in dem er sich „seither um Kaiser und Reich in schwerster Zeit so sich verdient gemacht" habe, geführt hatten. Ludwig teilte Hertling mit: „Es dringt mich in diesem Augenblick Euere Exzellenz für alles das, was Sie dem engeren und weiteren Vaterlande in glanzvoller [...] Tüchtigkeit geleistet haben, erneut wärmsten Dank zu sagen und für ihren Ruhestand die herzlichsten Wünsche auszusprechen."[2273]

Der Kaiser richtete am 30. September an Hertling einen Erlass, der über die Presse verbreitet wurde: „Eure Exzellenz haben Mir vorgetragen, dass Sie sich nicht mehr in der Lage glauben, an der Spitze der Regierung zu verbleiben. Ich will mich Ihren Gründen nicht verschließen und muss mit schwerem Herzen Ihrer weiteren Mitarbeit entsagen. Der Dank des Vaterlands für das von Ihnen durch Übernahme des Reichskanzleramtes in ernster Zeit gebrachte Opfer und die von Ihnen geleisteten Dienste bleibt Ihnen sicher." Er fuhr fort, er „wünsche, dass das deutsche Volk wirksamer als bisher an der Bestimmung der Geschicke des Vaterlandes mitarbeitet. Es ist daher mein Wille, dass Männer, die vom Vertrauen des Volkes getragen sind, in weitem Umfang teilnehmen an den Rechten und Pflichten der Regierung." Hertling wurde gebeten, die Geschäfte weiterzuführen, bis ein Nachfolger gefunden sei."[2274] Während sich die Heeresleitung aus der Verantwortung zu stehlen und die Reichstagsparteien, allen voran die Sozialdemokraten, mit dem Odium der Niederlage zu belasten versuchte, konnten die Mehrheitsparteien des Reichstags wiederum keinen eigenen Kandidaten für das Reichskanzleramt benennen.[2275] Das Verwirrspiel zog sich über mehrere Tage hin. Am 1. Oktober traf bei Ruprecht eine Mitteilung Ludendorffs ein, dass dieser „der Berufung des Prinzen Max von Baden auf den Posten des Reichskanzlers zugestimmt habe und dass noch morgen der beabsichtigte Schritt zum Frieden getan werden solle."[2276]

Als Ruprecht am folgenden Morgen „nach einer ziemlich schlaflosen Nacht erwachte", fand er ein Telegramm des Prinzen Max vom Vorabend vor. Dieser be-

---

[2272] Abschrift eines Telegramms S.M. des Kaisers Wilhelm II. an S.M. den König Ludwig III. Großes Hauptquartier, [?].10.1918. Rücktritt des Reichskanzlers Dr. Graf von Hertling. Ernennung Seiner Großherzoglichen Hoheit des Prinzen Maximilian von Baden zum Reichskanzler. BayHStA, NB. StMin des K. Hauses und des Äußern, Nr. 95157.

[2273] Entwurf eines Telegramm Seiner Majestät des Königs an Hertling. München, [?] Oktober 1918. Rücktritt des Reichskanzlers Dr. Graf von Hertling. Ernennung Seiner Großherzoglichen Hoheit des Prinzen Maximilian von Baden zum Reichskanzler. BayHStA, NB. StMin des K. Hauses und des Äußern, Nr. 95157.

[2274] „Rücktritt des Grafen Hertling". Münchner Tagblatt, 1.10.1918. Rücktritt des Reichskanzlers Dr. Graf von Hertling. Ernennung Seiner Großherzoglichen Hoheit des Prinzen Maximilian von Baden zum Reichskanzler. BayHStA, NB. StMin des K. Hauses und des Äußern, Nr. 95157.

[2275] Vgl. Ullrich, Volker: Die nervöse Großmacht. Frankfurt am Main, 2007. S. 559f.

[2276] Kriegstagebuch, 1. Oktober 1918. BayHStA, GHA. NL Kronprinz Ruprecht, Nr. 708.

richtete, „dass in letzter Stunde eine neue Kombination seine Berufung auf den Posten des Reichskanzlers fraglich mache" und drängte darauf, dass Rupprecht „persönlich beim Kaiser" seinen Einfluss zu seinen Gunsten geltend mache, „es sei dies das letzte Mittel". Sofort telegrafierte Rupprecht dem Kaiser, indem er ihm „zu der glücklichen in der Person des Prinzen Max getroffenen Wahl gratulierte." Kurz darauf erfuhr er, dass der badische Thronfolger inzwischen Reichskanzler war.[2277] Zuvor hatte der Kaiser dessen Familienoberhaupt, den Großherzog von Baden, noch überzeugen müssen. Großherzog Friedrich II. war nicht wohl bei dem Gedanken, dass ausgerechnet ein badischer Prinz „mit der Liquidierung des verlorenen Krieges beauftragt würde", gab aber schließlich aus „vaterländischer Pflicht" seine familiengesetzlich notwendige Zustimmung.[2278] Trotz der Ernennung des mit ihm eng befreundeten badischen Prinzen blieb für Kronprinz Rupprecht ein fader Beigeschmack: „Wäre Prinz Max vier Wochen früher zum Reichskanzler ernannt worden, wäre es besser gewesen."[2279] Auch Rupprechts Bruder Franz war „sehr gespannt [...] darauf, ob es Pz. Max gelingen wird, einen betretbaren Weg zum Frieden zu finden." Wie er seiner Mutter schrieb, bewunderte er dessen Mut und Verantwortungsfreudigkeit.[2280] Der Regierung des liberalen Reform-Monarchisten Max von Baden gehörten elf Beamte der alten konservativen Eliten und sieben Vertreter der Reichstagsmehrheit an.[2281]

10.8 Das deutsche Waffenstillstandsangebot

Prinz Max musste als Reichskanzler die auseinanderstrebenden Interessen bündeln und den Frieden anbahnen. Er selbst sah seine Aufgabe darin, das Reich und den monarchischen Gedanken, zumindest die Institution der Monarchie, zu bewahren: „Denn wer Deutschland rettete – das hatte ich schon lange erkannt – hatte die Zukunft in Händen. Drum habe ich mich endlich selbst zum Opfer gebracht als einziger deutscher Fürst, der das noch zu tun vermochte, da Rupprecht von Bayern, der einzige andere, der die Gefahr hell erkannte, militärisch gebunden war."[2282] Am Nachmittag des 5. Oktober hielt der neue Reichskanzler eine Rede vor dem Reichstag, in der er mitteilte, eine Note sei an den amerikanischen Präsidenten

---

[2277] Ebd., 2. Oktober 1918. BayHStA, GHA. NL Kronprinz Rupprecht, Nr. 708.
[2278] Vgl. und zit. nach Koch, Ingeborg: Die Bundesfürsten und die Reichspolitik in der Zeit Wilhelms II. München, 1961. S.142f.
[2279] Kriegstagebuch, 1. Oktober 1918. BayHStA, GHA. NL Kronprinz Rupprecht, Nr. 708.
[2280] Schreiben des Prinzen Franz an Königin Marie Therese, 12.10.1918. Briefe und Telegramme des Prinzen Franz von Bayern an Königin Marie Therese. 1918. BayHStA, Geheimes Hausarchiv. NL Königin Marie Therese. Nr. 103.
[2281] Vgl. Ullrich, Volker: Die nervöse Großmacht. Frankfurt am Main, 2007. S. 561.
[2282] Vgl. Weiß, Dieter J.: Kronprinz Rupprecht von Bayern. Regensburg, 2007. S. 154; Zit. nach Mann, Golo: Prinz Max von Baden und das Ende der Monarchie in Deutschland. In: Prinz Max von Baden. Erinnerungen und Dokumente. Hrsg. von Golo Mann und Andreas Burckhardt. Stuttgart, 1968. S. 9-57. Hier: S. 40f.

Woodrow Wilson abgegangen, in welcher der Wunsch nach Frieden und die Bitte um Abschluss eines Waffenstillstandes geäußert worden war.[2283] Gleichzeitig musste er sich der Unterstützung der Bundesstaaten versichern. Vor dem Bundesrat erklärte er am 8. Oktober, er sei sich der „Verantwortung gegenüber dem Reich, den Bundesstaaten und dem Bundesrate" bewusst. Seine Geburt und seine Zukunftshoffnungen bürgten dafür, dass die Linie, die er zu verfolgen gedenke, „auf dem bundesstaatlichen Charakter des Reichs" fußen werde, welcher „der Natur des deutschen Volkes entspricht und durch die historische Entwicklung gegeben ist." Lerchenfeld entgegnete namens der Versammlung, dass man sich über diese Aussage besonders freue.[2284]

Mit dem Waffenstillstandsangebot hatte sich die Reichsleitung eine schwere Last aufgeladen, da der Öffentlichkeit unbekannt war, dass dieses auf das Drängen der Heeresleitung erfolgt war. Die Nachricht, man ersuche um einen Waffenstillstand, wirkte infolge des jahrelang herrschenden Optimismus wie ein Schock. Im Laufe des Notenwechsels mit den Vereinigten Staaten hatten diese ihre Forderungen nach oben geschraubt. So hieß es in der ersten Note vom 8. Oktober, als Verhandlungsgrundlage müssten das amerikanische 14-Punkte-Programm vom Januar 1918 akzeptiert sowie die besetzten Gebiete im Westen geräumt werden. Zudem erkundigte man sich, ob der Reichskanzler nur für diejenigen Gewalten spreche, die den Krieg geführt hatten. Man versicherte Wilson, die Regierung sei durch Verhandlungen und in Übereinstimmung mit der großen Mehrheit des Reichstags gebildet und habe ein demokratisches Mandat. Bereits in der zweiten Note vom 14. Oktober waren schärfere Töne angeschlagen worden, indem nicht nur militärische Sicherheiten gefordert wurden, sondern auch eine Abkehr von der Macht, die „bis jetzt das Schicksal der deutschen Nation bestimmt" habe. Damit hatte Wilson, wenngleich verklausuliert, den Kaiser und die Hohenzollernmonarchie zur Disposition gestellt. Die Note schlug in Deutschland ein wie eine Bombe und sorgte im Großen Hauptquartier für einen Stimmungsumschwung. Nun war dort keine Rede mehr von einem unmittelbaren Zusammenbruch, sondern davon, dass ein Waffenstillstand unter ehrenvollen Bedingungen erkämpft werden müsse. Diese Kehrtwende hatte weniger mit einer neuen Lagebeurteilung zu tun, sondern war ein Schachzug, um der Reichstagsmehrheit die Verantwortung für die Niederlage in die Schuhe zu schieben.[2285]

Trotz der Zuspitzung der Lage kam man einem Frieden nicht näher. Kronprinz Rupprecht hatte am 15. Oktober verwundert notiert, dass „Wilsons Antwort als un-

---

[2283] Vgl. Ullrich, Volker: Die nervöse Großmacht. Frankfurt am Main, 2007. S. 561f; Vgl. Röhl, John C. G.: Wilhelm II. Der Weg in den Abgrund. 1900-1941. Nördlingen, 2008. S. 1239.
[2284] Bericht des Kgl. Bayer. Stellv. Bevollmächtigten im Bundesrat, Ministerialdirektor von Nüßlein, an das Kgl. Staatsministerium des Königlichen Hauses und des Äußern. Berlin, 8.10.1918. Rücktritt des Reichskanzlers Dr. Graf von Hertling. Ernennung Seiner Großherzoglichen Hoheit des Prinzen Maximilian von Baden zum Reichskanzler. BayHStA, NB. StMin des K. Hauses und des Äußern, Nr. 95157.
[2285] Vgl. und zit. nach Ullrich, Volker: Die nervöse Großmacht. Frankfurt am Main, 2007. S. 561-564; Vgl. Haffner, Sebastian: Die deutsche Revolution 1918/19. Berlin, 2004. S 41-58.

befriedigend abgelehnt und weiter gekämpft" werden solle. Über die militärische Lage war er sich im Klaren: „Wie sollen wir das ohne Truppen? Viele Divisionen haben nur mehr ein paar hundert Mann Infanterie – sind also nur ein paar Kompagnien mit Artillerie gleichzurechnen. Auch heute erlitten wir wieder schwere Verluste, da wir gegen meinen Willen auf Ludendorffs Befehl länger stehen bleiben mussten als angängig war. Unsere Truppen halten nicht mehr: Das Einzige was wir machen können, ist ein ständiger Rückzug, eine traurige Strategie, die in Bälde mit einer Katastrophe enden muss."[2286]

Gleichzeitig beklagte Prinz Leopold an der Ostfront, dass er „jetzt voraussichtlich fast alle [...] Truppen nach dem Westen und nach dem Süden abgeben" müsse und danach „längs der ganzen russischen Grenze nur mehr über sieben Divisionen" verfüge und die Ukraine geräumt werden müsse.[2287] Am 12. Oktober hatte er den Befehl der Heeresleitung erhalten, „das russische Okkupationsgebiet möglichst schnell zu räumen, um noch weitere Divisionen verfügbar zu machen."[2288] Für den Kronprinzen Rupprecht tat Ludendorff so, als ob „man den Krieg noch beliebig lange fortsetzen könnte und wenn dies nicht geschehe und der Krieg verloren würde, dies lediglich die Schuld der jetzigen, allzu demokratischen Reichsleitung sei.[2289] Während der Oberbefehlshaber Ost die Antwort auf die zweite Wilsonnote als zu nachgiebig empfand[2290], war für Rupprecht nur noch eine Lösung denkbar: „Wir müssen jetzt jede Friedensbedingung annehmen, die der Gegner uns diktiert und jeder längere Widerstand ist unverantwortlich, da nutzloses Morden. Nachdem Wilson sich ablehnend verhielt, bleibt uns nichts übrig, als uns an England zu wenden und dort den Frieden zu erbitten. Armes Bayern, das so zu büßen hat für Preußens Fehler!"[2291]

Mit dieser antipreußischen Attitüde war der Kronprinz keineswegs allein. Prinzessin Wiltrud stellte rückblickend fest, es sei täglich dringlicher erschienen, „dass Papa etwas öffentlich sagen sollte, dass er zu den Preußen nicht so gut stehe, wie man dummerweise in München meint. Wir standen in Spannung vor einem drohenden Etwas, dem nur noch mit einem partikularistischen Gewaltakt abzuhelfen sei." Wiltruds Mutter Marie Therese hatte privat prophezeit: „Ihr werdet sehen, Bayern wird noch von Preußen gefressen." Prinz Franz drückte ebenfalls privat seine Meinung aus, „das populärste wäre jetzt ein Krieg gegen die Preußen – natürlich darf man das nicht." Da eine demonstrative Geste des bayerischen Herrscherhauses gegenüber der Präsidialmacht des Reiches angesichts der stets beschworenen Bündnistreue ausgeschlossen schien, wurden ihm die „Preußenfreundlichkeit"

[2286] Kronprinz Rupprecht an König Ludwig III., 15. Oktober 1918. Briefe des Kronprinzen Rupprecht an Ludwig III. BayHStA, GHA. NL König Ludwig III.,Nr. 59.
[2287] Kriegstagebuch, 9.10.1918. BayHStA, GHA. NL Prinz Leopold, Nr. 239.
[2288] Ebd., 12.10.1918. BayHStA, GHA. NL Prinz Leopold, Nr. 239.
[2289] Kriegstagebuch, 22. Oktober 1918. BayHStA, GHA. NL Kronprinz Rupprecht, Nr. 708.
[2290] Kriegstagebuch, 21.10.1918. BayHStA, GHA. NL Prinz Leopold, Nr. 239.
[2291] Kronprinz Rupprecht an Ludwig III., 15. Oktober 1918. Briefe des Kronprinzen Rupprecht an Ludwig III. BayHStA, GHA. NL König Ludwig III, Nr. 59.

10.8 Das deutsche Waffenstillstandsangebot

und das Ausbleiben einer Distanzierung vom Kaiser zunehmend zum Vorwurf gemacht.[2292]

Zugleich mehrten sich die Stimmen, die für den Abschluss eines bayerischen Sonderfriedens plädierten, analog dem Vorgehen Österreich-Ungarns. Angesichts des Zusammenbruchs der Donaumonarchie, der Gefahr eines feindlichen Einfalls nach Altbayern sowie eines Durchbruchs in Richtung bayerischer Pfalz erhielt die Forderung zusätzliche Relevanz. Am 17. Oktober wies das bayerische Innenministerium die Regierungen der Oberpfalz, Oberbayerns und Niederbayerns darauf hin, dass mit der Konstituierung eines unabhängigen tschechoslowakischen Staates Unruhen an der Landesgrenze drohten. Daher wurde ein Grenzschutzkommando Ost gebildet und eine Verstärkung der Gendarmeriestationen in Aussicht gestellt. Auch die Einbeziehung der bayerischen Pfalz ins Kriegsgebiet war nicht mehr auszuschließen.[2293] Die Unabhängigen Sozialdemokraten forderten ein gesondertes Vorgehen Bayerns in der Friedensfrage, ebenso ein Teil des Bauernbundes. Innerhalb der Zentrumsfraktion waren die Meinungen gespalten. Angebliche Äußerungen Heinrich Helds, man müsse sich Möglichkeiten in der Friedensfrage offenhalten, waren infolge der daraufhin in Berlin entstandenen Aufregung entschieden dementiert worden. Allerdings wurden derartige Schritte seitens der Staatsregierung nicht ernsthaft erwogen, wenngleich in der Schweiz über einen halbamtlichen amerikanischen Vertreter informell Kontakt zu Präsident Wilson bestand.[2294]

Vom bayerischen Ministerium des Äußern wurde am 17. Oktober 1918 eine Pressenotiz an die Landtagskorrespondenten des Zentrums und der Liberalen herausgegeben, mit der klargestellt wurde, dass die bayerische Regierung nicht, wie verbreitet worden war, ein Angebot zu einem Sonderfrieden erhalten habe. Dandl hatte gegenüber einigen Parlamentariern erklärt, dass dies jeder Grundlage entbehre.[2295] Ohnehin war ein Großteil der Berater des Königs zu diesem Zeitpunkt indisponiert. Am 14. September 1918 war der königliche Tross von einem Staatsbesuch in Bulgarien zurückgekehrt. Nur wenige Tage später zeigten sich beim König und

---

[2292] Vgl. und zit. nach Machtan, Lothar: Die Abdankung. Berlin, 2008. S. 244.
[2293] Am 22. Oktober schickte der bayerische Innenminister eine gemeinsame Note aller Staatsminister an das Regierungspräsidium, in der Anordnungen für den Fall getroffen wurden, dass die Pfalz zum Kriegsschauplatz oder vom Feind besetzt würde. Die größte Gefahr für die bayerische Landesgrenze kam aber aus Richtung Österreich. Im Fall eines österreichisch-ungarischen Sonderfriedens mit den Ententemächten wurde nicht ohne Berechtigung befürchtet, dass die Brennerbahn in gegnerische Hände fallen würde und ein Angriff auf die Südgrenze Bayerns nicht zu vermeiden wäre. Vgl. Rückwirkung der Kriegslage auf die Pfalz. BayHStA, NB. Staatsministerium des Innern, Nr. 54023; Kriegsministerium Armeeabteilung an K.B. Militärbevollm. in Berlin und im Gr. H.Qu., München 15.10.1918. Bayerischer Militärbevollmächtigter im Großen Hauptquartier 1918-19. BayHStA, KrA. Bayerischer Militärbevollmächtigter Berlin, Nr. 59; Vgl. Albrecht, Willy: Landtag und Regierung in Bayern. Berlin, 1968. S. 393f.
[2294] Vgl. Bosl, Karl: Bayerische Geschichte. 2. Auflage. München, 1980. S. 187; Vgl. Albrecht, Willy: Landtag und Regierung in Bayern. Berlin, 1968. S. 402-406.
[2295] Angebliches Angebot Bayerns zu einem Sonderfrieden. BayHStA, NB. StMin des K. Hauses und des Äußern, Nr. 97681.

zahlreichen Mitgliedern der Delegation Anzeichen von Typhus und Ruhr.[2296] Ab dem 24. Oktober verrichtete Graf Ludwig von Holnstein Aushilfsdienst als königlicher Flügeladjutant, da Baron Max von Bodman sonst die Dienste als Adjutant leisten sowie das Zivil- und das Militärkabinett hätte vertreten müssen. Fast alle Erkrankten mussten den gesamten Oktober vertreten werden.[2297]

Reichskanzler Max von Baden erörterte am 20. Oktober vor dem Auswärtigen Ausschuss des Bundesrats die zweite Antwortnote Wilsons.[2298] Der Prozess, den die Heeresleitung mit dem Eingeständnis der Niederlage in Gang gesetzt hatte, war nicht mehr umzukehren. In der dritten Wilson-Note vom 23. Oktober wurde gefordert, dass ein Waffenstillstand eine Wiederaufnahme der Feindseligkeiten unmöglich machen müsse. Darüber hinaus verdeutlichte der amerikanische Präsident seine Kritik an der inneren Neuordnung: Die entscheidende Initiative liege bei denjenigen, „die bisher die Beherrscher Deutschlands waren". Verhandlungen mit den „militaristischen Beherrschern und monarchischen Autokraten Deutschlands" könne es nicht geben.[2299] Der bayerische Kronprinz kommentierte dies bestürzt: „Lehnen wir Wilsons Bedingungen ab, haben wir binnen Kurzem die Revolution im Inneren."[2300] Als Antwort auf die Forderung nach einer Selbstentmachtung der Heeresleitung und des Kaisers wandte sich Hindenburg am 24. Oktober ohne Rücksprache mit der Reichsleitung in einem Aufruf an die Armee. Darin wies er Wilsons Note als „unannehmbar" zurück und rief zum „Widerstand mit äußersten Kräften" auf. Am nächsten Tag reisten Hindenburg und Ludendorff nach Berlin, um den Kaiser zum Abbruch der Verhandlungen zu bewegen. Dies bedeutete eine offene Kampfansage an die Regierung des Prinzen Max.[2301]

Für Rupprecht stellte der Aufruf der Heeresleitung einen ungeheuerlichen Übergriff dar, „der die Entscheidung über derartige Fragen doch wahrhaftig nicht zusteht und die durch dieses eigenmächtige Verhalten Wilsons Vorwurf, es herrsche in Deutschland eine Militärdiktatur, als zu Recht bestehend erscheinen lässt." Rupprecht empfand Ludendorffs Verhalten als „geradezu verbrecherisch". Zudem war er „überzeugt, dass Hindenburgs einstiger Ruhm, der in den letzten Monaten infolge der verlogenen Berichterstattung über die Vorgänge an der W.-Front sehr

---

[2296] Teils waren die Erkrankten monatelang dienstunfähig. Laut dem Tagebuch der Prinzessin Wiltrud erkrankten unter anderem der Vortragende Generaladjutant Wilhelm Walther von Walderstötten, der Kabinettschef Graf Heinrich von Spreti, sowie die beiden Flügeladjutanten Baron Gustav Perfall und Graf Otto von Castell-Castell schwer. Vgl. Abschrift des Tagebuchs der Prinzessin Wiltrud. 18.10.1918. Erinnerungen zum Hofstaat am 9.11.1918 und zur Flucht in der Revolutionszeit 1918/19. BayHStA, GHA. NL Herzogin Wiltrud von Urach, Nr. 288.
[2297] Abschrift des Tagebuchs der Prinzessin Wiltrud. 26.10.1918. Erinnerungen zum Hofstaat am 9.11.1918 und zur Flucht in der Revolutionszeit 1918/19. BayHStA, GHA. NL Herzogin Wiltrud von Urach, Nr. 288.
[2298] Sitzungsbericht des Auswärtigen Ausschusses, 20.10.1918. Bundesratsausschuss für auswärtige Angelegenheiten. Sitzungsberichte. BayHStA, NB. StMin des K. Hauses und des Äußern, Nr. 966.
[2299] Vgl. und zit. nach Ullrich, Volker: Die nervöse Großmacht. Frankfurt am Main, 2007. S. 564.
[2300] Kriegstagebuch, 24. Oktober 1918. BayHStA, GHA. NL Kronprinz Rupprecht, Nr. 708.
[2301] Vgl. Ullrich, Volker: Die nervöse Großmacht. Frankfurt am Main, 2007. S. 564f; Vgl. Röhl, John C. G.: Wilhelm II. Der Weg in den Abgrund. 1900-1941. Nördlingen, 2008. S. 1240.

verblasst ist, nicht genügen wird, um ihn vor der notwendig gewordenen Enthebung von seinem Posten zu schützen."[2302] Seinen Vater beschwor er, „für die Reichsleitung im Gegensatze zur Obersten Heeresleitung einzutreten, da jedes Weiterkämpfen unverantwortliches Blutvergießen" bedeute. Es sei nun „unbedingt nötig, Hindenburg und Ludendorff zu entfernen, sie haben – das heißt Ludendorff – im Frühjahr und Sommer überaus schlecht geführt und beide das Vertrauen des Heeres verscherzt." Andernfalls, so warnte er, „erleben wir vernichtende Niederlagen und eine unausbleibliche Revolution im Inneren."[2303] Prinz Max war gezwungen, den Fehdehandschuh aufzunehmen. In einer Immediateingabe beim Kaiser erbat der Reichskanzler seinen Abschied, falls kein Wechsel in der Heeresleitung erfolge. Bliebe deren Einmischung in die Politik ohne Folgen, so würde dies dem Ausland signalisieren, dass die Regierung den militärischen Gewalten erlegen sei. Wilhelm II. rang sich immerhin endlich zum Handeln durch. Der Kaiser war fest entschlossen, Ludendorff den Laufpass zu geben: „Erst stürzt er mir den Bethmann, dann Valentini, mischt sich in alle politischen Dinge ein, von denen er gar nichts versteht [...]. Aber jetzt ist es zu Ende, jetzt muss er gehen." [2304] In einer stürmischen Audienz im Schloss Bellevue kam es am 26. Oktober 1918 zur Entlassung Ludendorffs. Hindenburg fügte sich ohne Widerworte dem kaiserlichen Befehl zu bleiben, was dazu führte, dass Ludendorff ihm noch vor dem Schloss eine Szene machte. Die Entlassung Ludendorffs wurde im Offizierskorps erleichtert hingenommen. Zu seinem Nachfolger wurde der württembergische General Wilhelm Groener bestimmt, dem mehr Fingerspitzengefühl zugetraut wurde.[2305]

10.9 Oktoberreformen und Kaiserdämmerung

Plötzlich ging es sehr schnell mit den Systemreformen. Die Lage erlaubte kein Taktieren mit der öffentlichen Meinung mehr. Presse, Zensur und Propagandaorganisationen hatten keine Alternative, als die Krise zu kommunizieren.[2306] Nicht nur auf Reichsebene, sondern auch in den Einzelstaaten wurde die Parlamentarisierung umgesetzt. Die Forderungen nach Verfassungsreformen hatten sich deutlich verstärkt und beschränkten sich nicht mehr nur auf die Sozialdemokratie. Dessen ungeachtet wurde das monarchische Prinzip nach wie vor von erheblichen Teilen des parteipolitischen Establishments akzeptiert und mitgetragen. Für die entgegengesetzte Idee einer Volkssouveränität, in dem Sinne, dass die Staatsgewalt nicht

---

[2302] Kriegstagebuch, 25. Oktober 1918. BayHStA, GHA. NL Kronprinz Rupprecht, Nr. 708.
[2303] Kronprinz Rupprecht an König Ludwig III., 25. Oktober 1918. Briefe des Kronprinzen Rupprecht an Ludwig III. BayHStA, GHA. NL König Ludwig III.,Nr. 59.
[2304] Vgl. und zit. nach Ullrich, Volker: Die nervöse Großmacht. Frankfurt am Main, 2007. S. 565.
[2305] Vgl. Ullrich, Volker: Die nervöse Großmacht. Frankfurt am Main, 2007. S. 565f.
[2306] Vgl. Altenhöner, Florian: Kommunikation und Kontrolle. Gerüchte und städtische Öffentlichkeiten in Berlin und London 1914/1918. München, 2008. S. 306.

nur vom Volk auszugehen, sondern das Volk gleichzeitig Träger der Staatsgewalt zu sein habe, gab es nach wie vor weder im Reichstag noch in den deutschen Länderparlamenten eine Mehrheit.[2307] Zu einer Konkurrenz zwischen den unmittelbar mit der Krone verbundenen Kräften und den Parteien und Interessenverbänden, die ja ihrerseits – Teile der Sozialdemokratie und Gewerkschaften ausgenommen – den monarchischen Gedanken bejahten, war es nicht gekommen. Das vor dem Krieg begonnene Experiment des charismatisch legitimierten „Volkskönigtums" weiterzuführen, schien als Alternative zur konstitutionellen Monarchie inzwischen perspektivlos. Es konnte sich für die Dynastien realistisch gesehen nur noch darum handeln, den Einbau der Monarchie in die Demokratie zu vervollständigen, das Königtum in eine parlamentarische Monarchie zu überführen.[2308]

Mit der Entlassung Ludendorffs am 26. Oktober 1918 hatte nicht nur die Nebenregierung der Heeresleitung ihr Ende genommen. Am gleichen Tag verabschiedete die Reichstagsmehrheit mehrere Gesetze, welche die parlamentarische Regierungsform einführten. Diese „Oktoberreformen" traten zwei Tage später in Kraft. Der Reichsverfassung wurde die Bestimmung hinzugefügt, dass der Reichskanzler zu seiner Amtsführung das Vertrauen des Reichstages benötige. Die kaiserliche Kommandogewalt wurde der Kontrolle des Parlaments unterstellt und damit die Sonderrolle der Armee beseitigt. Durch die Verfassungsreformen näherte sich das Kaiserreich dem Modell der westlichen Demokratien an.[2309] Das Gesetz zur Abänderung der Reichsverfassung vom 28. Oktober 1918 führte jedoch nicht zur vollen Volkssouveränität, sondern hielt an der Monarchie als Herrschaftsform fest, anstatt sie in eine Staatsform zu überführen. Träger der Staatsgewalt waren im parlamentarisierten Kaiserreich noch immer die Bundesfürsten. Trotz weitgehender Zugeständnisse an den Reichstag wurde das Gottesgnadentum nicht aus der Eingangsformel der Gesetzgebung beseitigt.[2310] Da sich der Kaiser und die Militärs in entscheidenden Punkten nach wie vor der parlamentarischen Kontrolle entzogen, war die parlamentarische Monarchie, die Gestalt annahm, kein vollauf überzeugender Schritt.[2311]

[2307] Vgl. Machtan, Lothar: Der erstaunlich lautlose Untergang von Monarchie und Bundesfürstentümern – ein Erklärungsangebot. In: Gallus, Alexander (Hrsg.): Die vergessene Revolution von 1918/19. Göttingen, 2010. S. 39-56. Hier: S. 40f.

[2308] Vgl. Gollwitzer, Heinz: Fürst und Volk. Betrachtungen zur Selbstbehauptung des bayerischen Herrscherhauses im 19. und 20. Jahrhundert. In: Zeitschrift für Bayerische Landesgeschichte. Nr. 50. München, 1987. S. 723-748. Hier: S. 747.

[2309] Vgl. Ullrich, Volker: Die nervöse Großmacht. Frankfurt am Main, 2007. S. 566; Vgl. Neitzel, Sönke: Weltkrieg und Revolution. 1914-1918/19. Berlin, 2008. S. 153.

[2310] Vgl. Machtan, Lothar: Der erstaunlich lautlose Untergang von Monarchie und Bundesfürstentümern – ein Erklärungsangebot. In: Gallus, Alexander (Hrsg.): Die vergessene Revolution von 1918/19. Göttingen, 2010. S. 39-56. Hier: S. 40-42.

[2311] Vgl. Sauer, Wolfgang: Das Scheitern der parlamentarischen Monarchie. In: Kolb, Eberhard (Hrsg.): Vom Kaiserreich bis zur Weimarer Republik. Köln, 1972. S. 77-99. Was die Aussichten, Rolle und Chancen der Monarchie im Hinblick auf eine tatsächliche Demokratisierung angeht, Vgl. Gollwitzer, Heinz: Die Funktion der Monarchie in der Demokratie. In: Heinz Gollwitzer: Weltpolitik und deutsche Geschichte. Gesammelte Studien. Hrsg. von Hans-Christof Kraus. Göttingen, 2008. S. 527-538.

10.9 Oktoberreformen und Kaiserdämmerung

Zudem bestanden die Reformen erst einmal nur auf dem Papier. Noch immer herrschte der Belagerungszustand im Reich – respektive der Kriegszustand in Bayern – nach dem die Kommandierenden Generale über Zensurmaßnahmen und Versammlungsverbote entschieden. Trotz der Parlamentarisierung schien das Militärsystem ungebrochen fortzubestehen. In den Großstädten wurde die Stimmung von einer radikalen Friedenssehnsucht beherrscht, die mit Wut und Sarkasmus gemischt war. Die Regierung des Prinzen Max war unpopulär, da sie in der Anbahnung des Waffenstillstands keine glückliche Hand zu haben schien. Der einst grenzenlose Vertrauensvorschuss der Öffentlichkeit in die Heeresleitung hatte sich infolge der sich abzeichnenden Niederlage rasch verflüchtigt.[2312] Wilhelm II. hatte enorm an Ansehen verloren. Forderungen nach seiner Abdankung wurden immer lauter erhoben. Mitte Oktober waren die Positionen Wilhelms II. sowie des Deutschen Kronprinzen Wilhelm nicht mehr haltbar. Prinz Georg von Bayern stellte fest: „Man hält es für möglich, dass die Entente es ablehnen würde, mit einem Hohenzollern zu verhandeln. In diesem Falle soll der Kaiser bereit sein, abzudanken. Aber was dann, der Kronprinz ist in den Augen der Entente doch ebenso unmöglich wie sein Vater?"[2313] Der Generaladjutant des Kaisers teilte Kronprinz Rupprecht mit, „dass Wilson darauf bestehe, dass der Kaiser abdanken und auch der Deutsche Kronprinz auf den Thron verzichten müsse." Rupprecht befand: „Hätte er selber beizeiten hierzu den Entschluss gefunden, wäre es besser gewesen, so aber wird er vermutlich erzwungen werden."[2314]

Auch Reichskanzler Max von Baden hielt inzwischen einen Thronverzicht Wilhelms II. für unumgänglich. Doch der Kaiser war von der Einsicht weit entfernt, dass durch seinen Rücktritt die Institution Monarchie zu retten sei. Trotzig erklärte er stattdessen, ein Nachfolger Friedrichs des Großen danke nicht ab.[2315] Die Rolle des Kaisers empfand der bayerische Kronprinz als kläglich: „Er hätte am besten getan, im Augenblicke des Friedensangebotes vom Throne zu steigen."[2316] Prinz Max hatte seit dem 20. Oktober vorsichtig bei den Bundesfürsten angefragt, wie sie sich im Fall einer kaiserlichen Abdankung verhalten würden und fast überall die Bestätigung erhalten, dass man sich einer Abdikation nicht entgegenstellen würde.[2317] In der Reichshauptstadt kursierte seit Mitte Oktober die Idee, nach einer Abdankung entweder einen anderen deutschen Bundesfürsten zum Kaiser zu küren oder aber einen Kaiserenkel zu designieren, dem bis zu dessen Volljährigkeit ein Reichsverweser zur Seite gestellt würde. Die Aufgabe, Wilhelm II. einen derartigen Schritt nahezulegen, wollte jedoch weder Reichskanzler Max von Baden übernehmen noch ein Mitglied der kaiserlichen Entourage.[2318]

[2312] Vgl. Ullrich, Volker: Die nervöse Großmacht. Frankfurt am Main, 2007. S. 566f.
[2313] Tagebuch des Prinzen Georg, 7.10.18. BayHStA, GHA. NL Prinz Georg, Nr. 29.
[2314] Kriegstagebuch, 26. Oktober 1918. BayHStA, GHA. NL Kronprinz Rupprecht, Nr. 708.
[2315] Vgl. Ullrich, Volker: Die nervöse Großmacht. Frankfurt am Main, 2007. S. 567.
[2316] Kriegstagebuch, 27. Oktober 1918. BayHStA, GHA. NL Kronprinz Rupprecht, Nr. 708.
[2317] Vgl. Koch, Ingeborg: Die Bundesfürsten und die Reichspolitik in der Zeit Wilhelms II. München, 1961. S. 145-147.
[2318] Vgl. Machtan, Lothar: Die Abdankung. Berlin, 2008. S. 204.

Der bayerische Ministerresident in Bern berichtete am 17. Oktober, es sei befremdlich, „mit welcher Selbstverständlichkeit und Kaltblütigkeit die Zeitungen nicht nur von der Abdankung des Kaisers, sondern der Dynastie der Hohenzollern sprechen, gleich als handle es sich um den Rücktritt irgendeines kurzlebigen Ministeriums." Aus Ententekreisen war angeregt worden, sich bei Ludwig III. dafür zu verwenden, „S.M. dem Kaiser nahezulegen, abzudanken, um sodass Allerhöchstselbst die Kaiserwürde anzunehmen. Ich wagte über eine solche Anregung nicht auch nur zu berichten."[2319] Eine Woche später ging er dennoch ausführlich darauf ein: „Die allgemeine Meinung geht hier dahin, dass ohne Abdankung ein annehmbarer Friede nicht zu erlangen ist und das Weiterkämpfen nicht nur aussichtslos erscheint, sondern mit den schwersten Gefahren verbunden wäre, ohne sichere Aussicht auf einen besseren Ausgang zu eröffnen." Präsident Wilson und die Entente verlangten „nicht nur die Abdankung Seiner Majestät des Kaisers, sondern des Hauses Hohenzollern insgesamt." Unter dieser Prämisse ergaben sich ungeahnte Perspektiven für das bayerische Königshaus: „Um zu retten, was zu retten ist, dürfte es genügen, wenn Seine Majestät der Kaiser nur für Sich und Höchstseine Söhne auf die deutsche Kaiserkrone verzichten würden. Die deutschen Fürsten hätten sodann als Kaiser oder als Reichsverweser Einen der Ihren aus ihrer Mitte zu wählen, als welcher selbstverständlich in erster Linie der allverehrte Nestor unter den Bundesfürsten Seine Majestät unser geliebter König in Frage stünde. Sollten aber Seine Majestät der König nicht geruhen wollen, die Bürde der Kaiserkrone auf sich zu nehmen, so stünde wohl am nächsten Seine Königliche Hoheit der Kronprinz [Rupprecht], der siegreiche Heerführer."[2320]

Der Reichskanzler war durch Lerchenfeld im Bilde über die bayerischen Planspiele im Falle einer Abdankung des Kaisers. Die Wittelsbacher wollten einen Regenten in Preußen nicht automatisch als Verweser des Reiches anerkennen. Dandl zweifelte, dass ein preußischer Prinz vorhanden sei, der eine geeignete Persönlichkeit zur Verwesung im Reiche wäre.[2321] Wie der bayerische Gesandte am 29. Oktober 1918 berichtete, kursierten in der Reichshauptstadt Gedankenspiele bezüglich einer Reichsverweserschaft des bayerischen Königs. Verfassungsrechtlich sei dies jedoch schwierig. Vor allem sei eine Abdankung des Kaisers noch immer nicht in Sicht.[2322] Ebenfalls wurde erwogen, dass die Souveräne der drei außerpreußischen Königreiche gemeinsam die Regentschaft im Reich übernehmen könnten, worauf zumindest der König von Württemberg ungehalten reagierte. Aus Mecklenburg

---

[2319] Kgl. Bayerische Gesandtschaft in Bern an das bayerische Staatsministerium des Königlichen Hauses und des Äußern. Bern, 17. Oktober 1918. Reichsverweserschaft betreffend Seiner Majestät Kaiser Wilhelms II. 1918. BayHStA, NB. StMin des K. Hauses und des Äußern, Nr. 95140.
[2320] Kgl. Bayerische Gesandtschaft in Bern an das bayerische Staatsministerium des Königlichen Hauses und des Äußern. Bern 25. Oktober 1918. Reichsverweserschaft betreffend Seiner Majestät Kaiser Wilhelms II. 1918. BayHStA, NB. StMin des K. Hauses und des Äußern, Nr. 95140.
[2321] Vgl. Machtan, Lothar: Die Abdankung. Berlin, 2008. S. 206.
[2322] Bayerischer Gesandter in Berlin von Lerchenfeld an den bayerischen Ministerratsvorsitzenden von Dandl. Berlin, 29. Oktober 1918. Abdankung des Kaisers. BayHStA, NB. StMin des K. Hauses und des Äußern, Nr. 973.

10.9 Oktoberreformen und Kaiserdämmerung

kam der Vorschlag, im Bundesrat einen Regentschaftsrat aus Vertretern Bayerns, Preußens und eines zu wählenden dritten Bundesstaates einzusetzen.[2323] Der Unterstaatssekretär im Reichsamt des Inneren, Theodor Lewald, hatte Lerchenfeld einen Entwurf zur Reichsverwesung vorgelegt, den er jedoch selbst nicht als brauchbar bezeichnete. Der Entwurf war ganz auf die Person des Prinzen Max von Baden zugeschnitten. Nach der Überzeugung Lewalds lag jedoch in der Bestellung des badischen Prinzen zum Reichsverweser eine zu starke Demütigung des größten Bundesstaates Preußen.[2324]

Der Kaiser hatte sich nach Spa ins Große Hauptquartier begeben, wo er bis zum Eintreffen der Waffenstillstandsbedingungen verweilen wollte. Die Reichsleitung hingegen drängte Wilhelm II., nach Berlin zurückzukehren. Für Kronprinz Rupprecht machte des Kaisers „Reise nach Spa den Eindruck einer Flucht. Es wurde nämlich vertraulich mitgeteilt, dass die O.H.L. ihr möglichstes tun werde, um einer Abdankung des Kaisers entgegenzuwirken, die ihm offenbar nahegelegt wurde." Rupprecht erkannte deren Notwendigkeit: „So bedauerlich es hinsichtlich des monarchischen Ansehens ist, wenn ein Fürst zur Abdankung genötigt wird, scheint mir die Stellung des Kaisers eine ganz unhaltbare geworden zu sein, da er beim Volke jedes Vertrauen und Ansehen verloren hat […]. Fast ebenso stark wie gegen den Kaiser ist die Stimmung gegen den Kronprinzen. […] Bald wird von der Bildung eines Regentschaftsrates durch die deutschen Könige gesprochen, bald von der Trennung der Kaiserwürde von der preußischen Krone, ich fürchte aber es wird nur beraten und nicht gehandelt."[2325]

Prinz Max, der inzwischen ebenfalls von der Notwendigkeit der kaiserlichen Abdankung überzeugt war, suchte nach geeigneten ‚Unglücksboten'. Am Abend des 31. Oktober suchte ihn Großherzog Ernst Ludwig von Hessen im Reichskanzlerpalais auf. Ihn wollte der Reichskanzler zum Kaiser senden, zusammen mit Graf Lerchenfeld, der mit einem Mandat des Königs von Bayern ausgestattet werden sollte. Zwar beurteilte der hessische Bundesfürst die Lage identisch und hielt eine rasche kaiserliche Abdankung für unumgänglich, erklärte sich aber außerstande, den Mittelsmann zu spielen. Lerchenfeld wurde von Otto von Dandl davon abgehalten, den Reichskanzler in dieser Angelegenheit zu unterstützen. Dandl war der Ansicht, er könne es Ludwig III. nicht zumuten, eine Initiative in der Abdankungsfrage zu ergreifen, da einerseits „Rücksichten auf monarchische Empfindungen" im Spiel seien, andererseits das bayerisch-preußische Verhältnis aufs Schärfste belastet würde. Nach Ansicht Dandls war „allein der Reichskanzler" berufen und sogar „verpflichtet, die Initiative zu ergreifen." Diese Absagen waren für den Kanzler ein herber Schlag, da er verlässlich wusste, dass Ludwig III. ein entschiedener Be-

---

[2323] Vgl. Koch, Ingeborg: Die Bundesfürsten und die Reichspolitik in der Zeit Wilhelms II. München, 1961. S. 145.
[2324] Bayerischer Gesandter in Berlin von Lerchenfeld an den bayerischen Ministerratsvorsitzenden von Dandl. Berlin, 29. Oktober 1918. Reichsverweserschaft betreffend Seiner Majestät Kaiser Wilhelms II. 1918. BayHStA, NB. StMin des K. Hauses und des Äußern, Nr. 95140.
[2325] Kriegstagebuch, 31. Oktober 1918. BayHStA, GHA. NL Kronprinz Rupprecht, Nr. 708.

fürworter der Abdankung Wilhelms II. war. Schließlich sandte Prinz Max am 1. November den preußischen Innenminister zum Kaiser, um ihn von der weitverbreiteten Überzeugung zu unterrichten, er müsse abdanken. Nach diesem Vorstoß ging in der Reichskanzlei ein furioser Telefonanruf des Kaisers ein, der den Prinzen Max seelisch so mitnahm, dass er Augenzeugen zufolge danach vollständig gebrochen und entschlussunfähig schien.[2326]

Einem Feldseelsorger gegenüber echauffierte sich Wilhelm II. über den Rücktrittsvorschlag: „Meine Söhne haben mir in die Hand versprochen, dass keiner von ihnen meine Stelle annimmt. Also mit mir tritt das ganze Haus Hohenzollern zurück. […] Und wer soll dann die Regentschaft für das 12-jährige Kind, für meinen Enkel, übernehmen? Etwa der Reichskanzler? Von München hab ich Nachricht, die denken gar nicht daran, ihn als so etwas anzuerkennen. […] Also ich danke ab, ich und mein ganzes Haus. Umgehend stürzen sämtliche Dynastien Deutschlands. Das Heer hat keinen Führer, die Front löst sich auf und flutet über den Rhein zurück. Die Untreuen rotten sich zusammen, sengen, morden und plündern, die Feinde helfen ihnen dabei. Die Treuen gehen vielleicht nach Berlin und stürzen […] die ganze Regierung, die sich nicht zu helfen weiß. Und darum: Ich denke gar nicht daran, abzudanken. Der König von Preußen darf Deutschland nicht untreu werden und in dieser Stunde am allerwenigsten; ich habe auch meinen Eid geschworen und den werde ich halten."[2327]

Die Bundesfürsten rangen sich zu keiner gemeinsamen Initiative zur Rettung der Monarchie durch.[2328] Der Großherzog von Mecklenburg schlug einen Aufruf der Bundesfürsten zugunsten Wilhelms II. vor, worauf Prinz Max aber nicht eingehen wollte.[2329] Am Abend des 3. Novembers erhielt Rupprecht überraschend Besuch des Deutschen Kronprinzen. Dieser war „begreiflicherweise ziemlich ergriffen über alle die Vorgänge der letzten Zeit und glaubt, was auch zutreffend, dass die auf die Abdankung des Kaisers abzielende Bewegung auch seine Abdankung mit erstrebt." Kronprinz Wilhelm versuchte Kronprinz Rupprecht davon zu überzeugen, dass die drei prinzlichen Heerführer der Westfront, also auch Herzog Albrecht von Württemberg, gemeinsam einen Brief an Reichskanzler Prinz Max senden müssten, in dem Einspruch gegen die geforderte Verzichtserklärung des Kaisers erhoben werde. Rupprecht wies Kronprinz Wilhelm mit dem Verweis darauf ab, dass ihm als Oberbefehlshaber einer Heeresgruppe eine Einmischung in politische Dinge nicht angezeigt erscheine und schlug vor, in einem Privatbrief seine Bedenken vorzubringen. Daraufhin bat ihn Kronprinz Wilhelm, zumindest Ludwig

---

[2326] Vgl. und zit. nach Machtan, Lothar: Die Abdankung. Berlin, 2008. S. 206-213; Vgl. Mann, Golo: Prinz Max von Baden und das Ende der Monarchie in Deutschland. In: Prinz Max von Baden. Erinnerungen und Dokumente. Hrsg. von Golo Mann und Andreas Burckhardt. Stuttgart, 1968. S. 9-57. Hier: S. 42f.
[2327] Zit. nach Machtan, Lothar: Die Abdankung. Berlin, 2008. S. 214f.
[2328] Ebd., S. 218-226.
[2329] Vgl. Koch, Ingeborg: Die Bundesfürsten und die Reichspolitik in der Zeit Wilhelms II. München, 1961. S. 147.

III. zu veranlassen, „mit den übrigen deutschen Fürsten zwecks einer Vertrauenskundgebung für den Frieden Fühlung zu nehmen."[2330]

Bereits zwei Tage zuvor hatte Rupprecht seinem Vater allerdings das Gegenteil geraten: „Es ist sehr bedauerlich, dass in vielen Zeitungen, die auch an die Truppe gelangen, die Dinge so dargestellt werden, als ob die Person des Kaisers und Kronprinzen das einzige Friedenshindernis bilden würden. Die Leute beginnen dies zu glauben und ich sehe Schlimmes voraus, nachdem das Ansehen des Kaisers und Kronprinzen völlig erschüttert ist." Rupprecht war „der Überzeugung, dass ein schneller Entschluss dringend nötig ist und einzig Rettung bringen kann." In Rupprechts Augen musste Bayern seiner Verantwortung gegenüber dem Reich nachkommen. Seinen Vater drängte er: „Könntest du nicht den Kaiser aufsuchen und ihn zu einem Entschlusse bewegen oder ihm doch wenigstens deine Auffassung der Lage brieflich mitteilen? So geht es nicht weiter!"[2331] Am 2. November befand er: „Es ist Zeit, dass die deutschen Fürsten sich gemeinschaftlich an den Kaiser wenden, um ihm die Abdankung nahezulegen, sowie es den Anschein gewinnt, dass ein Waffenstillstand anders nicht zu erreichen ist."[2332] Eine Abdikation des Kaisers war für die deutschen Fürstenhäuser nicht ungefährlich. Prinzessin Wiltrud ahnte am 3. November: „In Deutschland fordert man immer mehr die Abdankung des Deutschen Kaisers und Kronprinzen. Was noch alles werden wird, vielleicht sind wir auch in einiger Zeit abgesetzt?"[2333] Der Kaiser, der am 4. November zu einem Truppenbesuch bei Rupprecht erschien, übte sich in Defätismus: „Er könne nicht verzichten auf ein Amt, das ihm von Gott geworden und das er sich nicht beigelegt. Sollte er gestürzt werden, gebe es eben keine Hohenzollern mehr auf dem Throne, denn weder seine Söhne noch seine Enkel würden den Thron besteigen, und dann solle Deutschland nur sehen, was aus ihm werde." Rupprecht redete Wilhelm II. erneut zu, „die Hauptsache sei ein baldiger Friede." „Fast komisch" berührte es den bayerischen Kronprinzen, dass der Kaiser ihn bat, er möge „dem Kanzler schreiben und in seinem Sinne beeinflussen."[2334]

Während der bayerische Ministerratsvorsitzende von Dandl schon im September 1918 nachdrücklich vor der akuten Gefahr für die Reichsmonarchie durch eine drohende Revolution gewarnt hatte, erscheint er mit Blick auf Bayern blauäugig.[2335] Dandls Regierung hielt eine revolutionäre Entwicklung in Bayern für unwahrscheinlich, zumal die gemäßigten Mehrheitssozialdemokraten kein Interesse an einer Zuspitzung der Krise hatten und der führende Kopf der bayerischen SPD,

---

[2330] Kriegstagebuch, 4. November 1918. BayHStA, GHA. NL Kronprinz Rupprecht, Nr. 708.
[2331] Kronprinz Rupprecht an König Ludwig III., 1. November 1918. Briefe des Kronprinzen Rupprecht an Ludwig III. BayHStA, GHA. NL König Ludwig III.,Nr. 59.
[2332] Kriegstagebuch, 2. November 1918. BayHStA, GHA. NL Kronprinz Rupprecht, Nr. 708.
[2333] Abschrift des Tagebuchs der Prinzessin Wiltrud. 3.11.1918. Erinnerungen zum Hofstaat am 9.11.1918 und zur Flucht in der Revolutionszeit 1918/19. BayHStA, GHA. NL Herzogin Wiltrud von Urach, Nr. 288.
[2334] Kriegstagebuch, 4. November 1918. BayHStA, GHA. NL Kronprinz Rupprecht, Nr. 708.
[2335] Vgl. Machtan, Lothar: Die Abdankung. Berlin, 2008. S. 239.

Erhard Auer, seit Oktober eng kooperierte.[2336] Dandl versuchte am 16. Oktober in einer Rede vor der Abgeordnetenkammer, beruhigend einzuwirken. Bezüglich der Verfassungsreformen auf Reichsebene äußerte er, diese seien die Folge der notwendigen Zusammenfassung aller Kräfte. Besonders hob er hervor, dass der Bundesrat in seinen Kompetenzen nicht angetastet werde. Bezüglich bayerischer Verfassungsreformen hielt sich der Ministerratsvorsitzende hingegen zurück und versprach lediglich eine Reform der Reichsratskammer. Der Frage nach der Einführung des Verhältniswahlrechts und einer Zuziehung von Parlamentariern zu den Regierungsgeschäften stand er aufgeschlossen gegenüber. Damit zeigte Dandl gegenüber den sozialdemokratischen und liberalen Reformwünschen zwar Kompromisswillen, erkannte Reformen aber nur als notwendiges Übel an. Gerade bei der städtischen Bevölkerung konnte er sich auf diese Weise nicht das Vertrauen erwerben, das zur Stabilisierung im Inneren notwendig war.[2337] Das Königshaus hatte sich von Dandls Rede vor dem Landtag erhofft, dass sie die Wogen zu glätten vermochte. Enttäuscht und ratlos schrieb die Königstochter Wiltrud am 17. Oktober 1918 in ihr Tagebuch: „Leider lese ich eben in der [...] Zeitung, dass Dandls Rede nicht befriedigt habe und Dandl ist doch der Mann, auf den wir alle Hoffnungen setzen, weil er sehr gescheit, sehr ruhig, sehr überlegt ist und Papa unbedingt ergeben. Ob er dennoch der Zeit gewachsen ist?"[2338]

Dandl äußerte später, bis Oktober hätten die Landtagsparteien der Parlamentarisierung ablehnend gegenübergestanden, da sie anerkannt hätten, dass Bayern unter dem konstitutionellen System gut verwaltet worden sei. Nur um das Landtagswahlrecht und die Reichsratskammer waren bis dato Debatten geführt worden. Erst im Verlauf dieser Verhandlungen seien Forderungen nach einer Parlamentarisierung der bayerischen Regierung lebhafter hervorgetreten. Die Staatsregierung verfolgte in den Gesprächen mit den Landtagsparteien das Ziel, „in der jetzigen schweren Zeit eine Zusammenfassung aller Parteien herbeizuführen, um ohne Schwierigkeiten im Parlament die Überleitung zu ermöglichen. Für das Staatswohl und die Monarchie sei es von hohem Belange, dass unter dem Volk kein Zwiespalt herrsche."[2339] Am 19. Oktober empfing der König das Direktorium der Kammer der Abgeordneten zu einer Audienz.[2340] Trotz der steigenden Gefahr eines gewaltsamen Umsturzes dauerten die Verhandlungen mit den Landtagsparteien bis zum 2. November 1918. An diesem Tag wurde in Bayern durch eine königliche Ver-

---

[2336] Vgl. ebd., S. 242.
[2337] Vgl. Albrecht, Willy: Landtag und Regierung in Bayern. Berlin, 1968. S. 377-380; Vgl. Albrecht, Willy: Das bayerische Verfassungsjubiläum vom Mai 1918. In: Zeitschrift für Bayerische Landesgeschichte. Nr. 31. München, 1968. S. 675-684. Hier: S. 684.
[2338] Abschrift des Tagebuchs der Prinzessin Wiltrud. 17./18.10.1918. Erinnerungen zum Hofstaat am 9.11.1918 und zur Flucht in der Revolutionszeit 1918/19. BayHStA, GHA. NL Herzogin Wiltrud von Urach, Nr. 288.
[2339] Protokoll über die Sitzung des königlichen Staatsrats vom 4. November 1918. BayHStA, NB. Kgl. Staatsrat. Nr. 1469.
[2340] Schreiben Ludwigs III. an Marie Therese, 19.10.1918. BayHStA, Geheimes Hausarchiv. NL Königin Marie Therese. Nr. 82.

10.9 Oktoberreformen und Kaiserdämmerung

ordnung das parlamentarische Regierungssystem eingeführt.[2341] In einem Handschreiben bezeichnete der König die Beteiligung des Volkes an der Regierung als sicherste Gewähr für die Führung der Staatsgeschäfte und für eine künftige kraftvolle Entwicklung des Landes.[2342] Ein am gleichen Tag bekanntgegebenes Abkommen zwischen Staatsregierung und Landtagsparteien kündigte Gesetzentwürfe zur Einführung des Verhältniswahlrechts, zu einer Erweiterung und Entmachtung der Reichsratskammer und andere einschneidende Verfassungsreformen an. Künftig würden vom Monarchen nur Minister ernannt, die das Vertrauen des Landtags besäßen. Vertreter der drei großen Fraktionen sollten zu Ministern bestimmt und ein Ministerium für soziale Fürsorge errichtet werden. Der König beauftragte Dandl am 2. November mit der Regierungsneubildung. Die Erlasse des Königs und das Abkommen der Parteien wurden allgemein begrüßt. Die sozialdemokratische „Münchner Post" feierte gar den Beginn einer neuen Ära, der Bayern zum demokratischsten und freiesten Staat des Reiches machen werde. Der USPD gingen jedoch die weitgehenden Zugeständnisse nicht weit genug.[2343] Rupprecht schrieb an Dandl, er sei mit der Parlamentarisierung Bayerns einverstanden. Jedoch betonte er das Recht des Königs auf „Meinungsäußerung und auch eines Appells an das Volk". Dieser bilde „einen integrierenden Bestandteil des Volkes, er hat aber auch auf das gleiche Recht Anspruch und er darf nicht zu einer willenlosen Unterschreibmaschine herabgewürdigt werden." Dies schließe nicht aus, dass er an die Beschlüsse der Regierung gebunden sei.[2344]

In der Sitzung des Staatsrates am 4. November 1918, bei der Ludwig III. den Vorsitz führte, wurde weiterdebattiert.[2345] Dandl bezeichnete es als Wendepunkt des Verfassungslebens, dass die durch die Krone berufenen oder entlassenen Staatsminister künftig vom Vertrauen des Landtages getragen würden. Daraufhin ergriff der König das Wort und betonte, wenn auch der Krieg „ein so schlechtes Ende" genommen habe, habe sich Bayerns Heer ruhmreich geschlagen und trage keine Schuld an der Niederlage. Ludwig III. äußerte seine spät gewonnene Einsicht, dass „die unglückselige Politik, die schon vor dem Krieg seitens der Reichsleitung geführt worden ist, und noch mehr die Oberste Heeresleitung, die keinen Maßstab hatte für die Grenzen der eigenen Kräfte" die Schuld an den Verhältnissen trage. Nun müsse unter schlechten Bedingungen Frieden geschlossen werden. Er hoffte, „dass das Land durch die neue Organisation keinen Schaden leide." Mit al-

---

[2341] Vgl. Albrecht, Willy: Das bayerische Verfassungsjubiläum vom Mai 1918. In: Zeitschrift für Bayerische Landesgeschichte. Nr. 31. München, 1968. S. 675-684. Hier: S. 684.
[2342] Vgl. Protokoll über die Sitzung des königlichen Staatsrats vom 4. November 1918. BayHStA, NB. Kgl. Staatsrat. Nr. 1469.
[2343] Vgl. Albrecht, Willy: Landtag und Regierung in Bayern. Berlin, 1968. S. 383-385; Vgl. Albrecht, Willy: Das bayerische Verfassungsjubiläum vom Mai 1918. In: Zeitschrift für Bayerische Landesgeschichte. Nr. 31. München, 1968. S. 675-684. Hier: S. 684; Parlamentarisierung der Regierung. BayHStA, NB. StMin des K. Hauses und des Äußern, Nr. 974.
[2344] Kriegstagebuch, 3. November 1918. BayHStA, GHA. NL Kronprinz Rupprecht, Nr. 708.
[2345] Eine durchgreifende Strategie zur Behauptung des Königtums ist in den Wortmeldungen des offiziellen Protokolls nicht auszumachen, wenngleich anzunehmen ist, dass kontroverser diskutiert wurde, als dies dokumentiert ist. Vgl. Machtan, Lothar: Die Abdankung. Berlin, 2008. S. 247.

ler Bestimmtheit müsse jedoch „gesagt werden, dass in Bayern nicht gegen die Mehrheit des Parlaments und nicht gegen den Willen des Volkes regiert wird." Das bisherige Wahlgesetz sei schließlich parlamentarisch zustande gekommen und die Regierung aus Persönlichkeiten hervorgegangen, die mit den Mehrheiten des Landtages nicht im Widerspruch gestanden hätten. Damit hatte Bayern seiner Ansicht nach ohnehin bereits das, „was man früher unter Parlamentarisierung verstand." Nun sei dies aber in den Hintergrund gerückt und die Aufgabe bestehe darin, „die Ruhe im Land aufrecht zu erhalten und Friedensbedingungen zu erzielen, die möglichst wenig drückend sind."[2346]

Das gesamte Reformprogramm sollte rasch umgesetzt werden. Die Abgeordnetenkammer nahm den Gesetzentwurf am 6. November einstimmig an. Am 8. November sollte die Reichsratskammer über den Antrag abstimmen. Bereits am 7. November 1918 konnten die „Münchner Neuesten Nachrichten" die Ministerliste vorlegen, wenngleich die neue Regierung noch nicht gebildet war. Neben dem Ministerratsvorsitzenden von Dandl sollten Innenminister von Brettreich, Kultusminister von Knilling und Kriegsminister von Hellingrath ihre Posten behalten. Das Finanz- und das Verkehrsministerium würden mit den Zentrumsabgeordneten Karl Friedrich Speck und Alois von Frank, das Justizministerium mit dem Liberalen Leopold von Casselmann und das neuzugründende Ministerium für soziale Fürsorge mit dem sozialdemokratischen Fraktionsvorsitzenden Martin Segitz besetzt werden. Heinrich Held vom Zentrum, Ernst Müller-Meiningen von der Liberalen Vereinigung und der Sozialdemokrat Johannes Hoffmann sollten Minister ohne abgegrenzten Geschäftsbereich werden.[2347]

Die Erkenntnis der Maßlosigkeit der Heeresleitung wie auch das klare Bekenntnis zum parlamentarischen Regierungssystem kamen überraschend, zumal Ludwig III. durch seine annexionistische Haltung und sein Zögern in der Parlamentarisierungsfrage keinen geringen Anteil an den beklagten Zuständen hatte. Wirkung entfalten konnte seine Rede in der Staatsratssitzung am 4. November 1918 jedoch nicht, da sie öffentlich nicht bekannt wurde. Selbst bei einem sofortigen Gang des Königs an die Öffentlichkeit, einer Pressemitteilung des Kabinetts oder einer Plakatierung im ganzen Land wäre der Nutzen wohl gering ausgefallen, da eine Bekehrung Ludwigs III. zum Anhänger eines Verständigungsfriedens als Opportunismus ausgelegt worden wäre. Ludwig III. hätte dem Kaiser schon ein dramatisches Ultimatum stellen müssen, in dem er als Repräsentant des bayerischen Volkes dessen freiwilligen Rückzug forderte und sich andernfalls nicht mehr

---

[2346] Danach wurde ein Sondergesetzentwurf zur Änderung des bayerischen Landtagswahlgesetzes vom 9. April 1906 beschlossen. Laut Art. 36 Abs. 1 des Landtagswahlgesetzes war Landtagsabgeordneten bis dato die Beteiligung an der Regierung nicht möglich, was nun schnellstmöglich geändert werden musste. Vgl. Protokoll über die Sitzung des königlichen Staatsrats vom 4. November 1918. BayHStA, NB. Kgl. Staatsrat. Nr. 1469.

[2347] Vgl. Albrecht, Willy: Landtag und Regierung in Bayern. Berlin, 1968. S. 387; Gesandter Moser von Filseck an Staatsminister von Weizsäcker. München, 1.11.18. Politische Berichte 1913-1919. Württembergische Gesandtschaft in München, E 75. LABW, HStA Stuttgart, Ministerium der auswärtigen Angelegenheiten, Nr. 156.

10.9 Oktoberreformen und Kaiserdämmerung

an die Versailler Verträge gebunden fühlte. Nur auf diese Weise hätte er sich glaubwürdig für einen bayerischen Sonderfrieden einsetzen können. Zu einem derartigen Schritt war er allerdings nicht einmal auf dem geheimdiplomatischen Weg bereit, geschweige denn in aller Öffentlichkeit.[2348]

Das symbolische Kapital Ludwigs III., der sich als Bundesfürst zu Beginn seiner Regierung so glänzend in Szene zu setzen wusste, war mittlerweile nahezu aufgebraucht. Max von Baden stand währenddessen als Reichskanzler vor unüberwindbaren Schwierigkeiten und vermochte die Lage der Monarchie im Reich nicht zu stabilisieren. In Bayern, wo alle Verantwortlichkeit nach Preußen abgeschoben worden war, hatte längst ein Wandel der öffentlichen Wahrnehmung eingesetzt. Die hilflose Untätigkeit Ludwigs III. war gegen Kriegsende immer offenkundiger, während Kronprinz Rupprecht als Hoffnungsträger gesehen wurde. Die in Bayern sehr spät eingeleiteten demokratischen Reformen sollten die Institution Monarchie stabilisieren und auf eine breitere Basis stellen. Die naheliegende Frage nach der Abdankung Ludwigs III. zugunsten seines populären Sohnes Rupprecht kam jedoch nicht auf die Agenda. Nur mithilfe eines raschen Friedensschlusses bestand unter diesen Voraussetzungen die realistische Aussicht, dass die Monarchie in Bayern trotz aller Umbrüche zukunftsfähig blieb.

[2348] Vgl. Albrecht, Willy: Landtag und Regierung in Bayern. Berlin, 1968. S. 406f.

11. Zusammenbruch

11.1 Revolte gegen das System

Die Kriegserfahrungen von Hunger, Tod und Entbehrung waren zwar als Katalysatoren bedeutsam, hatten aber nicht automatisch zur Revolte oder Revolution gegen das Herrschaftssystem geführt. Erst der sich abzeichnende militärische Bankrott machte die Krise des monarchischen Systems virulent.[2349] Ab Ende Oktober 1918 mehrten sich die Anzeichen, dass die Hoheitsgewalt der Wittelsbacher öffentlich in Frage gestellt wurde. Die bayerische USPD hatte es unter ihrem Vorsitzenden Kurt Eisner, der am 14. Oktober aus dem Gefängnis entlassen worden war, zunehmend geschafft, Kapital aus der prekären politischen und militärischen Lage zu schlagen und die vorhandenen Protestpotenziale zu mobilisieren. Zunehmend richteten sich die rasch aufeinander folgenden und immer mehr Zulauf erlebenden Kundgebungen nicht nur im Reich, sondern auch in Bayern gegen die herrschenden Zustände und explizit gegen die Person des Monarchen.[2350] Dieser hatte sich zwar dem reichsweiten Trend zur Parlamentarisierung der Herrschaftsstrukturen nicht verweigert, schien aber in den Fragen nach einer starken Vertretung bayerischer Interessen und der Anbahnung eines Friedens vollkommen untätig. Die Passivität Ludwigs III. führte dazu, dass das bayerische Staatswesen als führerlos empfunden und in den Monarchen keine Hoffnung mehr gesetzt wurde. Im Gegensatz dazu präsentierte sich der charismatische USPD-Führer Eisner als Verkörperung verschiedenster Heilsversprechen.[2351] Der Zeitzeuge Rainer Maria Rilke beschrieb die Stimmung der ersten Novembertage: „In den letzten Tagen hat München etwas von seiner Leere und Ruhe aufgegeben, die Spannungen des Augenblicks machen sich auch hier bemerklich [...]. Überall große Versammlungen in den Brauhaussälen, fast jeden Abend, überall Redner, unter denen in erster Reihe Professor [Edgar] Jaffé sich hervortut, und wo die Säle nicht ausreichen, Versammlungen unter freiem Himmel nach Tausenden."[2352]

[2349] Vgl. Geyer, Martin H.: Verkehrte Welt. Revolution, Inflation und Moderne. München 1914-1924. Göttingen, 1998. S. 51.

[2350] Der Journalist Eisner war erst Mitte Oktober 1918 aus einer Haftstrafe entlassen worden, die er aufgrund seiner führenden Beteiligung an den Januarstreiks zu verbüßen hatte. Als Kandidat der USPD für die Nachwahl zum Deutschen Reichstag profilierte er sich durch sein agitatorisches Talent und seine radikalen Forderungen rasch gegen seinen Konkurrenten Erhard Auer von der SPD. Vgl. Machtan, Lothar: Die Abdankung. Berlin, 2008. S. 240; Vgl. Ay, Karl-Ludwig: Die Entstehung einer Revolution. München, 1968. S. 202-207.

[2351] Vgl. Machtan, Lothar: Die Abdankung. Berlin, 2008. S. 245; Vgl. Höller, Ralf: Der Anfang, der ein Ende war. Die Revolution in Bayern 1918/19. Berlin, 1999. S. 38-44.

[2352] Rainer Maria Rilke an Clara Rilke. München, 7. November 1918. Zit. nach Walther, Peter (Hrsg.): Endzeit Europa. Ein kollektives Tagebuch deutschsprachiger Schriftsteller, Künstler und Gelehrter im Ersten Weltkrieg. Göttingen, 2008. S. 336f.

11.1 Revolte gegen das System

Ungeachtet der kritischen Lage wurde der Schein der Normalität beharrlich aufrecht erhalten. Hatte der König sich im September noch nach Leutstetten und Anfang Oktober auf die Jagd begeben,[2353] so verließ er München ab Mitte Oktober kaum noch.[2354] Von einer Rückkehr der königlichen Familie ins Wittelsbacher Palais war keine Rede mehr.[2355] Der in der Residenz weilende König spazierte täglich im Englischen Garten. Die Prinzessinnen besuchten Konzerte, sogar Verlobungspläne wurden geschmiedet.[2356] Die Prinzen Leopold und Franz befanden sich im September auf Heimaturlaub. Franz war zur Genesung vorübergehend nach München gekommen.[2357] Mitte August 1918 hatten sich bei ihm Ischiasbeschwerden eingestellt, dazu heftiger Bronchialkatarrh.[2358] Prinz Leopold besuchte mit seiner Gattin Gisela die Kunstausstellung sowie die Verwandten in Nymphenburg[2359] und begab sich zur Hirschjagd in die Allgäuer Berge.[2360] Am 29. September war er durch die Majestäten zu den Pferderennen in Riem befohlen, bevor er diese am folgenden Abend in der Residenz besuchte.[2361] Die Königin war mit ihren Töchtern Adelgunde und Wiltrud Anfang Oktober zur Erholung nach Wildenwart gefahren. Die Prinzessinnen Hildegard und Helmtrud waren in München verblieben, wo sie nach wie vor im Rot-Kreuz-Spital Pflegedienste verrichteten. Die Königin hatte ihre karitativen Besuche aufgrund ihrer schweren Erkrankung im Laufe des Jahres eingeschränkt und war aus der Öffentlichkeit verschwunden, wie Prinzessin Wiltrud bedrückt niederschrieb: „In Lazarette kommen wir z. Zt. fast nie, da Mama nicht mehr kann."[2362] Am 18. Oktober schrieb der besorgte König an Marie Therese: „Wie ich dir schon gestern schrieb, wünsche ich nicht, dass du eher hierherkommst, als du ohne Gefährdung deines Wohlseins es tun kannst."[2363]

Prinz Franz war Anfang November am Ende seiner Kräfte angelangt. Er gab gegenüber dem Oberstabs- und Divisionsarzt in St. Quentin an, „seit längerer Zeit an Herzschmerzen, nervöser Überreiztheit, fast völliger Schlaflosigkeit schon nach geringfügigsten [...] Anstrengungen zu leiden." Dies hatte sich so gesteigert, dass er sich den Anforderungen des Dienstes nicht mehr gewachsen fühlte. Mitte Okto-

---

[2353] Brief der Königin Marie Therese an Kronprinz Rupprecht. Leutstetten, 26.9.1918. BayHStA, GHA. NL Kronprinz Rupprecht, Nr. 6.
[2354] Abschrift des Tagebuchs der Prinzessin Wiltrud. 2.10.1918. Erinnerungen zum Hofstaat am 9.11.1918 und zur Flucht in der Revolutionszeit 1918/19. BayHStA, GHA. NL Herzogin Wiltrud von Urach, Nr. 288.
[2355] Brief der Königin Marie Therese an Kronprinz Rupprecht. Leutstetten, 26.9.1918. BayHStA, GHA. NL Kronprinz Rupprecht, Nr. 6.
[2356] Vgl. Machtan, Lothar: Die Abdankung. Berlin, 2008. S. 247.
[2357] Kriegstagebuch, 7.9.1918. BayHStA, GHA. NL Prinz Leopold, Nr. 239.
[2358] Militärärztliches Zeugnis. St. Quentin, 6.11.1918. BayHStA, KrA. Offizierspersonalakte 519.
[2359] Kriegstagebuch, 7.9.1918. BayHStA, GHA. NL Prinz Leopold, Nr. 239.
[2360] Ebd., 8.-26.9.1918. BayHStA, GHA. NL Prinz Leopold, Nr. 239.
[2361] Ebd., 26.9.-6.10.1918. BayHStA, GHA. NL Prinz Leopold, Nr. 239.
[2362] Abschrift des Tagebuchs der Prinzessin Wiltrud. 2.10.1918. Erinnerungen zum Hofstaat am 9.11.1918 und zur Flucht in der Revolutionszeit 1918/19. BayHStA, GHA. NL Herzogin Wiltrud von Urach, Nr. 288.
[2363] Schreiben Ludwigs III. an Marie Therese, 18.10.1918. BayHStA, Geheimes Hausarchiv. NL Königin Marie Therese. Nr. 82.

ber war er „an hochfieberhafter, mit heftigen Schüttelfrösten einhergehender Grippe" erkrankt und ins Feldlazarett eingeliefert worden. Eine schwere Grippe wurde diagnostiziert und seitens des Arztes befunden, er leide „an großer, nervöser Erregtheit. Schon seit längerer Zeit, besonders aber wieder seit der Grippeerkrankung, fällt eine deutliche, zunehmende Abmagerung auf, was mir wiederholt Anlass gab, S.K.H. tunlichst reichliche Nahrungsaufnahme zu raten. Dazu stellten sich in den letzten Tagen [...] Zittern der Finger, Schwanken beim Stehen und Lidflattern ein." Der Divisionsarzt verordnete „eine mindestens vierwöchige, völlige Ruhe unter ärztlicher Pflege [...].“[2364]

Die Ärzte hatten die Königin währenddessen aufgegeben, wie ihre Tochter Wiltrud Anfang November berichtete: „Ob es Krebs ist, weiß keiner der Doktoren. Und wenn es ein harmloses Gewachs ist, so ist es deshalb todbringend, weil man nicht operieren kann, denn Mamas Herz könnte weder Narkose noch Lokalanästhesie aushalten. Mit Operation wäre Mama wahrscheinlich gerettet."[2365] Marie Therese und ihre Töchter waren am 21. Oktober nach München zurückgekehrt.[2366] Zu diesem Zeitpunkt wurde die Lage in den Kasernen durch Wiltrud noch als ruhig bezeichnet, die Stimmung in den Fabriken hingegen als sehr gespannt. In der Residenz schmiedete man bereits Fluchtpläne. Sollte München von Feinden besetzt oder bombardiert werden, wollte die königliche Familie nach Würzburg fliehen. Alle beweglichen Güter aus der Schatzkammer und aus der Reichen Kapelle der Residenz waren zum Abtransport vorbereitet worden. Wiltrud schloss nicht aus, im Falle einer Revolution alles zu verlieren. Zivilliste und Apanage seien dann verloren, die Wittelsbacher Privatgüter von der Zerstörung oder Enteignung bedroht. Man könne froh sein, mit dem Leben davonzukommen.[2367]

Am 26. Oktober 1918 notierte Wiltrud: „Wir leben in täglicher Spannung, ja Aufregung, und unter fast ständigem Druck."[2368] Über eine Ausfahrt mit ihrem Vater auf der Maximilianstraße schrieb sie eine Woche zuvor, „bei düsterem Wetter, im kleinen Hofwagen, es war der 17. Oktober, [...] rief ein Arbeiter vom Trottoir links herüber: ‚Dank ab!' Eine neben ihm stehende Frau fuhr ihm in Angst über den offenen Mund, um weitere Ausbrüche zu vermeiden."[2369] Am 31. Oktober erhielt die Prinzessin einen Brief „in einem kleinen verschmutzten Umschlag, an die Prinzess Trudl oder Wiltrud." Dieser begann mit den Worten „Dass du einmal die

---

[2364] Militärärztliches Zeugnis. St. Quentin, 6.11.1918. BayHStA, KrA. Offizierspersonalakte 519.
[2365] Abschrift des Tagebuchs der Prinzessin Wiltrud. 3.11.1918. Erinnerungen zum Hofstaat am 9.11.1918 und zur Flucht in der Revolutionszeit 1918/19. BayHStA, GHA. NL Herzogin Wiltrud von Urach, Nr. 288.
[2366] Abschrift des Tagebuchs der Prinzessin Wiltrud. 26.10.1918. Erinnerungen zum Hofstaat am 9.11.1918 und zur Flucht in der Revolutionszeit 1918/19. BayHStA, GHA. NL Herzogin Wiltrud von Urach, Nr. 288.
[2367] Vgl. Machtan, Lothar: Die Abdankung. Berlin, 2008. S. 244 und S. 246; Vgl. Schad, Martha: Bayerns Königinnen. München, 2007. S. 350.
[2368] Ebd., 26.10.1918. Erinnerungen zum Hofstaat am 9.11.1918 und zur Flucht in der Revolutionszeit 1918/19. BayHStA, GHA. NL Herzogin Wiltrud von Urach, Nr. 288.
[2369] Ebd., 19.10.1918. Erinnerungen zum Hofstaat am 9.11.1918 und zur Flucht in der Revolutionszeit 1918/19. BayHStA, GHA. NL Herzogin Wiltrud von Urach, Nr. 288.

11.1 Revolte gegen das System 489

Wahrheit weißt." Es folgten Schmähungen auf ihren Vater, den „Wucherer". „Nicht das Land lebt von euch, sondern ihr lebt vom Land", „Gehenkt gehört ihr, der Alte – die Bande, die Karl Theodor Spionin, die Arnulf, der Hertling: Geht zu den Preißen [sic], da gehört ihr hin oder nach Ungarn, [um] Mausfallen zu verkaufen." Zum Schluss wurde gedroht, Leutstetten „in 14 Tagen [...] in die Luft" zu sprengen, „dann könnt ihr betteln gehen." Für Donnerstag, den 7. November, war in diesem Brief die Revolution angesagt. Wiltrud übergab den Brief verängstigt dem Flügeladjutanten Max von Bodman, holte ihre persönlichen Briefe und Wertsachen aus dem Wittelsbacher Palais sowie aus Leutstetten, ließ die Kisten und Kassetten in einen unterirdischen Raum tragen und richtete verschiedene Gebrauchsgegenstände, Geld und Lebensmittel her, die sowohl bei Fliegerangriffen wie für eine Flucht vonnöten waren.[2370]

Ein mehrhundertköpfiger Demonstrationszug brüllte am 3. November vor dem Wittelsbacher Palais antimonarchische Parolen. Zwar weilte der König zu diesem Zeitpunkt in der Residenz, dennoch war eine derart direkte und ungehinderte Provokation eines regierenden Monarchen seit 1848 nicht mehr vorgekommen.[2371] Kronprinz Rupprecht, der die Gefahr für die Monarchie erkannte, schrieb an den bayerischen Kriegsminister, hochgestellte Persönlichkeiten in Norddeutschland hielten „nicht mehr mit der Ansicht zurück, dass ein Systemwechsel allein in Preußen zur Festigung der Lage und Stützung der Monarchie" nicht mehr genüge. Ein entschiedenes, öffentliches und symbolpolitisch verwertbares Handeln war seiner Meinung nach zur Rettung der Monarchie vonnöten: „Wenn nur die deutschen Fürsten oder wenigstens Könige und Großherzöge öfters zu Besprechungen sich vereinigen würden, das Volk erwartete das von Ihnen und begann, da sie sich so wenig regten oder vielmehr hervortraten, an ihnen zu verzweifeln!"[2372]

Doch dazu war Ludwig III. nicht bereit. Otto von Dandl hatte bereits Mitte 1916 geklagt, es sei sehr mühsam, mit dem König zusammenzuarbeiten, der nie zu einem Entschluss käme und die einfachsten Vorlagen oft tagelang unerledigt liegen ließe.[2373] Der bayerische Kronprinz hatte zudem schon lange bemängelt, dass sein Vater, „selbst schon ein betagter Herr, [...] nur von greisen Ratgebern umgeben sei", die seine Politik bestimmten.[2374] Abgesehen von den Versäumnissen des Herrschers verband die symbolische Identifikation des Königs mit der Nation, die Ludwig III. seit seinem Amtsantritt in öffentlichkeitswirksamer Weise inszeniert hatte, das Schicksal seiner Person untrennbar mit jenem seines vor der Niederlage

---

[2370] Ebd., 9.11.1918. Erinnerungen zum Hofstaat am 9.11.1918 und zur Flucht in der Revolutionszeit 1918/19. BayHStA, GHA. NL Herzogin Wiltrud von Urach, Nr. 288.
[2371] Vgl. Machtan, Lothar: Die Abdankung. Berlin, 2008. S. 246f.
[2372] Schreiben des Kronprinzen Rupprecht an den bayerischen Kriegsminister von Hellingrath. Brüssel, 3.11.1918. Korrespondenz mit Kronprinz Rupprecht. BayHStA, Geheimes Hausarchiv. NL Philipp von Hellingrath, Nr. 7
[2373] Kriegstagebuch, 10. Mai 1916. BayHStA, GHA. NL Kronprinz Rupprecht, Nr. 704.
[2374] K.u.K. Gesandter von Velics in München an den Minister des K.u.K. Hauses und des Äußern Stephan Baron Burián. München 3.12.1916. Berichte aus München 1916-1917. OeStA, Abt. Haus-, Hof- und Staatsarchiv. Politisches Archiv, Nr. 839.

stehenden Staates.[2375] Auffällig ist, dass die persönliche Unbeliebtheit Ludwigs III. immer deutlicher zutage trat, während andere Mitglieder der Königsfamilie, etwa der Kronprinz, sich nach wie vor einer allgemeinen Beliebtheit erfreuten. Obwohl Ludwig III. weit moderner und pragmatischer dachte als sein Vater, Prinzregent Luitpold, fehlte seinem Regierungsstil der charismatische Funke, der seine Herrschaft hätte popularisieren können. Dennoch kann trotz der persönlichen Unbeliebtheit des Königs nicht ohne Weiteres von einer Ablehnung der monarchischen Staatsform an sich ausgegangen werden. Nur gelangte die Frage nach dem ‚richtigen' König für Bayern nicht mehr auf die Agenda.[2376]

Militärisch drohte der Zusammenbruch. Hinter dem Rücken der Regierung bereitete die Seekriegsleitung Ende Oktober einen Vorstoß der Schlachtflotte in den Kanal vor, um dort in einer letzten Schlacht ein ruhmvolles Ende zu finden. Jedoch folgte auf diese Rebellion der Admirale ein Aufstand der Matrosen, die kein Interesse hatten, für eine heroische Geste ihr Leben zu opfern. Auf den vor Wilhelmshaven ankernden Schlachtschiffen kam es am 29. Oktober zu Befehlsverweigerungen.[2377] Kronprinz Rupprecht hatte am 28. Oktober erfahren, dass italienische Truppen den Piave überschritten hatten und Österreich sich in voller Auflösung befand. Für ihn war damit klar: „Einen Grenzschutz gegen Italien können wir nur durchführen, indem wir bis mindestens zum Brenner hin vorrücken. [...] Hoffentlich werde ich mit der Leitung der Operationen beauftragt."[2378] Am 4. November brachte er diesen Wunsch beim Kaiser zur Sprache. Wilhelm II. lehnte Rupprechts Versetzung nach Tirol mit der Begründung ab, dass dies schon alles geregelt sei.[2379] Der Grenzschutz für die Süd- und Ostgrenze Bayerns war bereits durch das bayerische Kriegsministerium organisiert worden. Die Heeresleitung hatte den Abzug eines bayerischen Armeekorps von der Westfront genehmigt, das nach Südbayern verlegt werden sollte. Am 1. November gab das Kriegsministerium bekannt, dass Gefahr für die bayerische Südgrenze bestehe, man aber Gegenmaßnahmen ergriffen habe. Nachdem am 3. November der Waffenstillstand Österreichs mit der Entente in Kraft trat, der die Nachfolgestaaten der Donaumonarchie zur Neutralität verpflichtete und den Alliierten die Benutzung der Verkehrswege einräumte, verschärfte sich die Situation.[2380]

[2375] Vgl. Sösemann, Bernd: Hollow-sounding jubilees: forms and effects of public self-display in Wilhelmine Germany. In: Mombauer, Annika (Hg.): The Kaiser; new research on Wilhelm II's role in imperial Germany. 1. Aufl. Cambridge [u.a.] (2003), S. 37-62. Hier: S. 53f und S. 62.
[2376] Vgl. Machtan, Lothar: Die Abdankung. Berlin, 2008. S. 239-242; Vgl. Prinz, Friedrich: Die Geschichte Bayerns. München, 2001. S. 436f.
[2377] Vgl. Ullrich, Volker: Die nervöse Großmacht. Frankfurt am Main, 2007. S. 568; Ullrich, Volker: Die Revolution von 1918/19. München, 2009. S. 28-32.
[2378] Kriegstagebuch, 28. Oktober 1918. BayHStA, GHA. NL Kronprinz Rupprecht, Nr. 708.
[2379] Vgl. Weiß, Dieter J.: Kronprinz Rupprecht von Bayern. Regensburg, 2007. S. 156.
[2380] Die Verteidigung Bayerns von der Südgrenze aus war militärisch ein schwieriges Unterfangen, das durch eine Besetzung der Alpenpässe zwischen Nord- und Südtirol bedeutend erleichtert würde. Aus diesem Grund bemühten sich die Oberste Heeresleitung, die Reichsregierung und der bayerische Ministerrat beim deutsch-österreichischen Nationalrat um die Genehmigung einer Sperrung dieser Pässe. Diese konnte nicht erreicht werden, aber am 2. November bat der Tiroler Landes-

Am 4. November erfolgte eine Anfrage des Ministerratsvorsitzenden Dandl und des Kriegsministers von Hellingrath an Reichskanzler Max von Baden, ob bayerische Truppen zur Sicherung der Grenze nach Tirol einrücken dürfen.[2381] Der Obmann des Nationalrats in Innsbruck telefonierte beunruhigt mit dem bayerischen Kriegsministerium, um herauszufinden, ob Bayern einmarschieren und Tirol dadurch Kriegsgebiet werde. Dem bayerischen Kriegsministerium wurde mitgeteilt, es sei zu spät, da die Entente am Brenner stehe und die Wiener Regierung den Waffenstillstand erklärt habe: „Ich bitte daher im Namen des Nationalrats im Interesse der Rettung des letzten Teils des Landes Tirol den Einmarsch zu unterlassen."[2382] Dandl und Hellingrath warnten die Reichsleitung in einem Telegramm abermals vor einer Bedrohung der bayerischen Südgrenze, die einen „nicht absehbaren Einfluss auf die Volksstimmung mit all ihren Folgen haben könnte." Nachdem man sich in Berlin erneut beraten hatte und Vizekanzler von Payer energisch darauf hinwies, dass bei einer Nichtgewährung der bayerischen Wünsche auf Besetzung der österreichischen Pässe ein Sonderfrieden Bayerns drohe, wurde die Genehmigung zum Einmarsch in die neugeschaffene Republik Deutsch-Österreich erteilt.[2383] Dieser Beschluss wurde der bayerischen Regierung umgehend mitgeteilt.[2384] Am 5. November begann die Besetzung des Jaufenpasses und der Franzensfeste. Wenngleich der Einmarsch mit Zustimmung der Obersten Heeresleitung und der Reichsleitung erfolgte, so war er vor allem ein bayerisches Unterfangen. Die Mehrzahl der Truppen entstammte der bayerischen Armee und die Leitung war dem nach München verlegten II. bayerischen Armeekorps unter Generalleutnant Krafft von Dellmensingen übertragen worden. All dies war unter militärischer Geheimhaltung geschehen, was in den betroffenen Grenzgebieten für Unruhe sorgte. Für München war die Bedrohung der nahe gelegenen bayerischen Südgrenze ebenfalls bedeutsam, wenngleich dort die Angst vor feindlichen Luftangriffen die größere Sorge darstellte. So verstärkte die militärische Bedrohung Südbayerns in den letzten Kriegstagen die Forderung nach Frieden.[2385]

---

hauptmann die bayerische Regierung um militärische Unterstützung. Somit stand der Reichsleitung die Möglichkeit eines militärischen Eingreifens in Tirol offen. Vgl. Albrecht, Willy: Landtag und Regierung in Bayern. Berlin, 1968. S. 394-396; Vgl. Stauber, Reinhard: Bayern, Österreich und Südtirol in der Epoche des Ersten Weltkriegs (1915-1920). In: Ackermann, Konrad u. a. (Hrsg.): Bayern vom Stamm zum Staat. Festschrift für Andreas Kraus zum 80. Geburtstag. München, 2002. S. 491-502; Vgl. Der Krieg 1914/18: die politischen Umwälzungen in Österreich und Rückwirkung der Kriegslage auf Bayern 1918. BayHStA, NB. Staatsministerium des Innern, Nr. 54022.

[2381] Anfrage des bayerischen Ministerratsvorsitzenden von Dandl und Kriegsministers von Hellingrath an Reichskanzler Max von Baden. München, 4.11.1918. Ausgang des Weltkrieges. BayHStA, NB. StMin des K. Hauses und des Äußern, Nr. 972.

[2382] Aufzeichnung eines Ferngesprächs des Obmanns des Nationalrats in Innsbruck (Schraffel) mit dem bayerischen Kriegsministerium. 4.11.1918. Ausgang des Weltkrieges. BayHStA, NB. StMin des K. Hauses und des Äußern, Nr. 972.

[2383] Vgl. Albrecht, Willy: Landtag und Regierung in Bayern. Berlin, 1968. S. 396.

[2384] Reichskanzler Max von Baden an die bayerische Regierung, 4.11.1918. Ausgang des Weltkrieges. BayHStA, NB. StMin des K. Hauses und des Äußern, Nr. 972.

[2385] Vgl. Albrecht, Willy: Landtag und Regierung in Bayern. Berlin, 1968. S. 397f.

Im Rest des Kaiserreiches war die Situation ähnlich angespannt. In der Nacht vom 3. zum 4. November meuterten in Kiel die Matrosen. Wie ein Steppenbrand breitete sich die revolutionäre Bewegung durch neugegründete Arbeiter- und Soldatenräte in Norddeutschland aus. Es war eine Frage der Zeit, wann die Revolution auf Berlin übergreifen würde. Noch immer waren jedoch selbst führende Sozialdemokraten der Ansicht, die Monarchie als Institution sei zu retten und die Revolution „von unten" aufzuhalten, falls der Kaiser sich zu einem Thronverzicht bereit erklärte.[2386] Prinz Leopold fasste im Oberkommando Ost die Lage zusammen, die sich ihm nach einem Bericht seines aus Berlin zurückgekehrten Generalstabschefs Hoffmann darbot: „In Kiel hat die Flotte gemeutert, die rote Flagge gehisst, mehrere höhere Offiziere wurden erschossen. Von Hamburg und Bremen werden Unruhen gemeldet. Berlin steht vor der Revolution. Manche meinen, die Hauptgefahr ist vorüber."[2387]

Wegen eines Fliegeralarms befand sich die königliche Familie am Vormittag des 5. November 1918 im Keller der Residenz. Alle Hofbediensteten, mit Ausnahme der Schutzleute, waren in den Keller geflüchtet. Die Tore waren geschlossen worden. Auch die Damen der Nibelungensäle waren in den Keller herunter gekommen. Der Alarm war schnell vorbei. Es hieß, österreichische Flieger seien in Sendling gelandet. Der nächste Fliegeralarm war am 6. November. Wiederum begab man sich in den Keller. Dieses Mal kamen feindliche Flieger in Richtung Landshut an München vorbei. Wiltruds Tagebuch gibt Aufschluss über die Lage: „Als Schüsse ertönten und die Trambahnen hielten, da wussten wir, jetzt geht es nicht zum Essen, sondern in den Keller. Als ich hinunter kam, waren schon Mama […], Gunzi, […], Helmi […] im Keller. Mama in Sorge um Papa, der in den Englischen Garten gegangen war, aber bald auch bei uns erschien." Der Landtagsabgeordnete Ludwig Giehrl hatte den König zuvor wissen lassen, dass er nicht nur bereit sei, im Ernstfall dessen Wertsachen zu verwahren, sondern hatte der königlichen Familie sogar seine Wohnung als Zufluchtsstätte angeboten.[2388]

Das Ansehen Ludwigs III. war so weit verfallen, dass nun auch vor der Residenz Demonstrationszüge umgingen, die nach seiner Entthronung riefen. Die Situation bot dem Führer der USPD, Kurt Eisner, die Gelegenheit, Grundsatzfragen mit einer Radikalität aufzuwerfen, wie dies kein Politiker vor ihm öffentlich gewagt hatte – etwa nach dem Nutzen der Monarchie oder einem völligen Bruch mit dem herrschenden System. Binnen kürzester Zeit war es ihm gelungen, sich als Resonanzverstärker verschiedenster Protestpotenziale zu profilieren. Sein Ziel war es, die Monarchie im Reich und in den Bundesstaaten restlos zu beseitigen, als Vo-

---

[2386] Vgl. Ullrich, Volker: Die nervöse Großmacht. Frankfurt am Main, 2007. S. 568f; Vgl. Ullrich, Volker: Die Revolution von 1918/19. München, 2009. S. 28-32; Vgl. Kluge, Ulrich: Die deutsche Revolution 1918/1919. Staat, Politik und Gesellschaft zwischen Weltkrieg und Kapp-Putsch. Frankfurt a. M., 1985. S. 54-57.
[2387] Kriegstagebuch, 7.11.1918. BayHStA, GHA. NL Prinz Leopold, Nr. 239.
[2388] Abschrift des Tagebuchs der Prinzessin Wiltrud. 5.11.1918 und 9.11.1918. Erinnerungen zum Hofstaat am 9.11.1918 und zur Flucht in der Revolutionszeit 1918/19. BayHStA, GHA. NL Herzogin Wiltrud von Urach, Nr. 288; Vgl. Schad, Martha: Bayerns Königinnen. München, 2007. S. 351.

raussetzung für eine konsequente Demokratisierung und einen sofortigen Friedensschluss. Auf der Basis dieser revolutionären Programmatik hatten Eisner und seine Kampfgenossen mit rastlosem Einsatz und zunehmendem Erfolg in München die Massen mobilisiert. Durch den Rücktritt des schwerkranken bayerischen SPD-Chefs Georg von Vollmar war eine Nachwahl für dessen Reichstagsmandat nötig, die Eisner als Kandidat der USPD als Plattform nutzte. Die politische Konstellation war für ihn ideal: Aufgrund der Verfassungsreformen hatte das Königreich nur eine geschäftsführende Regierung. Aufgrund der militärischen Bedrohung herrschte in München schiere Panik. Nach wie vor war kein Frieden in Sicht. Die zuverlässigsten Truppen waren an die bayerische Südgrenze verlegt worden. Aus einer gemeinsamen Friedenskundgebung von SPD, Gewerkschaften und USPD heraus wollte Eisner am 7. November den Staatsstreich wagen.[2389]

Das Zeitfenster für Eisner war jedoch eng. Mittlerweile war die Nachricht eingetroffen, dass nach der Bekanntgabe der Waffenstillstandsbedingungen Vertreter des Reichstags auf dem Weg zur Front seien, um mit Frankreich zu verhandeln. Wiltrud notierte am 6. November zuversichtlich: „Das wird auf die Stimmung in München einen günstigen Eindruck machen". Der für den nächsten Tag geplante Protestzug der SPD und der USPD werde hoffentlich „glatt verlaufen". Der sozialdemokratische Landtagsabgeordnete Erhard Auer hatte schließlich versichert, die gemäßigten Sozialdemokraten würden sich der Versammlung anschließen, um die Unabhängigen Sozialdemokraten „gewissermaßen mit sich zu vereinigen und zu bändigen." Wiltrud hielt fest, das Ziel der SPD und der USPD sei das Gleiche, „aber Auers Genossen wollten es allmählich und durch Besonnenheit erreichen, nicht durch Krawalle, wie Eisner." [2390] In der Tat hatte Auer zuvor gegenüber Dandl versichert, von Eisner gehe keine Gefahr aus: „Reden sie doch nicht immer von Eisner! Eisner ist erledigt. [...] Wir haben unsere Leute in der Hand. Ich gehe selbst mit dem Umzug. Es geschieht gar nichts."[2391] Ludwig III. hatte angesichts der Lage am 7. November hoffnungsvoll an seinen Sohn Franz geschrieben: „Selbstverständlich geschieht von hier aus Alles, um möglichst bald zum Frieden zu kommen. Es ist dies schon der inneren Lage wegen dringend geboten. Ich bitte dich aber dringend, vorläufig noch auszuhalten und die Nerven nicht zu verlieren. Hoffentlich wird schon in wenigen Tagen eine Lösung der kritischen Situation erreicht werden.[2392]

[2389] Vgl. Machtan, Lothar: Die Abdankung. Berlin, 2008. S. 240f; Vgl. Albrecht, Willy: Landtag und Regierung in Bayern. Berlin, 1968. S. 370, 409-412 und 420-423.
[2390] Abschrift des Tagebuchs der Prinzessin Wiltrud. 9.11.1918. Erinnerungen zum Hofstaat am 9.11.1918 und zur Flucht in der Revolutionszeit 1918/19. BayHStA, GHA. NL Herzogin Wiltrud von Urach, Nr. 288; Vgl. Geyer, Martin H.: Verkehrte Welt. Revolution, Inflation und Moderne. München 1914-1924. Göttingen, 1998. S. 52.
[2391] Zit. nach Beckenbauer, Alfons: Ludwig III. von Bayern. Regensburg, 1987. S. 257.
[2392] Schreiben König Ludwigs III. an Prinz Franz. München, 7. November 1918. Angelegenheiten des Prinzen Franz und seiner Familie. 1913-1918. BayHStA, GHA. Kabinettsakten König Ludwigs III., Nr. 138.

Nachmittags um 15 Uhr sollte die Versammlung der Sozialdemokraten und Unabhängigen Sozialdemokraten auf der Münchner Theresienwiese beginnen. Geschätzte 40.000 bis 60.000 Menschen waren zusammengekommen – die größte politische Massenkundgebung, die München je erlebt hatte. Am Ende einer chaotischen Veranstaltung, bei der sich Eisners Anhänger nicht an das Übereinkommen mit der SPD hielten, wurde eine Resolution angenommen. Darin wurde der sofortige Rücktritt des Kaisers und des Kronprinzen des Deutschen Reiches gefordert, ebenso ein Paket von demokratischen und sozialen Reformforderungen. Von Ludwig III. oder der bayerischen Monarchie war nicht die Rede. Daran schloss sich hinter einem Musikzug ein Demonstrationsmarsch zum Friedensengel an.[2393] Mit einer zunächst noch kleinen Anhängerschar hatte sich Eisner im Anschluss an die Friedenskundgebung, entgegen aller Vereinbarungen, daran gemacht, die Münchner Kasernen handstreichartig zu stürmen – und konnte ohne viel Widerstand etliche Soldaten hinter sich bringen.[2394] Der mit dem Königshaus als Berater eng verbundene Publizist Victor Naumann hatte am Vormittag noch mit Dandl und Hellingrath gesprochen und auf die Gefährlichkeit der Situation hingewiesen. Die beiden Staatsminister hatten ihn jedoch beschwichtigt. Die Redaktion der sozialdemokratischen „Münchner Post" hoffte, dass bald Ruhe einkehren werde. Später begab sich Naumann auf die Theresienwiese, erblickte dort einige rote Fahnen und eilte nach Hause. Dort angekommen, telefonierte er umher und fand nun auch die Ministerien in Angst versetzt. Den Wortführer der SPD, Erhard Auer, vermochte Naumann nicht zu erreichen.[2395]

11.2 Revolution und Flucht

Die königliche Familie hatte die Eskalation des 7. November 1918 unterschätzt. Die Königstöchter hatten vormittags die Heilige Messe in der Allerheiligen Hofkirche besucht. Der König hielt Audienz ab, während die Königin zu schreiben hatte. Tagsüber traf Prinzessin Wiltrud mit ungutem Gefühl „Vorbereitungen für eine plötzliche Abreise, gab Anordnungen für Wegbringen von Schmuck [...], brachte Rechnungen" in Ordnung. Wiltrud und Helmtrud verließen die Residenz am frühen Nachmittag, um mit einer Hofdame im Englischen Garten spazieren zu gehen. Hinter dem Monopteros trafen sie auf ihren Vater, der sich in Begleitung seines Flügeladjutanten Max von Bodman befand und seinen rauhaarigen Lieblingshund

---

[2393] Vgl. Beckenbauer, Alfons: Ludwig III. von Bayern. Regensburg, 1987. S. 258f; Vgl. Large, David Clay: Hitlers München. Aufstieg und Fall der Hauptstadt der Bewegung. München, 1998. S. 118-121.

[2394] Vgl. Machtan, Lothar: Die Abdankung. Berlin, 2008. S. 241f.

[2395] Aufzeichnung Naumanns über den 7.11.1918 und folgende Tage. Korrespondenz Dr. Victor Naumanns, München, mit Reichskanzler Graf Hertling 1917-18. BayHStA, NB. StMin des K. Hauses und des Äußern, Nr. 979.

„Bimbl" – ein Geschenk des 1916 gefallenen Prinzen Heinrich – dort ausführte. Nachdem sich die Königstöchter von ihrem Vater getrennt hatten und im Begriff waren, den Englischen Garten in der Nähe des Prinz-Carl-Palais wieder zu verlassen, passierte sie ein Radfahrer in dunkelbrauner Manchesterjacke, hielt an und wandte sich an sie. Dieser stellte sich als getarnter Schutzmann heraus und drängte die Prinzessinnen, nach Hause zu gehen. Der König wurde kurz nach seinen Töchtern gewarnt und kehrte eilends in die Residenz zurück. Während die Prinzessinnen besorgt auf ihren Vater warteten, hörten sie die Rufe: „Der Kaiser soll abdanken! Nieder mit Wilhelm! Nieder mit dem Haus Wittelsbach! Nieder mit der Dynastie! Nieder mit dem Haus Habsburg!" Dazwischen ertönten die Ausrufe „Kronprinz Rupprecht soll leben! Nieder mit Ludwig!", bevor die Forderung nach einer Republik laut wurde.[2396]

Nachmittags ab halb fünf Uhr standen mehrere Prinzessinnen im Schlossinneren an den Fenstern zur Residenzstraße. Von dort beobachteten sie besorgt den stundenlangen Vorbeizug dichtgedrängter skandierender und pfeifender Massen, zwischen denen rote Fahnen geschwenkt wurden. Im Königsbau der Residenz saß Ludwig III. währenddessen bei zugezogenen Vorhängen in einem Fauteuil. Sein Leibarzt hatte ihm verboten, an die hohen Fenster zu gehen, die auf den sich immer stärker mit protestierenden Menschenmassen anfüllenden Max-Joseph-Platz zeigten. Vom Roten Salon aus sah Prinzessin Wiltrud lange auf die bedrohliche Szenerie herab. Vor der Feldherrnhalle wurde eine Rede nach der anderen gehalten, unterbrochen von begeisterten Revolutionsrufen. Schließlich schlossen die Prinzessinnen die Fensterläden und schalteten das elektrische Licht ein. Die Soldaten des Infanterie-Leibregiments, die an den Toren der Residenz Wache hielten, wurden nach einiger Zeit zum Abzug gedrängt, so dass das Stadtschloss ohne Schutz war.[2397] Daraufhin verhängte Kriegsminister von Hellingrath das Standrecht über die Haupt- und Residenzstadt und deren Umgebung, gestand aber ein, dass er ohne verlässliche Truppen in München sei.[2398]

Inwiefern die Ereignisse ernst zu nehmen waren, schien indes vielen Zeitgenossen nicht klar. Thomas Mann notierte in sein Tagebuch: „Rote Fahnen, ein Soldat auf den Schultern der Leute, der an verschiedenen Stellen ‚Reden' gehalten [hatte]. Rufe: ‚Nieder mit der Dynastie!' ‚Republik!' Albernes Pack! [...] Sonderbare, zweideutig ungewisse Stimmung in der Stadt, bei klarem, feuchtem Sternenhimmel. Revolutionär, aber friedlich und festlich. [...] Man lässt die Leute sehr vorsichtig gewähren. Der Sinn des Ganzen scheint hauptsächlich partikularistisch,

---

[2396] Abschrift des Tagebuchs der Prinzessin Wiltrud. 9.11.1918. Erinnerungen zum Hofstaat am 9.11.1918 und zur Flucht in der Revolutionszeit 1918/19. BayHStA, GHA. NL Herzogin Wiltrud von Urach, Nr. 288; Schad, Martha: Bayerns Königinnen. München, 2007. S. 351f; Vgl. Beckenbauer, Alfons: Ludwig III. von Bayern. Regensburg, 1987. S. 260f.
[2397] Vgl. Machtan, Lothar: Die Abdankung. Berlin, 2008. S. 248f.
[2398] Vgl. Weiß, Dieter J.: Kronprinz Rupprecht von Bayern. Regensburg, 2007. S. 161.

respektive antikaiserlich (‚Nieder mit den Hohenzollern') soweit es überhaupt Sinn hat und nicht ‚Faschingsersatz' ist."[2399]

In erster Linie handelte es sich am 7. November 1918 um eine Friedensdemonstration und nicht um die Herbeiführung einer Revolution. Das Haus Wittelsbach war nicht der Hauptadressat dieser Aktion, die sich gegen den Krieg an sich wendete, allerdings auch gegen jene, die für dessen Verlängerung standen.[2400] Eisner hatte ein feines Gespür für das schwer beschädigte Ansehen des bayerischen Monarchen bewiesen und wusste um dessen notorische Entscheidungsunfähigkeit. Königstreue Gegendemonstrationen waren in München nicht zu erwarten. Neben der Gewinnung des Militärs für die Proteste war die rücksichtslose Ausnutzung der Stimmung gegen den angeschlagenen Monarchen ein nicht minder wichtiges Kennzeichen des 7. November. Letztere verdeutlichte das Machtvakuum, in das die Revolutionäre vorstoßen wollten. Die Massendemonstration verlief im Wesentlichen gewaltfrei, selbst die Übergriffe auf die Residenzwache trugen eher karnevaleske Züge. Eine tatsächliche Besetzung des Schlosses oder gar die Arretierung der königlichen Familie scheint nicht erwogen worden zu sein. Das Herrscherhaus sollte den Volkszorn spüren und einen ‚Denkzettel' verpasst bekommen. Innerhalb weniger Stunden setzte Eisner mit seinem ‚Husarenstreich', wie er selbst sein Vorgehen beschrieb, eine Bewegung in Gang, die das politische System zum Einsturz bringen würde – noch bevor Vergleichbares in den anderen revolutionären Zentren des Reiches durch Matrosen- und Soldatenrevolten geschah.[2401]

Nach einem gemeinsamen Abendessen in äußerst gedrückter Stimmung hatte sich die Königin mit Schmerzen zurückgezogen. Der König ging in sein Appartement. Die Prinzessinnen waren noch im Speisesaal, als Dandl und Brettreich erschienen, die einen blassen und konsternierten Eindruck machten. Sofort ließen sie sich beim Monarchen anmelden.[2402] Angesichts der Ereignisse des Nachmittags hatten sich die Staatsminister zuvor zu einer Krisensitzung im Kriegsministerium getroffen und beschlossen: „Da nach den vorliegenden polizeilichen Meldungen damit gerechnet werden muss, dass die Revolutionäre in der Nacht außer den Ministerien auch die Residenz besetzen und den König sowie die kranke Königin behelligen und versuchen werden, den ersteren zur Abdankung zu zwingen, waren alle Minister der Ansicht, dass der König mit seiner nächsten Familie vorerst bis zur Klärung der Lage München verlasse."[2403] Im Nachhinein befand Victor Naumann, dass die Minister an diesem Abend vollkommen versagt hatten, da sie erstens die Ereignisse nicht hatten kommen sehen und zweitens dem König niemals den Rat

---

[2399] Zit. nach Prinz, Friedrich: Die Geschichte Bayerns. München, 2001. S. 442.
[2400] Vgl. Körner, Hans-Michael: Geschichte des Königreichs Bayern. München, 2006. S. 200.
[2401] Vgl. Machtan, Lothar: Die Abdankung. Berlin, 2008. S. 252f; Vgl. Prinz, Friedrich: Die Geschichte Bayerns. München, 2001. S. 438f; Vgl. Geyer, Martin H.: Verkehrte Welt. Revolution, Inflation und Moderne. München 1914-1924. Göttingen, 1998. S. 54.f
[2402] Vgl. Schad, Martha: Bayerns Königinnen. München, 2007. S. 352; Revolution 1918 (Presseartikel und Manuskript F. v. Brettreichs: Zur Vorgeschichte der Revolution vom 7.11.1918 in München, 1920). BayHStA, NB. Staatsministerium des Innern, Nr. 66269.
[2403] Vgl. und zit. nach Machtan, Lothar: Die Abdankung. Berlin, 2008. S. 253f.

hätten geben dürfen, München zu verlassen. Der Ausgang der Revolution in München hätte nach Naumanns Ansicht ein anderer sein können, wenn tragfähige Vorsichtsmaßnahmen getroffen worden wären und der König auf seinem Posten in der Residenz verblieben wäre.[2404]

Selbstverständlich waren für den Monarchen etliche Optionen denkbar, die ihm aber nicht vorgeschlagen, vielleicht von seinen Beratern nicht einmal erwogen worden waren. Der König hätte zum bewaffneten Kampf gegen die Revolutionäre aufrufen oder eine Delegation der Demonstranten empfangen können. Es lag noch immer allein in seiner Entscheidungsbefugnis, seine gescheiterten Staatsminister zu entlassen und postwendend neue, im Volk populäre Männer zu ernennen. Ludwig III. wäre in der Lage gewesen – wie schon im Juli 1914 – eine Ansprache an die Massen zu halten, in der er reumütig Fehler und Versäumnisse zugeben und Besserung geloben hätte können. Der unpopuläre König hätte einen sofortigen Thronverzicht zugunsten seines weithin populären Sohnes Rupprecht verkünden oder gar dem Deutschen Kaiser öffentlich die Gefolgschaft aufkündigen können. All diese Entscheidungsmöglichkeiten wurden aber von Ludwig III. nicht wahrgenommen.[2405] Stattdessen überstürzten sich die Ereignisse. Alle in der Residenz anwesenden Mitglieder der königlichen Familie wurden im Kleinen Salon vom König zur Eile gemahnt. In kürzester Zeit wurde die schwerkranke Königin reisefertig gemacht.[2406] Gegen 20 Uhr waren die Kasernen, der Hauptbahnhof, das Telegrafenamt und die Regierungsbauten durch Revolutionäre besetzt. Noch am Abend wurde im Mathäserbräu ein Arbeiter- und Soldatenrat gebildet, das Kriegsministerium, das Generalkommando und die Stadtkommandantur ohne Widerstand eingenommen. Abschließend wurden die Redaktionen der bürgerlichen Presse Münchens besetzt. Erhard Auer erklärte dem Innenminister in der Nacht, die SPD würde eine gewaltsame Niederschlagung der Revolte tolerieren, sofern sie umgehend erfolgte. Ansonsten müsse sich die SPD auf den Boden der Tatsachen stellen und versuchen, auf eine Stabilisierung der Lage hinzuwirken.[2407]

Als Fluchtziel der königlichen Familie war das nahe gelegene Schloss Leutstetten bei Starnberg in Betracht gezogen worden, schließlich hielt man jedoch Schloss Wildenwart am Chiemsee für geeigneter. Eine Fahrt mit der Eisenbahn schien zu gefährlich, daher entschied man sich für Automobile. Die königliche Familie, vor allem der König selbst, sah in der überstürzten Abreise aus der Residenz keineswegs eine Flucht ohne Wiederkehr, sondern vielmehr eine vorübergehende Sicherheitsmaßnahme, bis sich die Stimmung beruhigte. Das Königspaar lief, durch die Kammerdiener nur mit dem allernotwendigsten Gepäck ausgestattet, Arm in Arm

---

[2404] Vgl. Naumann, Victor: Profile. 30 Porträt-Skizzen aus den Jahren des Weltkrieges nach persönlichen Begegnungen. München u.a., 1925. S. 106f.
[2405] Vgl. Machtan, Lothar: Die Abdankung. Berlin, 2008. S. 247.
[2406] Vgl. Schad, Martha: Bayerns Königinnen. München, 2007. S. 352.
[2407] Vgl. Weiß, Dieter J.: Kronprinz Rupprecht von Bayern. Regensburg, 2007. S. 160f; Vgl. Höller, Ralf: Der Anfang, der ein Ende war. Die Revolution in Bayern 1918/19. Berlin, 1999. S. 45-47; Vgl. Large, David Clay: Hitlers München. Aufstieg und Fall der Hauptstadt der Bewegung. München, 1998. S. 121-124.

die Thronsaaltreppe hinunter. Ludwig III. hatte lediglich eine Zigarrenschachtel bei sich, was später Anlass zu Karikaturen bot. Über den Apothekerhof der Residenz ging es zu Fuß zum Marstall, wo es völlig menschenleer war, dann über die Straße zur Garage. Dort waren die königlichen Automobile aber nicht fahrbereit, da die Räder noch von einer Frontreise her mit Eisen versehen waren. Ohnehin hatte der König es stets abgelehnt, sich in Kriegszeiten in München im Auto herumfahren zu lassen. Der erste Chauffeur war nicht aufzufinden. Zwei weitere im Hofdienst befindliche Chauffeure machten schließlich zwei Wagen startbereit und überstrichen die auf diesen aufgemalten Kronen. Über die goldenen Kronen am großen Königswagen wurden kurzerhand die grauen Handschuhe der Prinzessin Wiltrud gestülpt. Währenddessen hatte sich ein unweit wohnender privater Mietwagenunternehmer bereit erklärt, königliche Familienmitglieder und Hofchargen in einem dritten Wagen aus München heraus zu steuern. Nach weiteren Reparaturen fuhr das Königspaar zusammen mit Prinzessin Helmtrud und dem Flügeladjutanten Ludwig Graf von Holnstein ab. Im zweiten Wagen folgten die Königstöchter Hildegard, Wiltrud und Gundelinde sowie der Sohn des Kronprinzen Rupprecht, Erbprinz Albrecht, zusammen mit seinem Erzieher, Baron von Redwitz. Einige Hofchargen folgten später im dritten Wagen.[2408]

Die Fahrt ging mit eingezogenen Häuptern durch den Münchner Osten nach Trudering und Riem, dann in Richtung Rosenheim. Im dichten Nebel kam das Fahrzeug, in dem sich die Prinzessinnen befanden, auf halber Strecke von der Straße ab und blieb in einem sumpfigen Gebiet stecken. Das Auto mit dem Königspaar hatte nichts davon bemerkt und fuhr ohne Beleuchtung weiter, bis es aufgrund der schlechten Sicht ebenfalls in einer morastigen Wiese landete. Von einem nahen Dorf wurde Hilfe geholt und einer der beiden Wagen von einem Bauern mit zwei Zugpferden auf die Straße zurückgezogen. Dann ging es mit mangelhaftem Licht nach Rosenheim, wo getankt und das Licht repariert wurde. Erst am frühen Morgen erreichte der Wagen mit dem Königspaar Wildenwart, wo der dritte Wagen mit den Hofchargen bereits angekommen war. Der Wagen mit den Prinzessinnen und dem Erbprinzen war hingegen noch nicht eingetroffen. Am nächsten Morgen erfuhr man, dass die fünfköpfige Gesellschaft im Schloss Maxlrain sicher untergekommen war.[2409]

[2408] Erinnerungen zur Flucht 1918 von Prinzessin Helmtrud. 7.11.1918. Im Jahr 1954 kopiert von Prinzessin Wiltrud. Erinnerungen zum Hofstaat am 9.11.1918 und zur Flucht in der Revolutionszeit 1918/19. BayHStA, GHA. NL Herzogin Wiltrud von Urach, Nr. 288; Vgl. Schad, Martha: Bayerns Königinnen. München, 2007. S. 353f; Beckenbauer, Alfons: Ludwig III. von Bayern. Regensburg, 1987. S. 262f; Vgl. zur Flucht auch die etwas ausgeschmückten Darstellungen in Achleitner, Arthur: Von der Umsturznacht bis zur Totenbahre. Die letzte Leidenszeit König Ludwigs III. München, 1922; Vgl. Sailer, Josef Benno: Des Bayernkönigs Revolutionstage. München, 1919; Vgl. König Ludwig III. und die Revolution. Neue Beiträge zur Vorgeschichte der Bayerischen Revolution. Erstes Heft. Sonderabdruck aus dem bayerischen Kurier. München, 1921.
[2409] Erinnerungen zur Flucht 1918 von Prinzessin Helmtrud. 7.11.1918. Im Jahr 1954 kopiert von Prinzessin Wiltrud. Erinnerungen zum Hofstaat am 9.11.1918 und zur Flucht in der Revolutionszeit 1918/19. BayHStA, GHA. NL Herzogin Wiltrud von Urach, Nr. 288; Vgl. Schad, Martha: Bayerns

11.2 Revolution und Flucht

Die Revolution, die Eisner mit kaum mehr als dreißig Personen organisiert hatte, kam für viele völlig überraschend. Oberthofmeister Wilhelm von Leonrod ging am Morgen des 8. November seinen gewohnten Gang durch die Brienner Straße zur Residenz, ohne durch die Zeitungen erfahren zu haben, dass der Monarch geflohen war.[2410] Eisner rühmte sich später, es sei „ein Stück Überraschungsstrategie [gewesen], mit der wir das alte Bayern aus den Angeln gehoben haben." Niemand habe dies vor dem 7. November für möglich gehalten.[2411] Da in München keine Gegenaktionen zur Rettung der Monarchie ergriffen wurden und die Überrumpelung der alten Gewalten auf erstaunlich große Akzeptanz stieß, wagte Kurt Eisner am folgenden Morgen, die Republik in Form des so genannten „Freistaats Bayern" auszurufen und die Dynastie der Wittelsbacher für abgesetzt zu erklären.[2412] Neben der bayerischen Staatsregierung wurde auch der bayerische Gesandte in Berlin von seinem Posten enthoben.[2413] In der Provinz wiederholte sich die Münchner Revolution ohne größere Schwierigkeiten, zunächst in den großen und mittleren, industriell geprägten Städten mit Garnisonen. Dort standen die lokalen SPD-Führungen an der Spitze der Bewegung. Von den christlichen Gewerkschaften wurde die republikanische Ordnung im Interesse der Aufrechterhaltung der Ordnung akzeptiert. Der bayerische Industriellenverband verständigte sich Ende November auf eine Zusammenarbeit mit den Arbeitern. Selbst die katholische Kirche und die verschiedenen Richtungsgewerkschaften der Beamtenschaft arrangierten sich in der Folgezeit zumindest teilweise mit der Revolution. Von einem Widerstand des Bürgertums war zunächst nichts zu spüren, wenngleich die Liberalen kritisierten, dass die alte Regierung verfassungswidrig gestürzt worden war. Das Kriegsende erwies sich als lähmende Erfahrung.[2414]

Am 8. November gegen 9 Uhr morgens erreichte den Kronprinzen Rupprecht eine Nachricht in Form eines unterbrochenen Telefongesprächs, die besagte, dass in München „eine Revolution ausgebrochen sei und die Republik ausgerufen wurde." Rupprecht hatte dies in seiner Heimat für am wenigsten wahrscheinlich eingeschätzt. Nachmittags äußerte sich der Deutsche Kronprinz Wilhelm dem bayerischen Kronprinzen gegenüber besorgt und sprach sarkastisch davon, „im Zylinderhut in der Schweiz promenieren zu müssen."[2415] Gleichzeitig scheiterten alle Versuche des Reichskanzlers Prinz Max von Baden, den Kaiser zur Abdankung zu bewegen. Dieser fantasierte sich lieber in die Vorstellung eines neuen „Mirakels

---

Königinnen. München, 2007. S. 355f; Vgl. Beckenbauer, Alfons: Ludwig III. von Bayern. Regensburg, 1987. S. 263f.

[2410] Vgl. Beckenbauer, Alfons: Ludwig III. von Bayern. Regensburg, 1987. S. 244.
[2411] Zit. nach Beckenbauer, Alfons: Ludwig III. von Bayern. Regensburg, 1987. S. 244.
[2412] Vgl. Machtan, Lothar: Die Abdankung. Berlin, 2008. S. 242.
[2413] Tagebuch des Prinzen Georg, 28.11.18. BayHStA, GHA. NL Prinz Georg, Nr. 29.
[2414] Vgl. Geyer, Martin H.: Verkehrte Welt. Revolution, Inflation und Moderne. München 1914-1924. Göttingen, 1998. S. 55; Vgl. Höller, Ralf: Der Anfang, der ein Ende war. Die Revolution in Bayern 1918/19. Berlin, 1999. S. 57-65.
[2415] Kriegstagebuch, 8. November 1918. BayHStA, GHA. NL Kronprinz Rupprecht, Nr. 708.

des Hauses Brandenburg" hinein.[2416] Eine militärische Intervention mit königstreuen Truppen schien ebenfalls aussichtslos. In der Armee bestand keine Neigung, sich für einen Bürgerkrieg zur Verfügung zu stellen.[2417] Kriegsminister von Hellingrath hatte am 8. November versucht, eine in Landsberg am Lech stationierte außerbayerische Division zur Wiederherstellung der Ordnung zu verwenden, was jedoch in einer Meuterei endete.[2418] Der Oberkommandierende Ost, Prinz Leopold, musste feststellen: „Zur Wiederherstellung der Monarchie konnte ich leider von hier aus nichts unternehmen, da meine beste Truppe, die bayerische Kavalleriedivision, größtenteils in der östlichen Ukraine stand."[2419] Prinzessin Gisela hatte ihn zur Besonnenheit gemahnt: „Sei ergeben in Gottes Willen, wie auch ich es bin. Tragen wir diese schweren Prüfungen mit Geduld und vor allem versuche keinen Gewaltstreich, das wäre unser aller Ende."[2420] Unter den Etappentruppen der Westfront herrschte die völlige Zerrüttung der Disziplin. Kronprinz Rupprecht notierte über die Zustände seines Quartierortes Brüssel: „Man sieht einzelne Leute mit roten Fahnen. Die Militär- wie Zivilgefängnisse sind von den Meuterern erbrochen, die Gefangenen durchziehen die Straßen, johlen und plündern."[2421] Die Entmachtung der Kommandobehörden ging so weit, dass der Soldatenrat im Oberkommando Ost sogar den weiß-blauen Wimpel auf dem Quartier Leopolds beanstandete. Dieser empfand dies als anmaßend: „Sie meinen wohl, ich müsse auch den roten Wimpel hissen."[2422]

In Wildenwart verlief der Vormittag des 8. November 1918 ruhig, während die Königstöchter und der Erbprinz aus Maxlrain anreisten. Als am Nachmittag die Nachricht eintraf, dass Vertreter der revolutionären Regierung auf dem Weg seien, um den König zum Thronverzicht zu veranlassen, wurde die Flucht fortgesetzt. Der Erbprinz und sein Erzieher fanden Unterschlupf beim Grafen Rudolf von Marogna-Redwitz, später beim Maler Theodor Bohnenberger. Die drei Schwestern Hildegard, Wiltrud und Gundelinde hatten sich entschlossen, in Gschwendt bei Hohenaschau, direkt unter der Kampenwand, bei einer verlässlichen Wirtin unterzukommen.[2423] Ihrer Mutter schrieben sie, sie seien „in einer kleinen Wirtschaft sehr gut bewohnt und gepflegt, bekommen Milch, Butter, Brot, Kartoffeln, Fleisch – mehr als wir verzehren können – wir haben auch noch nicht den nötigen Appetit.

[2416] Vgl. Ullrich, Volker: Die nervöse Großmacht. Frankfurt am Main, 2007. S. 569.
[2417] Kriegstagebuch, 13.11.1918. BayHStA, GHA. NL Prinz Leopold, Nr. 239.
[2418] Vgl. Albrecht, Willy: Landtag und Regierung in Bayern. Berlin, 1968. S. 424.
[2419] Kriegstagebuch, 10.11.1918. BayHStA, GHA. NL Prinz Leopold, Nr. 239.
[2420] Schreiben der Prinzessin Gisela von Bayern an Prinz Leopold von Bayern. München, 12. November 1918. Briefe der Prinzessin Gisela 1872-1928. BayHStA, GHA. NL Prinz Leopold, Nr. 14.
[2421] Kriegstagebuch, 10. und 11. November 1918. BayHStA, GHA. NL Kronprinz Rupprecht, Nr. 708.
[2422] Kriegstagebuch, 15.11.1918. BayHStA, GHA. NL Prinz Leopold, Nr. 239.
[2423] Erinnerungen zur Flucht 1918 von Prinzessin Helmtrud. 7.11.1918. Im Jahr 1954 kopiert von Prinzessin Wiltrud. Erinnerungen zum Hofstaat am 9.11.1918 und zur Flucht in der Revolutionszeit 1918/19. BayHStA, GHA. NL Herzogin Wiltrud von Urach, Nr. 288; Erinnerungen des bayerischen Mundkochs Martin Randlzofer. Erinnerungen zum Hofstaat am 9.11.1918 und zur Flucht in der Revolutionszeit 1918/19. BayHStA, GHA. NL Herzogin Wiltrud von Urach, Nr. 288; Vgl. Schad, Martha: Bayerns Königinnen. München, 2007. S. 357f.

11.2 Revolution und Flucht

[...] So geht es uns sehr gut, wir bleiben, bis ihr uns ruft oder wir nach dem Hause zurückkehren können, wo wir uns zuletzt gesehen. [...] Unsere Wertsachen sind alle in Sicherheit."[2424] Ludwig III. und seine Gattin fuhren in Begleitung ihrer Tochter Helmtrud und einiger Hofchargen in zwei Autos über Prien am Chiemsee nach Hintersee im Berchtesgadener Land. Dort kamen sie spätnachts an und fanden in einem Jagdhaus Unterschupf. Am Morgen des 11. Novembers ging die Flucht weiter, nachdem man erfuhr, dass im nahen Berchtesgaden ein Soldaten- und Arbeiterrat tage. Diesmal ging es an die bayerisch-österreichische Grenze, wo Baron Wilhelm von Leonrod, der über einen Pass verfügte, seine Begleiter als sein Gefolge angab. Das Ziel war Schloss Anif bei Salzburg, wo der Gutsverwalter des Schlossherrn Ernst Graf von Moy de Sons die ihm unbekannte Gesellschaft zunächst nicht einlassen wollte. Erst nach Verhandlungen durch den Flügeladjutanten Max von Bodman wurde dem Königspaar Obdach gewährt.[2425]

In den Mittagsstunden des 9. Novembers hatte auch der Reichsmonarch nach letzten vergeblichen PR-Aktionen[2426] begonnen, die Aussichtslosigkeit seiner persönlichen Situation einzusehen. Am Morgen waren alle Berliner Großbetriebe in den Generalstreik eingetreten. Ein gewaltiger Demonstrationszug mit bewaffneten Arbeitern an der Spitze zog in Richtung Regierungsviertel und erhielt von den Soldaten der meuternden Berliner Garnison Unterstützung. Die Sozialdemokraten traten um 9 Uhr vormittags aus der Regierung des Prinzen Max aus. Dieser versuchte vergebens, in mehreren Telefongesprächen Wilhelm II. zur Einsicht zu bewegen.[2427] Dieser hatte im Großen Hauptquartier sogar die Option eines Bürgerkrieges erwogen. Nachdem aber Ludendorffs Nachfolger als Generalquartiermeister, Generalleutnant Wilhelm Groener, sowie der Chef der Operationsabteilung, Oberst Wilhelm Heye, ihm klargemacht hatten, dass das unausführbar sei, wurde diese Idee wieder verworfen. Heye berichtete dem Kaiser um 13 Uhr von der Unwilligkeit des Heeres. „Die Truppe ist Eurer Majestät noch treu ergeben, aber sie ist müde und gleichgültig, will nur Ruhe und Frieden haben. Gegen die Heimat marschiert sie jetzt nicht, auch nicht mit eurer Majestät an der Spitze. Sie marschiert

---

[2424] Schreiben der Prinzessinnen Hildegard, Wiltrud und Gundelinde an Königin Marie Therese, 10.11.1918. Briefe der Wiltrud Prinzessin von Bayern an ihre Mutter Marie Therese Königin von Bayern (geb. Erzherzogin von Österreich-Este Prinzessin von Modena) 1918. LABW, HStA Stuttgart, Archiv der Herzöge von Urach, GU 119. NL Wiltrud Herzogin von Urach. Nr. 1098.

[2425] Erinnerungen zur Flucht 1918 von Prinzessin Helmtrud. 7.11.1918. Im Jahr 1954 kopiert von Prinzessin Wiltrud. Erinnerungen zum Hofstaat am 9.11.1918 und zur Flucht in der Revolutionszeit 1918/19. BayHStA, GHA. NL Herzogin Wiltrud von Urach, Nr. 288; Erinnerungen des bayerischen Mundkochs Martin Randlzofer. Erinnerungen zum Hofstaat am 9.11.1918 und zur Flucht in der Revolutionszeit 1918/19. BayHStA, GHA. NL Herzogin Wiltrud von Urach, Nr. 288; Vgl. Schad, Martha: Bayerns Königinnen. München, 2007. S. 358f.

[2426] Vgl. Machtan, Lothar: Die Abdankung. Berlin, 2008. S. 263-267.

[2427] Vgl. Röhl, John C. G.: Wilhelm II. Der Weg in den Abgrund. 1900-1941. Nördlingen, 2008. S. 1243-1245; Vgl. Ullrich, Volker: Die nervöse Großmacht. Frankfurt am Main, 2007. S. 570; Vgl. Ullrich, Volker: Die Revolution von 1918/19. München, 2009. S. 32-39; Vgl. Haffner, Sebastian: Die deutsche Revolution 1918/19. Berlin, 2004. S 79-85.

auch nicht gegen den Bolschewismus, sie will einzig und allein bald Waffenstillstand haben, jede Stunde früher ist daher wichtig."[2428]

Wilhelm II. spielte mit dem Gedanken, zwar als Kaiser abzudanken, die preußische Königskrone aber zu behalten. Über diese Überlegungen war die Entwicklung aber längst hinweggeschritten. Eigenmächtig ließ Reichskanzler Prinz Max in den Mittagsstunden durch das „Wolffsche Telegraphenbureau" die Meldung vom Thronverzicht des Kaisers und Königs verbreiten.[2429] Gleichzeitig wollte der Kanzler „noch so lange im Amte [bleiben], bis die mit der Abdankung des Kaisers, dem Thronverzicht des Kronprinzen des Deutschen Reiches und von Preußen und der Einsetzung der Regentschaft verbundenen Fragen geregelt sind." Er schlug den Sozialdemokraten Friedrich Ebert als seinen Nachfolger vor, der nach Maßgabe der Reichsverfassung von einem anstelle von Wilhelm II. amtierenden und noch zu bestimmenden Regenten eingesetzt werden sollte. Zudem forderte Prinz Max die „Vorlage eines Gesetzentwurfs wegen der sofortigen Ausschreibung allgemeiner Wahlen für die verfassungsgebende deutsche Nationalversammlung", der es obliege, „die künftige Staatsform des deutschen Volkes" endgültig festzustellen.[2430] Doch all diese formal verfassungsgemäßen Anordnungen wurden ignoriert. Nachmittags um 14 Uhr proklamierte Friedrich Eberts Parteikollege Philipp Scheidemann auf eigene Faust von einem Fenster des Reichstagsgebäudes die Republik und beendete damit zum Entsetzen Eberts, der ebenso wie Prinz Max eine verfassungsgebende Versammlung über diese Frage hatte entscheiden lassen wollen, die monarchische Verfasstheit des Reiches.[2431]

Zum Zeitpunkt der Scheidemannschen Proklamation hatten Paul von Hindenburg, Wilhelm Groener und Paul von Hintze dem Kaiser die Flucht nach Holland nahegelegt, nachdem Gerüchte über den Anmarsch revolutionärer Truppenteile auf das Große Hauptquartier die Runde gemacht hatten. Wilhelm II. überließ Hindenburg den Oberbefehl und bestieg am Abend, ohne eine Abdankungsurkunde unterzeichnet zu haben – was er am 28. November nachholte – mit seinem Gefolge den Hofzug. In den Morgenstunden des 10. Novembers verließ er Spa, wurde aber nach nur wenigen Kilometern infolge einer Meldung, Revolutionäre hätten Teile der Bahnlinie zur Grenze unter Kontrolle, angehalten. Der Kaiser stieg mit seinen engsten Vertrauten in zwei Autos um, mit denen die sechzig Kilometer entfernte niederländische Grenze erreicht wurde. Die niederländische Regierung gewährte

---

[2428] „Der 9. November 1918 im Hauptquartier". Deutsche Allgemeine Zeitung vom 28.7.1919. Reichsverweserschaft betreffend Seiner Majestät Kaiser Wilhelms II. 1918. BayHStA, NB. StMin des K. Hauses und des Äußern, Nr. 95140.

[2429] Vgl. Ullrich, Volker: Die nervöse Großmacht. Frankfurt am Main, 2007. S. 570; Vgl. Haffner, Sebastian: Die deutsche Revolution 1918/19. Berlin, 2004. S 86.

[2430] „Thronverzicht Kaiser Wilhelms II. Aufruf zur Nationalversammlung". Norddeutsche Allgemeine Zeitung vom 9.11.1918. Reichsverweserschaft betreffend Seiner Majestät Kaiser Wilhelms II. 1918. BayHStA, NB. StMin des K. Hauses und des Äußern, Nr. 95140.

[2431] Vgl. Ullrich, Volker: Die nervöse Großmacht. Frankfurt am Main, 2007. S. 570; Vgl. Haffner, Sebastian: Die deutsche Revolution 1918/19. Berlin, 2004. S 88-92.

dem abgesetzten Herrscher gegen Mitternacht Asyl.[2432] Die übrigen Bundesfürsten wurden angesichts der revolutionären Ereignisse bis zum 30. November 1918 zum Verzicht auf die Regierung und mehrheitlich zur formellen Abdankung gezwungen. Herzog Ernst August von Braunschweig musste am 8. November als erster abdizieren. Meist wurde der Thronverzicht für das gesamte Haus ausgesprochen. Außer dem König von Bayern verweigerte sich nur der Großherzog von Hessen einer Abdankung.[2433] Am 11. November 1918 unterzeichnete der Reichstagsabgeordnete Matthias Erzberger als Leiter der deutschen Delegation in einem Eisenbahnwaggon im Wald von Compiègne das Waffenstillstandsabkommen. Der Erste Weltkrieg war für das Deutsche Reich damit beendet.[2434]

11.3 Zwischen Rettungsversuchen und Resignation

Ludwig III. versuchte von Salzburg aus, wieder Herr der Lage zu werden. Nachdem er seinen vormaligen Regierungschef Dandl telefonisch nicht erreichen konnte, wurde sein Adjutant von Bodman zur Kontaktaufnahme nach München geschickt.[2435] Kurt Eisner war sich bewusst, dass er für die Etablierung seiner revolutionären Staatsschöpfung eine rechtswirksame Abdankungsurkunde benötigte. Erst ein derartiges Dokument würde die Monarchie und deren Machtanspruch juristisch und symbolisch beenden. Daher wurde am 10. November seitens der Revolutionäre eine Erklärung aufgesetzt, die der flüchtige Monarch unterschreiben sollte. In diesem Schriftstück hieß es wörtlich: „Die neuen Zeiten veranlassen mich, für meine Person und alle Familienmitglieder des Hauses Wittelsbach dem Throne und allen dynastischen Ansprüchen zu entsagen. Ich verpflichte mich, in meinem und meiner Familie Namen, nichts zu unternehmen, was die friedliche und gedeihliche Entwicklung des jungen Volksstaates stören könnte." Zudem sollten alle Beamten, Militärs und Bürger formell von ihrem Treueid gegenüber dem Monarchen entbunden werden.[2436] Letzteres war ein vordringliches Problem. Bereits in der ersten Ministerratssitzung des Kabinetts Eisner am 9. November hatten alle neuen Minister Bedenken wegen der Vereidigung der Beamten auf den Volksstaat gehegt und befürchtet, dass diese sich aus Gewissensgründen verweigerten.[2437] Nach dem Willen

---

[2432] Vgl. Ullrich, Volker: Die nervöse Großmacht. Frankfurt am Main, 2007. S. 571-573; Vgl. Clark, Christopher: Wilhelm II. München, 2008. S. 319; Vgl. Pyta, Wolfram: Hindenburg. München, 2009. S. 371-379.
[2433] Vgl. Machtan, Lothar: Die Abdankung. Berlin, 2008. S. 304-350; Vgl. Neuhaus, Helmut: Das Ende der Monarchien in Deutschland 1918. In: Historisches Jahrbuch. Hrsg. von Boehm, Laetitia u.a. Jahrgang 111, Heft 1. Freiburg u.a., 1991. S. 102-136; Vgl. Beckenbauer, Alfons: Ludwig III. von Bayern. Regensburg, 1987. S. 273f.
[2434] Vgl. Ullrich, Volker: Die nervöse Großmacht. Frankfurt am Main, 2007. S. 573.
[2435] Vgl. Beckenbauer, Alfons: Ludwig III. von Bayern. Regensburg, 1987. S. 268.
[2436] Vgl. und zit. nach Machtan, Lothar: Die Abdankung. Berlin, 2008. S. 254f.
[2437] Ministerratsprotokoll Nr. 1 vom 9.11.1918. Ministerratsprotokolle der Ministerien Hertling, Dandl, Eisner. BayHStA, NB. StMin der K. Hauses und des Äußern, Nr. 99511.

der Revolutionsregierung sollte Dandl die Unterschrift des Monarchen unter den bereits aufgesetzten Thronverzicht erwirken. Die Entourage Ludwigs III. beratschlagte sich daraufhin in München. Victor Naumann besprach sich am 11. November mit Dandl und Graf Moy, denen er seine Überzeugung mitteilte, der König müsse für seine eigene Person abdanken und Beamte, Offiziere und Soldaten vom Treueeid dispensieren. Dies sei umso mehr notwendig, „da die Revolution ja im ganzen Reich vor sich geht." Dandl teilte diese Ansicht voll und ganz.[2438] Heinrich Freiherr von Tucher, der bayerische Gesandte in Wien, riet ebenfalls zu einem vollständigen Thronverzicht Ludwigs III.[2439]

Der abgesetzte Ministerratsvorsitzende Otto von Dandl reiste zusammen mit General Maximilian von Speidel in einem von Soldaten begleiteten Auto mit roter Flagge nach Wildenwart. Dort mussten sie aber unverrichteter Dinge umkehren, da der König längst abgereist und sein neuer Aufenthaltsort Anif unbekannt war.[2440] Am folgenden Morgen erhielt Victor Naumann unerwartet einen Anruf aus Salzburg. Der König bat um Rat, worauf Naumann ihm als Privatmann den persönlichen Verzicht auf die Krone und die Entbindung vom Treueeid empfahl. Zudem wurde die Frage aufgeworfen, ob der König wieder nach Bayern, respektive nach München zurückkehren könne. Naumann wollte dies nicht verantworten, setzte sich diesbezüglich aber umgehend mit dem Sozialdemokraten Erhard Auer in Verbindung.[2441] Zusammen sprachen Dandl und Naumann am 12. November bei Erhard Auer, dem neuen sozialdemokratischen Innenminister, vor, der gegen eine Rückkehr des Königs nach Wildenwart nichts einzuwenden hatte.[2442] Auer sagte zu, Ludwig und alle Mitglieder des Königlichen Hauses könnten sich nach der Entbindung der Beamten, Offiziere und Soldaten vom Treueeid frei in Bayern bewegen, sollten sich aber von gegenrevolutionärer Tätigkeit fernhalten. Naumann gab dies nach Salzburg weiter.[2443]

Während der König mit seiner engeren Familie geflohen war, hatten die übrigen Mitglieder der königlichen Familie ihr Zuhause in München und Lindau aus Angst vor Übergriffen kaum verlassen.[2444] Prinzessin Gisela berichtete ihrem Gatten Leopold am 8. November: „Das war eine Nacht, die wir hinter uns haben! Ich danke Gott, dass du und keiner der Söhne zu Hause [seid]. [...] Bei uns wurden

---

[2438] Aufzeichnung Naumanns über den 7.11.1918 und folgende Tage. Korrespondenz Dr. Victor Naumanns, München, mit Reichskanzler Graf Hertling 1917-18. BayHStA, NB. StMin des K. Hauses und des Äußern, Nr. 979.
[2439] Vgl. Beckenbauer, Alfons: Ludwig III. von Bayern. Regensburg, 1987. S. 269.
[2440] Dr. Otto von Dandl. Ausschnitt aus dem Archiv für publizistische Arbeit, 11.1.1934. BayHStA, NLuS. P 9.512.
[2441] Aufzeichnung Naumanns über den 7.11.1918 und folgende Tage. Korrespondenz Dr. Victor Naumanns, München, mit Reichskanzler Graf Hertling 1917-18. BayHStA, NB. StMin des K. Hauses und des Äußern, Nr. 979.
[2442] Vgl. Beckenbauer, Alfons: Ludwig III. von Bayern. Regensburg, 1987. S. 268.
[2443] Aufzeichnung Naumanns über den 7.11.1918 und folgende Tage. Korrespondenz Dr. Victor Naumanns, München, mit Reichskanzler Graf Hertling 1917-18. BayHStA, NB. StMin des K. Hauses und des Äußern, Nr. 979.
[2444] Tagebuch des Prinzen Georg, 13.11.18. BayHStA, GHA. NL Prinz Georg, Nr. 29.

gleich die Haustore gesperrt und alles dunkel gemacht. Einige der Herren waren ins Theater gegangen und kamen nur mit knapper Not auf Umwegen durch den Englischen Garten zurück, es war nämlich für Offiziere in Uniform sehr gefährlich auf der Straße. Die Kasernen wurden teils von den Arbeitern, teils von den Soldaten selbst gestürmt und geplündert, sie sind alle mit Waffen versehen. Die Residenzwache, die Schildwache, schlossen sich den Meuternden an, es sollen mehrere Offiziere und Soldaten getötet worden sein." Nun sei es aber ruhiger. Die Revolutionsregierung habe versprochen, Ordnung zu halten. Über den Verbleib ihres Schwagers Ludwig III. hatte sie nur Gerüchte gehört.[2445] Ihr selbst gehe es gut, sie habe viel zu tun und sei „unberufen unbehelligt, natürlich mit den nötigen Vorsichtsmaßregeln und Einschränkungen."[2446]

Prinz Leopold erfuhr am 9. November von der Revolution in Berlin und der Abdikation des Kaisers, des Deutschen Kronprinzen und des Herzogs von Braunschweig. Das Gerücht, sein Bruder habe ebenfalls abgedankt, schien ihm jedoch unwahrscheinlich.[2447] Am folgenden Tag erfuhr er, die bayerische Republik sei ausgerufen worden und der König habe München verlassen. Leopold spielte mit dem Gedanken, „Ebert und seinen Genossen das Kommando als Oberbefehlshaber Ost mit Verachtung vor die Füße" zu werfen und nach München abzureisen. Schließlich erachtete er es jedoch als seine Pflicht, auf seinem Posten zu verbleiben. Ein Erlass Hindenburgs hatte die Pflichterfüllung der Armee und speziell der Offiziere gegenüber dem Vaterland angemahnt,[2448] was Leopold bestärkte.[2449] Prinz Georg, der als Nachrichtenoffizier im Oberkommando Ost Dienst tat, befand am 10. November, sein Vater Leopold habe „sich eine erstaunliche Fassung bewahrt. Gestern Abend schien er mir nahe am Zusammenbrechen, heute aber sprach er mit mir ganz sachlich über die Lage."[2450] Sein mit der bayerischen Kavalleriedivision in der Ukraine befindlicher Bruder Konrad hörte von der Berliner Revolution aufgrund einer Postsperre erst durch einen Fernspruch am 18. November. Von den Münchner Ereignissen, die sich bereits am 7. November abgespielt hatten, erfuhr er sogar noch später. Seinem Vater schrieb er: „Ich hätte nie gedacht, dass Bayern den Anfang machen würde. [...] Wenn nur auch weiterhin Ruhe und Ordnung aufrechterhalten wird, so ist das die Hauptsache."[2451]

Kronprinz Rupprecht legte am 11. November 1918, nach der Unterzeichnung des Waffenstillstands, sein Heeresgruppenkommando nieder. Einem Soldatenrat

---

[2445] Schreiben der Prinzessin Gisela von Bayern an Prinz Leopold von Bayern. München, 8. November 1918. Briefe der Prinzessin Gisela 1872-1928. BayHStA, GHA. NL Prinz Leopold, Nr. 14.
[2446] Schreiben der Prinzessin Gisela von Bayern an Prinz Leopold von Bayern. München, 12. November 1918. Briefe der Prinzessin Gisela 1872-1928. BayHStA, GHA. NL Prinz Leopold, Nr. 14.
[2447] Kriegstagebuch, 9.11.1918. BayHStA, GHA. NL Prinz Leopold, Nr. 239.
[2448] Abschrift eines Telegramms des Chefs des Großen Generalstabs von Hindenburg an alle Heeresgruppen und Armeeoberkommandos, 10.11.1918. Bayerischer Militärbevollmächtigter im Großen Hauptquartier 1918-19. BayHStA, KrA. Bayerischer Militärbevollmächtigter Berlin, Nr. 128.
[2449] Kriegstagebuch, 10.11.1918. BayHStA, GHA. NL Prinz Leopold, Nr. 239.
[2450] Tagebuch des Prinzen Georg, 10.11.18. BayHStA, GHA. NL Prinz Georg, Nr. 29.
[2451] Schreiben des Prinzen Konrad an Prinz Leopold, 3.12.1918. Briefe des Prinzen Konrad 1914-1930. BayHStA, GHA. NL Prinz Leopold, Nr. 33.

wollte er sich nicht unterstellen.[2452] Außerdem ersuchte er in der spanischen Botschaft um Asyl.[2453] Am 10. November funkte er eine scharfe Protesterklärung an die bayerische Revolutionsregierung, die er an die bayerischen Truppen weiterleitete. Dabei betonte er den revolutionären Charakter des Staatsstreiches, der „ohne Mitwirkung der gesetzgebenden Gewalten und der Gesamtheit der bayerischen Staatsbürger in Heer und Heimat von einer Minderheit ins Werk gesetzt wurde."[2454] Zudem forderte er für die im Feld stehenden Mitglieder des bayerischen Königshauses ungehinderte Rückkehr und freie Meinungsäußerung.[2455] Rupprecht äußerte den dringenden Wunsch, dass „das bayerische Volk über seine Regierungsform sich noch selbst entscheiden werde durch Volksabstimmung."[2456] Der revolutionäre Ministerrat des Volksstaats unter dem Vorsitz Eisners beantwortete den Protest des Kronprinzen unter Berufung auf ein zuvor an den König gerichtetes Telegramm dahingehend, „dass ihm unter denselben Voraussetzungen der Aufenthalt in Bayern freisteht, dass seine Anregung wegen baldiger Einberufung der Nationalversammlung entgegengenommen und die Soldaten gleiches Wahlrecht wie die übrigen Staatsbürger erhalten sollen."[2457] In der Nacht vom 12. auf den 13. November setzte sich Rupprecht über die belgisch-niederländische Grenze ab, um in Amsterdam inkognito bei einem befreundeten Arzt unterzukommen. Dort hatte sich sein Biograf Otto Kolshorn eingefunden, der umgehend nach München gesandt wurde, um sich ein Bild zu verschaffen.[2458]

Am 12. November wurde der flüchtige König durch Dandl in Anif aufgespürt. Während der dreistündigen Besprechung des flüchtigen Monarchen mit seinem abgesetzten Ministerratsvorsitzenden ging es hoch her. Besonders erregte sich Ludwig III. über Dandls Ausspruch: „Ich hab ja auch meine Stelle verloren."[2459] Die Thronverzichtserklärung unterschrieb Ludwig nicht, sondern gab stattdessen eine Erklärung ab, in der er alle Beamten und Militärs ihres Treueides entband. Wie Prinzessin Helmtrud sich erinnerte, wollte der König auf diese Weise „Chaos und Blutvergießen" vermeiden. Eisner hatte zugesichert, dass Ludwig unbehelligt nach

---

[2452] Kriegstagebuch, 10. und 11. November 1918. BayHStA, GHA. NL Kronprinz Rupprecht, Nr. 708.
[2453] Vgl. Machtan, Lothar: Die Abdankung. Berlin, 2008. S. 254.
[2454] Vgl. und zit. nach Weiß, Dieter J.: Die Staatsauffassung Kronprinz Rupprechts von Bayern. Ein Verfassungsentwurf aus dem deutschen Widerstand. In: Ackermann, Konrad u. a. (Hrsg.): Bayern vom Stamm zum Staat. Festschrift für Andreas Kraus zum 80. Geburtstag. München, 2002. S. 547-560. Hier: S. 549; Kriegstagebuch, 10. November 1918. BayHStA, GHA. NL Kronprinz Rupprecht, Nr. 708.
[2455] Vgl. Machtan, Lothar: Die Abdankung. Berlin, 2008. S. 254.
[2456] Kriegstagebuch, 10. November 1918. BayHStA, GHA. NL Kronprinz Rupprecht, Nr. 708.
[2457] Ministerratsprotokoll Nr. 4 vom 15.11.1918. Ministerratsprotokolle der Ministerien Hertling, Dandl, Eisner. BayHStA, NB. StMin des K. Hauses und des Äußern, Nr. 99511.
[2458] Vgl. Weiß, Dieter J.: Kronprinz Rupprecht von Bayern. Regensburg, 2007. S. 164-166; Vgl. Machtan, Lothar: Die Abdankung. Berlin, 2008. S. 254f.
[2459] Erinnerungen zur Flucht 1918 von Prinzessin Helmtrud. 7.11.1918. Im Jahr 1954 kopiert von Prinzessin Wiltrud. Erinnerungen zum Hofstaat am 9.11.1918 und zur Flucht in der Revolutionszeit 1918/19. BayHStA, GHA. NL Herzogin Wiltrud von Urach, Nr. 288.

11.3 Zwischen Rettungsversuchen und Resignation

Bayern zurückkehren könne, wenn er sich nicht politisch betätige.[2460] Dandl teilte Naumann wenige Tage später mit, der König habe sich lange gesträubt zu unterzeichnen. Erst als man ihm gesagt hatte, „wenn jemals wieder ein König nach Bayern kommen sollte, wird es nie Ludwig III., sondern nur Rupprecht sein", hatte er mit tiefer Bewegung unterzeichnet.[2461]

Aus Sicht des Königs sollte die abgegebene Erklärung die Rechte der Krone wahren und war eher als Ausdruck einer Verzögerungstaktik gedacht. Deren Präambel knüpfte an den letzten königlichen Erlass vom 5. November 1918 an und sollte der Gesichtswahrung des Monarchen dienen: „Zeit meines Lebens habe ich mit dem Volk und für das Volk gearbeitet. Die Sorge für das Wohl meines geliebten Bayerns war stets mein höchstes Streben." Nachdem er sich aber „infolge der Ereignisse der letzten Tage nicht mehr in der Lage" sah, die Regierung weiterzuführen, stellte er allen Beamten, Offizieren und Soldaten „die Weiterarbeit unter den gegebenen Verhältnissen frei" und entband sie des Treueides. Zumindest konnte er sich damit einer bedingungslosen Abdankung entziehen und seine Würde wahren. Dennoch bedeutete die Erklärung de facto seinen persönlichen Verzicht auf die Herrschergewalt. Um vollendete Tatsachen zu schaffen, veröffentlichte der Ministerrat am 14. November 1918 die Proklamation zusammen mit einer Erklärung. Den Thronverzicht nehme man zur Kenntnis. Es stehe dem ehemaligen König und seiner Familie nichts im Wege, „sich wie jeder andere Staatsbürger frei und unangetastet in Bayern zu bewegen, sofern er und seine Angehörigen sich verbürgen, nichts gegen den Bestand des Volksstaates Bayern zu unternehmen." Danach ging die Regierung Eisner zur Tagesordnung über, ohne sich bezüglich einer Restauration der Monarchie Sorgen zu machen. Ungeachtet ihrer revolutionären Machtergreifung fand die Regierung zunehmend Anerkennung als legitime Staatsgewalt, während die Entthronung der Wittelsbacher als unumkehrbar betrachtet wurde. Dies lag vor allem an der schmählichen Art und Weise, wie das alte System untergegangen war.[2462]

Vielfach wurde versucht, das Verhältnis zu den gestürzten Herrschern auf dem Rechts- und Verhandlungsweg zu klären, nicht allein durch machtpolitische Entscheidungen. Die Republik sollte durch eine Fortschreibung rechtsstaatlicher Traditionen legitimiert werden, anstatt durch die autoritative Setzung neuem Rechts. Auf dem Weg einvernehmlicher Vermögensauseinandersetzungen sollte die Revolution nachträglich von den abgesetzten Monarchen abgesegnet werden.[2463] Im

---

[2460] Vgl. Beckenbauer, Alfons: Ludwig III. von Bayern. Regensburg, 1987. S. 269; Erinnerungen zur Flucht 1918 von Prinzessin Helmtrud. 7.11.1918. Im Jahr 1954 kopiert von Prinzessin Wiltrud. Erinnerungen zum Hofstaat am 9.11.1918 und zur Flucht in der Revolutionszeit 1918/19. BayHStA, GHA. NL Herzogin Wiltrud von Urach, Nr. 288.

[2461] Aufzeichnung Naumanns über den 7.11.1918 und folgende Tage. Korrespondenz Dr. Victor Naumanns, München, mit Reichskanzler Graf Hertling 1917-18. BayHStA, NB. StMin des K. Hauses und des Äußern, Nr. 979.

[2462] Vgl. und zit. nach Machtan, Lothar: Die Abdankung. Berlin, 2008. S. 255f.

[2463] Vgl. Machtan, Lothar: Der erstaunlich lautlose Untergang von Monarchie und Bundesfürstentümern – ein Erklärungsangebot. In: Gallus, Alexander (Hrsg.): Die vergessene Revolution von

bayerischen Fall wurde ebenfalls so vorgegangen. Da die Versorgungslage in Österreich schlechter war als im Reich und es dem abgesetzten Königspaar in Anif an Kleidung und Bettwäsche mangelte, entschloss man sich, nach St. Bartholomä am Königssee zurückzukehren. Helmtrud schrieb, ihr Vater „war noch sehr beeindruckt und erregt ging er im Zimmer auf und ab und überlegte laut, ob er richtig gehandelt habe und versicherte immer wieder, dass er nicht abgedankt oder verzichtet habe auf den Thron, sondern nur an der Regierung zur Zeit verhindert sei und die Offiziere und Beamten ihres Eides entbunden habe." Mitte November fuhren Ludwig, Marie Therese und Helmtrud mitsamt Gefolge nach Wildenwart.[2464] Dort war die Lage ruhig, wie Ludwig III. befand: „Heiter aber ist das Leben hier gewiss nicht. Marie Therese, die die Aufregungen und Anstrengungen der letzten Zeit unglaublich gut überstanden hat und die sich eher wohler fühlt als vorher, sowie meine vier ledigen Töchter weilen bei mir."[2465] Marie Therese schrieb ihrer Schwägerin Therese nach Lindau: „Nun sind wir hier und finde ich Ludwig etwas ruhiger, es ist gottlob wohl, trägt mir viele Grüße an dich auf."[2466] In Wildenwart wurde die Familie nicht belästigt.[2467] Die Rückkehr des abgesetzten Monarchen in sein Privatschloss am Chiemsee deutet auf eine Übereinkunft mit der Regierung hin, die konterrevolutionäre Aktivitäten ausschließen sollte und der Familie die unbehelligte Anwesenheit in Bayern garantierte.[2468] Das Privatvermögen der Wittelsbacher wurde von der Regierung Eisner nicht angerührt, aber das Krongut der Zivilliste zum Staatseigentum erklärt.[2469] Umgehend musste die königliche Familie alle Wohnungen und Schlösser räumen, die zur Zivilliste gehörten und damit nun staatliches Eigentum darstellten.[2470]

1918/19. Göttingen, 2010. S. 39-56. Hier: S. 52f; Vgl. Aretin, Cajetan von: Vom Umgang mit gestürzten Häuptern: Zur Zuordnung der Kunstsammlungen in deutschen Fürstenabfindungen 1918 1924. In: Biskup, Thomas; Kohlrausch, Martin (Hrsg.): Das Erbe der Monarchie. Nachwirkungen einer deutschen Institution seit 1918. Frankfurt am Main, 2008. S. 161-183; Vgl. Kaufhold, Karl Heinrich: Fürstenabfindung oder Fürstenenteignung? Der Kampf um das Hausvermögen der ehemaligen regierenden Fürstenhäuser im Jahre 1926 und die Innenpolitik der Weimarer Republik. In: Schulz, Günther; Denzel, Markus A. (Hrsg.): Deutscher Adel im 19. und 20. Jahrhundert. St. Katharinen, 2004. S. 261-285; Vgl. Weiß, Dieter J.: Kronprinz Rupprecht von Bayern – Thronprätendent in einer Republik. In: Schulz, Günther; Denzel, Markus A. (Hrsg.): Deutscher Adel im 19. und 20. Jahrhundert. St. Katharinen, 2004. S. 445-460. Hier: S. 452-454.

[2464] Erinnerungen zur Flucht 1918 von Prinzessin Helmtrud. 7.11.1918. Im Jahr 1954 kopiert von Prinzessin Wiltrud. Erinnerungen zum Hofstaat am 9.11.1918 und zur Flucht in der Revolutionszeit 1918/19. BayHStA, GHA. NL Herzogin Wiltrud von Urach, Nr. 288; Vgl. Schad, Martha: Bayerns Königinnen. München, 2007. S. 359f.

[2465] Schreiben Ludwigs III. an Prinzessin Therese. Wildenwart, 24.11.1918. Briefe König Ludwigs III. an Prinzessin Therese. 1860-1921. BayHStA, GHA. NL Prinzessin Therese († 1925), Nr. 69.

[2466] Königin Marie Therese von Bayern an Prinzessin Therese. Wildenwart, 2. Dezember 1918. Einige Produkte aus der Zeit der politischen Umwälzung in Bayern: so ein Schreiben der Königin Maria Theresia an Prinzessin Therese vom 2.12.1918. BayHStA, GHA. NL Prinzessin Therese († 1925), Nr. 73.

[2467] Maschinenschriftliche Abschrift der Lebenserinnerungen. S. 840. BayHStA, GHA. NL Prinz Leopold, Nr. 261.

[2468] Vgl. Machtan, Lothar: Die Abdankung. Berlin, 2008. S. 257.

[2469] Vgl. Aretin, Cajetan von: Die Erbschaft des Königs Otto von Bayern. München, 2006. S. 228.

[2470] Kriegstagebuch, 23.11.1918. BayHStA, GHA. NL Prinz Leopold, Nr. 239.

11.3 Zwischen Rettungsversuchen und Resignation

Nur wenige Tage nach der Ankunft des abgesetzten Monarchen in Wildenwart bewies die Revolutionsregierung Entgegenkommen, als man Ludwig III. eine Unterstützung in Höhe von 600.000 Mark bewilligte.[2471] Gleichzeitig ging die Regierung davon aus, dass das Zivillistegesetz nicht mehr gültig und seine Wirksamkeit suspendiert sei, ebenso wie alle Vorschriften der Verfassungsurkunde, die sich auf den König und das Königliche Haus bezögen.[2472] Mehrfach diskutierte der Ministerrat eine Fortzahlung von Zivilliste und Apanagen, letztlich wurden die Zahlungen aber endgültig eingestellt.[2473] Da die militärischen Bezüge der Prinzen ebenso endeten, musste die Familie auf ihr Privatvermögen zurückgreifen.[2474] Die Regierung war jedoch bereit, über eine Entschädigung wegen der enteigneten staatlichen Vermögensrechte zu verhandeln. Kurt Eisner und sein Finanzminister Edgar Jaffé leiteten mit der Einsetzung einer Kommission zu den Vermögensrechten der Wittelsbacher den Vermögensausgleich zwischen dem vormaligen Königshaus und dem Staat in die Wege.[2475] Dies gestaltete sich jedoch als langwierige Angelegenheit. Noch im Januar 1920 schrieb Ludwig III. an Leopold, „dass für uns alle die Finanzlage schwierig ist und immer schwieriger wird, ist mir wohl bekannt. Hoffentlich werden die Verhandlungen, die in München stattfinden, eine Besserung bringen. Mein Bestreben geht dahin, den Fortbestand des Königlichen Hauses unter allen Umständen zu sichern und nicht nur dem Oberhaupte, sondern auch allen Angehörigen ein angemessenes Einkommen zukommen zu lassen."[2476] Erst im Jahr 1923 fanden die Verhandlungen mit der Gründung des Wittelsbacher Ausgleichsfonds ihren Abschluss.[2477]

Durch den einmaligen Unterhaltsbeitrag der Staatsregierung war es Ludwig III. möglich, in Wildenwart standesgemäß zu leben.[2478] An Leopold gerichtet, sinnierte Ludwig III. am 19. Dezember 1918: „Wer hätte vor ein paar Wochen gedacht, dass der Krieg nach so vielen glänzenden Siegen ein so schmähliches Ende finden und gleichzeitig im Heere die Revolution ausbrechen und sämtliche Throne umstürzen würde? Doch verzweifeln darf und soll man nicht, besonders dann, wenn wir wie in Bayern das Bewusstsein haben, im Felde sowie zu Hause während des langen schweren Krieges im vollen Maße unsere Schuldigkeit getan zu haben."[2479] Seinem

---

[2471] Vgl. Beckenbauer, Alfons: Ludwig III. von Bayern. Regensburg, 1987. S. 272.
[2472] Ministerratsprotokoll Nr. 7 vom 21.11.1918. Ministerratsprotokolle der Ministerien Hertling, Dandl, Eisner. BayHStA, NB. StMin des K. Hauses und des Äußern, Nr. 99511.
[2473] Vgl. Aretin, Cajetan von: Die Erbschaft des Königs Otto von Bayern. München, 2006. S. 228.
[2474] Maschinenschriftliche Abschrift der Lebenserinnerungen. S. 840. BayHStA, GHA. NL Prinz Leopold, Nr. 261.
[2475] Vgl. Aretin, Cajetan von: Die Erbschaft des Königs Otto von Bayern. München, 2006. S. 224-244; Vgl. Weiß, Dieter J.: Kronprinz Rupprecht von Bayern. Regensburg, 2007. S. 225-230.
[2476] Ludwig III. an Prinz Leopold, 24.1.1920. Briefe Ludwigs III. 1856-1921. BayHStA, GHA. NL Prinz Leopold, Nr. 36.
[2477] Vgl. Aretin, Cajetan von: Die Erbschaft des Königs Otto von Bayern. München, 2006. S. 224-244; Vgl. Weiß, Dieter J.: Kronprinz Rupprecht von Bayern. Regensburg, 2007. S. 225-230.
[2478] Vgl. Machtan, Lothar: Die Abdankung. Berlin, 2008. S. 257.
[2479] König Ludwig III. von Bayern an Prinz Leopold von Bayern. Wildenwart, 19. Dezember 1918. Briefe Ludwigs III. 1856-1921. BayHStA, GHA. NL Prinz Leopold, Nr. 36.

Sohn Rupprecht schrieb er am 11. Januar 1919, er hoffe, „dass in unserem schwer heimgesuchten Lande bald wieder Ordnung und Ruhe einkehren möchten; ganz besonders aber ist zu wünschen, dass Bayern von größeren Ausschreitungen oder gar Kämpfen, wie sie leider an anderen Orten Deutschlands, namentlich in Berlin zur Zeit stattfinden, verschont bleiben möge."[2480] Die Familie versuchte, auf Wildenwart ein möglichst ‚normales' Leben zu führen. Am 24. November verlobte sich die Königstochter Gundelinde mit dem 31-jährigen Grafen Georg von Preysing-Lichtenegg-Moos. Die Trauung sollte am 3. Februar 1919 stattfinden. Die sterbenskranke Königin wünschte sich sehr, die Hochzeit noch erleben zu dürfen.[2481] Im Januar 1919 fuhr Prinz Leopold mit Prinzessin Gisela und Prinz Georg nach Wildenwart: „Im Schlosse trafen wir die Majestäten, deren vier unverheiratete Töchter [...] den Verhältnissen nach in guter Stimmung. Wir wurden herzlichst begrüßt, blieben zu Tische und zum Souper, begrüßten die wenigen anwesenden Herrn und Damen, besahen wieder einmal das Schloss in seiner neuen Bilderausstattung, machten auch einen Spaziergang [...]. Der König erzählte äußerst interessant über die Vorgänge während der Revolution, die scheinbar recht unvermutet eingetreten war, darüber ob dieselbe sich nicht hätte vermeiden oder niederschlagen lassen, bin ich nicht in der Lage, mir ein klares Bild zu machen."[2482]

11.4 Das vormalige Königshaus in der Republik

Ludwig III. war zwar als politischer Herrscher abgesetzt worden, beharrte allerdings vehement auf dem Herrschaftsanspruch innerhalb seines Hauses. Am 18. Dezember 1918 wandte er sich in einem Rundschreiben an alle Prinzen und Prinzessinnen des Hauses Wittelsbach, um diese moralisch in die Pflicht zu nehmen und auf die ungebrochene Gültigkeit des Familienstatuts hinzuweisen. Er begründete dies gegenüber Leopold damit, dass er Vorkommnisse zu vermeiden suchte, „wie sie nicht zum Vorteile und zur Ehre der betreffenden Häuser in anderen Staaten stattgefunden haben. Selbstverständlich ist in dem Handschreiben keine Spitze weder gegen dich noch gegen irgendein Mitglied des K. Hauses gerichtet."[2483] Dies verdeutlicht, dass die Revolution die staats- von der privatpolitischen Funktion des Herrschers getrennt hatte und dem abgesetzten König als Chef des Hauses herrschaftliche Funktionen verblieben waren, deren Bedeutung nicht zu unterschätzen ist. In dieser Hinsicht hatte die monarchische Rechtslage noch Bestand. Ludwig III.

[2480] Brief König Ludwigs III. an Kronprinz Rupprecht. Wildenwart, 11.1.1919. Briefe Ludwigs III. an den Kronprinzen Rupprecht. BayHStA, GHA. NL Kronprinz Rupprecht, Nr. 3.
[2481] Vgl. Schad, Martha: Bayerns Königinnen. München, 2007. S. 360f.
[2482] Maschinenschriftliche Abschrift der Lebenserinnerungen. S. 839. BayHStA, GHA. NL Prinz Leopold, Nr. 261.
[2483] König Ludwig III. von Bayern an Prinz Leopold von Bayern. Wildenwart, 19. Dezember 1918. Briefe Ludwigs III. 1856-1921. BayHStA, GHA. NL Prinz Leopold, Nr. 36.

11.4 Das vormalige Königshaus in der Republik

waren Machtmittel belassen worden, mit deren Hilfe er innerfamiliär weiterhin sehr effektiv zu herrschen imstande war.[2484]

Im Handbillet hieß es, wenngleich Ludwig III. von der Überzeugung durchdrungen sei, „dass alle Prinzen meines Hauses sich in dieser schweren Zeit mit mir als dem Haupt der Familie ebenso wie in guten Tagen eins fühlen", sei es ihm ein Bedürfnis, sich mit nachstehender Willensmeinung an diese zu wenden: „Ich habe zwar mit Erlass d. d. Anif, 13. November 1918, erklärt, dass ich angesichts der eingetretenen Verhältnisse nicht in der Lage sei, die Regierung weiter zu führen; dadurch sind aber die mir als dem Haupte unseres Hauses nach den Familiengesetzen übertragenen Rechte und Pflichten in keiner Weise berührt worden. In dieser meiner Eigenschaft fühle ich mich verpflichtet, an die königlichen Prinzen die eindringliche Bitte und Mahnung zu richten, in dieser für unser Haus so ungemein schweren und ernsten Zeit den Zusammenhalt der Königlichen Familie nach Kräften zu wahren und alles zu vermeiden, was auch nur den Anschein einer Uneinigkeit nach außen hin erwecken könnte." Der abgesetzte Monarch ersuchte „die Prinzen und auch die Prinzessinnen des Königlichen Hauses, bei ihrem ganzen Auftreten und bei allen Äußerungen die größte Vorsicht und Zurückhaltung zu beachten und vor allem keinerlei Schritte nach außen zu unternehmen, ohne vorher eine Verständigung mit mir herbeigeführt zu haben." Zum Schluss betonte das Familienoberhaupt sein Bestreben, „das Ansehen unserer Familie, die durch mehr als 700 Jahre ununterbrochen an Bayerns Spitze gestanden ist und seitdem, wie auch seit unvordenklichen Zeiten vorher, mit Bayerns Volk und Land Freud und Leid geteilt hat, mit Gottes Hilfe ungeschmälert durch die Drangsal dieser Zeiten hindurch für eine hoffentlich bessere Zukunft zu sichern und zu wahren."[2485]

Wie sich Prinz Leopold erinnerte, konnten die Mitglieder des ehemaligen Königshauses in München „überall in der Stadt anstandslos herumgehen, wenn man sich nicht herausfordernd benahm, auch im Wagen hatte man keinen Anstand, wenn Geschirr und Wagen keine königlichen Abzeichen trugen." Die Dienerschaft trug nur intern Livrée.[2486] Die Lebenshaltung erfuhr eine gründliche Änderung: „Wir waren keine offiziellen Persönlichkeiten mehr, sondern einfache Privatleute; unser ganzes Tun und Lassen, alles was in unser Haus ein und ausging, stand unter strenger Beobachtung." […] Natürlich gaben wir keine Diners und erteilten auch keine Audienzen wie früher, obwohl eine große Anzahl von Bekannten und ganze Offizierskorps zu uns zu kommen wünschten; wir lebten einfach und zurückgezogen mit den bei uns untergebrachten verwundeten Offizieren. […] In die Residenz gingen wir natürlich niemals. Es ist uns nie etwas Unangenehmes passiert, aber wie

---

[2484] Vgl. Machtan, Lothar: Die Abdankung. Berlin, 2008. S. 259-261.
[2485] Vgl. Schreiben König Ludwigs III. an Prinz Franz. Wildenwart, 18.12.1918. Briefe Ludwigs III. an Prinz Franz. BayHStA, GHA. NL Prinz Franz, Nr. 216; König Ludwig III. von Bayern an Prinz Leopold von Bayern. Wildenwart, 19. Dezember 1918. Briefe Ludwigs III. 1856-1921. BayHStA, GHA. NL Prinz Leopold, Nr. 36.
[2486] Maschinenschriftliche Abschrift der Lebenserinnerungen. S. 839. BayHStA, GHA. NL Prinz Leopold, Nr. 261.

verschreckt die Gemüter damals waren, konnte man daraus erkennen, dass es öfter vorkam, dass wir guten Bekannten begegneten, die uns nicht zu sehen schienen und auf die andere Seite blickten, um nicht grüßen zu müssen, wohl in der Besorgnis, uns oder sich selbst Ungelegenheiten zu bereiten."[2487]

Kronprinz Rupprecht, der nach der Niederlegung seines Kommandos nach Amsterdam geflohen war, war es dort mithilfe seines Biografen Otto Kolshorn und des mit ihm befreundeten Arztes Otto Lanz gelungen, falsche Pässe zu organisieren.[2488] Hans Graf von Toerring, ein Schwager Rupprechts, hatte in der Zwischenzeit durch einen Antrag im Ministerrat erreicht, dass Rupprecht freier Aufenthalt in Bayern ohne Gewährung eines besonderen Schutzes zugesagt wurde. Toerring war der Meinung, dass seine Heimkehr zur Stabilisierung der Lage beitragen könnte, hatte ihm aber von der Anwesenheit in München abgeraten. Auf einer Rangierlokomotive konnte Rupprecht Ende November 1918 die niederländisch-deutsche Grenze unerkannt passieren. Es folgte eine Autofahrt über Kassel und Franken, bis die Reisegruppe um Rupprecht am 28. November unter Umgehung Münchens in Schloss Hohenberg in der Nähe des Starnberger Sees ankam, wo ihm in den folgenden Wochen Zuflucht gewährt wurde. Zu seinem Vater, der sich in Wildenwart befand, konnte er zunächst keinen Kontakt aufnehmen.[2489]

Am 9. Dezember wandte er sich brieflich an Ludwig III.: „Welche Ereignisse seit meinem letzten Briefe! Mich überraschte nur der Moment ihres Ausbruchs, dass sie kommen würden, besorgte ich schon seit langem. In meinen Briefen hatte ich mir wiederholt erlaubt, zum Ausdruck zu bringen, dass der Bogen überspannt würde – er ist nun gebrochen. Gottlob hat Mama sich den Aufregungen gegenüber widerstandsfähiger erwiesen, als man eigentlich hoffen durfte."[2490] Rupprecht richtete an seine Mutter Marie Therese am gleichen Tag ein Schreiben. Er berichtete ihr, er habe beruhigende Nachrichten über ihr Befinden erhalten, „trotz all der argen Aufregungen, denen du in letzter Zeit ausgesetzt warst und von allen Seiten vernehme ich, in welch hingebender Weise du Papa hochzuhalten verstandest."[2491] Seiner Tante Therese schrieb Rupprecht: „Wie oft habe ich nicht [...] Papa gewarnt und angefleht, in Berlin energische Vorstellungen zu erheben, denn dass es so nicht weitergehen könne, war klar, allein ich galt als Schwarzseher! Ich gestehe, die Monate vom März – November waren mir in Voraussicht des kommenden Niederbruchs ärger als der Niederbruch selbst! Besser ein Ende mit Schrecken als

---

[2487] Maschinenschriftliche Abschrift der Lebenserinnerungen. S. 840f. BayHStA, GHA. NL Prinz Leopold, Nr. 261.
[2488] Passfotos für den von Kronprinz Rupprecht bei der Rückkehr aus den Niederlanden nach Deutschland benützten falschen Pass auf den Namen „Alfred Landsberg" Nov. 1918. BayHStA, Geheimes Hausarchiv. NL Otto Lanz, Nr. 26; Brief Rupprechts an Otto Lanz, 19.11.1919. Briefe des Kronprinzen von Bayern. 1916. BayHStA, Geheimes Hausarchiv. NL Otto Lanz, Nr. 10.
[2489] Vgl. Weiß, Dieter J.: Kronprinz Rupprecht von Bayern. Regensburg, 2007. S. 166f.
[2490] Schreiben des Kronprinzen Rupprecht an Ludwig III., 9. Dezember 1918. BayHStA, GHA. NL Ludwig III., Nr. 59.
[2491] Schreiben des Kronprinzen Rupprecht an Königin Marie Therese, 9. Dezember 1918. Briefe und Telegramme des Kronprinzen Rupprecht 1918. BayHStA, Geheimes Hausarchiv. NL Königin Marie Therese von Bayern, Nr. 97.

ein Schrecken ohne Ende. Jetzt heißt es schauen, wie die entstehende Not sich lindern lässt."[2492]

Das schwierige Verhältnis Ruprechts zu seinem Vater hatte sich durch die Revolution nicht gebessert. Ludwig befürchtete, sein populärer Sohn könne ihm die Thronrechte rauben und beharrte auf Respekt und Gehorsam. Erstmals besuchte Rupprecht seine Eltern am 23. Dezember 1918. Seine Mutter nahm ihm das Versprechen ab, nichts auf eigene Faust zu unternehmen und alles zu vermeiden, was Ludwig III. als Zurücksetzung empfinden konnte. Rupprecht war überzeugt, dass eine Wiedererrichtung der Monarchie erst nach dem Ableben seines Vaters infrage käme, da dieser in der Bevölkerung einen geringen Rückhalt hatte. Weihnachten verbrachte Rupprecht gemeinsam mit seinem Sohn Albrecht und seiner Verlobten in Wildbad Kreuth, wo er mangels eigenen Wohnsitzes die kommenden Wochen logierte. Das Kabinett Eisner nahm die Rückkehr des vormaligen Kronprinzen zur Kenntnis, indem man ihn zeitweise beobachten ließ.[2493]

Prinz Leopold, der auf seinem Posten als Oberbefehlshaber Ost verblieben war, überwachte die Räumung der besetzten Gebiete, die „im Ganzen planmäßig in ziemlicher Ordnung" vonstattenging.[2494] Ende Dezember war das Oberkommando Ost nach Ostpreußen zurückverlegt worden.[2495] Sein Sohn Georg war am 3. Januar 1919 in München angekommen[2496] und hatte seine Mutter Gisela aufgesucht, die er, wie er seinem Vater schrieb, „überraschend gut aussehend und heiter fand. Sie hat sich viel besser mit den durch die Revolution geschaffenen Zuständen abgefunden, als mir lieb ist." Die Straßen fand Georg „sauber und gut gepflegt [vor], überall wimmelt es von Militär, das ähnlich wirkt, als an der Ostfront."[2497] In München wohnte er in seinem Palais am Karolinenplatz. Sein Bruder Konrad war mitsamt seinem Regiment auf dem Rückmarsch aus der Ukraine.[2498] Am 11. Januar 1919 hatte Leopold bei Hindenburg formell um die Enthebung von seiner Stellung und um Auflösung des Oberkommandos Ost gebeten.[2499] Zwei Tage darauf wurde ihm einstweilen Urlaub erteilt. Außerdem wurde dem Antrag stattgegeben, den Stab des Oberkommandos Ost aufzulösen. Nach einem Abschiedsessen in Königsberg, bei dem Leopold und General Hoffmann sich von den Offizieren und Beamten des Oberkommandos verabschiedeten, machte sich der Prinz auf die Heimreise:

[2492] Schreiben des Kronprinzen Rupprecht an Prinzessin Therese, 9.12.1918. Briefe des Kronprinzen Rupprecht an Prinzessin Therese. BayHStA, GHA. NL Prinzessin Therese (†1925), Nr. 100.
[2493] Vgl. Weiß, Dieter J.: Kronprinz Rupprecht von Bayern. Regensburg, 2007. S. 167-169.
[2494] Kriegstagebuch, 1.12.1918. BayHStA, GHA. NL Prinz Leopold, Nr. 239.
[2495] Ebd., 9.12.1918. BayHStA, GHA. NL Prinz Leopold, Nr. 239.
[2496] Schreiben der Prinzessin Gisela von Bayern an Prinz Leopold von Bayern. München, 3. Januar 1919. Briefe der Prinzessin Gisela 1872-1928. BayHStA, GHA. NL Prinz Leopold, Nr. 14.
[2497] Prinz Georg von Bayern an Prinz Leopold von Bayern. München, 6.1.1919. Briefe des Prinzen Georg 1916-1930. BayHStA, GHA. NL Prinz Leopold, Nr. 31.
[2498] Maschinenschriftliche Abschrift der Lebenserinnerungen. S. 839. BayHStA, GHA. NL Prinz Leopold, Nr. 261.
[2499] Kriegstagebuch, 11.1.1919. BayHStA, GHA. NL Prinz Leopold, Nr. 239.

„Traurig, dass wir nach jahrelangem, erfolgreichen Zusammenarbeiten unter so betrüblichen Verhältnissen voneinander scheiden mussten."[2500]

Am 18. Januar 1919 traf er in München ein: „Das Bild, das sich hier bot, war wenig erfreulich. Viele Soldaten im saloppen Anzuge, Posten, darunter auch Matrosen, alle in Mütze mit roter Kokarde, die Gewehrmündung nach unten in nachlässiger Haltung, Cigarren, im Maul bewachten die Ausgänge, die auch mit Maschinengewehren besetzt waren. Als ich in voller Uniform mit den Abzeichen eines Generalfeldmarschalls an ihnen vorbei ging, sahen sie mir frech ins Gesicht, ohne weiter von mir Notiz zu nehmen. [...] Doch wie sah unsere einst so blühende, heitere und saubere Haupt- und Residenzstadt aus? Schmutzig und verwahrlost. Auf der Königlichen Residenz, am Kriegsministerium, auf allen öffentlichen Gebäuden die rote Fahne. Die Posten sahen übel aus, überall unschöne militärische Bilder, in den Straßen wenig Verkehr, die Passanten machten einen gedrückten, verschreckten Eindruck, vor meinem Hause natürlich kein Ehrenposten mehr." Er schrieb: „Unter anderen Umständen hätte ich wohl als stets siegreicher Feldherr einen festlichen Empfang erwarten dürfen, anstatt wie jetzt mich quasi inkognito nach Hause schleichen zu müssen."[2501] Der neue preußische Kriegsminister Walther Reinhardt drückte dem Generalfeldmarschall anlässlich dessen Rücktritts von der Stellung als Oberbefehlshaber Ost am 19. Januar immerhin „den Dank des gesamten deutschen Heeres" dafür aus, dass dieser „solange und erfolgreich in Angriff und Verteidigung die Ostgrenze des Reiches geschützt und es dabei immer noch ermöglicht haben, Kräfte für die Zwecke der Westfront frei zu machen."[2502] In München lebte Leopold „ganz zurückgezogen als Privatmann."[2503]

Die Prinzen Franz und Adalbert hatten den Umsturz mitsamt ihren Familien in Schloss Nymphenburg erlebt.[2504] Franz erbat im Dezember seinen Abschied aus der Armee, was ihm vom neugegründeten Ministerium für militärische Angelegenheiten auch bewilligt wurde.[2505] Die Familien der Prinzen Ludwig Ferdinand und Alfons wohnten zurückgezogen in einem Palais in der Fürstenstraße,[2506] in das sie umgezogen waren, da man im zur Zivilliste gehörigen Schloss Nymphenburg nicht bleiben konnte.[2507] Am Tag nach der Münchner Revolution begab sich Ludwig

---

[2500] Ebd., 13.1.1919. BayHStA, GHA. NL Prinz Leopold, Nr. 239.
[2501] Ebd., 18.1.1919. BayHStA, GHA. NL Prinz Leopold, Nr. 239.
[2502] Schreiben des Kriegsministers Reinhardt an Prinz Leopold von Bayern. Berlin, 19.1.1919. Militärische Verwendung und politische Aktionen im Ersten Weltkrieg. BayHStA, GHA. NL Prinz Leopold, Nr. 230.
[2503] Brief des Prinzen Leopold an Kronprinz Rupprecht. München, 26.1.1919. BayHStA, GHA. NL Kronprinz Rupprecht, Nr. 17.
[2504] Schreiben der Prinzessin Gisela von Bayern an Prinz Leopold von Bayern. München, 9. November 1918. Briefe der Prinzessin Gisela 1872-1928. BayHStA, GHA. NL Prinz Leopold, Nr. 14.
[2505] Schreiben des Ministeriums für militärische Angelegenheiten an Prinz Franz. München, 18.12.1918. Einsatz der 4. bayerischen Infanterie-Division im Jahre 1918. BayHStA, GHA. NL Prinz Franz, Nr. 45.
[2506] Maschinenschriftliche Abschrift der Lebenserinnerungen. S. 839. BayHStA, GHA. NL Prinz Leopold, Nr. 261.
[2507] Ebd., S. 862. BayHStA, GHA. NL Prinz Leopold, Nr. 261.

11.4 Das vormalige Königshaus in der Republik

Ferdinand trotz Warnungen wie jeden Tag ins Lazarett am Oberwiesenfeld: „Als Prinz können sie mich absetzen, aber nicht als Arzt." Vor dem Lazarett wurde der in voller Generalarzt-Uniform mit Achselstücken, Rangabzeichen und Orden erschienene Prinz von Posten des Soldatenrates freudig empfangen: „Dass 'd nur grad da bist, Hoheit! Mir ham schon denkt, es wär was passiert. Jetzt schützn ma dich!"[2508] Der 34-jährige Herzog Ludwig Wilhelm, der Chef der herzoglichen Linie des Hauses Wittelsbach, war seit dem Spätsommer 1918 vom Frontdienst beurlaubt, um seine Güter am Tegernsee zu bewirtschaften. So erlebte der Herzog Kriegsende und Revolution nicht mehr an der Front, sondern in Wildbad Kreuth.[2509] Die Güter der herzoglichen Linie der Wittelsbacher waren nicht durch die Enteignungen der Revolution betroffen, weswegen ein Teil des Privatbesitzes des Kronprinzen Rupprecht zur Sicherheit aus der Münchner Residenz ins herzogliche Stadtpalais und ins Schloss Possenhofen gebracht wurde. Auf diese Weise konnten unter anderem die Tagebücher des Kronprinzen gerettet werden, während das Tafelsilber bereits abhanden gekommen war.[2510]

Prinzessin Therese, die Schwester des Königs, empfand die Vorgänge als überaus traurig: „Nach einer so urewigen Zusammengehörigkeit von Volk und der aus dem Volk erwachsenen Dynastie ist die gemachte Erfahrung wohl eine bittere." Sie war in der Villa Amsee bei Lindau geblieben, wo sie als Privatperson leben wollte, „obwohl ähnliche Zustände herrschen wie in der Hauptstadt." Ihrem Bruder Leopold berichtete sie, die „Bevölkerung von Stadt und Land ist rührend für mich, ist entsetzt beim Gedanken einer möglichen Abreise, nur die Wehrmacht versagt vollständig." Am Schlimmsten empfand es Therese, dass die Revolution zum Zeitpunkt der Waffenstillstandverhandlungen gekommen war, im „Moment, wo Ruhe und Einheit notwendig wären." Damit arbeite man dem Gegner in die Hände: „Wenn nur die Leute bei uns mit dem Umsturz wenigstens gewartet hätten, bis wir nach außen in Ordnung gekommen wären, um das Elend nicht noch größer zu machen."[2511] Ludwig III. war, wie sie ihrer Schwägerin Therese einige Tage nach der Eidesentbindung schrieb, „ganz unterrichtet, und auf Alles gefasst, d.h. ich glaube es nicht, ich weiß es." Als sie ihn das letzte Mal vor der Revolution gesprochen hatte, sagte sie „ihm im Auftrag von Unterrichteten die volle Wahrheit. Er schwieg. Kürzlich wurde es ihm wieder gesagt und die Antwort, die du [Prinzessin „Arnulf"] mir von ihm berichtest, betrachte ich nicht als Nicht-Erfassen der Situation, sondern dass er es nicht eingestehen wollte und sich zugleich nicht zu helfen wusste. Was er getan, wurde ihm angeraten. Aber vielleicht ist es besser so, als wenn man sich freiwillig aber gezwungen seiner Rechte begibt."[2512]

[2508] Zit. nach Bayern, Konstantin von: Ohne Macht und Herrlichkeit. München, 1961. S. 117.
[2509] Personalbogen des Ludwig Wilhelm Karl Norbert Theodor Johann Herzog in Bayern, Königliche Hoheit. BayHStA, KrA. Offizierspersonalakte 57532.
[2510] Vgl. Weiß, Dieter J.: Kronprinz Rupprecht von Bayern. Regensburg, 2007. S. 169.
[2511] Schreiben der Prinzessin Therese von Bayern an Prinz Leopold von Bayern. Lindau, 10. November 1918. Briefe der Prinzessin Therese 1859-1925. BayHStA, GHA. NL Prinz Leopold, Nr. 45.
[2512] Prinzessin Therese an Prinzessin „Arnulf". Lindau, 13.11.1918. Briefe der Prinzessin Therese von Bayern (Tochter des Prinzregenten Luitpold) an ihre Schwägerin Prinzessin Therese von Bayern

Ihrer Nichte Wiltrud schrieb Therese: „Wohl rascher noch als Du und die Deinen glaubten, hat sich das als Möglichkeit ins Auge gefasste zur Wirklichkeit gestaltet. Es waren schreckliche Tage. Die Ungewissheit über euer Schicksal war quälend. [...] Was müssen die Eltern gelitten haben, namentlich der Vater moralisch, die Mutter gesundheitlich? [...] Wir waren hier alle wie vor den Kopf geschlagen. Man konnte das Geschehnis nicht begreifen und erst nach und nach wird es einem in seinem ganzen traurigen Umfang erfassbar. Das ganze Leben verändert, die Zukunft ganz unsicher und düster. Was soll noch aus uns werden? Hoffentlich wachsen sich nicht russische Revolutionszustände heraus." Alle Traditionen seien, ebenso wie „die tausendjährige Zusammengehörigkeit", hinweggefegt. Therese fragte sich: „Mussten meine Brüder und ich so alt werden, um das zu erleben? [...] Es ist eine Schmach für das Land, in dem wir groß geworden sind, an dem wir mit allen Fasern unseres Herzens hängen und dem wir all unsere Kraft und all unser Interesse geopfert haben."[2513]

Für ihren Bruder Ludwig tat es Prinzessin Therese „gar so leid" und sie konnte sich „gar nicht hineinfinden, dass er so herausgerissen ist aus all seinen Interessen, aus den geistigen Kreisen, in denen er verkehrte, und so ohne Beschäftigung bleiben muss. Da hat man erst recht Zeit zu grübeln über all das Unbegreifliche, das sich zugetragen hat, über all das Bittere, das man kosten muss." Gegenüber Marie Therese wählte sie Worte der Enttäuschung: „Ich kann dir nicht sagen, wie ich mit euch allen gelitten habe, [...] so ohne Nachricht. Es war geradezu schrecklich! Dazu dich leidend zu wissen und all die Anstrengungen, Nachtfahrten, unvorbereiteten Unterkünfte im Winter. Man konnte sich alles ausmalen und stand mit gebundenen Händen, ohne helfen zu können, so ganz machtlos all dem Argen gegenüber." Nun sei ihr Bruder, „der rechtmäßige König, welcher zum Regieren vorbereitet und geeignet war wie wenige, des Regierens beraubt [...]. Es dreht einem das Herz um, an all das zu denken." Die persönliche Tragödie des bayerischen Herrscherhauses empfand Therese als grausam: „Und welcher Undank des Volkes gegen ihn, der nur für sein Land gearbeitet hat, gegen dich, die du dich all die Jahre geopfert und ermüdet hast, vielleicht übermüdet hast, in Tätigkeit im Roten Kreuz, in Sendung für Feldsoldaten, die Töchter, die jede an ihrem Posten in Verwundetenpflege und sonstiger Kriegsbetätigung ausgeharrt haben, endlich die Söhne, welche tapfer ihrer Soldatenpflicht gefolgt sind."[2514]

Im Januar 1919 schrieb die schwerkranke Ex-Königin Marie Therese im Wissen um ihren nahenden Tod an die Gräfin zu Castell: „Wie ganz anders beginnt

---

(geb. Prinzessin von Liechtenstein) 1917-1923. BayHStA, GHA. NL Prinzessin Therese (†1938), Nr. 3.

[2513] Schreiben der Prinzessin Therese an Prinzessin Wiltrud. Lindau, 23.11.1918. Briefe der Therese Prinzessin von Bayern an ihre Nichte Wiltrud Prinzessin von Bayern 1909-1919. LABW, HStA Stuttgart, Archiv der Herzöge von Urach, GU 119. NL Wiltrud Herzogin von Urach. Nr. 344.

[2514] Schreiben der Prinzessin Therese an Königin Marie Therese. Lindau, 29.11.1918. Briefe der Therese Prinzessin von Bayern an ihre Schwägerin Marie Therese Königin von Bayern (geb. Erzherzogin von Österreich-Este Prinzessin von Modena) 1918-1919. LABW, HStA Stuttgart, Archiv der Herzöge von Urach, GU 119. NL Wiltrud Herzogin von Urach. Nr. 1128.

dieses neue Jahr gegen die Vorhergehenden und doch habe ich so viel Grund noch Gott zu danken, dass er alle meine Lieben glücklich in die Heimat zurückkommen ließ nach vier Jahren der steten Sorgen und dass er unsere Töchter bei ihren Operationen so gnädig beschützte. [...] Auch die Verlobung Gundelindes war ein Lichtstrahl in dieser traurigen Zeit. Sie ist so glücklich und zufrieden, dass es einem ganz wohl tut, sie anzusehen. Hier ist es sehr still, aber das Schloss ist sehr gemütlich, hat überall gute Öfen und fast in allen Räumen Winterfenster und ich bin von meinen liebsten Bildern umgeben und von Blumen, die mich über den Winter hinwegtäuschen sollen! Dass die von mir so geliebten Berge mir in die Fenster hereinschauen, ist auch ein Vorzug."[2515] Am 2. Februar 1919, einen Tag vor der geplanten Hochzeit der Prinzessin Gundelinde in Wildenwart, verstarb Marie Therese im Beisein ihres Gatten Ludwig und ihrer Kinder Rupprecht, Maria, Adelgunde, Franz, Wiltrud und Gundelinde. Marie Therese sollte in aller Stille in der Schlosskapelle von Wildenwart beigesetzt werden und dort ruhen, bis eine Überführung nach München möglich würde. Der Volksstaat Bayern nahm offiziell keine Notiz vom Ableben der ehemaligen Königin.[2516] Die Kammerfrau Marie Thereses schrieb bewegt: „Mit ihr starb die Seele des Hauses, nicht nur die Mutter ihrer Kinder, sondern auch unsere sorgende Landesmutter."[2517]

11.5 Räterepublik und Exil

Am 12. Januar 1919 fanden die Wahlen zum bayerischen Landtag statt, bei denen erstmals auch Frauen wahlberechtigt waren.[2518] Manches Mitglied der ehemaligen Königsfamilie ging wählen, beispielsweise Prinzessin Gisela: „Am frühen Vormittag musste ich meiner Bürgerpflicht genügen und wählen, es verlief alles sehr gut und ruhig. Um nicht aufzufallen ging ich möglichst einfach dunkel gekleidet."[2519] Für Eisners Regierung endete der Wahltag in einer dramatischen Niederlage. Während seine USPD nur 2,5% der Stimmen erreichen konnte, wurde die aus dem Zentrum hervorgegangene bayerische Volkspartei mit 35% der Wählerstimmen stärkste Kraft im Parlament, dicht gefolgt von der SPD, die 33% auf sich vereinen konnte. Die liberale DDP erzielte 14% der Stimmen. Das Ergebnis zeigte, dass die Parteien, die bislang Eisners Revolutionsregierung gestützt hatten, über keine parlamentarische Mehrheit verfügten. Die radikale Linke verschwand in der Bedeu-

---

[2515] Abschrift eines Briefes IM der Königin Marie Therese von Bayern an Gräfin zu Castell [Januar 1919]. Briefe der Marie Therese Königin von Bayern (geb. Erzherzogin von Österreich-Este Prinzessin von Modena) an ihre Schwägerin Therese Prinzessin von Bayern 1900-1919. LABW, HStA Stuttgart, Archiv der Herzöge von Urach, GU 119. NL Wiltrud Herzogin von Urach. Nr. 1122.
[2516] Vgl. Schad, Martha: Bayerns Königinnen. München, 2007. S. 361f
[2517] Zit. nach ebd., S. 362.
[2518] Vgl. Weiß, Dieter J.: Kronprinz Rupprecht von Bayern. Regensburg, 2007. S. 170.
[2519] Schreiben der Prinzessin Gisela von Bayern an Prinz Leopold von Bayern. München, 12. Januar 1919. Briefe der Prinzessin Gisela 1872-1928. BayHStA, GHA. NL Prinz Leopold, Nr. 14.

tungslosigkeit. Eisner versuchte daraufhin, die Einberufung des Landtags zu verzögern, während linke Gruppierungen den Landtag mittels eines Landesrätekongresses zu entmachten versuchten. Dies führte zu einem Aufflammen der Gewalt im gesamten Freistaat. Schließlich ließ Eisner das Parlament für den 21. Februar 1919 einberufen. Bei dieser Gelegenheit wollte er den Rücktritt seines Kabinetts anbieten. Auf dem Weg zu dieser Versammlung wurde Eisner von einem jungen Leutnant im Leibregiment, Anton Graf von Arco auf Valley, auf offener Straße erschossen, was eine Eskalation nach sich zog. Im Landtag brach ein Tumult aus, in dessen Folge Erhard Auer schwer verletzt und zwei andere Personen getötet wurden. Hunderttausende nahmen an einer Protestdemonstration beim Begräbnis Eisners teil. Mit dem Mord entstand ein gefährliches Machtvakuum.[2520]

Dem zusammen mit seiner Familie und seinem Bruder Karl in Leutstetten wohnenden[2521] Prinz Franz kam das Gerücht zu Ohren, ein großer Triumphzug der Revolutionäre sei geplant, bei dem auch er mitgeführt und dann zusammen mit anderen auf dem Oberwiesenfeld erschossen werden solle. Das Gerücht entbehrte jeder Grundlage und auch Franz selbst nahm es nicht ernst. Es zeigt aber, wie aufgeladen die politische Lage in und um München nach Eisners Ermordung war und dass die ehemalige Königsfamilie in dieser Situation vor Übergriffen nicht sicher sein konnte.[2522] In Wildenwart sollte am 23. Februar 1919 die aufgrund des Ablebens der Königin verschobene Hochzeit Gundelindes stattfinden. Diese musste nun in aller Eile vollzogen werden, da Oberstkämmerer Hans von Laßberg aus München telefonisch mitgeteilt hatte, dass Spartakisten auf dem Weg nach Wildenwart seien, um den König zu verhaften und nach Stadelheim ins Gefängnis zu bringen. So wurde der Hochzeitstag der Prinzessin Gundelinde zum Fluchttag Ludwigs III. aus Wildenwart.[2523] Der Fluchtplan war durchdacht worden, seit man von der Ermordung Eisners erfahren hatte. In das drei Autostunden entfernte Tirol sollte es gehen.[2524] Ludwig III. und sein Adjutant stiegen in den Zweispänner ein, der für das Brautpaar bestimmt gewesen war, und fuhren zum nächsten Dorf, wo sie übernachteten. Am nächsten Morgen ging es nach Kiefersfelden. In einem Boot überquerte man den Inn. Mit einem Wagen wurde der illegale Grenzgänger nach Kufstein gebracht. Dort wurde Ludwig III. von der Bevölkerung freundlich aufgenommen und bewohnte zwei Wochen lang das Hotel „Zur Post". Um die Sicherheit des Ex-Monarchen zu gewähren, wurde eine Leibwache aus dem in Kufstein ansässigen bayerischen und österreichischen Grenzschutz zusammengestellt. Waffen und

---

[2520] Vgl. Prinz, Friedrich: Die Geschichte Bayerns. München, 2001. S. 444f; Vgl. Weiß, Dieter J.: Kronprinz Rupprecht von Bayern. Regensburg, 2007. S. 170; Vgl. Höller, Ralf: Der Anfang, der ein Ende war. Die Revolution in Bayern 1918/19. Berlin, 1999. S. 139-142 und 147-156; Vgl. Large, David Clay: Hitlers München. Aufstieg und Fall der Hauptstadt der Bewegung. München, 1998. S. 134-138.
[2521] Ludwig III. an Prinz Leopold, 14.3.1919. Briefe Ludwigs III. 1856-1921. BayHStA, GHA. NL Prinz Leopold, Nr. 36.
[2522] Vgl. Beckenbauer, Alfons: Ludwig III. von Bayern. Regensburg, 1987. S. 277.
[2523] Vgl. Schad, Martha: Bayerns Königinnen. München, 2007. S. 363.
[2524] Vgl. Beckenbauer, Alfons: Ludwig III. von Bayern. Regensburg, 1987. S. 278.

11.5 Räterepublik und Exil

Munition wurden ausgegeben, die Fensterplätze der Vorderfront des Gebäudes verteilt, Matratzen im Speisesaal ausgelegt. Tatsächlich hatte sich ein Kommandotrupp aus Rosenheim auf dem Weg nach Kufstein gemacht, um den König zu verhaften.[2525]

Der Kommandant des bayerischen Grenzschutzes berichtete: „Ich verständigte sofort den Kommandanten des österreichischen Grenzschutzes. Unsere beiderseitigen Mannschaften waren am Bahnhof Kufstein anwesend. Dem Zug entstiegen etwa acht Revolutionäre in verwegener Uniform. Der Anführer des Trupps, der offensichtlich nicht wusste, dass er sich auf österreichischem Boden befand, ging auf ein Mitglied des österreichischen Grenzschutzes zu, auf den Pfandl Toni, der die Uniform der österreichischen Kaiserjäger trug, und erklärte in barschem Ton, dass er gekommen sei, den bayerischen König zu verhaften. Der Toni erwiderte, er solle sich beeilen, schleunigst wieder über die Grenze nach Bayern zurückkehren, sonst werde er ihn und seine ganze Bande verhaften. Es gab eine kurze Rauferei, die damit endete, dass der Pfandl Toni sämtliche Revolutionäre überwältigte und in einen Güterzug einschloss, der kurze Zeit später nach Bayern zurückrollte."[2526] Nach dem Aufenthalt Ludwigs III. in Kufstein folgte eine Reise durch Österreich und die Schweiz. Zwar war die unmittelbare Gefahr für den Ex-Monarchen Mitte Mai 1919 gebannt, er kehrte aber erst am 23. April 1920 nach Wildenwart zurück.[2527] Zunächst übersiedelte er nach Ötz im Ötztal.[2528]

Von dort aus schrieb Ludwig seiner Tochter Wiltrud, hier sei er „vollkommen sicher. Die Gegend ist schön. Sonst ist aber mein Aufenthalt hier furchtbar einsam und [...] langweilig, da ich von der ganzen Welt abgeschlossen bin und Nachrichten von dem, was sich in der Welt ereignet, wenn überhaupt nur sehr spät erhalte."[2529] Wo sich die Mitglieder des königlichen und herzoglichen Hauses befänden, sei ihm nur teilweise bekannt, wie er seinem Bruder Leopold schrieb.[2530] Wiltrud antwortete ihrem mittlerweile ins ungarische Sárvár übersiedelten Vater Mitte März 1919, ihre Schwester Gundelinde wohne nun zusammen mit ihrem Gatten Preysing in Moos. Prinzessin Therese, die Schwester des Königs, habe ihr geschrieben, sie übe sich „im Rucksacktragen" und sei „auf dem Sprunge [...], wenn

---

[2525] Erinnerungen des bayerischen Mundkochs Martin Randlzofer. Erinnerungen zum Hofstaat am 9.11.1918 und zur Flucht in der Revolutionszeit 1918/19. BayHStA, GHA. NL Herzogin Wiltrud von Urach, Nr. 288; Vgl. Hofbauer, Ekkehard: König Ludwig III. von Bayern in Kufstein. Tiroler Heimatblätter, 44. Jahrgang Heft 1/3 Januar-März 1969. Erinnerungen zur Flucht 1918/19.BayHStA, GHA. NL Herzogin Wiltrud von Urach, Nr. 289; Vgl. Beckenbauer, Alfons: Ludwig III. von Bayern. Regensburg, 1987. S. 278f.
[2526] Zit. nach Beckenbauer, Alfons: Ludwig III. von Bayern. Regensburg, 1987. S. 280.
[2527] Vgl. Beckenbauer, Alfons: Ludwig III. von Bayern. Regensburg, 1987. S. 280.
[2528] Erinnerungen des bayerischen Mundkochs Martin Randlzofer. Erinnerungen zum Hofstaat am 9.11.1918 und zur Flucht in der Revolutionszeit 1918/19. BayHStA, GHA. NL Herzogin Wiltrud von Urach, Nr. 288.
[2529] Schreiben Ludwigs III. an Prinzessin Wiltrud. Ötz, 16.3.1919. Briefe des Ludwig III. König von Bayern an seine Tochter Wiltrud Prinzessin von Bayern. 1916-1921. LABW, HStA Stuttgart, Archiv der Herzöge von Urach, GU 119. NL Wiltrud Herzogin von Urach. Nr. 350.
[2530] Ludwig III. an Prinz Leopold, 14.3.1919. Briefe Ludwigs III. 1856-1921. BayHStA, GHA. NL Prinz Leopold, Nr. 36.

es in Lindau unsicher werden sollte." Prinz Konrad befand sich bei seinen Eltern Leopold und Gisela.[2531] Danach ging es für Ludwig nach Vaduz, wo er von Johann II., dem Fürsten von Liechtenstein, ein Jagdhaus in der Nähe des Schlosses zur Verfügung gestellt bekam. Da sich die Versorgungslage in dem kleinen Land als schwierig herausstellte, wurde dem Ex-Monarchen ein Angebot des Bischofs von Chur mitgeteilt, der vorschlug, Ludwig in einem neueingerichteten Priestererholungsheim in Zizers bei Zürich unterzubringen.[2532] Dort blieb er einige Monate, um anschließend ins Grand Hotel von Locarno umzuziehen. Die Königstöchter besuchten ihren Vater dort einige Male.[2533]

Aus dem Exil verfolgte er die chaotische Entwicklung. Nach der Ermordung Eisners war es zum Nebeneinander verschiedener Räteinstitutionen, Ministerien und der Bürokratie gekommen. Ein „Zentralrat der Bayerischen Republik" übernahm die vollziehende Gewalt. Erst am 17. März 1919 konnte der Landtag eine Sitzung abhalten, in welcher der Sozialdemokrat Johannes Hoffmann zum Ministerpräsidenten gewählt wurde. Am 7. April riefen radikale Elemente die Räterepublik aus und zwangen das Staatsministerium zur Flucht nach Bamberg, von wo aus eine Verfassung ausgearbeitet wurde. Die Revolution entglitt den reformorientierten Demokraten aller politischen Lager zunehmend. Nur eine Woche nach Ausrufung einer Münchner Räterepublik wurde diese von Kommunisten gestürzt, die eine zweite, so genannte „Scheinräterepublik" unter Führung von USPD und Bauernbund konstituierten. Die Regierung und die bayerische Reichswehr erwiesen sich als zu schwach, um die Ordnung aufrechtzuerhalten. Daher entstanden auf Aufforderung des Ministerrats Einwohnerwehren. Im April war die „Scheinräterepublik" nach Straßenkämpfen gegen Teile der Münchner Garnison in eine Räterepublik nach leninistischem Vorbild übergegangen, deren führende Persönlichkeiten Max Levien, Eugen Leviné, Rudolf Eglhofer und Ernst Toller waren. Das Ende kam, als Freikorps die „Rote Armee" der Räterepublik innerhalb von zwei Wochen, gemeinsam mit Truppen der Reichswehr und württembergischen Kontingenten, in München einschlossen und blutig niederkämpften.[2534]

[2531] Schreiben der Prinzessin Wiltrud an Ludwig III. Wildenwart, 13.3.1919. Briefe der Wiltrud Prinzessin von Bayern an ihren Vater Ludwig III. König von Bayern. 1919-1921. LABW, HStA Stuttgart, Archiv der Herzöge von Urach, GU 119. NL Wiltrud Herzogin von Urach. Nr. 1099.

[2532] Handschriftliche Niederschrift Wiltruds vom 26.4.1954 beim Besuch der Baronin Antonie Tänzls in Wildenwart: Papas Aufenthalt in Vaduz und Zizers April-Mai 1919. BayHStA, GHA. NL Herzogin Wiltrud von Urach, Nr. 288.

[2533] Erinnerungen des bayerischen Mundkochs Martin Randlzofer. Erinnerungen zum Hofstaat am 9.11.1918 und zur Flucht in der Revolutionszeit 1918/19. BayHStA, GHA. NL Herzogin Wiltrud von Urach, Nr. 288; Brief Ludwigs III. von Bayern an Prinzessin Wiltrud von Bayern. Locarno, 13. Oktober 1919. BayHStA, GHA. NL Herzogin Wiltrud von Urach, Nr. 1.

[2534] Vgl. Prinz, Friedrich: Die Geschichte Bayerns. München, 2001. S. 444-447; Vgl. Bosl, Karl: Bayerische Geschichte. 2. Auflage. München, 1980. S. 188f; Vgl. Weiß, Dieter J.: Kronprinz Rupprecht von Bayern. Regensburg, 2007. S. 171f; zur Organisation und Funktion der Rätegremen vgl. Köglmeier, Georg: Die zentralen Rätegremien in Bayern 1918/19. Legitimation, Organisation, Funktion. München, 2001; ausführlich dazu siehe Höller, Ralf: Der Anfang, der ein Ende war. Die Revolution in Bayern 1918/19. Berlin, 1999. S. 162-270; Vgl. Ullrich, Volker: Die Revolution von

11.5 Räterepublik und Exil

Der Münchner Arbeiterrat hatte am 4. Februar 1919 in einem Schreiben an das Ministerium des Äußern nachdrücklich verlangt, den vormaligen Kronprinzen, der ebenso wie sein Vater nicht abgedankt hatte, zum sofortigen Verzicht auf seine Stellung als Thronfolger aufzufordern.[2535] Rupprecht verließ Bayern nach dem Mord an Eisner, indem er Ende Februar mit seinem Sohn Albrecht und dessen Lehrer vom Tegernsee aus über die verschneiten Berge nach Tirol wanderte. Im Jagdhaus des ehemaligen österreichischen Militärattachés in Berlin fanden sie am Achensee Zuflucht. Dieser konnte ihnen eine Aufenthaltsgenehmigung für Österreich besorgen. Anschließend wurden sie vom Gutsbesitzer und Kunstmaler Karl Anton Reichel auf dem so genannten Edelhof Heiligenkreuz bei Micheldorf an der Krems aufgenommen.[2536] Kommuniziert wurde zur Sicherheit mittels Codenamen. Die Prinzen und Prinzessinnen wurden gebeten, den Aufenthaltsort ihres Vaters in Briefen nie zu erwähnen, da die Überbringer der Briefe Gefahren ausgesetzt seien.[2537] So wurde Ludwig III. in der Korrespondenz zu „Alois", Rupprecht wurde als „Adres" bezeichnet, Franz nannte man „Sepp". Karls Codename war „Paul", Isabella wurde zu „Fanny", Hildegard zu „Lackl", Wiltrud zu „Heidi", aus Gundelinde wurde „Gina", aus Georg „Hans" und Therese „Toa".[2538]

Nicht nur die Familie Ludwigs III., sondern auch die des Prinzen Leopold begab sich auf die Flucht. Prinz Georg riet seinen Eltern dringend, München zu verlassen. Am 24. Februar kam aus München telefonisch der Rat, sich ins Ausland zu begeben. Der Bezirksamtmann von Garmisch riet zur Flucht ins sicherere Reutte. Am Morgen des 26. Februar fuhren Leopold, Gisela und Konrad unter falschem Namen über die bayerisch-österreichische Grenze. Drei Monate verbrachte die Familie des Prinzen in Reutte. Er erinnerte sich: „Uns allen fiel ein Stein vom Herzen, als wir den Tiroler Grenzpfahl hinter uns hatten. Es ist traurig genug wenn man froh sein muss, dem geliebten Vaterlande den Rücken zu kehren." Die bayerische Regierung verlangte kurz darauf von der Tiroler Regierung Leopolds Auslieferung, doch wurde dieses Ansinnen zurückgewiesen.[2539] Leopolds Sohn Georg sollte von den Spartakisten ebenfalls verhaftet werden. Sie gingen, wie Prinzessin Wiltrud berichtete, „in sein Haus, ihn zu finden, als er [dieses], durch einen

---

1918/19. München, 2009. S. 92-101; Vgl. Large, David Clay: Hitlers München. Aufstieg und Fall der Hauptstadt der Bewegung. München, 1998. S. 142-161.

[2535] Vollzugsratssitzung vom 4.2.1919. Zentralrat und Vollzugsrat. Sitzungsberichte, Satzungen. BayHStA, NB. Arbeiter- und Soldatenrat, Nr. 3.

[2536] Vgl. Weiß, Dieter J.: Kronprinz Rupprecht von Bayern. Regensburg, 2007. S. 170f.

[2537] Notizen über die Verwendung von Codenamen bei der Korrespondenz des vorübergehend in der Schweiz im Exil lebenden König Ludwig III. von Bayern mit seinen Kindern. 1919. LABW, HStA Stuttgart, Archiv der Herzöge von Urach, GU 119. NL Wiltrud Herzogin von Urach. Nr. 1017.

[2538] Verzeichnisse mit Adressen von Personen, die Mitgliedern des Hauses Bayern Unterschlupf gewähren, Verzeichnis der bei der Korrespondenz des Hauses Bayern verwandten Decknamen. LABW, HStA Stuttgart, Archiv der Herzöge von Urach, GU 119. NL Wiltrud Herzogin von Urach. Nr. 651.

[2539] Maschinenschriftliche Abschrift der Lebenserinnerungen. S. 843-845. BayHStA, GHA. NL Prinz Leopold, Nr. 261.

Schlapphut unkenntlich gemacht" gerade verließ.[2540] Die Familie des Prinzen Alfons hatte München zwar nicht verlassen, hatte aber, wie Prinzessin Wiltrud berichtete, „an dem kritischen Tage, als Onkel Leopold, Tante Gisela und Konrad nach Reutte fuhren, [...] in Schwabing übernachtet, so auch Clara."[2541] Ludwig Ferdinand blieb, ebenso wie das älteste Familienmitglied der Wittelsbacher, Herzog Ludwig in Bayern, in München, ohne dabei besonders belästigt zu werden. Die ehemalige Königin Marie beider Sizilien wohnte während der gesamten Revolutionszeit im Hotel Bellevue am Münchner Karlsplatz.[2542]

Nachdem die Nationalversammlung mit der Ratifizierung der Versailler Verträge die deutsche Kriegsschuld anerkannt hatte, verlangten die Alliierten nach dem Prinzip der Verantwortlichkeit die Aburteilung Wilhelms II. Damit geriet auch die Generalität in Gefahr, vor ein Gericht gestellt zu werden.[2543] Ludwig III. war ebenso wie Rupprecht „über die Friedensbedingungen empört." Gleichwohl befand er, unter „den obwaltenden deutschen Verhältnissen blieb aber nichts anderes übrig, als sie anzunehmen." Am meisten entrüstete den Ex-König aber „das Verlangen nach Auslieferung des Kaisers u. verschiedener anderer Persönlichkeiten, deren Zahl und Namen noch nicht bekannt sind u. zu denen Du [Rupprecht] hoffentlich nicht gehören wirst und die vor ein Gericht gestellt werden sollen, dessen Zusammensetzung unbekannt ist [...]."[2544] Tatsächlich befand sich Rupprecht, ebenso wie der Kaiser und viele andere Angehörige deutscher Fürstenhäuser, auf einer 895 Namen zählenden Auslieferungsliste, die im Februar 1920 vorgelegt wurde. Die Reichsregierung lehnte zwar grundsätzlich jede Auslieferung deutscher Staatsbürger ab, veranlasste jedoch eigene Ermittlungen. Das Reichsgerichtsverfahren gegen Rupprecht wurde im Juni 1923 eingestellt und sämtliche Beschuldigungen als haltlos erklärt. Ausdrücklich wurde festgehalten, dass Rupprecht nicht für eventuelle Mordtaten, Plünderungen und Brandstiftungen verantwortlich sei, die dessen Truppen begangen hätten. Im Gegenteil habe er sich für die Milderung der Kriegshärten und die schonende Behandlung der eingesessenen Bevölkerung eingesetzt.[2545]

[2540] Schreiben der Prinzessin Wiltrud an Ludwig III. Wildenwart, 13.3.1919. Briefe der Wiltrud Prinzessin von Bayern an ihren Vater Ludwig III. König von Bayern. 1919-1921. LABW, HStA Stuttgart, Archiv der Herzöge von Urach, GU 119. NL Wiltrud Herzogin von Urach. Nr. 1099.
[2541] Schreiben der Prinzessin Wiltrud an Ludwig III. Wildenwart, 3.4.1919. Briefe der Wiltrud Prinzessin von Bayern an ihren Vater Ludwig III. König von Bayern. 1919-1921. LABW, HStA Stuttgart, Archiv der Herzöge von Urach, GU 119. NL Wiltrud Herzogin von Urach. Nr. 1099.
[2542] Dort hatte sie von ihrem Fenster aus die am Stachus stattfindenden Kämpfe der Kommunisten mit angreifenden Ersatztruppen mit angesehen. Vgl. Maschinenschriftliche Abschrift der Lebenserinnerungen. S. 862. BayHStA, GHA. NL Prinz Leopold, Nr. 261.
[2543] Vgl. Weiß, Dieter J.: Kronprinz Rupprecht von Bayern. Regensburg, 2007. S. 174; Vgl. Ullrich, Volker: Die Revolution von 1918/19. München, 2009. S. 101-107.
[2544] Brief König Ludwigs III. an Kronprinz Rupprecht. Zizers, 24.7.1919. Briefe Ludwigs III. an den Kronprinzen Rupprecht. BayHStA, GHA. NL Kronprinz Rupprecht, Nr. 3.
[2545] Vgl. Weiß, Dieter J.: Kronprinz Rupprecht von Bayern. Regensburg, 2007. S. 176f.

11.6 Restaurationshoffnungen

Ludwig III. hoffte, da die Eidesentbindung für ihn keinen grundsätzlichen Thronverzicht darstellte, bis zu seinem Lebensende auf eine Rückkehr auf den Thron.[2546] Die Revolution des 7. November 1918 bezeichnete der abgesetzte Monarch als „zum mindesten sehr überflüssig, da es ein freieres Volk als das bayerische nicht gegeben hat." Gegenüber seiner Schwester äußerte sich der Entthronte defätistisch: „Es sind wahrlich schwere Zeiten, die wir durchleben. Nach vierjährigen sieg- und glorreichen Kämpfen nahezu gegen die ganze Welt sind wir der Übermacht erlegen in Folge der Fehler der Obersten Heeresleitung und der mangelhaften Führung der äußeren Politik der Reichsleitung. Wir in Bayern müssen die Folgen mittragen, obwohl wir wahrlich nicht das Geringste dafür können."[2547] Mit dieser Ansicht war er innerhalb der vormaligen Königsfamilie nicht allein. Die unangepasste Prinzessin Therese war zwar von ihrem gefallenen Neffen Heinrich scherzhaft als „demokratische Tante" bezeichnet worden, resümierte allerdings, in der Praxis sei die republikanische Staatsform der monarchischen Regierungsform weit unterlegen: „Nicht der Beste u. Fähigste kommt meist an die Spitze, sondern oft irgendeiner, den Parteiinteressen oder nichtssagende Combinationen oder gar der pure Zufall aus der Menge herausheben. Und dann geht in einer Republik eine Unzahl erhebender Momente u. edler Gefühle verloren, Gefühle der Anhänglichkeit, Treue u. Liebe gegen das angestammte Fürstenhaus, welches mit dem Volk in gleichen Interessen verwoben u. dessen höchstes Ziel das Glück des Volkes ist." Zwar verdachte sie niemandem eine republikanische Gesinnung, war aber gekränkt durch die „schmachvolle, empörende Behandlung" ihrer beiden Brüder, „welche ihr ganzes Leben der Pflicht ihrem Lande gegenüber gelebt haben."[2548] Therese schloss sich der Analyse Ludwigs III. an: „Wir müssen unschuldig mitbüßen für Fehler, die in Preußen gemacht wurden."[2549]

Mit der Niederschlagung der Räterepublik keimte Hoffnung auf. Leopold erinnerte sich, von „allen Seiten umschlossen ward am 2. Mai München unter schweren Kämpfen von den Regierungstruppen genommen und mit Jubel von der Bevölkerung empfangen. [...] Die Verluste waren leider nicht gering, aber die Ordnung bald wieder hergestellt, die roten Fahnen verschwunden, die weiß-blauen gehisst, die anständigen Leute konnten wieder aufatmen, doch die erhoffte Wiederherstel-

---

[2546] Vgl. Prinz, Friedrich: Die Geschichte Bayerns. München, 2001. S. 438.
[2547] Schreiben Ludwigs III. an Prinzessin Therese. Wildenwart, 24.11.1918. Briefe König Ludwigs III. an Prinzessin Therese. 1860-1921. BayHStA, GHA. NL Prinzessin Therese (†1925), Nr. 69.
[2548] Zit. nach und vgl. Bußmann, Hadumod: „Ich habe mich vor nichts im Leben gefürchtet". Die ungewöhnliche Geschichte der Therese Prinzessin von Bayern. München, 2011. S. 254.
[2549] Schreiben der Prinzessin Therese an Königin Marie Therese. Lindau, 29.11.1918. Briefe der Therese Prinzessin von Bayern an ihre Schwägerin Marie Therese Königin von Bayern (geb. Erzherzogin von Österreich-Este Prinzessin von Modena) 1918-1919. LABW, HStA Stuttgart, Archiv der Herzöge von Urach, GU 119. NL Wiltrud Herzogin von Urach. Nr. 1128.

lung des Königreiches blieb aus."[2550] Die Mitglieder des ehemaligen Königshauses lebten in der Republik als Privatleute. Im September 1919 kehrte Rupprecht nach Bayern zurück, wo er an die gesellschaftlichen Kontakte der Vorkriegszeit anknüpfte.[2551] Ludwig III. lebte nach seiner Heimkehr nach Bayern von April 1920 bis September 1921 zurückgezogen in Schloss Wildenwart, wo seine Gattin Marie Therese in der Schlosskapelle beigesetzt worden war.[2552] Prinzessin Therese verblieb abseits der Öffentlichkeit in Lindau.[2553] Nach der Niederschlagung der Räterepublik waren auch Leopold und Gisela wieder dauerhaft nach Bayern zurückgekehrt.[2554] Das Paar trat nur selten öffentlich auf.[2555] Prinz Georg hatte sich für den Priesterberuf entschieden.[2556] Er machte als Domherr von St. Peter in Rom Karriere als apostolischer Pronotar.[2557] Prinz Franz bewirtschaftete das von seiner Mutter ererbte Gut Sárvár in Ungarn und errichtete dort ein vorbildliches Gestüt.[2558] Helmtrud und Wiltrud lebten in Wildenwart.[2559]

Nach wie vor wachte Ludwig kraft seiner Stellung innerhalb der Familie streng über das Image des Hauses Wittelsbach. Seinem Bruder schrieb er im März 1920: „Die Hauptsache scheint mir zu sein, dass das Königliche Haus fest zusammenhält und keine Sonderinteressen aufkommen lässt und vor allem, dass jedes Mitglied sich tadellos verhält, sodass, wenn eine Wiederherstellung des früheren Zustandes eintreten würde, alle Rechte des Hauses gewahrt blieben und jeder Angehöriger desselben einen fleckenlosen Schild aufweisen könnte."[2560] Der Ex-König von Bayern konnte sich mit seiner Entmachtung nicht abfinden und schmiedete illusorische Pläne. Im Mai 1921 urteilte Ludwig III., der Weltkrieg sei „verloren gegangen aus vielerlei Gründen, [...] aber gewiss nicht am wenigsten durch die Hungerblockade unserer Feinde [...]." Überdies seien die „verschiedenen Kriegsziele der vier Verbündeten des Deutschen Reiches, Österreich-Ungarns, der Türkei und Bulgariens – und die dadurch hervorgerufene mangelnde Einheitlichkeit der Krieg-

---

[2550] Maschinenschriftliche Abschrift der Lebenserinnerungen. S. 852. BayHStA, GHA. NL Prinz Leopold, Nr. 261.
[2551] Vgl. Weiß, Dieter J.: Kronprinz Rupprecht von Bayern. Regensburg, 2007. S. 178.
[2552] Vgl. Beckenbauer, Alfons: Ludwig III. von Bayern. Regensburg, 1987. S. 282.
[2553] Sie wurde in München unter großer Anteilnahme der Bevölkerung beigesetzt. Vgl. Bußmann, Hadumod: „Ich habe mich vor nichts im Leben gefürchtet". Die ungewöhnliche Geschichte der Therese Prinzessin von Bayern. München, 2011. S. 282-287.
[2554] Maschinenschriftliche Abschrift der Lebenserinnerungen. S. 852. BayHStA, GHA. NL Prinz Leopold, Nr. 261.
[2555] Zur Beisetzung des Prinzen im Jahr 1930 erschien der greise Reichspräsident Paul von Hindenburg. Vgl. Schad, Martha: Kaiserin Elisabeth und ihre Töchter. München, 1999. S. 43f.
[2556] Maschinenschriftliche Abschrift der Lebenserinnerungen. S. 851. BayHStA, GHA. NL Prinz Leopold, Nr. 261.
[2557] Vgl. Schad, Martha: Kaiserin Elisabeth und ihre Töchter. München, 1999. S. 37.
[2558] Vgl. Rall, Hans: Wittelsbacher Lebensbilder von Kaiser Ludwig bis zur Gegenwart. München, 1979. S. 71.
[2559] Schreiben der Prinzessin Wiltrud an Ludwig III. Wildenwart, 13.3.1919. Briefe der Wiltrud Prinzessin von Bayern an ihren Vater Ludwig III. König von Bayern. 1919-1921. LABW, HStA Stuttgart, Archiv der Herzöge von Urach, GU 119. NL Wiltrud Herzogin von Urach. Nr. 1099.
[2560] Ludwig III. an Prinz Leopold, 3.3.1920. Briefe Ludwigs III. 1856-1921. BayHStA, GHA. NL Prinz Leopold, Nr. 36.

11.6 Restaurationshoffnungen 525

führung" ursächlich für die Kriegsniederlage. Zur Vermeidung derartiger Nachteile fantasierte er von der Schaffung eines losen Staatenbundes aller Deutschen und Skandinavier, Italiener, Ladiner, Rumänen, Griechen, Albaner, Ungarn, Süd- und Westslawen, Armenier, Kaukasusvölker, der ugrischen, finnischen, lettischen, türkischen und tatarischen Völker und eines Teils der französischen Bevölkerung, der sich an die Verfassungen der Vereinigten Staaten und der Schweiz anlehnen könnte.[2561]

Sein Namensfest am 25. August 1921 beging der Ex-König in Wildenwart, wo ihm die Bevölkerung freundlich gesinnt war. Am 28. September 1921 reiste Ludwig III. in die ungarische Tiefebene, um Zeit in seinen Besitzungen in Sárvár zu verbringen. Bereits seit einem Jahr hatte er mit gesundheitlichen Problemen zu kämpfen. Magenkrebs wurde diagnostiziert, später wurde dies widerrufen. Anfang Oktober verschlechterte sich sein Zustand. Seine älteste Tochter Adelgunde wurde ans Krankenbett gerufen, auch Kronprinz Rupprecht und andere Familienmitglieder waren gekommen. Am Nachmittag des 18. Oktobers 1921 verstarb Ludwig III. an Herzversagen und Magenblutungen. Tags darauf wurde ihm das Herz entnommen, das in einer Urne aufbewahrt nach Altötting verbracht werden sollte. Aufgrund politischer Verwicklungen in Ungarn konnte der Verstorbene erst nach elf Tagen in einem Sonderzug die Rückreise nach Bayern antreten, begleitet von Franz und Adelgunde, Maria, Hildegard, Wiltrud und Helmtrud. Am 30. Oktober lief der Sonderzug am Grenzbahnhof Salzburg ein, wo eine Abordnung der bayerischen Beamtenschaft einen Kranz auf den Sarg legte.[2562] Von dort ging es weiter nach Prien, wo der mit einem weißblauen Tuch umhüllte Sarg unter den Klängen des bayerischen Präsentiermarsches aus dem Zug geladen und nach Wildenwart gebracht wurde. In der Schlosskapelle wurde der letzte Bayernkönig neben seiner Gattin aufgebahrt, bevor die beiden Särge am 4. November im Beisein Rupprechts nach München überführt wurden.[2563]

Am 4. November versammelten sich die ehemalige königliche Familie und weitere ehemalige Fürstlichkeiten am Hauptbahnhof, wo die sterblichen Überreste des vormaligen Königspaares eintrafen. Diese wurden nachts in die Ludwigskirche verbracht. Morgens trafen die Mitglieder der Familie dort zur Aufbahrung des Königspaares ein, die nach Prinz Leopold „einfach und würdig war, dann wurden die Särge auf die Aufgangsstufen der Kirche getragen, während die Leidtragenden in der Vorhalle der Kirche Aufstellung nahmen; hierauf kam der endlos scheinende Trauerzug vorbei, die toten Majestäten zum letzten Male zu grüßen." Für den Prinzen war dies „besonders in der Jetztzeit" eine „großartige patriotische Kundgebung der ganzen Einwohnerschaft". Rupprecht stand hinter den Särgen seiner Eltern,

---

[2561] Ausgang des Ersten Weltkriegs und Schaffung eines Staatenbundes. BayHStA, GHA. NL Ludwig III., Nr. 301.
[2562] Vgl. Beckenbauer, Alfons: Ludwig III. von Bayern. Regensburg, 1987. S. 282-288; Vgl. Glaser, Hubert: Ludwig III. König von Bayern. Skizzen aus seiner Lebensgeschichte. Katalog zur Ausstellung in Wildenwart. Hrsg. von Max Oppel. Prien am Chiemsee, 1995. S. 52-55.
[2563] Vgl. Beckenbauer, Alfons: Ludwig III. von Bayern. Regensburg, 1987. S. 292.

umgeben vom Rest der Familie. Zahllose Vereine, Veteranen, Offiziere, Beamte, Ordenskongregationen und Reichswehreinheiten zogen vorüber, „es dauerte zwei Stunden, denn die ganze Bevölkerung war vertreten, bis die zwei großen alten Hofleichenwagen vorfahren konnten." Die männlichen Familienmitglieder, die hohen Gäste und die unmittelbare Suite des Ex-Königs folgten diesen, die von berittenen Offizieren der ehemaligen Königsregimenter begleitet wurden. Der Trauerzug bewegte sich durch die Stadt, bis er an der Frauenkirche eintraf, wo sich die weiblichen Mitglieder des ehemaligen Königshauses versammelt hatten. Dort wurden die Särge feierlich in der Wittelsbacher Familiengruft beigesetzt.[2564] Die eindrucksvolle Inszenierung der Beisetzung des letzten bayerischen Königspaares konnte sich mit dem Trauerzug für den 1912 verstorbenen Prinzregenten Luitpold durchaus messen, obgleich das monarchische Gepränge fehlte.[2565]

Infolge des Ablebens Ludwigs III. rückte Kronprinz Rupprecht in den Fokus, der nach der Thronfolgeordnung am 18. Oktober 1921 der König von Bayern geworden wäre.[2566] Dieser hatte bereits vor dem Tod seines Vaters für einen Volksentscheid in der Frage einer Restauration plädiert, den er als erfolgversprechend einschätzte, wie der württembergische Gesandte in München festhielt.[2567] Der Trauergottesdienst für Ludwig III. wurde von Michael Kardinal von Faulhaber gestaltet, der sich die Aufgabe gestellt hatte, die Gedenkfeier über alle bisherigen Trauerfeiern hinauszuheben, die in München stattgefunden hatten. Mit großem Pathos stilisierte der Kardinal den Verstorbenen zu einem Märtyrer. Zudem verteidigte er das Gottesgnadentum und betonte „Könige von Volkes Gnaden sind keine Gnade für das Volk, und wo das Volk sein eigener König ist, wird es über kurz oder lang sein eigener Totengräber. [...] König Ludwig war nicht König von Volkes Gnaden, die Gottesgnade aber bestand darin, dass er sein Königtum als Dienst am Wohle des Volkes auffasste und die Herrscherpflichten stärker betonte als die Herrscherrechte."[2568] Aus dieser Position konnte die Revolution nichts anderes sein als Teufelszeug.[2569] Karl Alexander von Müller berichtete, nachdem Faulhaber seine Gedenkrede abgeschlossen hatte, hatten viele Trauergäste erwartet, er würde Rupprecht zum König ausrufen und dieser werde im Triumphzug zur Residenz geführt. Der Theologe Peter Dörfler formulierte direkt nach der Totenfeier, wäre „es an diesem Tag zu einer Volksabstimmung gekommen; die Mehrheit, eine bedeutende Mehrheit hätte gestimmt: Es lebe der König."[2570]

[2564] Maschinenschriftliche Abschrift der Lebenserinnerungen. S. 888. BayHStA, GHA. NL Prinz Leopold, Nr. 261; Glaser, Hubert: Ludwig III. König von Bayern. Skizzen aus seiner Lebensgeschichte. Katalog zur Ausstellung in Wildenwart. Hrsg. von Max Oppel. Prien am Chiemsee, 1995. S. 55-57.
[2565] Vgl. Beckenbauer, Alfons: Ludwig III. von Bayern. Regensburg, 1987. S. 293.
[2566] Vgl. Weiß, Dieter J.: Kronprinz Rupprecht von Bayern. Regensburg, 2007. S. 176; Vgl. Glaser, Hubert: Ludwig III. König von Bayern. Skizzen aus seiner Lebensgeschichte. Katalog zur Ausstellung in Wildenwart. Hrsg. von Max Oppel. Prien am Chiemsee, 1995. S. 58.
[2567] Vgl. Beckenbauer, Alfons: Ludwig III. von Bayern. Regensburg, 1987. S. 307.
[2568] Vgl. und zit. nach Beckenbauer, Alfons: Ludwig III. von Bayern. Regensburg, 1987. S. 309-312.
[2569] Ebd., S. 312.
[2570] Zit. nach ebd., S. 297f.

11.6 Restaurationshoffnungen

Die bayerische Staatsregierung nahm vollzählig an der Beerdigung teil, was aber nicht als monarchistische Demonstration missverstanden werden sollte. Der Ministerrat hatte sich zuvor vom Organisator der Feierlichkeiten, Gustav von Kahr, zusichern lassen, dass keine Proklamation einer Monarchie stattfinden werde. Der Präsident des Landtags hatte eine Erklärung abgegeben, in welcher er eine offizielle Würdigung der Leistungen Ludwigs III. zum Ausdruck brachte, zugleich aber die Rechtmäßigkeit der Thronenthebung und der Ergebnisse der Revolution bekräftigte: „Jene Stunde des November 1918 [...] wird der bayerischen Geschichte kein Ruhmesblatt sein." Der König, dem für seinen Einsatz für den Föderalismus, den Handel, Verkehr, die Landwirtschaft und soziale Verbesserungen Dank auszusprechen sei, habe „ein persönlich gewiss unverdientes Schicksal" erlitten. Grundsätzlich aber habe das Volk das Recht, sich eine neue Verfassung zu geben und diese frei zu vertreten.[2571]

Die Nachrufe auf Ludwig III. machen eine Trennungslinie zwischen der linken und konservativen Presse deutlich. Linksliberale und sozialdemokratische Blätter äußerten sich kritisch und ablehnend gegenüber dem Ex-Monarchen, während die Nekrologe konservativer und rechtsorientierter Zeitungen einen apologetischen Charakter hatten. Liberale, katholisch-konservative und deutschnationale Blätter verteidigten die Kriegspolitik des Verstorbenen. Es hatte den Anschein, als sei alles vergeben und vergessen, was dem ‚Millibauern von Leutstetten' seit 1916 vorgeworfen worden war: Geiz, Verfassungsbruch, Verrat bayerischer Interessen und eine übermäßige Hausmacht- und Annexionspolitik. Die Parteizeitschrift der BVP erwog nichtsdestoweniger eine mögliche Wiederherstellung der konstitutionellen Monarchie. In der Tat waren, vor allem in ländlichen Regionen und in Südbayern, weite Teile der Bevölkerung monarchisch gesinnt, wie der württembergische Gesandte Karl Moser von Filseck nach Stuttgart berichtete. In Nordbayern und der Pfalz war die Stimmung jedoch anders.[2572] Die Mythenbildung um Ludwig III., der angesichts seines Exils als leidgeprüfter Martyrerkönig verklärt wurde, war durch Kardinal Faulhaber und einige namhafte Historiker wie Michael Doeberl, Karl Alexander von Müller und Fridolin Solleder in Szene gesetzt worden. Der Glaube an den Martyrerkönig verflüchtigte sich jedoch bald. Auch die monarchistische Bewegung nutzte diesen Mythos nicht mehr, zumal Kronprinz Rupprecht, der siegreiche Heerführer im Weltkrieg, ein weit höheres öffentliches Ansehen genoss als sein verstorbener Vater.[2573]

Die lange Tradition der bayerischen Monarchie, ihre tiefe Verankerung in Staat und Gesellschaft und die Tatsache, dass die Institution erst spät in den Sog des revolutionären Strudels geriet, legten nahe, dass der Monarchismus nach 1918 eine einflussreiche politische Kraft hätte sein können. Unter den Monarchisten muss je-

---

[2571] Zit. nach und vgl. ebd., S. 298-300.
[2572] Vgl. Ursel, Ernst: Die bayerischen Herrscher von Ludwig I. bis Ludwig III. im Urteil in der Presse nach ihrem Tode. Berlin, 1974. S. 169f; Beckenbauer, Alfons: Ludwig III. von Bayern. Regensburg, 1987. S. 298-304.
[2573] Vgl. Beckenbauer, Alfons: Ludwig III. von Bayern. Regensburg, 1987. S. 313-318.

doch zwischen Anhängern der monarchischen Staatsform, die einen erblichen König als Staatsoberhaupt grundsätzlich guthießen und Monarchisten im engeren Sinne, für die der Monarchismus die primäre Maxime darstellte und deren politisches Anliegen die Restauration war, unterschieden werden. Anhänger der Monarchie fanden sich zweifellos viele. Der politisch aktive, restaurative Monarchismus blieb jedoch schwach, da er einer Reihe von strukturellen und politischen Problemen gegenüberstand, etwa einem fehlenden Monarchie- und Restaurationskonzept.[2574] Ruprecht waren die Schwierigkeiten, die einer Restauration entgegenstanden, bewusst. Eine Notiz aus der Zeit nach 1921 verdeutlicht seinen Standpunkt: „Bei Lebzeiten meines Vaters war bei uns an eine Wiedererrichtung der Monarchie nicht zu denken, aber auch später standen ihr große Schwierigkeiten entgegen. [...] Auf jeden Fall musste eine dahin abzielende Bewegung vom Volke aus erfolgen."[2575] Selbst die extreme Rechte hatte im Frühjahr 1919 begriffen, dass eine gewaltsam restaurierte Monarchie aus sich heraus nicht die schöpferische Kraft würde aufbringen können, auf den zerbrochenen Fundamenten des alten Kaiserreiches ein neues Deutschland zu errichten.[2576] Zwar schien ein Eingreifen seitens der vorwiegend königstreuen bayerischen Reichswehr möglich. Als sich jedoch Gerüchte über einen möglichen Königsputsch verdichteten, erklärte eine Abordnung von Offizieren der Münchner Garnison gegenüber dem Oberbefehlshaber der bayerischen Reichswehr, das Offizierskorps werde keinesfalls gegen seinen Diensteid handeln.[2577] Ruprecht selbst lehnte einen Putsch ebenso ab wie die Loslösung Bayerns aus dem deutschen Staatsverbund, hielt aber an seinen Thronansprüchen fest, die er auf verfassungsmäßigem Weg verwirklicht sehen wollte.[2578]

Am Tag der Beisetzung seines Vaters ließ Ruprecht eine Erklärung veröffentlichen, die seinen Rechtsstandpunkt verdeutlichte: „Aus allen Teilen Bayerns und von vielen auswärts lebenden treuen Bayern sind mir in außerordentlich großer Zahl warm empfundene Kundgebungen der Teilnahme zum Hinscheiden meines nun in Gott ruhenden lieben Herrn Vaters zugegangen. [...] Sie sind ein rührender Beweis, dass Treue kein leerer Wahn ist und dass die innigen Beziehungen, die seit dreiviertel Jahrtausenden das bayerische Volk mit dem aus ihm hervorgegangenen Geschlecht der Wittelsbacher verbinden, sich nicht durch einen Federstrich lösen lassen. [...] Mein höchstseliger Vater hat den Kelch des Leidens bis zur Neige geleert. Nicht nur sah er sein auf das Beste des Landes gerichtetes Lebenswerk zerstört, er musste zu seinem Schmerz nach dem Zusammenbruch des Reiches auch

---

[2574] Vgl. Hofmann, Arne: Obsoleter Monarchismus als Erbe der Monarchie: Das Nachleben der Monarchie im Monarchismus nach 1918. In: Biskup, Thomas; Kohlrausch, Martin (Hrsg.): Das Erbe der Monarchie. Nachwirkungen einer deutschen Institution seit 1918. Frankfurt am Main, 2008. S. 241-260.
[2575] Vgl. und zit. nach Weiß, Dieter J.: Kronprinz Rupprecht von Bayern. Regensburg, 2007. S. 223.
[2576] Vgl. Machtan, Lothar: Der erstaunlich lautlose Untergang von Monarchie und Bundesfürstentümern – ein Erklärungsangebot. In: Gallus, Alexander (Hrsg.): Die vergessene Revolution von 1918/19. Göttingen, 2010. S. 39-56. Hier: S. 55.
[2577] Vgl. Beckenbauer, Alfons: Ludwig III. von Bayern. Regensburg, 1987. S. 304.
[2578] Vgl. Beckenbauer, Alfons: Ludwig III. von Bayern. Regensburg, 1987. S. 305.

noch die in einem Augenblick der Unordnung und Verwirrung erfolgte Preisgabe von wesentlichen, für das Bestehen des bayerischen Staates unentbehrlichen Rechten erleben. Eingetreten in die Rechte meines Herrn Vaters und in treuem Bekenntnis zu meiner bayerischen und deutschen Heimat bin ich verpflichtet, dies festzustellen; das schulde ich der Überlieferung meines Hauses, der Geschichte und der Zukunft."[2579]

Rupprecht sah in der Frage einer Restauration keinen befriedigenden Konsens. Entgegen den Erwartungen ließ er sich am Tag der Beisetzung seines Vaters nicht zum König von Bayern proklamieren. Nach dem Ende der Trauerfeier im Liebfrauendom strömte ein Wald von Fahnen durch das Westportal der Kirche, wo eine dichtgedrängte Menge auf das neue Oberhaupt der vormals königlichen Familie wartete. Rupprecht aber war durch die Sakristei in ein benachbartes Privathaus gebracht worden und verließ noch am selben Tag München. Seine Formulierung, er sei in die Rechte seines Vaters eingetreten, sorgte dennoch für nicht geringe Aufregung und wurde teils als Herausforderung oder auch Androhung der Loslösung Bayerns aus dem Reich missverstanden, wenngleich sie nicht mehr als die Formulierung eines Rechtsvorbehaltes darstellen konnte.[2580]

Der vormalige Kronprinz wuchs in der Republik in die Rolle eines Repräsentanten Bayerns hinein, ohne eine offizielle Aufgabe wahrzunehmen. Nicht nur die Mitglieder seines 1923 in reduzierter Form neu eingerichteten Hofstaates titulierten ihn als ‚König' und ‚Majestät', auch viele Offiziere, Geistliche und Wissenschaftler benutzten diese Anrede. Selbst Regierungsmitglieder konzedierten seine gesellschaftliche Stellung, wenngleich ohne staatsrechtliche Konsequenzen. Das Innenministerium genehmigte die Namensführung „Rupprecht, Kronprinz von Bayern", was künftig die offizielle Titulatur blieb und alle Möglichkeiten offenließ. Bis 1933 führte er in Berchtesgaden, Hohenschwangau und München einen Lebensstil, der an den eines Monarchen erinnerte, wenngleich nicht mit vergleichbaren finanziellen Mitteln. Eine Reihe von Einrichtungen und Institutionen der Monarchie bestanden im republikanischen Freistaat fort, etwa die königlichen Hausritterorden vom Heiligen Georg und vom Heiligen Hubertus sowie der Militär-Max-Joseph-Orden. Rupprecht trat ab 1922 verstärkt in der Öffentlichkeit auf, wobei seine verschiedenen Symbolfunktionen als Thronprätendent, Repräsentant des vormaligen Königshauses und als Generalfeldmarschall zumeist zusammenflossen. Der hochangesehene Rupprecht gab Empfänge, bereiste das Land, nahm Ehrungen entgegen und intensivierte die Kontakte zu anderen Dynastien. Zugleich setzte er sich nachdrücklich für die Stärkung der Stellung Bayerns im Reich und die Einigung der monarchistischen und konservativen Kräfte ein. In das offizielle politische Geschehen sollte Rupprecht nicht eingreifen.[2581]

[2579] Vgl. und zit. nach Weiß, Dieter J.: Kronprinz Rupprecht von Bayern. Regensburg, 2007. S. 223; Vgl. Beckenbauer, Alfons: Ludwig III. von Bayern. Regensburg, 1987. S. 305f.
[2580] Vgl. Beckenbauer, Alfons: Ludwig III. von Bayern. Regensburg, 1987. S. 305f.
[2581] Vgl. Weiß, Dieter J.: Kronprinz Rupprecht von Bayern. Regensburg, 2007. S. 224-249; Vgl. Weiß, Dieter J.: Kronprinz Rupprecht von Bayern – Thronprätendent in einer Republik. In: Schulz, Gün-

Von der Tagespolitik hielt er sich fern, empfing aber ständig Politiker verschiedener Lager und war somit bestens informiert. Kontakte unterhielt er auch zu nationalen Kräften wie den Einwohnerwehren. So war er zwar im Vorfeld des Kapp-Putsches im März 1920 informiert worden, ließ aber Georg Escherich und Gustav von Kahr vor einer bayerischen Beteiligung warnen. Nach der Auflösung der Einwohnerwehren im Juni 1920 entstand der paramilitärische Verband „Bayern und Reich", der durch den von Escherich vorgeschobenen Otto Pittinger geleitet wurde. Zwar ist nicht nachweisbar, inwieweit Rupprecht hinter dieser konservativ-monarchistischen Nachfolgeorganisation der Einwohnerwehren stand, jedoch dürfte sie seinen Vorstellungen entgegengekommen sein.[2582] Nach Darstellung Rupprechts machte Ludendorff ihm im Dezember 1921 ein von legitimistischen Problemen freies Angebot zur Wiederherstellung der Monarchie mittels eines Putsches: „Es geht jetzt ums Ganze, ich habe eine sehr große Macht hinter mir. Wittelsbach oder Hohenzollern – wer zugreift, der hat's."[2583] Rupprecht jedoch beharrte auf seinem Standpunkt, nur auf verfassungsmäßigem Wege sei eine Restauration für ihn vorstellbar. Während des Hitler-Ludendorff-Putsches vom 8./9. November 1923 hielt sich Rupprecht in Berchtesgaden auf, da er in keinen Staatsstreich verwickelt werden wollte. Sobald er über das Geschehen unterrichtet worden war, unterzeichnete er eine Erklärung mit dem Kernsatz „Darum die Waffen nieder!" und rief zur Einigkeit der vaterländischen Kräfte auf. Seitdem war sein Verhältnis zum Nationalsozialismus durch grundsätzliche Ablehnung gekennzeichnet, noch verschärft durch einen Ehrenstreit mit Ludendorff. Seine Haltung bildet den Schlüssel für die weiteren Beziehungen des nationalkonservativen und bayerischen Lagers zum Nationalsozialismus.[2584]

Der bayerische Monarchismus unterschied sich wesentlich von vergleichbaren Bewegungen. Nicht nur war Kronprinz Rupprecht weithin anerkannt; in Form des „Bayerischen Heimat- und Königsbundes" existierte eine fest in der Bevölkerung verwurzelte Organisation des Monarchismus, die mit guten Kontakten zur bayerischen Landespolitik ausgestattet war. Ende 1926 verfügte der vom umtriebigen Erwein Freiherr von Aretin geführte Königsbund über 1.330 Ortsvereine mit insgesamt 65.000 Mitgliedern. Das Ziel der Restauration der Monarchie wurde durch moderne Kommunikationsmittel propagiert. Neben einer eigenen Königsbund-Zeitung illustrieren „Lichtbildervorträge", „Schlepperdienste", „Agitationsfahrten", der systematische Einsatz von Automobilen zur politischen Öffentlichkeitsar-

---

ther; Denzel, Markus A. (Hrsg.): Deutscher Adel im 19. und 20. Jahrhundert. St. Katharinen, 2004. S. 445-460.

[2582] Vgl. Weiß, Dieter J.: Kronprinz Rupprecht von Bayern – Thronprätendent in einer Republik. In: Schulz, Günther; Vgl. Denzel, Markus A. (Hrsg.): Deutscher Adel im 19. und 20. Jahrhundert. St. Katharinen, 2004. S. 445-460. Hier: S. 450f.

[2583] Vgl. und zit. nach Malinowski, Stephan: Vom König zum Führer. Sozialer Niedergang und politische Radikalisierung im deutschen Adel zwischen Kaiserreich und NS-Staat. Berlin, 2003. S. 254.

[2584] Vgl. Weiß, Dieter J.: Kronprinz Rupprecht von Bayern – Thronprätendent in einer Republik. In: Schulz, Günther; Denzel, Markus A. (Hrsg.): Deutscher Adel im 19. und 20. Jahrhundert. St. Katharinen, 2004. S. 445-460. Hier: S. 450f.

11.6 Restaurationshoffnungen

beit und ein von Rupprecht selbst angestoßenes Kinofilmprojekt derartige Bestrebungen.[2585] In Bayern war zwar die dynamischste monarchistische Bewegung zu beobachten, jedoch litt auch diese unter regionalen Spaltungen und Nachwuchsproblemen. Insgesamt blieb der Monarchismus in der Weimarer Republik eine heterogene und politisch schwache Bewegung. Der konservative bayerische Monarchismus erlangte allerdings noch einmal eine bedeutende Sonderrolle als Gegner des Nationalsozialismus.[2586] Als Rettungsversuch gegen Hitlers Machtergreifung rückte 1933 eine Restauration der bayerischen Monarchie in den Fokus. Die Bayerische Volkspartei hatte erwogen, Rupprecht nach Artikel 64 der bayerischen Verfassung als Generalstaatskommissar einzusetzen. Selbst die Sozialdemokraten legten sich fest, ihn zu unterstützen, anstatt die drohende Machtübernahme der NSDAP in Bayern zu dulden. Doch dieses ‚Königsprojekt' – die letzte realistische Möglichkeit für eine Restauration der bayerischen Monarchie – scheiterte am Wunsch des Oberhauptes des vormaligen Königshauses, eine Allparteienregierung zu bilden, was das bisherige Minderheitskabinett Held strikt ablehnte.[2587]

Infolge der Machtergreifung Hitlers zog sich Rupprecht in die innere Emigration zurück und verringerte seine öffentliche Präsenz stark. Der „Bayerische Heimat- und Königsbund" wurde noch 1933 aufgelöst. Rupprecht legte gleichwohl bei Reichspräsident von Hindenburg seinen Protest gegen die Einsetzung von Reichsstatthaltern in den deutschen Ländern ein und veranlasste auch den im holländischen Exil weilenden Kaiser Wilhelm II. zu solchem Protest. Schließlich wurde Rupprecht, ein Symbol des Widerstandes, im Jahr 1939 mitsamt seiner Familie ins Exil nach Italien gezwungen. Nach der Beschlagnahmung seines Wohnsitzes Leutstetten hatte der König von Italien ihn aufgrund der zunehmenden Bedrohung seiner Sicherheit dorthin eingeladen. Während des Zweiten Weltkriegs blieb er in Florenz und setzte sich bei den Alliierten für eine föderale Neuordnung Deutschlands und eine Restauration der einzelstaatlichen Monarchien ein. Nur knapp entging Rupprecht 1944 seiner Verhaftung durch die Nationalsozialisten. Seine Gattin Antonia und seine Kinder aus der zweiten Ehe wurden hingegen in den Konzentrationslagern Dachau und Flossenbürg interniert. Fast alle Wittelsbacher überlebten trotz Repressionen das Dritte Reich. Hochangesehen kehrte Rupprecht im Jahr 1945 nach Bayern zurück, wo er sich zunehmend ins Private zurückzog. Der bayerische Thronprätendent starb im August 1955 im Alter von 86 Jahren und wurde in München mit königlichen Ehren beigesetzt.[2588]

[2585] Vgl. Malinowski, Stephan: Vom König zum Führer. Sozialer Niedergang und politische Radikalisierung im deutschen Adel zwischen Kaiserreich und NS-Staat. Berlin, 2003. S. 376-378.
[2586] Vgl. ebd., S. 256f.
[2587] Vgl. Weiß, Dieter J.: Kronprinz Rupprecht von Bayern. Regensburg, 2007. S. 263-272; Vgl. Bosl, Karl: Bayerische Geschichte. 2. Auflage. München, 1980. S. 191f; Vgl. Prinz, Friedrich: Die Geschichte Bayerns. München, 2001. S. 474f.
[2588] Vgl. Weiß, Dieter J.: Kronprinz Rupprecht von Bayern. Regensburg, 2007. S. 263-272; Vgl. Bosl, Karl: Bayerische Geschichte. 2. Auflage. München, 1980. S. 273-302; Vgl. Rall, Hans: Die Wittelsbacher in Lebensbildern. München, 2005. S. 370f.

12. Schlussbetrachtung

Lange Zeit hatte es die bayerische Monarchie unter der Herrschaft Ludwigs III. verstanden, sich der Öffentlichkeit mit großem Aufwand als fürsorgliche, erfolgreiche und das Land einigende Institution zu präsentieren. Der König von Bayern hatte die Monarchie ab 1913 nach seinen Vorstellungen neu strukturiert, indem die Regentschaft beendet, der Hofstaat umorganisiert, Schlüsselstellen mit Vertrauensleuten besetzt und die Zivilliste erhöht wurden. Bereits vor dem Ausbruch des Ersten Weltkriegs wurden von Ludwig III. enorme repräsentative und mediale Anstrengungen unternommen, um die Institution Monarchie positiv zu besetzen. Die Landesreisen der Jahre 1913 und 1914 präsentierten einer breiten Öffentlichkeit das Herrschaftsverständnis der bayerischen Monarchie. Durch eine Modernisierung des Images und der Strukturen der Institution sollte diese auf eine breite legitimatorische Basis gestellt werden. Zugleich verfolgte der König von Bayern reaktionäre Ziele, was den eigenen Machtanspruch anging. Bayern sollte nach dem Willen des Königs als zweitgrößter Bundesstaat zunehmend seiner reichsweiten Verantwortung gerecht werden. Ludwig III. versuchte zudem, die politischen Ansprüche in Bezug auf das Reich symbolpolitisch zu verankern, wie man beispielsweise an der Kelheimer Jahrhundertfeier der Befreiungskriege sehen kann.

Der Kriegsausbruch im Sommer 1914 brachte grundlegende Änderungen in der Repräsentation und dem Selbstverständnis der bayerischen Monarchie mit sich. Der Monarchie, in Bayern wie im Reich, ergaben sich durch den Krieg erhebliche Macht- und Legitimationschancen. Die Wittelsbacher verfügten sowohl an der Heimatfront als auch an der Front über ein weitverstreutes und gut kommunizierendes Netzwerk, das ihnen etliche Einflusschancen eröffnete. Es wird deutlich, dass die karitative Arbeit der Königin Marie Therese und vieler Prinzessinnen, die symbolträchtigen militärischen Erfolge der Prinzen Leopold und Rupprecht sowie das landesväterliche Image des Monarchen lange Zeit ein positives Image schufen und die Institution Monarchie zusätzlich legitimierten. Die Rolle der Prinzen gegenüber dem König wurde durch deren öffentliche Sichtbarkeit als populäre Heerführer gestärkt. Dadurch wagten insbesondere die Königssöhne Rupprecht und Franz sich auch politisch zunehmend einzubringen, was häufig nicht im Sinne ihres Vaters war. Der Königsbruder Leopold gewann in seiner Rolle als Oberbefehlshaber Ost ebenfalls enorm an Einfluss.

Die königliche Familie war jedoch stets gezwungen, die im Familienstatut festgelegte monarchische Prärogative zu achten. Der Weg ging nur über die Überzeugung des Familienoberhaupts. Kronprinz Rupprecht stellte sich gegen Falkenhayns Zermürbungsstrategie, opponierte gegen Ludendorffs Siegfriedenpolitik, plädierte für einen Verhandlungsfrieden und ermöglichte durch seine Unterstützung die Kanzlerschaft des Prinzen Max, blieb jedoch ein Gegner der Demokratisierung auf Reichsebene. Prinz Leopold wagte trotz seiner einflussreichen Stellung als Oberbefehlshaber Ost kaum offene Einmischungen. Prinz Franz vertrat ähnliche Positionen wie sein Bruder Rupprecht, vermochte es aber ebenso wenig, den Vater zu überzeugen. Königin Marie Therese und fast alle weiblichen Mitglieder des Königshauses hofften auf ein baldiges Kriegsende, ließen dem aber vielfach keine Handlungen folgen. Prinzessin Therese war neben dem Kronprinzen vielleicht das politisch weitsichtigste Mitglied der Familie, konnte aber ihren königlichen Bruder nicht entscheidend beeinflussen. Die weiblichen Familienmitglieder wurden dennoch durch ihre unermüdliche Arbeit in den Lazaretten zu einem wesentlichen Faktor für das öffentliche Ansehen der Monarchie.

Das bayerische Königshaus gewann im Verlauf des Krieges im nationalen Rahmen an politischer Bedeutung, was sich in den Debatten um Annexionen, um die Parlamentarisierung, in den Friedensverhandlungen, in den Krisen um die Reichskanzler Bethmann Hollweg, Michaelis und Hertling sowie im Dauerkonflikt mit der Obersten Heeresleitung zeigte. Mit der zunehmenden Dauer des Krieges gewannen einzelstaatliche Sinnstiftungen gegenüber nationalen an Boden, was zu einer weiteren Stärkung des Identität stiftenden bayerischen Königshauses führte. Der Erste Weltkrieg brachte jedoch gleichzeitig einen Wandel des öffentlichen Diskurses hervor, der sich in offenen Forderungen nach demokratischer Partizipation und Frieden ausdrückte. Daneben verschärften sich die politischen Problemlagen, wie man an den Ernährungsschwierigkeiten und dem Zerbrechen des allgemeinen innenpolitischen Konsenses sieht. Die Möglichkeiten zur Umgestaltung des monarchischen Systems wurden nicht genutzt und drängende Probleme nicht rechtzeitig angegangen. Allen voran Kaiser Wilhelm II. verlor ab 1917 erheblich an Ansehen, was neben seiner mangelnden öffentlichen Präsenz und politischen Entschlusskraft an charismatischen Führerfiguren wie Hindenburg lag. Spätestens in der offenen Monarchiekrise des Oktobers 1918 erwiesen sich die deutschen Bundesfürsten insgesamt als unfähig, die Forderungen nach Frieden und parlamentarischer Teilhabe glaubwürdig umzusetzen und dadurch ihre eigene Position für die Zukunft zu sichern. Der Blick auf die Endphase des Kaiserreichs demonstriert, wie schnell ein relativ stabiles Gemeinwesen in sich zusammenstürzen kann: Im Krieg bündelten und potenzierten sich die strukturellen Probleme des deutschen Staates, was zum revolutionären Sturz der konstitutionellen Monarchie – eines gewachsenen und weithin akzeptierten politischen Systems – führte.[2589]

Die Liquidation der konstitutionellen Monarchie war nicht allein auf die Diskreditierung der preußischen Dynastie zurückzuführen. Auch in den deutschen Einzelstaaten wurden die Souveräne, selbst die populären, für die deutsche Misere mitverantwortlich gemacht. Ob ein frühzeitiger Rücktritt Wilhelms II. die deutschen Erbdynastien hätte retten können, ist fraglich. Die Monarchie stürzte, indem deren Träger resignierten. Der extreme Reputationsverlust, die sukzessive Entmachtung und die Entwertung des monarchischen Nimbus, die seit 1917 virulent geworden waren, machten Ludwig III. sprach-, kraft- und teilnahmslos, vor allem aber blind gegenüber der Bringschuld der Monarchie. Als überzeugter Legitimati-

---

[2589] Vgl. Ullrich, Volker: Die nervöse Großmacht. Frankfurt am Main, 2007. S. 16.

onsstifter einer parlamentarischen Monarchie hätte er zweifellos reüssieren können. Er wollte erklärtermaßen gerade dies nicht, obwohl er durch seine moderne Herrschaftsinszenierung, seine profunden Kenntnisse in politischen, technischen und wirtschaftlichen Fragen sowie sein soziales Engagement ein außerordentliches Verständnis für die rasanten Veränderungen seiner Zeit bewiesen hatte. Der König von Bayern versäumte es, trotz der von ihm aktiv gesuchten Nähe zum städtischen Bürgertum, zur ländlichen Bevölkerung sowie zu den Frontsoldaten, den epochalen Umgestaltungen des Weltkrieges mit reformerischer Konsequenz zu begegnen. Die Option einer rechtzeitigen Parlamentarisierung hatte sich mit der gescheiterten Frühjahrsoffensive des Jahres 1918 erledigt. Zur Unterstützung einer Friedensinitiative konnte sich Ludwig III. erst viel zu spät durchringen. Eine selbstkritische Reflexion zum politisch-moralischen Fundament der Konstruktion des monarchischen Machtkartells fand zum Kriegsende hin lediglich beim Kronprinzen und anderen Mitgliedern der Wittelsbacher Dynastie statt, nicht aber beim König.[2590]

Der bayerische Monarch verhinderte den Zusammenbruch schließlich nicht, sondern symbolisierte ihn geradezu. Eine Abdankung zugunsten seines populären Sohnes Rupprecht kam für ihn nicht in Betracht. Am Ende war Ludwig III. seinem Herrscheramt weder körperlich noch politisch oder symbolisch vollends gewachsen.[2591] Trotz seiner skeptischen Einstellung gegenüber der Reichspolitik fand er kaum Wege, auf diese nachhaltig einzuwirken. König Ludwig III. fühlte sich zuletzt nicht mehr zuständig, in nationale Belange einzugreifen, sofern dabei nicht bayerische Interessen berührt wurden.[2592] Die Verantwortung für die Versäumnisse suchte er nicht bei sich selbst, sondern bei seiner Regierung, beim Volk, bei der Heeresleitung und der Reichsleitung. Etliche Male dokumentierte die Königstochter Wiltrud die diesbezüglichen Zornesausbrüche ihres Vaters. Gerade die engsten Berater des Königs ließen diesen jedoch nicht böswillig im Stich, sondern waren am Ende selbst ratlos. Der zaudernde König vermied es mehr und mehr, politische Entscheidungen zu treffen und diese mittels seines symbolpolitischen Gewichts öffentlich zu vertreten. Für seine Entscheidungsunfähigkeit und mangelnde Tatkraft erhielt der 73-jährige König von Bayern am 7. November 1918 die Quittung, als er einer Reaktion auf die Münchner Massendemonstrationen durch seine heimliche Flucht auswich, anstatt sein Schicksal – und das seiner Dynastie – couragiert in die Hand zu nehmen.[2593]

[2590] Vgl. Machtan, Lothar: Der erstaunlich lautlose Untergang von Monarchie und Bundesfürstentümern – ein Erklärungsangebot. In: Gallus, Alexander (Hrsg.): Die vergessene Revolution von 1918/19. Göttingen, 2010. S. 39-56. Hier: S. 50f.
[2591] Vgl. Machtan, Lothar: Die Abdankung. Berlin, 2008. S. 262f.
[2592] Vgl. Koch, Ingeborg: Die Bundesfürsten und die Reichspolitik in der Zeit Wilhelms II. München, 1961. S. 147.
[2593] Vgl. Machtan, Lothar: Die Abdankung. Berlin, 2008. S. 257-259.

Anhang

Abkürzungsverzeichnis

a. D.: außer Dienst
A.K.: Armeekorps
A.O.K.: Armee-Oberkommando
Abt.: Abteilung
Anm.: Anmerkung
bayer.: bayerisch, -e, -es
BayHStA, GHA: Bayerisches Hauptstaatsarchiv, Abt. III: Geheimes Hausarchiv
BayHStA, KrA: Bayerisches Hauptstaatsarchiv, Abt. IV: Kriegsarchiv
BayHStA, NB: Bayerisches Hauptstaatsarchiv, Abt. II: Neuere Bestände
BayHStA, NuS: Bayerisches Hauptstaatsarchiv, Abt. V: Nachlässe und Sammlungen
Bd.: Band
BSB: Bayerische Staatsbibliothek
ebd.: Ebenda
Hrsg.: Herausgeber
I.K.H.: Ihre Königliche Hoheit
I.M.: Ihre Majestät
Kgl.: königlich
LABW, HStA Stuttgart: Landesarchiv Baden-Württemberg, Abt. Hauptstaatsarchiv Stuttgart
MKr: Kriegsministerium
NL: Nachlass
O.H.L.: Oberste Heeresleitung
Ober Ost: Oberbefehlshaber Ost
OeStA: Österreichisches Staatsarchiv
OP: Offiziers-Personalakten
S.D.: Seine Durchlaucht
S.K.H.: Seine Königliche Hoheit
S.M.: Seine Majestät
Vgl.: Vergleiche
Zit.: Zitiert

Auswahlgenealogie des Hauses Wittelsbach

Königshaus ab Prinzregent Luitpold[2594]

Luitpold, Prinzregent von Bayern (1821-1912) ∞ Auguste von Österreich (1825-1864)

1. Ludwig III., König von Bayern (1845-1921) ∞ Marie Therese von Österreich-Este (1849-1919)
   1. Rupprecht, Kronprinz von Bayern (1869-1955), Generalfeldmarschall ∞ Marie Gabriele in Bayern (1878-1912)
   2. Adelgunde von Bayern (1870-1958) ∞ Wilhelm Fürst von Hohenzollern (1864-1927)
   3. Maria von Bayern (1872-1954) ∞ Ferdinand Herzog von Kalabrien (1869-1960)
   4. Karl von Bayern (1874-1927)
   5. Franz von Bayern (1875-1957) ∞ Isabella von Croy (1890-1982)
   6. Mathilde von Bayern (1877-1906) ∞ Ludwig Gaston von Sachsen-Coburg und Gotha (1870-1942)
   7. Wolfgang von Bayern (1879-1895)
   8. Hildegard Maria von Bayern (1881-1948)
   9. Notburga von Bayern (1883)
   10. Wiltrud von Bayern (1884-1975) ∞ Herzog Wilhelm Karl von Urach (1864-1928)
   11. Helmtrud von Bayern (1886-1977)
   12. Dietlinde von Bayern (1888-1889)
   13. Gundelinde von Bayern (1891-1983) ∞ Johann von Preysing-Lichtenegg-Moos (1887-1924)
2. Leopold von Bayern (1846-1930), Generalfeldmarschall ∞ Gisela von Österreich (1856-1932)
   1. Elisabeth von Bayern (1874-1957) ∞ Otto von Seefried auf Buttenheim (1870-1951)
   2. Auguste von Bayern (1875-1964) ∞ Erzherzog Joseph August von Österreich (1872-1962), Generalfeldmarschall
   3. Georg von Bayern (1880-1943)
   4. Konrad von Bayern (1883-1969) ∞ Bona von Savoyen-Genua (1896-1971)
3. Therese von Bayern (1850-1925)
4. Arnulf von Bayern (1852-1907) ∞ Therese von Liechtenstein (1850-1938)
   1. Heinrich von Bayern (1884-1916)

[2594] Vgl. Genealogie des Hauses Wittelsbach. Hrsg. von der Verwaltung des Herzogs von Bayern, München. Parsdorf, 2005.

Königshaus ab Prinz Adalbert[2595]

Adalbert Wilhelm von Bayern (1828-1875) ∞ Amalia del Pilar von Spanien (1834-1905)

1. Ludwig Ferdinand von Bayern (1859-1949) ∞ María de la Paz von Spanien (1862-1946)
    1. Ferdinand Maria von Bayern (1884-1958) ∞ Maria Theresia von Spanien (1882-1912)
    2. Adalbert von Bayern (1886-1970) ∞ Auguste von Seefried auf Buttenheim (1899-1978)
    3. María del Pilar von Bayern (1891-1987)
2. Alfons von Bayern (1862-1933) ∞ Louise Victoire d'Orléans (1869-1952)
    1. Joseph Clemens von Bayern (1902-1990)
    2. Elisabeth Maria Anna von Bayern (1913-2005)
3. Isabella Marie Elisabeth von Bayern (1863-1924) ∞ Thomas von Genua (1854-1931)
4. Elvira von Bayern (1868-1943)
5. Clara von Bayern (1874-1941)

[2595] Vgl. Genealogie des Hauses Wittelsbach. Hrsg. von der Verwaltung des Herzogs von Bayern, München. Parsdorf, 2005.

Auswahlgenealogie des Hauses Wittelsbach 539

Herzogliche Linie ab Herzog Max[2596]

Max Joseph in Bayern (1808-1888) ∞ Ludovika Wilhelmine von Bayern (1808-1892)

1. Ludwig in Bayern (1831-1920)

2. Wilhelm Karl in Bayern (1832-1833)

3. Helene in Bayern (1834-1890) ∞ Maximilian Anton von Thurn und Taxis (1831-1867)

4. Elisabeth in Bayern (1837-1898) ∞ Kaiser Franz Joseph I. von Österreich-Ungarn (1830-1916)

5. Carl Theodor in Bayern (1839-1909)
    1. Amalie in Bayern (1865-1912) ∞ Wilhelm Karl von Urach (1864-1928)
    2. Sophie in Bayern (1875-1957) ∞ Hans Veit Graf zu Toerring-Jettenbach
    3. Elisabeth Gabriele in Bayern (1876-1963) ∞ König Albert I. von Belgien (1875-1934)
    4. Marie Gabriele in Bayern (1878-1912) ∞ Rupprecht von Bayern (1869-1955), Generalfeldmarschall
    5. Ludwig Wilhelm in Bayern (1884-1968) ∞ Eleonore Anna Lucie zu Sayn-Wittgenstein-Berleburg († 1965)
        1. (adoptiert) Max Emanuel Prinz von Bayern (* 1937)
    6. Franz Joseph in Bayern (1888-1912)

6. Marie in Bayern (1841-1925) ∞ König Franz II. beider Sizilien (1836-1894)

7. Mathilde in Bayern (1843-1925) ∞ Ludwig von Trani (1838-1886)
8. Maximilian in Bayern (1845)

9. Sophie in Bayern (1847-1897) ∞ Ferdinand von Alençon (1844-1910)

10. Max Emanuel in Bayern (1849-1893) ∞ Amalie von Sachsen-Coburg und Gotha (1848-1894)
    1. Siegfried in Bayern (1876-1952)
    2. Christoph in Bayern (1879-1963)
    3. Luitpold in Bayern (1890-1973)

[2596] Vgl. Genealogie des Hauses Wittelsbach. Hrsg. von der Verwaltung des Herzogs von Bayern, München. Parsdorf, 2005.

Literaturverzeichnis

ACHLEITNER, Arthur: Von der Umsturznacht bis zur Totenbahre. Die letzte Leidenszeit König Ludwigs III. München, 1922.
AFFLERBACH, Holger: Falkenhayn. Politisches Denken und Handeln im Kaiserreich. München, 1994.
AFFLERBACH, Holger Wilhelm II as supreme warlord in the First World War. In: MOMBAUER, Annika; DEIST, Wilhelm (Hrsg.): The Kaiser. New Research on Wilhelm II's role in Imperial Germany. Cambridge, 2003. S. 195-216.
AGAMBEN, Giorgio: Ausnahmezustand. Frankfurt a. M., 2004.
ALBRECHT, Dieter: Von der Reichsgründung bis zum Ende des Ersten Weltkrieges. In: SCHMID, Alois (Hrsg.): Handbuch der bayerischen Geschichte. Bd. 4/1. Das Neue Bayern. Von 1800 bis 1970. Staat und Politik. München, 1979. S. 283-386.
ALBRECHT, Willy: Das bayerische Verfassungsjubiläum vom Mai 1918. In: Zeitschrift für Bayerische Landesgeschichte. Nr. 31. München, 1968. S. 675-684.
ALBRECHT, Willy: Das Ende des monarchisch-konstitutionellen Regierungssystems in Bayern. König, Regierung und Landtag im Ersten Weltkrieg. In: BOSL, Karl (Hrsg.): Bayern im Umbruch. Die Revolution von 1918, ihre Voraussetzungen, ihr Verlauf und ihre Folgen. München, 1969. S. 263-299.
ALBRECHT, Willy: Landtag und Regierung in Bayern am Vorabend der Revolution von 1918. Studien zur gesellschaftlichen und staatlichen Entwicklung Deutschlands von 1912-1918. Berlin, 1968.
ALTENHÖNER, Florian: Kommunikation und Kontrolle. Gerüchte und städtische Öffentlichkeiten in Berlin und London 1914/1918. München, 2008.
ANDERSON, Benedict: Die Erfindung der Nation. Zur Karriere eines folgenreichen Konzepts. Frankfurt am Main, 1983.
ANDRES, Jan u.a.: Einleitung. In: ANDRES, Jan u.a. (Hrsg.): Die Sinnlichkeit der Macht; Herrschaft und Repräsentation seit der Frühen Neuzeit. Frankfurt am Main u.a., 2005. S. 7-17.
APPLEGATE, Celia: A Nation of provincials. The German Idea of Heimat. Berkeley u.a., 1990.
ARETIN, Cajetan von: Die Erbschaft des Königs Otto von Bayern. Höfische Politik und Wittelsbacher Vermögensrechte 1916 bis 1923. München, 2006.
ARETIN, Cajetan von: Vom Umgang mit gestürzten Häuptern: Zur Zuordnung der Kunstsammlungen in deutschen Fürstenabfindungen 1918-1924. In: BISKUP, Thomas; KOHLRAUSCH, Martin (Hrsg.): Das Erbe der Monarchie. Nachwirkungen einer deutschen Institution seit 1918. Frankfurt am Main, 2008. S. 161-183.
ARETIN, Erwein Freiherr von: Kronprinz Rupprecht von Bayern. Sein Leben und Wirken. München, 1949.
ARNSWALD, Verena von: Die Beendigung der Regentschaft in Bayern 1912-1913. In: Zeitschrift für Bayerische Landesgeschichte. Nr. 30. München, 1967. S. 859-893.
ASCH, Ronald G.: Hof, Adel und Monarchie: Norbert Elias' Höfische Gesellschaft im Lichte der neueren Forschung. In: OPITZ, Claudia: (Hrsg.): Höfische Gesellschaft und Zivilisationsprozess. Norbert Elias' Werk in kulturwissenschaftlicher Perspektive. Köln u.a., 2005. S. 119-142.
AY, Karl-Ludwig: Die Entstehung einer Revolution. Die Volksstimmung in Bayern während des Ersten Weltkrieges. Berlin, 1968.
BAYERISCHES KRIEGSARCHIV (Hrsg.): Die Bayern im Großen Kriege 1914-1918. 2 Bände. München, 1923.
BAYERN, Adalbert Prinz von: Die Wittelsbacher. Geschichte unserer Familie. München u.a., 2005.
BAYERN, Adalbert Prinz von: Erinnerungen 1900-1956. München, 1991.
BAYERN, Konstantin Prinz von: Ohne Macht und Herrlichkeit. München, 1961.
BAYERN, Maria de la Paz Prinzessin von: Aus meinem Leben. Eindrücke von Paz, Prinzessin Ludwig Ferdinand von Bayern, Infantin von Spanien. München, 1917.

BECKENBAUER, Alfons: Ludwig III. von Bayern. 1845-1921. Ein König auf der Suche nach seinem Volk. Regensburg, 1987.
BECKER, Annette: Oubliés de la Grande Guerre. Humanitaire et culture de guerre 1914-1918. Populations occupées, déportés civils, prisonniers de guerre. Paris, 1998.
BECKER, Frank: Begriff und Bedeutung des politischen Mythos. In: STOLLBERG-RILINGER, Barbara (Hrsg.): Was heißt Kulturgeschichte des Politischen? Berlin, 2005. S. 129-148.
BECKER, Winfried (Hrsg.): Georg von Hertling. 1843-1919. Paderborn u.a., 1993.
BENZ, Wolfgang: Bayerische Auslandsbeziehungen im 20. Jahrhundert. Das Ende der auswärtigen Gesandtschaften Bayerns nach dem 1. Weltkrieg. In: Zeitschrift für Bayerische Landesgeschichte. Nr. 32. München, 1969. S. 962-994.
BERTKAU, Friedrich: Das amtliche Zeitungswesen im Verwaltungsgebiet Ober-Ost. Beitr. z. Gesch. d. Presse im Weltkrieg. Leipzig, 1928.
BIEHN, Heinz: Die Kronen Europas und ihre Schicksale. Wiesbaden, 1957. S. 14f.
BISKUP, Thomas; KOHLRAUSCH, Martin: Einleitung. In: BISKUP, Thomas; KOHLRAUSCH, Martin (Hrsg.): Das Erbe der Monarchie. Nachwirkungen einer deutschen Institution seit 1918. Frankfurt am Main, 2008. S. 11-34.
BLESSING, Werner K.: Der monarchische Kult, politische Loyalität und die Arbeiterbewegung im deutschen Kaiserreich. In: RITTER, Gerhard A. (Hrsg.): Arbeiterkultur. Königstein, 1979. S. 185-208.
BLESSING, Werner K.: Herrschaftswechsel im Umbruch - Zur inneren Staatsbildung Bayerns im 19. Jahrhundert. In: SCHNABEL-SCHÜLE, Helga (Hrsg.): Fremde Herrscher - fremdes Volk; Inklusions- und Exklusionsfiguren bei Herrschaftswechseln in Europa. Frankfurt am Main u.a., 2006, S. 169-187.
BLESSING, Werner K.: Staat und Kirche in der Gesellschaft. Institutionelle Autorität und mentaler Wandel in Bayern während des 19. Jahrhunderts. Göttingen, 1982.
BÖCKENFÖRDE, Ernst-Wolfgang: Der Verfassungstyp der deutschen konstitutionellen Monarchie im 19. Jahrhundert. In: BÖCKENFÖRDE, Ernst-Wolfgang (Hrsg.): Moderne deutsche Verfassungsgeschichte. Königstein, 1981. S.146-170.
BOSL, Karl (Hrsg.): Bayern im Umbruch. Die Revolution von 1918. Ihre Voraussetzungen, ihr Verlauf und ihre Folgen. München, 1969.
BOSL, Karl: Bayerische Geschichte. München, 1980.
BUSCHMANN, Nikolaus: „Im Kanonenfeuer müssen die Stämme Deutschlands zusammen geschmolzen werden". Zur Konstruktion nationaler Einheit in den Kriegen der Reichsgründungsphase. In: BUSCHMANN, Nikolaus; LANGEWIESCHE, Dieter (Hrsg.): Der Krieg in den Gründungsmythen europäischer Nationen und der USA. Frankfurt am Main, 2003. S. 99-119.
BUßMANN, Hadumod; NEUKUM-FICHTNER, Eva (Hrsg.): „Ich bleibe ein Wesen eigener Art". Prinzessin Therese von Bayern. München, 1997.
BUßMANN, Hadumod: „Ich habe mich vor nichts im Leben gefürchtet". Die ungewöhnliche Geschichte der Therese Prinzessin von Bayern. München, 2011.
CANNING, Cathleen: Sexual crisis, the writing of citizenship and the State of Emergency in Germany 1917-1920. In: LÜDKE, Alf; WILDT, Michael (Hrsg.): Staats-Gewalt: Ausnahmezustand und Sicherheitsregimes. Historische Perspektiven. Göttingen, 2008. S. 167-213.
CHICKERING, Roger: Das Deutsche Reich und der Erste Weltkrieg. München, 2002.
CLARK, Christopher: Preußen. Aufstieg und Niedergang 1600-1947. Bonn, 2007.
CLARK, Christopher: Wilhelm II. Die Herrschaft des letzten deutschen Kaisers. München, 2008.
CORNELIßEN, Christoph: Das politische Zeremoniell des Kaiserreichs im europäischen Vergleich. In: BIEFANG, Andreas; EPKENHANS, Michael; TENFELDE, Klaus (Hrsg.): Das politische Zeremoniell im Deutschen Kaiserreich 1871-1918. Düsseldorf, 2008. S. 433-450.
DEIST, Wilhelm: Kaiser Wilhelm II. als Oberster Kriegsherr. In: RÖHL, John C. G. u.a. (Hrsg.): Der Ort Kaiser Wilhelms II. in der deutschen Geschichte. München, 1991. S. 25-42.

DEIST, Wilhelm: Lexikonartikel „Streitkräfte (Deutsches Reich)". In: HIRSCHFELD, Gerhard u. a. (Hrsg.): Enzyklopädie Erster Weltkrieg. Paderborn, 2002. S. 870f.
DEIST, Wilhelm: Strategy and Unlimited Warfare in Germany. Moltke, Falkenhayn, and Ludendorff. In: CHICKERING, Roger; FÖRSTER, Stig (Hrsg.): Great War, Total War. Combat and Mobilisation on the Western Front, 1914-1918. Cambridge u. a., 2000. S. 265-279.
DEMEL, Walter; KRAMER, Ferdinand: Adel und Adelskultur in Bayern. München, 2008.
DEMEL, Walter: Der bayerische Adel 1750-1871. In: WEHLER, Hans-Ulrich (Hrsg.): Europäischer Adel. 1750-1950. Göttingen, 1990. S. 126-143.
DENK, Otto; Weiß, Joseph: Unser Bayerland. Vaterländische Geschichte, volkstümlich dargestellt. Mit 15 Tafelbildern und 461 Textabbildungen. München, 1906.
DEUERLEIN, Ernst (Hrsg.): Briefwechsel Hertling-Lerchenfeld 1912-1917. Dienstliche Privatkorrespondenz zwischen dem bayerischen Ministerpräsidenten Georg Graf von Hertling und dem bayerischen Gesandten in Berlin Hugo Graf von und zu Lerchenfeld. 2 Bd. Boppard am Rhein, 1973.
DEUERLEIN, Ernst: Föderalismus. Die historischen und philosophischen Grundlagen des föderativen Prinzips. Bonn, 1972
DICKINGER, Christian: Die schwarzen Schafe der Wittelsbacher. Zwischen Thron und Wahnsinn. München, 2005.
DIRR, Puis (Hrsg.): Bayerische Dokumente zum Kriegsausbruch und zum Versailler Schuldspruch. München und Berlin, 1925.
DOERING, Oskar: Das Haus Wittelsbach. München, 1924.
DOLLINGER, Hans: Die Münchner Straßennamen. München, 2007
DOLLINGER, Heinz: Das Leitbild des Bürgerkönigtums. In: WERNER, Karl Ferdinand (Hrsg.): Hof, Kultur und Politik im 19. Jahrhundert. Bonn, 1985. S. 325-362.
DOMARUS, Max: Bayern 1805-1933. Stationen der Staatspolitik. Nach Dokumenten im Bayerischen Hauptstaatsarchiv. Würzburg, 1979.
ECHTERNKAMP, Jörg; MÜLLER, Sven Oliver: Perspektiven einer politik- und kulturgeschichtlichen Nationalismusforschung. Einleitung. In: ECHTERNKAMP, Jörg; MÜLLER, Sven Oliver (Hrsg.): Die Politik der Nation. Deutscher Nationalismus in Krieg und Krisen 1760-1960. München, 2002. S. 1-24.
ELEY, Geoff: Making a Place in the Nation: Meanings of cititzenship in Wilhemine Germany. In: ELEY, Geoff; RETALLAK, James (Hrsg.): Wilhelminism and its Legacies. German Modernities, Imperialism, and the Meanings of Reform, 1890-1930. Oxford, 2003. S. 16-33.
ELIAS, Norbert: Die höfische Gesellschaft. Untersuchungen zur Soziologie des Königtums und der höfischen Aristokratie. Frankfurt a. M., 2002.
EPKENHANS, Michael: Das Ende eines Zeitalters. Europäische Monarchen und ihre Armeen in Ersten Weltkrieg. (Vortrag am 17. Februar 2009).
EPKENHANS, Michael: Die Politik der militärischen Führung 1918: „Kontinuität der Illusionen und das Dilemma der Wahrheit". In: Kriegsende 1918. Ereignis, Wirkung, Nachwirkung. Hrsg. im Auftrag des Militärgeschichtlichen Forschungsamtes von Jörg Duppler und Gerhard P. Groß. München, 1999. S. 217-233.
ERZBERGER, Matthias: Erlebnisse im Weltkrieg. Stuttgart und Berlin, 1920.
ESCHERICH, Georg (Hrsg.): Leopold, Prinz von Bayern: Meine Jagderinnerungen. In: Aus dem Leben zweier Herrenjäger. Berlin, 1928. S. 11-228.
ESCHERICH, Georg: Der alte Jäger. Erinnerungen aus meinem Leben. Berlin, 1934.
FELLMANN, Walter: Sachsens letzter König. Friedrich August III. Berlin u.a., 1992.
FISCHER, Fritz: Griff nach der Weltmacht. Die Kriegszielpolitik des kaiserlichen Deutschland 1914/18. Düsseldorf, 1961.
FISCHER-LICHTE, Erika: Performance, Inszenierung, Ritual: Zur Klärung kulturwissenschaftlicher Schlüsselbegriffe. In: MARTSCHUKAT, Jürgen; PATZOLD, Steffen: Geschichtswissenschaft und „Performative Turn". Ritual, Inszenierung und Performanz vom Mittelalter bis zur Neuzeit. Köln u.a, 2003. S. 33-54.
FRANKE, Christoph: Der bayerische und sächsische Adel im 19. und 20. Jahrhundert. Soziales Verhalten und soziale Strukturen. In: SCHULZ, Günther; DENZEL, Markus A. (Hrsg.): Deutscher Adel im 19. und 20. Jahrhundert. St. Katharinen, 2004. S. 319-351.

FRAUENHOLZ, Eugen von (Hrsg.): Kronprinz Rupprecht von Bayern. Mein Kriegstagebuch. 3 Bände. Berlin, 1929.
FRAUENHOLZ, Eugen von: Kronprinz Rupprecht im Weltkrieg. In: Zeitschrift für bayerische Landesgeschichte. Band 1. München, 1928. S. 385-402.
FREVERT, Ute; HAUPT, Heinz-Gerhard: (Hrsg.): Neue Politikgeschichte. Perspektiven einer historischen Politikforschung. Frankfurt am Main, 2005.
GALLUS, Alexander (Hrsg.): Die vergessene Revolution von 1918/19. Göttingen, 2010.
GANGHOFER, Ludwig: Der russische Niederbruch. Berlin, Wien, 1915.
GANGHOFER, Ludwig: Die Front im Osten. Berlin, Wien, 1915.
GANGHOFER, Ludwig: Die stählerne Mauer. Reise zur deutschen Front 1915. Zweiter Teil. Berlin, Wien, 1915.
GANGHOFER, Ludwig: Reise zur deutschen Front. Berlin, Wien, 1915.
GEULEN, Christian: Die Metamorphose der Identität. Zur Langlebigkeit des Nationalismus. In: ASSMANN, Aleida; FRIESE, Heidrun (Hrsg.): Identitäten. Erinnerung, Geschichte, Identität 3. Frankfurt am Main, 1998. S. 346-373.
GEYER, Martin H.: Verkehrte Welt. Revolution, Inflation und Moderne. München 1914-1924. Göttingen, 1998.
GEYER, Michael: Deutsche Rüstungspolitik 1860-1980. Frankfurt, 1984.
GIESEN, Bernhard: Die Aura des Helden. Eine symbolgeschichtliche Skizze. In: HONER, Anne; KURT, Ronald u.a. (Hrsg.): Diesseitsreligion. Zur Deutung der Bedeutung moderner Kultur. Konstanz, 1999. S. 437-444.
GIESEN, Bernhard: Voraussetzung und Konstruktion. Überlegungen zum Begriff der kollektiven Identität. In: BOHN, Cornelia; WILLEMS, Herbert (Hrsg.): Sinngeneratoren. Fremd- und Selbstthematisierung in soziologisch-historischer Perspektive. Konstanz, 2001. S. 91-110.
GLASER, Hubert: Ludwig II. und Ludwig III. Kontraste und Kontinuitäten. In: Zeitschrift für bayerische Landesgeschichte. Nr. 59. München, 1996. S. 1-14.
GLASER, Hubert: Ludwig III. König von Bayern. Skizze aus seiner Lebensgeschichte. Katalog zur Ausstellung in Wildenwart. Hrsg. von Max Oppel. Wildenwart, 1995. S. 11-58.
GLASER, Hubert: Ungesalbt und ungekrönt. Einen Monarchen mit der Krone auf dem Haupt hat es im Königreich Bayern nie gegeben. In: Unter der Krone. Das Königreich Bayern und sein Erbe. Hrsg. von Ernst Fischer und Hans Kratzer. München, 2006. S. 26.
GOETZ, Walter: Rupprecht, Kronprinz von Bayern. 1869-1955. Ein Nachruf. München, 1956.
GÖHLER, Gerhard: Symbolische Politik – Symbolische Praxis. In: STOLLBERG-RILINGER, Barbara (Hrsg.): Was heißt Kulturgeschichte des Politischen? Berlin, 2005. S. 57-69.
GOLLWITZER, Heinz: Die Endphase der Monarchie in Deutschland. Stuttgart, 1971. In: Heinz Gollwitzer: Weltpolitik und deutsche Geschichte. Gesammelte Studien. Hrsg. von Hans-Christof Kraus. Göttingen, 2008. S. 363-383.
GOLLWITZER, Heinz: Die Funktion der Monarchie in der Demokratie. In: Heinz Gollwitzer: Weltpolitik und deutsche Geschichte. Gesammelte Studien. Hrsg. von Hans-Christof Kraus. Göttingen, 2008. S. 527-538.
GOLLWITZER, Heinz: Fürst und Volk. Betrachtungen zur Selbstbehauptung des bayerischen Herrscherhauses im 19. und 20. Jahrhundert. In: Zeitschrift für Bayerische Landesgeschichte. Nr. 50. München, 1987. S. 723-748.
GROENER, Wilhelm: Das Testament des Grafen Schlieffen. Operative Studien über den Weltkrieg. Berlin, 1929.
HACKL, Othmar: Der bayerische Generalstab (1792-1919). München, 1999.
HACKL, Othmar: Die bayerische Kriegsakademie (1867-1914). München, 1989.
HAFFNER, Sebastian: Die deutsche Revolution 1918/19. Berlin, 2004.
HARDTWIG, Wolfgang: Performanz und Öffentlichkeit in der krisenhaften Moderne: Visualisierung des Politischen in Deutschland 1900-1936. In: MÜNKLER, Herfried; HACKE, Jens (Hrsg.): Strategien der Visualisierung. Verbildlichung als Mittel politischer Kommunikation. Frankfurt am Main, 2009. S. 71-92.

HEBERT, Günther: Das Alpenkorps. Aufbau, Organisation und Einsatz einer Gebirgstruppe im Ersten Weltkrieg. München, 1988.
Heil Wittelsbach! Zur Erinnerung an den Besuch Ihrer Majestäten des Königs Ludwig III. und der Königin Marie Therese von Bayern in Ansbach 30. Juni 1914. Ansbach, 1914.
HERTLING, Karl Graf von: Ein Jahr in der Reichskanzlei. Erinnerungen an die Kanzlerschaft meines Vaters. Freiburg im Breisgau, 1919.
HEYDECKER, Joe J.: Kronprinz Rupprecht von Bayern. Ein Lebensbild. München, 1953.
HILDEBRAND, Klaus: Das deutsche Ostimperium 1918. Betrachtungen über eine historische „Augenblickserscheinung". In: Pyta, Wolfram; Richter, Ludwig (Hrsg.): Gestaltungskraft des Politischen. Festschrift für Eberhard Kolb. Berlin, 1998. S. 109-124.
HILDEBRAND, Klaus: Das vergangene Reich. Deutsche Außenpolitik von Bismarck bis Hitler. Stuttgart, 1995.
Hindenburg, Paul von Beneckendorff und von: Aus meinem Leben. Leipzig, 1920.
HINZ, Uta: Humanität im Krieg? Internationales Rotes Kreuz und Kriegsgefangenenhilfe im Ersten Weltkrieg. In: Oltmer, Jochen (Hrsg.): Kriegsgefangene im Europa des Ersten Weltkriegs. Paderborn u. a., 2006. S. 216-236.
HIRSCHFELD, Gerhard; KRUMEICH, Gerd; RENZ, Irina: Enzyklopädie Erster Weltkrieg. Paderborn, 2003.
HIRSCHFELD, Gerhard: Die Somme-Schlacht von 1916. In: HIRSCHFELD, Gerhard u. a. (Hrsg.): Die Deutschen an der Somme. 1914-1918. Krieg, Besatzung, Verbrannte Erde. Essen, 2006. S. 79-90.
HOBSBAWM, Eric J.: Nationen und Nationalismus. Mythos und Realität seit 1780. Bonn, 2005.
HOEGEN, Jesko von: Der Held von Tannenberg. Genese und Funktion des Hindenburg-Mythos (1914-1934). Köln, 2007.
HOFMANN, Arne: Obsoleter Monarchismus als Erbe der Monarchie: Das Nachleben der Monarchie im Monarchismus nach 1918. In: BISKUP, Thomas; KOHLRAUSCH, Martin (Hrsg.): Das Erbe der Monarchie. Nachwirkungen einer deutschen Institution seit 1918. Frankfurt am Main, 2008. S. 241-260.
HÖLLER, Ralf: Der Anfang, der ein Ende war. Die Revolution in Bayern 1918/19. Berlin, 1999.
HUBENSTEINER, Benno: Bayerische Geschichte. Staat und Volk. Kunst und Kultur. München, 1980.
HUBER, Ernst Rudolf: Deutsche Verfassungsgeschichte seit 1789. Bd. 3-5. Stuttgart, 1988, 1982, 1978.
HULL, Isabel V.: Military culture, Wilhelm II. and the end of the monarchy in the First World War. In: MOMBAUER, Annika (Hrsg.): The Kaiser; new research on Wilhelm II's role in imperial Germany. Cambridge u.a., 2003. S. 235-258.
HÜTTL, Ludwig: Das Haus Wittelsbach. Die Geschichte einer europäischen Dynastie. München, 1980.
JAEGER, Kurt; KAHNT, Helmut: Die deutschen Münzen seit 1871. Regenstauf, 2009.
JAHN, Wolfgang u.a.: Adel in Bayern. Ritter, Grafen, Industriebarone. Katalog zur Bayerischen Landesausstellung 2008. Augsburg, 2008.
JANßEN, Karl-Heinz: Der Kanzler und der General. Die Führungskrise um Bethmann Hollweg und Falkenhayn (1914-1916). Göttingen, 1967.
JANßEN, Karl-Heinz: Der Wechsel in der Obersten Heeresleitung 1916. In: Vierteljahreshefte für Zeitgeschichte. Jhrg. 7, Heft 4. Stuttgart, 1959. S. 337-371.
JANßEN, Karl-Heinz: Macht und Verblendung. Kriegszielpolitik der deutschen Bundesstaaten 1914/18. Göttingen, 1963.
K. BAYER. STATISTISCHES LANDESAMT (Hrsg.): Hof- und Staatshandbuch des Königreichs Bayern für das Jahr 1914. München, 1914.
KAES, Anton: Schlachtfelder im Kino und die Krise der Repräsentation. In: MARTUS, Steffen u.a. (Hrsg.): Schlachtfelder. Codierung von Gewalt im medialen Wandel. Berlin, 2003. S. 117-128.
KÄGLER, Britta: Im Zentrum steht der Landesherr. In: JAHN, Wolfgang (Hrsg.): Adel in Bayern. Ritter, Grafen, Industriebarone. Katalog zur Bayerischen Landesausstellung 2008. Augsburg, 2008. S. 198f.

KAUFHOLD, Karl Heinrich: Fürstenabfindung oder Fürstenenteignung? Der Kampf um das Hausvermögen der ehemaligen regierenden Fürstenhäuser im Jahre 1926 und die Innenpolitik der Weimarer Republik. In: SCHULZ, Günther; DENZEL, Markus A. (Hrsg.): Deutscher Adel im 19. und 20. Jahrhundert. St. Katharinen, 2004. S. 261-285.
KEEGAN, John: Der Erste Weltkrieg. Eine europäische Tragödie. Hamburg, 2006.
KESSLER, Frank; VERHOEFF, Nanna: Networks of Entertainment: Early film distribution. 1895-1915. London, 2007.
KIELMANSEGG, Peter Graf: Deutschland und der Erste Weltkrieg. Stuttgart, 1968.
KLIER, Johann: Von der Kriegspredigt zum Friedensappell. Erzbischof Michael von Faulhaber und der Erste Weltkrieg. Ein Beitrag zur Geschichte der deutschen katholischen Militärseelsorge. München, 1991.
KLUGE, Ulrich: Die deutsche Revolution 1918/1919. Staat, Politik und Gesellschaft zwischen Weltkrieg und Kapp-Putsch. Frankfurt a. M., 1985.
KNODT, Manfred: Ernst Ludwig, Großherzog von Hessen und bei Rhein. Sein Leben u. seine Zeit. Darmstadt, 1978.
KOCH, Ingeborg: Die Bundesfürsten und die Reichspolitik in der Zeit Wilhelms II. München, 1961.
KÖGLMEIER, Georg: Die zentralen Rätegremien in Bayern 1918/19. Legitimation, Organisation, Funktion. München, 2001.
KOHLRAUSCH, Martin: Der Monarch im Skandal. Die Logik der Massenmedien und die Transformation der wilhelminischen Monarchie. Berlin, 2005.
KOHLRAUSCH, Martin: Monarchische Repräsentation in der entstehenden Mediengesellschaft: Das deutsche und das englische Beispiel. In: ANDRES, Jan (Hrsg.): Die Sinnlichkeit der Macht; Herrschaft und Repräsentation seit der Frühen Neuzeit. Frankfurt am Main u.a., 2005. S. 93-122.
KOHLRAUSCH, Martin: Zwischen Tradition und Innovation. Das Hofzeremoniell der wilhelminischen Monarchie. In: BIEFANG, Andreas; EPKENHANS, Michael; TENFELDE, Klaus (Hrsg.): Das politische Zeremoniell im Deutschen Kaiserreich 1871-1918. Düsseldorf, 2008. S. 31-76.
KOLSHORN, Otto: Kronprinz Rupprecht von Bayern. Ein Lebens- und Charakterbild. München, 1918.
König Ludwig III. und die Revolution. Neue Beiträge zur Vorgeschichte der Bayerischen Revolution. Erstes Heft. Sonderabdruck aus dem bayerischen Kurier. München, 1921.
KÖNIG, Alexander: Wie mächtig war der Kaiser? Kaiser Wilhelm II. zwischen Königsmechanismus und Polykratie von 1908 bis 1914. Stuttgart, 2009.
KÖNIG, Wolfgang: Wilhelm II. und die Moderne. Der Kaiser und die technisch-industrielle Welt. Paderborn u. a., 2007.
KÖRNER, Hans-Michael; KÖRNER, Ingrid (Hrsg.): Aus den Lebenserinnerungen von Leopold Prinz von Bayern (1846-1930). Regensburg, 1983.
KÖRNER, Hans-Michael: Geschichte des Königreichs Bayern. München, 2006.
KÖRNER, Hans-Michael: König Ludwig III. von Bayern (1913-1918). In: SCHWAIGER, Georg (Hrsg.): Christenleben im Wandel der Zeit. 2. Bd. München, 1987. S. 215-231.
KÖRNER, Hans-Michael: Ludwig III. Totengräber der Monarchie? In: SCHMID, Alois (Hrsg.): Die Herrscher Bayerns. 25 historische Portraits von Tassilo III. bis Ludwig III. München, 2001. S. 376-388.
KOTULLA, Michael (Hrsg.): Deutsches Verfassungsrecht 1806-1918. Eine Dokumentensammlung nebst Einführungen. 2. Band: Bayern. Berlin, Heidelberg, 2007.
KRAFFT VON DELLMENSINGEN, Konrad; FEESER, Friedrichfranz: Das Bayernbuch vom Weltkriege. 1914-1918. Ein Volksbuch. Stuttgart, 1930.
KRAUSS, Marita: Das Ende der Privilegien? Adel und Herrschaft in Bayern im 19. Jahrhundert. In: DEMEL, Walter; KRAMER, Ferdinand (Hrsg.): Adel und Adelskultur in Bayern. München, 2008. S. 377-394.
KRAUSS, Marita: Der neue Adel aus Politik, Wissenschaft, Kunst und Wirtschaft. In: JAHN, Wolfgang (Hrsg.): Adel in Bayern. Ritter, Grafen, Industriebarone. Katalog zur Bayerischen Landesausstellung 2008. Augsburg, 2008. S. 225f.
KRAUSS, Marita: Die königlich bayerischen Hoflieferanten. München, 2009.

KRAUSS, Marita: Herrschaftspraxis in Bayern und Preußen im 19. Jahrhundert. Ein historischer Vergleich. Frankfurt am Main, 1997.
KRESS, Wolfgang: Lexikonartikel „Albrecht, Herzog von Württemberg". In: HIRSCHFELD, Gerhard u. a. (Hrsg.): Enzyklopädie Erster Weltkrieg. Paderborn, 2002. S. 328f.
KRUSE, Wolfgang: Die Kriegsbegeisterung im Deutschen Reich zu Beginn des Ersten Weltkrieges. Entstehungszusammenhänge, Grenzen und ideologische Strukturen. In: VAN DER LINDEN, Marcel; MERGNER, Gottfried (Hrsg.): Kriegsbegeisterung und mentale Kriegsvorbereitung. Interdisziplinäre Studien. Berlin, 1991. S. 73-87.
KUHL, Hermann von: Der Feldherr. In: Süddeutsche Monatshefte. 30. Jahrgang. Januar 1933.
LANGEWIESCHE, Dieter: Föderalismus und Zentralismus im deutschen Kaiserreich: Staat, Wirtschaft, Gesellschaft, Kultur - eine Skizze. In: JANZ, Oliver (Hrsg.): Zentralismus und Föderalismus im 19. und 20. Jahrhundert. Deutschland und Italien im Vergleich. Berlin, 2000. S. 79-90.
LANGEWIESCHE, Dieter: Föderativer Nationalismus als Erbe der deutschen Reichsnation. Über Föderalismus und Zentralismus in der deutschen Nationalgeschichte. In: LANGEWIESCHE, Dieter (Hrsg.): Nation, Nationalismus, Nationalstaat in Deutschland und Europa. München, 2000. S. 55-79.
LARGE, David Clay: Hitlers München. Aufstieg und Fall der Hauptstadt der Bewegung. München, 1998.
LENSKI, Franz von: Lern- und Lehrjahre in Front und Generalstab. Berlin, 1939.
LEPP, Claudia: Summus episcopus. Das Protestantische im Zeremoniell der Hohenzollern. In: BIEFANG, Andreas; EPKENHANS, Michael; TENFELDE, Klaus (Hrsg.): Das politische Zeremoniell im Deutschen Kaiserreich 1871-1918. Düsseldorf, 2008. S. 77- 114.
LERCHENFELD-KOEFERING, Hugo Graf von: Erinnerungen und Denkwürdigkeiten. 1843 bis 1925. Eingeleitet und Hrsg. von seinem Neffen Hugo Graf Lerchenfeld-Koefering. Berlin, 1934.
LERMAN, Katherine: Hofjagden: Royal Hunts and Shooting Parties in the Imperial Era. In: BIEFANG, Andreas; EPKENHANS, Michael; TENFELDE, Klaus (Hrsg.): Das politische Zeremoniell im Deutschen Kaiserreich 1871-1918. Düsseldorf, 2008. S. 115-133.
LIEBHART, Wilhelm: Königtum und Politik in Bayern. Frankfurt am Main, 1994.
LIULEVICIUS, Vejas Gabriel: Kriegsland im Osten. Eroberung, Kolonisierung und Militärherrschaft im Ersten Weltkrieg 1914-1918. Hamburg, 2002.
LUDENDORFFF, Erich: Meine Kriegserinnerungen 1914-1918. Berlin, 1919.
MACHTAN, Lothar: Der erstaunlich lautlose Untergang von Monarchie und Bundesfürstentümern – ein Erklärungsangebot. In: GALLUS, Alexander (Hrsg.): Die vergessene Revolution von 1918/19. Göttingen, 2010. S. 39-56.
MACHTAN, Lothar: Die Abdankung. Wie Deutschlands gekrönte Häupter aus der Geschichte fielen. Berlin, 2008.
MACHTAN, Lothar: Wilhelm II. als oberster Sittenrichter: Das Privatleben der Fürsten und die Imagepolitik des letzten deutschen Kaisers. In: BENZ, Wolfgang u.a. (Hrsg.): Zeitschrift für Geschichtswissenschaft. 54. Jahrgang. Heft 1. Berlin, 2006. S. 5-19.
MALINOWSKI, Stephan: Vom König zum Führer. Sozialer Niedergang und politische Radikalisierung im deutschen Adel zwischen Kaiserreich und NS-Staat. Berlin, 2003.
MANN, Golo: Prinz Max von Baden und das Ende der Monarchie in Deutschland. In: Prinz Max von Baden. Erinnerungen und Dokumente. Hrsg. von Golo Mann und Andreas Burckhardt. Stuttgart, 1968. S. 9-57.
MATZERATH, Josef: Parlamentseröffnungen im Reich und in den Bundesstaaten. In: BIEFANG, Andreas; EPKENHANS, Michael; TENFELDE, Klaus (Hrsg.): Das politische Zeremoniell im Deutschen Kaiserreich 1871-1918. Düsseldorf, 2008. S. 207- 232.
MERGEN, Simone: Monarchiejubiläen im 19. Jahrhundert. Die Entdeckung des historischen Jubiläums für den monarchischen Kult in Sachsen und Bayern. Leipzig, 2005.
MERGEN, Simone: Monarchiejubiläen. In: BIEFANG, Andreas; EPKENHANS, Michael; TENFELDE, Klaus (Hrsg.): Das politische Zeremoniell im Deutschen Kaiserreich 1871-1918. Düsseldorf, 2008. S. 343-352.
MEYER, Thomas (Hrsg.): Helmuth von Moltke 1848-1916. Dokumente zu seinem Leben und Wirken. Bd. 1. Basel, 1993.

MILITÄR-HANDBUCH DES KÖNIGREICHS BAYERN. Hrsg. vom Kriegsministerium, Abteilung für Persönliche Angelegenheiten, nach dem Stande vom 10. Mai 1914. München, 1914.
MÖCKL, Karl: Der „unvollendete" Föderalismus des zweiten deutschen Kaiserreiches. In: RÖHL, John C. G. u.a. (Hrsg.): Der Ort Kaiser Wilhelms II. in der deutschen Geschichte. München, 1991. S. 71-76.
MÖCKL, Karl: Der deutsche Adel und die fürstlich-monarchischen Höfe 1750-1918. In: WEHLER, Hans-Ulrich (Hrsg.): Europäischer Adel. 1750-1950. Göttingen, 1990. S. 96-111.
MÖCKL, Karl: Die Prinzregentenzeit. In: BONK, Sigmund; SCHMID, Peter (Hrsg.): Königreich Bayern. Facetten bayerischer Geschichte 1806-1919, Regensburg, 2005. S. 153-174.
MÖCKL, Karl: Die Prinzregentenzeit. München, 1972.
MÖCKL, Karl: Einleitende Bemerkungen. In: MÖCKL, Karl (Hrsg.): Hof und Hofgesellschaft in den deutschen Staaten im 19. und beginnenden 20. Jahrhundert. Boppard am Rhein, 1990. S. 7-16.
MÖCKL, Karl: Hof und Hofgesellschaft in Bayern in der Prinzregentenzeit. In: WERNER, Karl Ferdinand (Hrsg.): Hof, Kultur und Politik im 19. Jahrhundert. Bonn, 1985. S. 183-235.
MÖCKL, Karl: Hof und Hofgesellschaft in den deutschen Staaten im 19. und beginnenden 20. Jahrhundert. Boppard am Rhein, 1990.
MOLTKE, Eliza von (Hrsg.): Helmuth von Moltke: Erinnerungen, Briefe, Dokumente 1877-1916. Ein Bild vom Kriegsausbruch, erster Kriegsführung und Persönlichkeit des ersten militärischen Führers des Krieges. Stuttgart, 1922.
MOMBAUER, Annika; DEIST, Wilhelm (Hrsg.): The Kaiser. New Research on Wilhelm II's role in Imperial Germany. Cambridge, 2003.
MOMBAUER, Annika: Helmuth von Moltke and the origins of the First World War. Cambridge, 2001.
MOMMSEN, Wolfgang J.: Der Erste Weltkrieg. Anfang vom Ende des bürgerlichen Zeitalters. Frankfurt a. M., 2004.
MOMMSEN, Wolfgang J.: Die Urkatastrophe Deutschlands. Der Erste Weltkrieg 1914-1918. Stuttgart, 2002.
MÜLLER, Corinna; SEGEBERG, Harro (Hrsg.): Kinoöffentlichkeit 1895-1920. Entstehung, Etablierung, Differenzierung. Marburg, 2008.
MÜLLER, Karl Alexander von: Deutsche Geschichte und deutscher Charakter. Aufsätze und Vorträge. Berlin, 1925.
MÜLLER, Karl Alexander von: Mars und Venus. Erinnerungen 1914-1919. Stuttgart, 1954.
MÜLLER, Sven Oliver: Die umkämpfte Nation. Legitimationsprobleme im kriegführenden Kaiserreich. In: ECHTERNKAMP, Jörg; MÜLLER, Sven Oliver (Hrsg.): Die Politik der Nation. Deutscher Nationalismus in Krieg und Krisen 1760-1960. München, 2002. S. 149-171.
MÜLLER, Thomas: Konrad Krafft von Dellmensingen. 1862-1953. Portrait eines bayerischen Offiziers. München, 2002.
MURR, Karl Borromäus: „Treue bis in den Tod". Kriegsmythen in der bayerischen Geschichtspolitik im Vormärz. In: BUSCHMANN, Nikolaus; LANGEWIESCHE, Dieter (Hrsg.): Der Krieg in den Gründungsmythen europäischer Nationen und der USA. Frankfurt am Main, 2003. S. 138-174.
MURR, Karl Borromäus: Treue im Zeichen des Krieges. Beobachtungen zu einem Leitmotiv bürgerlicher Identitätsstiftung im Königreich Bayern (1806-1918). In: BUSCHMANN, Nikolaus; MURR, Karl Borromäus (Hrsg.): Treue. Politische Loyalität und militärische Gefolgschaft in der Moderne. Göttingen, 2008. S. 110-149.
NAUMANN, Victor: Profile. 30 Porträt-Skizzen aus den Jahren des Weltkrieges nach persönlichen Begegnungen. München u.a., 1925.
NEITZEL, Sönke: Weltkrieg und Revolution. 1914-1918/19. Berlin, 2008.
NEUHAUS, Helmut: Das Ende der Monarchien in Deutschland 1918. In: Historisches Jahrbuch. Hrsg. von Laetitia Boehm u.a. Jahrgang 111, Heft 1. Freiburg u.a., 1991. S. 102-136.

NEUKUM-FICHTNER, Eva: „Freiheit, Freiheit war es, wonach ich leidenschaftlich lechzte". In: BUẞMANN, Hadumod; NEUKUM-FICHTNER, Eva (Hrsg.): „Ich bleibe ein Wesen eigener Art". Prinzessin Therese von Bayern. München, 1997. S. 28-37.

NOWAK, Karl Friedrich (Hrsg.): Die Aufzeichnungen des Generalmajors Max Hoffmann. 2 Bd. Berlin, 1929.

NUẞER, Horst: Konservative Wehrverbände in Bayern, Preußen und Österreich 1918-1933. Mit einer Biographie von Forstrat Georg Escherich 1870-1941. 2 Bd, München, 1973.

OLTMER, Jochen: Unentbehrliche Arbeitskräfte. Kriegsgefangene in Deutschland 1914-1918. In: Oltmer, Jochen (Hrsg.): Kriegsgefangene im Europa des Ersten Weltkriegs. Paderborn u. a., 2006. S. 67-96.

OLTMER, Jochen: Vorwort. In: Oltmer, Jochen (Hrsg.): Kriegsgefangene im Europa des Ersten Weltkriegs. Paderborn u. a., 2006. S. 9f.

PANZER, Marita A.; PLÖẞL, Elisabeth: Bayerns Töchter. Frauenporträts aus fünf Jahrhunderten. München, 2005.

PAUL, Gerhard: Das Jahrhundert der Bilder. Die visuelle Geschichte und der Bildkanon des kulturellen Gedächtnisses. In: Das Jahrhundert der Bilder. 1900 bis 1949. Hrsg. von Gerhard Paul. Göttingen, 2009. S. 14-39.

PAULMANN, Johannes: Pomp und Politik. Monarchenbegegnungen in Europa zwischen Ancien Régime und Erstem Weltkrieg. Paderborn u.a., 2000.

PETZOLD, Dominik: „Monarchische Reklamefilms"? Wilhelm II. im neuen Medium der Kinematographie. In: PETZOLD, Dominik; FREYTAG, Nils (Hrsg.): Das „lange" 19. Jahrhundert. Alte Fragen und neue Perspektiven. München, 2007. S. 201-220.

PETZOLD, Dominik: Monarchischer Kult in der Moderne: Zur Herrschaftsinszenierung Wilhelms II. im Kino. In: BISKUP, Thomas; KOHLRAUSCH, Martin (Hrsg.): Das Erbe der Monarchie. Nachwirkungen einer deutschen Institution seit 1918. Frankfurt am Main, 2008. S. 117-137.

PFEIFFER, Maximilian: Prinz Heinrich von Bayern. Das Lebensbild eines Frühvollendeten. O.J. [verm. 1917].

PHILIPPI, Hans: Der Hof Kaiser Wilhelms II. In: MÖCKL, Karl (Hrsg.): Hof und Hofgesellschaft in den deutschen Staaten im 19. und beginnenden 20. Jahrhundert. Boppard am Rhein, 1990. S. 361-394.

POHL, Karl Heinrich: Die Münchener Arbeiterbewegung. Sozialdemokratische Partei, Freie Gewerkschaften, Staat und Gesellschaft in München 1890-1914. München u.a., 1992.

POTEMPA, Harald: Die Königlich-Bayerische Fliegertruppe 1914-1918. Frankfurt, 1997.

PRINZ, Friedrich: Die Geschichte Bayerns. München, 2001.

PYTA, Wolfram: Hindenburg. Herrschaft zwischen Hohenzollern und Hitler. München, 2009.

RAITHEL, Thomas: „Augustererlebnisse" 1914 in Deutschland und Frankreich. In: PETZOLD, Dominik; FREYTAG, Nils (Hrsg.): Das „lange" 19. Jahrhundert. Alte Fragen und neue Perspektiven. München, 2007. S. 245-260.

RALL, Hans: Die Wittelsbacher in Lebensbildern. München, 2005.

RALL, Hans: Wittelsbacher Lebensbilder von Kaiser Ludwig bis zur Gegenwart. München, 1979.

RANKE, Winfried: Joseph Albert. Hofphotograph der bayerischen Könige. München, 1977.

REDWITZ, Marie Freiin von: Hofchronik. 1888-1921. München, 1924.

REICHSARCHIV/ BAYERISCHES KRIEGSARCHIV (Hrsg.): Erinnerungsblätter deutscher Regimenter. Bayerischer Anteil. 92 Bände. München u. a., 1921-1940.

REINHARD, Wolfgang: Geschichte der Staatsgewalt. Eine vergleichende Verfassungsgeschichte Europas von den Anfängen bis zur Gegenwart. München, 2002.

RIES, Helmut: Kronprinz Wilhelm. Hamburg, 2001.

RITTER, Gerhard: Staatskunst und Kriegshandwerk: Die Tragödie der Staatskunst. Bethmann Hollweg als Kriegskanzler. (Bd. 3). München, 1964.

ROCOLLE, Pierre: L'hécatombe des généraux. Paris, 1980.

RÖHL, John C. G.: Hof und Hofgesellschaft unter Wilhelm II. In: WERNER, Karl Ferdinand (Hrsg.): Hof, Kultur und Politik im 19. Jahrhundert. Bonn, 1985. S. 237-289.

RÖHL, John C. G.: Kaiser, Hof und Staat. Wilhelm II. und die deutsche Politik. München, 2002.

RÖHL, John C. G.: Wilhelm II. Der Weg in den Abgrund. 1900-1941. Nördlingen, 2008.
RÜDDENKLAU, Harald: Studien zur bayerischen Militärpolitik. 1871-1914. Regensburg, 1972.
RUMSCHÖTTEL, Hermann: Das bayerische Offizierskorps. 1866-1914. Berlin, 1973.
SAILER, Josef Benno: Des Bayernkönigs Revolutionstage. Ein Beitrag zur Geschichte des Umsturzes in Bayern. München, 1919.
SAUER, Paul: Württembergs letzter König. Das Leben Wilhelms II. Stuttgart, 1994.
SAUER, Wolfgang: Das Scheitern der parlamentarischen Monarchie. In: KOLB, Eberhard (Hrsg.): Vom Kaiserreich bis zur Weimarer Republik. Köln, 1972. S. 77-99.
SCHACHING, Otto von: Ludwig III., König von Bayern. Ein Lebensbild. Regensburg, 1914.
SCHAD, Martha: Bayerns Königinnen. München, 2005.
SCHAD, Martha: Kaiserin Elisabeth und ihre Töchter. München, 1999.
SCHALENBERG, Marc: Schlösser zu Museen: Umnutzungen von Residenzbauten in Berlin und München während der Weimarer Republik. In: BISKUP, Thomas; KOHLRAUSCH, Martin (Hrsg.): Das Erbe der Monarchie. Nachwirkungen einer deutschen Institution seit 1918. Frankfurt am Main, 2008. S. 184-199.
SCHLAICH, Heinz W.: Der bayerische Staatsrat. Beiträge zu seiner Entwicklung von 1808/09 bis 1918. In: Zeitschrift für Bayerische Landesgeschichte. Nr. 28. München, 1965. S. 460-522.
SCHMOLZE, Gerhard (Hrsg.): Revolution und Räterepublik in München 1918/19 in Augenzeugenberichten. Düsseldorf, 1969.
SCHNEIDER, Ludwig M.: Die populäre Kritik an Staat und Gesellschaft in München (1889-1914). Ein Beitrag zur Vorgeschichte der Münchner Revolution von 1918/19. München, 1975.
SCHNEIDER, Ute: Nationalfeste ohne politisches Zeremoniell? Der Sedantag (2. September) und die Erinnerung an die Befreiungskriege (18. Oktober) im Kaiserreich. In: BIEFANG, Andreas; EPKENHANS, Michael; TENFELDE, Klaus (Hrsg.): Das politische Zeremoniell im Deutschen Kaiserreich 1871-1918. Düsseldorf, 2008. S. 163-187.
SCHRANZ, Daniel: Lexikonartikel „Wilhelm, Kronprinz des deutschen Reichs und von Preußen". In: HIRSCHFELD, Gerhard u. a. (Hrsg.): Enzyklopädie Erster Weltkrieg. Paderborn, 2002. S. 971.
SCHROTT, Ludwig: Der Prinzregent. Ein Lebensbild aus Stimmen seiner Zeit. München, 1962.
SCHWENGELBECK, Matthias: Monarchische Herrschaftsrepräsentationen zwischen Konsens und Konflikt: Zum Wandel des Huldigungs- und Inthronisationszeremoniells. In: ANDRES, Jan (Hrsg.): Die Sinnlichkeit der Macht; Herrschaft und Repräsentation seit der Frühen Neuzeit. Frankfurt am Main u.a., 2005. S. 123-162.
SENDTNER, Kurt: Rupprecht von Wittelsbach. Kronprinz von Bayern. München, 1954.
SEXAU, Richard: Fürst und Arzt. Dr. med. Herzog Carl Theodor in Bayern. Schicksal zwischen Wittelsbach und Habsburg. Graz, 1963.
SMITH, Jeffrey R.: A people's war. Germany's political revolution, 1913-1918. Lanham u.a., 2007.
SOEFFNER, Hans-Georg; TÄNZLER, Dirk: Figurative Politik. Prolegomena zu einer Kultursoziologie politischen Handelns. In: SOEFFNER, Hans-Georg; TÄNZLER, Dirk (Hrsg.): Figurative Politik. Zur Performanz der Macht in der modernen Gesellschaft. Opladen, 2002. S. 17-34.
SÖSEMANN, Bernd: Der Verfalls des Kaisergedankens im Ersten Weltkrieg. In: RÖHL, John C. G. u.a. (Hrsg.): Der Ort Kaiser Wilhelms II. in der deutschen Geschichte. München, 1991. S. 145-170.
SÖSEMANN, Bernd: Hollow-sounding jubilees: forms and effects of public self-display in Wilhelmine Germany. In: MOMBAUER, Annika (Hrsg.): The Kaiser; new research on Wilhelm II's role in imperial Germany. Cambridge u.a., 2003. S. 37-62.
STAGL, Justin: Orden und Ehrenzeichen. Zur Soziologie des Auszeichnungswesens. In: BOHN, Cornelia; WILLEMS, Herbert (Hrsg.): Sinngeneratoren. Fremd- und Selbstthematisierung in soziologisch-historischer Perspektive. Konstanz, 2001. S. 177-196.

STATISTISCHES JAHRBUCH FÜR DAS KÖNIGREICH BAYERN. Dreizehnter Jahrgang. Hrsg. vom K. Statistischen Landesamt. München, 1915.
STAUBER, Reinhard: Bayern, Österreich und Südtirol in der Epoche des Ersten Weltkriegs (1915-1920). In: ACKERMANN, Konrad u. a. (Hrsg.): Bayern vom Stamm zum Staat. Festschrift für Andreas Kraus zum 80. Geburtstag. München, 2002. S. 491-502.
STEVENSON, David: 1914-1918. Der Erste Weltkrieg. Düsseldorf, 2006.
STORZ, Dieter: „Aber was hätte anders geschehen sollen?" Die deutschen Offensiven an der Westfront 1918. In: Kriegsende 1918. Ereignis, Wirkung, Nachwirkung. Hrsg. im Auftrag des Militärgeschichtlichen Forschungsamtes von Jörg Duppler und Gerhard P. Groß. München, 1999. S. 51-95.
STORZ, Dieter: „Dieser Stellungs- und Festungskrieg ist scheußlich!" Zu den Kämpfen in Lothringen und den Vogesen im Sommer 1914. In: EHLERT, Hans u.a. (Hrsg.): Der Schlieffenplan. Analysen und Dokumente. Paderborn, 2006. S. 161-204.
STORZ, Dieter: Kriegsbild und Rüstung vor 1914. Europäische Landstreitkräfte vor dem Ersten Weltkrieg. Herford u.a., 1992.
STRACHAN, Hew: Der Erste Weltkrieg. Eine neue illustrierte Geschichte. München, 2006.
STRACHAN, Hew: The First World War. Volume 1: To Arms. Oxford, 2003.
STRAUB, Jürgen: Personale und kollektive Identität. Zur Analyse eines theoretischen Begriffs. In: ASSMANN, Aleida; FRIESE, Heidrun (Hrsg.): Identitäten. Erinnerung, Geschichte, Identität 3. Frankfurt am Main, 1998. S. 73-104.
ULLMANN, Hans-Peter: Politik im Deutschen Kaiserreich. 1871-1918. München, 2005.
ULLRICH, Volker: Als der Thron ins Wanken kam. Das Ende des Hohenzollernreiches 1890-1918. Bremen, 1993.
ULLRICH, Volker: Die nervöse Großmacht. 1871-1918. Aufstieg und Untergang des deutschen Kaiserreichs. Frankfurt am Main, 2007.
ULLRICH, Volker: Die Revolution von 1918/19. München, 2009.
ULLRICH, Volker: Zur inneren Revolutionierung der wilhelminischen Gesellschaft des Jahres 1918. In: Kriegsende 1918. Ereignis, Wirkung, Nachwirkung. Hrsg. im Auftrag des Militärgeschichtlichen Forschungsamtes von Jörg Duppler und Gerhard P. Groß. München, 1999. S. 273-283.
URSEL, Ernst: Die bayerischen Herrscher von Ludwig I. bis Ludwig III. im Urteil der Presse nach ihrem Tode. Berlin, 1974.
Verwaltung des Herzogs von Bayern (Hrsg.): Genealogie des Hauses Wittelsbach. Parsdorf, 2005.
WALLACH, Jehuda: Das Dogma der Vernichtungsschlacht. Die Lehren von Clausewitz und Schlieffen und ihre Wirkung in zwei Weltkriegen. München, 1970.
WALTHER, Peter (Hrsg.): Endzeit Europa. Ein kollektives Tagebuch deutschsprachiger Schriftsteller, Künstler und Gelehrter im Ersten Weltkrieg. Göttingen, 2008.
WEIGAND, Katharina: Prinzregent Luitpold. Die Inszenierung der Volkstümlichkeit. In: SCHMID, Alois (Hrsg.): Die Herrscher Bayerns. 25 historische Portraits von Tassilo III. Bis Ludwig III. München, 2001. S. 359-375.
WEIß, Dieter J.: Bayern und Preußen. Eine Nachbarschaft in Deutschland. Remscheid, 2000.
WEIß, Dieter J.: Die Staatsauffassung Kronprinz Rupprechts von Bayern. Ein Verfassungsentwurf aus dem deutschen Widerstand. In: ACKERMANN, Konrad u. a. (Hrsg.): Bayern vom Stamm zum Staat. Festschrift für Andreas Kraus zum 80. Geburtstag. München, 2002. S. 547-560.
WEIß, Dieter J.: Kronprinz Rupprecht von Bayern – Thronprätendent in einer Republik. In: SCHULZ, Günther; DENZEL, Markus A. (Hrsg.): Deutscher Adel im 19. und 20. Jahrhundert. St. Katharinen, 2004. S. 445-460.
WEIß, Dieter J.: Kronprinz Rupprecht von Bayern. 1869-1955. Eine politische Biografie. Regensburg, 2007.
WERNER, Karl Ferdinand: Fürst und Hof im 19. Jahrhundert: Abgesang oder Spätblüte? In: WERNER, Karl Ferdinand (Hrsg.): Hof, Kultur und Politik im 19. Jahrhundert. Bonn, 1985. S. 1-53.
WIENFORT, Monika: Der Adel in der Moderne. Göttingen, 2006.
WITZLEBEN, Hermann von; VIGNAU, Ilka von: Die Herzöge in Bayern. München, 1976.

WOLBE, Eugen: Generalfeldmarschall Prinz Leopold von Bayern. Ein Lebensbild. Leipzig, 1920.
XYLANDER, Rudolph von: Deutsche Führung in Lothringen 1914. Berlin, 1935.
ZECHLIN, Egmont: Friedensbestrebungen und Revolutionierungsversuche. Deutsche Bemühungen zur Ausschaltung Russlands im Ersten Weltkrieg. In: Das Parlament. Beilage „Aus Politik und Zeitgeschichte". Nr. 20, 1961.
ZIEMANN, Benjamin: Enttäuschte Erwartung und kollektive Erschöpfung. Die deutschen Soldaten an der Westfront 1918 auf dem Weg zur Revolution. In: Kriegsende 1918. Ereignis, Wirkung, Nachwirkung. Hrsg. im Auftrag des Militärgeschichtlichen Forschungsamtes von Jörg Duppler und Gerhard P. Groß. München, 1999. S. 165-182.
ZIEMANN, Benjamin: Front und Heimat. Ländliche Kriegserfahrungen im südlichen Bayern 1914-1923. Essen, 1997.
ZIEMANN, Benjamin: Soldaten. In: HIRSCHFELD, Gerhard (Hg.): Enzyklopädie Erster Weltkrieg. Paderborn, München u.a., 2003. S. 155-168.
ZILS, Wilhelm: König Ludwig III. im Weltkrieg. Briefe, Erlasse, Reden und Telegramme des Königs aus eiserner Zeit. München, 1917.

Quellenverzeichnis

Bayerisches Hauptstaatsarchiv, Abt. II Neuere Bestände

K.B. Staatsministerium des Kgl. Hauses und des Äußern

953	Vorträge des Staatsministers des k. Hauses und des Äußern bei Prinzregent Ludwig von Bayern (1912-1918)
961	Briefwechsel meist politischen Inhalts des Staatsministers Graf von Hertling mit Bethmann-Hollweg und mit Michaelis
966	Bundesratsausschuss für auswärtige Angelegenheiten, Sitzungsberichte
967	U-Bootsagitation, Kanzlerhetze gegen Bethmann-Hollweg: Empfänge polit. Persönlichkeiten bei König Ludwig III. am 5.8.1916 und die nach diesem Empfang betriebene Agitation
972	Ausgang des Weltkrieges. Zusammenbruch Bulgariens und Österreichs. Verhandlungen mit Wilson
973	Abdankung des Kaisers
974	Parlamentarisierung der Regierung
975	Wichtige Aktenstücke zum Ausbruch des Weltkrieges sowie über die militärische und politische Lage während des Krieges
979	Dr. Victor Naumann, München, an Reichskanzler Graf Hertling (1917/1918)
65856	Strafverfolgung wegen Beleidigung S.M. des Königs oder S.K.H. des Prinz Regenten (1886-1917)
65858	Strafverfolgung wegen Beleidigung S.M. des Königs od. S.K.H. des Prinzregenten verübt durch die Presse (1886-1914)
65864	Beleidigungen von Mitgliedern des Kgl. Hauses (1893-1912)
66494	Die Kaisermanöver im Jahr 1914
70318	Jahrhundertfeier des Bestehens der bayer. Verfassung 1918
75144	Privatkorrespondenz S.E. des K. Staatsministers Dr. Grafen von Hertling (1913-1917)
76091	Depeschenwechsel zwischen S.M. dem König und S.M. dem deutschen Kaiser aus Anlass des Jahreswechsels (1914-1918)
92521	Aufrufe, Tagesbefehle des Monarchen (1914-1918)
93702	Die Kronämter des Königreichs. Neubelehnung am 25. Mai 1918
93751	Ministerkonflikte 1917
93801	Der Geschäftsgang der stellv. Generalkommandos ferner Kriegsamtsstellen und Kriegswirtschaftsämter (1915-1919)
94836	Einberufung, Eröffnung, Vertagung und Schluss des Landtags (1912-1918)
95140	Reichsverweserschaft betr. Abdankung S.M. des Kaisers Wilhelm II (1918)
95148	Stimmungsmache gegen den Reichskanzler und die Parteien (1915)
95151	Reisen des Reichskanzlers. Besuch in München etc. (1917)
95157	Rücktritt des Reichskanzlers Dr. Graf von Hertling, Ernennung S. Grh. H. des Prinzen Maximilian von Baden zum Reichskanzler
95456	Den diplomatischen Ausschuss betreffend (1913-1918)
97477	Briefsendungen an die Mitglieder neutraler Fürstenhäuser
97494	Sympathiekundgebungen S.M. des Königs und I.M. der Königin an die Truppen im Felde anlässlich des Weihnachtsfestes
97495	Hauptquartier
97496	Entsendung des Legationsrates Leopold Krafft von Dellmensingen in das Hauptquartier S.K.H. des Kronprinzen (1914-1919)
97497	Bitte um Audienz bei S.K.H. dem Kronprinzen im Hauptquartier
97498	Von Mitgliedern des bayerischen Königshauses begangene Verstöße gegen die Kriegsgesetze
97499	Presseäußerungen über im Felde stehende Königliche Hoheiten (1915)

Quellenverzeichnis

97502	Rede S.M. des Königs anlässlich des Kanaltages in Fürth (1915)
97503	Besuch S.M. des Königs in Belgien. Zwischenfall zwischen S.M. dem König von Bayern und dem Bischof von Namur betr. (1915)
97506	Zwei anonyme Briefe an König Ludwig (1915/1916)
97507	Brief eines Irren an König Ludwig (1916)
97509	Zwei anonyme Briefe an die Königin Marie Therese von Bayern (1916)
97552	Friedensbewegung in Bayern (1915/17)
97553	Friedensbewegung in Bayern (1917/18)
97566	Angebliche Spannung zw. Bayern und Preußen. Abfällige Urteile über Preußen (1916)
97681	Angebliches Angebot Bayerns zu einem Sonderfrieden (1918)
97684	Entsendung eines bayerischen Vertreters zu den Friedensverhandlungen (1918)
99511	Ministerratsprotokolle der Ministerien Hertling (17.2.1912-13.10.1917), Dandl (17.11.1917-10.10.1918), Eisner (9.11.1918-13.2.1919)
99946	Regelung der Verhältnisse der kgl. Civiliste (1885)
99947	Die Verhältnisse der kgl. Civilliste (1886)
99948	Aufhebung der Allerhöchsten Geheimkanzlei und Schaffung eines Kabinetts des Prinzregenten Ludwig von Bayern (1912)
99957	Die Auflösung des bayerischen Landtags am 14.11.1911 und Kabinettswechsel im Februar 1912 (1911/1912)

K.B. Staatsministerium des Inneren

54016	Krieg 1914/16. Fürsorge für die Verwundeten und erkrankten Krieger
54021	Allerhöchste Ehrung von Vätern oder Müttern, die eine große Zahl von Söhnen im Felde stehen haben (1917/18)
54022	Der Krieg 1914/18: die politischen Umwälzungen in Österreich und Rückwirkung der Kriegslage auf Bayern 1918
54023	Rückwirkung der Kriegslage auf die Pfalz
66134	Aufrechterhaltung der öffentlichen Ruhe und Ordnung, 1914-1919
66269	Revolution 1918 (Presseartikel und Manuskript F. v. Brettreichs: Zur Vorgeschichte der Revolution vom 7.11.1918 in München, 1920)
66283	Demonstrationsstreiks, Unruhen und politische Umtriebe, Jan.-Okt. 1918
66284	Demonstrationsstreiks, Unruhen und politische Umtriebe, Jan.-Okt. 1918, Teil 2
66327	Stimmung in der Armee und in der Heimat, 1916-1919
66328	Stimmung in der Armee und in der Heimat, 1916-1919, Teil 2
66329	Stimmung in der Armee und in der Heimat, 1916-1919, Teil 3
66330	Stimmung in der Armee und in der Heimat, 1916-1919, Teil 4
66331	Stimmung in der Armee und in der Heimat, 1916-1919, Teil 5
66332	Stimmung in der Armee und in der Heimat, 1916-1919, Teil 6
66336	Stimmung in der Armee und in der Heimat, Aufklärungsschriften, Flug- und Merkblätter, 1916-1919
66337	Stimmung in der Armee und in der Heimat, Aufklärungsschriften, Flug- und Merkblätter, 1916-1919, Teil 2
66338	Stimmung in der Armee und in der Heimat, Aufklärungsschriften, Flug- und Merkblätter, 1916-1919, Teil 3
66339	Stimmung in der Heimat, einzelne Aufklärungsaktionen
66340	Stimmung in der Heimat, einzelne Aufklärungsaktionen, Teil 2
66341	Stimmung in der Heimat, einzelne Aufklärungsaktionen, Teil 3
66342	Stimmung in der Heimat, einzelne Aufklärungsaktionen, Teil 4

K.B. Staatsministerium des Innern für Kirchen- und Schulangelegenheiten

15474	Der Krieg 1914-1918. Einschränkung der Staatsausgaben
15475	Der Krieg 1914-1918. Einschränkung der Staatsausgaben, Teil 2
19025	Die Feier der Goldenen Hochzeit Ihrer Majestäten des Königs und der Königin von Bayern

19034	Anschaffung von Bildnissen Seiner Kgl. Hoheit des Prinzregenten bzw. S.M. des Königs
19037	Die Beendigung der Regentschaft und die Thronbesteigung Seiner Majestät des Königs
19043	Reisen Seiner Kgl. Hoheit des Prinzregenten von Bayern und ihrer Kgl. Hoheiten der Prinzen von Bayern. Reisen Seiner Majestät des Königs (1903-1918)
19052	Protektoratsübernahme über Vereine durch Mitglieder des kgl. Hauses
19054	Königliche Hofstäbe. Geschäftsleitung usw. Einrichtung der Hofverwaltung, Oberste Hofämter
19144	Allerhöchste Auszeichnungen aus Anlass der Reisen Sr. Majestät des Königs
19846	Bittgottesdienste und Gebete aus Anlass des Krieges 1914. Außerordentliche Feierlichkeiten, Hirtenbriefe, Errichtung eines kirchlichen Votivfestes (1914-1918)

K.B. Staatsministerium der Finanzen

67182	Verzeichnis der Zu- und Abgänge der k. Zivilliste
67187	Königlicher Hausschatz (1897-1935)
67199	König-Ludwig-Kreuz (1915-1918)

K.B. Staatsministerium der Justiz

13707	Vormundschaft über Seine Königliche Hoheit Herzog Luitpold in Bayern 1900-1909
13708	Vormundschaft über die minderjährigen Söhne Weiland Seiner Königlichen Hoheit des Herzogs Max Emanuel in Bayern 1908-1909
13709	Entmündigung Seiner Königlichen Hoheit des Herzogs Siegfried in Bayern
13791	Apanagen (1913-1917)

Königlicher Staatsrat

1441	Protokoll über die Sitzung des k. Staatsrates vom 28.10.1913 Nr. 4
1443	Protokoll über die Sitzung des k. Staatsrates vom 2.3.1914 Nr. 6
1449	Protokoll über die Sitzung des k. Staatsrates vom 31.7.1914 Nr. 12
1451	Protokoll über die Sitzung des k. Staatsrates vom 27.9.1915 Nr. 1
1454	Protokoll über die Sitzung des k. Staatsrates vom 25.6.1916 Nr. 4
1461	Protokoll über die Sitzung des k. Staatsrates vom 9.12.1917 Nr. 2
1469	Protokoll über die Sitzung des k. Staatsrates vom 4.11.1918 Nr. 10
1701	Von dem königlichen Hause und dem Familien-Gesetze (1810-1816)
7995	Übernahme der Regentschaft und feierliche Eidesleistung S.K.H. des Prinzregenten Ludwig am 21.12.12
7996	Eidesleistung S.M. König Ludwig III. am 8.11.1913
8123	Friedrich Ritter von Brettreich, Staatsrat i.o.D., Staatsminister des Innern 1907-1916
8124	Georg Ritter von Breunig, Staatsrat i.o.D., Staatsminister der Finanzen 1909-1912
8126	Otto Ritter von Dandl, Staatsrat i.o.D., Staatsminister des kgl. Hauses und des Äußern 1917
8133	Philipp von Hellingrath, Staatsrat i.o.D., Kriegsminister 1916
8143	Otto Frhr. Kress von Kressenstein, Staatsrat i.o.D., Kriegsminister 1912-1916
8155	Lorenz Ritter von Seidlein, Staatsrat i.o.D., Staatsminister für Verkehrsangelegenheiten 1912
8157	Max Frhr. von Soden-Fraunhofen, Staatsrat i.o.D., Staatsminister des Innern 1912-1916
8161	Heinrich Ritter von Thelemann, Staatsrat i.o.D., Staatsminister der Justiz 1912
8358	Dr. Georg Frhr. von Hertling, Staatsrat i.o.D., Staatsminister des Kgl. Hauses und des Äußern, dessen Ernennung (1912) bzw. Enthebung zwecks Übernahme des Reichskanzleramtes (1917) 1912-1917

Arbeiter- und Soldatenrat

3   Zentralrat und Vollzugsrat; Sitzungsberichte, Satzungen

Bayerisches Hauptstaatsarchiv, Abt. III Geheimes Hausarchiv

Nachlass König Ludwig III. von Bayern

47	Briefe von Marie Therese an Ludwig III. (1914/15)
48	Briefe von Marie Therese an Ludwig III. (1916/17)
49	Briefe von Marie Therese an Ludwig III. (1918)
53	Briefe des Prinzen Leopold (1864-1921)
59	Briefe des Kronprinzen Rupprecht (1914-1921)
61	Briefe der Prinzessin Adelgunde, dann Fürstin von Hohenzollern (1903-1917)
63	Briefe des Prinzen Karl (1882-1914)
64	Briefe des Prinzen Franz (1882-1920)
69	Briefe der Prinzessin Hildegard (1887/89-1915)
70	Briefe der Prinzessin Wiltrud (1892-1917)
71	Briefe der Prinzessin Helmtrud (1895-1915)
72	Briefe der Prinzessin Gundelinde, dann Gräfin von Preysing-Lichtenegg-Moos (1889-1915)
301	Ausgang des Ersten Weltkriegs und Schaffung eines Staatenbundes sowie Aufzeichnungen König Ludwigs III zum Staatenbund (letztes auf seinem Schreibtisch in Sárvár vorgefundenes Schriftstück)
304	Aufzeichnungen des Prinzen Ludwig zum Fortbestand Bayerns im Deutschen Reich (nach 1871)
305	Kandidatur des Prinzen Ludwig bei der Reichstagswahl 1871
309	Beendigung der Regentschaft (1912-1913)

Nachlass Königin Marie Therese von Bayern

77	Briefe König Ludwigs III. von Bayern 1913 V-XI
78	Briefe und Telegramme König Ludwigs III. von Bayern 1914 IV-IX
79	Briefe und Telegramme König Ludwigs III. von Bayern 1915 I-XI
80	Briefe und Telegramme König Ludwigs III. von Bayern 1916 I-XI
81	Briefe und Telegramme König Ludwigs III. von Bayern 1917 V-XI
82	Briefe und Telegramme König Ludwigs III. von Bayern 1918 II-X
96	Briefe und Telegramme des Kronprinzen Rupprecht von Bayern 1914-1917
97	Briefe und Telegramme des Kronprinzen Rupprecht von Bayern 1918
103	Briefe und Telegramme des Prinzen Franz von Bayern 1918
145	Königsberger Woche Nr. 10, 8. Jg. (1915) mit Titelbild *Kronprinz Rupprecht von Bayern mit seinem Sohne Prinz Albrecht* und Bildbericht *Ein Lazarettbesuch der Königin von Bayern in Bamberg 1915*

Nachlass Kronprinz Rupprecht von Bayern

3	Korrespondenz mit König Ludwig III.
6	Korrespondenz mit Königin Marie Therese
17	Korrespondenz mit Prinz Leopold
19	Korrespondenz mit Prinz Georg
45	Korrespondenz mit Prinz Franz
166	Berichte des Hofmarschalls Graf Friedrich von Pappenheim (1917)
299	Korrespondenz mit Adolf von Hildebrand
419	Glückwünsche zur Schlacht in Lothringen
476	Armeeakten zum Aufmarsch in Lothringen

477	Allgemeine Anweisung der OHL vom 27.8.1914 an die 1. bis 7. Armee für den Fortgang der Operationen
699	Kriegstagebuch S.K.H. des Kronprinzen Rupprecht von Bayern, Bd. 1
700	Kriegstagebuch S.K.H. des Kronprinzen Rupprecht von Bayern, Bd. 2
701	Kriegstagebuch S.K.H. des Kronprinzen Rupprecht von Bayern, Bd. 3
702	Kriegstagebuch S.K.H. des Kronprinzen Rupprecht von Bayern, Bd. 4
703	Kriegstagebuch S.K.H. des Kronprinzen Rupprecht von Bayern, Bd. 5
704	Kriegstagebuch S.K.H. des Kronprinzen Rupprecht von Bayern, Bd. 6
705	Kriegstagebuch S.K.H. des Kronprinzen Rupprecht von Bayern, Bd. 7
706	Kriegstagebuch S.K.H. des Kronprinzen Rupprecht von Bayern, Bd. 8
707	Kriegstagebuch S.K.H. des Kronprinzen Rupprecht von Bayern, Bd. 9
708	Kriegstagebuch S.K.H. des Kronprinzen Rupprecht von Bayern, Bd. 10

Nachlass Prinz Leopold von Bayern

14	Briefe Prinzessin Giselas an Leopold 1872-1928 (1914-1918 in 5 Bünden, jahrgangsweise gebündelt)
31	Briefe des Prinzen Georg 1916-1930
33	Briefe des Prinzen Konrad 1914-1930
36	Briefe Ludwigs III. 1856-1921
37	Briefe des Kronprinzen Rupprecht 1897-1929
41	Briefe des Prinzen Franz 1914-1929
45	Briefe der Prinzessin Therese (Schwester Leopolds und Ludwigs) (1859-1925)
48	Briefe des Prinzen Heinrich (1914-1916)
137a	Korrespondenzen mit Privatpersonen A-H, I-Q, R-Z
182	Beförderungen und Ernennungen (1861-1916)
185	Ordensverleihungen, z.B. Österreichisches Militärverdienstkreuz 1915
230	Militärische Verwendung und politische Aktionen im 1. WK (1914-1919)
239	Kriegstagebuch aus dem 1. WK: eigenhändiges Konzept (411 Bögen) und maschinenschriftliche Abschrift (1340 S.) (1914-1919)
258	Überblick über die Operationen in Galizien im Juli 1917
261	Maschinenschriftliche Abschrift der Lebenserinnerungen, Teil 1888-1922

Nachlass Prinzessin Dr. h.c. Therese von Bayern

19	Tagebücher der Prinzessin Therese von Bayern 1889-1925
38	Zur Erziehungsgeschichte der Prinzessin Therese, „warum Prinzessin Therese niemals über Griechenland geschrieben hat", wie die Prinzessin arbeitet, die Tätigkeit der Prinzessin im Roten Kreuz, ihre Lehrer und ihre Beziehungen zu Gelehrten. Abschrift nach eigenen Aufzeichnungen der Prinzessin Therese. 1921-1922
69	Briefe des Königs Ludwig III. 1860-1921
73	Einige Produkte aus der Zeit der politischen Umwälzung in Bayern: so ein Schreiben der Königin Maria Theresia an Prinzessin Therese 2.12.1918
75	Briefe, Postkarten und ein Telegramm (26.11.1918) des Prinzen Leopold von Bayern an die Prinzessin Therese
100	Briefe des Kronprinzen Rupprecht von Bayern

Nachlass Prinzessin Gisela von Bayern

2	Briefe und Postkarten des Prinzen Heinrich und der Prinzessinnen Clara, Therese und Hildegard von Bayern 1905, 1914-1924
6	Private Schreiben aus der Zeit des Ersten Weltkriegs
19	Schreiben König Ludwigs III. wegen der Erlaubnis zum Tragen österreichischer, preußischer, badischer, sächsischer und bulgarischer Auszeichnungen für Verdienste um die Kriegskrankenpflege (1915-1917)

20   Verleihung der Ehrenkreuzes des Bulgarischen Roten Kreuzes I. Klasse durch König Ferdinand (1917)

Nachlass Prinzessin Therese von Bayern (geb. Prinzessin von Liechtenstein)

3   Briefe der Prinzessin Therese von Bayern (Tochter des Prinzregenten Luitpold) an ihre Schwägerin Prinzessin Therese von Bayern (1917-1923)
13/45   Tagebuch 1.1.1910-31.12.1913
15   Erinnerungen an Prinz Heinrich Postkarten auf den Sieg einer von ihm geführten Eskadron

Nachlass Prinz Franz von Bayern

1   Gutachten über die gesetzliche Regelung der Thronfolge für den Fall der dauernden Regierungsunfähigkeit des zur Thronfolge Berechtigten
20   Testament und Abschiedsbrief an Prinzessin Isabella (31.7.1914)
44   Gefechtsbericht über den Einsatz der 4. Inf.-Brigade vor Verdun vom 23. Mai bis 15. Juni 1916
45   Einsatz der 4. bayerischen Infanterie-Division im Jahre 1918
216   Briefe König Ludwigs III. (1913, 1918-1920)
217   Briefe des Kronprinzen Rupprecht (1918-1926, 1933)

Nachlass Herzogin Wiltrud von Urach (geb. Prinzessin von Bayern)

1   Brief von König Ludwig III. von Bayern aus Locarno 1919
2   Briefe des Kronprinzen Rupprecht von Bayern 1918
286   6 Hefte über die in der Schweiz internierten deutschen Soldaten und die Zivilinternierten in Frankreich 1914-1918
288   Erinnerungen zum Hofstaat am 7.11.1918 und zur Flucht in der Revolutionszeit 1918-1919
289   Erinnerungen zur Flucht 1918/19
320   Hofranglisten der am kgl. Hofe vorgestellten und zur Vorstellung vorschriftsmäßig angemeldeten Herrn und Damen 1903-1918
321   Hofangelegenheiten: Hoftrauerordnung (1913), Anweisung zur Benützung und Bezahlung der Salonwagen (27.6.1918) 1913-1918
322   Hofbälle und Konzerte (1908-1918, 1926, 1932)
500   Tagebuchserie X: 26.8.1913-5.4.1914 Königsproklamation Ludwigs III.
592   Tagebuch 26.7.1914-13.8.1914: München

Nachlass Prinz Georg von Bayern

21   Tagebuch 24.8.1914-28.5.1915 (Mobilmachung, Frankreich, Belgien, München, Munkács)
22   Tagebuch 29.5.1915-26.10.1915 (Ostfront, Galizien)
23   Tagebuch 27.10.1915-12.5.1916 (Ostfront)
24   Tagebuch 14.5.1916-28.11.1916 (Warschau)
29   Tagebuch 7.10.-31.12.1918 (Kaunas)
59   Briefe des Vaters, Prinz Leopold (1889-1921)
74   Briefe König Ludwigs III. und der Königin Marie Therese (1915-1921)
75   Briefe von Kronprinz Rupprecht (1906-1937)

Nachlass Prinz Heinrich von Bayern

23   Kriegstagebücher und Notizbüchlein des Prinzen Heinrich aus dem 1. Weltkrieg (1914-1916)
27   Briefe und Postkarten des Prinzen Leopold von Bayern (1914-1915)

Presseausschnittsammlung der Königin Marie Therese

XXXIV	14.6.1914-1.9.1914
XXXV	1.9.1914-30.11.1914
XXXVI	1.12.1914-10.3.1915
XXXVII	11.3.1915-30.5.1915
XXXVIII	30.5.1915-18.8.1915
XXXIX	18.8.1915-31.12.1915
XL	1.1.1916-19.6.1916
XLI	20.6.1916-31.10.1916
XLII	1.11.1916-9.3.1917
XLIII	9.3.1917-25.9.1917
XLIV	29.9.1917-31.3.1918

Kabinettsakten König Ludwig III. von Bayern

1	Persönliche Angelegenheiten König Ludwigs III. (1911-1918)
1a	Zeremoniell anlässlich der Thronbesteigung König Ludwigs III. (1913)
2	Einladung des Königs zu Vorträgen und Veranstaltungen (1913-1917)
3	Einladung des Königs und der Königin zur Teilnahme an oder zur Übernahme von Protektoraten über Wohltätigkeitsveranstaltungen (1913-1916)
4	Besuch des Königs in Aichach und Oberwittelsbach am 28.5 1914
5	Besuch des Königs in Augsburg am 9.6.1914
6	Besuche des Königs in Regensburg, Straubing, Degendorf, Passau und im Rottal vom 14.-18.6.1914
7	Besuch des Königs in Ochsenfurt und Würzburg am 27.-29.6. 1914
8	Besuch des Königs in Ansbach am 12.7.1914
10	Reise des Prinzregenten Ludwig nach Berlin am 6.-8.3.1913
11	Reise des Prinzregenten Ludwig nach Dresden am 8.-10.3. 1913
12	Reise des Prinzregenten Ludwig nach Stuttgart, Karlsruhe und Darmstadt, verbunden mit Besuchen in der Pfalz und in Bad Kissingen und Würzburg vom 3.-18.5.1913
13	Reise des Prinzregenten Ludwig nach Wien am 3.-5.6.1913
14	Besuch des Prinzregenten Ludwig in Nürnberg und Fürth am 28.-30.7.1913
18	Reise des Prinzregenten Ludwig nach Berlin anlässlich der Feier des 25jährigen Regierungsjubiläums des Deutschen Kaisers am 16.-18. Juni 1913. Festakte in Bayern aus diesem Anlass.
21	Jahrhundertfeier des Befreiungskrieges in der Befreiungshalle in Kelheim am 25.8.1913
22	Reise des Prinzregenten Ludwig nach Leipzig zur Einweihung des Völkerschlachtdenkmals am 18. Oktober 1913
23	Einladungen und Empfänge anlässlich der Jagdaufenthalte in Oberstdorf, Hohenschwangau, Wildenwart, Hintersee, Berchtesgaden und St. Bartholomä 1913-1917
24	Reise des Königs zum Großen Hauptquartier in Koblenz am 26. August 1914; Reise an die Ostfront im Oktober/ November 1916; Reise an die Westfront im Februar 1918
25	Reise des Königs auf den westlichen Kriegsschauplatz sowie zu den Krupp-Werken in Essen vom 28. Januar bis 13. Februar 1915
27	Reise des Königs nach Metz, Sedan und Douai und Besuch in der Pfalz im Juni 1916
28	Reise des Königs zur Marine in Wilhelmshaven und nach Braunschweig vom 23.-29. Juli 1916
32	Jahrhundertgedenkfeier der Bayerischen Verfassung am 26. Mai 1918
34	Reisen des Königs zum Kriegsschauplatz und zu Besichtigungen von Rüstungsbetriebe und Lazaretten außerhalb Münchens (1915)

48	Wirtschaftliche Lage im Ersten Weltkrieg, Kriegsgefangene und Zivilinternierte, Verlustlisten (1914-1918)
49	Abhaltung von Bittgottesdiensten während des Krieges 1916
50	Das Gesetz über den Vaterländischen Hilfsdienst vom 5. Dezember 1916
51	Friedensresolutionen und Friedensvorschläge, insb. des Papstes vom 1. August 1917, sowie die Verhandlungen über Sonderfriedensverträge mit Russland und der Ukraine (1917-1918)
54	Vertrauliche Mitteilungen des Pressereferats im Kriegsministerium, Pressezensur, etc. (1914-1918)
55	Besetzung höherer Kommandostellen, Verleihung von Kriegsauszeichnungen, Kriegsgliederung der Armee, Vorschläge für Demobilisierung und künftige Friedensgliederung (1912-1918)
56	Ernennung des Königs zum preußischen und des Kaisers zum bayerischen Generalfeldmarschall. Ernennung des Kronprinzen Rupprecht zum bayerischen und preußischen und des Prinzen Leopold zum preußischen Generalfeldmarschall (1915-1916)
62	Denkschriften über die Verwaltung der besetzten polnischen Gebiete des russischen Reichs und über die künftige Gestaltung Polens (1915-1917)
65	Denkschriften und Berichte über die Verhältnisse in Russland und den besetzten russischen Westgebieten außer Polen (1917)
66	Berichte über die Lage in der Türkei, Beziehungen zu dieser, Vorbereitung eines Besuchs des Königs in Konstantinopel (1915-1918)
67	Reisen des Königs auf den Kriegsschauplatz auf dem Balkan (Besuch beim Alpenkorps in Serbien 1916) und ins besetzte Polen (1915-1916, 1918)
69	Bayerisch-sächsische Geheimverhandlungen über eine Aufteilung Elsass-Lothringens unter die größeren Bundesstaaten und die Verteidigung des föderalistischen Prinzips der Reichsverfassung (1917)
71	Königliche Kundgebungen zu Beginn und während des 1. WK: Verhängung des Kriegszustandes und Mobilmachungsbefehl, Aufrufe und Tagesbefehle, Aufrufe der Königin an die bayerischen Frauen, Weihnachtsgrüße und Neujahrsglückwünsche an die Truppen im Felde etc. (1914-1918)
80	Feier des 70. Geburtstags des Königs (1915)
82	Gesuche an den König 1914
83	Gesuche an den König 1915
84	Gesuche an den König 1916
85	Gesuche an den König 1917 A-L
86	Gesuche an den König 1917 M-Z
87	Gesuche an den König 1918 A-J
88	Gesuche an den König 1918 K-Z
114	Einheitliche Reichsmilitärstrafprozessordnung, Wahrung der bayerischen Reservatrechte (1892-1914)
136	Übersicht über den militärischen Einsatz von Prinzen des Königlichen Hauses im 1. WK (1915)
138	Angelegenheiten des Prinzen Franz und seiner Familie (1913-1918)
139	Angelegenheiten der Prinzessin Hildegard (1913-1918)
144	Angelegenheiten des Prinzen Leopold (1913-1918)
147	Angelegenheiten des Prinzen Georg (1912-1918)
148	Angelegenheiten des Prinzen Konrad (1912-1918)
149	Angelegenheiten der Prinzessin Therese, Schwester des Königs (1913-1918)
151	Angelegenheiten des Prinzen Heinrich (1912-1917)
152	Angelegenheiten des Prinzen Ludwig Ferdinand und der Prinzessin Maria de la Paz (1913-1918)
155	Angelegenheiten des Prinzen Alfons (1913-1918)
160	Behandlung und Auseinandersetzung des Nachlasses des Prinzregenten Luitpold und Frage einer Beendigung des Regentschaft (1912-1913)

560 *Anhang*

163   Errichtung der König Ludwig III. und Königin Marie Therese – Landesstiftung, der König Ludwig III. und Königin Marie Therese – Aussteuerstiftung und anderer Stiftungen aus Anlass der Goldenen Hochzeit des Königspaares (1918)

Obersthofmarschallstab S.M. des Königs Ludwig III. von Bayern

Akten des Obersthofmarschalls

16   Verzeichnis der königlichen Residenzen und Schlösser o. J.
23   Hochzeitsfeier der Prinzessin Adelgunde von Bayern mit Fürst Wilhelm von Hohenzollern-Sigmaringen 1915
511   Reise des Königs nach Fürth und Nürnberg 1915
512   Reise der Königin nach Bayreuth, Bamberg, Würzburg, Aschaffenburg und Ludwigshöhe 1915
515   Reisen des Königs zu den verschiedenen Kriegsschauplätzen 1914-1918
516   Allerhöchste Reisen an die Kriegsfronten 1916-1918
519   Landaufenthalte der Königin 1915-1918
522   Landaufenthalte und Jagdpartien in Leutstetten
574   Besuch des Erzherzog-Thronfolgers Franz Ferdinand von Österreich 1914
575   Besuch des Großherzogs und der Großherzogin von Baden 1914
576   Besuch des Großherzogs und der Großherzogin von Hessen 1914
577   Besuch des Herzogs und der Herzogin von Braunschweig 1914
578   Besuch des Fürsten von Hohenzollern-Sigmaringen 1914
579   Besuch des Großherzogs August von Oldenburg 1915
582   Besuch des Herzogs und der Herzogin von Braunschweig 1916
587   Besuch des Deutschen Kaisers 1917
588   Besuch des Königs von Sachsen 1917
591   Besuch des Königs Ferdinand der Bulgaren 1917
592   Besuch des Kaisers und der Kaiserin von Österreich 1917
593   Besuch des Fürsten Leopold IV. zur Lippe 1917
645   Goldene Hochzeit des Königs Ludwig III. und der Königin Marie Therese 1918
651   Thronbesteigung König Ludwigs III. 1913
700   Hofbälle 1910-1914

Nachlass Philipp von Hellingrath (K.B. Kriegsminister 1916-1918)

6   Lebenserinnerungen
7   Korrespondenz mit Kronprinz Rupprecht

Nachlass Franz von Redwitz (Kabinettschef des Kronprinzen Rupprecht)

1   Lebenslauf, Ernennungen und Vollmachten (1916-1958)

Nachlass Dr. Otto Lanz

8   Briefe des Kronprinzen Rupprecht von Bayern 1916 (u.a. Zugeh. des Radierers Oskar Graf zum Stab des AOK 6)
10   Briefe des Kronprinzen Rupprecht von Bayern 1919-1928 (Rückkehr nach Bayern)
26   Passfotos für den von Kronprinz Rupprecht bei der Rückkehr aus den Niederlanden nach Deutschland benützten falschen Pass auf den Namen „Alfred Landsberg" Nov. 1918

Bayerisches Hauptstaatsarchiv, Abt. IV Kriegsarchiv

K.B. Kriegsministerium

77	Familien-Gesetz des Königlichen Hauses vom Jahre 1816 bis 1914
79	Regierungsantritt Sr. Majestät König Ludwig III.
81	Übernahme der Reichsverweserschaft des Königreiches Bayern durch SKH den Prinzen Ludwig von Bayern
82	Vermählung S.K.H. des Prinzen Ludwig mit Ihrer K.K. Hoheit der Erzherzogin Maria Theresia von Österreich-Este (Modena)
95	Vermählung S.K.H. des Prinzen Franz von Bayern (1912-1918)
96	Vermählung I.K.H. der Prinzessin Adelgunde v Bayern mit SKH dem Fürsten Wilhelm von Hohenzollern (1914-15)
97	Todesfälle von Mitgliedern des K. Hauses, Leichen- und Trauerfeierlichkeiten, milit. Anordnungen
106	Ableben Seiner Majestät des Königs Otto I. Feierliche Beerdigung, Trauerperiode
107	Ableben SKH Prinz Heinrich
110	Königliche Hofstäbe
117	Hofrang, Hofzutritt. Anzug bei Hoffesten etc.
118	Audienz-Erteilungen. Aufwartungen und Meldungen bei Allh. u. Höchsten Personen.
14008	Stimmung in der Armee und Heimat
14016	Volksernährung während des Krieges

Bayerischer Militärbevollmächtigter Berlin

59	Politische und militärische Lage. Stimmung in der Heimat.
128	Berichte des bayerischen Militärbevollmächtigten im Großen Hauptquartier (1918/19)

Offiziers-Personalakten

519	Prinz Franz von Bayern
2609	Prinz Adalbert von Bayern
2850	Prinz Alfons von Bayern
5876	Felix Graf von Bothmer
7386	König Ludwig III. von Bayern
7387	Herzog Ludwig in Bayern
7388	Prinz Ludwig Ferdinand von Bayern
7462	Prinz Luitpold von Bayern
41320	Prinz Leopold von Bayern
42971	Prinz Konrad von Bayern
44229	Herzog Luitpold in Bayern
47534	Kronprinz Rupprecht von Bayern
57532	Herzog Ludwig Wilhelm in Bayern
57534	Prinz Heinrich von Bayern
58344	Prinz Georg von Bayern
58654	Herzog Siegfried in Bayern
58655	Herzog Christoph in Bayern
68230	Prinz Karl von Bayern

Heeresgruppe Kronprinz Rupprecht von Bayern

Bd. 15	Offiziere spez.
Bd. 19	Orden

Bd. 21   Bayerische Auszeichnungen
Bd. 25   Verschiedenes

Oberkommando der 6. Armee

Bd. 1   Armeetagebuch, Abteilung Ia
Bd. 70   Allerhöchster Gnadenbeweis
Bd. 71   Ordensangelegenheiten
Bd. 74   Ordensangelegenheiten Bayern
Bd. 84   Königsbesuche, Paraden, Auszeichnungen

4. bayerische Infanteriedivision (aktiv)

Bd. 3   Kriegstagebücher

Handschriftensammlung

934-2   H. von Hößlin: Geschichte des 1. Weltkriegs (1914-18) (Bayerische Armee)
937   E. Vogt: Bayerns Anteil an der deutschen Verwaltung in Belgien (1914-18)
2683   Korps Bothmer, AOK Süd. Besuche des bayerischen Königs (1915-1917)

Kriegsbriefe

327   Feldpostbriefe an Baronin Johanna von Malsen
328   Feldbriefsammlung I.K.H. Prinzessin Therese von Bayern
329   Feldbriefsammlung I.K.H. Prinzessin Therese von Bayern
330   Feldbriefsammlung I.K.H. Prinzessin Therese von Bayern
331   Feldbriefsammlung I.K.H. Prinzessin Therese von Bayern
332   Feldbriefsammlung I.K.H. Prinzessin Therese von Bayern
333   Nachforschung nach verm. Feinden und Gefangenen. Sammlung I.K.H. der Prinzessin Therese von Bayern
334   Nachforschung nach verm. Feinden und Gefangenen. Sammlung I.K.H. der Prinzessin Therese von Bayern
335   Nachforschung nach verm. Feinden und Gefangenen. Sammlung I.K.H. der Prinzessin Therese von Bayern
336   Nachforschung nach verm. Feinden und Gefangenen. Sammlung I.K.H. der Prinzessin Therese von Bayern
353   Kriegsbriefe von Kurt Kreiter

Nachlass Konrad Krafft von Dellmensingen

145   Tagebuchaufzeichnungen 27.8.-17.9.1914
183   Abschrift des Tagebuches 18.9.-27.10.1914
187   Korrespondenz mit dem bay. Militärbevollmächtigten von Wenninger
195   Korrespondenz mit Kronprinz Rupprecht

Militär-Max-Josephs-Orden

I K 2   Akt des Groß-Kanzler Amtes des Kgl. Militär-Max-Josephs-Ordens betreffend Anwendung der Statuten im Kriege 1914-1916
I K 7   Verzeichnis abgewiesene Gesuche des MMJO
I K 25   Akt 1 des Groß-Kanzler-Amtes des Kgl. Militär-Max-Joseph-Ordens betreffend Kommandeur-Kreuze
I K 25   Akt 2 des Groß-Kanzler-Amtes des Kgl. Militär-Max-Joseph-Ordens betreffend Groß-Kreuze
I K 25   Akt 3 betreffend Verzeichnis der Ordensdekorationen nach ihren Nummern und Besitzern

BayHStA, Abt. V Nachlässe und Sammlungen

Sammlung

P 9.512   Dr. Otto Ritter von Dandl

Familienarchiv der Grafen von Soden-Fraunhofen - Nachlass Max von Soden Fraunhofen

316	Erinnerungen Max von Soden-Fraunhofens (enth. auch einen Ausschnitt der Lebenserinnerungen Josef Marias von Soden-Fraunhofen)
346	Zentrumspartei in Bayern
556	Briefe an Max von Soden-Fraunhofen diverse Januar-Juni 1918

Zeitungen und Zeitschriften

Bayerische Staatszeitung und Bayerischer Staatsanzeiger Jg. 1- Jg. 6 (1913-1918)
Das Bayerland. Illustrierte Wochenschrift für Bayerns Land und Volk. Jg. 24 – Jg. 30 (1912/13-1918/19)

Österreichisches Staatsarchiv, Abt. Haus-, Hof- und Staatsarchiv

Politisches Archiv

837	Berichte aus München 1914-1915
839	Berichte aus München 1916-1917

K.u.K. Ministerium des Äußern

Administrative Registratur

F1-74-3	Erzherzog Franz Ferdinand Besuch in München 1914
F2-28-2	Hofnachrichten aus Bayern
F2-36-1	217 Ableben des Prinzregenten Luitpold von Bayern
F2-36-1	222 K.u.K. Gesandter von Velics in München an SE dem Herrn Minister des K.u.K. Hauses und des Äußern Grafen Berchtold, München 13.3.1913
F2-36-1	224 Befreiungshalle in Kelheim
F2-36-1	225 Reise des Prinzregenten von Bayern nach Wien im Juni 1913
F2-36-1	229 Zeremoniell anlässlich des Thronwechsels in Bayern 1913
F2-36-1	237 K.u.K. Gesandter von Velics in München an SE dem Herrn Minister des K.u.K. Hauses und des Äußern Grafen Berchtold, München 19.6.1913: Sommerreise König Ludwigs
F2-36-1	241 K.u.K. Gesandter von Velics in München an SE dem Herrn Minister des K.u.K. Hauses und des Äußern Grafen Berchtold, München 4.1.1915: 70. Geburtstag SM des Königs
F2-36-1	243 K.u.K. Gesandter von Velics in München an SE dem Herrn Minister des K.u.K. Hauses und des Äußern Grafen Berchtold, München 30.12.1913: Üble Gerüchte im In- und Ausland um Prinz Leopold
F2-37-1	265 Handschreiben Ludwigs an Kaiser Karl, 26.4.1917: Vermählung Herzog Ludwig Wilhelms in Bayern mit der verw. Fürstin Eleonore von Schönburg-Waldenburg am 17.3.1917
F2-37-1	266 K.u.K. Gesandter von Velics in München an SE dem Herrn Minister des K.u.K. Hauses und des Äußern Stephan Baron Buriàn, München 24.8.1916:

564 Anhang

Wiedereintritt I.M. der Königin von Neapel und IKH der Gräfin Trani in der Verband des bayerischen Königshauses
F2-37-1   301 Goldene Hochzeit der bayerischen Majestäten

Österreichisches Staatsarchiv, Abt. Kriegsarchiv

Militärkanzlei Seiner Majestät des Kaisers (1848-1918)
1307   34-2/2 Leopold, Prinz von Bayern - Ah. Handschreiben zur Benennung einer Eisenbahnbrücke über den Dnjester „Prinz Leopold Brücke"
1362   13-5/50 Verleihung des Großkreuzes des M.M. Th. Ordens durch Kaiser Karl an Prinz Leopold am 26.3.1918

Landesarchiv Baden-Württemberg, Abt. Hauptstaatsarchiv Stuttgart

Ministerium der auswärtigen Angelegenheiten

E 75 Württembergische Gesandtschaft in München

10   Besuch von König Wilhelm II. von Württemberg und Königin Charlotte am Kgl. bay. Hofe 1913
33   Das herzogliche Haus in Bayern 1909-1912
156   Politische Berichte des Gesandten Moser von Filseck 1913-1919

Archiv der Herzöge von Urach

GU 119 Wiltrud Herzogin von Urach Gräfin von Württemberg (geb. Prinzessin v. Bayern) (1884-1975)

147   Feiern zum hundertjährigen Jubiläum der Übernahme der Pfalz durch Bayern im Mai 1916
214   Größtenteils gedruckte Speisekarten und Sitzordnungen zur Hoftafel (überwiegend am bayerischen Königshof) 1900-1917
332   Briefe der Helmtrud Prinzessin von Bayern an Wiltrud Prinzessin von Bayern 1895-1919
338   Schriftwechsel der Wiltrud Prinzessin von Bayern mit ihrem Vetter Heinrich Prinz von Bayern1891-1916 und o. J.
344   Briefe der Therese Prinzessin von Bayern an ihre Nichte Wiltrud Prinzessin von Bayern 1909-1919
350   Briefe des Ludwig III. König von Bayern an seine Tochter Wiltrud Prinzessin von Bayern 1916-1921
491   Feldpostbriefe von Verwandten an Wiltrud Prinzessin von Bayern 1914-1918
651   Verzeichnisse mit Adressen von Personen, die Mitgliedern des Hauses Bayern Unterschlupf gewähren, Verzeichnis der bei der Korrespondenz des Hauses Bayern verwandten Decknamen 1918-1919
657   Proklamation des Prinzen Ludwig von Bayern zum Prinzregenten 1912, Thronbesteigung des Prinzregenten Ludwig als Ludwig III. König von Bayern am 12. November 1913
658   Staatsbesuch Kaiser Wilhelms II. und der Kaiserin Auguste Viktoria (geb. Prinzessin zu Schleswig-Holstein) am 15. und 16. Dezember 1913 in München
691   "Liste der am Kgl. Hofe [in Bayern] vorgestellten und zur Vorstellung vorschriftsmäßig angemeldeten Herren und Damen", Druck, 4 Seiten. 1911

Quellenverzeichnis

733 Versendung von Liebesgaben (Geschenkpaketen) an Offiziere, Unteroffiziere und Soldaten des Bayerischen Offizierskorps und an Soldaten aus Sárvár (Ungarn) und Sulden (Südtirol) 1914-1918
1017 Notizen über die Verwendung von Codenamen bei der Korrespondenz des vorübergehend in der Schweiz im Exil lebenden König Ludwig III. von Bayern mit seinen Kindern [1919]
1031 Gedrucktes Programm des Hofballs am 14. Januar 1914 in München
1048 Notizen der Wiltrud Prinzessin von Bayern und Zeitungsartikel zum bayerischen Hofleben und zur Hofgesellschaft sowie zu Repräsentationsverpflichtungen des Prinzregenten Ludwig von Bayern und seiner Kinder 1905-1914
1091 Audienzhefte des Prinzen bzw. Prinzregenten Ludwig von Bayern 1902-1913
1098 Briefe der Wiltrud Prinzessin von Bayern an ihre Mutter Marie Therese Königin von Bayern (geb. Erzherzogin von Österreich-Este Prinzessin von Modena) 1918
1099 Briefe der Wiltrud Prinzessin von Bayern an ihren Vater Ludwig III. König von Bayern 1919-1921
1102 Briefe der Wiltrud Prinzessin von Bayern an ihre Mutter Marie Therese Königin von Bayern (geb. Erzherzogin von Österreich-Este Prinzessin von Modena) 1910-1917
1112 Briefe der Wiltrud Prinzessin von Bayern an ihre Tante Therese Prinzessin von Bayern 1906- 1925
1122 Briefe der Marie Therese Königin von Bayern (geb. Erzherzogin von Österreich-Este Prinzessin von Modena) an ihre Schwägerin Therese Prinzessin von Bayern 1900-1919
1127 Briefe der Therese Prinzessin von Bayern an ihre Schwägerin Marie Therese Königin von Bayern (geb. Erzherzogin von Österreich-Este Prinzessin von Modena) 1910-1917
1128 Briefe der Therese Prinzessin von Bayern an ihre Schwägerin Marie Therese Königin von Bayern (geb. Erzherzogin von Österreich-Este Prinzessin von Modena) 1918-1919

Personenregister

Adalbert, Prinz von Bayern 37, 78, 221, 249, 258, 269, 358, 514
Adelgunde, Herzogin von Modena 81
Adelgunde, Prinzessin von Bayern 74, 103, 126, 188, 192, 215, 217, 221, 329, 487, 517, 525
Albert I., König der Belgier 397, 399
Albrecht, Erbprinz von Bayern 73, 76, 172, 332, 352, 353, 498, 513, 521
Albrecht, Herzog von Württemberg 317, 318, 321, 334, 336, 353, 480
Alexandra, Zarin von Russland 397
Alfons, Prinz von Bayern 78, 79, 88, 92, 103, 222, 235, 236, 237, 258, 268, 514, 522
Angerer, Ottmar Ritter von 25, 304
Antonia, Prinzessin von Luxemburg 333, 531
Arco auf Valley, Anton Graf von 518
Aretin, Erwein Freiherr von 15, 530
Arnulf, Prinz von Bayern 78, 88, 148, 224, 231, 262, 306
Auer, Erhard 204, 482, 493, 494, 497, 504, 518
Augspurg, Anita 139
August II., Großherzog von Oldenburg 153, 190, 255, 273, 274, 396
Auguste Viktoria, Deutsche Kaiserin 122, 125, 179, 256
Auguste, Erzherzogin von Österreich 76, 224

Barkhausen, Carl Georg 255
Below, Otto von 334
Benedikt XV., Papst 198, 236, 400
Berg, Friedrich Wilhelm von 433
Bernhard III., Herzog von Sachsen-Meiningen 393
Bertkau, Friedrich 355
Beseler, Hans von 291, 300
Bethmann Hollweg, Theobald von 20, 59, 144, 149, 159, 183, 311, 314, 339, 351, 376, 377, 378, 379, 381, 382, 383, 385, 387, 391, 396, 399, 400, 401, 402, 403, 404, 405, 406, 407, 408, 409, 410, 411, 416, 417, 423, 433, 475, 533
Bettinger, Franziskus Kardinal von 83, 195, 197, 308
Beukenberg, Heinrich Wilhelm 211
Bismarck-Schönhausen, Otto Fürst von 30
Bitsenko, Anastasia 429
Blei, Franz 118
Bodman, Heinrich Freiherr von und zu 464
Bodman, Max Freiherr von und zu 474, 489, 494, 501, 503
Bohnenberger, Theodor 500
Borscht, Wilhelm Ritter von 204

Bothmer, Felix Graf von 21, 241, 353, 413
Brettreich, Friedrich Ritter von 128, 366, 371, 372, 425, 484, 496
Breunig, Georg Ritter von 45, 91
Brinckmann, Friedrich 323
Brussilow, Alexej Alexejewitsch 321
Buhl, Franz von 379
Bülow, Bernhard Fürst von 59, 134, 407, 422, 468
Bülow, Karl von 274, 279
Busch, Arnold 350

Carl Theodor, Herzog in Bayern 79, 80, 224, 399
Casselmann, Leopold Ritter von 484
Castell-Castell, Friedrich Karl Fürst von 55
Castell-Castell, Otto Graf zu 54, 72
Christoph, Herzog in Bayern 79, 80, 88, 258
Clara, Prinzessin von Bayern 79, 522
Colmar Freiherr von der Goltz, Wilhelm 179
Conrad von Hötzendorf, Franz Graf 149
Czernin von und zu Chudenitz, Ottokar Graf 431

Dandl, Otto Ritter von 53, 54, 67, 123, 189, 212, 226, 245, 302, 311, 332, 335, 348, 370, 387, 392, 408, 414, 422, 425, 426, 427, 441, 463, 464, 465, 467, 473, 478, 479, 481, 482, 483, 484, 489, 491, 493, 494, 496, 503, 504, 506, 507
Denk, Otto 137
Deym, Gabriella Gräfin von 234
Doeberl, Michael 448, 527
Dörfler, Peter 526
Drechsel, Karl Graf von 216
Duisberg, Carl 211

Ebert, Friedrich 502, 505
Eckbrecht von Dürckheim-Montmartin, Therese Gräfin 52
Eglhofer, Rudolf 520
Einhauser, Robert 379
Eisenhardt-Rothe, Ernst von 324
Eisner, Kurt 441, 486, 492, 493, 494, 496, 499, 503, 506, 507, 508, 509, 513, 517, 518, 520, 521
Elisabeth Gabriele, Königin der Belgier 399
Elisabeth, Gräfin Seefried auf Buttenheim 76
Elisabeth, Kaiserin von Österreich 80, 124, 222
Elisabeth, Prinzessin von Bayern 78
Elvira, Prinzessin von Bayern 79
Endres, Nikolaus Ritter von 333

Ernst August, Herzog von Braunschweig 125, 190, 255, 405, 503, 505
Ernst Ludwig, Großherzog von Hessen 124, 125, 164, 256, 397, 479, 503
Erzberger, Matthias 234, 339, 390, 402, 403, 420, 503
Escherich, Georg 290, 291, 292, 293, 326, 530
Eulenburg, August Graf zu 423

Falkenhayn, Erich von 20, 157, 161, 177, 183, 184, 185, 241, 253, 270, 271, 273, 274, 275, 276, 282, 283, 284, 294, 295, 296, 299, 310, 311, 313, 314, 315, 320, 335, 398, 409, 410, 532
Faulhaber, Michael Kardinal von 195, 236, 444, 526, 527
Ferdinand I., Zar von Bulgarien 190, 223, 241, 397
Ferdinand Maria, Prinz von Bayern 78, 81
Ferdinand, Herzog von Kalabrien, Prinz von Bourbon-Sizilien 74
Firle, Walter 138
Forel, Auguste 399
Franckenstein, Klemens Freiherr von und zu 52
Franckenstein, Moritz Freiherr von und zu 408
Frank, Alois von 484
Franz Ferdinand, Erzherzog von Österreich 133, 148
Franz Joseph I., Kaiser von Österreich-Ungarn 125, 148, 149, 151, 156, 222, 223, 224, 241, 253, 261, 302
Franz Joseph, Herzog in Bayern 81
Franz, Prinz von Bayern 20, 37, 74, 75, 76, 88, 103, 133, 167, 169, 172, 185, 229, 231, 232, 238, 241, 249, 254, 256, 258, 259, 260, 261, 263, 271, 296, 297, 298, 299, 307, 333, 336, 358, 359, 388, 394, 413, 432, 445, 466, 470, 472, 487, 493, 514, 517, 518, 521, 524, 525, 532
Friedberg, Robert 424
Friedrich August III., König von Sachsen 123, 164, 179, 190, 223, 241, 255, 293, 327, 337, 351
Friedrich Franz IV., Großherzog von Mecklenburg-Schwerin 164, 351, 480
Friedrich II., Großherzog von Baden 124, 125, 164, 223, 470
Friedrich II., König von Preußen, Kurfürst von Brandenburg 477
Friedrich Leopold, Prinz von Preußen 293
Friedrich, Erzherzog von Österreich 156
Fuchs, Theobald Ritter von 446
Fugger von Glött, Carl Ernst Fürst 55, 107, 446, 448

Gallwitz, Max von 334
Ganghofer, Ludwig 284, 354, 356
Gebsattel, Ludwig Freiherr von 268
Georg, Prinz von Bayern 20, 76, 88, 202, 223, 241, 258, 264, 265, 266, 280, 293, 307, 332, 338, 339, 424, 430, 437, 467, 477, 505, 510, 513, 521, 524
Geßler, Otto 204
Giehrl, Ludwig 492
Gisela, Prinzessin von Bayern 21, 76, 222, 223, 224, 300, 319, 487, 500, 504, 510, 513, 517, 520, 521, 522, 524
Goudstikker, Sophia 139
Groener, Wilhelm 177, 272, 475, 501, 502
Gruber, Max Ritter von 379, 380
Grünert, Paul 280, 290
Gundelinde, Prinzessin von Bayern 75, 126, 216, 221, 226, 492, 498, 500, 510, 517, 518, 519, 521

Haag, Hermann Ritter von 54
Halder, Franz 329, 330
Hale, William Bayard 330
Hanatschek, Hermann 350
Hatzfeldt, Hermann Fürst von 422
Heinrich, Prinz von Bayern 20, 37, 78, 148, 221, 224, 258, 261, 262, 263, 303, 304, 305, 306, 307, 308, 309, 352, 357, 358, 495, 523
Held, Heinrich 473, 484, 531
Helfferich, Karl 422
Hellingrath, Philipp von 21, 36, 65, 66, 75, 86, 191, 211, 255, 333, 371, 410, 442, 443, 444, 453, 463, 464, 465, 466, 484, 489, 491, 494, 495, 500
Helmtrud, Prinzessin von Bayern 75, 126, 215, 218, 220, 221, 226, 231, 487, 492, 494, 498, 501, 506, 508, 524, 525
Hertling, Georg Graf von 30, 31, 33, 34, 43, 44, 45, 46, 47, 53, 73, 74, 83, 109, 123, 134, 135, 145, 151, 152, 153, 159, 172, 210, 245, 256, 273, 275, 302, 320, 332, 335, 348, 365, 366, 368, 369, 370, 372, 373, 378, 380, 381, 382, 383, 385, 387, 390, 392, 393, 395, 396, 398, 399, 405, 407, 408, 414, 418, 419, 421, 422, 423, 424, 425, 426, 427, 428, 432, 433, 435, 436, 437, 441, 460, 461, 462, 463, 465, 468, 469, 489, 533
Hierl-Deronco, Otto 444
Hildebrand, Adolf von 178
Hildegard, Prinzessin von Bayern 37, 74, 75, 126, 188, 201, 215, 218, 220, 221, 487, 498, 500, 521, 525
Hindenburg, Paul von Beneckendorff und von 17, 20, 209, 241, 255, 256, 271, 274, 277,

280, 281, 282, 283, 284, 287, 292, 293, 294, 301, 311, 312, 313, 314, 315, 316, 318, 319, 320, 321, 322, 324, 326, 329, 334, 335, 336, 339, 351, 352, 353, 357, 376, 382, 383, 398, 401, 402, 404, 406, 407, 409, 410, 411, 412, 413, 417, 418, 422, 423, 430, 432, 433, 458, 466, 467, 468, 474, 475, 502, 505, 513, 524, 531, 533
Hintze, Paul von 468, 502
Hirschberg, Anton Freiherr von 333
Hirschberg, Carl Freiherr von 251
Hitler, Adolf 530, 531
Hoffmann, Johannes 484, 520
Hoffmann, Max 281, 293, 319, 322, 323, 325, 327, 338, 340, 341, 342, 343, 344, 353, 428, 429, 430, 431, 432, 433, 434, 436, 437, 438, 448, 449, 457, 513
Holnstein, Ludwig Graf von 474, 498
Horn, Karl Graf von 54
Hübsch, Karl 379

Isabella, Prinzessin von Bayern 74, 76, 172, 232, 521
Isabella, Prinzessin von Savoyen und Herzogin von Genua 79

Jaffé, Edgar 486, 509
Joffe, Adolf Abramowitsch 428, 429, 434
Johann II., Fürst von Liechtenstein 520
Josef August, Erzherzog von Österreich 224
Joseph Clemens, Prinz von Bayern 78

Kahr, Gustav Ritter von 527, 530
Kamenew, Lew Borissowitsch 429
Karl, Kaiser von Österreich-Ungarn 191, 255, 293, 313, 341, 342, 438, 464
Karl, Prinz von Bayern 74, 76, 88, 188, 258, 518, 521
Kaulbach. Friedrich August von 138
Kerenski, Alexander 340, 341, 344, 427
Kirdorf, Emil 211
Kluck, Alexander von 279
Knilling, Eugen Ritter von 45, 484
Königs, Albrecht Freiherr von 54
Konrad, Prinz von Bayern 76, 88, 249, 258, 260, 263, 264, 280, 293, 307, 505, 513, 520, 521, 522
Krafft von Dellmensingen, Konrad 21, 86, 169, 171, 175, 177, 182, 241, 275, 306, 349, 491
Krafft von Dellmensingen, Leopold 172, 257, 320, 331, 334
Kreß von Kressenstein, Otto Freiherr 45, 66, 201, 306, 311, 369, 371, 372, 380
Krupp von Bohlen und Halbach, Gustav 212, 213

Kuhl, Hermann von 268, 276, 329, 330, 331, 333, 430
Kühlmann, Richard von 256, 421, 422, 430, 431, 432, 433, 434, 435, 436, 437, 460, 462

Lambsdorff, Gustav Graf von 275, 276, 294
Laßberg, Hans Freiherr von 51, 52, 123, 518
Leeb, Wilhelm Ritter von 329
Leher, Heinrich 136
Lenin, Wladimir Iljitsch 339, 429, 438
Lenz, Hermann Ritter von 329
Leonrod, Wilhelm Freiherr von 52, 311, 499, 501
Leopold IV. zur Lippe, Fürst von Lippe 190, 191
Leopold, Prinz von Bayern 15, 16, 19, 20, 38, 76, 79, 88, 99, 131, 148, 151, 166, 176, 179, 194, 200, 202, 218, 222, 223, 224, 225, 234, 241, 255, 260, 263, 266, 276, 277, 278, 279, 280, 281, 282, 283, 284, 285, 286, 287, 288, 289, 290, 291, 292, 293, 294, 295, 298, 299, 300, 301, 302, 303, 304, 307, 316, 317, 318, 319, 321, 322, 323, 324, 325, 326, 327, 328, 332, 335, 338, 339, 340, 341, 342, 343, 344, 349, 350, 351, 352, 353, 354, 355, 356, 357, 359, 361, 362, 388, 389, 401, 412, 413, 417, 420, 428, 429, 430, 431, 432, 434, 436, 437, 438, 439, 443, 444, 448, 449, 450, 451, 456, 457, 463, 466, 467, 472, 487, 492, 500, 504, 505, 509, 510, 511, 513, 514, 515, 519, 520, 521, 522, 523, 524, 525, 532
Lerchenfeld auf Köfering und Schönberg, Hugo Graf von und zu 61, 135, 151, 152, 159, 194, 311, 312, 313, 314, 320, 379, 382, 402, 403, 404, 405, 406, 407, 414, 417, 420, 421, 422, 423, 435, 436, 467, 471, 478, 479
Levien, Max 520
Leviné, Eugen 520
Lewald, Theodor 479
Linsingen, Alexander von 241
Lössl, Siegmund Ritter und Edler von 44, 152, 387
Louise Victoria, Prinzessin von Bayern 78
Löweneck, Anton 379
Löwenstein-Wertheim, Aloys Fürst von 107
Ludendorff, Erich 168, 209, 241, 255, 256, 274, 277, 281, 301, 315, 319, 320, 321, 322, 323, 325, 334, 336, 338, 339, 340, 353, 376, 382, 401, 402, 404, 405, 406, 407, 409, 410, 417, 418, 419, 422, 423, 424, 427, 430, 433, 437, 438, 449, 450, 451, 453, 454, 455, 456, 460, 462, 463,

Personenregister

466, 468, 469, 472, 474, 475, 476, 530, 532
Ludwig Ferdinand, Prinz von Bayern 78, 79, 88, 92, 221, 222, 232, 258, 399, 514, 515, 522
Ludwig I., König von Bayern 11, 22, 27, 66, 69, 72, 81, 83, 119, 130, 133, 146
Ludwig II., König von Bayern 22, 23, 69, 90, 92, 118, 119, 146
Ludwig III., König von Bayern 9, 15, 18, 20, 21, 25, 26, 27, 28, 29, 31, 32, 33, 35, 36, 37, 38, 39, 40, 41, 42, 43, 44, 45, 46, 47, 48, 50, 53, 54, 55, 58, 61, 63, 64, 65, 66, 67, 68, 69, 72, 74, 75, 76, 78, 82, 83, 86, 87, 88, 89, 91, 92, 93, 94, 101, 103, 109, 110, 112, 114, 115, 117, 118, 120, 121, 122, 123, 124, 125, 126, 127, 128, 129, 130, 131, 133, 134, 136, 137, 138, 139, 144, 145, 146, 148, 149, 150, 153, 156, 157, 158, 160, 161, 164, 165, 166, 169, 172, 178, 179, 180, 187, 188, 189, 192, 193, 198, 200, 203, 205, 208, 211, 212, 213, 216, 222, 224, 226, 229, 230, 231, 235, 237, 238, 239, 240, 241, 242, 244, 245, 246, 248, 249, 250, 251, 252, 253, 254, 256, 257, 259, 261, 264, 265, 266, 270, 273, 274, 275, 276, 279, 284, 286, 289, 293, 301, 302, 306, 308, 310, 311, 312, 316, 317, 328, 337, 342, 344, 347, 348, 349, 351, 353, 359, 361, 363, 368, 369, 370, 371, 372, 374, 379, 380, 381, 384, 385, 386, 387, 388, 389, 390, 391, 392, 393, 395, 396, 398, 401, 403, 404, 405, 406, 407, 409, 412, 413, 414, 415, 419, 420, 423, 426, 432, 433, 435, 436, 439, 441, 442, 444, 446, 447, 453, 460, 461, 463, 465, 469, 478, 479, 480, 483, 484, 485, 486, 489, 490, 492, 493, 494, 495, 497, 498, 501, 503, 504, 505, 506, 507, 508, 509, 510, 511, 512, 513, 515, 516, 517, 518, 519, 520, 521, 522, 523, 524, 525, 526, 527, 532, 534
Ludwig Wilhelm, Herzog in Bayern 79, 88, 258, 267, 515
Ludwig, Herzog in Bayern 80, 88, 522
Luitpold, Erbprinz von Bayern 73, 172, 179, 180
Luitpold, Herzog in Bayern 79, 80, 88, 267, 268, 331
Luitpold, Prinzregent von Bayern 9, 22, 23, 24, 25, 27, 29, 43, 44, 47, 61, 69, 75, 76, 78, 81, 82, 88, 100, 122, 146, 317, 490, 526
Lyncker, Moriz Freiherr von 278, 314, 315

Mackensen, August von 241, 253, 279, 282, 283, 329, 354, 357

Malsen, Johanna Freiin von 234
Mann, Thomas 495
María de la Paz, Prinzessin von Bayern 78, 222, 232, 399
María del Pilar, Prinzessin von Bayern 78, 220, 221
Maria José, Herzogin in Bayern 79, 224, 399
Maria Theresia, Prinzessin von Bayern 81
Maria, Herzogin von Kalabrien 74, 517, 525
Marie Gabriele, Prinzessin von Bayern 73, 81
Marie Therese, Königin von Bayern 15, 20, 26, 35, 36, 37, 41, 52, 72, 74, 75, 82, 103, 110, 114, 124, 125, 126, 127, 128, 136, 148, 156, 157, 160, 178, 188, 192, 193, 194, 198, 201, 214, 215, 216, 217, 218, 219, 220, 225, 228, 229, 230, 232, 233, 235, 249, 259, 309, 349, 361, 362, 363, 399, 415, 444, 445, 472, 487, 488, 494, 496, 497, 508, 510, 512, 516, 517, 524, 532, 533
Marie, Königin beider Sizilien 80, 522
Marie, Königin von Bayern 72
Marogna-Redwitz, Rudolf Graf von 500
Mathilde, Gräfin von Trani 80, 400
Mathilde, Prinzessin von Bayern 73
Max Emanuel, Herzog in Bayern 79
Max, Prinz von Baden 20, 273, 397, 461, 462, 464, 467, 468, 469, 470, 474, 475, 477, 479, 480, 485, 491, 499, 501, 502, 532
Maximilian I. Joseph, König von Bayern 76, 189, 447
Maximilian I., Herzog von Bayern, Kurfürst des Heiligen Römischen Reiches 198
Maximilian II., König von Bayern 72, 92
Meineke, Friedrich 95
Michaelis, Georg 20, 409, 417, 418, 419, 420, 421, 422, 424, 533
Miller, Oskar von 117, 211, 212
Moltke, Helmuth von 149, 157, 173, 177, 181, 182, 183, 270
Moser von Filseck, Karl 302, 527
Moy de Sons, Ernst Graf von 501
Moy de Sons, Karl Graf von 434
Moy de Sons, Maximilian Graf von 51, 52, 130, 197, 504
Müller, Georg Alexander von 377
Müller, Karl Alexander von 35, 67, 107, 365, 526, 527
Müller-Meiningen, Ernst 484
Munkert, Anton 51

Nagel, Karl Freiherr von 280, 311, 332
Naumann, Victor 152, 375, 392, 393, 408, 411, 422, 425, 435, 494, 496, 497, 504, 507
Nikolaus II., Zar von Russland 58

Noder, Anton Alfred 268
Nostitz-Drzecwiecki, Hans Gottfried von 392

Oettingen-Oettingen und Oettingen-Spielberg, Albrecht Fürst zu 55, 107
Oettingen-Oettingen und Oettingen-Spielberg, Emil Fürst zu 55
Otto I., König von Bayern 22, 25, 27, 32, 33, 37, 81, 90, 91, 306

Pappenheim, Friedrich Graf von 333, 382
Payer, Friedrich von 424, 491
Perfall, Emanuel Freiherr von 289
Pfleger, Franz Joseph 379, 403
Pittinger, Otto 530
Pius X., Papst 83
Podewils-Dürniz, Clemens Graf von 63, 371, 434, 435, 436
Prager, Karl Ritter von 329
Praun, Paul Ritter von 188
Preysing-Lichtenegg-Moos, Georg Graf von 510, 519
Preysing-Lichtenegg-Moos, Johann Kaspar Graf von 379

Quidde, Ludwig 364

Ranke, Johannes 73
Rathenau, Walther 96, 207
Redwitz, Franz Freiherr von 21, 333
Redwitz, Marie Freiin von 65, 206
Reichel, Karl Anton 521
Reinhardt, Walther 514
Reusing, Fritz 349, 350
Richthofen, Manfred Freiherr von 292, 327
Rilke, Rainer Maria 486
Röchling, Louis 212
Roedern, Siegfried Graf von 422
Rudolf, Prinz von Bayern 81
Rupprecht, Kronprinz von Bayern 15, 19, 20, 21, 26, 37, 38, 48, 52, 72, 73, 75, 76, 81, 88, 90, 93, 103, 114, 118, 130, 136, 139, 155, 156, 167, 168, 169, 170, 171, 172, 173, 174, 175, 176, 177, 178, 179, 180, 181, 182, 183, 184, 185, 186, 202, 210, 219, 220, 231, 238, 239, 241, 243, 244, 245, 249, 250, 251, 253, 254, 256, 257, 258, 259, 261, 263, 265, 267, 268, 271, 272, 273, 274, 275, 276, 278, 283, 287, 294, 295, 296, 297, 298, 299, 301, 302, 307, 310, 313, 314, 315, 316, 317, 318, 319, 320, 328, 329, 330, 331, 332, 333, 334, 335, 336, 337, 338, 339, 343, 349, 350, 351, 352, 353, 356, 357, 359, 361, 362, 365, 369, 370, 372, 373, 374, 375, 378, 379, 381, 384, 388, 391, 393, 394, 395, 396, 397, 398, 399, 401, 402, 405, 406, 407, 408, 411, 413, 417, 418, 419, 420, 421, 422, 424, 425, 433, 439, 442, 443, 445, 452, 453, 454, 455, 458, 460, 461, 462, 463, 464, 465, 466, 467, 468, 469, 470, 471, 472, 474, 477, 478, 479, 480, 481, 483, 485, 489, 490, 495, 497, 498, 499, 500, 505, 506, 507, 510, 512, 513, 515, 517, 521, 522, 524, 525, 526, 527, 528, 529, 530, 531, 532, 533, 534

Scharnagl, Karl 210
Schattenstein, Nikolaus 350
Scheidemann, Philipp 502
Schmidt von Knobelsdorff, Konstantin 169, 296
Schneider-Didam, Wilhelm 350
Schoen, Hans von 151, 385, 436
Schröder, Ludwig von 334
Seeckt, Hans von 282, 313
Segitz, Martin 484
Seidlein, Lorenz Ritter von 45, 372
Seinsheim, Albrecht Graf von 51, 52, 107, 123
Seydel, Max von 73
Siegfried, Herzog in Bayern 79, 80, 88, 258
Soden-Fraunhofen, Joseph Maria Graf von 151
Soden-Fraunhofen, Maximilian Graf von 21, 27, 28, 44, 45, 46, 47, 109, 201, 203, 205, 369, 370, 371, 372, 414, 427, 435
Solf, Wilhelm 422
Solleder, Fridolin 527
Sonnenburg, Alphons Falkner von 346
Speck, Karl Friedrich 484
Speidel, Maximilian von 504
Spreti, Heinrich Graf von 425
Springorum, Friedrich 212
Stein, Hermann von 175, 406
Stengel, Paul Freiherr von 387
Süßheim, Max 448

Talât Pascha 431
Thelemann, Heinrich Ritter von 28, 29, 31, 45, 91
Therese (Arnulf), Prinzessin von Bayern 20, 37, 78, 221, 224, 305, 306, 307, 489, 515
Therese, Prinzessin von Bayern 15, 16, 20, 21, 76, 77, 217, 223, 225, 231, 232, 234, 257, 277, 292, 307, 362, 399, 508, 512, 515, 516, 519, 521, 523, 524, 533
Thoma, Ludwig 198
Thurn und Taxis, Albert Fürst von 55, 107
Thurn und Valsássina-Como-Vercelli, Duglas Graf von 442, 445
Tirpitz, Alfred von 149, 356, 405
Toerring-Jettenbach, Hans Veit Graf zu 397, 512

Personenregister

Toller, Ernst 520
Treutler, Karl-Georg von 32, 89, 312, 382, 384
Trotzki, Leo 429, 434, 435, 436, 437, 443
Tucher zu Simmelsdorf, Heinrich Freiherr von 504

Valentini, Rudolf von 405, 407, 423, 433, 475
Velics von Lászlófalva, Ludwig Graf 38, 130, 131, 132, 148, 160, 164, 202, 256, 306, 371, 372, 391
Vitzthum von Eckstädt, Christoph Graf 392, 393
Vollmar, Georg von 493

Walther von Walderstötten, Wilhelm Ritter 54, 55, 66, 123, 157, 211, 311
Weilnböck, Luitpold 379
Weizsäcker, Karl Freiherr von 152, 153, 390, 464
Wenninger, Karl von 149, 295
Wermuth, Adolf 422
Wiedenmann, Peter Freiherr von 53, 54
Wiegand, Karl von 356
Wilhelm I., Deutscher Kaiser und König von Preußen 75
Wilhelm II., Deutscher Kaiser und König von Preußen 9, 12, 16, 32, 35, 54, 61, 83, 87, 88, 91, 96, 97, 98, 122, 123, 125, 129, 130, 131, 132, 139, 143, 144, 145, 151, 157, 158, 159, 160, 161, 162, 163, 167, 174, 177, 178, 183, 184, 190, 195, 213, 220, 239, 241, 248, 250, 254, 255, 256, 261, 270, 274, 276, 277, 279, 281, 282, 283, 293, 302, 310, 311, 312, 313, 314, 315, 318, 327, 336, 341, 343, 351, 361, 374, 377, 379, 384, 389, 397, 400, 402, 404, 405, 406, 407, 409, 410, 411, 412, 413, 416, 422, 423, 433, 434, 439, 443, 453, 462, 467, 468, 470, 471, 474, 475, 477, 478, 479, 480, 481, 484, 490, 492, 494, 495, 497, 501, 502, 505, 522, 531, 533
Wilhelm II., König von Württemberg 124, 125, 161, 241, 327, 390, 478
Wilhelm, Fürst von Hohenzollern 125, 192, 249
Wilhelm, Herzog von Urach Graf von Württemberg 302
Wilhelm, Kronprinz von Preußen und des Deutschen Reiches 169, 171, 173, 182, 294, 295, 296, 301, 310, 311, 320, 321, 331, 334, 336, 353, 356, 397, 398, 402, 405, 407, 433, 477, 480, 481, 499, 505
Wilson, Woodrow 400, 471, 472, 473, 474, 477, 478
Wiltrud, Prinzessin von Bayern 20, 36, 37, 75, 126, 154, 155, 157, 158, 160, 188, 215, 216, 217, 218, 221, 225, 228, 231, 258, 296, 399, 445, 472, 481, 482, 487, 488, 489, 492, 493, 494, 495, 498, 500, 516, 517, 519, 521, 522, 524, 525, 534
Wolbe, Eugen 349
Wolfram, Georg von 188
Würtzburg, Ludwig Freiherr von 395

Zils, Wilhelm 349
Zimmermann, Arthur 421
Zita, Kaiserin von Österreich 191

Kronprinz Rupprecht

Dieter J. Weiß
Kronprinz Rupprecht von Bayern
Eine politische Biografie

464 Seiten, 8 farbige Bildseiten,
20 Textabbildungen
Gebunden mit Schutzumschlag
ISBN 978-3-7917-2047-0

Kronprinz Rupprecht von Bayern (1869 - 1955) gehört zu den prägenden Gestalten der neueren bayerischen Geschichte: als Thronprätendent und Feldherr in der Zeit der Monarchie, als Identifikationsfigur in der Republik nach 1918, als Symbolfigur des Widerstands in der Diktatur ab 1933 und für die Eigenständigkeit Bayerns nach 1945. Ein halbes Jahrhundert nach seinem Tode erhält er nun erstmals eine umfassende wissenschaftliche Biografie.

Neben dem umfangreichen Nachlass Kronprinz Rupprechts konnten jetzt seine bislang unzugänglichen autobiografischen Aufzeichnungen ausgewertet werden. Die Biografie zeigt deshalb nicht nur den Feldherrn und Staatsmann, sondern auch den Privatmann und Kunstkenner. Zugleich entsteht ein faszinierendes Bild der bayerischen Geschichte im Wandel von der Monarchie zum Freistaat.

Verlag Friedrich Pustet
Unser komplettes Programm unter:
www.verlag-pustet.de

Tel. 0941 / 92022-0
Fax 0941 / 92022-330
bestellung@pustet.de

Mythos Prinzregentenzeit?

Katharina Weigand / Jörg Zedler /
Florian Schuller (Hrsg.)
Die Prinzregentenzeit
Abenddämmerung der bayerischen Monarchie?

240 Seiten, gebunden mit Schutzumschlag
ISBN 978-3-7917-2477-5

Die Epoche reichte von 1886 bis zum Tod Prinzregent Luitpolds von Bayern im Dezember 1912, weitergefasst bis zum Beginn des Ersten Weltkriegs.
Wie bayerisch war das Königreich Bayern damals innerhalb des Deutschen Kaiserreichs? Welchen inneren und innenpolitischen Auseinandersetzungen musste die Staatsregierung mit welchen Mitteln begegnen?
Nach dem Ende des Wittelsbacher Königtums und den revolutionären Umstürzen von 1918/19 wurde diese Epoche bald verklärt. Umso mehr wird der Mythos Prinzregentenzeit hier kritisch in den Blick genommen. War sie eine Idylle? Was erinnert heute an sie? Namhafte Fachleute beantworten diese Fragen.
Bayerische Landesgeschichte vor dem Ende der Monarchie!

Verlag Friedrich Pustet
Unser komplettes Programm unter:
www.verlag-pustet.de

Tel. 0941 / 92022-0
Fax 0941 / 92022-330
bestellung@pustet.de

Bayerische Geschichte

Peter Claus Hartmann
Bayerns Weg in die Gegenwart
Vom Stammesherzogtum zum Freistaat heute

3. aktualisierte Auflage

744 Seiten, über 300 Abbildungen
Gebunden mit Schutzumschlag
ISBN 978-3-7917-1875-0

Der aktualisierte Band schildert die Entwicklung Bayerns bis in die Gegenwart. Dabei werden alle historischen Räume, die vom Jahre 500 an zu Bayern gehörten bzw. noch gehören erfasst. Der Autor behandelt nicht nur die politische Geschichte, sondern auch die Gesellschafts-, Wirtschafts-, Kunst-, Kultur- und Kirchengeschichte.

„Auf der Basis des neusten Forschungsstandes hat der Autor ein einbändiges Nachschlagewerk geschaffen, das als neues Standardwerk zur bayerischen Geschichte auch in der historisch-politischen Bildungsarbeit einen herausragenden Stellenwert einnimmt." Bayerische Staatszeitung

Verlag Friedrich Pustet
Unser komplettes Programm unter:
www.verlag-pustet.de

Tel. 0941 / 92022-0
Fax 0941 / 92022-330
bestellung@pustet.de